U0045437

天下文化
BELIEVE IN READING

雪球

巴菲特傳

艾莉絲・施洛德 Alice Schroeder 著

楊美齡、廖建容、侯秀琴、周宜芳、楊幼蘭、林麗冠、羅耀宗、李芳齡 譯

The Snowball

Warren Buffett and the Business of Life

獻給大衛

目 錄

＊因篇幅考量，本中文版經作者
同意，刪除原書所附索引

巴菲特九歲那年冬天，在屋外庭院的雪地中，和妹妹柏蒂一起玩耍。

巴菲特先是抓著空中的雪花，接著用雙手鏟起地上的雪，逐漸捏成一個球。等雪球夠大之後，他將雪球放在地上，讓它慢慢在地上滾動。每推它一把，就黏上更多雪。他將雪球從庭院的一頭往另一頭滾，愈滾愈大。來到庭院的邊緣時，他遲疑了一會兒，決定繼續往前推，讓雪球滾過家家戶戶的門前。

就從這時候起，巴菲特不斷滾著雪球，目光所及的，是個滿滿是雪的世界。

第一部

戳破泡沫

第 1 章
隱善揚惡
奧馬哈市‧內布拉斯加州，2003 年 6 月

　　巴菲特坐在父親那張普通的老木桌後，靠著椅背，長腿交疊；身上昂貴的傑尼亞（Zegna）西服在肩頭隆起縐褶，就跟普通成衣沒什麼兩樣。他每天穿著它，不管波克夏海瑟威（Berkshire Hathaway）總部其他十五位職員衣著多麼輕便。一貫穿著的白襯衫像是年輕時留下來的，領口扣不上，在領帶後頭敞開著，彷彿過去四十年他都沒想到要量領圍。

　　他雙手交叉在腦後，手指穿過一綹綹白髮。一大撮亂髮翹在腦門上，以滑雪道之勢伸向右耳上緣，玳瑁鏡框上粗濃的右眉彎向右耳。許多時候，這對眉毛為他的神情增添了或懷疑、或知悉、或有趣的意味。現在他似笑非笑，使這不馴的眉毛更顯莫測高深，但那雙淡藍眼睛始終專注而熱切。

　　他周遭圍繞著五十年來的紀念品。辦公室外走廊上掛著內布拉斯加剝玉米人（Nebraska Cornhuskers）美式足球隊的照片、他在連續劇中露臉賺得的支票、邀請他購買長期資本管理（Long-Term Capital Management）避險基金的信（他沒答應），可口可樂紀念品隨處可見。辦公室內茶几上，擺著一個經典可口可樂瓶、一個裝在壓克力盒子內的棒球手套，沙發邊有他在1952 年 1 月完成卡內基演講訓練的證書。一部富國銀行（Wells

Fargo）的驛馬車，頭朝西放在書架上。一個普立茲獎座，是
1973 年頒給合夥事業旗下的奧馬哈《太陽報》（*Sun*）。房間內
散落書籍、報紙，家人、朋友的照片占滿了書櫥、貼牆小桌和
他用來放電腦的辦公桌上。他父親的大幅畫像掛在桌後牆上，
在巴菲特頭頂，面對著每一位走進來的訪客。

雖然奧馬哈晚春的早晨在窗外召喚，棕色的木製百葉窗卻
擋住了視野。向著辦公桌的電視機正播放財經頻道 CNBC，但
被調成靜音，螢幕下方跑動的字幕整日提供即時新聞。這些年
來許多新聞都與他有關，巴菲特對此相當滿意。

然而，真正熟識他的人卻很少。我認識他六年，一開始是
因為我是負責分析波克夏海瑟威的財務分析師，後來我們成了
朋友，而現在我會更了解他。我和他正坐在這個辦公室內，因
為他不願意親自寫傳記。他反覆說著，粗亂的眉毛加重了語
氣：「艾莉絲，妳會寫得比我好，我很高興這本書由妳來寫，
而不是我。」他何以這樣說，以後就會明白。在這之前，我們
先從最貼近他內心的話題開始。

「華倫，你為什麼這麼熱中賺錢？源頭打哪兒來？」

有幾秒鐘時間，他眼睛望向遠處，心思快速翻過腦海裡的
檔案。他開始說自己的故事：「巴爾扎克（**Balzac，譯注：法
國文學家**）說過，每筆財富背後都有罪惡，[1] 這並不適用於波
克夏。」

他一躍而起，大步橫過房間，坐在一張芥末金色的織錦扶
手椅上，身體前傾，比較像個大談初戀故事的青少年，而非七
十二歲的金融大師。如何詮釋他的故事、該訪問誰、如何下
筆，全由我決定。他談了許多有關人性和記憶的不可靠，然後

說，「如果我的版本和別人的不一樣，你就採用比較不討好的版本。」

我從觀察他得到許多寶貴心得，這是第一個：謙遜能卸除別人的防備。

最終，我沒有多少理由該選擇比較不討好的版本。少數有機會這樣做時，通常是因為人性，而非因為記憶的不可靠。其中一個例子發生在 1999 年的太陽谷（Sun Valley）。

第 2 章
太陽谷會議

愛達荷州，1999 年 7 月

　　巴菲特走下車，從後車箱取出行李，穿過大門，走向飛機跑道，一架白色閃耀的灣流四號（Gulfstream IV，當時最大的私人飛機，體積相當於區域型客機）正等待他和他的家人。機師接過他的行李放入行李艙。每位第一次和巴菲特一起飛行的機師都對他自己開車、自己提行李的舉動感到訝異。登上飛機，巴菲特和新來的空服員打招呼，坐到窗邊，但整趟旅途中他不會朝窗外望一眼。他心情很好，這是期盼已久的旅程。

　　巴菲特的兒子彼得和兒媳珍妮佛，女兒蘇西和男友，以及兩個孫子女各自入座。空服員端來飲料，廚房裡放滿巴菲特家人最喜歡的零食和飲料。沙發上放著厚厚一疊雜誌，空服員遞給巴菲特洋芋片、一大疊報紙，以及與他身上內布拉斯加紅毛衣相襯的櫻桃可口可樂。他道謝並和她閒聊一會兒，以紓解她第一次與老闆同飛的緊張。他要她通知機師可以起飛了，接著就埋頭看報。飛機在跑道滑行，爬升到 12,000 公尺高空。接下來兩個小時，巴菲特的家人在他四周或看影片，或聊天、打電話，空服員則在每張楓木小餐桌上擺好餐巾，放上插著蘭花的小花瓶，然後回廚房準備午餐。巴菲特坐定後動也不動地看報，彷彿是獨自待在家中書房。

他們乘坐的是價值 3,000 萬美元的空中皇宮，一架由多家公司共同擁有的「部分所有權噴射機」（fractional jet），最多可有八個所有權人，但又因一個機隊有多架飛機，因此眾所有權人可同時有飛機搭。只要提前六小時通知，飛機就會在機場待命，機上駕駛、空服員、飛機的維護人員和排班人員都受雇於波克夏海瑟威旗下的耐捷包機公司（NetJets）。

不久，灣流四號越過蛇河平原，迫近鋸齒山脈，一大片白堊紀時期的深色花崗岩丘陵沐浴在夏日豔陽下。飛機進入伍德河谷，開始下降到 2,4000 公尺高度，下方棕色山丘造成的氣流開始搖晃機身。巴菲特家人也隨著晃動，只有巴菲特繼續閱讀，不受干擾。叢林點綴在山巒高處，下風處成列松樹生長在山脊上。乘客露出期盼的微笑，飛機朝山脈之間狹長的谷地下降，中午的陽光把飛機細長的陰影投射在地面，腳下是愛達荷州的老礦城海利（Hailey）。

幾秒鐘後，機輪壓上佛利曼紀念機場的跑道。巴菲特一家走下扶梯，7 月的陽光讓他們瞇起了眼睛，兩輛由赫茲租車公司人員駕駛的休旅車已經等在機坪上。赫茲的人員都穿著公司黑黃兩色的制服，但是換上了艾倫投資銀行（Allen & Co.）的標誌。

機師把行李和巴菲特紅白相間的可口可樂高爾夫球袋送上休旅車，孩子們在一旁跳躍。巴菲特一行和機師握手，和空服員道別，登上休旅車，不經跑道南端的太陽谷航空站櫃台，逕自駛出機場大門，朝著前方山頭駛去，此時離機輪觸地不過兩分鐘時間。

八分鐘之後，另一架飛機在預定時間準時降落，滑向它自

己的停機坪。

整個陽光燦爛的下午，一架接一架的飛機自南或北，或自西邊翻越山脈降落在海利。日暮西斜之際，數十架巨大閃亮的噴射機羅列在跑道上，像是展示大亨玩具的櫥窗。

巴菲特的車追隨前車開往數公里外鋸齒國家森林旁，靠近通往麋鹿角隘口分岔處的小城凱徹姆（Ketchum）。車行數公里後，轉過錢山（Dollar Mountain），褐色山巒環繞中出現了一塊綠洲，那就是躺在松樹和白楊間的太陽谷，此地最著名的度假勝地。

冠蓋雲集

這個週二下午來到此地的人多半與艾倫投資銀行有點關係。艾倫這家小型投資銀行，主要客戶是媒體和傳播業者，曾促成好萊塢幾宗最大的合併案。過去十幾年，它每年都在太陽谷為客戶和朋友舉辦系列研討會與戶外活動。該公司執行長艾倫（Herbert Allen）只邀請他喜歡的人，或至少是跟他有生意往來的。

因此，每年與會的都是些富有又有名的面孔：好萊塢製片人和明星，像甘蒂絲‧伯根（Candice Bergen）、湯姆‧漢克、朗‧霍華（Ron Howard）、波拉克（Sydney Pollack）；媒體大亨像迪樂（Barry Diller）、梅鐸（Rupert Murdoch）、艾格（Robert Iger）、艾斯納（Michael Eisner）；著名的新聞人士，像布洛可（Tom Brokaw）、黛安‧索耶（Diane Sawyer）、羅斯（Charlie Rose）；科技巨頭蓋茲（Bill Gates）、賈伯斯（Steve Jobs）和葛洛夫（Andy Grove）。每年都有一大群記者在太陽谷度假旅

館外守候他們。

記者們早一天抵達紐澤西州的紐華克機場或其他大機場，搭機前往鹽湖城，與大廳其他準備飛往愛荷華州蘇市（Sioux City）等地的人們一起等著登上往太陽谷的飛機，然後再忍受一小時顛簸的飛行。到達機場時，飛機停在網球場大的航空站旁，一下機便能看見穿著印有「SV99」字樣馬球衫的艾倫公司職員正迎接稍早抵達的與會貴賓。這些貴賓在旅客間很顯眼：男士穿名牌上衣、牛仔褲和靴子，女士穿山羊皮外衣，脖子上一串串綠松石珠鍊上的珠子有彈珠般大小。艾倫公司職員事先已見過賓客照片，熟記他們的面孔。職員們會像老友重逢般擁抱曾經來過的客人，為所有賓客提行李，引領他們登上守候在停車場的休旅車。

記者們則走向機場的租車櫃台，自行開車前往度假旅館，充分意識到自己的卑微地位。接下來幾天，太陽谷許多地區都會掛上「私地禁入」的警示牌，到處是保安人員，所有大門緊閉，並擺出巨型盆栽花籃阻擋閒人視線。記者們在禁地外徘徊，把臉貼在樹叢窺探。[1]自從迪士尼的艾斯納和 ABC 電視網的墨菲（Tom Murphy）在 1995 年太陽谷會議談成合併兩家公司的協議後，媒體對太陽谷會議的報導愈來愈多，使它幾乎成為商業版的坎城影展。太陽谷並不只是做交易的地點，但這些交易是媒體的焦點，每年都會傳出某些公司在愛達荷州神祕山谷商議合併的謠言。因此，當休旅車一部接一部抵達時，記者們把臉貼在前窗玻璃向外望，如果來者具新聞價值，他們就帶著相機和麥克風追蹤到旅館。

巴菲特步出休旅車，立刻被媒體認出來。「這項會議有他

的基因，」巴菲特的朋友、艾倫公司董事長唐納‧基奧（Don Keough）說。[2] 大多數記者喜歡巴菲特，因為他一向盡力不惹人討厭。他也讓記者捉摸不透，對外形象是個單純的人，似乎也很真誠，只是私生活複雜。他有五棟房子，但只住其中兩棟，而且實際上有兩個妻子。他說話時用詞平易，還常和悅地眨眨眼睛，擁有一群忠心的朋友，卻又以強硬、冷酷的交易手段著稱。他似乎刻意避免受矚目，卻比其他商業人士都動見觀瞻。[3] 他坐著灣流四號旅行，經常參加名流聚會，有眾多名人朋友，卻說最喜歡奧馬哈、漢堡和節儉。他把自己的成功歸因於幾個簡單的投資概念和樂在工作，但如果真的這麼簡單，為何沒有人能複製這套模式？

　　一如往常，巴菲特向攝影記者揮手，露出祖父般慈祥的微笑。他們捕捉了他的鏡頭，接著把目光投向下輛車。

　　巴菲特跟家人的座車駛往他們下榻的公寓，那一帶繁花似錦，是艾倫用來安置大人物的地方。房間內擺著一疊有艾倫公司 SV99 字樣的外套、棒球帽、羊毛衫、馬球衫和一本有拉鍊的筆記本，馬球衫的顏色每年不同。儘管巴菲特有 300 億美元以上的身價，足以購買 1,000 架灣流四號，他卻很喜歡得到朋友贈送的馬球衫。他仔細檢視今年的戰利品，令他更感興趣的是艾倫寫給每位客人的短箋，還有詳細列出這次會議所有活動的筆記本。

　　巴菲特的行程每天安排得井井有條、分秒不差，就像艾倫的法式袖口一樣俐落。筆記本詳列了之前一直被嚴加保密的講者和講題，還有巴菲特用餐的地點。和多數人不一樣的是，巴菲特已預先知道大多數安排，但他還是要查看筆記本上的行程。

太陽谷之君

會議的操盤人，被稱為「太陽谷之君」的艾倫，把會議定調為不經意的奢華。人們說他精明、闊綽、標準高、提出的建議都很中肯。一位客人說：「死也希望能讓艾倫看得起。」賓客害怕被踢出邀請名單，都不敢批評他，頂多說他「不尋常、躁動、沒耐性、超級自我中心」。罩在他高瘦的身影下，人們得認真捕捉他像機關槍般的話語，他咆哮般發問，又打斷對方回話，連一秒鐘都不想被浪費。他專說別人不敢說的話，曾說「華爾街終將被消滅」，可是他自己就經營一家華爾街的投資銀行，還稱競爭者為「熱狗小販」。[4]

艾倫刻意維持公司的小規模，要求為他工作的人賭上自己的資本。這種不尋常的做法使他的公司比較像是客戶的夥伴，而非聽命行事的僕人。他的客戶大多來自好萊塢與媒體圈。因此當他舉辦活動時，受邀的人會感到榮幸，而不覺得是被推銷員包圍的囚徒。艾倫公司每年依據賓客的交遊圈和主人艾倫認為他們應當結識什麼新朋友，為每位賓客安排周全的社交活動。賓客所住套房距離會場的遠近、用餐地點、與誰同桌，自動劃分出賓客地位的高低。

墨菲稱這種活動為「大象聚會」（elephant-pumping）。巴菲特則說：「只要有一堆大人物聚在一起，人們就想加入，因為人們覺得，如果能參與大象聚會，自己就成了大象。」[5]

太陽谷總是給人這種感覺，因為它的入場券是非賣品。與會的樂趣之一是看誰沒有獲得邀請，更精采的是看誰從邀請名單中被剔除。但在各自的階層中，賓客們也的確發展出真實的

友誼。豪華的歡宴始於第一個夜晚，賓客做西部打扮，坐上舊式馬車，跟隨牛仔沿著曲折小路，在太陽西下時來到徑溪小屋（Trail Creek Cabin）前的草地，艾倫或他兩個兒子中的一個會在門口迎接。牛仔以繩索特技娛樂孩子們，太陽谷的老友重逢並歡迎新人加入。當晚巴菲特家族和老友在繁星滿布的西部天空下，圍坐營火旁。

週三下午是輕鬆的鮭魚河泛舟，賓客自由參加。前往目的地的大車及小艇也經艾倫公司費心安排座位，友誼的花朵因而綻放。導航員在橡皮艇穿行山谷時不發一言，以免打斷對話，阻礙了友誼的滋長。沿途有當地雇來的人員和救護車守候，以免發生失足落河的意外。當賓客放下槳、離開橡皮艇後，立刻就有人遞上熱毛巾和一盤烤肉。

不參加泛舟的客人可以選擇甩竿釣、騎馬、射擊飛靶、騎越野自行車、玩橋牌、學編織、野外攝影、與隨處可見的貴賓狗玩飛盤、在戶外溜冰場溜冰，或是在無可挑剔的果嶺上打高爾夫，小車上放滿艾倫公司準備的防曬霜、零食和驅蟲噴劑。[6] 所有娛樂活動安排得極為周到，需要的東西不必開口就自動會出現，那些穿著 SV99 馬球衫的工作人員會隨時準備好，他們似乎不計其數、無處不在，卻又幾乎隱形。

然而艾倫真正的祕密武器是百來位體面的青少年保母，他們多半金髮，一身肌膚曬成深古銅色，穿著和工作人員相同的馬球衫，背著搭配的艾倫公司背包。當父母和祖父母遊玩時，每個孩子都有一位保母陪伴，與他們一起進行活動：網球課、美式足球、騎單車、踢球、坐馬車、看馬術表演、溜冰、接力賽跑、划船、釣魚、藝術活動，或是吃冰淇淋和披薩。每位保

母都經過仔細挑選，確保所有孩子都玩得開心，往後還會吵著要來。保母的存在讓父母們非常滿意，可以毫無愧疚地和其他大人一起玩樂幾天。

巴菲特是最大的受益人之一，他喜歡把太陽谷當做家庭度假活動。如果要他單獨和孫子女在野外共處，他會不知所措。除高爾夫之外，他對戶外活動毫無興趣，他從沒射擊過飛靶，沒騎過越野自行車，認為水就像「監牢」，寧願戴上手銬也不泛舟。他相當自得地和美國電影協會總裁瓦倫蒂（Jack Valenti）打賭一美元比賽高爾夫，與布洛可的妻子梅莉迪斯（Meredith）比賽橋牌，或是與《花花公子》執行長克麗絲蒂·海夫納（Christie Hefner）和戴爾電腦執行長麥可·戴爾交際。

他更常躲回自己俯瞰高爾夫球場的公寓，坐在巨大的石砌壁爐旁看報紙或商業新聞。[7] 他幾乎未曾注意過窗外景色，看看覆蓋松樹林的山脈，或是盛放如波斯地毯的花壇。他來此是為了享受艾倫營造的溫暖氣氛，[8] 他喜歡和密友相聚：凱瑟琳·葛蘭姆（Katharine Graham）和她兒子唐納（Don）、蓋茲夫婦、基奧夫婦、迪樂和妻子馮芙絲登柏（Diane von Furstenberg）、葛洛夫和妻子依娃（Eva）。

但對巴菲特而言，太陽谷是家人團聚的稀有時刻，這才是最重要的一點。女兒蘇西也住在奧馬哈，今年缺席的大兒子霍華和妻子迪鳳住在伊利諾州迪卡土（Decatur），小兒子彼得和妻子珍妮佛住在密爾瓦基。

與巴菲特結褵四十七載、現已分居的妻子蘇珊會從舊金山搭機前來與他們會合。與他相伴超過二十年的艾絲翠·孟克斯（Astrid Menks）則留在奧馬哈家中。

週五晚上，巴菲特穿上夏威夷衫，陪伴妻子參加在網球場舉行的池畔晚會。大多數賓客都認識蘇珊，也很喜歡她，她一直是晚會中的明星。在有水中照明的奧林匹克標準池邊，蘇珊會就著高腳火把的光芒演唱老歌。

傲慢的新富

在這次的把酒言歡中，一些不知所云的新字彙像是 B2B、B2C、網頁橫幅廣告、頻寬、寬頻等等，夾雜在樂團的樂聲中。這週以來，一股隱隱不安的氣息在餐宴和雞尾酒會中蔓延。一群新興的科技領導人昂首闊步，向一年前從未聽過他們名字的人自我介紹，[9] 其中某些人的傲慢與太陽谷固有的氣氛格格不入，這裡是非正式的場合，禁止炫耀是艾倫不成文的規定，違者將遭驅逐。

簡報是聚會重頭戲，此時那種傲慢氣氛更為顯著。公司主管、政府要員和其他名人在這裡發表的談話和在別處不同，因為在這裡的發言不會傳出太陽谷旅館門口的花卉吊籃。記者禁止入內，新聞界名人和媒體大亨雖在座，卻遵守緘默慣例，因此演講人會說重要的真話，這些話因為太直接、太微妙、太驚心、太容易遭譏諷，或是太可能被誤解，絕對不會對大眾媒體吐露。

這年新加入的網路大亨們趾高氣揚，大肆吹噓公司前景和剛達成的合併案，希望從台下的基金經理人（money manager）手中籌得資金。這些基金經理人專門管理他人的儲蓄和養老金，總額超過 1 兆美元。[10] 在 1999 年，1 兆美元可以為所有美國家庭支付所得稅，可以送給九個州每家一部全新的賓利

（Bentley）汽車，[11] 可以買下芝加哥、紐約市和洛杉磯所有的房地產。一些來做簡報的公司希望觀眾中有人提供他們資金。

稍早，布洛可曾以「網路與我們的生活」為題，帶出後面一連串關於網路將如何改變傳播產業的簡報。公司高階主管一個接一個介紹自己公司光輝的未來，向觀眾展示不受限於儲存空間和地理區隔的醉人前景。他們的言談洗練，視野超前，讓部分觀眾相信一個新世界正在形成，另外一部分人卻想起了蛇油推銷員。科技公司的負責人自詡為希臘「天神」普羅米修斯，自天上偷火給人間。製造汽車零件、庭園家具之類乏味生活用品的公司，現在只宜考慮他們能引進多少科技。許多網路股沒有盈餘，本益比卻無限大，而實實在在從事生產的公司，市值卻在下跌。當科技股超越「舊經濟」時，道瓊工業指數也在四個月前跨過萬點關卡，在不到三年半之內翻漲了一倍。

演講的空檔，許多新富聚集在池邊的用餐區，池中有對天鵝正在划水。賓客可隨意穿過身著卡其褲和喀什米爾羊毛衫的人群，向蓋茲或葛洛夫提問。在往返會場和住處途中，網路大亨也受到記者追逐，更使太陽谷瀰漫著自我膨脹的氣氛。

週六下午，著名攝影師李波韋茲（Annie Leibovitz）要為《浮華世界》雜誌拍攝媒體明星，前一天某些網路巨頭試圖說服艾倫把他們列入拍攝名單。他們認為自己是當代要人，所以才獲邀進入太陽谷，因此很難相信李波韋茲可自行決定要拍誰。例如，她為何把巴菲特放進名單裡？他在媒體界只算間接經營者，頂多擔任公司董事、有一群具影響力的朋友、投資過許多媒體，但都是些老媒體。他們不相信巴菲特的面孔對雜誌銷售會有幫助。

　　這些明日之星認為自己未受重視，他們很清楚媒體會朝網路發展，可是艾倫認為以點擊數、眼球數和成長預期來評估科技股價值的新典範是一派胡言。「新典範就像新性愛，根本沒這種東西，」艾倫嗤之以鼻。[12]

投票機與體重計

　　隔天，象徵舊典範的巴菲特起了個早，他要擔任今天閉幕儀式的主講人。他總是拒絕其他公司的演講邀請，但是艾倫要他在太陽谷講話，他一定答應。[13] 週六上午的閉幕演講是研討會的重頭戲，幾乎所有人都放下活動，趕赴會場等著聽巴菲特談股市。

　　私底下，巴菲特曾批評股市將科技股價格哄抬到已經高得離譜。但波克夏海瑟威的股價不振，他堅持不買科技股的原則顯得僵硬過時。可是批評影響不了他的投資方式，至今他唯一的公開說法是，他不預測股市。所以，他答應在太陽谷談股市已經是首開先例。也許時機已到，他有堅定的信念和傳道的強烈欲望。[14]

　　他已為這次演講準備數週。他知道股市交換的不只是股票，就像賭場交換的不只是籌碼；籌碼代表著企業。巴菲特思索所有籌碼的總價值應該是多少。接著，他在腦海中回顧歷史，這不是歷史上第一次出現改變世界的新科技，鐵道、電報、電話、汽車、飛機、電視，它們都使事物的連結變得更快速，但其中有多少新科技令投資人致富？

　　早餐後，克拉克·基奧（Clarke Keough）走上講台。巴菲特和基奧一家相識多年，曾經是奧馬哈的鄰居。巴菲特透過克

拉克的父親唐納才與太陽谷結緣。唐納曾任可口可樂總裁。
1982年，唐納代表可口可樂從艾倫公司手中買下哥倫比亞片
廠，唐納和他當時的上司、可口可樂的執行長古茲維塔
（Roberto Goizueta），對於艾倫全無推銷員習氣的銷售手法印
象深刻，因此邀請艾倫進入可口可樂董事會。

唐納是愛荷華州蘇市的牧牛人之子，雖然已從可口可樂退
休，但依然很有權力，有時被稱為該公司的影子執行長。[15] 目
前擔任艾倫公司的副總裁。

1950年代，基奧家族還住在奧馬哈，巴菲特曾建議唐納
投資10,000美元加入他的合夥事業，以便未來替孩子付大學
學費。唐納當時是咖啡銷售員，一週工資200美元，只能送六
個孩子上教會學校。「那時我們沒有這筆錢，」克拉克告訴聽
眾，「那是我們一家永遠不會忘記的過去。」

巴菲特走上台前和克拉克站在一起，穿著他慣穿的蘇格蘭
格紋襯衫，外罩內布拉斯加紅毛衣。他接著把這個故事講
完：[16]「基奧一家是好鄰居，雖然唐納有時會說，他和我不
同，他有一份工作，但我們的關係良好。有一次，我太太蘇珊
依中西部的習慣到他家借一點糖，他太太米琪給了她一整包。
聽到這件事之後，我決定當晚親自拜訪他們。我對唐納說：
『你何不拿出25,000美元投資我的合夥事業？』基奧一家人愣
了一下，拒絕了我。

「後來我又去拜訪，像克拉克所說的，要求10,000美元，
同樣被拒。但我不洩氣，後來又去要求5,000美元，又被拒絕。

「1962年夏天的一個晚上，我又向基奧家走去，還在考慮
是否要降為2,500美元。等我走到他家時，整個屋子漆黑安

靜，看不見一個人影。我知道是怎麼一回事，唐納和米琪躲在樓上，所以我沒走開。

「我按門鈴又敲門，毫無回應。但唐納和米琪在樓上，一片漆黑。

「屋子裡太暗不能看書，睡覺又太早。我還記得那一天，就像昨天一般清楚，那是 1962 年 6 月 21 日。

「克拉克，你是何時出生的？」

「1963 年 3 月 21 日。」

「就是這樣的小事改變了歷史。你該高興他們沒給我那 10,000 美元。」

這段對話逗樂觀眾，接著巴菲特言歸正傳。「我今天要做幾件事。艾倫要我給大家看幾張投影片，他說：『要證明你跟得上時代。』在巴菲特家，艾倫的話就是命令。」他沒解釋何謂「巴菲特家」，接著說了一個艾倫的笑話。美國總統祕書急匆匆走進白宮橢圓辦公室，抱歉地說，他不小心同時安排總統和兩位人物會晤，一位是教宗，另一位是艾倫。巴菲特停頓一下，製造效果。「請教宗進來，」總統說，「我只需要親吻他的戒指。」

「在座親吻戒指的人，今天我要談股票市場，」巴菲特說，「我要談股票的價格，但不會談股價在未來數月或數年的變動。訂價（valuing）和預測不盡相同。

「短期而言，市場是個投票機；長期來看，則是個體重計。

「到頭來體重是最重要的，但在短期內選票也很重要，只不過股市的投票並不民主。更糟糕的是，投票資格不需經過檢驗。」

　　巴菲特按了一個鈕，他右手邊的巨大螢幕上亮出一張投影片。[17] 坐在觀眾席的蓋茲屏住呼吸，直到巴菲特終於好不容易打出第一張投影片。[18]

道瓊工業指數

1964 年 12 月 31 日	874.12
1981 年 12 月 31 日	875.00

　　他走向螢幕，開始解說。

　　「在這十七年間，經濟規模增長了五倍，『財星 500 大』企業 * 的銷售額也增長了五倍多，而股市則在原地踏步。」

貪婪因素

　　他後退一、兩步。「投資就是延後消費，先拿出錢以便日後回收。**投資只需要問兩件事，一是可以回收多少，二是何時可以回收。**

　　「伊索不懂金融，因為他說過『一鳥在手，勝過二鳥在林』，卻沒說何時。」巴菲特解釋說，利率（借貸的成本）就是「何時」的代價。利率對金融的作用相當於重力對物體的作用。當利率變動時，房屋、股票、債券等所有金融資產的價值隨之變動，就好像鳥的價格會上下波動。「因此，有時候一鳥在手勝過二鳥在林，有時候二鳥在林勝過一鳥在手。」

---

*《財星》雜誌以營業額的高低排序五百家美國企業，稱它們為「財星500大」。這群公司可用來粗略代表所有的美國企業。

巴菲特的音調平板,帶著鼻音,說話快速,似乎前一句剛脫口,後一句就撞上來。他把伊索和他認為荒謬的 1990 年代大牛市扯在一起,這段期間企業獲利成長不及前期,林中的鳥卻更貴,原因是利率低,幾乎沒人想持有現金,也就是手中的一鳥,投資人願為林中的二鳥支付前所未聞的高價。巴菲特稱這為「貪婪因素」(greed factor)。

觀眾中許多改變了世界的科技大師沉默地坐著,拜這個大牛市之賜,他們持有的股票暴漲,身價扶搖直上,網路時代是新典範,他們覺得理當如此,巴菲特無權指責他們貪婪,他自己多年來緊守財富,很少捐款,小氣到車牌字號都是「節儉」,大部分時間都在思索如何賺錢。他錯過科技股的大行情,現在卻朝他們的香檳吐口水。

巴菲特繼續說,只有三種情形能讓股市保持每年 10％以上的漲幅:第一是利率下跌,而且維持在歷史低點;第二是相對於員工、政府和其他人,投資人分享的經濟大餅比例超過歷來的高水準;[19] 第三就是經濟以高於正常的速度成長。[20] 他認為採用這些樂觀的假設,是「一廂情願」。

他說,有些人不認為市場會全面繁榮,只相信自己可以從中挑出贏家。他像樂團指揮一般,手一揮就換上一張新投影片;他還說,創新也許能使世界脫離貧困,但歷史顯示投資創新事物的人,事後並不開心。

「美國所有汽車公司的名單長達七十頁,這是其中的半頁,」他手中拿著那份完整的名單。「這裡總共有兩千家汽車公司。汽車也許是二十世紀前半最重要的創新,對人們的生活影響甚鉅,如果你處在汽車誕生的年代,看見汽車業在美國的

發展，你會說『這是我該投資的』。但是這兩千家公司，最近幾年只有三家留下來，[21] 而且這三家公司的股價都曾低於帳面價值（book value），也就是投入公司之後保留在公司內的資金。汽車對美國貢獻良多，但對股東的效果卻相反。」

他放下名單，手插進口袋。「有時候找出輸家比較容易。在那種時候，你該做的是放空*馬匹。」喀嚓一聲，出現了一張和馬有關的投影片。

美國馬匹數量

1900 年	1,700 萬匹
1998 年	500 萬匹

「坦白說，我有一點失望，巴菲特家在這段期間沒有放空馬匹。總是會有輸家的。」

觀眾發出低聲輕笑。他們的公司可能在虧錢，但他們自信是贏家，是天象巨變前端燦爛的超新星。

另一張投影片出現。

「二十世紀前半的另一項重大發明是飛機。從 1919 到 1939 年，美國大約有兩百家飛機公司。試想你回到那個時候，站在卡羅萊納州的小鎮基帝霍克（Kitty Hawk）想像飛機工業的前景，你將會看到一個夢想世界，人們想要飛去探望親友，或是逃離親友，或是做任何飛機可以為你做的事，你決定

---

* 放空是指認定一支股票會下跌，於是向人借股票並賣掉，如果真的下跌，放空的人就能以較便宜的價格買股票，從中獲利，但若股票上漲，就會賠錢。放空風險高，因為你是和市場的長期趨勢打賭。

要投資。

「截至數年前，在飛機工業上的所有股票投資，利潤是零。

「我希望那時我真的在基帝霍克，而且有超前的眼光和足夠的熱忱，把駕駛飛機的奧維爾（Orville，譯注：萊特兄弟之一）射下來，那是我該為後來的資本主義者做的。」[22]

又是一陣輕笑。有些人對這些老例子感到厭倦，但對巴菲特心存尊敬，於是繼續聽他說。

他轉向他們的產業。「鼓吹新產業總是簡單，因為新產業很容易推，叫人投資一般用品就難多了。神祕難懂的產品很好宣傳，特別是虧錢的東西，因為沒有參考數字。」這可說到痛處了。「但是人們會繼續投資，這使我想起一個故事。一個探油人死後到了天堂，聖彼得說：『我查過你的紀錄都合規定，只有一個問題。我們這裡分區嚴格，所有探油人都在這個籠裡，你也看見這已經爆滿了，沒有你的位置。』

「探油人說：『我可以說句話嗎？』

「聖彼得說：『說說無妨。』

「於是探油人把兩手圈起來，大聲喊：『地獄裡鑽到油了！』

「此時籠門的鎖立刻鬆開，所有探油人都衝出來往下跑。

「聖彼得說，『好高明的一招，進去吧，所有空間都是你的。』

「探油人停了一分鐘，然後說：『不，我還是和其他人一起走，畢竟謠言可能有幾分真實性。』」[23]

「這是人們對股票的感覺，大家往往認為謠言可能有幾分真實性。」

聽眾笑了半秒鐘，直到明白巴菲特的用意是說，他們可能未經思索就誤信謠言，跑到地獄去鑽油。

巴菲特回到林中鳥的寓言來結束演說。他說，新的典範並不存在，到頭來股市的價值只能反映經濟的產值。

誰能扳倒巴菲特？

他再放下一張投影片，用來說明過去幾年股市價值大幅超越經濟成長。他說，這代表接下來的十七年將不比 1964 到 1981 年好多少，當時道瓊指數一直原地踏步。「如果要我說未來十七年最可能的報酬率，那大概是 6％。」[24] 但是最近一次潘韋伯公司（PaineWebber）和蓋洛普合作的調查顯示，投資人預期股市報酬率介於 13％到 22％。[25]

螢幕上出現一張有裸體男女的漫畫，取材自關於股市的名著《客戶的遊艇在哪裡？》（*Where Are the Customers' Yachts?*）。[26] 他走向螢幕，揚一揚濃密的眉毛，指著漫畫說：「這個男人對女人說：『有些事很難和處女解釋明白，不管用文字還是圖片都講不清。』」觀眾知道他是指購買網路股票的投資人要遭殃了。他們沉默地坐著，沒人輕笑、暗笑或大笑。

巴菲特似乎沒注意到，走回講台，談到他從波克夏海瑟威帶來的小禮物袋。「我剛買了一家出售『部分所有權噴射機』的耐捷包機公司，我曾考慮送各位四分之一架灣流四號，但是等我到了機場才知道，那對在座大多數人而言可是降低了等級。」這時他們笑起來。他繼續說，所以他給每人一個珠寶商用的放大鏡，用來看太太的戒指，特別是第三個太太的。

這話讓觀眾笑了，報以掌聲。聲音靜下來，室內有一股憎

恨的暗流。1999 年在太陽谷宣稱股市過熱，就像對放蕩的人宣揚貞潔，這也許可使他們在椅子上端坐，但無法讓他們就此改過。

不過有些人卻認可他的論點。「很好，股市最基本的課程都包含在內了，」蓋茲這樣認為。[27] 在座的許多基金經理人認為他的話很中聽、且有淨化作用，因為他們都喜歡搜尋便宜的股票。

巴菲特揮舞著一本書，「這本書是 1929 年股市狂熱的理論依據，史密斯（Edgar Lawrence Smith）所寫的《普通股的長期投資》（*Common Stocks as Long Term Investments*），證明股票報酬永遠高於債券。史密斯找出五個理由，其中最新鮮的一個是，公司保留部分盈餘以同樣報酬率再投資，也就是利潤再投資（plowback），這在 1924 年可是新想法！但就像我的老師葛拉漢所說的：『好主意可能比壞主意還麻煩』，因為你會忘記好主意有其極限。凱因斯在這本書的序言中說，『可能造成以過去來預測未來結果的危險。』」[28]

他又繞回相同主題：**不能以股價最近幾年的快速上漲來推斷未來**。「還有任何我沒有得罪到的人嗎？」[29] 他停下來，沒人舉手。

「謝謝，」他結束演講。

「稱讚針對人，批評針對事」是巴菲特的原則。他的一席話是要發人深省，不是為了讓人討厭，因為他很在意人們對他的看法。他沒有點名任何人，他認為他們終會淡忘他的取笑。他的論證很有力，幾乎無懈可擊，他認為即使不喜歡聽的人也會承認這一點。不論觀眾是否不舒服，至少沒有形諸於色。他

回答問題，直到演講時間結束，人們起立為他鼓掌。不論他們認為這次演講是很高明地解釋了投資理念，或只是老獅王的最後吼叫，都精采絕倫。

在一個有五年好績效就算了不起的行業裡，巴菲特傲視同業，保持四十四年的佳績。隨著這項紀錄的逐年增長，人們會問：他的地位何時動搖？他會宣布退休嗎？會出現某種巨變使他出局嗎？某些人認為這個時機已經來到，就是要有個人電腦這樣的重大創新加上無孔不入的網路，才能扳倒巴菲特，但是他顯然忽略這些訊息，拒絕面對新現實。當他們含糊、禮貌地說「你的演講太精采了」時，這群年輕獅子已在周遭蠢動。中場休息時間在女盥洗室內，也可聽到一群矽谷太太們的類似評語。[30]

不僅某些人認為巴菲特說的不對，就算他的預測最終證實為真，他對股市前景黯淡的預測一向和他自己的輝煌紀錄形成強烈對比。在早年的好日子，他大把買進便宜的股票，幾乎只有他一人注意到路邊的金蘋果。但是後來門檻提高、投資難度增加，想勝過別人變得愈來愈難。現在是他們的時代了，巴菲特有什麼資格向他們說教？說他們不應該利用這大好時機從股市賺錢？

最後一天的下午時光，有的賓客再去打一場網球或高爾夫，也有人在池畔草地閒聊。巴菲特和老朋友在聚一起，他們恭賀他演說成功，認為他的演說舉證充分，已經成功影響觀眾的態度。

巴菲特喜歡受歡迎的感覺，他記住了觀眾的起立鼓掌，而不是他們的竊竊私語。不信他話的人認為，巴菲特是在找藉口

掩飾自己錯失科技股大好行情，他們驚訝他竟會做出這樣的預測，而他的預測必然錯誤。人們在他背後說：「老華倫錯失良機。他是蓋茲的朋友，怎麼會沒搭上科技股的船呢？」[31]

當天晚餐在數公里外的河流旅館進行。晚餐中艾倫終於講話，回顧這一週並向某些人致謝。然後輪到蘇珊上台，站在俯視大木河（Big Wood River）的窗邊演唱老歌。餐後賓客回到太陽谷旅館，觀賞奧林匹克溜冰選手的冰上表演。

煙火在夜空中綻放，宣告 1999 年太陽谷的豪華盛宴圓滿結束。但大多數人記住的不是泛舟或溜冰表演，而是巴菲特對股市所做的評論，這是三十年來他做的第一個預測。

第 3 章
習慣的動物
加州帕莎迪那，1999 年 7 月

　　巴菲特的合夥人查理·孟格（Charles T. Munger）不曾現身太陽谷，艾倫投資銀行從沒邀請他。孟格一點也不介意，太陽谷這類活動需要取悅太多人，他寧願付錢以求脫身。[1] 巴菲特樂於取悅人，即使在批評觀眾時，也要確定觀眾喜歡他。孟格只想受人尊敬，就算有人在背後罵他也不在意。

　　但在很多人眼中，他們兩人幾乎一模一樣。巴菲特自己也說，他們「幾乎是連體嬰」。他們走路的步伐同樣蹣跚笨拙，穿著相同的灰色西裝，體態同樣僵硬，那是數十年來長時間讀書看報，很少做運動和戶外活動的結果。他們的髮型梳法相同，戴同款的大黑框眼鏡，眼神一樣明亮銳利。

　　他們的想法也很類似，都認為商業是引人入勝的謎題，終其一生尋求解答。兩人都認為理性和誠實是最高美德，而衝動和自欺是犯錯的主因。他們喜歡思索失敗的原因，從中導出成功法則。「長久以來，我習慣遵循代數學家雅各比（Carl Jacobi）的建議，用逆向方式來思考問題，」孟格說。「倒過來想，一定要倒過來想。」他以一個聰明農夫的故事說明。農夫說，「跟我說我會死在哪裡，我就不去那個地方。」[2] 孟格把這個故事當成比喻，巴菲特則照字面解釋，他缺少孟格的微妙

宿命觀，面對自己的大限更是如此。

　　但兩人都愛教訓人，孟格說自己「好為人師」。他有時在演說中談論成功生活的藝術，人們覺得很有智慧，將內容不斷傳閱，直到人人都可在網路上讀到。他非常熱中於發表演說，有幾次演說時太過「自我陶醉」（套用巴菲特的話），等到有人將他拖下台才住嘴。

鞋釦症

　　雖然孟格自認為是業餘的科學家和建築師，喜歡大談愛因斯坦、達爾文、理性思考的重要，以及聖塔芭芭拉住宅區內房屋的理想棟距，但他不會過度偏離熟悉的主題，以免犯了一位哈佛法學院同學所說的「鞋釦症」（Shoe Button Complex）。

　　「這位同學的父親每天和同一群人一起通勤上班，」孟格說。「其中有個人很有本事搶下鞋釦市場，這是個很小的市場，但是被他獨占了。他對所有話題都武斷地表示意見，就因為拿下鞋釦市場，使他以為是萬事通。華倫和我都警惕自己別犯這種錯。」[3]

　　巴菲特沒有得「鞋釦症」的危險，他害怕被人討厭，更害怕顯得偽善。**他小心待在自己的能力範圍內，只談他絕對擅長的三個主題：錢、商業和自己的生活。**

　　不過他和孟格一樣有「自我陶醉」的問題。孟格不輕易演講，但是有難以結束的毛病；巴菲特雖然懂得收尾，卻很難不開講。

　　巴菲特發表演說、寫文章、寫社論，在宴會中對賓客講話；他上法庭作證，在電視紀錄片和訪談中露臉，還帶著記者

一起旅行；他到大學講課，接受大學生參觀訪問；他在家具店開幕儀式和保險公司電話行銷中心啟用典禮上致詞，在耐捷包機公司的晚宴上講話；他在球員休息室中勉勵足球員，與國會議員進餐時發表演說；在報社編輯會議中講課，給自己公司的董事們上課；更重要的是在股東大會和致股東信中也是誨人不倦。波克夏海瑟威宛如他的「西斯廷教堂」（Sistine Chapel，譯注：位於梵蒂岡，以宗教壁畫聞名），不只是個藝術品，還是他信念的具體詮釋。所以孟格說，波克夏是巴菲特的「教誨事業」。

這兩人從第一次見面就成為彼此最好的聽眾。1959 年，他們在友人的安排下共進午餐，聊到主人已筋疲力盡，他們仍滔滔不絕。此後數十年，他們的對話不曾間斷，最後他們能讀出對方心思，不用言語也能靈犀相通。還好這時他們的聽眾圈已經擴大許多，包括朋友、事業夥伴、股東，以及全世界。不少人離開巴菲特辦公室或聽完孟格的演說後，原來的疑難雜症變得豁然開朗。和他們人生中大多數事務一樣，他們對這個角色應付自如，從長期習慣化為生命的一部分。

被說成習慣的動物，巴菲特露出受傷害的表情。他說，「我不是習慣的動物，查理才是。」

使強者更強

孟格早晨起床，戴上大約零點六公分厚的老式白內障眼鏡，在固定時間坐進車裡，小心把父親留下來的手提箱放在身旁座位上，自帕莎迪那（Pasadena）開車到洛杉磯市中心。[4] 換到左邊車道前，他會先從照後鏡中計算後面有多少輛車，看

著它們一一開過去，感覺出何時可換車道。[5]（曾有多年時
間，他一直在行李箱中放一罐備用汽油，以免忘記加油，後來
他終於接受別人的勸告，改掉這個習慣）到了市區，他通常會
在加州俱樂部與人共進早餐。他先在三樓電梯旁小桌上取一捲
報紙，然後走向餐廳的第一張桌子，像耶誕節早晨拆禮物包裝
般一張張打開報紙，堆在一邊。

「早安，孟格先生。」其他俱樂部會員經過桌邊會問候他，
如果孟格認識他們並和他們聊上幾分鐘，他們會很高興。

孟格用右眼打量他們；他的左眼因白內障手術失敗而失
明。[6]他說話時左眼皮半垂，頭必須前後轉動才能看清全場，
使他看似戒慎且一臉不屑。

吃完藍莓後，孟格來到簡樸擁擠的辦公室，那是他向
1962 年他創辦的孟托奧法律事務所（Munger, Tolles & Olson）
租來的，創辦才三年他就退出這家事務所。辦公室由祕書歐柏
特（Dorothe Obert）照管。房間四周放著科學和歷史書籍、富
蘭克林的傳記、警句家暨辭典編纂者約翰生博士（Samuel
Johnson）的巨幅畫像，還有他最近交易的房地產平面圖和模
型，窗邊有一座富蘭克林半身塑像。孟格欣賞富蘭克林，因為
他一方面擁護新教徒中產階級價值觀，一方面隨心所欲地過生
活。孟格經常引用富蘭克林的話，閱讀他的作品，還有其他
「卓越的死人」（如孟格所言）的作品，像是古羅馬政治家西塞
羅（Marcus Tullius Cicero）和著名猶太教哲學家邁蒙尼德
（Moses Maimonides）。孟格還管理波克夏的子公司魏斯可金融
公司（Wesco Financial），以及魏斯可擁有的法律刊物出版商
每日報導公司（Daily Journal Corporation）。前來找他閒聊的

人，多半會被祕書歐柏特暗帶諷刺的妙語擋駕，只有家人密友或生意夥伴是例外。

孟格投注不少時間在四項慈善事業。當他願意時，他會熱心參與，慷慨解囊。然而孟格並不同情他所謂的「無用之人」，他是達爾文學說的信徒，他的捐款是要使強者更強。接受他捐款的有好撒馬利亞人醫院（Good Samaritan Hospital）、哈佛西湖中學（Harvard-Westlake School）、杭廷頓圖書館（Huntington Library）、史丹福法學院。這些機構知道，孟格的捐款附帶許多教訓和指示，希望他們照他的方式辦事。例如，史丹福法學院宿舍的每個房間要保持幾公尺寬，窗戶開在特定位置，臥室到廚房距離正好幾公尺，而且車庫放在他指定的位置，他才樂意捐錢。他就像昔日的貴族，施恩捐錢時要附帶各種煩人、卻是為受惠者利益著想的條件，因為他知道怎麼做最好。

儘管有這許多事要管，孟格下班後通常還有時間和老友在洛杉磯鄉村俱樂部打一會兒高爾夫。然後他可能回帕莎迪那自己設計的家中，和妻子南西共進晚餐，但他更常和一群老友在加州俱樂部或洛杉磯鄉村俱樂部用餐。他以埋首閱讀來結束一天。他經常與八名子女、繼子女，以及孫子們一起度假，地點通常在他位於明尼蘇達州星島（Star Island）的小屋，他和他父親一樣愛釣魚。他在那裡有一艘巨大的遊艇「海峽貓」號，可接待數十位客人。儘管有些怪癖，孟格其實是個居家男人，喜歡朋友、俱樂部和慈善事業。

重度閱讀者

巴菲特喜歡朋友和俱樂部，但是和慈善事業少有關聯。他

的生活比孟格還單純，只是個性複雜多了。他大部分時間待在奧馬哈，但行程排進多個董事會議和訪友旅程，悠閒而規律。在奧馬哈的日子，早上他從住了四十年的家開車 2.5 公里來到位於奇威廣場大樓（Kiewit Plaza）的辦公室，他在這裡幾乎也待了四十年。早上八點半前，他就會在父親的辦公桌坐下，打開電視收看 CNBC，但調成靜音，然後拿起一堆報紙，一邊留意螢幕，一邊翻看桌上一疊刊物：《美國銀行家》、《編輯與出版》、《廣播》、《飲料文摘》、《今日家具》、《貝斯特保險評論》（*A.M. Best's Property-Casualty Review*）、《紐約客》、《哥倫比亞新聞評論》、《紐約觀察家》，還有他欣賞的作者所寫的股票和債券通訊。

接著，他閱讀波克夏旗下事業以傳真、郵寄、電子郵件送過來的各種月報、週報、日報，而旗下事業名單逐年增長。這些報表告訴他，公務員保險公司（GEICO）上週賣出多少車險保單、付出多少理賠金；喜事糖果（See's Candies）昨日賣出多少磅糖；費徹海默斯（Fechheimers）接到多少監獄守衛制服訂單；耐捷包機在美國和歐洲賣出多少飛機部分所有權。還有雨遮、電池充電器、空氣壓縮機、訂婚戒指、出租卡車、百科全書、機師訓練課程、家具、心肺儀器、豬欄、船隻貸款、房地產買賣登記、冰淇淋聖代、絞盤和捲揚機、瓦斯、淺池泵（sump pump）、吸塵器、報紙廣告、數蛋器、刀具、家具出租、護士鞋、機電零件等，各種成本和銷售數字湧進他的辦公室，許多數字他都記在腦海裡。[7]

有空時，他就閱讀數百家他尚未購買的公司報表，一方面是出於興趣，一方面是以備不時之需。

　　如果有顯貴人物親自到奧馬哈拜訪他，他會開著灰藍色林肯轎車，行駛 2.5 公里，經過市中心到機場迎接，來客往往因為他的平易近人而驚訝、感動，但很快他們就會心驚肉跳，看著他一邊興高采烈地說話，一邊在馬路上穿梭，幾乎無視於停車再開標誌、紅綠燈和其他車輛。他為這樣漫不經心的駕駛方式辯護：反正車速慢，就算出事也不會太嚴重。[8]

　　他總是帶訪客參觀辦公室，展示他事業生涯中的重要紀念物品。然後他坐下來，身體前傾，雙掌交握，聆聽訪客的問題和請求，眉毛揚起表示理解。巴菲特機智詼諧，對商業提案迅速做出決定，並給予熱心建議。訪客離去時，他會親自送他們回機場，還可能中途停在麥當勞吃中餐，此舉也讓政治名人和大公司執行長大吃一驚。

　　除了閱讀、研究和偶爾會客外，巴菲特的電話成天響不停。第一次撥他電話號碼的人，聽到一聲親切的「哈囉」、發現他親自接電話時，經常不知所措。他的祕書波莎聶克（Debbie Bosanek）匆忙進出，遞來其他電話留言。書櫃上另一支電話偶爾會響，那是交易員打來的，他立刻就接。「喂……嗯……好啊……多少……嗯……就這麼辦吧，」說完掛斷，回去聽其他電話，或繼續閱讀、看 CNBC，直到下午五點半準時下班。

　　在家等待他的女人並不是他的妻子，而是自從 1978 年就與他同居的艾絲翠，他對此非常公開，妻子蘇珊不僅允許，事實上還安排了這三角關係。他和蘇珊都強調他們仍是夫妻，只不過他們夫妻的互動就像巴菲特生活中所有事情一樣，都安排了時間表。巴菲特的公開解釋只有一句話：「如果你了解我們

每一個人，你就會明白這件事。」⁹ 這話也有道理，但是沒有人同時了解蘇珊和艾絲翠，或是巴菲特，他的人際關係都是互相獨立的。不過，蘇珊和艾絲翠看起來是朋友。

　　大多數夜晚，巴菲特在家和艾絲翠一起吃晚餐，像是漢堡或豬排之類。兩小時後他上網打橋牌（他一週要打十二小時橋牌），眼睛盯著電腦螢幕，旁邊還開著電視。艾絲翠不去打擾他，除非他嚷著，「艾絲翠，給我一瓶可口可樂！」打完牌，他通常會和橋牌搭檔也是知心好友的歐斯柏格（Sharon Osberg）通電話，而艾絲翠則悠閒地料理家務。到了十點，他和負責再保險業務的詹恩（Ajit Jain）進行電話會議，艾絲翠則上超市並帶回剛送來的次日報紙。巴菲特看報時，艾絲翠上床睡覺。這就是億萬富豪的簡單生活。

第 4 章

華倫怎麼了

奧馬哈和亞特蘭大，1999 年 8 月～ 12 月

　　巴菲特 300 多億美元的財產，99％都投資在波克夏海瑟威
的股票。他在太陽谷演講中提到，股市的體重計比投票機重
要，而他說的話之所以有分量，正是因為股市投票機對他手中
股票的評價。他的富有讓世人注意他，當他說股市未來十七年
表現會讓投資人失望時，[1] 他彷彿站上懸崖，如果預測錯誤，
他不但會成為太陽谷的笑柄，在全球富豪榜的排名也會下降，
而他很在意這個排名。

　　1990 年代晚期，波克夏的股價漲幅超越大盤，巴菲特的
名望因此水漲船高。波克夏股價在 1998 年 6 月為每股 80,900
美元，足以購買一棟小公寓，這在美國企業中是獨一無二的。
巴菲特認為股價是評估他成就的簡單方法。自從他第一次以每
股 7.5 美元買進波克夏之後，股價就直線上升。雖然那段時期
股市動盪，但直到 1999 年為止，買進並持有波克夏的投資人
都賺了錢。

股價年度漲幅

年度	1993	1994	1995	1996	1997	1998
波克夏	39%	25%	57%	6%	35%	52%
標準普爾 [2]	10%	1%	38%	23%	33%	29%

現在，巴菲特發現他握有的股票逐漸失寵，科技和通訊股卻向上攀升。1999 年 8 月，波克夏股價跌到 65,000 美元。一家根基穩固、一年賺 4 億美元的大型企業值多少？而一家虧錢的小型企業又值多少？

- 玩具反斗城年銷售額 110 億美元，淨利 4 億美元。
- 電子玩具（eToys）年銷售額 1 億美元，虧損 1.23 億美元。

　　股市的投票機說電子玩具值 49 億美元，玩具反斗城的身價則比電子玩具低了約 10 億美元，因為他們認為電子玩具可以靠著網路擊潰玩具反斗城。[3]

　　此時市場上籠罩著一片有關千禧年的疑慮。專家預測，1999 年 12 月 31 日午夜將有災難降臨，因為許多電腦程式不能處理開頭是 2 的年度。為預防全美提款機同時當機，造成現金短缺，聯準會快速提高貨幣供給，股市動能因此大增。就在太陽谷會議後不久，股市就像國慶煙火般一飛沖天。年初投資 1 美元在科技股組成的那斯達克指數，現在已變成 1.25 美元，而同樣的錢放在波克夏股票，將只剩 0.8 美元。12 月底，道瓊工業指數全年上漲 25%，那斯達克指數超越 4000 點，上漲幅度是令人難以置信的 86%。波克夏股價卻下跌到 56,100 美元，短短幾個月，過去五年的領先就被抹去了。

　　過去一年多來，金融界人士取笑巴菲特是過氣人物，是舊日的象徵。千禧年前夕，華爾街必讀的《霸榮》（Barron's）雜誌把巴菲特擺在封面，標題是：「華倫，你怎麼了？」相關文章指稱波克夏「重重跌了一跤」。他從來不曾看過這麼多對他

的負面報導。他一再說：「我知道這會改變，只是不知道什麼時候。」⁴ 他忍不下這口氣，很想反擊，但什麼也沒做、什麼也沒回應。

到了 1999 年底，許多學習巴菲特風格的「價值型投資人」（value investor）不是歇業，就是轉而買進科技股，巴菲特卻依然故我。他所謂的「內在成績單」，也就是他多年來做財務決策的嚴謹作風，他不會輕易動搖。

「我不受別人影響。如果我在西斯廷教堂畫壁畫，當人們說『好漂亮的畫啊！』我會很高興。如果他們說，『你怎麼不多用點紅色，少用藍色？』那就再見。這是我的畫，我不在乎他們出多少價，這幅畫永遠不會畫完，這是它的優點之一。」⁵

「影響人們行事的一大因素，在於他們拿的是一張內在成績單還是外在成績單。能安於內在成績單，對你有好處。我喜歡這麼說，『你想做人們以為是最糟的情人，但其實是世上最棒的情人，還是人們以為是最棒的情人，但其實是最糟的情人？』這是個耐人尋味的問題。

「還有，如果世人無法看見你的成果，那麼你希望被認為是最好的投資人、但其實績效最差，還是被認為是最差的投資人、績效卻最好？

「子女年幼時，父母看重什麼他們就學到什麼。如果父母看重的是外界對你的看法，而不是你的行為，你會追求一張外在成績單。我父親是百分百重視內在成績單的人。

「他真正是個特立獨行的人，但他不是故意標新立異，他只是不在意別人怎麼想。我父親教導我如何生活。我從沒見過像他那樣的人。」

第二部

內在成績單

第 5 章
傳道的熱情
內布拉斯加州，1869 年～1928 年

　　約翰‧巴菲特是最早來到新大陸的巴菲特家族成員。據說他是法國胡格諾（Huguenot）教徒的後代，職業是做毛料布匹的紡織工。十七世紀，為了躲避宗教迫害而逃到美國，定居在紐約長島的杭廷頓（Huntington），以務農為生。

　　除了務農之外，我們對於移居美國的巴菲特家族早期成員所知不多。[1] 不過，我們可以清楚看到華倫‧巴菲特的佈道熱情來自家族遺傳。約翰‧巴菲特有一個兒子曾向北航行，橫跨長島海峽前往康乃迪克州靠海的墾殖地，然後爬上山對一群異教徒傳教。[2] 但我們很懷疑格林威治那群亡命之徒與異教徒聽了他的傳道會就此懺悔，因為根據歷史記載，他在傳道後不久就被雷電擊倒。

　　幾代之後，西布倫‧巴菲特（Zebulon Buffett）這個居住在長島迪克斯山（Dix Hill）的農夫出現在家譜上。巴菲特家族有一項特質，就是對待親友極為吝嗇，而西布倫是第一個展現此特質的人。西布倫的孫子希尼（Sidney Homan Buffett）就認為工資低得根本瞧不起人，於是辭去西布倫農場的工作。

　　希尼是個身材瘦長的青少年，他跑到奧馬哈去投靠外祖父喬治‧荷曼（George Homan），並在外祖父的出租馬車行工

作。[3] 當時是 1867 年，奧馬哈隨處可見簡陋的小木屋。隨著內戰結束，情況也大為改觀。統一後的美國出現了史上第一條橫貫大陸的鐵路，而林肯總統將鐵路總部設在奧馬哈。聯合太平洋鐵路（Union Pacific）為奧馬哈帶來了繁忙的商業氣息。

別急著賺大錢

後來希尼離開馬車出租行，在一個只有泥土路的小鎮上開了第一家雜貨店。這是一個簡樸但受人尊敬的行業，他在店裡賣水果、蔬菜與人們捕獲的獵物，每天工作到深夜十一點，牧場養的雞一隻賣 25 分錢，而長耳大野兔一隻賣 10 分錢。[4] 祖父西布倫為這個孫子的未來感到憂心，時常寫信訓示他，直到現在，他的子孫仍然遵守著這些訓示，只有一項例外。

> 做生意一定要精準，你也許會因此發現有些人不太好打交道，盡量少和這種人來往……。維持信用，這比錢還好用……。做生意時，小賺就夠了，不要急著賺大錢……。我希望你如此規規矩矩過一輩子。[5]

希尼在這個目無法紀的地方遵循著「小賺就夠」的原則，並讓生意漸漸步上軌道。[6] 他與艾芙琳・凱特強（Evelyn Ketchum）結婚，並生了六個小孩，其中幾個夭折，只有恩尼斯（Ernest）與法蘭克（Frank）活了下來。[7]

有人說：「再沒有人比恩尼斯・巴菲特更人如其名了。」[8]（譯注：Ernest 與 earnest 同音，後者有認真之意）1877 年出生的恩尼斯念到八年級就不再上學，1893 年的經濟衰退時期他

在父親店裡幫忙。和有生意頭腦的恩尼斯比起來，法蘭克長成一個大塊頭，挺著大肚子，是清教徒家庭裡的異教徒，偶爾還喝點酒。

有一天，一位年輕貌美的女子到店裡來應徵工作。她名叫韓莉葉塔‧杜瓦（Henrietta Duvall），為了躲避後母的虐待而逃到奧馬哈。[9] 恩尼斯與法蘭克馬上為她傾倒，結果外貌較英俊的恩尼斯贏得芳心，並在 1898 年與她結為連理。恩尼斯與韓莉葉塔在結婚第一年就生了一個孩子，名叫克萊倫斯（Clarence），後來又生了三個兒子和一個女兒。恩尼斯因爭奪韓莉葉塔而與法蘭克決裂之後，就開始與父親希尼合夥做生意，後來自己出來開了另一家雜貨店。法蘭克差點終身不娶，韓莉葉塔過世前，他和恩尼斯整整二十五年沒講過話。

在恩尼斯的店裡，「工作時間長、工資低、言出必行且不容出錯」。[10] 恩尼斯永遠穿著一套整潔的西裝，只要有員工摸魚，他就會從位於夾層的辦公桌對下頭的員工皺眉頭。他也會寫信給供應商，要求對方「盡速將芹菜送過來」。[11] 他對女顧客很有一套，但也會毫不客氣地在隨身攜帶的黑色筆記本內記下他討厭的人名，例如民主黨員與欠帳的顧客。[12] 恩尼斯認為世人需要他的意見，因此到全國各地參加集會，與其他看法相同的生意人一同批評美國的困境。[13]「他的個性沒有半點自我懷疑，他的每一句話永遠以驚嘆號結束，並且要你認同他的觀點，」巴菲特說。

不把錢花光

恩尼斯曾寫信告誡他的兒子與媳婦，身邊一定要留點現

金，他把巴菲特家族視為中產階級的代表：

> 我可能曾告訴你們，巴菲特家族中沒有一個人留下大
> 筆遺產給子孫，但也沒有一個人不曾為子孫留下一點
> 財產。他們絕不把賺來的錢全部花光，一定會存下一
> 點錢，這種做法結果相當成功。[14]

「不把錢花光」可能是巴菲特家族的座右銘，意思相當於
「絕不負債」。

同樣擁有胡格諾教派背景的韓莉葉塔與她丈夫同樣節儉、
禁酒且意志堅定。當恩尼斯在看店時，她會駕著家裡的輕型馬
車、帶孩子到鄉間挨家挨戶發送宗教傳單。

巴菲特家族是小生意人，他們不是大商人，也不是專業人
士。他們非常清楚自己的地位。韓莉葉塔的心願是，讓四個兒
子和一個女兒成為家族裡最早出現的大學畢業生。為了籌措孩
子的學費，她極力緊縮家庭開支，有人說，她的做法甚至比巴
菲特家族的節儉標準還嚴苛。每個孩子從小就要到店裡幫忙。
長子克萊倫斯拿到地質學碩士學位，進入鑽油業；[15]次子喬治
得到化學博士學位，後來在東岸工作；另外三個孩子霍華
（Howard）、弗列德（Fred）與艾莉絲（Alice）也都是內布拉
斯加大學的畢業生，弗列德繼承家裡雜貨店的事業，艾莉絲則
成為家政老師。

三子霍華（也就是華倫・巴菲特的父親）出生於 1903 年。
當他於 1920 年代早期在中央中學（Central High School）念書
時，曾有被同學排擠的不愉快回憶。奧馬哈當時被少數幾個家

族所掌控,他們擁有牧場、銀行、百貨公司,同時繼承了家族釀酒廠所帶來的財富,雖然這些釀酒廠因禁酒令而關閉。霍華說,「我的衣服幾乎都是兩個哥哥穿過的,我是個送報生,也是雜貨店老闆的兒子,兄弟會並沒有把我放在眼裡。」他感受到很強烈的被排斥感,導致他從此極為厭惡階級和與生俱來的特權。[16]

霍華在內布拉斯加大學主修新聞,同時在學校的報社《內布拉斯加日報》工作,正好讓他享受以局外人挖掘權貴家庭內幕的樂趣,又能結合巴菲特家族對政治的熱愛。不久後,他遇見了麗拉‧史塔(Leila Stahl),這個女孩對新聞同樣感興趣,同時也對社會階層的差異感受深刻。

麗拉的父親約翰(John Stahl)是個矮小圓胖、個性和善的德國移民後裔,在內布拉斯加州康明郡(Cuming County)擔任學校督學,常在腿上蓋著一件水牛皮長大衣、駕著四輪輕便馬車四處巡視。[17] 根據家族歷史所述,約翰深愛他的妻子史黛拉(Stella),兩人生下女兒伊迪(Edith)、麗拉、柏妮絲(Bernice),與兒子馬里恩(Marion)。

史黛拉是英國移民後裔,而她們一家人所居住的內布拉斯加州西點(West Point)是德國移民後裔的聚集地,因此她時常感到不快樂。1909 年,史黛拉出現精神崩潰的狀況,這其實是家族遺傳,她母親蘇珊‧巴柏(Susan Barber)因為「發瘋」被送到內布拉斯加州立精神病院,並於 1899 年在院內病逝。根據家族傳說,史黛拉有一次拿著壁爐撥火棒追打伊迪,約翰只好放棄到處視察的工作,以便照顧小孩。漸漸地,史黛拉愈來愈常把自己關在黑暗的房間、扭轉把玩頭髮,她的憂鬱症傾

向顯然相當嚴重。除了孤立自己，她偶爾還會對丈夫與小孩施暴。[18] 約翰發覺已不能再讓孩子與母親單獨相處，於是買下《康明郡民主報》，以便在家工作。

麗拉從五歲就和姊妹共同分擔家務，同時協助父親排版印製報紙。她是從排字的工作中學會拼字的。十一歲時，她已經會操作鑄排機了。她每星期五都因為頭痛而無法上學，因為前一天晚上要忙著報紙出刊的工作。他們一家住在報社樓上，房子裡老鼠橫行。在這樣的情況下，全家人把希望寄託在馬里恩身上，馬里恩是個聰明的孩子，而且立志要當律師。

史塔一家人的處境在第一次世界大戰時期變得更加困難，這是因為《康明郡民主報》在德裔地盤發行，立場卻是反對德軍，訂戶紛紛退訂，改訂《西點共和報》，結果為他們帶來了嚴重的財務危機。約翰是民主黨重要政治家布萊恩（William Jennings Bryan）的死忠支持者。布萊恩是十九世紀末最重要的政治家之一，還差一點當選總統。他在最風光的時候支持某種「民粹主義」，曾在一次著名的演講中說：

> 政府有兩種，一種政府立法讓有錢人更加富裕，而他們的財富會向下流到下面的所有階層。民主黨的理念是，立法讓一般大眾變得富裕，他們的財富會向上累積到上面的各階層。[19]

史塔一家人視自己為大眾的一部分，也是中堅階層，但他們承擔大任的力量卻沒有成長。1918 年，麗拉十六歲的妹妹柏妮絲開始自我放棄，柏妮絲是家中最不聰明的一個，但智商

也有 139。她認為自己將來一定會發瘋，就像外祖母與母親一樣，而且會像外祖母一樣死在州立精神病院。[20] 在這個時期，麗拉的學業因為混亂的家庭生活而大受干擾，為了幫助父親的事業，她申請延後兩年畢業。而後在內布拉斯加大學林肯分校就讀了一學期之後，她又休學一年，回到家裡幫忙。[21] 麗拉精力充沛，是家中最聰明的女兒，但後來她對這時期的描述卻與事實不符，她說她有一個完美的家庭，而且說她的學業被耽誤三年是因為她需要賺取學費。

中了娘胎的樂透

當麗拉 1923 年到林肯分校就讀時，心中有個清楚的目標：找一個好丈夫。她一到學校，就到學校辦的報社去找工作。[22] 個子嬌小的麗拉一頭短髮，像春天的知更鳥一樣活力十足，臉上的迷人微笑讓她那銳利的眼神變得柔和許多。從《內布拉斯加日報》體育記者逐步升上總編輯的霍華‧巴菲特馬上雇用了她。

霍華有一頭深色頭髮，外貌英俊，而且模樣像個教授，他是學校「諾森會」（Innocents）僅有的十三名成員之一。諾森會是內布拉斯加大學仿照哈佛與耶魯大學所成立的榮譽學生社團，只接受校園裡最優秀的學生。名稱源自羅馬教廷歷世的諾森教宗，諾森會宣稱揚棄邪惡，同時也主辦學校的畢業舞會與返校舞會。[23] 遇到這麼一個校園風雲人物，麗拉自然馬上就為霍華傾心。

當霍華即將畢業時，他跑去和父親討論畢業後的事業方向。他對錢並不是很感興趣，但因為恩尼斯堅持，他只好選擇

賣保險，放棄了有理想沒錢途的新聞工作與繼續念法學院的打算。[24]

　　這對夫妻新婚後搬到奧馬哈市內的一棟小平房，裡面的四個房間塞滿了恩尼斯送給他們的新婚禮物，全都是日常用品。麗拉花了366美元就買齊整個家的家具，根據她的說法，全都是用「批發價」買的。[25] 從此以後，麗拉將她對數學的精力、抱負與天分全用來幫助霍華發展事業，而她的能力其實更勝霍華一籌。[26]

　　1928年初，他們的第一個孩子多麗絲（Doris Eleanor）出生了。[27] 不久後，麗拉的妹妹柏妮絲因精神崩潰而辭去教職。儘管如此，麗拉似乎不像她母親與妹妹一樣有精神問題。精力充沛的她能連說幾小時的話都不停止，不過內容可能只是不斷重複。霍華說她是「颶風」。

　　兩人就此展開小夫妻的生活。麗拉帶著霍華加入她的第一基督教會（First Christian Church），並且當他成為教會執事時，很自豪地在她的「日誌」做了註記。[28] 霍華對政治充滿熱情，也開始展現家族的傳道傾向。

　　麗拉此時已轉而接受丈夫的政治立場，成為忠誠的共和黨員。巴菲特一家人都支持總統柯立芝（Calvin Coolidge）「美國人的正事就是商業」的主張，[29] 也都贊同柯立芝「政府盡量減少干預」的理念。柯立芝降低稅率，並賦予印地安人美國公民權，除此之外，他是個沉默而不干預的總統。1928年，原任美國商務部長的胡佛（Herbert Hoover）接任總統，同樣採取支持商業發展的政策。股市在柯立芝主政時期興盛發展，而巴菲特家族期望胡佛能讓榮景維持。

　　巴菲特日後回憶說：「在我小時候，我就得到了各種好東西。我的家人總是討論有趣的事情，父母聰明過人，而我讀的都是好學校。我想，再也找不到比我父母更好的雙親了，這點很重要。我父母並沒有給我錢，而我也不想要他們留錢給我。我出生在對的時間和地點，等於是中了『娘胎的樂透』（ovarian lottery）。」

　　巴菲特總是把成功歸因於運氣。不過，他所提到與家人有關的回憶，和事實並不相符。很少人會認為他的雙親是世界上最理想的父母。當巴菲特談論到父母的「內在成績單」對養育兒女有多重要時，他總是以父親為例，絕口不提母親。

第 6 章

浴缸的彈珠遊戲

奧馬哈，1930 年代

1920 年代，快速向上冒的股市泡沫吸引大眾投入股市。[1]
1927 年，霍華決定踏入股市，在聯合銀行（Union State Bank）
擔任證券經紀人。

好日子在兩年後結束。1929 年 10 月 29 日的「黑色星期
二」，股市在一天之內狂跌 140 億美元。[2] 相當於美國政府總預
算四倍的財富，在幾個小時內消失無蹤。[3]

在破產與自殺潮中，人們要的是錢，不是股票。[4]

「我父親過了四個月才完成一筆股票交易，佣金是 5 美
元。當他在夜裡拜訪客戶時，我母親都會和他一起出門搭街
車，然後在客戶家門外等他，這樣他回家時才不會太過沮喪。」

股市大崩盤的十個月後，巴菲特家的第二個孩子在 1930
年 8 月 30 日出生，這個孩子就是華倫・艾德華・巴菲特
（Warren Edward Buffett），比預產期提早了五週出生。

焦慮的霍華跑去找他父親，希望能在家裡的雜貨店找份工
作。巴菲特家的每位成員每週都會在工作之餘到店裡幫忙，只
有弗列德是全職店員，而且薪水非常微薄。恩尼斯告訴霍華，
他沒錢付薪水給他。[5]

就某方面來說，霍華覺得鬆了一口氣，因為他曾經「逃

離」店裡，一點也不想回頭。[6] 但他擔心家人會挨餓。「不要擔心食物的問題，」恩尼斯告訴霍華，「你可以在我這裡賒帳。」

巴菲特說：「祖父就是這樣的人。『你可以在我這裡賒帳。』」恩尼斯並非不愛家人，「我只希望他能多表現一點對家人的愛。」

「我想妳最好回妳西點的娘家，」霍華這麼告訴妻子，「這樣妳至少不必為三餐發愁。」但是麗拉沒有離開。她把搭車的錢省下來，走路到熟食店去買食物。她開始不去參加教友的聚會，免得跟大家輪流準備聚會喝的咖啡，因為她付不出買咖啡的 29 分錢。[7] 為了不在家裡的雜貨店欠帳，她有時不吃飯，因為她要把食物留給霍華。[8]

巴菲特滿週歲前兩週的那個星期六，人們在攝氏 38 度的高溫裡在市中心揮汗排隊，等著領回銀行裡岌岌可危的存款。他們從一大早排到晚上十點，拖著腳步緩慢前進，一次又一次計算隊伍前方的人數，心中默默禱告：神啊，請讓我領得到錢吧！[9]

不是每個人的禱告都應驗。那個月有四家州立銀行倒閉，許多存戶的錢因此一去不回。霍華的雇主聯合銀行也是倒閉的銀行之一。[10] 巴菲特重述家族的傳奇故事：「1931 年 8 月 15 日那天，父親去銀行。他的生日剛過完兩天，而銀行已經倒閉。他失去了工作，他的錢都在銀行裡，家裡還有兩個孩子要養。[11] 他不知所措，就業市場完全沒有工作可找。」

逆向操作

不過就在兩週內，霍華與兩位合夥人福克（Carl Falk）和

斯克萊尼卡（George Sklenicka）共同成立一家證券經紀公司，
名為「巴菲特斯克萊尼卡公司」（Buffett, Sklenicka & Co.）。[12]
這是一個奇怪的決定：在沒人想買股票時，做起證券經紀的
生意。

　　三週後，英國放棄「金本位制」（Gold Standard）＊。這意味
著債台高築的英國為了避免破產，將印更多鈔票來償還貸款。
這種事只有政府才有辦法做；這就好像貨幣最被信賴、最被廣
為接受的國家公開宣布：「我們要開芭樂票了，要不要拿隨便
你。」這個消息讓原本鍍金的機構都信用破產，全世界金融市
場跌入谷底。

　　原本已是風雨飄搖的美國經濟先是輕微震盪，然後停滯不
前，最後急速下墜。許多銀行受到波及，紛紛崩垮。[13] 在這片愁
雲慘霧中，霍華的事業卻蒸蒸日上。一開始他的客戶都是親朋
好友，他賣風險較低的證券給他們，例如公用事業股票與市政
債券。公司開業後的第一個月，他在金融危機席捲全世界的情
況下賺了 400 美元佣金，而且公司也有盈餘。[14] 在接下來幾個
月，即使人們的存款消失、對銀行的信心蕩然無存，霍華仍然
採取保守的投資原則，穩健地增加客戶數，讓業績慢慢成長。[15]

　　巴菲特家中經濟狀況日漸好轉。然後，就在巴菲特要過兩
歲生日之前，飛行員林白二十個月大的兒子在 1932 年 3 月被
綁架撕票。根據當時權威人士孟肯（H. L. Mencken）的說法，
「孤鷹」林白之子被綁架的案件是「自耶穌復活以來最重大的

＊ 在當時，各國政府持有多少黃金決定了流通多少貨幣。「金本位制」使政府無
　法印製過量鈔票而造成通貨膨脹。

事件」。全美國的家長陷入極大的恐慌，深怕自己的孩子被綁架，巴菲特家也不例外。[16] 就在那時，霍華出現嚴重的身體不適症狀，麗拉還因此叫救護車到家裡。梅約醫學中心（Mayo Clinic）診斷霍華得到了某種心臟病，[17] 從此以後，霍華就受到諸多限制：不能搬重物，也不能跑步和游泳。麗拉於是把生活重心完全放在霍華身上，因為霍華是她的白馬王子，拯救她脫離操作鑄排機的悲慘日子，她無法想像霍華若是出事，以後該怎麼辦。

此時的巴菲特已經是個謹慎的小孩。剛學走路時，他總是屈著膝、不敢站太高。母親帶他參加教會的聚會時，他會乖乖坐在媽媽腳邊，而她會隨手拿支牙刷給他，巴菲特可以靜靜盯著牙刷看兩小時。[18] 當他緊盯著牙刷的刷柄與刷毛看時，心裡到底在想些什麼？

那年 11 月，羅斯福當選美國總統。霍華非常肯定這個不知民間疾苦的權貴子弟會染指國家的貨幣政策，並且把它搞垮。[19] 他囤積了一大袋砂糖在閣樓，以備不時之需。此時的霍華看起來像是初出道的超人克拉克‧肯特，他穿著西裝、戴著金邊近視眼鏡、深色頭髮的髮線已後退、笑容誠懇、態度親切，但一談到政治他就提高聲量，在晚餐大聲談論時事。晚餐過後，他們會看著父親走到客廳去，坐在收音機旁的紅色皮沙發，埋首報紙雜誌讀上好幾個小時。

在巴菲特家裡，晚餐桌上可以談論政治、金錢與哲學，就是不談情感。[20] 當時的父母都不習慣顯露情感，而霍華與麗拉更是如此。巴菲特家裡沒有人會說「我愛你」，也沒有人會在孩子睡前親吻他們並道晚安。

母親的暴怒

　　在外人面前，麗拉是個完美的母親與妻子。人們都說她精力充沛、樂觀、慈愛、親切，甚至「感情豐富」。[21] 她喜歡重述陳年往事，說自己非常幸運，能被善良的基督徒父母養大。她最喜歡再三重複的往事是她和霍華所做的犧牲：為了賺取學費休學三年，以及霍華剛創業的前四個月一筆交易也沒做成，她為了省車錢，走路去熟食店買東西。她常提到她的「神經痛」（有時被當作偏頭痛），並認為這個症狀是童年操作鑄排機的後遺症。[22] 儘管如此，她仍然凡事親力親為：打橋牌時為大家準備茶和餐點、慶祝生日與週年紀念日、拜訪鄰居、為教會聚會準備晚餐。她探望鄰居、烤餅乾、做筆記比別人認真。懷孕期間，她曾在準備晚餐時靠聞香皂來抑制孕吐。[23] 種種行為背後的動力是：一切都是為了霍華。「她總是犧牲自己，」她的姐娌凱蒂・巴菲特（Katie Buffett）如此說。[24]

　　但麗拉的犧牲奉獻有另一個陰暗面：她常隨意責罵羞辱孩子。霍華出門上班後，多麗絲與華倫會開始玩耍或換衣服，而麗拉的情緒會在突然之間爆發。有時她的語調會先透露出一些徵兆，但大多數時候則是一點警訊也沒有。

　　「她會因為我們所做的事或所說的話暴怒，而且一發不可收拾。所有的舊帳都會被翻出來、沒完沒了。我母親有時會歸咎於她的神經痛，但她從不向外人發作，」巴菲特說。

　　麗拉在暴怒時會反覆斥責孩子，所說的話都一樣：跟她比起來他們有多好命；他們是多麼沒用、自私、不知感恩；他們該為自己的行為感到羞愧。她會用存在或不存在的缺點來指責

他們，幾乎都是以多麗絲為攻擊目標，而且重複說上一、兩小時。巴菲特說，她一定要把孩子罵到「縮成一團」無助地啜泣，才會停止。「她不把你罵到哭是不會滿意的，」多麗絲如此說。巴菲特被迫學會察顏觀色，他無力保護姊姊，只求母親別把目標轉向他。她的攻擊並非出於情緒失控，而她對孩子也有管束力，我們不清楚她對於身為母親卻做出如此行為的看法。不論她對自己的言行有何想法，等華倫的妹妹蘿貝塔（Roberta，大家都叫她「柏蒂」）出生、也就是巴菲特三歲時，他在回憶時表示，「一切已無法彌補」，對他和多麗絲都是。

兩個孩子從來不曾向父親求援，即使他們知道父親對母親的情緒問題或有所悉。霍華可能會對他們說：「媽媽要發作了」，預告災難即將發生，但他從不插手。不過，麗拉發作時霍華多半不在場，因此即使霍華沒有真的救他們，他也可算是孩子的靠山，只要他在身邊，他們就不會有事。

逆來順受

在他們巴克街的白色小屋外，內布拉斯加州逐漸陷入無政府狀態。在巴菲特三歲以前，私酒在奧馬哈非常猖獗。[25] 鄉間地區那些還不出貸款、農地被查封的農民，掀起了一陣「不合作運動」（civil disobedience）。[26] 五千名農民在林肯市的州議會大樓前示威抗議，驚慌的立法者才倉促通過延期償付法案。[27]

1933 年 11 月，冷風吹過乾燥的西部沙丘，刮起大量沙土，形成黑色旋風，以時速約 96 公里向東席捲各地，遠至紐約市。這股強風沿路震碎窗戶玻璃，並把車子吹離路面。《紐約時報》將它與印尼喀拉喀托火山（Krakatoa）爆發相提並論。

沙塵暴時期就此開始。[28]

在二十世紀最嚴重的乾旱時期，麗拉每天早上都要將前廊的紅色沙塵掃乾淨。巴菲特的四歲生日派對上，紅色沙塵覆蓋了他家的前廊，強風也將紙盤與餐巾吹離桌面。[29]

伴隨風沙而來的是極度高溫。1934 年的夏天，奧馬哈的溫度高達攝氏 48 度。一位內布拉斯加農民在找了幾天之後，才在遠方一處田地裂縫中找到他的牛，這頭牛因田地乾燥裂開被卡住。[30] 有人在自家後院睡覺，有人則到中央中學或奧馬哈喬斯林美術館（Joslyn Art Museum）的草地露宿。巴菲特曾試著蓋溼被單睡覺，但一點用也沒有，熱烘烘的空氣不斷向上升到他在二樓的房間。

除了 1934 年史無前例的乾旱與高溫外，[31] 數百萬隻蚱蜢也將乾枯的玉米和小麥吃得精光。[32] 麗拉的父親在那年中風，當巴菲特到西點去探望外祖父時，他可以聽見到處肆虐的蚱蜢發出嗡嗡聲。情況最嚴重時，蚱蜢會啃食圍牆欄杆、曬衣繩上晾的衣服，甚至自相殘殺、啃壞牽引機的引擎，還遮住視線，數量多到可以將一輛車遮住。[33]

事實上，1930 年代發生了許多令人恐懼的事，[34] 經濟情況日益惡化只是一例。這個時期幫派分子四處橫行，最惡名昭彰的有卡彭（Al Capone）、迪林傑（John Dillinger）與娃娃臉尼爾遜（Baby Face Nelson），此外還有一些人模仿他們在中西部為非作歹，四處搶劫早已不堪一擊的銀行。[35] 來自沙塵地帶而路經此地的流浪漢與吉普賽人令家長擔心，偶發的狂犬病嚇得家長把孩子關在家裡。由於家長害怕小兒麻痺症的傳染，公立游泳池在夏季關閉。[36] 然而，內布拉斯加人從一出生就被訓練

要逆來順受 。在攝氏 38 度左右的高溫下，巴菲特家的三個孩子到學校去，與朋友玩耍，並和一大群小孩在聯合野餐中跑來跑去，參加野餐的父親都穿西裝，而母親則穿著洋裝與絲襪。

　　許多鄰居的日子可能不太好過，但霍華這個雜貨店老闆之子卻讓家人的生活愈來愈好，晉升到中產階級的上層。「即使在那麼艱苦的時期，我們的境況依然慢慢地提升，」霍華如此回憶道。當時曾有五十個人排隊應徵巴菲特父子雜貨店週薪 17 美元的送貨司機工作，而霍華堅持登門拜訪的做法讓他的公司（這時稱作「巴菲特公司」，Buffett & Co.）業績蒸蒸日上。[37] 1935 年，奧馬哈由於街車罷工活動過激，曾短暫實施戒嚴令，霍華卻在那年買了一輛全新的別克汽車。此時他開始活躍於當地的共和黨政治圈。自小崇拜父親的多麗絲，七歲就開始思索父親未來的自傳要寫些什麼，結果她在筆記本的封面寫下：政治家霍華・巴菲特。[38] 一年後，雖然經濟大蕭條的陰影仍揮之不去，霍華卻在奧馬哈郊區的丹地（Dundee）為家人蓋了一棟更大的新房子，是兩層樓的都鐸式紅磚房。[39]

　　正當一家人準備搬家時，麗拉接到消息，她的兄弟馬里恩得了癌症；馬里恩在紐約已是個成功的律師，年僅三十七歲。巴菲特說：「馬里恩舅舅是我母親娘家最引以為傲的人。」他同時也是史塔家延續香火的重要希望，因為他沒有沾染「發瘋」的恥辱。[40] 馬里恩在該年 11 月過世，膝下無子，他的死讓家人悲痛不已。不久，又有另一個壞消息傳來，麗拉的父親那年再度中風，身體日漸虛弱。在家照顧父親的妹妹柏妮絲似乎愈來愈憂鬱。姊姊伊迪是一位老師，她是家中最漂亮、最大膽的女兒，她發誓要保持單身直到三十歲或柏妮絲結婚為止。

但精明世故的麗拉不願受到家庭不幸的連累，她無論如何一定
要成功，她要和一個正常的家庭開創一個正常的人生。[41] 她為
搬家做計畫，添購新家具。此時的她更上一層樓，已有能力雇
用一個兼職管家，名叫柯隆普（Ethel Crump）。

隨著當母親的經驗愈來愈豐富，家境也愈來愈富裕，麗拉
與她最小的孩子柏蒂建立起比較健康的關係，她發怒的頻率也
減少了。柏蒂說，她知道母親的脾氣不好，但她時常感受到母
親的愛。這是華倫與多麗絲從來不曾感受到的，而麗拉對柏蒂
的愛也無法提升兩個大孩子的自我價值。[42]

儘管巴菲特家的新房子反映出他們家境愈來愈好的事實，
但麗拉買給孩子的禮物總是便宜、實用而平凡的東西，衣服只
挑不能退還的特價品，無法滿足孩子的期望。巴菲特有一套小
型的橢圓形軌道模型火車組，他很渴望能得到另一套更複雜精
巧的火車組，就像他在市區的布藍迪（Brandeis）百貨公司看
到的一樣：有多台火車在閃爍的燈光與號誌間轉彎奔跑，會爬
上積雪的高山再向下鑽進隧道，穿越小村莊，然後消失在松林
間。但他最多也只能買一本印有這個火車組的型錄。

「假如你是個只有小型橢圓形火車軌道的小男孩，看到這
個東西會覺得棒得無法置信。你會很開心地花 10 分錢買這份
模型火車的型錄，然後坐在那裡幻想，」巴菲特回憶。

喜愛數字

巴菲特是個內向的小孩，他可以靠一份模型火車型錄就沉
浸在想像世界裡好幾小時。然而有時候，還沒上學的他會「躲」
在朋友弗洛斯特（Jack Frost）的家裡，因為他「愛上了」弗

洛斯特的慈祥母親赫柔（Hazel）。當他日漸長大，他養成了長時間待在鄰居或親戚家的習慣。[43] 他最喜愛的親戚是姑姑艾莉絲，獨身的她個子很高，和祖父恩尼斯住在一起，是個家政老師。她給巴菲特許多溫暖，對他所做的每件事感興趣，也時常用心鼓勵他。

當巴菲特開始上幼稚園時，[44] 他的喜好和興趣都與數字有關。大約六歲時，他開始對精確的時間測量（精確到秒）感興趣，而且渴望擁有一支碼錶。艾莉絲知道，但要送他如此貴重的禮物一定要有附帶條件才行。巴菲特說：「她非常愛我，但她提出了一、兩個附帶條件，要我必須吃蘆筍或類似的東西。我最後終於得到了一支碼錶。」

從此以後，巴菲特的一大樂趣，就是把他的姊妹叫到浴室去看他發明的新遊戲。[45] 他在浴缸裝水，然後拿起彈珠（他為每顆彈珠都命了名），沿著浴缸後方的邊緣排成一排，接著按下碼錶，同時將所有彈珠掃進水裡。彈珠沿著浴缸斜坡向下滑，互相碰撞、發出聲響，在碰到水面時跳起來。當第一顆彈珠碰到水面時，巴菲特會再次按下碼錶，宣布誰是冠軍。巴菲特的姊妹看他一次又一次玩這個彈珠遊戲，而且每次都設法縮短彈珠滾動的時間。彈珠不會累，碼錶從不出錯，巴菲特也可以一玩再玩、樂此不疲。

此時的巴菲特腦中無時無刻都在想著數字，即使在教堂裡也是如此。他喜歡聽牧師講道，但覺得其他儀式很無聊。為了打發時間，他開始注意詩歌本上記載的創作者生卒年代，在腦中計算他們的壽命長度。他認為虔誠的教徒應該會得到善報，因此他假設讚美詩作者的壽命應該比一般人長，而活得比一般

人久,對他來說似乎是很重要的人生目標。結果,他發現虔誠
與壽命無關,於是他開始對宗教抱持懷疑的態度。

　　浴缸的彈珠遊戲與計算讚美詩作者的壽命,讓他學會一件
很有價值的事,也就是計算機率。他發現到處都有計算機率的
機會,而重點在於蒐集資料,愈多愈好。

第 7 章
競爭之心

奧馬哈，1936 年～1939 年

　　巴菲特在 1936 年開始到玫瑰崗小學（Rosehill School）上一年級時，[1] 立刻就愛上學校，因為這樣一來與母親在家共處的時間就少了。學校為他開啟了一個新世界，而且他馬上就交到兩個朋友：羅素（Bob Russel）與艾力克森（Stu Erickson）。他都叫羅素為「羅斯」，他們兩個會一起走路上學，有時巴菲特下課後會到羅斯家玩。有時候，艾力克森會到巴菲特的紅色磚造新家玩，就在快樂谷（Happy Hollow）鄉村俱樂部旁，而艾力克森的家只是一棟普通的木屋。在放學之後到父親回家之前這段時間，巴菲特幾乎天天都有活動。他老是和別的孩子在一起，因為他們給他安全感。

　　巴菲特和羅斯時常坐在羅斯家的前廊，看著軍事大道（Military Avenue）上的來往車流，一坐好幾小時。他們在筆記本一一記下經過車輛的車牌號碼，家人都覺得這兩個孩子的嗜好有點奇怪，但以為這只是出於對數字的熱愛。他們都知道巴菲特喜歡計算車牌上字母與數字的出現頻率，而他與羅斯也從來不曾解釋原因。羅斯家前面的街道是鄰近的道格拉斯郡銀行（Douglas County Bank）所在區域對外的唯一道路。巴菲特告訴羅斯，假如有人搶劫那家銀行，警察會透過車牌號碼來追捕

搶匪，到時候只有他們握有警方破案所需的證據。

巴菲特喜歡所有與蒐集、計算、記憶數字有關的事。此時的他已經蒐集了許多郵票和硬幣，計算各個字母在報紙和聖經上出現的次數，他也喜歡看書，並花許多時間閱讀從班森圖書館（Benson Library）借來的書。

愛打擊犯罪和車牌事件展現了巴菲特的想像力，也透露出他的其他面向。他喜歡扮演警察，也喜歡大多數能引人注目的事，包括穿著戲服扮演各種角色。在他入學前，霍華藉紐約出差之便帶回一些戲服給他和多麗絲，他可以打扮成印第安酋長、牛仔或警察。等他上學後，他開始會運用想像力自己編劇。

蒐集瓶蓋

其實，巴菲特最喜歡的遊戲是競爭，就算是與自己競爭也行。他從浴缸的彈珠遊戲進步到玩溜溜球，然後是擲波羅球遊戲（bolo），他反覆用木棒甩著兩顆波羅球中間的橡皮筋，樂此不疲。星期六的下午，在班森戲院（Benson Theater）的電影播放空檔（5 分錢可看三部電影和一片影集），他會和其他孩子站上舞台，比賽看誰能讓球甩最久。到最後大家都累得退下了，只剩下他一人在舞台上繼續玩。

即使是對與他感情深厚的柏蒂，巴菲特也不肯相讓。他都叫她「小胖」，把她逗得氣呼呼的，害她在晚餐時喋喋不休，而這在家裡是不被允許的。他常和柏蒂玩遊戲，但從不讓她贏，也不管她比他小三歲。但巴菲特也有溫柔的一面，有一次柏蒂因為生母親的氣，把她最寶貝的「迪迪」（Dy-Dee）娃娃塞進垃圾桶，巴菲特後來把娃娃撿起來，拿去還她，並說「我

在垃圾桶找到這個，妳應該不想把它放在垃圾桶吧？」[2] 即使年紀還小，柏蒂也看出她哥哥懂得圓融處世。

柏蒂是個有自信、愛冒險的小孩，多麗絲和巴菲特認為這是麗拉比較少斥責柏蒂的原因。而柏蒂有她自己的解讀，她認為這是因為她的行為比較符合母親期望。

對麗拉來說，最重要的事是得到別人的尊重，她看重的是巴菲特的「外在成績單」。她非常在意鄰居的看法，所以總是要求女兒注意自己的外表。「我非常注意自己的舉止，我不希望被母親罵，」柏蒂談到麗拉的斥責習性時如此說。

多麗絲是家中最叛逆的小孩。她很早就展現出高尚品味，而且喜愛刺激，這與巴菲特的安靜和節儉性格形成強烈對比。具異國情調、時髦流行和新鮮的東西都會吸引她，而她的母親卻喜歡披上謙虛的外衣，並刻意展現樸實的一面。因此多麗絲的存在對麗拉來說似乎是公然蔑視，兩人時常起衝突。多麗絲後來變成一個漂亮的女孩，但是，「她變得愈漂亮，情況就愈糟，」巴菲特說。

巴菲特從小就展現出與人應對的能力，同時也愛競爭。他在智力上喜愛競爭，但在體能方面卻很退縮。他八歲時父母送他一雙拳擊手套，他只上了一堂課就將手套束之高閣。[3] 他試著學滑冰，卻滑得東倒西歪。[4] 他不和其他男孩在街上玩耍，儘管他喜歡運動，也很有運動細胞。他唯一不討厭的競爭性運動就是乒乓球。自從巴菲特家買了乒乓球桌之後，只要有人找他打球，不管是他父母的朋友或學校同學，他都隨時奉陪，直到他成為桌球高手才停止這種狂熱。在親友記憶中，巴菲特只有一次差點和別人打起架來，而且是小柏蒂出去幫他把事情解

決掉的。如果別人欺負他，他很容易就會哭；他很努力讓別人
喜歡他，也努力與大家好好相處。儘管他的行為舉止討人喜
歡，但他總給人一種孤獨的感覺。

　　1937 年的耶誕節，巴菲特家為三個孩子拍了一張照片。
柏蒂似乎很開心，多麗絲顯得有點憂鬱，而巴菲特儘管手裡拿
著他最喜愛的鍍鎳硬幣整理盒（艾莉絲姑姑送的禮物），看起
來仍不太高興。

　　巴菲特八歲時，不幸的事再度發生在史塔家，而這些事件
促使麗拉更加決意要擁有像畫家洛克威爾（Norman
Rockwell）筆下所描繪的完美家庭。麗拉的母親史黛拉情況惡
化，家人將她送到諾福克州立醫院（Norfolk State Hospital），
也就是以前的內布拉斯加州立精神病院，麗拉的外祖母就是在
這裡過世的。[5] 麗拉的姊姊伊迪在醫院照顧了母親三個月，卻
因盲腸炎所引發的腹膜炎而差點送命。後來她下定決心要結
婚、過自己的人生，結果嫁給一個背景可疑的人，只因為他會
逗她開心。這並沒有改善麗拉對這位姊姊的觀感，在她看來，
伊迪總是比較愛玩、缺乏責任感。

　　在此同時，霍華當選學校的理事，成為家族的光榮。[6] 在
巴菲特家日益發達和史塔家日漸衰微之際，巴菲特大部分時間
都不在家裡，以離開母親的管轄範圍。他到鄰居家去玩，和同
學的父母交朋友，並在他們家中聽大人談政治。[7] 就在這個遊
走鄰居家的時期，他開始蒐集飲料瓶蓋。他到鎮上每個加油
站，從冷飲櫃下方把人們打開汽水瓶後隨手丟棄的瓶蓋掏出
來。巴菲特家地下室的瓶蓋堆不斷累積成長，百事可樂、沙
士、可口可樂、薑汁汽水的瓶蓋都有。他對蒐集瓶蓋著了迷。

資訊到處都是，竟然沒人要！這個發現讓他感到驚奇。晚餐過後，他在客廳地板鋪滿報紙，把瓶蓋攤在上面，不斷地分類與計算。[8] 計算出來的數字告訴他哪種汽水最受歡迎，同時分類與計算也讓他感覺放鬆。此外，他也喜歡分類計算他所蒐集的硬幣與郵票。

學校的課業對他來說很無聊。四年級時，他和羅斯、艾力克森被分配到希克絲丹（Thickstun）老師的班上。為了打發無聊的上課時間，他會玩數學遊戲或在腦中計算東西。他喜歡地理，也覺得拼字很有趣。

然而，沒有什麼事比在黑板上做算術更令他興奮了。從二年級開始，學生會一次兩個人在黑板前比賽。他們先比加法，再比減法，最後比乘法和除法，並將成績記在黑板上。巴菲特、艾力克森與羅斯是班上最聰明的學生。一開始他們的成績差不多，後來巴菲特的成績稍微超前，然後他又更超前了一點。[9]

終於有一天，希克絲丹老師叫巴菲特和艾力克森放學後留下來，巴菲特的心七上八下。「我們不知道自己做錯了什麼，」艾力克森說。結果，希克絲丹老師並沒有責罵他們，而是叫他們帶著課本從教室的 4A 區移到另一邊的 4B 區去。[10] 巴菲特跳了半級，羅斯卻沒有。

巴菲特和艾力克森、羅斯都是朋友，但與他們分別來往。一直以來，艾力克森與羅斯都與巴菲特交好，但他們兩人之間卻沒有什麼交情。

巴菲特喜愛細節的興趣不斷發展，他父母和父母的朋友在聚會時都喜歡叫他背出各州的首府。五年級時，他對 1939 年

的《世界年鑑》(*World Almanac*)非常感興趣,這本書很快就成為他最喜愛的書。他背下每個城市的人口數,也和艾力克森比賽誰能說出最多人口超過一百萬的城市名。[11]

修女的指紋

　　有天晚上,巴菲特的肚子痛到連《世界年鑑》和瓶蓋也吸引不了他。醫生到他家看診,看過後便回家去了。但巴菲特的症狀讓醫生一直放心不下,於是又回到巴菲特家,將他送到醫院去。那天深夜他就動了盲腸手術。

　　因為延遲就醫,巴菲特在天主教醫院裡病懨懨地躺了好幾星期。在護士修女的照顧下,他很快就發現醫院是個舒服的避難所。養病期間,他又找到了其他樂趣。家人把《世界年鑑》帶到醫院給他讀,學校老師叫全班女生寫信給他,祝他早日康復,[12] 非常了解他的伊迪阿姨則送他一套指紋採集玩具組。他非常清楚這套玩具可以拿來做什麼,他半哄半騙地把修女一一叫到病房,要她們將每根手指都沾上染料,採集她們的指紋,並在回家後將這些資料建檔。他的家人都覺得這個行為很好玩,誰會想要修女的指紋呢?但他心裡認定未來這些修女可能有人會犯罪,萬一真是如此,那可只有他華倫・巴菲特握有追查罪犯的線索。[13]

　　在他出院不久後,1939 年 5 月的某一天,天氣特別冷、風特別大,巴菲特的父母叫他穿上正式衣服,然後他的祖父來到了家裡。恩尼斯穿著正式的單排扣西裝,手帕整齊地半塞在前胸口袋裡,看起來心情很好,而且很體面,也符合他扶輪社會長的身分。

恩尼斯對小孩很有一套,他雖然很有威嚴,但也喜歡逗弄孫兒,柏蒂非常崇拜他。他宣布:「華倫,我們今天要去芝加哥。」然後他們搭火車去看芝加哥小熊隊和布魯克林道奇隊的比賽。結果這場比賽延長了十局,比數仍是九比九,最後因為天黑而停止比賽。這場球賽進行了四小時又四十一分。[14] 巴菲特看完這場精采、而且是人生第一場大聯盟棒球賽後,恩尼斯又花 25 分錢買了一本關於 1938 年球季的書給他,他把整本書讀得滾瓜爛熟。巴菲特說:「對我來說,那是最珍貴的一本書。我記得所有球隊每位球員的背景,而且可以把那本書的內容一字不漏背出來。」

在艾莉絲姑姑送給他一本橋牌的書之後,他又產生一個新的嗜好。那本書應該是考柏森(Ely Culbertson)所著的《橋牌大全》(*Contract Bridge Complete*)。[15] 橋牌當時在全美國廣受歡迎,這種遊戲需要找出問題與解決問題的能力,而且結合了社會與心理的成分,巴菲特覺得橋牌比西洋棋更適合他。[16]

他的另一項興趣是音樂。他學短號學了好幾年,最崇拜的對象包括小號手貝瑞根(Bunny Berigan)與詹姆斯(Harry James)。雖然在家裡練習吹奏樂器代表他必須與母親共處,也代表必須取悅一個永遠無法被取悅的人,但他仍然持續練習。儘管練習很辛苦,而麗拉又不時毒舌批評,但辛苦終於得到了回報:巴菲特獲選在學校的休戰紀念日儀式上吹小號。

11 月 11 日是第一次世界大戰簽署停戰協定的紀念日,每年的這一天,玫瑰崗小學全體學生都要到體育館參加紀念陣亡將士的儀式。依照傳統,學校會安排兩位小號手站在體育館門口兩側,輪流吹奏安息號,一個人先吹「登答登」的音符,而

另一個人要以「登答瞪一」的音符來回應。

　　當時，巴菲特的吹奏技巧已經好到可以勝任這個回應的任務。那天早上他一起床就興奮無比，因為他即將在全校面前表演，而他已經為這個偉大的時刻做好準備。

　　巴菲特拿著他的短號站在門口，第一個小號手吹出了「登答瞪一」的音符，吹錯了第二個「登」的音。

　　「我的一生在我眼前閃過，因為我不知道該怎麼回應。他們沒告訴我會發生這種事。結果在我人生中最重要的時刻，我竟然不知所措，」巴菲特說。

　　他究竟該重複那位小號手的錯誤，還是吹出無法呼應的音符讓自己出糗？巴菲特不知該如何是好。那一幕永遠烙印在他的記憶裡了，不過多年後，他完全不記得自己當時做出了什麼反應。

　　他學到一個教訓：**在我們一生中，呼應別人的音符似乎比較輕鬆，但如果那個人吹錯音符，情況就不同了。**

第 8 章

一千種方法

奧馬哈，1939 年～ 1942 年

　　巴菲特一生中的第一筆收入，是靠賣口香糖賺來的。他從六歲開始賣東西，就展現出不向顧客讓步的態度，他日後的行事風格也可從此看出端倪。

　　「我有一個小小的綠色托盤，上面隔成五格，我記得是伊迪阿姨送我的。托盤上可以放五種口香糖，包括果汁、薄荷、雙倍薄荷等等口味。我向祖父買來口香糖，然後在我家附近挨家挨戶兜售，大多是在傍晚時出去賣。[1]

　　「我還記得有位麥考布里（Virginia Macoubrie）太太對我說：『我要一片果汁口香糖。』我說：『我不拆開賣。』我也是有原則的。直到今天，我仍記得麥考布里太太說她只要一片口香糖。不，口香糖只能買整包，一包口香糖 5 分錢，她只想和我做 1 分錢的買賣。」

　　顧客上門很誘人，但不足以讓他改變原則。假如他賣一片口香糖給麥考布里太太，他就得想辦法把剩下的四片賣掉，他不想多花力氣與承擔潛藏風險。每賣一包口香糖，他就可賺 2 分錢，銅板握在手裡沉甸甸的，感覺很實在。這些錢就是未來形成雪球的最初幾片雪花。

　　巴菲特願意拆開賣的只有可口可樂，他在夏天的夜晚挨家

挨戶賣可樂。即使和家人去度假時，他仍繼續賣可樂。他在愛荷華州的歐科波吉湖（Lake Okoboji）岸邊賣可樂給正在做日光浴的人。汽水比口香糖好賺，每賣六瓶可樂就能賺 5 分錢。他會很自豪地把銅板塞進掛在腰帶上的硬幣整理盒。後來當他推銷《週六晚報》（Saturday Evening Post）與《自由雜誌》（Liberty）時，他也帶著這個硬幣整理盒。

　　硬幣整理盒給他專業的感覺，代表了巴菲特對銷售過程中最喜愛的一環：蒐集東西。除了瓶蓋、硬幣和郵票之外，現在他最主要的蒐集品是現金。他把錢放在家中的抽屜，再加上六歲生日時父親給他的 20 美元，這些收入全記在一本紫紅色的存摺裡，這是他的第一本銀行存摺。

　　巴菲特九歲或十歲時，曾和艾力克森到榆樹林公園（Elmwood Park）高爾夫球場兜售用過的高爾夫球，但後來他們被人檢舉，還被警察趕出球場，才放棄這門生意。當警察向巴菲特的父母說明這件事時，霍華和麗拉並不覺得這有什麼不對，只覺得這個兒子很有企圖心。巴菲特是家裡唯一的兒子，而且是個早熟的孩子，這給他某種「光環」（根據他姊妹的說法），總是能避免被責難。[2]

證券行是遊戲場

　　十歲時，他找到一個在奧馬哈大學足球場賣花生和爆米花的工作。球賽進行時，他在看台到處走動並喊著：「花生、爆米花，5 分錢、半毛錢、25 分硬幣的五分之一，來買花生和爆米花哦！」1940 年的總統競選活動已經開始，他蒐集了數十個不同的共和黨正副總統參選人威爾吉（Wendell Willkie）與

麥納瑞（Charles McNary）的小胸章，別在衣服上。他最喜歡的胸章上面寫著：「華盛頓不想，格蘭特不能，羅斯福不該」，反映出巴菲特家對羅斯福決定第三次參選的強烈不滿。雖然美國憲法沒有明訂總統的任期限制，不過美國人非常排斥「帝制總統」。[3]

儘管霍華認為威爾吉太偏向自由派，但只要不是羅斯福，任何人他都能接受。巴菲特承襲了父親的政治立場，很喜歡在球場秀出威爾吉與麥納瑞的競選胸章。為此，巴菲特的主管把他叫到辦公室，告訴他：「把胸章拿下來，你會激怒羅斯福的支持者。」

巴菲特把胸章收進他的圍裙口袋裡，而有些銅板就夾在胸章與背後的別針之間。球賽結束後回辦公室報到時，主管叫他把口袋裡的東西都倒出來，包括胸章和錢，然後把兩者一起沒收。巴菲特說：「那是我學到的第一堂商學課，我很難過。」後來羅斯福史無前例地第三次當選總統，這讓巴菲特一家人更難過。

霍華最感興趣的是政治，其次才是賺錢，巴菲特則恰好相反。巴菲特一有空就跑到宏偉古老的奧馬哈國民銀行（Omaha National Bank）大樓父親的辦公室，閱讀《霸榮》雜誌的「交易商」（The Trader）專欄，以及父親書架上的書。他喜歡待在哈瑞斯厄本公司（Harris Upham & Co.）的客戶休息室裡，這是一家地區性證券公司，就在霍華辦公室的樓下。證券公司讓巴菲特在交易清淡的星期六上午，用粉筆在黑板上寫下股價，而他覺得這件事很酷。這時的股市在週末上午仍會進行兩小時的交易。客戶休息室半數座椅上坐了無事可做的當地人，他們

無精打采地看著股價數字慢慢跑過 Trans-Lux 電子顯示器，[4]偶爾有人會跳起來，把股市行情收報機上的一小條資料帶撕下來。巴菲特會與法蘭克叔公（自從韓莉葉塔嫁給恩尼斯之後，就因心碎而與家族保持距離）和約翰·巴柏（John Barber）舅公一起到這裡，[5]他們都是單向思考的人。

「法蘭克叔公徹底看壞股市，而約翰舅公則徹底看好股市。我會坐在他們中間，看他們搶著要我聽他們說話，希望我同意他們的意見才是正確的。他們互相看不對眼，所以不願和彼此說話，只和我這個中間人說話。法蘭克叔公認為，世界上所有的事都只會愈來愈糟。

「假如有人跑到椅子後方的櫃台去說：『我要用 23 美元買 100 股美國鋼鐵公司股票。』法蘭克叔公就會大吼：『美國鋼鐵？它的股價會跌到零！』」這種言論對證券公司的生意不利。「他們沒辦法把他趕出去，但他們很不喜歡他待在這裡。這家公司不鼓勵人賣空股票。」

巴菲特擠在叔公和舅公中間看股市行情，卻發現他看不清楚數字，家人因此發現他有近視。配戴眼鏡之後，巴菲特注意到這些數字變化似乎都遵循著某個固定法則。雖然叔公和舅公都想拉攏他接受他們的看法，但巴菲特發現他們的意見和頭頂上跑過的股市行情一點關聯也沒有。他決心要找出數字變化的模式，但不知該怎麼做。

「法蘭克叔公和約翰舅公會搶著帶我去吃午餐，因為搶贏就代表對方輸。法蘭克叔公會帶我到派斯頓飯店（Paxton Hotel）去買當天出清的食物，一份只要 25 分錢。」

巴菲特本來就喜歡和大人相處，因此很享受被兩位長輩爭

相拉攏的感覺。其實不論是誰對他感興趣，他都很開心。他渴望得到親戚與父執輩的關心，特別是他父親的關心。

紐約證券交易所

霍華會在每個孩子滿十歲時，帶他到美國東岸玩，這對三個孩子來說是件大事。巴菲特非常清楚他想做什麼：「我告訴我爸，我想看三樣東西。我想參觀史考特郵票硬幣公司（Scott Stamp and Coin Company）、里昂諾玩具火車公司（Lionel Train Company）和紐約證券交易所。史考特郵票硬幣公司在四十七街，里昂諾玩具火車公司在二十七街附近，而紐約證券交易所則遠在下城區。」

1940 年的華爾街開始復甦，但仍未完全恢復。華爾街的人就像一群打死不退的傭兵，在大多數戰友陣亡後仍奮力作戰。人們對 1929 年的股災仍記憶猶新，也因此華爾街的謀生方式似乎不太光采。雖然他們在華爾街之外不會向人吹噓自己的職業，但有些人的事業做得非常成功。霍華帶兒子到下曼哈頓，拜訪了最大證券公司的老闆，小巴菲特因此得以窺見華爾街鍍金大門內的世界。

「我在那裡見到了韋伯格（Sidney Weinberg），他是華爾街最知名的人物。我爸並不認識他，我爸只是在奧馬哈這個鄉下地方擁有一家小小的公司。但韋伯格先生讓我們進他的辦公室，也許是因為有個小孩隨行的關係。我們談了大約三十分鐘。」

韋伯格是高盛公司（Goldman Sachs）的資深合夥人，在 1929 年股災中，高盛曾以惡名昭彰的多層次傳銷手法誤導投

資人,韋伯格花了十年時間努力修復公司的信譽。[6]巴菲特對此事一無所知,他也不知道韋伯格是移民的第二代,在高盛從雜務工的助手做起,每天的工作是倒痰盂和為客人拂去絲絨帽上的灰塵。[7]但巴菲特完全明白韋伯格是個大人物。當他走進韋伯格那間鑲著胡桃木壁板的辦公室時,發現牆上掛滿了林肯總統的親筆書信、文件與畫像。訪問結束時,韋伯格還做了一件令巴菲特印象極為深刻的事。「當我走出辦公室時,他把手搭在我肩膀上,問我,『華倫,你喜歡哪支股票?』」

「他可能第二天就完全忘了這件事,但我一輩子都記得。」

巴菲特永遠都不會忘記,韋伯格這位華爾街大人物曾注意到他的存在,而且似乎把他的意見當一回事。[8]

離開高盛後,霍華帶巴菲特到布羅德街(Broad Street),經過一排科林斯式圓柱,來到紐約證券交易所。在這個金錢的聖殿裡,人們穿著鮮豔的外套,站在鑄鐵製成的交易站旁大聲喊叫、潦草記下東西,工作人員來回奔跑,滿地都是紙屑。但最激發巴菲特想像力的事,發生在交易所的餐廳。

「我們在證券交易所和一位名叫莫爾(At Mol)的荷蘭人吃午餐,他是交易所的人,相貌出眾。吃完飯後,有人拿了一個托盤來,上面放了各種菸草葉。莫爾先生選了他想要的菸草葉,這個人就幫他捲了一支雪茄。我心想,再也沒有什麼比一支專人特別製作的雪茄更棒了。」

一支特別製作的雪茄。巴菲特的大腦開始做各種計算。他對抽雪茄一點興趣也沒有,但他看出雇用一個人來做這件小事所隱含的意義。即使大多數美國人仍深陷經濟大蕭條的泥淖,但這位捲菸者的雇主一定賺了很多錢,才請得起人來做這件小

事。他馬上就了解,從證券交易所流出的錢一定很多,像河水、噴泉、瀑布、洪流一樣多,多到足以雇一個人來捲雪茄。

就在那天,在他看人捲雪茄之後,他看見了自己的未來。

回到奧馬哈後,這個未來的藍圖仍一直留在巴菲特心中。他現在已經長大了,有能力按部就班規畫該如何追求夢想。儘管他依然做著一般男孩會做的事,打籃球、乒乓球、蒐集硬幣和郵票;儘管他的外祖父在那年過世,享年七十三歲,全家人深感哀痛,也是他第一次經歷親人死亡,但他仍充滿熱情地為他所預見的未來而努力——他要賺錢。

「錢可以讓我獨立,然後我就可以做任何想做的事。而我最想做的事就是自己當老闆,我不要別人指使我做事。每天都能做我想做的事,對我來說很重要。」

神奇之書

不久後巴菲特得到一個能幫助他的工具。有一天他從班森圖書館的書架上發現一本書。這本書的銀色封面發出銅板般的閃光,暗示了內容的價值。這本書的書名非常吸引他,於是他翻開書,而且立刻沉迷其中。這本書是《一千種賺進 1,000 美元的方法》(*One Thousand Ways to Make $1,000*),換句話說,總共可賺到 100 萬美元!

封面的內頁有一張照片,裡面有個瘦小的男人凝視著一大堆硬幣堆成的山。

內容的第一頁這麼說:「機會來了!現在是美國歷史上最有利於以小筆資產開創事業的時候。」

這訊息太驚人了!「我們都曾聽過許多人談論過去的機

會……但過去的機會比不上今日的機會，而這機會正等待有膽
識、有謀略的人加以善用！你可以賺進連富商艾斯特（Astor）
與洛克斐勒都望塵莫及的財富。」對巴菲特來說，這些文字所
描述的就是天堂的美好景象。於是他更快速翻閱這本書。

「但是，」這本書提醒，「假如你不開始去做，你就不可能
成功。賺錢的第一步就是開始著手……全國有無數的人想賺
錢，但他們卻沒有賺到錢，因為他們總是在等這個、等那
個。」開始著手！這本書如此告誡讀者，並解釋該如何做。
《一千種賺進 1,000 美元的方法》提出了許多實用的賺錢良方，
一開頭先講「錢的故事」，並以直接易懂的方式書寫，作者就
像是坐在家門前的階梯和朋友聊天一樣。有些賺錢方法有其限
制，例如做羊乳製品和經營娃娃修理醫院，但也有許多方法非
常容易實行。其中最吸引巴菲特的點子是按次收費體重計。假
如他有一台體重計，他一定會每天量五十次體重，他相信別人
也願意花錢量體重。

「體重計的道理其實很好懂。我可以先買一台體重計來賺
錢，然後用獲利再去買更多體重計。很快地，我就會有二十台
體重計，而每個人每天都會量五十次體重。我心想，這就是最
好的賺錢方法。[9] 讓錢自己滾出錢，利上滾利，還有什麼比這
更好？」

巴菲特覺得「利上滾利」（compounding）的概念極為重要。
這本書說他可以賺 1,000 美元，假如他拿 1,000 美元開始，每
年成長 10%：

過了五年，1,000 美元就會超過 1,600 美元。

過了十年，就幾乎有 2,600 美元。

過了二十五年，就會超過 10,800 美元。

金錢會隨時間以某種速度不斷成長，這就是將小錢滾成大錢的方法。巴菲特在腦中可以看到數字的增長，就好像看到自己在草坪上將雪球愈滾愈大一樣。他開始以新的眼光來看時間。利上滾利將現在與未來連結。假如 1 元在幾年後會變成 10 元，那麼對他來說，1 元和 10 元是相同的。

巴菲特坐在好友艾力克森家門前的台階，宣布他在三十五歲時會成為百萬富翁。[10] 一個小孩在全球經濟低迷的 1941 年發下如此豪語，聽來不僅大膽，也有點傻氣。但根據他自己的計算和那本書所說，這是可能做到的。在此之前他有二十五年時間，而他需要更多本錢。儘管如此，他確定自己能做到。他愈早開始，存愈多錢，這些錢就有愈多時間以利滾利，那麼他達成目標的機率就愈高。

第一次買股票

一年後，他踏出實現夢想的第一步。1942 年春天，他存了 120 美元，這令他的家人驚訝不已。

巴菲特與姊姊多麗絲合夥，為兩人各買了三股「城市服務優先股」（Cities Service Preferred），花了他 114.75 美元。[11]

「當我買下股票時，並不太了解這支股票，」他說。他只知道這是霍華多年來最喜歡賣給顧客的股票。[12]

股市在那年 6 月跌到低點，而「城市服務優先股」的股價從 38.25 美元跌至 27 美元。他說，多麗絲每天上學都一路「提

醒」他，她的股票一直在跌。巴菲特覺得自己必須負起全責。因此當股價終於開始反彈，他以 40 美元賣出股票，為他們兩人各賺進 5 美元。多麗絲回憶說，「我在那時才知道，他真的知道自己在做什麼。」但是，「城市服務優先股」後來很快就漲到 202 美元。

巴菲特從中學到三個教訓，並稱這件事為人生中最重要的事件之一。第一個教訓就是，**不要老是想著買入時的股價**。第二個教訓就是，**不要不經思索就急著賺小錢**。因為心急而少賺 492 美元讓他深切反省。他從六歲開始工作，經過五年時間才存到 120 元買這支股票。根據他當時在球場賣高爾夫球或賣爆米花和花生所賺的錢來計算，他發現要工作好幾年時間，才能將他「損失」的錢給賺回來。他這輩子絕對、絕對、絕對不會忘記這個教訓。

第三個教訓與用別人的錢投資有關。假如他犯了錯，別人可能會因此生他的氣，所以**除非很有把握，否則他不要為別人的錢負責**。

第 9 章

送報生的夢想

奧馬哈與華盛頓特區，1941 年～ 1944 年

　　巴菲特十一歲那年 12 月的某個星期天，他們一家人在西
點做完禮拜後，開車返回奧馬哈，車上的電台廣播突然插播日
本襲擊珍珠港的消息。沒有人解釋到底發生什麼事或是美國有
多少傷亡，但巴菲特很快就從車上的騷動了解這個世界發生了
大事。

　　他父親反對執政黨的立場於是變得更加極端。霍華和他的
朋友都認為羅斯福是個好戰分子，想讓美國加入另一場歐洲戰
爭並藉此達到獨裁的目的。

　　霍華這時開始相信，在這場無路可退的賭局中，羅斯福和
他的陸軍參謀長馬歇爾將軍（George C. Marshall）已經決定，
「我們加入歐洲戰局的唯一方法，就是讓日本人來攻擊我們，
而且不能讓珍珠港的人事先知道，」巴菲特說。許多保守派在
當時都有這種看法，而霍華更是如此堅信。

　　次年春天，共和黨給霍華一個棘手難題，那就是找一個人
來和甚孚眾望的現任眾議員麥萊夫林（Charles F. McLaughlin）
競逐內布拉斯加州的席次。根據巴菲特家族的說法，霍華在最
後一刻登記參選，因為他找不到人志願送死，與深受愛戴的民
主黨員對決。

霍華參政

於是霍華開始投入競選活動。巴菲特一家人在電話亭張貼傳單，上面簡單寫著：「送霍華・巴菲特進國會」。他們到處參加園遊會，霍華和麗拉穿梭在牲畜展覽與醃黃瓜大賽的場地，發送名片。巴菲特說：「我父親實在不適合參選，他討厭公開演講。我母親很適合參選，我爸卻很內向。」麗拉天生愛說話，她知道如何與群眾互動，也喜歡接近人群。孩子們則在人群中走動，逢人便說：「請投票給我爸爸，好嗎？」然後他們就可以去坐摩天輪。

「我們上了一個十五分鐘的廣播節目。我母親彈管風琴，我父親向聽眾介紹我們：『這是多麗絲，今年十四歲。那是華倫，今年十一歲。』我的台詞是：『等一下，爸，我在看體育版。』然後我們三人在母親的伴奏下一起唱『美哉亞美利堅』（America the Beautiful）。」這不是什麼激勵人心的演講，但「那十五分鐘的廣播播出後，人們開始加入助選義工的行列，因為另一位候選人已經當四任了，」巴菲特說。

霍華悲觀與坦率的個性並不利於從政，因此選得很辛苦。霍華呼籲選民：「幫那些告密者、勢利鬼，和那些道貌岸然、不知道自己在做什麼的怪人，買一張單程車票離開華盛頓吧。」

這種猛烈的攻擊言語帶有一點霍華獨特的親切、慧黠和純真。多年來，霍華一直隨身攜帶一張磨舊了的手寫紙條，上面寫著：「我是上帝的孩子，上帝決定我的一切。我的身體無法恆久存在，但我的靈魂是永恆的，我還怕什麼呢？」[1]

在奧馬哈街頭，霍華所謂的「我還怕什麼呢？」並不只是

一種比喻,這對巴菲特來說不是好事。

競選期間,霍華會在天還沒亮時就把十二歲的巴菲特叫醒,帶他到南奧馬哈的屠宰場。除了鐵路之外,奧馬哈的另一項主要經濟活動就是屠宰業,雇用大約兩萬人,大多是外國移民。每年有超過 800 萬隻牲畜被運送到這個肉品大市集,[2] 然後變成數十億磅的包裝食品運送出去。[3] 南奧馬哈曾是獨立的城市,在地理上離市中心不遠,但文化卻與市中心落差甚大。數十年來,奧馬哈的種族衝突大多發生於此。

巴菲特站在街道的一頭,雙手緊握,兩眼緊盯著父親。霍華由於幼年得過小兒麻痺症而跛足,家人也很擔心他的心臟。在街上,滿臉橫肉、身穿工作服的高大男人正魚貫走向包裝工廠,準備五點半上工,巴菲特緊張地看著父親向前加入他們的行列。

這些工人在家大多不說英語。情況最差的黑人與新移民住在屠宰場旁的擁擠宿舍與小屋。比較有辦法的人,則住在附近山坡上種族混雜的地區。

不分男女和種族,這些人都是民主黨死忠支持者。內布拉斯加州的其他地區也許已開始反對「新政」(New Deal),也就是羅斯福總統為經濟大蕭條所開的藥方,但羅斯福在這裡仍是個英雄。然而,霍華禮貌地發給他們的傳單上,卻說羅斯福為美國民主帶來史上最大的威脅。假如有機會演講,霍華就會冷靜地向他們說明,他當選眾議員後為何要支持這些工人所反對的法律。

霍華雖然極有熱情,但並不笨,也沒有發瘋。儘管他相信上帝的安排,但他仍做了萬全的準備。巴菲特在那裡的作用不

是為了見習，也不是在他父親與人打鬥時加入幫忙，而是萬一
那些工人揍他父親，他可以跑去向警察求救。

那裡的情況如此惡劣，任何有理智的人都想問霍華，他到
底去那裡做什麼，因為他的努力無法為他換來任何選票。但很
顯然地，霍華覺得他有義務出現在選區內每位選民的面前，不
論他們是否歡迎他。

巴菲特從來不曾跑去向警察求救。這可能是因為他們運氣
好，也可能是由於霍華的正直態度。儘管如此，巴菲特一家人
仍不敢奢望選民看出霍華的正直，即使他們看到了，也無法扭
轉霍華所處的劣勢。1942 年 11 月 3 日選舉日那天，「我爸爸
已經寫好敗選感言。我們全家在晚上八點半或九點就上床睡
覺，因為我們從不晚睡。結果爸爸第二天早上醒來時，發現自
己當選了。」

霍華高度質疑美國出兵外國的政策，這不只是因為他那貴
格會教徒的性格，也反映出美國中西部長久堅信的保守孤立主
義。雖然這種信念已日漸減弱，但珍珠港事變讓人們暫時重拾
此信念。儘管羅斯福在此地擁有超高人氣，但奧馬哈的工人對
他外交政策的支持暫時動搖，剛好讓霍華有機會勝過他那位過
度自信的對手。

罪惡之城

1943 年 1 月，巴菲特家將丹地的房子出租，搭上前往維
吉尼亞州的火車。他們抵達華盛頓特區的聯合車站後，發現這
個原本鄉下的城市已變得擁擠混亂。這裡擠滿了人，大多是為
戰時新成立的政府機構工作。軍方為了遷入新完工的五角大廈

（完工時已是世界最大的辦公建築），占用了所有建築物、辦公室、桌椅和文具。此時，國家大廣場（The Mall）到處都是不穩固的臨時辦公建築。[4]

十九世紀的木製電車滿載公務員緩慢搖晃過擁擠的街道。大批湧入的外來者讓此地人口倍增。跟隨著這群老實、貧窮的人來到此地的，是扒手、妓女、騙子與流浪漢，這些人將華盛頓變成犯罪之都。

巴菲特家在此也有朋友，瑞奇爾（Reichel）[5] 一家人是霍華在證券業的舊識，他們告訴霍華不要住在華盛頓，這地方太可怕了。他們知道有個海軍陸戰隊的人剛搬離維吉尼亞州的一棟豪宅。這棟豪宅有十個壁爐、一座溫室。雖然這棟豪宅不符合巴菲特家的簡樸風格，而且距離市區有一小時路程，但他們還是暫時租了下來。霍華在華盛頓還租了一間小公寓，平時住在這裡，週末再返回維吉尼亞的家。霍華很快就變得非常忙碌，因為內布拉斯加州代表指派他加入財務委員會，他開始適應眾議員的工作，學習一些規矩、程序和不成文的慣例。

不久後，麗拉開始到華盛頓物色長期住所。自從來到華盛頓後，她就變得非常煩躁，不時提到她多麼想念奧馬哈。他們搬家的時機並不恰當，麗拉的妹妹柏妮絲警告家人，若不讓她住進她母親所住的諾福克州立醫院，她可能會自殺。於是負責照顧柏妮絲的伊迪去找醫生商量，他們認為柏妮絲為了要和母親住在一起，可能會用激烈手段達到目的，因此只好讓她住進諾福克醫院。

史塔家所發生的問題很少在孩子面前詳細提及。三個孩子各自以自己的方法適應華盛頓的生活。剛滿十五歲的多麗絲覺

得自己就像《綠野仙蹤》裡的桃樂絲，離開了堪薩斯的黑白世界，來到彩色的奧茲王國。她的人生起了很大的變化，她成了弗雷德里克斯堡（Frederickburg）的大美女，並愛上了這地方。[6] 麗拉認為她無視自身地位而妄想進入上流社會，偶爾仍會厲色責罵她。不過此時多麗絲已有能力反抗母親的約束，並開始走自己的路。

十二歲的巴菲特先念了六週的八年級，但這個班的程度比他在奧馬哈的班級「落後許多」。很自然地，他想到的第一件事就是去找工作，他在一家麵包店打工，但「幾乎什麼事也不必做，我既不烤麵包，也不賣麵包。」他為搬家的事感到既生氣又難過，非常希望能被送回奧馬哈，於是就宣稱他得了某種「過敏症」，晚上睡不好，必須站著才能睡覺。[1]「我寫好幾封可憐兮兮的信給祖父，於是他對我父母說了這樣的話：『你們一定要把那孩子送回來，我孫子快被你們毀了。』」巴菲特的父母屈服了，把他送上火車，讓他回內布拉斯加住幾個月。結果，陪他搭車的是內布拉斯加的參議員伯勒（Hugh Butler），這令他很開心。巴菲特向來懂得如何和長輩相處，所以他在車上以一副小大人的姿態與伯勒自在聊天，一路聊到奧馬哈，完全忘了他的「過敏症」。

九歲的柏蒂一直和祖父很親近，同時認為自己和祖父有種特別的情感。她很嫉妒巴菲特得到的待遇，於是也寫信給祖父：「叫我爸媽也把我送回去，但不要說是我說的。」

「當柏蒂也寫求救信來時，我告訴爺爺：『別理她，她是裝的。』」[7] 巴菲特說。

後來恩尼斯回信說：「女孩應該和媽媽在一起。」柏蒂只

好繼續留在弗雷德里克斯堡，並且對哥哥總是能如願以償而憤憤不平。[8]

巴菲特回到玫瑰崗小學，和好朋友一起上學。每天中午他都到父親舊時合夥人福克（Carl Falk）的家裡，福克的妻子葛萊迪絲（Gladys）會親切地準備三明治和番茄湯給他當午餐。他非常「崇拜」福克太太，[9]把她當做母親的化身，就像他把朋友弗洛斯特（Jack Frost）的母親赫柔（Hazel）和自己的姑姑、阿姨當做母親一樣。

雖然巴菲特在中年女性身邊感到很自在，但他仍然非常害羞，也很害怕與同年齡的女孩相處。即使如此，他很快就迷戀上八年級班上的桃樂西（Dorothy Hume）；他的朋友艾力克森則迷上瑪姬李（Margie Lee Canady）。另一個朋友史璜森（Byron Swanson）則迷上了瓊安（Joan Fugate）；在商量了幾星期之後，他們終於鼓起勇氣約這些女生去看電影。[10]

在約定好的那個星期六，史璜森和巴菲特一起去接他們的約會對象，因為他們不敢獨自去。那天下午，他們從一個人的家走到另一個人的家，再走到車站去，一路上都尷尬而沉默地走著。住在另一個方向的瑪姬李和艾力克森一起來到車站，然後所有人一同搭上街車。一路上，三個男生都紅著臉、盯著自己的鞋子看，而女生則隨意閒聊。到達戲院後，三個女生逕自走到一排座位坐在一起，這幾個男生想坐在女生旁邊看恐怖片《木乃伊之墓》和《豹人》的計謀當場破功。他們只好坐在一起，看著這些棕髮女孩依偎在一起，一會兒咯咯笑、一會兒尖叫地看完每週影集、卡通和兩部電影。看完電影後，這些男生痛苦地陪著女生走到沃葛林商店（Walgreen's）喝飲料，再踏上返

家的路。他們男生一群、女生一群地搭車，然後再送女生回家。一整個下午這三個男生幾乎沒講一句話。[11] 他們被這次的經驗嚇到了，直到多年後才有勇氣再約女生出去。[12]

雜貨店打工

　　儘管巴菲特失去了信心，卻沒失去對女生的興趣。他後來又喜歡班上的另一個女孩克洛安（Clo-Ann Kaul），一個金髮美女，只是克洛安對他沒興趣。他似乎對女生一籌莫展。為了忘卻情場失意，他再次開始努力賺錢。

　　「我祖父很高興我總是不斷想辦法賺錢。我會到附近鄰居家蒐集舊報紙和雜誌來賣。艾莉絲姑姑會帶我去回收場，45公斤廢紙可以賣 35 分錢。」

　　在祖父恩尼斯家的書架上，有許多過期的《先進食品雜貨商》（*Progressive Grocer*）雜誌，巴菲特對「如何規畫肉品儲藏區」這類主題非常感興趣。週末時，恩尼斯會派他到雜貨店工作。這家雜貨店是一棟兩層樓倉庫，屋頂有西班牙式屋瓦，在丹地優美的中上住宅區內非常顯眼。巴菲特家族一直採用「記帳外送」的經營模式。家庭的女主人或廚子會打電話到店裡，告訴店員訂購品項，店員再記下訂單。[13] 店員在店裡來回奔跑，用可移動的木梯在各個貨架爬上爬下拿取物品，並從一堆堆的蔬菜和水果中拿取一些，裝滿籃子。他們也會到地下室去拿放在桶子裡的德國酸菜和醃黃瓜，旁邊還有一箱箱雞蛋和其他生鮮食品。所有貨品都裝在籃子裡，在夾層工作的店員會用滑輪將籃子拉上去，包裝物品並標上價錢，再送到樓下。然後，巴菲特父子雜貨店的橘色貨車會將貨物送到顧客手中。

　　恩尼斯坐在夾層的辦公桌，俯視所有店員的動態。店員在他背後都叫他「恩尼老頭」。「他一件事也不做，只會下命令，」巴菲特說。「我是說，他是監督一切的國王。假如有顧客走進店裡卻沒人招呼他，那麼……」店員就遭殃了。恩尼斯信奉「工作、工作、大量工作」的理念。他自覺有義務教育店員「天下沒有白吃的午餐」，曾經叫一個搬貨小童帶 2 分錢現金到店裡來付所得稅。就在搬貨小童交所得稅的同時，他還要訓話半小時，告訴他社會主義有多糟。[14]

　　恩尼斯只有在看到重要的女主顧坐著司機開的車上門時，才會離開夾層。他會衝下樓來，抓起訂購單親自服務。他會向她介紹剛從夏威夷空運來的「鱷梨」（酪梨），並送她孩子薄荷糖。[15] 因為這樣的階級意識，有一回弗列德招呼麗拉時，卻半途分身去照顧另一位客人，使麗拉氣呼呼地走出店門，[16] 從此以後，家裡的雜貨都是由霍華採買。

　　巴菲特現在覺得自己也像店員一樣，在恩尼老頭的指揮下在店裡忙進忙出。在祖父店裡工作的時間是他一生中最像個奴隸的時候。

　　「他交代我做一大堆小事。有時我在店裡工作，有時他要我和他一起坐在夾層計算戰時配給單，如紅糖配給單、咖啡配給單等等。有時候我會躲在他看不到的地方。

　　「我所做過最糟的工作，是和我朋友斐斯可（John Pescal）幫我祖父剷雪。有一次我們遇到一場大風雪，下了 30 公分高的溼雪。我們必須把雪剷除，包括店門前客人停車的地方、店後方的走道、卸貨區，還有停放六輛貨車的車庫旁。

　　「我們工作了五個小時，剷、剷、剷，一直剷，到最後我

們連手都伸不直。然後我們去找爺爺，他說：『我該付你們多少錢？一毛錢太少了，但一塊錢又太多了！』

「我永遠也忘不了那一幕，斐斯可與我面面相覷……」

他們剷雪的代價是：每小時不到兩毛錢。

「哦，不！他還要我們兩人平分這筆錢。這就是我爺爺……」

巴菲特家的人就是這樣。巴菲特從這件事學到一個寶貴的教訓：**一定要在事前先了解交易的條件**。[17]

恩尼斯還具備兩項巴菲特家族的特質：與女人有關的決定都做得很衝動，以及完美主義。韓莉葉塔過世後，恩尼斯曾有兩次短暫的婚姻，其中一次是去加州度假時和一位剛認識的女性結婚。他的完美主義則表現在工作上。巴菲特父子雜貨店是從奧馬哈最古老的雜貨店傳下來的，而恩尼斯對工作的嚴苛要求，都是為了給顧客好的服務。他很確定入侵鄰近地區的全國性折扣連鎖商店只是一時流行，很快就會消失，因為它們無法提供和他一樣好的服務。在這段期間，他曾很有自信地寫信給一位親戚說：「連鎖商店的時代已經過去。」[18]

有時雜貨店的麵包不夠賣，為了不讓顧客失望，恩尼斯會叫巴菲特跑到附近的新奇頂奇超市（Hinky Dinky）以零售價買麵包回來。巴菲特不喜歡這項差事，因為他一走進超市就會被認出來。就在他打算用「最不顯眼的方式」偷溜進店裡時，店員會大聲說：「哈囉，巴菲特先生！」讓店裡每個人都聽見，並看見他兩手抱滿麵包。恩尼斯非常討厭新奇頂奇超市，因為它是猶太人經營的商店，就和另一個在丹地的主要競爭對手桑莫斯商店（Sommers）一樣。要他用高價向競爭對手買東西已

經夠難過了,向猶太人買更讓他痛苦萬分。就和二十世紀中期以前美國其他地區一樣,宗教和種族的隔離主義也存在於奧馬哈。猶太人和基督徒(甚至是天主教徒和新教徒)各自有獨立的生活圈、各自的社交圈和民間團體,許多地方還拒絕讓猶太人加入會員或拒絕雇用猶太人。恩尼斯和霍華在公共場所會用「愛斯基摩人」這個暗語來罵猶太人。由於歧視猶太人在當時社會很理所當然,因此巴菲特從沒想過祖父與父親的態度有何不妥。

事實上,恩尼斯在巴菲特心中是一位權威人物,巴菲特只有在學校或在星期六下午跟貨車出去送貨時,才能暫時擺脫祖父的威權。從貨車卸下雜貨極為耗費體力,巴菲特開始了解自己有多麼不喜歡勞動的工作。

「有一個司機名叫艾迪,我覺得他大概有一百歲了,其實他大約六十五歲,曾經用騾車為巴菲特父子雜貨店送貨。

「他有一個很奇怪的送貨路線,他會先去班森,然後開 8 公里路回丹地送貨,然後再開去班森送貨,而當時正在實施戰時汽油配給措施。後來,我問他為何如此開車,他用令人厭惡的表情看著我說:『如果夠早到的話,我們還可以趕上看她沒穿衣服的樣子。』」巴菲特一開始聽不懂這句話的意思。「早上他會親自把雜貨送到顧客家門口,而我負責搬二十四瓶裝空汽水瓶箱還給店裡。艾迪會在那裡偷看高爾太太,因為她是店裡最漂亮的客人。」高爾太太是巴菲特同學克洛安的母親,當巴菲特搬運空汽水瓶時,克洛安會假裝沒看見他。「我可能是雜貨業史上最低薪的人,我什麼也沒學到,只了解到我不喜歡費力的工作。」

　　巴菲特在恩尼斯的晚餐桌上開始了一場自主權爭奪戰。他從出生就很討厭綠色的東西，只有鈔票例外。青花菜、球芽甘藍和蘆筍排放在巴菲特的餐盤上，就像一場意志力戰役中的步兵。巴菲特的父母通常會讓他耍賴過關，但恩尼斯無法容忍任性的行為。艾莉絲姑姑會哄他吃蔬菜，但祖父會坐在餐桌的另一頭瞪著他，一等再等，等著他把蔬菜吃光光。「你得在餐桌坐兩個小時吃蘆筍，但他最後總是會贏。」

姊姊的腳踏車

　　不過在其他時候，巴菲特在祖父家得到很大的自由。他在祖父的倉庫裡看到多麗絲的史溫牌（Schwinn）藍色腳踏車，上面刻有多麗絲的名字縮寫。這是恩尼斯送給多麗絲的禮物，他們搬到華盛頓時就留了下來。巴菲特沒有自己的腳踏車，「腳踏車在當時是很貴重的禮物，」他說。於是他開始騎多麗絲的腳踏車，後來還把這輛車拿去腳踏車店換成男生的腳踏車，當做新車的頭期款。[19] 這件事沒人表示異議，因為巴菲特有「光環」。

　　祖父用自己的方式寵巴菲特。晚上他們會一起以虔敬的心情聆聽恩尼斯最喜愛的主持人小路易士（Fulton Lewis Jr.）的廣播節目。恩尼斯會整理思緒，著手寫他想寫的一本暢銷書，書名已決定為《如何經營雜貨店和我的釣魚心得》，他認為值得人類關心的事就只有這兩個主題。[20]

　　「晚上或傍晚時候，我會坐在那裡抄寫我爺爺口述的內容。我將內容寫在用過的記帳紙上，因為巴菲特父子雜貨店絕不浪費任何東西。他認為這本書是所有美國人引頸期盼的書，

因為其他主題已經沒有寫的價值了，不論是《飄》還是其他類似的書。如果有《如何經營雜貨店和我的釣魚心得》可讀，為何還要看《飄》呢？」[21]

巴菲特非常喜歡奧馬哈的生活，他很高興能回奧馬哈與姑姑、祖父及朋友重聚，幾乎忘了在華盛頓的家人。

幾個月後，巴菲特父母帶著他的姊妹開了三天車回內布拉斯加過暑假，並租了一間房子。他們家的財務狀況愈來愈好。霍華的一些選民是以屠宰場為家的。當屠宰場的臭味隨南風飄送到城裡時，奧馬哈的居民都知道，這是錢的味道。霍華買下了南奧馬哈飼料公司（South Omaha Feed Company）以增加收入，巴菲特於是在父親的公司工作。

「南奧馬哈飼料公司是一間大倉庫，有數百呎長，沒有空調設備。我的工作是把 23 公斤一袋的動物飼料從貨車搬進倉庫。你無法想像從貨車內看貨車車廂感覺有多大，而且貨物滿滿地堆到車廂頂。夏天貨車裡熱得不得了，有個叫法蘭克的傢伙練過舉重，可以直接舉起飼料袋往外丟。我穿著短袖襯衫，努力抱住飼料袋，把它拖出來。我工作了大約三小時，到中午時，我的雙臂已變得紅通通的。然後我走路去搭街車回家。勞動工作真不是人幹的。」

暑假結束前，巴菲特一家人到歐科波吉湖去度假。就在他們要離開奧馬哈時，多麗絲發現巴菲特把她的腳踏車賣掉了。不過大人並沒有為她伸張正義，巴菲特再度逃過懲罰。暑假結束時，巴菲特的父母繃著臉，嚴厲要求他搭火車回華盛頓，結果那輛非正當手段換來的腳踏車也跟著他回華盛頓去，多麗絲氣炸了。這次的竊取行為只是巴菲特墮落行為的開端，迫使他

們的父母必須有所作為。

　　回到華盛頓後，巴菲特一家人搬到費丘斯（Fitchous）宅第，這是一棟很漂亮的殖民風格兩層樓白色房子，前院有一棵合歡樹，位於華盛頓市郊的泉谷（Spring Valley）社區內，緊鄰麻州大道。泉谷是一個「管制」社區＊，是在 1930 年為了政界與上流社會的重要人士所設計的小型高級住宅區，整個社區的設計風格是殖民時代的名流風。麗拉花了 17,500 美元買下這棟房子和一些家具。巴菲特分配到前面的房間。兩旁鄰居家中都有男孩，而且比巴菲特年長。對面住的是基弗尼家（Keavney），時值十三歲的巴菲特再度迷上基弗尼太太，因為她是附近最具慈母形象的中年女性。「我非常迷戀她，」巴菲特說。

　　這個社區像是個小型聯合國，裡面住滿了外交官。巴菲特一家人開始適應戰時的華盛頓，這裡和奧馬哈非常不同。此時美國的經濟終於好轉，大蕭條過去了，但戰時施行配給制度，金錢變得愈來愈不重要，日常生活都是用點數和配給券來計算：罐頭食品每月配給 48 個藍點，生鮮食品 64 個紅點，肉類、鞋類、奶油、糖、汽油和長襪則要用配給券取得，沒有配給券，有錢也買不到肉，只有雞肉沒有配給限制。由於奶油配給量很少，所以大家都學會將黃色食用色素擠到無味的白色人造奶油罐裡。市場上沒有新車可買，因為汽車製造廠都轉而製造國防設備。開車要使用汽油配給券。

　　霍華每天早上搭街車沿著威斯康辛大道走到喬治城的 M

＊ 意味著社區不允許猶太人遷入。

街,然後轉行賓州大道。他在白宮旁的舊行政大樓附近下車,然後步行到嘈雜繁忙的華盛頓。政府官員與軍方人員激增。

麗拉從一抵達華盛頓就不喜歡這個地方。她很想念奧馬哈,而且相當寂寞,因為霍華成為眾議員之後就很少有時間與家人相處。他白天都在辦公室工作,晚上則閱讀國會會議紀錄和立法的相關資料。他星期六也在辦公室度過,星期天則在做完禮拜後又回到辦公室。

此時的多麗絲在威爾遜中學(Woodrow Wilson High School)就讀,她馬上就融入這所學校最受歡迎的小團體。柏蒂也很快就交到新朋友,在家附近結識了一群年齡、興趣相仿的女孩。巴菲特的情況則與他的姊妹大不相同。他在迪爾初級中學(Alice Deal Junior High School)就讀,[23] 學校坐落於華盛頓最高的山丘上,俯看泉谷社區,黑人學校就在後方的山谷裡,整個城市都在它腳下。

巴菲特班上的同學有許多是外交官子弟,與巴菲特在玫瑰崗小學的同學相比,顯得成熟世故許多。一開始,巴菲特很難交到朋友。他試著去打籃球和足球,但由於他戴眼鏡,而且在肢體接觸的運動中比較退縮,兩種球都打得不好。「我失去原來的朋友,又交不到新朋友,我在班上年紀比較小,不知道該如何自處。我的運動神經並不差,但也不算很擅長運動,所以無法靠運動交朋友。多麗絲和柏蒂長得很漂亮,在學校很吃得開。漂亮女生不會有問題,因為世界會為她們而改變。因此她們比我還能適應新環境,這令人有點討厭。」

巴菲特的成績一開始是 C 和 B,後來進步到 A,只有英文科例外。「我的成績通常和我對那科老師的感覺有直接關係,

我很討厭英文課的歐溫老師（Allwine）。[24] 我的音樂成績也都
是 C。」音樂課的包姆老師（Baum）是全校最漂亮的老師，
大多數男生都很喜歡她，巴菲特卻與她不對盤，她說巴菲特需
要加強合群、禮貌和獨立。

「我是班上年紀最小的。我喜歡女孩子，也不會躲她們，
但我比較沒自信，班上女生在社交上都比我領先一大步。我在
奧馬哈的班上沒人會跳舞，但華盛頓的同學都已經學舞一到兩
年，我永遠也趕不上他們。」

巴菲特十二歲時舉家遷居華盛頓，讓他錯過一個很重要的
經歷：芙格（Addie Fogg）的舞蹈班。每週五晚上，芙格這位
矮胖的中年婦女會在奧馬哈的美國大會堂（American Legion
Hall）教跳舞。她會叫男生和女生按身高各站一排，然後將他
們配對，男生要打領結，女生則要在洋裝下穿著蓬襯裙。他們
會練習跳狐步和華爾滋方形步。男生可趁此機會學習在公共場
合對年輕女士表現「紳士」行為，並學習如何以談話打破沉默。
男孩可握住女孩的手，摟住她的腰，並感受兩人臉部貼近的感
覺，男孩也可初次體驗引領舞伴的樂趣。過程中會發生許多尷
尬或得意的事，這樣的群體成長儀式能使學舞者產生歸屬感。
錯過這樣的經驗，可能導致深刻的孤立感。已經缺乏安全感的
巴菲特於是被拋在其他男生後面，成為青少年群裡的一個晚熟
男孩。

他的同學覺得他很友善，但也很害羞，特別是在與女孩子
相處時。[25] 他比其他同學幾乎小一歲，因為他在 8 月出生，而
且在玫瑰崗小學跳了半級。「我顯得格格不入，不論是和女生
或其他人相處都很笨拙，但和年長者相處就沒有問題。」

小生意人

搬到泉谷不久，霍華一位年長的朋友米勒（Ed S. Miller）從奧馬哈打電話給巴菲特。

「他說：『華倫，我有一個大麻煩。公司的董事會要我結束掉華盛頓特區的倉庫，這對我來說是個大問題。我們倉庫裡有數百箱過期的玉米片和狗餅乾。我遠在千里之外，而你是我在華盛頓唯一認識的生意人。』

「然後他說：『我知道我可以拜託你。事實上我已經叫我們的倉管員把玉米片和狗餅乾運到你家去了。不管你賣了多少錢，只要給我一半就好，其他錢你留著。』

「突然間，有好幾輛卡車開到我家，卸下的貨物將我家車庫和地下室都塞滿了，害我爸沒辦法把車開進車庫。

「現在我手上有這一大堆東西。我只好想想誰用得上這些東西。當然，狗餅乾可以賣給養狗場，玉米片已經不能給人吃了，但我想應該可以給動物吃，於是我把玉米片賣給家禽養殖業者。這批貨大概賣了 100 美元，[26] 我把其中一半寄給米勒先生，他回信給我說：『你幫我保住了工作。』

「奧馬哈有一些像他這樣好得不得了的老實人，所以我很喜歡和大人在一起。我可以走到教堂或其他地方去，和人們聊起來。

「我爸的朋友也很好。他們會在牧師寓所辦讀經班和其他活動，有時活動結束後會到我家打橋牌。這些人對我都非常好，他們都很喜歡我，總是叫我華倫尼（Warreny）。我從圖書館借來的書學會打乒乓球，並在 YMCA 練習。他們知道我喜

歡和他們在地下室打球，他們也會與我單挑。

「我在奧馬哈有許多事情可做，我在那裡過得很好。

「搬到華盛頓後，乒乓球桌不見了，短號和幼童軍活動也沒了。我以前會參與各種活動，但這些活動都在我們搬家時結束了。

「所以我很生氣。但我不知該如何宣洩這些情緒。我只知道，自從我爸當上議員後，生活就失去許多樂趣。」

霍華帶巴菲特去看過幾次國會的開會過程，巴菲特想在國會打工，但霍華無權做此安排。結果，巴菲特在雪維卻斯俱樂部（Chevy Chase Club）當桿弟，但再度發現自己不適合勞力的工作。「我媽在我的襯衫內縫上毛巾，因為我必須背很重的袋子四處走動。有時候有些打球的人，尤其是女性，會覺得我很可憐，於是就自己背球袋。」巴菲特需要一份更能發揮他技能的工作。

巴菲特和其他家族成員一樣，打從一出生就活在新聞的世界。他喜歡聽新聞，而現在他開始送報，也很喜歡這工作。他的工作包括一條送《華盛頓郵報》的路線和兩條送《時代前鋒報》（Times-Herald）的路線。

巴菲特開始在泉谷送報，離家不遠。「頭一年，訂戶住得很分散，送起來有點累。我必須每天送報，連耶誕節也不例外。耶誕節早上，我家人必須等我送完報，才能開始慶祝活動。假如我生病了，我媽就幫我送報，不過賺的錢歸我。我房間有幾個罐子，裡面裝滿了五毛和二毛五的硬幣。」[27]後來，巴菲特又加了一條下午送報的路線。

「《晚星報》（Evening Star）是城裡銷量最大的報紙，老闆

是華盛頓地區的望族。」

下午的時候，巴菲特會騎著腳踏車在街上跑，從車子前方的大籃子裡抓《晚星報》丟到訂戶家門口。在送報路線的最後一段，他必須小心控制車子，因為「那裡有隻惡犬」。

「我喜歡自己一個人工作，因為我可以想自己一直在想的事情。華盛頓的生活一開始令我難以適應，但我可以活在自己的世界裡，我待在房間裡沉思，或是騎車四處送報並想東想西。」

他滿腦子都是憤世嫉俗的想法，並將這些想法在迪爾初中表現出來。巴可絲（Bertie Backus）是學校的校長，她為自己能記住所有學生的姓名而自豪。她很快就有理由記住華倫‧巴菲特這個名字。

「我剛入學時跟不上大家，後來落後更多，於是我感到憤世嫉俗。我一天到晚在做白日夢，總是在計畫事情，我會把股市行情表帶到學校去，上課不專心聽課。後來我認識了麥瑞（John McRae）和貝爾（Roger Bell），從此變得非常叛逆。」

巴菲特童年時期的可愛特質都消失了。有一次當老師在上課時，他故意找麥瑞下棋，只為了搗蛋。又有一回，他在課堂上割開一個高爾夫球，結果把裡面液體噴到天花板上。

蹺家少年

巴菲特和他的朋友開始打高爾夫球。麥瑞的父親在崔格榮（Tregaron）莊園負責維護果嶺。崔格榮莊園離華盛頓市中心很近，屬於波絲特（Marjorie Merriweather Post）和她丈夫戴偉士（Joseph E. Davies）所有，戴偉士是美國駐俄羅斯大使。這個家擁有數十名僕人，但主人很少住在這裡，於是巴菲特和

他的朋友就到莊園的九洞高爾夫球場去打高爾夫。後來，巴菲特說服麥瑞與貝爾和他一起蹺家跑到賓州的賀喜（Hershey），到當地知名的高爾夫球場找桿弟的工作。[28]「我們沿路搭便車，走了大約240公里路，來到賀喜的一家飯店。我們犯了一個錯誤，就是向飯店服務生吹噓自己有多厲害。

　　「第二天早上我們出來時，看到一個高大的公路巡警正等著我們，他把我們帶到公路警察總局。

　　「於是我們開始說謊。我們說，我們是得到父母允許才來的。警察局裡有一台電報機不斷印出各種警報。我坐在那裡，心想那台機器很快就會收到來自華盛頓的消息，然後那位巡警就會知道我們在說謊。我一心只想離開那裡。」

　　不過他們的謊言似乎頗具說服力，於是巡警放他們走。[29]「我們開始朝著蓋茨堡（Gettysburg）方向走，這次一直沒有人願意讓我們搭便車，後來一位卡車司機停下來，讓我們三個擠在駕駛座裡。」他們當時很害怕，一心只想回家。「那位卡車司機在巴爾的摩一家小餐館停下來，並把我們分開，讓我們去搭不同司機的車。天色漸漸昏暗，我們以為自己無法活著離開那裡，但他們終究還是把我們分別載回華盛頓。回到華盛頓時，貝爾的母親已經因為太過擔心而進了醫院，我對這件事非常內疚，因為是我說服貝爾這麼做的。我的犯罪行為從此以後愈來愈精采。」

　　巴菲特當時又認識了另一個朋友巴提史東（Lou Battistone），但就像在奧馬哈一樣，巴提史東與麥瑞、貝爾沒有交集。此外，巴菲特在學校的成績愈來愈差，包括英文、歷史、素描、音樂都掉到C或D，甚至是D⁻，連數學也掉到了C。[30]「連一

些我原本很擅長的科目成績都不理想。」巴菲特的老師覺得他頑固、無禮又懶惰。[31] 有些老師給他兩個黑色 XX，表示特別糟。他的行為在當時算是驚世駭俗，因為 1940 年代的小孩都很聽話。「我墮落得很快，我的父母為我擔心死了。」

巴菲特只有一門課表現得非常傑出：打字課。華盛頓當時正在進行紙上戰爭，打字被視為非常重要的能力。

迪爾初中的打字課中，學生必須在打字機上蓋一塊黑布，以此訓練靠觸覺打字。[32] 記憶力好、手眼協調佳的人比較吃香，而巴菲特這兩方面都很厲害。「每學期我在打字課的成績都是 A。我們當時用的是手動打字機，當你將滑動架推回去時，會聽到一聲清脆的『叮！』

「全班二十個學生中，我的打字速度遠遠超越其他人。進行速度測驗時，我會快速把第一行字打完，然後用力推回滑動架。此刻所有人都會停下來，因為他們才打第一個字就聽到我的『叮！』，然後他們開始緊張，想試著打快一點，結果一定出錯。我在打字課上得到很多樂趣。」

巴菲特將同樣充沛的精力發揮在送報工作上。他很喜歡送報，好像他天生就該做這行。後來，根據巴提史東的說法：「他騙派報經理把老城登利城（Tenleytown）裡的威徹斯特（Westchester）分給他。」巴菲特成功了，威徹斯特的路線通常是分配給大人。

「這是個大好良機，威徹斯特這個區域優美、高檔，荷蘭的薇勒米娜女王擁有這地方。[33] 這條路線住了六位參議員，還有陸軍上校和最高法院法官，全都是有頭有臉的人物。此外，還有霍比夫人（Oveta Culp Hobby）和戰時物價管理局的最高

主管亨德森（Leon Henderson）。」霍比夫人出身自德州的出版世家，她搬到華盛頓來擔任陸軍婦女隊（WAC）的總指揮。

「突然之間，我的業務擴大許多。我那時大概是十三、四歲。一開始我在威徹斯特送《華盛頓郵報》。為了威徹斯特，我必須放棄其他早報路線，令我非常難過。」此時的巴菲特與《時代前鋒報》的經理已經很熟了。「我告訴他，我得到在威徹斯特送《華盛頓郵報》的工作，表示我必須放棄泉谷的工作……他接受我的辭職，那一刻非常感傷。」

巴菲特自認是送報老鳥，但他必須面對複雜的送報路線。威徹斯特包含五棟建築，占地共 11 公頃，其中四棟互相連結，另外一棟獨立分開。此外，在教堂大道對面還有兩棟公寓：馬林（Marlin）和沃維克（Warwick），同時他還要負責威斯康辛大道上的幾個住戶。

「我從某個星期天開始工作，他們給我一個本子，上面有訂戶的姓名和地址，我並沒有事先接受訓練，也沒有事先拿到這個本子。」他穿上網球鞋，準備好公車票卡（一趟車程要 3 分錢），然後睡眼惺忪地登上首都交通公司的巴士，沒有停下來吃早餐。

「我大概清晨四點半到達，那兒有一捆捆報紙，我不知道該怎麼辦，也不知道上面的編號代表什麼意思。我坐在那裡好幾小時，將報紙分類包捆。後來我發現報紙份數不夠，因為人們在去教堂的路上會順手拿走報紙。

「整件事是個大災難。我心想，我到底給自己找了什麼麻煩？到了早上十點、十一點，我才把報紙送完。

「但我慢慢學習，愈做愈好，很快我就變得很熟練了。」

每天早上，巴菲特從家裡衝到車站去搭第一班 N2 號公車到教堂大道 3900 號的威徹斯特。他的公車票卡通常是編號001，表示他是當週第一個買的人。[34] 假如他稍微遲到，公車司機會等他。公車到達目的地後，他就跳下車，跑過幾條街到威徹斯特。

他找出了最有效率的送報路線，把每天送幾百份報紙這種無聊且重複性的工作變成與自己的競賽。「由於新聞紙配給的關係，當時的報紙比較薄，三十六頁的報紙分量剛剛好。我拿著一疊報紙站在走道的一端，抽出一份報紙，折成一半，再折成煎餅或捲成餅乾的形狀。然後我把報紙甩在大腿上，再扭轉手腕增加旋轉力道，將報紙朝走道遠處丟出去。我可以丟 15 至 30 公尺的距離。這考驗了我的技術，因為每個訂戶的門口與我所站的地方距離不同。我會先丟最遠的那一戶，但訣竅就是如何讓報紙剛好距離門口數呎。而且有些人家的門口會放牛奶瓶，讓這項工作變得更有趣。」

巴菲特也賣月曆給報紙訂戶，同時他還發展出另一項副業。他向訂戶要過期雜誌，回收做為戰爭資源。[35] 他還會檢查雜誌上的標籤，看訂閱期間何時到期，記錄在一本暗碼簿上，這是委託他推銷雜誌的摩爾科崔爾（Moore-Cottrell）出版社給他的。他為訂戶製作了檔案紙卡，並在訂閱到期之前去敲客戶的門，推銷新雜誌。[36]

威徹斯特的住戶在戰爭期間流動率很高，巴菲特最大的惡夢就是訂戶沒付錢就搬走了，他必須吸收報紙的費用。有了幾次客戶落跑的經驗後，巴菲特開始給電梯女服務生小費，請她預先通知他住戶搬遷的消息。有一次傲慢的霍比夫人（Oveta

Culp Hobby）遲繳報費，巴菲特覺得她應該對他這個送報生有多一點同情心，因為她自己也擁有一家報社《休士頓郵報》，但他還是擔心霍比夫人會賴他的帳。

「我每個月準時付清自己的帳單，每天去送報，我是個有責任感的小孩，我還曾經因為服務完美而得到一張戰爭公債的債券。我不想讓應收帳款累積太多。我試過各種方法向霍比夫人收錢，包括留字條，後來只好在清晨六點去敲她家的門，在她逃走之前逮住她。」巴菲特在其他方面很害羞，但講到錢就另當別論了。霍比夫人來應門時，「我把一個信封遞給她，她只好付我錢。」

放學後，巴菲特搭公車回泉谷，再騎著他的腳踏車去送《晚星報》。下雨的冬天午後，他有時會在送報途中到朋友家稍作停留。他腳上老是穿著一雙破了很多洞的舊帆布鞋，下雨時雙腳等於是泡在水裡。他總是穿著過大的格紋襯衫，皮膚由於衣服溼透的寒氣而長出疹子。因為某些理由，他似乎從不穿外套。慈祥的女士們看到他這個可憐樣會笑著搖頭，給他毛巾擦拭身體，為他換上溫暖的乾衣服，讓他沐浴在猶如慈母的關懷裡。[37]

1944 年底，巴菲特第一次申報所得稅。他將手錶和腳踏車列為營業費用從所得中扣掉，結果只繳了 7 美元稅金。他知道這種做法有待商榷，但他不介意為了達到目的抄些近路。

十四歲時，他已經實現了《一千種賺 1,000 美元的方法》書上的承諾，存了大約 1,000 美元。他對這項成就感到很驕傲。到目前為止，他的進度超前，遠遠地超前。而他知道，進度超前就是他達成目標的方法。

第 10 章

迷途羔羊

華盛頓特區，1943 年～1945 年

　　和巴菲特初中時期所惹的麻煩相比，每下愈況的成績、逃
稅和蹺家都只是小事。巴菲特家的這個兒子已變成了犯罪分
子，而他的父母還不知道。

　　「搬到華盛頓之後，也就是當我八、九年級時，我變得非
常叛逆。我結交了壞朋友，做了一些不該做的事。我只想反
叛，我很不快樂。」

　　一開始是小小的惡作劇。

　　「我喜歡印刷廠。我曾在印刷課計算字母和數字的使用頻
率，那是我可以自己一個人做的事。我會做排版之類的事，我
喜歡印東西。

　　「我曾經自己印了美國戒酒聯盟（American Temperance
Union）主席保羅牧師的專用信箋，用這信箋寫信給人，告訴
他們我多年來巡迴全美演說飲酒的壞處，名叫哈洛的學徒總是
與我同行。哈洛是飲酒的負面示範，他會拿著一杯酒站在台
上，流著口水露出迷茫樣，渾然不知四周發生了什麼事。然後
我在信上說，很遺憾地，哈洛上星期過世了。一位我們都認識
的朋友建議由你來代替他。」[1]

　　常和巴菲特在一起的朋友會煽動他的反社會行為。他和新

朋友丹利（Don Danly）和鍾恩（Charlie Tron）最喜歡在新開
的西爾斯百貨（Sears）閒晃。這家百貨公司位於內布拉斯加
大道和威斯康辛大道交叉口的登利圓環（Tenley Circle）附近，
它的現代建築就矗立在華盛頓第二古老區域登利城的中心。和
人一般高的店名鑲在一個弧形金屬板上，架在人行道上方數層
樓高的地方。[2] 招牌後方的屋頂藏有一個很新鮮的東西：露天
屋頂停車場，此地很快就成為高中生最流行的停車與約會地
點。西爾斯也是初中生最愛去的地方，巴菲特和他的朋友會在
午休時間或星期六搭 H2 號公車去那裡玩。

　　許多青少年喜歡西爾斯百貨地下室的昏暗午餐櫃台，它有
一條輸送帶，整天不斷送出甜甜圈，許多孩子為之傾倒。但是巴
菲特和丹利、鍾恩更喜歡對街的伍爾沃斯百貨（Woolworth's），
不過警察局就在對面的轉角。巴菲特一行會隔著玻璃窗，邊吃
午餐邊看街景。

　　吃完漢堡後，這幾個男孩子走下樓梯到西爾斯百貨的地下
樓層，經過午餐櫃台，直接到運動用品區。

　　「我們會隨便偷東西，偷一些根本用不上的東西。我們偷
高爾夫球袋和球桿。我帶著偷來的球袋和球桿離開運動用品
區，爬樓梯走到街上。我偷了好幾百顆高爾夫球。」他們稱自
己的偷竊行為是「釣魚」（hooking）。

　　「我不知道我們為什麼沒被抓。我們的樣子一點也不無
辜。做壞事的青少年不可能看起來很無辜。[3]

　　「我把高爾夫球帶回家，裝滿了衣櫃裡的橘色袋子。只要
西爾斯把高爾夫球擺出來，我就去『釣魚』。我真的用不上這
些球，我也沒有拿去賣。橘色袋子裡的球不斷增加，衣櫃裡有

一大堆高爾夫球是件很奇怪的事。我應該偷些不同種類的東西,但我卻編一個很離譜的謊話應付我父母。我知道他們不相信,但我告訴他們,我一個朋友的父親已經過世,他不斷找到他父親以前買的高爾夫球。天知道我父母那天夜裡討論了些什麼。」[4]

巴菲特的父母嚇壞了。他是他們的聰明兒子,但在 1944年底時,他卻變成學校裡的不良少年。「我的成績與我的不快樂程度成正比。數學都是 C,英文 C、D、D,獨立性、努力和禮貌都是 X。我與老師的互動愈少,成績就愈好。他們曾把我關在一個房間,就像關人魔漢尼拔一樣,然後把我的作業從門底下塞進來。」[5]

畢業典禮那天,學校要求畢業生穿西裝、打領帶出席,但巴菲特拒絕遵從。巴可絲校長這次真的被惹毛了。

「他們不讓我從迪爾初中畢業,因為我太叛逆了,而且不願穿著規定的服裝。這件事很嚴重,讓他們很不高興。有些老師預言我將來一定沒出息。我的操行紀錄上被記的缺點是史上最多的。

「但我爸從不放棄我,我媽也沒有。他們沒有一個人放棄我,能夠擁有相信自己的父母是很棒的事。」

不過在 1945 年春天,就在巴菲特要上高中時,他父母也受夠了他。他們很清楚巴菲特的人生動力只有一個,於是霍華威脅要終止他的賺錢管道。

「長久以來一直支持我的爸爸對我說:『我知道你的能力有多少,而我並不要求你發揮百分之百,你可以這樣繼續下去,或是發揮你的潛力。但如果你再不善用你的能力,你就必須放

棄送報的工作。」這句話給我很大的衝擊。我爸用非常婉轉的方式讓我知道，他對我很失望。這讓我非常難過，可能比他限制我做這個、做那個更令我難過。」

第 11 章

夢中情人

華盛頓特區,1944 年～1945 年

　　霍華很快就得到一個封號:內布拉斯加州史上最不會結黨
營私的眾議員。他不像許多其他國會議員那樣巡迴各地辦募款
餐會,而且明白宣告他絕不出賣或交換他的國會投票權。他拒
絕加薪,因為當初選民給他的薪水就是這麼多。國會議員享受
的額外福利讓他不以為然:餐廳的折扣、將親友和情婦列為支
薪員工、「文具店」以批發價供應從輪胎到珠寶等各種物品⋯⋯
霍華對這一切感到震驚,而且毫不掩飾他的反應。

　　正在進行中的戰爭讓美國赤字連連,而霍華仍執著於實現
他的唐吉訶德式理想:讓美國重回金本位制。美國已於 1933
年揚棄金本位制,自此國庫為了支持「新政」和二次大戰而拚
命印鈔票。霍華擔心,美國將來會和 1920 年代的德國一樣,
人民必須拉一整車鈔票去買一顆甘藍菜。一次大戰結束後,德
國為了戰敗賠款用盡國家的黃金儲備,造成這種結果。[1]後續
帶來的經濟混亂,是希特勒崛起的原因之一。

堅持原則

　　霍華很肯定美國即將毀在政府手裡,於是在內布拉斯加買
了一個農莊做為避難所,以免到時候家人挨餓。巴菲特家對政

府公債極度缺乏信心，有一次全家正在商議要送某人儲蓄債券做為生日禮物，年僅九歲的柏蒂還以為她父母別有企圖。「他不知道這些債券不值錢嗎？」[2] 她這樣問。

霍華的固執使他無法善盡職責，執行立法工作。

「他在眾議院的表決總是輸，假如表決結果是 412 票比 3 票，那我爸就是那 3 票中的一票。但這並不會讓他生氣，他總是心平氣和。如果是我輸了，我一定會生氣。我從不記得他有難過或沮喪的時候，他總是認為他已經盡力了。他義無反顧向前行，而且知道自己是為了什麼而這樣做——為了我們這些小孩。他對國家的未來極為悲觀，但他不是個悲觀主義者。」

堅持原則的霍華不會為了達成共和黨的目標而與他人結盟，此舉阻礙了他與同僚的關係，也為家人帶來不利的影響。妻子麗拉很在意自己是否融入群體，別人的看法對她很重要。她也喜歡和別人比較。霍華的長女多麗絲說：「我們相信他，但看他老是輸，讓人很難過。」這是相當保守的說法。巴菲特家的孩子向來欽佩霍華的剛毅，並感謝父親給他們正直的榜樣。但他們同時也以自己的方式，將融入人群的渴望與巴菲特家特立獨行的特質巧妙結合，並在兩者之間取得平衡。

霍華特立獨行的作風加深了麗拉的煩躁。她仍然不適應華盛頓的生活，因此空閒時間都與內布拉斯加的同鄉女性在一起。但她的空閒時間很有限，因為已經沒有清潔婦幫她打掃家務，讓她有受騙的感覺。「我放棄一切只為了嫁給霍華，」[3] 她這麼說，然後又感嘆孩子們不了解她和霍華為他們所做的犧牲。但她也不叫孩子幫忙家務，只是自己一肩扛起，因為「我自己做比較快」。為家人犧牲的委屈使她時常對孩子發脾氣，

特別是對多麗絲，而多麗絲自己也正在為融入新環境而努力。

多麗絲雖然長得非常漂亮，但她並不覺得如此，認為自己不夠好，高攀不上她想進入的華盛頓上流社會。她受邀參加法國大使館為杜魯門總統的掌上明珠所舉辦的慶生會，計畫以亞克沙班（Ak-Sar-Ben）＊公主的形象，與原本應該和她一起在奧馬哈畢業的人連袂出席社交派對。巴菲特嘲笑她的虛榮做作。

麗拉非常在意自己的外在形象，她關心所有與溫莎公爵夫人有關的消息。溫莎公爵夫人原本是個平民，因為嫁給王子而擺脫平民身分。[4] 但不同的是，溫莎公爵夫人終生蒐集世上最珍貴的珠寶，而麗拉卻刻意鄙視虛榮以掩飾她的驕傲與野心。她認為自己的家庭是中西部中產階級家庭的代表，和《週六晚間郵報》（Saturday Evening Post）雜誌封面上的完美家庭一樣，而同時，她卻嚴厲譴責多麗絲想進入上流社會的企圖。

1945 年 2 月，十四歲的巴菲特從迪爾初中畢業，進入威爾遜中學就讀。[5] 巴菲特希望自己是「特別」的，同時也希望自己是「正常」的。由於他比班上其他同學晚熟，他的父母小心監督他的言行，一心只希望他能學好。送報是他唯一能享有自主權的事。在送報的同時，他也一直在看報紙。

小艾伯納與黛西梅

「我每天早上送報前會先看完漫畫、運動版和股市行情版。我每天早上都要看小艾伯納（Li'l Abner）的漫畫，知道他每天做了些什麼。他吸引人之處在於他讓你覺得自己很聰

＊ 內布拉斯加州的英文倒著唸。

明。看了漫畫後,你會在心中想,『如果我是他的話,會如何
如何……這傢伙實在很笨。』漫畫裡有一個美麗女孩名叫黛西
梅(Daisy Mae),非常喜歡小艾伯納,一天到晚追著他跑,而
小艾伯納卻故意不理她。當時全美國的熱血男孩都在等待某個
黛西梅來追求他。」

　　鄉下女孩黛西梅來自阿帕拉契山區的多格派屈(Dogpatch)
村,她有一頭金髮,穿著圓點圖案的露肩爆乳裝。頭腦簡單、
四肢發達的小艾伯納大部分時間都在躲避她的逼婚。他逃得愈
快,她就追得愈厲害。雖然許多有錢有勢的男性追求黛西梅,
但她眼中只有小艾伯納。[6]

　　除了整天躲避黛西梅之外,小艾伯納唯一的特點就是那具
有男子氣概的體格。過去追女生的慘痛經驗告訴巴菲特,想要
吸引像黛西梅這樣的女孩,就必須讓自己更有吸引力。此時的
他有了新的興趣,這項興趣給他一個很好的理由每天躲在地下
室。他曾見識過南奧馬哈飼料公司的工人席克一連好幾小時搬
運 23 公斤重飼料袋而不用休息,於是他決定要進行重量訓
練,並設法讓朋友巴提史東一同加入。當時的運動員並不流行
做重量訓練,但它具有許多吸引巴菲特的特點:有系統、可測
量計算、重複及自我競爭。在尋找適當的訓練方法時,他發現
了鮑伯‧霍夫曼(Bob Hoffman)和他所發行的《體力與健康》
(Strength and Health)雜誌。

　　霍夫曼在《體力與健康》上試圖洗刷重量訓練的汙名。這
本雜誌的內容主要是由霍夫曼自己撰寫、編輯與發行。雜誌的
每一頁幾乎都有他所研發的產品的廣告。鮑伯「叔叔」的專業
知識、令人眼花撩亂的招術,以及自我宣傳的能力,令人印象

深刻。

「他是奧運代表隊的教練，也是約克槓鈴公司（York Barbell Company）的老闆，還寫了《壯碩的臂肌》（The Big Arms）和《壯碩的胸肌》（The Big Chest）等書。他一開始賣的基本產品是槓鈴健身組。那時候你走進任何一家運動用品店，裡面幾乎都是約克槓鈴的產品，你可以買到各式各樣的運動器材組。」

巴菲特買了一組啞鈴和一個槓鈴，外加一組每個 567 公克重的槓鈴掛鈴，可以利用附贈的小螺絲起子將掛鈴固定在槓鈴上。他將這些運動器材放在地下室，並「一天到晚練習」。

當巴菲特在地下室勤練舉重的同時，共和黨卻在水深火熱的地獄裡。羅斯福第四度當選總統，表示民主黨還要主掌白宮四年。晚餐桌上，巴菲特一家人都要聽霍華怒氣沖沖批評時政。但在 4 月 12 日，羅斯福死於腦溢血，副總統杜魯門繼任為總統。

羅斯福的死讓大多數美國人陷入哀悼與恐懼之中。參戰三年半後，美國失去了這位深受人民信賴的總統，而他們對杜魯門沒有太高的期望。杜魯門沿用羅斯福的內閣，他謙虛的言論令有些人認為他無法勝任總統的工作。但對巴菲特家來說，沒有人會比羅斯福更糟。羅斯福的死給了巴菲特另一個賺錢的機會。報社發行了紀念特刊，當別人正在為羅斯福哀悼之時，巴菲特在街角兜售紀念特刊。

一個月後的 1945 年 5 月 8 日，德國宣布無條件投降，二次大戰的歐洲戰爭結束，巴菲特再次賣起紀念特刊。巴菲特追隨父親的政治理念，但他只是跟著大人關心的議題起舞，他自

己最關心的其實是舉重和霍夫曼。

《體力與健康》雜誌中最閃亮的巨星除了鮑伯叔叔之外，還有一個人，這個人並不是全世界最健美的格利梅克（John Grimek），而是一位女性。

「曾經出現在《體力與健康》雜誌的女性並不多，『小胖』（Pudgy）大概是唯一的女性。我喜歡『小胖』，她很搶眼，我們常在學校談論她。」

這個說法其實還太過保留。巴菲特和巴提史東對「小胖」絲姐克頓（Abbye Stockton）非常著迷，她簡直是件人體藝術品，繃緊的大腿肌肉呈現健美的線條，結實的手臂將一個巨大槓鈴舉起在她那頭隨風飛揚的秀髮之上，身穿比基尼泳裝，向聖塔莫尼卡海灘的猛男和口水直流的路過行人展露她的細腰和美胸。她身高只有 155 公分，體重只有 52 公斤，但她能將一個成年男性舉在頭頂上，而且不失女性的柔美。[7]

「她有蓋納（Mitzi Gaynor）的強健肌肉和蘇菲亞‧羅蘭的豐胸，」巴提史東如此說，「她簡直令人嘆為觀止。我必須坦承，我們為她神魂顛倒。」

黛西梅是巴菲特當時的夢中情人，他總是試圖在女性身上找尋黛西梅的特質，但「小胖」是個真實的人。

然而，要是你真的擁有「小胖」這樣的女友，你該怎麼辦？[8]這兩個男生對於「霍夫曼幸福婚姻成功指南」廣告中所提到的「婚前檢驗——如何在婚前檢驗你的妻子是否『完好如初』、如何追求女性、人們為何結婚、次要形式的做愛」等主題百思不得其解。到底什麼是「次要形式的做愛」？他們連「主要形式」的做愛都不了解。《體力與健康》雜誌的封底廣告是

1940 年代最公開的性教育教材。

然而到最後，巴菲特對數字的狂熱還是勝出。

「你不斷去量二頭肌的臂圍，看它是否從 33 公分長成 33.5 公分。但我看起來永遠和阿特拉斯（Charles Atlas）『變身前』的照片一樣。（譯注：阿特拉斯原本是個瘦弱的小男孩，老是被鄰居欺負，經過健身與飲食的調理，後來變身為「世界上肌肉最完美的男人」）我想，我的二頭肌大概需要練一千次彎舉，才能從 33 公分長成 33.5 公分。

「《壯碩的臂肌》這本書對我並沒有什麼幫助。」

第 12 章
彈珠台與代幣

華盛頓特區，1945 年～ 1947 年

　　1945 年 8 月，當巴菲特一家人回奧馬哈過暑假時，美國在廣島和長崎投擲了兩顆原子彈；9 月 2 日，日本正式投降，大戰結束。美國人幾近瘋狂地大肆慶祝。

　　幾個星期後，巴菲特一家人回到華盛頓，巴菲特則回到威爾遜中學上十年級。此時的巴菲特十五歲，還是個孩子，卻也是個生意人了。他靠送報賺了很多錢，累計起來已超過 2,000美元。霍華讓他入股建築材料公司（Builders Supply Co.），這是霍華和福克合開的五金材料行，就在南奧馬哈飼料公司隔壁。[1] 同時，巴菲特自己花了 1,200 美元在 113 公里外的華特丘（Walthill）買了一塊 16 公頃的農地，就位在內布拉斯加州的撒史頓郡（Thurston）。[2] 一個佃農承租這塊農地，他與巴菲特平分收成，這正是巴菲特喜歡的合作方式：讓別人幫他做流汗的勞力工作。從此巴菲特在學校的自我介紹詞是：「我是來自內布拉斯加的華倫・巴菲特，在中西部擁有一塊農地。」[3]

　　他的思考像個生意人，但他的樣子不像。他在一群高中生中顯得突兀，每天穿著同樣的破運動鞋，下垂的襪子老是露在鬆垮垮的褲子外，襯衫下面是細細的脖子和窄窄的肩膀。假如一定要穿皮鞋，他在嚴重磨損的皮鞋內穿的是刺眼的黃襪子或

白襪子。他坐在位子上時總是動來動去。他有時看起來很害羞、幾乎有點天真，但有時候他的表情精明而嚴肅。

多麗絲和巴菲特在學校走廊相遇時，會裝作沒看到對方。「多麗絲在學校很受歡迎，她覺得我很丟臉，因為我穿得很邋遢。有些姊姊會照顧弟妹，但基本上我拒絕這種事。她裝作沒看到我不是她的錯，我知道自己無法適應學校生活，連我自己都覺得沒救了。」

慘綠少年

自從離開奧馬哈後，巴菲特始終覺得適應不良，而他用面無表情、賣弄聰明來掩飾。他想和別人一樣，但常覺得自己被排除在外。

根據同班同學、也是丹利女友的瑟斯頓（Norma Thurston）的說法，巴菲特「老是猶豫不決，說話用字相當謹慎，一旦他覺得有可能無法實現諾言，就絕不輕易答應別人，不論是多麼微不足道的事。」[4]

他的同學大多積極參與高中活動，加入兄弟會或姊妹會，結交異性朋友，參加在同學家地下室的派對，派對上有汽水、熱狗和冰淇淋，男女朋友在燈光調暗後會開始親熱。巴菲特沒有和人親熱，他伸長脖子窺視。他和巴提史東每星期六都在雷克（Jimmy Lake）的脫衣舞戲院預約座位，兩人會在那裡逗弄脫衣舞孃林恩（Kitty Lyne）。台上的搞笑演員摔了個四腳朝天，或是二樓包廂朝演員丟香蕉，巴菲特會哈哈大笑。[5]他花25美元買了一件1920年代最流行的浣熊毛皮長大衣，當他穿著這件大衣要進入雷克的戲院時，保鏢告訴他：「你們不准在

這裡胡鬧。脫下那件大衣，否則就別進來。」[6] 結果巴菲特脫下了大衣。

那個在西爾斯百貨偷東西的巴菲特正在**轉變**，偷竊的行為慢慢減少，但並未完全消失，他和丹利偶爾仍會在西爾斯百貨順手牽羊。當老師告訴他，他們的退休金都投資在 AT&T 的股票，他就賣空股票，然後把交易憑證拿給老師看，讓他們氣得胃痛。「我當時是個討人厭的傢伙，」他說。[7]

超強的理解能力加上愛賣弄聰明的個性結合，使他成為唱反調的專家。

大概因為他是眾議員兒子的關係，巴菲特在 1946 年 1 月 3 日上了電台節目「空中美國校園」。這節目是由哥倫比亞廣播公司（CBS）所製作，在《華盛頓郵報》旗下的 WTOP 地方電台播出。那個星期六上午巴菲特到電台，和另外四個孩子圍坐在麥克風旁，進行「國會議員開會」的辯論。

節目主持人要巴菲特負責炒熱這場辯論。他為諸如取消所得稅或併吞日本等等荒謬觀點，提出極有說服力的說法。巴菲特說：「當他們需要有人採取奇怪的立場時，就會找我。」雖然他喜歡辯論，但他的機智回擊、快如閃電的反駁，以及他所採取的反方立場，使他無法獲得同儕的喜愛。

巴菲特希望與他人融洽相處，這個願望只實現了一半。除了老師以外的大人都很喜歡他，而他與同儕相處時覺得不自在，但總是能找到幾個知心朋友。他非常希望別人喜歡他，而且希望他們不要批評他。他希望能找到一套人際關係上的萬用法則。事實上，他已經有一套自己的方法，只是還沒充分利用而已。

卡內基人際法則

巴菲特曾在祖父恩尼斯家找到這套法則。屋子後方臥房書架上的每一期《先進食品雜貨商》雜誌，以及他父親編輯的每一份《內布拉斯加日報》他全都讀過了，還有恩尼斯累積了十五年的《讀者文摘》也被他全部看完。他神速地飽覽伸手可及的所有書籍，就像在他家裡一樣。書架上還有一系列迷你傳記，有許多是傑出商界人士的傳記。巴菲特小時候就讀過庫克（Jay Cooke）、德魯（Daniel Drew）、菲斯克（Jim Fisk）、范德比爾（Cornelius Vanderbilt）、顧爾德（Jay Gould）、洛克斐勒，以及安德魯‧卡內基（Andrew Carnegie）等人的傳記。他將爺爺書架上的書一讀再讀，其中一本對他來說很特別。這本書不是自傳，而是曾擔任過推銷員的戴爾‧卡內基（Dale Carnegie）所寫，[8] 書名很吸引人，叫作《如何交朋友與影響他人》（*How to Win Friends and Influence People*），他是在八、九歲時發現這本書（譯注：中譯本書名為《卡內基溝通與人際關係》）。

巴菲特知道自己需要交朋友，也希望能夠影響他人。他打開這本書，第一頁內容就深深吸引了他：「假如你想採集蜂蜜，就不要踢翻蜂窩。」[9]

卡內基說，批評於事無補。第一項原則：不要批評、責備或抱怨。

這個觀念非常吸引巴菲特，因為他知道批評處處可見。

卡內基說，批評會讓人心生防衛，並讓他們急於為自己辯解。批評很危險，因為它會傷害人的自尊和自我價值，並引發

忿恨。卡內基勸人避免正面衝突。「人們不希望被批評，他們希望得到坦白真誠的欣賞。」卡內基說，我指的不是奉承諂媚。奉承諂媚是不真誠的，而且是自私的。欣賞必須是真誠、發自內心的。人性最深層的渴求就是「被人重視」。[10]

「不要批評」是最重要的原則，卡內基共列出三十項原則。

> 人人都希望受到注意和欣賞，沒有人希望被批評。
> 在所有文字中，最好聽的發音是自己的名字。
> 處理爭執最好的方法就是避開它。
> 假如發現自己錯了，馬上坦白認錯。
> 問問題，而不要命令別人。
> 幫助別人留下好名聲。
> 婉轉點出別人的錯誤，讓別人保住顏面。

「我所談的是一種新的生活方式，」卡內基如此說。

巴菲特的心雀躍不已，他覺得自己發現了真理。這是一套方法。他認為自己不善社交，因此需要用一套方法將自己推銷給別人，一套只要學起來就可適用於任何情境的方法。

但要證明這套原則確實可行，需要有數字的支持，於是巴菲特決定針對自己「遵從」與「不遵從」卡內基方法所得到的結果，進行統計分析。他嘗試認真聽別人說話、讚美別人，他也嘗試漠視別人的意見，或加以反對。周遭人都不知道他拿他們做實驗，巴菲特觀察人們的反應，記錄下結果，然後很開心地發現實驗數據證實了卡內基的原則是對的。

現在他有了一套方法，一套他可遵循的原則。

「但光是閱讀這些原則並沒有幫助，你必須實踐這些原則。我所談的是一種新的生活方式，」卡內基如此說。

巴菲特開始實踐這些原則，從最基本的開始。有些原則他可以自然運用，但他發現這套方法並不是那麼容易實踐。「不要批評」聽起來很簡單，但人們有時會不自覺地批評別人。忍住愛現、惱怒與不耐煩並非易事。認錯有時很容易，有時卻很難。認真聽別人說話、真誠欣賞別人最難做到。容易自憐的人很難去注意到別人，而巴菲特正是如此。

儘管如此，他還是慢慢發現，違反卡內基原則的結果就是人際關係失敗，他初中時期的悲慘歲月就是最好的證明。他試圖在高中重新振作，與別人來往時不忘運用這些原則。

大多數人看完卡內基的書之後會想：這真有道理，然後就把書拋在腦後。但巴菲特不同，他把這些原則放在心上，並持續不斷複習和運用。即使他有時遺忘或偏離了，最終仍會重拾這套原則。高中時，巴菲特的朋友變得更多了，他也加入學校的高爾夫球隊，並設法讓自己就算不是最受歡迎、也不至於讓人討厭。卡內基的原則讓他有機會鍛練自己天生的聰明才智，最重要的是，他因此增強了說服力和推銷能力。

最特別的學生

巴菲特似乎很認真，卻又有點頑皮，看似溫和友善，但又有點孤僻。此外，他對賺錢的熱情（占去他大多數空閒時間的活動）讓他成為威爾遜中學最特別的學生。

巴菲特是全校學生中唯一的生意人。他每天花一、兩小時送報，一個月可賺 175 美元，比老師賺得還多。1946 年，從

事全職工作的成年人若有 3,000 美元年薪，就算相當高的收入
了。[11] 巴菲特把錢收在家裡的衣櫥，這個衣櫥只有他能碰。巴
提史東說：「有一天我去他家，他打開一個抽屜對我說：『這些
是我存的錢。』他有總共 700 美元的小鈔，那可是厚厚一大疊
鈔票。」[12]

巴菲特同時開始好幾個新生意。巴菲特高爾夫球（Buffett's
Golf Balls）以一打 6 美元的價格出售二手高爾夫球。[13] 巴菲特
向芝加哥的韋特克（Witek）購買高爾夫球，「這些高爾夫球品
質優良，看起來跟新的一樣，有 Titleist、Spalding Dots 和
Maxflis 等品牌的球，我以一打 3.5 美元價格買進。韋特克取
得球的方式大概和我們以前一樣，是從球場的障礙水池中撿
出來，只是他比較厲害。」學校裡沒有人知道韋特克這個人，
連巴菲特的家人也不知道巴菲特和丹利所賣的高爾夫球其實是
買來的。高爾夫球隊的隊友也以為是他們從障礙水池中撈起
來的。[14]

巴菲特郵票服務（Buffett's Approval Service）販賣珍貴套
票給海外的收藏家。巴菲特展示間打蠟服務（Buffett's
Showroom Shine）是巴菲特和巴提史東共同經營的汽車打蠟生
意，他們使用巴提史東父親的二手車停車場，但後來喊停，因
為這種勞動工作太辛苦。[15]

有一天，十七歲的巴菲特衝去找丹利，告訴他一個新點
子。這個點子和《一千種賺 1,000 美元的方法》裡提到的體重
計有異曲同工之妙：第一台體重計所賺的錢可以用來買第二
台，以此類推。「我用 25 美元買了一台舊的彈珠台，」他說，
「我們來合夥，你的工作是把彈珠台修好。[16] 然後我們可以告

訴理髮師艾利可（Frank Erico）說：『我們代表威爾遜彈珠機
台公司（Wilson's Coin-Operated Machine Company）的威爾遜
先生來向你提議，艾利可先生，你不需要負擔任何風險，只要
讓我們把機台放在理髮店後方，你的客人可以在等待理髮時來
玩，然後我們平分收入。』」[17]

　　丹利對這個點子很感興趣。雖然以前從來沒有人將彈珠台
放在理髮店，但他們還是向艾利可先生提議，而他也接受了。
於是這兩個男生把彈珠台的四支腳拆下，用丹利父親的車把機
台運到艾利可先生的理髮店，然後再將機台安裝起來。第一天
晚上，巴菲特和丹利回店裡去查看，結果在機台找到了總計 4
美元的 5 分錢銅板。艾利可先生非常高興，彈珠台於是被留了
下來。[18]

　　一星期後，巴菲特將機台裡的錢清空，把所有五分錢銅板
分成兩堆。他說：「艾利可先生，我們不要你一枚、我一枚地
分錢，你隨便挑一堆銅板吧。」[19] 這就像小孩子分蛋糕的老方
法：一個人切蛋糕，另一個人則先挑選要哪一片。當艾利可先
生把其中一堆銅板掃到桌子的一邊後，巴菲特開始計算自己那
堆銅板，結果發現有 25 美元，足夠買另一部機台了。很快
地，他們在城裡的理髮店擺了七、八台「威爾遜先生」的彈珠
台。**巴菲特發現了資本的神奇之處：資本自己會為主人工作。**

　　「你必須知道如何和理髮師打交道。這點是最重要的，我
是說，這些人大可花 25 美元自己去買一部機台。因此我們總
是讓他們以為只有智商 400 的人才會修理彈珠台。

　　「彈珠台的行業有幾個不良分子，他們都喜歡待在一個名
叫『沉默拍賣』（Silent Sales）的地方。那裡是我們尋寶的場

所。『沉默拍賣』位於市中心龍蛇雜處之地，就在蓋提戲院
（Gayety）附近的 D 街 900 號街區。這些人覺得我們兩個很好
玩。丹利和我會到那裡去，找尋 25 美元可以買到的機台。新
機台一台大約要 300 美元。我那時會訂《告示牌》（Billboard）
雜誌來了解彈珠台的最新訊息。

　「『沉默拍賣』的人教了我們不少東西。那裡有一些不合法
的吃角子老虎，他們會教我們如何將啤酒倒進機台，讓五分錢
銅板卡在機台裡，我們就可以一直拉霸，直到中獎為止。他們
也教我們如何切斷戲院裡的自動販賣機的電路。我們把五分錢
投進機器，然後馬上拔掉電源插頭，汽水罐就會全部掉出來。

　「這些傢伙會教我們這類事情，而我們照單全收。」

　「我爸可能猜到我們結交了哪種朋友，但他一向認為我應
該不會出什麼大問題。」

　放在理髮店的彈珠台已經為巴菲特和丹利賺進不少錢，但
他們後來又發現了一個金礦。「我們最大的金礦是在葛菲斯球
場（Griffith Stadium）附近，那是一個老舊的棒球場。」他們
在華盛頓最雜亂的貧民窟找到一間「有七張理髮椅的理髮店，
那裡有一大堆男人。我們在店裡放了一部彈珠台，等我們回去
收錢時，卻發現機台底部被他們挖了好幾個洞，而且調整機台
斜度的零件也被他們弄壞了。這真是一場意志力的大考驗。但
那裡是我們的大金礦，是我們最好的地點。這些在理髮店玩彈
珠台的傢伙老是要求我們調整斜度，這樣他們才可以用力推而
不使機台傾倒。」

非法勾當

「我們對顧客沒有成見。」如果可以,他們還想學更多類似「沉默拍賣」那些傢伙的伎倆,或是自己發明新的方法。「有一天,我們在丹利家地下室把玩我所蒐集的硬幣。為了讓收報費的工作不那麼無趣,我開始蒐集硬幣,所以我有好幾個惠特曼硬幣蒐集板,上面有可以放入硬幣的洞。我對丹利說,『我們可以用這些硬幣蒐集板當作模子來鑄造代幣。』

「丹利是執行的首腦,他學會了利用這些模子鑄造代幣,而我負責提供模子。我們將這些代幣用在汽水自動販賣機和其他類似的機器。我們的基本原則是賺現金、用代幣。

巴菲特在學校喜歡談論他的生意(但省略了他們的詐騙勾當),到他念高中最後一學期時,他的高談闊論已使他和丹利成為威爾遜中學的傳奇人物。

「大家都知道我們的彈珠台生意,也多多少少知道我們靠這門生意大賺一筆。我們談論這些事情時也許誇大了一點,因此有許多人想加入。就跟投資股票一樣。」

其中一個想加入的男孩名叫可林(Bob Kerlin),也是高爾夫球隊的成員。[20] 巴菲特和丹利不打算讓別人加入彈珠台的生意,但他們想在新的生意中讓可林幫忙出一點力。「我們已經不再偷西爾斯百貨的高爾夫球了,但我們想到可以去華盛頓各個球場的障礙水池撿高爾夫球。我和丹利都不想去撿球,所以我們想派可林去做這工作。」

他們想出一個很誇張的方法來整可林,反正再過幾個月就要畢業了,管他的。

「我們到九街和 D 街的交叉口去，那裡有一家軍用品店，就在『沉默拍賣』隔壁。我們買了一個防毒面罩，然後把花園用的水管接到面罩上，我們戴上面罩，把臉埋在浴缸 8 公分深的水裡測試效果。」

這是巴菲特所謂的湯姆沙耶式（譯注：即《湯姆歷險記》的主角湯姆）的惡作劇，他對可林說：「『這是你的機會，我們打算讓你加入。』我們說，我們打算在凌晨四點到維吉尼亞州的某高爾夫球場，他要戴著面罩進入水池撿球，所得收入三人平分。

「可林問說：『我要怎麼停留在水底？』我說：『哦，我已經想好辦法了。你必須脫光衣服，然後背上我的《華盛頓郵報》送報袋，我們會把槓鈴的掛鈴放入袋子，讓你沉在水底。』

「於是我們前往這座高爾夫球場，一路上可林不斷質疑這種做法。我和丹利說：『我們曾經失敗過嗎？……假如你現在想放棄，可以，但我們以後都不會再找你合作了。』

「於是我們在天剛亮時抵達那裡。可林脫下衣服，而我們則穿得暖暖的。他全身赤裸，只背了一個《華盛頓郵報》的送報袋，裡頭裝了好幾個掛鈴，然後涉水進入池裡。當然，他不會知道自己踩到的是蛇、高爾夫球，還是其他什麼東西。他潛入水裡不久就拉扯繩子，於是我們把他拉回來。他說：『我什麼也看不到。』我們說：『別擔心，你只要四處摸索找球就好了。』然後他又回去找球。

「就在可林的頭沒入水中之前，早上來填沙坑的工人開著一輛卡車過來，問我們：『你們幾個孩子在做什麼？』我和丹利的腦筋拚命轉，想找適當的藉口。『先生，我們正在做高中

物理課的實驗。』可林從頭到尾都拚命點頭。我們只好叫他走出水池，我們的詭計失敗了。」[21]

不論可憐的可林到底遭遇了什麼，不論他是否曾經脫得精光，總之這個故事傳開了。這是巴菲特在高中時期的最後一次惡作劇。

到這個時候，巴菲特已賺了不少錢：一堆閃閃發亮、沾了報紙墨水的錢，共有 5,000 美元＊，是他送超過 50 萬份報紙賺來的，此時雪球有一半以上是由這筆錢構成。儘管已經是個小富翁，他仍打算繼續滾雪球。

＊ 拜通貨膨脹之賜，這筆錢在2007年約相當於5萬3千美元。

第 13 章
賽馬場的法則
奧馬哈與華盛頓特區，1940 年代

　　巴菲特以戴爾・卡內基的原則檢驗人類行為，是對人性進行數學實驗，也就是分析勝算（handicapping）。根據蒐集到的資料，巴菲特知道卡內基所說是正確的。

　　這個思考邏輯其實是從他童年時玩彈珠遊戲、蒐集汽水瓶蓋所延伸出來的。巴菲特對分析勝算的喜好也發揮在其他方面，例如他自己的壽命。對巴菲特來說，壽命長短不再只是一個抽象的概念。巴菲特最親的親人、祖父恩尼斯在 1946 年 9 月過世，享年六十九歲，當時巴菲特全家正在奧馬哈為霍華的第三任任期助選，那年巴菲特十六歲。他的祖父母和外祖父母，只剩下七十三歲的外祖母史黛拉還健在，住在諾福克州立醫院。早在恩尼斯還沒過世以前，巴菲特就時常想自己的壽命會有多長。祖父的辭世及外祖母的精神疾病，讓他對自己的壽命長短或自己未來是否會發瘋更加憂心。

　　分析勝算必須以資訊為基礎，重點在於要比其他人蒐集到更多資訊，然後正確分析，並理性地加以應用。巴菲特最早是在亞克沙班賽馬場應用這個概念，當時好友羅斯的母親帶他們進入賽馬的世界。

　　巴菲特和羅斯因為年紀太小，無法投注，但他們很快就學

會了如何賺錢。賽馬場的地上到處都是菸蒂、舊的賽程表、吃剩的熱狗、塵垢和沙土，但其中也混雜了無數張被丟棄的馬票，就像森林裡的蘑菇一樣，於是這兩個男孩成了蘑菇獵犬。

「他們稱這叫做『彎腰尋寶』（stooping）。在賽馬季開始時，有許多人從沒見識過真正的賽馬，他們以為假如下注的馬是第二或第三名就沒有錢可領，因為大家都只看到比賽的贏家，所以會立即把馬票丟棄。另外每當比賽有爭議，就有賺錢的機會。那時寫著「異議」或「抗議」的小燈會亮起，有些人也會因此扔掉馬票。我們只是猛撿馬票，完全不去看撿到的是什麼馬票，到晚上才一張張檢查。那個工作其實很恐怖，因為有些人會在地上吐痰，但我們仍然覺得樂趣無窮。如果我找到中獎的馬票，小孩也不能兌獎，所以艾莉絲姑姑會去幫我們兌獎，可是她對賽馬一點興趣也沒有。」

自編賽馬報

巴菲特很喜歡去賽馬場，但他說：「我爸從來不去賽馬場，他不信這一套。」假如羅斯的母親沒空帶他去，他父母就會讓家族裡的獨行俠法蘭克叔公帶他去。法蘭克在很久以前就與恩尼斯和好了，後來還娶了一個家族的人稱之為「專釣金龜婿」的女子。[1] 法蘭克對賽馬沒太大興趣，但還是會帶巴菲特去亞克沙班賽馬場。

巴菲特在賽馬場學會了怎麼看賽馬投注小報，而這為他開啟了一個全新的世界。分析勝算結合了兩項巴菲特非常擅長的能力：蒐集資訊與數學。這有點像是撲克牌二十一點遊戲中的算牌。很快地，巴菲特和羅斯就懂得如何製作自己的投注小

報，並巧妙地取名為《馬童精選報》(*Stable Boy Selections*)。

「我們做了一段時間，它並不是最暢銷的小報。我們在地下室用一台老舊的皇家牌打字機製作小報，那個年代唯一的限制是碳粉帶，當時最多只能弄到五個碳粉帶。羅斯和我找出最有勝算的馬匹，我就用打字機把小報打出來。

「我們會在賽馬場大喊：『來買《馬童精選報》哦！』但《藍色快訊》(*Blue Sheet*)才是當時最受歡迎的投注小報，而且賽馬場可以從這份小報抽成。《藍色快訊》比較貴一點，我們的比較便宜，只要 25 分錢。賽馬場後來禁止我們賣報，因為賽馬場裡賣的所有東西他們都有抽成，只有我們的小報例外。」

隨家人搬到華盛頓，對巴菲特唯一的好處是得以精進分析勝算的技巧。「我知道國會議員可以使用國會圖書館，而國會圖書館蒐集了全國所有的出版品。因此搬到華盛頓後，我對我爸說：『爸，我只想請你幫我一件事，我要你到國會圖書館把所有與分析賽馬勝算有關的書都借回來。』我爸回答：『新國會議員上任的第一件事是借閱所有分析賽馬的書，他們不會覺得有點奇怪嗎？』我說：『爸，當初是誰在市集裡四處為你拉票的？是誰在肉品包裝工廠隨時準備報警求救的？再說，過兩年你又要出來競選了，你一定需要我幫忙，現在是你回報我的時候。』於是他幫我借了好幾百本分析賽馬勝算的書。[2]

「我把所有書都讀過一遍。芝加哥的北克拉克街(North Clark Street)有個地方可以買到過期好幾個月的賽馬新聞，而且很便宜。這些都是舊資料，有誰想要呢？我查看這些資料，用我的分析技巧預測某一天的比賽結果，然後對照第二天的結果。我每天用自己找出的各種方法來測試我的預測技巧。

「賽馬分析師（handicapper）分為兩種：速度分析派（speed）
和類別分析派（class）。速度分析派是去找出過去比賽中表現
最好的馬，跑得最快的馬就是贏家。類別分析派則認為，假如
有一匹馬能跑贏價值 10,000 美元的馬，那麼牠就可以跑贏
5,000 美元的馬。

「假如兩種方法都懂的話，對賭馬的幫助很大。但當時我
基本上屬於速度分析派，相信量化的分析。」

隨著長時間不斷測試、思考與觀察，他發現一套賽馬場的
法則：

1. 沒有人在第一場比賽結束後就回家。
2. 贏回輸掉的錢，未必要用同樣的方法。

賽馬場的賺頭在於人們會一直投注，直到輸錢為止。難道
沒有投注者可以跳脫這個規則，把錢贏回家嗎？

「投資市場其實和賽馬場沒兩樣。但我當時並沒有想出更
精巧複雜的理論，我只是個孩子而已。」

賭馬在當時的華盛頓很普遍。「我常去我爸的辦公室，在
舊眾院辦公大樓裡有一個組頭。你跑到電梯井大喊『山米！』
或其他名字，就會有一個小孩跑來拿投注單。

「我也曾做過一些代客下注（bookmaking）的工作。我喜
歡這個工作，因為我可以抽 15％，而且沒有風險。我爸努力
讓我不要做得太過頭。他一方面覺得這件事有點好笑，但也知
道假如不小心處理，我可能會誤入歧途。」

暑假期間回奧馬哈時，巴菲特會到亞克沙班賽馬場去尋

寶，但這次的同伴是艾力克森。[3] 巴菲特在華盛頓找到一個可
幫助他加強分析技巧的新朋友杜威爾（Bob Dwyer），是他的
高中高爾夫球教練。他挺著一個大肚子，是個有事業心的年輕
人，除了領教練的薪水外，他還在暑假賣壽險、冰箱和其他東
西。[4] 其他高爾夫球隊員都認為這位教練嚴格又易怒，但杜威
爾卻很喜歡巴菲特，因為巴菲特和他處得來，而且雖然巴菲特
的眼鏡老是起霧，還是非常熱中練球。

狂輸一場

　　有一天巴菲特請教練帶他到賽馬場，杜威爾告訴他，這必
須先經過父母的同意。杜威爾說：「隔天他一大早就雀躍地拿
來他母親的字條，上面寫著她允許巴菲特去賽馬場。」杜威爾
幫巴菲特寫了一張假的請假單，[5] 交給學校，然後他們從馬里
蘭州的銀泉（Silver Spring）搭乘往返奇沙比克（Chesapeake）
與俄亥俄州之間的火車，到維吉尼亞州西部查爾斯頓
（Charleston）的賽馬場。有老師相伴，巴菲特的分析功力大
增。杜威爾教導巴菲特一些更深的技巧，教他怎麼看最重要的
投注小報《賽馬日報》（*Daily Racing Form*）。

　　「我會提早拿到《賽馬日報》，開始計算每匹馬贏的機率。
然後我再將這些機率與投注賠率做比較，但我不會先看賠率，
以避免先入為主。有時候你會發現某匹馬的賠率與牠勝出的機
率相去甚遠。也就是說，你算出這匹馬有 10％ 機率會贏，但
賠率卻是 15:1*。

---

* 也就是說，從賠率來推算這匹馬贏的機率只有 6.7％。因此假如牠贏了，投

「投注者愈不了解賽馬，對你就愈有利。有些人是依照騎師的衣服顏色來下注，有些人用生日的數字來下注，而有些人則看馬的名字來下注。贏的訣竅在於，一般投注者完全不做分析，而你卻掌握大量的資料。因此我拚命研究賽馬的資料。」

葛雷（Bill Gray）在威爾遜中學比巴菲特低一年級，卻比巴菲特年長一點，他曾和巴菲特一起看過幾場賽馬，認為巴菲特「對數字非常敏銳，非常健談，[6]非常活潑。我們會一起討論棒球、打擊率、運動這類東西。[7]

「每次他下火車時，就已經知道要投注哪些馬匹了。到了賽馬場他會對我說，這匹馬體重過重，那匹馬最近幾次比賽名次不夠好，或速度不夠快。他知道如何判斷馬匹的好壞。」巴菲特每次下注的金額通常是 6 到 10 美元，有時是賭哪一匹馬會跑第一名。他只有在賠率看起來很好時才會下大賭注，甚至會把送報賺的血汗錢押在對的馬身上。「他可能會在不同場比賽有不同看法，」葛雷說，「但這種情形對一個十六歲的孩子並不常見，你懂我的意思吧？」

有一次巴菲特獨自一人到查爾斯頓去，他第一場比賽就輸了，卻沒有馬上回家。他不斷下注、不斷輸錢，直到他輸了超過 175 美元，口袋幾乎掏空為止。

「我回華盛頓後，到『熱門餐廳』（Hot Shoppe）給自己點了一份菜單上最貴的東西，一個巨大的冰淇淋聖代，把剩下的錢花光。我一邊吃冰淇淋，一邊盤算我要送多少份報紙才能把

注者的回報將比過去比賽紀錄多出50％。也就因為這樣，即使是一匹全場表現最差的馬，投注者仍會在牠身上下注，因為預期的報酬與賠率相較高出許多，這就是「超賠率的馬」（overlay）。

今天損失的錢賺回來。我必須工作一個多星期才能賺回來，而
這都是因為愚蠢的理由。

「你不該每場比賽都投注。我犯的最大錯誤，就是輸錢
時，覺得自己一定要在當天把損失的錢賺回來。第一項法則
是，沒有人在第一場比賽結束後就回家。第二項法則是，要把
輸掉的錢贏回來，不一定要用同樣的方法。這兩點真的非常非
常重要。」

是否發覺自己那天做的決定受情緒所左右？

「哦，沒錯，我覺得很不對勁。那是我最後一次做那樣的
事了。」

第 14 章
愛現的天才

費城，1947 年～ 1949 年

　　巴菲特那屆的高中畢業生有三百五十位，而巴菲特名列第十六，並在畢業紀念冊的照片底下寫著「未來的證券經紀人」。[1] 他和丹利畢業後的第一件事，就是一起去買一輛二手靈車。巴菲特將靈車停在家門前，並用它接送一個和他約會的女孩。[2] 霍華回到家以後問道：「是誰把靈車停在那裡？」麗拉也說，有位鄰居病得很重，她不希望家門前停一輛靈車。於是靈車事件到此結束。

　　當巴菲特和丹利設法賣掉靈車的同時，也辭去原本的送報工作，並於暑假期間在《時代前鋒報》找到一個代班發行經理的工作。有時他必須代替送報生送報，他會在凌晨四點起床，用伯朗（David Brown）借他的福特雙門小轎車送報；伯朗是住在弗雷德里克斯堡的年輕人，他是多麗絲的追求者，正在海軍服役。[3] 巴菲特把車門打開，站在車子的側踏板上，沿著馬路用 24 公里的時速送報，一隻手控制方向盤，另一隻手抓報紙丟到訂戶家門前的草坪上。他想，一大清早用這種方式開車應該不會造成什麼可怕的後果。[4]

　　然後，他會在清晨四點四十五分到陶多屋餐廳（Toddle House）去點雙份的嗆辣薯餅當早餐，接著再做他的第二份工

作，到喬治城大學醫院送報。

「我得免費贈送六份報紙給醫院的神父和修女，讓我覺得很討厭。他們不應該對世俗的事感興趣才對，但這是在那裡送報的條件。而且我必須去一間間病房送報。

「住在婦產科病房的產婦看到我進去送報時，會對我說：『哦，華倫！我要給你一個比小費更有價值的東西，我要跟你說我的寶寶幾時出生、有幾克重：早上 8 點 31 分出生，重 3,000 克。』」嬰兒的出生時間與體重可以用來投注「保單彩」（policy racket），是一種在華盛頓非常流行的數字投注遊戲。[5]

收到無用的資訊而非現金小費，總讓巴菲特非常生氣。他絕不玩保單彩，因為賠率太糟了。「保單彩的賠率是 600:1，而且幫你投注的人還要抽一成，所以，基本上你在千分之一的中獎機率上可得到 540:1 的報酬率。人們的下注金額是幾分錢或幾毛錢，下注 1 分錢有機會淨賺 5.4 美元。城裡每個人都在玩。有些報紙訂戶問我：『你幫不幫人下注保單彩？』我從不做這種事。我爸一定不會同意我去收保單彩的下注金。」

雖然他的投注能力已經好到可以在拉斯維加斯工作，但他大概不會在他父親接下來要做的事情上投注。霍華和其他三百三十位國會議員投票推翻杜魯門總統的否決權，通過了塔虎脫哈特萊法案（Taft-Hartley Act）。這是美國歷史上最具爭議性的立法之一。1947 年通過的塔虎脫哈特萊法強力限制工會權力，禁止工會間串連罷工，同時授權美國總統可宣布全國進入緊急狀態，並強迫勞工回到工作崗位，被人稱為「奴役勞工」法案。[6]奧馬哈是個工會之城，但霍華從沒想過要順從選民的決定而投票，他總是依照自己的原則來投。

　　巴菲特一家人夏天回到奧馬哈，有一次巴菲特和父親去看棒球賽，他發現父親變得非常不受藍領選民的歡迎。「他們在雙重比賽的中間空檔介紹到場的貴賓，當他站起來時，大家發出噓聲。而他只是站在那裡，一句話也沒說。他可以面對這類事情，但你無法想像這種事對一個孩子的衝擊。」

　　即使是最輕微的衝突都會讓巴菲特害怕。但很快他就要獨立了，脫離父親羽翼的保護。

　　那年秋天，17 歲的巴菲特要去上大學。從很早以前開始，巴菲特一家人就期望他會去上賓州大學的華頓商學院，[7]華頓商學院是全美最好的大學部商學院。理論上來說，賓州大學和巴菲特是天造地設的絕配。

　　不過巴菲特卻不想念大學。「這有什麼意義呢？」他自問。「我知道自己想做的是什麼，我賺的錢足以自立，大學只會拖延我的進度。」但他絕對不敢在這種大事上違背父親，只好遵從家人安排。

　　巴菲特的父母知道兒子不夠成熟，於是為他安排了一個室友，是他們奧馬哈友人的小孩。彼得森（Chuck Peterson）比巴菲特大五歲，在二次大戰中服役了十八個月，剛剛退伍。他是個縱情享樂的英俊年輕人，每晚和不同的女孩約會，而且喜歡喝酒。彼得森的家人天真地以為巴菲特可以讓彼得森安定下來，而巴菲特的家人則認為較年長的彼得森可以幫助巴菲特適應大學生活。

誤闖蜂巢的蝴蝶

　　1947 年秋天，巴菲特全家人擠進一輛車裡，送巴菲特到

費城，把他和他的浣熊皮大衣送進一間小小的宿舍套房，裡面有一間共用的浴室。

巴菲特的父母開車回華盛頓，把兒子留在賓州大學的校園，而裡面全是彼得森那類人。一大群從二次大戰退役的軍人穿越格林學院（College Green），擠滿了校園的中庭，此處是賓大生活的中心。他們的世故態度與較長的年紀讓巴菲特深刻感受到他與其他同學之間的鴻溝，這種感受更甚於剛搬到華盛頓的情況。賓大是美式足球的大本營，秋季的校園生活全圍繞球賽和比賽後的兄弟會派對打轉。巴菲特喜歡運動，但運動所伴隨的社交活動卻不是他所能應付的。他之前大部分時間都用在想點子、算錢、整理收藏品和在房間裡聽音樂。但在賓大，他的平靜生活被一千六百位整天打情罵俏、大跳吉魯巴舞、飲酒作樂、丟擲足球的 1951 年班學生給打亂了[8]，他是蜂巢裡的一隻蝴蝶。

一如預期，蜜蜂會攻擊誤闖蜂巢的蝴蝶。彼得森依然維持軍中的整潔習慣，並不時擦亮他的皮鞋。第一次見到巴菲特時，他被巴菲特的邋遢外表嚇呆了。他很快就發現，巴菲特的衣著打扮反映出一個事實：麗拉用盡心力照料霍華的生活和整理家務，卻沒教巴菲特打理儀表。

第二天上午彼得森起得很晚，當他進入浴室後，發現新室友把浴室弄得一團亂，而且已經出門上課了。那天晚上他告訴巴菲特：「用完浴室後記得打掃乾淨，好嗎？」「好的，」巴菲特回答。彼得森說：「今天早上，我發現你把刮鬍刀留在浴室洗手台的水槽裡，肥皂亂擺，毛巾也丟在地上，亂得不得了。我喜歡東西乾乾淨淨的。」巴菲特回答：「好啦，我會啦。」

　　第二天早上，彼得森起床後走進浴室，踩過地上的一堆溼毛巾，發現水槽裡到處是沾溼的碎毛髮，還有一支插著電的全新電動刮鬍刀溼答答地放在水槽底部。「華倫，聽好，」那天晚上彼得森對巴菲特說：「拔掉那該死的插頭，你會害我被電死。我不要每天早上幫你把刮鬍刀從水槽撿起來，你的邋遢快把我給搞瘋了。」「好啦，沒問題，」巴菲特如此說。

　　隔天的情況一點也沒改善。彼得森此時才了解，巴菲特對他的話充耳不聞。他氣炸了，決定採取行動。他把刮鬍刀的插頭拔掉，將水槽裝滿水，再把刮鬍刀丟進去。隔天早上，巴菲特又買了一支新的刮鬍刀，插上電，浴室髒亂一如往常。

　　彼得森放棄了。他和一個過動的青少年同住在豬舍裡，這個小伙子一直動個不停，雙手老是在敲東西打節拍。巴菲特當時非常迷喬森（Al Jolson），不分晝夜播放他的唱片。[9]他模仿喬森一遍又一遍唱著：「媽咪，我的媽咪，我願意走百萬哩路只為了看到妳的笑容，我的媽咪！」[10]

　　彼得森需要念書，但他在寢室根本得不到清靜。巴菲特卻閒得很，他有很多時間可以唱歌。他買的教科書不多，而且還沒開始上課前就全看完了。他看書的方式好像一般人在隨便翻閱《生活》（*Life*）雜誌一樣，看完後就把書丟在一邊，再也不去動它們，因此巴菲特有時間唱一整晚「媽咪」。彼得森覺得自己快發瘋了。巴菲特知道自己的舉止很幼稚，卻忍不住這麼做。

　　「那時候我大概到哪裡都會適應不良吧。我仍然跟不上世界的步調。我是全校年紀最輕的學生，而我又比同齡的人更不成熟。我真的對群體生活適應不良。」

　　那年秋天，麗拉和多麗絲參加了華盛頓的一個廣播節目，

名為「與眾議員共度咖啡時光」，節目中她們不知該如何描述巴菲特的小平頭與輕微暴牙的外型。

主持人：順帶一問，華倫帥嗎？

麗拉：小時候很帥。他很孩子氣，我不會說他帥，但也不難看。

主持人：那麼他很英俊囉。

麗拉：不，不是英俊，只是還算討人喜歡。

主持人：我們來問問女生的意見，他長得帥嗎？

多麗絲（婉轉地說）：我想他的外表算是粗獷型的。[11]

即使巴菲特老是不停敲打節拍和唱「媽咪」，彼得森對他還是很有好感，把他當做自己的傻弟弟。儘管他仍不敢相信，這個室友連在冬天也穿著破爛的運動鞋，就算盛裝打扮也會毫不自覺地一腳穿黑鞋、一腳穿棕鞋。

無法跟隨別人的腳步

就和其他認識巴菲特的人一樣，彼得森也覺得自己有一股想照顧巴菲特的衝動。他們一星期有好幾天在學生會一起吃午餐，巴菲特總是點相同的東西：一小塊牛排、一份薯餅和一瓶百事可樂。有一天吃完午餐後，彼得森帶巴菲特去看學生會新添購的乒乓球桌。巴菲特待在華盛頓的四年都沒碰過乒乓球，球技退步許多，彼得森甚至以為他從沒打過乒乓球。彼得森贏得很輕鬆。

但在接下來的一、兩天，巴菲特瘋狂練球。每天早晨起床後第一件事，是直接到學生會找一個倒楣的犧牲者，在乒乓桌上痛宰對方。很快地，他每天下午都會打三、四小時的球。彼

得森再也贏不了他。「我是他在賓大的第一個犧牲者，」他回憶道。好處是，巴菲特為了打球得離開寢室、離開他的電唱機，彼得森就可以安靜看書了。[12]

不過，乒乓球並非賓大的體育必修課，在斯庫基爾河（Schuylkill River）划船才是賓大最熱門的運動。河岸邊有許多色彩鮮豔的船庫，隸屬於學校的各個划船社團。巴菲特加入的是 68 公斤量級長庚星船社（Vesper Boat Club）的新鮮人船隊，這支船隊有八位槳手和一位舵手。划船是一種重複性、有節奏的運動，就像巴菲特喜歡的舉重、籃球和波羅球遊戲一樣，只有一點不同：划船是一種團隊運動。巴菲特喜歡在自家車道上練習射籃，因為他可以一個人練習。他從來就不擅長團體運動，也學不會與人共舞。在他參與的所有活動或事業中，他總是擔任領導者的角色，他無法跟隨別人的腳步。

「這很痛苦。在划船隊裡你不能摸魚，你一定要和其他隊員在同一時間把槳放入水中。就算已經累斃了，還是要維持和別人相同的划船節奏，因為這項運動是靠和諧一致來達成。這種運動十分累人。」他每天下午回宿舍時都滿身大汗，累得抬不起頭，雙手紅腫起水泡。結果他很快就退出划船隊。

巴菲特要尋找的是另一種隊友。他希望彼得森能和他一起賣二手高爾夫球，但彼得森忙著應付課業和社交生活，無法加入。巴菲特又建議彼得森加入他的彈珠台生意。他並不需要彼得森為他出錢或出力，他其實也不清楚彼得森加入後究竟能做什麼，但巴菲特這個獨行俠需要一個可以聊生意經的對象。假如彼得森成為他的合夥人，他就是巴菲特世界中的一分子。巴菲特一向非常善於拉攏別人入股，但在拉攏彼得森的任務上卻

沒有成功。不過他仍然希望彼得森能成為他的朋友。有一次他邀彼得森到華盛頓的家裡作客，麗拉很驚訝地發現，不論她弄什麼東西給彼得森吃，他都照單全收，連燕麥粥也不例外。「華倫很挑嘴，」她說，「這個不吃、那個不吃的，老是要我特別準備他愛吃的。」彼得森很訝異巴菲特把母親訓練得如此順應自己的需求。

對彼得森來說，巴菲特似乎是幼稚小童和聰明天才的奇妙組合。他可以記住好幾門課的教授在上課時教的內容，完全不用看課本。[13] 他喜歡在課堂上背出課文的段落內容和頁碼，在老師引述課文時糾正老師，炫耀自己的記憶力。[14]「你忘了加逗號，」他曾對一位老師這麼說。[15]

華頓商學院並不好混，每門課都有四分之一學生被當，但巴菲特始終輕輕鬆鬆、毫不費力地過關。還有時間整晚邊打拍子、邊哼唱「媽咪，我的媽咪！」

彼得森非常喜歡巴菲特，但終究還是受不了了。

「他丟下我搬出去。有天早上我起床後才發現他已經搬走了。」[16]

那年夏天學期結束後，巴菲特搬回華盛頓的家；他從沒想過自己會很高興能回華盛頓。麗拉正在奧馬哈為霍華競選，於是，極少有機會脫離父母嚴格管束的三個孩子體驗了一個快樂自由的暑假。柏蒂是夏令營的輔導員，多麗絲在葛芬科（Garfinkel's）百貨公司打工。

那年夏天巴菲特再次為立場保守的《時代前鋒報》做代班發行經理。他與好友丹利重聚，兩人正在考慮合資買一輛消防車，但最後他們在巴爾的摩的廢車場，用 350 美元買了一輛

1928年的勞斯萊斯雙門車。這輛車是灰色的，比林肯車的大陸車款（Continental）還重，車上附有小型花瓶。這輛車有兩套儀表板，好讓坐在後座的夫人知道司機的車速。這輛車的啟動器壞了，巴菲特和丹利只好輪流轉動曲柄來發動車子。終於發動之後，他們開著它走上回華盛頓的80公里路。這輛車會冒煙、漏油，還少了尾燈和車牌。途中他們被一位警察攔下，巴菲特不斷向警察求情，警察才放他們一馬。[17]

他們把車停在巴菲特家的地下室車庫裡，每次發動引擎，都會讓整間房子充滿嗆人的煙，於是只好把車弄出車庫，停放在車道上。他們每個星期六都在修車，根據多麗絲的說法，「丹利負責做全部的事，而華倫坐在旁邊欣賞，替他加油打氣。」很快地，許多人知道這輛車的存在，於是他們將車子出租，開一次要價35美元。

巴菲特想出一個花招：他希望人們看到他坐在車上的樣子。於是丹利穿起類似司機的服裝，巴菲特穿上他的浣熊皮大衣，兩人輪流轉動曲柄發動車子，然後載著金髮的瑟斯頓驅車前往市區。後來丹利還打開引擎蓋假裝修車，巴菲特拿著手杖指揮他工作，瑟斯頓則學電影明星那樣靠在引擎蓋上。「這全是華倫的主意，他喜歡一切戲劇化的情節，」瑟斯頓說，「我們只想看看有多少人會注意看我們。」

時間運用大師

瑟斯頓知道巴菲特在高中從來不曾和女孩約會過，他需要有人幫忙，於是就安排巴菲特和她表妹沃莉（Bobbie Worley）認識。他們在那年夏天發展出純純的愛，一起看電影、打橋

牌。巴菲特喜歡問她一連串猜謎問題。[18]

秋天時，十八歲的巴菲特拋下沃莉，回到賓州大學，成為二年級學生。此時他有兩個室友，一位是兄弟會的朋友賴格哈德（Clyde Reighard），另一位是學校分配的大一新生歐斯曼（George Oesmann）。一年前，巴菲特曾拉賴格哈德和他一起做一個新生意，雖然後來沒有成功，但他們在短暫的合夥期間成了好朋友。

和彼得森相比，賴格哈德與巴菲特有更多的共同點。賴格哈德覺得巴菲特的破網球鞋、T恤和髒卡其褲很好玩，而當巴菲特拿成績來奚落他時，他也能處之泰然。賴格哈德說，雖然「他並沒有讓我變得更聰明，但他幫助我有效運用我的能力。」的確，巴菲特是有效運用手邊資源的大師，特別是對時間的運用。他早上很早就起床，在宿舍吃雞肉沙拉當早餐之後就去上課。[19] 渾渾噩噩念完一年級後，他終於找到一門喜歡的課：哈根伯利（Hockenberry）教授的「產業入門」，這門課介紹了不同產業，以及經營事業的所有細節。「有紡織業、鋼鐵業、石油業等等，我還記得課本的內容，從裡面學到好多東西。我還記得石油的先取先得法則（laws of capture）、柏塞麥煉鋼法，裡面的東西真的很有趣。」但和他同宿舍的貝亞（Harry Beja）這科卻念得很辛苦，他也很嫉妒巴菲特念書毫不費力。[20]

記憶力驚人的巴菲特有許多閒暇時間可以做他想做的事。午餐時間他會到兄弟會舍去，那是一棟三層樓的老舊建築。會舍的一角有個二十四小時進行的橋牌牌局，巴菲特有時會坐下來玩幾局。[21] 他仍然喜歡惡作劇，偶爾會約兄弟會的朋友法利納（Lenny Farina）到街上擺出引人側目的拍照姿勢，而他假

裝要偷法利納口袋裡的東西或是擦他的鞋子。[22]

　　同時，他和賴格哈德也重演了一齣類似當年叫可林脫光衣服下水的惡作劇。他們告訴另一個室友歐斯曼說，他看起來「一副弱不禁風的樣子，再不好好鍛練肌肉，沒有女孩子會喜歡他。」他們後來成功慫恿歐斯曼買了槓鈴。「我們會趁貝亞在樓下念書時練槓鈴，將槓鈴重重摔在地上。我們用這種方法來整他，真是好玩極了。」[23]

　　上了大學的巴菲特已經放棄成為肌肉男的想法。「經過一段時間後，我開始知道我的骨架長得不夠好。我的鎖骨不夠長，鎖骨長度決定肩膀有多寬，而鎖骨的長短是我們無法改變的。因此我厭倦了練肌肉，後來終於放棄。假如我的肌肉注定要和女生一樣，那就隨它吧。」

　　像女人般瘦弱的肌肉無法吸引女人，而巴菲特回到大學後還未曾與女生約會。星期六是兄弟會的派對狂歡日，足球比賽前有午餐會，比賽後則有雞尾酒派對、晚餐和舞會。巴菲特寫了一封信給沃莉，邀請她來度週末，並在信中說他愛上了她。沃莉喜歡巴菲特，也被這封信感動了，但她無法回應他的感情。她樂於接受這個週末的邀約，但因為怕他誤會，她決定拒絕他的邀請。[24]

　　巴菲特曾和布林摩爾（Bryn Mawr）大學的貝可（Ann Beck）約過一次會。巴菲特搬到華盛頓不久後，曾在她父親的麵包店工作，當時巴菲特念八年級，而她「只是個留著金色長髮的小女孩」。貝可在高中被票選為全校最害羞的女孩，他們的約會就像在比賽誰比較害羞，兩個人尷尬地在費城市區散步，一句話也沒說。[25]「我們可能是全美國最害羞的兩個人。」

巴菲特不知道如何與人閒聊，緊張時，他只會小聲說些詞不達意的話。[26]

有時巴菲特會和賴格哈德開那輛借來的福特小轎車到近郊去找木乃伊、科學怪人、吸血鬼之類的恐怖片來看。[27]當時很少學生有車可開，所以兄弟會的人都覺得巴菲特很有辦法。[28]這很諷刺：巴菲特是唯一可以和女孩在車子裡親熱的人，卻找不到對象和他在車子裡親熱。他從不參加長春藤聯盟或兄弟會聯合舉辦的舞會，從不出席兄弟會在星期天舉辦的茶宴舞會，也從不曾在兄弟會舍約會。[29]假如有人談論有關性的話題，他總是紅著臉、盯著自己的鞋子。[30]賓大學生熱愛狂歡，連學校的啦啦隊歌曲都叫作「來喝杯酒」。

「我試著去喝酒，因為我交給兄弟會的會費有一半都被拿去為派對買酒，我覺得自己很吃虧。但我就是不喜歡酒的味道。我不喜歡啤酒，而且我不需要借酒來裝瘋。我可以在那裡裝瘋賣傻，連喝醉的人也比不過我。」

即使巴菲特的臂彎裡沒有約會的對象、手裡也沒有酒杯，他有時仍會出現在兄弟會星期六夜晚的派對。他坐在一個角落發表對股市的看法，身旁總會聚集一小群人來聆聽。他非常機智，談話內容引人入勝。與金錢和生意有關的事，兄弟會的人都對他言聽計從；他們也欣賞他不夠客觀、卻很深刻的政治見解。他們認為他的血液裡有「政治家的成分」，並起鬨叫他「參議員」的綽號。[31]

巴菲特在大一時加入共和黨青年軍（Young Republicans），因為他喜歡其中一個女孩。後來他雖然沒有變成這個女孩的男朋友，卻在大二時成為這個組織的主席。巴菲特接任主席的時

刻正值 1948 年秋季的總統大選。這一年共和黨推派杜威
（Thomas F. Dewey）來對抗實力不強、因羅斯福過世而繼任的
現任總統杜魯門。

騎大象遊行

巴菲特一家人愈來愈討厭杜魯門。杜魯門實施的馬歇爾計
畫在二次大戰結束後送了 1,800 萬噸食物給歐洲，而霍華是七
十四位投票反對此計畫的國會議員之一。霍華深信馬歇爾計畫
是新版的「鼠窩行動」，他也認為民主黨正在搞垮國家經濟，
於是他開始買金手鍊給兩個女兒，這樣萬一美金變得一文不
值，她們還有辦法靠黃金活下去。[32]

那一年，霍華正在為第四次的任期競選。霍華在投票支持
塔虎脫哈特萊「奴役勞工」法後，曾被選民報以噓聲，當時巴
菲特也在場。儘管如此，他和家人都認為霍華的眾議員席次相
當安全。此外，霍華首次聘請競選經理人來協助他競選，也就
是巴菲特家的好朋友威廉‧湯普森（William Thompson）博士。
湯普森在奧馬哈極負盛名，也深受景仰，他非常了解這個城市
的脈動，而且是一位心理學家。競選活動一天天推展，人們會
到競選總部對霍華說：「恭喜你，霍華，你又參選了，我有幫
你拉票。」好像選舉已經結束一樣。

杜威也是一副勝券在握的樣子。民調顯示杜魯門落後他許
多。杜魯門不理會這些，他花了好幾個月在全美各地進行「火
車站巡迴演講」。巡迴演講的其中一站是奧馬哈，他參加了一
場遊行和一個公園落成典禮，看起來非常開心，好像沒讀過那
些預測他將敗選的報紙。[33]

　　巴菲特預期父親會再度順利當選,而杜威也會勝選,於是便開心地與費城動物園接洽,打算在 11 月 3 日那天騎大象遊伍德蘭大道(Woodland Avenue)。他腦中浮現的是一場勝利的遊行,就像當年迦太基的漢尼拔將軍長驅直入薩丁尼亞一樣。

　　但在選舉日隔天早上,巴菲特被迫取消了這個計畫。杜魯門贏了 1948 年的總統大選,而他父親也敗選;選民把霍華‧巴菲特趕出國會。「我從來沒騎過大象。當杜魯門擊敗杜威時,我的騎象夢就破滅了,而我爸也在四次競選以來頭一次敗選。那天真的糟透了。」

　　兩個月後,就在霍華任期結束、巴菲特一家人要搬回奧馬哈的前幾天,法蘭克叔公過世了。法蘭克曾在哈瑞斯厄本公司對任何人要買的任何一支股票大吼:「它的股價會跌到零!」宣讀遺囑時,家人發現他只擁有政府公債。[34] 他活得比「專釣金龜婿」的老婆還久,並在遺囑中明訂要讓債券接受信託,而債券到期後只可用來購買更多美國政府公債。好像是要說服他的姪子兼信託管理人霍華似的,法蘭克幫好幾位家族成員訂了《貝克斯特通訊》(Baxter's Letter),這是一份態度悲觀的刊物,宣揚政府公債才是唯一安全的投資標的。為求死後能安息,法蘭克是巴菲特家族中(目前為止)唯一致力讓他的遺願在他死後仍能持續執行的人。

　　當然,霍華非常擔心發生通貨膨脹,也深信政府公債會變成一文不值的壁紙。他克服了良心的不安,設法突破法蘭克遺囑的一些限制,讓法官同意他進行某些技術性變更,好將法蘭克的錢用來投資股票。[35]

　　這些事件都發生在麗拉所謂的「多年來最寒冷的冬天」。

大風雪席捲美國中西部，內布拉斯加州必須連續好幾星期從鄰州空運乾草過來，以免牲畜身陷大雪被凍死。[36] 對霍華來說，這個寒冬標示了杜魯門的勝利。霍華從沒賺過大錢，但現在有兩個孩子念大學，還有一個即將上大學。他回到巴菲特福克公司（Buffet-Falk）工作，但合夥人福克在他到華盛頓期間接管了他的客戶，現在不願將客戶讓出來。霍華在奧馬哈市區遊走，不斷努力開發新客戶，冰冷的風雪打在他臉上。由於他長期不在奧馬哈，當地人了解他的唯一管道就是透過他的文章，例如「人類的自由繫於可換成黃金的錢」，這些文章賦予他走極端的形象。[37] 1949 年春天，他到農村挨家挨戶拜訪，找尋新客戶。[38]

　　父親的失敗令巴菲特很難過，但也給他離開東岸的理由。他覺得學校很無聊，而且很討厭費城，甚至為它取了一個「髒城」（Filthy-delphia）的別稱。[39]

　　春季學期結束後他搬離費城，如釋重負的他還在信箋上署名「前華頓學生巴菲特」。他為這件事找理由，說在內布拉斯加大學林肯分校念書可以省下一些錢。[40] 他把福特小轎車還給伯朗，車子輪胎已經磨平，現在伯朗得傷腦筋該如何換新輪胎，因為當時輪胎仍是配給品。巴菲特只想保留一樣與費城有關的紀念品。在走出寢室門口時，他和賴格哈德丟銅板決定誰能得到賽門（S.J. Simon）所著《為何你打橋牌會輸》（*Why You Lose at Bridge*）的珍藏本。結果，巴菲特贏了。

第 15 章
被拒絕的滋味

林肯與芝加哥，1949 年～ 1950 年夏天

　　1949 年夏天，巴菲特回到內布拉斯加之後所做的第一件事，就是在報業找到一份工作，管理《林肯日報》（*Lincoln Journal*）在鄉村地區的發行。他和多麗絲的男友伍德（Truman Wood）成為朋友，兩人合買了一輛車。巴菲特在林肯市感到很自在，早上到大學上課，下午則開車視察他負責管理的送報路線。在鄉村地區管理送報生是件嚴肅的工作，六個郡的五十個送報生都受「巴菲特先生」的管轄。有一次，他雇用了貝亞翠斯鎮某位牧師的女兒，因為他認為這女孩認真負責，卻因此面臨了管理上的挑戰。有三個貝亞翠斯鎮的送報生立刻辭職，因為巴菲特把送報變成了娘兒們的工作。

　　那年夏天巴菲特有一部分時間待在奧馬哈，在傑西潘尼百貨（JC Penney's）銷售男性用品。他當時在追一個女孩，而這女孩的男友會彈烏克麗麗（ukulele，夏威夷四弦琴），為了與情敵競爭，巴菲特也買了一把，但最後他手中抱的卻是烏克麗麗，而不是那位女孩。

　　傑西潘尼百貨是個工作的好地方。員工每天早上上班前，會在地下室進行一個非正式的激勵大會，巴菲特穿著廉價西裝在那裡彈他新買的烏克麗麗，大夥兒一起跟著唱歌，結束之

後，他再開始做那份時薪 75 分錢的工作。耶誕期間傑西潘尼百貨叫他回去幫忙，要他銷售男性服飾和「城鎮手藝牌」（Towncraft）襯衫。看著一排排衣架上的服裝，就像法國餐廳的菜單，巴菲特毫無頭緒，他問主管藍福德（Lanford）該如何向顧客介紹這些衣服。「只要告訴他們這是一種精紡毛料*做的就好了，」藍福德先生說，「反正沒人知道精紡毛料是什麼東西。」巴菲特終究還是不知精紡毛料為何物，但他在傑西潘尼百貨賣掉很多精紡毛料的服裝。

到了秋天，巴菲特開始在內布拉斯加大學上課。他比較喜歡這裡的老師，他選修了許多課，包括戴恩（Ray Dein）教授的會計課，他是巴菲特到此時為止遇過最好的老師。

自以為是的年輕人

巴菲特在那年重拾高爾夫球的生意，這次他與賓州大學的同學歐蘭斯（Jerry Orans）合夥。他會開車到奧馬哈火車站去取昔日的供應商韋特克寄來的高爾夫球。[1] 歐蘭斯是他在東岸的經銷商（不用說，他永遠是資深合夥人）。巴菲特也做些投資，並賣空汽車製造商凱瑟費塞公司（Kaiser-Frazer）的股票。這家公司市占率在不到一年的時間就下滑了 5%。「親愛的爸爸，」巴菲特寫信給他父親說，「假如從這些百分比數字看不出趨勢線，我就不配當統計分析師了。」凱瑟費塞公司在前六個月損失了 800 萬美元，「何況這家公司可能做了假帳，它的損失應該更多。」[2]

---

* 精紡指的是最常見、表面沒有絨面的西裝布。

　　巴菲特回學校後，到證券公司克魯波迪（Cruttenden-Podesta）去，向一位經紀人索納（Bob Soener）詢問這支股票的成交價。索納看了黑板後回答：「5 美元。」巴菲特解釋說他和父親已經賣空這支股票，賣的是借來的股票。假如股價如他所預期下跌了，就可以買回股票，還回股票，賺取差價。巴菲特認為凱瑟費塞的股票會暴跌，因此假如他以 5 美元價位賣出股票，再以幾分錢的價位買股票補回，他每股就可賺將近 5 美元。

　　索納心想，我要教訓教訓這個自以為是的年輕人。他對巴菲特說：「以你的年齡還不能賣空股票。」「是啊，」巴菲特說，「我是用我姊姊多麗絲的名義買賣股票的。」然後巴菲特解釋這支股票為何會跌到谷底。[3] 索納說：「他說得頭頭是道，我無話可說。」

　　巴菲特耐心等待他對凱瑟費塞公司的看法成真。他確信自己的想法會應驗，凱瑟費塞公司一定會破產。在等待的期間，他時常出現在克魯波迪公司，也與索納成為朋友。

　　1950 年春天，巴菲特即將結束學業。他念了三年大學，只需要暑期再修幾門課就能畢業。然後他做了一個完全改變原先人生規畫的決定。高中時他就確信，自己有能力不必再接受學校教育就可在三十五歲前成為百萬富翁。現在他快畢業了，大多數的人在大學畢業後就進入職場工作，不再念書，但巴菲特卻決定先把工作放一邊，到哈佛商學院深造。從他的教育歷程可看出他不太喜歡正規教育，因為上學不代表學習，他認為自己的知識絕大部分是自學的。但哈佛可以提供他兩樣重要的東西：名校的聲望和未來的人脈。他目睹父親被趕出國會，並

失去證券經紀人的事業，部分原因是父親為了堅持理想而犧牲了人際關係，讓自己成為孤鳥。因此，巴菲特會選擇哈佛並不令人意外。

他非常確定哈佛會錄取他，還鼓吹朋友歐蘭斯和他一起進哈佛。[4] 此外，他也不必負擔全額學費。

「有一天，我在《內布拉斯加日報》上看到一則訊息：『密勒（John E. Miller）獎學金將於今日頒發。[5] 有意申請者請至商業行政大樓 300 室。』這項獎學金提供 500 美元 * 讓你到理想中的學校就學。

「我到 300 室去，而我是唯一一個到場申請獎學金的人。負責審核的三位教授還想繼續等別的申請人，我說：『不行，現在已經三點了。』於是我不費吹灰之力就拿到獎學金。」

從學校刊物挖到黃金之後的某天，巴菲特半夜起床搭火車去芝加哥，參加哈佛大學的面試。十九歲的他比一般大學畢業生小了兩歲，比一般商學研究所的學生年紀小更多。他的成績很好，但不夠突出。他雖然是眾議員的兒子，但他並沒有運用關係讓哈佛大學錄取他。霍華‧巴菲特不賣別人面子，因此別人也不會買他的帳，更別提他兒子了。

巴菲特希望面試時能靠他對股市的豐富知識給主試官留下好印象。根據過去的經驗，只要他一開口談股票，別人就非常感興趣。不論是親友、老師、父母的朋友或同學，都愛聽他談這個主題。

但他誤解了哈佛的使命；哈佛的使命是創造領導者。當他

---

* 相當於 2007 年的 4,300 美元。

抵達芝加哥、向主試官自我介紹後，主試官馬上看穿了他靠單一專長所建立的自信，並直接攻擊他的脆弱內心。「我外表看起來像十六歲，心理上卻只有九歲。我只和負責面試的哈佛校友談了十分鐘，他評估了我的能力後，就拒絕了我。」

巴菲特沒有機會展現他對股市的了解。面試官婉轉地告訴他，他過幾年再申請哈佛可能比較適合。巴菲特很天真，沒聽懂這句話的意思。收到哈佛寄來的回絕信時，他相當震驚。他的第一個反應是：「我該怎麼告訴爸爸這件事？」

霍華雖然個性固執，卻從不對孩子有什麼要求。進哈佛是兒子的夢想，不是他的夢想。霍華已習慣面對挫敗，並且總是屢敗屢戰。因此，巴菲特真正的問題應該是：我該怎麼告訴媽媽這件事？

巴菲特後來認為哈佛回絕他，是他人生的一個轉捩點。

他隨後馬上去了解其他研究所。有一天在翻閱哥倫比亞大學的簡介時，他看到兩個熟悉的名字：班・葛拉漢（Benjamin Graham）和陶德（David Dodd）。

「對我來說，這兩個人是大人物。我剛看過葛拉漢的書，但我完全不知道他在哥倫比亞教書。」

智慧型投資人

這本「葛拉漢的書」，書名是《智慧型投資人》（*The Intelligent Investor*），在 1949 年出版。[6] 這本實用指南適合所有投資人，不論是謹慎型投資人（或稱「防禦型」）或投機型投資人（或稱「進取型」），它打破了華爾街的傳統，顛覆了當時人們對（不甚了解的）股市投資的認知。它是第一本以平易

近人的方式，向一般人解釋股市運作的書。葛拉漢以北太平洋鐵路公司（Northern Pacific Railway）和美國夏威夷汽船公司（American-Hawaiian Steamship Company）的股票為例，提出一個理性且科學的方法來衡量股票價值。他說，投資應該要有系統（systematic）。

巴菲特立刻迷上了這本書。多年來他到圖書館借閱了與股市和投資有關的每一本書，許多書都是談根據固定模式來選擇股票，巴菲特希望能找到一套系統，一套無論任何情況都暢行無礙的法則。他對數字模式（也就是技術性分析）深感著迷。

「這些書我看了一遍又一遍。對我影響最深的可能是卓魯（Garfield Drew），他寫了一本零股交易的重要經典，[7] 那本書我大概看過三遍。我也看過愛德華茲（Edwards）與麥基（McGee）合著的書，那是技術性分析的聖經。[8] 我會到圖書館去把這些書都借來看。」但當他發現《智慧型投資人》時，他再三研讀。「他就好像發現了上帝一樣，」與他同住的伍德如此說。[9] 經過謹慎的研究與思考後，巴菲特自己做了一次「價值型」的投資，他透過父親的關係知道一家名叫「帕克斯堡紡織機具」（Parkersburg Rig & Reel）的公司，運用葛拉漢的方法研究過後，巴菲特買了 200 股股票。[10]

巴菲特手上的簡介說，他最喜愛的作者葛拉漢在哥倫比亞大學教財務學，而陶德也在那裡，他是商學研究所副所長，也是財務金融系系主任。1934 年，葛拉漢和陶德合寫了投資學的教材《證券分析》（Security Analysis），而《智慧型投資人》就像是簡易版的《證券分析》。假如能到哥倫比亞大學念書，就表示他可以在葛拉漢與陶德的門下學習，就像簡介上印的：

「本校提供全世界最多的機會，讓學生直接學習商業實務。在這裡，學生可與許多傑出的美國企業領導者直接接觸，這些企業領導者慷慨撥空參與本校的各項專題討論與研討會……。本市的企業也十分歡迎學生團體參訪。」[11] 哈佛並無法提供這些機會。

巴菲特下定決心要去哥倫比亞大學，但似乎為時已晚。

「我在 8 月寫信給陶德，就在開學前一個月，而入學申請期限老早就過了。我大概是這樣寫的，我剛剛才在奧馬哈大學發現了這份學校簡介，上面提到你與葛拉漢在哥倫比亞大學教書。我認為你們兩人就像是從奧林帕斯山上微笑俯視其他人的神祇，假如我被錄取，一定會去念。這不是一般的入學申請書，而是發自內心的請求。」

與面試相較，巴菲特比較能透過書面申請讓對方了解自己，儘管他的做法違反常態。這份申請書最後轉呈到陶德的桌上，這位副所長同時也負責招生工作。在哥倫比亞大學教了二十七年之後，陶德在 1950 年成為名人葛拉漢的資淺合夥人。

陶德身材瘦弱，而且禿頭，必須照料生病的妻子。他是長老會牧師之子，比巴菲特的父親大八歲。或許是因為受到這份特殊的入學申請書所感動，也或許是因為他與葛拉漢一向重視學生對商學和投資學的領悟力，而非他們的心理成熟度；葛拉漢和陶德不想創造領導者，他們教授的是一門專業。

總而言之，儘管過了入學申請截止日，也沒有經過面試，哥倫比亞大學還是錄取了巴菲特。

第 16 章
揮棒落空
紐約市，1950 年秋天

　　由於入學申請太晚，巴菲特沒分到學校宿舍，於是他找了
一處最便宜的住所：以每天 10 分錢的代價加入 YMCA，然後
以每天一美元的價格，在曼哈頓西三十四街上的 YMCA 史隆
宿舍租一個房間，就在賓州車站附近。[1] 巴菲特很有錢，手上
有 500 美元的密勒獎學金和霍華給的 2,000 美元，後者是巴菲
特的大學畢業禮物，附帶條件是他不能抽菸。[2] 他還有 9,803.7
美元的積蓄，其中一部分買了股票，[3] 另外他也擁有 44 美元的
現金、半台車子，以及投資在高爾夫球的 334 美元。雖然如
此，由於巴菲特把今天的一塊錢看成未來的十塊錢，他不願意
在生活所需之外多花一毛錢。每一分錢都是未來組成雪球的一
片雪花。

　　第一次上陶德的「財務學 111-112：投資管理與證券分析」
課時，他記得陶德一反平常的含蓄個性，熱情地與他打招呼。
巴菲特幾乎已將課本《證券分析》（葛拉漢和陶德合著的投資
學教材）的內容背起來了。[4] 陶德是這本書的主要撰寫者，對
書的內容非常熟悉，但巴菲特說：「我對這本書比陶德本人還
熟，我可以引述書中任何一個段落，還記得那七、八百頁裡的
每個例子。你可以想像陶德有多驚訝了，居然有人如此熱愛他

的著作。」

　　《證券分析》是為了想認真研究股市的學生所寫的一本教科書，書中鉅細靡遺詳述許多創新的概念，於 1934 年出版，此書後來濃縮為簡易版的《智慧型投資人》。陶德以長達四年的時間，將葛拉漢上課與專題討論的內容詳實記錄下來，然後再根據他自己對企業財務與會計的了解編輯內容，附加範例。[5]

第一個舉手

　　陶德授課的重點是討論鐵路債券的實際價值。巴菲特從小就很喜歡火車，而且歷史悠久的聯合太平洋鐵路公司也使奧馬哈成為破產鐵路公司的大本營。[6]巴菲特在七歲時讀過他最喜歡的一本關於債券的書，湯生（Townsend）的《債券推銷術》（*Bond Salesmanship*），這本巨著是他向耶誕老人要來的禮物。[7]此時巴菲特非常熱中研究破產鐵路公司的債券，也因此陶德非常注意巴菲特，把他介紹給自己的家人，還帶他去吃晚餐。巴菲特沉醉在陶德給他的父親般的關愛裡，同時也非常同情陶德，因為他必須照顧患有精神疾病的妻子。

　　在課堂上，只要陶德一提出問題，巴菲特就會搶先舉手，希望博得老師的注意。他知道每個問題的答案，希望能回答，而不在意別人的眼光。一位同學回憶說，巴菲特並不是愛現，他只是太年輕、太熱切，而且還不成熟。[8]

　　哥倫比亞大學的其他同學和巴菲特不同，他們對這門股票與債券的必修課沒什麼興趣。這些同學的同質性出奇地高，[9]大多數人的目標是在畢業後到通用汽車、IBM 或美國鋼鐵公司工作。

其中一位同學名叫丹恩（Bob Dunn），是 1951 年班學業成績最亮眼的學生。巴菲特很欣賞他的風度與才華，時常到宿舍找他。有一天下午，丹恩的室友史丹貝克（Fred Stanback）在房間午睡，結果被一個聲音吵醒。半夢半醒間，他發現這個聲音在談論非常有趣的東西，頓時睡意全消。他起床走到隔壁房間，看到一個理著小平頭、穿著邋遢的少年，滔滔不絕講個不停，這個人坐在椅子上，身體前傾，好像有支槍頂著他的腦袋一樣。史丹貝克找張椅子坐下來，聽巴菲特以權威的態度，談論他所發現的一些價值被低估的股票。

巴菲特顯然已經是股市老手，他提到好幾家小公司，包括泰爾橡膠公司（Tyer Rubber Company）、製鎖的沙堅公司（Sargent & Co.），以及一家比較大的五金批發商馬歇魏爾斯公司（Marshall-Wells）。[10] 史丹貝克當場變成巴菲特的追隨者，馬上出門去買了生平第一次的股票。

史丹貝克從小住在北卡羅萊納州索斯布里市（Salisbury）的同盟大道（Confederate Avenue）上，是一個頭腦清楚但沉默寡言的人。他很愛聽巴菲特發表議論，他們時常膩在一起，一個是說話有如連珠炮的瘦弱少年，另一個則是聲音具磁性的英俊金髮青年。有一天巴菲特想出一個點子，他向陶德教授請假，要去參加馬歇魏爾斯公司的股東會；他在上哥倫比亞大學之前，和霍華合買了 25 股馬歇魏爾斯股票。

「那是我生平第一次參加股東會。股東會在紐澤西州的澤西市召開，可能是因為他們不希望有太多人來參加。」

巴菲特對股東會的想法來自他對商業本質的了解。他最近將長期租給佃農的農地賣掉了，價格是五年前買地的兩倍。在

這五年間，他和佃農平分農地生產的作物，但佃農無法與他平分賣地所賺的錢。資本家巴菲特負責出錢、承受風險，也有機會賺得收益。

巴菲特認為所有事業皆是如此。員工可以分享他們付出勞力所創造的利潤，但他們必須對雇主負責，而且當企業價值提升時，只有雇主能從中獲利。當然，假如員工購買公司的股票，他們就成為公司股東，和其他出資者成為合夥人。但不論持有多少股票，只要他們仍然是公司員工，就必須為自己的工作成果向雇主負責。因此，巴菲特將股東會視為檢視公司經理人績效的機會。

然而，當時很少公司的管理階層有這種想法。

巴菲特和史丹貝克一起搭火車到澤西市，來到公司大樓高樓層的一間簡陋房間。他們看到有六個人在等待開會，而馬歇魏爾斯公司打算敷衍了事，將法定程序應付過去。

許羅斯（Walter Schloss）是出席者之一。當年三十四歲的他，以微薄的 50 美元週薪在葛拉漢的「葛拉漢紐曼公司」（Graham-Newman Corporation）工作，公司裡只有四名職員。[11] 股東會開始後，許羅斯提出許多尖銳的管理問題。許羅斯出身自紐約的猶太移民家庭，有一頭深色頭髮，身材瘦小，態度溫和，但馬歇魏爾斯公司的人卻認為他魯莽無禮。史丹貝克說：「他們不太高興，因為這些外人闖進他們的會議，以前從來不曾有外人參加股東會，他們相當不悅。」[12]

巴菲特立刻被許羅斯的發言吸引了。當許羅斯表明自己在葛拉漢紐曼公司工作後，巴菲特待他有如自己人。股東會結束後，巴菲特去找許羅斯聊天，發現許羅斯和他意氣相投，都認

為要累積財富很難，要失去財富卻很容易。許羅斯家族經歷了一些財務挫折，在許羅斯十三歲時，他母親又在 1929 年股災中失去所有繼承的財產。

許羅斯一家人靠努力與堅毅撐過難關。許羅斯在 1934 年高中畢業後就到華爾街當跑腿小弟，負責在華爾街上來回奔走傳遞訊息。後來他在證券公司的「籠子」（cage）裡處理證券，他曾問老闆可否讓他分析股票，得到的答案是「不行」，但老闆告訴他：「有一位葛拉漢剛寫了一本《證券分析》，你只要看這本書就夠了。」[13]

許羅斯將這本書從頭到尾讀一遍，覺得還想得到更多知識，於是到紐約財務學院（New York Institute of Finance）去上葛拉漢的投資課，每週兩天，從下午五點到七點鐘。葛拉漢從 1927 年就開始教這門專題研討課，好為在哥倫比亞大學開課做準備。當時大眾迫切想了解股票，因此這門課總是爆滿。

每當葛拉漢提到他購買了什麼股票，像高盛公司首席交易員李維（Gustave Levy）這類的人就會急忙跑去買股票，替公司和自己大賺一筆。因為崇拜葛拉漢，許羅斯到他與合夥人傑利・紐曼（Jerry Newman）合開的公司上班。巴菲特出於本能地喜歡許羅斯，不只是因為他那份令人稱羨的工作，也因為他在艱困環境中奮鬥成長的背景。在馬歇魏爾斯的股東會上，巴菲特還從某個人的粗壯肩膀和抽雪茄的側影認出另一位股東格林（Louis Green），他是知名的投資家，也是規模小但頗具聲望的史翠克布朗證券公司（Stryker & Brown）的合夥人，與葛拉漢是同業。[14]

巴菲特非常景仰格林，於是主動與格林攀談，然後他和史

丹貝克、格林一同搭火車離開紐澤西。格林提議要請兩個年輕人吃午餐。

這就像中了樂透彩一樣。巴菲特發現格林和他一樣非常節儉。「這個人有錢得不得了，卻帶我們去自助餐廳之類的地方吃飯。」

吃飯時，格林告訴他們，他曾經多次遇到女性為了錢而追求他。已過中年的他直接攻擊對方的動機：「你喜歡這些假牙嗎？你喜歡我的禿頭嗎？或是我的大肚子？」巴菲特聽得很高興，直到格林突然把話題轉到他身上。

「他對我說：『你為什麼買馬歇魏爾斯的股票？』」

「我回答：『因為葛拉漢有買。』」

葛拉漢是巴菲特心目中的英雄，雖然兩人從未謀面。由於買馬歇魏爾斯股票的想法確實來自《證券分析》，巴菲特覺得應該小心說明自己如何得知這支股票。[15] 其實除了《證券分析》曾提過之外，他還有其他購買這支股票的好理由。

這家號稱北美最大的五金批發商賺了很多錢，假如它將盈餘以股息分配給股東，每股將可分到 62 美元。這支股票成交價在 200 美元左右，馬歇魏爾斯的股票就像債券一樣，利息高達 31％（200 美元的股票可賺 62 美元）。照這樣的利率繼續下去，巴菲特投資在馬歇魏爾斯的每一塊錢，三年內就會變成兩塊錢。即使馬歇魏爾斯不配給股息，股票價格也一定會上揚。

但巴菲特並沒有向格林解釋這些，只說「因為葛拉漢有買」。

「格林看著我並說：『揮棒落空！』」

「我永遠也忘不了他說這話時臉上的表情。」

巴菲特知道他的意思其實是:「華倫,用自己的腦袋想。」
他覺得自己很愚蠢。

「在這間小小的餐廳裡,我就坐在這個重要人物的旁邊,
而突然間,我揮棒落空了。」

認識保險業

巴菲特不希望再犯同樣的錯誤,同時也想找到更多馬歇魏
爾斯這樣的股票,因此就在葛拉漢的專題研討課開課前,先在
腦中記下葛拉漢的每個原則、每本書、他所做的每筆投資,以
及他本人的一切。他得知葛拉漢是公務員保險公司(Govern-
ment Employees Insurance Company,GEICO)的董事長,[16] 而
這支股票並未出現在《證券分析》中。他查《穆迪手冊》(*Moody's
Manual*)後發現,葛拉漢紐曼公司曾持有這家公司 55% 股份,
但最近已將股份釋出。[17]

GEICO 是何方神聖?巴菲特很好奇。幾個星期後,在寒
冷的星期六早晨,巴菲特搭上最早班的火車到華盛頓去,來到
GEICO 大門前。當時四下無人,只有一個警衛來應門。巴菲
特以極為謙遜的態度,詢問是否有人能向他說明 GEICO 的
事,並強調他是葛拉漢的學生。

警衛上樓到財務副總裁戴維森(Lorimer Davidson)的辦
公室去通報這件事。正在辦公的戴維森聽到這個請求,心想:
「既然是葛拉漢的學生,我可以給他五分鐘,感謝他大老遠跑
來,然後客氣地打發他走。」[18] 於是他請警衛把巴菲特帶上來。

巴菲特的自我介紹清楚、誠懇:「我名叫華倫・巴菲特,
我是哥倫比亞大學學生,葛拉漢極有可能成為我的老師。我讀

過他寫的書，而且很佩服他。我注意到他是 GEICO 的董事長，但我對這家公司毫無所悉，因此希望到這裡了解這家公司。」

戴維森於是向巴菲特說明複雜難懂的汽車保險業，心想他可以賣葛拉漢一個面子，浪費幾分鐘寶貴時間。但後來他說：「在聽他問了十到二十分鐘的問題後，我發現這個年輕人非常不尋常。他問的問題非常專業，都是有多年經驗的保險股票分析師才會問的。他很年輕、看起來也很稚氣，他說他是學生，但他說話的樣子像是入行很久的人，而且懂得很多。我對他的看法改變了，我開始問他問題，這時我才了解他在十六歲時就已經是個成功的生意人。他從十四歲就開始申報個人所得稅，而且從此每年都報稅。他也擁有幾個小事業。」

以戴維森的人生經歷與成就，要令他印象深刻可不容易。

在 1929 年股市崩盤前，戴維森每年可賺進 10 萬美元的高額佣金，[19] 崩盤後他靠賣債券每週只賺 100 美元。

有一天，戴維森拜訪了 GEICO，這家公司的運作方式令他心生嚮往。

GEICO 以郵寄保險單、不讓保險業務員經手的方式來降低成本，[20] 這在當時是革命性的觀念。GEICO 的創辦人古德溫（Leo Goodwin）和里亞（Cleves Rhea）從美國保險公司（USAA）只賣保險給軍官的做法得到靈感，決定只賣保險給公務員，因為公務員和軍官一樣有遵守法律的習慣。更好的是，全美國有一大堆公務員，GEICO 公司因此誕生。

後來，里亞家族雇用戴維森幫他們賣股票。為了找尋買主，戴維森找上葛拉漢紐曼公司。葛拉漢有興趣，但他聽從合

夥人紐曼的意見；戴維森說：「紐曼認為以賣方的開價買東西是不合理的，他說：『我從來不以賣方的開價買東西，而且也不打算改變。』」

他們討價還價。戴維森做了一些讓步，並提議讓紐曼以100萬美元取得55％股份，於是葛拉漢成為 GEICO 董事長，而紐曼則是董事。六、七個月後，戴維森告訴 GEICO 執行長古德溫，他願意減薪在 GEICO 工作，管理該公司的投資事務。古德溫徵詢葛拉漢的意見，而葛拉漢答應了。

聽了戴維森的故事後，巴菲特對保險業深感著迷。「我不停向他提出關於保險和 GEICO 的問題。他那天沒去吃午飯，一直坐在那裡和我聊了四小時，就好像我是全世界最重要的人一樣。他那天不僅開門見我，也為我開啟了保險世界的大門。」

巴菲特在賓大也修過保險學這門課。保險在某方面有點像賭博，這讓熱愛機率的巴菲特蠢蠢欲動。他對一種聯合養老（tontine）的保險計畫很感興趣，人們把錢投入這個計畫，活最久的人可以拿到所有錢。然而聯合養老保險此時已經不合法了。[21]

巴菲特甚至考慮過從事精算（保險業的數學）的工作。假如他進入這一行，可能將一輩子研究死亡統計數字，預測人們的平均壽命。這一行除了很適合他的個性——喜歡鑽研一件事，喜好記憶、蒐集與拼湊數字，還有偏好獨處，精算師的工作也讓他有機會盡情深思他自幼就非常關心的主題：壽命長短。

然而，他的另一個最愛：累積財富，最後還是勝出了。

企業該如何賺錢？

巴菲特開始思索企業的本質問題：企業該如何賺錢？一家企業就像是一個人，必須積極走出去尋找方法，來保護它的員工和股東。

他了解到，由於 GEICO 要以最低的價錢賣保險，該公司唯一的賺錢方法就是盡可能降低成本。他也知道，保險公司可以先拿客戶的保險金來投資，等到保戶要求理賠，往往是很久以後的事了。對他來說，這就像免費拿別人的錢來運用，是他最有興趣的事。

GEICO 似乎是個穩贏的機會。

兩天後的星期一，在他回紐約不到四十八小時的時間，巴菲特就將占自己總投資價值四分之三的股票賣掉，把錢用來買 350 股 GEICO 股票。對這個平時相當謹慎的年輕人來說，這是非比尋常的舉動。

之所以非比尋常，是因為葛拉漢絕不會贊成以當時的股價買 GEICO 股票，即使葛拉漢紐曼公司最近剛成為 GEICO 最大的股東。葛拉漢認為應該以低於公司資產價值的價格買入股票，而他也不贊同集中投資少數幾種股票。但 GEICO 的成長速度太快了，他有把握可以預見它幾年後的價值。從這角度來看，GEICO 的股價並不高。他將此事寫成一份報告交給他父親的證券公司，上面說 GEICO 股價 42 美元，約是該公司每股盈餘的八倍，而其他保險公司的股價與每股盈餘的倍數比 GEICO 高出許多。雖然 GEICO 是保險業界的一家小公司，但它的競爭對手「已經沒有什麼成長空間」。接著，巴菲特保守

預估 GEICO 五年後的價值，認為它的股價會漲到 80 至 90 美元。[22]

　　巴菲特在 4 月寫信給蓋爾（Geyer & Co.）和布萊斯（Blythe and Company）這兩家專門操作保險公司股票的券商龍頭，請他們進行研究。接著他去拜訪專家，和他們討論 GEICO。在聽完對方的觀點後，巴菲特解釋自己的想法。

　　他們說巴菲特瘋了。

　　他們說，GEICO 不可能勝過其他規模更大、成立更久且雇用業務員的大公司。GEICO 是家小公司，市占率不到 1%。規模龐大的保險公司和成千上萬的保險業務員主宰了這個產業，這種情況永遠都不會改變。但 GEICO 就像 6 月的蒲公英一樣快速成長，也像美國鑄幣局一樣猛印鈔票出來。

　　巴菲特不明白他們為何看不見眼前的事實。

第 17 章

聖母峰

紐約市，1951 年春天

　　哥倫比亞大學的第二個學期一開始，巴菲特就興奮不已。他父親剛以壓倒性的勝利第四度當選眾議員，而他則即將見到他的偶像。

　　葛拉漢在回憶錄中描述自己是個獨行俠，從高中以後就再也沒有親近的朋友：「我可以和大家做朋友，卻沒有人是我的知心密友。」[1]「沒有人能進入他的內心。大家都很敬佩他，也很喜歡他，大家都想成為他的朋友，但他卻興趣缺缺。你覺得他很棒，但你永遠無法成為他的兄弟，」巴菲特說，並稱此為葛拉漢的「保護外衣」。即使是他的同事陶德也無法成為他的密友。人們覺得與他談話是件痛苦的事，因為他總是如此理智、博學、聰明。他不是能輕鬆相處的同伴，待在他身邊必須隨時緊繃神經。雖然他的態度很和善，但他很快就厭煩與別人對話；他人生中真正的「知心密友」是他鍾愛的作家，諸如吉本（Gibbon）、維吉爾（Virgil）、米爾頓（Milton）和萊辛（Lessing）。他說：「與身邊的活人相較，這些古人對我來說更重要，也在我的記憶中留下更深的印象。」

　　葛拉漢本名班哲明・葛拉斯本（Benjamin Grossbaum），[2]他在前二十五年的人生中，經歷了四次金融危機和三次經濟蕭

條；[3]九歲時父親過世，從此家道逐漸中落。在 1907 年的股市
恐慌中，他母親所有的股票變得一文不值，只好被迫典當珠寶
首飾。葛拉漢回憶說，在這段期間，全家人靠親友「出於同
情」的施捨過日子。[4]

儘管如此，葛拉漢在紐約市公立學校的成績一直非常突
出，此時的他閱讀雨果的法文作品、歌德的德文作品、荷馬的
希臘文作品、維吉爾的拉丁文作品。高中畢業後，他想上哥倫
比亞大學，但需要經濟支援。獎學金審核委員在到葛拉斯本家
拜訪後，否決了他的申請。葛拉漢認為是審核委員察覺他心靈
的「祕密缺陷」：「多年來我一直深受所謂的『壞習慣』(『手
淫』的雅稱）的折磨，我內心的清教徒精神與當時廣為流傳的
恐怖健康傳單，讓我的身心 飽受這個『壞習慣』折磨。」[5]

結果，葛拉漢帶著他的壞習慣到免費的市立大學就讀，一
貧如洗的他認為這個學校的學歷無法幫助他進入他所渴望的上
流社會。但是屋漏偏逢連夜雨，有兩本借來的書從他的置物櫃
被偷走，他必須照價賠償。他當時身無分文，只好退學找了一
份安裝門鈴的工作，一邊工作一邊背誦《艾尼德》(The
Aeneid) 和《魯拜集》(The Rubaiyt)。後來他再度申請哥倫比
亞大學，並順利得到了先前拒發給他的獎學金，結果發現他上
次被拒是因為作業疏失。雖然他必須身兼多份差事來賺取生活
費，但他在哥倫比亞大學表現亮眼。他檢查送貨單時，會在腦
中創作十四行詩，以打發無聊時間。大學畢業後，他拒絕了一
個法學院的獎學金和來自哲學系、數學系和英文系的聘書，遵
從院長的建議進入了廣告業。[6]

葛拉漢的幽默感總是帶有諷刺的意味。他為不易燃的清潔

劑卡波納（Carbona）所寫的第一篇廣告文案就被廠商拒絕，
理由是這段打油詩可能會嚇壞顧客：

　　有個少女來自維諾納
　　從來不曾聽過卡波納
　　於是她拿了罐苯液
　　開始動手打掃擦地
　　現在她可憐的父母正為她哭泣

　　這件事發生後，哥倫比亞的院長凱伯爾（Keppel）推薦他
到紐韓魯證券公司（Newburger, Henderson & Loeb）工作。

死了比活著值錢

　　1914 年他在華爾街從基層做起，以 12 美元的週薪當個跑
腿小弟。然後他成為助理黑板童，在顧客休息室來回奔跑，更
改黑板上的股價資料。他以典型的華爾街模式建立自己的事
業：他在私底下做研究，直到有一天，一位證券經紀人將他寫
的報告，亦即針對密蘇里太平洋鐵路公司（Missouri Pacific
Railroad）債券所做的負面評估，交給巴琪證券（Bache &
Company）的合夥人，巴琪證券於是聘請他擔任統計分析師。[7]
後來他以合夥人的身分重回紐韓魯證券公司，1923 年，包括
西爾斯百貨早期合夥人羅森伍德（Rosenwald）家族在內的一
群金主提供了 25 萬美元讓他自行創業。

　　1925 年，葛拉漢因為與出資者談不攏薪水，結束這個事
業，並於 1926 年 1 月 1 日和客戶合資 45 萬美元，成立「班哲

明葛拉漢聯合帳戶」(Benjamin Graham Joint Account)。不久後，一位客戶的弟弟傑洛米・紐曼提議要投資這家公司，並成為葛拉漢的合夥人，他願意不支薪，直到他熟悉這一行、對公司有所貢獻為止。不過葛拉漢堅持要付他薪水，而紐曼也為公司帶進更寬廣的商業知識和管理技巧。

1932 年，葛拉漢在《富比士》寫了一系列的文章：〈美國企業死了比活著值錢嗎？〉(Is American Business Worth More Dead Than Alive?)，文中指責企業管理階層坐擁現金與資產卻不加運用，也指責投資人忽略了這些資金的價值，導致公司的價值沒有反映在股價上。葛拉漢知道如何為公司創造價值，卻缺少資金。股市的損失讓公司帳戶從 250 萬美元減少到 37 萬 5 千美元。* 葛拉漢自認要為合夥人的損失負責，這表示他必須將他們的錢變為原來的三倍以上，而當時這家公司連是否能存活下去都有問題。紐曼的岳父後來投入 5 萬美元，拯救了這家公司；到了 1935 年 12 月，葛拉漢確實讓帳戶資金成長三倍，並將損失的錢賺回來。

基於稅務的考量，葛拉漢和紐曼於 1936 年將聯合帳戶分成兩個事業：葛拉漢紐曼公司與紐曼葛拉漢（Newman & Graham）。[8] 葛拉漢紐曼公司收取固定費用並在市場發行股票，紐曼葛拉漢則是一個「避險基金」，是由少數幾個合夥人組成的私人合夥事業，它會根據葛拉漢和紐曼的管理績效支付他們薪水。

葛拉漢和紐曼合夥了三十年，葛拉漢在回憶錄中說紐曼的

---

* 包括配息、提領，以及損失在內。

個性「缺乏親和力」、苛求、缺乏耐心、愛挑毛病，以及在談判時往往「太過強勢」。他們兩人能共識多年，正是因為葛拉漢不會讓別人的行為擾亂他內心的平靜。

揚名華爾街

唯一能擾亂葛拉漢的，是他喜歡向企業領導人挑戰的習性。最為人所知的事件是葛拉漢要求北方油管（Northern Pipeline）這家石油輸送公司將鐵路債券的價值釋出給股東。

為此，葛拉漢特別跑去參加遠在賓州石油城（Oil City）所舉辦的股東會，提出討論鐵路債券的動議。但管理階層不理會他，因為沒有人附議。在交涉過程中，公司主管曾用某些反猶太的語言譏諷他，但他不為所動。接下來的一年間，葛拉漢已有足夠票數多取得兩席董事，並讓董事會的意見傾向於分配債券。北方油管公司屈服了，最後分配相當於每股 110 美元的現金與股票給股東。

這場爭奪戰揚名華爾街，也讓葛拉漢紐曼公司成為在業界中雖不是最大、卻是最知名的投資公司。

響亮的名聲有時會妨礙他的績效。葛拉漢習慣將公司遇到的實例帶到課堂上做為例證，每當他在課堂上提到某支股票，學生就會跑去買，股價因此提高，他的公司就必須花更多錢才能買到股票。這點讓紐曼很生氣。為何要讓別人知道公司打算進行的事，使公司更難成事？要在華爾街賺錢，就不能讓別人知道自己的想法。但就如巴菲特所說：「葛拉漢根本不在乎他有多少錢。他希望有足夠的錢，他也經歷過 1929 到 1933 年的艱苦時期。但假如他認為已擁有足夠的錢，其他事就變得不重

要了。」

　　葛拉漢紐曼公司在成立的二十年間，平均每年表現比股市多出 2.5％；在華爾街的歷史上，只有少數幾人曾超越這個紀錄。這個數字似乎微不足道，但經過二十年的利上滾利，投資於葛拉漢紐曼公司的人可得到比股市平均表現多 65％ 的獲利。更重要的是，儘管達成如此優異的表現，葛拉漢所冒的風險卻比投資整體股市小了許多。

　　葛拉漢靠的主要是他分析數字的能力。在他之前，證券價值的評估大多是用猜的。葛拉漢發展出史上第一套完整、有系統的方式，來分析股票的價值。他喜歡只用公開的資料（通常是公司的財務報表）來分析，而且很少參加股東會。[9] 雖然許羅斯曾參加馬歇魏爾斯公司的股東會，但那是許羅斯自己的主意，而非葛拉漢的命令。

　　每週四下午在股市休市後，葛拉漢的第三任妻子伊絲黛會開車從華爾街 55 號的葛拉漢紐曼公司辦公室，送他到哥倫比亞大學去教「股價評估」（common stock valuation）。這門課是哥倫比亞大學財務課程中最高階的課程，連在財務管理界工作的人都會來報名上課。

　　巴菲特當然是以無比的敬畏與崇拜仰望葛拉漢。他十歲時就讀過北方油管的故事，而且一讀再讀，當時他完全不知葛拉漢在投資界的地位。現在他希望能與葛拉漢建立關係，但在教室之外，他與葛拉漢幾乎沒有交集。葛拉漢沉浸在藝術與科學的世界裡，他喜歡寫詩，也寫過百老匯劇本，但結果慘不忍睹；他也在筆記本裡記滿各種怪異的發明點子。他還熱愛國際標準舞，在穆瑞（Arthur Murray）的舞蹈教室習舞多年，但跳

起舞來就像木頭人般僵硬，而且喜歡大聲數出舞步。在晚宴上，葛拉漢經常半途失蹤，跑去完成某個數學方程式、閱讀普魯斯特的法文小說，或獨自聆聽歌劇，而不願陪伴無趣的人群。[10] 他在回憶錄中寫道：「我記得學到的事，卻記不得生活中的事。」生活中唯一排在學習之前的，就是與異性約會。

　　唯一能讓葛拉漢的注意力從古典作家身上移開的人類，只有可陪他上床的女性。葛拉漢並不英俊，個子矮小，外貌有點像小精靈。對於喜歡挑戰的女人來說，葛拉漢就像聖母峰：當她們遇到他後，都希望征服他。

　　葛拉漢的三任妻子差異極大：熱情、有主見的老師海柔（Hazel Mazur），比他年輕十八歲的百老匯歌舞女郎卡蘿（Carol Wade），還有曾是他的祕書、聰明開朗的伊絲黛（Estelle Messing）。他對一夫一妻制毫不理會，這三段婚姻因此變得更加複雜。葛拉漢的回憶錄如此開場[11]：「讓我以最嚴肅的方式描述我的第一次婚外情。」結果在六個句子之後，他就將嚴肅拋在腦後，並解釋他何以會搞上說話刻薄、「但一點也不漂亮」的珍妮：「兩成是吸引力，八成是因為有機可乘」。假如某位女性的吸引力比較強，他就不需要機會，直接對這位女性發動勇敢、甚至惹人厭的攻勢。葛拉漢會在地鐵把一首小詩送給他中意的女子，此舉結合了他的兩大嗜好：寫詩與女人。但他實在太理智了，他的情婦必須費力抓住他的注意力。隨時可將注意力從戀情轉換到事業是葛拉漢的特點，從他回憶錄的文字可看出這點：[12]

　　我們在她華德線（Ward Line）汽船的船艙裡共度的

最後一個小時，在我腦海留下了感傷的回憶（我壓根
沒想到，我的公司後來竟會接手那家老字號的汽船
公司）。

巴菲特在當時並不了解葛拉漢的私生活，他只專注於自己
能從這位老師身上學到什麼。1951 年 1 月，巴菲特上葛拉漢
的第一堂課，走進一間不大的教室，裡面有一張長方形的桌
子。葛拉漢就坐在中央，周圍有十八到二十位男性。大多數學
生年紀都較長，有些是退伍軍人。其中有半數是來旁聽的商界
人士。巴菲特再一次成為全場最年輕的人，但同時也是知識最
豐富的人。每當葛拉漢提出一個問題，「他總是第一個舉手，
而且馬上開口說個不停，」他的同學亞歷山大（Jack
Alexander）如此描述當時景象。[13] 班上其他人於是成為巴菲特
與葛拉漢來回對話的聽眾。

內在價值與安全邊際

在 1951 年的美國，確實有許多企業是死了比活著值錢。
葛拉漢鼓勵學生用股市的實例來說明這種情形，其中一個實例
就是葛瑞夫兄弟製桶公司（Greif Bros. Cooperage），巴菲特也
擁有這家公司的股票。這家公司的主業正慢慢萎縮，但若是賣
出公司的資產與庫存，扣掉債務後的淨值卻遠高於股價。葛拉
漢認為，到最後它「內在」（intrinsic）的價值將會浮現，就像
丟進水裡的桶子被冬天的結冰凍住，但等春天來臨冰雪融化，
桶子就會浮上水面。你只需要解讀資產負債表，找出數字來證
明真的有一桶錢被凍在冰底下就行了。

　　葛拉漢說，公司和人沒有兩樣。某個人可能認為他的資產淨值為 7,000 美元，包括了 50,000 美元的房子，減去 45,000 美元的貸款，再加上 2,000 美元的存款。就和人一樣，公司也有資產，例如它所製造與銷售的產品，同時也有負債。如果你賣掉公司所有資產來償還債務，剩下的就是公司的淨值。假如有一個人以低於公司淨值的價格買入股票，葛拉漢說，到最後（「到最後」是一個很微妙的字眼）股價將會上揚來反映它的內在價值。[14]

　　這道理聽來簡單，但證券分析的困難在於細節，你必須扮演偵探的角色，推敲哪些資產真正有價值，挖掘出潛藏的資產與負債，考量這家公司賺得到或賺不到哪些錢，再把報表上的數字一一分解，如此才能算出股東權益有多少。葛拉漢的學生知道，只要算出公司的整體價值，再切割成小塊，就可分析出股票的價值。

　　然而，讓分析更加複雜的是「到最後」這個部分。就長期而言，股票的成交價格往往不是它的內在價格。分析師雖能分析出正確的答案，但這個答案長期下來在市場上卻是錯的。因此，擔任偵探的你必須設立葛拉漢與陶德所謂的「安全邊際」（margin of safety），也就是說，容許你自己有犯錯的空間。

　　人們對葛拉漢的方法有兩種反應。有些人馬上吸收，並視之為絕佳的尋寶工具，有些人將它視為沉重的功課。巴菲特的反應則好像是從住了一輩子的洞穴走出來，第一次看見真實的世界。[15] 他先前對「股票」的了解來自被稱為「股票」的這些紙片的價格。現在，他知道每張股票的背後都有更深的意義，也意識到這些紙片並不能完全代表「股票」，就好像他兒時所

蒐集的汽水瓶蓋不能代表一罐罐冒出氣泡、滋味酸甜的汽水。
他的舊觀念瞬間瓦解,取而代之的是葛拉漢所教的觀念。

　　葛拉漢上課時會運用各種巧妙、有效的教學技巧。他會提
出成對的問題,但一次先提一個問題,學生會以為自己知道第
一個問題的答案,但等他提出第二個問題時,才發現自己沒答
對。他會描述兩家公司,一家的情況非常糟、幾近破產,另一
家則情況良好。在要求學生分析這兩家公司後,他會告訴他
們,其實這是同一家公司在不同時期的狀況,學生們聞言大感
驚訝。

　　除了 A 公司與 B 公司的教學法之外,葛拉漢也常提到第
一類與第二類事實。第一類事實是絕對的,第二類事實則是因
為人們的想法而成為事實。假如有夠多的人認為某家公司股票
價值是 X,那麼這家公司的價值就會是 X。但這並不影響股票
的內在價值,也就是第一類事實。因此,葛拉漢的投資方法並
不是單純的以低價買進。他的方法源於了解人類心理,不讓情
緒影響決定。

　　巴菲特從葛拉漢那裡學到三項主要原則:

- **股票是擁有某家公司的一小部分的權利。**你願意為整家公司
  付多少錢,其股票的價值就是這金額的某個比例。
- **運用安全邊際。**投資是建立在估計值與不確定性之上,較大
  的安全邊際可預防正確的決定遭到意外的錯誤而抵銷。想
  要前進,最重要的前提就是不能後退。
- **市場先生是你的僕人,而不是主人。**葛拉漢虛構出一個善變
  的人物,名叫「市場先生」,這個人每天都想和你買賣股

票，但他提出的價格往往不合理。市場先生的陰晴不定不
該影響你對股價的看法，不過他有時也會給你買低賣高的
機會。

　　在這三項原則中，安全邊際是最重要的。股票也許是擁有
一部分公司的權利，你也可以預估股票的內在價值，但唯有安
全邊際能讓你夜夜高枕無憂。葛拉漢用各種方法建立安全邊
際，同時他也從未忘記負債的危險。儘管 1950 年代是美國歷
史上最繁榮的時期之一，但過去的經驗把他嚇壞了，讓他養成
凡事往最壞處思考的習慣。他的觀點仍然與 1932 年他登在《富
比士》的文章〈美國企業死了比活著值錢嗎？〉沒有兩樣，也
就是以一家公司在破產清算後的價值，來衡量這家公司的股票
值多少錢。很顯然，葛拉漢仍不斷回頭看悲慘的 1930 年代，
有太多公司在那時期倒閉。他刻意不讓公司規模擴大，部分原
因就是他非常害怕風險。不論一家公司多麼穩健，他都只購買
少量股票，[16]這表示他的公司需要花費許多心力管理多種股票。
　　巴菲特是葛拉漢的忠誠追隨者，但他卻認為投資不需如此
分散。他曾把資產押在一支股票上：「葛拉漢總是告訴我
GEICO 的股價太高了。照他的標準，GEICO 不是好的投資標
的，但我仍然在 1951 年底把四分之三的淨資產投資在
GEICO。」雖然巴菲特在這一點與葛拉漢相去甚遠，但葛拉
漢依然是他最崇拜的老師。
　　巴菲特的同學在下學期慢慢習慣課堂上固定出現的二重奏
了。巴菲特「是個非常專注的人，他的專注力就像聚光燈一
樣，每天二十四小時、每週七天幾乎不中斷。我不知道他都用

什麼時間睡覺，」亞歷山大說。[17] 巴菲特可以在引述葛拉漢的
例子後，自己舉出別的實例。他整天待在哥倫比亞大學的圖書
館，不停閱讀過期的報紙。

「我會去找 1929 年的報紙，每則新聞都看，不只是看商業
和股市的新聞而已。歷史非常有趣，你可以從報紙看到許多歷
史，一張照片、一則報導，甚至是廣告，所有的一切都是歷
史。它把你帶到另一個世界，由某個身在現場的人告訴你發生
了什麼事，你就像活在那個時代一樣。」

巴菲特花很多時間閱讀《穆迪手冊》和《標準普爾》
（*Standard & Poor's*）週報，尋找可投資的股票，但他最期待
的還是葛拉漢每週的課。

灰色長外套

儘管全班同學都清楚看出巴菲特與葛拉漢的高度契合，但
有一個人特別注意巴菲特，此人就是吉德皮巴第公司（Kidder,
Peabody）的證券經紀人瑞恩（Bill Ruane）。瑞恩讀完兩本重
要著作《客戶的遊艇在哪裡？》和《證券分析》後，透過母校
哈佛商學院的引介開始向葛拉漢學習。[18] 瑞恩與巴菲特一拍即
合。不論是瑞恩、巴菲特或其他學生，都不敢在下課後去找葛
拉漢，後來，巴菲特找到理由到葛拉漢紐曼公司去找新朋友許
羅斯。[19] 他深入認識許羅斯後，發現許羅斯的妻子從婚後就得
到憂鬱症，需要細心照料。[20]

許羅斯和陶德一樣，都是忠誠而堅定的人，這正是巴菲特
最欣賞的特質。他也很羨慕許羅斯的工作，為了穿上葛拉漢紐
曼公司員工的灰色長外套，他願意免費幫他們洗廁所。葛拉漢

會要求員工填寫一些表格來評估某些股票是否符合自己的投資
原則，[21] 這件很像實驗衣的細棉外套可在填寫資料時避免弄髒
衣袖。最重要的是，巴菲特想為葛拉漢工作。

　　學期接近尾聲，班上同學都在忙著找工作。丹恩要去美國
鋼鐵公司，這可能是當時所有美國公司中最好的工作。所有學
商的年輕人對成功的定義幾乎都是進入大企業，然後一步步爬
上組織的階梯。經過戰爭與大蕭條時期，美國人普遍認為該在
組織的蜂巢中找到一個小巢室，好好學習適應那個地方。

　　「我想班上沒有一個人想過美國鋼鐵是不是一家好公司。
沒錯，它是一家大企業，但他們並沒有想過自己搭上的是什麼
火車。」

　　巴菲特有一個目標，他知道假如葛拉漢雇用他，自己一定
會有優異的表現。他雖然在許多方面缺乏自信，在股票的專業
領域卻自信滿滿。他主動告訴葛拉漢他想到葛拉漢紐曼公司工
作。為那個偉人工作是一個大膽的夢想，而巴菲特的膽子夠
大。他畢竟是葛拉漢的得意門生，是班上唯一拿到 A+ 成績的
人，假如許羅斯可以在那裡工作，為何他不能？為了達成目
標，他還表示願意不支領薪水。此時的他比當年搭火車到芝加
哥參加哈佛面試還要有自信。

　　結果，葛拉漢拒絕了他。

　　「他人很好。他只說：『聽著，華倫，華爾街的上流公司和
大型投資銀行都不願意雇用猶太人。我們公司的能力只能雇用
幾個人，因此我們只雇用猶太人。』公司裡的兩個女孩和其他
人的確都是猶太人，這是他自己訂的反種族歧視政策。在
1950 年代，美國社會的確對猶太人存有偏見，我可以理解。」

即使已經過了數十年，巴菲特仍找不出話來批評葛拉漢。當然，他當時極度失望。葛拉漢難道不能為這個得意門生破個例嗎？而且還不需要花公司一毛錢？

巴菲特非常崇拜他的老師，只認為葛拉漢的決定是對事不對人，他對此沒有怨言。雖然內心難過，他仍然熬到畢業，然後振作起精神，搭上火車。

還好有兩件事值得巴菲特高興。第一，他可以回到奧馬哈。第二，他可以就近追求心儀的對象；他遇到了一個奧馬哈女孩，為她神魂顛倒。一如往常，這個女孩並沒有愛上他，但這次他下定決心要讓她改變心意。

第 18 章

內布拉斯加小姐

紐約市與奧馬哈，1950 年～ 1952 年

　　巴菲特追求異性的經驗總是慘敗收場。他很希望有女朋友，但他的個性卻阻礙了這個願望。「與女生相處時，沒有人比我更害羞，」他說，「而我一害羞就會滔滔不絕地講話。」講完股市與政治的話題後，他就無話可說。他很怕約女生出去，除非女生的舉動讓他認為自己不會被拒絕，才會鼓起勇氣邀約對方。但一般來說，他的態度是「她們怎麼可能會想跟我出去？」因此他在高中與大學時期的約會次數屈指可數。即使有約會，也都不順利。

　　有一次他約了名叫吉利安（Jackie Gillian）的女孩去看棒球賽，但這次約會的高潮是在回家路上開車撞上一頭母牛。至於開靈車去接韋甘（Barbara Weigand），根據他的說法，其實是「情非得已」，並不是為了出鋒頭。因為這麼做一開始雖然可以做為談天話題，但等這個話題聊完後，還能說些什麼呢？而與貝可這個和他一樣害羞的女孩約會時，他更是沉默。女孩對葛拉漢與安全邊際這樣的話題不感興趣。他曾與沃莉約會了一個暑假，連一壘都上不了，那他還有什麼指望？

　　終於在 1950 年夏天，巴菲特去哥倫比亞大學前，柏蒂介紹了她在西北大學的室友給他。這個圓臉的棕髮女孩名叫蘇

珊‧湯普森（Susan Thompson）。[1] 柏蒂很快就喜歡上比自己大
一歲半的蘇珊，因為她覺得蘇珊有了解別人的特殊能力。[2] 巴
菲特一見到蘇珊也非常喜歡她，但覺得她有點好得過頭：「我
一開始覺得她在假裝。我受到她的吸引，開始追求她，但同時
也決心要找出她的缺點。我就是無法相信有人能像她這麼完
美。」不過蘇珊對他並沒有興趣，她喜歡的是別人。

當巴菲特到哥倫比亞念書時，他看到《紐約郵報》的八卦
專欄[3]提到 1949 年的內布拉斯加小姐維妮塔‧布朗（Vanita
Mae Brown）就住在韋伯斯特（Webster）女子寓所，[4] 並且在
電視節目中與青少年偶像歌手費薛（Eddie Fisher）同台表演。

巴菲特克服了羞怯，既然美麗的內布拉斯加小姐就住在紐
約，他不妨打電話到韋伯斯特寓所找她。

他的野蠻女友

維妮塔接受了他的邀約，不久她就開始和巴菲特約會。巴
菲特發現維妮塔的成長背景與他大不相同。她在南奧馬哈的屠
宰場附近長大，下課後要到奧馬哈冷藏食品公司（Omaha Cold
Storage）清洗雞肉。她的曼妙身材和鄰家女孩的氣質給了她
脫離現狀的機會。她在奧馬哈的派拉蒙戲院找到一份帶位員的
工作，接著又善用自己愛秀的特點在地區選美比賽得到后冠。
「我認為她天生有電量裁判的本事，」巴菲特說。在贏得內布
拉斯加小姐的頭銜後，她以內布拉斯加公主的身分參加了華盛
頓特區舉辦的櫻花嘉年華會。從此她就遷居紐約市，努力想在
演藝圈闖出一片天。

雖然巴菲特不是那種會帶女伴到鸛鳥俱樂部（Stork

Club）吃晚餐或到科巴卡巴納夜總會（Copacabana）看表演的人，但維妮塔基於同鄉之誼接受了他的邀約。不久後他們兩人就一起在紐約街頭散步。為了提升內涵，他們到大理石教堂（Marble Collegiate Church）去聽激勵大師皮爾（Norman Vincent Peale）博士的演講。在哈德遜河邊，巴菲特以烏克麗麗伴奏為維妮塔唱小夜曲「甜蜜的喬治亞布朗」，同時帶著起士三明治在河邊野餐。

維妮塔雖然討厭起士三明治，[5]但她似乎願意繼續和巴菲特約會。巴菲特發覺維妮塔非常有趣，反應也很快，和她說話就像打乒乓球一樣。[6]雖然維妮塔對他感興趣，但他清楚自己仍然極度缺乏社交技巧。他看到一則以卡內基的方法訓練公開演說技巧的廣告。巴菲特很信任卡內基，因為卡內基的方法幫助他改善了人際關係，於是他帶了一張 100 美元支票，去參加卡內基在紐約舉辦的課程。

「我想上卡內基的課程，因為社交適應不良害慘了我。我到那裡去，把支票交給他們，但後來又臨陣退縮而止付這張支票。」

巴菲特笨拙的社交能力也讓他追求蘇珊的夢想不甚樂觀。一整個秋天他不斷寫信給蘇珊，蘇珊雖然沒給他正面的回應，但也沒有直接拒絕他。巴菲特很快就決定從蘇珊的父母下手。感恩節假期他和蘇珊的父母一同到伊文斯頓（Evanston）看西北大學的足球賽，然後他們三人再與蘇珊共進晚餐，但蘇珊卻早早離席去赴別人的約。[7]

巴菲特在假期結束後回到紐約，雖然感到氣餒，卻沒有放棄追求蘇珊。不過他仍然繼續與維妮塔見面。「她是我見過最

有想像力的人，」他說。

事實上，與維妮塔的約會已愈來愈無法控制。她曾威脅巴菲特要到華盛頓趁霍華在國會公開演講時跪在他面前高聲說：「你兒子是我腹中胎兒的父親！」巴菲特相信她做得出來。又有一次，她在離開電影院時大吵大鬧，巴菲特再也忍受不了，於是把她抱起來塞進街角的一個垃圾桶。她掛在垃圾桶上大聲尖叫，而他則大步離開現場。[8]

維妮塔很漂亮、聰明，與她相處很有樂趣，但她同時也非常危險。巴菲特知道與她進一步交往可能惹來麻煩，但這段感情帶有某種刺激的成分。和維妮塔約會就像是牽著一隻豹散步，邊走邊試試牠是否適合當寵物。「維妮塔有能力控制自己，但問題在於她願不願意。除非她是存心的，否則你不必擔心她給你難堪，」巴菲特說。

最後巴菲特體會到，雖然維妮塔只要願意也能控制自己，「但她總是想讓我難堪。她和我在一起時會故意這樣做。」而且是經常這麼做。維妮塔固然非常迷人，但再不換對象，將來會發生什麼事很難說。[9]

巴菲特每次回內布拉斯加都會想盡辦法多見蘇珊幾次，雖然她給他的機會並不多。對他來說，蘇珊非常成熟，甚至有點專斷，而且不吝惜表達她的情感。「蘇珊比我成熟非常非常多，」他說。於是他開始認真追求蘇珊，並逐漸疏遠維妮塔，儘管對蘇珊來說，「我顯然不是第一名。」[10] 他說，「我的意圖很明顯，但並沒有對她起任何作用。」

湯普森博士

巴菲特家對蘇珊的家庭非常了解；她的父親湯普森博士曾幫霍華的競選活動操盤，結果霍華那次落選了。這兩個家庭在許多方面天差地遠。蘇珊的母親桃樂西個子嬌小，個性和善、溫暖、真誠、有智慧，在家人心目中，她是「家裡的支柱」。她每晚六點整一定會在餐桌上擺好晚餐，並且在各方面支持她的丈夫。湯普森博士的個子矮小，有一頭銀髮，性好炫耀，喜歡穿著粉紫、粉紅或黃綠色的三件式毛料西裝，外型很突出，總是表現出一副自知受人尊敬的自信態度。他說，他來自「先人都是老師和牧師的家庭」，且似乎想同時繼承這兩種身分。[11]

他是奧馬哈大學人文與科學學院的院長，他一方面管理這個學院，一方面教授心理學。此外，他也身兼運動助理主任的工作，負責管理學校的運動課程，愛好運動的他曾是足球員，因此他以無比的熱情指導這些課程。這樣的角色使他變為城裡的名人，「每個警察都認識他，」巴菲特說，「這其實是件好事，因為他開車的技術令人擔憂。」他也設計出多項智力測驗與心理測驗，並監督奧馬哈市所有學童接受測驗。[12] 他每天忙著指使別人、測驗小朋友，就連星期日也不得閒，他會穿上牧師袍，在小小的厄文頓基督教會（Irvington Christian Church）以低沉響亮的聲音非常緩慢地傳道，他的兩個女兒則組成兩人唱詩班。[13] 其餘的時間，他則向旁人傳播他的政治理念；他的理念與霍華‧巴菲特的理念相近。

湯普森博士在表達自己的意見時通常帶著開朗的微笑，但也會堅持別人遵從他的意見。他會談論女性的重要，但又期望

女性來伺候他。他的工作以研究內在自我為主，但他愛好虛榮
的習性眾所周知。他喜歡黏著所愛的人，只要他們離開他的視
線，就變得很緊張。他性好憂疑，時常預言他所關心的人會發
生大災難。對於聽他話的人，他會報以深厚的情感。

　　湯普森家的大女兒也叫桃樂西，大家都叫她多蒂
（Dottie），她從小就得不到父親的疼愛。根據家族傳說，在多
蒂出生後的頭幾年，每當她惹父親不高興時，他就會把她關在
衣櫃裡。[14] 比較厚道的說法是，他是因為念博士班壓力太大，
才會對女兒大發脾氣。

　　多蒂七歲時，家中的第二個女兒蘇珊出世。據說桃樂西看
到多蒂在丈夫嚴厲管教下所受的傷害，曾堅定地告訴丈夫：
「那個小孩由你管，下一個小孩我來管。」

　　蘇珊一出生就體弱多病。在十八個月大之前，她有過敏
症，長期的耳部感染讓她必須接受多次耳部手術，還得過好幾
次風溼熱。從幼稚園到小學二年級期間，她曾多次因病在家靜
養，每次為時四、五個月。她還記得那時她常看著朋友在窗外
玩耍，心中渴望加入他們。[15]

　　為了安撫生病的她，湯普森夫婦時常摟抱她，湯普森博士
尤其溺愛她。「他全心愛她，」巴菲特說，「蘇珊絕不會犯錯，
多蒂卻做什麼都不對，他們對她非常嚴苛。」

　　一段家庭錄影帶錄下了兩個女孩辦家家酒的情形，四歲左
右的蘇珊大叫「不行！」並且命令十一歲的多蒂做東做西。[16]

　　當蘇珊的健康狀況好轉，再也不必被關在房間之後，她最
喜歡做的事是交朋友，而不是從事戶外運動或遊戲。[17] 生病期
間她最想做的是與人相處。

　　蘇珊長大了，但圓圓的臉頰和細柔稚氣的童音卻沒大改變。少女時代她念的是中央中學，學校沒有種族隔離的措施，學生涵蓋各種信仰與膚色，在 1940 年代相當罕見。雖然有些人認為她身邊的朋友都既驕傲又勢利，但根據她同學回憶，她在所有的團體裡都有朋友。[18] 她對人的熱情與輕聲說話的語氣可能讓人覺得她「有點假」，甚至「有點怪」，[19] 但她的朋友都說她一點也不虛假。她的興趣是演講和表演，而非課業。她在中央中學的辯論社熱情地提出充滿說服力的論點，人們也注意到她的政治理念與她父親相去甚遠。她在學校的戲劇演出充滿魅力，也在輕歌劇裡唱女低音，同時擔任合唱團主唱。她在戲劇「我們的心年輕而快樂」（Our Hearts Were Young and Gay）中的領唱甜美活潑，讓老師們多年後依然津津樂道。[20] 她的魅力與鮮明個性使她得到「最受歡迎的學生」的封號，是校園甜心「中央小姐」的密友，高三時還被推選為班長。

　　蘇珊的第一個男友是吉爾摩（John Gillmore），一個安靜、溫和的男生，蘇珊公開表現出對他的欣賞。當他成為蘇珊在中央中學的固定男友時，他的身高已經比她高出 30 公分，儘管她的舉止有如小鳥依人，兩人的互動其實是由蘇珊主導。[21]

　　高中時期她同時也和一個和善聰明的男孩約會，是她在高一校際辯論比賽時認識的。布朗（Milton Brown）在愛荷華州康瑟布拉夫斯（Council Bluffs）的傑佛遜中學（Thomas Jefferson High School）就讀，康瑟布拉夫斯與奧馬哈只隔了一條密蘇里河。黑髮的布朗是個高個子，臉上常露出溫暖開朗的微笑。他們一星期見面好幾次，[22] 雖然蘇珊的好友都知道布朗，但固定陪伴蘇珊出席派對和學校活動的人卻是吉爾摩。

　　蘇珊的父親不喜歡布朗，因為他父親是個沒受過教育的俄羅斯猶太移民，在聯合太平洋鐵路公司當工人。蘇珊曾鼓起勇氣帶他到家裡三、四次，湯普森博士每次都清楚地讓他知道他不受歡迎，也明白表示反對女兒和猶太人交往。[23] 就和巴菲特家一樣，湯普森博士也有奧馬哈人的典型偏見，認為種族不同、宗教不同，就應該各走各的，夫妻有不同的信仰，前途只會一片黯淡。蘇珊有勇氣跨越社會界線，同時又設法當一個受歡迎的傳統高中女生。

　　蘇珊一直到上大學都持續與布朗交往，她和布朗一同前往西北大學追尋自由。她與柏蒂成為室友，兩人都加入了姊妹會。蘇珊主修的是新聞，她刻意安排課表，讓自己能每天和布朗見面。

　　他們一同加入了「野貓議會」（Wildcat Council），並在布朗打工結束後約在圖書館碰面；布朗下課後必須兼好幾份差才能負擔學費。[24] 蘇珊公開與猶太男孩約會，這種不尋常舉動與她想過普通大學生活的願望相衝突。姊妹會的成員禁止她帶布朗去參加舞會，因為他加入的是猶太兄弟會。蘇珊雖然感到難過，卻沒有因此退出姊妹會。[25] 她和布朗開始研習禪宗佛學，試圖尋找一個可反映出他們共同信念的信仰。[26]

　　巴菲特對這一切毫不知情，他在感恩節到伊文斯頓去找蘇珊，後來又在寒假回奧馬哈找蘇珊。他當時下定決心要認真追求蘇珊，因為她具備了他理想中的女性特質。但她的愛只想給布朗。

　　1951 年春天，布朗被選為大二年級代表，而柏蒂是副代表。蘇珊每回接到要求她與布朗分手的家書，總是哭得很傷

心。柏蒂看得出這是怎麼一回事，但蘇珊從未向她說明，雖然她們已是好朋友。[27] 蘇珊似乎不願讓別人了解她的內心。學期即將結束的某一天，當她們兩人坐在宿舍房間時，電話鈴響了，來電的是湯普森博士。他命令蘇珊「馬上回家」，他希望蘇珊離開布朗，並告訴她，秋天時不准她回西北大學念書。蘇珊傷心欲絕，但她父親的決定是不可能改變的。

卡內基訓練

同年春天巴菲特從哥倫比亞大學碩士班畢業，也回到了奧馬哈。他住在父母的房子裡，因為他們人在華盛頓。那年夏天他有部分時間必須到國民防衛隊（National Guard）服役。雖然他並不太適合加入防衛隊，但至少比被送去打韓戰好。他每年有幾星期時間必須到威斯康辛州的拉克羅斯（La Crosse）訓練營受訓，不過訓練營並沒有讓他變得更成熟。

「那是一個非常民主的組織；我的意思是說，你在外面的身分並沒有太大用處。要融入大夥兒，你只需要看漫畫就行了。我到了那裡的一個小時後就開始看漫畫。大家都在看漫畫，我何不照做？我所用的字彙減少到了四個字，你應該可以猜出是哪四個字。

「我學到了一件事，那就是近朱者赤、近墨者黑。**當你和比你優秀的人在一起，你就會向上成長一些。如果你和比你差的人在一起，很快就會往下掉。**」

這個經驗讓巴菲特一離開國民防衛隊訓練營，就立刻去履行另一個心願。「我很害怕公開演說。你無法想像每次發表演說時我有多緊張，我害怕到一句話也說不出口，甚至會想吐。

事實上，我一直刻意避免在眾人面前站起來說話。回到奧馬哈時，我看到了另一則廣告。我知道我將來一定會需要公開發表言論，但對演講的恐懼帶給我極大的痛苦，為了一勞永逸，我再度報名參加課程。」但那並不是他唯一的目的，此舉也是為了贏得蘇珊的芳心。他知道他必須和她說得上話才行。他要抱得美人歸的機會相當渺茫，但他願意做任何事來提高成功的機率，而這個夏天可能是他最後的機會。

卡內基的課程在當地人最喜愛的羅馬飯店舉行。「我帶了100美元現金，交給訓練講師基南（Wally Keenan），並對他說『快把錢拿走免得我後悔。』」

「現場約有二十五至三十人。我們都很緊張，連自己的名字都說不出來。我們站在那裡，沒有人和旁邊的人說話。同時我對一件事印象很深刻：基南和大家打過招呼之後就記住了每個人的名字。他是個好老師，他試著教我們聯想記憶法，但我始終沒學會。

「他們給我們一本演講文集，包括研討會演講、選舉演說、副州長的演講等等，我們每週練習一種演說方式。訣竅在於學習排除自我意識。我是說，既然你可以和某個人連續講五分鐘的話，為什麼一站在人群面前就張口結舌？他們教的就是克服這種問題的技巧。其中一個方法就是不斷重複練習。我們幫助彼此學習，這個方法真的有效，那是我學過最重要的一門課。」

但巴菲特無法將這些新學來的技巧用在蘇珊身上，因為她時常避不見面。巴菲特深知湯普森博士對女兒的影響力，於是每天晚上都帶著烏克麗麗到他家報到，先討好蘇珊的父親。巴

菲特說：「她會和其他男生出去，而我到她家其實也沒什麼事可做，因此我決定先和他打好關係，我們常一起聊天。」湯普森博士喜歡炎熱的夏天，他會在熱氣騰騰的 7 月夜晚穿著三件式粉色西裝，坐在加了紗窗的門廊上乘涼，而蘇珊卻偷溜出去和布朗約會。湯普森博士會彈奏曼陀林，巴菲特則一邊流汗、一邊唱歌，同時用烏克麗麗為他伴奏。

巴菲特和湯普森博士在一起時感到很自在，因為湯普森博士讓他想到自己的父親，他們都認為民主黨正把全世界帶往地獄。錢伯斯（Whittaker Chambers）的自傳《見證人》（Witness）剛問世，他在書中描述自己從共產黨間諜轉變為冷戰時期狂熱反共主義者的經過。巴菲特興致盎然地讀完這本書，這是湯普森博士可以一談再談的話題。不過他和霍華有一點不同，他也喜歡談論運動。沒有兒子的他認為巴菲特的出現是自口香糖發明以來最好的一件事。[28] 巴菲特很聰明，是新教徒、又是共和黨員，最重要的，他不是布朗。

得到湯普森博士的支持並不如想像中那樣有利，反而讓巴菲特更難贏得蘇珊的心。蘇珊在意的不是他身上鬆垮垮的襪子和廉價的西裝，而是其他部分。在她看來，巴菲特是國會議員的兒子，享有各種優勢，包括研究所的文憑和不少財富，是那種注定會成功的人。他老是談論股票，而她對股票一點興趣也沒有。約會時，他只會講一些事先演練過的笑話，或是說謎語、玩腦筋急轉彎。她的父親如此喜歡巴菲特，讓她覺得他是父親派來管她的人。湯普森博士「幾乎是直接把蘇珊丟給華倫」。[29] 巴菲特說：「比數是二比一。」

反觀布朗，他的猶太背景使他必須處處遭受不公平的待

遇，而且他需要她。正因為她父親不喜歡布朗，讓布朗變得更加有吸引力。

　　蘇珊從那年秋天也開始在奧馬哈大學就讀。她和布朗意識到，由於父親的阻撓，他們只能聚少離多；她整個夏天都在掉眼淚。

　　同時間，蘇珊雖然原本對巴菲特不感興趣，但她天生對人的好奇心促使她開始去了解巴菲特。她很快就發現她對巴菲特的第一印象並不正確。他並不是驕傲、自負的天之驕子。巴菲特回憶道，當時的他焦慮得快要精神崩潰，「我覺得渾身不對勁，社交能力又差，更糟的是，我找不到人生的方向。」就連蘇珊的朋友都察覺出巴菲特自信外表下的脆弱內心。蘇珊慢慢地了解他的自卑感。[30] 喋喋不休談論股票、天才的外表、尖細的烏克麗麗琴聲所包覆的，是一顆脆弱、渴求關愛的心；他是一個在孤寂中跌跌撞撞的男孩。「我的情況一團糟，」他說，「蘇珊能看穿我的一些問題，真是了不起。」那些自覺人生一團亂的人確實會吸引蘇珊的注意。巴菲特因此刻意將自己變成「對她來說很像猶太人」、但對她父親來說「又不會太像猶太人」。就這樣，蘇珊的心意開始轉變。

　　巴菲特向來不注意別人的打扮，對女性也是如此，但他對蘇珊的愛強烈到讓他注意她的衣著。他永遠不會忘記約會時她穿的那件藍色洋裝，還有那件他戲稱為「報紙裝」的黑白花紋洋裝。[31] 在螢火蟲飛舞的夏日夜晚，他們在牡丹公園的涼亭裡隨著葛倫米勒（Glenn Miller）的爵士樂跳舞。巴菲特還是不會跳舞，但他非常努力嘗試。「她要我做什麼事我都願意，」他說，「我甚至願意讓她放蟲子在我背後。」

唯一的缺點

9 月 1 日勞動節時，他們已是一對情侶，巴菲特帶著蘇珊去參加內布拉斯加州辦的市集。巴菲特在 1951 年 10 月寫了一封沾沾自喜的信給桃樂西舅媽：「我交女朋友的經驗從來沒有這麼美好……這裡有一個女孩深深吸引了我。只要得到弗列德（叔叔）和妳的認同，我就會進行下一步。這個女孩只有一個缺點：她一點也不懂股票。除此之外她完美無缺，我想我可以忽略她的缺點。」[32]

「進行下一步」這個謹慎的用詞的確說得沒錯。他並沒有開口求婚，「只是假設兩人即將結婚，並開始討論婚事。」至於蘇珊，她「知道自己被選上了」，雖然「她也不確定婚事是怎麼決定的」。[33]

得意的巴菲特繼續去上卡內基的課。「我在那個星期贏得了鉛筆。他們會在有比較困難的練習時給表現最好的人一支鉛筆當作獎勵。得到鉛筆的那個星期，我也開口求婚。」

蘇珊寫了封悲傷的長信給布朗，將她要結婚的消息告訴他，布朗十分震驚。他知道蘇珊和巴菲特約會，但完全沒想到她是認真的。[34]

巴菲特去找蘇珊的父親，想得到祝福，他知道這並不難。但湯普森博士還是花了一段不算短的時間才講到重點。政府對共產主義的蔓延根本束手無策。杜魯門讓中國失去了民主，共產黨正在全世界蔓延，股票即將變成廢紙，因此巴菲特想在股市工作的計畫一定無法成功。不過就算他的女兒挨餓，他也絕不會怪罪巴菲特。巴菲特是個聰明的年輕人，如果不是民主黨

毀掉了這個國家的話，他應該會過得不錯。蘇珊若有悲慘的未來，也不是巴菲特的錯。

巴菲特早就習慣聽自己父親和蘇珊的父親發表這類言論，他耐心等待那個關鍵的「好」字。三個小時之後，湯普森博士終於把話題繞回來，表達了贊同之意。[35]

感恩節時，蘇珊和巴菲特已經在規畫隔年 4 月的婚禮了。

第 19 章

利益衝突

奧馬哈，1951 年夏～ 1952 年春

　　巴菲特可以理解湯普森博士對他養家能力的關切，雖然他自己對這點並沒有任何懷疑。既然無法在葛拉漢紐曼公司工作，他決定在奧馬哈當個證券經紀人，遠離華爾街的都市叢林。想在股市賺錢，就要待在紐約，這用常識判斷就知道，因此巴菲特的決定並不尋常。但他想遠離華爾街的傳統、想和父親霍華一起工作，蘇珊也在奧馬哈，更何況他在奧馬哈以外的地方從不曾感到快樂。

　　此時快要二十一歲的巴菲特對自己的投資能力深具信心。到了 1951 年底，他已經將自己的資金從 9,804 美元增加到 19,738 美元，光這一年就賺了 75％。[1] 對於是否該投入證券經紀人這一行，他諮詢父親和葛拉漢的意見，但出乎他的意料，兩人都勸他「也許你該等個幾年」。一如以往，葛拉漢認為股市行情還在高點。而悲觀的霍華則比較喜歡採礦股、黃金股和其他可抵抗通膨的投資，認為其他產業都不值得投資，因此對兒子的未來感到擔心。

　　巴菲特覺得他們的看法沒有道理。自 1929 年以來，企業的價值已經大幅成長。

　　「現在的情況恰好和過去相反，之前的市場被過度高估。

我仔細研究過一些公司，不明白為何有人不想買它們的股票。
我是照個別公司的情況來判斷，並不是看整體經濟成長之類的
東西，而且我只操作小額資金。我覺得只有瘋子才不想買股
票，但是智商 200、經驗豐富的班卻叫我等待。還有我爸，就
算他叫我從窗戶往下跳我都會照做。」違反這兩大權威的建
議，是巴菲特跨出的一大步。這表示他已經開始認為自己的判
斷能力可能比他們優秀，而這兩個他最尊敬的人思考可能不夠
理性。他很肯定自己是對的。他願意照父親的意思做任何事，
但前提是不能把《穆迪手冊》裡提到的廉價股票拋在腦後。

第一次貸款

他看到的機會實在太多了，促使他決定借錢投資股票，這
是他人生中第一次貸款，借的金額相當於他資產淨值的四分之
一。「我已經沒錢可投資，如果我想再買股票，就必須賣掉其
他股票。我很討厭借錢，但我還是向奧馬哈國民銀行貸款
5,000 美元。我還不滿二十一歲，需要我爸爸共同簽署這份貸
款申請書。」

霍華大概覺得為自己的兒子擔保貸款是一件既驕傲、又好
笑的事，因為巴菲特自己做生意至少已十二年了。既然巴菲特
已決定做這一行，霍華很樂意帶他進巴菲特福克公司，不過也
建議兒子去當地知名的寇派翠克公司（Kirkpatrick Pettis Co.）
面試，好知道奧馬哈最好的證券公司願意給他什麼條件。

「我去見寇派翠克（Stewart Kirkpatrick）先生，並在面談
時告訴他，我想要找聰明的顧客，那些了解股票的顧客。但寇
派翠克說，不必管他們聰不聰明，只要管他們有沒有錢就好

了。他這樣說並沒有錯，但我只想在我爸的公司工作。」

巴菲特福克公司有四間沒有空調的獨立辦公室，巴菲特被安排在其中一間，就在一個用玻璃牆圍起的區域、裡面有員工負責處理現金和證券的「鳥籠」旁邊。一開始，他把自己最喜歡的股票賣給最不可能拒絕他的人：他的姑姑和大學同學，包括華頓的室友彼得森，彼得森在奧馬哈的不動產業工作。

「我第一個聯絡的是艾莉絲姑姑，我賣了 100 股 GEICO 股票給她，她讓我對自己很有信心。之後我又找了史丹貝克、彼得森和所有我找得到的人來買 GEICO 股票。我也為自己買 GEICO，如果別人不買，我就會想辦法為自己再多買 5 股。我的野心很大，希望能持有這家公司千分之一的股份。GEICO 的股票有 175,000 股，根據我的計算，假如這家公司未來價值有 10 億美元，而我擁有千分之一持股，那我就會有 100 萬美元，因此我必須湊到 175 股。」[2]

巴菲特的工作是賣股票賺取佣金，但他發現，要賣股票給熟人以外的人極其困難。他嘗到了他父親當年成立證券公司所遭遇的困難，那些在奧馬哈擁有銀行、屠宰場、釀酒廠、大型百貨公司的大家族，都用輕蔑的眼光看待這個雜貨店老闆的孫子。父母都在遙遠的華盛頓，隻身待在奧馬哈的巴菲特覺得自己得不到別人的尊重。

當時所有股票交易都要透過證券經紀人處理，而且多數人只買個別公司的股票、不買共同基金，買賣股票的佣金固定為每股 6 美分。經紀人與客戶的關係密切，每次交易前都要先花幾分鐘和客戶聊天，因為經紀人同時是業務員、投資顧問和朋友。你的經紀人可能是你的鄰居，你會在派對上遇到他，和他

在鄉村俱樂部一起打高爾夫球，他也會來參加你女兒的婚禮。

重要的客戶不把巴菲特當一回事。「我當時二十一歲，到處向人推銷股票。當我介紹完後，他們會說：『你父親的看法是什麼？』我常遇到這種情形。」看起來像個「呆子」的巴菲特努力想推銷股票，[3]但他不懂得察顏觀色、不會與人閒聊，更不善於聽人說話。他的對話模式只有播音，沒有收音，只要一緊張，就會大談他最鍾愛的股票。一些潛在的客戶會聽取他的意見，並從其他管道確認消息是否正確，最後卻透過其他經紀人買股票，於是巴菲特拿不到任何佣金。這些人曾與他面對面說話，不時也會在城裡碰面，卻做出如此背信忘義的事，令他深覺自己受騙了。

「平心而論，我並沒有得到多少援助。在我開始賣 GEICO 股票時，巴菲特福克公司在市中心有一間辦公室，股票憑證會送到那裡，而股票上打著紐曼的名字，我賣的股票就是向他買的。巴菲特福克辦公室的職員會說：『你在想什麼？你以為你比紐曼聰明嗎？』」

其實葛拉漢紐曼公司正在組織新的合夥事業，而有些投資人用 GEICO 股票當作入股資金，因此真正賣股票的是這些人，不是葛拉漢紐曼公司。巴菲特並不知道這件事，[4]但他才不管股票是誰賣的，也沒想到要問這些人為何賣股票。他非常肯定自己的看法是對的，他也不怕別人知道。

「我有時候會自作聰明，我有碩士學位，而周遭的人連大學都沒念過。曾有一位保險經紀人坎貝爾（Ralph Campbell）來找福克先生，他說：『這個小伙子為什麼到處推銷這家公司的股票？』我對他說：『坎貝爾先生，你最好開始買這支股票，

當做自己的失業保險。』」

巴菲特老師

　　巴菲特並沒有真正吸收卡內基的第一項原則「不要批評」。他會用巴菲特式的機智（後來成為他的註冊商標），讓人知道他懂得比別人多，但有誰會相信一個年輕小伙子說的話？事實證明他的確懂得比別人多。巴菲特福克公司的人看到他的樣子一定很驚訝，因為他整天不停翻閱一堆手冊，不斷累積自己的知識。

　　「《穆迪手冊》我每頁都讀過，一萬頁的《穆迪工業、運輸、銀行、金融手冊》（*Moody's Industrial, Transportation, Banks and Finance Manuals*）我看過兩遍。每個行業的資料我都看，雖然有些並沒有看得很仔細。」

　　巴菲特希望自己不只是個投資者或推銷員，還希望像葛拉漢一樣當老師。於是他決定到奧馬哈大學教夜間部課程。

　　一開始，他和朋友索納共同開課。索納也是證券經紀人，他教這堂「股市投資獲利法」的前四週課程，接下來六週則由巴菲特負責教授。當索納向學生解釋一些基本知識，例如如何看懂《華爾街日報》時，巴菲特會站在走廊上旁聽，尋找好的投資點子。[5] 後來整門課都由巴菲特負責，他把課程名稱改為更嚴謹的「穩健的股市投資」。上課時他站在教室前方，大腦火力全開，在教室裡來回踱步，急著把觀念傳授給學生，即使學生對他傾囊相授的知識早已應接不暇。儘管他有深厚的知識，卻從不承諾學生上他的課可以致富或達成什麼結果。他也從不炫耀自己投資上的成功經驗。

他的學生從股市專業人員到對投資一竅不通的人（家庭主婦、醫生、退休人士）都有。他們的多樣性象徵了一個微妙的轉變：自 1920 年代以來，消失好長一段時間的投資客首度重現；這也是葛拉漢認為股市價值被高估的部分原因。巴菲特根據學生的程度調整教學內容，模仿葛拉漢的教學方法，運用「A 公司與 B 公司」的模式及其他教學小技巧。他依照最嚴格的標準公平地打成績。艾莉絲姑姑也修了他的課，她坐在教室裡以欽佩的眼神欣賞他上課的模樣，[6]不過他給她的成績是 C。

人們經常問他該不該買賣某支股票。他可以靠記憶談論任何一支股票長達五到十分鐘，也能背出數百支股票的資料，包括公司的財務數字、本益比、交易量等等，好像在背棒球戰績數字一樣。[7]他在回答他們的投資問題時，表現出超乎尋常的保守態度。

另一方面，巴菲特很快就要養一個家，這表示他的收入要分成兩部分，一部分錢拿來投資，另一部分則做為他和蘇珊的生活費，這對他來說是一個巨大的轉變。在念哥倫比亞大學時，他住在傭人房似的小房間，吃的是起士三明治，帶約會對象去聽演講或為她們彈烏克麗麗，而不是帶她們去奢華的 21 俱樂部，他一直靠這些方法節省開支。回到內布拉斯加後，他為了省錢住在父母的房子，雖然這表示當父母從華盛頓回來時，他必須與麗拉相處。

現在巴菲特坐在辦公室裡，兩隻腳放在桌上，腦海中有系統地從葛拉漢和陶德的書中搜尋投資的點子，[8]結果找到一支股票：開採無煙煤的費城里丁煤鐵公司（Philadelphia and Reading Coal & Iron Company）。他買了這家公司的股票，同

時也把股票賣給艾莉絲姑姑和彼得森，結果股價馬上下跌到 9 美元，但他認為這是買進更多股的好時機。

他還買了一家紡織公司的股票，名叫克利夫蘭精梳毛紡公司（Cleveland Worsted Mills）。這家公司每股平均擁有 146 美元的流動資產*，但股價卻低於這個水準，他認為股價沒有反映出「擁有好幾座設備精良的紡織工廠」應有的價值。

巴菲特針對這支股票寫了一份報告。這家公司會把大量盈餘分配給股東，他很喜歡這種做法。他認為克利夫蘭公司有足夠的盈餘來支付股息，後來證明這種看法有誤。

「後來他們不再分配股息，我稱它為『克利夫蘭最糟紡織公司』。」（譯注：「精梳毛紡」worsted 與「最糟」worst 兩字發音相近）巴菲特對此非常氣憤，決定花點錢找出原因。「我去參加這家公司的股東會，搭飛機到克利夫蘭，只遲到了五分鐘，但股東會已經結束。我這個來自奧馬哈的二十二歲年輕股東呆站在那裡，主席卻說：『抱歉，你來得太遲了。』他們的一個代理商也是董事，他覺得我很可憐，把我帶到一旁去說話，並回答我的問題。」但這些回答並不能改變事實。巴菲特覺得很難過，因為他也叫別人買了「克利夫蘭最糟紡織公司」的股票。

開處方的人

他最痛恨的事就是叫別人投資卻害人賠錢，他無法忍受讓

---

* 流動資產代表一家公司取得現金的能力，包括現金、易脫手的投資、庫存及應收帳款，但不包括不動產、設備、負債和退休準備金，因為這些資產無法快速流通或轉手他人。

別人失望的感覺。這就好像他六年級時說動多麗絲和他一起投資「城市服務優先股」，後來股價大跌，導致多麗絲每天都要「提醒」他這件事，而他也覺得自己要負責任。從此以後，他想盡辦法避免讓別人失望。

巴菲特開始討厭這份工作，也開始設法不讓自己完全依賴這份工作。他一直喜歡自己做生意，於是便和國民防衛隊的朋友薛佛（Jim Schaeffer）合買一個加油站，一家在泰士可（Texaco）加油站旁邊的辛克萊（Sinclair）加油站，那家泰士可加油站「業績總是比我們好，把我們氣炸了」。巴菲特和姊夫伍德週末甚至親自到加油站工作。雖然巴菲特不喜歡勞力工作，他們還是「面帶微笑」地為客人清潔擋風玻璃，並想盡辦法吸引新客人上門，但人們還是到對面的泰士可加油。泰士可的老闆「很會做生意，人緣也很好，他每個月的業績都超過我們。我那時才開始體會到顧客忠誠度的力量。那個人在這一行做了一輩子，培養了很多老主顧，我們無法改變這個事實。

「開加油站是我所做過最愚蠢的一件事，我因此損失了2,000美元，對當時的我來說是一大筆錢。我從來沒賠過錢，那是個慘痛的教訓。」

巴菲特所做的每件事都讓他覺得自己年輕、缺乏經驗。他再也不是行為舉止像大人的早熟男孩，而是一個外表與行為還像個男孩的大人。他兩年前透過索納賣空的凱瑟費塞公司股票仍停留在每股5美元的價位，並未如他預期跌到谷底。福克總是用奇怪的表情看他，質疑他的判斷。此外，這份工作的性質也讓他愈來愈不自在。他覺得自己就像一個「開處方的人」（prescriptionist），「我必須向沒有醫學知識的人說明他們該服

用阿斯匹靈或安納辛止痛藥（Anacin）」，而人們會聽從「穿白袍的人」，也就是證券經紀人的話。證券經紀人的收入由股票成交額來決定，換句話說，「他賣多少藥，就賺多少錢，而有些藥比其他藥好賺。如果有醫生的診療費是看開藥多少來收，你不會找這種醫生看病。」但當時證券經紀人就是如此。

　　巴菲特認為這個行業本質上有利益衝突的問題。他向朋友家人推薦像 GEICO 這樣的股票，告訴他們應該把股票放個二十年，這卻表示他無法從他們身上賺更多佣金。「這種方式無法維持生計，你的利益和客戶的利益會互相衝突。」

　　儘管如此，他還是透過研究所的同學開發出一小群客戶。即使沒賣股票，他還是有利益衝突的感受。他把巴菲特福克公司變成「造市商」（market maker），也就是買賣股票的中間商。[9]「造市商」買入股票，然後以稍高的價格賣給客戶，或以比賣價稍低的價錢向客戶購買股票，其中的價差就是公司的利潤，而客戶看不到這些價差。成為「造市商」讓公司不只單純地接受客戶的委託，而是晉升為華爾街的股市玩家。雖然巴菲特很驕傲自己有能力將巴菲特福克公司轉變成「造市商」，但其中的利益衝突還是令他不安。

　　「我不想和客戶分別坐在桌子的兩端。我從不賣我沒有信心或自己沒有買的股票。另一方面，我們並沒有公開買賣股票的價差，假如有人問我，我會如實告知。但我不喜歡這種事，**我希望和客戶坐在桌子的同一邊**，和他們成為合夥人，告訴他們所有事。而股票推銷員的工作不允許這樣的事發生。」

　　不論巴菲特對證券經紀人的看法是什麼，利益衝突一定難免，客戶也一定有可能賠錢。他比較喜歡幫客戶理財，而不是

賣股票給客戶，這樣他和客戶就有一致的利益。但問題是，奧馬哈沒有這樣的工作機會。1952 年春天他寫了一篇關於 GEICO 的文章，結果引起一位重量級人士的注意，讓他時來運轉。那篇文章〈我最喜愛的證券〉刊登在《商業金融紀事報》（*Commercial and Financial Chronicle*）上，不僅宣揚他最喜愛的股票，也說明了他對投資的看法。這篇文章引起比爾‧羅森伍德（Bill Rosenwald）的注意，他是朱利斯‧羅森伍德（Julius Rosenwald）的兒子，而朱利斯長期擔任西爾斯百貨公司（Sears, Roebuck & Co.）的董事長，也是一位慈善家。比爾經營一家理財公司美國證券（American Securities），是以家族的西爾斯股票所成立，[10] 這家公司靠高獲利、低風險的做法保護資本。比爾向葛拉漢打聽巴菲特，而葛拉漢給予巴菲特極高的評價，於是比爾決定延攬巴菲特。這是理財界千載難逢的好機會，巴菲特非常想做這份工作，即使這表示他必須搬回紐約市。但是他有一個關卡要過，他必須獲得國民防衛隊的准許才能離開奧馬哈。

「我問指揮官，我是否可以轉到紐約去，以從事這份工作。他說：『你必須去問司令的意見。』於是我到林肯市的州議會大樓，等待司令接見。然後我去見漢寧格（Henninger）將軍，進門後就說：『巴菲特下士報告。』我先前已寫信向他說明情況，並徵求他的許可。

「他馬上就說：『請求被駁回。』這件事就到此為止。只要他不准，我永遠也不能離開奧馬哈。」

於是巴菲特留在巴菲特福克公司，繼續靠開處方維生。他回到奧馬哈的第一年面臨了各種挑戰，只有未婚妻能給他安

慰。他愈來愈依賴蘇珊。蘇珊在這段時間努力去了解巴菲特，也開始明白麗拉的情緒失控對他造成的傷害，並試著撫平他的傷痛。她知道巴菲特最需要的是感受到別人的愛，而且不能再受任何批評；他也需要對自己的社交能力建立信心。他說：「當我和她在一起時，人們比較能夠接受我。」雖然蘇珊還在奧馬哈大學就讀，而他已經在工作，但他與蘇珊的關係就像是幼兒依賴母親一樣。他們兩人都仍和父母同住。巴菲特發展出一套和母親的相處模式，他利用麗拉善盡母親義務的天性，在他必須與她面對面相處時提出種種要求，讓她做東做西，以避免與她獨處。上大學期間他長時間離家，但這並沒有拉近他與麗拉的距離，反而讓他更無法忍受她。當麗拉和霍華從華盛頓回來參加巴菲特和蘇珊的婚禮時，蘇珊注意到巴菲特盡可能躲開母親；逼不得已必須和她相處時，他會把臉轉開。

水災中的婚禮

　　巴菲特要為搬出去做準備。他打電話給彼得森說：「我們沒地方住。」於是彼得森租了一間離市區只有幾哩遠的小公寓給他。巴菲特給蘇珊 1,500 美元買家具，有主見的蘇珊就和多麗絲一起到芝加哥採購她喜歡的色彩鮮豔的現代家具。[11]

　　婚禮預計在 1952 年 4 月 19 日舉行。但在婚禮前一週，奧馬哈的密蘇里河上游地區氾濫成災，官方預估河水會在週末淹過河堤，流入奧馬哈市，屆時國民防衛隊可能要出動救災。

　　「城裡到處都是沙包。我請了一堆好友來參加婚禮，史丹貝克是我的伴郎，還有許多招待人員和賓客。因為我在國民防衛隊服役，他們都拿我開玩笑，說些『別擔心，我們會代替你

去度蜜月』這類的笑話。」

「星期六那天來了，我們即將在下午三點舉行婚禮。中午時電話鈴響了。我母親說：『找你的。』我接起電話，另一端的人說：『巴－巴－巴菲特下士？』我的指揮官口吃得很厲害。『我－我－我是莫菲上尉，』他說。

「假如不是因為他的口吃，我大概會說一些不該說的話，然後被送到軍事法庭受審，因為我以為又是朋友在拿我開玩笑。他說：『我們被徵召了。你幾－幾－幾點可以到訓練中心報到？』」巴菲特幾乎要心臟病發作。「我回答說：『我三點鐘要結婚，大概五點鐘可以報到。』他說：『你來報－報－報到，我們要到奧馬哈東－東－東邊的河岸巡－巡－巡邏。』我說：『是的，長官。』」

「掛斷電話後，我沮喪到不行。一個小時後我又接到一通電話，這個人說話很正常。他說：『巴菲特下士嗎？』我回答：『是的，長官。』他說：『我是渥德將軍。』」[12] 他是第三十四師的司令，住在內布拉斯加州西部。渥德將軍說：『我撤銷莫菲上尉的命令。好好享受你的大日子吧。』」

此時距離他完成終身大事的時間只剩兩小時。還沒三點鐘，巴菲特就抵達丹地長老教會的高聳哥德式教堂。國會議員的兒子和湯普森博士的女兒結婚是奧馬哈的大事，數百名賓客受邀參加，包括許多奧馬哈的重要人士。[13]

「我非常緊張，所以故意不戴眼鏡，這樣我就看不清滿場的人了。」巴菲特也叫生性沉默的史丹貝克不斷和他說話，分散他的注意力，他才不會一直想著即將發生的事。[14]

典禮結束後，賓客到鋪了塑膠地毯的教堂地下室喝無酒精

雞尾酒、吃結婚蛋糕。蘇珊笑得非常開心，巴菲特容光煥發、神采飛揚，他用手環繞蘇珊的腰，猶如在防止兩人快樂得飄上天。照完相片後，兩位新人換上便服，在眾人夾道歡呼中坐上艾莉絲姑姑借給他們度蜜月的車。巴菲特早已將《穆迪手冊》和會計帳本放在後座；瞥見這些東西，蘇珊似乎看見不祥的預兆。[15] 這對新人從奧馬哈啟程，展開他們的跨州汽車蜜月旅行。

　　「我們的新婚夜是在內布拉斯加瓦呼（Wahoo）的維格溫餐廳（Wigwam Cafe）吃煎雞排，」巴菲特說。[16] 維格溫是間小餐廳，離奧馬哈不到一小時車程，裡面有幾個包廂和一些牛仔裝飾。巴菲特和蘇珊從那裡再開 48 公里路到林肯市的剝玉米人飯店（Cornhusker Hotel）過夜。「這個話題我就點到為止，」巴菲特說。

　　「隔天我買了一份《奧馬哈世界前鋒報》，裡面有篇文章標題是『只有愛能阻止防衛隊』。」[17] 1952 年的水災是奧馬哈近代最嚴重的災難，居民為了防範水災全體總動員。「其他人堆了好幾天沙包，還要在混雜蛇與老鼠的積水中涉水巡邏。我是唯一沒被徵召的人。」

　　這對新婚夫妻將美國西部和西南部走透透。「我們並沒有像有些報導說的，還去參觀公司和研究投資標的，」巴菲特認真地說。回程時他們在拉斯維加斯稍事停留，那裡有許多來自奧馬哈的人買下火鶴飯店（Flamingo Hotel）的部分股權，在火鶴飯店和巴貝利海岸飯店（Barbary Coast）等地開設賭場。這些人都曾在巴菲特雜貨店買過東西。拉斯維加斯讓巴菲特有家的感覺，這裡勾起他當年賽馬場的回憶，而且很多人都認識他家人，因此他並不怕賭場的莊家。「蘇珊玩吃角子老虎贏了

錢，但她只有十九歲，莊家說她未成年，不願意付獎金。我對他們說：『但你們已經收了她的銅板。』他們才乖乖給錢。」

離開拉斯維加斯後，他們踏上回家的路。巴菲特忍不住嘲笑防衛隊的可憐同袍。「蜜月很棒，真的很棒。我們玩了三個星期，而這些防衛隊的夥伴卻在泥濘裡幹活。」

競賽開始

第三部

第 20 章

葛拉漢紐曼公司

奧馬哈和紐約市，1952 年～1955 年

　　1952 年 7 月，婚後數月，蘇珊和父母及巴菲特的家人同赴芝加哥，參加共和黨大會。政治上來說這兩家已團結一致，像戰士一樣來到會場，經過民主黨二十年主政的煎熬後，他們要在這次選舉中打一場聖戰，為共和黨奪回白宮。[1] 巴菲特留在奧馬哈辛苦工作，政治對他的吸引力比不上金錢。這樣的集會有史以來第一次上電視，巴菲特留神觀看，對電視媒體的渲染作用和影響力大感驚奇。

　　共和黨的領先者是來自俄亥俄州的參議員塔虎脫。[2] 塔虎脫有「誠信先生」的稱號，領導黨內的一個小派系，他們要的是少干預的小型政府，但更重要的是，要比杜魯門更積極對付共產主義。[3] 塔虎脫讓他的朋友霍華·巴菲特擔任內布拉斯加州的競選主任，並主掌發言人辦公室。塔虎脫的對手徵召了退休的艾森豪將軍來對抗他。艾森豪是溫和派，在二次大戰擔任聯軍的歐洲最高指揮官、北約軍隊第一任最高指揮官，被視為戰時英雄。隨著大會迫近，艾森豪的民調開始趕上來。

　　這次芝加哥的共和黨大會是歷來最具爭議的一次，艾森豪的支持者強行表決通過修正大會章程，讓他在第一輪投票中贏得提名。塔虎脫的支持者大怒，艾森豪安撫他們，承諾要遏止

「蔓延的社會主義」，塔虎脫也要求支持者壓抑怒火，為奪回白宮而支持艾森豪。共和黨一致支持艾森豪和他的競選搭檔尼克森，「我愛艾克」的胸章隨處可見。[4]霍華不肯配戴，他拒絕支持艾森豪，因而與共和黨決裂。[5]

這是政治自殺，霍華在黨內的支持轉眼消失，只剩他孤伶伶地堅持原則。巴菲特眼看著父親把自己逼到牆角。[6]巴菲特從小就避免失信、避免與人交惡和衝突，父親此時的掙扎使他更重視這三項原則：**盟友很重要；承諾太神聖，因此不能輕易許諾；作秀無法成事。**

艾森豪在 11 月選舉中擊敗史蒂文森（Adlai Stevenson），隔年 1 月巴菲特的父母回到華盛頓完成最後任期。巴菲特早就注意到，父母的某些強迫性特質為他們帶來種種不好的結果，因此他開始學習岳家的風格。岳母桃樂西很隨和，而岳父雖然專制，卻比堅持理想主義的霍華更能精明處理人際關係。和蘇珊的家庭相處愈久，他們給他的影響就愈大。

湯普森博士以頒布登山寶訓（Sermon on the Mount）般的權威告訴巴菲特：「讓你身旁圍繞著女人，她們比較忠誠，工作也更努力。」[7]巴菲特不需要他來提醒，他本來就渴望被女人照顧，只要她們不對他發號施令就沒問題。蘇珊看得出來，丈夫希望她扮演母親的角色，她也開始幫他「復健」。回憶他們相識時，她曾說：「他是個病人，我沒見過有誰像他這樣痛苦。」[8]

巴菲特也許沒意識到自己有多痛苦，卻很明白蘇珊對他有多重要。「她對我的影響和我父親一樣大，或許更大，但方式不同。她能說出我的各種防衛心態，我自己卻渾然不知。她能

從我身上看見其他人看不見的特質，但她知道需要一些時間和用心呵護，那些特質才能發揮。她就像一個拿著噴水壺盡心要讓花兒生長的人。」

蘇珊知道巴菲特的脆弱，知道他多麼需要安慰和鼓勵。她漸漸看出婆婆麗拉給孩子的影響，多麗絲受傷害最嚴重。巴菲特和多麗絲都因為麗拉的傷害，認為自己一無是處。蘇珊發現丈夫除了做生意，在人生各方面都充滿自我懷疑。他從未感到被愛，也不覺得自己值得被愛。[9]

她救了我一命

「我非常需要她，」巴菲特說，「我工作時很快樂，但我無法接納自己，她拯救了我，讓我重生。[10] 那是父母才有的無條件的愛。」

巴菲特想從妻子身上得到一般人從父母得到的許多東西。不僅如此，他的母親一向包辦生活中所有瑣事，現在這些事由蘇珊接手。雖然他們婚姻生活的模式在當時很常見，他負責賺錢，她照顧他，也料理家務，但他們的安排更極端，家中一切都以巴菲特和他的工作為中心。蘇珊知道她的丈夫很特別，她志願像繭一樣保護他日漸成形的企圖心。他白天工作，晚上埋頭閱讀《穆迪手冊》，休閒時間則打高爾夫和乒乓球，甚至登記成為奧馬哈鄉村俱樂部的初級會員。

還不到二十歲的蘇珊不是烹飪高手，但她和其他 1950 年代的妻子一樣負責煮飯、做家事。她滿足先生為數不多的特定要求：冰箱要有百事可樂、閱讀燈要有燈泡、晚餐要有（一成不變的）燉肉和馬鈴薯、鹽罐要有鹽、食櫥裡要有爆米花、冷

凍庫裡要有冰淇淋。他還需要人幫他穿衣、幫他處理人際關係，需要有人對他溫柔，撫摸他的頭、擁抱他。她還幫他剪頭髮，因為他怕上理髮廳。[11]

巴菲特迷戀蘇珊，她能感知他的內心。他說她是給予者，他是接受者。「她了解我多過我了解她。」他們總是擁抱和親吻，蘇珊經常坐在他腿上，她常說這讓她想起父親。

婚後六個月，蘇珊懷孕了，只好從奧馬哈大學休學。她的姊姊多蒂也懷了第二個小孩。她和蘇珊一直很親近。多蒂是個深色頭髮的美女，根據家人的說法，她的智力得自父親遺傳，在高中時，她的 IQ 是全校最高的，但她的容貌和家居生活承襲自母親。[12] 她嫁給二次大戰飛行英雄荷馬‧羅傑斯（Homer Rogers），他有宏亮的男中音，是位精力充沛的牧場主人，和他買賣的小公牛一樣壯碩。他們家中總有一群客人，多蒂彈琴，羅傑斯唱著「凱蒂，凱蒂，下桌去，錢要用來買啤酒」之類的歌。蘇珊和巴菲特不參與羅傑斯家活躍的社交生活，他們比較認真嚴肅，也不喝酒，但姊妹倆私下常聚在一起。多蒂不善做決定，有了第一個孩子比利之後，似乎對當媽媽的重任感到茫然。蘇珊很自然地接過手，幫忙多蒂照料孩子。

蘇珊和多麗絲也日益親近。多麗絲婚後在奧馬哈當老師，先生伍德英俊和善，來自奧馬哈一個顯赫家族。但是多麗絲卻開始認為，行動派的她似乎像一匹賽馬被栓了起來。她催促伍德前進，伍德雖然往前了一點，卻很有限。

1953 年 1 月艾森豪就職後，霍華完成最後任期，和麗拉回到內布拉斯加定居，蘇珊對巴菲特和多麗絲的保護更進一步。多麗絲和巴菲特因為麗拉回來而感到不安，巴菲特幾乎不

能忍受和麗拉共處一室，而麗拉仍不時對多麗絲發作。

　　霍華在奧馬哈無事可做，過去巴菲特偶爾和父親合買股票，現在他正式與父親共同設立巴菲特父子合夥事業（Buffett & Buffett），霍華出大部分資金，巴菲特只出極少錢，主要是出主意和跑腿。第三度回到證券經紀的工作令霍華沮喪；在他任職國會期間，巴菲特照顧他的客戶，但霍華知道兒子討厭這份工作，巴菲特一直希望葛拉漢能雇用他，只要能去紐約，他會立刻動身。政治才是霍華的真愛，他想進參議院，尤其現在又是共和黨主政，但是他太過極端的政治理念成了阻礙。

　　1953 年 7 月 30 日，蘇珊和巴菲特的第一個孩子出世，他們給她取名蘇珊・艾莉絲（Susan Alice），暱稱蘇西（Susie）。蘇珊是一個熱情、認真、活潑的母親。

　　蘇西是霍華和麗拉的第一個孫子。一週後，蘇珊的姊姊多蒂生下第二個兒子湯米。幾個月後，多麗絲懷了她的第一個孩子，這個女孩後來取名為羅嬪（Robin Wood）。1954 年春天，蘇珊懷了第二個孩子。現在孫兒、孫女成為巴菲特和湯普森家族的新重心。

　　幾個月後，霍華的機會又再度降臨。1954 年 7 月 1 日早晨，華盛頓傳來消息，內布拉斯加州的資深參議員伯勒（Hugh Butler）中風送醫，生命垂危。參議員補選登記在當天晚上截止，霍華為了禮貌，一定要等伯勒的死訊傳來才去登記，因此巴菲特一家整天焦急地等待。他們知道，黨內大老對霍華不滿，但即使不經黨內提名程序直接參加特別選舉，以霍華在道格拉斯郡的知名度，當選機會仍是很大。

　　伯勒的死訊在黃昏時傳來，此時已過了五點，州務卿馬許

（Frank Marsh）的辦公室已下班。霍華帶著登記參選文件和麗拉開車去林肯，他們認為時間還很充裕，因為登記截止時間是午夜。他們把文件送到馬許家，馬許卻拒收，也不管霍華白天已付過登記費。他們很氣憤地回到奧馬哈。

當時內布拉斯加的共和黨正在開年會，接到伯勒死訊後，與會代表要選出暫代他職位的人選，[13] 這位代理人在 11 月選舉時幾乎可自動成為伯勒的繼任人。以霍華在內布拉斯加州共和黨內的高位，似乎是當然的人選，但他被認為是和唐吉訶德一樣的狂熱分子，只要涉及道德，連小事也不通融，而且還背叛了黨，不肯支持艾森豪。共和黨選了廣結善緣的何魯斯卡（Roman Hruska），他在霍華退休後接替霍華的國會職位。霍華和麗拉趕緊回到林肯，向內布拉斯加州最高法院提出控訴，希望強制共和黨提名他，不過，二十四小時後他們放棄無望的抗爭，撤回告訴。

巴菲特聽到何魯斯卡獲選的消息，非常氣憤，「他們割斷了我爸爸的喉嚨。」這群人怎敢如此回報霍華數十年對黨的忠誠？

五十一歲的霍華眼睜睜看著自己的前途毀了。後來雖然怒火漸息，卻陷入憂鬱。他被摒棄在政治圈外，而政治曾是他生活的中心。最後他又回到巴菲特福克公司。

麗拉心情沮喪，因為分享了丈夫的光環，霍華的地位對麗拉而言似乎比對霍華本人還重要。她的姊姊伊迪這時住在巴西，小女兒柏蒂住在芝加哥，她和多麗絲及巴菲特的關係不佳，只剩下蘇珊可以依靠。但蘇珊是個忙碌又懷了孕的年輕媽媽，還得照顧巴菲特。

很快地，連蘇珊都要搬離奧馬哈了。兩年來，巴菲特和葛拉漢保持聯絡，他推薦股票給葛拉漢，例如他和父親合夥購入的葛瑞夫兄弟製桶公司。他定期會到紐約，每次都會順便拜訪葛拉漢紐曼公司。「我總是想辦法去見班，」巴菲特說。

葛拉漢的學生並不常出現在葛拉漢紐曼公司。

「的確不常，但是我鍥而不捨，就是要見他。」

前進紐約

當共和黨拒絕提名霍華時，巴菲特正在前往紐約途中。「班來信說：『你回來吧。』他的合夥人傑利・紐曼解釋說：『我們對你做了進一步的觀察。』我真覺得是挖到寶了。」巴菲特欣然接受他們的邀請。這一次，國家防衛隊也同意了。

興奮不已的巴菲特在 1954 年 8 月 1 日到達紐約，隔天就到葛拉漢紐曼公司報到，比他正式上任時間早了一個月。後來他發現，就在一週之前，葛拉漢家發生了一椿悲劇。還差四週就滿二十四歲的巴菲特寫信告訴父親，葛拉漢在服兵役的兒子、年方二十六歲的紐頓「上週在法國自殺，紐頓的精神一直不太穩定。但葛拉漢不知道是自殺，讀了《紐約時報》上軍方公布的消息才知情，他非常難過。」[14] 葛拉漢到法國領兒子遺體時，見到紐頓的女友阿米蓋思（Marie Louise Amingues），人稱瑪露（Malou），她比紐頓大幾歲。幾週後葛拉漢回到美國，卻開始和瑪露通信，還定期去法國。不過那時巴菲特並不了解葛拉漢的私生活。

他有自己的生活要安排，第一件事就是為家人找個住所。他在紐約市的第一個月，蘇珊和蘇西留在奧馬哈。

巴菲特到處尋找便宜公寓，不在乎地點和長距離通勤，終於在距離紐約市 48 公里，中產階級聚居的威徹斯特郡（Westchester County）白原市（White Plains），找到一棟白磚建築中的三房公寓。幾週後，當蘇珊和蘇西來到時，公寓還不能入住，他們只好在威徹斯特郡向人分租一個房間，由於房間太擁擠，他們用抽屜代替嬰兒床。巴菲特一家在那兒只住了一、兩天。

後來人們說巴菲特節儉成性，都將這事加油添醋，說他太小氣，沒給蘇西買嬰兒床，因此她在白原市的嬰兒期大半睡在抽屜裡。[15]

懷孕的蘇珊布置新家、照顧嬰兒、認識新鄰居，巴菲特則每天早晨搭紐約中央線到中央車站。第一個月，巴菲特埋首葛拉漢紐曼公司的檔案室，急切想了解公司的運作。檔案室充滿巨大的木製檔案櫃，他讀遍每個檔案抽屜裡的每一張紙。

這家公司只有八名工作人員：葛拉漢、紐曼、紐曼的兒子米基（Mickey Newman）、出納華納（Bernie Warner）、許羅斯、兩位女祕書，現在再加上巴菲特。巴菲特一直希望穿上的實驗室罩袍般的灰色薄外套，終於是他的了。「他們把外套給我時，對我是個重要時刻。葛拉漢和紐曼也穿同樣的外套，穿著它時我們是平等的。」

其實不完全是。巴菲特和許羅斯坐在沒有窗戶的房間，房間內有股票行情機、連接券商的專線電話，還擺了一些參考書籍和檔案。許羅斯就坐在專線電話旁，多半是他打電話給證券公司。葛拉漢、紐曼父子有時會出現在這個房間，檢視行情機上的股票價格。「我們會找東西來讀，翻閱《標準普爾》和《穆

迪手冊》，尋找股價低於營運資金（working capital）的公司，
那時這樣的公司很多，」許羅斯回憶說。

雪茄屁股

這些公司是葛拉漢所謂的「雪茄屁股」（cigar butt）：便宜、
被遺棄的股票，就像你在路邊看見的黏糊、鬆軟的雪茄菸蒂。
葛拉漢善於找出這些無味的雪茄屁股，把它們點著，吸上最後
一口。

葛拉漢知道，有些雪茄屁股一點也沒用，但是花時間逐一
細查每根雪茄屁股的品質並不合算；由平均法則得知，大多數
雪茄屁股都能吸上一口。他總是考慮一家公司死亡時的價值，
也就是清算價值。只要能低於這個價值買入，就符合他所謂的
「安全邊際」；就算這家公司可能破產，也還有一道防護網。
為了更保險，他運用「分散投資」的原則，購買許多不同的股
票，每種股票都買很少。他的分散投資很極端，有些股票的部
位小到只有 1,000 美元。

巴菲特私底下對分散原則不以為然，他對自己的判斷深具
信心，認為沒有必要以這種方式避險。他和許羅斯從《穆迪手
冊》上蒐集數據，填滿數百張用來評估與判斷的簡單表格。巴
菲特先了解每家公司的基本資訊，全面過濾之後，把範圍縮小
到少數值得進一步研究的股票，然後把錢投資在其中勝算最大
的標的。他願意把大多數的蛋放在同一個籃子裡，就像他對
GEICO 那樣。不過那時他已經賣掉 GEICO 股票，因為他很缺
投資的資金。每一個決定都存在機會成本，他必須將每個投資
機會和下一個好機會相比較。他雖然非常喜歡 GEICO，但在

找到更喜歡的西方保險（Western Insurance）後，只好忍痛賣
掉前者。西方保險每股賺 29 美元，股價只有 3 美元。

這就像找到一台每次都出現櫻桃的吃角子老虎，你放進
25 美分硬幣，一拉桿子，西方保險這台機器保證至少付你 2
美元。[16] 只要是頭腦清楚的人都會去玩這台機器。這是巴菲特
一生中見過最便宜、安全邊際最高的股票，他竭盡所能地買，
也讓朋友們加入這樁好生意。[17]

巴菲特最會發掘免費或便宜的事物，憑藉強大的吸收和分
析數字能力，他很快成為葛拉漢紐曼公司的紅人。這一切來得
順理成章，葛拉漢的雪茄屁股就像他小時候在賽馬場撿拾遭丟
棄的得獎馬票。

他很留心葛拉漢、紐曼父子辦公室的動靜。葛拉漢是費城
里丁煤鐵公司的董事，葛拉漢紐曼公司也控制了這家公司。巴
菲特是自己發現這支股票的，到 1954 年底總共投資 35,000 美
元。這會讓他的老闆嚇壞，但巴菲特很有信心。[18] 費城里丁出
售無煙煤，並擁有頗具價值的煤礦，本業卻表現平平。不過這
家公司有許多現金可以購買其他公司，以此來提升經營成效。

「我是坐在外面辦公室的傳令兵。他們為費城里丁買下他
的聯合內衣公司（Union Underwear Company），組成費城里丁
公司（Philadelphia and Reading Corporation），[19] 這是費城里丁
多角化經營的起頭。我不在他們的小圈圈內，但是知道某些事
正在進行，讓我覺得興致勃勃。」

巴菲特偷聽來的這件事稱為「資本配置」（capital
allocation）：把錢投入報酬最高的地方。在這案例中，葛拉漢
紐曼用一家公司的收入去購買另一家利潤更高的公司，長期下

來能讓一家瀕臨破產的公司走向成功。

　　這類事情讓巴菲特感覺自己彷彿坐在窗邊，看著屋子裡進行著複雜的金融交易。但是不久後他發現，葛拉漢的行事和其他華爾街人士不一樣。他總是默念詩句或古羅馬詩人維吉爾的句子，而且常在地鐵上掉東西。葛拉漢和巴菲特一樣，對自己的外貌毫不在意，當有人看著他說：「好有趣的一雙鞋。」他會低頭看看自己一腳棕色、一腳黑色的鞋子，眼睛眨也不眨地回說：「是啊，我家裡還有一雙一樣的鞋呢。」[20] 和巴菲特不一樣的是，他並不在乎金錢，也不把交易當做一種競技。對他而言，選股是智力的習題。

　　「有一天，我們一起等電梯，要到四十二街章寧大樓（Chanin Building）底層的餐廳吃飯。班對我說：『華倫，記住一件事，錢對我們的生活影響並不大。我們都到那家餐廳吃飯，也都每天工作，而且樂在其中。所以別太為金錢傷神，因為它對你的生活影響並不大。』」

牢牢守住每分錢

　　巴菲特敬畏葛拉漢，但他依然愛錢，希望累積很多錢，並把累積金錢視為一場競賽。如果要他掏錢出來，他會像小狗捍衛骨頭一般奮力反抗。放棄一點點錢都需要辛苦掙扎，巴菲特似乎是被金錢占有，而不是他擁有金錢。

　　蘇珊非常清楚這一點。在他們的公寓中，他的小氣和怪異行為很快就出了名。他原本不許蘇珊將襯衫送洗，等到他在辦公室因為襯衫太皺而出糗（蘇珊只熨平領子、口袋和袖口），才改變主意。[21] 他和書報攤說好，以折扣價買過期雜誌。他沒

有車，借用鄰居的車從不加滿油箱。自己買車以後，只在雨天用雨水洗車。[22]

從賣出第一包口香糖開始就如此死守每分錢，是巴菲特在二十五歲就累積一筆財富的原因之一；另一個原因是他比別人賺更多錢。 從哥倫比亞大學開始，他賺錢的速度愈來愈快，心思都縈繞在公司的數字和股價上。不做研究時他就教書，為了持續他的卡內基訓練，也避免在公眾演說時怯場，他在附近高中的斯卡斯代爾成人學校（Scarsdale Adult School）教投資學。巴菲特家的社交圈都是一些丈夫對股票有興趣的家庭。

有時蘇珊和巴菲特也應邀到鄉村俱樂部，或和其他年輕華爾街人士共進晚餐。瑞恩（Bill Ruane）為他介紹了幾位新朋友，包括證券經紀人布蘭特（Henry Brandt）和他妻子羅珊（Roxanne）。布蘭特以第一名的成績自哈佛商學院畢業，他的外貌像頭髮蓬亂的喜劇演員傑利・路易斯（Jerry Lewis）。一位華爾街人士說，巴菲特是「你見過最土氣的人」。但是當他開始談股票，其他人會呆若木雞坐在他腳旁，「就像門徒專注看著耶穌一樣，」羅珊如此形容。[23]

蘇珊在一旁的太太群中就像巴菲特在男人群中一樣出眾；巴菲特施展財務魔法，蘇珊則以她的單純可愛擄獲人心。她想知道她們孩子的一切事情，或是她們將要有孩子的計畫。她知道如何讓人對她敞開心扉，她會問及人生的重大事件，然後帶著真誠的表情問：「妳會後悔這樣做嗎？」對方則會吐露內心最深處的感受，相識才半小時的人就這樣成了好朋友，雖然蘇珊並不傾吐自己的私事。人們愛她，因為她對他們感興趣。

大多數時間蘇珊獨自在家，洗衣、清掃、買菜、做飯，替

小蘇西餵食、換尿布、陪她玩，同時等待第二個孩子到來。蘇珊為巴菲特準備晚餐，以近乎神聖的心情支持他的工作，也明白他對葛拉漢的尊敬。巴菲特不談工作細節，那些事也引不起她的興趣。她繼續為他重建自信，給他許多關愛，教他了解人。在家中，她堅持要巴菲特陪女兒。巴菲特不是會逗孩子玩或為孩子換尿布的人，但他每晚都唱歌給蘇西聽。

「我都是唱『彩虹曲』（Over the Rainbow），這首歌應該很有催眠作用。不知道是太乏味還是怎樣，我一唱她就睡著了。我把她放在肩頭，她就軟趴趴地躺在我的手臂。」

巴菲特一旦建立了一套可靠的系統，就不輕易變動，而且唱歌時他可以搜索腦中的檔案，因此他就這樣夜復一夜唱著「彩虹曲」。

1954 年 12 月 15 日，蘇珊開始陣痛，巴菲特提早回家。門鈴響了，蘇珊去應門，發現是位挨家挨戶傳教的傳教士。她禮貌地請他進來坐在客廳，聆聽他說話。

巴菲特也在一旁聽著，心想，只有蘇珊會讓這種人進來。巴菲特試著結束談話，當了數年不可知論者的他無意改變，而且妻子將要分娩，他們必須趕往醫院。

蘇珊卻一直聽著，還要對方「多告訴我一些」。傳教士繼續說，蘇珊不時扭動，低聲呻吟。[24] 她無視巴菲特的暗示，似乎認為對訪客禮貌比去醫院更重要，而訪客似乎未察覺她即將臨盆。巴菲特無奈地坐著，愈坐愈焦急，直到傳教士終於沒勁了。「我真想殺了那傢伙，」巴菲特說。其實到醫院之後時間還綽綽有餘，霍華·葛拉漢·巴菲特（Howard Graham Buffett）隔天清早才出生。

第 21 章
站在哪一邊
紐約市，1954 年～1956 年

　　和安靜的蘇西比起來，大兒子霍華是個「難帶」的孩子。他像一個關不掉的鬧鐘，父母常耐心等待他的哭鬧平息，但他的叫聲只會更大。他們的公寓突然變得擁擠嘈雜起來。

　　每當鬧鐘響時，都是蘇珊去應付。兒子霍華的哭叫對巴菲特的影響有限，每天晚上他一樣能在自己的小書房安靜思考幾個小時。

　　在工作上他開始進行一個複雜的新案子，開啟了新的發展。加入葛拉漢紐曼公司不久，可可豆價格突然由每磅（454克）5 美分暴漲到 50 美分以上，讓布魯克林一家利潤微薄的巧克力製造商羅克伍德公司（Rockwood & Co.）遇到難題。[1]它最主要的產品是用來製造巧克力餅乾的碎巧克力，這種日用食品無法大幅漲價，導致該公司虧損連連。但是可可豆價格高漲，羅克伍德如果賣掉庫存的可可豆，將可大賺一筆，問題是，這樣做一半以上的利潤必須用來繳稅。[2]

　　羅克伍德的股東願意將公司賣給葛拉漢紐曼，但葛拉漢紐曼公司不願意付他們要求的價格，所以他們找上投資人普利茲克（Jay Pritzker），他有辦法迴避巨額稅款。[3]據他所知，依據1954 年美國稅法，公司縮小業務範圍而對存貨進行「部分清

算」，不需付稅。普利茲克買下足夠的股票，取得羅克伍德的控制權後，決定繼續生產碎巧克力，但退出可可奶油市場。他將590萬公斤可可豆歸入可可奶油業務，這批可可豆將被清算。

普利茲克不將可可豆變現，而是拿來和股東交換股票，以增加他在公司的持股比例。他提供優惠的條件來吸引股東，每股羅克伍德股票可換得價值 36 美元的可可豆，[4] 但股價卻只有 34 美元。[5]

葛拉漢看見一個獲利良機：葛拉漢紐曼公司可以購入羅克伍德的股票，拿股票和普利茲克交換可可豆，然後出售可可豆獲得每股 2 美元的利潤。這是套利（arbitrage）：兩樣幾乎等同的物品卻有不同價格，精明的生意人可以透過買進賣出，賺取差價，而且幾乎沒有風險。巴菲特後來寫道：「有句老格言在華爾街被改寫了：給人一條魚可以餵飽他一天，教他套利可以餵飽他一輩子。」[6] 普利茲克會給葛拉漢紐曼公司一張倉儲憑證，代表憑證所有者擁有特定數量的可可豆，而這張憑證能像股票一樣交易。賣出這張憑證，葛拉漢紐曼公司就可獲益。

$34（葛拉漢紐曼買進羅克伍德股票的價格）
$36（倉儲憑證的價值）
$ 2（羅克伍德股票每股利潤）

幾乎沒有風險，意思是仍有一些風險。如果可可豆突然跌價，倉儲憑證有可能只值 30 美元，不僅沒有 2 美元的利潤，還損失了 4 美元。為了規避風險，保住利潤，葛拉漢紐曼公司賣出可可豆「期貨」。這是好事，因為可可價格就要下跌了。

期貨市場讓買賣雙方以今日議定的價格買賣未來交貨的可可、黃金、香蕉之類商品。只要支付小額費用，葛拉漢紐曼就可以安排在某特定期間以特定價格出售可可豆，因而消除可可豆跌價的風險。交易的另一方承擔了可可跌價的風險，稱為「投機」（speculation）。[7] 如果可可跌價，葛拉漢紐曼也不會有損失，因為投機者將以議定的高價買入葛拉漢紐曼的可可豆。[8] 以公司角度來看，投機者等於提供可可跌價的保險。當然，交易當時誰也不知道可可價格的未來走向。

套利的目標就是盡可能買進最多羅克伍德股票，同時賣出等量可可期貨。

葛拉漢紐曼公司指派巴菲特負責羅克伍德的案子，這對他再適合不過，他已做了好幾年的股票套利，買進可轉換優先股，賣空同一家公司的普通股。[9] 他已經仔細研究過去三十年的套利報酬，通常 1 美元投資可獲利 20 美分，而一般股票的獲利只有 7、8 美分。一連數週，巴菲特每天坐地鐵往返布魯克林，到施羅德信託（Schroder Trust）將股票換成倉儲憑證。夜晚他研究盤勢，邊給蘇西唱「彩虹曲」邊沉思，絲毫不理會兒子霍華發出的號叫。

表面上看來，羅克伍德對葛拉漢紐曼公司是一樁單純的交易：成本只有地鐵車錢、思考和時間。但巴菲特認為還有更多「財務煙火」可繼續綻放，[10] 他不做套利，因此不必出售可可期貨；他為自己買進並持有 222 股羅克伍德股票。

巴菲特仔細考慮過普利茲克的優惠條件，他把羅克伍德所有庫存可可豆（不僅是歸入可可奶油業務的可可豆）除以所有股數，得出每股擁有的可可豆數量，結果大於普利茲克給股東

的 36 公斤。所以未拿股票交換可可豆的股東其實獲得更多可可豆，並且已交換的股東所留下多出來的可可豆也將歸其他股東所有，使每股所擁有的可可豆更多。

繼續持有股票的人還可以分享公司的廠房、設備、客戶應收帳款，和其他繼續經營的業務。

普利茲克的算盤

巴菲特把情況倒過來，從普利茲克的角度來思考。他想，如果普利茲克要買股票，他自己應該賣股票嗎？仔細計算後，他發現不該賣股票，而是應該站在普利茲克那一邊。

巴菲特認為擁有股票等於是擁有公司業務的一小塊。流通在外的股票愈少，他的一小塊就愈有價值。他這樣做的風險高於套利，但是獲利勝算大。套利的 2 美元利潤得來容易，又沒風險，可可豆跌價時還有期貨合約保護，葛拉漢紐曼公司和許多股東都接受普利茲克的收購，留下許多額外的可可豆。

巴菲特持股不賣，是高明之舉。在普利茲克收購前，羅克伍德的股價是每股 15 美元，收購結束後每股衝上 85 美元。進行套利的人每股賺 2 美元，巴菲特如果也套利，可從 222 股賺得 444 美元，但沒套利的結果是賺將近 13,000 美元。[11]

在交易過程中，他刻意結識普利茲克。他認為可以想出這樣聰明交易的人，「以後還會做更多聰明事。」巴菲特出席羅克伍德的股東會並發問，因此認識了普利茲克，[12]那時巴菲特二十五歲，普利茲克三十二歲。

雖然手上的資金不到 10 萬美元，但巴菲特發現用這種方

法投資，獲利潛能無窮，唯一的限制是他的資本、精力和時間。這雖是繁重的工作，但他樂在其中。他不像大多數投資人，只坐在辦公室內閱讀他人撰寫的報告。他是一名偵探，他做自己的研究，就像過去蒐集瓶蓋和修女的指紋一樣。

他的偵探工具是《穆迪手冊》，包括工業、銀行和金融，以及公用事業手冊。他經常親自拜訪穆迪和標準普爾公司。「我是唯一出現在他們公司的人。他們甚至不問我是不是顧客，就給我四、五十年前的檔案。他們沒有影印機，我就坐在那裡用筆抄下附注和許多數字。他們有間圖書館，但你不能自己去找資料，要請他們拿。我會列出像澤西貸款（Jersey Mortgage）、銀行家商務（Bankers Commercial）等等從來沒人要的公司資料。他們把資料拿出來，我就坐在那裡抄筆記。當我需要看證管會的檔案時，我就去證管會，這是唯一能得到資料的方法。如果這家公司就在附近，我會到公司去見他們的主管，我從沒事先約定，但也見到不少主管。」

他最喜歡的資料來源之一是每週出版、印在粉紅紙上的粉單股價系統（Pink Sheets），上面列出不在股市內交易的小公司股票資訊。另一個是全國股價（National Quotation）手冊，六個月出版一次，列出連粉單都上不去的小公司股票。**對巴菲特而言，沒有太小的公司，也沒有不值一顧的細節**。「我閱讀許多公司資料，找出一、兩家便宜得荒謬的公司，投個 10,000 或 15,000 美元進去。」

拉別人衣服的尾巴

巴菲特以借用葛拉漢、普利茲克和任何有用的主意為榮，

不管那個主意是聰明透頂或平凡無奇,他稱此為「拉衣尾」(riding coattail)。有一天,他追蹤葛拉漢找到的聯合街鐵路公司(Union Street Railway),[13] 這是麻州紐貝德福(New Bedford)的一家公車公司,股價遠低於淨資產。藉由詳細的資料調查、拜訪公司管理階層,[14] 巴菲特在短短幾週內賺進 2 萬美元。

巴菲特家族中從來沒有人因為一個主意而賺進 2 萬美元,在 1955 年,這比一般人全年工資還高出數倍。只需幾星期的工作就能使資本增加一倍多,這固然很好,對他而言更重要的是風險不高。

蘇珊沒有和巴菲特談論可可豆套利和巴士公司股票的細節,除了金錢的使用價值之外,她對錢不感興趣。她只知道,儘管金錢滾滾湧入白原市的小公寓,但巴菲特只給她很少的生活費。她從小就不需要錙銖必較,嫁給一個以折扣價購買過期雜誌的男人,對她是全新的生活方式。她盡力持家,但是巴菲特的收入和家用費之間的差距甚遠。有一天,蘇珊驚慌地打電話給鄰居瑪德蘭。

「瑪德蘭,發生了一件可怕的事,請妳過來一下!」瑪德蘭匆匆趕到巴菲特家,看見蘇珊煩惱至極。原來她不小心把巴菲特桌上一疊股利支票丟進公寓焚化爐管道中,直接就進了焚化爐。[15]

「也許焚化爐沒有運轉,」瑪德蘭說。她們請公寓管理員讓她們進入地下室,焚化爐果真是冷的。她們在垃圾中翻找支票,蘇珊一直絞著手說:「我不知道怎麼面對華倫。」當她們找到支票時,瑪德蘭瞪大眼睛,支票金額不是她以為的 10 美

元、25 美元，而是數千美元。[16] 住在小公寓的巴菲特家慢慢變
成真正的富人。

公司的紅人

　　巴菲特出色的工作表現使他成為公司的寵兒。葛拉漢喜歡
巴菲特和他熱心外向的妻子，曾贈送攝影機和投影機做為霍華
出生的禮物，還曾經登門拜訪，送玩具熊給霍華。[17] 葛拉漢和
妻子伊絲黛請巴菲特夫婦到家裡吃過一、兩次晚餐，他看見巴
菲特常凝視蘇珊，兩人經常牽著手，但巴菲特對蘇珊並不殷
勤，蘇珊可能希望他偶爾能有浪漫舉動。[18] 當蘇珊語帶遺憾地
說巴菲特不跳舞，葛拉漢就送了一張白原市莫瑞舞蹈教室的上
課證，他自己曾在那裡上過課。他稍後詢問舞蹈教室，發現巴
菲特並沒去上課，就提醒他並鼓勵他去。巴菲特只好陪蘇珊上
了三堂課，然後就放棄了。他從來沒學會跳舞。[19]

　　這並不妨礙他在葛拉漢紐曼公司的快速升遷。加入公司十
八個月後，葛拉漢和紐曼似乎都把他看做未來的合夥人，邀他
參加家庭社交活動。1955 年中，紐曼邀請巴菲特夫婦前往他
位於紐約路易斯伯洛鎮（Lewisboro）的豪宅去「野餐」。巴菲
特夫婦以為是戶外聚餐，蘇珊穿著方便活動的服裝前往，才發
現其他女士都穿戴華服珠寶。雖然他們自覺穿得像鄉下人，但
絲毫無損巴菲特的金童地位。

　　許羅斯從不曾受邀，他被定位為一般職員，無望成為合夥
人。對人一向不友善的紐曼更是瞧不起許羅斯，已婚並有兩
個孩子的許羅斯決定自立門戶，但他鼓足勇氣才敢告訴葛拉
漢。[20] 1955 年底他已開始經營自己的投資事業，起家的 10 萬

美元資金來自一群合夥人,巴菲特後來說,那些合夥人的名字
「是直接取自愛麗絲島的移民名冊」。[21]

巴菲特相信許羅斯能成功運用葛拉漢的方法,也佩服他有
自立的勇氣。雖然他擔心許羅斯的資本太少,可能無法養家活
口,[22] 但他並沒有拿出錢來投資,他也沒有投資葛拉漢紐曼公
司。對巴菲特來說,請別人替他操盤是難以想像的事。

他找到接替許羅斯的人,是他在華爾街布萊斯公司吃中飯
時遇到的納普(Tom Knapp)。[23] 納普比巴菲特大十歲,高大英
俊,深色頭髮,有著玩世不恭的幽默感。他上過陶德的夜間課
程,大感興趣,當下把主修從化學改為商學。葛拉漢雇用了納
普,他是公司第二位非猶太人。「我告訴紐曼:『老故事說,你
雇一個猶太人,他就接管你的地盤,』」巴菲特說。

當納普坐進許羅斯的座位時,巴菲特已開始察覺葛拉漢不
凡的私生活。納普也見識到了。葛拉漢邀納普到社會研究新學
院(New School for Social Research)聽演講,納普和六個女人
同坐一桌。納普說:「我發現只要班開始說話,六個女人都愛
他,她們似乎並不互相嫉妒,而且似乎都和他很熟。」[24]

到了 1956 年初,葛拉漢已厭倦了投資,他的其他興趣,
包括女人、文學和藝術,強烈地吸引他。有一回在納普外出
時,櫃台人員將一個年輕人送進巴菲特埋首填表的無窗房間。
來人叫安德森(Ed Anderson),他是一位化學家,並非專業投
資人。他在加州的原子能委員會利弗莫爾實驗室(Livermore
Laboratory of the Atomic Energy Commission)工作,業餘研究
股市。他讀過《智慧型投資人》,書中有許多像簡易洗衣機
(Easy Washing Machine)這樣便宜的股票,令他難以置信。你

怎麼能以低於一家公司銀行存款的價格來買這家公司？[25]

安德森開始拉葛拉漢的衣尾。他買進一股葛拉漢紐曼公司股票，利用季報來找出葛拉漢投資什麼股票，再跟著買進。葛拉漢從來不阻止別人這樣做，他喜歡別人學他、模仿他。

安德森來訪，是因為他想再買一股葛拉漢紐曼股票，但他注意到葛拉漢買進許多 AT&T 的股票，這是最不像葛拉漢會喜歡的股票，它被許多人持有、研究和追蹤，股價並不低，潛在獲利和風險都不高。他覺得奇怪，想來探個究竟。他問巴菲特，這是怎麼回事？

巴菲特想了一下。這人沒有商業背景卻能看出 AT&T 的突兀，頗不簡單，許多人還認為只有受過特殊訓練的人才能做這一行。他對安德森說：「現在也許不是再買一股的好時機。」[26] 他們又聊了一會兒，親切道別，希望繼續保持聯絡。巴菲特很高興許羅斯已自立門戶，因為他觀察公司的交易情形，已猜出葛拉漢將退出合夥事業。

葛拉漢的事業生涯行將告終。他已六十二歲，股市也越過 1929 年高點，[27] 高股價令他不安。過去二十年來，他的績效一直勝過大盤 2.5％，[28] 他想退休，搬去加州享受生活。紐曼也打算退休，但他兒子米基會留下來。1956 年春天，葛拉漢正式通知其他合夥人，但他首先提供巴菲特升任合夥人的機會。他會選擇像巴菲特這樣年輕的人，可看出巴菲特對公司的價值多大。「如果我留下來，就會承擔班的角色，米基將接下紐曼的角色，但是米基比較資深，公司將會叫紐曼巴菲特公司。」

雖然被視為葛拉漢的接班人讓巴菲特深感榮幸，但他是為了替葛拉漢工作而來，葛拉漢一旦離開就不值得待下去。何

況，在進行公車公司和可可豆交易時，他一直想著：「我不喜
歡住紐約，老是要搭火車來來去去。」更重要的是，他不喜歡
和別人合夥共事，屈居別人之下當資淺合夥人就更甭提了。他
拒絕了合夥人的職位。

第 22 章

不一樣的路

奧馬哈，1956 年～1958 年

「我現在有大約 174,000 美元，可以退休了。我在奧馬哈市安德伍德街 5202 號租了一棟房子，月租 175 美元，一年生活費 12,000 美元就夠了。我的資金將會不斷成長。」

巴菲特在二十六歲就用「退休」這個詞，讓人覺得奇怪。

就數字上來說，此時的巴菲特就算退休了，也依然能達成三十五歲成為百萬富翁的目標 *。進入哥倫比亞大學時他有 9,800 美元，此後他的資金以每年超過 61％的速度增長。不過他急於累積更多錢，需要很高的複利率才能達成目標，[1] 因此他決定設立一個類似紐曼葛拉漢避險基金的合夥事業。[2] 他可以沒有老闆，可以在家中從事投資，可以讓親友購買他買的股票。如果他抽取利潤的四分之一做為費用，再把這些錢投回合夥事業中，將能更快成為百萬富翁。學會葛拉漢買股票的方法，又有葛拉漢式的避險基金，他已經可以算是有錢人了。

這個主意只有一個問題。萬一股市下跌，他可不能忍受合夥人的批評。他想到一個解決辦法，就是只邀請信任他的親朋好友加入。1956 年 5 月 1 日，巴菲特聯合有限公司（Buffett

---

* 當時的 100 萬美元相當於 2007 年的 800 萬美元。

Associates Ltd.）成立，按照紐曼葛拉漢基金的模式運作，[3] 共有七名合夥人。

湯普森博士投資了 25,000 美元。「湯普森博士是那種會把每分錢都給我的人，他很疼我。」巴菲特的姊姊多麗絲和先生伍德投資 1 萬美元，艾莉絲姑姑投資 35,000 美元。「之前我曾經賣證券給其他人，但現在我是受託人，委託者是對我無比重要的人，也都很信任我。如果我認為自己會虧錢，就不可能拿姑姑、姊姊和岳父的錢。那時候我不認為日後可能虧錢。」

他的第四位合夥人是華頓商學院的室友彼得森，他投資 5,000 美元，也是最清楚巴菲特的頭腦和理財能力有多好的人。在巴菲特去紐約之前，彼得森是最早接受他的處方、託他買股票的人。彼得森的母親伊利莎白是第五位合夥人，她把先生前一年過世留給她的 25,000 美元投進去。

第六位是莫能（Dan Monen），這位安靜、矮胖、深色頭髮的青年是巴菲特兒時玩伴，常在他家後院挖蒲公英，現在是他的律師。莫能投進他所有的錢 5,000 美元。

巴菲特自己是第七位合夥人，只投資 100 美元，此外他會把管理的所得再投資進去。「管理合夥事業給了我一根槓桿。我滿腦子好主意，但資金不足。」其實按大多數人的標準來說，他的資金還算多。他把合夥事業視為一台複利機器，資金只進不出，所以他要用剩下的資金來賺取每年 12,000 美元的生活費，這些錢他分開來投資。

他想出一個收費公式：「利潤超過 4％的部分我抽一半，若有損失則由我承擔四分之一，因此如果打平，我還虧錢。承擔損失不以我所出的資金為限，所以責任是無限的。」[4]

　　那時巴菲特已經替高雪德（Anne Gottschaldt）和艾柏菲德（Catherine Elberfeld）管理資金，她們是他在哥倫比亞的朋友庫肯（Fred Kuhlken）的母親和阿姨。前一年庫肯去歐洲之前，請巴菲特替她們管理部分資金，[5]巴菲特格外謹慎地將她們的資金投資在政府公債，收取的費用也較低。

　　他可以邀請高雪德和艾柏菲德參加合夥，但是他認為向她們收取比原先高的費用並不公平。當然，如果合夥事業如他所料想的必然獲利，他可是剝奪了她們的好機會。不過萬一投資有個閃失，自己的家人不會責怪他，其他人可就難說了。

　　對巴菲特而言，擔任「受託人」所承擔的責任是無限的。為了向合夥人說明規則，他在成立第一天召開了巴菲特聯合公司第一次正式會議。彼得森在奧馬哈俱樂部訂了一個房間，如果需要包廂，這裡是奧馬哈市的最佳選擇。巴菲特仔細界定他的責任，不過他沒打算承擔的責任是替這頓晚餐買單，他要彼得森告訴大家各自付帳。[6]他利用這個機會說明合夥的基本規則，也談論股票市場，已經把合夥事業當成一個教育機會了。

　　合夥人迅速分為兩派：禁酒和喝酒的人。湯普森博士以家長姿態說，喝酒的人會下地獄。不過當晚的主講人是巴菲特，他們都得聽他的長篇大論。

　　「我和投資人一開始就定下協議，以後也不需要改動這些協議。這有種種好處，也是最單純的做法。

　　「我簡介了基本規則：這些是我能做的，這些是我不能做的，這些是我不確定能不能做的，這些是我用來自我評估的方式。非常簡單。如果你們不同意就不該加入，因為我不希望我高興時你們不高興，或你們高興時我不高興。」[7]

合夥事業成立後,巴菲特攜家帶眷回紐約去過最後一個夏天,幫助葛拉漢和紐曼結束營業。米基現在全職擔任費城里丁公司執行長,既然他和巴菲特都不能擔任合夥人,葛拉漢決定關閉公司。[8] 巴菲特向納普租下長島海邊一棟簡陋小屋給家人居住。這房子是多年前為躲避流行性感冒的人建造的住宅,位在長島北岸西草地海灘(West Meadow Beach),靠近石溪(Stony Brook),隔長島海峽與康乃迪克州相對。

為節省開支,巴菲特在週間借住證券經紀人朋友布蘭特家,布蘭特的妻小也在長島海邊度暑假。週末巴菲特與家人團聚,在一個小房間中工作。鄰居告訴納普,他們從未見過巴菲特的人影。[9] 巴菲特工作時,怕水、從不游泳的蘇珊和孩子在海邊撿貝殼。小屋供水設備有限,他們要到對街取泉水飲用,蘇珊利用戶外冷水淋浴設備洗澡,並替快三歲的蘇西和十八個月大的霍華洗澡。

這個夏天有兩則驚人的壞消息。巴菲特兒時玩伴羅斯的父親自殺;庫肯的母親和阿姨則打電話來說,庫肯在葡萄牙因車禍過世,車子滑行了 24 公尺,撞上一棵軟木樹。[10]

回到奧馬哈

夏天過後,巴菲特計畫搬回奧馬哈。在紐約以外的地方開展投資事業的冒險舉動,和巴菲特一貫極端小心、不願讓任何人失望的作風形成強烈對比。投資市場是人際關係組成的,靠著小道消息和謠言來運作,投資人午餐會、酒吧、壁球場、大學俱樂部衣帽間都是人際接觸、傳遞消息的地點。雖然每個小城都有一、兩家像巴菲特福克公司這樣的證券公司,但他們的

地位無足輕重，靠著照華爾街賺錢醫生的處方抓藥來討生活。那時財金界人士都在紐約市，遠離紐約獨自作業而期望致富是大膽的冒險行徑。

在 1950 年代，大學畢業在家中獨自工作，成為個體戶，是很不尋常的事，要出人頭地，就必須當個白領上班族。[11] 商場人士應該加入大公司，愈大愈好，在文明而冷酷的競爭中搶奪高薪職位，逐步攀登成功階梯。他們的爭奪不是為了累積財富而是為了累積權力，或至少要在好的郊區擁有像樣的住宅，每年換新車，確保終身安逸。

蘇珊可能不知道巴菲特這樣做的風險，但她清楚丈夫是個與眾不同的人。她帶著蘇西和霍華飛回奧馬哈，住進巴菲特向彼得森租來的安德伍德街寓所。那是一棟兩層樓都鐸式灰色建築，有著美麗的半木造結構、巨大的石砌煙囪、高高的斜屋頂。租屋的決定也很不尋常，1950 年代中期的年輕人都嚮往擁有自己的房子。戰爭和經濟大蕭條的歲月已被遺忘，美國人用各種新奇的用品來裝點住家：洗烘衣機、電冰箱、洗碗機、電動攪拌器。巴菲特多的是錢來買房子和電器，但他的錢另有安排。租來的房子雖然美麗，但空間僅勉強夠用，將近兩歲的霍華住在一間和壁櫥差不多大的房間。

在蘇珊安頓新家時，巴菲特在紐約收拾辦公桌和檔案，通知他擁有股票的公司更改地址，以確保股利支票寄到奧馬哈新居。然後他坐上車，準備開車回內布拉斯加，沿途順道拜訪一些公司。

「我一路曲折前進拜訪公司。我經過賓州黑索頓（Hazleton），先是拜訪傑度海蘭煤礦公司（Jeddo-Highland

Coal Company），接著再經過卡拉馬如，訪問卡拉馬如爐具公
司（Kalamazoo Stove and Furance Company），然後又經過德拉
瓦州、俄亥俄州，拜訪葛瑞夫兄弟製桶公司，這家公司的股票
便宜得荒謬。」1951年他翻閱《穆迪手冊》時發現這家公司，
他和父親各買200股，納入他們的合夥事業。

　　夏季將盡時，巴菲特回到家，發現家裡很需要他。安靜膽
小的蘇西坐在一旁，看著弟弟無止境的需求搾乾母親的精力。[12]
到了晚上她要找爸爸，因為她不敢自己睡。搬進新家時，有位
戴眼鏡的搬家工人和她說話，雖然她不記得他說過什麼，但她
非常害怕，以為那個「戴眼鏡的男人」就躲在她房間外的鑄鐵
陽台上。巴菲特每晚都要檢查陽台，好讓她安心上床。

　　對付完「戴眼鏡的男人」後，巴菲特回到他和蘇珊臥房外
的封閉陽台工作，不是處理合夥業務，就是準備教材。他回到
奧馬哈做的第一件事就是接下奧馬哈大學秋季班的兩門課：
「男士的投資分析」和「智慧投資」。不久後他又增加第三門課：
「女士投資學」。那個在卡內基訓練時不敢與人交談的膽怯男孩
消失了，取而代之的是一個依然笨拙、但脫口就是一連串事實
和數據的青年。他總穿著大了幾號的便宜西服，看上去比較像
一個年輕牧師，而非大學講師。

　　此時的巴菲特雖然非常聰明，但並不成熟。對蘇珊而言，
他就像是家中第三個需要照顧的小孩。他的個性和興趣決定這
家人的社交生活。奧馬哈是中西部的中級城市，沒有太多文化
團體，週末就是婚禮、宴會、茶會和慈善活動。和當時同階層
的年輕夫婦相比，巴菲特家的生活安靜多了，多半就是幾對夫
婦一起共進晚餐，而巴菲特偶爾會在晚宴中談股票。他總是負

責娛樂眾人，不是大談股票，就是彈烏克麗麗。在蘇珊的引導下，他可以比較輕鬆地談論其他話題，但他的心思還是緊繫在賺錢上。在家中聚餐宴客時，他常躲回樓上避免閒談，但是和葛拉漢不同，他不是上樓讀普魯斯特的小說，而是去工作。

巴菲特的娛樂活動都是重複性高或帶有競爭性質的，最好兩者兼有。他發現和蘇珊打橋牌令他無法忍受，因為她希望對手贏，因此他只好另找搭檔。[13] 他的頭腦像停不下來的猴子，放鬆時他需要另一種形式的專注來使猴子有事做。乒乓球、橋牌、撲克、高爾夫都能抓住他的注意力，使他暫時忘卻金錢。他從未在家舉辦過烤肉活動，不曾閒躺泳池畔，也不看星星或到林中散步。巴菲特如果望著北斗七星，看見的會是一個錢的符號。

拒絕加入騎士會

以上種種再加上他脾氣並不隨和，所以他也不喜歡社交團體。但是基於對家族的忠誠，他還是應弗列德叔叔之邀，加入扶輪社。但是巴菲特卻拒絕加入更重要的亞克沙班騎士會（Knights of Ak-Sar-Ben），一個由民間領袖組成，兼具慈善、商業、社交活動的社團。對於初出茅廬、需要募資的基金經理人而言，此舉無異公然蔑視奧馬哈的要人，是過度自信、甚至傲慢的行為。他的姊姊多麗絲曾是亞克沙班公主，好友彼得森也經常參加活動，父親霍華擔任國會議員時也不得不加入。巴菲特厭惡社會的階級區分，厭惡菸霧瀰漫的密室活動和會員對規範的一味順從。這些人曾輕視他父親是「雜貨商的兒子」，巴菲特很高興有機會表達對亞克沙班騎士會的鄙視。

　　蘇珊也有自己的不隨俗作風。自從高中時代，蘇珊就以一
視同仁的開放態度而自豪，當大多數人，包括她的家人，都只
和宗教、文化、種族、社經地位相似的人交往時，她卻不這樣
想。她有許多猶太人朋友，這些朋友許多也成了巴菲特的朋
友。在社會階層區隔分明的奧馬哈，跨越界線是大膽的行為。
蘇珊知道這一點，就像她知道高中、大學時和猶太人約會會引
人側目。她雖然出身良好，但對她而言，社會地位的好處只是
讓她的朋友能融入屬於自己的群體。反菁英的巴菲特非常欣賞
蘇珊這項特質。他在哥倫比亞的猶太朋友，以及在葛拉漢紐曼
公司認識的猶太人，讓他了解反猶太情結的存在。

　　和蘇珊相反，巴菲特的母親非常遵從社會習俗。她曾研究
祖先的血統，並加入美國革命女兒（Daughters of the American
Revolution）及胡格諾教徒協會，也許是為了尋找她在生活和
家族中缺乏的認同感。她最近接到諾福克州立醫院的通知，妹
妹柏妮絲企圖跳河自殺。負責照顧母親和柏妮絲的麗拉一方面
扮演盡職的女兒，一方面和家庭問題保持距離。她和姊姊伊迪
定期去探望母親和妹妹，但她比較不熱心。史塔家族的精神病
史是巴菲特家害怕的可恥話題，這也是當時社會的一般態度。
史黛拉和柏妮絲病情的診斷並不明確，加深了巴菲特家人對家
族病史的負面感受；醫生只用含糊字眼描述顯然很嚴重的問
題，但無疑精神病是遺傳的，到成年才發病。巴菲特姊弟與伊
迪阿姨很親近，他們知道母親日益疏遠伊迪，因為伊迪也愈來
愈衝動和情緒化。他們懷疑麗拉自己的行為和個性多少和家族
因素有關，也檢查自己是否有任何不正常的跡象。

浴缸記憶

　　一心希望自己正常、但從不覺得自己「正常」的巴菲特，以統計數字來減輕焦慮，認為家族的異常因子似乎只影響到女性。他不停留在不愉快的念頭上。他認為自己的記憶像個浴缸，裡面充滿令他感興趣的想法、經驗和事物。當他不再需要這些資訊，就把塞子拔掉，流光這些記憶。一旦新資訊出現，就會取代舊版本。如果他完全不想思考某件事，那件事就會流走，某些事件、事實、記憶，甚至是人，就這樣消失了。痛苦的記憶是最早被沖走的。浴缸記憶可為有生產力的新事物騰出大量空間。巴菲特認為浴缸記憶能幫他「向前看」，不像她母親總是「向後看」。這也讓他在二十六歲時就能心無旁騖投入事業，奔向成為百萬富翁的目標。

　　達成目標最快的方法，就是募集更多資金。8 月，巴菲特回紐約參加葛拉漢紐曼公司最後一次股東會，華爾街的要人似乎都到齊了。滿頭雪茄怪味、身高 193 公分的投資人格林指責葛拉漢犯了大錯：[14] 為什麼他們沒有培養人才？他向身邊的人說：「他們在這裡做了三十年，把業務建立起來，結果唯一能接班的就是這個叫華倫‧巴菲特的小子，這是他們最好的人選，但誰會想跟著他投資？」[15]

　　巴菲特很久以前犯了一個錯，他曾告訴格林，他之所以買馬歇魏爾斯公司，是「因為葛拉漢買了」，現在這個錯誤讓這些重要人士質疑葛拉漢對他的支持，後果難料。不過，葛拉漢的認可對他來說已經是份大獎了。道奇（Homer Dodge）是出身哈佛的物理教授，直到 1951 年都擔任佛蒙特州北田

（Northfield）諾維區大學（Norwich University）校長，也是葛拉漢紐曼的長期投資人。他曾問葛拉漢，公司關門後，他的錢該如何處裡。「班說：『這個曾經在這裡工作的傢伙或許可以幫你管錢。』」

7 月裡一個大熱天，道奇去西部度假時途經奧馬哈，車頂上綁著一艘藍色獨木舟。「他和我聊了一會兒，問我：『你能替我管錢嗎？』我為他單獨成立一個合夥事業，」巴菲特回憶。

1956 年 9 月 1 日，道奇給他 12 萬美元成立了巴菲特基金有限公司（Buffett Fund, Ltd.），[16] 金額高於巴菲特聯合有限公司，這一大步 * 讓巴菲特成為專業的基金經理人，不再是替親人、朋友管筆小錢的前證券經紀人，他現在為葛拉漢推薦的客戶管錢。[17]

第三個合夥事業碧西有限公司（B-C, Ltd.），合夥人是巴菲特父親在國會的祕書克利瑞（John Cleary）。[18] 1956 年 10 月 1 日碧西合夥事業成立後，巴菲特管理的資金超過 50 萬美元，包括他自己未投入任何合夥事業的資金。他的工作地點是家中一個小書房，要經過主臥室才能到。他和蘇珊都是夜貓子，喜歡在深夜工作，喝著百事可樂、吃洋芋片，享受自由和寧靜。他閱讀《穆迪手冊》，親自用 IBM 打字機打信，小心地把印有公司名稱、地址的信箋對齊打字機的滑動架，需要副本時，就把藍色複寫紙和一張半透明薄紙放在第一張紙下面。他自己整

---

* 假設巴菲特為巴菲特聯合有限公司賺了15%，扣掉合夥人4%利息，他的費用收入是5,718美元；為道奇管理這筆資金則可得9,081美元費用收入。他將這些收入再投進合夥事業，第二年這9,081美元產生的利潤就完全屬於他，再加上其他資金的費用收入，以此類推。

理所有檔案，自己記帳，自己報稅。記帳牽涉到精確數字，也可用來評量成果如何，他喜歡這工作。

　　每一張股票憑證都登記在合夥事業名下，直接寄給他，而不像一般做法交給券商保存。收到憑證之後，他會親自將這些奶油色投資憑證（上面精細刻畫著鐵道、老鷹、海怪和裹長袍的女人）放進奧馬哈國民銀行的保險櫃。賣掉股票時，他會到銀行取出憑證，到三十八街郵局去寄。股利支票來的時候銀行會通知他，他會到銀行檢查支票，親自背書。

　　他占用家中唯一的電話打給幾個往來的證券商，盡量把營業費用降到零。他將費用記在黃色速記紙上：郵票 31 美分、《穆迪手冊》15.32 美元、《石油與天然氣》期刊 4 美元、電話費 3.08 美元。[19] 除了記帳方式更嚴謹和大量思考之外，他經營事業的方法和一般透過券商買賣股票的個人沒兩樣。

美國全國火險公司

　　1956 年底，巴菲特寫信給合夥人，列出巴菲特聯合有限公司年終成績，總收入稍高於 4,500 美元，比市場整體表現高出 4％。[20] 那時他的律師莫能已退出第一個合夥事業，轉而參與巴菲特個人的一項投資案：購買奧馬哈一家保險公司，美國全國火險公司（National American Fire Insurance）的股票。該公司一文不值的股票在 1919 年被黑心推銷員賣給內布拉斯加州各處的農民，以一次大戰時發行的自由債券（Liberty Bonds）做為交換。[21] 從此那些股票便在抽屜裡放著，擁有它們的人逐漸放棄了變現的希望。

　　巴菲特在巴菲特福克公司工作時，曾因翻看《穆迪手冊》

發現這家公司。[22] 該公司總部距他父親的辦公室只有一個街區，成立時原是一個騙局，但是奧馬哈一位著名的保險經紀人威廉‧阿曼森（William Ahmanson）無意中捲入，成為該公司的地方代表，後來阿曼森家族逐漸將這家公司轉變為合法公司。威廉的兒子霍華‧阿曼森在加州創辦了美豐儲蓄銀行（Home Savings of America），逐漸成為全美最大、最成功的儲蓄貸款公司。[23]

農民被蒙在鼓裡，不知道他們手上發霉的股票現在有價值了。霍華多年來透過主管美國全國火險公司的弟弟海坦（Hayden），悄悄以低價收購這些股票。阿曼森家族已擁有公司 70% 的股權。

巴菲特很佩服霍華‧阿曼森。「沒有人管理錢像他那樣大膽，他在許多方面都很精明。過去許多人親自到分行繳貸款，霍華把貸款業務放在離你住處最遠的分行，所以你會把錢用寄的，而不會親自來銀行花半小時和行員聊你家的小孩。很多人看了《風雲人物》（It's a Wonderful Life）這部電影，認為該學習男主角吉米‧史都華的作為（譯注：劇中他在無意間幫助許多人），但是霍華不想見他的顧客，他的營業成本比任何人都低得多。」

美國全國火險每股獲利 29 美元，海坦以 30 美元左右收購，成本幾乎只是這支股票一年賺的錢，這正是巴菲特尋找的便宜股票。美國全國火險是除了西方保險之外巴菲特見過最便宜的股票，而且是一家體質良好的小公司，不是雪茄屁股。

「長久以來我就試著買它的股票，卻買不到。海坦把股東名單給了城裡一個證券經紀人，那個人認為我是個沒用的小毛

頭。他有名單，我沒有，股票都以 30 美元賣給他，進了海坦的帳戶。」

　　有些農民認為拿海坦的現金強過握著無用的股票，雖然多年前他們買進時付了 100 美元，現在只收到 30 美元，但許多人逐漸說服自己出售股票。

　　巴菲特勢在必得。「我查閱 1920 年代的保險相關書籍尋找出董事名單。在當時推銷得最多的區域，某些最大的股東會成為董事。內布拉斯加州有個叫伊文（Ewing）的小鎮已無人居住，但有人曾在那裡賣出許多股票，也許三十五年前有當地人因此進入董事會。」

　　巴菲特的合夥人兼代理人莫能，帶著一疊疊巴菲特的錢和一些自己的錢下鄉去，開著紅白雙色的雪佛蘭汽車遊走鄉間，出入地方法院和銀行，隨口詢問誰有美國全國火險公司的股票。[24] 他坐在門廊上和農民一起喝冰茶、吃餡餅，以現金收買他們的股票。[25]

　　「我不想讓霍華·阿曼森知道，因為我出的價錢比他高。他一直用 30 美元買，我得出高一點。十年來股東聽到的都是 30 美元，這是第一次價格上漲，」巴菲特說。

　　「到最後我出 100 美元。這是個神奇數字，就是他們當初買進的價格。我知道 100 美元可以吸收到所有股票。果然，莫能出 100 美元時，有人說：『我們買的時候是頭羊，賣的時候也是頭羊。』」[26]

　　但是許多人以不到每股盈餘三倍的價格賣掉了這頭羊。莫能終於累積到 2,000 股，相當於這家公司 10％的股票。巴菲特讓股票保留在原股東名下，未將股票過戶到他名下，但是附有

委託書讓他握有控制權。「過戶的話會讓霍華‧阿曼森察覺我在和他競爭。他不知情，或者他曾聽到消息但資訊不足。我繼續不斷收購股票，直到有一天我走進海坦的辦公室，把股票全拿出來，要求過到我名下。他說：『我哥哥會殺了我。』但他最後還是照辦。」[27]

讓巴菲特動念收購美國全國火險股票的原因不只是價格，他一向懂得蒐集稀有物品。從車牌號碼到修女指紋，再到錢幣和郵票、聯合街鐵路和美國全國火險，他的想法始終沒變。他是天生的蒐集家。[28]

愚蠢的錯誤

但這個強烈本能有時也讓巴菲特走錯路。幫忙結束葛拉漢紐曼公司業務後，納普為小券商崔布雷（Tweedy, Browne and Reilly）工作。有一天他來拜訪巴菲特，兩人再一起去威斯康辛州比洛特（Beloit）聽葛拉漢演講。開車經過愛荷華的玉米田時，納普提到美國政府將收回四美分的藍鷹郵票。巴菲特腦中的收銀機鏘了一聲。「我們可以在幾家郵局停下來，問是否有四美分郵票，」回程時巴菲特建議。納普走進第一家郵局，回來說還有二十八枚郵票。「去買下來，」巴菲特說。他們討論了一會兒，決定回去寫信告訴郵局，他們願意收購剩下的郵票。郵票開始來了，一來就是幾千枚。丹佛郵局回說他們有二十疊郵票，每疊一百張，每張是一百枚，總共有二十萬枚藍鷹郵票。

「我們乾脆獨占這個市場吧，」巴菲特提議。他們花 8,000美元買下這二十疊。

「我們犯了一個錯，」納普說，「我們應該讓丹佛郵局把這些郵票送回華盛頓，才能降低供應量。」

他們大費周章蒐集了六十萬枚藍鷹郵票（大部分苦工是納普做的），總共花費約 25,000 美元。以巴菲特對錢的態度和他的資產淨值而言，這是一筆大數目。他們把郵票搬到地下室時，才突然明白自己做了什麼，這些費力蒐集來的郵票價值永遠不會超過四美分。納普解釋說，「當郵票數量這麼大時，就沒有多少人想蒐集了。」

所以，下一步就是把這些郵票處裡掉。巴菲特高明地把問題授權給納普解決，自己將它拋諸腦後，回到真正重要的事上：為合夥事業募集資金。

1957 年夏天，巴菲特接到泌尿科醫生戴維斯（Dr. Edwin Davis）的電話，戴維斯提起當時最著名的基金經理人威森伯格（Arthur Wiesenberger）也是他的患者。威森伯格每年出版的《投資公司》（Investment Companies）期刊，是封閉型基金的「聖經」。封閉型基金和公開交易的共同基金差不多，但不接受新投資人，售價幾乎都低於資產價值，就像共同基金中的雪茄屁股，所以威森伯格鼓勵投資人購買。[29]

進研究所前的那個夏天，巴菲特曾坐在巴菲特福克公司辦公室讀威森伯格的「聖經」。在葛拉漢紐曼工作時，他曾見到威森伯格並給後者留下好印象，「雖然那時我不是很出色。」

1957 年，威森伯格向戴維斯醫師推薦巴菲特。他說：「我很想雇用這個人，但他組織了合夥事業。」[30] 他敦促戴維斯委託巴菲特投資。

不久後，巴菲特和戴維斯夫婦約在一個週日下午見面。

「我到他們家,坐在客廳談了約一小時。我說:『這是我管理錢的方式和我的規則。』那時我大約二十六歲,看起來像二十歲。」事實上他像十八歲,戴維斯醫生說:「他的領口敞開,外套太大,說話太快。」那時巴菲特常穿一件劣質毛衣(有人說那該送到舊衣店)、一條舊長褲和磨損的鞋子到處走。「以我的年齡而言,我不夠成熟,」巴菲特回憶說,「我談的通常是更年輕的人談的事情。年輕人會對許多事視而不見。」

不過巴菲特並不向戴維斯夫婦推銷,只是解釋他的規則。他要完全控制資金,不告訴合夥人他怎麼投資。這點很重要,葛拉漢因為被人「拉衣尾」而吃虧,他可不吃這個虧。合夥人只有在 12 月 31 日這一天才能新增或抽回資金,其他時間資金將被鎖在合夥事業中。

「戴維斯醫師一直沒注意聽我說話,他太太桃樂西很專心地聆聽,還提出問題。他在一個角落,沒做什麼事,我覺得他很老,其實還不到七十歲。等我說完,桃樂西轉頭問他:『你覺得如何?』他說:『給他 10 萬美元。』我很禮貌地問他:『戴維斯醫師,我很高興得到這筆錢,但我說明時你並沒有注意聽,為什麼呢?』

「他說:『你讓我想起查理・孟格。』」[31]

「我說:『我不知道他是誰,但我會喜歡這個人。』」

戴維斯夫婦樂意把錢交給巴菲特的另一個原因是,巴菲特「比他們更了解威森伯格」。[32] 他們也喜歡他的條件,清晰而透明,讓他們知道他站在哪一邊,他的利益與他們一致。桃樂西說:「他精明、聰慧,而且我看得出他很誠實,我喜歡他的每個特點。」1957 年 8 月 5 日,戴維斯夫婦和他們的三個孩子

拿出 10 萬美元，成立了第五個合夥事業，名稱是戴氏
（Dacee）。[33]

戴氏成立後，巴菲特的事業更上一層樓。他現在能在較大
型公司擁有較高的持股部位。但他個人的投資組合中依然都是
低價股票，像是幾年前因為政府購買鈾而風光一時、但現在極
便宜的鈾礦股票。[34] 他買進隱藏光輝（Hidden Splendor）、斯
坦洛可（Stanrock）、諾斯潘（Northspan）等公司。「有一些吸
引人的標的就像在桶中抓魚，雖然不是大魚，但是在桶子裡抓
一定抓得到。這些都是小魚，大傢伙則放在合夥事業裡。」

有了新合夥人代表有更多資金，但是管理五個合夥事業再
加上巴菲特父子合夥事業，股票的數量和文書作業量都增加了
很多，他得趕工，但是他很開心。他一直覺得資金不足，他研
究的公司市值經常是 100 萬到 1,000 萬美元，想擁有相當部位
至少需要 10 萬美元。他必須取得更多資金。

此時，巴菲特也許比那時華爾街的任何人都了解以管理資
金來賺錢的潛力。所管理的資金每增加一元，他分享的利潤也
隨之增加，[35] 這些利潤再投入，產生的利潤全屬於他，[36] 而利
潤再投資將帶來更多利潤。他的績效愈好，得到的報酬愈大，
他在合夥事業中的占比就會愈高，賺得也愈多。他的投資才能
使他能將資金的獲利潛能發揮得淋漓盡致。巴菲特儘管舉止笨
拙，卻很成功地經營自己。很快地，巴菲特又成立了兩個新的
合夥公司：彼得森的母親伊利莎白投資 85,000 美元設立的安
德伍德（Underwood），以及靠著美國全國火險公司而翻身的
莫能和太太瑪麗出資 70,000 美元成立了莫巴菲（Mo-Buff）。
雖然巴菲特在投資界還沒沒無名，但雪球已開始滾動。

買下房子

事業開始起飛後,巴菲特明白他們需要換房子了。家裡已有兩個小孩,其中一個是精力無窮的三歲半男孩,另外還有第三個將要報到,空間不敷使用。巴菲特買下他第一間房子,四面綠樹環繞,旁邊就是奧馬哈最熱鬧的大街之一。這是整個街區最大的一棟房子,美觀但不氣派,斜瓦屋頂上開有屋頂窗和眉毛窗(eyebrow window)。[37] 巴菲特付給當地商人雷諾(Sam Reynolds)31,500 美元,買下它後立刻命名為「巴菲特的愚行」(Buffett's Folly)。[38] 由於他的投資收益可觀,這筆錢經過十數年利上滾利,就是上百萬元,因此他認為自己為房子花費了百萬巨資。

正當搬家卡車要離開安德伍德街時,巴菲特帶五歲的蘇西回到樓上鑄鐵陽台。「戴眼鏡的男人會留在這裡,」巴菲特說,「妳要和他說再見。」蘇西說了再見,從此就真的擺脫了戴眼鏡的男人。[39]

已懷孕八個月的蘇珊負責搬家,還要管束兒子霍華。據長期友人的觀察,霍華是個「搗亂鬼」,他有巴菲特的無窮精力,綽號叫「龍捲風」,和巴菲特兒時的綽號「火閃電」類似,但寓意不同。巴菲特說,霍華自從會走路之後就到處走動,喜歡拿著玩具挖土機在院子裡挖地,蘇珊拿走挖土機,他把房子掀翻也要找出來,然後繼續挖。蘇珊把挖土機拿走,戰鬥又重來一遍。[40]

搬到法南街才一週,莫巴菲合夥事業成立的前一天,巴菲特第二個兒子彼得出生了,從小就是個安靜、乖巧的嬰兒。但

在彼得出生後不久，蘇珊腎臟發炎。[41] 自從兒時患過風溼熱和耳朵發炎後，蘇珊一直自認健康，因此不太擔心自己的病，只怕巴菲特受影響。家人生病總讓巴菲特焦慮，只要有人病了，蘇珊都要求家人留意巴菲特，彷彿他也生了病需要照顧似的。

蘇珊終於有了自己的家，就算生病、就算還要照顧新生嬰兒和兩個幼兒，也不能減低她裝潢房子的興致。她以活潑的現代風格讓房子活了起來，添購了金屬與真皮家具，白牆上掛著鮮明的現代畫作。裝潢費花了 15,000 美元，將近房價的一半。據高爾夫球友畢立格（Bob Billig）說，這筆費用「幾乎殺了華倫」。[42] 巴菲特不注意顏色，對視覺美感沒反應，不在乎裝潢的效果，只看見巨額帳單。

「我真的要花 30 萬美元來剪頭髮嗎？」是巴菲特一貫的態度。[43] 蘇珊想花一筆錢，巴菲特想要省錢，但他希望蘇珊高興，蘇珊希望他開心，他們逐漸演變成以討價還價和交換條件的模式處理開支。

在親友眼中，蘇珊是有彈性、好脾氣、很細心的母親。現在既然住處靠近雙方家長，孩子們就經常和祖父母及外祖父母相聚。距離一個半街區的湯普森家氣氛輕鬆愉快，他們不在乎小霍華是否打破窗玻璃，或孩子們把家裡搞得亂七八糟。蘇珊的母親桃樂西一向興致很好，會和孩子們玩遊戲、尋找復活節彩蛋、製作多層冰淇淋。孩子們很喜歡湯普森博士，儘管他嚴肅矜持又愛說教。有一次他把小霍華放在膝上說：「別喝酒，酒會殺死你的腦細胞，你可沒有多少腦細胞能浪費。」[44]

星期天，湯普森博士有時會穿著糖豆色西裝到女婿家的客廳講道，或是蘇西姊弟到祖父母家，由麗拉帶他們上教堂。和

湯普森家比起來，祖父母霍華和麗拉顯得較拘謹嚴格。老霍華還像維多利亞時代的人物，有一回他打電話給多麗絲和巴菲特，要告知柏蒂的消息，卻只能說出：「大事不好了！」他們後來從別處打聽到，原來柏蒂流產了。「流產」這個詞，霍華說不出口。

有了寬敞的新居後，巴菲特和蘇珊開始邀請家人來聚會。在家族聚會中，只要有麗拉在場，巴菲特就會盡早溜回樓上工作。

蘇珊替巴菲特的小辦公室貼上美鈔圖案的壁紙。舒適地被鈔票包圍著，巴菲特快速翻閱《穆迪手冊》，尋找可購買的便宜股票，那些出售基本產品或大宗商品、價值容易估算的公司，例如戴文波特製襪（Davenport Hosiery）、草地河煤礦土地（Meadow River Coal & Land）、衛斯潘碳氫化合物（Westpan Hydrocarbon）、馬拉凱波探油（Maracaibo Oil Exploration）。不管是為合夥人、為他自己或為蘇珊，只要有錢進來，他立刻就拿去投資生財。

巴菲特的代理人

他需要對自己的投資保密，因此他找來聰明熱心的人當代理人，例如莫能。另一位是寇文（Daniel Cowin），他為紐約小券商海特曼公司（Hettleman & Co.）工作。他們是透過已故友人庫肯而相識的。[45]

寇文比巴菲特大九歲，眼眶深陷、目光銳利。他們在一起時，外表上看來就像是成年人和大學生，但他們有許多相似處。寇文青少年時期就要養家，曾把十三歲生日收到的禮金拿

去買股票。[46] 寇文吸引巴菲特之處是他有自己的想法。[47] 當巴菲特在葛拉漢紐曼工作時，曾向寇文借 5 萬美元，為期一週，讓他能購買某些共同基金以節稅 1,000 美元，[48] 因此他很早就對寇文有好感。漸漸地，他們一起合作，寇文比較資深、有經驗，可投資資金較多，兩人互相交換資訊和構想。

每週當列出小型股股價的粉單出版後，他們會通電話比較心得。「你買了這支股票嗎？」「有，我買了，那是我的了！」如果他們選了相同的股票，兩人都自覺是贏家。「這就像在選馬匹，」寇文的太太喬依絲（Joyce）說。[49]

巴菲特還說，他們曾想買下馬里蘭州一個小鎮，它有一個郵局、一個鎮公所、許多租金低於市價的空間。小鎮是在大蕭條年代建造的，現在聯邦住宅局（Federal Housing Authority）要低價拍賣。巴菲特回憶說，小鎮拍賣的廣告讓他們流口水，他們可以把租金提高到市場價。但是儘管要價低，他們仍然沒有足夠的現金。[50]

巴菲特總覺得資金不足，一直在募集資金。和葛拉漢的關係再次為他帶來好處。整形外科先鋒沙納特（Bernie Sarnat）的妻子是葛拉漢表親，葛拉漢退休後和太太搬到加州，就住在沙納特家對面。有一天沙納特過來和葛拉漢聊天，問到該如何處理手上的錢。沙納特回憶：「他說：『噢，買 AT&T。』還告訴我三檔封閉型基金和一支股票。然後他不經意提到：『我從前的一個學生在做投資，叫華倫‧巴菲特。』他說得這樣輕描淡寫，我甚至沒聽進去。」

幾乎沒人知道巴菲特這個人，彷彿他只是躲在奧馬哈某顆石頭底下的一團青苔。沙納特的太太羅妲（Rhoda）是個社工，

每天和葛拉漢的太太伊絲黛一起散步。她回憶說：「不久後，伊絲黛對我說：『羅姐，人們總是來找我們投資，因為如果他們能說葛拉漢投資他們，他們就成功了，但我們全都拒絕。但是巴菲特有潛力，我們跟他投資，你最好也這樣做。』

「我告訴伊絲黛：『我知道你認為他聰明，但我更在意他是否誠實。』伊絲黛說：『他非常誠實，我百分之百相信他。』」沙納特夫婦和伊絲黛分別投資 10,000 和 15,000 美元到莫巴菲合夥事業。

加入合夥事業的人還包括幾個巴菲特投資課的學生，以及他在卡內基受訓的講師基南。1959 年時巴菲特已小有名氣，他的個性與作風也開始為奧馬哈人所知曉。青年時期的他曾在廣播節目中持反方立場大放厥詞，他的這種個性被奧馬哈人認為是輕率、自認無所不知。他說：「過去任何爭辯我都愛站在反方，不論什麼事，我一秒就能轉過來。」人們認為他要別人提供資金卻不告訴人家投資在哪裡，這種行為太過大膽。「有些奧馬哈人認為我做的是老鼠會一類的事，」他回憶說。這事的後果是，當他申請成為奧馬哈鄉村俱樂部正式會員時，卻被拒絕。這表示有人非常不喜歡他，甚至到了要使他難堪的地步。認同局外人是一回事，但他也想成為團體的一部分，何況他也愛打高爾夫，而俱樂部有好球場。後來他透過關係讓自己脫離黑名單。

此時有更多人看出他的才華，他的合夥人中也逐漸多了有聲望的人。1959 年 2 月，來自奧馬哈最顯赫家族之一的卡斯波‧歐費特（Casper Offutt）和兒子小卡斯波來找巴菲特為他們成立合夥事業。當巴菲特說，他不會告訴他們投資標的為何

時，老卡斯波便打消了主意，「於是小卡斯波和弟弟約翰，以及託彼得森替他管房地產的商人葛蘭（William Glenn）合資 5 萬美元，成立第七個合夥事業葛蘭歐費（Glenoff）。

在管理合夥事業的頭幾年，巴菲特完全按照葛拉漢的原則投資，買的都是極為便宜、還可以免費抽一口的雪茄屁股，但這是在遇見孟格之前的事。

第 23 章

查理‧孟格

奧馬哈，1959 年

奧馬哈俱樂部的拱門像銀行的金庫大門一般，在銀行家、保險商和鐵路公司主管的身後闔上，黑人門房喬治迎接來客。男人們聚在前廳壁爐旁，他們或剛在地下室打完壁球，或從城中辦公室過來，閒聊等著女士們從建築另一側文藝復興式牆面的邊門走過來和他們會合，一起登上桃花心木的圓弧樓梯來到二樓，途中經過一張真人大小的畫作，畫中描繪的是一個蘇格蘭人在溪中抓鱒魚。奧馬哈俱樂部是城裡辦舞會、募款、結婚和慶祝結婚週年的地點，但更重要的，是做生意的地點，在這裡可以安心談話。

1959 年夏天的一個星期五，巴菲特走進俱樂部和兩位合夥人吃中餐，尼爾‧戴維斯（Neal Davis）和他的連襟西曼（Lee Seeman）安排他與戴維斯家的好朋友見面。尼爾的父親戴維斯醫師曾對巴菲特說過：「你讓我想起查理‧孟格。」現在孟格正在奧馬哈處理父親的遺產。[1]

孟格對小他六歲、剪平頭的巴菲特所知不多，[2] 但秉持他對人生的一貫態度，對這次會面的期望不高。他用這種態度來沖淡失望，而且他極少遇到讓他樂意傾聽的人。

孟格家原本貧窮，但在十九世紀末，他的祖父孟格法官

（T. C. Munger）使家族地位上升，成為奧馬哈受歡迎的人物，不像巴菲特家只在後門送雜貨。鋼鐵紀律的孟格法官強迫全家人閱讀《魯賓遜漂流記》，吸取書中靠紀律戰勝自然的教訓。他給陪審團的指示比任何中西部法官都長，並以此聞名。[3] 他喜歡教導親戚儲蓄的美德，以及賭博和飲酒的壞處。

孟格法官的兒子艾爾（Al）追隨父親進入法律界，成為受尊敬但不富有的律師，客戶包括《奧馬哈世界前鋒報》等當地重要機構。不像孟格法官，艾爾天性無憂無慮，喜歡抽菸斗、打獵和釣魚。他兒子查理後來說他「成就了他要成就的事，不多也不少……不像他父親和他兒子那般小題大作、杞人憂天。」[4]

艾爾的妻子，美麗機智的杜蒂（Toody，全名 Florence Russell）來自新英格蘭冒險進取、注重責任道德的知識分子家庭。查理說，父母的「生活樸實，思想崇高」。

聰明過人

艾爾和杜蒂有三個孩子：查理、凱洛和瑪麗。查理嬰兒時的照片已顯露出他成年後典型的易怒神情。在丹地小學時，查理最顯著的特徵是一對巨大的耳朵，和有時露出的大笑臉。據他妹妹凱洛說，他被認為是聰明、活潑、「太獨立以致不願委屈自己符合某些老師的期望」。[5] 鄰居戴維斯太太回憶他幼年時代說，「他很聰明，也很自作聰明」。[6] 戴維斯太太試著減少查理對她兒子尼爾的影響，但怎樣也管不住查理的嘴。

對於童年期所承受的委屈和不順遂，巴菲特只經過短暫反抗就學會隱藏苦悶、適應環境。孟格則是高傲不屈，以尖銳嘲

諷應對少年期的苦惱。在中央中學就讀時，他獲得「金頭腦」的綽號，被人形容為過度好動和冷淡。[7]

成長於重視教育的家庭，孟格努力追求學識，十七歲進入密西根大學主修數學。珍珠港事件爆發一年後，就讀大二的他加入軍隊，服役時還在新墨西哥大學和加州理工學院研讀氣象學，但沒畢業，後來到阿拉斯加的諾姆（Nome）擔任軍中氣象人員。孟格說他從未出任務，說他很幸運地都被派駐平安無事的地區。他承擔的最大風險和錢有關：他打撲克牌來增加收入，發現自己善於此道，並從中學到手氣差時要快認輸，手氣好時下注要大。這個心得日後會派上用場。

透過家庭的人脈關係，他在戰後進入哈佛法學院，雖然他大學並未畢業。[8]那時他已和南西‧哈金斯（Nancy Huggins）結婚，他二十一歲，南西十九歲，兩人因一時衝動而結合。那時的他中等身材，衣著得體，一頭深色頭髮剪得很短，眼睛機警有神，外貌文雅。他最顯著的特徵，除了兩隻招風耳外，就是那招牌的懷疑表情。他帶著這表情在哈佛匆匆來去，但他說其實什麼也沒學到。[9]

女兒茉莉形容南西「任性、驕縱」，和孟格個性不合。[10]不久他們的婚姻就亮紅燈。哈佛畢業後，他們立刻帶著兒子泰迪回到加州的帕莎迪那定居，孟格在這裡成為成功的律師。

1953年，在生下三個孩子，和經過八年衝突、爭吵和折磨之後，孟格離婚了，而當時離婚還是不名譽的事。對於一兒兩女的照顧，他與南西和平地達成協議。他搬進大學俱樂部的一個房間，買了一輛車身凹陷脫漆的黃色龐帝亞克以避免被偷，只將週六奉獻給兒女。[11]分手一年內，八歲的泰迪被診斷

出白血病。孟格和前妻遍訪名醫，但不久就知道泰迪無法醫治。他們在血癌病房和其他病童的父母及祖父母一起看著孩子日漸憔悴。[12]

泰迪經常進出醫院，孟格會去探視、將他抱在懷中，走在街道上，他有時會不禁為兒子哭泣。失敗的婚姻加上兒子重病讓他難以承受。身為單親父親的寂寞令他難受，沒有完整的家庭使他自覺是個失敗者，渴望身邊有孩子圍繞。

當生活不順利時，孟格會為自己設定新目標，不讓自己沉陷於負面情緒，[13] 這或許顯得太現實，甚至無情，但他需要向前看，「你不應該因為自己缺乏意志，而讓一個意外悲劇演變為兩、三個悲劇。」[14]

降低期望

在照顧垂危的兒子時，孟格決定再婚，不過他的分析使他對得到美滿婚姻的機率抱著悲觀態度。

巴菲特說：「查理很懷疑他能遇到合適的對象。『我怎麼能找到合適的人？加州 2,000 萬人口中，1,000 萬是女人，其中年齡合適的只有 200 萬。那群人中 150 萬已婚，剩下 50 萬，其中 30 萬太笨、5 萬太聰明，剩下 15 萬人中，我願意娶的人選可以放進一個籃球場。我必須找到一個這樣的女人，而且我還得在她的籃球場中。』」

降低期望是孟格長久以來的習慣，他認為這樣才能快樂；期望高就容易挑毛病，期望低則不容易失望。但是，這也有礙成功。

無計可施，孟格開始留意離婚和死亡公告，尋找新近恢復

單身的女人。朋友注意到他的情況,覺得不能再這樣下去,於是插手幫忙。法律事務所的合夥人介紹他認識另一位南西(Nancy Barry Borthwick)。她已經離婚、帶著兩個小男孩,身材嬌小、深色頭髮,喜愛網球、滑雪和高爾夫,是史丹福大學經濟系的 PBK 學會榮譽畢業生(**譯注:Phi Beta Kappa 學會,是由優秀大學生組成的一種榮譽組織**)。

第一次約會時他警告她說:「我喜歡說教。」他的好為人師沒有嚇走南西,他們開始帶孩子外出。剛開始泰迪也去,後來他病得太重,泰迪在世最後幾週,三十一歲的孟格大部分時間守在他病床邊。1955 年,九歲的泰迪過世時,孟格掉了 4.5 到 7 公斤。「沒有任何人生經歷會比看著孩子的生命一點一點流失更悲慘,」他事後說。[15]

南西在 1956 年 1 月和孟格結婚之後,馬上成為孟格的支柱。當孟格的氣球膨脹過度時,南西會毫不猶豫一針刺破。她是一位優秀的管理者,謹慎、沉著、講理、務實。他們又生了三個兒子和一個女兒,加上他原先的兩個女兒和她的兩個兒子,南西要扶養八個孩子,還要理家和照料孟格。[16] 孟格經常讀科學書籍和偉人傳記,孩子們稱他為「長腳的書本」。他繼續在穆匹加法律事務所(Musick, Peeler & Garrett)工作,但他知道法律無法讓他致富,就開始兼做賺錢的副業。「當時查理是很年輕的律師,時薪大約 20 美元。他想:『誰是我最珍貴的客戶?』他的答案是自己,所以他決定每天清早給自己一小時,從事建築案和房地產交易。事實上每個人都該這樣做,當自己的客戶,也為其他人工作,每天賣給自己一個小時,」巴菲特說。

棋逢對手

「我渴望有錢，」孟格說，「不是因為想開法拉利，而是非常想要獨立。我認為送帳單給客戶有失尊嚴，我不知道這觀念從何而來，但我就是這樣想。」[17] 他自認是紳士律師，並不在金錢上與人競爭，他希望加入好的俱樂部，不在乎其他會員是否比他富有。在高傲的外表下，尊崇真實成就的態度使他保持謙遜，這對於未來和巴菲特的合作關係是非常重要的。

在奧馬哈俱樂部的包廂內，坐在孟格對面的巴菲特，穿著像是推銷保險的年輕業務員。孟格此時在洛杉磯的商界已有一席之地。在戴維斯和西曼介紹完畢後，巴菲特和孟格開始一來一往聊開來了。孟格說，他曾在巴菲特雜貨店短暫打工，那時候「從早一直忙到晚」。[18] 和其他員工相比，恩尼斯起碼肯讓重要顧客（像杜蒂・孟格）的兒子打混。[19] 說笑過後，巴菲特開始談到投資和葛拉漢，其餘人全神貫注地聆聽。孟格很快就領悟了他的觀念。「那時他已經花了許多時間思考如何投資和做生意，」巴菲特說。

巴菲特說了美國全國火險公司的故事。孟格在中央中學時和阿曼森兄弟是同學，他很驚訝，沒待過加州的巴菲特竟然熟知阿曼森和他的儲蓄貸款業務。很快地，這兩人搶著說話，但似乎又完全了解對方的話。[20] 過了一會兒，孟格問：「華倫，你到底是做什麼的？」

巴菲特說他有合夥事業，解釋他做的事。他說，1957 年市場下跌超過 8%，他的合夥事業獲利卻超過 10%，而合夥事業的投資到了 1958 年已增值 40% 以上。[21] 直到當時為止，巴

菲特由合夥事業中收取並再投資的費用是 83,085 美元，使他
占合夥事業總額的 9.5％，而他的原始投資只有 700 美元——
七個合夥事業分別投入 100 美元。[22] 1959 年的業績看來又將勝
過道瓊，他的財富將增加，占合夥事業的比例更大。他的投資
人非常興奮，新合夥人不斷加入。孟格問他：「你認為我可以
在加州做相同的事嗎？」巴菲特停下來看著他。一位成功的洛
杉磯律師問這樣的問題，並不尋常。「我很肯定你能做，」他
說。[23] 午餐結束後，戴維斯和西曼決定先走，他們走到電梯回
望餐廳，巴菲特和孟格還繼續專注地對話。[24]

　　幾天後，他們帶妻子到強尼咖啡館，孟格一度因說笑話而
笑得摔下椅子，滾在地上。回洛杉磯後，孟格和巴菲特在電話
中一談就是一、兩個小時，通話頻率也愈來愈高。熱愛乒乓球
的巴菲特終於找到更有趣的事。

　　「你為什麼對他這麼注意？」南西問她先生。

　　「你不了解，」孟格說，「他不是普通人。」[25]

第 24 章
玩具火車
紐約市和奧馬哈，1958 年～ 1962 年

　　巴菲特和蘇珊就像一對平凡夫妻，行事低調。住家雖大但不華麗，後院有孩子們玩耍的小木屋，後門從不上鎖，方便鄰居小孩自由進出。巴菲特夫婦各忙各的，蘇珊行程滿檔，巴菲特則為追尋財富馬不停蹄。

　　1958 年以前，巴菲特通向財富的路徑就是買進股票，等待雪茄屁股點燃，然後賣出股票（有時會後悔），再買入其他更想要的股票。能限制他野心的，只有合夥人的資金不夠多。

　　然而，他現在要管理七個合夥事業，加上巴菲特父子合夥事業和自己的資金，超過 100 萬美元，運作規模變大了。[1] 他的事業夥伴除了史丹貝克、納普、布蘭特、寇文、孟格、許羅斯和瑞恩之外，又增加托勒斯（Roy Tolles）。瘦高的托勒斯曾是海軍戰鬥機駕駛，臉上經常帶著一抹淺笑，頭腦犀利但深藏不露，偶爾會丟出尖銳譏諷，讓聞者「但願隨身攜帶 OK 繃」。但巴菲特和孟格一樣懂得閃躲並迅速回擊，同時也和托勒斯成為好友。巴菲特善於號召同好加入他的陣營，組織起龐大的支持網。他把支持者分成若干小組，讓他們幫他工作，此時他的業務已迅速成長，非他一人所能負擔。

　　坐在家中書房從《證券分析》或《穆迪手冊》找股票的日

子已經過去了，巴菲特開始從事大規模、高獲利，但需要時間和規畫的投資案。這些投資案比購買美國全國火險公司更費事，有時相當複雜，一連數月、甚至數年占據巴菲特的心思。有時候，數起這樣的投資案同時進行。本來就少有時間與家人相處的巴菲特，這下子給家人的時間更少，但與朋友的關係卻更緊密。

聖邦地圖

第一個這樣複雜的投資案是聖邦地圖（Sanborn Map）。這家公司出版全美所有城市的詳細地圖，連電線、大水管、道路、建物、屋頂結構和逃生梯都鉅細靡遺，這些地圖主要賣給保險公司。[2] 由於保險公司紛紛合併，聖邦地圖的客戶減少，業務衰退。但是該公司 45 美元的股價相當便宜，因為它的投資資產每股就值 65 美元。要取得那些投資，巴菲特不僅需要合夥人的資金，還需要其他人的協助。

1958 年 11 月開始，他將合夥事業超過三分之一的資產投進聖邦，他為自己和蘇珊買進，也要艾莉絲姑姑、他的父母和姊妹都買進。他還告訴寇文、史丹貝克、納普、許羅斯這件事，某些人因他的情面而買入。他從他們的獲利抽取某個百分比，以擴大自己所能運用的資金。 他終於拿到足夠的股票，進入董事會。

1959 年 3 月，巴菲特照例前往紐約，住高雪德在長島的白色殖民時期風格的小屋。高雪德和艾柏菲德已將巴菲特視為兒子，替代已過世的庫肯。巴菲特在她的住處放了備用的內衣和睡衣，高雪德為他做漢堡當早餐。巴菲特每次到紐約，都會

列出十到三十件待辦事項，例如去標準普爾公司的圖書館找資料、去拜訪公司和證券經紀商，並且必定和在紐約的朋友布蘭特、寇文、許羅斯、納普和瑞恩相聚。

這一次停留時間較長，大約十天。他和潛在的合夥人見面，並且首次參加聖邦地圖的董事會。

聖邦董事會幾乎都是保險公司的代表，運作起來像個俱樂部，只差董事會後沒來一場高爾夫球賽。沒有一位董事持有公司大量的股票。[3] 巴菲特在會中提議將公司的投資資產分給股東，其他董事卻認為將投資從地圖業務中分離的主意荒謬可笑。自從大蕭條和二次大戰後，美國企業將金錢視為稀有商品緊緊守護著，儘管經濟狀況的改善使公司不再需要這樣做，但這種想法已成習慣。會議將結束時，董事會送上雪茄，當大家在吞雲吐霧時，巴菲特卻坐著生悶氣，「那是用我的錢買的雪茄。」到機場的路上，他從皮夾中拿出孩子們的照片來看，以平復自己的心情。

出師不利的巴菲特決定要代表其他股東，從這群不適任的董事手中接管這家公司。因此，巴菲特的人馬繼續買進，他也動用新投入合夥事業的資金，還讓父親的一些客戶也買進。

沒多久，巴菲特的朋友們就掌握了 24,000 股，其中包括著名的基金經理人卡列特（Phil Carret）。有了足夠的控制權，巴菲特開始行動。[4]

巴菲特又去開了一次董事會，一樣毫無結果，除了更多股東的錢被董事抽雪茄抽掉了。他再度在前往機場途中看孩子的照片來平靜情緒。三天後，他威脅要召開特別會議接管公司，除非董事們在 10 月 31 日之前採取行動。[5] 他的耐心已經耗盡。

董事會最終屈服，1960 年初，巴菲特憑著精力、組織能力和意志力打贏了這一仗。聖邦採取羅克伍德式做法，拿投資的資產和股東交換股票。6

聖邦這次交易立下新的高標準：巴菲特可以憑自己的頭腦和合夥人的錢來改變一家公司的作風，甚至是頑固、不願配合的公司。

忙碌的天使

在巴菲特為聖邦案往返紐約期間，他一邊思索如何弄到需要的股票，如何讓董事會聽從，如何避免繳稅，一邊也尋找其他投資機會，他的頭腦裡旋轉著千百個數字。回到家，他就躲回樓上閱讀和思考。

蘇珊知道他的工作是神聖使命，但她還是試著將他拉出書房，進入家人的世界：一起外出、度假、到餐廳吃飯。她有一句話：「所有男人都會當父親，但你也必須做和孩子親近的爸爸。」7 然而巴菲特不曾有過所謂的親近孩子的爸爸。蘇珊會說：「我們去吃漢堡吧。」然後帶一整車鄰居小孩去吃漢堡。在餐廳裡，有滑稽的事巴菲特會跟著笑，但他極少說話，心思不知在何處。8 到加州度假時，一天晚上他帶小孩去迪士尼樂園，孩子們玩瘋了，他卻坐在椅子上看書。9

這時彼得大約兩歲、霍華五歲、蘇西六歲半。蘇西的房間裝飾著粉紅格子布和有頂篷的床。霍華用破壞行動來測試父母的耐心。彼得學說話比較慢，霍華老愛戳他看他有什麼反應，好像做科學實驗一般。10 蘇西則是負責管束弟弟們。巴菲特把應付兒子的事全推給蘇珊，但在霍華記憶裡，媽媽幾乎「從來

不發怒，總是很容忍我。」[11]

　　蘇珊要應付這些事，還要扮演 1960 年代中上家庭典型的主婦：每天妝扮整齊，穿著訂製的裙子或褲裝（常是金黃色的），戴上光亮蓬鬆的假髮，無微不至地照料丈夫和家庭，投入社區服務工作，得體地款待丈夫的事業夥伴，就像把史雲生電視晚餐（Swanson TV Dinner）放進烤箱一樣簡單。巴菲特讓她請幫傭，一個接一個的傭人住進二樓通風明亮附浴室的房間，新管家克拉（Letha Clark）也分擔蘇珊的部分工作。蘇珊總說自己是個簡單的人，但她讓生活愈來愈複雜。她設立了義工組織（Volunteer Bureau），[12] 這個組織在奧馬哈大學辦公室幫忙並教人游泳，「你也能成為李維爾（Paul Revere）」是該組織的座右銘，讓人想起個人的勇敢和犧牲可挽救整個國家。（譯注：李維爾在美國獨立戰爭期間冒險夜奔通告英軍突襲的情報）

　　蘇珊和李維爾一樣，迫不及待上馬奔馳。[13] 她在家庭責任和愈來愈多需要她的人之間奔波，那些人很多來自弱勢群體或受過創傷。

　　她有個非常親近的朋友艾思柏（Bella Eisenberg）是奧許維次（Auschwitz）集中營的倖存者，艾思柏在獲救後來到奧馬哈。另一位朋友黛能柏（Eunice Denenberg）童年時發現父親上吊自殺。巴菲特家還有黑人朋友，包括棒球名投手吉普森（Bob Gibson）和他的妻子夏琳。在 1960 年代，黑人即使是運動明星也沒有社會地位。「那時候，奧馬哈的白人不會和黑人在一起，」巴菲特的兒時玩伴史璜森說。[14]

　　蘇珊親近所有人，願意幫助有困難的人，甚至是陌生人。

幾乎所有她遇見的人都因為她的關心而高興感動，但即使是對最親近的朋友，蘇珊也不訴說自己的煩惱。

她在自己家族中也是援助天使，對她的姊姊多蒂尤其如此。多蒂是家中的美女，但似乎空虛又不快樂。她強顏歡笑，告訴蘇珊說她從來不哭，因為一哭就停不下來。她的先生羅傑斯無法進入妻子內心，感到氣餒，但他們依然保持活躍的社交生活，每晚飲酒作樂時，會嫌兩個兒子在一旁礙手礙腳，羅傑斯有時會嚴厲責罰他們，多蒂則對大兒子比利揶揄嘲諷。所以蘇珊除了自己的孩子，還要照料兩個外甥。

蘇珊也幫助巴菲特家的長輩，他們擔心老霍華的健康和意識型態。當全美國都開始感染霍華對共產主義的誇大妄想症時，他自己也變本加厲。霍華加入新成立的柏奇會（John Birch Society），這個組織除了對共產主義有誇大妄想症，也擔憂那些「即使沒有共產主義，也依然存在於美國的道德和靈性問題」。[15] 霍華在辦公室牆面上掛了張地圖，標出共產主義推進的區域。共和黨內自由派人士尊敬霍華，但任何人和柏奇會沾上邊都會招來嘲笑。自從他在當地媒體為柏奇會辯護後，旁人更認定他怪異。奧馬哈社會竊笑巴菲特所崇敬的父親，讓他很難受。

但更令他焦慮的是，霍華十八個月來出現怪病，雖然去了明尼蘇達州的梅約醫學中心，[16] 也找不出病因。直到 1958 年 5 月，霍華才被告知患了大腸癌，需要立刻動手術。[17] 這診斷使巴菲特很煩惱，更認為醫生的延誤不可原諒。從此，蘇珊替他過濾霍華生病的細節。[18] 在霍華手術和漫長休養期間，蘇珊也幫麗拉打氣。她愉快地忙東忙西，成為家人在危機時刻可以倚

靠的撫慰力量。她幫助年紀較大的孩子了解疾病，並要他們定期去探視祖父。小霍華下午和祖父一起看大學美式足球，躺椅上的老霍華在球賽進行中不斷變換他支持的球隊。小霍華問他何以如此，他說：「誰叫他們現在是落水狗。」[19]

在父親病痛期間，巴菲特以工作來分散心思。他把頭埋進《美國銀行家》或《石油與天然氣》期刊。

然而，家人眼中安靜、內向的巴菲特已成為公眾注目的人。他的權威姿態和旺盛精力能感染聽眾。「他走到哪兒都散發這些特質，」彼得森說。[20] 他總是在談論投資和合夥事業，籌錢速度和說話速度一樣快，但這都趕不上他投資的速度。

專注的聽眾

孟格幾乎每天在電話中聽巴菲特談投資和募集資金的事，驚訝於巴菲特天生的推銷本領。現在有布蘭特替他找投資人，巴菲特的紐約之行更頻繁。1960 年是一個分水嶺，從這年開始資金大量湧入合夥事業。

安格（Bill Angle）和太太凱洛住在彼得森的對街。巴菲特受邀為他們和醫界友人做了一場簡報。會後，便提議每人出資 1 萬美元成立合夥事業恩地（Emdee），資本額共 11 萬美元。只有一位擔心錢賠光的醫師沒有加入。

奧馬哈有些人不喜歡巴菲特的神祕作風，有人認為這個好賣弄的小伙子成不了大事，他散發的權威感只是自命不凡。有些人不相信無名小卒不必攀附權貴也能成功。來自奧馬哈望族的某人與朋友吃中餐，有人提起巴菲特的名字，這人斷言：「巴菲特一年內就會破產，給他一年，他就完蛋了。」[21] 寇派

翠克公司（1957年和霍華的公司合併）的一位合夥人，則一
再說「他的下場還很難說。」[22]

那年秋天，原本上揚的股市繼續節節高升。先前經濟出現
輕微衰退，蘇聯在軍備和太空競賽中都取得優勢，使美國人士
氣低落。但是甘迺迪在選舉中險勝，政權將轉移給年輕有活力
的一代，人心為之振奮。接著股市應聲上漲，使人聯想起經濟
大蕭條前夕。巴菲特從未經歷過投機性的市場，但他伺機而
動。葛拉漢可能會保守應對，但是巴菲特不退縮，反而加速為
合夥事業募集資金。

他把柏蒂和她先生、伯伯喬治、表弟比爾，以及朋友克利
瑞的合夥人伊文思（Wayne Eves）都加進巴菲特聯合有限公司。
他也終於把庫肯的母親和阿姨拉進合夥事業，顯示他認為這個
時機不僅非常有利，而且穩賺不賠。

巴菲特為出自奧馬哈名門的史托茲（Elizabeth Storz）設
立第九個合夥事業安投資（Ann Investments），另外也為擁有
城裡最高檔服裝店的托普（Mattie Topp）和她的兩個女兒和女
婿設立了第十個合夥事業巴菲特提帝（Buffett-TD），資本額
25萬美元。同時，也有更多人加入巴菲特聯合投資，以及安
德伍德的投資事業。

就法規來說，如果不向證管會（SEC）登記為投資顧問，
巴菲特最多只能有一百位合夥人。隨著合夥業務成長，他開始
鼓勵人們自行組隊，再以一位合夥人代表加入。後來他將投資
人湊成好幾組，親自集結各組的資金。[23] 他日後說這種做法很
有問題，卻很有效。想管理更多資金、賺更多錢的強烈衝動催
促著他，像著魔似地在奧馬哈和紐約之間奔走。他開始因為壓

力而背痛，坐飛機時更加惡化，除了在家休息之外，他試過各種方法減輕疼痛。

「跟著巴菲特投資可致富」，這句話就像祕密一樣口耳相傳。但是跟著他投資的方式已經改變。1960 年的進入門檻為 8,000 美元，巴菲特也不再主動邀請，想參加的人要自己提出請求。人們不僅無法知道巴菲特如何投資，也不知道他是否願意接受他們的資金*，這使人們對他更熱情，也較不可能對他有怨言。他不再請求別人的幫忙，而是成為施惠者，人們因為他收了他們的錢而感謝他。讓別人主動請求使他在心理上占上風，在以後的人生中他常用這一招，不但可讓他達成目的，也減輕他為別人的命運負責的恐懼。

雖然他的不安全感依舊強烈，但他的成功及蘇珊的照顧和教導，使他開始顯得堅強，不再脆弱。許多人想請他代為投資。1961 年 5 月 16 日，巴菲特為律師莫能所介紹的賀蘭（Dick Holland）與妻子瑪麗成立第十一個、也是最後一個合夥事業巴菲特賀蘭（Buffett-Holland）。賀蘭決定投資時遭到家族成員反對，但他看出巴菲特的投資能力，儘管奧馬哈人仍然嘲笑巴菲特的野心。[24] 1959 年，巴菲特合夥事業的報酬高於市場 6%，1960 年，合夥事業的總資產將近 190 萬美元，報酬勝過市場 29%。這樣的成長率經過利上滾利，結果非常可觀。將 1,000 美元投進巴菲特基金（第二個合夥事業），四年後值 2,407 美元，投資道瓊工業指數卻只值 1,426 美元。[25] 更重要的是，這樣高的報酬率，風險卻低於市場平均。

---

* 雖然莫能和其他代理人常向有意加入的人提示需要的條件。

到 1960 年底，巴菲特將所收的費用再投資，總額已達243,494 美元，合夥事業的資產中超過 13％屬於他。儘管他占總資產的比例上升，他還是幫合夥人賺了許多錢，讓他們非常高興，對他敬佩有加。

認得你的孩子嗎？

恩地的合夥人安格非常崇拜巴菲特，他幫巴菲特在家中三樓搭建巨大的 HO 軌距的軌道，以及模型火車。巴菲特小時候每逢耶誕節都流連在布蘭迪斯百貨公司，渴望擁有那巨大的玩具火車，現在這個小孩在他心中甦醒。巴菲特「監督」安格建造他的童年夢想。

巴菲特還試著說服彼得森投資這些火車模型。彼得森說：「你大概昏頭了，我為什麼要替你的火車出一半錢？」但巴菲特不覺得哪裡不對，玩具火車讓他過度興奮，他回答：「你可以過來玩啊。」[26] 帶著遲來的童年光輝和奧馬哈火車歷史的色彩，這些玩具火車是巴菲特的寶貝，他的孩子不准靠近。

這時候他對金錢的執迷和對家庭的忽略已成為朋友間的笑話，他們會說：「華倫，那幾個是你的孩子，你認得吧？」[27]沒有外出旅行時，他會在家中邊走邊讀公司年報。家庭以他和他的神聖事業為中心，而他只是穿著舊睡袍、在早餐桌上看著《華爾街日報》的一個沉默又疏離的存在。

巴菲特現在有十一個合夥事業，一百多位投資人，管理將近 400 萬美元的資金，記帳、跑銀行、保險櫃存取和郵寄變成繁重的工作，但他仍然一手包辦，經手所有的錢、做所有的雜務：報稅、打信、存股利和資金支票、把股票放進保險箱。

　　1962 年 1 月 1 日，巴菲特解散所有合夥事業，合併為單一的巴菲特合夥事業有限公司（Buffett Partnership, Ltd.），簡稱 BPL。1961 年所有合夥事業的報酬率是 46％，而道瓊是 22％。經過合夥人增資之後，新的巴菲特合夥事業的資本額為 720 萬美元，巴菲特的合夥事業在六年間已超過葛拉漢紐曼公司。不過當畢馬威會計事務所（Peat, Marwick, Mitchell）來查帳時，查帳員麥肯齊（Verne McKenzie）不是坐在華爾街的會議室，而是在巴菲特臥室旁的小房間，兩人挨著坐。

　　加上他在別處的投資（總額超過 50 萬美元），巴菲特在三十歲就成為了百萬富翁。[28] 因此他在奇威廣場大樓租了辦公室，那是一棟白色大理石新建築物，和他的住所相隔二十個街區，距離市中心不到 3.5 公里。他現在和父親霍華共用辦公室，這是他多年的目標，同時兩人也共用一個祕書。老霍華病得很重，他邁著僵硬的步伐，堅強不屈地走進辦公室。每當巴菲特多知道一些老霍華的病況，臉色就黯淡下來，但大多數時間他避免知道詳情。

　　在搬進奇威廣場大樓之前，他也雇用了比爾·史考特（Bill Scott）。史考特是美國國民銀行（U.S. National Bank）的信託主任，他在《商業金融紀事報》上讀到巴菲特寫一家小保險公司的文章，就去上他的投資課。之後他說：「我打定主意黏著他，直到他雇用我。」巴菲特在星期天早晨送孩子去教會之後，會到史考特家談股票，後來終於雇用他。[29] 巴菲特首度讓他母親加入投資，還有史考特、丹利橋牌搭檔羅林（Russ Loring）的遺孀瑪琪（Marge），以及史丹貝克。史丹貝克有家族事業，只在特定案子與巴菲特合作。[30] 巴菲特還把自己所有

的現金,將近 45 萬美元放進合夥事業中。[31] 經過六年時間,他和蘇珊在合夥事業中的資產超過 100 萬美元,占 14%。

時機恰恰好,1962 年 3 月中旬股市終於下跌,直跌到 6 月底。股票比過去幾年都便宜,而巴菲特現在有大把現金可投資。他的投資組合在股市下跌中受傷相對輕,「相較於傳統(通常被稱為保守,但其實並非同義)的股票投資方式,我們的方法風險較低,」他在給合夥人的信中說。[32] 他快速閱覽股票行情表,經常套用葛拉漢的話說:「**當別人貪婪時要懼怕,別人懼怕時要貪婪。**」這正是該貪婪的時候。[33]

第25章
風車戰爭
奧馬哈和貝亞翠斯市，1960 年～1963 年

　　1950 年代末和 1960 年代初，正當巴菲特和聖邦地圖角力、合併合夥事業、與父親一起搬進新辦公室時，他也在離奧馬哈不遠的內布拉斯加州貝亞翠斯市（Beatrice）展開新投資。這是他第二次動員支持他的朋友投資，也是他首度實際掌控一家公司，但比聖邦地圖更耗費時間和心力。

　　登普斯特機械製造公司（Dempster Mill Manufacturing）是一家位於貝亞翠斯市的家族企業，製造風車和灌溉設備。在這多風的草原城鎮，登普斯特是唯一的重要企業，雇用許多當地人。這項投資開始時也像是投入 25 美分就能獲得 1 美元的吃角子老虎。公司股價 18 美元，但是穩定增長的帳面價值（book value，是公司資產減去負債的價值，就像房屋價格減去貸款，或銀行存款減去信用卡債務）是每股 72 美元。登普斯特的資產是風車、灌溉設備和工廠。

　　登普斯特公司是個雪茄屁股，巴菲特就用雪茄屁股投資法，只要股價仍低於帳面價值就持續買進，股價上漲就獲利了結。如果股價不漲，他也持續買進，直到掌握公司的控制權，然後拍賣資產，一樣能獲利。[1]

　　幾年下來，巴菲特、許羅斯和納普三人掌握了該公司

11％的股票，僅次於登普斯特家族，將巴菲特送進董事會。1960 年初，該公司董事會雇用明尼亞波利模具公司（Minneapolis Molding Co.）前採購經理迪蒙（Lee Dimon）擔任總經理，但巴菲特對此決定存疑。[2] 他操縱董事長克萊第‧登普斯特（Clyde Dempster），把他當做傀儡，一邊繼續購買股票。[3] 他想要所有買得到的股票，因此打電話給人在紐約的許羅斯說：「我要買你的股票。」

「我不想賣給你，」許羅斯說，「那是家不錯的小公司。」

「買這家公司的主意是我出的，我要你的股票，」巴菲特說。

「華倫，你是我朋友，如果你要就拿去吧，」許羅斯說。[4]

巴菲特的弱點

這是偷賣多麗絲腳踏車事件的成人版。巴菲特有一個弱點：當他需要某樣東西時，他的需求一定要得到滿足。他這麼做並非出於明顯的惡意或自大，只是因為他非常需要。許羅斯這些人通常會給他，因為他們喜歡他，而且巴菲特顯然認為自己比他們更需要那樣東西。

巴菲特也買下登普斯特家族的股票，最後取得控制權，請走克萊第，並願意以相同條件收購其他股東的股份。[5]

這時候巴菲特的處境尷尬，身為董事長，他認為在自己買入時不方便慫恿其他投資人賣出。他甚至反過來警告他們，他認為登普斯特的股票將有好表現。但是金錢和人性幫了他的忙，人們認為把現金拿到手，好過持有乏人問津、價值可疑的股票。不久，登普斯特占了合夥事業資產的 21％。

1961 年 7 月，巴菲特寫信給股東說合夥事業投資了一家

無名公司，可能「有損短期績效，但幾年內將有優異的報酬」。[6] 在 1962 年 1 月的信中，他透露登普斯特的名稱，它現在已被合夥事業所控制，還寫了一段和登普斯特有關的心得。[7]「有損短期績效」的話，的確是先見之明。

1962 年，巴菲特指導迪蒙，教他如何控制存貨。但曾是採購經理的迪蒙懂的是採購，所以就一直買。登普斯特吸收大量現金時，倉庫也裝滿風車零件。[8] 1962 年初，公司的往來銀行準備扣押存貨做為貸款的擔保，甚至談到要關閉登普斯特。

巴菲特預估，再幾個月這家公司就要分崩離析，到時候他就得告訴合夥人，他投入 100 萬美元的公司破產了。巴菲特很少向人尋求建議，但是 4 月他和蘇珊去洛杉磯時，終於把情形告訴孟格。孟格介紹了一位專門挽救企業的專家拔特（Harry Bottle）給巴菲特。

受到 5 萬美元簽約金的吸引，六天後拔特來到貝亞翠斯市，這代表繼女祕書之後，巴菲特要再度解雇人。他討厭做這種事，更何況登普斯特是這個城市唯一的大公司。

巴菲特害怕衝突，閃躲是他的本能，如果有人像他母親那樣對他發作，他會像貓一樣溜走。但**他也學會面對衝突時封閉自己的感情，他的祕訣是，針對那件事在你四周造一個殼，只是殼不要延伸到事件外，以免變成冷酷的人。**

不論他解雇迪蒙的方式如何，事後迪蒙太太寫信指責巴菲特「粗魯缺德」，冷酷地摧毀她先生的自信。快要三十二歲的巴菲特還沒學會以體諒人的方式解雇員工。

資產清算人

幾天內他就派史考特去貝亞翠斯市協助拔特，在零件部門翻箱倒櫃，決定何者該丟棄、何者該重新訂價。[9]他們像一群象鼻蟲橫掃公司，大砍存貨，拍賣設備，關閉五個部門，提高維修零件的價格，結束不賺錢的產品線，解雇了一百人。派空降部隊來大幅裁員和縮減業務，使貝亞翠斯市民日益懷疑巴菲特是冷酷無情的公司「資產清算人」（liquidator）。

1962年底，拔特已經讓登普斯特公司轉虧為盈。在1963年1月致合夥人信中，巴菲特說登普斯特是今年的高潮，拔特是今年的風雲人物。[10]銀行很滿意。巴菲特企圖私下賣掉登普斯特，但沒有買主願意出他要的價格。8月他通知股東將要出售公司，並在《華爾街日報》上登廣告。

公開拍賣前，他給買主一個月時間投標，他已和大多數有意購買的人談過。

想到接手的新主人可能將他們最大且唯一提供就業機會的企業裁員或關廠，貝亞翠斯市民憤怒若狂。戰後繁榮中，工廠只開不關。大蕭條結束還不到四分之一個世紀，大規模失業的可能性勾起恐怖的回憶：排隊領免費食物的灰暗面孔、全美四分之一人口失業，還有政府提供的差勁工作。

貝亞翠斯的市民抨擊巴菲特，[11]令他驚訝。難道他們不了解他救了一家垂死的公司嗎？沒有他，登普斯特可能已倒閉了。[12]他沒料到他們有如此激烈的反應，沒想到他們會恨他。

市民發起擊退巴菲特的聖戰，募集將近300萬美元保住公司所有權。[13]《貝亞翠斯每日太陽報》（Beatrice Daily Sun）隨

著截止日一天天逼近，每天倒數計時。等截止時間一到，火警警鈴和鐘聲齊鳴，市長持麥克風宣布，他們打倒了巴菲特。公司創辦人的孫子查爾斯・登普斯特（Charles B. Dempster）帶領投資人保證不關廠。[14] 拿到現金後，巴菲特分給股東超過 200 萬美元，[15] 但是這次經驗留下了傷痕，巴菲特發誓不再讓類似事件重演，他受不了全市的人都恨他。

　　沒過多久，巴菲特打電話給許羅斯說：「我有五家公司的少量股票要賣給你。」許羅斯問他：「你要什麼價錢？」巴菲特回答：「它們帳面上的價值。」「好，我向你買，」許羅斯立刻答應。

　　許羅斯說：「我沒有說：『我要看看它們現在各值多少。』我信任華倫。如果我說：『我願意以九折價向你買。』他會說，免談。我幫他一個忙，他也想給我一點好處。就算他賺了錢也沒關係，這些股票後來都賺了。我覺得，他是要感謝我賣給他登普斯特股票。這就是我所謂誠實的人。」

第 26 章
黃金乾草堆

奧馬哈和加州，1963 年～1964 年

　　巴菲特也許說過要成為百萬富翁，但沒說過那是他的最終目標。後來他形容這個時期的自己是「做我不想做的事」。他想做的是投資。他的孩子已經五到十歲，一位朋友形容蘇珊像「單親媽媽」。巴菲特也會出席學校活動或投幾下棒球，但他從不主動參與。蘇珊告訴孩子們要尊重他的特殊使命，「他只能做到這些，不要期待更多」。對她而言也是如此。巴菲特顯然深愛妻子，並在公眾之前展現。他一方面習慣蘇珊的關注，一方面卻不熟悉家庭事務，當她要他拿水盆，他卻拿來一個濾盆。她說濾盆有洞怎麼裝水，於是他在廚房裡轉來轉去，最後得意地將濾盆放在餅乾烤盤上端回來。經過這次事件，她知道他無可救藥。

　　但在蘇珊敞開大門、接納眾人的作風下，巴菲特固定的作息給了這個家某種穩定的作用。夜晚他因循父親的習慣，每天在相同時間回家，關上通往車庫的門，大喊「我回來了！」就走進客廳看報。他不是不關心，需要他時他也願意付出，但在談話間他的用字似乎經過排練。他總是比人快一步，他腦中想的事透露在談話中、在沉默中、在妙語中、在逃避某些話題中。他的感情藏在重重圍幕之後，大多數時間似乎連他也不清

楚自己有什麼感覺。

　　蘇珊這段時間更忙，她和她的父親一樣喜歡忙碌，喜歡在人群中，總是避免獨處和空閒。她是劇院協會的副總裁，也參與聯合社區服務（United Community Services）。她和大群婦女朋友一起購物、吃飯，和猶太人和黑人社群相處的時間遠多於白人。

　　她也是奧馬哈民權婦女團體的重要人物。終止就業隔離和公共場所隔離政策，以及消除投票障礙的運動在全美加速展開，蘇珊協助組織美國人討論會（Panel of Americans）的奧馬哈分部。該組織派一位猶太教徒、一位天主教徒、一位白人改革宗教徒、一位黑人改革宗教徒，去和市民團體、教會和其他組織談論他們的自身經驗，以促進團結。一位朋友諷刺蘇珊在其中的角色只是「為身為白種盎格魯撒克遜改革宗教徒而道歉」。那時在美國南方大多數區域，黑人不能使用「白人專用」的公廁。看見黑人婦女和白人婦女在台上平起平坐，令觀眾大為詫異。[1]

　　下午，蘇珊經常拖著蘇西參加各種在城市北區召開的集會，試圖解決城裡最嚴重的問題：貧民窟破爛的房屋及惡劣的生活條件。[2] 警察數度攔下她盤問：「妳到這個區來做什麼？」

　　憂心忡忡的湯普森博士會對蘇西說：「寶貝，妳媽會害她自己送命。」他要蘇西與媽媽同行時隨身攜帶一個警用哨子，因為「寶貝，妳很可能會被綁架。」[3]

　　蘇珊為大家解決問題、整理情緒，人們一有麻煩就找她。她曾說巴菲特是她的「第一個病人」，[4] 後面還有其他病人。隨著多蒂的情況惡化、酗酒情形更嚴重，蘇珊更常介入她的生

活。多麗絲和先生伍德離婚時，蘇珊安慰她，送她一本弗蘭克（Viktor Frankl）的《活出意義來》（*Man's Searching for Meaning*），多麗絲一再閱讀，從書中尋找希望。[5] 除了巴菲特的書房外，巴菲特家從來不是遠離世事的避難所。在這自由的環境中，巴菲特的孩子們卻能兼具自由與紀律，擁有良好教育、豐富歷練，以及雙親灌輸的強烈道德原則。巴菲特和蘇珊曾多次為孩子的教育長談，討論如何讓孩子成為自立自足的人，而不會依賴家中的財富。

孩子們缺乏的是父母的注意。孩子們對此情況反應各不相同。蘇西年紀愈大，也愈不再嘗試吸引母親注意，在弟弟面前也愈有權威。龍捲風霍華則是在後院挖地道、從欄杆往下跳、掛在窗簾上，狂風橫掃整個屋子；對他而言每天都是愚人節。他曾從屋頂將一桶水倒在保母菲利絲頭上，大家都知道他遞給你的東西不能喝。但是他也容易受傷害，和母親一樣好心腸，為得不到母親充分的注意而煩惱。蘇珊要是忍耐到了極限，就會將霍華鎖在他房間裡。[6]

當大姊蘇西企圖制止霍華撒野時，天性安靜的彼得會躲在一旁；當周遭的爭吵變得太激烈，他會退回自己沉思的世界。[7]他不開心時就用小調彈奏「洋基歌」（Yankee Doodle），不會講出來。[8]

孟格的第二事業

巴菲特贊同妻子有廣泛的興趣，以她的慷慨和領導力為傲，並感謝她照顧孩子讓自己能專心工作。他也會在自己的事務清單上添加新項目，但不像蘇珊那樣超越自己所能負荷，有

新的加進來，就有舊的出去。唯一的兩個例外是金錢和朋友。

多虧了金錢和朋友，到 1963 年時，許多專業投資人已經知道巴菲特的能力，主動找上門。他不用討好，更不用去尋找，只要開出他理想的收費條件。

外地人通常比巴菲特的鄰居知道更多他的事。蘇西的朋友和家人開車去紐約參觀世界博覽會，中途加油時和旁邊的顧客攀談，這位女士從紐約艾瑪拉（Elmira）開車去奧馬哈，帶著 1 萬美元去找巴菲特投資。她問，你們認識他嗎？我該找他投資嗎？這家人回答，他是我們鄰居，妳該找他投資。他們上車繼續開往世界博覽會，沒把這事放在心上。這家人有五個孩子且又新買了房子，沒想過自己也該投資。[9]

建立了紐約飯店王國的帝許（Laurence Tisch）也想加入合夥。他寄來一張 3 萬美元的支票，支票抬頭是孟格。巴菲特打電話給帝許，歡迎他一起合夥，也告訴他，下次「支票開給我」。

孟格用得上那筆錢。不論帝許怎麼想，1963 年時，孟格和巴菲特還不是合夥人。孟格前不久才用他在房地產賺到的 30 萬美元，設立自己的合夥事業。那筆錢以巴菲特的標準而言微不足道，只是他和蘇珊財富的零頭。

「孟格年紀輕輕時就有很多孩子，阻礙了他自立門戶。起步早且負擔小是我的一大優勢。」

自從第一次碰面，巴菲特就對孟格說，當個律師兼做房地產雖然不錯，但如果你想賺大錢，就應該像我一樣設立合夥事業。[10] 1962 年，孟格和他的撲克牌友惠勒（Jack Wheeler）成立合夥事業。惠勒是太平洋岸證券交易所（Pacific Coast Stock

Exchange）的交易員，有一個合夥事業惠勒克魯特登公司
（Wheeler, Cruttenden & Company），該公司在交易所有兩個專
業交易員（specialist）席位，接受證券經紀商委託在場內買賣
股票。他們將合夥事業改名為惠勒孟格公司（Wheeler, Munger
& Co.），並把股票交易業務賣掉。

孟格繼續當律師，但已離開原先的公司，與幾位律師合組
孟托希伍法律事務所（Munger, Tolles, Hills & Wood）。[11] 孟格
從來不樂意遵守事務所的規定，除非是自己主管的事務所。

孟格和希爾斯（Rod Hills）在新的法律事務所實行菁英領
導，旨在吸引最聰明、最具企圖心的人。三年後，四十一歲的
他放棄律師工作，專心投資，但他依然是事務所的顧問和精神
導師，他的辦公室也都保留著。托勒斯也把注意力大半轉移到
投資上。

身為基金經理人的孟格也需要募集資金。巴菲特一向以低
調手法請人投資，通常由安格和布蘭特這些人為他宣傳，等時
機成熟，他才出面，以謙虛姿態出示傲人紀錄。不論做得多麼
優雅，畢竟還是推銷。孟格覺得這樣做有失身分，但他還是利
用做律師所累積的人脈向洛杉磯商界籌資，雖然他的合夥事業
規模比巴菲特的小，資金卻已足夠。

惠勒告訴他，身為交易所會員，每投資 1 美元可以借出
0.95 美元。[12] 換言之，如果投資利潤為 25％，可使獲利增加近
一倍，[13] 不過風險也會高一倍；如果他損失 25％，就會失去將
近一半的資本，但只要他認為勝算大，孟格比巴菲特更願意承
擔風險。

孟格和惠勒在交易所有一間空調管線外露的簡陋辦公室，

女祕書薇薇安則被塞在一間面對後街的小辦公室。[14] 生活奢侈的惠勒剛動完髖關節置換手術，大多數早晨在高爾夫球場上班。[15] 孟格作息固定，每天早晨五點東岸市場開盤前就到辦公室，檢查股票報價。[16] 巴菲特介紹安德森給孟格認識，他是葛拉漢紐曼的投資人，在原子能委員會工作，似乎很機伶。孟格雇他當助理。

場內的交易員大多沒注意到孟格，只有惠勒與孟格合夥時接手惠勒股票交易業務的古林（J. Patrick Guerin）例外。古林生活並不順遂，卻很力爭上游，曾是 IBM 的銷售員，又在幾家小證券公司工作，販賣三流股票。這是巴菲特不喜歡證券經紀業務的一面，古林也很高興脫離當經紀人的日子。

孟格認識古林時，削瘦英俊的他已學會放下衣袖遮住手臂上的刺青。他替惠勒和孟格買賣股票，馬上認出孟格有金錢頭腦，積極開始學習孟格和巴菲特的做法，目標是成立自己的投資合夥事業。[17]

「用 40 美分買 1 美元鈔票的主意，有的人接受，有的人沒反應，就像預防接種一樣。我發現，如果這觀念沒有馬上打動一個人，你可以和這種人談上幾年，拿紀錄給他們看，無論做什麼都沒用。我從沒見過任何人被人勸說了十年，最後能改變立場的。要不是立刻接受，就是不接受。我不明白何以如此。古林沒念過商學院，但他立刻就明白，五分鐘之後就應用上了。他很聰明，知道好老師的重要，就像我很幸運跟著葛拉漢學習一樣，」巴菲特說。

孟格買雪茄屁股股、做套利，甚至也買小公司，這些多半是巴菲特的風格，但孟格的方向稍微不同。他有時會對安德森

說：「我喜歡偉大的公司。」他要安德森研究隱形眼鏡溶液製造商愛力根（Allergan）。安德森誤解他的意思，寫了一篇葛拉漢式的報告，著重分析該公司的資產負債表，卻遭孟格斥責。孟格要知道愛力根的無形特質：管理的能力、品牌的持久性、競爭者要如何做才能贏過它。

孟格曾投資經銷凱特彼勒牽引機的業務，牽引機銷售緩慢，必須投入大量現金。孟格喜歡不需要持續投資、產出現金大於消耗現金的事業。但是這樣的事業有哪些特質？這樣的事業要如何才能有持久的競爭優勢？孟格總是問人：「什麼是你聽說過最好的事業？」但他耐性不足，而且老是假設別人能了解他的心思。[18]

他的沒耐性比他的任何理論都突出，他希望非常快速地發大財。他和托勒斯打賭看誰的投資組合在一年內上漲超過100％。他願意借錢來賺錢，而巴菲特一生沒借過大錢。孟格有一次對他經常往來的加州聯合銀行（Union Bank of California）說：「我需要 300 萬美元。」「請在這裡簽字，」銀行回答。[19] 孟格用這筆巨款從事大金額交易，例如以每股 19 美元買進英屬哥倫比亞電力公司（British Columbia Power）股票，後來加拿大政府以略高於 22 美元的價格收購。孟格把合夥事業所有資產、個人全部資金、所有借得到的錢都投入這支股票進行套利，[20] 因為這件收購案不易失敗。這筆交易帶給他豐厚報酬。

儘管做法不同，但孟格視巴菲特為投資之王，自己只是友善的王位覬覦者。[21]「薇薇安，幫我接華倫！」他一天總要對著坐在薇薇安座位上的人這麼喊個幾回。[22] 孟格就像照顧花園

一樣在維護與巴菲特的關係。巴菲特解釋自己的哲學：「你必須拉別人的衣尾。」[23] 但巴菲特不想讓別人拉自己的衣尾，他認為朋友跟著他買進是不道德的行為。孟格會對巴菲特公開自己的交易，例如他讓巴菲特加入英屬哥倫比亞電力的交易，但巴菲特卻對自己的交易保密到家，除非是需要與某位合夥人一起討論某個投資構想時才會透露。

1960 年代初期，巴菲特開始到加州度假，以便有較多時間和葛拉漢、孟格在一起。巴菲特和蘇珊帶著孩子沿著海岸四處遊玩，然後住進聖塔莫尼卡大道的一家汽車旅館，他則和孟格談股票，一談幾個小時，兩人觀點的差異使對話不斷延長。巴菲特做許多相同的投資，如果要承擔的風險過高，他寧願放棄獲利機會，保護資金是他的第一要務。但孟格卻認為，除非你已經很富有，否則當勝算大時你應該可以為致富而冒險。他的大膽使他有別於其他仿效巴菲特的人，因為他對巴菲特的敬重不會超越他給自己的高評價。

喜愛「偉大企業」的孟格不明白巴菲特對葛拉漢的著迷。孟格後來寫道：「華倫善於解釋葛拉漢的理論，他的行為就像美國內戰的退役軍人，聊不到幾句話就會說：『砰砰，這使我想起蓋茨堡之戰。』」[24]

擺脫葛拉漢式的悲觀

孟格認為葛拉漢的缺點在於，他認為未來「災難多於機會」。[25] 孟格試圖讓巴菲特脫離買雪茄屁股來吸最後一口的葛拉漢式的悲觀。

巴菲特對美國企業的長期經濟前景非常樂觀，因此他不顧

葛拉漢和父親的勸告繼續投資。但是他的投資風格依然反映葛拉漢式的悲觀，會注意企業死亡時的價值，而非存在時的價值。孟格希望他不要純粹以統計數字來定義安全邊際，但這與巴菲特相信將發生大災難的傾向相衝突。他的父親霍華總是為貨幣將貶到毫無價值做好準備，彷彿這種事即將發生。巴菲特遠比父親實際，但他按照數學機率推斷出此結論：如果某事可能出錯，最終必然出錯。這樣的思考風格是一把雙刃劍，讓巴菲特有遠見，也讓他相信世界終將毀滅。他會用這一把劍來剖析複雜的問題。

　　早幾年，在店頭市場交易商紐約恆西堤克（Hanseatic）工作的吳爾夫（Herb Wolf）曾幫助巴菲特改掉另一項有礙追求財富的特質。吳爾夫是美國水廠（American Water Works）的投資人，1950 年代早期在《商業金融紀事報》上讀到巴菲特所寫關於 IDS 公司的文章，於是來找他。[26]

　　「要是有人在赫肯色河（Hackensack）洗澡，吳爾夫就能看出這會如何影響美國水廠的盈餘。有一天他對我說：『如果你在黃金乾草堆中尋找一根金針，找到了不見得比較好。』我有個毛病，愈是難發現的東西我愈喜歡，覺得像在尋寶。他幫我擺脫這種思考方式，我很喜歡這傢伙。」

　　1962 年巴菲特已擺脫尋寶式的思考方式，但他依然喜歡了解細節。他的業務量已非常龐大，史考特一個人忙不過來，需要增加助手，但他不希望多付一個人的薪水。巴菲特用盡手段來降低辦公室費用，例如盡量在有需求時才付費請人幫忙，或是利用免費服務。他找的這名新助手屬於後者。

　　巴菲特的經紀人朋友布蘭特在伍斯溫公司（Wood,

Struthers & Winthrop）工作，曾兼差為巴菲特合夥事業研究股票。巴菲特透過伍斯溫公司買賣股票，以交易手續費來抵布蘭特的鐘點費。買賣股票本來就需要付手續費，因此布蘭特的服務形同免費。[27]

　　布蘭特幾乎完全為巴菲特服務，巴菲特給他的報酬是豁免加入合夥事業的收費，並讓他參與其他交易而不需抽成。他們都喜歡徹底了解一家公司，布蘭特什麼問題都敢問，不像巴菲特那樣怕惹人厭。他透過暗地調查或纏著人問東問西，完成許多詳盡的研究。不過布蘭特沒找到金針便停不下來，因此巴菲特會設定時間表並主導過程，以免研究變成無止境的尋寶遊戲。布蘭特產出一堆堆厚達 30 公分的報告和資料。[28]

　　布蘭特的部分工作在於發掘「小道消息」（scuttlebutt），這是投資作家菲爾・費雪（Phil Fisher）用的名詞。費雪定義出好公司的特質，[29] 例如維持銷售成長的能力、良好的管理和研究發展能力，這些也是孟格所謂偉大企業的特質。費雪認為這些因素可用來判斷股票的長期潛力，此看法漸漸被巴菲特採用，最終將影響他的投資方式。

黑心油商

　　巴菲特要布蘭特調查一個會受孟格稱許的投資構想，稍後這將成為巴菲特事業的高潮。這次投資機會和大宗商品交易大戶迪安傑利斯（Anthony De Angelis）有關。1950 年代晚期，他成為全球最重要的黃豆油經紀商，並找到利用黃豆油致富的捷徑。

　　迪安傑利斯以黃豆油為擔保向五十一家銀行貸款，[30] 既然

無人知道油槽裡有多少油，何不誇大數字來貸更多錢？

油槽位於紐澤西州的巴永尼（Bayonne），由美國運通附屬的一家小公司管理，它出具倉儲憑證，證明油槽中可供銷售的黃豆油存量。美國運通則為憑證上的黃豆油數量做擔保。

這些油槽之間有管線和閥門相連，迪安傑利斯將黃豆油從一個油槽轉到另一個油槽，因此 3.8 公升的油可以變出兩倍、三倍，甚至四倍的量來做擔保品。不久後，這些貸款背後的真實擔保品日益縮水。

迪安傑利斯後來又想到，其實只需用很少量的黃豆油來騙過檢查員就行了。他將油槽注入海水，只在檢查員用來測量的試管內裝入黃豆油。檢查員沒察覺任何異狀，也沒想到再抽查另一管油。[31]

1963 年 9 月，迪安傑利斯看見賺大錢的機會來了。蘇俄的向日葵欠收，謠傳蘇俄會需要購買黃豆油。迪安傑利斯決定壟斷黃豆油市場，逼蘇俄以高價向他購買。市場並未限制黃豆油期貨合約的交易數量，他向經紀商大肆借款買入，曾一度控制超過全球實質總存量的黃豆油。[32] 突然間，美國政府似乎不願放行蘇俄的這筆交易，黃豆油價格立刻崩跌。迪安傑利斯的債權人握著一文不值的倉儲憑證，雇了調查員，向出具憑證的美國運通追討 1.5 億到 1.75 億美元的損失。被抓到油槽裡全是海水之後，美國運通股價大跌，這件事也上了報紙。

兩天後，1963 年 11 月 22 日，甘迺迪總統在達拉斯遇刺身亡。

巴菲特在奇威廣場大樓樓下餐廳用餐，有人進來報告甘迺迪遇刺消息。他回到樓上辦公室，發現紐約證交所大廳驚慌失

措，股市帶量暴跌。然後，證交所關閉了，自大蕭條以來第一次在交易時間緊急關閉。[33]

全美國同感震驚、悲傷、憤怒、難堪，學校停課，商店關門。巴菲特和其他人一樣回到家，整個週末不斷看著電視報導。他沒有什麼情緒波動，只有冷淡的凝重。有史以來第一次，全世界的人在電視前同感震驚和哀悼。有一段短暫的時間，美國人除了刺殺事件外什麼也不想。

美國運通的醜聞因而退居報紙的內頁，[34] 但巴菲特不錯過任何報導。美國運通股票在週五股市關閉前重挫，恢復交易後仍繼續下跌。該公司本是美國最有聲望的金融機構之一，如今投資人大舉拋售股票，使其股價腰斬，[35] 連是否能活下去都成問題。

美國運通是剛冒出頭的大型金融機構。人們突然有錢搭飛機旅行了，5 億美元的美國運通旅行支票散布全球，五年前推出的信用卡也大獲成功。該公司的價值在於它的品牌，它出售的是「信任」。這次的汙點是否會影響顧客對品牌的信任？巴菲特開始造訪奧馬哈的餐廳，和接受美國運通信用卡及旅行支票的場所，[36] 並派布蘭特深入調查。

布蘭特向旅行支票使用人、銀行員、銀行主管、餐廳、旅館、信用卡持有人打探消息，以評估美國運通和競爭對手表現的差距，[37] 以及美國運通旅行支票和信用卡的使用率是否下降，最後整理成 30 公分高的資料。看過資料後，巴菲特的判斷是，顧客依然喜歡使用美國運通產品。在華爾街的汙點並未影響一般大眾。[38]

喪父之痛

調查美國運通的期間，霍華的健康快速惡化，儘管經過數次手術，癌細胞還是蔓延全身。1964 年初，巴菲特接下大家長的身分，他讓父親將自己從遺囑中剔除，以增加多麗絲和柏蒂繼承的遺產。18 萬美元的遺產只是巴菲特和蘇珊財產的零頭，他認為自己很會賺錢，不該分遺產。霍華有一座農場，萬一貨幣貶值可做為家人的避難所，他把農場留給巴菲特的孩子，巴菲特為此設立信託，由他擔任管理人。霍華之前的遺囑曾指定使用平價木棺，也希望葬禮從簡，家人說服他刪掉這部分。[39] 巴菲特覺得最為難的是要坦白告訴父親，他已經不再心向共和黨，[40] 原因在共和黨對民權的態度。[41] 但只要霍華還在世，他就無法變更選民登記。[42]

「我不會在他面前這麼做，只要他在世，我不會公然在政治上和他唱反調。我可以想像他的朋友會質疑我為什麼這樣做，所以我不能。」

雖然家人並未談論霍華來日無多的事實，[43] 但蘇珊已接替麗拉照顧霍華。蘇珊也要孩子們加入，要他們站在霍華病房窗外舉牌子，上面寫著：「爺爺，我們愛你」。蘇珊還要求一向無法面對疾病的巴菲特每日到醫院探視父親。

霍華病重時，巴菲特將注意力投注於美國運通。巴菲特合夥事業在 1964 年初的資金將近 1,750 萬美元，他個人的財富已增加到 180 萬美元。霍華在世的最後幾週，巴菲特開始以最快速度大肆買入美國運通股票，在不抬高股價的情況下買進所有能買到的股票。不過才五年前，他必須東拼西湊才能買到上

萬股美國全國火險的股票。他從來沒有這樣大手筆、這樣快速地投資過。

霍華在世最後幾天，蘇珊經常一連幾小時獨自陪伴他。她既害怕也了解病痛，但她不怕死亡，當身邊的人都崩潰時，她有勇氣陪在霍華身邊。心力交瘁的麗拉把事情都交給她。在這樣靠近死亡時，蘇珊發現自己和霍華之間的界線消失了。「許多人會逃走，但我覺得很自然，」她說，「與你所愛的人在形體和情感上如此親近是美麗的經驗，因為我知道他需要什麼。當他需要轉頭、當他需要一小片冰塊，你可以感覺得到。我很愛他，是他讓我有這次經驗，並明白我自己的感受。」[44]

一天傍晚，蘇西、小霍華和彼得坐在廚房桌子邊，他們的父親走進來，神情非常沮喪。「我要去奶奶家，」他說，「為什麼？你不去醫院嗎？」他們問。「爺爺今天死了，」巴菲特說完便從後門走了出去。

蘇珊代表家人籌備葬禮，巴菲特坐在家裡，震驚得說不出話。麗拉非常哀痛，但她相信有一天會在天堂與丈夫重聚。蘇珊試圖讓巴菲特表達對父親過世的感受，但他無法面對這件事，用各種方法來逃避。他又落入節儉的本性，認為蘇珊在霍華的棺木上花太多錢。

葬禮當天，巴菲特一直靜坐不語，五百人前來弔祭他父親。不論霍華生前的觀點多麼引人議論，人們最終還是來向他致敬。葬禮後，巴菲特在家待了幾天。[45] 他收看電視報導國會對民權法案的辯論，以迴避悲傷的思緒。回到辦公室後，他繼續匆忙買進美國運通，1964 年 6 月底，霍華過世兩個月後，他已投入 300 萬美元在這支股票，美國運通成為合夥事業最大

的投資。雖然他沒有表現出哀傷，[46] 但他在辦公桌對面牆上掛了父親的大幅畫像。他的頭髮因為這次打擊而脫落，葬禮後幾週，他頭上出現兩塊光禿的小塊。

第 27 章
不智之舉

奧馬哈和麻州紐貝德福，1964 年～ 1966 年

　　父親霍華去世六週後，巴菲特做了件令人意外的事。現在
關係到的不再只是錢了，美國運通做了錯事，巴菲特認為這家
公司應該認錯並賠償損失。該公司總裁克拉克（Howard
Clark）也認為公司有道義責任，先前已提議給各家銀行 6,000
萬美元進行和解。一群股東提出告訴，認為美國運通應該為自
己辯護，而不是付錢了事。巴菲特自告奮勇要為管理階層的和
解計畫出庭作證，而且費用自付。

　　但美國運通提議付錢和解，並不是要做個榜樣，只是要避
免官司敗訴影響到公司的股價。美國運通的客戶也不在乎這件
事，他們一開始就沒注意到黃豆油醜聞。

　　巴菲特寫道，該公司有兩條路可走：一條是負起責任、拿
出 6,000 萬美元給各家銀行，「這遠比美國運通宣稱對子公司
的作為毫無責任，有價值得多了」。[1] 他說這 6,000 萬美元的支
出長期而言並不重要，就像在郵寄過程中不小心遺失的一張股
利支票。

　　蘇珊曾把多張股利支票丟進焚化爐中，卻沒有勇氣告訴丈
夫這件事；如果她聽到丈夫對於郵寄過程中遺失 6,000 萬美元
股利支票可以毫不在乎，一定會很訝異。[2] 再說，為什麼巴菲

特現在對美國運通是否具有「遠超過一般企業的財務誠信與負責的標準」那麼感興趣？他從什麼時候開始認為，誠信的聲譽能使一家公司更有價值？巴菲特為什麼要出庭作證？一直以來，他和父親一樣看重誠實，現在似乎更傳承了父親高聲捍衛原則的作風。

巴菲特一直有心要影響所投資公司的管理階層，但他從來不曾試圖把他投資的公司變成教會，讓他盡情傳道。

美國運通支付了和解金，並辛苦地解決了種種問題，原本每股重挫到 35 美元以下，後來卻揚升到 49 美元，似乎呼應了巴菲特認為誠信具有財務價值的看法。1964 年 11 月時，巴菲特合夥事業擁有 430 萬美元以上的美國運通股票。巴菲特還在其他公司投下重金：投資德州灣製造公司（Texas Gulf Producing）460 萬美元，在純油公司（Pure Oil）投資 350 萬美元。這三家總共占了投資組合的一半以上。[3] 1965 年時，光美國運通就幾乎占了三分之一。

從來不怕大手筆集中投資的巴菲特，持續買進美國運通的股票，直到 1966 年共花 1,300 萬美元。他覺得他的合夥人應該懂得一項新的基本原則，那就是他可能把多達 40％的淨值投資在單一股票上。[4]

質 vs. 量

巴菲特大膽採取和他的導師葛拉漢大異其趣的投資觀。葛拉漢奉行的是冷靜的「量化」分析法，就像是看重馬匹速度的賽馬分析師，純粹依據數字來撿雪茄屁股。巴菲特每天清晨進入辦公室，翻閱《穆迪手冊》或《標準普爾》週報，根據幾項

數字尋找便宜的股票，然後打電話給崔布納公司（Tweedy, Browne, & Knapp）的納普買下這些股票，在股市收盤後回家，夜晚安穩入睡。巴菲特談到他最喜歡的這個方法時曾說：「根據量化法做的決定，通常會穩當地賺到錢。」但這方法有一些缺點。能夠依照財務數字找到的便宜股票，已經少之又少，而且由於雪茄屁股都是小公司，通常無法賺到大錢。

巴菲特雖然仍採用這個方法，但對美國運通卻開始用後來他所稱的「高可能性洞察力」（high-probability insight），這和葛拉漢的核心觀點大有出入。除了商譽之外，美國運通的價值所剩無幾。他已把合夥人的錢投注在美國運通的商譽上。孟格認為商譽是「偉大企業」的競爭優勢，這是依據菲爾·費雪的類別分析師（class handicapper）方法，是質化而非量化的評估。

巴菲特後來寫信告訴合夥人，買下「對的公司（擁有對的前景、產業條件和管理等）」就代表「價格自己會漲……這樣收銀機才會鏗鏘作響；不過這種事不常發生，就像我們不常有這樣的洞察力一樣，而且量化分析法通常不需要洞察力，數字才是最重要的。真正賺到大錢的投資人通常是在「質」的方面做了對的決定。」[5]

強調「質」的新做法獲得了驚人的成果，巴菲特因而能在 1965 年底向合夥人宣布好消息。他在年度報告中，將這一大筆收益與他先前預測自己一年能勝過道瓊指數 10% 的數字相比，還說「當然沒有人喜歡犯這種錯誤而遭到公開羞辱，我將不再犯這種錯。」[6] 儘管這樣反諷，他已開始防止合夥人期望過高。隨著投資的傑出紀錄愈來愈多，他在信中也開始並列成功和失敗。閱讀的人開始發現這個模式，有些人以為他別有心

機，其他人則說他假裝謙遜，很少人真正知道他的不安全感有
多深。

父親死後那年，巴菲特開始想用某種方式來紀念他，例如
捐款在大學成立一個講座，但他似乎無法找到完美的做法。他
和蘇珊設立了巴菲特基金會，提供小額的教育獎助金，但這不
是他真正想為父親做的事，他也無意成為慈善家。喜歡當散財
童子的是蘇珊，掌理基金會的也是她，巴菲特則是孜孜不倦地
工作。在美國運通擊出一支絕妙的全壘打後，他在 1965 年 4
月從奧馬哈國民銀行信託部挖角哈定（John Harding）來處理行
政管理工作。哈定上任後，巴菲特卻警告他：「我不知道自己
會不會一直做這個工作，但如果我不幹了，你也會失業。」[7]

不過巴菲特毫無去職的跡象。哈定想學投資，但這個雄心
很快就被摧毀。他說：「看到華倫那麼厲害，我想自行處理投
資事務的念頭就煙消雲散了。」哈定於是把他大部分的錢放進
合夥事業中。

除了買進價值數百萬美元的美國運通股票，巴菲特現在追
求的是更大筆的交易，包括大型的雪茄屁股和根據「質」所挑
選的公司。這已經不能光靠在家中穿著浴袍翻閱《穆迪手冊》
就能做到，而需要更勤於走訪外地、協調運籌。他的下一個目
標是另一支雪茄屁股，位於距離奧馬哈很遠的地方。

發現波克夏

巴菲特人際網絡中的每位葛拉漢信徒都一直在尋找新點
子。寇文告訴巴菲特，有一家設在麻州紐貝德福的紡織品製造
公司叫做波克夏海瑟威（Berkshire Hathaway），正以低於資產

價值的價格求售。[8]巴菲特的想法是買下來後進行清算,分割
出售,再關門歇業。這時他已走出喪父之痛,全力要促成這個
構想。

　　巴菲特開始密切觀察這家公司,慢慢收購它的股票。不論
結果好壞,這次他選擇了由一個非常自大的人所經營的公司。

　　波克夏海瑟威的總裁希伯里・史坦頓(Seabury Stanton)
過去十年已關閉了十多家工廠。其餘工廠零亂散布在新英格蘭
臨河的老舊城鎮,宛如人跡罕至的廢棄教堂。

　　他是史坦頓家族中第二位監管這家公司的人,心中充滿使
命感。就像名畫「美國哥德式建築」(American Gothic)中的
人物,希伯里冷冷地從他 188 公分高的身軀俯視訪客,如果訪
客能找到他的話。他坐在一座狹長樓梯頂端孤高的頂樓辦公室
中,受到他祕書的祕書的保護,遠離織布機的嘈雜聲。

　　紐貝德福市是他的總部所在地,過去有如新英格蘭皇冠上
一顆閃亮的鑽石。捕鯨業曾經是全世界最神氣的營生,捕鯨船
從紐貝德福港口出發去捕捉抹香鯨,使當地成為北美最富裕的
城市。[9]希伯里的祖父是捕鯨船船長,並率領家族統治這城
市。但抹香鯨數量減少,先祖曾涉足中國茶葉貿易的霍拉提
歐・海瑟威(Horatio Hathaway),[10]和他的財務主管諾爾斯
(Joseph Knowles)共組一個合夥事業,追求下一個商業趨勢。
他們建立了兩家紡織廠,艾庫許內紡織公司(Acushnet Mill
Corporation)和海瑟威製造公司(Hathaway Manufacturing
Company)。[11]合夥人之一是頗負盛名的「華爾街女巫」葛林
(Hetty Green),她是生長在紐貝德福的船運世家繼承人,她從
位於賀波肯(Hoboken)的廉價公寓搭渡輪到紐約市,借錢給

人和從事投資。她穿著傳統的黑色羊駝呢大衣,罩著斗蓬,戴
著老派的面罩式帽子,在下曼哈頓高視闊步,就像一隻老蝙
蝠。她的外表怪異,又吝嗇得出了名,以致有人謠傳她拿報紙
當內衣穿。葛林在 1916 年過世時,很可能是全世界最有錢的
女人。[12]

　　靠著這些投資人提供的資金,一家又一家紡織廠開張,將
南方船隻運到紐貝德福碼頭的一捆捆棉花精梳、紡紗、織布、
染色。眾議院歲入委員會主席麥肯利(William McKinley)經
常來此地為新的紡織廠命名。他支持一項不利外國紡織品的
關稅,以保護本地的紡織廠,因為在別處生產紡織品比較便
宜,[13] 也就是說,北方的紡織廠從一開始就需要政治手段的介
入才能存活。二十世紀初期,空調的新科技讓工廠產生革命性
的變化,從此可精準控制廠房的溼度和空氣中的微粒,而且從
勞力較便宜的南方將棉花運到寒冷的新英格蘭沿岸,也不再划
算。諾爾斯的繼承人小詹姆士・史坦頓(James E. Stanton Jr.)
眼看同業紛紛將工廠遷到南方。[14] 小詹姆士的兒子就是希伯
里,他回憶說,他父親「遲遲不願拿股東的錢購買新設備,因
為生意那樣糟糕,對前景毫無把握。」[15] 於是選擇抽回資金。

悲劇英雄

　　希伯里畢業於哈佛大學,他在 1934 年接管事業,當時老
舊且經營不善的海瑟威工廠每天仍生產幾匹棉布。希伯里認為
自己是拯救紡織廠的英雄,他和兄弟歐提斯(Otis)想出將工
廠現代化的五年計畫。[16] 他們不再用棉花,而改用窮人的絲,
即人造絲,在二次大戰時生產降落傘布,有過一段短暫的繁

榮。年復一年，他的工廠面臨愈來愈大的威脅，包括更便宜的外國紡織品、競爭者採用更先進的自動化設備，以及南方更低廉的勞力成本。

1954 年，卡洛颶風帶來的 4 公尺高巨浪湧進海瑟威公司總部。此時理性的反應顯然應該是加入遷廠南方的行動，而不是重建工廠，但希伯里卻將海瑟威與一家波克夏精細紡織公司（Berkshire Fine Spinning）合併，試圖建立一座能對抗巨浪的堤防。[17]

波克夏的老闆馬爾康‧卻斯（Malcolm Chace）一向拒絕現代化，一毛錢也不肯投入。但新的波克夏海瑟威公司如今是由希伯里以使命感在治理。他簡化了產品線，專注生產人造絲，製造了全美國半數以上的西裝襯裡。[18] 波克夏海瑟威公司在希伯里手下堅持不懈地進行現代化，又投入 100 萬美元在工廠上。

這時，他的兄弟歐提斯已開始懷疑留在紐貝德福是否可行，但希伯里認為遷廠到南方的時機已經過去，[19] 拒絕放棄他的中興大業。[20]

寇文在 1962 年來找巴菲特談波克夏公司的交易時，巴菲特對這家公司已很了解，就像他了解其他稍具規模的美國企業一樣。由投入波克夏的金錢可看出這家公司是有價值的，據會計師指出，整家公司價值 2,200 萬美元，也就是每股 19.46 美元。[21] 不過經過九年的虧損，現在一股只要 7.5 美元就可買到。巴菲特開始買進這支股票。[22]

希伯里也買進波克夏的股份，每隔兩、三年就向其他股東收購股權。巴菲特認為希伯里會持續這樣做，因此他可以在股

價下跌時買進,上漲時再賣回給公司。

巴菲特和寇文開始買進股票。要是有人知道巴菲特在買進,股票可能會漲價,因此他透過崔布納公司的布朗恩（Howard Browne）買進,這是巴菲特最喜歡的一家證券公司,因為人人守口如瓶,尤其是布朗恩。在巴菲特堅持祕密行事的情況下,這點十分重要。崔布納公司為巴菲特的合夥事業取的代號是「BWX」。[23]

華爾街 52 號崔布納公司的小辦公室有著黑白瓷磚地板,給人的感覺就像一家老式理髮店;這家公司位於葛拉漢先前工作的同一棟裝飾藝術式（art deco）建築物內。交易室中央有一張 6 公尺長的陳舊木桌,是在送往垃圾場途中被公司買來的。桌面上有好幾代學童用小刀留下的刻痕,要在桌面上寫字,得先在紙張下面放塊墊板。

布朗恩坐在桌子的一邊,用良性的權威掌管公司,另一邊桌面就充當訪客桌。他和合夥人面向公司的交易員,這個人就和其他交易員一樣總是焦躁不安,等待電話鈴響隨時進行交易。靠牆而立的是最廉價的木製檔案櫃。

走過交易室,是一間小小的出租房間,一半空間放置飲水機和衣帽架,許羅斯坐在裡面的一張老舊桌子前。自從離開葛拉漢紐曼公司後,許羅斯完全套用葛拉漢的方法,一年的平均報酬率高於 20%。他以交易股票的佣金,來代替租金付給崔布納公司,他的交易量很少,因此所付的租金不多。他撙節開支,只花了一些錢訂閱《價值線投資概覽》和購買紙筆、地鐵代幣。

　　全紐約再也沒有其他地方，像崔布納公司的訪客桌讓巴菲特覺得如此自在了。這家公司的業務擴展到套利、債務重整（workouts，尚未完成的重整，可賺取剩下不多的錢），和「殘株」（stubs，被收購後分割出售的公司），這些都是巴菲特喜歡的事情。崔布納公司買賣的證券包括皇后區牙買加水公司的十五年期認股權證（也就是未來買進水公司股份的權利），每當有傳聞說紐約市政府將接管水公司，認股權證就漲價，等傳聞平息下來，價格就回跌。崔布納公司則不斷在跌價時買入、漲價時出售。

　　崔布納公司還有個特長，就是和那些價值被低估的小公司經營團隊過招，努力逼出隱藏的價值，就像聖邦地圖公司。「我們老是上法庭打官司，」一位合夥人說。[24] 崔布納散發出昔日葛拉漢紐曼公司的氣息，和美國運通的巨大交易案大異其趣，但巴菲特喜歡這裡的氣氛。納普占用了一個大儲藏櫃，裡面裝滿他和巴菲特一時失察買下的四分錢藍鷹郵票，以及一大疊緬因州海岸線的地形圖。這些地圖不斷增加，因為納普把從股票賺來的錢拿去買緬因州的海岸。[25] 那疊藍鷹郵票則慢慢變少，因為崔布納公司在每週一次寄給巴菲特的粉單資料上，都貼了四十張郵票。

　　粉單報價系統提供未在紐約證交所上市的股票報價資料，一旦付印，就沒有價值了。巴菲特只是利用粉單上的資料來打電話，為了完成一項交易往往必須打給非常多個經紀人。巴菲特很善於透過經紀人來操作這套系統。沒有公告價格的情況有助於減少競爭，而願意打電話給所有證券經紀人、毫不留情逼問他們的人，會比那些較消極退縮的人占優勢。

巴式談判風格

布朗恩會打電話告訴巴菲特，他們有 XYZ 股票求售，一股 5 美元。

「嗯，出價 4.75 美元，」巴菲特會毫不猶豫地說。這個手法稱為「放線」（Casting the Line），可試探賣家有多急著要脫手。

接著布朗恩打電話給客戶，看對方是否願意接受這價格，然後再打給巴菲特，告訴他賣方的回應：「抱歉，低於 5 美元就無法接受。」

「那就算了！」巴菲特會回應道。

過幾天，布朗恩會再打電話給巴菲特：「我們拿到了 4.75 美元，對方願意接受 4.75 美元！」

「抱歉，」巴菲特會馬上回答，「我現在出價 4.5 美元。」

布朗恩會去找賣家，這人會說：「搞什麼鬼，不是說 4.75 美元嗎？」

「我只是傳達訊息，對方出價 4.5 美元。」

接下來是更多電話往返。一週後布朗恩回頭來找巴菲特：「好吧，4.5 美元成交！」

巴菲特會再度降價：「抱歉，現在出價 4.375 美元！」

巴菲特就是這樣以他的「巴式談判風格」將價格一路壓低，而且他幾乎不曾因為極想買到某支股票而提高出價。[26]

1962 年 12 月 12 日，他透過崔迪（Tweedy）對波克夏海瑟威公司下了第一筆單，以每股 7.5 美元買進 2,000 股，付給經紀人 20 美元佣金，[27] 並要崔迪繼續買進。

寇文從波克夏的董事兼最佳業務員魯賓（Stanley Rubin）

處聽到一個消息。魯賓恰好是另一位董事歐提斯的朋友。歐提斯覺得他的兄弟希伯里被祕書保護在象牙塔裡，與現實脫節，而且因為環境日益惡化、更加背離他崇高的願景，他酒喝得更凶了。[28] 史坦頓兩兄弟的看法南轅北轍，[29] 歐提斯覺得應該接受罷工，而不是接受提高工資的要求，[30] 他也不贊同由姪子傑克擔任接班人，傑克雖然是討人喜歡的年輕人，卻無法勝任那個職位。歐提斯認為，最佳人選應該是製造部門副總裁肯恩‧卻斯（Ken Chace）。

希伯里將巴菲特買進他公司股票的行動，看做是公司快要被併購的威脅，於是多次公開收購股權。這正中巴菲特下懷，因為他買入股票的目的就是希望希伯里會將他手中的持股全部買回。不過，每個交易總有賣方和買方，希伯里至今勉力頂住了廉價的國外紡織品和卡洛颶風，巴菲特有可能無法如願以償，甚至還可能被希伯里反將一軍。

後來，巴菲特開車到紐貝德福親自去看這家公司。祕書陶波小姐對希伯里忠心耿耿，是她在決定哪位訪客能走過玻璃門和一道狹窄的樓梯，到老闆的頂樓辦公室。

兩人坐在辦公室角落那張不太舒適的長方形玻璃會議桌前，巴菲特問希伯里下次的收購價格會是多少，希伯里透過金邊眼鏡看著他。巴菲特回憶當時的情形：「他還算親切，不過後來他說：『過幾天我們可能會公開收購股權，什麼價格你會賣，巴菲特先生？』當時的售價大概是每股 9 美元或 10 美元。

「我說，如果有公開收購的話，我會以一股 11.5 美元賣出。接著他說：『好，你能不能答應我，如果我們收購股權你就賣？』」

「我說：『如果是在不久的將來就收購，而不是二十年後，我可以答應。』

「這下子我動彈不得了。我不能買更多股票，因為我太了解他會怎麼做，只好回家。不久，波士頓第一全國公司（First National of Boston）旗下的舊殖民地信託公司（Old Colony Trust Company）來了一封信，出價每股 11.375 美元向任何願意讓出波克夏股票的人購買。」比約定的價格少了 12.5 美分。

巴菲特很生氣。「這真令我火冒三丈，你知道，就像是這傢伙在和我握手成交後，還要偷偷減個 12.5 美分。」

巴菲特習慣一再砍價的談判作風，但這下子是希伯里想占他便宜。他派寇文到紐貝德福，勸希伯里不要違背協議。兩個人爭論著，希伯里否認他跟巴菲特訂了協議，並告訴寇文這是他的公司，他高興怎麼做都行。他這樣說是大錯特錯。希伯里想占巴菲特便宜，但他會非常、非常後悔這麼做。巴菲特現在決定他要買進，不是賣出。

反撲行動

巴菲特發誓要買下波克夏，擁有它的股票、織布機和紡錘。波克夏經營不善、不賺錢的事實沒有讓他卻步。這家公司很便宜，他渴望拿到手，最重要的是他不想讓希伯里擁有它。他下這個決心時，忽略了從登普斯特公司學到的一切教訓，只有一點除外，而那一點是他應該忽略的。

巴菲特派出他的眼線，尋找更多被人惜售的股份。寇文拿到夠多的股份讓他進入波克夏董事會，但也引起其他人的注意。巴菲特有個在哥倫比亞大學就認識的老友亞歷山大，他跟

同班同學福克斯（Buddy Fox）合夥投資。他說：「有一天，我們看到華倫在買波克夏海瑟威，我們就跟著買進。」有回他們在和巴菲特一起從康乃迪克州到紐約的路上，告訴巴菲特他們跟著他買這支股票。「他非常生氣。他說：『聽著，你們在拉我的衣尾，這是不對的，停下來！』」

福克斯和亞歷山大愣住了。他們哪裡做錯了？巴菲特讓他們知道，他希望掌握這家公司的控制權，不過即使如此，拉衣尾在葛拉漢信徒中是很常見的。後來巴菲特買走了他們的股份，他說，我比你們更需要這些股票，因此他們同意以當時的市價將股份賣給他。

還有幾個人也和福克斯及亞歷山大一樣，密切觀察巴菲特的動向，就像追蹤北美野人的足跡那樣，於是產生了爭購股票的現象。他讓葛拉漢信徒那一幫人明白，應該出脫手中的波克夏持股，唯一的例外是布蘭特，為了回報布蘭特，巴菲特讓他以低於 8 美元買入。巴菲特開始顯得志得意滿，這讓一些人覺得不快，但他穩扎穩打、一貫包準沒錯的樣子，也使他們心嚮往之，甚至連他的小氣特質也顯得迷人。多年來他經常到紐約談生意，卻能得到免費住宿（借住庫肯的母親高雪德在長島的家），以及免費辦公空間（在崔布納公司）。

蘇珊曾有幾次陪伴他前往紐約，在蘇珊的指示下，他從寄居友人家升級到住進廣場飯店。這不僅因為廣場飯店對從事商務更方便，而且對蘇珊來說，精品百貨公司如貝多福古曼（Bergdorf Goodman）、貝斯特（Best & Company）和亨利班德（Henri Bendel）都近在咫尺。後來巴菲特的朋友流傳說（這類的傳言老是繞著巴菲特，例如說他讓女兒睡在抽屜），他在廣

場飯店租到最便宜的房間,一個無窗的斗室,小如他在哥倫比
亞大學的宿舍房間,而且他和飯店訂了約,每回他單獨到紐約
都可用極低的價格住那間房。[31] 不論這傳言真假,他每次入住
廣場飯店時肯定會感到一絲懊悔,因為他再也不能免費待在紐
約了。

　　從蘇珊和他一起去紐約的行程,可看出巴菲特在紐約的作
息有了多大的改變。蘇珊白天時間都花在午餐和購物上;晚上
他們一起吃晚餐,接著去看百老匯歌劇或歌舞秀。他喜歡看到
她過得開心,而她也習慣了到更好的店去消費。不過,雖然她
現在有權出手闊綽,但還是得為她能花多少錢與巴菲特爭執。
她為自己花的錢辯解,說那些錢都是為別人花的,女兒蘇西往
往是受益者。有一次蘇珊從紐約帶回一件貂皮大衣,因為他們
在紐約遇到巴菲特的一個朋友,這人帶他們去見一個毛皮商。
她說:「他們對我們真好,我覺得我必須買樣東西。」於是她
買了那件大衣。

　　如今,除非巴菲特能想出妥善的方法經營波克夏,讓蘇珊
有錢買更多貂皮大衣,否則防止波克夏被拉衣尾的一切行動,
都將徒勞無功。他再次走訪紐貝德福,去紡織廠找傑克‧史坦
頓,也就是這家公司的繼承人。巴菲特必須知道波克夏在脫離
希伯里後,由誰來經營。

　　但是傑克說他很忙,派肯恩‧卻斯 * 陪伴巴菲特參觀工
廠。傑克渾然不知他叔叔曾建議讓肯恩接替父親的位子。

---

* 此人和波克夏海瑟威合併波克夏精細紡織公司時的第一任總裁馬爾康‧卻斯
　(Malcolm Chace)沒有親戚關係。

　　肯恩是化學工程師出身,四十七歲,個性安靜、自制、真誠。他不曉得自己變成角逐經營職位的競爭者,但他仍花了兩天向巴菲特介紹紡織業的現況,並一一回答他提出的種種問題。巴菲特對他的坦誠和態度印象深刻。肯恩清楚表明,他認為史坦頓家族把大筆的錢投入這家搖搖欲墜的企業,是不智之舉。[32] 這趟旅程結束時,巴菲特告訴肯恩他會「保持聯絡」。[33]

　　大約一個月後,魯賓銜命去說服肯恩,別接下紡織同業所提供的職位。同時,巴菲特匆促買進更多股票,包括馬爾康‧卻斯家族中許多成員的股份。

　　巴菲特的最終目標是歐提斯。歐提斯和妻子瑪麗同意在紐貝德福的萬事達俱樂部(Wamsutta Club)跟巴菲特會面,[34] 此地優雅的義大利風格華樓,是紐貝德福昔日盛景的遺跡。午餐之際,歐提斯表明願意出售持股,條件是巴菲特給他的兄弟希伯里同樣的收購價,巴菲特同意了。瑪麗隨後問道,基於念舊的情懷,他們能否在要出售的 2,000 股中,保留兩、三股。

　　巴菲特說不行。要就全賣,不然就都不要。[35]

　　歐提斯的 2,000 股,讓巴菲特取得了波克夏海瑟威公司49%所有權,足以讓他有效掌控公司。勝券在握下,一個四月天下午,他在紐約和肯恩碰面,兩人走到第五大道和中央公園南側的熱鬧廣場,在那兒買了兩支冰棒。才吃了一、兩口,巴菲特便切入正題:「肯恩,我想讓你當波克夏海瑟威的總裁,你覺得怎樣?」他說,現在他掌握了公司,可以在下一次董事會中改換經營團隊。[36] 儘管魯賓在說服他別跳槽時已有所暗示,但肯恩對這項提議仍感訝異。肯恩同意在董事會召開前不會聲張。

　　傑克・史坦頓還沒意會到他的命運已經定了，和妻子吉蒂（Kitty）連忙從紐貝德福趕到廣場飯店與巴菲特夫婦會晤吃早餐。比丈夫強勢的吉蒂為傑克的去留說項。她挑起讓巴菲特夫婦感興趣的爭議話題，提出她必定早已思考過的關鍵論點。她認為，巴菲特當然不會推翻新英格蘭世襲工廠的貴族統治，把工廠交給肯恩這個小人物來負責；她和傑克適合出入萬事達俱樂部，畢竟她和蘇珊都參加了婦女慈善團體「小聯盟」。[37]

　　可憐的吉蒂，竟然把這一球丟給那麼鄙視階級區分的人，這個人曾因此拒絕加入亞克沙班騎士會，並對奧馬哈的權貴嗤之以鼻。

　　對史坦頓父子來說為時已晚，希伯里過去在公司獨斷獨行，在董事會沒有朋友，連他自己任命的董事長馬爾康・卻斯也不喜歡他。結果，在巴菲特的支持者安排下，董事會在1965年4月14日的特別會議上提名巴菲特為董事，並旋即獲董事會多數支持，當選董事。[38]

　　數週後，巴菲特飛到紐貝德福，迎接他的是《紐貝德福標準時報》（New Bedford Standard-Times）的頭條，報導「外部利益人士」接管了這家公司。[39]這條新聞激怒了他。他從登普斯特公司得到一個刻骨銘心的教訓是，絕不能讓自己被烙上「資產清算人」的名號，否則會使全市的人都痛恨他。巴菲特對新聞界發誓，他會照常經營波克夏，也公開承諾絕不關廠。

　　1965年5月10日，波克夏在紐貝德福的總部召開董事會，會中獻上一個銀盤給退休的銷售副總裁，通過上次會議的紀錄，同意加薪5％。接下來的會議就變得荒誕離奇。

　　高齡七十的希伯里聲稱他早就計畫在12月退休，讓兒子

傑克接班,但他說,現在既然公司未賦予他完整的權力,他已無法繼續擔任總裁。[40] 希伯里的性格傲慢自大,雖然大權已經旁落,還是講了一小段話,讚揚自己的成就。接著他遞出辭呈,董事會接受了。傑克加上一小段結語,說要是他在 12 月當上總裁,保證會讓公司「持續成功和獲利」。董事會耐心聆聽,隨後也接受他的辭呈。這時傑克放下筆,停止做會議紀錄,昂首走出會議室。董事們鬆了一口氣。

董事會快馬加鞭,推選巴菲特出任董事長,並批准肯恩的新職位,由他來經營這家巴菲特因一時的愚昧、費盡心力買下的失敗公司。幾天後巴菲特接受一家報紙專訪,談到他對紡織業的看法。「我們對紡織業沒有任何偏見,這是個商業決定。我們試著評估一家企業,價格是投資上的重大考量,它左右了決策。我們以好價錢買到波克夏海瑟威公司。」[41]

不久之後,他就會修正這個看法。

「所以我買了根雪茄屁股,還試著抽它。你沿街走著,看到一個雪茄屁股,上頭溼溼的,令人反胃,但那不用錢⋯⋯也許還能抽上一口。波克夏卻連一口都抽不上,你有的只不過是嘴中潮溼的菸蒂。那是 1965 年的波克夏海瑟威,我有許多錢被綁在這支雪茄屁股上。[42]

「要是我不曾聽過波克夏海瑟威這家公司,我的景況肯定會更好。」

第 28 章

抗貧戰爭

奧馬哈，1965 年～1966 年

「父親過世後，我們家亂成一團，」巴菲特的姊姊多麗絲
說，「似乎所有事情都在空中飄搖。父親是我們家的樞紐，他
一走全家都失去了重心。」

之前幾年母親麗拉已經歷多次喪親之痛。她的母親史黛拉
1960 年病逝於諾福克州立醫院，隔年妹妹柏妮絲死於骨癌。
失去了霍華，她必須為人生找到新的意義，而且她變得很依賴
巴菲特和蘇珊這一家人。孫子們在週日來訪，她帶他們去教
會，在做禮拜時給他們糖吃，禮拜後帶他們去吃午餐，如果他
們能正確算出帳單總額，她還會給他們錢。下午她帶他們去伍
爾沃斯百貨買玩具，拿回她家玩。就像霍華從前會付錢給兒
女，以鼓勵他們上教會一樣，麗拉發現了一個具有巴菲特家族
風格的辦法來解決自己的寂寞：和孫子女設定各種交換條件，
讓他們願意和她在一起。

多麗絲和巴菲特過去因為霍華也在，才能忍受和麗拉共
處。一旦霍華不在，他們就很不願去看母親。每當迫不得已接
近她時，巴菲特就會忐忑不安，連感恩節他都端了個盤子獨自
在樓上吃晚餐。麗拉仍不時大發雷霆，幾十年來她怪異的行為
一直只針對家人，除了有一次她在停車場衝出車外，為了芝麻

小事對著一個舊識大叫大嚷了一小時，讓蘇珊和孫子霍華在旁邊看得目瞪口呆。不過比巴菲特更崇拜父親的多麗絲，才是最主要的受害者。多麗絲老是覺得她和伍德離婚讓全家失望。當年離婚仍很罕見，相較於巴菲特與蘇珊的幸福美滿，她的失婚益發讓她自覺人生沒有價值。霍華在過世前不久告訴她必須再婚，讓孩子有個父親。她遵照父親遺願，嫁給了第一個向她求婚的人。[1] 儘管她的丈夫很討人喜歡，但多麗絲認為自己是被迫再婚的，使兩人的結合蒙上陰影。

妹妹柏蒂一向最不受母親行為所困擾，也最不依賴父親，父親的過世對她的影響最少。不過就像巴菲特，金錢既讓她憂慮，也給她安全感。她持續記下每一塊花費，而且每當她覺得壓力大，就花錢排解情緒。

巴菲特全家人都有金錢「問題」，這問題如此深重，以致沒有任何成員注意到他們是多麼不尋常的家庭。霍華死後，巴菲特和蘇珊自然而然成為家族的領袖，部分是因為他們有錢，同時也因為他們的個性堅毅。不僅麗拉、多麗絲與柏蒂尋求巴菲特和蘇珊的援助，其他人幾乎也都如此。巴菲特的姑姑艾莉絲在整個家族中最信任的人除了巴菲特，就是蘇珊。

蘇珊的志業

因此在 1965 年底的一個星期一，艾莉絲打電話找的人是蘇珊，不是麗拉。接到電話時，蘇珊正和多麗絲在一家美容院。艾莉絲解釋說，她擔心麗拉的姊姊伊迪，伊迪在星期天打電話告訴多麗絲，她覺得非常沮喪。艾莉絲和伊迪都是老師，她載伊迪去兜風聊天，還停下來吃冰淇淋。伊迪很崇拜巴菲

特、蘇珊和艾莉絲,巴菲特一家人都是她的偶像,她說她不完美的生活,讓完美的這一家人蒙羞。[2]她衝動走入的婚姻並不美滿,她跟隨丈夫遠赴巴西,不料丈夫拈花惹草又虧空公款,為了另一個女人離開她。她從巴西回到奧馬哈,一直無法適應帶著兩個女兒的單親媽媽生活。

艾莉絲告訴蘇珊,伊迪今天沒有去技術高中教家政課,讓她很擔心,所以她去伊迪的公寓,按鈴敲門卻無人應答,她擔心出事了。

蘇珊飛快衝出門,跳上她的金色凱迪拉克敞篷車,頭上還頂著髮捲。趕到伊迪的公寓後,她敲門、按門鈴,都沒有人應門,她想辦法破門而入,但在屋子裡卻找不到伊迪的人影。屋內一絲不亂、沒有任何字條或訊息,伊迪的車子也在。蘇珊繼續往地下室搜尋,在那兒發現了伊迪,她割腕自盡,已經氣絕身亡。[3]

蘇珊叫了救護車,然後得通知大家。沒有人知道伊迪這麼沮喪,也不曾有人想過她會是史塔家族精神病史的受害者之一。沒人知道當時六十二歲的麗拉對姊姊的死亡有什麼感覺。一般人在經歷親人自殺身亡,總是會感覺憤怒、被遺棄,或許麗拉也是如此。至少伊迪的死,代表麗拉是她原生家庭中在世的最後一人,姊妹兩人再也沒有機會修補緊張的關係。而且這是史塔家族讓巴菲特家族難堪的另一次事件。不論麗拉感覺如何,不到一個月後她突然嫁給羅夫(Roy Ralph),這人比她年長二十歲,為人和氣親切,霍華死後就開始追求她,但她直到這時才接受。她在守寡期間不停談起過去三十八年半她和霍華的美妙生活,家人都已聽煩了,因此當她決定再婚、改姓羅夫

時，全家人都大吃一驚。

同時，蘇珊挑起了比以往更多的責任，不僅在家族中，在社區也是如此。她開始要求巴菲特暫停對賺錢的狂熱。巴菲特合夥事業買進大量美國運通股票後，就像一隻肚子塞滿填料的感恩節火雞。1965 年底該公司資產為 3,700 萬美元，單單美國運通這支股票的獲利就達 350 萬美元，它的價格一路上漲到每股 50 美元、60 美元，後來到 70 美元。巴菲特已賺進超過 250 萬美元，使他和蘇珊在合夥事業中的股份高達 680 萬美元。這時他三十五歲，以 1966 年的水準來說，巴菲特家族非常富裕。他們需要多少錢才夠？他要用這個速度再賺多久？既然他們已這麼有錢，蘇珊認為他應該為奧馬哈多做一些事。

1966 年，蘇珊找到一生的志業，渾身洋溢著如火的熱情。她和黑人社區的領袖走得很近，她在奧馬哈這個種族關係緊張的城市，四處參與討論、協調、斡旋、宣導和策畫。此時全美各大城每年夏天都有由小事件所演變的種族暴動。1966 年 7 月熱浪來襲的十五天中，奧馬哈發生暴動，州長出動國民防衛隊，譴責暴動是由於「環境不適於人類居住」所致。[4] 現在蘇珊把消除奧馬哈的住宅區種族隔離做為重要職志，把許多當地的白人嚇壞了。她拉巴菲特去參與一些社區和民權工作，他照做了，但對參加委員會並不熱中。

據孟格說，委員會的會議也讓巴菲特「頭痛欲裂」，因此他讓其他人去開委員會，自己則提供主意。不過，巴菲特絕不是對社會和政治事務漠不關心。他非常擔憂核戰可能爆發，這是 1960 年代初期迫在眉睫的威脅，因為甘迺迪總統已敦促美國家庭建造核爆避難所，萬一美國遭受核子攻擊時可供緊急避

難;在甘迺迪與赫魯雪夫為了從古巴撤除蘇聯飛彈的問題而對峙的期間,核戰一觸即發。巴菲特讀了哲學家羅素(Bertrand Russell)1962 年寫的反核戰著作《人類有前途嗎?》(*Has Man a Future?*),受到很大影響。[5]他認同羅素的看法,欽佩他的嚴謹論述,常常引述羅素的論點和警語,甚至在桌上放了一個小牌子,上面刻著:「記住你們的人性,忘記其餘部分」,[6]這句話引自羅素與愛因斯坦共同發表的一篇極具影響力的反核宣言。

不過,在美國國會於 1964 年通過東京灣決議案後,巴菲特更關注反戰運動。這項決議案授權詹森總統無須正式宣戰,即可在東南亞動用軍力。他開始邀請反戰人士到他家向朋友談論這件事,有一次甚至遠從賓州請來演講者。[7]不過他自己不會走上街頭去反戰。

巴菲特堅決相信專業分工,他認定自己的專長是思考與賺錢。一旦被要求捐獻時,他的第一個選擇是捐出點子,包括讓別人捐錢的點子。但他自己也捐了一些錢給政界人士和蘇珊的志業。不管情況多緊急、多重要,他從來不直接為公益行動效力,那會消耗他的時間,而他覺得用那些時間來想好點子和賺更多錢,然後捐出更多款項,會比較有效率。

1960 年代許多人強烈地想拆毀那引發戰爭、促成「軍事工業綜合體」的統治集團,拒絕向「當權者」出賣良心。對某些人來說,社會良知與維持生計的需求互相衝突,但巴菲特認為自己是為合夥人、而不是為「當權者」工作,並認為自己的商業頭腦和錢財對人權與反戰運動有所助益。所以他是為了這雙重的目的專注於事業,從來不會為自己如何利用時間而有心

理衝突。

他的衝突是來自為合夥事業尋找投資目標。他繼續從《標準普爾》週報找到少數價值被低估的股票：雇主再保險公司（Employers Reinsurance）、伍爾沃斯百貨、第一林肯金融公司（First Lincoln Financial）。他會晤了華德·迪士尼後，也買了一些迪士尼公司的股票，並看到這位娛樂業好漢的專心致志、對工作的熱愛，以及他所創造的許多無價的娛樂產品，但那時他還不完全了解「偉大企業」的概念，沒有大量敲進迪士尼股票。當然，他持續買進波克夏海瑟威股份，也在艾柯亞（Alcoa）、蒙哥馬利華德（Montgomery Ward）、旅行家保險（Travelers Insurance）、凱特彼勒牽引機公司建立了 700 萬美元的「空頭」部位，也就是先借股票來賣，以防市場突然下跌的風險。[8]

1966 年 1 月，他的夥伴增資 680 萬美元。巴菲特發現自己的合夥事業已有 4,400 萬美元，而他能買到的雪茄屁股相形之下太少，因此他很罕見地首次把一些款項擱在一旁不去使用。[9] 從哥倫比亞商學院畢業的第一天開始，他的問題一直是無法取得足夠的資金投入他源源不絕的投資點子中。

接下來，1966 年 2 月 9 日，道瓊一度短暫衝上 1,000 點，但功虧一簣，收盤時距千點大關只差一些。歡呼聲開始出現：道瓊上千點！道瓊上千點！那年市場再也沒有突破這個關卡，但樂觀的氣氛持續。

巴菲特一整年都擔心會讓合夥人失望。雖然他最近寫給合夥人的信一開頭就高興地提及美國運通公司的巨額獲利：「1965 年我們的『抗貧戰爭』是成功的。」「抗貧戰爭」是詹

森總統「大社會」（Great Society）計畫下的一連串社會福利方案。接著他揭露警訊：「我覺得我們很快就會發現規模變大所帶來的不利因素。」因此他宣布將關閉合夥事業的大門，鎖上它，把鑰匙藏起來。

不會再有新合夥人加入了。他開玩笑地寫道，蘇珊不會再生孩子了，因為他們不要更多孩子。這個玩笑並不太恰當，因為他們的孩子沒有一個是他的合夥人，以後也不會是合夥人。他希望限制兒女們對金錢的欲望，好讓他們找到自己的生活方式。他的孩子從小就知道，除了教育上的開支，父親是不會提供財務援助的。他大可讓孩子加入合夥事業，讓他們學習如何管理金錢、投資，學他如何使用時間。當然巴菲特會讓合夥人跟著他學這些，但他很少明白地「教導」他們。對他來說，教導是一種表演，一種展現在觀眾面前的有意識行為。他的孩子無緣上這些課。

不過，他為兒女購買經營不善的波克夏公司股票。他父親霍華遺留給孫子的財產都由他託管，他將父親買來做為避難所的農場賣掉，用那筆錢去買波克夏股票。巴菲特不喜歡不勞而獲的財富（他就是這樣看待遺產的），他原本可能不會去處理那農場。內布拉斯加州的一座小農場不可能有多大價值，孩子們也不可能因為有了這筆遺產而致富。但是把賣農場的錢投資在波克夏，讓他多掌控了兩千股。為什麼他這麼在意這家公司，對旁人來說是個謎。自從他掌控了波克夏，似乎就對這家公司很著迷。

孩子的金錢觀

　　巴菲特家的孩子並不認為自己會變得很富有，他們甚至不知道家裡很有錢。[10] 父母親不想寵壞他們，他們也像其他人家的孩子，必須幫忙做家事才有零用錢。一談到金錢，巴菲特家奇特的落差就會出現，蘇珊和巴菲特會為了她可有多少家用金而爭執，彷彿他們很缺錢一樣。不過她無論如何還是會拿到錢，讓家人過中上階級的生活。孩子們能去度愉快的假期，享受鄉間俱樂部的活動，穿上好的衣物，看母親開凱迪拉克、穿皮草大衣。但他們從來不把有錢視為理所當然，父親老是為了一點小錢和他們爭執，還會拒絕他們小小的要求。如果他帶大家去看電影，可能就不會付錢買爆米花。如果有個孩子要求一樣東西，他很可能會說不行：如果我給你，我也得給其他孩子。

　　不論在金錢方面他和蘇珊想給孩子什麼樣的觀念，有一個主題貫徹始終：金錢很重要。在他們生長的這個家庭中，錢向來被當做一種控制工具。蘇珊生日時，巴菲特會帶她到一家商店，給她九十分鐘，抓多少就買多少。善於交易是巴菲特家的傳統。雖然蘇珊覺得巴菲特不該那麼執著於賺錢，但她仍然設法從他身上拿到更多錢。現在她努力控制體重，這也成為一項金錢交易。巴菲特孩提時期對體重計的著迷（他一天可以量五十次體重！）並沒有消失，他對家人的體重也很在意，而且執意要他們保持纖細的身材。

　　這個家庭的飲食習慣對他控制體重的目標沒有幫助，也對他們的健康無益。蘇珊兩年前不知怎麼患了痛苦的腹腔粘黏，從此對做菜沒興趣，她和巴菲特都願意日復一日吃同樣的東

西，主要是肉類和馬鈴薯。

後來蘇珊和巴菲特訂下協議，只要她能將體重維持在 53
公斤，他就付錢給她。她不像丈夫那麼重視金錢，但她對減肥
意興闌珊，需要一點鼓勵。一整個月她繼續挑食、只吃點心，
等量體重的日期來到，如果結果顯示必須快速減重，她再來傷
腦筋，就像她曾向蘇西的一個朋友說的：「天呀，凱西，我必
須跟妳媽要一些利尿劑。」[11]

巴菲特維持體重的方法是拿錢在孩子面前晃動。孩子還小
的時候，他曾幾度開出未簽名的支票給孩子，面額 1 萬美元，
然後說，如果他沒有在某個日期之前減到 78 公斤，他就會簽
那張支票。蘇西和霍華千方百計拿冰淇淋和巧克力蛋糕引誘
他，但失去那筆錢的情景遠比放棄一頓美食讓他痛苦。他一再
開出那些支票，但從來沒有一次需要簽名。[12]

巴菲特合夥事業的最後一位合夥人不是他的孩子，而是溫
伯格（Marshall Weinberg），是許羅斯一個在當證券經紀人的
朋友，曾上過兩次葛拉漢的研討會。溫伯格很有修養，愛好藝
術和哲學，去聽葛拉漢在紐約的社會研究新學院演講時見過巴
菲特。他們一起吃過幾次飯並討論股票，最後變成朋友。溫伯
格很快就放棄要讓巴菲特對音樂、藝術、哲學或旅遊感興趣，
但巴菲特常常透過他進行交易，溫伯格因而有興趣加入他的合
夥事業。有一次巴菲特去紐約時，與他見面討論這件事。

巴菲特從廣場飯店的房間出來，大步走下樓梯，在大廳與
溫伯格碰面，然後蘇珊輕盈地走了過來，巴菲特則點了一根
菸。她側身走到他身旁，擁抱了他一下，接著把手放在他身
後，好像他是個孩子，並用她棕色的大眼睛看著溫伯格，「你

好嗎?」她問道,對他嫣然一笑。她有興趣了解溫伯格,溫伯格也感覺他們歡迎他加入合夥事業這個大家庭。他憑直覺知道,自己剛剛見到了巴菲特最有力量的資產。[13]

溫伯格很僥倖地及時擠進那扇門。1966 那一整年,城市地區持續暴動,越南戰事加劇,反戰人士在紐約、波士頓、費城、芝加哥、華盛頓和舊金山盛大集會。股市開始下跌,比年初時下跌了 10%。不論多麼費力,巴菲特從來沒有停止尋找買進標的,不過儘管市場好轉了,「雪茄屁股」俯拾即是的日子已不復返,他開始擔心要如何維持績效。現在的他比較想要買下整家公司;事實上,他已展開一項全新的投資活動。

第 29 章
服裝的品味

奧馬哈，1966 年～1967 年

　　巴菲特管理一個 5,000 萬美元的合夥事業，包括一家紡織公司，不過他一直就像童詩中的「落魄的人」（Raggedy Man）。[1] 巴菲特從來只打細長的條紋領帶並穿白襯衫，雖然襯衫的領口已變緊，而且他日復一日所穿的老舊灰西裝外套在肩膀上隆起，領口處也已裂開。他拒絕和他最喜歡的駱駝色 V 領毛衣說再見，雖然肘部已磨薄了，而他的鞋子在底部也有幾個洞。別的男人在腮邊留著鬢角並蓄長髮，他則是在小平頭前面蓄一小塊黑髮，就像初長的青草覆蓋在半圓形的額前。好友彼得森在派對上要將巴菲特介紹給某位投資人時，這個人的反應是：「你在開玩笑！」他甚至不想和巴菲特講話，純粹是因為巴菲特的穿著。[2] 蘇珊對他沒有影響力，她丈夫的穿著品味早在 1949 年在傑西潘尼百貨賣西裝時就已成型。蘭佛曾說他：「糟到極點！」

　　如今他在奇威廣場大樓大廳樓下的巴索氏西服店（Parsow's）買西裝，老闆巴索（Sol Parsow）一直想提升他的品味。巴菲特認為巴索是「穿著非常大膽的人」，把他的建議當耳邊風。在巴菲特看來，一套適當西服的定義是「你可以穿著去參加內布拉斯加西部小鎮九十歲銀行家的葬禮」。[3] 不過，

巴索很自豪他能給巴菲特投資股票的好建議。他勸巴菲特別碰拜爾羅尼克製帽公司（Byer-Rolnick），警告他帽子已不流行。他也曾告訴巴菲特，西裝這一行在 1960 年代並未成長，巴菲特因此未投資歐克斯福服裝公司（Oxxford Clothes）。[4] 不過巴索也曾警告巴菲特別買生產西裝襯裡的波克夏海瑟威公司，但巴菲特沒聽進去。[5]

巴菲特對服裝業一無所知，為什麼他接下來會收購一家百貨公司，到現在仍是個謎。那時必須要有一個超棒的點子才能打開他的荷包，而在 1966 年，他正苦於找不到投資標的。

他剛認識一個朋友高提斯曼（David Gottesman），給了他這個最新點子。瑞恩在紐約市的一次午餐會上介紹他們認識。高提斯曼畢業於哈佛大學，在一家小型投資銀行工作，有時候會發現一、兩枚雪茄屁股。[6] 高提斯曼這個典型的紐約人非常珍視和巴菲特共處的時間，甚至願意常常飛到奧馬哈。每個星期天晚上十點鐘左右，他們會一起談股票，大約聊上一個半鐘頭。高提斯曼還記得：「我整個星期都期待能和他聊聊，並想著要和他討論哪些股票。不論我和他談到哪些股票，多數時候他對這些股票的了解都不下於我。掛上電話上床時，通常已是半夜了，但我會因為太亢奮，好幾小時無法入眠。」巴菲特認為他是個精明、有紀律、腳踏實地、很有主見的資本家，兩人一見如故。

高提斯曼說：「從那時起，每當我有好點子，就會打電話給華倫，就像是在做測驗。如果你能讓他對某件事感興趣，你就知道你的點子是對的。」

1966 年 1 月高提斯曼給巴菲特一個點子：霍柴孔恩

（Hochschild-Kohn），這家老字號百貨公司的總部位於巴爾的摩市中心。

公司執行長馬丁・孔恩（Martin Kohn）曾打電話給高提斯曼說，家族有好些人想把公司賣掉，甚至願意折價出售。巴菲特和孟格飛到巴爾的摩，立刻就喜歡上孔恩家的人。路易斯・孔恩（Louis Kohn）財務出身，又很懂數字。巴菲特有了這幾年來招募三百位合夥人並會晤無數位企業主管的經驗後，對於自己快速評量人才的能力很有信心。他們兩人看完資產負債表，當場出價 1,200 萬美元。

打錯算盤

1966 年 1 月 30 日，巴菲特、孟格和高提斯曼組成了一家控股公司：多元零售公司（Diversified Retailing Company），以「收購多元化企業，尤其是零售業」為宗旨，[7] 巴菲特擁有 80％股份，高提斯曼和孟格各占 10％。接著巴菲特和孟格前往馬里蘭國民銀行（Maryland National Bank）要求貸款來買這家百貨公司。放款部門主管睜大眼睛驚呼：「你們要拿 600 萬美元去買又小又舊的霍柴孔恩百貨公司？」[8] 即使聽到他這樣說，巴菲特和孟格仍然老神在在，沒有因此質疑自己的判斷並打退堂鼓。

巴菲特如此形容這筆交易：「我們認為，我們是用第三流的價格，購買一家第二流的百貨公司。」

以前他從來不曾借貸大筆金錢來買一家公司。但是他和孟格認為已經預留安全邊際，風險將能降低，而且當時的利率很低。百貨公司的獲利微薄，但是獲利接下來幾年將會成長，在

貸款利息不變下，他們賺的錢就會增加。不過這都要在獲利成長的情況才成立。

「購買霍柴孔恩百貨，就像有個人買了艘遊艇的故事。這個人只有兩天是快樂的：他買下的那一天和他賣出的那一天，」孟格說。[9]

巴菲特到巴爾的摩看了路易斯的計畫後，開始擔心起來。這計畫已推展一段時間，目標是要在賓州約克市和馬里蘭州各蓋一家百貨公司，以抓住消費者湧向郊區大商場購物的潮流。

「他們計畫蓋這兩家店已有兩、三年，負責男性服飾部門的那傢伙已經把他的區域規畫好了，他很清楚要如何裝修那地方。負責高價女裝部門的那位女士也有完整計畫。」巴菲特不喜歡和人唱反調，也不想讓人失望，但他和孟格都認為這兩個地點並不恰當。他壓下了約克店的計畫，霍柴孔恩員工和管理階層因此感到不滿。巴菲特不想和他們爭吵，就讓步了。至於馬里蘭州哥倫布市展店的計畫上，他則堅持立場。「我封殺了那項計畫，結果大家都心灰意懶。」

接下來從巴爾的摩傳來更多不利的數字。每當這四家百貨公司的任何一家安裝了一部電梯，另外三家都必須跟進。只要有一家將櫥窗的擺設升級或買了新的收銀機，其他三家也得照做。巴菲特和孟格稱這種現象就像「踮著腳尖遊行」，必須保持警覺。

不過這是巴菲特和孟格第一次找到一件他們可以合夥的事。透過多元零售公司，他們和高提斯曼創立了一家能收購零售商店的獨立公司，但是購買霍柴孔恩百貨的情形，成為巴菲特在投資不穩固的市場時一再發生的模式：為了認可某項投

資,他會降低標準。不過他愈來愈難找到好的投資標的,此時降低標準並非巧合。

在這個案子中,「我們都受到葛拉漢精神的影響,」孟格說,「我們認為只要花的錢能買到足夠的資產,你總有辦法做出成績。當時百貨業已不再有優勢,我們也沒有好好評估巴爾的摩四家百貨公司激烈競爭的情況。」

買下霍柴孔恩百貨公司的最初一、兩年,巴菲特就明白,經營零售業最重要的技能是銷售,而非財務。他和夥伴也了解,經營零售業就像經營餐飲業,都是跑一場耗神費力的馬拉松,隨時會有新競爭對手加入,使出渾身解數超越你。不過,當他們三人有機會透過多元零售公司購買另一家零售商店時(這家很不一樣,而且是由真正的商人在經營),他們還是勇往直前。這家零售店透過律師費思提納(Will Felstiner)找上他們,費思提納曾參與霍柴孔恩百貨的交易。他打電話來說:「如果你們對零售業有興趣,這是聯合棉花商店(Associated Cotton Shops)的營運數字。」聯合棉花商店專門販售女裝。巴菲特此時進一步跨出「能力範圍」(circle of competence),不過他也因此碰上此生所見最傑出的經理人。

聯合零售商店(Associated Retail Stores)是棉花商店的母店,孟格形容它是「便宜的小雜貨店」。[10] 他和巴菲特看到一批三流商店要以四流價格出售,立刻見獵心喜。聯合零售商店擁有八十家分店,銷售額 4,400 萬美元,每年賺數百萬美元。老闆是六十三歲的羅斯納(Benjamin Rosner),專門在芝加哥、水牛城、紐約及印第安納州蓋瑞等城的低收入住宅區經營廉價女裝店,店名為「時尚暢貨中心」、「歡樂時光」、「約克」等。

有時他會用不同名稱在同一街區開設好幾家小店，出售相同的
貨品，商店規模小則如同紐約市的小公寓，大則有如郊區的大
房子。羅斯納嚴格管控經常費用的開銷，而且對顧客只收現
金。經營這些商店需要非比尋常的技能。在芝加哥密爾瓦基大
道上的分店女經理，是個經驗老到的大塊頭，「每次看見很像
會偷東西的人進入店裡，她就吹哨子，所有員工就會仔細盯著
那傢伙。她認得這些會偷東西的人，而這家店的損耗率*，在所
有低收入住宅區的商店中是最低的。」

最優秀的經理人

羅斯納出生於 1904 年，父母是來自奧匈帝國的移民，小
學四年級他就輟學了。1931 年大蕭條時期，他在芝加哥北區
和合夥人賽門（Leo Simon）以一家小店起家，資本額 3,200
美元，賣起每件 2.88 美元的女裝。[11] 賽門在 1960 年代中期過
世時，他們合夥已超過三十年，此後羅斯納仍持續將賽門的薪
水付給他的遺孀葉伊〔Aye Simon，出版大亨摩西・安納伯格
（Moses Annenberg）的女兒〕，她的工作只是為八十家分店簽
發租金支票。

「大約半年後，她開始抱怨並批評不斷，讓羅斯納非常火
大。她是個被寵壞的女人，羅斯納後來向我解釋，他的原則是
每個人的便宜都可以占，除了合夥人以外，而在他心目中葉伊
已經不是合夥人了，所以他決定把一切做個了結。

---

* 存貨「損耗率」（shrinkage）顧名思義就是遺失的存貨，通常是因為被顧客或
　店員偷走。

「他打算給她點顏色瞧瞧，決定將這家公司便宜賣給我，雖然他也擁有一半股份。我們碰面時，他一開口，我就明白了整個情況。」

巴菲特以前也碰到過一些人，他們想說服自己，沒有某樣東西的話日子會比較好過。他知道自己不宜干涉別人的決定。「他說要賣掉他畢生建立的事業，說他快瘋了，因為他受不了這家公司，也受不了她；他心煩意亂。查理和我在另一間房間討論。大約半小時後，羅斯納雀躍地說：『他們說你是西部最快的快槍手，拔槍吧！』我說：『我今天下午離開之前，就會對付你。』」

巴菲特需要一位經理人，但羅斯納告訴他，他只做到那年年底，就會把公司交給新主人。不過巴菲特看得出來，這家公司不能沒有羅斯納，羅斯納也不能沒有這家公司。

「他很愛這家公司，捨不得離開。他在浴室裡放了一套各店營業文件的複本，讓他在蹲馬桶時可以展讀。他有個對手，是裴崔商店（Petrie Stores）的裴崔（Milton Petrie）。有次羅斯納到華爾道夫飯店（Waldorf）參加大型派對，裴崔也在那裡，他們立刻開始談論生意經。羅斯納說：『你付多少錢買進燈泡？你加多少錢賣出？』他就只能談這些。後來他問裴崔：『你付多少錢買衛生紙？』裴崔告訴他多少錢。羅斯納買的衛生紙便宜得多，但他說不能只有便宜，還要選對產品。裴崔說：『是啊，那是我能拿到最好的衛生紙。』接著羅斯納說聲『失陪了』，就離開這個必須打黑領結出席的慈善活動，開車到他在長島的倉庫，拆開衛生紙紙箱，算算一捲有幾張，因為他覺得可疑。他知道在那樣的利潤下，裴崔不可能付太多錢，所以

他一定是在衛生紙張數上被人騙了。

「供應商說一捲有 500 張，其實沒有。他被人騙了。」

巴菲特想和這種傢伙合夥做生意，因為這個人會提早離開一個隆重的派對，去算衛生紙的張數；這傢伙可能欺騙交易對象，卻從來不會這樣對付他的合夥人。他和羅斯納簽下了 600 萬美元的交易。為了確定他買下這家公司後羅斯納會留任原職，他禮遇羅斯納，只要能讓他拿到財務數字來評估績效，其他方面他並不會干涉。[12]

巴菲特和羅斯納這類的人非常投緣，他從這些人不屈不撓的韌性中看到成功的精神。他厭惡像霍柴孔恩那樣的問題公司，轉而尋找更多像羅斯納這種人所建立的優良企業。他和羅斯納都很看重一件事，正如巴菲特常說的，「**執著是卓越的代價。**」

第 30 章
噴射機傑克

奧馬哈，1967 年

　　到了 1967 年，蘇珊似乎認為如果巴菲特不工作，他對她和家人的照顧會比較周到。她以為他們兩人都同意，一旦他賺了 800 萬或 1,000 萬美元，生活步調就可以慢下來。他在 1966 年賺到 150 萬美元的費用，加上資本利得，他們的財富淨值超過 900 萬美元。[1] 她纏著他說，時候到了，但是巴菲特不斷轉換焦點，步調從不曾放慢。有時他上了飛機後背痛突然發作，接著必須臥床休養幾天，由蘇珊悉心照料。醫生找不出任何明確的病因，只告訴他可能和工作壓力有關。但是若要巴菲特為了背痛而停止工作，就像要他為了健康而吃下一大碟綠花椰菜一樣難。

　　他總是弓著背坐著，讀書、講電話，或和好友賀蘭、尼克·紐曼（Nick Newman）打橋牌或撲克牌。紐曼是個知名商人，擁有新奇頂奇超市，就是巴菲特小時候祖父叫他去買幾條麵包的那家店。紐曼和他太太在社區和民權運動圈子中很活躍，而且就和低調的賀蘭夫婦一樣，他們是巴菲特夫婦典型的朋友。巴菲特和蘇珊遠離奧馬哈的社交圈，夫妻倆共同的社交生活都是配合巴菲特的工作而進行，通常是他們到外地探望巴菲特的朋友。不過留在奧馬哈時，蘇珊隨時候傳，在自己的朋

友、家人、急需照顧的親友和社區工作之間穿梭奔忙。巴菲特家未上鎖的後門現在掛了一塊牌子，寫著：「醫生看診中」。蘇珊的「病人」常被人發現在她家四周徘徊，各種年齡、身分都有。他們開口要求，蘇珊就給予；要求更多，她就給得更多。

而當蘇珊開口要求時，巴菲特就會順從。除了在如何支配他的時間上無法妥協外，巴菲特幾乎對她有求必應。就在這一年他們整修了房子。他們的房子原本就是整個街區中最大的，在蘇珊的指示下，一間側廳取代了舊車庫，好讓街坊的孩子有新的客廳可以聚會。巴菲特則很高興在地下室有他自己的壁球球場，他可以和朋友及生意上的熟人一起打球。

搖滾樂與毒品

不過即使巴菲特在許多方面像個孩子，蘇珊也覺得他花太少時間陪兒女，但他仍是個盡責的父親：他參加學校的各種活動，並帶孩子們去度假。此時蘇西八年級、霍華六年級、彼得三年級；雖然 1967 那年是「白兔」（White Rabbit）和「佩柏中士的寂寞之心俱樂部樂團」（Sgt. Pepper's Lonely Hearts Club Band）這兩首搖滾歌曲問世之年，象徵了搖滾毒品文化的高峰，但巴菲特夫婦很有福氣，不需像其他家長為兒女煩憂。

蘇西已從一個膽小的孩子變成自信的少女，是孩子中帶頭的老大。蘇西是個搖滾女孩，她介紹兩個弟弟聽伯茲（Byrds）和金客（Kinks）這類樂團的歌曲。不過，她不是會吸毒的孩子。十二歲的霍華則仍很稚氣，還會穿著猩猩裝躲在姊姊窗外的野蘋果樹上，嚇唬她和她的朋友，但他的惡作劇愈來愈高段，也愈危險。他把小狗史考特放在屋頂上，自己下樓呼叫史

考特,看牠會不會跳下來。史考特跳下來時摔斷一條腿,被送去給獸醫治療。霍華辯解:「我只是想看牠會不會下來。」[2] 為了不讓自覺管教無方的母親將他鎖在房內,他到五金行買了一把鎖,把她鎖在房外。彼得每天花好幾小時彈鋼琴,自己彈奏或和朋友艾瑞克森(Lars Erickson)一起。他在才藝比賽中連連奪魁,對音樂著迷的程度就像他父親對賺錢著迷一樣。

家族中唯一受迷幻藥引誘的是十七歲的比利·羅傑斯,他是蘇珊的姊姊多蒂的兒子,是個初露頭角的爵士吉他手。多蒂是裁縫師,也做一些義工,但她常睡到中午才起床,似乎對什麼都拿不定主意;在兒子看來,母親既遙遠又模糊,談起話來前言不對後語。多蒂喝酒愈來愈凶,對小孩不聞不問。蘇珊常帶比利去看當地一位爵士吉他手基斯(Calvin Keys)的演奏,讓比利跟他學彈奏的技巧,也希望藉此端正比利的行為。[3]

身處大麻和迷幻藥無所不在、提摩西·李瑞(Timothy Leary)邀請美國人「興奮起來、跟上潮流、逃避現實」的年代,蘇珊面臨一項艱巨的任務。由年輕人領導的反文化正在反抗各種權威,反抗過去數十年來人們所捍衛的一切事物。「這不再是艾森豪領導下的美國,」那年夏天在舊金山海特艾希伯利區(Haight-Ashbury,譯注:舊金山著名的嬉皮區)晃來晃去的數十萬嬉皮中的一個如此說,這句話似乎已足夠解釋一切。[4]

兩條新規則

巴菲特則仍然住在艾森豪領導下的美國。他從不曾迷上披頭四,不唱靈歌「Kumbaya」,也不張貼海報宣告戰爭對孩童和其他生物的身心有害。他的心態仍然沒有改變,他的心智深

入嚴密的哲學探索，包括葛拉漢的雪茄屁股哲學，以及費雪與孟格的「偉大企業」。

「當時我正在孟格的影響下摸索，游移不定。這有點像新教徒改革運動，這一天我聽馬丁路德的，第二天又聽天主教教宗的。當然，教宗就是葛拉漢。」

正當孟格把他的論點釘在「雪茄屁股」教堂的大門上（譯注：馬丁路德發動宗教改革時，曾把他的神學論點釘在教堂門上），市場卻放棄了過去與現在的一切權威論點，雞尾酒會上人們熱烈談論股票，家庭主婦從美容院打電話給經紀人下單，股市成交量增加了三分之一。[5]這年巴菲特三十六歲，覺得自己就像個白髮老頭，生活在熱愛 Transitron 電晶體公司、拍立得（Polaroid）、全錄（Xerox）和電子數據系統公司（Electronic Data Systems）的世界，而這些公司的技術他都不懂。他告訴合夥人，他正在放慢步調，「我們就是沒有那麼多好點子。」[6]

但在尋找方法讓錢持續運轉的這件事上，他的原則並未放鬆，反而列出兩條新的限制，讓他的投資決定更加慎重。這些個人偏好現在已成為正式規範。

1. **若是某家企業的技術非我所能了解，而且此技術對投資決定很重要，我們就不投資這家企業。**我對半導體或積體電路的了解，只相當於我對金龜子交配習性的了解。

2. **若很可能發生重大人事問題，就算會有豐厚的獲利，我們也不投資。**

所謂「重大人事問題」，指的是遣散員工、關廠或是不能

罷工的工會企業（union business）。這也表示他在決定要吸更
多雪茄屁股之前，必須三思而行。

他持有的雪茄屁股已夠讓他頭痛了。波克夏海瑟威公司目
前已病入膏肓，他最近委託畢馬威會計事務所的查帳員麥肯
齊，到紐貝德福監督那家紡織廠。他很後悔不久前在波克夏董
事會上犯了一個錯誤。這家公司財務出現了好成績，當下巴菲
特滿面春風，同意每股發放 10 美分股利，後來才發現那不過
是一時榮景。不論當時巴菲特是在做白日夢或只是一時軟弱，
他同意發放股利的二十四小時後，才明白那些人論點的謬誤，
但為時已晚。這個決定一共發給合夥人和股東 101,733 美元，
而他知道這筆錢能用來賺到數百萬美元。[7] 他絕不會再犯這種
錯誤。

八個月後，巴菲特向波克夏股東提出一項交換協議。任何
想有穩定收入的人可以拿股票來換利率 7.5% 的公司債券，結
果換回 32,000 張股票。這麼一來，巴菲特讓只想分股利的股
東下車，留下來的人都比較在意公司的成長。同時，已發行的
股票變少，巴菲特對波克夏海瑟威的掌控就更強，雖然他最初
買下這家公司所犯的錯誤看起來也更嚴重。肯恩服從巴菲特的
命令縮小公司規模，為了避免重蹈登普斯特公司強烈反彈的覆
轍，巴菲特聽從肯恩的建議善待工會，決定忍受損失，讓公司
的剩餘部分繼續運作，並讓紐貝德福的人滿意。

1967 年時，肯恩和麥肯齊已讓生產西裝襯裡的波克夏不
再虧損。但是自從二次大戰以來一直陰魂不散的「通貨膨脹」，
再度掛在大家的嘴上。工資與原料的成本如同河中淤泥持續增
加，擁有廉價勞力的外國競爭者和南方紡織廠也正在奪走波克

夏的市場。

　　巴菲特想盡快從波克夏拿錢回來，因此開始密切介入旗下
各紡織廠日常的決策，幾乎天天與肯恩和麥肯齊通電話。[8]
1966 年 10 月，因為面臨進口貨的競爭，肯恩不得不把箱織機
（Box Loom）部門關閉一週；不到半年後，巴菲特告訴他要永
遠關閉在羅德島州的菲立浦王部門，此部門生產的細棉布約占
波克夏產量的一成，總共有四百五十人失業，羅德島的棉花業
也因此走入歷史。[9] 在巴菲特看來，「形勢比人強」是紡織業的
結局。[10]

　　這還不夠。看到各項營運數字後，巴菲特意識到衣料部門
和箱織機部門虧損過大，拯救它們的唯一辦法是將設備現代
化。但一再把錢投入波克夏正是希伯里・史坦頓過去犯的錯
誤，巴菲特不肯再撒錢。不過，關閉工廠將使數百人失業。他
坐在辦公桌後不斷思考這件事。

　　諷刺的是，這時合夥事業的資金多到淹腳目。[11] 在華爾
街，身穿條紋西裝的證券經紀人也一擲千金；這些華爾街新人
類在二次大戰後長大，對 1929 年股市大崩盤和大蕭條的教訓
印象不深。當他們把股票推升到前所未見的高價，巴菲特開始
降低美國運通的部位，這檔股票的價值已比 1,300 萬美元的買
進成本高出 1,500 萬美元，占合夥事業獲利的三分之二。但他
不願把賺到的錢再投入波克夏。

進軍保險業

　　這一年他最重要的任務，是找個新方法來推動疲弱不振的
波克夏，因為他快受不了波克夏大幅拖累營運績效。他注意全

國產物保險公司（National Indemnity）已經很久了，這家公司的總部離奇威廣場大樓只有幾條街。1950 年代初期，巴菲特在克魯特登證券公司（Cruttenden and Company）首度見到該公司創辦人傑克‧林華特（Jack Ringwalt）。林華特是奧馬哈最精明、最有魄力的人，曾試圖加入巴菲特的合夥事業，但巴菲特那時要求最低投資額是 5 萬美元（雖然當時巴菲特向許多合夥人收取的錢遠低於 5 萬美元）。自認是投資專家的林華特拒絕投資。此外巴菲特不願公布投資哪些項目也讓他卻步。[12]

巴菲特密切注意全國產物保險公司，他像不斷學習的機器，想了解保險業的一切。他從圖書館借了大量書籍來研讀，開始了解林華特的策略是提供保險給最難保的客戶。巴菲特發現，林華特是混合型的保險業者，他會謹慎地冒險，同時也錙銖必較，每晚巡視辦公室，關掉所有電燈。[13] 他會為了收取昂貴的保費，承保不尋常的客戶，像是馬戲團表演者、馴獸師、脫衣舞明星身體的某部分。[14] 他常說：「風險沒有壞的，壞的只有保險費率。」他很快就成為奧馬哈行動最快、膽子最大、精力最充沛的生意人。他女兒為他取了個綽號叫「噴射機傑克」。他自己管理全國產物保險公司的投資，買進數百種股票的少量部位，潦草記在帳冊上：全國蒸餾酒公司（National Distillers）50 股、雪佛食品商店（Shaver Food Marts）2,500 股。他把幾百張股票放在一個舊運動袋中隨身帶著走。

1960 年代初，巴菲特曾打電話給朋友海德（Charlie Heider），這人是全國產物保險的董事。巴菲特問他，林華特是否有興趣出售公司，海德的答覆耐人尋味。

「每年有十五分鐘，傑克會想把全國產物保險賣掉。總是

會有什麼事讓他抓狂,有些求償案讓他火大,諸如此類。我告訴他,如果發現他進入發狂期,要讓我知道,」巴菲特說。

打鐵趁熱

　　1967 年奧馬哈一個陰鬱的二月天,海德和林華特共進午餐。林華特說:「我不喜歡這種天氣。」話題轉到他想賣掉全國產物保險,他相信如果沒有這家公司他會過得更好。那十五分鐘的機會之窗已經出現。海德當天下午就安排了林華特跟巴菲特見面。[15] 在巴菲特的辦公室,林華特開始提條件,說公司要留在奧馬哈。巴菲特察覺那十五分鐘機會之窗快要關上,當下同意他不會遷走公司。

　　林華特說他不要解雇任何員工,巴菲特說沒問題。林華特說其他人出的價碼都太低,巴菲特問:「你要多少?」林華特說一股 50 美元,比巴菲特的估價高出 15 美元。「我買了,」巴菲特回答。

　　「所以我們在那十五分鐘內達成交易。後來他很捨不得賣,但他是個誠實的人,不會毀約。不過,我們握手成交後他告訴我:『嗯,我想你會想看看簽證過的財務報表吧。』如果我那時回答好,他就會說:『那真糟糕,我們的交易吹了。』所以我只回答:『我才不想看簽證過的財務報表,那種報表最差勁了。』」

　　「我們重複了三、四次這樣的對話。最後他不再多說,把公司賣給了我,雖然我覺得他並不想賣。」

　　巴菲特知道林華特一定會反悔,於是趁他改變心意前快速談妥條件。兩人都希望合約不要超過一頁,[16] 巴菲特迅速擬好

合約內容,並把交易款項存到美國國民銀行。[17]

　　一週後,林華特從佛羅里達度假回來,巴菲特馬上給他準備好的合約,但林華特遲到了十分鐘才在簽約會議中現身。巴菲特和海德後來解釋,是因為林華特開著車在附近尋找時間還沒用完的停車錶,[18]林華特則說他純粹就是趕不及。但也許他已明白,如果沒有那家公司他不會過得更好,所以拖拖拉拉,後悔賣掉全國產物保險。

　　當然,巴菲特知道,有了這家公司對合夥事業很有益;全國產物保險是讓他財富大幅躍進的一個好機會。不久後,他針對一個無聊的主題寫了一篇報告:「有關保險公司資金需求的一些想法」。

　　資金是巴菲特合夥事業的命脈,從「資金」的運用可看出巴菲特收購全國產物保險的考量。他正在從波克夏撤出資金,而這些資金必須投入運用。全國產物保險公司承擔大量風險,需要大量資金來運作。他寫道:「按大多數標準來看,全國產物保險的資金很緊。有了自波克夏海瑟威撤出的資源,我們才更能積極運用資金,在長期為全國產物保險創造最大的獲利……如果保險業務變差,波克夏可將額外的資金投入全國產物保險。」[19]

　　巴菲特已想出一種新型態的生意。如果全國產物保險賺錢,他可以將獲利拿去購買其他企業和股票,而不是讓資金閒置在金庫內。但如果獅子吃掉了馴獸師,全國產物保險可能需要錢來付給馴獸師哀傷的家屬,這時就可以從其他企業拿回這筆錢。

　　把保險事業移植到一團糟的波克夏,可讓波克夏的資金平

衡調控。在巴菲特的掌管下，這些資金可在內部運用自如，而不會像蜥蜴那樣在寒冷時冬眠、天晴時跑到岩石上曬太陽。

關鍵在於要對風險訂出正確的價格，因此他需要林華特。巴菲特給林華特優厚的條件，並和他結為朋友，就像他和聯合棉花商店的羅斯納一樣；他再度買下一家由優秀經理人經營的優良企業。

巴菲特和林華特常在加州打網球。林華特對服裝的品味和巴菲特差不多，常穿著一件老舊的運動衫，那是他女兒為他做的，他的綽號「噴射機傑克」以斗大字體擺在運動衫腹部位置。有一次他和巴菲特在餐館用餐時，一個孩子問他：「噴射機傑克，可以幫我簽名嗎？」林華特感到很得意。這孩子以為他是個名人，是太空人或電影明星之類。在大人眼中他也許不像名人，但在他的心中，仍然覺得自己是噴射機傑克。

確實也是如此，因為**自命不凡是來自內心，不是外表**。林華特賣掉他的公司，但也有所斬獲，因為他以出售全國產物保險的部分所得買了波克夏海瑟威股票。[20]

第 31 章
金恩之死
奧馬哈，1967 年～ 1968 年

　　1967 年夏天，美國各地發生了內戰以來最嚴重的一波暴動、打劫和縱火行為。奧馬哈的非暴力民權運動人士將巴菲特夫婦視為他們的一分子，這對夫婦目前是當地相當具影響力的人物。尼克・紐曼是巴菲特在奧馬哈最要好的朋友，他的妻子瑞姬（Rackie）正和蘇珊聯手向 YMCA 和其他組織施壓，要求它們將經費公平分給貧窮地區的分支機構。蘇珊和瑞姬透過一位非洲裔朋友魏德（Rodney Wead）所主持的聯合衛理公會社區中心，[1] 送黑人孩童去參加夏令營，並為高中生設立種族間的對話團體，[2] 而魏德也經常出現在巴菲特家。紐曼推介巴菲特參與各種人權團體，但巴菲特的角色不是去動手做事，而是去說話。他曾到林肯市議會就開放住宅區作證。至於蘇珊，她好幾次為那些想搬進白人住宅區的黑人出面購買房子。[3]

　　那時有人將巴菲特介紹給羅森斐（Joe Rosenfield），他經營「年輕一族」（Younkers）連鎖百貨公司，總部設在鄰近的迪摩因市（Des Monines）。[4] 羅森斐和當地政壇及全國政壇關係良好，政治觀點與巴菲特相近，也是格林內學院（Grinnell College）的董事；這個學院像是愛荷華州格林內市的一座激進小島，[5] 成立於 1846 年，八十多年後幾乎破產，但羅森斐接

管校產後，將校產擴增到將近 1,000 萬美元。[6] 他才思敏捷，但因獨子在意外中喪生，使他時常帶著一絲悲傷。蘇珊很快就和他發展出特別的交情。羅森斐和巴菲特夫婦有很多共同的興趣，因此他希望巴菲特夫婦能參與格林內學院的事務。

1967 年 10 月，學院舉辦了為期三天的募款會議，主題是「變動世界中的文學院」，演講人各個都是 1960 年代文化界的俊彥名士，包括作家艾立森（Ralph Ellison），他的小說《隱形人》（*Invisible Man*）曾獲美國國家圖書獎；傳播理論家麥克魯漢（Marshall McLuhan），他使「地球村」的概念風行普及。但大家最引頸期盼的演講人是金恩博士。[7] 諾貝爾和平獎得主難得造訪愛荷華州，巴菲特夫婦應羅森斐之邀而來；那個週日上午，有五千人擠滿了達比體育館（Darby Gymnasium）。

真相在斷頭台上

金恩博士演講的主題是「在革命中保持警醒」，他以洪亮的聲音朗誦詩人羅威爾（James Russell Lowell）的詩〈當下的危機〉，這是民權運動的頌歌：

真相永遠在斷頭台上，
錯誤永遠在王位上。
然而斷頭台支配未來，
在黯淡的未知之後，
上帝站立在陰影中，
從高處持續注視著。[8]

他談到受苦的意義；受甘地影響而採非暴力抗爭的金恩，引述耶穌「登山寶訓」的教誨。受逼迫的人有福了，因為天國是他們的；溫柔的人有福了，因為他們必承受地土。

金恩博士有力的話語固然讓蘇珊很感動，但金恩震懾住她丈夫的方式一定也深深打動她。[9]巴菲特一向敬佩那些具威力、魅力十足的演說家。現在他看到金恩本人站在面前，這個人充滿道德勇氣，為了堅持信念曾遭毆打、監禁、被判苦役；這個人以堅強的意志發起一場運動，儘管人們氣憤反對、暴力相向，以致成果有限，但十年來他從未放棄。

金恩是個先知，看見光榮的願景，看見因苦難而無所遁形的邪惡，看見因恐怖的景象而從睡夢中驚醒的人們。他呼籲追隨者致力追求他的願景，高舉這個願景穿街過巷。他說，基督教的教義一貫堅持，在戴上王冠之前，要先背起十字架。他在許多演講中重複談到的一句話：「如果一個人未曾發現任何事物值得他獻出生命，就不值得活著。」[10]打動了巴菲特的心、貫穿他的理智。[11]

「法律不會改變人心，但能約束殘酷無情的人。」

巴菲特說：「他用他那好聽的聲音，大聲講出那句話，然後不斷以那句話做為主題。」

追求非經濟目標

蘇珊時常告訴丈夫，生命中除了坐在房間內賺錢外，還有很多事物。1967 年 10 月，在人權運動的劇烈動盪中，巴菲特特別寫了一封信給合夥人，信中顯示他的思想已有所改變。這封信提及他的策略，但未談到那年的績效。他先提到「市場過

度反應的行為模式」，接著說：「我個人的興趣，讓我改採比我過去年紀輕、資金少的時候較不迫切的方法，來追求卓越的投資成果……我和目前的情況已然脫節，但我很清楚一件事：我不會放棄一個我了解它邏輯的寶貴方法（雖然我發現它不易運用），而改用一個我不完全懂、不曾成功操作、可能損失大量資金的方法，即使這意味著要放棄大筆看來很好賺的利潤。」

關於個人的目標，他進一步解釋：「我想要設一個經濟目標，可讓我從事許多非經濟活動……我可能會限制自己只從事那些容易、安全、有錢可賺且令人愉快的事情。」

接下來，巴菲特說他放棄了一年要領先大盤 10％的目標，改為以領先 5％為目標，或是以賺 9％為目標，看哪一個目標較低，這些話讓他的合夥人大為吃驚。他說，如果他們能在別處獲得更好的績效，就應該離開，他不會怪他們。

他知道這樣做很冒險。一些熱門的共同基金績效比巴菲特的合夥事業好得多，一年間就讓錢增加一倍。每年 1 月，巴菲特的合夥人可以決定投入更多錢到合夥事業，或是把錢抽走。

不過他宣布要降低目標的時機抓得很好。道瓊指數在 1966 年表現得特別差。[12] 有些合夥人因市場波動不安而動搖，勸巴菲特賣股票。他不在意市場的波動，也沒接受那些建議，結果合夥事業的績效表現領先道瓊指數 36 個百分點，是合夥事業十年來表現最好的一年。「如果你不能加入他們，就打敗他們，」他寫道。[13]

這個策略的效用之一是測試合夥人對他的信任度。他們不清楚最近一年的績效就得決定去留，而 1967 年已是連續第二年出現輝煌的績效。如果他們選擇留下來，表示他們信任他，

也願意接受他較低的目標。即使是葛拉漢一年也只有領先大盤
2.5%。而巴菲特的目標就算是只賺 9%，仍比持有普通債券至
少高出 2%，年復一年持續下來，成果可觀。每年領先大盤
5%，長年加乘下來將創造驚人的財富*。追隨他的投資人只冒
一點風險，就能安全地得到高報酬。不過巴菲特調低目標，只
是讓合夥人在心理上降低標準，實際成果並沒有降低。

　　有史以來頭一遭，巴菲特的合夥人沒有急於投入更多錢，
而是在 1968 年 1 月撤出了 160 萬美元資金。不過這並不算多，
還不到總資金的三十分之一。幾星期後，巴菲特報告 1967 年
巴菲特合夥事業公司增長了 36%，而道瓊才揚升 19%。也就
是說，巴菲特管理的 1 美元在兩年間成長了超過 0.6 美元，而
在道瓊的 1 美元仍只是 1 美元。

　　他祝福離開的人順利成功，但有些人可能會認為他的祝福
帶有一絲嘲諷意味：「對他們來說這樣做很合理，因為他們大
多數人有能力與動機去超越我們的目標；我也鬆了一口氣，不
必辛苦追求目前情況下可能無法達到的目標。」[14]

　　一如經濟學家高伯瑞（Kenneth Galbraith）後來說的：「金
融天才有如不斷上漲的股票市場。」[15]

　　現在巴菲特有更多時間追求他所說的個人興趣，壓力也較
小了，至少理論上是如此。在金恩演說過後，羅森斐輕易地說
服巴菲特擔任格林內學院的董事。巴菲特一向不喜歡參加委員
會和開會，可見他是多麼受到前次會議的感動，也可見他和羅

---

* 假設道瓊每年獲利4%，巴菲特管理的1,000美元，以9%的年成長率來算，二
　十年後將成長為5,604美元，與投資道瓊所得的2,191美元相較，多出了3,413
　美元。

森斐的關係變得多密切。他很自然地加入了財務委員會，並且
在那裡找到一群理念相同的人。董事長諾伊斯（Bob Noyce）
經營一家巴菲特曾說過自己所知不多也不感興趣的電子電路製
造公司，名為快捷半導體（Fairchild Semiconductor）。就像巴
菲特，諾伊斯痛恨階級制度、同情弱勢者，十分符合格林內學
院的精神。

　　巴菲特似乎感到事不宜遲，想為人權多做一些事。他認為
他所能做的最大貢獻，就是在幕後利用他的腦力和金融長才。
羅森斐將巴菲特介紹給民主黨權力圈的人物，他開始和愛荷華
州民主黨參議員休斯（Harold Hughes），以及正在競選參議員
的葛仁（Gene Glenn）時有來往。

　　接著在 1968 年 3 月，主張種族隔離、前阿拉巴馬州州長
華勒斯（George Wallace）來到奧馬哈市大禮堂進行總統競選
活動。引發了街頭暴動，當地警察和黑人持續對立，連奧馬哈
黑豹黨的成員也捲入其中。[16] 種族暴動持續了一整個夏天，但
蘇珊還是照樣往北區跑，她相信自己和當地關係良好，不至於
發生意外。巴菲特並不太了解她在做些什麼，只覺得她有時會
將別人的利益置於自己的安全之上。他自己對暴力的憎惡與對
暴民統治的恐懼，源自一個世代之前。

　　他父親霍華曾一再向兒女描述他在十六歲時親眼目睹的情
景：曾經有數千人破門闖入道格拉斯郡法院，企圖對奧馬哈市
長動私刑，並毆打、凌虐一名被控強姦的年老黑人，還將他去
勢。之後他們在街道上拖行他的軀體，對他開槍，再次凌虐，
然後放火焚燒。這場法院暴動是奧馬哈歷史上最可恥的事件。
霍華沒有看到大部分的暴力過程，但曾目睹暴民以街燈充當絞

刑架,將市長用套索從頸部吊起,後來在千鈞一髮之際才獲救。[17]霍華一輩子都忘不了這些記憶;[18]他親眼看到普通人化身為暴民,做出人性中最卑劣的事。

金恩曾經警告,社會的動盪不安可能導致法西斯主義,巴菲特也確信如此。巴菲特願意和弱勢者站在同一邊,不只是出於直覺的反應,也是基於邏輯判斷。許多人認為這類悲劇不可能在美國出現,但似乎不可能發生的事情卻一再重演。金恩說,法律不會改變人心,但能約束殘酷無情的人。不過哪些人是殘酷無情的?他並未明說。

數週後金恩飛到孟菲斯,在共濟會會堂演說。隔天4月4日,正當金恩站在羅倫汽車旅館(Lorraine Motel)的陽台上,準備帶領清潔工人遊行時,突然遭到槍擊,頸部中彈,溘然長逝。

哀傷、憤怒和挫折感從美國各地的黑人社區傾瀉而出,把各個城市變成激烈的戰鬥區。當時有數萬名學生在校園示威遊行反越戰。美國政府才剛剛取消大部分的緩期徵兵令,中上階級美國人的兒子將面臨被徵召入伍的風險,因此民眾斷然轉而反戰。在金恩遇刺之時,革命似乎一觸即發。

推倒族群壁壘

人們用各種方式表達他們受夠了。巴菲特的朋友尼克・紐曼突然宣布,他不再去那些不接受猶太會員的俱樂部參加會議。[19]巴菲特也採取行動;打從他在葛拉漢紐曼公司工作時,就打破了1950年代的種族隔離文化和家族長輩的反猶太主義,與猶太人建立友誼、生意往來。有些人覺得,他對猶太人

甚至有一種認同感;與被排拒在外的猶太人為伍,這點和他對
環境的格格不入之感,以及支持弱勢者的立場頗為相合。先前
巴菲特已悄悄退出了扶輪社;他厭惡會員事務委員會的偏執頑
固,但他從未告訴任何人退出的原因。現在他盡全力支持他的
猶太朋友高斯坦(Herman Goldstein)加入奧馬哈俱樂部。

奧馬哈俱樂部這類組織以前常用一個理由來為排斥猶太人
辯解:「他們也不讓我們參加他們自己的俱樂部。」所以巴菲
特決定要求紐曼提名他加入全是猶太人的高地鄉村俱樂部。[20]
該俱樂部某些會員也用奧馬哈俱樂部的邏輯提出反對:就因為
這些「外邦人」不讓我們加入他們的俱樂部,我們才要組織自
己的俱樂部,現在為什麼要讓他們加入我們的俱樂部?[21] 但是
有兩、三位猶太教士介入說項,還有一個反誹謗聯盟(Anti-
Defamation League)的發言人站在巴菲特這邊。[22] 巴菲特成功
入會後,就憑著他猶太鄉村俱樂部的會籍,悄悄對奧馬哈俱樂
部發動攻勢,結果會員投票表決讓高斯坦加入,俱樂部長期以
來的宗教壁壘終於被推倒。

巴菲特想出這個聰明的方法,不必和任何人對立,就讓俱
樂部改弦易轍。這種方法避免了他所害怕的衝突,但也反映出
他的想法:遊行和示威不能改變富裕商人的觀念。

這個方法之所以有效,也是因為他現在是奧馬哈的知名人
物,擁有相當大的影響力。從前必須想盡辦法脫離奧馬哈鄉村
俱樂部黑名單的這個人,已憑個人之力為這個奧馬哈最重要的
菁英組織帶來最重大的變革。

不過巴菲特想扮演的不僅是地方性的角色而已。他知道以
他的財富,他可以有全國性的影響力。1968 年是大選年,要

想把現任總統詹森拉下馬、換個反戰的候選人,得花許多錢。

越戰是競選的中心議題。明尼蘇達州的自由派參議員尤金・麥卡錫(Eugene McCarthy),起初是民主黨內唯一參與初選、與詹森角逐總統候選人提名的人。

這場競選活動始於新罕布夏州,麥卡錫贏得全州42%的選票,對詹森構成強大的威脅;許多學生、藍領工人和反戰人士認為麥卡錫是個英雄。巴菲特成為麥卡錫在內布拉斯加州競選事務的財務主任,他和蘇珊曾參加一次競選活動,蘇珊笑容可掬,穿著一件亮眼的洋裝,戴著頭巾式女帽,那是她用印有麥卡錫名字的布料做的。

接著詹森宣布他不會競選連任,由約翰・甘迺迪的弟弟羅伯・甘迺迪投入選戰。他和麥卡錫在初選競爭中呈拉鋸戰,直到他贏得加州初選。但在獲勝當晚,他遭人暗殺中彈,二十四小時後不治身亡,詹森的副總統韓福瑞(Hubert Humphrey)接著宣布參選。他在民主黨於芝加哥舉行的黨代表大會上獲得提名,這次大會中,配備警棍與辣椒噴霧劑的警察,和反戰示威者爆發激烈衝突。巴菲特隨即支持韓福瑞對抗共和黨的尼克森,但尼克森贏了大選。

雖然巴菲特覺得後悔、也不願提起支持麥卡錫的往事,但是他願意介入政治並投入金錢,象徵他人生的一大轉變。有生以來,他第一次參與投資以外的事務,一種「非經濟的活動」,而投入這種活動的根源可追溯到家族傳統,並開展到不可知的未來。

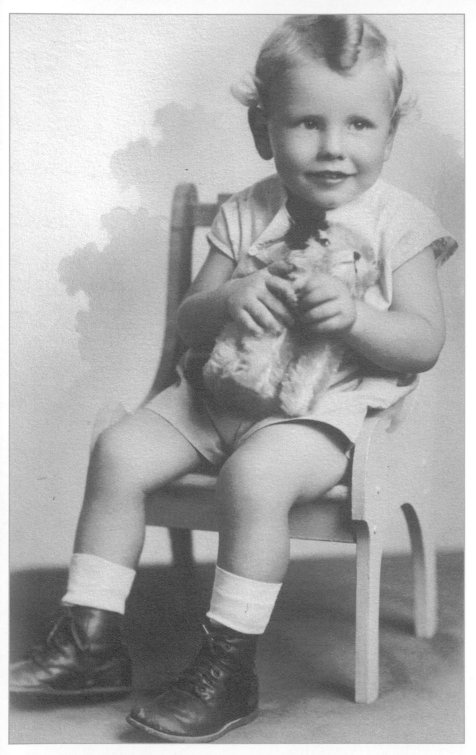

1

◄ 前頁
兩歲左右的華倫‧巴菲特。

巴菲特穿著他最早的一套戲服，這是他父親有次去紐約市出差時買回來給他的。

巴菲特坐在一部二手雪佛蘭的側邊踏板，這是他們家的第一部車。攝於1933年。

孫兒圍繞的恩尼斯‧巴菲特：華倫‧巴菲特和多麗絲在照片左方，柏蒂坐在恩尼斯腿上。

在1869年成立家族雜貨店的希尼‧巴菲特，與孫女艾莉絲攝於1930年。

巴菲特的父親霍華（右後）和喬治、克萊倫斯、艾莉絲等兄弟姊妹一同在家裡那部裝飾流蘇的輕馬車上玩耍。霍華的母親韓莉葉塔抱著弟弟弗列德坐在後座。

史塔姊妹攝於內布拉斯加州西點市，時間約在1913年。巴菲特的母親麗拉在右上，坐在她旁邊的是她的姊妹伊迪和柏妮絲。

霍華和麗拉攝於1925年新婚時。

巴菲特和柏蒂攝於家裡的別克轎車前，時間約為1938年。

這張家庭照可看出母親偏愛柏蒂，約攝於1937年。

六歲的巴菲特拿著他最心愛的玩具——鍍鎳的零錢盒，與他的姊妹合照，攝於1936年末至1937年初的冬季。他和多麗絲後來憶及他們在照片裡擺臭臉的原因。

墙森　巴菲特　艾力克森　瑪姬李　克洛安　瓊安

桃樂西

1938年5月的玫瑰崗八年級班合照，照片裡有悲慘「三人行」約會的男女主角，還有巴菲特心儀的另一個女生：克洛安。

弗列德和恩尼斯在巴菲特父子雜貨店前留影。

柏蒂、麗拉和巴菲特合唱，多麗絲擔任伴奏。攝於華盛頓，約在1945年。

Congressman Howard Buffett

and His

Fight for the People

To My Friends and Neighbors:

Six years ago you elected me to Congress. To that post I have devoted my best efforts—working to deserve the high trust you placed in me.

On every issue I have used a simple American yardstick . . . I have asked myself, "Does this proposal move us TOWARD OR AWAY FROM HUMAN LIBERTY?"

★ ★

This pamphlet shows how I have voted to promote and to protect our liberty.

To you I have reported the TRUTH about your government —regardless of political consideration.

Your task and mine is to preserve the American heritage for our children. First of all that means that we must remain at peace — with the world and among ourselves. I pledge my continued devotion to that paramount objective.

Faithfully,

HOWARD BUFFETT

THE BUFFETT FAMILY
Warren, Howard and Roberta, standing.
Doris and Mrs. Buffett, seated.

眾議員霍華・巴菲特

一張1948年的競選傳單，這是霍華唯一輸掉的一場選戰。

巴菲特（左二）和父親（左四）與內布拉斯加州議會代表一同出遊釣魚，攝影時間約在1945年。巴菲特父子一副不想參加的樣子。

黛西梅是巴菲特的初戀對象。不管小艾伯納如何待她,她永遠愛他。

1946年1月,巴菲特在一場國會問題辯論裡擔任反方。這場辯論在華盛頓WTOP電台的節目「空中美國校園」中播出。

巴菲特攝於1940年代晚期,他穿著他的招牌破球鞋、鬆垂襪子演奏烏克麗麗。

巴菲特一家攝於1950年夏天。
巴菲特說：「多麗絲和柏蒂真
是美呆了。」他覺得自己在社
交上適應不良。

1948年1月，巴菲特加入賓
州大學Alpha Sigma Phi兄
弟會時的入會照片。他父
親霍華也曾是會員。

巴菲特（左）、瑟斯頓和丹利在一部勞斯萊斯春田雙門老爺車旁擺姿勢留影。1948年，
丹利和巴菲特買下這部車只是為了引人矚目。

1945年，巴菲特和巴提史東「迷戀」上女子輕量級舉重先驅選手「小胖」絲妲克頓。

1949年，巴菲特在傑西潘尼百貨賣男士服飾配件，每早上工前在百貨公司地下室的員工激勵朝會上，抱著烏克麗麗自彈自唱。

巴菲特作勢要扒走兄弟會成員法利納的皮夾，攝於1948年。

1951年，巴菲特和維妮塔·布朗約會。維妮塔是1949年全美櫻花嘉年華會的「內布拉斯加公主」，也是1949年的內布拉斯加小姐。

1952年4月19日，婚禮上笑意盈盈的蘇珊和巴菲特。

學齡前的蘇珊。

1952年4月，在蜜月旅行裡擺出犯人姿勢拍照的巴菲特。

葛拉漢紐曼公司的合夥
人紐曼（左）和葛拉漢
合照，拍攝日期不詳。

1950年代，巴菲特攝於他
早年在奧馬哈大學開設的一
門投資課的課堂，可能是
「穩健的股票投資」。

蘇珊（左）攝於與葛拉漢伉儷
同遊紐約市時。蘇珊手裡抱著
蘇西，伊絲黛抱的是巴菲特家
的新生兒霍華。

蘇珊與彼得、霍華和蘇西（順時針方向）
合影，攝於1960年代中期。

襁褓中的孟格躺在父親艾爾的懷裡，臉
上已經擺出充滿質疑的招牌表情。

巴菲特和合夥人孟格合影，攝於1980年代。巴菲特說他們倆「根本
就是一對連體嬰」。

「葛拉漢集團」1968年於聖地牙哥的科羅納多旅館舉行第一次聚會。由左至右為：巴菲特、波爾斯汀（Robert Boorstin，葛拉漢的朋友）、葛拉漢、高提斯曼、納普、孟格、亞歷山大、布蘭特、許羅斯、溫伯格、福克斯（側面）和瑞恩。托勒斯是拍照的人，史丹貝克則未出席。

巴菲特全家攝於1970年代中期。由左至右為：霍華（抱著漢彌頓）、蘇珊、彼得（蘇珊後方）、巴菲特、蘇西。

蘇珊攝於奧馬哈法國小館登台演唱前,她穿著亮片禮服、容光煥發,不久之後她搬去舊金山。

巴菲特夫婦慶祝《太陽報》因揭露男孩鎮內幕的報導而贏得普立茲獎。

1983年11月,蘇西與格林柏格攝於婚禮。格林柏格後來成為巴菲特基金會的執行董事。

攝於1973年,巴菲特和《華盛頓郵報》發行人葛蘭姆展開一段長達一輩子的親密友誼。

艾絲翠攝於1974年，時年28歲。四年後，蘇珊鼓勵她照顧巴菲特，後來她和巴菲特同居。

俄國移民蘿絲‧布朗金克服萬難，打造了北美最大的家具店。她一直工作到103歲，巴菲特經常表示要向她看齊。

巴菲特在自家廚房，穿著他最愛的一件已經磨平的舊毛衣。

攝於1991年，柏恩斯（Geroge Burns）的95歲生日，巴菲特和柏恩斯等人在洛杉磯丘冠（Hillcrest）鄉村俱樂部玩橋牌。鏡頭沒拍到的是孟格，還有一張「未滿95歲者，請勿吸菸」的告示牌。

2003年4月11日，巴菲特為奧馬哈皇家隊的主場開幕賽開球。

第 32 章
容易、安全、有錢可賺

奧馬哈，1968 年～ 1969 年

　　1968 年 1 月，巴菲特向同為葛拉漢門下的夥伴發出召集令，在股市脫序的當時，這群忠實信徒將首度聚會。巴菲特邀請了「所有碩果僅存的守舊派」，包括葛拉漢的學生瑞恩、許羅斯、溫伯格、亞歷山大和納普。[1] 他也邀請孟格、孟格的合夥人托勒斯，以及亞歷山大的合夥人福克斯。還有已經離開孟格的合夥事業而成為崔布納公司合夥人的安德森，以及高提斯曼和布蘭特。

　　史丹貝克是巴菲特在聖邦地圖公司等交易中的合夥人，也是他婚禮的伴郎。但史丹貝克太忙了，無法參加這個聚會。巴菲特從哥倫比亞大學畢業幾年後，曾和 1949 年的內布拉斯加州小姐維妮塔在紐約聚首。那次聚會他也帶蘇珊和史丹貝克一起來；先前在巴菲特的介紹下，史丹貝克曾不只一次見過維妮塔。那次晚餐之後，巴菲特最內向的朋友史丹貝克，如一位朋友所形容，就「完全任她擺佈」。起初，他們的結合就像是巴菲特在哥倫比亞大學生活的一段動人附錄。巴菲特確實喜歡安排朋友的生活、要求他們和他合夥、安排他們加入公司董事會，透過各種關係，將他們捲入他的生活。兩個好友在他撮合下結為連理可能讓他覺得與有榮焉，但這樁婚姻卻是史丹貝克

這輩子做過最糟糕的決定。

他和維妮塔一直住在北卡羅萊納州的索斯布里，也是史丹貝克的故鄉。現在，史丹貝克急於從這段婚姻中抽身。

史丹貝克和葛拉漢門下的其他人不同，他對股市的興趣已暫時轉移了。剛好那時股市的吸引力也已變小：超過五十檔新投資基金進入市場，還有將近六十五檔等著要進場。[2]有史以來第一遭，大批民眾把買股票視為時髦的事。[3]巴菲特形容這段時期就像是「不斷擴大的連鎖信」、一種「狂熱」，出現許多「充滿希望、容易受騙、心懷貪婪，隨便抓住什麼理由就相信的人」。[4]

股市的改革

當時的交易仍是透過書面的交易單和股票憑證的實體交割來進行，交易量大到股市幾乎因為文書作業過多而停擺。1967年和1968年股市進行各種改革，將交易系統自動化和電腦化。最重要的改革是關閉「檯面下」（under-the-counter）的交易市場。全國證券商公會（National Association of Securities Dealers）宣布，將啟用名為那斯達克（NASDAQ）的新系統，可為較小型的股票公告價格。[5]未列在證券交易所的大多數公司股價現在會以電子系統公告並更新，不必再靠粉單系統來公告。造市商必須保持透明，並為他們公告的價格負責。過去好的交易員都是靠豐富的知識和討價還價的技巧而勝出，因此並不歡迎這套新系統。在市場已很困難的情況下，新系統讓巴菲特的工作更加不易。

巴菲特對參加拉荷亞聚會的葛拉漢門徒發出了指令：「請

勿帶任何比 1934 年版的《證券分析》更新的東西來。」[6] 同時，也請太太們留在家裡。

巴菲特在信中提醒他們，他們是來聽葛拉漢說些什麼，不是來互相交換意見。巴菲特在三十七歲這年終於獲得崇高地位，能夠稱呼葛拉漢為「班」，但有時他仍會脫口稱他「葛拉漢先生」。所以他必定提醒過自己，身為班上最優秀的學生，不應該在老師面前喧賓奪主。

這十二人抵達聖地牙哥時，適逢強風暴雨，海面波濤洶湧，但沒有人放在心上；大家是來討論股票。巴菲特非常自豪這場為老師策畫的盛會，也藉機向新朋友誇耀葛拉漢的智慧。葛拉漢抵達柯羅納多旅館時已經很晚了，但老師就是老師，他一到達立刻給他們考試。

在任何情況下聽葛拉漢說話都很痛苦，他用的每個句子都是複合句，穿插著許多典故。他給他們的測驗題也是如此。「那些問題雖然有些困難，但並沒有特別複雜。有些問題提到法國歷史，諸如此類的，但是有些題目你能答得出來，」巴菲特說。

並非如此。只有托勒斯答對一半以上的題目，除了幾題他確定答案是「錯」的以外，每一題他都答「對」，結果在二十題中有十一題答案正確。這個「小測驗」後來成為葛拉漢的一個教學花招，目的是向學生展示，即使是看起來很容易的遊戲也可能被人操縱。但巴菲特後來常說一句話：光知道有人在暗中搞鬼，並不一定就能免於受害。

葛拉漢在這次聚會的其餘時間都耐心聽著他們的討論。[7] 他不積極參與討論，只是說些謎語，並熱切投入各種文字與數

字遊戲。

　　儘管巴菲特在 1967 年 10 月寫給合夥人的信中強調，他要將自己的活動限制在「容易、安全、有錢可賺且令人愉快的事」，但他從聖地牙哥回奧馬哈後就專注處理合夥事業的問題。他要讓合夥人知道，他們所擁有的一些事業出了點問題，並且在他接下來的兩封信也做了些暗示。他在 1967 年的信中曾多加描述紡織業的艱辛，雖然波克夏的前景和業績並沒有改善，但他在 1968 年的信中並未再提紡織業。由於受到霍柴孔恩公司的拖累，多元零售公司的盈餘持續下降，[8] 但巴菲特並沒有採取下一步，也就是賣掉波克夏和霍柴孔恩。

　　在這件事上，與商業直覺相牴觸的是他的某些性格：蒐集的欲望、受人歡迎的需要、在登普斯特事件後一心想避免衝突的念頭。他在 1968 年 1 月寫給合夥人的信中分析自己的想法：「當我和我欣賞的朋友有生意往來而感到激勵振奮，並且投入的資金也獲得相當高的整體收益（大約 10％ 至 12％），還為了想多賺幾個百分點而汲汲營營，似乎很愚蠢。如果只為了可能有更高的報酬率，拿我和高尚人士既有的良好情誼，以及本來就不錯的報酬率，去換取可能令人不悅、惱怒或更糟糕的情況，對我來說並不明智。」[9]

　　觀察巴菲特的人愈來愈多，其中一些人讀到這段話時可能感到訝異。他竟然能只看「整體」收益，容許一些事業的表現比平均水準差很多；他竟然能對「幾個百分點」的收益不屑一顧。**巴菲特一向都是把每一塊錢的最後一絲價值擠出來，就像守財奴擠牙膏一樣。**

　　不過他的績效讓合夥人沒話說，因為即使他降低了期望，

卻持續帶來超越自己的表現。合夥事業儘管有一些賠錢貨,但成立十二年以來平均報酬率高達 31%以上,而同期間的道瓊指數才增加 9%。巴菲特一向強調的安全邊際使他創造了高績效。[10] 他的高「打擊率」日積月累下來,可使 1,000 美元變成 27,106 美元,同期間投資在道瓊的 1,000 美元只獲得 2,857 美元,相差將近十倍。巴菲特的合夥人此時已相信他的投資成績總是比他所保證的還要好。他的穩定和胸有成竹在動盪不安的 1968 年更顯珍貴;那年學生接管並關閉哥倫比亞大學,激進分子還提名一隻豬競選總統。[11]

但到了 1968 年中,巴菲特已決定拋棄棘手的波克夏,以及那些不幸的紡織工人;經營這家公司既非容易、安全、有錢可賺,也不令人愉快。他想把波克夏賣給孟格和高提斯曼,他們也來到奧馬哈討論此事,不過討論了三天後,兩人都不願買下巴菲特想甩掉的東西。

巴菲特不得不採取行動。對他來說,投下資金卻無望回收是一大罪惡。他告訴肯恩·卻斯怎麼做,肯恩雖然難過,但還是以他一貫的自我克制作風服從命令,並關閉了兩個部門。[12]雖然如此,巴菲特終究無法將這家公司做個了結,一了百了。

藍籌點券公司

現在他的合夥事業擁有兩家企業,一家業務興盛(全國產物保險);一家江河日下(波克夏海瑟威);加上多元零售公司 80% 的股份,還有其他多家公司或多或少的持股。隨著 1968 年即將過去,市場邊緣的股票開始下跌,投資人於是將注意力集中在最大型、最安全的股票上。巴菲特自己也開始買

進最平凡無奇、最受歡迎且價格合理的股票：AT&T、古瑞奇
（BF Goodrich）、瓊斯羅林鋼鐵（Jones & Laughlin Steel）。但
最重要的是，儘管他規定自己不再買爛企業，而且波克夏的情
況愈來愈糟，他仍陸續買進更多波克夏股票。既然賣不出去，
他似乎要盡量買入。

他和孟格也發現另一家前景可期的公司：經營購物點券的
藍籌點券（Blue Chip Stamps），兩人都盡量買進股票，有時分
開買，有時合買。這家公司已大幅扭轉他們兩人的事業方向。

購物點券是一種行銷贈品。零售商店在找零錢給顧客時，
會順便給出點券。顧客回家把點券貼在一本小冊子，只要累積
夠多的小冊子，就能兌換烤麵包機、釣魚竿等。蒐集點券的小
小興奮之感，很適合一個正在消失的世界：節省、害怕負債、
絕不浪費任何東西，而且視這些「免費贈品」為耐心蒐集點券
而得的獎賞。[13]

但是這些點券並不是真的免費，[14] 而是商店付錢購買的，
他們再將費用轉嫁到商品上。購物點券界的老大是史哈公司
（Sperry & Hutchinson），但在加州除外。在加州，有家連鎖集
團不用史哈公司的綠色點券，而是發行自己的購物點券「藍籌
點券」，並以折扣價賣給自家公司。[15] 藍籌點券是典型的獨占
商品。

「當各大石油公司與雜貨商送出一張點券時，這張點券就
像錢一樣。人們會留下零錢，拿走點券。就連殯葬業者和妓女
也都會送點券。點券無所不在，人們甚至還會偽造點券，」巴
菲特說。

美國司法部在 1963 年控告藍籌點券公司，因為它限制點

券的交易並壟斷加州點券的生意。[16] 同時史哈公司也控告它,
藍籌點券的股價因此大跌。已設立合夥事業「太平洋合夥公司」
(Pacific Partners)的古林注意到藍籌公司,並告訴孟格;巴菲
特也注意到這家公司。孟格承認:「藍籌公司的概念並非完美
無瑕。」但他們仔細考量後,決定下注賭它終將走出困局。

他們想要藍籌公司,因為這家公司有個東西叫做「浮存金」
(float)。點券的款項是預付的,後來才兌換贈品,在這期間,
藍籌公司可以運用那些錢,有時可以用上好幾年。巴菲特與
GEICO 打交道時,首次接觸到這個吸引人的概念,這也是先
前他想擁有全國產物保險公司的原因之一。保險公司也是,先
收取保險費,事後才理賠。各行各業都有浮存金,存在銀行的
錢也是浮存金。客戶常以為銀行把他們的錢存在安全處所是在
幫他們的忙,但銀行是將客戶的存款以最高的利率放款出去,
賺取利潤。在巴菲特這種對自己的投資能力深具信心的人看
來,這樣的公司很誘人。

巴菲特和他的朋友都知道要逆向考量各種金融情況。如果
有人要給他們購物點券,他們會將情況倒過來想:「嗯,或許
擁有購物點券公司會比較好」,就連童年時愛蒐集郵票的巴菲
特也寧可擁有藍籌公司的股票,而不是蒐集藍籌點券。

1968 年,藍籌公司開始和史哈公司進行庭外和解。[17] 它和
司法部達成「合意判決」(consent decree),因此擁有藍籌公司
的雜貨連鎖集團必須將藍籌公司 45%的股份賣給使用點券的
零售商。[18] 為了進一步降低雜貨連鎖集團對藍籌公司的控制,
司法部還要求該公司找到另一個買家來購買三分之一的藍籌公
司。雖然如此,藍籌公司似乎已在這場官司中撐過來了。[19]

孟格的合夥事業已購買 2 萬股藍籌公司股票，古林買的數量也差不多，在這過程中，孟格對藍籌公司展現勢在必得的態度，就像巴菲特對波克夏一樣。孟格警告其他人遠離它。他告訴別人：「我們不要任何人來買藍籌公司。」[20]

在市場揚升時，雖然巴菲特仍大筆買進股票，但他把合夥事業臨時的現金部位提高到數千萬美元。他的合夥事業也接手了大批藍籌公司股票，而且持續買進數個月，直到擁有超過 7 萬股。幸運的是，他們賭的是和史哈公司的官司將會和解，否則這個時機十分不利。

正當他和孟格、古林大量買進藍籌公司股票時，藍籌公司原本穩定成長的銷售額急轉直下。婦女開始對坐在家中把點券黏到小冊子上失去興趣。此時婦女解放運動逐漸興起，婦女有更多事可做、手上的錢更多，更加覺得自己有權利擁有，換句話說，如果她們想要電動攪拌機或火鍋就去買，不必辛苦蒐集點券去兌換。社會角色和傳統慣例已經顛倒，當道主流文化遭受謾罵，年輕人甚至斷然宣稱：「不要相信任何超過三十歲的人。」巴菲特這年三十八歲，他並不覺得自己老了（他從不這麼認為），但他寫給合夥人的信說：「從哲學上來說，我已住進老人院了。」[21] 他一直跟不上最新的文化與金融趨勢。

失之交臂

1968 年，越戰在巴黎的和談可望成功，帶動了市場另一波氣勢。雖然巴菲特很自豪他在最低的風險下節約管理、照料並擴增合夥事業，發展到超過三百個投資人和 1.05 億美元，但是年輕一輩使他相形失色；那些人到處遊說投資人，展示僅

只一、兩年的耀眼成績，幾乎在一夜之間就能招募到5億美元。

　　尤其在談到各種逐漸嶄露頭角的新科技公司時，他更顯得落伍，雖然他也安於如此。有一回他去格林內學院參加董事會議時，發現另一位董事諾伊斯正想離開快捷半導體。諾伊斯和快捷的研發主任摩爾（Gordon Moore），以及研發部副主任葛洛夫（Andy Grove），已決定在加州山景市創立一家新公司，依據的是一個模糊的計畫，要把電路技術提升到「更高的整合層次」。[22] 羅森斐和學院的捐贈基金都計畫投入 10 萬美元，另外還有數十個人正在為這家新公司籌募 250 萬美元。不久這家公司就被取名為 Intel（英特爾），由 Integrated Electronics（積體電子）兩字的字首結合而成。

　　巴菲特長期以來都對投資科技股有偏見，認為科技股沒有安全邊際。1957 年，凱蒂嬸嬸曾到他家後門來問一個問題：她和弗列德應該投資她兄弟比爾（Bill Norris）的新公司嗎？比爾剛離開雷明頓蘭德公司（Remington Rand）＊的 UNIVAC 電腦部門，創立一家資料控制公司（Control Data Corporation），來和 IBM 競爭。

　　巴菲特很驚訝。「比爾以為雷明頓蘭德公司落在 IBM 之後，我覺得他瘋了。凱蒂嬸嬸和弗列德叔叔想投資一些錢在資料控制公司上。比爾沒有錢，沒有人有什麼錢。」除了巴菲特和蘇珊。「如果我要的話，我可以出一半資金，但我很反對這件事。我告訴他們：『聽起來不太吸引我。誰還需要另一家電

＊ 稍後經過幾次併購，成為後來的優利系統公司（Unisys），是全球資訊科技服務與解決方案的領導廠商。

腦公司？』」[23]

　　但因為比爾是凱蒂的兄弟，她和弗列德破例不聽巴菲特的忠告，還是投資了 400 美元，以一股 16 美分價格買進股票。[24]

　　後來資料控制公司讓投資人賺到錢，但這事實並不能改變巴菲特對科技股的看法。大約在同時設立的其他許多科技公司都失敗了。不過看在羅森斐的份上，巴菲特還是簽名同意格林內學院進行這項科技投資。[25] 羅森斐為這筆投資做保證。巴菲特雖然欣賞諾伊斯，卻沒有買進英特爾股票，因而錯過了他一生中最好的投資機會。雖然他在困難環境下已降低投資標準，但他絕不妥協的是放棄安全邊際。巴菲特之所以是巴菲特，正是因為他的這項特質：**如果無法降低風險，就放過可能到手的財富。**

　　現在整個市場看起來都像是英特爾。他在 1968 年年底發出的信指出市場悲觀，投資構想是史無前例地少。[26] 這種態度和 1962 年大相逕庭，當時市場也在揚升，這兩個時候他都在哀嘆，但當時他努力籌款，掩飾了他不知如何操作的事實。

　　他悲觀的話語，和他賺錢的高超手法形成鮮明對比，讓合夥人目瞪口呆。有些人開始對他產生一種幾乎是超自然層次的信心。他的績效愈超越他自己悲觀的預測，他的傳奇似乎就更上一層；但他知道這樣的情況不會持久。

第 33 章
歡樂派對
奧馬哈，1969 年

奇威廣場大樓八樓的外側辦公室，葛蕾蒂絲‧凱瑟
（Gladys Kaiser）坐在那兒守衛著巴菲特出入的走道。骨瘦如
柴、妝扮完美的葛蕾蒂絲香菸一根接一根抽，煙圈飄浮在她淡
金色的頭髮間。她以快捷效率處理文書、電話、帳單和不重要
的事情。[1] 她讓大家無法隨意接近巴菲特，有時甚至將他的家
人也排拒在外，這讓蘇珊非常火大，但是有葛蕾蒂絲守在門
口，蘇珊也無計可施。

當然，巴菲特從來不曾指示葛蕾蒂絲擋駕蘇珊，但在他的
辦公室，人人都知道如何從他微妙間接的說話方式解讀他的意
向。如果他們認為他不希望有人咳嗽，就沒有人敢咳嗽。在巴
菲特合夥事業工作，人們必須依照暗示與訊號行事，彷彿那些
都是明訂的規矩。揚起的眉毛和「嗯」意思是「想都別想」。「是
嗎？」意思是「我不同意」。轉頭、瞇眼和後退幾步，意思是
「拜託，我辦不到」。葛蕾蒂絲切實遵行這些不成文的要求和命
令，不容許胡來，有時公事公辦到讓人吃不消。但她的工作是
保護老闆，她必須堅強地去承擔一切責難。

在她頭上那片黯淡的牆壁上掛著一些加了框的剪報，是
1929 年股市大崩盤的新聞。辦公室內擺著有凹痕的金屬家

具，和一台舊的股市行情機。經過葛蕾蒂絲，在那條鋪著塑膠
地板的走道旁，坐著其他懂得如何解讀巴菲特的訊號與手勢的
人。左邊是史考特的小辦公室，他指示證券經紀人為巴菲特買
賣股票，還高喊著：「快點，我很忙！」走道的右邊，在一個
塞滿檔案與一台小冰箱（葛蕾蒂絲在裡頭放了許多百事可樂）
的工作室，兼職的簿記員華特絲（Donna Walters）細心地整理
合夥事業的帳目，並準備報稅。[2] 在華特絲後面坐著的是哈
定，他管理合夥人和合夥事業的事務。葛蕾蒂絲的正後方是巴
菲特自己的領域，正對著巴菲特辦公桌的牆上有一幅父親霍華
的大畫像。

巴菲特每天清晨來到公司，掛好帽子，就躲進他的避難所
去看報紙。過了一會兒，他出來告訴葛蕾蒂絲：「幫我接查
理。」然後關上門，接過電話，把那天剩下的時間都花在打電
話、閱讀、尋找可以買進的公司和股票。有時他會再度現身，
交代史考特一椿交易事宜。

股市揚升時，史考特就比較不忙。巴菲特口袋裝滿全國產
物保險公司賺來的錢，正在為整個事業群潛心研究。他發現伊
利諾國民銀行（Illinois National Bank & Trust）是他見過最賺
錢的銀行之一，由住在伊利諾州洛克福市（Rockford）七十一
歲的厄貝格（Eugene Abegg）所經營。巴菲特想買下這家銀行，
順便藉助厄貝格的能力。強悍的厄貝格很像會去算衛生紙張數
的羅斯納。

「他的口袋裡隨時帶著幾千美元的鈔票，週末他還拿這些
現金幫人兌現支票。他隨身攜帶一張尚未出租的保險箱號碼
單，連參加雞尾酒會也會試著把保險箱租給你。別忘了，這是

當時伊利諾州第二大城的最大銀行。他核定每位員工的薪水，而且全都付現金，因此連信託部主管都不知道他手下那些祕書賺多少錢。

「厄貝格已經和人談好要把銀行賣給對方，但是那位買主開始批評銀行，說他們要查帳，而他從來沒被查過帳，於是想退出這筆交易。我到這家銀行，開出一個價錢，結果我開的金額比另外那傢伙少了大約 100 萬美元。擁有四分之一股份的厄貝格把最大的股東找來，這人擁有過半的股份，然後他說：『這個從奧馬哈來的年輕人出了這個價錢。我對 XYZ 公司那些傢伙已經很厭煩，如果你要賣給他們，你就自己來經營這家銀行，因為我不幹了。』」

當然，厄貝格接受了巴菲特的出價。和厄貝格做生意讓巴菲特確信他的直覺正確：意志堅強、有道德的企業家，往往更在乎新事業主將如何對待他和他所創立的公司，比較不在意是否能多賣一點錢。

伊利諾國民銀行有個比較口語化的名字叫「洛克福銀行」。這家銀行在美國財政部取得鑄幣獨占權之前就獲得特許權。巴菲特很興奮地發現它仍在發行自己的貨幣，10 美元的鈔票上印的是厄貝格的照片。現在巴菲特管理資產的淨值已超過 2,600 萬美元，幾乎沒有什麼買不起的，卻買不到這樣的東西。[3] 在法定貨幣上印有自己照片的這個想法讓他很著迷，他開始在皮夾中放一張洛克福鈔票。

在這以前，巴菲特並不想將他的相片印在鈔票或其他地方。他在管理合夥事業上，一向避免成為公眾矚目的焦點。的確，地方報紙曾刊登他和家人的故事和照片，如果他真的想低

調，刊登的次數不會這麼多。[4] 雖然如此，除了寫給合夥人的信外，整個 1960 年代他都保持沉默，因為他不希望別人拉他的衣尾。

跨足報業

即使自我宣傳的機會來到門口，他也從不理會。幾年前，一位證券業務員約翰・盧米斯（John Loomis）到奇威廣場大樓拜訪巴菲特，盧米斯的妻子卡蘿（Carol）為《財星》雜誌撰寫投資專欄。她曾採訪過基金經理人瑞恩，瑞恩告訴她，美國最高明的投資人住在奧馬哈。隔了一段時間，她丈夫來到奇威廣場大樓，上樓到那間約 6 坪大的辦公室，看起來一點也不像全市最有錢的人的辦公室。

巴菲特帶他到對街黑石飯店（Blackstone Hotel）的餐廳，一杯草莓啤酒下肚後，告訴他自己在做什麼。盧米斯則談到他太太的記者工作，巴菲特覺得很有趣。他說要不是自己成了基金經理人，一定會去當記者。[5]

不久之後巴菲特和蘇珊在紐約和盧米斯夫婦會面。這位來自奧馬哈、廣結善緣、成績輝煌的年輕基金經理人，發現他和這位《財星》雜誌記者有很多共同特質：對於拆穿有錢有勢者的騙術很有熱忱，有蒐集小東西的癖好，以及極度愛好競爭。卡蘿有運動員般的修長身材，留著一頭棕色短髮，她不說廢話，也無法忍受造假的新聞，就像巴菲特無法忍受賠錢。巴菲特開始提供她寫作的點子。「卡蘿很快就成為查理之外，我最好的朋友，」他說。[6] 起初她完全沒寫過任何巴菲特的報導。

到了 1960 年代末期，市場行情大好，使合夥事業在股票

上的投資變得較不可行；而要購買一家公司時，大張旗鼓地進
行會比祕密收購股票更好。因此從此時起，巴菲特將長期以來
對報紙與出版業的興趣，和他新訂的投資目標相結合，徹底改
變了他的世界。

　　不久，巴菲特就沉浸在白紙黑字的新聞世界。他的桌上散
置著一頁又一頁報導各種金融訊息的報章雜誌，當他睡覺時，
有更多報紙從一大捆中抽出來，摺成俐落的一束，從他的夢中
飛過。在他最焦躁不安的夜裡，他夢見童年的自己睡過頭，耽
誤了送報工作。[7]

　　巴菲特的財產已經多到足以買下一家報社或雜誌社，或兩
者都買。他的夢想不只是當個投資家，還要當個媒體發行人，
擁有影響力。大約在 1968 年，他和一些朋友試圖買下娛樂報
紙《綜藝報》（*Variety*），但沒有成功。[8] 後來另一個舊識讓他
達成心願。利普西（Stanford Lipsey）是蘇珊的朋友，有一天
他到巴菲特的辦公室說他想出售奧馬哈《太陽報》。巴菲特當
下就很感興趣，事實上他也曾試圖買下這家報紙。

　　《太陽報》是一家連鎖性社區週報，在奧馬哈郊區發行七
個版，主要是報導當地八卦新聞。它的編輯威廉斯（Paul
Williams）擅長做調查報導，藉著刊登當地大報《奧馬哈世界
前鋒報》漏掉的新聞來競爭，常常披露奧馬哈市權貴的愚行蠢
事和不當作為。

　　巴菲特雖然已成為奧馬哈的大人物，卻對《太陽報》的扒
糞作風特別感興趣。兒時的他會為了逮捕銀行搶匪而記錄車牌
號碼，可見他從小就想當警察。利普西說：「他對報業一向有
憧憬，我知道華倫了解報紙在我們社會中的角色。我對《太陽

報》的前景不樂觀,但我知道他有足夠的錢,不會讓這家報紙因為經濟情況不佳而變得更糟。二十分鐘內,我們就成交了。」

巴菲特說:「我估計我們得付 125 萬美元買它,然後一年拿回 10 萬美元。」報酬率是 8%,和購買債券的收益差不多,但遠比他可從一家企業或一支股票賺到的錢要少,而且長期看來,報酬率只會下降,不會上升。但是合夥事業還有閒錢,他也很想當報社的發行人。巴菲特太想要《太陽報》了,所以同意讓利普西成為合夥人,儘管他正在考慮結束合夥事業。

波克夏海瑟威在 1969 年元旦入主《太陽報》,但這家社區小報只是個開始,巴菲特還想成為全國性刊物的發行人。經由政治上的連結,巴菲特認識了西維吉尼亞州的州務卿傑伊·洛克斐勒(Jay Rockefeller),洛克斐勒又介紹巴菲特給彼得斯(Charles Peters),他新創刊的雜誌《華盛頓月刊》(*Washington Monthly*)似乎是適合宣揚重要理念的全國性刊物。

巴菲特把投資《華盛頓月刊》的構想說給史丹貝克和羅森斐聽,並告訴他們別指望從中賺大錢,但想想它可揭發多少醜聞、推廣多少觀念、喚醒多少人心、公開多少內幕!於是兩人都投資了一點錢。[9]

《華盛頓月刊》很快就花光了初期的資金。巴菲特提議可以再挹注 5 萬美元,他和彼得斯在電話中談了五十分鐘。巴菲特一方面有精明生意人的本能,另一方面有好公民的熱忱,兩者顯然正在交戰中。彼得斯說:「他擔心自己商譽受損……華倫不斷找到逃脫的路徑,而我則努力封鎖各個出口。」[10]巴菲特加上一個條件:每個編輯必須投資一些自己的錢,同時彼得斯必須向外界募集資金,巴菲特會再投入他募到資金的 80%。[11]

　　彼得斯是優秀的新聞工作者，但不是個好會計。他們募集金錢，開出支票，但有好幾個月沒再聽到《華盛頓月刊》的消息。巴菲特說：「他們消失了。」[12] 雖然《華盛頓月刊》的報導很具權威，但這樣還不夠，巴菲特一開始就知道它不會賺錢。把史丹貝克和羅森斐拉下水，讓他很過意不去；投資人覺得他們被當成提款機。巴菲特想投入新聞業、親身追蹤新聞，而不只是為理想主義供應資金。

　　雖然成果有好有壞，巴菲特正在追求他個人所關心的事，也就是他在 1967 年 10 月給合夥人的信中所說的（見第 31章）。同時，市場持續枯竭，他的機會愈來愈少。把部分時間放在扮演出版大亨上，無助於解決現實問題，不過他對合夥事業仍然全心付出。對投資改採較寬鬆的標準並不符合他的天性，於是他著手找出好辦法來慢慢結束合夥事業。有幾個人提議要向他購買公司，表示他有機會賺進一大筆錢，但他覺得不能這樣做。對基金經理人來說，放過一大筆錢是很不尋常的事，而且此時的巴菲特並不打算停止追求更多財富。不過他總是和合夥人站在同一陣線，控制自己的貪婪，以符合他們和他自己的利益。

　　1969 年陣亡將士紀念日前後，巴菲特寫信給合夥人說，他的目標雖然降低，但他的力道並未因此減輕：「一旦我公開參與，我就想贏過別人。**我知道我不想把一輩子時間都耗在超越別人。**減緩速度的唯一辦法就是停下來。」[13] 接著他丟下一顆炸彈，宣布他將在 1970 年初結束合夥事業。「我不適應這個市場環境，而且我不想為了成為英雄而去玩我不懂的遊戲，破壞了美好的紀錄。」[14]

現在他要做什麼？

「對這個問題我沒有答案，」他寫道，「但我知道當我六十歲時，應該會想達到和二十歲時不同的個人目標。」[15]

合夥人大表失望，有些人也很擔心。他們許多人是牧師、猶太教士、老師、老祖母，就像艾莉絲姑姑一樣天真無慮。這項宣布反映出他對股市的看法：曾教人要小心市場過熱的他，認為很快就不值得再進場去玩。有些合夥人只信任他，此外誰也不信任。

孤獨的旅行

蘇珊很高興丈夫要結束合夥事業，至少對孩子來說是件好事。孩子們非常在意父親對他們的看法。蘇西總是得到父親最多的注意，彼得沉默寡言、喜歡隱身幕後；霍華一直想與父親交流情感卻不曾成功，這時十四歲的他變得更加桀驁不馴。蘇西約會返家後，霍華會穿上大猩猩的服裝爬上屋頂監視她，並在她盛裝要去參加學校舞會時，拿廚房水槽的水噴得她一身溼。霍華也會趁著父母去紐約時，進行無政府實驗。[16]事事倚靠蘇珊的巴菲特，認為她會處理好孩子的需要，但蘇珊這時候已不再試圖控制孩子，而且對她的婚姻早就失去任何期盼。她的注意力日益被愈來愈多的「遊民」（一位朋友這樣形容）占據，這些人在她屋內徘徊，尋求協助，占用她的時間。[17]

由於她總是無條件地接納人，那些人中有些曾是重罪犯、騙子、吸毒者，據說有一個還開過妓院。他們不時會騙走她一些錢，但她並不在乎。巴菲特一想到自己上當受騙就很生氣，但他最後都會把被騙的錢當做蘇珊的施捨預算，甚至認為這是

她可愛的地方。

她的女性友人愈來愈多：艾思柏、黛能柏、利普西的太太吉妮、紐曼的太太瑞姬等等。雖然巴菲特認得其中大多數人，但她們是蘇珊的朋友，不是他的。她的其他友人，有些來自人權運動團體；還有一批朋友是杜威公園網球場的球友。此外還有家人。

儘管蘇珊如此慷慨地關懷別人，她也開始需要丈夫的關懷。據她的朋友說，這不需要巴菲特付出太多心力，只需要一絲絲努力就行了。蘇珊不認為賺錢是人生的目的，如果因為丈夫沒興趣所以讓她無法去旅行、上博物館、戲院、美術館、接觸各種形式的文化，她會覺得很貧乏。巴菲特會公開熱情地稱讚她，但是在家或在工作時，他總是無暇他顧。她說，如果他偶爾可以因為她想去，而陪她一起去美術館或去旅行，他們的關係會不一樣。雖然他有時會順應她的要求與她同行，但如果她都必須開口要求，那就是施惠，而不是禮物。

既然明白巴菲特絕不會飛到義大利住上幾星期，蘇珊開始自己旅行或和女性朋友同行，有時是去探望親人，有時則去參加個人成長研習會。

有回在芝加哥機場，當她坐在長椅上時，一個男子站到她面前。「妳是蘇珊‧湯普森嗎？」他問道。她抬頭一看，對自己正在大嚼熱狗感覺很尷尬。那人是她高中時的戀人布朗，兩人已多年不見。他坐下來，開始敘舊。[18]

蘇珊總是努力和人建立情誼，她後來說，她丈夫並不是缺乏情感，只是他會和自己的情感切割開來。而且看來在情感上和他關係最緊密的是朋友和合夥人，他覺得對他們責任重大，

和他們建立起如同家人的關係。巴菲特的家人都注意到,巴菲
特和朋友、合夥人在一起時精神奕奕,但參加家庭活動時卻是
一副盡義務、心不在焉的樣子。

因此,即使他正準備結束合夥事業,他仍然為合夥人貢獻
全部心力,而且似乎不太想放棄與他們的關係,還寫一封信建
議他們可將錢放到什麼地方。

很少有基金經理人會這麼做。即使是葛拉漢,有人問他
時,他也只是說:「哦,去買 AT&T。」並隨口向一些人介紹
巴菲特。但巴菲特卻認真引領他的合夥人走向未來的投資生
活。有些合夥人已參加孟格的合夥事業,巴菲特又讓一、兩個
人加入孟格。但是孟格對市場感到不安。

「我向合夥人推薦兩個人,我知道這兩人非常優秀誠實:
高提斯曼和瑞恩。那時我在投資界已有很長時間,認識他們很
多年了,所以我不僅知道他們的成績,也知道他們如何達到那
樣的成績,這很重要。」[19]

比較有錢的合夥人去找在第一曼哈頓(First Manhattan)
投資顧問公司的高提斯曼。高提斯曼不要小客戶,所以巴菲特
讓其他人去找瑞恩。瑞恩這時正要離開吉德皮巴第公司,和康
尼福(Rick Cunniff)與史泰爾斯(Sidney Stires)合夥設立投
資顧問公司瑞康史公司(Ruane, Cunniff & Stires),並特別成
立紅杉基金(Sequoia Fund)來承接較小的客戶。他們聘請在
巴菲特合夥事業解散後將失去工作的哈定,為新公司掌理奧馬
哈的辦公室。卡蘿的丈夫、證券業務員盧米斯,和深受巴菲特
信任的研究員布蘭特,也一起進了瑞康史公司。這些關係也讓
哈定、盧米斯和布蘭特留在巴菲特的「大家庭」中。

巴菲特將瑞恩帶到奧馬哈，並向合夥人推薦紅杉基金。他照例舉出績效數字來為瑞恩背書。雖然認識瑞恩已有多年，但他還是留下一個小的「逃生口」，以防事情不如預期時被人責怪。他寫道：「判斷人時，無法完全消除誤判的可能性，但我認為挑選了瑞恩，不論就性格和投資績效而言，都是有極高勝算的決定。」[20]

正當巴菲特處理結束合夥事業的事宜時，市場的火花開始冷卻了。第一個跡象就是 1969 年 7 月美軍自越南撤軍時，道瓊指數大跌 19％。即使那年夏天勝利來臨，使美國民心大振，但華爾街並未受影響。全國學生行銷公司（National Student Marketing）和米妮珍珠炸雞系統公司（Minnie Pearl's Chicken System, Inc.）等新奇的股票開始崩跌。[21]

藍籌點券是巴菲特、孟格和古林費心持續買進的購物點券公司，現在成為大趨勢中獨樹一幟的股票。他們一直在賭這家公司與史哈公司的反托拉斯官司能達成和解。巴菲特曾悄悄買進這支股票 200 萬美元（合夥人並不知情），在不到一年內，兩家公司的和解為合夥事業賺進了 700 萬美元！[22] 現在藍籌點券公司決定公開發行股票，而巴菲特決定出售合夥事業所持有藍籌點券的股份，並以此事做為同意該公司公開發行股票的條件。[23] 看來合夥人在 1969 年將會大豐收。

荒島投資法

那年 10 月，巴菲特召開了另一次葛拉漢門徒會議，召集了前一年在聖地牙哥聚會的那些人，但這回葛拉漢自己沒有到場。太座們則獲得邀請；雖然她們沒有出席男士討論股票的會

議，但她們的加入帶來了歡樂氣氛。巴菲特派溫伯格負責規
畫，他住在紐約市，喜歡旅遊。溫伯格也喜歡精打細算，而且
搭機出遊的經驗並不比巴菲特多，他後來挑選了佛羅里達州棕
櫚灘的一處度假村「殖民地俱樂部」，他們在那裡被當做鄉巴
佬，連服務生都瞧不起他們。瑞恩在第一晚的餐會上說，服務
生將他給的 5 美元小費還給他，冷笑著說：「你比我更需要這
個錢。」

接下來那五天，整團人吃著差勁的食物、住在狹小的房
間，戶外還有狂風暴雨。男士們聚會時像在教室上課般成排坐
著，巴菲特多半坐在最前排。他們從多年來的對話與密切分享
看法中衍生出一套簡短的密語，聚會時就用這套密語分享彼此
的觀念和價值。[24]

巴菲特問大家一個荒島求生的問題。他問，如果你被困在
荒島上十年，你會投資什麼股票？訣竅在於找到一家最不會受
到競爭和時間所侵蝕的公司，也就是孟格所說的偉大企業。巴
菲特說出他的選擇：道瓊公司，也就是擁有《華爾街日報》的
公司。巴菲特對報紙的興趣日益增加，不過令人好奇的是，他
並未買這支股票。

旅館員工的態度在這次聚會結束時更加粗魯無禮，他們以
為這些客人是下跌股市中的一群三流證券經紀人。[25]

巴菲特形容殖民地俱樂部是「一個友善的家庭式旅館，也
就是說，如果你來自甘迺迪家族，它就很友善。」[26] 後來，一
名勞德岱堡（Fort Lauderdale）的商人來向巴菲特請教一個融
資問題，他手上持有殖民地俱樂部的抵押權。巴菲特說，他很
樂於免費服務，但是，「如果你有機會清算掉這家公司，就這

麼做吧。」[27]

受巴菲特之邀到殖民地俱樂部的其中一人是霍柴孔恩的路易斯·孔恩。巴菲特喜歡與孔恩夫婦為友,他和蘇珊曾與他們到墨西哥的柯朱梅島(Cozumel)度假。但邀請他們到殖民地俱樂部卻變得很尷尬,因為這次會議尚在規畫時,巴菲特和孟格就明白霍柴孔恩公司不會有好成果。

「零售業是非常難做的生意,」孟格說,「每家營運很久的連鎖企業最後都陷入麻煩,而且很難解決。」零售業的問題只會愈來愈嚴重,經驗讓他們對零售業小心翼翼。

他們要的是能賺錢的企業,有某種持久的競爭優勢,而且長期下來能勝過資金進進出出的自然循環。佛羅里達的聚會結束後不久,孟格和巴菲特就將霍柴孔恩公司賣給萬有超市(Supermarkets General),售價和他們花在它身上的錢差不多。[28] 巴菲特想快速行動,在結束合夥事業前將它脫手,以便分配資產。而孔恩夫婦就隨著這家公司,從巴菲特夫婦的生活中消失了。[29]

多元零售公司曾發行無擔保債券(亦即公司債券,debenture)以提供購買霍柴孔恩的資金。這是巴菲特第一次公開融資,因此特別小心處理。

「那是我賣的第一支債券,我放了一些東西進去,債券持有人卻不感興趣。但是這些年來我對債券的發行想了很多,思考過債券持有人是如何吃虧的。」

債券持有人的獲利向來比股票持有人少,因為他們放棄了持有股票潛在的獲利機會,換取較低的風險。不過巴菲特知道,實際的狀況不一定是這樣。

「我放進去的一樣東西是,如果我們因為任何理由而不支付債券的利息,債券持有人可得到公司的表決控制權,如此他們不會因為公司破產那類事情而當了冤大頭。」葛拉漢在《證券分析》寫到這一點,這是他最關注的主題之一,他敘述法院很少讓債券持有人取得擔保債券的資產,除非那些資產已毫無價值。在破產管理狀態下,債券持有人的利息是透過漫長的程序重新計算,支付之日遙遙無期。因此,多元零售公司的債券也規定,在債券未贖回前公司不能支付股利,也就是說,債券的利息若未支付,股票投資人就不能拿走獲利。

第二項特別的規定是,債券支付 8% 利息,但可依據公司盈餘多寡,多支付最高 1% 的利息。

巴菲特又加了第三條規定:若他出售大量多元零售公司的股票而不再是最大股東時,債券即可贖回。[30]

「沒有人能做出這樣的約定。我說:『他們有權這麼做,畢竟他們是借錢給我。』」他來往的銀行人員懷爾德(Nelson Wilder)抗議說,這種條款前所未見也沒必要,但被巴菲特否決了。[31]

此時利率提高了,銀行不願放款,債券突然變成極佳的便宜融資方式。雖然如此,由於巴菲特認為今天的 1 美元,來日可能成為 50 美元或 100 美元,所以他感覺好像在霍柴孔恩公司虧損了幾百萬美元一樣,因為失去了可讓那筆錢發揮更大效益的機會。他後來做了個結論:

> 時間是優良企業的朋友,是平庸企業的敵人。……用還不錯的價格去買一家很棒的公司,遠比用很棒的價

格去買一家還不錯的公司要好得多。查理很早就了解
這道理,我卻是慢慢學會的。現在在購買公司或普通
股票時,我們會找有一流管理的一流企業。這可引申
出一個相關的教訓:好騎師騎好馬會有好表現,騎劣
馬就不行了。[32]

奧馬哈打敗華爾街

1969 年秋天,當巴菲特和孟格正把心力用在出售霍柴孔
恩公司時,《富比士》雜誌刊登了一篇巴菲特的報導,標題為
〈奧馬哈如何打敗華爾街〉。這篇文章用非常引人入勝的方式開
頭,以致後來幾十年寫巴菲特的作者都仿效。[33]

《富比士》說:「1957 年投資在巴菲特合夥事業公司的 1
萬美元,現在價值 26 萬美元。」他的合夥事業一直以每年
31％的複利率在成長,目前有 1 億美元資產。《富比士》雜誌
這位未具名的專欄作家,後來寫了歷來對巴菲特最深入的陳
述:「巴菲特不是簡單的人物,但他有簡單的品味。」

有簡單品味卻不簡單的巴菲特,在管理合夥事業時一向堅
持對股票交易全盤保密,而且從不在訪談中談他個人。不過現
在已經不需保密了,他願意讓記者對他做一篇相當高調的報導。

這篇文章沒有透露他的淨值。這個記者不知道,巴菲特自
1966 年不接受新合夥人之後,他把賺得的費用再投資,短短三
年時間他的淨值就增為四倍,達 2,650 萬美元。記者也不知
道,沒有新合夥人的資金來稀釋他的股份,他占合夥事業資產
的比例已從 19％上升到 26％。這篇報導提到他那「老舊的奧
馬哈住宅」[34]和他那間沒有電腦,也無大批職員的平凡辦公

室。的確，這個品味簡單的人一天要喝四、五瓶百事可樂，晚宴上只喝可樂而不喝酒，如果桌上菜色比牛排和漢堡還複雜，他就只吃小圓麵包。無論家中是誰負責洗衣服，他出現在公眾面前時，看起來比遊民好不了多少，而且他很少注意自己的衣著。兩房附車庫的公寓就能讓他很開心，金錢只是他的成績單。

不過，巴菲特夫婦也有一段時間是過著富裕的生活；但並非極盡豪奢，儘管他們未必負擔不起。在意生活品質的是蘇珊，但她也認為金錢除非可用來達成某個目的，否則再多也沒有意義。蘇珊把巴菲特的車升級為和她自己一樣的凱迪拉克，只不過是最陽春的款式，而且還是她打電話給方圓幾公里內的車商——比價後用最低價買的。人們發現他簡樸的品味和他持續增加的財富形成鮮明的對比。他親切的態度、自我貶抑的機智和泰然自若的神態，讓身邊的人感到舒服自在。雖然他對批評的忍耐度沒有增加，但已去除了早期的一些粗野、大部分的傲慢和明顯缺乏安全感的跡象。他正學習隱藏他的不耐煩。他對老朋友有極高的忠誠，而他徹頭徹尾的誠實，尤其令人讚賞。

不過，長期和他相處的人會發現，他旋風般的充沛精力會讓人筋疲力竭。他們私底下說他「永遠不會滿足」。當他注意力轉移時，會讓他們如釋重負，但又有些不好意思。他吸收資訊，常常要朋友閱讀他認為他們會感興趣的一大堆剪報和資料。他的談話看似漫不經心，但似乎都有目的，儘管對聽者來說那目的非常模糊難解；人們有時知道他是在測試他們。巴菲特外在隨意不拘的作風，掩飾了他內心的緊張起伏。

很難想像如果沒有合夥事業，活力旺盛的他會去做什麼事。許多合夥人也很難想像，如果沒有他該怎麼辦；其中很多

人已變成他的跟班,很不希望合夥事業結束。與他們的不願拆
夥相比,其他巴菲特家族事業的命運格外令人感傷。弗列德在
巴菲特雜貨店的百年紀念會上正式宣布退休,但他的兒子沒有
一個願意接手,雖然年營業額有 50 萬美元,他想賣時卻沒有
人要買。

　　巴菲特夫婦不愛交際應酬,從來不曾開過大型派對。但是
在雜貨店和合夥事業雙雙結束時,他們在 1969 年 9 月最後一
個週末熱烈慶祝了一夜。將近兩百位男女老少、各種族群的人
湧入他們家。生意人、名媛、蘇珊所關懷的「患者」、青少年、
因合夥事業致富的朋友、蘇珊的女性友人、各類神職人員及當
地政界人士,在閃個不停的鎂光燈中費力前進,行經一排 90
公分高的百事可樂瓶。蘇珊選擇紐約做為派對主題:「後台入
口熟食店」(Stage Door Deli)的食物和布置,並告訴客人穿著
「隨意合適」的服裝來參加,結果他們的服飾形形色色,從褲
裙到小禮服都有。鋸掉一半的啤酒木桶插滿菊花,是蘇珊喜愛
的陽光黃色;一張桌子擺設得如同熟食推車,放滿了煙燻牛肉
三明治和起士,還掛著香腸和一隻拔過毛的雞,以符合主題。
日光室內啤酒桶旁一名鋼琴手鼓勵來賓一起唱歌。壁球場外的
爆米花機散發香氣,歡迎人們進入臨時的地下室電影院;巨大
的汽球頂在球場天花板上,費爾茲(W. C. Fields)、梅蕙絲
(Mae West)和《勞萊與哈台》的影片整晚播映。在浴室裡,
老弗列德和兩個穿比基尼的模特兒,正讓賓客在他們身上做人
體彩繪。

　　蘇珊後來說:「我玩得好開心,真不希望派對結束。」[35]

第四部

蘇珊愛歌唱

第 34 章

糖果哈利

奧馬哈・1970 年～1972 年春

「後台入口熟食店」派對過後三個月，也就是 1970 年 1 月，卡蘿・盧米斯在《財星》發表一篇談論避險基金的文章，文中強調巴菲特在合夥事業經營期間的出色表現，以及他對股市前景的冷峻觀點。[1] 文章刊出後不久，巴菲特寫了一封信給合夥人解釋他們的資產狀況：

- 波克夏海瑟威公司：據巴菲特的說法，每股價值約 45 美元，[2] 其中有 16 美元套在紡織業，巴菲特認為這個事業單位表現不盡理想，未來也難有出色表現。不過，儘管紡織業占了公司價值的三分之一，他卻無意出售套現。波克夏海瑟威也持有利潤高得多的全國產物保險公司。

- 多元零售公司：巴菲特估計價值約為每股 11.5 至 12 美元。多元零售公司名下只有聯合棉花商店這家老成衣店，加上賣掉霍柴孔恩百貨所得的現金和票據，這些錢他打算拿來「再投資其他事業」。他沒有明確指出是哪些事業，似乎是暗示合夥人應該相信他的判斷。

- 藍籌點券公司：巴菲特告訴合夥人，這項投資可能會出售，因為公司計畫在年底前後出售持股。

■ 伊利諾國民銀行：同樣為波克夏海瑟威所擁有。
■ 奧馬哈《太陽報》：他的描述是「在財務面不具分量」。[3]

　　合夥人驚訝地發現，他們因為擁有波克夏海瑟威公司的股份，也連帶擁有一家點券公司、一家銀行和一家小報社。[4] 現在他們必須決定要不要保留持股，如果賣出股票，就可以落袋為安了。

　　哈定說：「他把餅分好，讓你先選自己要的那一塊。」這是巴菲特的一記高招；他當然希望他們選擇現金，那麼波克夏海瑟威和多元零售的股票就成了他的。不過他對合夥人還是相當坦白。在 1969 年 10 月 9 日的信裡，他做了過去拒絕做的市場預測。他寫道，面對如此熱的市場，「……在我個人的專業生涯裡，這是我第一次認為，一般投資人在由專業基金經理人代為投資股票，與消極投資債券兩個選項之間，幾乎沒有什麼好選擇的。」[5] 不過他也承認，最頂尖的基金經理人還是有辦法達成比債券收益多幾個百分點的績效。

　　兩個月後，也就是 12 月 5 日，巴菲特預測了多元零售和波克夏的表現。「我個人認為，多元零售公司和波克夏海瑟威公司的內在價值在未來幾年會大幅成長。……我相信年成長率起碼會達到 10％左右。」這句話相當重要，巴菲特等於是告訴合夥人，波克夏海瑟威和多元零售公司的表現不僅優於債券，甚至還超越了他 10 月信中提到頂尖基金經理人可能有的績效。

　　「我認為這兩支股票很適合長期持有，我很樂意把自己的財產挪出相當高的比例來投資它們。……我認為，我長期持有

多元零售和波克夏海瑟威的可能性非常高。」[6]

巴菲特另外寫了篇文章，告訴合夥人如何投資債券，此舉也超越了一般基金經理人應有的分際。即便如此，「我說完之後，還是有四個人慌了，這四個人都是失婚女子。除了我，她們不相信任何人。她們在男人身上吃過虧，她們覺得手中的錢如果賠掉了，就再也賺不回來。她們會在三更半夜打電話給我，說些『你一定得幫我繼續賺錢』之類的話。」[7]

但如果他不能達到自己的高標準，就不肯擔任受託人的角色，為別人管錢。「基本上，『保證』這種事我實在辦不到，我以前碰過一次，知道這有多難受。」他想起十一歲時投資城市服務優先股，卻害姊姊失望的感受。

他在拉古納海灘過耶誕節時，仍然繼續進行清算合夥事業的程序。他以一貫的效率買妥耶誕禮物，就像做大部分事情，買禮物這件事他也有一套步驟：他走進奧馬哈最好的服飾店塔普斯（Topps），交給店員一張表，上面列了他生命中每個女人的尺碼。

「我走一趟店裡，他們把洋裝推出來給我看。我幫姊姊、妹妹、蘇珊、葛蕾蒂絲和其他人選禮物，還挺樂在其中。

「你知道的，衣服比珠寶還保值。」

拒絕市場先生

交換耶誕禮物後的 12 月 26 日，巴菲特寄出另一封長信給合夥人，特別詳細地回答了他們提出的一些問題。[8]有幾位合夥人對他提出質疑：如果紡織業這麼糟，為何不處理掉波克夏海瑟威的紡織廠？

「我不想為了增加幾個百分點的報酬率，害很多人失去工作，」他寫道。不過合夥事業的經營目標本來就是每年多擠出幾個百分點的報酬率，前述的考量在巴菲特職涯早期根本不可能出現。

他們也問，《太陽報》是什麼投資？巴菲特答，這家公司一股值 1 美元；這個答覆似乎避開了其他經濟分析。接著他補上一般常用結語：「我們不打算再增加傳播領域的投資。」

你為什麼不去登記波克夏海瑟威和多元零售的股票，讓它們可以自由交易？波克夏海瑟威的股權相當封閉，股份交易要「透過安排」，因此任何人都很難得知股票的實際價值。多元零售的股票則完全不能交易。

這個問題接下來是長篇大論的複雜解釋。巴菲特說，這些股票若是開放給公開市場自由交易，會比較缺乏效率及公平性，「懂得投資的合夥人可能比不懂投資的合夥人占便宜。」這的確是實情，那些欠缺投資經驗的合夥人正好可逃過「市場先生」陰晴不定的情緒波動，也不容易被證券經紀人慫恿，一下子買進 IBM 或 AT&T 的股票，一下子又被說動賣出。但這也表示巴菲特限制了合夥人的選擇，增加他們買賣股票的難度，要是他們真想賣股票，多半只能賣給他。

身為對合夥事業債務負無限責任的執行合夥人，巴菲特一向完全掌控這兩家公司。要他放手、將控制權交給「市場先生」，他就是做不到。再者，一旦他把股票交給退出的合夥人，可能會讓自身利益首次與合夥人的利益相對立。不登記股票背後的理論有些複雜，不過兜了一圈還是回到一個事實：巴菲特才是最懂投資的合夥人，他比其他合夥人占更多優勢。不

管他的立意有多正直，這個決定擴大了他和其他合夥人之間的利益衝突。巴菲特在信中誠摯感人的語調，聽來像是在說服自己相信，自己是在做對的事。但雙方間的衝突勢必會傷感情；把股份賣給他之後卻又反悔的人事後都這樣想：我就曉得他占我便宜。

儘管如此，遺傳自父親霍華的性格仍舊驅使巴菲特以一絲不苟的誠實態度，將合夥人的選擇攤在檯面上。他在回答下一個問題時，明確地將可預見的狀況告知合夥人。

「我應該繼續持有股票嗎？」他們問。

巴菲特的建議直接明瞭，一如他公開評論股票的風格。

「我只能說我會繼續持有股票，」他說，「而且我打算買進更多。」[10]

合夥人還必須處理第三支股票。在 12 月 26 日的同一封信裡，巴菲特告訴合夥人，藍籌點券公司股權出售計畫已告流產。[11] 由於喜互惠商店（Safeway Store）停止使用藍籌的點券，藍籌股價一落千丈，從每股 25 美元掉到只剩 13 美元；它正在流失基本客戶，而目前沒有任何買主願意買下法院判決它應出售的三分之一股權。洛杉磯地方法院還接到兩宗控告藍籌的訴訟案。道格拉斯石油公司（Douglas Oil Company）和加油站團體分別指控藍籌違反了反托拉斯法（也就是說它是獨占事業）。[12]

儘管藍籌點券公司的問題雪上加霜，股價也下跌，巴菲特卻不賣掉股票，反而不斷加碼買進，他幫多元零售公司買進，也幫全國產物保險公司買進。他也為剝玉米人保險公司（Cornhusker Casualty）和全國海上火災保險公司（National Fire & Marine）這兩家波克夏海瑟威收購的小型保險公司買

進。他甚至還以自己和蘇珊的名義買進藍籌的股票。

忠誠勝於一切

現在合夥人明白巴菲特不會賣掉這些股票，甚至打算收購更多股票。他們必須在股票和現金之間選擇一個。如果他們選擇現金，巴菲特就拿走股票；如果他們保留持股，就還是他的合夥人。

巴菲特相當在意別人是否接納並喜歡他，因此他看重忠誠勝於一切。解散合夥事業這件事就有測試忠誠度的含意，從他事後的表現可看出這一點。

解散合夥事業之後，他和蘇珊在 1969 年年底大約仍有 1,600 萬美元。接下來的一年間，波克夏和多元零售的股權開始如洗牌般飛快換手。如同巴菲特承諾的，他用從合夥事業拿到的現金，買進更多波克夏和多元零售的股票（手筆之大，要是合夥人知道的話可能會大吃一驚）。巴菲特用波克夏的現金買波克夏的股票，至於多元零售公司，他則以利率 9％的多元零售公司本票，向某些人交換多元零售的股票。[13] 他收購股票的對象從姊姊前夫伍德，到他的第一位投資人道奇，以及他兒子諾頓。[14] 誰要是拒絕這項提議，就得繼續和巴菲特待在同一條船上，讓他將盈餘全數拿去再投資，而合夥人一毛錢都拿不到。這是信任的表現，而巴菲特很看重這點。[15]

此後，巴菲特對那些保留持股的合夥人產生了忠誠感，這種情感的深度和強度是一般現代企業的執行長完全無法理解的。他後來回想，波克夏仍然「像是合夥事業。基本上這是一家最接近私人企業的公司，有一群認同你、喜歡來奧馬哈的股

東。」他認為合夥人是基於一套複雜的共同價值和利益而結合，他們看的不是短期的經濟利益。**巴菲特常說他試著以對待家人的方式對待合夥人，他們信任他，所以他對他們背負了特別的義務，也期待他們以忠誠回報他。**

不過，影響每個人做決定的因素林林總總。有些人需要錢，有些人不過是聽了瑞恩一席話就買了紅杉基金。很多人的證券經紀人慫恿他們賣掉燒錢的紡織股。有些人照做，有些人沒有。有些專業投資人有其他選擇，認為甩掉這些乏味的股票對自己更有利。巴菲特親自到西岸提出以多元零售的本票交換股票的條件時，伊絲黛·葛拉漢的姊妹貝蒂賣掉她的持股，伊絲黛卻沒有。葛拉漢的表親羅妲和她丈夫沙納特決定不賣，因為他們認為，巴菲特在買進，如果這麼做對他有利，對他們當然也有利。[16] 當巴菲特向姊姊多麗絲提出用本票換股票的條件時，她也拒絕了，因為她想，要是他還在買，她為什麼要賣？

有幾個合夥人私下追問他股票表現如何，他的回答相當謹慎，只說表現應該不錯，但要一段時間才看得出成果。亞歷山大和溫伯格等人咀嚼這番話，既然他們也善於投資，就把部分股份賣給巴菲特。

孟格後來稱巴菲特是「堅定不移的收購者」，就像打造商業帝國初期的洛克斐勒，任何人、任何事都不能阻擋他。[17] 事後來看，有些人認為自己上了巴菲特的當、被他誘惑或甚至被誤導；也有人告訴自己說，我早該知道，他就是這個作風。

1970 年年底，很多前合夥人賣股套現，而巴菲特則繼續加碼買進。他和蘇珊對波克夏的持股從 18％ 直衝到將近 36％。他們對多元零售的持股則將近原來的兩倍，高達

39％。至此，巴菲特實際上已控制了這兩家公司。[18] 他也加碼買進藍籌點券公司的股票，持股比從 2％增加到 13％以上。

不過蘇珊很清楚，巴菲特這麼拚命地要控制多元零售和波克夏海瑟威，表示他第二次「退休」與第一次「退休」沒什麼兩樣。原因之一是藍籌點券面臨了和波克夏相似的困境，[19] 這家公司不只萎縮，還瀕臨停擺。

1971 年底，尼克森總統放棄金本位制，石油價格隨之飛漲，美國半數石油公司突然停止使用點券。因為通貨膨脹，物價全面高升，透過各種服務和贈品吸引顧客上門的典型零售手法都必須束之高閣。人們想要的是最低價格，零售商於是走向折扣模式。[20] 這時的家庭主婦已經不會為了兌換一個平底鍋，以增加採購量來蒐集點券。他和孟格必須做些新的投資來增加資本。

喜事臨門

有天巴菲特接到藍籌點券公司總裁藍西（Bill Ramsey）來電告知，喜事糖果（See's Candies）這家洛杉磯的地區性公司要出售。巴菲特當時對糖果公司小有研究。[21] 不過因為糖果公司價格非常高，他還未出手。他說：「打電話給孟格。」[22] 孟格負責掌管藍籌點券公司。

喜事糖果成立於 1921 年，優勢在於使用最高級的奶油、鮮奶油、巧克力、水果和核果，加上繁複的製程，創造出比「頂尖品質」更好的「喜事品質」，成為加州的名店。

「喜事的名聲在加州沒有別家店比得上，」孟格說，「我們能用合理的價格買到它。任何人要和這個品牌競爭，不撒大

錢是不可能的。」安德森則認為它的開價太高,但孟格卻興致勃勃。[23]

喜事其實已經亮出價碼,價值 500 萬美元的資產索價 3,000 萬美元,[24] 中間的差價就是喜事的品牌、聲譽和商標的價值。

他們認為喜事就像債券,值得花 2,500 萬美元買下。如果將喜事分配的股利當成「利息」,平均利率大約是 9%,但這還不夠,因為擁有企業的風險高於持有債券,而且這個「利率」並沒有掛保證。不過,喜事的盈餘在成長,平均年成長率約為 12%,因此喜事就像配息會成長的債券。[25]

此外,「我們認為它有不受限制的訂價能力。喜事糖果的售價和當時的羅素史多福糖果(Russell Stover)差不多。我心裡最關切的問題是,如果糖果 454 公克加價 15 美分,本來 400 萬美元的盈餘就可以再多個 250 萬美元,因此如果提高價格,我們買到的可能是一年能賺 650 萬甚至 700 萬美元的企業。」

想買下喜事,就要和兩個人談判:一個是巴菲特、孟格和古林口中的「糖果哈利」(Candy Harry)查爾斯‧西伊(Charles B. See)。

「『糖果哈利』真的不想經營喜事糖果,他的興趣在酒和女人,他熱中於追求女人。不過在拍板定案前的最後一刻,他臨陣退縮了。古林和孟格去見他,孟格發表了一篇精采絕倫的演講,談論葡萄酒和女人的優點,還有為什麼『糖果哈利』要把時間花在追求女人上頭,才能創造最高價值。」

按照藍籌點券 2,500 萬美元的出價,喜事糖果 400 萬美元

的稅前盈餘能讓巴菲特和孟格在買下喜事的第一天，就獲得
9%的稅後投資報酬率，還不計入未來收益。如果加上他們認
為喜事可以因漲價而實現的 200 萬到 300 萬美元收益，這項投
資的報酬率可以增加到 14％。這是相當不錯的獲利水準，雖
然它能否實現還是未知數，而關鍵在於喜事的盈餘能否持續成
長。巴菲特和孟格差點就要放棄；之前選擇投資標的一直相當
容易，因此他們習慣壓低價格，現在要他們接受喜事的出價，
等於是要他們生吞一條魚那樣難以下嚥。

「最後，」孟格說，「他們接受了我們出的價格。」[26]

交易敲定，巴菲特發現崔布投資公司（Tweedy, Browne
Co.）持有 1,000 股的喜事股票，要求崔布公司將股票賣給他。
崔布公司的合夥人知道喜事有多值錢，認為巴菲特的出價太低
而拒絕了。他們看不出為什麼要把手中的喜事股票讓給巴菲
特，巴菲特則堅持他比崔布公司更需要那些股票。最後巴菲特
贏了，崔布公司把股票賣給他。[27]

交易簽定的那一刻，巴菲特、孟格和古林三人加入喜事糖
果的董事會。巴菲特對登普斯特公司和波克夏公司只派出代理
人，現在卻以前所未有的熱情親自投身糖果業。巴菲特送了幾
盒喜事糖果給葛拉漢的信徒們，幾天後他寫信給喜事的執行副
總哈金斯（Chuck Huggins），詳細解釋他正在與全美各地的購
物中心老闆洽談，要在科羅拉多清泉市（Colorado Springs）、
阿肯色州法葉維市（Fayetteville）和德州嘉孚斯頓市（Galveston）
等地開設喜事分店。他建議哈金斯避開愛荷華州，因為購物中
心主管告訴他：「愛荷華州人通常不大愛吃糖果。」[28] 他准許
哈金斯停止每月送喜事糖果給「糖果哈利」所開的一長串女士

名單。他們開始觀察砂糖期貨和可可期貨，當時可可豆454公克58美分的價格，已逼近洛克伍德以可可豆換股票那年的歷史高價。[29]

巴菲特建議哈金斯「玩」廣告標語，設法想出媲美可口可樂「這一刻，心曠神怡」（pause that refreshes）這類口號。他講得好像哈金斯只要一頓飯時刻就能靈光乍現，生出一句像可口可樂那樣動人的廣告詞。[30] 一位資深員工如此描述巴菲特的卡內基式管理風格：「他會在讚美你的時候，要求你做得更多。」[31]

一開始哈金斯看到巴菲特躍躍欲試，真的為他訂了幾份糖果業雜誌，但巴菲特後來將注意力轉移到其他較新的產業，只好主動喊停。巴菲特寫道：「查理（孟格）或許有成為糖果製造商的抱負，但我只想繼續讀報表。」[32] 巴菲特發現自己喜歡的是擁有一家糖果公司，而不是經營它。

私底下巴菲特也是如此。他會誠懇地邀請：「一定要來我家玩，我很想看到你。」等人家真的登門拜訪，他卻埋頭讀報，顯然光是看到人來，他就滿意了。不過有時巴菲特也會對客人打開話匣子，造訪的客人離開時都累壞了。蘇珊很清楚他的熱情如何起伏不定。

巴菲特仍然迷戀蘇珊，經常公開讚美她，把她攬到腿上坐著。但在家裡，他總是沉浸在自己的興趣中，不太搭理人，只需要蘇珊的照顧，蘇珊曾對朋友說巴菲特是座「冰山」。他們的關係雖然沒有太大改變，但蘇珊的感覺已有轉變。巴菲特對兩人的關係很滿足，他認為蘇珊喜歡付出，他就以接受她的付出來滿足她；這是根據他們的過去，還有蘇珊與人相處的一般

情況所做的推論。但蘇珊的想法已經變了，現在她渴望有人關心自己。

因此，當巴菲特離開奧馬哈追求新事業，或坐在辦公室裡沉思時，蘇珊在家的時間也愈來愈少。她外出吃午餐、晚餐，或是晚上和朋友一起去爵士俱樂部，也愈來愈常出門旅遊。她現在有好些年紀較輕的朋友，他們敬仰她，欣賞她的慷慨溫柔，也從不吝於對她表達出貼心關懷，甚至是全心崇拜。不過他們並不像她所照顧的那些人，反倒像是真摯的朋友，雖然他們也像她所有朋友一樣需要她。在家裡，蘇珊開始換個方式關心沉默寡言的小兒子彼得，把他當密友和她情感的支柱。彼得漸漸長大，快要進高中了。

那時女兒蘇西住在林肯市，就讀內布拉斯加大學。霍華則進了高一，蘇珊全心幫他準備進大學。一如往常，巴菲特樂得把這些責任都交給她。

黑人的銀行

只要能借重巴菲特的專業，不論什麼事，蘇珊都有辦法誘使巴菲特實際參與，而不光只是開張支票了事。她的非裔朋友魏德和其他黑人社群領袖想開辦一家少數族群的銀行，以提高城北居民的尊嚴和促進經濟發展。他們積極倡導「黑人資本主義」，找上巴菲特和曾在地方民權活動裡襄助他的朋友尼克·紐曼。[33]

魏德在奧馬哈很受尊敬，而巴菲特也熱愛銀行業。他才剛剛加入奧馬哈最大的銀行奧馬哈國民銀行的董事會，實現他長久以來的志願。[34] 他天生有種傾向，比較偏好那種送錢進來的

速度快過發錢出去的公司。既然他們寄望社區銀行能吸引多樣族群的顧客，他就請兒子彼得和他朋友坐在另一家少數族群銀行的門口，計算各族群有多少人上門。[35] 巴菲特看了彼得的統計結果後覺得，開辦社區銀行前景看好，因此他加入內布拉斯加社區銀行（Community Bank of Nebraska）的諮詢委員會，並從瑞康史公司挖來哈定擔任董事。[36] 巴菲特告訴這家新銀行的創辦人，如果他們能從黑人社區募集 25 萬美元的資本，諮詢委員會也會募集等額的資金。[37]

大部分的經理人和董事（包括棒球球員吉普森）都是黑人，而他們多是金融業的生手。為了預防出事，巴菲特變身為誨人不倦的老師，教導創辦人提高借貸標準的必要，強調銀行不是慈善事業或社會服務單位。他出席董事月會，開會到深夜，但是一如對他所擁有的每家公司，他從不介入日常管理。[38] 巴菲特拒絕挹注更多資金來彌補壞帳，魏德覺得在這個四面楚歌的社區裡，身為富人的巴菲特從不了解自己扮演的角色。[39] 但巴菲特知道銀行無法靠放寬信用標準、承做血本無歸的貸款來幫助任何人，這麼做只會扭曲顧客的財務觀念。這家銀行艱苦經營數年，沒有成長。

後來巴菲特又多了一個出手幫忙的機會。蘇珊的朋友史密絲（Hallie Smith）給她一份名單，上面是沒錢付大學學費的黑人孩子，於是蘇珊開始這裡捐個 1,000 美元、那裡給個 1,000 美元。蘇珊一再說：「我必須問過華倫。」史密絲驚訝地說：「蘇珊，妳自己有錢，何必要妳丈夫同意呢？」「不，我不能這麼做，」蘇珊總是這麼回答，「這必須經過華倫同意。」史密絲覺得這真是不可置信，像蘇珊這麼有錢的人，竟然把每項和錢

有關的決策都交給丈夫。[40]

　　因此，蘇珊掌管家族基金會時，巴菲特會和她一起打理募款和捐款事宜。要不是巴菲特在一旁踩煞車，蘇珊可能會把錢大筆、大筆撒出去。他們的家族基金會提供小額教育捐款，但是欠缺專業管理。如果要做好管理工作，就必須將眼光放遠：如果有一天基金會的錢用光了，該怎麼辦？巴菲特認為時候還早，蘇珊則熱切希望當下就伸出援手，但總得有人籌畫未來。

　　一年以前，巴菲特也經歷了許多四十幾歲的人會遇到的一記警鐘。在沙納特夫婦的加州家裡晚餐時，他有根指頭腫了起來。那天稍早，巴菲特因為輕微感染而服用了雙倍劑量的盤尼西林，身為外科醫師的沙納特懷疑這是過敏反應。他開了抗組織胺劑給巴菲特，建議他到醫院就醫。[41]

　　巴菲特不想去醫院。他在 1971 年時曾感染沙門氏桿菌，病得很慘。[42] 他要蘇珊開車送他回租屋處，但他的手指持續腫大，頭昏想吐。蘇珊開始急著打電話找醫生來，最後她總算找到了醫生，但醫生卻堅持立刻將巴菲特送急診。到急診室時，巴菲特已經意識渙散，急救團隊立刻開始搶救。三天後，巴菲特還沒出院。醫生告訴他，他很幸運，他的盤尼西林過敏嚴重到只要再多服一顆就會送命。

　　即使有了這次與死神擦肩而過的經驗，巴菲特回到奧馬哈的家裡，仍然像以前一樣專注於事業。依照巴菲特自己的詮釋，「退休」是表示不再擔任受託人。但只要他還有一口氣在，就會繼續做投資。他就是克制不了好勝心，好強到連輸棋都無法忍受；不久前，他和朋友布蘭特夫婦六歲大的兒子強納森下棋，一看情勢不妙就沉不住氣，棋局快結束時，他祭出巴氏風

格追擊小強納森,直到他贏為止。[43]

　　蘇珊逐漸以一種嘲弄而疏離的態度,來看待巴菲特的固執個性。「華倫想要什麼,就一定要得到,」她如此描述這個總是能稱心如意的人,一如他小妹柏蒂多年前的觀察。[44] 蘇珊有一次和朋友前往迪摩因市一個猶太會堂,聆聽大屠殺生還者、作家維瑟爾(Elie Wiesel)演講,後來還參加某人家裡舉辦的茶會,結果和住在當地的舊情人布朗花了數小時長談。[45] 有時她對這段關係充滿追悔,她曾對親近的朋友坦承,她想現在換條路走會不會太晚。儘管她鮮少談自己的問題或顯露出自憐自艾,卻承認對婚姻十分洩氣。雖然她不快樂,卻沒有正面處理問題或一走了之;她只是重拾和布朗的關係,而且愈來愈喜歡加州。她「愛上了」他們夫婦租的房子,這棟房子聳立在拉古納海灘的翡翠灣(Emerald Bay)旁,高於海平面 15 公尺,四周是一群豪華度假別墅。[46]

　　巴菲特特別討厭買房子,他認為錢擺在房產上毫無用處。蘇珊故意激他說:「如果我們有錢,你就可以去問屋主多少錢才肯賣那棟房子,然後不管他開價多少你都照付。可是呢,我知道我們不是有錢人。」不過在兩人不時出現的拉鋸戰中,蘇珊最後多半能讓巴菲特掏出錢來。後來巴菲特還是找了托勒斯夫婦出馬,把成交價格壓到 15 萬美元;[47] 最後托勒斯打電話回報巴菲特:「告訴你一個壞消息,你買到這棟房子了。」

第 35 章

太陽報

奧馬哈，1971 年～1973 年

　　蘇珊著手布置翡翠灣的新房子，用籐編家具營造休閒風格。她為巴菲特裝了一支專線電話，因為他在加州時，大多是在看財經電視新聞和講電話。

　　巴菲特因為「個人熱忱」，和羅森斐一起離開加州，飛往華盛頓特區。巴菲特夫婦在奧馬哈曾宴請參議員麥高文（George McGovern），他是 1972 年民主黨總統候選人。巴菲特也曾捐款給人稱自由派「吹笛人」的前國會議員羅文斯坦（Allard Lowenstein）；羅文斯坦和尤金‧麥卡錫一樣，有種能號召青年加入民權運動的魔力。重量級拳擊手唐尼（Gene Tunney）之子約翰（John Tunney），具備甘迺迪般的政治魅力，他在加州成功選上參議員，巴菲特也是他的支持者。[1] 唐尼的政治金童生涯成為電影《候選人》（The Candidate）的情節，講述一個風采迷人的政治人物，因為「太年輕、太英俊、太自由派、太完美」，贏不了選戰，於是他敢於挑戰當權者。《候選人》描繪的政治家有好萊塢明星般難以言喻的吸引力，一出現就能激發選民情緒，這是巴菲特一心嚮往的類型，但他終究希望屬意的候選人是贏家。

　　巴菲特想把愛荷華州參議員休斯（Harold Hughes）拱上

1972 年總統候選人的提名名單。過去他也曾支持不敵尼克森的麥高文。1972 年的選舉結果出爐，證明了巴菲特不適合為人助選。

這段經歷就此畫下句點。但他一直密切關注媒體對政治的驚人影響，也希望擁有那樣的影響力。兒時送過報紙、和《財星》記者卡蘿交好、收購《太陽報》、為收購其他報紙而做的研究，還有對《華盛頓月刊》的投資，巴菲特對出版業的興趣愈來愈濃厚。他見識到在喧囂的 1960 年代裡，從甘迺迪刺殺案、越戰，到民權運動，電視有攫取觀眾注意力的強大力量。現在隨著電視的獲利能力開始浮現，巴菲特也想參一腳。

瑞恩為巴菲特安排一場紐約飯局，席間還有墨菲（Tom Murphy），他是大都會傳播公司（Capital Cities Communications）的老闆，旗下有幾家廣播電台及電視台。

墨菲的父親是出身布魯克林的法官，因此他從小置身於辛辣的紐約政治圈，1949 年畢業於哈佛商學院。墨菲童山濯濯，為人相當隨和。他起先是接手管理一家位於阿爾巴尼市（Albany）的破產電視台，公司當時很拮据，只能粉刷正對馬路的那面外牆。接著他開始收購廣播電台、有線電視公司和出版社，逐漸建立起媒體帝國。

晚餐後墨菲和瑞恩商議，如何把巴菲特請進他的董事會裡。瑞恩說，打動巴菲特唯一的辦法就是走一趟奧馬哈拜訪他，墨菲立刻動身「朝聖」。巴菲特招待他吃牛排大餐，開車帶他回家去見蘇珊。蘇珊看到墨菲時，馬上心中雪亮：她丈夫又迷戀上另一個新玩意兒。巴菲特喜歡向新朋友介紹他的「圖騰」：辦公室、蘇珊，有時是他的火車模型。「圖騰」巡禮結

束，巴菲特和墨菲在他的地下室球場玩了幾回壁球，墨菲只得
穿著牛津皮鞋滿場跑。不過墨菲還沒開口，巴菲特就已經明白
他的來意。「湯姆，你知道的，」他說，「我不能擔任董事，因
為這樣我就必須持有你公司相當份量的股份，可是你的股票太
貴了。」² 當時即使市場哀鴻遍野，投資人卻爭購電視股。有
線電視是新行業，地方特許業者整併為新的上市公司。巴菲特
說：「你聽好，我可以義務幫你，但你不用給我一席董事。」³

　　從此，墨菲每遇到一筆交易就打電話給巴菲特。巴菲特覺
得受寵若驚，為墨菲投注無數時間。剛滿四十歲的巴菲特認
為，長他五歲的墨菲「年紀頗大」，不過，「他什麼都懂」，而
且巴菲特說：「我尊敬墨菲，我認為他是最厲害的生意人。」
一天晚上，墨菲從家裡打電話給他，給他機會優先出價收購一
家沃茲堡（Fort Worth）電視台，⁴巴菲特很感興趣，卻回絕了
墨菲，理由已經記不得了。後來巴菲特認為這是他從商以來最
大敗筆之一。⁵

他不重，他是我兄弟

　　巴菲特真正想做的是發行人。事實上，他自認手中有條值
得挖掘的新聞，但是當他把想法告訴《華盛頓月刊》編輯時，
他們卻嗤之以鼻。可能是因為投資人打電話來指示報導內容，
讓編輯覺得不快。於是巴菲特轉向奧馬哈《太陽報》，這家報
社或許不是全國性的，不過有人報導總比沒有好。後來這條新
聞廣受矚目，彼得斯說：「我真該殺了我所有的員工。」

　　巴菲特聽到的消息是：「男孩鎮」（Boys Town）這家奧馬
哈備受敬重的慈善機構已經腐化。男孩鎮是 1917 年由愛爾蘭

神父法拉南根（Edward Flanagan）在市中心一棟舊大樓裡創辦的收容所，收留無家可歸的男童。法拉南根神父想挽救孤兒和被遺棄的孩子，以免淪為流浪漢、罪犯、吸毒者。巴菲特說：「法拉南根神父是城裡的知名人物，一次募款只募 5 美元，一募到錢就趕快花在孩子身上。後來他募到 90 美元，在一間房子裡安置了二十五個孩子。」⁶ 1934 年時，它在奧馬哈市西方16 公里處有個占地 65 公頃的園區，設立了學校和運動設施，同時在巴菲特的父親霍華的幫忙下，成立自己的郵局，協助處理募款事宜。⁷ 1936 年時，它成為法人社區。到了 1938 年，它更因為一部由史賓賽・屈塞（Spencer Tracy）和米基・魯尼（Mickey Rooney）主演的奧斯卡最佳影片而揚名全美國。

專業募款人密勒（Ted Miller）看了那部電影後，立刻知道要如何將男孩鎮的募款訴求轉化為大型的全國活動。每年耶誕節，男孩鎮（現在自稱為「少年城」，The City of Little Men）都會送出數百萬封募款信，信的一開頭寫著：「對許許多多無家可歸、被遺忘的男孩而言，今年的耶誕節沒有歡樂可言……」信紙印有因為那部電影而聞名的流浪兒背著幼兒的圖樣，還寫上那句名言：「神父，他不重……他是我兄弟。」

人們的捐款有小到一筆 1 美元的款項，但是男孩鎮寄了千萬封募款信，即使回應比率很低，匯集起來也是一大筆錢。⁸當時，捐款充裕的男孩鎮將園區擴建到 526 公頃。法拉南根神父於 1948 年過世，但是男孩鎮的資金在繼任者維格納（Nicholas Wegner）神父手中繼續成長。現在它成為內布拉斯加州最重要的旅遊景點。

「我聽說美國國民銀行在耶誕節前好幾週都要加派人手，

處理男孩鎮收到的捐款，但同時我卻看到院童數目在減少，」巴菲特說。

　　早年法拉南根神父會查閱法院紀錄，收留一定人數的重大青少年犯，甚至有幾個殺人犯。但是在 1971 年，收容所排除了有情緒障礙、心智障礙和重大犯罪等問題的青少年，而把收容對象限於沒有重大問題、「無家可歸」的男孩。[9] 男孩鎮的規模可容納一千名少年，現在雇用了六百多個人員照顧六百六十五個男孩。[10] 它採用大規模制式管理方法，以單一性別設施安置少年，與周圍社區隔絕，甚至帶有監獄般的氛圍，已經顯得落伍。[11] 院內用鐘聲控管院童的作息；孩子們的信件會被檢查；一個月只能會見一名訪客，而且訪客由職員挑選，不能自己決定。他們沒有什麼娛樂，也接觸不到女生。男孩鎮偏重低階的職業訓練，包括揀豆子和製作鳥屋。

明查暗訪

　　1971 年 7 月某個晚上，巴菲特在家中與《太陽報》編輯威廉斯（Paul Williams）開會討論男孩鎮的傳聞，決定策畫一篇報導來追蹤這家機構的募款和開銷狀況。[12] 現在威廉斯找來艾佛森（Wes Iverson）、史密斯（Doug Smith）和路德（Mick Rood）三位市政記者，指派他們製作一個詳盡的調查報導。[13] 路德注意到，男孩鎮的行銷文宣提到它沒有收受任何教會、州政府或聯邦政府的捐款，於是前往林肯市的州議會查閱紀錄，結果發現男孩鎮所言不實，[14] 於是他們對男孩鎮的其他說法也心存懷疑。

　　透過其他報告，他們取得男孩鎮的財產稅紀錄、教育紀

錄,以及組織規章。他們發現男孩鎮與州社福部門的關係長期
處於緊繃。[15] 威廉斯透過一名國會人士取得一份男孩鎮郵局的
報告,得知它一年寄發的募款信在 3,400 萬到 5,000 萬封之譜。
這個數量高得嚇人;其他組織的募款人告訴他們,根據這項數
字,男孩鎮一年得到的捐款絕對超過 1,000 萬美元。巴菲特以
財務知識推測,男孩鎮的營運成本不會超過 500 萬美元,[16] 男
孩鎮累積財富的速度有可能快於花錢的速度。男孩鎮曾在
1948 年進行了一次大擴張,巴菲特認為,它所累積的結餘款
至少有 1 億美元,但是目前沒有任何證據可證明這點。

巴菲特在奧馬哈的城市聯盟(Urban League)擔任董事,
透過這層關係結識了外科醫師歐根(Claude Organ),他是男
孩鎮唯一的黑人董事。巴菲特認為歐根是個正人君子。

「我們在對街的黑石飯店吃早餐。我滔滔不絕,設法引他
開口告訴我實情。他不肯透露細節,但也說我講的沒錯。更妙
的是,他讓我知道這事背後有隱情,雖然他沒給我任何數字。」

歐根開始默默指引報導團隊,讓他們往正確的方向挖新
聞,卻不透露任何機密資訊。[17] 這三名記者曾經到處找人攀
談,卻什麼都挖不到,因為大部分男孩鎮員工都噤若寒蟬。巴
菲特穿著他那雙破爛的網球鞋、給蟲蛀了的毛衣,還有沾滿粉
筆灰的長褲,在奧馬哈市閒晃,扮起新聞記者。[18]「那工作真
是刺激,」巴菲特說,「如果有男人版的女記者布蘭達・史塔
(Brenda Starr,譯註:知名漫畫主角),那就是我了。」這時
巴菲特已經把蘇珊的友人、依舊擔任《太陽報》發行人的利普
西看做自己人,兩人常一起慢跑、在巴菲特家地下室打壁球。

接著,巴菲特開始動腦筋。他知道國會通過一項法案,其

中有條規定，要求非營利組織要向國稅局申報收入。

　　「我坐在客廳填寫巴菲特基金會的 990 表時，突然想到，如果我必須申報，他們應該也要。」[19]

　　記者們向費城的國稅局查詢 990 表，耐心等了二十天，國稅局才挖出男孩鎮的報稅檔案。[20]

　　威廉斯多請了一名助理執行編輯蘭迪·布朗（Randy Brown），他的部分職責是整合男孩鎮的專題報導，於是專案成員至此擴增為四名記者。布朗說：「我上班的第一天，就看到一疊沉甸甸的 990 表放在我桌上。」[21] 這時剛買下喜事糖果公司的巴菲特正忙著將一盒盒糖果發給全美各地的朋友們，但男孩鎮的報導實在太吸引他了，他忍不住親自上陣，幫布朗從資料裡拼湊出一些端倪。沒錯，男孩鎮的淨值是 2.09 億美元，每年的募款所得約為 1,800 萬美元，是它營運所需開銷的四倍左右。巴菲特樂透了，他這輩子都在等修女犯罪，現在他憑著一張報稅單，就把一名犯錯的神父逮個正著。

神父的祕密帳戶

　　他們把書桌、檔案櫃外加三支電話搬到威廉斯住處地下室的娛樂間。最後，「一切都在我們手中水落石出，」利普西說。「依我看，只有瑞士的兩個帳戶仍然成謎。我們破解不了瑞士帳戶。」讓《太陽報》的記者目瞪口呆的是，男孩鎮的財力竟是聖母大學的三倍，而且每名院童的身價至少超過 20 萬美元，路德於是稱它為「少爺城」。[22] 這部賺錢機器一年進帳 2,500 萬美元，至於它的開銷，可以全數由投資收入輕鬆支應，不必再募一毛錢。[23] 他們想不透這最平常的問題：男孩鎮

打算怎麼處理這筆錢？它為什麼需要繼續募款？最後一個階段的調查目標就是找出問題的答案。

七十四歲的維格納神父是男孩鎮的管理人，也是募款負責人。維格納神父此時已經知道《太陽報》四處打聽男孩鎮的事情；男孩鎮正著手進行一套倉促擬定的改革計畫。但是記者判定，維格納還不清楚他們已取得男孩鎮的報稅資料。《太陽報》只怕《奧馬哈世界前鋒報》搶走這條新聞，一旦《奧馬哈世界前鋒報》感覺到任何風吹草動，它或許會挾其資源優勢發動突襲，搶走精采報導，以饗讀者。更大的風險是，男孩鎮可能會主動和《奧馬哈世界前鋒報》獨家合作，以對自己有利的報導先發制人。[24]

《太陽報》記者們盤算著如何採訪到維格納和他的教區主管施漢（Sheehan）大主教。三十幾歲、捲髮垂肩、蓄著翹八字鬍的路德去見維格納。他見到維格納的第一個反應是替對方覺得可憐：維格納那顆皺巴巴的頭，脖子從教袍領口伸出來，活像隻老海龜。歷經十五次手術的維格納閣下顯然虛弱不堪，其中有幾次還是大手術。訪談開始後，他毫無戒心地侃侃而談，也否認曾收受州政府的錢。路德請他解釋如此拚命募款的目的何在，他回答：「我們一直負債累累。」路德知道這一切都是胡說八道，他直接帶著訪談錄音帶回到威廉斯住處的地下室。謄完錄音稿後，帶子便鎖進保險箱。

路德訪問維格納的同時，威廉斯正設法逮住大主教。他們想把大主教的訪談排在同一時間，但這兩人無法在同一天接受採訪。施漢之前可能已得到通知，訪談時只證實維格納的說法，拒絕透露其他詳情。不過有了這些確認，專題記者就帶著

攝影記者出現在男孩鎮的募款辦公室，地點不在男孩鎮，而是奧馬哈市的富國大樓。他們不請自來，拍了女辦事員成排坐著、繕打給捐款者的募款信和感謝函的照片，也採訪到一些募款人員，這些工作人員說：「請不要在你們的報導裡提到募款如何運作，這樣很容易誤導大眾，人家會以為我們很有錢。」還有人說：「我們希望人們認為這些信是出自院童之手。」[25]

同時，其他記者找上董事會，多數成員並不希望破壞男孩鎮的形象，包括替男孩鎮管理投資組合的銀行家、興建男孩鎮並開公司等著承包建案的建築師之子、供應院童衣物的零售商，還有處理男孩鎮法律事務的律師。許多董事不僅可從男孩鎮得到金錢利益，身為內布拉斯加州最受尊崇機構的董事，也會藉男孩鎮的名義做點微不足道的小事，他們都樂於享有這項特殊尊榮。維格納厭惡這些人，他曾告訴路德「他們沒什麼用」，還說「他們對社會福利一無所知……完全是教育的門外漢。」[26] 據威廉斯說，不管他們實際上知道什麼，對於記者的問題，他們的回應一律是「不悅、不知情或乾脆不理不睬」。[27] 甚至有男孩鎮員工事後放馬後砲：「董事會沒有善盡輔佐維格納神父的職責……，他們應該建議他放慢募款的腳步。」[28]

這實在很諷刺。可能就是因為男孩鎮來自經濟大蕭條的貧窮背景，維格納才會這樣積聚財富，正如布朗所言，彷彿「貧窮就在門口虎視眈眈」。[29] 很可能也因為這個背景，董事會在監督維格納的工作時，未曾懷疑其合理性。但揭穿這起斂財行為的人，居然是來自同樣時代背景、具備同樣賺錢動機的巴菲特。在巴菲特眼中，他們犯的罪不只是斂財，而是只顧攢錢，對財富的運用卻毫無規畫。男孩鎮甚至不編列預算。[30] 如此罔

顧受託人責任、未能替別人妥善管理金錢,令巴菲特深惡痛絕。

　　整個週末,記者們瘋狂地投入專題報導,巴菲特和利普西跟著進度閱讀完稿。巴菲特說:「我們只是微不足道的週報。」但他們想做出具有全美頂尖日報水準的報導。最後他們到威廉斯住處的客廳集合,將所有東西攤在地板上,構思標題和大小標。報導的橫幅標題寫著:「男孩鎮:全美最富有的城鎮?」這篇特別報導共有八頁,其中穿插側寫,主新聞以聖經經文路加福音 16 章 2 節「把你所經管的交代明白」開場。

　　出刊前的那個星期三下午,威廉斯將這份報導傳給美聯社、合眾國際社、《奧馬哈世界前鋒報》和電視台。第二天,也就是 1972 年 3 月 30 日,是巴菲特回憶裡最美好的日子之一。這篇專題報導不但實現了他把企業當教誨事業經營的心願,報導一開頭所引用的聖經金句是他最喜歡的一個概念:託管(stewardship)。他就是以這個概念來看待義務、道德責任和所有與信託職務相關的責任。那一週的末了,男孩鎮的報導透過各家新聞社傳遍全美,成為一件全國性的醜聞。[31] 男孩鎮董事會在星期六召開緊急會議,決定取消所有募款活動,包括停發部分已分裝好的春季募款信。[32] 在一個調查新聞的新時代裡,這篇報導深具分量,即刻成為改革全美非營利組織規範的推力。包括《時代》、《商業週刊》、《編輯與出版人》(Editor & Publisher)、《洛杉磯時報》等媒體都做了後續追蹤報導。[33] 一項針對二十六家男童收容所的非正式調查顯示,在新聞披露男孩鎮案後,約有三分之一收容所的募款活動受到影響。[34]

　　但是維格納的接班人、已開始擔負部分職責的史密特(Francis Schmitt)神父很快寄了一封信給男孩鎮的支持者,信

中說：「那裡面的報導充滿腥羶、偏見和嫉妒，就我所知，報導中還包含偏執思想。」暗指報導的動機是反天主教的偏見。其實記者為了避免這種偏頗，反而還有些矯枉過正。史密特還說，報導裡充斥著「挖苦暗諷」，句句讓他痛心，而這一切「都要怪一家三流報社的三流編輯，而這家報社的老闆自己是個超級富翁。」[35] 維格納仍然毫無悔意，他說：「等那家下三濫報社被人遺忘時，男孩鎮仍會屹立不搖。」[36] 對於來信詢問男孩鎮報導的人，維格納一律以制式信函回應說，《太陽報》是「以煽情的觀點來報導地方事件」，而今男孩鎮不再尋求任何捐款，即使「我們的財產和設備價值倍增……，我們的成本也在升高。」[37] 這封信是用一般信紙印出，頁面下方印著「您的捐款可抵扣所得稅」和「我們不雇用勸募人員或募款組織——我們不會把錢浪費在支付佣金上」等字樣。

勇奪普立茲

巴菲特讀報稅單可從來不曾如此津津有味，他還想乘勝追擊，推翻神父的預言，要大家記得《太陽報》。一想到普立茲獎這個新聞業的最高榮譽，「我就腎上腺素激增，」巴菲特說。[38] 他要威廉斯以報社名義報名普立茲獎。威廉斯參考報業的悠久歷史，提出一份詳細大綱給巴菲特，但巴菲特有自己的盤算。「在一個經濟發展無可避免造成鄉鎮生活圈的國家裡，」巴菲特寫道，《太陽報》的申請文件應該強調「多一份報刊的必要性」。多一份郊區週報，就能為「打擊龐大惡勢力多出一份力」，這是主流報紙可能不敢做的事，因為「看來很蠢」。[39]

路德寫了一篇男孩鎮的追蹤報導，一篇故意要讓惡人坐立

難安的出色報導。報導中引用了維格納神父在訪談裡的一些偏執激進評論，並披露院童在男孩鎮湖邊種大麻的事。威廉斯退了他的稿，說《太陽報》必須走高格調路線，部分是為了避免扼殺未來的報導，部分是避免給人反天主教的印象。而且，普立茲獎尚未揭曉。路德在一張給自己的便條裡寫下：「真糟糕。」[40]

《太陽報》團隊知道普立茲獎競爭激烈。它要和《華盛頓郵報》調查記者伯恩斯坦（Carl Bernstein）和伍華德（Bob Woodward）所執筆的系列文章角逐。1972 年，這兩名記者追查了表面看來是民主黨全國委員會水門辦公室的一宗小竊案，卻揭發了一樁規模龐大的監聽和滅證行動。但是《太陽報》在 1972 年各新聞獎項都將大有斬獲。

1973 年 3 月，全國記者協會將公共服務的最高榮譽頒給《太陽報》；《華盛頓郵報》則得到調查報導獎。幾週後，一通電話進來了。《太陽報》贏得普立茲獎的最佳地方調查專題報導獎。[41] 這次《太陽報》和《華盛頓郵報》得的獎項剛好對調，《華盛頓郵報》得到普立茲的最佳公共服務獎。蘇珊辦了一場慶功宴，在客廳掛了個「普立茲太陽報」字樣的超大號脆餅。他們也為報導帶來的一些具體成果而慶祝。男孩鎮開始將錢投注於專案，很快地宣布要建造一座兒童聽覺及語言障礙的治療學習中心。這實在很不賴，而且可造福人群。從現在開始，男孩鎮會編列預算，也會公布它的財務狀況。

那年男孩鎮沒有寄發年度耶誕節募款信，只有表達謝意的耶誕卡，以及施漢大主教的信，信中對於維格納神父「因身體衰弱」而退休，表達「深切的遺憾」。儘管他是真的身體衰弱，

而且生病，《太陽報》有個人在將信件歸檔前圈出這段文字，
並加上一句：「因為他讀到某些東西。」[42]

超級錢潮

接下來的 1974 年復活節，維格納神父寄出一封公開信。
信中並未悲嘆男孩們沒有歡樂的耶誕節，而是花了相當篇幅，
談論男孩鎮才剛完成即將要進行、耗資不菲的新專案。[43] 儘管
先前的醜聞掀起軒然大波，但隨著這封信而來的捐款還是多達
360 萬美元。

因此，這個故事的尾聲就像這類事件的尋常結局：改革往
往是為了掩飾當眾出糗的醜態，而不是真心要改變制度。男孩
鎮最終改造了信託管理會，但這無法在一夕之間完成，而董事
會的利益衝突也沒有馬上消失。

即使是《太陽報》的榮耀也是曇花一現。它的財務惡化，
爆料編輯威廉斯在報社得到普立茲獎不久後退休，記者也一個
個轉戰其他報社和新聞社。除非巴菲特願意把它當賠錢的嗜好
來經營，否則《太陽報》無法維持昔日的光輝。《華盛頓月刊》
已經證明，即使是為偉大的新聞，巴菲特也不會這麼做。在某
種意義上，《太陽報》就像巴菲特抽剩的雪茄屁股，只能深深
吸個一口，讓自己過個癮。

雖然《太陽報》讓巴菲特一時聲名大噪，但和另一件事比
起來，就像小巫見大巫。巴菲特那時在投資人心目中地位高漲
另有原因。一個名叫古德曼（George Goodman）的作家以筆
名「亞當斯密」（Adam Smith）寫了一本銷售超過百萬冊的書
《超級錢潮》（*Supermoney*），嚴厲批判 1960 年代的股市泡沫。[44]

書中將基金經理人妖魔化，這些人在一夜之間就衝至九重天外，又倏忽跌落十八層地獄，彷彿引擎突然沒油的火箭；他們被描述成蠱惑一般投資人的牛鬼蛇神。但是談到葛拉漢和他的門人巴菲特時，古德曼知道他遇到兩個很不一樣的人物，他用一整章寫這兩個人，將他們描繪得精采絕倫。

古德曼尊敬滿口拉丁文、法文的葛拉漢，但《超級錢潮》引用葛拉漢言詞之處，聽來卻非常造作，帶有一種近乎自我嘲諷的風格。相形之下書中的巴菲特則是超凡出眾、正宗美國人、狂灌百事可樂的投資基本教義派，有著輝煌的個人資歷，一點也不像「華爾街的撒旦」。這樣的巴菲特和葛拉漢並列，就像把 5 公分厚的丁骨牛排和一撮鵝肝醬擺在一起。每個人都會選牛排。

每篇書評都提到巴菲特。華爾街作者中最孚眾望的布魯克斯（John Brooks）說，巴菲特在一群「貪婪、蓄鬍的年輕投資組合巫師」裡，就像「在巴比倫的清教徒」。[45] 他在一夕之間成為明星。

即使在奧馬哈，《超級錢潮》也引起一陣旋風。巴菲特是一本暢銷書裡的投資天王。十五年後，時間做出判決：他成了無人不知、無人不曉的華倫・巴菲特。

第 36 章

報業女強人

奧馬哈和華盛頓，1971 年

　　巴菲特一直渴望躋身主流出版業者之列。大部分是家族事業的報社最近歷經一陣出售潮，價格走低，於是他和孟格不斷想辦法收購報社。他們試過《辛辛那提詢問報》（*Cincinnati Enquirer*），[1] 以及《阿布奎克論壇報》（*Albuquerque Tribune*），但都沒買成。[2]

　　1971 年《華盛頓月刊》發行人彼得斯接到巴菲特的電話，要他安排巴菲特和孟格去見《華盛頓郵報》發行人凱瑟琳·葛蘭姆。巴菲特說，他和孟格買了《紐約客》的一些股份，現在想買下整家雜誌社。[3] 他們想找人合買，而《華盛頓郵報》是不錯的選擇。

　　彼得斯接到這通電話時一點也不意外。他想，啊哈！現在葛蘭姆家族要讓公司公開發行，巴菲特準是看上《華盛頓郵報》的股票。如果他以《華盛頓月刊》為墊腳石，接著買進《華盛頓郵報》並大賺一筆，那麼這項看似失敗的投資就有效果了。

　　巴菲特以前從不購買上市公司股票，他認為這種股票經過過度炒作，並不划算。[4] 巴菲特原本不打算買《華盛頓郵報》的股票，但他和孟格還是飛到華府，前往《華盛頓郵報》總部找葛蘭姆。

凱瑟琳的故事

　　凱瑟琳‧葛蘭姆雖然身為《華盛頓郵報》發行人，但她中年以後才投入報業經營。八年前，她以四十六歲之齡接掌郵報時，是個帶著四名子女的寡婦，不曾在任何企業工作過。現在她要準備迎接挑戰，投資人及媒體都在看她如何管理一家上市公司。

　　「我們與她的會面非常短暫，只有二十分鐘。我不知道她是怎樣的人。她對自己的事業感到惶然不知所措，這我毫不知情。那天下著傾盆大雨，我們看起來就像兩隻落水的老鼠。你也知道我們平常是怎麼打扮的，」巴菲特說。

　　當時，葛蘭姆對收購《紐約客》（這次會面的目的）沒有興趣，會中也沒有任何跡象顯示，她和巴菲特有一天會成為摯友。她對他印象不深。至於巴菲特，儘管葛蘭姆端莊大方，他也不覺得她有何吸引人之處，因為她少了他理想情人黛西梅的柔媚體貼等特質。此外，他們的背景實在是差了十萬八千里。

　　凱瑟琳出生不久就是狂飆的 1920 年代，她家境富裕，父親是郵報發行人及投資家梅爾（Eugene Meyer）。她母親艾格尼絲（Agnes）相當自我，由於艾格尼絲骨架較大且日益肥胖，家人背地裡都叫她「胖艾」（Big Ag）。艾格尼絲之所以嫁給凱瑟琳的猶太人父親，多少是看在錢的份上；她熱愛中國藝術、音樂、文學和其他文藝愛好，對丈夫和五個孩子卻漠不關心。他們在紐約州的奇斯科山鎮（Mount Kisco）有座粉紅灰的花崗岩華廈；在紐約市第五大道上有間整層獨門公寓，在華府還有一幢雄偉暗沉、紅磚砌成的維多利亞式宅第。

　　凱瑟琳小時候住在奇斯科山鎮，由母親管教。他們管這裡叫「農莊」。餐桌上的所有蔬菜水果都來自周圍的田野和果園。凱瑟琳吃的是農場現宰的豬肉和雞肉，喝的是自家澤西牛產的香濃牛奶。衛斯卻斯特郡華廈的牆上滿是氣派的中國畫，一切設施都象徵那個時代的身分地位，包括室內泳池、保齡球練習道、網球場、教堂式管風琴。

　　凱瑟琳跟著大人們一起度過許多難忘的假期，其中一回是到德國拜訪愛因斯坦本人。艾格尼絲會帶孩子們去露營，做為獨立訓練，所以只「克難式」地帶了五名馬伕、十一匹座騎，和另外十七匹馬來載運行李。

　　不過，孩子們想見母親要預約時間。他們用餐必須狼吞虎嚥，因為長桌上第一個分到菜的艾格尼絲，在傭人還在分菜給其他人時就開動了，只要她吃完，就會要傭人將所有盤子收走。她自承不喜歡孩子，把孩子們交給保母、管家和騎馬教練，送他們去夏令營、寄宿學校、上舞蹈課。孩子們的玩伴就是兄弟姊妹和僕人的小孩。艾格尼絲很愛喝酒，賣弄風騷，和好幾位大人物展開一段段難以自拔的調情關係（不過僅限於柏拉圖式往來）。她認為所有女人，連她女兒在內，都是次等人物，還說凱瑟琳哪比得上美國甜心秀蘭・鄧波兒（Shirley Temple）能歌善舞，又有一頭金色捲髮。[5] 凱瑟琳回憶：「如果我說我喜歡《三劍客》的故事，她會回我說，我得像她一樣讀法文原著，才能真正領略它的好處。」[6] 凱瑟琳被當成觀賞蘭般調教，打扮得漂漂亮亮，卻因為表現不如預期遭到嚴詞責備，要不然就是被冷落一旁。不過等她進了華府的瑪黛拉女子中學（Madeira School），就已經懂得如何討別人的喜歡，還被

選為班代。以她有一半猶太血統來看,這在那個時代、那個地方是非常不簡單的。

奇斯科山鎮都是新教徒,凱瑟琳一家打不進當地社交圈。艾格尼絲堅持要孩子全部受洗為基督教徒(但日常生活並未遵守教規),全然忽視孩子的猶太血統,因此凱瑟琳不懂他們為什麼被孤立。後來她上了瓦瑟學院(Vassar College),一位朋友因為有人在她面前抨擊猶太人而向她致歉,她反倒愣住了。她事後認為,這種血統衝突「不是給你優異的生存能力,就是讓你一敗塗地。」[7] 或許,兩者都是。

凱瑟琳從她母親那裡學會斤斤計較、擔心受騙、吝於施予,以為別人一定會占她便宜。據她自己描述,她長大後也有對別人頤指氣使的傾向。[8] 不過別人眼中的她,是天真、熱誠、慷慨而心胸寬闊,她自己似乎渾然不覺。

她和父親較親近,儘管他看起來木訥疏離,卻相當支持她。凱瑟琳認為自己遺傳了父親的節儉作風,堅持燈用完就要關,從不浪費任何東西。在凱瑟琳的成長過程中,《華盛頓郵報》在華府的五家報社裡敬陪末座,排名遠遠落後於大報《華盛頓晚星報》,但她父親憑著節儉的功力,投注時間、金錢和心力,終於保住郵報。[9] 1942年梅爾想退休,凱瑟琳的醫生哥哥無意經營一家不賺錢的報社,因此接班的責任就落到凱瑟琳和新婚丈夫菲力普・葛蘭姆(Philip Graham)身上。凱瑟琳崇拜菲力普,也認為自己就該站在從屬的位置,於是毫無異議接受父親的決定,讓菲力普買下郵報將近三分之二有表決權的股票,享有絕對的控制權。[10]

菲力普接掌郵報時,報社情況一片混亂。採訪中心和發行

部門人員上班時間大半都在賭馬、喝酒。辦公室小弟每天早上第一件事就是幫人買 237 毫升的酒和《賽馬日報》。[11]

菲力普整頓了報社，推出精采的政治新聞版面，以此做為郵報的定位，並以堅定自由派為社論版定調。他買下《新聞週刊》和幾家電視台，證明他是個優秀的發行人。隨著時間過去，他的缺點日漸浮現：時而貪杯、脾氣暴躁、陰晴不定，以及尖酸刻薄的幽默感。最受折磨的就是他的妻子。凱瑟琳稍微變胖點，他叫她是卡通裡的「豬小弟」，甚至送她一隻瓷豬。她自視甚低，居然覺得這玩笑有趣，還把那隻豬掛在露台展示。

「我很害羞，」她說，「我害怕和人單獨相處，因為對方會覺得我很無趣。我們外出時我不講話，我讓他講……他真是聰明又風趣。這些特質構成他這樣絕妙的一個人。」[12]

豪門悲劇

她丈夫會操縱她的恐懼感。他們與朋友外出時，她一講話，菲力普就會盯著她看，讓她以為自己囉唆太久，把場面弄僵了。她深信自己不如人，永遠不可能達到秀蘭‧鄧波兒的境界。於是她在公開場合漸漸沉默。[13]凱瑟琳愈來愈沒有安全感，每回赴宴會前都會嘔吐。有些人說，菲力普私底下對她更惡劣。[14]幾杯黃湯下肚，他的火山脾氣開始爆發，而她總是嚇得不敢吭一聲。

凱瑟琳對菲力普逆來順受，就算他在外面捻花惹草，和甘迺迪總統交換情婦，[15]她還是極力維護菲力普，因為她迷戀他的性格、機智和才華。他對她愈殘酷，她就愈想討好他。[16]她說：「我認為是菲力普造就了我這個人，我的興趣提升了，也

更有自信。」[17] 他則認為能和他在一起是她的福氣,她也這麼以為。後來菲力普為了旗下《新聞週刊》的記者薇卜(Robin Webb)拋棄凱瑟琳,她一位朋友得知後的反應是:「很好啊!」讓凱瑟琳大為詫異,因為她從沒想過要離開菲力普。接下來,菲力普開始利用手中三分之二的股權,想奪走郵報,凱瑟琳很擔心家族報社就此斷送在她手裡。

1963 年,凱瑟琳的郵報爭奪戰打到一半,菲力普在公開場合嚴重崩潰,被診斷出患有躁鬱症而進入精神療養院。六週後,他說服院方讓他出院度週末,回到微碧幽谷(Glen Welby),那是葛蘭姆家在維吉尼亞州郊區的度假農莊。在那個星期六,他和凱瑟琳還共進午餐,但是等她上樓小睡後,他竟在樓下浴室舉槍自盡,得年四十八歲。

凱瑟琳‧葛蘭姆在丈夫死後繼承股權,不用擔心失去報社,但她想到接手管理工作就害怕。不過每當有人建議她出售報社,她卻不肯放手。葛蘭姆認為在下一代準備好接班之前,她必須負起守成的責任。「我對管理完全外行,」她說,「我對複雜的編輯事務也一竅不通,我不知道如何使喚祕書。事情無論大小,我一概不懂,更糟的是,我分不出什麼算大事、什麼算小事。」[18]

儘管葛蘭姆不時表現出一副信心堅定的模樣,但她在工作上開始倚仗他人,尤其是當她反覆思量並質疑自己的決策時。她寫道:「我不斷從其他經理人學習報社事務,當然這些人全是男性。」她不信任他們,也不信任任何人,因為過去跟她親近的人從來不相信她的能耐。她會暫時信賴某人,然後懷疑自己的判斷,最後又收回信任。她對手下主管的態度忽冷忽熱,

報社員工都認為她天威難測。但她隨時隨地都在尋求建議。

她的兒子唐納說：「在日常工作裡，當她遇到自己非常不確定要怎麼推動的決策時，她會去做一堆白工。她被抓來當公司的高階主管，但過去完全沒有管理基層的歷練。至於該怎麼當執行長，她也只看過丈夫和父親這兩個範例。

「因此她養成一個好習慣，若是碰上她感到為難的決策，她會找董事會，找她認為可能有類似經驗的朋友。一方面是為了聽取建議，有助於決策，另一方面也測試這些軍師朋友，哪些人說得有理，下次她就會再找他們。」[19]

最初葛蘭姆很倚賴貝比（Fritz Beebe），他是律師，也是華盛頓郵報公司的董事長。她認為貝比是她強有力的後盾。[20]那時在華府碩果僅存的三家報紙裡，郵報規模最小，一年收入為 8,500 萬美元，利潤是 400 萬美元。

葛蘭姆愈來愈進入情況。她和執行編輯布拉得里（Ben Bradlee）想把《華盛頓郵報》定位為全國性報紙，水準足以和《紐約時報》並駕齊驅。布拉得里是血統純正的波士頓白人新教徒，上流社會頂端的人物，他畢業於哈佛大學，轉進新聞業之前所從事的工作與情報機構關係密切。他為人風趣、聰明，幽默中帶著俏皮，淡化了他的上流氣息。他激發出葛蘭姆的潛能，鼓勵記者成長。葛蘭姆接掌郵報三年後，任命布拉得里為總編輯。

對抗美國政府

1970 年的勞動節週末假期，葛蘭姆前往奇斯科山鎮。艾格尼絲在睡夢中過世，葛蘭姆終於脫離母親的高壓統治。儘管

艾格尼絲的死讓葛蘭姆如釋重負,卻沒有治好她的不安全感。但她也發現,管理郵報的工作讓她成長了。

1971 年 3 月,反越戰運動持續延燒之際,《紐約時報》接獲一份「國防部文件」,這份極機密文件赤裸裸呈現了前國防部長麥克納馬拉(Robert McNamara)讓美國投入越戰的決策過程。[21] 國防部文件舉證歷歷,揭露了美國政府欺瞞民眾的罪行。《紐約時報》在 6 月 13 日星期日刊登了整起陰謀的報導。

6 月 15 日,也就是巴菲特和孟格南下華府見葛蘭姆後約兩週,聯邦地方法院對《紐約時報》下達禁制令,不准它刊載國防部文件絕大部分的內容。法官限制報紙的內容,這在美國司法史上還是頭一遭,因而引發釋憲問題。

沒搶到獨家的《華盛頓郵報》十分懊惱,決心要拿到國防部文件。經過仔細推敲和聯絡,一名編輯終於查到消息來源是越戰專家艾爾斯伯(Daniel Ellsberg),於是這名編輯帶著一只空行李箱飛往波士頓,帶回了國防部文件。

那時的葛蘭姆已經熟悉發行人的基本工作,雖然她仍然誠惶誠恐。此外,她回憶道:「我們正在申請上市,(只是)還沒賣掉股票,這時期對公司極度敏感,要是打起官司或被宣告違法,公司可能會損失慘重……管營運的人都說別碰這報導,或是壓個一天再說,律師則主張不要報導。編輯部卻在電話另一頭堅持,這事非報不可。」

「當時要是不報這條新聞,我會辭職不幹,」布拉得里說,「很多人都會辭職不幹。」

「人人都知道我們手上有文件,」葛蘭姆後來寫道,「《紐約時報》被擋後,一定要有人接力報導,延續這股精神,因為

這事關政府是否有權事先限制新聞報導。布拉得里說這會打擊編輯部士氣，新聞記者的士氣也會受挫，很多人就靠我們這一搏。我完全理解。」

那個美好的 6 月下午，葛蘭姆在她喬治城宅第的露台宴會中得知有緊急來電。她走進書房，在角落小沙發坐下聽電話，另一端是董事長貝比。他說：「妳恐怕必須做出決定。」葛蘭姆問貝比，他會怎麼做。貝比說他應該不會刊登。

葛蘭姆問：「我們為什麼不能等一天？《紐約時報》討論了三個月才決定刊登。」這時布拉得里和其他編輯打另一支電話進來，他們說，外面都在傳，說我們拿到文件了，社內、社外所有記者都在看我們會怎麼做。我們不能等，今晚就要登。

那時書房裡還有郵報總裁伊納提斯（Paul Ignatius），就站在葛蘭姆旁邊。

「他一次比一次堅決地說：『等一天、等一天。』我大概只有一分鐘可以做決定。」

於是，她咀嚼了貝比的話，他表達反對的語氣並不強烈，葛蘭姆研判，就算她做出相反的決定，他應該也會支持她。

「我說：『做吧、做吧、做吧！就這麼辦！我們登！』然後掛上電話。」[22]

在那一刻，這個樣樣決定都要徵求別人意見的女子體認到，只有她自己能做選擇；當她不得不向內探求自己的心意時，她發現自己的確知道該怎麼辦。

那個下午還沒過完，政府就對郵報提告。第二天，也就是 6 月 21 日，法官吉賽爾（Gerhard Gesell）做出有利郵報的判決。不到兩星期，最高法院維持吉賽爾法官的裁決，理由是政

府未盡到「重大舉證責任」，不能以國家安全理由限制出版。

　　郵報因為國防部文件報導一躍成為提供優質地方新聞的正派企業，並開啟了轉型之路，逐漸成為全國性的主流報紙。

　　「她的本領，就是溫柔但堅定地逐步提高標準，」記者伍華德寫道。[23]

第 37 章

上流社會

華盛頓，1973 年

　　將近兩年後，當《太陽報》記者還沉浸在揭發男孩鎮醜聞的榮耀時，《華盛頓郵報》也正如火如荼挖掘水門案。水門案事件爆發於 1972 年 6 月，持續燃燒了好幾個月。那年秋天，尼克森以大幅領先的票數連任，堅決否認知情或涉及此案，只說那是一起「三級竊盜未遂」的案件，加上尼克森政權已經因為國防部文件與郵報交惡，於是對郵報展開一連串的威脅和騷擾。尼克森競選活動的操盤手、首席檢察官米契爾（John Mitchell）告訴伍華德和伯恩斯坦，要是郵報繼續追這條新聞，「凱瑟琳‧葛蘭姆的奶子就等著送進乾衣滾筒壓扁。」葛蘭姆一位華爾街友人在政府機關有內線，對方警告她「千萬不要落單」。

　　1973 年初，與尼克森交好的一名共和黨募款人扣住郵報旗下兩家佛羅里達州電視台的執照展期申請。這個隱含政治動機的小動作對郵報是一記重擊，[1] 股價從每股 38 美元應聲跌至 16 美元，公司資產價值削掉一半。

　　葛蘭姆大部分的時間和精神都用來平復這些內心掙扎。[2] 郵報董事長貝比罹癌，病情急遽惡化，[3] 此時仍需要仰仗權威人士的葛蘭姆開始徵詢另一名董事：投資銀行拉薩德兄弟

（Lazard Frres）的資深合夥人邁爾（Andre Meyer）。

有仇必報、殘酷無情、神祕高傲、有虐待狂的邁爾，總是「把別人壓得死死的」。他被形容為「銀行界的畢卡索」，而且「金錢幾乎可挑起他的性欲」，人稱「二十世紀最偉大的投資銀行家」。[4] 擁有廣大人脈的他就是警告葛蘭姆別落單的人。他很快就和葛蘭姆熟絡起來。

買進郵報股票

貝比逝於 1973 年 5 月，一週後他的律師、同時也是葛蘭姆私人律師兼顧問的吉爾斯畢（George Gillespie）開始處理他的遺產。吉爾斯畢聽到風聲說，有位奧馬哈的大投資家一直買進郵報股票，因此他打電話給巴菲特，問他要不要買貝比名下待售的 5 萬股股票。巴菲特立刻一口答應。

只要價格合適，巴菲特幾乎願意為波克夏海瑟威買下任何報社。他陸續買進了發行《波士頓環球報》（*Boston Globe*）的聯合出版公司（Affiliated Publications）、布斯報業集團（Booth Newspapers）、史克里普斯霍華德公司、以聖安東尼奧市（San Antonio）為根據地的哈特漢克斯傳播公司（Harte-Hanks Communications）的股票。經過普立茲獎加持的《太陽報》地位提升，成為巴菲特進軍報業的敲門磚，他可以同業身分和出版人士對話。他和《威爾明頓新聞報》（*Wilmington News Journal*）的老闆洽談，希望買下這家報社。可惜雖然報業股價低，但那是因為投資人不識報社價值，報社老闆可沒那麼不識貨。巴菲特和孟格幾次為了買下整家報社跟這些報社老闆纏鬥，最後還是徒勞無功。

1973 年春末，巴菲特累積的《華盛頓郵報》股份已超過 5%，[5] 於是他寫了一封信給葛蘭姆。儘管貝比和吉爾斯畢將郵報的股票設計成兩類股結構，以防範惡意收購，但葛蘭姆依舊擔心報社在她手中失守。[6] 巴菲特在信中告訴葛蘭姆，他已經買下 23 萬股，還會繼續買更多。這不是一封法律制式公文，而是極度恭維的私人信函，談及他們兩人都對新聞業有興趣，並強調《太陽報》獲頒普立茲獎的殊榮。

然而，葛蘭姆還是慌了。她開始找人出主意。雖然她出於本能地追求男女平等，例如她提供女權分子史坦能（Gloria Steinem）資本來創辦《仕女》(*Ms.*) 雜誌，但在內心深處，她仍然認為只有男人才懂商業。因此，當邁爾為此「火冒三丈」，並告訴她巴菲特不安好心，她聽進去了。[7]

巴菲特說：「邁爾就是喜歡掌控全局，碰上凱瑟琳這種女人就好辦了，他讓她連上廁所都要先問過他的意見。邁爾一直稱我是凱瑟琳的新老闆，只因為我買了郵報的股票。

「凱瑟琳很擔心受到別人操縱，不管是基於政治目的或為了郵報，這是可以理解的。全世界都想利用她，她看透了這點。但你可以利用凱瑟琳的恐懼對付她。你可以藉由挑起她的不安全感打擊她，儘管她知道你在玩什麼把戲，但她就是沒有反抗的能力。」

「她會懷疑自己，」郵報董事米勒（Arjay Miller）說，「她對人喜惡不定。她會被人吃定。她崇拜某些商業人士，如果她遇到一個令她折服的人，就會認為對方無所不知。她認為男人是商業世界的萬事通，女人是門外漢。這才是問題根本所在，她母親這麼告訴她，她丈夫也這麼告訴她。」[8]

錯誤的報導

葛蘭姆不太記得他們兩年前曾短暫會面，[9]她和同事買了幾本《超級錢潮》，急著讀完描寫巴菲特的那章，猜測這個內布拉斯加州人葫蘆裡賣什麼藥。那些討厭巴菲特的人還給她一篇《富比士》報導，提及巴菲特一樁股票收購案，打擊巴菲特得自《超級錢潮》的正面形象。

這篇文章敘述一名聖荷西水廠（San Jose Water Works）股東為了出脫股票而求助於公司董事，於是被引介給巴菲特。這篇文章以此影射巴菲特一定已經知道，市政府正在醞釀接管水廠，其收購價格高於巴菲特的出價。他有人脈，所以他一定知道某些內線消息。

但是董事向賣方推薦買方並無不法，[10]何況這宗買賣並沒有成交。然而對任何想了解巴菲特的人來說，除了《超級錢潮》外，這篇提到他名字的報導最醒目、最公開，時間也最近。[11]巴菲特自覺像是貓的磨爪柱；如果這篇文章牽連出一連串的擴大報導，那麼這則完全不實的新聞會毀了他才剛累積的好名聲。巴菲特不是那種會暴跳如雷、大聲咆哮的人，他會去審慎籌畫，他想要的是懲罰和報復。因此儘管生氣，他不會笨到與雜誌正面衝突。巴菲特利用機會，寫了一封字斟句酌的信給《富比士》發行人馬爾康‧富比士（Malcolm Forbes），信中也提到《太陽報》的普立茲獎。[12]他另外寫了一封簡潔的信給編輯，陳述事實以證明清白。

《富比士》後來刊登了更正啟事，但巴菲特清楚，更正啟事少有人會注意，跟原來的報導相比幾乎毫無影響力。因此他

請忠誠的瑞恩代表他與編輯交涉，想將巴菲特推為撰寫投資文章的專家。[13] 這個企圖剛開始並不順利。基於對謬誤報導的憤怒，巴菲特現在有了新的目標，這來自他的正義感，也關係到他在新聞界的整體利益。記者擅自推論、避重就輕，居然可以不負文責，這讓巴菲特忍無可忍。就算正派經營的新聞刊物，為了採訪獨立和新聞自由的原則，絕對會偏袒旗下記者的不當舉止，這點巴菲特也明白，後來他學到，這就是所謂的「防衛式伏擊」（defensive crouch）。[14]

　　後來，他為全國新聞委員會（National News Council）募資。這個非營利組織負責仲裁新聞報導疏失的申訴案件，出發點在於媒體已受到獨占企業和少數人把持，因為缺乏競爭，憲法第一修正案的新聞出版自由等於賦予出版業「不負責的權力」。委員會旨在提供管道，讓「曾遭誹謗、錯誤引用、詆毀、被不實的荒謬言論所汙衊、正當觀點在偏頗報導裡被忽視」的受害者得以求償。可惜的是，那些把持媒體的獨占企業和少數出版者沒興趣刊登新聞委員會的裁決，因為它暴露了他們的偏頗和記者的大意與無能。新聞委員會最後夭折，因為自稱自由獨立的媒體對它出版的報告一再置之不理，拒絕刊登。[15]

　　全國新聞委員會的存在相當有意義，但就像巴菲特所支持的許多公益行動一樣，可能太超越了時代。在 1973 年之前，蘇珊已目睹他多次為了新使命或嗜好投注大量精力，有時即便熱度消退，但生活已不復過去樣貌。從童年時蒐集車牌號碼的嗜好到現在致力改革造假的新聞業，他始終難以抗拒三種角色：一是不屈不撓的蒐集者，他也因此創造出財富、人脈和影響力交織的帝國；二是滔滔不絕散播理想主義的傳道者；三是

打擊壞人的警察。能讓他同時傳道、賺錢、當警察的事業最是完美，報社正是首選。因此光是《太陽報》根本不能滿足他的胃口。

巴菲特和孟格已經放棄收購主要城市的大報。不過，他們現在遇到了葛蘭姆這個腳跟還沒站穩的商業新手，儘管她像溺水般拚命尋找浮木，但以她《華盛頓郵報》掌舵人的身分，已經是西方世界最有權力的女子之一，而葛蘭姆懼怕巴菲特。她問吉爾斯畢，巴菲特是否居心叵測，因為她一步都錯不得。這幾年來，尼克森政權無所不用其極地破壞郵報的公信力。最新發現的一套錄音帶暗指總統涉案。葛蘭姆每天都為水門案報導心力交瘁，幾乎賭上郵報的命運。

吉爾斯畢是虔誠教徒，品德高尚，葛蘭姆十分倚重他的意見。他早在二十八歲就以信託律師的身分，為葛蘭姆的父親擬遺囑，見證這個風燭殘年的老人在遺囑上簽名。葛蘭姆說巴菲特「會奪走《華盛頓郵報》」，但吉爾斯畢說：「凱瑟琳，他搶不走的，絕對不可能。不管他手中有多少 B 股，他都沒有權利。要是他持有大多數 B 股，最多也只能選上董事。」

吉爾斯畢打電話給聖荷西水廠一個董事，確認巴菲特那時並未得到內線消息。吉爾斯畢也明說他對邁爾的強勢不以為然，不過邁爾的地位和人脈讓他孤掌難鳴。他建議葛蘭姆找巴菲特談，因為認識巴菲特對她有好處。[16]

違反所有標準

葛蘭姆戰戰兢兢地口述了一封信給巴菲特，說她夏末會到加州出差，見個面也無妨。巴菲特迫不及待答應了。葛蘭姆抵

達跟《洛杉磯時報》借來的辦公室，此時的她看起來就和兩年前一樣，穿著剪裁完美的裙裝、上膠的及肩捲髮文風不動、帶著有禮的淺笑。葛蘭姆說，一見到巴菲特時，他「那副模樣令她意外」。

「我母親一生最大的福氣與不幸，」她兒子唐納曾說，「就是她的品味極高。她習慣與上流階層來往，她認為吃穿只有一種得體的方式，只有某些人值得費心對待。巴菲特在這些事上違背了她所有的標準，但他居然漫不在乎。」[17]巴菲特的西裝看來像是做給別人穿的，過長的髮尾開始亂翹，「一點也不像我見過的華爾街人物或商業大亨，」她後來如此寫道，「他看起來像是吃玉米長大的中西部佬，卻不尋常地集合了我這輩子都傾心的特質：既聰明又幽默。我打從一開始就喜歡上這個人。」[18]

但在當時她還沒有這層體認。

「第一次和凱瑟琳見面時，她既緊張又害怕。她被我嚇到了，也不懂我的打算。而且她心裡想什麼都擺在臉上，她不是那種一臉莫測高深的人，」巴菲特說。

巴菲特告訴她，華爾街沒有認清郵報的價值，她聽了才稍微卸下防備。她說著一口優雅得體的英文，還邀他幾週後到華盛頓見面。

會面前一晚，11 月 4 日，巴菲特夫婦搭計程車抵達郵報總部對街的麥迪遜旅館，發現郵報的印刷工會正進行罷工，他們辦理住房手續時，聯邦警察正在驅離滋事的印刷工人，據說罷工分子持有槍械。亂哄哄的場面、刺眼的燈光加上電視攝影機，就這樣僵持到天亮。當時政壇醜聞鬧得正烈，報紙絕對不

能在此刻開天窗，但這卻是工會的目的。不到一個月前，正接受司法調查的副總統阿格紐（Spiro Agnew）忽然坦承逃稅並辭職。水門案醜聞也已演變成爆炸性危機。尼克森下令開除承辦這起醜聞的特別檢察官柯克斯（Archibald Cox），這就是知名的「週六夜大屠殺」。[19] 司法原該獨立於政府部門之外，竟遭總統干預，這事件成為水門案的轉捩點，促請國會彈劾的壓力急遽升高。

巴菲特到達華府的第二天，葛蘭姆和郵報主管才為了讓報紙順利出刊，一起工作到清晨六點而筋疲力盡。她覺得很不好意思，郵報竟是在這種情況下接待新股東，也擔心接下來的會議不知該怎麼談。不過她早就訂好與巴菲特共進午餐，作陪的有布拉得里、葛玲菲（Meg Greenfield）與賽蒙斯（Howard Simons）。

葛蘭姆視葛玲菲為密友，但形容她是「孤堡……沒有人真正了解她」。編輯主任賽蒙斯則是反應極快，喜歡戲弄葛蘭姆。巴菲特這麼形容他：「賽蒙斯總說，人不必等到死了才寫訃聞。他是好人，但也愛捉弄別人，常常取笑凱瑟琳。」[20]

「我們吃飯時談到收購和媒體資產。我看得出來，就算 A 股全在凱瑟琳手裡，她還是會提防我。我是說，他們這輩子都在全心保衛股權。於是我提起媒體公司會因無形資產的攤銷（amortization）而愈來愈難成為收購標的，因為收購者要為商譽付上天價，要是他們很在意公司評價的話，就買不下

手。」*巴菲特是想藉此安撫葛蘭姆，因為會計制度會造成媒體潛在收購者的沉重負擔。「凱瑟琳語帶賣弄地說『沒錯，無形資產的攤銷會造成我們的麻煩』之類的話，賽蒙斯卻問她：『凱瑟琳，無形資產攤銷到底是什麼？』」

「那情況真是太逗了。她愣在那裡，呆若木雞，賽蒙斯卻很得意。所以我插進來，對賽蒙斯解釋何謂無形資產攤銷。我講完後，凱瑟琳說：『一點也沒錯！』」

巴菲特喜歡和賽蒙斯鬥智，破壞他的把戲，間接而巧妙地維護葛蘭姆。葛蘭姆緊繃的微笑開始放鬆。「從那一刻開始，我們建立了友誼，我成了圓桌武士藍斯洛。那是我生命中最棒的一個時刻，我讓她轉敗為勝，」[21]巴菲特說。

午餐後，巴菲特和葛蘭姆單獨談了一小時，後來又寫信要她安心。「我說：『我告訴妳，妳眼中看到的大野狼獠牙，其實只是乳牙，不過我還是會為妳拔掉。』」

那天下午，巴菲特花了 10,627,605 美元買下郵報 12％股份，並與葛蘭姆簽了一份合約，以後若無葛蘭姆許可，他就不得買進郵報股票。「我知道這是讓她安心的唯一方法，」巴菲特說。

華盛頓初體驗

當天傍晚，巴菲特夫婦受邀參加葛蘭姆的晚宴。這場宴會邀請了四十位賓客，巴菲特夫婦是主客。儘管葛蘭姆本人缺乏

---

* 如果一家公司帳面價值100萬美元，買家付了300萬美元，多出的200萬就是用來買無形資產，包括有形的商標和專利，及無形的商譽。按照會計原則，賣方必須分期攤銷這些成本。

安全感，她卻是人們眼中的華府最佳女主人，因為她懂得如何幫助別人放輕鬆、盡情享樂。

「她經常周遊各國，常有機會舉辦晚宴，」葛蘭姆的兒子唐納說，「如果她去過馬來西亞，當馬國首相來喬治城時，她就會設宴款待。馬國大使如果查查首相上回到華盛頓做了什麼，一定少不了葛蘭姆女士府上晚宴這一項。其他像是有人出書、生日，她都會辦晚宴，因為她喜歡。」[22] 葛蘭姆認為辦晚宴可以認識新朋友，讓大家彼此熟悉。她想多了解她的新投資人巴菲特。

這天即使她累到很想取消晚宴，「她還是為我舉行了一場小型宴會，這是她回報我的方式。只要是她設宴，誰都邀得到，即使是美國總統也一樣，大家都會出席。

「我和蘇珊在麥迪遜旅館，大約五點時，有人從門底下遞了一張邀請函進來，上頭寫著宴會事項，就是幾週前我受邀的那場。請帖上最後寫著『請著正式禮服』。不用說，我沒有那種衣服。我很緊張，趕忙打電話給她的祕書。」

「她的祕書人非常好，她說，那我們一起想辦法吧！」同時葛蘭姆的助理喜爾登（Liz Hylton）打電話給當地一家服飾店，終於找到合適的服裝。[23]

巴菲特夫婦離開麥迪遜旅館，搭上計程車，行經使館區的一幢幢豪宅，接著轉進 Q 街，經過歷史悠久的橡樹丘墓園，也是菲力普·葛蘭姆的長眠之地。車子在街角左轉，途經一整排有著修剪整齊小花園的十九世紀洋房。那是 11 月初，樹葉閃耀著一片楓紅、赭褐和金黃。計程車駛入喬治城，宛如穿越了邊界進入殖民時期的小鎮。不遠處有著茂密林木和綿延山丘

的是鄧巴頓橡樹園，這片占地 4 公頃的聯邦莊園，是提議成立
聯合國的會議召開地。[24]

車子在街角左轉，一對石造門柱分立左右，眼前的景象令
人屏息。計程車在鋪著白色鵝卵石的蜿蜒車道上顛簸前行，巴
菲特看到遠方矗立著一棟奶油色的喬治亞風格三層樓豪宅，覆
著綠色馬薩爾式斜屋頂，周圍的寬草坪一路綿延至喬治城的鄧
巴頓巨岩。房子正好可以俯視墓園。右邊山丘下方，越過一片
茂密的樹林，巴菲特位於泉谷的老家就在不遠處，再過去一
點，就是巴菲特曾經在威徹斯特送報、從西爾斯百貨偷高爾夫
球的登利城。

有人引領巴菲特夫婦通過葛蘭姆宅院的大門，來到客廳，
加入正在享用雞尾酒的賓客。蛋殼白的牆上垂著藍絲絨窗簾，
掛著許多她母親留下來的亞洲藝術品，還有一張雷諾瓦的畫和
杜勒（Albrecht Drer）的版畫。葛蘭姆介紹賓客認識巴菲特夫
婦。「她在他們面前講了我許多好話，」巴菲特說，「凱瑟琳用
盡方法讓我覺得自在，但我還是非常不自在。」

巴菲特從未參加過如此正式而盛大的聚會。雞尾酒時間結
束後，他們穿過長廊，來到葛蘭姆專辦盛宴的大餐廳，銅製壁
式燭台上點著細長蠟燭，火光映照著精美的鑲嵌壁飾，也讓巴
菲特感到拘束。圓形胡桃木餐桌上擺著閃閃發亮的水晶燭台和
紋章瓷，但賓客的光芒蓋過周遭的金碧輝煌。這個房間經常擠
滿美國總統、外國領袖、外交官、政府官員、兩黨國會議員、
華盛頓大律師和葛蘭姆的老朋友。

主客的禮節

巴菲特發現自己隔壁坐的是穆斯基（Edmund Muskie）的太太珍（Jane），這個安排一點也不意外，因為巴菲特夫婦曾在奧馬哈招待她先生。坐在他另一邊的是芭芭拉·布希，她先生是美國駐聯合國大使，很快就會成為美國駐北京代表，是美國與中國重修外交關係的重要角色。葛蘭姆按了個鈕通知廚房，侍者開始在喬治亞風格的古董桌間穿梭上菜。巴菲特盡量克制自己，不因這麼大的陣仗而目瞪口呆。「那一頭的蘇珊坐在某位參議員旁邊。他對她調情，把手搭在她腿上，而我簡直快昏過去了，因為我不知道要和這些人聊什麼。芭芭拉·布希對我很親切，她知道我有多不自在。」

侍者們開始上菜，依照美國版的俄式服務一道一道來，第一道菜之後是魚料理，接著才上主菜。席間交談話題都圍繞著華府社交生活。侍者依照菜色送上魚刀這類少見的銀製餐具，然後又撤走。他們送上巴菲特不吃的食物，斟上他沒喝過的酒，讓他覺得這一餐愈來愈費事，害他頭皮發麻，但其他賓客卻一派輕鬆自在。等到上甜點時，巴菲特完全嚇傻了，後來送上的咖啡一口也沒喝。然後葛蘭姆照例在晚宴末了，起身舉杯向主客致意，她念了篇優雅風趣又創意十足的祝酒詞（顯然花了不少心思擬稿），這時主客應該要起身回敬女主人。

「我應該回敬她，但我竟然不敢站起來敬酒。我完全搞砸了。我很不舒服，幾乎要當場吐出來。我沒辦法對著一屋子政要說話，我沒那個能耐。」他只想奪門而逃。之後，他和蘇珊向女主人告辭，心想這兩個內布拉斯加來的土包子絕對會變成

喬治城的八卦題材。

「我們離開時,那個參議員還在勾搭蘇珊,拚命說服她到參議院去參觀他的辦公室,還因此誤把衣帽間的門打開走進去。這就是我的華盛頓初體驗。」

呼風喚雨的葛蘭姆女士身邊這個熠熠生輝的上流社會,或許真讓巴菲特神經緊繃,坐立難安,但他可沒有掩飾他的野心。蘇珊很快就看出來,她丈夫想要更深入這個世界。

第 38 章

俄羅斯娃娃

奧馬哈，1973 年～ 1974 年

　　1973 年參加葛蘭姆晚宴的巴菲特，不再只是收購報社股票的投資人了，他已經是有實力的商界人物。波克夏海瑟威和多元零售是他的勢力範圍，藍籌點券則是孟格說了算數。

　　巴菲特和孟格互為這三家公司的董事，這種結構強化了兩人的事業關係，有點類似巴菲特相當敬佩的名投資家華特斯（Gurdon W. Wattles）[1] 所創立的投資帝國。他的公司就像個俄羅斯娃娃，一家公司裡頭還有另一家。華特斯控制了這些公司，也並未持有哪家的全部股份。打從開始投資後，巴菲特就很佩服華特斯的模式，常思考如何從華特斯買的這些股票賺錢，一直向朋友提起華特斯。「唯一的辦法就是拉他的衣尾、跟著他買，」他說。[2]

　　「華特斯有家必須向證管會申報的封閉型投資公司，名叫世紀投資公司（Century Investors）。他先以折扣價買下一家公司的股票，這家公司再以折扣價買下第二家公司的股票，第二家公司又以折扣價買下第三家的股票。這個連環套尾端的大公司就是墨根特勒公司（Mergenthaler Linotype），美國製造公司（American Manufacturing）持有它三分之二的股份。在以前，購買股份不必向證管會報備並公開揭露，所以沒有人知道，而

他就一直買進股票直到取得控制權。他買進股票取得歐德萊
（Electric Auto-Lite）的控制權，部分是透過墨根特勒買的；他
對克藍公司（Crane Co.）也如法炮製。連環套中間有一環是
韋伯斯特菸草公司（Webster Tobacco）。每家股票都以折扣價
出售。這些公司的股票你都可以一直買進，每買一次就賺更多
錢，通常我會每家都買一些。我有墨根特勒的股票、歐德萊的
股票，也有美國製造公司的股票。[3] 價值從何而來，這永遠是
個問題。但你就是知道你遇到一個聰明人，最後也證明他是。」

「我追隨他已有十或十五年的時間。他非常像葛拉漢，但
除了我，沒有人注意到他。他是我的榜樣，有陣子我希望像他
一樣。這種賺錢方法這麼明白易懂、十拿九穩，就算不保證大
賺，但一定能賺到錢。」[4] 巴菲特之所以對華特斯模式感興
趣，是因為這方法能讓一家公司合法且便宜地買進另一家公司
的股票。

最後，華特斯將他的整個帝國轉化為艾爾特拉公司（Eltra
Corporation），合併了墨根特勒和歐德萊。這支股票現在是瑞
恩的最愛，因為它的盈餘年複合成長率是 15％。[5]

魏斯可公司

巴菲特和孟格的幾家公司開始有點艾爾特拉合併前的味
道：波克夏是多元零售的頭號股東，同時也持有藍籌點券的股
票，這三家都是非公開發行事業的控股公司。值得一提的是，
藍籌點券公司持有喜事糖果的股份，而喜事的獲利豐厚，足以
彌補點券業務快速萎縮而產生的損失。現在孟格準備再下一
城，為藍籌點券收購接近停擺的索思資融（Source Capital）公

司 20％的股份。「我們以資產價值折價買進，」孟格說，「賣
方有兩個渾球。我們很早就立下『零渾球原則』（no-asshole
rule），不和渾球打交道。因此華倫聽說了索思資融後說：『現
在我明白零渾球原則的例外，就是和兩個渾球打交道。』」[6]

不過買索思資融只是個小變化。巴菲特和孟格一直在找可
以收購的標的，尤其是能像喜事糖果一樣為藍籌點券加分的投
資。他們找到西岸一家沉寂的儲貸企業魏斯可金融公司
（Wesco Financial）。巴菲特和孟格為藍籌點券買了些便宜的魏
斯可股票。[7] 接著，魏斯可宣布要和聖塔芭芭拉金融公司
（Financial Corporation of Santa Barbara）合併。聖塔芭芭拉是
熱門股票，正合華爾街的胃口。分析師認為聖塔芭芭拉買魏斯
可的出價太高，[8] 巴菲特和孟格可不這樣看，他們認為聖塔芭
芭拉的股價高估，魏斯可則是賤價出售。[9]

魏斯可金融由卡斯柏（Casper）家族創立，持有共同儲蓄
公司（Mutual Savings），是一家儲貸公司，崛起於二次大戰後
美國大兵從亞洲戰場返國的繁榮時期。即使如此，魏斯可並未
把握成長的機會，但它把成本壓得很低，所以還是很賺錢。[10]

卡斯柏家族成員中，只有畢德絲（Betty Casper Peters）有
興趣，也有能力任職董事。畢德絲認為魏斯可的經理人瞧不起
她，擱置她擴張公司的建議，這些經理人只會利用卡斯柏家族
的地位，站上玫瑰花車遊行的前導車。[11] 畢德絲在學校主修藝
術史，顴骨高且打扮優雅，沒有商業背景，大部分時間都在照
料納帕（Napa）的祖傳葡萄園，而且她的孩子正值學齡。現
在她每週三開車往返帕莎迪那參加董事會，她認為經營儲貸公
司沒有什麼高深學問。她把所有找得到的相關刊物都訂一份，

希望能讀出個道理來。

畢德絲的挫折感愈來愈深，於是她著手推動併購。她知道聖塔芭芭拉的出價不算多，但那裡的主管正值盛年，精明有幹勁。雖然她認為他們在鄉村俱樂部混過頭了，但他們努力擴張據點、做她認為應該做的事。

併購案宣布時，藍籌點券公司持有的魏斯可股份占 8％。孟格認為，如果藍籌繼續收購魏斯可的股票，就能累積足夠的股權扳倒聖塔芭芭拉併購案。但他後來發現，藍籌必須取得 50％股權才能達成目標，門檻比原來的預期高出很多。孟格比巴菲特更想繼續追擊，因為藍籌是他在合夥事業中最重要的投資，但巴菲特認為 50％的門檻太高而退縮不前。[12]

後來孟格去見魏斯可的執行長文森提（Louis Vincenti），說服他放棄聖塔芭芭拉併購案，[13] 文森提卻像撢頭皮屑那樣打發了孟格。

孟格和巴菲特無意發動惡意併購。孟格寫信給文森提，動之以情。[14] 賤價出售魏斯可是個錯誤，文森提應該能輕易看出這點。因此，孟格告訴文森提，巴菲特和他很欣賞文森提。他還說了這樣的話，「你和別的女孩有了婚約，所以我們不能和你多說什麼，但你若是自由之身，絕對是我們喜歡的那一型。」[15]

孟格那些富蘭克林式的老派道德觀念，以及他提到企業人應依循的那套高貴節操，聽在文森提耳裡卻不知所云。但至少文森提對孟格透露，推動併購的股東就是畢德絲。

被巴菲特打動

　　孟格派出藍籌點券的執行長庫佩爾（Don Koeppel）南下見畢德絲。她只當他是聽命行事的下屬，讓他空手而回，[16] 這時候該由老大出面了。庫佩爾才離開不到 10 分鐘，巴菲特就打了通電話給畢德絲。她才剛讀完古德曼《超級錢潮》裡描寫巴菲特的段落，這本書是她先生送的耶誕禮物。「你就是《超級錢潮》裡的那個華倫‧巴菲特？」她問。巴菲特承認他就是古德曼所說那種人，重視直線思考和高標準，討厭胡謅鬼扯和愚行。畢德絲很願意和巴菲特見面。

　　二十四小時後，畢德絲抵達舊金山機場環球航空的貴賓室。會談時，巴菲特手拿百事可樂，態度溫暖、親和問候。他們談了三小時，大部分時間都在聊奧馬哈，這是畢德絲母親成長的地方。他們也聊政治，當了一輩子民主黨員的畢德絲非常欣賞巴菲特的觀點。最後巴菲特相當含蓄地說：「畢德絲，我認為把魏斯可交給我，會比和人併購好。既然妳不要這家公司了，為什麼不讓我們試試看？」

　　畢德絲被巴菲特打動了。事實上她現在的顧慮反而是，倒戈支持巴菲特後，萬一他發生不測怎麼辦？巴菲特告訴她，就算他有什麼三長兩短，還有位合夥人可掌管波克夏和巴菲特家族的持股。

　　畢德絲再次前往帕莎迪那，在豪華的老杭亭頓旅館與巴菲特、孟格共進早餐，順便認識巴菲特的神祕合夥人。他們兩人要求和魏斯可董事會見面。接著，畢德絲跨出了勇敢的一步：她寧可讓董事會認為她反覆無常，也不願讓公司犯下大錯，於

是她在下一次董事會要求推翻前案,並請董事會見見巴菲特和孟格。但董事會不但不理她,還在特別董事會投票決議:「全力完成聖塔芭芭拉金融公司合併案」。[17]

這些董事錯就錯在忘記誰在公司當家做主。畢德絲已集結整個家族,投票反對聖塔芭芭拉併購案。

畢德絲說:「我接下來的挑戰,就是回到那個狹隘封閉的帕莎迪那董事會,告訴那些正經八百的男士,包括那些主管,說我們不打算繼續進行與聖塔芭芭拉的併購案。」回到那棟西班牙風格大廈後,她想著會議室窗外那個廣場,還有廣場上那座瓷磚鋪襯的噴泉。「如果當時窗戶沒關,」她說,「他們早就把我丟出去了。我知道每個人心裡都在想:『天哪!讓一個情緒化的女人進入董事會就是這種下場嗎?』」[18]

華爾街也這麼想。消息一傳出,魏斯可的股價從超過 18 美元跌到 11 美元。有分析師指出,魏斯可這家公司「沉睡多年、管理階層老化」,聖塔芭芭拉出價太高,還有分析師視魏斯可為「垃圾」。[19]

畢德絲勇於承擔,巴菲特和孟格反而覺得過意不去。[20] 他們決定要自己經營魏斯可,也相信有辦法留住文森提一起合作,但文森提顯然不願跟著他們。因此就這麼一次,他們拿錢要經紀人儘管放手買進魏斯可的股票。藍籌點券以一股 17 美元買進魏斯可股票,這是併購案破局之前藍籌買進的價格。

「我承認這麼做很不尋常,」孟格說,「我們刻意付出更高的價格,因為這宗該死的併購案是因我們而泡湯,我們不願以市價買進,趁火打劫。我們認為這樣做才對,但沒有人理解,他們以為我們一定有不可告人的內幕。我們真的認為,我們沒

有趁併購案破局去撿便宜，會留給文森提一點好印象。是否真的如此，只有天曉得，但我們希望文森提能成為長期夥伴。我們行事要光明磊落。」[21]

藍籌點券手裡的魏斯可股份，在 1973 年 3 月已達 25％。而始終持續收購藍籌的巴菲特還在加碼買進。前一年他拿多元零售的廉美超市持股，換了更多藍籌點券股票，使他擁有 13％的藍籌點券，而波克夏和多元零售共擁有 35％的藍籌點券，這麼一來，巴菲特成了藍籌點券的最大股東。現在藍籌點券正式著手收購魏斯可，這次價格是一股 15 美元，收購動作會持續到擁有魏斯可半數股權為止。[22] 這幾週，孟格為文森提勾勒出公司願景，[23] 有些類似巴菲特對波克夏和多元零售的構想。由孟格擔任董事長的魏斯可會成為另一尊俄羅斯娃娃。[24]

藍籌點券剛成為擁有半家魏斯可公司的大股東，整個股市卻開始崩盤。[25] 巴菲特在《華盛頓郵報》的投資損失了 25％，[26] 依照慣例，此時他會加碼買進，但他答應過葛蘭姆不會再買進股份，於是他轉而建議朋友買進。[26] 巴菲特又開始尋找新標的，[27] 包括壓力鍋和爆米花機製造商全國普瑞斯托公司（National Presto）、[28] 佛納多地產信託公司（Vornado Realty Trust），還當上這家公司董事。[29]

巴菲特在波克夏海瑟威有一批老股東了解他的投資方法，從不質疑他的判斷，因此他才有辦法忽視「市場先生」（他的投資組合的價值已被「市場先生」貶到形同火災拍賣品），其他人就沒這麼幸運。瑞恩的紅杉基金表現不佳，而瑞恩的主要金主馬洛特（Bob Malott）顯然不太滿意。馬洛特非常推崇巴菲特的投資方法和資歷，還請巴菲特幫忙規畫他目前經營的

FMC 公司的退休基金。巴菲特為此前往聖地牙哥，花了幾天時間面試投資經理人，並分析他對這些人的想法。最後答應管理其中一部分。[30] 但他還是不忘警告馬洛特，FMC 是他最不重要的事，他會優先處理的是波克夏和多元零售，還有他自己和蘇珊的資產。總之，精明的馬洛特還是因為這大好機會雀躍不已，因為他知道，只要巴菲特答應了，他就會做到最好。[31]

蘇珊的牢籠

巴菲特要兼顧 FMC、佛納多、藍籌和魏斯可，又要定期去紐約，現在他大部分時間都在出差旅行。他也忙著博取葛蘭姆的好感，留給她非常好的印象，於是她有很多事都會打電話請教巴菲特。蘇珊打點奧馬哈的大小事情，忙著處理城市聯盟董事會事務、繼續發送獎學金，並展開其他新的任務。

1973 年的日子一天天過去，巴菲特家原本鬧哄哄的氣氛，現在變得寂寥冷清，連狗狗漢彌頓也聞得出來。[32] 兒子霍華在距離奧馬哈 443 公里的奧古斯塔那學院（Augustana College）念書；不喜歡林肯市的蘇西，轉學到加州大學艾爾文分校（Irvine）主修刑事司法；[33] 從不引人注意的彼得，現在讀高二了。蘇珊曾帶彼得參觀過橘郡的學校，但他們最後還是待在奧馬哈。現在彼得大部分時間都在地下室，帶領他進入攝影世界的蘇珊，在地下室為他設了一間暗房。[34]

蘇珊常在深夜獨自一人聽音樂，讓音樂帶她進入另一個天地。[35] 她喜愛蒙哥馬利（Wes Montgomery）的爵士吉他，還有動人的靈魂樂風，例如誘惑合唱團（Temptations）歌裡所構築的世界，刻畫了男性未能滿足的欲望。[36] 她讀安潔羅（Maya

Angelou）的《我知道籠中鳥為何歌唱》（*I Know Why the Caged Bird Sings*）這類的書，這本安潔羅的自傳記載了她早年歷經的種族、性虐待和壓抑等問題，以及她如何突破這個牢籠。「被禁錮在一個非你選擇的地方，這種說法深深打動她，」彼得說。蘇珊曾在病房度過童年，小時候看到姊姊被關在衣櫥裡受罰。蘇珊還渴望浪漫愛情，但也明白她和布朗永遠不可能結為連理，不過她也無法就此斷了與布朗的聯繫。

她在杜威球場和那群年輕球友廝混的時間愈來愈多。有個叫做麥卡畢（John McCabe）的網球教練個性沉靜壓抑，有股和蘇珊相仿的哀愁，他那敏感脆弱的氣質，就像她身邊大部分的單身男子，但蘇珊就是特別受他吸引。[37] 現在蘇珊有理由大半時間不在家。家裡的喧鬧聲漸漸停歇，她那批跟班也隨著她到別處去了，而家裡的步調也脫離鎮日嘉年華的氣氛，慢了下來。彼得從來不清楚父母的生活，只知道家裡愈來愈安靜，卻未曾留意背後的原因。每天放學回家後，他先拍拍漢彌頓，給自己弄些吃的當晚餐，然後就鑽入地下室的暗房。[38]

巴菲特對他的婚姻想法還是一如往常，即使這個婚姻已經起了無法挽回的變化。他在家時，蘇珊還是像以前一樣全心照顧他，他知道她活躍又忙碌，也希望她有成就感，但前提是要她繼續照顧他，他認為這是她成就感的來源。在他看來，兩人的相處一直相當協調，這個模式將繼續下去。

連一毛錢都沒有

已經「退休」的巴菲特在 1973 年末全力砸錢投資，此時市場一蹶不振。巴菲特花很多時間在大都會傳播公司、《華盛

頓郵報》，以及培養他與葛蘭姆的友誼。他對媒體的了解經過
幾年時間愈來愈深入。在拉古納海灘的某次晚餐，巴菲特和盧
米斯輪番轟炸他的廣告業友人賀蘭，問了一連串有關廣告的問
題。賀蘭回憶說：「每次他這麼做，我就知道有事要發生了。」
想玩媒體，退而求其次的做法就是買媒體股；巴菲特打電話給
他的交易員，前後投入將近 300 萬美元買進廣告商眾際
（Interpublic）、智威湯遜（J. Walter Thompson）和奧美（Ogilvy
& Mather）的股票。這些股票行情低迷，巴菲特以本益比不到
三倍的價格就買到了。

　　1974 年，巴菲特花了 5,000 萬美元買的股票損失了
25％。波克夏的股價也開始鬆動，跌到每股 64 美元。一些之
前選擇繼續保有股票的合夥人，開始擔心是否做錯了決定。

　　巴菲特的看法恰恰相反。他想加碼買進波克夏和藍籌點券
的股票。不過，「我已經用光銀彈。從合夥事業拿到的 1,600
萬美元現金都砸在波克夏和藍籌點券的股票上。於是有天一早
醒來，我發現我居然連一毛錢都沒有了。我在波克夏海瑟威一
年領 5 萬美元薪水，在 FMC 有一些收入。[39] 但個人資產歸零，
我得從頭開始。」

　　其實他現在非常富有，只不過手頭沒現金，他所控制的公
司有錢買股票，特別是波克夏海瑟威。巴菲特為了將波克夏的
現金移轉給多元零售，於是在多元零售旗下成立內布拉斯加再
保險公司（Reinsurance Corp. of Nebraska），這家再保險公司
承保其他保險公司的風險，[40] 接管全國產物保險公司的部分業
務，收取保費並承擔損失。由於全國產物保險很賺錢，又有那
麼多浮存金，它的部分業務若轉給多元零售，就像將一條管子

接到金庫，可讓多元零售獲得數百萬美元的資金。[41]

　　巴菲特開始為多元零售買進股票，主要是遵循華特斯模式，買進藍籌點券和波克夏的股票，不久，多元零售持有波克夏10％的股份。這有點像是波克夏買回自家股票，但也不盡然。多元零售的股東和波克夏的股東並不相同，巴菲特仍然禁止他的朋友買波克夏的股票，而他自己、孟格和高提斯曼是多元零售的合夥人。[42]

　　即使這三人在事業上互相幫忙，有時交換選股意見，他們的利益卻未必一致。有次孟格在證管會被問到他到底是不是巴菲特的「分身」，他說不是。孟格承認兩人的處事和說話風格類似，但「我從來不想在別人以下當資淺合夥人，」他說，「我喜歡有我自己的舞台。」[43] 孟格曾在一個場合說，他有次發現一批藍籌點券股票，他和高提斯曼打算讓多元零售來買。巴菲特想和他們搶這批股票，讓波克夏來買。經過「討論」（當然是討論誰比較需要這批股票），孟格和高提斯曼聯手壓倒巴菲特，最後由多元零售取得這批股票。[44] 就這樣，他們至少保住一些股份。

　　不過，巴菲特仍然持有多元零售43％的股權，因此多元零售買波克夏的股票為他增加了將近5％的持股比。透過多元零售買進尤其是絕妙的操作方式，因為這樣幾乎不會有人注意到，波克夏的股價才不會走高。[45]

　　但是，他究竟為什麼要這麼做？

兄弟的競爭

　　「波克夏不是一股值40多美元的企業，就算賣掉紡織廠和

再保險公司也不值這麼多。它把一半的錢投在一家非常爛的公司，一股 40 美元裡有 20 美元在這裡。我不知道我該做些什麼，我已經夠有錢了，但事實上我在賭我能做一些事，我在賭我自己，」巴菲特說。

除了投資，巴菲特不知道自己還能做什麼。從紐貝德福轉任波克夏財務長的麥肯齊認為，在巴菲特眼中，這是個「看起來很有趣的遊戲。他所做的都是在鞏固自己的控制權。」確實如此，而他的方式一如他對投資一貫的態度：**當個安靜的蒐集者，不要驚動其他搶便宜的人**。不過，身為波克夏海瑟威和多元零售的董事長，這一次他大多是從他之前的合夥人那裡收購股票，雖然此舉完全合法，卻不符合運動家精神。但他認為，他們願意出售，代表他對他們背負的義務也結束了。

巴菲特也一路在買藍籌點券，雖然藍籌目前由孟格主導。藍籌旗下有家最理想的企業，那就是喜事糖果。巴菲特開始像大白鯊追捕肥碩的海豹一樣緊追藍籌的股票。他對藍籌的持股比例很快就超越他的藍籌合夥人孟格和古林兩人的總和（古林是孟格在太平洋岸證券交易所時的同事，現在則經營自己的投資事業）。

巴菲特累積這些股票，不同於他在撿雪茄屁股時代的收購行為。藍籌點券、多元零售和波克夏還有兩個很大的未知數。第一，在巴菲特鞏固控制權的同時，從保險事業注入波克夏和多元零售的錢必須善加利用；第二，藍籌的法律問題必須解決。

截至 1973 年底，藍籌解決了十一件訴訟案，[46] 剩下的就是執行司法部要求它釋出三分之一股份的命令。這不是件容易的事，因為通貨膨脹嚴重，尼克森總統想藉由凍漲來壓制物

價，商家努力在高漲的成本與不漲的物價間求生存。

點券事業了無生機，但巴菲特打死不退，還緊抱著藍籌的股票。經過一連串交易，藍籌依照華特斯模式化身為一組俄羅斯娃娃。「原則是一樣的，」巴菲特說。將他用來間接買股的所有口袋加總起來，他在波克夏的持股比總共超過40％，藍籌的持股比則超過25％。儘管這些投資標的股票價格低迷，他還是可以做更多筆交易、買進更多股票，因為所有娃娃都有專屬的自動充電器：浮存金，也就是支付理賠前可先拿來投資的現金。這種創新做法大幅改善了原有的投資模式。

營運事業本身也脫離了仰賴風車和地圖的慘淡時代，體質大幅提升。除了喜事糖果，波克夏不但擁有全國產物保險公司這座龐大的浮存金生產機，也握有一些巴菲特希望未來能創造資金的小型保險公司，即使他還在努力整頓它們。另一方面，霍柴孔恩百貨公司的包袱已經消失，他也不斷限縮紡織廠的投資規模。

但整體來看，波克夏、多元零售和藍籌真正的法寶有兩件。第一件是平衡調控經營模式（homeostatic business model）的觀念，也就是將浮存金引入控股公司，以建立因應環境變動的內在能力。第二件是利上滾利、複合成長（compounding）的力量，浮存金和投資會隨著時間不斷倍增。

巴菲特模式的創新和成效值得推崇。類似的機制前所未有，未來也不容易有如此強大的發明。「那是資本配置的黃金時代，」他說。

他的時運也好得令人驚訝。市場開始崩盤，投資氛圍正是他最喜歡的，來自保險公司的資金注入波克夏和多元零售。儘

管他還沒決定究竟要如何處理他從 1974 年底開始打造的企業集團，但有兩件事他確信不疑：這個經營模式的威力，以及他運用這模式的技巧。最重要的是，他對自己有信心。

　　「我一向對自己有信心，」他說，「向來如此。」

第 39 章

巨人的判決

奧馬哈和洛杉磯，1973 年～ 1976 年

　　巴菲特的父親霍華能在 1929 年股市大崩盤後飛黃騰達，
實屬鳳毛麟角；[1] 現在巴菲特面臨二十世紀第二次大崩盤，也
如明亮星辰般乘勢而起。然而世界已經大不相同，成功代表了
名氣，即使在商界也不例外。巴菲特結束合夥事業時正值美國
媒體的爆炸期，這時有線電視改變了電視產業，報社想要公開
發行股票，而廣告業仍然處於黃金時期，行銷對象廣大無邊，
例如每週二晚間幾乎所有美國人都會收看電視劇《歡樂時光》
（Happy Days）。

　　巴菲特進軍媒體，就像投資者受到商機吸引般自然，將他
的人生推向另一個新階段。他也發現謹慎操作媒體、拉抬知名
度能得到不錯的成果。他現在不只是個媒體投資人，還是媒體
的報導題材，更是葛蘭姆這般有分量的名人所看重的人。

　　葛蘭姆習慣仰賴能力高強的男性，於是她向巴菲特求助，
巴菲特當仁不讓。

　　「她第一次要對紐約證券分析師協會（New York Society of
Security Analysts）演講之前，我利用星期天上午到她的紐約寓
所幫她寫講稿。她是個緊張大師，想到有一堆人會到場，還要
站在一群男人面前演講就害怕。她對公開演說一向望之卻步，

有趣的是，她有幽默感又聰明，但站在一群人面前就是會不知所措。要是她認為他們會問她有關數字的問題時，更是會不知道該怎麼辦才好。」

勞勃・瑞福為了水門案電影《大陰謀》（*All the President's Men*）第一次和她見面討論，事後他在訪談中說，葛蘭姆是個「言談保留、流著貴族血統」的人，捍衛個人隱私是她的本能。勞勃・瑞福心想，既然如此，為何「她要不斷演講、領獎？」[2]更何況，她是這麼害怕上台。

華倫說……

葛蘭姆的寓所坐落於摩登的聯合國廣場大樓上層，俯瞰紐約市的東河。巴菲特坐在這間寬敞寓所的客廳，四周擺滿葛蘭姆的母親所蒐藏的亞洲藝術品和古董。他們兩人開始工作。

「她不斷假設他們會問什麼問題，像是每噸新聞紙的成本是多少等等，她認為這是一場口試。我說這不是重點，你的新聞紙成本和別人一樣又怎樣？只要主題明確就好。」葛蘭姆想談的，是正派新聞也能帶來獲利，巴菲特對這個題目不以為然，要她重新找主題。「她想談『優良新聞報導與獲利不相衝突』之類的題目。我一直說服她，跟外面那些蠢男人相比，她可聰明太多了。我們就是這樣建立起真正的友誼。」

這是個奇特的轉變，巴菲特竟然成為葛蘭姆個人的卡內基訓練師。他比任何人都能理解在一群人面前手足無措的痛苦，而且多虧蘇珊多年來的溫和帶領，他已學會與人相處的藝術。他知道如何預測別人的反應，如何用不帶威脅的方式講話。過去他寫的信一向帶著強烈的主觀意識，不過現在他的措辭更婉

轉、更有同理心。他學會傾聽、關注別人，談話不再繞著股票打轉。迷上葛蘭姆，也讓他改變許多。

　　巴菲特回到了奧馬哈。他見識到葛蘭姆的另一面之後，愈來愈了解她這個人，認為她是一堆矛盾的集合。「個性膽小但行事堅決，出身高貴卻態度民主，她最關心的人往往傷她最深。」前夫自殺身亡都已十年了，她還常常談到他，這讓巴菲特很詫異。

　　「初次和她見面時，她的話題會很快繞到菲力普身上。想想菲力普待她如此惡劣，很難相信她還這樣說他好話。但我和她更熟之後，她告訴我有關他和這段婚姻的一切。她覺得自己配不上他，認為自己是個冒牌貨，只是裝得有資格跟他共處一室。菲力普說什麼都很風趣，做什麼都是對的。他經常在她面前打孩子，她也不敢阻止。」

　　葛蘭姆成長過程裡有個冷酷淡漠的母親，後來又有一個罹患躁鬱症未經治療的丈夫，這些後遺症在她身上展露無遺。照巴菲特自己的童年經驗來看，他和葛蘭姆互相吸引幾乎是必然的，他知道要以不帶威脅的方式和她相處。1974 年春天，她的注意力開始從其他顧問轉移到巴菲特身上，對他言聽計從。為了回報這份信任，巴菲特帶領她認識商界規則，一切就像是逮到機會演出《窈窕淑女》這部戲似的：他的依萊莎（Eliza Doolittle）就是葛蘭姆，他則是希金斯（Henry Higgins）教授，只不過更有耐心。巴菲特對她循循善誘，還介紹她和她兒子唐納讀些有益又有趣的文章。

　　巴菲特的影響力愈來愈強，但葛蘭姆發現「華倫說」這三個字開始讓一些董事嗤之以鼻。[3] 巴菲特希望自己能受邀加入

董事會；墨菲找他加入大都會傳播董事會時，他拒絕了，他在
等郵報招手。[4]墨菲盡責地向葛蘭姆透露這項訊息，葛蘭姆為
自己沒有猜到巴菲特的心思而「自覺愚魯」。[5]

　　蘇珊認為，巴菲特不應該承擔更多的經營責任，反而應該
賣掉一些股票，把錢用在更崇高的理想。有次在華盛頓，她在
計程車上對巴菲特提到慈善家莫特（Stewart Mott）的事，他
主持的莫特慈善信託基金會（Stewart R. Mott Charitable Trust）
專門資助與和平、限武和節育相關的慈善活動。巴菲特夫婦現
在比莫特有錢了，莫特在資產規模 2,500 萬美元時就投入慈善
事業。「你為什麼不辭職？」蘇珊問，「莫特現在都做些賺錢以
外的事，他不必每天工作。」但巴菲特做不到；他回歸他那套
「今天的 5,000 萬美元有一天會值 5 億美元」的論點。不過，
他不是不關心家人，也不是不體貼老婆。他察覺到蘇珊或許希
望生活過得更有意義。正好彼得快從高中畢業，巴菲特對她
說：「蘇珊，妳就像個工作了二十三年後失業的人。現在妳打
算做什麼？」

　　她的答案是唱歌。她的外甥比利・羅傑斯為她錄製了幾首
吉他配樂，讓她可以自己錄音，聆聽自己的演唱。比利曾在奧
馬哈的酒吧表演爵士吉他，蘇珊也跟著他認識了當地音樂圈的
人。剛開始練唱時，「我很害怕，真的很害怕，我表現得很
糟，」她說。於是她找來指導老師，練了幾首當代情歌。那年
7 月在翡翠灣的一場私人宴會中，蘇珊對著一群朋友以歌手身
分首次獻唱。「聽眾似乎相當喜歡，」她說。而她丈夫看到朋
友為妻子的才華喝采，也覺得開心極了。

進入郵報董事會

那年夏天巴菲特一家人在翡翠灣時，葛蘭姆正好在洛杉磯參加一場分析師會議演講，巴菲特邀請她順道來訪。巴菲特感覺到，葛蘭姆會請他加入郵報董事會，好幾天前就在奇威廣場大樓的辦公室裡手舞足蹈，像是等待耶誕節的小朋友。[6]

無論如何，巴菲特一定早就對妻子強調，他們要特別款待葛蘭姆。葛蘭姆到訪的第一天早晨，蘇珊一反平常起了個大早，準備了三份全套早餐，但他們夫婦專注地和葛蘭姆說話，根本吃得不多。這一整天巴菲特都跟葛蘭姆在一起，談報社、新聞、政治，找盡機會讓她邀請他加入董事會。

這中間巴菲特放下報紙，穿上特別準備的浴袍，拿了一支專門為葛蘭姆買的全新海灘傘，和葛蘭姆出門走了一段陡峭小徑來到海邊，家裡其他人都在這裡。以前他對大海的態度是：「我認為鄰海而居很吸引人，晚上聽潮聲也很有趣。但要真正下水，我覺得還是等我老了再說吧！」現在，巴菲特看著水面好一會兒，才下定決心踩進太平洋。蘇珊和孩子們看著這千載難逢的一幕，不約而同哈哈大笑。

蘇珊對巴菲特這特別的舉動有何想法，我們不得而知。但巴菲特對此的解釋是：「我只為凱瑟琳破例，只為凱瑟琳。」

星期天早上，蘇珊睡眼惺忪地為葛蘭姆煎培根雞蛋，自己什麼都沒吃，巴菲特坐在一旁拿湯匙挖著一罐巧克力阿華田。[7] 早餐後，他和葛蘭姆繼續密談。葛蘭姆說，她希望他加入董事會，但必須等待適當時機，她知道像邁爾這些董事並不歡迎他。巴菲特問她：「什麼時機才適當？」同時也催促她下

定決心。葛蘭姆很快就被說服，兩人說好要巴菲特加入郵報董
事會。他樂極了。

那個下午，巴菲特自己開車送葛蘭姆去洛杉磯機場。「在
路上她突然用三歲小孩的神情看著我，眼神和聲音都變了，她
幾乎是在求我：『對我客氣些，請不要攻擊我。』我後來知道，
菲力普和一些郵報的人，為了達到自身目的或只是為了好玩，
會故意踩她的痛處，看她崩潰。」

夏天結束後，1974 年 9 月 11 日，巴菲特正式加入董事
會，從一個奧馬哈的投資名人，一躍成為世界頂尖媒體的正式
顧問。第一次董事會中，巴菲特就看出葛蘭姆習慣低聲下氣拜
託董事會幫忙。巴菲特想，這不成，執行長不是這樣當的，但
他和葛蘭姆還沒熟到可以無話不談。於是他開始研究郵報的董
事會，裡面都是有影響力的名人，個個大權在握、相互傾軋，
也習慣使喚葛蘭姆。於是他先小心翼翼當個安靜的董事，然後
不動聲色地在幕後運作。

受託人基因

當時占據巴菲特心思的不只是葛蘭姆和《華盛頓郵報》。
投資人預期 1974 年就會回春的市場卻繼續走低。退休基金經
理人已經將持股砍掉八成以上，波克夏也大刀闊斧整理投資組
合，在第二次大崩盤裡削減了近三分之一投資持股。

在巴菲特關掉合夥事業後，孟格的合夥事業大門仍然開
放。現在他的投資組合價值一落千丈，合夥人損失了將近一半
的錢。[8] 孟格就像半個世紀以前的葛拉漢，認為把錢賺回來是
自己的責任。

「我的投資價值確實下滑，我不喜歡這樣，但是想想，幾
年後我有 X 元或 X 減 Y 元，有什麼差別？唯一讓我不安的是，
我知道合夥人有多難受。我工作中這個受託人的層面，是最要
命的部分。」[9]

孟格大約還有二十八位合夥人，包括一些家族信託。為了
賺回他損失的半數資金，現有資金必須翻兩倍多。藍籌點券公
司是他能否實現這個目標的重大關鍵。

瑞恩的紅杉基金也陷入困境。這個基金從巴菲特前合夥人
那裡募集 5,000 萬美元做為開始，績效一直都維持得不錯，因
為它採取高持股的策略，買的是價值低估的股票，如墨菲的大
都會傳播。

瑞恩說：「這一行有創新者、模仿者，和一群多如過江之
鯽的無能者。」現在主導市場的是無能者，瑞恩和他的合夥人
康尼福（Rick Cunniff）在 1970 年代買的那些股票，價值已減
損一半。最慘的一年是 1973 年，1974 年也好不到哪裡。紅杉
基金開始的時機並不對，當瑞恩開始募集資金時，巴菲特卻因
為缺乏機會而收手。紅杉的獲利每年都輸給大盤，累積了龐大
損失。[10] 瑞恩最重要的支持者馬洛特（Bob Malott）大為光火。
在瑞恩和康尼福的辦公室裡，人們稱他為「討厭鬼」，因為他
經常來電抱怨他的家族帳戶又出了小紕漏。現在他不斷抨擊瑞
恩，說他不該在交易所買席位，而且績效太爛；他罵得如此
凶，瑞恩很擔心他會抽回資金。[11] 不過巴菲特倒是一派鎮靜，
因為他明白，**市場先生在任何時點對股價的影響，都與股票的
內在價值無關。**

巴菲特 1969 年在殖民俱樂部舉行了葛拉漢門徒的聚會，

讓這些心高氣傲的投資能手在艱苦的市場氣氛中相濡以沫；自此，巴菲特稱他們為「葛拉漢集團」（Graham Group）。1971年，巴菲特將聚會改為雙年會。看在馬洛特沒有離棄紅杉基金的份上，他讓瑞恩邀請馬洛特參加 1973 年的太陽谷會議。

馬洛特對太陽谷的盛會讚嘆有加，因此繼續將資金交給瑞恩操盤，不過他那不絕於耳的抱怨聲仍讓瑞恩擔心他有一天會撤資。1974 年底，紅杉基金的損失幸好沒有大盤那樣慘重。

然而，市場的持續下跌還是讓紅杉基金元氣大傷，原本在瑞恩那裡工作的布蘭特、卡蘿的丈夫約翰·盧米斯，都擔心市場只會更糟，於是像逃命般離開這艘逐漸下沉的船。[12]

後宮的男人

《富比士》在那年 11 月的一篇專訪中，指出巴菲特的態度。專訪開頭就是一句石破天驚的引言：投資市場「像是性欲過強的男人來到後宮」，這是巴菲特的看法，他也認為「開始投資的時機到了」。[13] 他還說：「現在你可用葛拉漢（雪茄屁股）價格買費雪（成長）股，就我記憶所及還是第一次。」巴菲特認為他的重點在此，但《富比士》沒有引用，因為一般讀者不會明白費雪和葛拉漢的比喻。[14]

不過，巴菲特在 1974 年雖然對市場興趣濃厚，但當時的投資卻非常少。他從古林那裡買下 10 萬股藍籌點券的股票。「他一股賣我 5 美元，因為他的資金很緊，」巴菲特說，「那是個慘烈的時代。」

「後宮」論有兩層意義：儘管這是開始投資的好時機，但基本上巴菲特能看卻不能碰。全國產物保險公司有個合作的航

空險經紀商一時不察,賣出賠錢的航空險保單。全國產物保險想藉由撤銷經紀權來阻止他們賣出保單,經過幾個月卻成效不彰,[15] 而且會計紀錄一團亂,無法明確估計損失。全國產物保險不知道這樁「萬宇保險案」(Omni affair)的損失有多高,但估計最糟會高達數千萬美元。他們希望實際數字會少得多,因為全國產物保險可沒有幾千萬美元。巴菲特緊張得冒汗。[16]

幾個月後,也就是 1975 年初時,問題急遽惡化。孟格創辦的法律事務所(更名為孟托李法律事務所,即 Munger, Tolles & Rickershauser)合夥人李克豪瑟(Chuck Rickershauser)打電話給孟格說,證管會在考慮控告他們違反證交法。於是,本來還可控制的問題,現在轉變為一樁全面性的危機。

李克豪瑟一開始是在喜事糖果收購案中,為巴菲特和孟格處理法律問題。自從證管會律師來電說要請教一些問題後,李克豪瑟就被捲進一場後衛戰。他本來以為這通來電只是例行公事,於是要對方去找波克夏財務長麥肯齊。

麥肯齊在內布拉斯加州的電話響起,電話那頭是證管會法規執行部主任史博金(Stanley Sporkin),也是商界人人聞風喪膽的「鐵面戰警」。史博金看來像是每晚撐著眼皮挑燈夜戰,親自草擬訴狀控告大公司的那種人。不少公司一碰上他,都嚇得趕快和證管會和解,以免對簿公堂。[17] 史博金的打擊率之高,讓他在美國企業界赫赫有名。他的實權比他的老闆證管會主席還大。他在電話上質問麥肯齊各種問題,從魏斯可、藍籌、波克夏,到許多別的事情。他的語調不甚友善,但麥肯齊以為這只是他的行事風格,在麥肯齊的印象裡,史博金就是那種認定有錢人就會幹壞事的人。[18]

　　引起證管會注意的是一件兩年前的案子，那時巴菲特和孟格想仔細理清手中幾家公司錯綜複雜的關係，他們的第一步是設法把最不重要的多元零售併入波克夏海瑟威，因為 1973 年時多元零售不過是收購波克夏和藍籌點券股票的工具。但是這個案子必須得到證管會同意，而證管會尚未核准。孟格曾告訴巴菲特這沒什麼大不了。

　　然而，接下來的十八個月，證管會人員似乎在四處調查藍籌點券和其他投資案，並研判巴菲特和孟格蓄意破壞魏斯可和聖塔芭芭拉的併購案，才會以高價買下 25％股份，目的是要收購剩餘股票。至少聖塔芭芭拉是這麼認為，並向證管會舉發藍籌點券公司。[19]

　　孟格和巴菲特發覺藍籌遇到麻煩了。[20]巴菲特才剛榮登郵報董事寶座，馬上就發現他和孟格非常需要法律顧問。已經見識到和巴菲特共事是什麼情形的李克豪瑟，有次告訴一名同事：「太陽雖然美好而和煦，但你可不想靠得太近。」[21]現在，他可以用接下來這幾年測試這則「李克豪瑟熱力學定律」。

起訴或和解

　　1975 年 2 月，證管會發出傳票，對藍籌收購魏斯可一案（證管會案件字號 HO-784）展開全面調查。證管會人員懷疑巴菲特和孟格涉及詐欺：「藍籌、波克夏、巴菲特單獨或與他人共謀……，可能已直接或間接以手段、陰謀或欺騙行為，或以虛偽陳述並蓄意遺漏，意圖詐財……」

　　證管會律師所持的論據是，藍籌從一開始就計畫收購魏斯可，卻未揭露這項事實；還有，藍籌在聖塔芭芭拉併購案破局

後購買魏斯可股票，此舉是「公開收購股權」（tender offer），卻從未向證管會報備。[22] 第二項指控較為嚴重，證管會可能不只對藍籌，也會針對巴菲特和孟格個人提出民事詐欺訴訟。

史博金有權選擇起訴被告或和解。和解是讓被告不必公開認罪，也能表達歉意；被告既不承認也不否認詐欺罪名，而是同意接受懲處。證管會同意和解時，可以選擇列出涉案的個人，或是與公司本身達成協議，這樣就不會讓個人的名字永久備案存查。和解協議裡若是出現個人的名字，未必代表此人的事業前途就會結束，但他以後也不可能更上一層樓。巴菲特才剛被《超級錢潮》、《富比士》和《華盛頓郵報》董事會捧成投資高人，他當然誓死捍衛個人名聲。

但是調查行動卻益形擴大。巴菲特接到傳票，必須開啟他的檔案接受調查，裡頭是一堆龐雜的文件。巴菲特最看重的隱私只得赤裸裸攤開，任由孟托李法律事務所的律師篩選出交易單、最近收購股票資訊、給銀行人員的備忘箋、寫給喜事糖果的信、在紡織廠給麥肯齊的便條等等，然後將這些文件運到華府的檢調單位。巴菲特覺得自己受到迫害。他和孟格落入一場夢魘，被高大的龐然巨物追趕。

孟托李法律事務所和證管會之間往返的書信像羽毛球一樣飛來飛去。巴菲特表面上故做平靜，卻一直苦於背痛的老毛病，而孟格則沒有隱藏他的焦慮。

到了 1975 年 3 月，證管會即將根據調查做出決定，因此約談畢德絲。他們問她：「你的律師到了嗎？」但她反問：「你們不就是想知道發生什麼事嗎？」於是他們在沒有律師在場的情況下對畢德絲問訊。

　　證管會也傳喚孟格；在被偵訊的那兩天，他也沒有律師陪同。（孟格哪需要什麼律師？）孟格想為藍籌辯護，說它並沒有破壞聖塔芭芭拉併購案，並解釋藍籌為什麼要付比市價還高的價格買魏斯可的股票。他說，沒錯，藍籌的確考慮取得控制權，但在聖塔芭芭拉併購案破局之前，那只是「說來太早又充滿變數」的計畫。講到他和巴菲特與文森提洽談，還有他們承認「拜託」畢德絲和卡斯柏家族投票支持時，整個討論開始兜圈子。孟格頻頻打斷證管會律師賽德曼（Larry Seidman），然後開始長篇大論。他說：「我們希望給文森提和畢德絲留下厚道的印象。」[23] 賽德曼問，藍籌的股東會怎麼想？賽德曼認為藍籌的股東沒有道理對魏斯可的股東這麼慷慨；那時魏斯可的股票大多由套利者掌握。

　　這些買魏斯可股票的套利者知道一旦併購案成定局，股價會上漲到聖塔芭芭拉的收購價。他們為了避險，也做空聖塔芭芭拉的股票；一旦併購案化為泡影，魏斯可股票價格就會崩盤。[24] 他們為什麼要把股價做高，幫套利者的忙？

　　孟格拿出他的最後武器：富蘭克林。「我們不覺得為了公平而做點犧牲，會違背我們對股東的責任。我們秉持富蘭克林『誠實為上』的理念。殺價多少有損我們的形象。」[25]

　　這個說法讓賽德曼有點被搞糊塗了。孟格承認這件事從細節看來確實不當，但他請賽德曼著眼於整體。「你看一下全部紀錄就會發現，我們為了待人公正、遵守公平交易，願意比法律所規範的做得更多。我只希望你做過整體考量後，會認為本案不符合起訴標準……。如果其中有任何瑕疵，絕對不是故意的。」

巴菲特出現時，證管會人員問他，為什麼他和孟格不讓魏斯可價格崩跌，這樣他們就可以便宜收購。巴菲特說：「我認為藍籌的整體商譽會因此貶損，我覺得有人會因此不高興。」他又何必在意？巴菲特說，因為，「魏斯可管理階層對我們的觀感很重要。你可以說，反正我們握有控制權，他們的觀感好不好有何差別。但文森提並不一定要為我們工作……，要是他覺得我們是爛人，事情就做不起來。」

巴菲特配合調查（他和孟格一樣是單刀赴會，讓執法律師嚇了一跳），數度回到華盛頓，耐心解釋藍籌點券的運作方式，詳細闡述他的投資哲學，還聊到他在華盛頓的童年。賽德曼對他留下良好印象，但證管會資深律師可不這麼認為，這位人稱「老虎」、座右銘是「法網難逃」的負責律師認為，這些證詞不具說服力，[26] 他的態度是不管誰觸及法律界線，都逃不過他的法眼。[27]

證管會人員繼續抽絲剝繭，巴菲特錯綜複雜的帝國似乎讓調查人員嘆為觀止。他們甚至開始調查聖荷西水廠交易中巴菲特是否握有內線消息。[28] 證管會人員也開始調查索思資融，這是孟格當作雪茄屁股買下 20％股權的封閉型基金。這時股市回春了，瑞恩的紅杉基金在 1975 年出現大反彈，孟格在 1975 年獲利 73％，總算幫合夥人賺回損失，但他也開始解散合夥事業。隨著市場上漲，也更難解釋這個當時以低價買股打造的複雜帝國，是如何運作的。

李克豪瑟一直在研究一張顯示巴菲特和孟格複雜股權關係的圖表（見 462 頁）。這張圖表以巴菲特為中心，他買入藍籌、多元零售和波克夏，而這些股權層層套疊、分入這麼多口袋，

讓李克豪瑟打了個寒顫。[29] 大家都知道巴菲特像隻大白鯊，根本無法克制收購這些股票的衝動。在他和孟格買下魏斯可25％的股權時，李克豪瑟曾建議巴菲特透過正式公開收購買股，以免給人不法的印象。[30] 巴菲特所創造的複雜交叉持股關係，在別人看來似乎另有隱情；李克豪瑟看著這張圖表發愁：「裡面一定有什麼把柄。」[31] 他不認為證管會有足夠證據可以定罪，但要抓小辮子實在是太容易了。

孟格的財務架構和巴菲特的比起來，根本不夠看；他只是個被設計的從犯。但既然藍籌歸他管，他就是魏斯可事件的主角，也成了證管會問訊的重點。[32] 他向賽德曼承認：「我們的確有一套非常複雜的事業關係，很遺憾地，我們已經知道那麼做不是很聰明。」

儘管兩人提出抗辯，聖荷西水廠或索思資融交易也找不出任何瑕疵，證管會的調查並沒放鬆。這時一位強硬派的檢查官建議史博金，要對巴菲特和孟格個人提告。巴菲特和孟格的證詞並沒讓史博金動搖，他仍相信這兩人為了破壞聖塔芭芭拉的併購案，故意以高價收購魏斯可股票。他一點也不認同以「誰受到傷害？」的觀點解釋高價收購，並認為這兩個傢伙應訊時避重就輕。[33]

罰單開定了

李克豪瑟直接寫信給史博金，請求他不要起訴巴菲特和孟格這兩個「將個人信譽視為無價之寶的人」，因為「證管會若是提起民事訴訟，很多人（也許是大部分的人）就會認定被告必然有不法行為。」即使巴菲特和孟格同意和解，對證管會的

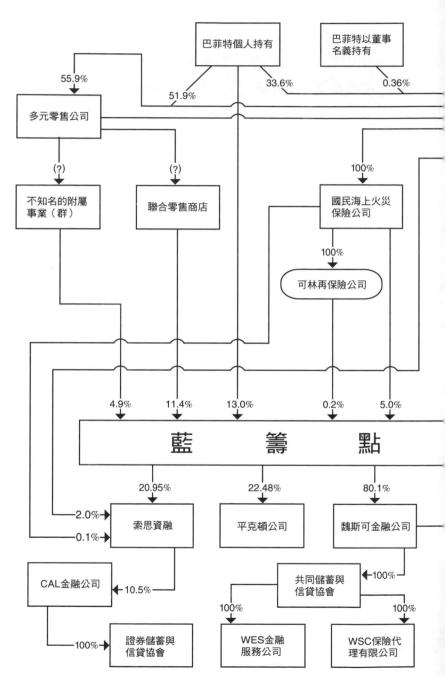

資料來源：麥肯齊（1977 年版）

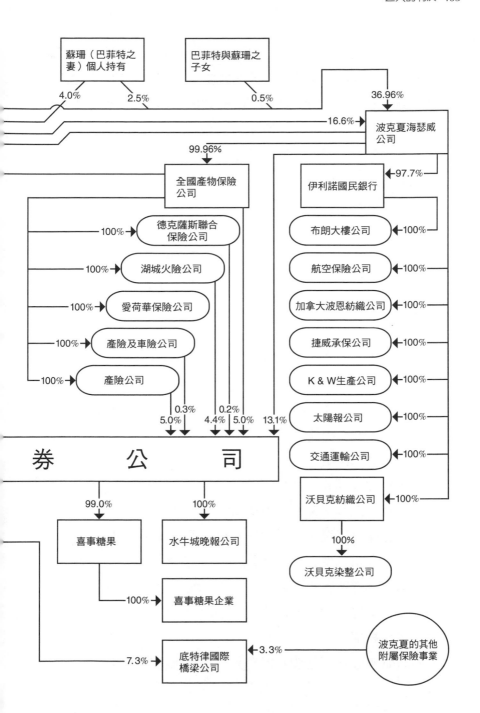

控訴不承認也不否認，但只要一起訴就會造成「嚴重、無可彌補的傷害」，因為「證管會的公信力會自動摧毀（被告的）信譽，而且難以補救。」「巨人的力量應該謹慎行使，」他竭力促請證管會三思。「商業行為發生無心疏失所承受的風險不應過大，否則愛惜名譽的人就不願涉足商場了。」[34] 他央求證管會讓巴菲特和孟格保住名譽，並代表藍籌點券公司同意接受情節較輕微、在技術上違反揭露原則的判決，只要和解協議不列出任何人的名字。

巴菲特或許心中慌亂，但表面上看不出來。在辦公室裡他一派鎮靜，以免讓員工人心惶惶，因為他們也都可能被證管會約談。

李克豪瑟把他的當事人描繪成出身模範家庭的正派公民。他把孟格和巴菲特的自傳遞交給證管會，強調他們的慈善工作、他們任職的許多董事會、巴菲特的父親霍華曾擔任國會議員，還有巴菲特從十四歲起便開始納稅，至今已繳納數百萬美元稅款給政府。巴菲特顯然在這份文件下了不少工夫，彷彿他的生死都由它決定。

孟格放棄掙扎。「要是警察一路尾隨，跟著你走了 800 公里，」他對巴菲特說，「這張罰單是開定了。」

李克豪瑟又發了一封字斟句酌的答辯書給史博金：「巴菲特先生和孟格先生的複雜股權結構……顯然讓人認為，他們不可能完全遵守所有法律規定。」但他強調，這兩人不但設法實踐法規的立意，也遵守法條的文字內容。「他們現在希望盡速簡化控股結構。」[35]

證管會在約談他們時已探詢過「簡化」的可能做法。「未

來某個時候，我們當然可能合併藍籌和波克夏，」巴菲特如此
答覆，「但藍籌要面對一大堆法律問題，除非能解決其中一些
問題，否則難以達成我們心目中的合理換股比例。如果可以選
擇，我希望這兩家公司未來能合併。我們希望保有現在所擁有
的事業，但是不必這麼複雜。我實在不是喜歡複雜的人，雖然
這些事讓我看起來像是喜歡複雜的人。我缺少一個厲害的員工
來幫我解決這一切問題。我們在做的時候，它看來相當單
純，」他說，「但現在不單純了。」[36]

證管會一名調查人員問孟格，巴菲特是否有簡化事情的
「權宜計畫」。「哦，豈止有，」孟格回答，「這起調查案開始
後，他的權宜計畫規模擴大了兩倍。」[37]

史博金現在回想，在審酌那封答辯書時，李克豪瑟的影響
很大，「他是我所遇過少數幾個說話句句經得起檢驗的律師。」
在史博金眼中，李克豪瑟不但是出色的律師，也是誠實、率
直、正派、不虛偽的人。李克豪瑟告訴史博金，巴菲特「會是
華爾街有史以來最偉大的人物」，而且「是你所見過最正派、
誠實的人」。這些話要是從別人口中說出，史博金只當作巧言
詭辯，但說這話的是李克豪瑟，史博金認為這些陳述誠實無
欺，相當可信。[38] 史博金覺得赦免和定罪的責任同等重大。他
認為檢察官不只要逮到騙徒，還要能看出誰是誠實正直卻犯了
無心之過。他的工作是將騙徒繩之以法，至於巴菲特和孟格，
他認為他們的確犯了錯，但不至於是騙徒。[39]

因此，巨人只在藍籌的手腕上輕輕拍了一下。[40]

藍籌公司的和解協議裡沒有指名個人，[41] 整件事也未引起
大眾注意，很快就平息。巴菲特和孟格兩人皆保住名聲，沒有

留下前科。

　　兩週後，證管會提名巴菲特加入一個專門委員會，也就是公司揭露規範諮詢委員會。這代表證管會既往不咎，最重要的是，巴菲特有了一個嶄新的開始。[42]

第 40 章

改造巴菲特

華盛頓特區，1975 年～1976 年

　　1975 年初某天，蘇珊的朋友黛能柏（Eunice Denenberg）來訪。她坐在客廳布滿狗毛的沙發上，蘇珊轉過身打開放音機，背對黛能柏，迴避眼神相對，然後開始唱歌。黛能柏稱讚她一番，於是蘇珊和她談起希望成為職業歌手的夢想，但她沒自信，不知如何起步。黛能柏回去的隔天打電話來說：「妳好，我是妳的經紀人！」她請米特蘭學院（Midland College）音樂系助理教授艾德森（Bob Edson）組成一支伴奏樂團，幫蘇珊在厄文頓的火車機房（Steam Shed）夜總會辦演唱會；厄文頓是奧馬哈郊區小鎮，蘇珊和姊姊多蒂曾在鎮上她父親的教會組唱詩班。聽到要公開演唱，蘇珊很緊張，不過全家人倒是興致高昂，只有湯普森博士語帶質疑：「我不懂妳怎麼會想在酒吧唱歌。」

　　蘇珊的首次公演，聽眾大約有三十五人，她非常緊張，叫巴菲特千萬別來。身著一襲亮片長洋裝的蘇珊和人招呼閒聊，磨蹭半天，直到黛能柏將她推上舞台。她唱的曲目包括福蘭克林（Aretha Franklin）的「打電話給我」（Call Me）、法蘭克・辛納屈的「你讓我覺得年輕」（You Make Me Feel So Young）、血汗淚合唱團（Blood, Sweat & Tears）的「你讓我如此快樂」

（You've Made Me So Very Happy），還有她最愛的歌手弗來克
（Roberta Flack）的「自從見了你」（The First Time Ever I Saw
Your Face），都是熱情動人的浪漫歌曲。蘇珊感受到聽眾的共
鳴與熱情回應。[1] 在這樣的小空間裡對著一群人高歌，可讓她
感受到與人個別相處時的悸動和交流。她的獨特天賦在此以另
一種樣貌呈現；她想成為駐唱歌手。

小執著與大執著

那段時間，巴菲特諸事纏身。證管會的調查正要結束。葛
蘭姆讓他如此著迷，對他來說怎麼樣都不會膩。巴菲特沉迷於
某件事物時（尤其是剛認識的人），他的心思會不斷在上頭打
轉。剛認識他不久的人會感到受寵若驚，以為得到他全心全意
的關注，但當生意上門時，他會咻地一下子回到正事上，因為
他那鋼鐵般的意志會立刻展現驚人的專注力。如同孟格所說，
巴菲特「絕對不會讓小執著干擾到大執著。」[2] 不過，他對葛
蘭姆可不是什麼小小的執著。

巴菲特很認真地教葛蘭姆商業知識。「凱瑟琳曾要我順便
教她會計。我帶著年報前往華盛頓，她說：『華倫，上課了。』
我就這麼教起來。」巴菲特認為她兒子唐納「聰明過人」，「在
我見過的人當中，他有著幾近過目不忘的記憶力。」為了讓葛
蘭姆家族放心，巴菲特指定唐納擔任自己股份的投票代理人。
巴菲特到華盛頓開董事月會時，就住在葛蘭姆家。

巴菲特認為葛蘭姆是「非常、非常聰明的人，在許多方面
都展現出睿智，只要你不觸碰她的地雷。她十分了解別人。」
當他們愈來愈熟之後，他開始針對她在董事會的表現進言，他

知道她沒有自己想像的那麼無助。有天他把她拉到一旁說：
「妳不能再用拜託的方式請董事會幫忙。那不是妳應該有的姿態。」她從此改掉了這個習慣。

於公於私，葛蘭姆家和巴菲特的關係都愈來愈緊密，於是巴菲特邀請葛蘭姆母子參加 1975 年葛拉漢集團在南卡羅來納州的希爾頓島（Hilton Head）的聚會。唐納的率直作風立刻讓人留下深刻印象，他的加入為這個高智商團體又增色不少。許多人很快就看出，葛蘭姆儘管一派高貴冷漠，但其實心思細膩謙虛，這才是她深深吸引巴菲特的地方。因此雖然她優雅練達、身世顯赫，她和大部分人卻相處融洽。她發自內心努力地和所有人打交道，不過那場聚會裡的女性也看出她深信男人遠比女人優越。葛蘭姆的衣飾華麗、髮型完美，自然成為人群裡的焦點。她手拿一杯雞尾酒，不著痕跡地在一堆男人中間坐下，有人發表對政治的看法，她會回答：「亨利認為如此這般……」，她指的可是季辛吉，這樣怎能不讓人印象深刻。

股價腰斬

布蘭特把巴菲特拉到另一個房間，要他保證波克夏的股價不會跌破 40 美元。不過兩年前波克夏的成交價格還有 93 美元，到了 1975 年 10 月的此刻已經腰斬。巴菲特說他當時回答：「聽著，我愛你，但我不能給你這種承諾。」而布蘭特大概是這麼反應的：「完了，世界要毀滅了，我所有錢都砸在這支股票上了。」

世界繼續走向毀滅。儘管其他股票開始止跌回升，波克夏的股票卻沒起色。布蘭特心慌意亂，打電話給巴菲特，巴菲特

出價一股 40 美元向他收購股票。然後布蘭特打電話給許羅斯說：「巴菲特出價 40 美元，但我想賣 50 美元，我該怎麼辦？」

許羅斯是最後的雪茄屁股之王。在葛拉漢集團的聚會裡，其他人嘲笑他，說他那由破產的鋼鐵公司和汽車零件公司組成的投資組合是「破銅爛鐵」。「那又怎麼樣？」許羅斯說，「我不喜歡有壓力，我晚上睡得很好。」他應用最純粹的葛拉漢哲理，用最簡單的投資篩選條件。他每天下午五點準時從崔布公司的小辦公室下班回家，但他的績效表現非凡。

現在布蘭特主張出脫波克夏的股票比較有利，這違反整套雪茄屁股的邏輯，許羅斯聽了覺得不妥。他花兩個小時勸布蘭特說，你有全世界最聰明的人在幫你管錢，而巴菲特沒有向你收任何費用，要是你賣掉股票，那才真是大錯特錯。許羅斯說：「我以為我說服了他。」但當時美國經濟困難重重，連紐約市都瀕臨破產，沉重的悲觀氣氛影響了投資人的判斷力。許羅斯說：「星期一他打電話給他的經紀人。」布蘭特開始賣股票，出清了半數持股。[3]

福特總統拒絕對紐約市的經濟進行金援；從《紐約日報》（*New York Daily News*）斗大的頭條標題可以窺見當時的氛圍：「福特告訴紐約：去死吧！」[4]

就算是在 1970 年以 40 美元左右的價格購買波克夏股票，這些合夥人過了五年也沒賺到錢。孟格說：「不管是誰抱著我們的股票，都會覺得似乎有很長一段時間看不到利多。我們的合夥人過去並沒有這樣的經驗。目前帳面價值看來很糟，但內在的實質動能會在未來不斷累積。」

巴菲特自己的淨值（視股票交易點而定）也一樣縮水。面

對如此明顯的財富損失，換做其他人一定會害怕，巴菲特卻氣定神閒，只是讓他手中的公司不斷加碼買進股票。1974 年證管會調查開始前，波克夏持有藍籌點券 26％的股份。經歷這許多事之後，波克夏在藍籌點券的持股比超過 41％，而巴菲特夫婦以個人名義和透過波克夏總共持有藍籌 37％的股份。

巴菲特想到另一個方法來利用這個機會：叫他那「眼裡只有錢」的母親把手中的 5,272 股波克夏股票賣給多麗絲和柏蒂。她們以 5,440 美元現金加一張 10 萬美元本票的代價，各分得 2,636 股波克夏股票，相當於每股 2 美元。[5] 認為負債幾乎等同罪惡的巴菲特認為，既然波克夏股價已經低到 40 美元，他應該讓他的姊妹以高達 95％的融資比率購買股票。這表示他有把握能增加波克夏股票的價值，而這樣的條件能讓他的姊妹發一筆財，還能省掉大筆遺產稅。[6]

「這是個絕佳時機。這可能是有史以來最精采的一步棋，這個機會空前絕後，一輩子就那麼一次。」

到處都有人在賤賣貴重的資產。大約在同時，墨菲介紹巴菲特一個收購電視台的機會。巴菲特知道這是筆好買賣，但他買不得，因為這家電視台與華盛頓郵報公司（旗下也有電視台）發生利益衝突。既然他是郵報董事，此舉會讓郵報違反聯邦通訊委員會的規定。[7]「在我參與的各項事業中，哪些不是為我所有？」他自問。終於他想到格林內學院。他們瞄準的第一家電視台已經出售，但格林內學院依照巴菲特的建議，以 1,300 萬美元收購一家俄亥俄州達頓市（Dayton）的電視台。格林內學院的自備款只有 200 萬美元，高提斯曼為不夠的金額安排了融資。

為格林內牽線的經紀人稱這樁收購案是他二十年來見過最划算的交易。[8]

郵報罷工

然而，股票價格如此低廉，紐約等城市瀕臨破產不是沒有原因的。通貨膨脹勢如燎原之火、勞工成本失控、勞資關係不穩，都扣住經濟的要害。受害最烈的行業之一就是報紙。在希爾頓島聚會過後，《華盛頓郵報》的勞工契約到期了。凌晨四點，郵報的印刷工人毀壞報社設備，展開罷工。

除了印刷工會，其餘員工仍堅守工作崗位，尤其是屬於報業公會的記者們。郵報以直升機運送關鍵人員突破罷工陣線，停刊不過一天就開始趕印報紙。但隨著罷工如火如荼進行，報社正在走向滅亡的念頭讓葛蘭姆手腳發軟。管理者和未加入罷工的員工做出的報紙張數僅及平時一半，於是廣告不斷流向郵報的死對頭《晚星報》。

巴菲特說：「我們一起穿越罷工示威陣線，凱瑟琳表現得很堅強。但當她拿起《晚星報》時，我看到她淚水盈眶。」

每當葛蘭姆覺得被冒犯，郵報編輯主任賽蒙斯口中的那個「惡女凱瑟琳」就突然現身了。

「那不是什麼惡女凱瑟琳，而是『缺乏安全感的凱瑟琳』。她要是覺得沒安全感，就會張牙舞爪。一個偶發事件就會讓她發作，像野獸遇見敵人，自覺孤立無援，被逼到牆角。沒有人知道該怎麼辦，這時他們會打電話給我。菲力普不曾站在她那邊，她母親也不曾站在她那邊，公司主管也不是百分之百站在她那邊。她心底深處一直覺得周遭環境對她不友善，一個偶發

事件就會觸動這種念頭。

「但是她知道我始終站在她那邊。這並不表示我事事同意她，或是我會吃下她希望我吃的所有東西。但我支持她，我永遠都會支持她。」

「惡女凱瑟琳」和巴菲特的母親麗拉有些共同點。巴菲特能贏得葛蘭姆的信任，把「惡女凱瑟琳」擋在門外，這點他顯然相當自豪。

接下來的六個月，郵報一邊繼續出刊，一邊面對沒有結果的協商、威脅、暴力，並奮力防止四分五裂的報業公會因為同情而加入罷工。

「很多人，包括一些她最尊敬的人，跟她說：『你必須讓步，不然就會一敗塗地。』他們怕了，他們痛恨無法出刊，也不願看到《晚星報》追上郵報，」巴菲特說。

「所以我是另一股制衡的力量。我對她說：『在來到臨界點之前，我會提醒你。』臨界點就是對手已經坐大且超越你，就算你讓步，對手也不當一回事了。因此問題是，讀者什麼時候開始習慣買另一家報紙？」

儘管「華倫為她打氣，最終還是得靠她自己挺起腰桿子，」葛蘭姆的律師吉爾斯畢強調。[9]

罷工進入第二個月，郵報對印刷工人提出最後條件要求復工，卻遭拒絕。[10]葛蘭姆開始雇用臨時工，對罷工做出反擊。但接下來的幾個月，報社逐漸贏回其他工會、讀者和廣告主的支持，不過罷工示威和負面形象還是持續到春天。

正當葛蘭姆慢慢救回郵報之際，[11]巴菲特和孟格也終於和證管會達成和解。於是，巴菲特邀請孟格到奧馬哈屠宰場附近

的強尼咖啡館吃牛排，議定他們的「簡化」計畫。他已經決定
停止在 FMC 兼差管理基金。下一步，藍籌點券要出售索思資
融的股份，[12] 而波克夏和多元零售會重新申請合併案。應畢德
絲的要求，藍籌持股 80％的魏斯可仍然維持上市狀態，由孟
格擔任董事長。等孟格和巴菲特對藍籌和波克夏的相對價值達
成共識，兩人才會推動合併。

波克夏和郵報的動盪，消磨掉巴菲特大部分的精力，現在
他的日常工作總算回復正常。郵報董事會已失去急迫性，而葛
蘭姆也開始考慮擴張事業版圖。

當時的報紙不是被歸為右派，就是歸為左派。「凱瑟琳很
想買報社。最重要的是，她不要別人插手，只想自己買，」巴
菲特說。「告訴我要怎麼做，」她會這麼哀求。「我只是讓她自
己做決定，」他說。他幫她了解，**為你想要的東西付太多錢永
遠是錯的。急躁是你的敵人**。很長一段時間以來，郵報賺得
少、成長緩慢。巴菲特教葛蘭姆一招：在公司股票便宜時買
進、減少流通在外的股數，每塊餅的尺寸會因此加大。同時，
郵報也盡力避免會賠錢的錯誤決策，獲利自然增加。[13]

龍蝦大餐

一向習慣接受別人付出的巴菲特，第一次發覺自己在扮演
給予者的角色，而且還發現，他挺喜歡幫葛蘭姆。巴菲特與葛
蘭姆同進同出的次數愈來愈多，她覺得讓巴菲特體面些是她的
工作。[14]

不過，孟格曾在給葛蘭姆的信中這樣說：「我很清楚誰才
是被改造的人。」

「凱瑟琳想讓我的格調提升一點。為了不讓我察覺，她用的手法漸進而緩慢。這非常有意思。她努力試著多少改造我一點，卻是白費力氣。她的品味比我高超太多了。」巴菲特知道，葛蘭姆認為上館子吃飯是粗鄙的。「在華盛頓，廚子是可以拿來炫耀的重點項目。你在宴會裡對人最大的恭維就是告訴他：『我要挖走你的廚子』，或『你的廚子一定是從法國請來的』。凱瑟琳就像其他華盛頓的人一樣，很重視這件事。她的晚餐常有許多花樣，不過她會為我破例。」

巴菲特在吃方面的限制讓葛蘭姆的廚子做菜時傷透腦筋。「青花菜、蘆筍和甘藍菜苗對我而言就像爬滿盤子的中國菜，白花椰菜則讓我噁心。我不太愛吃紅蘿蔔，我不喜歡番薯，我甚至不想碰大黃，它讓我反胃。」

他的理想大餐就是半加侖的巧克力碎片冰淇淋。他吃東西時要按照次序一樣一樣來，一次只吃一種，而且他不喜歡不同的食物碰在一起。要是他的牛排沾到一撮青花菜，他就不敢吃。「我喜歡一再吃某樣東西，可以連續五十天早餐都吃火腿三明治。有次在凱瑟琳的度假農場微碧幽谷吃晚餐，上了一道龍蝦。我切龍蝦切錯了邊，從上面的殼下刀，怎麼樣就是切不開，結果她告訴我要把龍蝦翻面。」不管是應付九道菜的晚餐（每道都有配酒），還是和權貴、名人、名記者同桌進餐，「這些都讓他不知所措，」巴菲特的前祕書葛蕾蒂絲說。巴菲特永遠無法適應如此華麗的生活。

不過巴菲特還是成為葛蘭姆宴會的常客，他稱她為「派對女王凱瑟琳」，而他甘心扮演鄉巴佬，望著龍蝦不知如何下刀。他像個孩子般的品味傳達了真誠與純樸。但他在社交上是

真的像張白紙,這大多是因為他到哪裡都不管別人的目光。他在葛蘭姆的宴會上,會像雷射光般專注看著有誰在場,而不是注意該用哪支叉子;他無意在這方面拓展自己的能力。葛蘭姆逐漸提升他在大象聚會中的社交技巧,卻驚訝地發現巴菲特還是只吃漢堡和冰淇淋。[15]

「凱瑟琳對廚子一向說法語。我在一連串法語裡聽到『漢堡』,於是我故意和她開玩笑說:『不對、不對,應該是「洪堡傑」(**譯注:巴菲特刻意模仿法語發音,但其實是錯誤的**)。』然後我就會說:『給我來個洪堡傑吧!』廚房就會端出很花俏的漢堡。葛蘭姆的廚子做漢堡和炸薯條的手藝實在不怎麼樣,我吃了,但它們比不上麥當勞或溫娣。廚子做的炸薯條糊糊軟軟的,他要做到好吃,還得下好大一番工夫。

「但是在她的重要宴會上,她就不會這樣為我破例。」

在葛蘭姆的宴會上,巴菲特的角色當然不是吃東西,而是說話。身為名投資家,他就像稀有鳥類。即使是喬治城守舊古板的「穴居人」(也就是那些只和門當戶對的人交往、鮮少與他人往來的貴族),也喜歡和風采迷人的巴菲特相處,他們其中有許多是葛蘭姆的朋友,例如專欄作家、羅斯福夫人的表親喬瑟夫・阿索普(Joseph Alsop)和史都華(Stewart Alsop)兄弟。晚宴中賓客問巴菲特他有關投資的問題,讓他扮起他最自在的老師角色。

巴菲特待在華盛頓的時間很多,於是在葛蘭姆家的客房擺了一套衣服,就像他以前在長島的高雪德家一樣。他通常穿著起毛邊的藍麂皮外套、發皺的灰色法蘭絨長褲。[16]葛蘭姆想提升他的衣著品味。唐納說:「雖然我母親也討厭我的穿著,但

華倫的衣著讓她跌破眼鏡。有一次她這麼說她的員工：『為什麼我身邊盡是全美國衣著最糟糕的主管？』她常挑剔別人的穿著，不光只是針對華倫。」[17] 葛蘭姆帶巴菲特去見哈斯頓（Halston），這位東尼獎設計師改造了她的時尚品味。巴菲特對哈斯頓的看法是：「你知道的，他是迪摩因人。」

蘇西的婚禮

1976 年 6 月，巴菲特邀請葛蘭姆參加一場盛會：女兒蘇西的婚禮。這場盛會在各方面都和葛蘭姆的宴會大相逕庭：地點是加州新港海灘（Newport Beach），亂哄哄的賓客完全是巴式風格。這場婚宴半正式半隨意，誰都知道這段婚姻從一開始就是個錯誤。

蘇西在大四下學期透過她的室友得知，二十一世紀房產公司在徵祕書，不會打字也能拿高薪，因此她從加州大學艾爾文分校休學。[18] 巴菲特夫婦知道蘇西嫁給魏斯特嘉德（Dennis Westergard）這個帥氣金髮衝浪手不會幸福，但他們很明智，沒有干涉。蘇西自己多少心裡有數，但陷入熱戀的她無法自拔。[19] 就算父母態度保留，她的婚禮仍是一件大事。巴菲特交代要邀請葛蘭姆，蘇珊為她在聖約翰路德教堂保留了一個特別座，就在家族後面。葛蘭姆在陪她觀禮的賀蘭夫婦旁邊坐了幾分鐘，然後對他們說：「不知道為什麼我覺得怪不自在的，我還是坐到後面好了。」她移到教堂後方的座位，一直待到儀式結束。[20]

後續進行的傳統儀式未再出現意外插曲。接下來在新港海灘萬豪酒店（Marriott）舉辦的婚宴，氣氛變得比較狂野。巴

菲特夫婦讓他們熱愛音樂的女兒邀請她自己喜歡的樂團。蘇西挑了她最愛的幻化使者（Quicksilver Messenger Service），是一支在 1960 年代從舊金山費爾摩廳（Fillmore Auditorium）起家的迷幻搖滾團體。看到這群或留著爆炸頭、或亂髮垂胸的二十幾歲小伙子跳上舞台調音時，巴菲特內心一陣驚恐。幻化使者開唱時，蘇西在她的搖滾婚禮上狂喜地跳著舞，而她父親即使內心覺得彆扭，還是維持了表面的鎮定。他輕描淡寫地說：「我不喜歡他們的音樂，聲音大得嚇人。」他偏好他妻子那種桃樂絲・黛（Doris Day）式甜美歌聲，或是佛羅倫絲・韓德森（Florence Henderson）、小山米・戴維斯（Sammy Davis Jr.）。九十分鐘後樂手停止演奏，收拾樂器就走人，巴菲特再次目瞪口呆。接著樂團經理向巴菲特收 4,000 美元的天價，而且要現金，他更是驚訝得說不出話來。[21]

　　蘇西定居洛杉磯。霍華因為適應不良、無法與室友相處，已從奧古斯塔那學院休學。他試過其他幾所學校，但一直沒有畢業。「我和媽媽很親，」他說，「我生活裡的大小事都是圍著我的家和家人打轉。但在學校裡，我就是找不到一點歸屬感。」[22]蘇西和霍華都沒有父親那樣的野心，但兩人都第一次嘗到有錢的滋味。爺爺留給他們的信託基金分配了 600 多股波克夏海瑟威股份。這些股票要怎麼用，巴菲特沒有給他們任何建議。他認為，既然他自己一股都沒賣，他們怎麼會賣掉這些股票？但蘇西賣掉大部分股票，買了一輛保時捷和一間公寓。霍華也賣掉部分股票，開了一家巴菲特開挖工程公司（Buffett Excavating），這是他的成人版挖土機玩具，他繼續幼時愛好，現在以挖地基維生。

剛結束高中學業的彼得申請到史丹福大學，秋天即將前往加州。1976 年夏天，巴菲特家在奧馬哈的房子往往是空蕩蕩的。彼得放學後，大多自己去阿比餐廳（Arby's）吃晚餐，然後就鑽進暗房玩攝影。連狗都離家出走了，彼得的朋友常常來電通報：「漢彌頓在我家。」[23]

這陣子已很少待在家裡的蘇珊，承認對婚姻狀況感到灰心。她似乎認為葛蘭姆是她婚姻的第三者；[24] 以葛蘭姆對男人的占有欲，難怪蘇珊會這麼想。然而，儘管（也或許正因為）她覺得悲傷，她就像某人描述的，「放任自己像個少女般」追逐浪漫的中年之愛。她生巴菲特的氣，索性豁出去和網球教練麥卡畢在奧馬哈公然出雙入對。她仍然會打電話給布朗，當他願意與她見面，他們也公然出雙入對。她似乎同時活在好幾個世界，對未來卻沒有方向。拋棄巴菲特是她無法想像的事。她把他描述為「一個了不起的人」，[25] 她顯然敬佩巴菲特；不管她怎麼取笑、叨念他刻板僵化、滿腦子都是錢，他還是給了她非常渴望的東西：安全感、穩定和力量。多麗絲說：「她看重他的誠實和正直。」蘇珊說：「讓需要我的人失望，那是最嚴重的失敗。」[26] 蘇珊不擅長理性思考，喜歡跟著感覺走，她對自己處理和許多人之間的複雜關係天生有股自信。但是她終究要讓某人失望。

國宴出洋相

蘇珊展開她各種未知的追尋，而三個孩子則各自朝不同方向前進。彼得開著他那部黃色凱旋（Triumph）敞篷小車，動身前往帕羅奧圖（Palo Alto）；霍華開著怪手，帶著他的大猩

猩服裝；蘇西則和她的帥氣衝浪手展開婚姻生活。這時，巴菲特也踏上了自己的旅程。這個品味簡單的人，現在穿梭華府使館區參加宴會，葛蘭姆盡可能帶他加入大象的圈子。

「與其說她改變我的行為，不如說她改變了我的所見所聞。她所到之處，別人都像對貴族般待她。我看到這世界上許許多多我原本不會看到的有趣事物，在她身邊我學到很多。凱瑟琳對每個人都知道那麼多，她讓我透析政治圈人物。

「她覺得困擾的是，她認為我教了她這麼多，她卻沒有為我做什麼。她一直努力找些能對我有幫助的事做，不管是邀請我參加別緻的晚宴或其他事情。我覺得相當有意思，我並不排斥這些事。或許有人比我還嚮往參加這些宴會，尤其是有她在的宴會，但我樂在其中。」

有人「比他還嚮往」參加，這點無庸置疑，但巴菲特還是去了，而且一再地參加，儘管這些活動對他而言可以說是相當荒謬或彆扭。

一天晚上，葛蘭姆帶他赴伊朗大使館參加一場正式國宴。她穿著金色長禮服，以配合使館的裝潢風格。伊朗國王巴勒維（Reza Pahlavi）是美國重要的策略盟友，也是風采迷人的主人。伊朗大使館位於華盛頓社交重地使館區的制高點，有著世紀末的華麗耀眼。

雞尾酒時間結束，巴菲特在他的指定桌入座，發現他的位子排在一名皇后侍女和伊利諾參議員夫人羅蘭‧佩西（Loraine Percy）的中間。他轉頭想和佩西夫人攀談，卻發現她正全神貫注地和另一邊的男伴保羅‧紐曼講話。巴菲特轉向右邊，對那位伊朗皇后的侍女說了一些話，她禮貌地微笑。他又說了些

別的，她又笑了笑，什麼都沒有說。坐在她另一邊的泰德・甘迺迪傾身用法語說了幾句俏皮話，她的臉立刻發亮，接著他們開始用法語熱絡交談。巴菲特卡在中間。他再轉向佩西夫人，她還是專注地和保羅・紐曼說話。巴菲特覺得很悶，也看出有了保羅・紐曼坐在她旁邊，這會是非常漫長的一晚。

葛蘭姆在另一桌，坐在伊朗國王旁邊。葛蘭姆是最重要的賓客，而巴菲特是最不起眼的。葛蘭姆是女王，巴菲特是來自內布拉斯加的老土投資家，是葛蘭姆的跟班。去他的《超級錢潮》，這裡是上流社會。過了一會兒，泰德・甘迺迪注意到他的窘境，於是問他：「你一點法語也不會說嗎？」巴菲特覺得自己彷彿穿著一件雪衣登上大溪地的波拉波拉島（Bora-Bora）。這一餐一直吃到凌晨一點，接著樂團開始演奏，一名紳士擁著伊朗皇后開舞，踩著華爾滋滑入舞池。巴菲特抓著葛蘭姆的手落荒而逃。

不過要是她再次邀請他，他還是會同行。因為他對這些一點也不排斥。在旁邊看熱鬧實在太好玩了。

現在他非常清楚，儘管《超級錢潮》、《富比士》的文章讓他出了名，卻有許多名人聽都沒聽過他。1976 年 5 月，巴菲特到華盛頓拜訪葛蘭姆期間，她對他說，我想帶你去見一個人。葛蘭姆講的是柏恩（Jack Byrne），但柏恩本人卻興趣缺缺，他說：「誰是巴菲特？」

「嗯，他是我一個朋友，」葛蘭姆說，「他剛買下《華盛頓郵報》部分股權。」當時柏恩既不認識巴菲特，也不在意他是誰，於是拒絕了這項邀約。後來巴菲特的老朋友、1970 年從 GEICO 退休的戴維森打電話給柏恩，對柏恩說：「老天！你是

哪來的白痴,居然放過和華倫·巴菲特見面的機會?」[27]

GEICO 的命運

GEICO 在 1976 年聘請柏恩,要拯救這家公司脫離破產的命運。一度專門承做公務人員保險的 GEICO,瞄準了大眾市場。一名資深主管說:「成長、成長、再成長,成長是唯一的重點。」[28] 在不斷刺激下,GEICO 的股價高達 61 美元,巴菲特認為這實在高得離譜,不過反正他還是繼續留意。其實二十年來他一直密切追蹤這支股票。

1975 年,「我又看了一下 GEICO,運用一些經驗法則計算理賠準備金後,結果讓我傻眼。這家公司的理賠準備金水準過低,情況正在惡化。有次去郵報洽公時,我順便去見基登(Norm Gidden,GEICO 執行長)。二十年前我因緣際會認識了基登,我欣賞這個人。他為人友善,但他完全不想聽我的意見。他們不肯面對現實。他可以說是半催半逼把我請出辦公室,不願回應這件事。」[29]

巴菲特手中沒有 GEICO 股票卻想幫助 GEICO 的管理階層,可見他有多關切這家公司,主要因為老友戴維森最近從這裡退休,而 GEICO 股票是巴菲特第一個重要的投資構想,加上這項投資又為他的朋友和家人賺了那麼多錢。

1976 年初,GEICO 公布了它有史以來最糟的年報數字:保險業務在 1975 年虧損了 1.9 億美元。[30] GEICO 停止發放股利,此舉傳達給股東的訊息是公司口袋已經空了。基登焦急地四處奔走籌錢,因為金庫裡只剩下區區 2,500 萬美元資金。[31] 那年 4 月在華盛頓的史達特樂希爾頓飯店(Statler Hilton),股

東大會會場湧入四百名憤怒的股東，滿腔疑問與控訴。之後沒多久，一組保險主管機關人員進入 GEICO 辦公室，反應慢半拍的董事會這才體認到，管理階層必須走路。[32] 董事會本身也是一片混亂，幾位董事在這次危機中損失了個人財富。少了能力高強的執行長為 GEICO 掌舵，巴特勒（Sam Butler）這位腳踏實地的凱史莫法律事務所律師，擔任領導董事（lead board member），其實就是暫代執行長。

巴特勒知道柏恩因為旅行家保險公司（Travelers）董事會沒選他當執行長，拂袖離去。柏恩曾是精算師，後來靠著一家新成立的保險公司，年方二十九便躋身百萬富翁。兩年前，他主導旅行家改造房屋險和汽車險的雜亂產品線。巴特勒看準柏恩生性高傲，於是打電話去哈特福（Hartford）對他說，如果他接下 GEICO，就等於阻止一個全國性危機，讓美國經濟不致陷入癱瘓。柏恩一口答應參加執行長的面試。[33]「我到那裡隨口劈哩啪啦一講五個小時。以下有五點、這是我們要做的，就這樣滔滔不絕。」[34] 已經黔驢技窮的董事會馬上決定，這個面色紅潤的圓臉小鋼砲，就是他們要的執行長。

柏恩接任執行長的第一件事就是到華盛頓特區，直奔保險監理主管瓦拉契（Max Wallach）在中國城的辦公室。瓦拉契是口音濃重的老派德國人，「他固執得要命，懷抱服務大眾的高遠志向，」柏恩回憶。他厭惡 GEICO 之前的主管，拒絕和他們打交道。柏恩察覺，瓦拉契對他也沒什麼好感，但這兩個人開始每天通話，甚至有時會每個小時就聯絡一次。[35] 瓦拉契堅持 GEICO 在 6 月底前必須敲定資金挹注方案，同時找到其他保險公司接收部分保單，也就是說，GEICO 必須找到「再

保險」。[36] 瓦拉契的構想是增加 GEICO 用來理賠的資金準備，同時降低它的風險，好讓兩者更為平衡。於是柏恩必須說服其他保險業的競爭對手，掏錢挽救 GEICO。

根據過去經驗，柏恩覺得他什麼都能賣，一開始自信滿滿。

「我的訴求就是，如果 GEICO 倒了，主管機關會把 GEICO 沒付的理賠帳單丟給同業，他們終究還是得金援 GEICO。但是，老洛斯特（Ed Rust, Senior）那個掌管國家農場保險公司（State Farm）的老渾帳，他還滿聰明的，他說：『GEICO 關門，我會出 1 億美元負責那些沒有付清的理賠。用這種方式弄倒 GEICO 比較好，長遠來看反而幫我們省錢。』」因此國家農場保險公司不支持再保險計畫。

柏恩說：「然後，我幾個好朋友也食言了。旅行家只丟下一句『我們幫不了忙』，他們背後沒有什麼特別的理由，只是怕事。」

加入 GEICO 三週期間，「我到處奔走，心想這是我一生犯下最大的錯誤。我太太桃樂西在哈特福哭個不停。」市場認為 GEICO 可能熬不過去，不久前一股 61 美元的 GEICO 股票，已經跌到只剩 2 美元。也就是說，如果有一個人持有 25,000 股 GEICO，會看見自己的財富縮水將近 97％，從 150 多萬美元變成 5 萬美元，從足夠過一輩子到只能買一部高級跑車。

許多長期股東因為恐慌而決定出脫手中持股，這就是為什麼股價跌到只剩 2 美元。承接這些股票的投資人，是在賭 GEICO 的命運。

當時八十二歲的葛拉漢未採取任何行動，仍然保留持股。葛拉漢的表親羅妲和她丈夫沙納特去找芝加哥大學商學院院長

談，院長建議他們賣掉，因為價格那麼低的股票很難起死回生。他們最後卻反其道而行，認為股價這麼低，賣掉有什麼好處？而保留股票也沒什麼損失。因此他們按兵不動，把股票放著。[37] 無獨有偶，戴維森也是一股都沒賣。[38]

GEICO 創辦人之子古德溫二世（Leo Goodwin Jr.）賣掉股票，落得一身赤貧，不久後他兒子古德溫三世因服藥過量而過世，據推斷應該是自殺。[39]

巴菲特手上沒有 GEICO 股票，但他從 2 美元的股價嗅到另一個美國運通。不過，GEICO 少了扎實的品牌影響力，無法自行脫困，需要一輛拖吊車。巴菲特認為，只有才智出眾、積極進取的經理人才能扭轉乾坤。在掏錢買股票前，他希望見見柏恩，掂掂他的斤兩。他請葛蘭姆打電話給柏恩，安排兩人會面。

戰地指揮官

巴菲特結束郵報董事會的晚餐後，在葛蘭姆的華盛頓宅第等柏恩。「這很冒險，」他告訴唐納，「GEICO 可能會倒閉、完全退出保險業。但要在保險業占有優勢很難，而他們就有優勢。如果遇到好的經營者，我想 GEICO 還是能翻身。」[40]

柏恩來了，精力充沛得像個火箭筒。這兩人在葛蘭姆家挑高書房的火爐旁坐下。巴菲特問了柏恩幾個小時的問題。在巴菲特遇過的愛爾蘭裔美國人裡，柏恩最能言善道。「華倫問了我很多問題，關於我們要如何避免破產，還有我接下來有何計畫。我很興奮，口沫橫飛講個不停，」柏恩說。

巴菲特認為，柏恩非常懂保險，也具備分析能力。既是領

導者，也是推銷員。「GEICO 需要具有分析能力的領導者，找出解決問題的辦法，也需要優秀的推銷員，讓各路利害關係人買單。」[41]

隔天早晨，巴菲特找來賣他郵報股份的吉爾斯畢，因為他們兩人都是平克頓徵信社（Pinkerton）的董事，而那天正好有董事會。[42] 他對吉爾斯畢說：「這實在不像我的作風，但我今天買了一些可能明天就會變壁紙的股票。」他方才打電話回公司，要比爾・史考特下單為波克夏買進 GEICO。史考特敲進一筆巨額交易，買下價值 400 萬美元的 GEICO 股票。[43]

巴菲特等著以適當價格買 GEICO 股票的機會等了好多年。如今 GEICO 還沒找到再保險公司，也需要更多資金，而這兩件事都要看監理官瓦拉契的臉色。[44] 但現在事情出現重要轉折；有了當代傳奇投資家巴菲特的支持（巴菲特自己也有成功的保險公司），柏恩等於拿到一張和主管機關談判的王牌。[45] 此外柏恩說，美國汽車協會最高主管麥克德莫特（McDermott）將軍寫了一封信給其他保險業者。美國汽車協會只賣保險給軍官，據說麥克德莫特將軍在保險業界幾乎被尊為天王。他在信中想必是這樣寫的：「在軍隊裡，我們絕不遺棄一兵一卒；現在我們有名傷兵。」[46]

巴菲特去見了瓦拉契，想說服這名暴躁的老官員放寬 6 月底的期限。為了達到目的，柏恩的說法是，GEICO 已清理門戶，趕走一批沒有用的主管，[47] 公司裡的禍害也清理乾淨；現在身經百戰的旅行家救主柏恩從天而降，準備妙手回春；從不失手的巴菲特對柏恩信心十足，慨然掏出 400 萬美元買 GEICO 股票。

　　不過當柏恩開始找華爾街銀行時,「對方連頓飯都沒吃完就走人,我到哪裡都被人踢出門,」他說。接著,巴特勒帶他去找所羅門這家信譽卓著的老牌專業券商。所羅門當時還沒涉足股票交易,但很想進入利潤豐厚的承銷業務。所羅門高階主管葛佛藍德(John Gutfreund)很有影響力,派了基層研究分析師弗林奎里(Michael Frinquelli)和他的助理巴隆(Joe Barone)前往華盛頓看看 GEICO。「我讓他們等了一個半小時,他們氣炸了,」柏恩說,「我一直講到天亮。他們面無表情,可是公司的司機載他們去機場途中聽到他們的談話,他告訴我,他們一路上都非常興奮。」[48]

　　「保險業不能讓這些人出事,」弗林奎里告訴葛佛藍德說,「這對保險業是沉重的一擊,這些渾球不會坐視不管。」[49] 但當柏恩和巴特勒抵達所羅門,為籌資全力做最後努力時,葛佛藍德一開始就來個下馬威:「我不知道有誰會接受你這什麼鬼再保險合約。」

　　「你根本不知道自己在說什麼鬼話,」柏恩立刻頂回去。[50]

　　柏恩展現過人的精力,發表了一篇熱情洋溢的演說,連「上帝和國家利益」都被他列入所羅門應該幫忙募資的原因,他也提到巴菲特的投資。在柏恩勾勒 GEICO 的似錦前程時,葛佛藍德顧著把玩一支昂貴的長雪茄。等柏恩筋疲力盡地講完了,巴特勒再接著講。從葛佛藍德的態度,柏恩以為他們失敗了,但葛佛藍德卻指著柏恩對巴特勒說:「我會做這件承銷案。我認為你找對人了,但請叫他閉嘴。」[51]

　　所羅門同意獨力承銷 7,600 萬美元的可轉換股,但其他銀行都不願協辦、分擔風險。GEICO 和證管會簽下一份和解

書，但對於證管會說它未對股東揭露損失的指控，GEICO 不承認，也不否認，以免毀了公開發行案。[52] 為了完成募資，所羅門必須說服投資人相信 GEICO 會熬過去。投資人聞得到這件案子透露出的迫切氣息。媒體對 GEICO 的報導十分負面；柏恩說，要是他哪天徒步渡過波多馬克河，報紙也會刊出斗大的標題說：「柏恩竟然不會游泳！」[53]

成為 GEICO 最後王牌的巴菲特，對這些事件都不為所動。當公開發行看似不順利時，他跑去紐約見葛佛藍德，說他已準備好承接這筆交易（他心中也設定好價格）。有了後補買家，所羅門等於打了一劑強心針，不過葛佛藍德也感覺到，巴菲特的態度是，即使發行失敗後要他承接所有股票也沒關係。[54] 巴菲特認為這是完全零風險的交易，當然，他開出的承接價格很低。所羅門斬釘截鐵地告訴柏恩，有了巴菲特的價格上限，可轉換股發行價格每股不會高於 9.2 美元，不會是柏恩想要的 10.5 美元。

巴菲特對 GEICO 股票的態度是能買多少就買多少，他要所羅門等股票一開始交易就盡量買。巴菲特願意在發行後買進，成為所羅門推銷這件案子的一股助力，否則，所羅門必須想辦法將股票塞給自己的客戶。

的確，這位奧馬哈智者（Sage of Omaha）喊水結凍的預言一發酵，股票立刻供不應求，[55] 巴菲特只拿到四分之一的交易量。幾週內，共有二十七名再保險業者上門，簽訂主管機關規定的再保險合約，於是 GEICO 的普通股價格翻了四倍，每股上漲到約 8 元。GEICO 的救星葛佛藍德也成為少數巴菲特真心敬仰的當代華爾街人物。

但是 GEICO 的問題還沒有完全解決。柏恩需要將紐約地區的費率調升 35％，所幸很快就得到批准。[56] 在紐澤西州部分，柏恩前往首府川頓市（Trenton），請求保險局長施朗（James Sheeran）批准。施朗是個相貌英挺、以剛毅性格自豪的前陸戰隊員。柏恩帶著公司的執照去告訴施朗，GEICO 要調升費率。

「他身旁有個瘦小又難纏的精算師，之前還被某家保險公司炒魷魚，很有理由找麻煩，」柏恩說。施朗認為他提出的數據不能證明調升費率的合理性。「我花盡力氣說服他，但施朗先生也不是好應付的。」柏恩從口袋裡抽出執照，丟在施朗桌上，說了句「那我只好繳回執照」，連髒話都出籠了。[57] 接著他一路飆車回辦公室，同一天下午發出電報給三萬名保戶取消保單，並裁掉紐澤西兩千名員工，連施朗都還來不及到法院申請禁令阻止他。[58]

「這讓每個觀望者知道，我是來真的，」柏恩回憶說，「我會全力為公司的生存奮戰，甚至不惜退出某一州，那時還沒人這麼做。」柏恩對紐澤西的這一擊，正好達到這個效果。

巴菲特說：「他這輩子做的一切似乎都是為了這個位子，你踏遍天下也找不到比他還優秀的戰地指揮官。這是大刀斧的工程，沒有人能做得比他好。」

每天早上柏恩走進 GEICO 大門，就把帽子高高拋起，直達大廳 15 公尺高的頂層，還對祕書們大聲問好。[59]「在墳地旁，我不吹口哨，誰來吹？我不跳舞，誰來跳？」他問。他有種本事，能讓人覺得自己每天上班的地方真是棒呆了，儘管他們也擔心自己隨時會丟了工作。他砍掉公司 40％ 的客戶，賣

掉一半賺錢的壽險關係企業求現，除了七個州和華盛頓特區，
其他市場都退出。柏恩的步調快得像是裝了火箭筒。他的態度
是：「你不是在經營公立圖書館，你是要救一家企業。」[60]

　　「柏恩對我毫不留情，」十八歲起就為 GEICO 工作的奈斯
利（Tony Nicely）說，「他喜歡找碴，而且是針對有企圖心的
年輕人。但是他教我很多，我永遠都感謝他。他教我如何從整
體思考營運，而不是只看像承銷或投資等單一功能。我現在知
道一張規規矩矩的資產負債表很重要。」[61]

　　柏恩告訴員工，如果他們不能達成特定業績數字，接下來
這一年就得天天把體重 109 公斤的他像羅馬皇帝一樣用轎子抬
去公司開會。[62] 後來業績達成了，柏恩頭戴著一頂大大的廚師
帽、別著一株大大的幸運草，「我親自做愛爾蘭菜給他們吃，」
他說，「我用蕪菁、馬鈴薯和酸乳做奶油馬鈴薯菜泥，嘗起來
恐怖極了。」

　　巴菲特將柏恩和他太太桃樂西拉進他的朋友圈。現在巴菲
特穿梭於 GEICO、郵報會議，到西岸視察藍籌和魏斯可，到
紐約參加企鵝牌服飾（Munsingwear）董事會（他在 1974 年加
入），還有葛蘭姆的宴會，大部分時間都在旅行，於是他需要
有人幫他打理辦公室。這時蘇珊勸一位網球球友去找巴菲特，
找個類似一般實習生的工作，這人就是葛羅斯曼（Dan
Grossman），這個聰明的耶魯畢業生還是史丹福 MBA，居然
願意不支薪。巴菲特沒有讓他這麼做，但他一貫的緊迫盯人也
轉到葛羅斯曼身上。有人認為，因為巴菲特的兩個兒子都無意
進入商界，所以他把葛羅斯曼當成兒子來教，認為葛羅斯曼有
可能繼承他的位子。

　　巴菲特重新調整辦公室，把葛羅斯曼安置在他隔壁間，祕書葛蕾蒂絲也會在一旁幫忙。巴菲特在葛羅斯曼身上花了很多時間，向他解釋浮存金、教他檢視保險公司的財務模型、講授提報規定概要、講訴他的故事、翻閱老舊的《穆迪手冊》。他和葛羅斯曼打網球和手球，帶他加入葛拉漢集團，葛羅斯曼在那裡交了很多朋友。[63] 巴菲特又完完全全陷入這個新目標。

第 41 章
最大的錯誤
奧馬哈，1977 年

　　蘇珊好友的說法是，為了適應巴菲特的各種執迷，蘇珊在
婚姻裡為自己創造了另一種生活。就像有人說的，巴菲特「真
正娶的是波克夏海瑟威」，這是無可辯駁的事實。不管怎麼不
容易，這套相處模式一直延續得不錯，但等到巴菲特把心思灌
注到葛蘭姆身上，蘇珊反而變成配角後，她終於採取行動。
　　巴菲特現在大部分時間都在華府和紐約，與葛蘭姆一同參
加權貴名流的聚會，或是待在葛蘭姆家參加她的派對。儘管他
仍有幾許不自在，也會發出突兀的笑聲，但他從葛蘭姆那群名
人朋友身上大開眼界。
　　「我見到柯波帝（Truman Capote），」他談起《第凡內早餐》
和《冷血告白》（In Cold Blood）的作者。柯波帝曾在紐約的廣
場飯店舉行那場有名的「黑與白舞會」，向葛蘭姆致敬；舞會
被稱為「世紀之宴」。柯波帝是國際社交界許多富婆的密友。
　　「他真心喜歡凱瑟琳，我想，那是因為他和別人不一樣，
不會覺得她是個虛假的人。」
　　巴菲特還獲駐英大使華特・安納伯格（Walter Annenberg）
召見。安納伯格是三角出版公司（Triangle Publications）的老
闆；除了其他利潤豐厚的事業外，《費城詢問報》（*Philadelphia*

Inquirer)和巴菲特童年最愛的《賽馬日報》也是三角出版旗下事業。

「安納伯格 1977 年在《華爾街日報》讀到我的報導。我收到一封信,上面寫著『親愛的巴菲特先生』,他邀請我去他的加州豪宅陽光地(Sunnylands)。」巴菲特聽來許多事蹟,得知這位大使敏感易怒出了名。安納伯格的父親摩西出現在許多故事裡,他除了把對出版的興趣傳給兒子,也留給他醜聞和恥辱:他因經營一條賽馬專線(發電報給全國賽馬組頭通知賽馬結果),被判逃稅而入獄。這起案件甚至被認為和組織犯罪有關,為他增添了勾結黑道的惡名。據說摩西為了不牽連兒子而認罪,入獄時被扣上腳鐐,卻依然頭戴小禮帽。安納伯格後來說,他父親受盡病痛折磨,最後因腦瘤死於聖瑪麗醫院,死前對兒子低語的遺言是:「我所受的苦只有一個目的,就是讓你蛻變為男人。」[1]

安納伯格全心想挽回家族名譽,他靠著自學辛苦摸索出版業,結果證明他是有能力的企業家。雜誌《17》(*Seventeen*)正是他的構想,他還創辦了小開本的《電視指南》(*TV Guide*),這個出版概念在當時相當新穎,能滿足大眾對電視節目、表演和明星等資訊的胃口。他和巴菲特會面時,不只是位成功的商業人士,由於被尼克森任命為駐英大使,他的社會聲望也正值顛峰。雖然他重建了家族名譽,出身背景留給他的傷痕卻未曾癒合。

資產的必要性

巴菲特滿懷好奇,去陽光地見安納伯格。這兩個人其實早

有淵源；安納伯格的妹妹葉伊是羅斯納（Ben Rosner）前合夥人賽門「被寵壞」的遺孀，也就是讓羅斯納憤而將聯合零售商店賤賣給巴菲特的人。巴菲特曾在某個場合見過葉伊，她在她那間寬敞、擺滿藝術品的紐約市公寓接待巴菲特。葉伊對巴菲特說，她「老爸」曾教唆保鏢「對賽門開了幾槍」，要他改進對岳父大人的態度。後來葉伊要求巴菲特讓她兒子加入他的合夥事業，想到要是績效難看就有可能挨子彈，巴菲特相當機伶地擺脫了這個要求。

安納伯格花數十年時間建立了好名聲。他曾在陽光地接待過查爾斯王子，法蘭克·辛納屈的第四次婚禮也在這裡舉行。這裡也曾帶給尼克森總統片刻安寧，讓他寫下最後一篇國情咨文。

「他是個有教養的人。我們來到後院水池旁坐下，安納伯格打扮得很體面，所有穿著都像是那天早上才買的。當時他大約七十歲，我大約四十七歲。他的態度溫和慈祥，像是對著一個他想幫忙的年輕人，他說：『巴菲特先生，你要了解的第一件事是，沒有人喜歡被批評。』這句話是與人相處的基本原則。」

這對巴菲特來講再簡單不過。「我說：『是的，大使先生。我懂了。請別擔心這點。』

「接著，他開始談『必要性』（essentiality）。

「他說：『世界上有三樣資產具備必要性。那就是《賽馬日報》、《電視指南》和《華爾街日報》，而我擁有其中兩樣。』

「他所說的『必要性』是指，就算是在大蕭條期間，他也看到《賽馬日報》在古巴一份賣二塊半。」

《賽馬日報》具有必要性，因為沒有比它更好、更完整的賽馬分析及戰況預測。

「它一天發行十五萬份，賣了大約十五年，一份賣二塊多，它具備必要性。如果你完全只憑猜測賭馬，你需要《賽馬日報》。他愛怎麼訂價就怎麼訂價，讀者都得照付。基本上，這就像賣針頭給毒蟲。

「於是安納伯格每年都會問上這麼一次：『魔鏡啊魔鏡，今年秋天《賽馬日報》要漲多少錢？』

「魔鏡總是回答：『華特啊，加它個二毛五！』」

那個年代，整份《紐約時報》或《華盛頓郵報》只賣二毛五，巴菲特以為這兩大報已經是很好的投資標的。這表示《賽馬日報》更是好得不可思議。

具備必要性的資產中，安納伯格擁有兩樣，但他想要三樣全拿。陽光地之旅為他和巴菲特日後聯手揭開序幕。兩人將討論是否要一起買《華爾街日報》，還有要怎麼買。

但是，「他把我叫去那裡的真正原因是傳話給凱瑟琳。」

安納伯格和葛蘭姆兩家曾是朋友。[2] 後來在 1969 年任命安納伯格為駐英大使的聽證會舉行前，郵報的扒糞專欄作家皮爾森（Drew Pearson）寫了一篇文章，詳細描述他在《費城詢問報》如何操作社論以報私仇的事蹟，並指稱安納伯格的財富是「從幫派火拚打下來的」，並重提一個沒有根據的謠言，說他父親一年付黑道老大卡彭（Al Capone）100 萬美元的保護費。[3] 盛怒的安納伯格指控葛蘭姆運用報紙，做為反對尼克森總統的政治武器，而尼克森正是冒險提名他擔任大使、重建安納伯格家族名望的人。安納伯格打電話給葛蘭姆，要求郵報收回報

紙。她試圖安撫他，但也說她不會干涉社論版。

聽證會後，安納伯格前往葛蘭姆的喬治城寓所，參加一場宴會，這是好幾週前就安排好的。安納伯格覺得自己被設計，於是提早離席，從此和葛蘭姆絕交。

「凱瑟琳為此心煩意亂。她非常希望和安納伯格和平相處，她不想找任何人的麻煩。她喜歡當家做主，但不喜歡出鋒頭。她喜歡名人，尤其是名男人，和他們起衝突讓她不自在。但她也希望他理解，她不會指示總編輯報紙應該登什麼。」

「我和他見面時，他正在考慮出一本別人託他出版關於菲力普·葛蘭姆和他的牙齒趣譚的書。

「他有個理論是，牙縫太開表示精神狀態不穩定。不管他有什麼理論，你都不能有異議，他喜歡我的一個原因，就是我從來不表示異議。哪怕他指著黑色對我說那是白色，我也不會反駁。

「於是，我成為他和凱瑟琳的中間人。」安納伯格期待巴菲特傳話給葛蘭姆：要是他真的出版了有關菲力普牙齒的書，那不過是娛樂事業。

「同時，他對我好得不得了。他請我到超級華美的會客室，帶我去他的辦公室，那裡有一個小型玻璃展示櫃，陳列了一枚普魯士硬幣、一把袖珍折刀和另外一件東西。這是他祖父離開普魯士、登陸美國時口袋裡僅有的東西。他說：『你在這裡看到的一切，就是從這些東西來的。』安納伯格在一段不算長的時間內重建家族名聲，他讓父親感到驕傲。而讓父親以他為榮是他人生最重要的目標。」

巴菲特理解安納伯格的心理，但似乎未曾注意到自己和這

位大使之間有某些相似點。或許這是因為他們在其他方面是那
麼迥異。安納伯格缺乏幽默感、講究奢華和繁文縟節，加上對
葛蘭姆的敵意，都與巴菲特截然不同，而且他們的政治立場是
對立的。然而，在他們同樣敏感的心靈裡，都有一股想證明自
己的強烈動機，不管是在商業界或社交圈，而兩人也都認為，
世界虧待了他們的父親。

慈善事業的陷阱

　　兩人開始通信。安納伯格以熱心指導後進的心情，指點巴
菲特從事慈善事業。他認為有錢人應該在死前把錢全部捐出
去，否則他們委託的管理者可能讓遺產蒙羞。[4] 他想提醒巴菲
特避開一些陷阱。安納伯格本性不信任人，總是不斷測試他人
（巴菲特也是如此），他仔細研究了失敗的基金會，以及基金會
受託人的背叛行徑。他在股票經和禮貌寒喧的通信內容裡，穿
插了幾個捐助人過世後基金會出差錯的案例。巴菲特曾揭發慈
善機構的經管疏失而贏得普立茲獎，因此興致勃勃地閱讀這些
資料。安納伯格告訴他，他害怕把財富交到強勢管理者手中，
在他死後，這個管理者會做出他所說的「基金強暴」行為。

　　他寫信感謝巴菲特寄給他一篇關於邦迪（Mac Bundy）的
文章；邦迪是福特基金會的主持人，他的經營方式正是安納伯
格嫌惡的那種。[5]「福特二世曾把邦迪描述為『全天下最臭屁
的渾蛋，用阿拉伯王子的生活方式花福特基金會的錢。』」[6]

　　安納伯格花了很多時間規畫，防止他的錢在他死後被暗
槓。他告訴巴菲特有關道納基金會（Donner Foundation）的事。
道納基金會的理事長把基金會改名為獨立基金會（Independence

Foundation），這樣誰會記得創立者是道納？[7]「務必確保你死後沒有人可以在你的基金會名稱做手腳，」他寫著，「勿忘道納先生的教訓。」[8]

對於他和蘇珊成立的基金會，巴菲特想法不同。他曾說：「它不應該叫做巴菲特基金會，這名字很呆。但是現在改名也很呆，反而會讓人注意到我們刻意改名稱。」[9]

他和安納伯格都著迷於媒體和出版。《電視指南》是安納伯格最重要的資產，巴菲特一得知安納伯格有意出售《電視指南》，就和墨菲從洛杉磯出發，探探這位跋扈的大使是否願意賣給他們一半《電視指南》的股份。安納伯格想要以股換股，不願意賣出股票，但墨菲和巴菲特都無意釋出。墨菲說：「這樣做無法致富。」於是他們沒有買成《電視指南》。

無論如何，巴菲特仍然繼續扮演安納伯格和葛蘭姆的中間人。葛蘭姆仍為生活中的瑣事打電話給巴菲特。他前往瑪莎葡萄園，也會一時興起跑去尼加拉瀑布，巴菲特帶她去看波克夏紡織廠。有人看見五十九歲的葛蘭姆在慈善活動上曖昧地把她的屋子鑰匙丟給四十六歲的巴菲特，而兩人也愈來愈常公然出入。到了 1977 年初，八卦報導盯上他們，於是，如葛蘭姆所說，「舉世譁然」。[10]

根據朋友的觀察，這兩人「完全不來電」，不過葛蘭姆曾和朋友坦誠她已有對象。[11] 如同她的回憶錄所顯示的，她在兩性關係上明顯缺乏安全感，卻刻意掩飾。[12] 不管他和葛蘭姆的關係一開始有什麼浪漫成分，兩人心裡只當這是友誼。

紐約登台

　　但是這些報導動搖了蘇珊和巴菲特之間的微妙平衡。她仍然非常在意丈夫，也希望身邊的人需要她，甚至依賴她，而今她覺得自己不受重視，可有可無。即使如此，她絕不讓自己看起來像是被打入冷宮的怨婦，她到華盛頓還是借住葛蘭姆家，不管她丈夫多常被人看到和葛蘭姆在一起，她總是帶著友善的笑容。

　　她的一些朋友認為，她其實對此相當漠然，還有人說巴菲特和葛蘭姆的關係正好成為一種掩護，讓她能平靜過著自己的生活。無論如何，她曾對幾個朋友明白表示，她感到憤怒和屈辱。她處理這種情況的方式是寫一封信給葛蘭姆，允許她和巴菲特交往，彷彿葛蘭姆一直在等這份批准一樣。[13] 葛蘭姆把這封信給別人看，好像這封信是她的免責證明。[14]

　　蘇珊現在為成為職業歌手而努力。1976 年，她向奧馬哈法國小館老闆毛遂自薦，要在他的「地下鐵」酒吧獻唱，對方很訝異，但很高興地答應了。廣告貼出去了，證實了蘇珊要成為女歌手的傳言。「我非常膽怯，但我一直想活得淋漓盡致，」[15] 她在第一場演出前對記者這麼說。

　　有評論家說她「缺乏自信」，但是她那「年輕版的安瑪格麗特（Ann-Margret）」、「風格爵士」，以及取悅聽眾的渴望，在法國小館的酒吧裡贏得聽眾的心。據說聽眾都是朋友，還有想看富太太唱歌的好奇人士。[16] 幾週後瑞恩替她安排在紐約黃磚道（Yellow Brick Road）、蹺蹺板（See Saw）、泉普（Tramps）和舞會廳（The Ballroom）等夜總會做了三週的開場表演。後

來她說：「他們請我回去唱，但我希望有比較寬裕的時間。首先我計畫找一位音樂指導，設計一套節目。現在我知道做職業歌手很難，但我已經迷上了這份工作。等我再來時，我要連續唱六個月。」[17] 她和威廉莫理士經紀公司（William Morris）簽了約。

　　那年夏天，蘇珊和巴菲特都到了紐約。巴菲特在葛蘭姆的寓所玩橋牌，其他晚上則是快樂地欣賞蘇珊登台演唱。她的音樂事業將兩人繫在一起，他為她的成功高興。他們考慮在紐約買一間公寓，地點就在第五大道旁一棟具代表性的建築，但最後仍作罷。[18]

　　蘇珊的時間確實很寬裕，到了 1976 年秋天，她還沒有計畫重返紐約登台。她待在拉古納海灘的時間比巴菲特多，在奧馬哈的「患者」也占去她的時間。婆婆麗拉會和蘇珊講上好幾小時的故事，分享她與老霍華在一起的美好歲月；兒子霍華在外地開怪手；姊姊多蒂的人生似乎在夢遊中度過，態度消極，有一次她打電話說家裡失火，蘇珊一掛上電話就想，不知道多蒂報警了沒。於是她又撥了電話問，結果多蒂說沒有，她只是想打電話給蘇珊。[19] 落在蘇珊肩上的責任不只來自家人，更多是來自她那些需要關心的朋友和當地社交圈。

蘇珊為什麼歌唱？

　　1977 年春天，蘇珊沒有敲定紐約演唱行程，卻在奧馬哈的法國小館安排了檔期。一家隸屬於《奧馬哈世界前鋒報》的雜誌決定做一個封面報導，描述百萬富翁之妻如何在中年走上酒吧歌手之路。記者佩吉爾（Al Pagel）為報導安排例行採訪，

聯絡蘇珊的朋友，問些簡單的問題，了解蘇珊的生平。他想知道，蘇珊為什麼出去唱歌？當然，就像奧馬哈的許多人，他也聽過關於蘇珊的一些傳言，[20] 蘇珊的朋友受訪時態度抗拒，一心想保護蘇珊。

像黛能柏就發火了，她宣稱：「蘇珊是超級大好人，很多人不認為有這種好人存在，於是以小人之心度君子之腹，以為蘇珊的行為像他們一樣卑劣。」[21] 他們像是信徒把聖人團團圍住般保護蘇珊。佩吉爾承認，面對這麼強硬的擁護者，反而激得他想朝蘇珊最好的白色晚禮服丟幾塊泥巴。[22]

接受訪談時，蘇珊和佩吉爾一起在巴菲特家壁爐旁的沙發坐下，客廳裡擺著一張乒乓球桌，牆上掛著海報。她給他的印象是纖細敏感。

「表演者和母親的角色全然相反，」她在一次訪談裡對他說，「我不習慣關注自己、滿足自我。或許我的例子可以鼓勵那些正想著『我想做某件事，可是我很害怕』的人。我不過是個想嘗試某件事卻害怕去做的人，」她停頓了一下，「這就是我全部的故事。」[23]

佩吉爾表示他想寫的報導不只有這樣。她的高度防衛姿態沒讓他退縮，反而挑起他的好奇心。蘇珊開懷暢談，談自己談了五個小時，但完全沒提到她的私人關係。最後她說，她也很詫異自己可以說這麼多。晚宴上人們費盡力氣要她開口說話，她卻雙唇如蚌殼般緊閉，但她現在把一切都告訴佩吉爾。她要在這段訪談裡贏得對方的友誼。

報導出刊時，雜誌封面標題寫著：「蘇珊為什麼歌唱？」照片中她一副「誰知道？」的表情，淺淺微笑、目光朝上迴避

鏡頭。而在內頁的照片裡，蘇珊沒有看鏡頭，一種內斂、一種
不確定的夢想，取代了她每張照片幾乎都有的招牌咧嘴笑容。

報導出爐的那天早上，蘇珊帶著一大盒喜事巧克力出現在
佩吉爾門前，她看了自己在他筆下所呈現的形象，興奮得像個
孩子。她邀請他參加她在法國小館的首演，並寄邀請函給
他。[24] 在他和其他賓客的記憶裡，蘇珊那晚看來年輕而容光煥
發，頭戴一頂蓬鬆的棕色假髮，一襲亮片洋裝裹著她的苗條身
材。黑亮的假睫毛在她充滿笑意的眼睛上方撲撲擺動。她臉上
的表情透露，她發現關注自己、滿足自我的感覺還不賴。現在
她已經掌握一些表演技巧，聽眾在歌曲的空檔喝采時，她露出
迷人笑容，[25] 而聽眾則看到一個女人放下妻子和母親的角色，
走上自己人生舞台時所展現的光芒。她以溫柔、流暢的風格演
繹標準流行歌曲和抒情名曲，聽眾覺得她的演唱動人而甜美。
她的組曲，像是「我的心屬於爹地」（My Heart Belongs to
Daddy）、酒吧經典「你下半輩子要怎麼過？」（What Are You
Doing the Rest of Your Life?），還有她最愛的松德漢（Sondheim）
的「小丑進場」（Send in the Clowns），[26] 讓人聽得溼了眼眶。
巴菲特手臂交疊站在聽眾席後方，看著他太太對觀眾放電、施
展魅力，他幽默地說：「我真是個好人，讓她這樣搞。」

1977 年夏天，蘇珊沒有乘勝追擊，把握紐約的演出機
會。巴菲特認為那是因為她自有主張，不喜歡像專業歌手一樣
先排定檔期。巴菲特有些朋友質疑，雖然蘇珊有美妙轉音和舞
台魅力，卻不一定能和知名歌手的高超技巧同台競爭。雖然蘇
珊熱愛表演，巴菲特的夢想卻是希望她有天能成為出片的明星
歌手。她常常會為了別人犧牲自己的雄心壯志。同時，關注自

己、滿足自我是另一回事，是更私密的需求。

這裡有個問題。身為富太太能幫她開啟歌唱事業，但也大開方便之門，讓別人得以窺探她不願公開的私人生活。巴菲特可以待在葛蘭姆的屋子、和葛蘭姆公開出雙入對，八卦媒體也不過擠眉弄眼帶上一筆。身為已婚婦女，蘇珊沒有那種自由。婦女運動改變了許多事，但不包括這件。隨著隱私一點一點流失，她也開始為如何面對自己日益分歧的情感而痛苦。

完成所有夢想

《太陽報》發行人、朋友利普西的婚姻也出現一些問題，他和蘇珊早晨坐在公園板凳上互訴祕密。他們兩人都對東方思想和人類潛能運動產生興趣。[27] 他們說服了巴菲特、利普西的太太吉妮和蘇珊的姊姊多蒂，和他們一起參加在林肯市一家旅館舉行的研習營。研習的中心概念是關注自己。研習營一開始，要學員練習以不批判的態度彼此表露自我，這是蘇珊的拿手技巧。巴菲特對這種表露自我的反應跟他太太截然不同。

巴菲特回憶當時的情形：「在場有五百個人，其中有人遠從千里之外而來。我們開始做一些瘋狂的事情。首先我們要找一個夥伴，其中一個人開始說話，另一人不管對方說什麼，只要不斷說：『然後呢？』

「和我一組的是一個來自奧克拉荷馬、人還不錯的女士，她開始說話。她停頓時，我就說：『然後呢？』十分鐘後，她無法自制地啜泣。我只是說『然後呢？』就把她打擊成這樣，好像我在她身上打洞一樣。我覺得自己好像在刑求犯人或什麼的。」

巴菲特完全誤解這項練習，他丟下那位哭成淚人兒的夥伴，急切地繼續下一個課程。帶領者要學員再找一個夥伴。利普西說：「我聽到帶領者說『我要你們再找一個異性伙伴』時，就開始找比較有吸引力的女人。」巴菲特卻還在狀況外，只是四處張望。「結果他和一個非常胖的女人同一組，」利普西說。

巴菲特說：「她穿著夏威夷花長袍，體重約 180 公斤。我要做的是躺在地板上；接著帶領者說，這個女人要把『她的重量當禮物』送我，意思是她要躺在我身上。一隻鯨魚就這樣倒頭朝我壓過來。這真是一份永誌難忘的禮物。

「在另一個房間，他們要學員學狗吠。我可以聽到多蒂的叫聲，她一向拘謹到幾乎不和別人打招呼，這會兒居然可以吠個不停。」

接下來是矇著眼讓人帶領走過林肯市街道的活動，旨在體會失去感官的感覺。蘇珊和利普西放棄了，他們翹課跑去電影院看《安妮霍爾》（Annie Hall）這部「神經質愛情片」，然後在剩下的週末時光，盡情大啖油炸食物和冰淇淋聖代。

1977 年夏天，巴菲特又在葛蘭姆的紐約寓所沒日沒夜玩橋牌，蘇珊也從早到晚不在家。

兒子霍華在那年 8 月迎娶瑪西亞（Marcia Sue Duncan），新娘的父親警告她，新郎以挖地基為生，開著小卡車到處跑，還載著兩隻毛絨絨大狗，嫁給這傢伙不會幸福。

那個勞動節週末蘇珊在奧馬哈做最後一場表演，她在歐菲姆劇院（Orpheum Theater）登台，為歌手兼音樂創作人保羅・威廉斯（Paul Williams）唱開場。她身著粉紅雪紡長禮服，散發一股魅力，爵士情歌在她圓潤而低沉的嗓音詮釋下，像溫暖

的蜂蜜緩緩流洩而出,「慵懶又性感」。她挑逗地對聽眾說,「假裝我們在戀愛,好嗎?」[28] 但在像奧馬哈這樣一個容易蜚短流長的小城市,大概沒人敢說這句話。

那年秋天,蘇珊開始體認到,她的生活已變得一團糟。她出門混到凌晨四點,開車直奔她度過新婚之夜的瓦呼市,一路上保時捷的收音機都開到最大聲,等到黎明破曉才返回她寂寞的家。[29]

平常的蘇珊會傾聽別人的問題,但現在她心慌意亂地找人傾吐她的問題。朋友們在公園裡、在散步時、在長程車上聽她吐苦水。她儲備了一小筆、一小筆的錢,交給朋友保管,彷彿在計畫出走。她會去波克夏海瑟威找網球球友葛羅斯曼,站在辦公室門口啜泣著詢問他的建議,而她的丈夫就坐在隔壁的辦公室裡。

蘇珊似乎多少體認到,她在為難許多人,因為他們對這段婚姻,對巴菲特妻子的幻滅與私密渴望,比巴菲特更清楚。她對某人說,你不能告訴華倫,如果你愛他,就不能這樣傷害他;要是他知道了,他會自殺。[30]

蘇珊是如此有影響力,巴菲特對妻子的感情是如此明顯,蘇珊又讓每個人深信,巴菲特沒有她就不知所措,於是大家都承受了這種為難。有人這麼做是出於自願,有人是出於忠誠,有人則是半意識到她的邏輯漏洞、出於勉強才這麼做,但是他們現在都覺得有責任為了巴菲特的脆弱,而替蘇珊保密。

那年秋天,在亞利桑那州嘉汀那網球俱樂部(Gardiner's Tennis Ranch)舉行的葛拉漢集團聚會上,兩人沒有什麼異樣。這群人(現在通常稱為「巴菲特集團」)大都已經接受巴菲特

和蘇珊是一對彼此相愛、但各自過著不同生活的夫妻。瑞恩給
大家看巴菲特在《財星》雜誌發表的文章〈通膨如何詐走股民
的錢〉。[31] 巴菲特指出股票是對抗通膨的最好方法,能隨著成
本增加提高產品價格的企業,它們的股票尤其如此,但遇到嚴
重通膨時,它們的價值仍將遭受侵蝕,他稱此問題為「巨型企
業條蟲」。[32] 在中場交流時間,溫伯格告訴巴菲特夫婦,他有
個姪女在美國原住民保護區工作生活。「哦!」蘇珊讚嘆,「我
真想那麼做!過著簡樸生活,還能以這種方式幫助保護區的窮
人,真是太好了!」巴菲特望著她,面無表情地說:「蘇珊,
我買塊保護區給你。」[33]

　　巴菲特在四十七歲時達成他所有夢想。他的身價高達
7,200 萬美元,經營的公司值 1.35 億美元。[34] 他的報社贏得兩
項新聞界的最高榮譽,他是奧馬哈數一數二的重要人物,而且
全美知名度也漸漸提高。他擔任奧馬哈最大的銀行、《華盛頓
郵報》和許多企業的董事,還是三家公司的執行長,他成功買
賣的股票比大部分人一輩子知道的都多。他最早的合夥人現在
大多有錢得不得了。

　　他只想繼續享受賺錢的樂趣,不希望生活中的其他環節有
所變動。他知道蘇珊認為他滿腦子都是錢,但他們以尊重彼此
差異的方式過生活,攜手走了二十五年。或者說,起碼他是這
麼想的。

享樂精神之都

　　那年秋末,巴菲特集團聚會結束後,蘇珊去舊金山拜訪一
位住在那裡的高中同學,結果一待四、五週。一段又一段的人

際關係似乎讓她離不開加州。她的外甥比利‧羅傑斯搬到西岸加入音樂界，蘇珊告訴他，她會盡力幫他戒掉海洛因毒癮，但她擔心他無法獨自一人在加州生活。現在嫁給比亞列克（Hilton Bialek）的柏蒂住在舊金山；利普西夫婦正在考慮搬到舊金山；蘇珊守寡的朋友瑞姬‧紐曼現在住在舊金山；女兒蘇西和她丈夫住在洛杉磯；她所依賴的小兒子彼得在帕羅奧圖，現在是史丹福大學大二學生。她和巴菲特在加州也有自己的落腳地，位於洛杉磯南方的翡翠灣度假別墅。她對內布拉斯加州的牽掛愈來愈少。奧馬哈的房子空寂得可怕，彼得一到外地上大學，連狗狗漢彌頓也逃家，跑去和彼得的朋友住。[35]

　　在舊金山停留了一段這麼長的時間，蘇珊發現舊金山是個富創意與朝氣的美麗城市。在起伏的山丘上俯瞰，海灣、海洋、橋梁、落日和一排排高低起伏的維多利亞式房屋都在向你招手。這裡有形形色色的人、社區、建築、文化、藝術和音樂，永遠不會覺得無聊。舊金山的氣溫從來不曾高過攝氏 43 度。這個城市的空氣在你的肺裡奔流，清新而舒暢。在 1970 年代自主、狂放，與誰都可以、做什麼都行的氛圍裡，舊金山是享樂精神之都，一個人們不批判他人的寬容國度。

　　蘇珊在舊金山看了一些公寓。她回到奧馬哈，去她駐唱的法國小館找艾絲翠聊天。艾絲翠是週一晚上的領班，也是酒侍，有時還兼廚師。蘇珊和艾絲翠相處融洽，艾絲翠會在節目空檔送茶給她。那年稍早，新任英國駐美大使傑伊（Peter Jay）拜訪奧馬哈時，艾絲翠也在巴菲特家做晚餐。艾絲翠知道巴菲特的口味，端上巴菲特最愛的高碳水化合物大餐：炸雞、馬鈴薯泥、肉汁、煮玉米和熱巧克力糖漿聖代。

蘇珊請艾絲翠去看看巴菲特，偶爾煮一頓飯給他吃。然後
她告訴巴菲特，她想在諾伯丘（Nob Hill）的格拉莫西大樓
（Gramercy Tower）租一間時髦的小房間，這樣她在舊金山就
有地方落腳。

巴菲特不會認真傾聽別人的話，只聽進去他期望接收的訊
息，這個習慣反倒幫了蘇珊的忙。蘇珊解釋說，她這麼做不是
要離他而去，他們也不是「分居」，婚姻關係會繼續維持。她
只想在舊金山有地方住，讓她可以在那裡做自己，這不會改變
什麼。她再三保證，她只是想住在一個充滿藝術、音樂和劇場
的城市。他們的生活軌道本來就如此不同，現在他們又都如此
頻繁地在外旅行，因此他幾乎不會感受到任何差異。現在孩子
們大了，是她滿足自己需求的時候了。她一再告訴他：「我們
倆各有自己的需求。」這部分確實是真的。

「她並沒有一去不回，這才是最要緊的。她只是想做個改
變，」巴菲特說。

對蘇珊的那些旅行，還有她買這幢、那幢屋子的提議，巴
菲特從來沒有聯想到她要離他而去，因為他從來也沒想過要離
開她。「想要做個改變」和「沒有一去不回」是巴式風格的模
稜兩可，這說辭他們兩人都拿來用，以免讓周遭人失望。

然後，她離開了。

蘇珊和她的朋友艾思柏一起在歐洲待了幾週。她回到翡翠
灣和家人過耶誕節，接著又去了歐洲。蘇珊愈來愈覺得，要在
舊金山有屬於自己的地方，可不能只是租個偶爾待一個星期的
落腳處。巴菲特根本不可能照顧自己，於是女兒蘇西回到奧馬
哈幫忙兩個星期。蘇西曾試著告訴父親，以他和她母親一向聚

少離多的情況來看，他的生活和以前不會有差別。但是巴菲特從來不認為自己和蘇珊實質上是各過各的生活，在他心目中，蘇珊為他而活，因此，他很難理解為什麼蘇珊想要過她自己的生活，不願隨時應承他的需要。

蘇珊和巴菲特在電話上談了好幾個小時。他現在懂了，只要她回到他身邊，她要求什麼他都願意辦到，他願意接受任何條件：他可以搬到加州，也願意去學跳舞。但顯然為時已晚。不管她的需求是什麼，他都無法滿足。她的說法是她需要自由，她需要分開，自己去找到自我。如果她所有時間都拿來照顧他，就無法追尋自我。於是，他在屋裡漫無目的地閒晃，幾乎無法自己吃飯穿衣。他去上班時，大部分時間都頭痛欲裂。他在員工面前極力自持，不過看起來就像晚上沒睡好。他每天打電話給蘇珊，不停哭泣。「他們少了對方好像就活不下去，一起生活卻又行不通，」有人這麼說。

看到丈夫如此無助消沉，蘇珊開始動搖了。她告訴朋友：「我可能必須回去。」但她沒有。他們各有自己的需求，而她的一個需求就是要網球教練搬到舊金山，安排他住在同一條街的另一間公寓。網球教練以為這只是暫時的，等蘇珊離婚後，他們就會結婚。[36]

然而蘇珊總是藉辭推托，沒有辦離婚。有個朋友問她有何打算，她回答：「華倫和我都不想失去任何東西。」她指的不是金錢，她名下的波克夏股票夠多了。蘇珊對自己的生活永遠只做加法、不做減法，她也沒想過要改變現狀。

就在那時，她不斷打電話問法國小館的艾絲翠：「妳打電話給他了沒有？妳打電話給他了沒？」[37]

艾絲翠的滄桑

蘇珊十分了解她的獵物。艾絲翠的雙親逃離蘇聯占領的拉脫維亞，1946 年在西德生下艾絲翠，她五歲時和雙親、五個兄弟姊妹搭乘一艘斑駁的改裝軍艦移民美國。當船駛進碼頭時，她對美國的第一印象，是霧氣瀰漫的岸邊有一尊逐漸逼近的龐然大物：自由女神像。

艾絲翠一家被分配給內布拉斯加維達爾市（Verdell）一個家庭所收容。他們住在一個農場，有個暖氣鍋爐，但沒有電，室內也沒有水管。他們全家在艾絲翠六歲時搬到奧馬哈，不久之後，她母親得了乳癌。艾絲翠和兩個弟弟進入奧馬哈以馬內利女執事之家（Immanuel Deaconess Institute of Omaha），是一所由信義會女教徒所主持的全方位機構，有養老院、孤兒院、醫院、教堂和育樂中心。艾絲翠只會說一點點英語的父親在那裡當工友，而孩子們就住在孤兒院，兩年後艾絲翠的母親過世。十三歲時艾絲翠被送往寄養家庭，一連換了三家。「住在寄養家庭實在不是什麼美好的經驗，」她說，「我在孤兒院還比較有安全感。」

高中畢業後，艾絲翠進入內布拉斯加大學，一直讀到錢用光為止。她在奧馬哈保險年金公司（Mutual of Omaha）做了一陣子，然後到女性服飾店待了一段時間，擔任採購和店長，不過她自己穿的是二手衣店買的衣服。最後，她在餐廳管冷盤，要切 23 公斤的節瓜、準備食材。她住在一間舊市場的小公寓，離餐廳很近，這樣比較方便，因為她的雪佛蘭車子底盤已鏽出一個大洞，坐在車上可以看到路面。[38]

　　她總是身無分文，但她認識舊市場倉庫區裡每個人，那裡的社區改造工程總是沒完沒了。她也加入某個餐廳團體，這個組織會找來該地區的落魄藝術家、沒有家庭的單身人士和同性戀者，舉行餐會或假日大餐。艾絲翠骨架嬌小、皮膚白晰，有著淺金色頭髮和細緻的五官，帶著北歐民族的美，隱隱透著一股滄桑。有時她看起來比實際年齡三十一歲還年輕。她對生活裡的困難總是輕鬆看待，但是蘇珊認識艾絲翠時，正是她沮喪、空虛又失落的時候。然而，講到照顧可憐的人，[39] 她絕對比蘇珊更擅長。

　　對於蘇珊纏著她打電話給巴菲特這件事，艾絲翠不確定蘇珊的用意，因而覺得害怕，但最後她還是打了電話。[40] 艾絲翠前往巴菲特家，準備做一頓家常菜，結果看到的是個丟滿書、報紙和年報的狗窩。巴菲特少了女人陪伴就沒辦法正常生活，此時他亟需情感慰藉；他曾帶多蒂去看電影、和已離婚的家族朋友露絲（Ruthie Muchemore）一起打發時間，藉此填補空虛。不過他依舊是個寂寞、悲慘的男人，情緒上退化成十一歲小男孩。他需要有人照顧他三餐，他的衣著也一團糟。艾絲翠是最不會強迫別人的女性，但是一如蘇珊所料，遇到問題時她知道該做什麼。

　　巴菲特對蘇珊為何離去的解釋是：「不管我做了什麼事造成蘇珊的離去，那都是我所犯過最大的錯。

　　「這件事有些部分讓人無法理解，但其中 95％ 絕對是我的錯，甚至可能是 99％。我對她不夠遷就，而她總是百分之百遷就我，一切都照我的方向走。你知道，這一路走來，我的工作愈來愈有意思。蘇珊離開時，她感覺我不再如她期望的那麼

需要她。你的配偶開始退居次要。多年來,她照顧我無微不至,養育孩子的功勞有90％歸她,雖然說來實在奇怪,我覺得我對孩子的影響力和她差不多,這種事偏偏與投入時間不成正比。等到孩子們長大,她也失業了。

「從某個角度來說,這是去做她喜歡做的事的時候了。一路下來,她做了很多志願服務的工作,但那些事從來沒有真正滿足她。她不願和時下許多重要人物的老婆一樣,成為『某某夫人』。她喜歡和人相處,而大家都喜歡和她往來。

「她愛過我,她現在仍然愛我,我們有很棒的關係。只是……這不應該發生的,全是我的錯。」

不管有天大的傷口、天大的理由,日子一天天過去,巴菲特發現自己仍然活著。最後,他回到最適合他的角色:教師、傳道者。只要他的頭腦和名聲還在,人們就會聽他的話。

1978年冬天,巴菲特重拾專注力,埋頭寫他的年度信函。前一封信是簡短的訊息報告,說明企業營運狀況。現在,他在信裡教導讀者如何評量管理者的績效、解釋為何短期盈餘不該當做投資決策的判斷標準、開闢專題論述保險業,還稱許墨菲經營大都會傳播的技巧。此刻他的空虛幾乎像個深不見底的黑洞。他找卡蘿作伴,請她擔任這封信的編輯有一半是藉口,她填補了巴菲特到紐約出差時的空檔,他們共同整理出許多想法,讓巴菲特傳達給一路追隨他的人們。他得到他們的全心信賴,這些人就是波克夏海瑟威的股東。[41]

第 42 章
贏者通吃
奧馬哈和水牛城，1977 年～ 1983 年

　　由於蘇珊一再催促，艾絲翠從 1978 年初開始，便不時前往法南街煮飯和打理家務。蘇珊打電話為她打氣，說：「非常謝謝妳照顧他。」然而，巴菲特與艾絲翠慢慢超越了這樣的照料關係。

　　起初，他與艾絲翠會在舊倉庫區的小公寓消磨時間。5 月時，她搬來和他一起住。夏天，彼得從史丹福大學回家時，艾絲翠已經在巴菲特家的院子種番茄，也會去找 3.8 公斤便宜 30 分錢的百事可樂。這麼多個月後，「我從沒想過這件事，事情就是自然地發生了，」艾絲翠說。[1]

　　巴菲特的朋友們看到艾絲翠時，都對這個組合大吃一驚。她比巴菲特小十六歲，是個藍領女工，不過像上流餐飲、高級酒類、海鮮叉和主廚刀，這些巴菲特不懂的事，她全都瞭若指掌。艾絲翠會去舊貨店挖寶，這點與蘇珊的消費習慣和摩登品味截然不同。艾絲翠為那些從舊衣店買來的划算行頭沾沾自喜，她如此刻苦儉省，連巴菲特都比不上。她比蘇珊更戀家，只喜歡烹飪、園藝、找便宜貨，蘇珊的興趣則是不斷拓展變化。艾絲翠個性謙和，不過說話相當直接，帶著挑釁的機鋒，完全不同於蘇珊的會心幽默和對別人的溫暖關懷；艾絲翠樸實

的態度也異於葛蘭姆貴族式的窮極講究。

　　蘇珊自己也感到震驚。當她對丈夫強調他們各有自己的需求時，這不是她所想的。她也想不到，巴菲特會需要別的感情關係。但這應該是可以預料的。巴菲特一輩子都在尋找完美的黛西梅，而不管他想要什麼，艾絲翠都做到了；她買百事可樂、洗衣服、整理房子、幫他按摩頭部、煮飯、接電話，只要他想，她就陪在他身邊。艾絲翠從不指示他，也不要求他回報，跟他在一起就滿足了。蘇珊（前任黛西梅）之所以逃離奧馬哈，部分是為了躲避這種無止境的需求。等到蘇珊恢復平靜了，她開始接納巴菲特和艾絲翠的這段關係，而且這段關係也確實讓她能更順利展開新生活。不過蘇珊天生有種占有欲，不管她自己怎麼一心多用，她打從心底不希望巴菲特分心。因此，後來這三人扮演的角色是依照蘇珊（而不是巴菲特）的期望來定調。

　　巴菲特的生活又開始一片片拼回一個大致協調的整體。但是他從這次的震撼中，也體認到蘇珊說的真理：坐在房間裡賺錢不是過生活。他開始看到他錯過的事物。儘管他和孩子們的關係很融洽，但他並不了解他們。那些笑話（「那是誰啊？」「那是你兒子。」[2]）背後的意義是，未來數十年他要設法修復這些關係，雖然有許多傷害都已無法彌補。活到四十七歲，他才開始評估他的損失。[3]

　　誠實至上的巴菲特，完全沒有隱瞞與艾絲翠同居的事實。除了蘇珊的父親，大家都知道這件事。蘇珊和艾絲翠兩人則是絕口不談此事，只說她們喜歡彼此。巴菲特對此只公開發言過一次：「如果你認識我們這些當事人，你會明白這種方式頗適

合我們。」那是真的,至少和其他可能的結局比起來是如此。
從各個角度來看,這種際遇也類似巴菲特的偶像葛拉漢。

1960 年代中期,葛拉漢向妻子伊絲黛提出一項不尋常的
安排:一年中他想將半年分配給他兒子的前女友瑪露,另外半
年和伊絲黛住。伊絲黛有她的底限,於是她拒絕這個提議。後
來葛拉漢夫婦分居,但始終沒有離婚。葛拉漢和瑪露住在加州
的拉荷拉,每年會去法國的艾克斯普羅旺斯(Aixen-Provence)
小住。伊絲黛則住在比佛利山。葛拉漢對伊絲黛極其友好,而
瑪露也很滿意這種沒有名分的伴侶關係。[4]

三角習題

巴菲特無意步上後塵,他無意享齊人之福,光要解釋這些
關係就讓他傷透腦筋。許多年後他如此描述:「蘇珊成就我,
艾絲翠扶持我。她們兩人都渴望付出,而我是很好的接受者,
因此這樣對她們都好。」[5] 但是問題還沒有完,因為所有這些
解釋和諸如「這種安排同時適合三個人」的說法,全都回到所
有三角習題的根本問題:如果三樣東西能讓天平保持平衡,它
們就不可能等重。

這個三角習題裡的不平等特別嚴重,因為它其實涉及兩個
三角習題,但他們當中只有一人心知肚明。巴菲特不曉得是蘇
珊撮合他和艾絲翠,以為是他辜負了蘇珊,為了彌補,他在私
底下安撫蘇珊,還在人前大獻殷勤。這讓艾絲翠更加無助,反
而成為攻擊目標。艾絲翠也同樣不明就裡,她對蘇珊敬仰有
加,也接受巴菲特永遠不會娶她的事實,並刻意迴避奧馬哈以
外的社交和商務活動,讓蘇珊享受光環,暗自隱忍外界目光,

自願屈居為巴菲特的管家和情婦,那麼這段婚姻在蘇珊眼中還是完整無缺。巴菲特對此的解釋是:「艾絲翠知道怎麼配合我,她知道我需要她。這個定位還不壞。」的確,她的角色不論如何受限,還是給了她一直缺乏的安全感。

若是蘇珊想繼續當個寬大為懷的巴菲特夫人,同時還要追求完全自外於這個角色的生活,免不了要換個地方住。然而,坐享這兩個世界最大好處的,似乎是巴菲特,雖然這段新關係無法彌補他的損失。在外人的印象裡,是他和葛蘭姆的關係逼走了蘇珊,有人則誤以為是艾絲翠的緣故,巴菲特都無法辯解什麼。

他拚命想保住婚姻殘存的部分,也願意在蘇珊有生之年彌補他帶給她的失望,但是他不會有所改變,也不會就此不再和葛蘭姆見面。巴菲特邀請葛蘭姆到奧馬哈參訪戰略空軍司令部(Strategic Air Command),或許是藉此介紹她和艾絲翠認識。巴菲特說,遇到有魅力的女人時,「凱瑟琳的第一個念頭,是怎樣才能把她弄走。」

巴菲特帶她們和利普西一起去奧馬哈俱樂部吃晚餐。葛蘭姆和巴菲特聊得很起勁,她帶來的朋友、郵報社論版主筆葛玲菲(Meg Greenfield)和利普西只偶爾加入對話,而不善於引人注意的艾絲翠根本插不上話,只得自己打發時間。除了點菜,她整頓飯裡沒說上一句話。巴菲特根本沒有帶艾絲翠進入狀況。附近有張大桌,二十幾個人在那裡吵吵鬧鬧地慶生,最後慶生的人站起來圍圓圈,噘著嘴咯咯叫,雙手隨著音樂做出拍翅膀、搖屁股的動作,跳起小雞舞。就連「端莊小姐」葛蘭姆也盯著直瞧,臉上的表情真是「千金不換」。[6] 此後,巴菲特

幾乎都在奧馬哈以外的地方和葛蘭姆見面。葛蘭姆打電話到巴菲特家時，若是艾絲翠接電話，葛蘭姆就不知道要說什麼。[7]大多時候她假裝沒有艾絲翠這個人。

蘇珊和艾絲翠的相處狀況就完全不同；她們可以自在交流，艾絲翠甚至去舊金山拜訪蘇珊。蘇珊感謝艾絲翠讓她的生活更自在，只要艾絲翠能接受她自己只能扮演一小部分公開的角色。蘇珊搬到舊金山也未必就此無憂無慮，因為她必須拋下那麼多她關心的朋友和理想。她的離去留下陣陣錯愕，許多組織因此重組，覺得核心被挖了一個大洞。她的朋友和跟班們對此反應不一。有些人覺得被遺棄了，也有人很想念她。有些人開始往返舊金山，把舊金山當成第二個家；有幾個人甚至追隨她的腳步，搬到舊金山。[8]

蘇珊必須住在舊金山的理由是，那裡給了她比奧馬哈更豐富的調色盤，這個說法聽在巴菲特家許多朋友耳裡，大概是表示她可經常泡在畫廊、爵士樂俱樂部和交響樂團。但 1970 年代晚期的舊金山還不是美國的巴黎，灣區海岸突然出現一波返國的退伍軍人，其中有許多在身心靈受到嚴重創傷，淪落到人行道上。同性戀者紛紛出櫃，每年在舊金山舉辦同志大遊行。

蘇珊最先交到的朋友是一對同志伴侶，她還認識了一堆音樂家、藝術家，另外在商店、教堂、劇院、甚至做指甲時也認識不少人。她很快就有一大群朋友，其中許多是男同性戀者。蘇珊的叛逆因子在舊金山的飛揚氣息裡綻放，她的新生活解放了她。昔日她是慈善餐會女主持人，現在她舉辦的派對很有搖滾音樂會的氣氛。出於關懷他人的目的，她再一次抵抗傳統。在愛心廚房為人發送熱湯時，她成了許多同志朋友不曾有過的

寬容母親。

她仍然受到巴菲特掌控的層面就是金錢。她有許多波克夏股票，但她曾和丈夫說好，一股都不會賣。她愛上一幅夏卡爾（Marc Chagall）的畫，想買來掛在小公寓裡，但她告訴朋友她做不到，「這會毀了一切。」巴菲特也明確表示：「我不希望你賣掉波克夏的股票。」他仍然負擔她的花費；葛蕾蒂絲會追蹤並支付她的帳單。

同樣地，當蘇珊想借錢給朋友華盛頓（Charles Washington）時，只能找上巴菲特，巴菲特借他 24,900 美元。華盛頓是蘇珊長久支持的奧馬哈社運分子。巴菲特認為借出這筆錢很不智，要不是他急著討好蘇珊，他大概不會借。果然，七個月後華盛頓有兩期沒有還款。態度溫和的巴菲特很少變臉，但要是他覺得有人想騙他的錢，他的眼神會立刻閃著心痛憤怒和復仇的火光，雖然要不了幾秒鐘，他會盤算該用什麼商場手段擺平事情，情緒就會平息。但是這一次，他立刻控告華盛頓，獲判賠償金 24,450 元。

這段插曲準確描述了巴菲特和蘇珊的新關係：如果她不能賣股票，他就不能緊抓支票簿不放。除了支付她所有的帳單，巴菲特還給她一筆零用錢，這是她可以施捨的額度。當孩子們有需要時，巴菲特若是不給錢就由蘇珊負責。兒子霍華賣掉一些波克夏股票，為自己和瑪西亞蓋了一間樹屋。他們的婚姻和經濟狀況都陷入困境。「華倫居然不給錢，真糟糕，」蘇珊抱怨，「他會任天花板塌下來，任他們失去房子。」巴菲特知道蘇珊會幫他們，就好像她也照顧婚姻不順的蘇西一樣，她會照顧一切。

只有賺錢是巴菲特的工作，在這所有改變和帳單接踵而至的時候，碰巧是家裡財產逐漸減少之時。蘇珊前往舊金山，巴菲特則頻繁進出紐約州水牛城的法院，花大錢為兩家報社打官司。要是在平時，以巴菲特的好強，他會捲起袖子，拚了命也甘願。但現在他個人生活出現危機，於是這成了一件花錢又傷神的事，其他事只得先擱下，他也無暇體會自己的痛苦。《水牛城晚報》（*Buffalo Evening News*）事件是一場持久戰，會危及藍籌點券公司的價值，也是他事業發展中最不愉快的幾個事件之一，活像是多年前貝亞翠斯的惡夢重現。

水牛城晚報

1977 年春天，他和孟格終於買到他們搜尋多年的報社。這樁收購案金額高達 3,550 萬美元，是他們歷年來最大筆的投資。[9] 逐漸衰落的水牛城並不是他們夢想中的那種只有一家報紙的蓬勃小鎮，但仍是投資報社的好地方。水牛城居民在黎明破曉前離家到工廠上工，傍晚才讀報。緊跟在《水牛城晚報》後面的競爭對手是《信使快報》（*Courier-Express*），該報社財務狀況不佳。巴菲特已經發展出一套扎實的報業競爭理論。

「凱瑟琳老是說有競爭才有進步，我說，這一行的經濟法則無可避免會導致一鎮一報的結果。這就是我說的『贏家通吃』。這一行只有第一、沒有第二，最後不會有任何競爭，因為報業的運作生態就是這樣。」

《信使快報》員工和發行人也知道報業裡沒有第二名。1920 年，美國有七百個城市具有容納兩家報社的市場。到了1977 年，這些城市只剩不到五十個。《水牛城晚報》在週間的

銷量是《信使快報》兩倍,不過因為在週日出刊的只有《信使快報》,所以它才勉強撐下來,週日報占了它營收的60%。

《水牛城晚報》曾向《華盛頓郵報》投懷送抱,但郵報拒絕了,葛蘭姆無力消受另一家有強勢工會的報社,巴菲特可不怕。他跟孟格告訴工會:「有個方法可以讓報社關門大吉,那就是長期罷工。」工會似乎聽懂了。

巴菲特和孟格的帝國現在資產超過5億美元,[10] 控制了超過半數的波克夏海瑟威、65%的藍籌點券股份。這兩家公司持有全國產物保險、洛克福銀行、喜事糖果、魏斯可、10%的《華盛頓郵報》、25%的平克頓徵信社、15%的GEICO,外加一籮筐其他股票,現在再加上他尋找多時的地方報紙。[11]

《水牛城晚報》總編輯萊特(Murray Light)旋即和巴菲特討論新增週末報的出刊計畫。專橫跋扈的前報社老闆巴蒂樂(Kate Robinson Butler)一直不喜歡這項計畫。這位有著一頭蓬鬆白髮、個頭嬌小的貴族後裔是個女暴君,她常握著拳頭重擊她那張法國進口皮面書桌、對著員工咆哮,從不覺得有必要跟上時代。[12]

《水牛城晚報》發行人厄本(Henry Urban)和巴蒂樂夫人處得很好,很多時候他的主要工作是安撫她,以免她對報紙社論有異議。報社賺錢與否不是巴蒂樂夫人關心的重點,厄本也不重視獲利。《水牛城晚報》的紙張進價比一橋之隔的加拿大業者貴一成,巴菲特立即與業者談判,替報社一年省下120萬美元的運費。

但光是較低運費仍然無法挽回《水牛城晚報》低落的營運績效。水牛城兩家報社間有種怪異的平衡。一家在週間稱霸,

另一家主宰了週末。[13] 巴菲特和孟格認同萊特的想法,《水牛城晚報》想擴大優勢,除了擴張別無他法。[14]「我們必須這麼做才能有效競爭,」孟格說,「只有一家報紙能成為贏家。」

獨占收費橋

《水牛城晚報》發行全新週日報的前兩週,《信使快報》以反托拉斯為由提出控告,指稱《水牛城晚報》計畫連續五週贈閱週日報,之後再打折,藉此構成非法壟斷,讓《信使快報》倒閉。[15]《信使快報》律師佛斯(Frederick Furth)想出一記奇招,把巴菲特的「報業沒有第二名」論點演繹成外地業者強行蹂躪一家地方報社的故事。

《信使快報》展開一場全面公關戰,將自己描繪成瘦小的鄰家大衛,對抗一個外地來的、冷酷無情的巨人歌利亞。水牛城曾有過風光日子、但現在工作機會就像鐵鏽般從蕭條的市場片片剝落,於是這個訊息引發熱切關注。

巴菲特才剛從魏斯可調查地獄逃過一劫,現在又陷入另一場艱苦的法律戰,他必須親自到充滿敵意的紐約州水牛城現場參戰。

《水牛城晚報》開始消耗藍籌的資金。替巴菲特打這場官司的律師奧森(Ron Olson)[16] 提出一份書面證詞,述說他的當事人熱愛報業,童年時期即為了送報,手指沾滿油墨,還有他在《太陽報》贏得普立茲獎的報導中所做的貢獻。不過,運氣站在《信使快報》這邊。此案子的承辦法官是紐約南部分院的布利恩(Charles Brieant)。佛斯指控巴菲特曾經討論過《水牛城晚報》要讓《信使快報》關門大吉的可能性,巴菲特對此

否認。佛斯走向證人席，揮舞著《華爾街日報》最近有關巴菲特的醒目報導，他日益響亮的名聲首度成為攻擊他的利器。[17]巴菲特曾告訴記者，放下資產管理工作真是太好了，他不需再親上火線、遭受攻擊。但事實上，隨著他的知名度愈來愈高，他面臨的攻擊更甚於以往。在那篇報導裡，記者引用他的朋友高提斯曼的話：「華倫把擁有獨占或主宰市場的報紙比做擁有一座不受規範的收費橋。你有相當大的自由可決定何時漲過橋費、漲多少。」[18]

巴菲特真的說過這些話嗎？佛斯在法庭上質問他。

沒有，巴菲特回答：「我不記得是否說過它像座收費橋，但我知道這會是家很好的企業，可能更勝於內布拉斯加佛蒙特（Fremont）的那座橋。我認識很多誠實的人，但要是他們引用自己不見得了解的話……」

佛斯不耐煩了。他到底相不相信這個概念？

「我對這個說法沒有意見……，我想要有這樣一家企業……，我曾說過，在一個通貨膨脹的世界，擁有一座收費橋是很棒的，如果它不受規範的話。」

「為什麼？」佛斯問。

巴菲特看著法官，試著教他經濟學。「因為你已經投入資金成本，你用以前的錢建橋，等到通貨膨脹來了，你不需要再造新橋，橋只要一建好就沒事了。」

「而你用了『不受規範』這個詞，表示你可以自由決定提高價格，是嗎？」

「沒錯。」[19]

巴菲特陷入自己織的網，不停掙扎。事實上，橫跨密蘇里

河的道格拉斯街收費大橋，是他年少時代的大新聞。[20] 奧馬哈
為了向收費業者徵收通往愛荷華州的唯一道路，歷經十多年仍
僵持不下。他和孟格後來嘗試買下底特律國際橋梁公司
（Detroit International Bridge Company），因為它擁有連接底特
律和溫莎的大橋，但最後只拿到 24% 股權。[21]

「那座橋真是不得了。28 坪大，卻能賺很多錢……，沒有
買成時，我失望得要命。查理不斷告訴我沒買到對我們比較
好，他說，要是你成了漲過橋費的傢伙，你的形象會很糟，」
巴菲特說。

確實如此。

「法官不喜歡我。不管是什麼原因，他就是不喜歡我。他
對我們的律師也沒好感。大部分人都喜歡奧森，但那個法官就
是不喜歡他。」

布利恩法官在 1977 年 11 月宣判實施暫時禁制令，判決書
內容說，《水牛城晚報》具有發行週日報的合法權利，而此舉
也符合大眾利益。但布利恩顯然相當欣賞佛斯以收費橋做為辯
護主張，也套用這個論調嘆道：「水牛城大都會區的讀者和廣
告主（或許）會認為，就算只有一家報紙做為他們知曉外界事
件的橋梁、就算這道收費橋不受規範，他們也無所謂。」[22] 法
官限制了《水牛城晚報》贈閱、打折、廣告主保證等活動。
《信使快報》刊載了一連串事先寫好的報導，慶祝它打敗了一
個想把當地小企業踩在腳下的外來惡霸。《水牛城晚報》只能
無言以對。

「我們正在存亡邊緣，遇到的法官對我們沒有好感，我們
做起事來綁手綁腳。」

　　五週後，廣告主投靠《信使快報》陣營，新週日晚報的分類廣告只有《信使快報》的四分之一。[23]《水牛城晚報》的營運從小有獲利掉到大虧 140 萬美元。[24] 巴菲特聽到消息不寒而慄。他手中從來沒有一家企業在這麼短時間內虧這麼多錢。

　　1977 年耶誕節前一週，布利恩法官在一個陰雨連綿的日子裡開庭，這次審判可能會決定永久禁制令的條件。在此之前巴菲特每天輾轉難眠、流淚易感，蘇珊離去，卻又不是真的離開他，這層意義他始終想不透。他將注意力從個人困境轉移的辦法就是在紐約、奧馬哈和華盛頓三地來回往返，像隻金龜子般繞著卡蘿、艾絲翠和葛蘭姆轉。當然，他並不希望用這種方式轉移注意力。法院休庭時，他飛到翡翠灣和家人團聚度年假，這是他和蘇珊的關係邁入新階段後，第一次家庭團聚，蘇珊在假期中仍再三保證，他們的生活會和過去差不多。巴菲特家的新年宴會一結束，巴菲特和蘇珊繼續各過各的，布利恩法官重新傳喚訴訟當事人；當巴菲特回奧馬哈工作時，奧森和孟格開始打電話通知他官司的最新狀況。

堅決上訴

　　1978 年 7 月，判決的日子到了。布利恩法官的最後闡釋是司法擴權的絕佳範例，還加了副標：「巴菲特先生來到水牛城」，判決結果維持對《水牛城晚報》的限制。孟格和奧森計畫上訴，但巴菲特不想繼續和法官對抗。孟格總是拿巴菲特開玩笑說，他的經營技巧就是拿走全部的錢，然後提高價格，但這個招數無法解決《水牛城晚報》的問題。巴菲特這次被徹底擊敗，甚至願意平白損失 3,550 萬美元，只求不必再和法官對

抗。他上一宗法律大戰才剛結束：證管會終於同意波克夏和多元零售合併。巴菲特迫切希望不要再扯上任何律師、書面證詞、傳票和抗辯。「我不想上訴。我感覺到這件官司會拖得很久，只要法官強制執行這項禁制令，然後《信使快報》想出更多狠招，我們會損失更多，而法官還可以一直擴大禁制令範圍。我說，我們不要上訴，反正我們頂多一年或一年半就會陣亡。奧森和查理告訴我，我錯了，而我的確錯了。」

最後，巴菲特決定聽他們的。「我們必須上訴，我不要屈服於那套條件，平白讓出競爭優勢。」

《水牛城晚報》是巴菲特投入金額最高的單一投資，高出其他投資甚多，它占了藍籌點券三分之一的資金。在布利恩法官的限制下，這家報社只會繼續虧損，但在股市跌跌不休的此時，巴菲特需要它帶來現金，好讓他買進低價的股票。《水牛城晚報》要是過不了關，帶給他和孟格的風險將高於那 3,500 萬美元的損失。巴菲特連 31,500 美元買房子的錢都捨不得花，他認為這筆錢最後會變成 100 萬美元，所以投資這家報社所損失的獲利潛力比表面上看到的更嚴重。因此巴菲特不但決定上訴，還靈機一動，找上想搬去舊金山的利普西，說服他親自上陣改造報社。巴菲特問他：「你覺得來水牛城怎麼樣？」利普西說：「我的心往下一沉，但我無法拒絕華倫的任何要求。」[25]

利普西開始每個月在水牛城待一週。另外一週他會回奧馬哈找巴菲特和艾絲翠，看看巴菲特現在過得如何。有了新感情的巴菲特顯然相當自在，他讓艾絲翠帶大家去看變裝秀。[26]

1979 年，利普西已將報社的管理整頓妥當，而和《信使快報》的官司，也慢慢看見勝利的曙光。1979 年 4 月，在布

利恩的暫時禁制令執行近一年後,第二巡迴上訴法庭一致駁回他的判決,指稱他的意見「犯了法律面和事實面的謬誤」。「法庭必須嚴防原告利用反托拉斯法做為杜絕競爭的工具。」[27]

股票已死

上訴法庭駁回布利恩法官禁制令的判決來得很慢,但為時未晚。《信使快報》立刻針對判決提起上訴,希望恢復禁制令。《水牛城晚報》的律師趕緊拔劍繼續這場荒謬的對峙。在此同時,儘管利普西實施了嚴格的管理,但在過去兩年間,這場官司花掉了高額訴訟費用,加上報社大半時間都在法官的限制條件下營運,造成廣告流失,因此虧損已達數百萬美元:1979年報社的稅前營運虧損為 500 萬美元,這是巴菲特和孟格在手中任何企業裡所見過的數倍。要賺回這些錢,非得大刀斧改革不可。

巴菲特又問利普西:「你搬去水牛城如何?」利普西回答:「我並不想那麼做。」巴菲特沒再多說,而利普西就繼續每月通勤。

1979 年中股市低迷,巴菲特說,股市交易量「就像一滴眼藥水那麼一點」。[28] 道瓊指數已疲軟了十年,就像一輛裝錯了化油器的老爺車,在噴氣和喘息中稍稍發動,卻旋即熄火。最近的一次熄火讓它跌回 850 多點。通貨膨脹如脫韁野馬以二位數字狂飆,加油站前出現排隊人潮。《商業週刊》宣告「股票已死」,彷彿沒有人會再買股票。投資者爭相搶購黃金、鑽石、白金、藝術品、不動產、稀有錢幣、礦藏、牛隻和石油;當時的名言是「現金是垃圾」。

　　巴菲特在《富比士》持相反見解：這是投資人買進股票的時機。「未來永遠不明，」他寫道，「**市場一片看好時，你要付的價格非常高。現在的不確定性有利於注重長期價值的投資人。**」[29] 他自己就是著眼於長期價值的投資人，只是他手上沒現金。過去這十年來，每隔一段時間就會有一筆錢落到巴菲特手裡：先是來自分配合夥事業資產的 1,600 萬美元，然後處分他個人持有的資料檔案公司（Data Documents）股票又進帳好幾百萬美元，但他將這些錢全投入波克夏海瑟威。巴菲特需要錢投資。他每年一向只支薪 5 萬美元，即使現在提高到 10 萬美元，仍然不算多。於是他向銀行借了些錢來投資。

　　所幸，利普西最後總算讓巴菲特如願以償。1980 年的某一天，巴菲特家沒上鎖的後門被推開，利普西來了，說他太太吉妮要離婚，她的委任律師根本需索無度。巴菲特請兩造相持不下的律師到他辦公室，幫忙居中斡旋，而兩邊都是他的朋友。這是他第二次這麼做。不久之前，巴菲特曾擔任他朋友安德森和他太太雪莉（Shirley）的調停人；雪莉是他和蘇珊的老朋友，曾是多麗絲的「姊妹會媽媽」。他對安撫朋友如何走過痛苦的過渡期很有經驗。他告訴利普西，他的生活需要改變。利普西想，或許這正是時候。這段對話慢慢演變成巴菲特幫利普西說服自己去水牛城。

　　利普西因此搬去水牛城。到了 1980 年底，報社虧損已累積到 1,000 萬美元。孟格在 1980 年的藍籌公司年報中提出報社的窘境，也猛烈抨擊工會的「福利三級跳」，重申他在 1978 年年報中所說的警語：「如果長期罷工造成《水牛城晚報》停擺，我們可能要被迫停業或解散。」[30]

孟格在寫下這些話、帶領藍籌突破《水牛城晚報》的訴訟重圍時，他的健康惡化，視力更是沒有起色。幾年來，他一直忍耐著愈來愈嚴重的白內障，直到他的視線嚴重受阻。在他進行左眼白內障摘除手術時，產生一種十分罕見的併發症，名叫「上皮增生」：一種眼球外部的特殊組織（可能是眼角膜細胞）進入眼球，開始像癌細胞一樣繁殖，破壞並壓迫視覺神經，劇痛難當。[31] 他再也忍受不了眼睛像是要爆炸開來的痛苦，於是安排了眼球摘除手術，植入玻璃眼球。手術之後，「有好幾天，我就像隻受傷的動物」。[32] 他無法站著讓護士為他沐浴，因為他已經痛到發嘔。他告訴巴菲特，他真想死了算了。因為害怕再一次歷經這樣的折磨，再一次面對失明的威脅，孟格決定把右眼的白內障也清除，但不置換水晶體。他選擇讓健在的那隻眼睛戴上厚如水母的白內障眼鏡。

轉虧爲盈

孟格遭受病痛折磨期間，《水牛城晚報》的司機工會要求，工作太多做不完可以領加班費。《水牛城晚報》曾在權宜情況下付過加班費，現在工會要求將加班費納入合約。孟格和巴菲特說，免談。於是在 1980 年 12 月，正當與《信使快報》的官司持續鏖戰中，卡車司機算準巴菲特禁不起罷工，於是在通宵協商破裂之後，從清晨六點開始罷工。利普西、厄本、萊特和其他不肯配合罷工的員工拚命工作，趕製晚報，但印刷工人在最後十分鐘也開始罷工，離開現場之際還把印刷機上的網版硬扯下來。

巴菲特知道他完了。根據他數十年的報紙發行經驗，他知

道小小的司機工會（共計三十八名員工）就能讓報社關門；其他員工或許能代替印刷工人操作印刷機，但要是沒有司機送報，報社還是死路一條。考量到人身安全，巴菲特不願雇用非工會司機。「我不願在十二月天讓員工摸黑出門，到郊區送報，隨時會有人用鐵棒攻擊他們。這群人可能會遭到痛打，我不能這樣做。」

於是《水牛城晚報》關門停業。

巴菲特告訴工會，報社「唯有看到一個值得投入的前景，我們才會復業。」[33] 這起事件的轉捩點很快就出現。[34]

這一次工會動搖了。四十八小時之內，《水牛城晚報》又出現在街頭。這時候雖然週日報的發行量仍落後，但《水牛城晚報》已漸漸追上《信使快報》，除了保持週間優勢，週日報也慢慢站上領先地位。[35] 1981 年底，利普西和巴菲特將年虧損縮減到 150 萬美元，是《信使快報》虧損的一半。[36] 在一場「贏家通吃」的戰役裡，這幾乎是勝利的保證。《信使快報》未曾放棄訴訟，一心希望恢復布利恩法官的禁制令，卻看到另一位「市場機制」法官，手拿冠軍獎章朝《水牛城晚報》走去。《信使快報》希望能獲媒體大亨梅鐸收購，但梅鐸要求年資歸零，工會不肯。於是，《信使快報》在 1982 年 9 月打出最後一張牌後，就黯然下桌。

《水牛城晚報》立刻推出了晨報，並改名為《水牛城日報》（*Buffalo News*）。勝利在望的巴菲特和孟格，出席了一場在市區斯達樂希爾頓飯店舉辦的員工會議。有人問到分紅的事，巴菲特卻回答：「三樓（採訪中心）那些人對獲利沒有影響。」承擔風險的是資本主，報酬自然也歸他們，他和孟格做了一連

串決策並投入 3,500 萬美元的資金，很可能會血本無歸，因此
認為獲利應該屬於他們。員工按照他們投入的時間和心力領薪
水已經足夠，合約就是合約。只不過，在共同歷經這一切之
後，巴菲特的缺乏同理心也讓員工詫異。

巴菲特和孟格離開辦公室時，孟格走過發行人厄本身邊。
根據奧森的說法，厄本「正等著得到一丁點嘉勉之詞」。孟格
最出名的一招就是在別人對他說話時，逕自鑽進計程車，彷彿
沒聽到別人說什麼，還有就是話一說完就推門出去，也不等對
方回答。看到這景象，厄本目瞪口呆站在那裡。巴菲特緊跟著
孟格走出去，誰都沒瞧一眼。他們兩人連句謝謝都沒說。他們
後頭的奧森在房間裡四處與人握手，為兩人做禮數。[37]

一年後，隨著廣告費率提高、發行量飆升，《水牛城日報》
稅前盈餘高達 1,900 萬美元，比前幾年的損失加起來還多，其
中大約一半直接進入巴菲特的口袋。隨著事件的高潮結束，他
對報社的關注也漸漸消退。儘管他在年報裡還是盛讚《水牛城
日報》，但他的興趣已移轉到下一個新目標。

第五部

華爾街之王

第 43 章

法老王

奧馬哈，1980 年～1986 年

　　五百名繫著黑領結、身穿晚禮服的富人，沿著紅毯走入紐約華麗的大都會俱樂部（Metropolitan Club），他們心懷感謝，準備來參加巴菲特五十歲的慶生會。過去一年半，隨著波克夏海瑟威公司每股成交價格達到 375 美元，巴菲特家族的身價淨值已增加不只一倍，[1] 這個場地的租金對他們只是九牛一毛。而點綴在巴菲特集團成員中的，則是如男星賈利·古柏（Gary Cooper）女兒之類的半名流。蘇珊訂了個造型蛋糕，做成巴菲特心愛的百事可樂六罐裝式樣。巴菲特會前就要求中學時的彈珠台合夥人丹利，把威爾遜彈珠機台公司的資產負債表帶來。[2] 他正著手從早年的投資事業中蒐集資料，並將這些東西當做勝利的標記，帶著些許敬意展示給眾人看。它們有如巴菲特成就的明證。

　　蘇珊從舊金山帶來專屬樂隊，站上舞台中央，對她的另一半唱出改編的「舞到水牛城」（Shuffle Off to Buffalo）。這首歌以巴菲特最新的玩笑為主題，一句句繼續唱著：收拾起他的厚粗呢，舞到水牛城，去買家價值被低估的報社。

　　這位眉毛像常春藤卷鬚冒出眼鏡鏡框的男人，如今身穿小禮服看起來也沒那麼彆扭了。巴菲特搜尋購買標的時變得更加

野心勃勃，不再有雪茄屁股，也不再有數十年前的訴訟。波克夏海瑟威這部表現傑出的複利機器，在眾人的讚許下以指數成長的速度為他效力。

眾人環繞的太陽

他運用的手法都相同：**先評估投資的內在價值、降低風險、運用安全邊際原則收購、集中投資、保持在自己的能力範圍內，並讓這些投資以利滾利，不斷複合成長**。或許任誰都了解這些簡單的概念，卻鮮少有人能具體落實。儘管巴菲特讓這個過程看起來輕而易舉，但這背後的技術和紀律，卻需要他與旗下員工付出極大的心力。

隨著他的事業帝國擴及全美各地，從美國東北邊的伊利湖岸擴張至洛杉磯市郊，奇威廣場大樓這座既寧靜又忙碌的商業殿堂，卻始終是這一切的核心；這座殿堂內擺著叮咚作響的鐵製家具，地面鋪著塑膠地板。在每一項新投資的後面總是更多的工作，但總部員工的人數卻幾乎沒有改變。巴菲特還是在助理葛蕾蒂絲的對外把關下，專心運籌帷幄。已成為富翁的比爾‧史考特現今只是兼兼差，其餘時間都和他的樂團演奏波卡舞曲。新經理人高伯格（Mike Goldberg）正在召募新人，麥肯齊則掌管財務。員工偶爾召開密室會議，聚在僅能擠進四人的會議室，大半時間難得離開自己的小辦公室，也沒人在飲水機旁閒聊。

《水牛城晚報》訴訟落幕後的清閒時期，麥肯齊是這麼形容的：「這是絕無僅有的時刻。」[3] 那些試過李克豪瑟熱力學定律的人發現，太陽的確令人既舒服又溫暖，但那些與巴菲特交

談久些的人離去時，都曬得體無完膚。一位朋友就說：「我感到筋疲力竭。」另一位朋友則說：「見過他後，我必須休養生息。」而一名昔日的員工更說：「就好像一整天都有人在猛捶你的腦袋。」

巴菲特就像血氣方剛的青少年般，擁有活力與熱情，對一切事實與數字似乎都過目不忘，而且他擅長半哄半騙，讓別人自願接下棘手的任務，還認定他們能成就奇蹟。另一方面，對他人的怪癖與缺點，他出奇地包容，但如果那些藉口與缺點會造成他的損失，他可就沒那麼包容了。巴菲特迫不及待想驗收成果，對別人的本領充滿信心，完全沒想到對方可能力有未逮，總是給員工過多的工作。巴菲特是眾人環繞的太陽，對自身造成的李克豪瑟熱力學效應渾然不覺。

「大家都說我給他們壓力，但我根本沒打算這麼做。有些人喜歡給別人壓力，我一向都不喜歡這樣。我以為我從沒給過別人壓力，不過既然有那麼多人這麼說，那大概就是真的吧。」

那些置身邊陲，負責經營波克夏與藍籌旗下事業的經理人很幸運，因為巴菲特不大會打擾他們。巴菲特的管理祕訣是，找到像自己一樣不停工作，並一心追求完美的人，接下來除了給予「卡內基式鼓勵」，關心、稱讚他們，以及偶爾運用卡內基的其他技巧外，就不再多管，而多數經理人也情願如此。

1970 年代市場進入大空頭、失業率居高不下，物價每年以令人難以忍受的 15％速度飆漲，市場瀰漫一片悲觀氣氛，巴菲特卻不畏股市低迷，反其道而行。1979 年，急於解決問題的美國總統卡特任命沃爾克（Paul Volcker）擔任聯準會主席，讓巴菲特的賭注突然獲得回報。沃爾克為了控制通膨，將

央行重貼現率提高為14％。1981年雷根總統上任，開始大幅減稅，並放鬆對企業的管制，儘管沃爾克的政策引起哀號，雷根仍予以支持。經濟與市場歷經了兩年半的陣痛期，直到1982年底，多頭市場突然展開，股價也開始追上企業獲利成長。[4]

巴菲特在1970年代撒下的大把鈔票，大多來自保險與點券的豐沛財源。就在全國產物保險公司欣欣向榮的同時，藍籌公司的點券銷售卻每下愈況。[5]

而《水牛城晚報》的業績也突然好轉，表示巴菲特與孟格不必再為是否要讓這個藍籌點券公司的最大資產繼續存活而爭辯。《水牛城晚報》現正穩定創造獲利，日後也會持續經營下去。1983年時，兩人總算對藍籌的身價達成共識，並將藍籌併入波克夏，終於解決了這個大問題。[6]儘管孟格的投資經驗遠不如巴菲特，但現在他們卻首度成了不折不扣的合夥人。

股東至上

孟格對巴菲特思維的影響，始終遠超過財務上的影響力。他們的思維非常雷同，兩人在商場上的作為，最大的不同在於巴菲特比較容易入迷，而孟格有時會否決他想敲定的交易。至於對股東的態度，兩人則是如出一轍。隨著兩家公司合併完成，他們在1983年的年報中，向股東詳細解釋日後的經營原則。他們稱此為「股東至上原則」（owner-oriented principles）。從來沒有一家公司的管理階層會告訴股東這些事。

他們寫道：「**雖然我們是公司（corporate）的組織型態，卻是抱持合夥（partnership）的心態在經營……**我們不認為

這家公司是我們各項事業資產最終極的所有人，而是認為，這家公司是一個管道，股東透過它而擁有這一切資產。」[7]

對上一代的企業管理者來說，這看似簡單的聲明根本是在走回頭路。對現代的企業主管而言，股東都是討厭鬼，有些股東太囉嗦需要加以安撫，而有些股東太沉默可加以忽視。

巴菲特與孟格說：「我們不玩會計遊戲，也不喜歡有一堆負債，我們經營事業是為了獲得長遠的最佳成果。這一切聽來像是老生常談，但鮮少有管理者能真誠地發表這些聲明。」

此外，巴菲特那年也寫道：「不管價格高低，我們絕不會出售任何波克夏旗下的優良企業，就算是次級的事業也非常不願意賣掉，」儘管這麼做有損公司績效，「只要我們預期這些事業至少能帶來一些現金，而我們對它們的經理人與勞工關係也感到放心。」[8]

「紡織業一年到頭下來，大概只有十分鐘會賺錢。我們製造全美一半的男性西裝襯裡，但根本不會有人跑去跟裁縫師說：『我的細條紋西裝要用海瑟威的襯裡。』同樣生產一平方碼布料，我們的生產成本要比其他廠商高，資本主義就是以他們這種方式節省成本的。」

儘管如此，巴菲特依舊緊緊守著這些煩人的工廠不放。因此，要他賣掉旗下獲利最豐厚的事業之一洛克福銀行，就像沒有麻醉就進行牙齒根管治療一樣痛苦。不過，受限於「銀行控股公司法」（Bank Holding Company Act），波克夏若要繼續享有非銀行業務的利益，特別是保險業，他就得這麼做。[9]即使如此，他後來仍繼續將印有洛克福銀行前負責人厄貝格照片的鈔票放在錢包裡。

同樣地,巴菲特也很不願意失去從聯合棉花商店退休的羅斯納。他的部屬曾嘲笑他細數每捲衛生紙張數的經營法,果然在這些部屬接手後,聯合棉花就陷入泥淖。麥肯齊花了好幾個月,在紐約的成衣區來回奔走,四處兜售這個難以挽救的事業。[10]最後他總算找到買主,對方願意掏出 50 萬美元,買下近年才剛為波克夏賺進達 200 萬美元年獲利的老舊事業。

波克夏旗下有些企業獨立決策程度之高,使人很難看出這是一家因領導有方而經營良好的企業,還是一家領導人無為而治的企業。在魏斯可,不願被人管理的文森提,便成功隱瞞自己的阿茲海默症,讓巴菲特與孟格蒙在鼓裡好多年。

巴菲特說:「我們沒那麼常見面,他有點勉強自己振作精神,不讓別人知道他的病情。我們其實也不想看見真相,查理和我都很喜歡他,並不想正視這件事。」

而孟格則說:「文森提做事果決,聰明、誠實又精明。他是個古怪、獨立的大好人,我們非常喜歡他,即使在發現他得病後,還是讓他繼續擔任原職,直到他進療養院的那個星期。因為他喜歡來公司,對我們也無傷。」[11]

巴菲特與孟格將這則故事變成詼諧的寓言,說他們想要更多能靠失智經理人成功經營的企業。

只對錢感興趣

巴菲特對阿茲海默症這個話題很敏感,他對自己高超的記憶力十分自豪,如今卻見到母親日益健忘。麗拉總是不自覺地活在過去,並創造自己理想的現實,編織她的「巴菲特浴缸記憶」。在她的版本中,水塞嘶地一聲突然彈開,不好的回憶隨

之流逝。若要巴菲特待在她身邊，還是會令他不寒而慄。這也難怪，因為她昔日的火氣偶爾仍會爆發。到目前為止，幾乎每位家族成員都有過聽她在電話那頭破口大罵的經驗。這些受害者紛紛跑去向蘇珊尋求慰藉。

從未被麗拉罵過的孫子，就只有彼得。有時她會說，他的外表和走路方式都很像老霍華。不過祖孫倆的相似處僅限於外表。彼得在畢業前夕竟然從史丹福大學休學，並娶了剛離婚、大自己六歲，還有一對四歲雙胞胎女兒妮可（Nicole）與艾莉卡（Erica）的瑪莉·盧洛（Mary Lullo）。彼得將雙胞胎視如己出，並讓她們冠上巴菲特的姓氏，這兩個女孩後來更成了蘇珊的最愛。曾經有段時間，巴菲特設法引起彼得對波克夏的興趣，甚至派出他的門徒，也就是蘇珊之前的網球搭擋葛羅斯曼，跟彼得談在波克夏工作的事，彼得毫無興趣，因為他將未來寄託在音樂上。[12] 他賣掉波克夏股票，換來 3 萬美元現金，成立唱片與音樂製作公司獨立之聲（Independent Sound），並由瑪莉擔任業務經理及宣傳，在舊金山的公寓內為廣告編曲。[13]

蘇珊透過音樂，與彼得保持密切關係，另一方面也繼續考慮是否要復出登台，並與製作人雷爾德（Marvin Laird）和巴雷（Joel Paley）合作。最後他們敲定一個表演節目，由蘇珊在紐約的戴爾莫尼科餐廳（Delmonico's）為紐約大學舉辦的義演活動擔綱演出。她要他們創作的歌曲，要能反映出她自由奔放、充滿吉普賽熱情，卻又淘氣、幽默的個性。不過她最後唱的還是傳統歌曲。

巴菲特在義演中看著另一半令觀眾動容，臉上不禁露出微笑。雷爾德與巴雷明白看得出來，炫耀才華洋溢的美麗妻子，

令巴菲特感到既驕傲又快樂。[14] 戲稱自己為「音樂牛郎」的雷爾德與巴雷，接下來幾年成了蘇珊歌唱生涯的一環。她想試試能否在演唱上開創一番事業。

結束一段婚姻的蘇西搬到了葛蘭姆深感興趣的華盛頓，並在對方的安排下，先後於《新共和》（New Republic）、《美國新聞與世界報導》（U.S. News & World Report）擔任助理編輯。1983 年 11 月蘇西再婚，嫁給格林柏格（Allen Greenberg），他替名律師奈德（Ralph Nader）擔任公益律師，婚禮在紐約大都會俱樂部盛大舉行。格林柏格擁有岳父冷靜分析的天分，看起來像是個以研究為生的人。巴菲特夫婦一下子就喜歡上新女婿，大家都說他理智、冷靜，還有善於說不，這些特質有多像巴菲特。這對新婚夫妻搬入華盛頓市區的一棟房子，將大部分房間都租給別人，自己只住進一個小房間。此時蘇西已賣光手中的波克夏股票，每股成交價還不到 1,000 美元。

霍華的第一次婚姻跟姊姊一樣，並未維持太久。他意志消沉地告訴父親離婚的消息，巴菲特則勸他換個地方發展比較好，並建議他到波克夏旗下一家企業工作。由於霍華深受加州吸引，因此接下洛杉磯喜事糖果的工作。這時候葛羅斯曼因為處理波克夏旗下一家洛杉磯小保險公司的問題而住在當地，霍華前去和他同住。霍華從拖地與維修工作做起，一路往上做到訂購盒子，他並兢兢業業地埋頭蒐集各式盒子。巴菲特告訴他必須在喜事糖果待上兩年，所以他準備撐到期滿再辭職，但他並沒有繼續做葛羅斯曼的室友，而是搬去感覺較自在的拉古納別墅。[15]

在一次偶然的機會下，霍華在翡翠灣的網球雙打與迪鳳‧

摩斯（Devon Morse）搭檔。迪鳳是位金髮美女，育有四個女兒，但婚姻並不幸福。霍華為了讓她留下深刻的印象，竟然奮力扭動身軀，爬上網球場邊的柱子，想調整時鐘上的時間，不料卻跌下來摔斷腿。迪鳳先是送他回家，接著帶食物上門。兩人開始聊天，霍華因此得知她正打算離開有錢的老公。一連串霍華式的冒險讓兩人建立了關係，終於促成兩人的姻緣，並將孩子帶離迪鳳丈夫的家；迪鳳的先生是位槍枝收藏家，屋裡擺滿了數以百計的武器。在霍華說服下，迪鳳於 1982 年和霍華一起搬到內布拉斯加居住，後來兩人就由巴菲特與葛蕾蒂絲擔任見證人，由法官公證結婚。[16]

如今巴菲特有了六個繼孫女，不久霍華與迪鳳又為他添了個孫子，名為小霍華‧葛拉漢‧巴菲特（Howard Graham Buffett Jr.），大家都叫他霍伊（Howie B.）。儘管巴菲特喜歡小孩，但跟他們在一起時卻很拘謹、不自在，根本不知道要怎麼吸引小孩，或是跟他們玩。因此他就像當初對待自己的小孩一樣，把他們全丟給蘇珊，讓她在家族聚會中做個熱情洋溢的祖母。不久之後，蘇珊忙碌的例行行程中，又添了一項探望內布拉斯加的孫子女。

對於霍華的事業，巴菲特比較積極介入。最初霍華在房地產業謀了份差事，但真正想做的卻是農夫。霍華缺乏資金，因此巴菲特同意買座農場租給兒子，就像他在高中時期將土地租給佃農一樣。霍華跑遍內布拉斯加，看了上百座農場，並代替老爸出價。而巴菲特已打定主意要撿便宜貨，多一毛錢都不付。最後總算在提卡馬（Tekamah）成交，才花了巴菲特 30 萬美元。[17]

巴菲特雖然向霍華收取租金，但從未踏上農場一步。就像對蘇珊的藝廊一樣，他對農場也興趣缺缺，只對錢感興趣。他認為農場是過度競爭的產業，把它比喻為男性西裝的襯裡：「沒有人會跑到超市去買霍華·巴菲特的玉米。」[18]

巴菲特想辦法用錢控制子女，卻從不花時間教導他們有關金錢的種種，這或許讓人感到奇怪，但他對員工也是如出一轍。他認為，一個人只要夠聰明，就一定能了解錢的事。他給子女波克夏股票，卻未強調有朝一日這些股票可能變得多重要。此外，他也沒說明以利滾利的道理，或向孩子提及他們不必賣股票，而是應該拿股票來借錢。到目前為止，他的致股東信函經過卡蘿修改，已探討了許多的財務主題，他無疑認為，以這些信函再加上他的人生實例，就已提供足夠的教材。當時他或許沒有想到，自己的孩子可能比他的合夥人更需要他親身調教。

然而，由於巴菲特與波克夏是一體的，因此他十分在乎他的子女如何處理手中的持股：賣了股票，就是賣了他。當時他並不希望子女靠波克夏海瑟威而富足輕鬆地度日，但他認為他子女的未來和波克夏海瑟威的未來應該有交集，不是透過對這家公司的持股，而是透過慈善事業，也就是他要讓他的子女管理巴菲特基金會所擁有的波克夏股份。

取諸社會，用諸社會

當彼得·奇威（Peter Kiewit）這位近乎神話的奧馬哈人去世時，巴菲特在《奧馬哈世界前鋒報》寫了篇悼文，表達他個人對遺產與慈善事業的看法。據說奇威的彼得奇威父子公司

（Peter Kiewit Sons', Inc.）是全球獲利最豐的營造公司。[19]巴菲特與奇威從未有過交易，但奇威擁有《奧馬哈世界前鋒報》，而巴菲特是這家報社的董事。

奇威是個工作狂，膝下並無子女，就住在波克夏總部所在的奇威廣場大樓，每天從頂樓公寓到辦公室，都靠電扶梯通勤，巴菲特很羨慕他這項安排。[20]奇威是巴菲特心目中的另一個模範，他在辦公室不僅是位嚴格的老闆，也是個吝嗇鬼，不斷透過精簡的小諺語向員工灌輸他的價值觀。他心甘情願為公司付出，往往「滿心歡喜，但從不滿足」。他曾說：「名譽就像上好的瓷器，買的時候很貴，卻很容易破碎。」因此在做道德決定時，「如果你不確定某件事情的對錯，那就想想，你願不願意讓它登上早報。」[21]奇威也和巴菲特一樣，十分熱中控制他人的體重。

在許多方面，奇威都體現了巴菲特的理想人生。當奇威辭世時，巴菲特的弔文不僅向他獻上敬意，而且就如他過去筆下所寫的文章，一貫表達出他希望留給世人的印象。[22]

他寫道：奇威「白手起家，創立了世上最偉大的營造公司之一……雖然它的規模並不是最大的，卻很可能是全美同業間獲利最豐厚的。能達到這樣的成就，是因為他透過奇威數千位員工，將他對卓越與效率的堅持傳遞出去。」

他繼續寫道：「奇威骨子裡就是個生產者，而不是消費者。獲利是用來建立組織的能力，而不是提供業主財富。

「事實上，**賺得多、花得少的人，就是在累積日後可兌換金錢的『支票』**（claim checks）。也許有一天這個人會反過來，變成花得多、賺得少，兌現部分昔日累積的這種支票。不然，

他也可以在生前捐贈，或是死後留下遺產。」

　　赫斯特（William Randolph Hearst）在建造、維護聖西蒙（San Simeon）的城堡時，耗費了許多這種支票。赫斯特安排專人每天為他私人動物園內的熊運送冰塊，宛如法老王動用社會資源役使人民來建造金字塔一樣。巴菲特曾深思過金字塔經濟，他說，如果他雇用一千人來為他建造金字塔，「每一分錢都會投入這項經濟活動中，各種各樣的給予和花費都是為了這座金字塔。那不僅瘋狂，道德上也說不過去，但還是有人會認為很棒，因為可為那些搬運石頭建造金字塔的人提供就業機會。不過這麼想是錯的，他們是從投入，而不是從產出的角度思考。

　　「你若想為自己建造金字塔，從社會取用許多資源，就該拚命為這一切付出。你應當付出適當的稅金，我會極力敦促你大方回饋社會，這樣醫院才得以興建，孩童也才能接受教育。」

　　他在這篇文章中提到，有些人不這麼做，反倒將賺來的「支票」留給繼承人，以致他們的子孫「消費了遠超過個人產能的東西；老實說，他們一生都耗在社會資源銀行的提款窗口。」巴菲特認為這個結果很諷刺。

　　「我喜歡奇威的做法，」他說，「當我待在鄉村俱樂部的時候，聽到有人談起社會救濟惡性循環的缺點。某位女性十七歲就生下孩子，並得到食物券，我們讓這種依賴循環一直延續下去，這些人留給子孫的是終生供應的食物券。但現在上門來的是信託基金專員，而不是社會救濟人員；他們有的是能付股息的股票與債券，而不是食物券。」

　　他寫道，奇威「在社會銀行中存入龐大財富……卻鮮少提

領。」他將個人約 5%的財產留給家人，其餘捐給慈善基金會。

而在各慈善家中，巴菲特也很欣賞安德魯‧卡內基與約翰‧洛克斐勒，認為他們是富有創意的思想家。卡內基在全美各地的貧民區興建公共圖書館，而卡內基基金會（Carnegie Foundation）則指派弗萊克斯納（Abraham Flexner）專門研究美國的醫學教育。[23] 弗萊克斯納在 1910 年的論文中，曾因揭露醫學院駭人的狀況，而掀起全美矚目的醜聞，當時他說服洛克斐勒基金會，提供充足的捐款以徹底改革醫學教育。此外洛克斐勒也發現，有些問題無法由身處其中的人自行解決，例如貧窮的黑人大學因為缺乏富裕的校友，根本無法自我提升。「事實上，洛克斐勒就成了他們的校友，他在處理問題時，根本不在乎哪些問題最受眾人矚目，總是不遺餘力地給予支持，」巴菲特說。

這時巴菲特基金會只有象徵性的 72.5 萬美元資金，每年捐款不到 4 萬美元，幾乎全投注在教育上。[24] 不過基金會反映了巴菲特夫婦共同的人生觀，認為財富該回饋社會，並由蘇珊負責管理。蘇珊要是手中有錢，很快就會大筆捐出，但巴菲特並不急。他認為讓錢隨著時間愈滾愈多，最後會有更多錢可捐。當然到 1983 年時，他有很好的理由來支持這構想。從 1978 年至 1983 年底期間，巴菲特家族的身價淨值成長驚人，從 8,900 萬美元，遽增為 6.8 億美元。

巴菲特日益富有，於是朋友、陌生人和慈善團體提出的金錢要求，不斷湧入奇威廣場大樓。其中有些是真正貧苦者的衷心懇求，還有些人似乎自認為有權分一杯羹。但得到的答案都一樣：我要是為你這麼做了，就得為每個人都這麼做。其中有

些朋友贊同他,不過也有些人感到不解,為何一個願意慷慨付出時間、建議與才智的人,卻對金錢這樣吝嗇。他們說,要他掏點錢出來,簡直就像要他的命。為什麼他無法在給予中找到快樂?

許諾明天的果醬

　　不過只要巴菲特仍在滾雪球,他要在身後捐出一切金錢的承諾,就好像《愛麗絲夢遊仙境》中的白棋王后承諾要給愛麗絲「明天的果醬」(jam tomorrow)一樣。「在他身後」意味著現在永遠不會發生,也可讓他規避死亡帶來的損害。「白棋王后」式的拒絕以一種奇特的方式自我強化。至今巴菲特至少有九名親友或他們的家人,曾企圖自殺或已經自殺。最近他有位朋友的兒子便結伴在耶誕節前夕,開著老爸的車衝下懸崖;古林的太太在兒子八歲生日前幾天舉槍自盡。巴菲特對於各種理由的自殺行為感到不安,不過他已經打定主意要盡可能活久一點,並努力賺錢,至死方休。

　　隨著巴菲特的財富與日俱增,朋友對他經常將賺錢掛在嘴上,並執意努力賺錢,卻不留給家人與基金會的決定,終於有了反彈。古林寫信給羅森斐,提及巴菲特可能會成為世界首富:「如果華倫成為跑在最前面的雪橇犬,發現這個世界不是只有狗毛和小紅點時,他會怎麼做?(他以為那個小紅點是目標的紅心,但我們都知道那是什麼東西。)」[25]

　　巴菲特集團曾在巴哈馬的來佛礁(Lyford Cay)聚會,在眾人忙著浮潛和海釣的空檔,吉爾斯畢安排了題目為「孩子(與慈善團體)得再等等」的演講,引發眾人激辯。幾年前巴

菲特曾說，每年耶誕節他都會給子女幾千美元，並告訴他們，等他死後會給他們 50 萬美元。[26] 他認為這筆錢「足以讓他們一展抱負，但又不至於多到讓他們一事無成。」[27] 巴菲特每年都這麼說，這句話將成為他的名言。昔日合夥人帝許告訴他：「華倫，這是不對的，如果他們十二歲時都還沒被寵壞，以後就不會被寵壞了。」[28] 葛蘭姆甚至流淚問道：「華倫，難道你不愛自己的孩子嗎？」

《財星》在卡蘿的慫恿下，以這個話題做為封面故事：「你該把錢全留給孩子嗎？」許多人都說，家人優先，但巴菲特則說，「我的孩子將在世上開創屬於自己的一片天，他們知道無論想做什麼，我都會支持。」不過，「只因為他們投對了胎」，就為他們設置信託基金，可能不僅對他們有害，甚至還是種「危害社會的行為」。[29]

不過巴菲特總算做了個決定，展現出前所未有的彈性。1981 年，他發起一項創新計畫，由波克夏海瑟威捐每股 2 美元給慈善團體，捐助的對象則由股東選擇。波克夏不付股利，但這項計畫將由股東決定公司如何運用慈善款項，而不是讓公司高層主管依個人喜好捐款，並因此獲得好評。雖然這項計畫並未撥付很多錢，但巴菲特願意這麼做，就表示他放開緊握的拳頭了。股東很喜歡這項計畫，參與率始終接近 100%。

對巴菲特這個資訊蒐集者來說，這項捐款計畫讓他能洞悉每位股東的慈善興趣，這是無法從其他管道得知的。雖然這種資訊的用處比修女的指紋好不到哪裡去，但巴菲特有永不滿足的好奇心，對於了解股東有高度興趣，就像他們是他的家人一樣。

　　時年五十三歲的巴菲特已經「退休」了兩次，也正在通盤
考量慈善與繼承問題，不過最令他感到沮喪的話題，顯然就是
退休。他曾開玩笑說死後仍要繼續工作，並主張要重視如厄貝
格與羅斯納等老牌經理人，但如今他們已經退休，而文森提則
患了阿茲海默症。因此，巴菲特接下來會與高齡八十九歲、比
他認識的任何人都長壽的婦人達成交易，或許就不令人意外了。

第 44 章
蘿絲的家具店
奧馬哈，1983 年

　　蘿絲‧布朗金（Rose Gorelick Blumkin）出生於 1893 年，一家人住在明斯克小村莊謝德林（Shchedrin）的一棟兩房木屋裡。父親是猶太教士，因為買不起床墊，她和七個兄弟就同睡在鋪有稻草的地板上。

　　蘿絲後來從家鄉移民到奧馬哈，她說：「我一輩子都在築夢，打從我六歲就開始了，我的第一個夢想就是到美國。」

　　「從前在俄羅斯，他們對猶太人進行大屠殺。他們會剖開孕婦的肚子，取出腹中胎兒。我知道這些事時年僅六歲，所以我才會說，我長大之後要去美國。」[1]

　　為了保護新皮鞋的鞋底，蘿絲十三歲時赤足走了 29 公里路，才走到最近的火車站。為了省車票錢，她躲在火車座椅下，行經 483 公里才抵達最近的城鎮哥麥爾（Gomel）。她在那裡敲了二十六戶人家的門之後，終於有一位賣布料雜貨的店家收留她。這位 147 公分高的女孩說：「我不是乞丐，我口袋裡有四分錢，請讓我在這裡住下來，我會讓你知道我有多棒。」隔天早上，「我一上工，就忙著招呼客人。我攤開布料，在別人都還沒拿起筆前，就已經算好價錢。到了中午十二點，老闆就問我要不要留下來。」[2]

　　年方十六，她就當上經理，負責管理六名已婚男子。她寫信給母親說：「別擔心那些男人，他們都很聽我的話！」[3] 四年後，她嫁給鎮上的鞋店售貨員伊沙多‧布朗金（Isadore Blumkin）。[4] 就在那年第一次世界大戰爆發，保安人員在俄羅斯四處濫殺，於是蘿絲打定主意要離開這個國家。她讓丈夫先去美國，再重新存自己的旅費。兩年後，也就是 1916 年 12 月，革命分子殺了皇室的魔僧拉斯普京（Rasputin）。蘿絲擔心這將比帝俄暴政引起更長久的動亂，因此兩週後便搭乘西伯利亞大鐵路開往中國的火車，動身前往美國。

　　她搭了七天的火車，直到進入中國前，才在邊境城鎮外的後貝加爾斯克遭俄羅斯警衛攔下。她告訴對方，自己在為軍方採購皮革，並保證回來時會帶瓶梅子白蘭地給他。不知是天真還是慈悲為懷，警衛竟讓她通過邊境。蘿絲接著搭上另一列火車，經過哈爾濱、滿州，最後抵達天津。這時她已旅行超過 14,000 公里，幾乎橫越了整個亞洲。[5] 她用僅剩的一點錢買了從天津到橫濱的船票。她在當地找到一艘載運花生的貨輪，讓她一路航向美國，六週後抵達西雅圖。旅程中多數時間都病厭厭的，她根本食不下嚥。[6]

　　這趟漫長的旅程將近三個月，最後蘿絲帶著腫脹的病容，在猶太節日普珥節那天抵達西雅圖。她在碼頭受到希伯來移民援助會（Hebrew Immigrant Aid Society）的接待。移民援助會的人在她脖子上掛了個牌子，上面寫著她的姓名，還有她丈夫定居的愛荷華道奇堡（Ft. Dodge），協助她與收舊貨的丈夫團聚。夫妻團圓後，蘿絲隨即懷孕，不久便生下女兒法蘭西絲（Frances），但她還是一個英文字也不識。

兩年後，她仍舊很少說英語。感到被孤立的布朗金一家決定搬到能讓蘿絲以俄語和意第緒語交談的地方，於是遷居奧馬哈。這個城鎮因為有鐵路與食品包裝廠，吸引了三萬兩千名移民前來落腳。[7]

伊沙多租了間當鋪，他說：「從沒聽過有人開當鋪破產的。」[8]而蘿絲則待在家裡，三名子女路易斯、辛西亞與希維亞相繼出生。她靠著每次寄 50 美元回俄羅斯，讓十名親戚得以移民美國。與丈夫不同的是，蘿絲還是不太會說英語，她說：「我太笨了，他們沒辦法用釘子把英語釘入我的腦袋。孩子也教過我，法蘭西絲剛上幼稚園時對我說：『我會讓你知道什麼是蘋果、桌巾和刀子』。」[9]

價格比對手低就行了

不過經濟大蕭條時當鋪經營不易，布朗金一家人差點破產。後來蘿絲接掌生意，她告訴丈夫：「我知道怎麼做，用比大商店低的價格出售就行了。你用 3 美元進貨，以 3.3 美元出售，還有一成的利潤！」老式西裝銷售不佳時，蘿絲準備了一萬份傳單，分發全奧馬哈，上面寫著只要花 5 美元，就能讓一名男士打點好全身裝扮，包括內衣、西裝、領帶、鞋子，甚至草帽。一天內就賺進 800 美元，比以往一整年所賺的還多。[10]後來商店擴大規模，也賣起珠寶、二手皮草及家具。接著蘿絲開始以寄賣方式，用比對手低的價格出售新皮草，逼得百貨公司抓狂。[11]她的經營理念是：「讓他們恨你，總比讓他們可憐你好。」

不久顧客開始向蘿絲探詢更多家具。她發覺賣家具與經營

典當業不同,是門「看人眉開眼笑的生意」。因此 1937 年時,她向一位兄弟借了 500 美元,在丈夫當鋪附近的一間地下室開了家布朗金家具店。但是家具批發商並不想賣東西給她,因為經銷商抱怨,她的售價比他們還低,因此蘿絲跑到芝加哥,找到一位富有同情心的批發商,在賒帳三十天的條件下,訂購了 2,000 美元的商品。不過賒帳期限屆滿時,她沒有足夠的錢償還,只好廉價賣了自己家裡的家具,以便清償債務,她還記得:「我的小孩回家時大哭了起來,好像有人要死了似的,他們問我為什麼拿走床和冰箱?為什麼整個房子都空了?我告訴他們,批發商對我很好,我不能食言。」[12] 那天晚上她從店裡拿了幾張床墊回家,好讓家人有地方睡,「隔天我又搬了冰箱和爐子回來,小孩才沒再哭鬧,」她說。[13]

路易斯放學後便到店裡幫忙,後來代表技術中學(Tech High)成為全美明星跳水選手,仍舊幫忙運送沙發直到半夜。這時他母親已創立了內布拉斯加家具賣場(Nebraska Furniture Mart),並搬到較大的地方經營。到了狩獵季節時,蘿絲還兼租售白朗寧自動獵槍,而路易斯最愛的差事,就是在自家地下室試射空心磚。[14]

1941 年,美國加入二次大戰時,路易斯便退學從軍。大戰期間他與母親每天通信,每當蘿絲感到氣餒,他就勸她別半途而廢。[15] 由於大型批發商不願供貨給內布拉斯加家具賣場,因此蘿絲就成了家具「走私戶」,搭乘火車穿梭整個中西部,以高於批發價 5％ 的價格,向梅西百貨(Macy's)、馬歇爾費德(Marshall Field's)等商家收購庫存過剩的商品。蘿絲說:「(批發商)愈是聯合抵制我,我就愈努力工作。」[16] 蘿絲心中

對大人物產生無窮的敵意,她的座右銘是:「便宜賣、說實話、別騙人,也別收回扣。」[17]

路易斯在「突出部之役」(Battle of the Bulge,譯注:美德在二次大戰的最後一場戰役)中榮獲紫心勳章。戰後他在1946年直接回奧馬哈老家,重返工作崗位。他學會從採購、訂價、庫存、會計、交貨到展示等有關經商的一切事務。對蘿絲來說,路易斯沒人能比。她對員工毫不留情,常對他們聲嘶力竭地大吼:「你這沒用的人!你是笨蛋!」不過母親開除人之後,路易斯又會將這些人請回來。

四年後賣場欣欣向榮,但接著韓戰爆發,銷售額開始下降。於是蘿絲決定,要靠加賣地毯來提高業績。她跑到芝加哥的馬歇爾費德,告訴他們她要為一棟公寓採購地毯,對方因此以每碼3美元的價格,賣給她3,000碼摩霍克(Mohawk)地毯。她後來以一般零售價的一半,也就是3.95美元售出,不過向馬歇爾費德說謊這件事,在多年後似乎仍困擾著她。[18]

提供顧客更好的價格

蘿絲設法藉由提供顧客更好的價格,成功拓展了地毯事業。不過,地毯製造商摩霍克為了強制執行最低價限定政策(廠商要求所有零售商設定一個最低價格),於是控告蘿絲,並派了三位律師出庭。而蘿絲卻單槍匹馬現身,「我告訴法官:『因為沒人要賣東西給我,所以我根本沒錢請律師。我賣任何東西,都是以高於成本一成的價格來出售,這有什麼不對?我不會占顧客的便宜。』」[19]這場官司只進行一個小時,法官就駁回全案,隔天法官便光顧她的家具賣場,買了價值1,400美

元的地毯。

　　雖然兼售地毯，但家具的銷售額卻因為戰爭而下滑，蘿絲依舊付不出供應商的貨款。最後一位友善的奧馬哈銀行家以九十天為期限，提供她 5 萬美元的貸款，但蘿絲為了要如何償債擔心得睡不著。結果她靈機一動，租下奧馬哈市民大會堂（Omaha City Auditorium），在裡頭擺滿了沙發、餐桌椅、咖啡桌、電視機。她和路易斯都是銷售高手，他們在報上刊登廣告，廣告內容就以戰時物資缺乏為主題，而且句句屬實：

> 這正是你需要的！拍賣中的拍賣！缺東西嗎？我們不能吃了這些家具，我們得賣了它們！過去六十天來，我們運來這麼多商品，但我們沒有倉庫。[20]

　　短短三天內，家具賣場便售出價值 25 萬美元的家具。如今奧馬哈人知道，蘿絲與內布拉斯加家具賣場代表了「折扣家具」。她說：「從那天起，我就再也沒有欠過任何人一毛錢。」[21]

　　就在那年，伊沙多因心臟病發猝逝。蘿絲與路易斯母子繼續為未來打拚。「布太太」（Mrs. B）逐漸成了奧馬哈的聞人，無論是結婚、買下第一棟房子、生小孩，大家在人生的各個階段都會光顧賣場。1975 年，一場龍捲風掀掉城西郊區新賣場的屋頂，但她和路易斯毫不遲疑，立刻將東西全搬到他們僅剩的市中心賣場。蘿絲說：「如果你的價格最低，就算在河底，他們也會找到你。」後來一場大火燒毀賣場，她甚至送電視給消防隊員。[22]

　　「布太太只要知道怎麼做，就會立刻動手。她既不遲疑，

也不放馬後砲。無論是買五千張桌子、簽下三十年租約、購置房地產或聘用員工，她都勇往直前，迅速採取行動。你要是談及她能力範圍以外的事，她根本懶得跟你說話。她很清楚自己擅長什麼，根本不想拿這些事來開自己玩笑，」巴菲特說。

到了 1980 年代初，蘿絲與路易斯已建立起北美最大的家具賣場。他們一家廣達 1.2 公頃的賣場，一年能賣出上億美元家具，營業額為同樣規模賣場的十倍。[23] 在蘿絲創業時與她打對台、生意興隆的老字號奧馬哈家具零售商，如今一家家消失。其他零售商進入奧馬哈，試圖與內布拉斯加家具賣場競爭，蘿絲與路易斯便設計折扣活動，迫使競爭同業鎩羽而歸。顧客也開始從愛荷華、堪薩斯與南、北達科塔州等地湧入。

蘿絲成了眾所周知的「布太太」，甚至家人也這樣稱呼她。她凌晨五點起床，只吃蔬果，從不碰烈酒。她頭上那噴了髮膠的黑色髮髻雖然出現了零星的灰髮，但她仍然以年輕女性的活力在店內跑來跑去，大聲吼叫或揮舞雙臂，但髮髻仍穩穩貼在頭上。隨著議價地位提高，她對供應商也變得毫不留情。她對一名供應商的開價嗤之以鼻：「7 美元？我們要是付那種價錢，明天就破產了。」[24] 那些原本抵制她的批發商如今也臣服於她，她很喜歡這樣。「如果你想賣給她兩千三百張茶几，她馬上就知道要付多少錢，多快能運到店裡……她會向你買，但是要等到某場暴風雪即將來襲，你的班機就要起飛，而你非離開奧馬哈不可時，她才會出手，因為你承擔不起班機延誤的後果。」[25]

蘿絲一星期有六天半都在努力工作，她說：「這是我的習慣。」在她心目中，賣場就是家。而負責裝潢母親房子的辛西

亞,便將家裡布置得「就像賣場一樣,因為那是她唯一覺得舒服的環境。」[26] 家裡的燈罩仍包著塑膠膜,而價格標籤還掛在部分家具上,布太太說:「我只用廚房和臥室,我等不及天亮就趕回去工作。」

整個星期她唯一不在賣場的時間,就是週日下午,她會與路易斯開車在城裡四處逛。她說:「我觀賞商店櫥窗,一邊計畫著怎麼襲擊店家,一邊想著『該殺多少價?』」[27] 蘿絲說,她所做的一切,都是受在俄羅斯經營雜貨店、性格堅毅的母親所啟發。她絕不會忘記,凌晨三點醒來時看到母親在洗衣服、烤麵包。因此,蘿絲的弱點就是難民與移民,有時她會把他們安插在簿記部門,並告訴他們:「你不需要英文也能計算。」[28]

1982 年時,《奧馬哈世界前鋒報》曾訪問蘿絲,她說,這麼多年來,布朗金家族拒絕了好幾次併購提案,「誰買得起這麼大的店?」而其中一項提案就是波克夏提出的。她告訴巴菲特:「你要想辦法偷走它才成。」[29]

一年後,巴菲特聽說布朗金家族正和德國漢堡的某公司交涉;這家企業在經營全世界最大的家具賣場。布朗金家族的事業要出售了!

說不定這回他們是當真的。大約二十多年前,蘿絲曾要巴菲特到鬧區的賣場,暗示她正考慮待價而沽。而他真心想要為波克夏收購家具賣場,於是走進店裡,只見一名矮胖的婦人正長篇大論地訓斥成排靠牆站的男員工,其中包括她的孫子、女婿與姪兒。她轉身向巴菲特說:「看到我身邊這些傢伙了嗎?要是我把他們賣給你,你就能炒他們魷魚了。這些傢伙是群飯桶,他們都是我的親人,所以我不能開除他們,可是你能。他

們全都是飯桶！」

「她真的就這樣繼續罵了一個鐘頭，『飯桶』這兩個字重複了許多次。她唯一認為有價值的人就是路易斯，他簡直完美無缺。」這些親人早已習慣蘿絲，全站在原地面無表情。「接著她便我打發走，因為我已經發揮了作用。」[30]

布朗金家族現在正有意出售賣場。布太太已動過兩次膝關節置換手術，大部分的日常營運工作都交給路易斯。不過她仍繼續經營地毯部門，路易斯說：「地毯這東西令她著迷。」[31]然而，巴菲特商議的對象是路易斯，但路易斯卻說：「你該見見我的兒子隆恩和爾文，他們總有一天要接手經營這個賣場。」

於是巴菲特邀請隆恩與爾文造訪他的辦公室，試圖與兩人建立關係。後來他寫了封信給路易斯，說明將賣場賣給波克夏的利弊。

他寫道，他們可以把內布拉斯加家具賣場賣給另一家同業，或是類似行業的人，可是「無論對方許下什麼承諾，這類買主通常都會有自以為知道如何經營貴公司的經理人，遲早他們會想介入實際營運。」

他繼續寫道：「接著就會有財務操盤手出現，這些人通常會運用龐大貸款，只等時機有利，便讓股票公開上市，或將公司轉賣出去。不過如果賣方的事業是業主畢生的創意結晶，而且是他們的人格中不可分割的一部分，那麼這兩種買主就都有嚴重的缺點。

「任何買主都會告訴你，他需要你，而只要他有點頭腦，也確實會需要你。不過基於以上的理由，有非常多買主後來做的都是另一套。但我們會言行如一，這不僅是由於我們如此承

諾，也因為我們有必要這麼做。」

只管兩件事

巴菲特進一步解釋，如果他買下賣場，會希望布朗金家族繼續當合夥人。巴菲特告訴路易斯，他只會插手兩件事情：資本配置，以及遴選公司負責人並決定他的薪酬。

巴菲特還有一個優點，那就是他並非德國人。德國公司出價雖然遠超過 9,000 萬美元，但對於為了逃避大屠殺而橫越亞洲 14,000 公里路的布太太來說，很難接受將賣場賣給德國企業。布朗金家族最後同意將公司賣給波克夏，為了敲定交易，巴菲特驅車前往那個廣達 1.2 公頃的賣場。他到賣場時發現，八十九歲的蘿絲正開著三輪高爾夫球車，猛踩油門，在賣場內四處奔馳，並對員工咆哮：「你們全是一群沒用的東西！我一毛錢都不會給你們！」而路易斯和她的三個女婿只能在一旁看她發飆。[32]

巴菲特說，「布太太，我連存貨都不想盤點，無論您說您有什麼，我都相信您的話。」

布太太望著靠牆站的女婿，其中有一位大概比布太太高了30 公分。她的三個女兒總共持有 20％股票，她們派丈夫出面去簽約，但這些女婿並不笨，心裡明白德國人可以給得更多。「蘿絲對他們破口大罵：『只要告訴我，你們究竟認為自己能多賣多少錢，我就給你們多少錢。』她想把錢分一分，好讓他們離開這裡，這樣公司才能變成路易斯的。接著她說，持有家具賣場 90％股份的價錢是 5,500 萬美元。」

「她真的很喜歡我，也很信任我，她會對人下定論，而且

不會再改變。」巴菲特知道,她會在一眨眼間斷然做出決定,也不會再動搖,可是「在布太太簽約後,我告訴她:『如果您改變心意,我也會坦然接受。』我絕對不會這樣告訴其他任何賣方,但我覺得,這對她很重要,假使事後她有任何理由決定不想這麼做,那我也不想讓她感覺被這項交易綁住。但是她說:『我不會改變心意。』」

「交易完成後,我說:『布太太,我得告訴您一些事,今天是我的生日。』」當時巴菲特五十三歲。「而她說:『你在生日這天買到了一口油井。』」

布朗金家族從不查帳,而巴菲特也不要求他們查帳。他既不盤點存貨,也不查看詳細帳目。雙方握手定案,「我們給了布太太一張 5,500 萬美元的支票,而她則給出承諾。」[33] 她的話就像「英格蘭銀行」一樣有信用。

巴菲特特別舉行記者會宣布這項交易,播放一卷有關公司沿革的錄影帶。當影帶播放時,只見布太太頻頻拭淚。[34]

巴菲特發現了布太太這位奇人,將她納入自己的有趣名人收藏,而且布太太不屈不撓的意志、歷盡艱難的人生經驗,還有頑強的個性,也在在令他肅然起敬。[35] 他寫信給她:「親愛的布太太,我已向路易斯和他的兒子保證,從現在算起的五年、十年,甚至二十年,布朗金家族所有成員都會滿意這筆交易,而我也給您同樣的保證。」[36]

巴菲特的保證不僅於此。布太太習慣徹底掌權,並保有隱私,她可不希望巴菲特把自己的財務外衣拋向空中,讓世人看到她的半短內褲。他已向她保證,當波克夏海瑟威依照法律規定,向證管會提出財報時,不會分開呈報家具賣場的帳務。

卡內基式鼓勵

　　巴菲特並不擔心得向證管會取得這項豁免權，因為他的員工會替他辦這件事。他是討人喜歡的老闆，從不發脾氣、從不朝令夕改、從不對任何人說粗話、從不痛罵或挑剔員工，也不會事後批評別人的工作成果，而是讓人不受干擾地做自己的事。此外，他在管理員工時會假設，如果這些人夠聰明，他們什麼事都能做。孟格就說：「華倫沒有壓力，他只會造成壓力。」戴爾・卡內基曾說，要幫助別人建立好名聲，並讓他們無愧於這個名聲，而巴菲特便盡得個中精髓。他知道如何運用卡內基式鼓勵法，讓員工有大成就。

　　他鼓勵員工的話，就像這樣：「你太棒了，你做這件事根本不用花多少時間，也不必付出什麼代價。當然，你要在下一封信裡讓我看到結果。你對自己的工作實在太拿手了，要三個人才能取代你。」[37]

　　而剛剛才收完藍籌爛攤子的麥肯齊，又奉命接下吃力不討好的差事，就是負責說服證管會破例，好讓布太太不必忍受被稽核，或是必須向波克夏股東公開財務機密的痛苦。麥肯齊必須窮盡一切心力在這個無情的迷宮找出路，而巴菲特卻一口保證，他能輕鬆完成任務。[38]另一方面，巴菲特樂得一頭鑽進新事業，去認識另一群人。他愈來愈喜歡路易斯父子，常常等賣場晚上八點三十分打烊後，駕車前往七十二街，與路易斯、隆恩和爾文共進晚餐，花上好幾個鐘頭聊家具與商品拓銷。

　　巴菲特對蘿絲的喜愛與欽佩與日俱增。[39]他為她想出一個計畫，並徵召巴菲特集團的成員帝許擔任幕後策畫。巴菲特打

定主意，要大大展現他的感激與演技，讓年老的蘿絲變成灰姑娘。

在紐約大學董事帝許的協助下，他安排克雷頓大學（Creighton University）與紐約大學頒發榮譽學位給蘿絲。[40] 嬌小的布太太在克雷頓大學受頒榮譽學位時激動莫名，在台上掩面哭了起來，嘴裡還說：「喔、喔，我真不敢相信。」[41] 接著她談到美國，這個使自己美夢成真的地方，她對畢業生提出三個忠告：「**首先要誠實；其次要努力工作；最後，如果你沒有馬上得到理想的工作，就告訴對方你什麼都願意做。如果你夠好，他們就會留下你。**」[42]

在紐約出席榮譽學位頒發儀式時，家人小心翼翼，不讓她看到飯店房間的價格，因為她曾經到過紐約，並認為任何旅館房間若超過 75 美元，就貴得不像話。[43] 蘿絲要路易斯帶她去參觀愛麗絲島與迪蘭西街（Delancey Street），但因為她認為計程車費太高，因此要在紐約四處逛就成了難事。[44] 頒發學位那天早上，蘿絲穿上長袍，置身盛大排場中，與參議員莫洒漢（Daniel Patrick Moynihan）及詩人帕斯（Octavio Paz）一起獲頒學位。

儘管在紐約大學的儀式中，蘿絲與名流雅士為伍，但當有人問她，比較喜歡哪個榮譽學位時，她毫不猶豫地回答，是克雷頓大學的，因為他們曾向她買過地毯。

不久，當波克夏的查帳員首度盤點內布拉斯加家具賣場的存貨，發現賣場價值高達 8,500 萬美元之後，以總價近 6,000 萬美元出售賣場的布太太懊悔不已，她告訴《雷加地》（*Regardie's*）雜誌：「我不會食言，但我很驚訝……他想都不

想（便同意交易價格），可是他研究過，我敢跟你打賭，他早
就知道了。」[45]巴菲特當然不可能真的「早就知道」，但是他
一定明白，這個價格有極大的安全邊際。

比永遠還多五年

然而，就在短短兩年內，這神話就變了調。好強的布太太
當著顧客的面，大罵孫子隆恩和爾文是飯桶。逐漸地，孫子們
就不再跟她說話了。

到了蘿絲九十五歲時，有一次兩個孫子不讓她採購地毯，
令她火冒三丈，這成了最後一根稻草。她說：「我是老闆，還輪
不到他們來說話。」[46]接著便拂袖而去。不僅如此，她在走出
賣場大門前，還要求公司支付 96,000 美元的未休假加班費。[47]

不過獨坐家中的她也承認：「什麼事也不做，真是寂寞死
了，我簡直快發瘋。」[48]她在一次報紙專訪中曾說兩個孫子是
「笨蛋」，更令人震驚的，她罵他們「納粹」。[49]她獨自參加家
具業最大的商展，北卡羅萊納高點家具市場展（North Carolina
High Point Market）時，也暗示她將有所行動。蘿絲以迅雷不
及掩耳的速度，在剛整修過的內布拉斯加家具賣場正對面，設
置了一間倉庫，並在裡面舉辦一場「舊貨拍賣」，出售「一些
自己的東西」，[50]當天就賣出 18,000 美元的家具。幾個月後，
「布太太的倉庫」（Mrs. B's Warehouse）還沒正式開張，一天就
賺 3,000 美元。

當地方報問及這場搶客大戰時，她厲聲說：「我會給他們
好看的。」蘿絲豎起一塊招牌，上面寫著：「他們定價 104 美
元，我們定價 80 美元。」[51]鮑伯・布朗（Bob Brown）在

ABC 的節目「20 ／ 20」向她問起家具賣場時，她說：「我巴不得它被燒光，我希望他們下地獄……」[52]

先前巴菲特自創了一句格言：「我寧可與大灰熊搏鬥，也不願與布太太及她的子孫競爭。」[53] 巴菲特現在夾在兩隻纏鬥的大灰熊中間，他的表現就像過去遇上朋友關係破裂時，一樣不願選邊站。布太太認為這就是對她不忠實，她告訴一名記者：「華倫‧巴菲特不是我的朋友，我每年為他賺進 1,500 萬美元，但當我和孫子意見不合時，他並沒有支持我。」[54] 巴菲特無法忍受衝突，這簡直是種折磨。

在蘿絲眼裡絕不會犯錯的路易斯，也拿她沒輒，他說：「她認為自己失去了對這個地方的主控權，所以大發雷霆。」

巴菲特說：「路易斯對母親一直畢恭畢敬，但對她來說，世上最難以接受的，就是放棄主控權。她因為必須放棄自己的最愛，所以對全世界發火。」

兩年後，布太太的倉庫雖然還是很小，但成長的速度卻逐漸對家具賣場造成衝擊。最後路易斯再度充當和事佬，他說：「媽，您得把這東西賣回給我們，互相競爭是沒有意義的。」[55] 蘿絲心軟了，她打電話給巴菲特，說她想念家具賣場、想念家人；與家人分離令她感到孤獨，她說「我錯了」，家人比自尊和事業更重要。布太太告訴巴菲特，她想回來。於是巴菲特腋下挾著一盒喜事糖果，手裡捧著一大把粉紅色玫瑰，便去見她了。單是為了她的姓名使用權及租約，他就出價 500 萬美元。

不過巴菲特加了條但書，那就是這回她得簽競業禁止協議，絕不能再與他競爭，這事他早就該做了。要強制一名九十九歲的老婦人遵守競業禁止協議，實在荒謬，但巴菲特很務

實，這項協議寫得很巧妙，確保效力比布太太還長命：倘若她退休，或因為盛怒等任何原因辭職，無論她有多老，接下來五年都不得與巴菲特及她的親人競爭。即使她活到一百二十歲，巴菲特也不願冒險，「我認為她可能永遠活下去，對她，我需要比永遠還多五年。」。

布太太無法讀寫英文，但在聽過解釋後，還是以特殊的畫押簽下競業禁止協議，這項協議成為頭條新聞。巴菲特說：「後來我就設法確保她再也不會發火。」他開始甜言蜜語地恭維這位新員工，讓她心花怒放，絕對不會再辭職，同時也讓競業禁止協議就此生效。

1993 年 4 月 7 日，大奧馬哈商會（Greater Omaha Chamber of Commerce）將她和巴菲特一起列入商業名人堂。接著巴菲特在高地俱樂部（Highland Club）上台，雙膝微顫地為布太太的百歲誕辰，生平首度公開獻唱。此外，他也捐了 100 萬美元給她正在整修的當地戲院。

沒人敢相信，巴菲特竟然捐出 100 萬美元。

蘿絲認為自己的一切，還有所有的好運，都要歸功於美國賦予她的機會。蘿絲堅持在每次家族聚會中都播放她最喜愛的歌曲「天佑美國」，有時甚至還不只播一次。

在讚美上帝的詩歌聖詠中，蘿絲毫不為眼前的種種陶醉，她一再地說：「我認為我不配接受這些表揚。」不過，她的確是實至名歸。[56]

第 45 章
道路救援
奧馬哈，1982 年～1989 年

　　蘇珊是從遠處傾聽巴菲特訴說布太太的故事。她幾乎每天都會透過安裝在公寓內的特殊「熱線」，與丈夫通話。每當電話鈴聲一響，她就會立刻跳起來。「華倫打來了！」話一說完，便從正與她交談的朋友身邊跑去接電話。雖然照顧巴菲特還是她的首要任務，但除非他需要她，否則她的人生都掌控在自己手裡。

　　蘇珊已遷居到華盛頓街的纜車路線上、另一幢可眺望灣區美景的舒適小屋。她選擇這裡，是因為彼得與他的妻子瑪莉，還有她的兩個女兒都住在同一棟大樓。彼得仍在追求自己的音樂事業。

　　過去幾年間，蘇珊先後失去了雙親。湯普森博士於 1981 年 7 月辭世，僅僅十三個月後，母親桃樂西也隨他而去。在此之後，她的過動傾向非但沒減輕，反倒更加嚴重。巴菲特不再吝於表現關心，他現在比以往更加愛慕她，而他想取悅她的渴望，部分已藉由提供金錢來表達。蘇珊年輕時，心目中的瘋狂採購，就是買一大籃賀卡，[1] 如今已演變成一年一度狂掃貝多福古曼精品百貨公司的鞋品部門。她隨時都能拿錢自行花用，看上兩件皮草難以取捨時，她會想：「為什麼我只能選一件？」

答案是：她不必選。

不過在多數情況下，巴菲特放鬆對金錢的掌控，只是使蘇珊對身處下層社會的友人更加慷慨。從沒有人離開迷人的巴菲特家人。老友親屬絡繹不絕，一般人肯定難以應付，但蘇珊可不是泛泛之輩。她掙脫奧馬哈的桎梏，並擁有可隨意花用的大筆金錢後，她的生命彷彿魔法師學徒的掃帚受到魔法驅動般，頓時活躍起來。巴菲特問她，耶誕節需要多少錢？蘇珊回答，75,000 美元就夠了。[2] 於是他就簽下支票。

她有特定的捐助對象，包括藝術家、創意人才，還有任何擁有潛力或她認為才華未獲肯定的人。在蘇珊幫助的所有對象中，最大的挑戰就是自己的外甥比利。比利是出色的爵士吉他手，曾與不同的樂團一同演奏、為比比金（B. B. King）伴奏，並以鬥士樂團（Crusaders）成員的身分表演，是他最風光的日子。他已婚、育有一子，住在洛杉磯，但在西岸「毒來毒往」了好幾年，卻始終戒不了毒癮。蘇珊保持樂觀，不肯放棄他，無論當他毒癮發作時把生活搞得多悲慘，她總是把他當作自己的兒子般看待。

到了 1984 年，愛滋病已經奪去近兩千名美國人的生命，還有另外兩千人罹病。蘇珊從舊金山的同性戀者身上找到了下一個重大目標。由於當時大家對愛滋病的了解不多，溝通又不夠，眾人歇斯底里地打壓同性戀者。[3] 而在許多遭家人離棄的男人心目中，蘇珊是母親的化身，如今這位富家夫人再度跨越社會界線，在愛滋危機剛出現時，成為男同志的避風港。[4]

蘇珊在舊金山的私生活，宛如在高空走鋼索般，需要有十拿九穩的平衡感。她在大庭廣眾下繼續扮演巴菲特太太已有六

年,但私下卻對離婚與再婚猶豫不決。部分了解她處境的人認為,蘇珊會選擇繼續擺盪,因為她想取悅身邊的每個人,也不願去深究她到底要什麼。他們認為,蘇珊絕不會說出自己真正的意願。但她的個人經歷卻透露出不同的訊息:她從不向任何人奉獻出全部的自我,寧可將注意力分散在許多不同的人際關係上。蘇珊對自己應付人的能力很有自信,但有時可能太自負了。知道蘇珊祕密的小圈圈日益擴大,她愈來愈難對她生命中最重要的兩個男人隱藏,他們在她心目中究竟占有什麼地位。

1983 年的部分時間及 1984 年初,蘇珊與前網球教練同遊歐洲,碰到來自奧馬哈的熟人。突然間,她的兩種人生在歐洲大陸相撞。1984 年 3 月,蘇珊回到奧馬哈參加麗拉的八十歲壽宴,此時她首度對巴菲特承認,當初搬去舊金山的部分原因,和另一個男人有關。然而,不知怎麼的,巴菲特最後留下的印象是:這段關係已經過去了,而且此人是她離開奧馬哈之後才認識的。[5] 因此即使希望坦白以對,蘇珊還是保留了一部分的祕密。不過,她終於選擇了一條路,藉由向巴菲特坦白,她選擇留在他身邊,再也沒離開他,兩人一直維持婚姻關係。

巴菲特得知真相時並沒自殺,彷彿什麼事都沒發生似的。但幾乎就在一夕之間,他瘦了 4.5 公斤。而他必須承受的震撼之一,就是知道蘇珊出手闊綽地花他的錢;要是他早點知道的話,絕對不會允許。

在麗拉的壽宴上,巴菲特看起來很消瘦,但仍表現得若無其事,就像往常出席家庭聚會一樣。他與艾絲翠的關係並沒有改變,而艾絲翠對後來發生的事也一無所知。有了助理葛蕾蒂絲的把關,巴菲特將自己關在波克夏總部的辦公室內埋頭工

作。他從未告訴任何人，結束對這場婚姻的美好幻覺，心裡有什麼感受。浴缸記憶在此時又發揮了效用。

　　儘管老舊的細紗機仍在運轉，但巴菲特對維持波克夏海瑟威紡織事業的夢想，已逐漸破滅。看來像是以回收廢金屬、古董縫紉機和老舊機輪組裝成的織布機，疲態盡露地吱嘎作響。工廠僅剩四百名員工，其中多數是擁有專門技術的葡裔工人，許多人年過半百，有些人只會說一點英語，還有些人則是因機器震耳欲聾的噪音而失聰。巴菲特若不添購新的細紗機與織布機，就無法再從舊設備中搾出嫘縈布料。終點站到了，1985年他拔下波克夏海瑟威紡織事業的維生器插頭。[6] 要更新這些設備得花上 5,000 萬美元，把工廠拿去拍賣則可獲得 163,122 美元。[7]

　　員工要求比合約規定高的遣散費，以及幾個月的額外薪資。他們想見巴菲特，但他拒絕了。他們批評他太冷酷無情；或許吧，但他就是無法面對他們。

　　「他們本身並沒有錯，他們的遭遇就像牽引機出現時，馬匹所處的處境；自由市場讓他們落得這種下場 …… 這沒有任何解決之道。你說可以讓他們重新接受職業訓練，但並不是讓他們去選修專科學校課程，他們就可以全部變成電腦技術人員。

　　「不過你還是得處理這些員工。**自由市場為這個國家帶來種種美好事物，但我們還是需要一張安全網。**社會得到好處，就該承擔責任。」當然，巴菲特不會因為社會缺乏這張安全網，就打算承擔這個責任。在聘雇合約下員工有權獲得多少退休金，就是他們能拿到的錢。

由保險業領航

　　在他關閉工廠之前，紡織事業在這家沿用波克夏海瑟威商
號的控股公司中，是一個難以抹去的小汙點。巴菲特的計畫
是，等波克夏海瑟威併吞諸如內布拉斯加家具賣場等所有的事
業後，將由保險業來領航。1970 年代，他已整併了旗下各家保
險公司，將它們納入全國產物保險公司，為它注入額外活力。
這是個絕妙的策略，但幾年下來這些保險公司多半狀況連連。

　　首先「噴射機傑克」林華特已退休。其次，在萬宇保險事
件中，全國產物保險遭心術不正的保險代理商詐騙，讓公司差
點損失上千萬美元。儘管最後損失金額只有數百萬美元，但這
只是這些保險公司一連串問題中第一個引爆的。1970 年代初
期，巴菲特買了一家小型住屋與汽車保險公司，這家公司很快
便陷入泥淖，幸好有一位新經理人出現讓它脫離困境。巴菲特
其他的保險投資也有同樣的遭遇：先是直接陷入泥淖，再叫拖
吊車來。波克夏曾涉足加州勞工的職工賠償保險，當員工因公
務而受傷時，便負責理賠所得損失與醫療給付。1977 年時，
波克夏旗下兩家勞工保險公司中，有一家因為經理人向保險經
紀人收回扣，導致一場大災難。[8]巴菲特的徒弟葛羅斯曼銜命
前去洛杉磯拯救這家公司，但他立刻了解到，保險業是很複雜
的行業。（麥肯齊也曾親自帶頭收回一名經紀人的房子和車
子。[9]）叫財務長去討債並不尋常，但在巴菲特的世界裡，一
個聰明人什麼都能做。面對殘破待援的公司，葛羅斯曼的因應
之道是叫「拖吊車」來，雇用經驗豐富的經理人狄納多（Frank
DeNardo）來將事情擺平。在波克夏的年度報告中，巴菲特曾

盛讚狄納多的表現。

巴菲特也創立了一家再保險公司，為其他保險公司提供保險服務。他把這個事業當作一種實驗，並延聘溫文儒雅的專業人士楊恩（George Young）負責經營。一開始為公司賺了不少錢，但後來還是虧損連連，得向外求援。後來還是向葛羅斯曼求救，要他到紐約進行救援任務。葛羅斯曼說：「他說得有點模糊不清，他要我去找倫敦的洛依德保險公司（Lloyd）談談，去找些可以做的再保險交易。」葛羅斯曼很快就體認到，再保險業是一門屬於專家的行業。在無人指引下，他暫留在瑞恩康尼福公司，並開始學習投資。

巴菲特的另一項保險新事業，就是成立家鄉保險公司（Homestate Companies），由一群分布各州的小保險公司組成。巴菲特在 1978 年寫道，這些公司的表現「令人失望」。巴菲特不打算親自解決這個問題，他慣常採用的「拿出所有現金、提高價格」的做法，也無法增加獲利（雖然這是個好的開始）。朋友墨菲總喜歡告訴巴菲特，他「授權的程度幾乎已到了讓位的地步」。[10] 如今他又要麥肯齊負責管理其中一家保險公司，但麥肯齊認為他也不懂保險，因此撒手不管。[11] 而三十七歲的經理人狄納多則因心臟病發，不幸英年早逝。現在加州的勞工保險事業再度群龍無首，於是巴菲特又把葛羅斯曼從紐約召回來，要他負責經營。

葛羅斯曼才二十六歲，就發現自己成了公司總裁，置身於防弊比銷售還重要的行業，而他所面對的，是欺騙保險公司已有數十年經驗的顧客。雖然他不斷求救，但巴菲特只是打趣以對。葛羅斯曼聰明又肯苦幹，但他覺得憑自己的年齡和經驗還

不夠格經營保險公司,因為他根本無法理解這個行業。然而巴菲特卻說對他有信心,並深信他能臨機應變。只是事與願違,這壓力令他招架不住,婚姻也跟著破裂。最後葛羅斯曼告訴巴菲特,他就是應付不來,接著便辭職了。[12]

巴菲特不想放任何人才走,極力勸他留下。葛羅斯曼在巴菲特集團內很受歡迎,大家都致電勸他別走。但他覺得自己不夠堅定,無法在人們與巴菲特家族緊密糾葛的關係中維持他的自主性(蘇珊有一群崇拜者,而巴菲特也有支持、保護他的一群人)。他知道離開就必須放棄許多事,但還是與所有人斷絕關係。一個友人形容:「他與巴菲特家族分道揚鑣。」這人雖然明白原因,卻認為太可惜了。

如今波克夏總部又少了一個人來支援日益壯大的保險帝國。就在葛羅斯曼到別處逍遙之際,巴菲特已將高伯格安置在葛羅斯曼的舊辦公室。高伯格曾任麥肯錫顧問,是個瘦長結實的布魯克林人,態度無情嚴厲,並擁有最難懂的幽默感。結果證明,高伯格擁有所謂的保險基因,這是由一分勝算分析的本領,加上兩分對人性的深沉懷疑所致,因此他能自學這門行業。這是好消息,因為花時間訓練徒弟不符合巴菲特的個性。

隨著高伯格的到來,波克夏總部昔日客氣、拘謹的中西部作風突然改變。被高伯格認定只有九十分的經理人,立刻奉命打包走人,高伯格也因此得到令人害怕的名聲。

高伯格的做法是每天把經理人叫來,發表長篇大論的談話,並無情地盤問他們,同時加強這些人對保險業應有的概念。高伯格這種事必躬親的作風,加上公司兵荒馬亂的氣氛,評價也好不了。一名前經理人稱他們是在「蘇格拉底的風洞」

工作，還有位前員工說，高伯格是那種連「招個計程車都會大
聲叫」的人。

1980 年代初期，高伯格投入所有心力與時間來對抗市場
浪潮、導正船隻航向。保險事業和霍柴孔恩百貨或波克夏紡織
廠等巴菲特根本不該買下的事業並不相同，巴菲特第一次看到
這麼像樣的事業，竟然莫名其妙地陷入掙扎。他對高伯格深具
信心，而討人喜歡、性格較為憨厚的楊恩，卻一直被保險經紀
人牽著鼻子走，這是再保險業特有的問題。[13] 如今巴菲特對保
險事業有了明確的處理模式，以避免開除失敗經理人所引發的
內心衝突。他不會直接批評經理人，而是拐個彎拒絕提供他們
資源，或不隨便給出讚美。他擁有的事業愈廣，他就愈發頻繁
地運用這種做法。想從他的致股東信中看出有關保險公司的消
息，就得發揮福爾摩斯的本領，解開「深夜小狗神祕習題」。
巴菲特在 1970 年代曾稱讚過個別的保險經理人，但現在除了
表現卓越的 GEICO 與全國產物保險外，他不再指名道姓提起
任何保險公司或經理人。

巴菲特並未停止在致股東信中寫到保險產業，甚至在
1984 年的信中，他寫得比以往還多。不過，他把波克夏旗下
的保險公司都寫在一起，並將它們低迷的績效歸咎於自己，絕
口不提有哪家公司或哪個經理人要為這些重大虧損負責。他就
這麼折磨人地寫了七頁，指出這些公司的無力競爭與種種虧損
令他心煩，就像要向一個「穿著出租壽衣下葬」的人討債一樣。
儘管對身為執行長的他來說，自覺要負起責任很合宜，但他似
乎是想藉由自我譴責來先發制人，阻止外界批評。

找到活水源頭

縱使他當時心裡明白，在這些可怕的數字背後其實已有重大進展，但仍舊在致股東信中譴責自己。隔年，這些保險公司便如巴菲特所料想的，逐漸聚合成一部強大的發動機，開始製造出現金流量，成為能資助其他事業的活水源頭。

到了 1985 年，巴菲特精心設計的這種獨特商業模式，開始發揮潛能。這種營運架構會發揮強大的複合成長效應，大幅提高股東財富，波克夏旗下沒有其他事業能像它一樣。

接著時機來了，高伯格為這個架構找到一個關鍵的靈魂人物。有一天，巴菲特說：「有個週六，我到辦公室來，就在那天，高伯格帶著詹恩（Ajit Jain）一起走了進來。」

詹恩出生於 1951 年，在卡拉浦（Kharagpur）素富盛名的印度理工學院（Indian Institute of Technology）取得工程學位，在印度 IBM 任職三年後，又到哈佛大學取得商管學位。詹恩就像巴菲特與孟格一樣，既多疑又實事求是。從來沒有人騙得了詹恩，巴菲特在他身上看到自己的影子。不久後，詹恩更是受到巴菲特的尊敬，堪與布太太分庭抗禮。「他沒有保險業的背景，但我就是喜歡這傢伙，我可以每天和他黏在一起。他的到來對我們而言，就像發明電燈一樣了不得，他對我們的影響，大過我們在波克夏成就的任何事。」

巴菲特宣稱，他對詹恩的決策品質「毫無助益」。但是在那些電話交談中，他絕不是消極的參與者，若說波克夏海瑟威中有任何他想做的事，那就是詹恩的工作。他很喜歡在交易中分析勝率、從事棘手的談判，還有純靠智慧與意志贏得龐大財

富。在這個極為理性的行業中，通曉人類心理可讓人享有優勢，也讓巴菲特的所有技能發揮加倍的力量。透過詹恩這個代理人與人交易、談判，和類似「走後門」的交易方法，而他很喜歡這麼做。

在巴菲特與詹恩緊密互動下，亂局化解了，而高伯格也功成身退。不久巴菲特便轉移目標，為波克夏開創信貸與房地產事業。

詹恩似乎不需要太多睡眠，據說他早上大約五、六點起床後，便開始打電話吵醒他的同事，就再保險交易與他進行晨間長談，即使是週末。晚上十點時，詹恩照例會與巴菲特通話，當他馬不停蹄繞著地球跑時，不管身在什麼時區，仍奉行這慣例不輟。

保險價格正要達到頂點，詹恩看見了機會，於是在《商業保險》（*Business Insurance*）雜誌上刊登一則廣告：「我們正在尋找損害風險更高、保費超過 100 萬美元的保險客戶。」這則廣告結合了巴菲特的敏銳思考及愛現風格。巴菲特說：「我們沒有響亮的名聲，也沒有保險的推銷系統。」但在廣告登出後，生意不斷上門，詹恩做成了一筆又一筆的交易。[14]

第 46 章
正義騎士
奧馬哈，1982 年～ 1987 年

　　1980 年代將是併購活動熱絡的時代，但大部分的交易都
是靠舉債取得資金。道瓊工業指數已長達十七年沒有明顯起
伏。[1] 惱人的通膨侵蝕企業獲利，但企業鬆散的營運作業和漫
不經心的官僚體制，將大部分公司賺到的錢都揮霍掉了。[2] 邁
入 1980 年代初期，華爾街股價仍無起色。但後來控制住通貨
膨脹之後，聯準會主席沃爾克（Paul Volcker）開始逐步調降
原本高達 15％的利率。由於利率下滑，融資成本降低，想收
購一家公司的人可以用這家公司的資產做為抵押品取得融資，
再拿這筆錢進行收購，就和買房子時可用房屋取得 100％抵押
貸款的情形一樣，收購者根本不必拿出任何現金，收購一家大
公司所付出的自有資金，並不會比擺個檸檬汁攤子來得高。[3]
併購榮景就此展開。

　　1984 年，企業的管理高層興起發行垃圾債券的風潮。這
些債券也被稱為「墮落天使」（fallen angel），發行這些債券的
公司，是像賓州中央鐵路（Penn Central Railroad）這類靠著破
產保護法重生或瀕臨破產的公司。[4] 只有在特殊狀況下，公司
才會刻意發行垃圾債券，並因其中有高度的信用風險，而需支
付高利率（**編注：垃圾債券的透明度不高，且具有一些投機的**

性質）。

不過等到新興投資銀行德崇證券（Drexel Burnham Lambert）的首席垃圾債券交易員米爾肯（Michael Milken）竄升為華爾街最能呼風喚雨的人物，一切情況為之改觀。米爾肯竄起，靠的是一個簡單主張：個別「墮落天使」垃圾債券的風險雖高，但若大量買進，風險就會降低。

很快地，基金經理人將垃圾債券納入他們的投資組合，不再被認為是拿投資人的錢來賭輪盤，因為大家對垃圾債券的看法改觀了，企業發行垃圾債券被視為是光采的好手段。意圖進行「惡意收購」的企業入侵者（corporate raider），靜悄悄靠近那些悠哉漫步的公司，再以垃圾債券做為武器，遂行搾乾企業的目標。這些被瞄準的目標公司會選擇投向看似較友善的買家，但最終仍將被轉賣給其他人，財務遭洗劫掠盡。這類一廂情願的瘋狂併購引起大眾矚目，報上經常報導這類企業併購恩仇錄。米爾肯的垃圾債券年會，也就是「掠奪者的舞會」（Predators' Ball）[5]，成了這個年代的代名詞。

扮演救星

這種將股東的財富移轉給經理人和企業入侵者的交易，巴菲特一向嗤之以鼻；在這種交易中，銀行業者、證券經紀人與律師也參與其中，並且收取費用。[6] 1980 年代的那些交易，他避之唯恐不及，最主要是因為這些交易高舉著債務。對成長於大蕭條時期的人來說，他們只有不得已的時候才會舉債，而且必須經過審慎評估。但在 1980 年代，債務卻變成一種「財務槓桿」（leverage），也就是藉著負債來提高獲利率。財務槓桿

出現時，正值美國政府在龐大財政赤字下開始實施「雷根經濟學」（Reaganomics），也就是採行「供給面」的概念，認為透過減稅來刺激經濟而總稅收最終將會增加。經濟學家為了日後增加的稅收是否能比減少的稅收多，以及稅收可增加多少，展開了一場激辯。當時消費者也因為舉債而增加支出，使得經濟逐漸回溫。一般大眾漸漸習慣以信用卡購物，直到卡片刷爆為止，但對長久積欠的帳單金額，根本無力償還。大蕭條時代未雨綢繆的儲蓄文化，徹底逆轉成「先享受、後付款」的習氣。

巴菲特則維持付現金的習慣，並選擇在收購交易中扮演正義騎士的角色。1985 年 2 月某天凌晨，巴菲特人在華盛頓，被墨菲的電話吵醒，墨菲說他剛買下 ABC 電視網。ABC 原是企業入侵者瞄準的獵物，它勸誘墨菲伸出援手。墨菲決定將它買下。[7]

巴菲特說：「想想它將如何改變你的人生。」墨菲是虔誠的天主教徒，從不浪費錢，但這可是好萊塢。巴菲特可能想過，質樸保守的墨菲和五光十色的電視圈（墨菲自己正是這樣看待電視圈）[8]，有多麼不相襯，但巴菲特的下一個行動顯示，他自己倒是不介意墨菲出現這種改變。他建議墨菲，若要進一步避免大都會／ABC 被企業入侵者惡意併吞，就得找個投資「巨人」來保護這家公司。墨菲則很理所當然地提議，這個巨人應該就是巴菲特自己。巴菲特二話不說，同意由波克夏挹注 5.17 億美元資金，買下大都會傳播 15％股權。[9]

巴菲特因此成為史上最大一宗傳播媒體交易的要角。他與墨菲以 35 億美元的天價買下 ABC。[10] 儘管巴菲特後來說，「電視網不是什麼了不起的大事業。」[11] 但他從電視的初創時期便

見識到它驚人的優勢，也很清楚它影響民意的力量，以及它的商業潛能。由於巴菲特很想要大都會／ABC，因此情願按美國聯邦通信委員會（FCC）的規定，退出《華盛頓郵報》董事會，避免兩家公司可能產生的利益衝突。[12]

1985 年是非常精采的一年。就在同一個星期，通用食品公司（General Foods）被菲利普莫里斯（Philip Morris）公司收購，而巴菲特光是投資這檔股票，就為波克夏賺進 3.32 億美元。《富比士》了解他多麼富有後，將他列入全美 400 大富豪排行榜。當時手上要有 1.5 億美元才能上榜，而五十五歲的巴菲特更是名列《富比士》十四位財富超過 10 億美元的富翁。

波克夏海瑟威最初發行的少量股票每股原本只要 7.5 美元，如今每股價格卻超過 2,000 美元。但巴菲特不願將現行股票「分割」*，他說這麼做的話，證券經紀商的佣金也會隨股數變多而增加。這項政策使波克夏海瑟威比較像是一個合夥事業，甚至是一個俱樂部，而高股價更使波克夏受到無與倫比的關注。

巴菲特的名聲隨著波克夏的股價節節上揚。現在當他進入滿是投資人的房間時，所有目光全集中在他身上。透過大都會傳播來買 ABC 確實開始改變他的生活。巴菲特在一個晚宴上，認識了肥皂劇製作人愛格妮絲・尼克森（Agnes Nixon），並受邀在電視劇《愛》（Loving）中客串演出。許多執行長在做這種有損威嚴的事之前，都會假裝得了重大疾病，但巴菲特卻

---

* 也就是將現行股票每股分割成多股，並按分割比例降低股票的面值，藉此增加股票數量。

很喜歡在《愛》劇中客串，甚至向人炫耀自己在這次演藝事業處女秀所拿到的薪水支票。不久他又扮成貓王，出現在朋友的派對中，而喜歡裝扮不同角色只是巴菲特眾多面向之一。同一個巴菲特也會身穿半正式禮服，帶著女兒蘇西前往雷根的白宮官邸共赴國宴，並與席維斯‧史特龍和時尚設計師唐娜‧凱倫（Donna Karan）同桌共餐。他會與鮮少公開露面、但以穿著廉價舊貨店禮服自豪的艾絲翠搭乘噴射機，共同出席奧斯卡金像獎頒獎典禮，並和桃莉‧芭頓一起吃飯。雖然巴菲特認為桃莉‧芭頓很討人喜歡，又極具吸引力，但他並未讓桃莉留下深刻的印象。

求助信件

在葛蘭姆的宴會中，女主人總是安排巴菲特坐在兩位最重要或最有趣的女性中間，這樣他會表現得比較好。不過他始終不喜歡閒聊，他認為這差事充滿挑戰或根本就令人厭煩。

「你坐在兩個素昧平生，以後也不會再見面的人旁邊，不管怎樣，這總是有點不自然。無論是貝碧‧佩莉（Babe Paley）、瑪蕊拉‧艾格內利（Marella Agnelli），還是戴安娜王妃，凱瑟琳總能在這些女性身上，看到自己嚮往的特質。而我完全不知道要說些什麼，戴安娜王妃可不像桃莉‧芭頓那麼容易攀談。你要跟戴安娜王妃說什麼？『查爾斯還好吧？城堡裡有什麼新鮮事？』」

不過到了 1987 年，巴菲特億萬富翁的身分已經贏得名人的尊重，他自己已成了「大象」的一員，不再需要靠葛蘭姆的邀請了。此外，由於兩人已經沒有那麼為對方著迷，葛蘭姆不

再那樣需要他充當護花使者。如今她對那些有權勢的男人極具
吸引力，她與喪偶不久的老友麥克納馬拉感情升溫。麥克納馬
拉在甘迺迪與詹森當政時期，曾擔任國防部長，為人一板一
眼，博聞強記，十分正直。不久，麥克納馬拉便如一名《華盛
頓郵報》董事所說的，成了葛蘭姆的「第三號丈夫」。就像巴
菲特一樣，她讓他進入《華盛頓郵報》董事會。儘管隨著時間
過去，麥克納馬拉和巴菲特之間可以說是「相敬如賓」，但從
一開始兩人就「不是最要好的朋友」。

　　巴菲特可以運用外交手腕來應付像麥克納馬拉這種人，但
他也發現，自己因為名氣而置身險境中。有兩個男人跑到奇威
廣場大樓，其中一個人拿著一把點四五鍍鉻假槍，企圖綁架巴
菲特，並要求 10 萬美元贖金。[13] 保全人員與警方出面解決了
這件事。雖然發生這種事，巴菲特不同意雇用保鏢，因為那會
限制他珍視的個人隱私與自由，但他裝了監視器和重達 136 公
斤的防盜門，保護辦公室安全。[14]

　　如今經常有陌生人來電，急著想跟他談。葛蕾蒂絲會明快
地告訴他們，請把要求詳細寫在信中寄來。[15] 有許多信件寫
道：我已經被卡債或賭債逼得走投無路了。[16]

　　身為收藏家，巴菲特保留的信件之多，開始塞滿檔案櫃。
其中許多信印證了他對自己的看法：他不僅是個好榜樣，也是
位好老師。有時他會回信給那些負債的人或賭徒，真誠而果斷
地建議他們要為自己的問題負責。巴菲特對待他們就像自己的
子女，他會建議他們找債主商量，告訴對方他們已身無分文，
並協商出一個較寬鬆的償債條件，爭取更長的還款期限。他總
會在信中加段獨白，談論債務過多的危險，尤其是卡債，就像

個人財務世界中的垃圾債券一樣。

雙贏大師

　　他自己的子女雖然在如何處理龐大財富上沒受過多少訓練，他們的父親在子女向他要錢時，就像對待陌生人一樣毫不通融。不過他願意以金錢獎勵幫助家人控制體重。

　　當三十多歲的蘇西為多出來的幾公斤體重而苦惱時，巴菲特與她訂下協議，只要她減掉一定的體重，就讓她毫無限制地血拚新衣一個月。唯一的但書是：她若是在一年內胖回來，就得把錢還他。這項協議不只雙贏，而且毫無風險，不管結果如何，巴菲特都是贏家。只有當蘇西照他的意思控制體重，他才會拿出錢來，而她則得到新衣。因此蘇西厲行節食，當體重降到目標時，蘇珊就寄出信用卡給女兒，並附上「好好享受！」的紙條。

　　最初蘇西一毛錢也不敢花，因為不想開口要求父親付帳。漸漸地她鼓起勇氣，接受生平第一次有無限金錢可花的引誘，忍不住開始瘋狂採購。因為不敢計算總金額，她每次血拚後就將收據扔在餐桌上，看也不看。她丈夫每晚下班回家看到堆積如山的收據時，都會說：「啊，我的老天！」三十天後，蘇西加總所有收據的金額，才知道總共花了 47,000 美元。

　　她說：「我以為我爸爸看到我花這麼多錢，會被我氣死。」於是蘇西趕緊對外求援。她知道雖然母親大權在握，但一旦遇上錢的事，對父親有更大影響力的人是葛蘭姆。在巴菲特家三個孩子中，葛蘭姆幾乎不認識彼得，她在霍華眼中則是不可親近的人，霍華總是怕在她家坐錯地方或打破什麼東西，但蘇西

卻與她建立起親密的關係。[17] 蘇西打電話給葛蘭姆，而對方同意，若有必要會隨時當她的靠山。不過由於協議就是協議，巴菲特還是付了錢。

同樣地，巴菲特與霍華承租農場的協議也和體重有關。巴菲特認為兒子的體重應該是 83 公斤，只要他的體重超出這個標準，就得付農場總收入的 26％給老爸；如果體重維持在標準之內，就只要付 22％。霍華說：「我真的不介意，他這麼做表示他關心我的健康。我真正介意的是，就算他只拿 22％，他收的租金還是比這附近的人多。」[18] 因此，巴菲特在這樁交易上也不會有損失，他不是拿到比較多錢，就是讓兒子變瘦。[19] 這一切都是典型的巴菲特作風，就像一位朋友所說：「他是個雙贏大師……而他絕對不會做自己不會贏的事。」

另一個兒子彼得與妻小本來跟蘇珊住在舊金山華盛頓街上的同一棟公寓，現在遷居到史考特街。他與新成立的有線電視頻道 MTV 台合作，為一些片長十五秒的動畫譜曲，這項工作相當成功，讓他得到為商業廣告作曲的機會。雖然在巴菲特的子女中，他最不擅長理財，但他設法讓手中的波克夏股票發揮最大的功能，使自己得以發展音樂才華，建立起遠離金錢遊戲的事業與人生。他也了解如果想創作自己的作品，就不能再聽命於公司。於是他在繼續從事商業工作的同時，也灌了一張試聽唱片，並與新世紀音樂界的那拉達唱片公司（Narada）簽約製作專輯。[20]

對音樂仍持玩票心理的蘇珊，經常待在彼得的錄音室。1984 年她的脾臟與胰臟之間出現囊腫，讓她受病痛折磨，並住院進行檢查。醫生找不出病因，但她後來痊癒出院了。蘇珊

一直認為自己很健康，持續扮演「紅十字會機動救援隊」的角色，經常幫助病患、窮人，還有悲苦絕望者。她會在華盛頓街的小窩舉辦化妝舞會、努力學騎腳踏車，並把同志與遊民當成家人，廣邀他們參加她的晚宴和感恩節慶祝會。她身穿牛仔褲與運動衫，拋開以前常戴的假髮，如今她的頭髮變成較淡的褐色，垂在笑容可掬的臉蛋兩旁。

近來只要蘇珊開口，巴菲特幾乎什麼都會給。他放手讓她裝修拉古納別墅。蘇珊認識了從事室內設計的寇爾（Kathleen Cole）。她們一起賦予老宅顏色鮮明的現代風貌，這是蘇珊偏愛的風格。[21] 蘇珊與巴菲特還是會為錢起爭執，但爭吵內容千篇一律。蘇珊的零用錢加速擴增，雖然增加的速度始終不如她理想中那麼快。她有足夠的錢支付寇爾的服務費用、聘請全職祕書管理她的行程，這些幫手讓她有餘力進一步擴展個人觸角，並花更多時間與家人相處。霍華從她身上所得到的支持與關愛，仍然比任何人都多。蘇珊在舊金山與內布拉斯加之間來回奔波，幫忙這個，照料那個，並極度寵愛霍華的孩子，也就是繼孫女艾琳（Erin）、海瑟（Heather）、雀兒喜（Chelsea）、梅根（Megan）與孫子霍伊。

當住在華盛頓特區的蘇西懷了第一個孩子時，蘇珊也常往東岸跑。蘇西與丈夫格林柏格想要整修房子，需要花 3 萬美元，但她和格林柏格都沒有這筆錢，只好想辦法籌錢。她沒有笨到直接向父親開口要錢，但幸好她懷孕的事讓自己與父親的體重協議有了漏洞，使巴菲特無法拿回 47,000 美元。儘管她父親認為，衣服比珠寶有價值，但她和格林柏格卻不能將新衣服拿去典當，來換取整修廚房所需的款項。因此，她向父親

借錢。

　　巴菲特以「妳怎麼不去找銀行？」這句話回絕了。不勞而獲的地位和繼承來的財產都令巴菲特抓狂，這與他的正義感牴觸，也違反了他內心的公平原則。不過，將這類純理性準則套在自己兒女身上，卻顯得很無情。蘇西說：「原則上，他是不會將財產留給我們的，父親從我出生到現在一直教育我這件事，我覺得我已經學到教訓了。要適可而止。」[22]

　　不久，醫生便要蘇西臥床待產，度過接下來冗長乏味的六個月。她躺在狹小的臥室內，看著一台小型黑白電視。有天葛蘭姆帶著廚師準備的餐點來探望蘇西，為眼前的情景大感吃驚，於是她買了一台較大的彩色電視給蘇西。蘇珊一聽聞這件事，便丟下手邊的一切，搭機前去照顧愛女，並在華盛頓待了好幾個月。她一看到屋內的狀況，便雇人將它徹底翻修。她抱怨：「華倫居然不肯付這筆錢，真是太糟糕了。」不過她所花的每一分錢，都是從他那裡要來的。他們之間沒完沒了的金錢拉鋸戰，強化了巴菲特的節儉名聲和蘇珊的慷慨美譽。

　　蘇西的女兒艾蜜莉（Emily）於 1986 年 9 月誕生，巴菲特夫婦現在共有八個孫子女與繼孫女，分別住在舊金山、奧馬哈與華盛頓特區。翡翠灣的房子整修到能入住後，蘇珊便將這裡當作招待朋友，尤其是孫子女的場所。她在舊金山時，會到史考特街靠近彼得新家的太平洋高地公寓去。這棟在百老匯上的公寓豪宅，坐落在四層樓梯頂端，能眺望金門大橋到阿卡崔茲島（Alcatraz）整個灣區的壯麗景致。

　　如今她聘請室內設計師寇爾為私人助理，協助管理她的生活。她告訴寇爾：「妳可以只兼兼差，這樣妳就會有許多時間

陪兩個孩子。」寇爾接下來的任務,就是為巴菲特基金會工
作,負責為蘇珊規畫行程、安排娛樂活動,還有聘用並管理一
群工作人員,包括管家、雜務工,以及一些義務幫忙的朋友,
並且幫蘇珊購買禮物送給名單不斷增加的朋友。[23] 她必須管理
兩棟房子,包括正在翻修的拉古納宅第,還有蘇珊計畫用兩年
時間裝潢的百老匯新住處。寇爾的丈夫吉姆是個消防隊員,也
過來兼差替蘇珊打雜。另一位朋友帕克斯(Ron Parks)則是
蘇珊在歐洲旅遊時認識的會計師。他在不支薪的狀況下,為被
戲稱的「蘇珊巴菲特企業」(STB Enterprises)掌管支出費用
與稅務,或如一位朋友說的,打理蘇珊的「薪水帳冊與捐贈名
冊」。[24] 帕克斯是瑞姬的兒子湯姆的同居人,蘇珊和這對戀人
成了密友。湯姆是專業主廚,有時會在她的派對中幫忙,他設
法改善她的飲食習慣,但多半徒勞無功。到目前為止,蘇珊的
支薪與不支薪工作人員,已遠超過波克夏海瑟威總部的員工。

　　巴菲特很欽佩妻子救人的心願,還有她協助貧困者的技
巧。身為「蘇珊媽媽」,她給自己的任務是一次只幫助一個人,
多年來她協助了許多人。向別人開放感情,是巴菲特做不到
的。他選擇運用自己的頭腦與財富,盡量影響最多人。他與眾
人接觸的方式,就是扮演老師。

主動去找聽眾

　　巴菲特最早的教導,存留在 1960 年代寫給前合夥人的信
中,這些信件經過一再影印,在華爾街四處傳閱,直到字跡模
糊,難以閱讀。而從 1977 年起,在卡蘿的協助下,巴菲特致
股東信的內容變得更有人情味,也更有趣味。這些信的用字清

楚易讀,從《聖經》經文,到《愛麗絲夢遊仙境》、「公主吻青蛙」的故事都涵蓋其中,儼然是一堂商業速成課程。這些信件的內容大多在探討波克夏海瑟威財報結果以外的事,像是如何投資、經濟不景氣對商業的危害,還有企業該怎樣評估成效等等。這些信呈現出巴菲特傳教士與警察的特質,讓大家感受到他個人的迷人魅力,也讓投資人想更加了解他。所以,他在股東會上讓他們如願。

波克夏股東會最初在紐貝德福工廠的舊閣樓舉行。由於巴菲特的關係,會有兩、三位與葛拉漢有交情的人出席,其中一位是塔夫(Conrad Taff),曾修過葛拉漢的課。巴菲特希望他的股東會既開放又民主,盡可能別像馬歇魏爾斯公司的一樣。塔夫連連提問,坐在扶手椅上的巴菲特樂在其中,彷彿置身派對,身旁圍著傾聽他睿智談話的人。

股東會像這樣持續舉行了好些年,出席提問的人總是寥寥無幾。甚至當股東會移師內布拉斯加、在全國產物保險的自助餐廳內舉行之後,情況還是如此。儘管出席狀況稀稀落落,但巴菲特依舊樂在其中。到了 1981 年時,仍只有二十二個人參加,林華特甚至得召集員工,讓他們站在自助餐廳後方,以免房內空蕩蕩,讓老闆難堪。[25]

接著在 1983 年 7 月時,由於股東會巧遇藍籌併購案,突然有一小群人出現在自助餐廳,想聽聽巴菲特的說法。他則以坦率、樸實的說話方式,盡可能回答他們的提問:他諄諄教導,就像他的致股東信函一樣,給人民主、中西部作風及耳目一新的印象。

效率市場假說

巴菲特運用像「國王的新衣」、「二鳥在林 vs. 一鳥在手」等聽眾可以了解的隱喻來解說。他直言不諱，說出其他生意人不願承認的事實，並照例會戳破企業口是心非的欺人言論。此外，他發展出一種能讓聽眾記憶深刻的說話方式，將人生與事業化為人人耳熟能詳的啟發性寓言。波克夏的股東會議變得非常有巴菲特的味道。

1986 年，巴菲特將股東會遷至喬斯林美術館（Joslyn Art Museum）舉辦，那一年有四百人出席，隔年則有五百人參加。與會者中有許多人很崇拜巴菲特，畢竟是他讓他們致富；有些人甚至趁提問的空檔，在會場朗誦讚美詩。[26]

巴菲特不尋常的成功模式，還有因此帶來的名氣，為他帶來了好口碑，但他也因此無可避免地成了財務金融教授的標靶。當時他們設法證明，巴菲特的成功只是偶然，根本不值得注意，更別說崇拜了。

這些學者相信，「現今的市場是有效率的，使得企圖贏過市場績效的投資人大軍，在股市所做的種種努力終將徒勞無功，」芝加哥大學教授法瑪（Eugene Fama）指出。然而，有一大批專家突然冒出來，他們靠著管理投資人的資金和預測股票未來走勢，收取各項費用，有些避險基金甚至收取了「二與二十」（2％的資產管理費和 20％的紅利抽成）的佣金。每年這些投資人賺到的錢，總和剛好就是市場的表現（扣掉手續費），因此沒有人持續地贏過市場績效。

1975 年時，為專業基金經理人擔任諮詢顧問的艾理斯

（Charles Ellis）在一本書中提到，在股市最好的賺錢方式，就是乾脆買大盤指數，還可省下基金經理人的高額費用。[27] 投資人會從總體經濟成長中獲得報酬。到目前為止，這個理論似乎沒什麼問題。

然而，發現「效率市場假說」（efficient-market hypothesis）的那群教授，經年累月在電腦前投入大量時間，不斷將這些概念升級為更嚴謹的版本，使它具備了物理學與數學的純正與嚴謹，而且不容許有例外。他們說，沒有人能超越市場平均表現，而且因為市場非常有效率，股價已經反映所有的公開資訊。因此，無論是分析資產負債表、聽從小道消息、在圖書館內埋頭鑽研、勤於看報，或是研究某家企業的競爭對手，一切都是白費工夫。股價隨時都是「合理的」（right），任何能打敗平均表現的人，要不是單純走運，就是靠內線交易。

不是靠運氣

效率市場的例外情形愈來愈罕見卻也是事實，不管如何，效率市場假說的擁護者還是否認所有的例外，對他們來說，身為最顯著例外的巴菲特，還有他廣受讚揚的成績，已成了令人困擾的事實。不管是麻省理工學院的薩繆爾森、芝加哥大學的法瑪、羅徹斯特大學的詹生（Michael Jensen），或史丹福大學的夏普（William Sharpe），都從多方詳加討論這個巴菲特謎題。他究竟是絕無僅有的天才，還是稀有的偶發現象？對巴菲特的冷嘲熱諷不少，好像他如此不尋常的絕技不值得研究。普林斯頓大學經濟學家墨基爾（Burton Malkiel，**譯注：著有暢銷書《漫步華爾街》**）便為這件事下了一個注腳：任何不斷超

越股市表現的人，就像猴子朝《華爾街日報》上市公司名單投擲飛鏢，以此來選擇股票，幸運地一贏再贏。[28]

巴菲特很喜歡《華爾街日報》，甚至拜託奧馬哈的派報商每晚收到整批《華爾街日報》時，先抽出其中一份，在午夜前放在他家車道上。他會熬夜等著看報紙，他要比其他人都先看到明天的新聞。他是靠《華爾街日報》提供的資訊，才成為卓越的投資人。假使一隻猴子每晚午夜前都拿到一份《華爾街日報》，還是沒辦法靠投擲飛鏢來追上巴菲特的投資績效。

巴菲特拿這些爭議開玩笑，在辦公室裡朝《華爾街日報》射飛標。然而，在效率市場假說下，不僅巴菲特，就連葛拉漢也顯得一文不值，那可不成。在巴菲特與孟格眼裡，這些研究效率市場的學院派猶如巫醫。[29]他們冒犯了巴菲特對理性思考和傳道授業這個專業的敬意。

1984年時，哥倫比亞大學舉辦了一場研討會，以慶況《證券分析》出版五十週年。哥大邀請巴菲特代表陳述葛拉漢的觀點。不過，在這場其實比較像是效率市場假說辯論會的研討會中，巴菲特的辯論對手詹生起身說，他覺得自己擁有絕對優勢，可以輕易勝過對手。[30]他在這齣道德劇所扮演的角色，就是嚴厲批判葛拉漢那些價值投資信徒的落伍觀點。他說，有些人能長期表現得比市場好，但事實上，如果有夠多人擲硬幣，一定會有一些人連續擲出正面來，這就是隨機運作的方式。

巴菲特為了這場辯論已準備了好幾星期，擲硬幣說早在他意料中。輪到他發言時，他說，儘管情況或許是這樣，但如果連續擲出正面的人都來自同一個城鎮，那就不是隨機了。比方說，假如連續擲出正面的人全來自「葛拉漢與陶德鎮」

（Graham-and-Doddsville），那他們一定是做了什麼特別的事，
才能一再擲出正面。

　　接著巴菲特拉出一張圖表，只見上面有瑞恩、孟格、許羅
斯、古林、崔布公司的納普與安德森、FMC 退休基金、他本
人和另外兩位基金經理人的歷年績效。[31] 他們的投資組合並不
相同，儘管早年有某種程度是拉他人的衣尾，但絕大多數時候
還是靠他們自己去投資。他說，這些人全來自「葛拉漢與陶德
鎮」，二十多年來他們擲出的硬幣始終是正面，他們多半都尚
未退休，並繼續創造佳績。這樣的集中性可證明，他們的成功
不可能來自機運。

超級投資人

　　巴菲特說的是顯而易見的事實，因此聽眾爆出如雷掌聲，
並紛紛向他提問，他欣然回答，而且滔滔不絕。「隨機漫步理
論」是以統計數字和公式為根據。因為有巴菲特這樣的人存
在，才能讓人將這種難解的數學撇在一邊。如今巴菲特為了幫
葛拉漢信徒解圍，也利用數字來反駁效率市場假說的絕對性。

　　那年秋天，他為哥倫比亞大學商學院發行的雜誌《賀密
士》（Hermes）寫了一篇文章〈葛拉漢與陶德鎮的超級投資人〉
（The Superinvestors of Graham-and-Doddsville），文中抨擊效率
市場假說，從此鞏固了他在投資人心目中的地位。隨著時間過
去，隨機漫步論者也修正了自身的主張，改為容許例外的「半
強式」（semi-strong）及「弱式」（weak）效率市場假說。[32] 效
率市場假說的一大貢獻，是讓一般人不相信自己的才智能勝過
市場；除了賺佣金的人之外，沒人會反對這點。由於人類的天

性使然，市場如常運作。因此，「葛拉漢與陶德鎮的超級投資人」所造成的主要影響，只是讓以巴菲特為中心的傳奇更加受人崇拜與傳頌。

另一方面，效率市場假說與假說的立論基礎「資本資產訂價模式」（capital asset pricing model），已在投資界扎根，愈來愈多人受此假說影響，將股市看成一部高效率的統計機器。在相當有效率的市場中，要衡量一檔股票的風險程度，並不是看它的交易價格與內在價值之間的差距，而是計算它的波動性（volatility），亦即這檔股票價格偏離其市場均價的可能性。於是經濟學家和數學家就利用這些資訊，再加上新發展出來的電腦運算能力，開始進軍華爾街，去賺在學術界無法賺到的大筆金錢。

知道每檔股票的波動性之後，投資經理人便曉得如何建構和調整其投資組合。但要靠套利（一手買進、另一手賣出兩種近似相同的東西，利用其價差來賺取利潤）來賺大錢，必須擴大舉債：一手做更多的融券賣空取得資金後，另一手做更多的融資買進。[33] 避險基金和套利高槓桿操作的快速發展，與同一時期興起的垃圾債券和惡意收購有關。支持使用垃圾債券來進行融資買下（leveraged buyout）的模型，跟套利者使用的模型一樣，都是效率市場假說的變形版本。但槓桿操作好比汽油，在市場大好時，汽車為了跑得更快而使用更多汽油，一旦市場崩盤，汽油就會導致爆炸。

這正是為何巴菲特和孟格認為，風險的定義就是賠錢，規避風險就是不要賠錢。在他們看來，風險會「隨著持有某資產的時間長短而變化」。[34] **你如果可以持有一項資產多年，就毋**

需理會短期的波動性；但那些靠融資來投資的人，可就沒有這種餘裕了，他們也許無法撐到市場短期波動平息之後才出場，因為他們必須承擔利息成本，而且得看資金提供者的臉色。

不過，若市場如預期地上漲，投資人就會認為在波動性下賭注是正確的。如果經過一段時間沒有壞事發生的話，那些賺了不少錢的投資者多半會認為，他們之所以能賺錢是因為自己頭腦好，而不是因為承擔了很高的風險。[35]

避難堡壘

歷經華爾街這些重大改變，巴菲特的投資習慣卻幾乎沒變。[36] 至今仍令他興奮不已的，就是收購像獄警制服製造商費徹海默斯（Fechheimer）這樣的企業。像墨菲這樣的人必須擔心會被那些以垃圾債券為收購利器的企業入侵者盯上，而波克夏則因公司大部分股票都在巴菲特與他的友人手中，因此難以攻陷。拜巴菲特的名聲之賜，波克夏也成為其他公司的避難堡壘。波克夏在持有大都會／ABC 股票後的第一年，便賺進 1.2 億美元。如今只要一提到巴菲特買了哪一家公司的股票，就能將這家公司的股價拉高數億美元。

史考特費澤公司（Scott Fetzer）是俄亥俄州的企業集團，負責人謝伊（Ralph Schey）試圖以融資買下讓它下市，導致公司陷入困境。這個集團旗下擁有一些穩定獲利的事業，包括柯比（Kirby）吸塵器、世界圖書（World Book）百科全書等等，讓史考特費澤公司成為令人心動的獵物。企業入侵者波斯基（Ivan Boesky）隨即介入，並主動出價。

巴菲特寫了封簡短的信給謝伊：「我們不做不友善的買

賣，如果你願意與人合併，就打電話給我。」謝伊迫不及待地
接受這項提議，收下 4.1 億美元，之後波克夏便成了史考特費
澤的新業主。[37]

　　下一個肯定巴菲特影響力的人，就是為魏爾（Sanford
Weill）工作的迪孟（Jamie Dimon）。當時魏爾擔任美國運通子
公司協利證券（Shearson Lehman）執行長，[38] 美國運通想要在
一項經理人融資收購（management buyout）中，將旗下的保
險事業消防員基金（Fireman's Fund）賣給魏爾。當時魏爾已
從 GEICO 挖來柏恩，並要他負責管理消防員基金。但迪孟卻
找上巴菲特，請他在這項交易中投入資金與他的聲譽。

　　儘管巴菲特與柏恩有交情，但並不會因為失去對方而惋
惜。柏恩整頓 GEICO 後，閒不下來的他著手進行了一連串的
收購，並跨入新的事業，但巴菲特卻希望 GEICO 專注於有把
握的核心事業。此外，巴菲特延攬辛普森（Lou Simpson）出
任 GEICO 的新投資長，這位靦腆的芝加哥人既不喜歡快速交
易，也不愛昂貴的成長股。巴菲特立刻讓辛普森加入巴菲特集
團，並允許他管理 GEICO 的一切投資，使辛普森成為巴菲特
以外，唯一可投資其他股票的人。不過，辛普森與柏恩就像兄
弟一樣時有爭吵，又言歸於好。辛普森不時想逃走，但巴菲特
都會引誘他回來；要是沒有柏恩，辛普森會更容易留下來。

　　當巴菲特獲邀投資消防員基金交易案時，他的看法就是：
「千萬別放走飯票。」後來美國運通決定不要魏爾參與這筆交
易，改以公開發行將消防員基金脫手，並由柏恩出任執行長。
美國運通為了留下巴菲特來吸引投資人，於是向波克夏提出一
項條件優惠的再保險協議。巴菲特接受了這項協議。感覺被出

賣的魏爾則怪罪巴菲特。從那時起，他對巴菲特便懷恨在心。

從美國運通到魏爾，如今金融界已了解巴菲特名氣的威力。這時巴菲特負責掌控許多重大投資，為眾多企業主管提供建議，並在大都會傳播、消防員基金、華盛頓郵報、GEICO、奧馬哈國民銀行擔任董事。現在他已面臨轉捩點，到了必須考慮是否該往前跨出一大步的時候。

巴菲特扮演雙重角色已有一段時間，雖然不收取任何費用，但他仍像為「合夥人」管理資金般在經營波克夏海瑟威。他寫信向股東說明，自己是根據個人準則來做決策；他設置股東捐助計畫，是他為了解決企業捐款問題而提出的對策；他不願分割股票，從未讓公司股票在紐約證交所登記上市，並視股東為俱樂部成員。他曾這麼寫過，也真心認為：「儘管我們有公司的組織型態，卻抱著合夥的心態在經營。」另一方面，他喜歡大企業執行長的生活。最重要的是，現在他對波克夏的依戀之深，彷彿這家公司已成了他的一部分。

他扮演界線模糊的雙重角色，令自己和股東都感到滿意。如今他正面臨抉擇，必須選擇究竟要經營實質的合夥事業，還是要繼續扮演大企業執行長的角色，不能再魚與熊掌兼得。

最大的原因在於稅。波克夏已背負沉重的公司所得稅，這是合夥事業不必承擔的成本。另一方面，巴菲特並未因為負責管理資金，而向波克夏股東收取「費用」，這對股東來說很上算，他們也因此對這家公司產生極高的忠誠。然而，1986 年時，國會通過了一項重大的稅制改革法案，廢除所謂的「一般實用主義」（General Utilities Doctrine）。原本公司出售資產時，只要清算資產並分配給股東，就可不必繳稅，由股東為這些獲

利納稅，但同一筆獲利不必課兩次稅。

一旦「一般實用主義」廢除，公司在清算任何資產並分派給股東時，都必須為獲利納稅，而股東也需再為分派到的收益繳稅。雙重課稅合計起來的金額大得驚人，因此全美各地未公開發行的公司與家族企業，都紛紛趕緊自行清算。巴菲特經常在致股東信中說，波克夏龐大的資金已成為成功障礙，但他其實可將公司資產分配給股東，再籌募一筆較容易管理的資金、設立一個新的合夥事業，並在幾星期內重新開始投資，而且他還可恢復收費。波克夏的資產負債表上有 12 億美元的未實現利潤，要是巴菲特清算公司，不僅能讓股東全體免除 4 億美元以上的稅金，還能重新設立一個不會有雙重課稅問題的合夥事業。[39] 但他並沒有那麼做。

巴菲特在年度致股東信中，洋洋灑灑寫了篇稅務論文來探討這個主題，他在一開始就排除清算的想法：「如果波克夏有考慮清算資產的話（當然這是最不可能發生的事），那麼在新法規下，我們現在出售資產能讓股東拿到的錢，將遠少於在之前就賣掉資產。」[40]

以前巴菲特若有機會讓他個人的銀行帳戶多出 1.85 億美元，免除公司所得稅，還能賺取費用，絕不會等閒視之，而這些都是 1986 年他決定不要清算波克夏海瑟威時，他個人要放棄的利益。這種利益已無法左右巴菲特的決策，因為清算這家公司對他造成的損失，遠比其他任何股東都大。他對波克夏有深厚的情感，所以他選擇放棄維持合夥事業的型態。要不是基於情感因素，他早就毫不遲疑地進行清算了。

名副其實的執行長

他破釜沉舟，選擇扮演如寶鹼（Procter & Gamble），或高露潔棕欖（Colgate-Palmolive）等大企業執行長的角色，就算有一天他走了，企業還是會繼續生存下去。

波克夏旗下有各個截然不同的事業，身價難以估計。孟格喜歡打趣說，波克夏是家「冷凍公司」（Frozen Corporation），[41] 因為它永無止境地成長，但從不付股東股利。如果股東從自己的賺錢機器身上得不到一毛錢，這家公司究竟有多少價值？

然而，巴菲特使波克夏帳面價值增加的速度，遠超過股東自行累積同等財富的速度，他有成績單可茲證明，而且還是張長期成績單。對他來說，比起年年都得承受超越市場表現的壓力，這張成績單讓人自在多了。巴菲特藉由結束合夥關係，使自己不必再受績效的宰制。事實上，他也不再提供可讓人計算他投資績效的那些數據。[42]

不過，儘管巴菲特現在正式加入執行長俱樂部，卻無意養成多數執行長的習慣，如收藏名酒或藝術品、添購遊艇。

話雖如此，1986 年的某一天，他打電話給朋友華特・史考特（Walter Scott Jr.）。華特是樸實的人，和他父親一樣終其一生任職於彼得奇威父子公司。華特處事務實，但作風開明，個性隨和。他接下彼得・奇威的棒子，在傳出聯邦公路綁標醜聞而危及公司生存之際，他讓自家公司退出所有擁有政府資金的承包案競標，從此建立他的名聲。華特勇往直前、徹底改革，領導公司度過漫長的復原期，也建立了與政府打交道的典範。[43] 華特也是巴菲特十分信賴的朋友，當葛蘭姆難得造訪奧

馬哈時,都借住在他的公寓裡。

有一天巴菲特問華特:「你要怎麼為買私人飛機辯解?」巴菲特知道,奇威經常得把員工送去遙遠的建築工地,因此擁有一支私人噴射機隊。

華特則回答:「華倫,你不必辯解,而是要加以合理化。」

兩天後,巴菲特回電:「華特,我已經把這件事合理化了。好啦,你都怎麼雇用機師和維修飛機的?」

華特提議,如果巴菲特買了飛機,可由奇威機隊代為維修,巴菲特於是很不好意思地跑去買了架二手隼型 20 飛機,也就是奇威機隊的同款飛機,做為波克夏的企業用飛機。[44]

當然,添購私人飛機與另一項他最在乎的事相衝突,那就是不要浪費錢。有一次,葛蘭姆在機場向巴菲特借 10 美分硬幣打電話,結果他掏出身上唯一的 25 美分硬幣,並急忙跑去換零錢。但葛蘭姆攔住他,故意捉弄他,要求他讓她浪費那 15 美分。對巴菲特來說,從說服自己花 25 美分打一通電話是正當的,到將買下一架飛機雇用兩名機師、好讓他像法老乘輦一樣到處跑這件事合理化,就像翻越吉力馬扎羅山般艱難。不過這一年來,他做了不少必須合理化的事,例如放棄節省那 1.85 億美元的稅金,就需要很好的理由。

然而,這件事依舊困擾著他,噴射機顯然與他的教養及自我形象互相矛盾。後來他對著股東自我消遣:「我的工資低廉,但旅費昂貴。」

這架飛機為他開啟了人生新頁。巴菲特縱使身著禮服、戴著黑領結,也始終心繫著他的中西部故鄉,只是身為「冷凍公司」的執行長,必須比以往更為頻繁地親近所謂上流社會人

士。1987 年時，安納伯格大使夫婦邀請巴菲特夫婦，與他們的朋友雷根夫婦共赴棕櫚泉度週末。巴菲特曾在白宮接受宴請，並因為造訪葛蘭姆的瑪莎葡萄園宅第，而結識雷根夫婦，不過卻從未與現任總統共度整個週末。

「安納伯格在陽光地有私人的九洞高爾夫球場，還有專屬練習場。只見十個球座一字排開，所有高爾夫球都堆成整齊的小金字塔，卻沒人在那兒打球。如果客人有四個四人組，安納伯格會說『我的球場不夠用』，並把其中一個四人組送去雷鳥鄉村俱樂部。每次我只打了四球，就會有人跑出來更換這些金字塔。那就是在陽光地的日子，生活真是再炫麗不過了。」

那個週末在安納伯格配對下，巴菲特與雷根成了高爾夫搭檔，因此身後有特勤人員隨侍，只是他們拒絕幫忙把球撈出水池，巴菲特有些失望。

巴菲特對雷根擔任總統的看法好壞參半，他欣賞雷根處理國際政治問題的手腕，但在雷根統治下，美國從世界最大的債權國，淪為最大的債務國。就像垃圾債券與槓桿操作在華爾街蓬勃發展，美國政府的債務也堆積如山，而巴菲特認為，這是溫痞（Wimpy，譯注：大力水手卜派的朋友，總是大口大口吃漢堡）式經濟：今天先給我一個漢堡吃，等到星期二我會很樂意把漢堡錢付給你。[45] 而巴菲特的作風則是擁有一座供應漢堡牛肉的養牛場，並把它經營得有聲有色。

在波克夏海瑟威傲人的資產負債表，和美國總統簽名的高爾夫球記分卡的強力護持下，巴菲特如今擁有權力。任何與他及波克夏有關的財務數字，都令各方驚嘆：連續二十三年，波克夏每股帳面價值的年成長率都高達 23％以上！他的第一批

股東如果一開始投資了 1,000 美元，此時就有 110 萬美元的收益！波克夏每股成交價是令人目眩的 2,950 美元！巴菲特個人的身價淨值達 21 億美元！他是華爾街的基金經理人、投資人，也是美國第九大富豪！從為別人理財，到躋身名人富豪之列，歷史上沒有人具備他這種能耐。利用投資合夥人的資金，以一連串棋高一著的決策收購股票或整家企業，而培植出規模龐大的企業體，也是首開先例。不可避免地，將有更多人來電向他求救。

搶救所羅門

下一個拿起電話的，是掌管所羅門兄弟（Salomon Brothers）、並曾於 1976 年協助挽救 GEICO，而受到巴菲特喜愛的葛佛藍德。

葛佛藍德當時的做法，暴露了所羅門兄弟的優點和缺點。當時所羅門兄弟決定承銷 GEICO 股票，是根據股票分析師的建議，但如果所羅門兄弟在股票承銷市場上略有地位，就會拒絕這筆生意，因為這筆交易的規模實在微不足道，其獲利與承銷失敗的法律責任根本不相稱，換作其他公司也不會接下這案子。但所羅門兄弟大膽果斷地承擔了這項風險，因為它需要這筆業務。巴菲特向來就喜歡全力幫他賺錢的人。葛佛藍德含蓄聰明，又帶點專制粗魯，由這種人監管先天上就難以管教的投資銀行，巴菲特對他深具信心。

葛佛藍德是紐約市郊斯卡斯代爾鎮一家肉品運輸公司負責人的兒子，家境富裕。他在奧柏林學院（Oberlin College）主修文學，但在父親的高爾夫球友比利・所羅門（Billy

Salomon）力邀下，一頭栽進了交易廳；比利是所羅門兄弟三
名創始人之一的後代。

　　所羅門兄弟公司成立於 1910 年，幾年後，美國政府將所
羅門納入政府證券的註冊券商名單，也連帶成了這家小公司的
客戶。就在政府背書下，所羅門兄弟在接下來三十年間，運用
機智、膽識，還有對客戶的忠誠，堅守債券交易的核心事業，
一點一滴逐漸成長到可觀的規模。[46] 而同時期的許多小券商不
是關門大吉，就是遭到規模較大的業者吞併。

　　在比利‧所羅門的安插下，葛佛藍德成為債券交易助理，
加入交易廳裡那些整日猛打電話、為客戶買賣債券的交易員行
列，他也跟其他交易員一樣是從所羅門的一切交易中抽佣金，
做為自己的報酬。事實證明，他是個頭腦靈活的交易員，1963
年時，年僅三十四歲的他成為公司合夥人。

　　1978 年，比利在退休前拔擢葛佛藍德出任所羅門負責
人。三年後，葛佛藍德出現在這位良師益友位於東漢普頓
（East Hampton）的濱海住所，說他將把所羅門賣給大宗商品
交易商菲布羅（Phibro），組成菲布羅所羅門公司（Phibro-
Salomon Inc.）。從這次交易中，葛佛藍德與其他合夥人平均每
人可得近 800 萬美元，而比利這些已退休的公司元老，卻一毛
錢也沒拿到。[47] 一位前合夥人認為，這是伊底帕斯（Oedipus）
弒父的希臘悲劇。

　　後來葛佛藍德與菲布羅的坦德勒（David Tendler）成為共
同執行長。一家公司由兩人一起經營，猶如蹺蹺板要維持平
衡，需要兩方勢均力敵。但在這項交易後，所羅門業務蒸蒸日
上，而菲布羅的業務卻一蹶不振。於是葛佛藍德毫不浪費時

間,立刻將蹺蹺板的這頭重重壓到地上,讓坦德勒出局。

葛佛藍德獲得控制大權後,便增設外匯業務、加入股票交易與承銷,並將債券業務擴及日本、瑞士與德國。接下來幾年,學術巫醫憑藉著電腦與公式滲透進華爾街,菲布羅所羅門的交易廳也加入許多博士,他們藉著解開數學的奧祕,來分割、切割、包裝和買賣抵押債券及其他債券。所羅門(由於在大家心目中,菲布羅所羅門的聲譽始終無法取代所羅門,因此這名稱自 1986 年便不再使用)在債券市場創造出嶄新的金融商品,短短幾年間就從二線公司蛻變為華爾街龍頭,而且旗下交易員的業績遙遙領先其他銀行,更讓他們狂傲自滿。

他們從「房間」(The Room),也就是所羅門的交易廳下達決策;這交易廳約有飛機棚的三分之一大,整室菸霧瀰漫,並擺滿了雙排長條桌,只見交易員、業務員與助理全都蜷伏在一排排螢幕前,一手拿著披薩,一手拿著電話筒。每天的戰鬥就在抱怨聲、咒罵聲、屁聲、喊叫聲,以及交易員喋喋不休的對話聲、叫嚷聲、喃喃低語聲交織成的背景音樂下,揭開序幕。只要有產能,怪人也會受歡迎。每天早上葛佛藍德從位於交易廳的座位走出去,飛快穿梭在各走道間。他透過玳瑁眼鏡凌厲地掃視,嘴裡咬著廉價長雪茄,把搞砸的交易文件撕成碎片丟在交易廳內。

這樣的交易廳氣氛使他們雄霸債券承銷市場,《商業週刊》甚至封所羅門為「華爾街之王」。[48] 這篇報導形容,在所羅門的交易廳,如果事情出了差錯,就可能有「長刀」出鞘;葛佛藍德為了制止背叛,任何人只要有持異議的嫌疑,他就會加以整肅。[49]

　　1985 年時，所羅門的獲利達到顛峰，當年的稅後收益達 5.57 億美元，不過新事業（主要是股票部門）還是有虧損，正因如此，內部競爭開始失控。在其他公司開價百萬美元的誘惑下，那些開創所羅門獲利事業的交易員紛紛離去，轉投所羅門對手的旗下。葛佛藍德為了遏止離職潮，提高員工薪資，但並未對股票交易與投資銀行業務等缺乏產能的部門，採取嚴厲措施，而是提出五年新計畫來整治它們的缺點。他那令人望而生畏的個性，掩飾了他的弱點：他不願做出困難的決策，也避免發生重大衝突。隨著時間過去，他比較少待在「房間」，在統領這個帝國時已不如以前專注。後來葛佛藍德說：「我的問題在於，對人事問題太審慎了。」[50] 但觀察家沒怪他，反而抨擊他的妻子蘇珊，這或許並不公允。

　　整個 1980 年代，蘇珊・葛佛藍德拚命跟上曼哈頓第五大道的流行趨勢，還不時拉著這位所羅門執行長，要他跟在身後參加國際社交場合。葛佛藍德不僅學會容忍，甚至樂在其中，他說，蘇珊擴大了他的視野。

　　蘇珊・葛佛藍德這位前空姐曾向馬爾康・富比士抱怨：「富有的代價太昂貴了。」這雖是玩笑話，卻一針見血。[51] 她派私人司機送出繫有黃玫瑰的請柬，邀宴賓客參加供應四種魚子醬的宴會。她把香水冰在浴缸旁的冰箱，並連根拔起自己的芝加哥出身，轉而崇拜法國，就連男管家接電話時都用法語。她重新裝修所羅門的主管會議室，讓它滿綴金銀線飾邊及金箔，「看來宛如法國妓院」。[52] 蘇珊在 1980 年代的上流社會中，成了最常受模仿嘲弄的對象。雖然蘇珊的朋友為她辯護，但毫無疑問的，滾滾而來的財富已讓葛佛藍德轉移了注意力。[53]

　　大約就在這時所羅門出版了一本公司傳記，當中有段評語相當具說服力。它雖然沒說葛佛藍德要求所有人遵守他的決定，卻說他「喜歡讓易受感染的人參與事務」，並且「會盡一切力量，讓他們喜歡自己負責的工作」。然而，作者也寫道，葛佛藍德「擁有最終的控制權」，「向他請示後做成的決定就是定案」。[54] 事實上，葛佛藍德的部分前合夥人，也就是現在所謂的「常務董事」，正對他的權威發動挑戰。他們盡力達成業績成長目標，如今怪罪他使成本大增，並與他互爭地盤。

　　1986 年，由於所羅門增聘了四成員工，薪資重擔使公司該年度盈餘下降，這些常務董事在一場「政變」中，差點罷黜了葛佛藍德。身為所羅門最大股東的南非企業米諾科（Minorco）則變得愈來愈不耐煩，並告訴葛佛藍德它想出脫手中大批持股。據好幾位常務董事說，道瓊工業指數飆漲44％，所羅門的股價卻「毫無動靜」，依舊疲弱不振，於是米諾科便自行找了買主。而那人正是收購露華濃（Revlon），令人聞風喪膽的企業入侵者裴瑞曼（Ron Perelman）。

　　所羅門的管理團隊既不想替裴瑞曼工作，也不想聽命於他引進的任何高層主管。[55] 驚惶失措的葛佛藍德連忙打電話給巴菲特，要他扮演正義騎士，投資所羅門。[56]

　　擁有賣吸塵器的公司是一回事，但要投資所羅門又是另一回事。儘管所羅門的主要業務是巴菲特喜歡的證券交易，但所羅門力圖躋身投資銀行業，最近又在市場壓力下開辦商業銀行業務，協助企業入侵者發行垃圾債券取得資金，來做為收購目標公司之用，巴菲特鄙視這種手法。

　　不過，當時好的股票投資構想愈來愈少，所羅門改造債市

的專業很令巴菲特心動。[57] 儘管巴菲特將垃圾債券批評得一文不值，但他並不會迴避利用垃圾債券所做的收購。事實上，他也投機地利用這些交易來進行套利，放空併購者的股票，同時買進目標公司的股票。所羅門大部分的獲利來自債券套利的部門，說穿了這家公司就是一部套利機器，巴菲特對於華爾街的這個角落，打從心裡喜愛，並充滿敬意。

更何況葛佛藍德一副絕望的樣子，讓他嗅到濃濃的鈔票味。因此巴菲特說，只要波克夏能取得 15％股權，就會向所羅門買下 7 億美元優先股。[58] 葛佛藍德於是命令員工設計一種證券，好讓巴菲特能獲得一般只有垃圾債券才能賺取的利潤。就在猶太新年的週末，巴菲特搭機到紐約，在所羅門律師的辦公室與葛佛藍德會面，葛佛藍德知道虎視眈眈的裴瑞曼將會受到牽制。巴菲特獨自走進辦公室時，手裡不僅沒拿公事包，甚至連一張紙都沒帶，他只是跟對方握握手就談定交易，同意花 7 億美元買下票面利率 9％，並有權以 38 美元的價格轉換為普通股的優先股。[59]

這 9％的利率是給巴菲特的溢價報酬，而當這些股票漲到 38 美元時，巴菲特便有權將優先股轉換成普通股，因此股價上漲的好處是無限的。不過如果股價下跌，他也有權將證券「賣回」給所羅門，拿回資金。[60] 這項投資風險極低，預期利潤可達 15％。[61]

對此，所羅門內部的員工卻氣壞了。[62] 就如同作家路易士（Michael Lewis）後來闡述的，巴菲特的唯一風險是所羅門破產倒閉，而這個幾乎萬無一失的賭注，讓他獲得 15％的龐大報酬。[63]

　　所羅門用大筆金錢和犧牲葛佛藍德部分權利換來的，正是巴菲特的信譽。巴菲特與孟格因為這筆交易，雙雙進了所羅門的董事會。就在簽約前，巴菲特搭著新的私人飛機飛往紐約，與孟格會合，一起視察所羅門。

　　他站在葛佛藍德位於交易廳旁的辦公室外，首度端詳「房間」，只見數百名披頭散髮的人坐在綠色小螢幕前埋頭忙著。房內大部分的人在為上億美元的交易而推擠、口出惡言、猛抽香菸時，電話仍不離耳。電腦螢幕上菸霧繚繞，有太多交易員都靠抽菸來鎮定神經。何必戒菸呢？反正抽不抽菸，肺裡一樣充滿尼古丁。

　　孟格雙臂交叉抱在胸前，轉身向巴菲特說：「華倫，所以你真的想在這上面投資了，是吧？」

　　而巴菲特站在那兒，透過迷濛的菸霧，凝視著他即將買下的混亂嘈雜殿堂，考慮了許久才說：「嗯。」[64]

第 47 章
華爾街金童
紐約市，1987 年～1991 年

　　來自奧馬哈的米達斯（Midas）國王將強大的所羅門兄弟
點石成金，令觀察家瞠目結舌。巴菲特這個平凡得就像隔壁鄰
居的億萬富翁，大口嚼著漢堡，卻在華爾街的一家銀行裡，擁
有如此大筆的投資。

　　儘管他已經是華爾街的一分子，他還是一如往常，對華爾
街多所抱怨。他在致波克夏股東信中痛斥，在併購企業過程中
用來融資的垃圾債券（所羅門也有發行）是「由那些滿不在乎
的人，賣給不動大腦的人」。[1] 他說：「只有在華爾街，才會有
人開著勞斯萊斯去請地鐵族提供建議。」[2] 在《華盛頓郵報》
上，他則公開譴責使企業入侵者得以致富的「賭場社會」
（casino society）：為什麼不對這些投機者的獲利課 100％的
稅？[3] 這樣一定能收到很多稅。從 1982 到 1987 年，道瓊工業
指數從 777 飆漲為 2,722。他告訴商學院學生說，想賺錢，「就
直接到華爾街去」。他則是已經到了那裡。

　　一個中西部的平民主義者竟然上了華爾街的床，這種精采
故事媒體怎能放過？記者問巴菲特，為何會去蹚華爾街的渾
水，成為所羅門最大的單一持股者，巴菲特毫不猶豫地回答，
因為他對葛佛藍德有信心。他說，葛佛藍德「是位正直、卓越

並值得敬佩的人」。[4]

　　巴菲特的確會很容易愛上別人，觀察家說，巴菲特一開始時顯然愛上了葛佛藍德。巴菲特曾說自己只是「開處方的人」，並因此辭去證券公司的工作，以避免與顧客產生利益衝突。如今他持股的投資銀行卻與客戶之間有利益衝突，這是他和葛佛藍德無法避免的事實。他怎麼會當上這樣一家公司的董事，讓自己陷入最尷尬的處境？[5]只要遇到苦無投資標的的「乾旱期」，巴菲特對賺錢的渴望就會戰勝了自己的抱負與高尚節操。而他這輩子屢試不爽的是，每當貪婪占了上風，麻煩便接踵而至。

衍生性契約

　　在巴菲特投資所羅門時，市場已瀕臨極限。接下來幾個月，他開始拋售股票。當市場不斷攀升，他知道向上推升的部分力道是來自於「標準普爾 500 期貨」（S&P 500 future）這個新發明。如今，所羅門和其他所有大銀行，都在交易衍生性契約（derivative contract），賭未來某一天標準普爾 500 股票指數的高低。[6]衍生性契約是這樣運作的：在羅克伍德巧克力的交易中，期貨契約的價值「衍生自」某特定日期的可可豆價格。如果最後可可豆的價格比契約所議定的價格低，那為求保險而賣出這筆期貨契約的人就「贏了」，他在現貨的損失會在期貨合約中獲得補償。假如最後可可豆的價錢較高，那為求保險而買進期貨契約的人就「贏了」，他因此有權以低於當時的市價買入可可豆。

　　假設巴菲特在與霍華所做的減重協議中，不想承受兒子真

的減重、以致降低農場租金的風險，但由於體重的控制權在霍華手中，所以巴菲特會想要從別人那裡買份保險。他可以對蘇珊說：「聽著，今天我給妳 100 美元，如果霍華減重 9 公斤，並維持六個月都未復胖，妳就要將我損失的 2,000 美元租金付給我。不過，假如他在未來六個月體重又增加，妳就不必賠我租金，還能保有這 100 美元。」決定損益的指標，乃是「衍生自」霍華的體重，至於巴菲特是否要做這筆交易，則必須先判斷霍華減重、並成功維持的機會有多高。

大多數人是根據某項客觀的指數來買賣衍生性契約，訂約時根本不必與交易的對手碰面。如果股市跌到某個程度以下，那麼基金經理人在 1987 年為了保險而買入的標準普爾「股價指數選擇權的賣權」，就能使他們獲得補償。至於那些認為股市會繼續上漲的人，往往會藉由「賣掉」這項保險來賭一賭，期望能從溢價中獲利。

從那時起，股價指數期貨與選擇權便如 7 月的蚊蚋般傾巢而出。如果股市下跌，保險賣方就必須買單付帳，他們必須拋售股票，以接受買方索賠。另一方面，股價指數期貨的買方則往往會用它們來為「程式交易」（program trades）保險，因為「程式交易」在股市下跌時會自動賣出，引發狂洩的賣壓。

初秋時，市場開始震盪並失速下跌。在 1987 年 10 月 19 日的「黑色星期一」，投資人爭相擠出股市的小鑰匙孔，以致股價指數破紀錄暴跌了 508 點。市場和 1929 年的情況類似，幾乎停止交易，並遭受史上單日最大跌幅。[7]

就在股市崩盤的第三天，剛好是巴菲特集團聚會的日子，這次是在維吉尼亞州威廉斯堡殖民時期古蹟區（Colonial

Williamsburg)。 聚會的主題本來設定為「我們這個集團在股市上玩完了嗎?」但後來股市狂洩,聚會的三天期間,巴菲特和他的夥伴們容光煥發,頻頻進出會場查看股價,並壓抑著滿腔興奮打電話給交易員。雖然有許多人在這場股災中遭受莫大損失,但這些人卻在買股票。[8]

　　然而,當股災生還者被挖出來時,赫然發現巴菲特的姊姊多麗絲就是眾多「賣掉」保險的人之一。她所賣出的衍生性金融商品稱為「裸露的賣權」(naked puts),是一名維吉尼亞州瀑布教堂市(Falls Church)的經紀人向她兜售的。「裸露的賣權」承諾,當市場下跌時賣方會賠償買方的損失,但因為「裸露」,沒有抵押權的保護,遇到損失時並沒有保障。[9](編注:**賣方在賣出賣權時,可向買方收取權利金,但當股市下跌超過契約所訂價格時,賣方必須支付賠償金給買方。所謂「裸露的賣權」即賣方沒有任何空部位,在市場下跌時賣方會遭受損失**)這位經紀人強調,裸露的賣權會提供多麗絲所需要的穩定收入。經紀人顯然並沒有照實說明多麗絲所要冒的風險,而「裸露的賣權」又是一個難懂的術語。多麗絲雖然不諳投資,卻非常聰明,並具備常識,不過,她並未向巴菲特提過這檔投資。巴菲特一向只建議別人做聯邦政府公債或地方政府公債這類報酬率不高、但極為穩當的投資,給離婚婦女的建議尤其如此,雖然他本身從不做這些投資。多麗絲很信任巴菲特,所以願意成為他的首批合夥人,在投資波克夏時,她更是絕對信任弟弟。或許因為巴菲特曾為自己和姊姊買下城市服務優先股,結果股價卻下跌的遙遠往事,至今陰影仍在他倆心底,所以這一回她沒有先問過巴菲特。

如今多麗絲自作主張，所蒙受的損失不僅大過她手中波克夏持股的價值，甚至使她有破產之虞。

多麗絲將弟弟傳奇化，視他為守護神，並為他設了個小聖壇，裡面放著迷你高爾夫球桿、百事可樂瓶，及其他與他有關的各種裝飾品。但在她遇到問題時，她卻和家族中其他人一樣，不會去找巴菲特，而是打電話找蘇珊。這時多麗絲已離過三次婚，她覺得第一次離婚是因為缺乏安全感，以致貿然踏入婚姻；第二次婚姻會失敗，部分因為她是被逼著結婚的，所以並未努力去挽救。至於第三次婚姻則是嚴重的判斷錯誤。多麗絲雖已飽受折磨，但她仍奮力不懈，沒有因此退縮。不過這一回她卻是手足無措。

多麗絲第三次離婚後，蘇珊曾告訴她，巴菲特「會永遠照顧妳，千萬別擔心。」

多麗絲坦白告訴蘇珊自己投資失利的事，希望蘇珊能幫助她，但巴菲特卻在週六早上打電話給姊姊說，如果他給她錢去還債，那只會助長這種投資手法。他認為這些人是投機分子，所以他不會給錢幫助他們脫困。多麗絲知道，這代表巴菲特不會幫她，頓時冒出一身冷汗，雙腿也開始顫抖。多麗絲也認為，這表示弟弟瞧不起她，但對巴菲特來說，這只是個理智的決定。

「只要我願意，就能拿出幾百萬美元給她的債主。但你也知道，去他們的。我是說，賣這玩意兒給多麗絲的經紀人，會在那一行裡搞得每個人都破產。」

多麗絲希望蘇珊幫她解圍。蘇珊自己這麼有錢，巴菲特又給了她很多錢——雖然大部分她都給別人了。蘇珊沒有提供多

麗絲財務援助。

接著《華盛頓郵報》刊出一篇報導說,「某位極成功投資家」的姊姊做了些超蠢的事。在巴菲特家族中,傷害到巴菲特的名譽可是嚴重的罪過。多麗絲出問題的時機太差了,就在短短七個月前,比利才因吸毒過量致命,巴菲特家族還在設法療傷止痛,沒想到又出了這個紕漏,公開暴露出家族的問題。巴菲特心裡可能也明白,自己某種程度上是在找藉口。當然,他怕多麗絲生氣,多麗絲跟葛蘭姆一樣,一旦覺得被逼入絕境,就會起身捍衛自己。巴菲特很了解自己的姊姊,但他無法容忍任何人的過分行為,就算親姊姊也一樣。因此他乾脆逃避,不再打電話,家族裡也沒有任何人與多麗絲聯絡。多麗絲感覺自己被家人隔絕在外,由於害怕被拋棄,內心又深受傷害,於是她轉而恫嚇母親拿錢借給她,免得她失去房子。[10] 諷刺的是,後來聯準會降低利率,企業紛紛買回股票,市場迅速從崩盤中復元,只留下像多麗絲這樣的受害者。

在整個事件的背後,巴菲特其實暗中安排,從父親霍華遺囑所留下的信託財產中,每個月先預支 1 萬美元給姊姊。多麗絲說:「這比我這輩子花過的任何錢都多。」於是緊張關係逐漸化解,兩人又開始說話了。她心懷感激,直到弄清楚原來這是自己的錢,只不過是提前拿到罷了。她在信託中所分到的2,000 多股波克夏股票,價值已從 1964 年的 3 萬美元,增加為約 1,000 萬美元。信託原本規畫要等麗拉過世後,多麗絲與柏蒂才能分四次拿到這筆錢。巴菲特為了進一步表達和解的誠意,成立了薛伍德基金會(Sherwood Foundation),每年慷慨撥出 50 萬美元,各分 10 萬美元給多麗絲、巴菲特的三個子女

和艾絲翠。這就相當於巴菲特為了他們五個人，拿出約 700 萬美元交付信託，好使他們每年都有這筆收入。多麗絲從這裡分到的錢，就和弟弟每個月直接給她 1 萬美元差不多，只不過是換了個方式。

當然，這樣的給錢方式，並無法讓多麗絲還清債務，也不能讓她保住房子。但巴菲特從不直接給錢，他只透過本身能控制的方式來給。儘管如此，隨著這場風暴平息，多麗絲也恢復了原有的理性。多麗絲深深感到，要是沒有他，她早就一無所有。隨著她東挪西湊還清債務，兩人的關係逐漸恢復正常，而那座聖壇也原封不動，繼續留在她家牆上。

員工自肥

巴菲特必須應付的另一個崩盤受害者，就是所羅門。投資所羅門三個月後，巴菲特與孟格首度出席了董事會，當天的討論重點是所羅門交易與併購業務驟減的問題，以及「黑色星期一」帶來的 7,500 萬美元損失。[11] 就在崩盤前幾天，葛佛藍德才頂著面無表情的滿月臉，資遣了八百名員工，甚至砍了高度受重視的資深人員，還停止諸如商業本票交易（債券事業的前身）等有利可圖的業務。他的動作太過突然，嚴重損及與部分重要客戶之間的關係，幾乎難以彌補。[12] 隨後又碰到黑色星期一，導致巨幅虧損，在股東的口袋鑿出深深的大洞，所羅門的股票也因此大跌。

在股東飽受損失之際，巴菲特剛加入的薪酬委員會卻開始討論降低員工行使股票選擇權的價格。

巴菲特認為，這件事在道德上說不過去。但持其他意見的

人以二比一的比數勝出，令巴菲特勃然大怒。[13] 不過，他在所羅門董事會中的角色大致是有名無實的。董事會鮮少向他探詢意見，也很少採納他的建議。儘管那時所羅門的股價開始有起色，但他說，重訂股票選擇權的價格，會讓他對所羅門的投資「在財務上的吸引力銳減」。

「我本來可以更大力抗爭、更直言不諱，如果當初我這麼做了，自己心裡可能會好過些。但那不會改變什麼。除非你本來就好鬥，否則那是沒有意義的。」自從歷經聖邦地圖、登普斯特，以及和希伯里・史坦頓交手的日子後，巴菲特與人對抗的意願明顯降低許多。

「我不喜歡抗爭，如果有必要這麼做，我不會逃避，但我一點都不喜歡。一旦董事會有爭議，查理和我不會投反對票，都投贊成票。我們甚至不會棄權，因為棄權無異於向其他人發出挑戰。所羅門還有其他事情發生，一件件我認為瘋狂的事接踵而來，但他們希望我什麼都別說。或許有人會問，那你到底表示過什麼意見？無論如何，我不會為了抗爭而抗爭。」

原本巴菲特深受葛佛藍德所吸引。葛佛藍德深思熟慮、熱愛工作，每天早上七點就上班，點起當天第一支聖堂（Temple Hall）牙買加大雪茄，並在捲起襯衫袖子的交易員間踱步，告訴他們：「每天早上，你們都必須準備好要咬下熊屁股。」[14] 的確，在那些到股東會上報告的員工看來，巴菲特似乎是位「相當消極的」董事。[15] 他好像不太了解這家公司運作的細節，而且對他來說，要適應一家沒有廠房與店鋪、運作方式也不像裝配線的公司，並不容易。[16] 既然他不喜歡所羅門的行事風格，他總有另一個選擇，那就是賣了這項投資，退出董事

會。[17] 巴菲特與葛佛藍德鬧翻的傳聞在華爾街甚囂塵上，有人說，巴菲特如果不是賣了所羅門，就是要開革葛佛藍德，另外請人來經營。[18] 不過事情並沒有那樣發展。像巴菲特這樣有頭有臉的人，一旦以主要投資人的身分賣出持股，並退出董事會，將是震撼力十足，也會拉下所羅門的股價、造成自家股東的損失。如今他的名譽已成為波克夏價值的一部分。除此之外，他對葛佛藍德也還沒死心，他會投資全是因為他。只要巴菲特擁抱了一個人，要分開他們，就必須動用斧頭才劈得開。因此，隨著耶誕假期即將來臨，他與葛佛藍德雖然渾身不自在，卻仍要努力化解彼此的歧見。

最棒的耶誕禮物

巴菲特確實過了個快樂的耶誕：他送給自己的耶誕禮物是可口可樂公司。這份禮物大大沖淡了所羅門帶來的不愉快。稍早在白宮的一場晚宴中，他碰到了老友唐納・基奧，如今對方已是可口可樂的總裁兼營運長。基奧說服他，別再喝自己調製的百事可樂加櫻桃糖漿，而改喝新推出的櫻桃可口可樂。巴菲特一試就喜歡上這種口味。巴菲特一直是百事可樂的愛好者，因此當他有這樣的轉變時，親友都覺得不可思議。多年來，可口可樂的股票貴得讓巴菲特一點也不想碰，但現在可口可樂陷入困境，裝瓶商與百事可樂打起激烈的價格戰，導致股價下跌至每股約 38 美元。雖然還是不便宜，但它的品牌就像當年的美國運通一樣，極具價值。謠傳說，它已成了裴瑞曼相中的收購目標，而可口可樂正在買回股票。就巴菲特看來，可口可樂有大把現金，其中只有一小部分用在營運上。

　　1988年，當可口可樂的產品出現在巴菲特的股東會上時，波克夏股東紛紛模仿他，開始大口豪飲可口可樂。這些人並不知道，透過波克夏，自己也擁有了可口可樂的股票。那年當上千人出現在喬斯林美術館的禮堂時，股東會又有另一番氣象。就在這一年，「冷凍公司」正式加入美國一流公司的行列，在紐約證交所公開上市，不再以半合夥事業的方式經營。由於出席人數太多，股東很難找到停車位，以致股東會必須延後召開。巴菲特靈機一動，租下兩輛校車，並說服數百名股東在會後跟著有如商業魔笛手的他，一同去內布拉斯加家具賣場。很多人會走這一趟，是希望見到巴菲特又談又寫了五年、個性堅毅的布太太。股東們對地毯部門這位電動車上的婦人深深著迷，加上地毯價格也誘人，結果他們一共在這裡花了57,000美元。[19]

　　到了年底，股東還是不知道，波克夏以近6億美元的代價，買下逾1,400萬股可口可樂股票。[20] 由於巴菲特的一舉一動都會牽動市場，因此證管會給他特權，可以在交易一年內都不必揭露交易內容。不久波克夏便擁有可口可樂逾6％的持股，價值12億美元。[21] 1989年3月，波克夏的持股部位終於公諸於世，結果使可口可樂股票的需求量大增，紐約證交所必須停止股票交易，以免股價飆過了頭。

　　可口可樂執行長古茲維塔（Roberto Goizueta）對這位名投資家的背書，喜悅之情溢於言表。巴菲特在他的邀請下，欣然加入這個北美最富名望的董事會，並浸淫在一切與可口可樂有關的事物中。他認識了一些同樣身為可口可樂董事的新朋友，其中包括直言不諱、做事直來直往的艾倫投資銀行董事長賀

伯‧艾倫（Herbert Allen）。後來兩人成了朋友，艾倫並邀請巴
菲特參加太陽谷會議。這個會議是企業執行長們共聚一堂的大
象聚會，投資家、影視名人與媒體大亨每年 7 月都會來到太陽
谷，彼此交際並玩樂。

巴菲特心裡明白，這表示要在行事曆上加入新的年度活
動，但太陽谷會議舉足輕重，他想要參加。更何況，現在他已
經有了可讓他氣派現身的交通工具。身為執行長俱樂部的一
員，為求配得上自己與日俱增的成就，他才剛換掉二手隼型噴
射機，花了近 700 萬美元買一架新的挑戰者噴射機。他在致股
東信中透露，自己有了這架名叫「站不住腳號」（Indefensible）
的飛機，並以聖奧古斯丁的祈禱詞自我消遣：「噢，主啊，請
助我樸實無華，但不是現在。」不久後，巴菲特還在致股東信
中寫道，他想葬在噴射機裡。

在他前往機場準備赴太陽谷的途中，巴菲特探望了住院中
的大姨子多蒂。蘇珊的姊姊多蒂長年酗酒，身體虛弱、骨瘦如
柴，罹患嚴重的基蘭巴瑞氏症候群（Guillain-Barr syndrome），
這是一種原因不明的自體免疫系統失調，會導致神經系統癱
瘓。多蒂已陷入昏迷，蘇珊為此待在奧馬哈，悉心照料多蒂。
在奧馬哈期間，蘇珊協助兒子霍華代表共和黨競選道格拉斯郡
郡長。巴菲特決定不資助兒子，蘇珊為了表達對兒子的支持，
四處幫忙募款。[22]

後來霍華勝選，這意味著他將花更多時間在奧馬哈。蘇西
也搬回來了，她的丈夫格林柏格擔任巴菲特基金會的執行長。

有女兒在身邊讓巴菲特心情愉快。蘇西具有關懷人的特
質，雖然風格比較務實。現在在奧馬哈有兩個女人照顧他。巴

菲特希望有更多女人照顧自己，他說：「女人很會照料自己，男人卻不太會照料自己。我認為女人了解男人，要比男人了解女人來得深。我寧可吃蘆筍，也不願放棄女人。」他難以抗拒被女性照顧的欲望，以至於當有不同的女性都想照顧他時，他會讓這些女人自行協調。於是女兒蘇西與艾絲翠便開始釐清彼此的角色。

說謊撲克遊戲

巴菲特的人際關係網絡，為他帶來一項能討身邊所有女人歡心的事業，那就是位於奧馬哈的波霞珠寶店（Borsheim's Jewelry Store）。這家公司是由布太太的妹夫佛利曼（Louis Friedman）所創立，專以折扣價來銷售中高價位珠寶。這時巴菲特已然了解，無論衣服有多「保值」，女性對珠寶的喜愛都遠超過衣服。這次併購最可能取悅的對象就是蘇珊，而且蘇西、巴菲特的姊妹及葛蘭姆，也很愛珠寶。唯一對珠寶沒那麼感興趣的是艾絲翠，雖然如果巴菲特送她珠寶，她絕不會拒絕，但她對奢侈品感覺並不自在。

因此，巴菲特為生命中的女人所做的耶誕採購，從 1989 年起就變得很單純。他想出一套機制，每年根據某個主題，為所有人選購一款耳環、珍珠或手錶。至於他本人所得到的禮物，沒有一項比得上前一年的可口可樂股票。然而最糟糕的禮物莫過於，前所羅門債券交易員路易士（Michael Lewis）寫的一本新書《老千騙局》（Liar's Poker），這就像在他的耶誕襪裡丟了一堆煤炭。這本書是以華爾街交易員用連號鈔票來唬人的一種撲克牌遊戲「說謊撲克」為名，淋漓盡致地呈現出所羅門

爾虞我詐的文化，還有所羅門如何在 1986 及 1987 年時開始一敗塗地。《老千騙局》描述所羅門的種種獨特行徑，這本書所描寫的所羅門聚集了最粗魯、最富侵略性的一群華爾街人，一出版就大為暢銷。[23] 1980 年代的收購榮景結束，對巴菲特來說是另一個問題，因為儘管他仍在利用已宣布的併購案套利，但慣常的覓食區已然空虛。由於沒有好的投資對象，巴菲特便如當初收購霍柴孔恩百貨般，再度降低標準。

其他公司的執行長因為擔心自身工作或自主權不保，紛紛提供巴菲特優惠的條件，以吸引他投資。巴菲特為波克夏購買了三支顯然有利可圖的可轉換優先股，全是比照所羅門的交易條件來設計，平均可讓他獲利 9％，不僅保證最低收益，也讓他在企業績效良好時，有權將優先股轉換為普通股。這三家公司截然不同，冠軍國際紙業（Champion Paper）是家管理不善的紙公司，也是收購專家所注目的收購目標。[24] 吉列（Gillette）這家公司則和喜事糖果類似，它的品牌有很高的價值，不怕競爭，只是暫時不受投資人青睞。總部位於匹茲堡、原名亞利根尼航空（Allegheny Airlines）的全美航空（US Air），在剛解除管制的航空業中是一家弱小的地區性公司，也是收購專家有意下手的目標。

評論家認為，這些公司之所以願意提供優惠條件，是要讓巴菲特保衛公司執行長的利益。當然，巴菲特為了保護波克夏股東的利益，必須在擴大報酬率的同時也降低風險，但現今巴菲特給人的印象，卻像是與董事會成為一丘之貉，得靠特殊條件才能領先群倫。

在收購基金（buyout fund）與企業入侵者橫行的年代，這

種貪婪的程度根本不夠看。巴菲特本來能輕輕鬆鬆當個收購大王，但他決心保持友善，並站在管理者這邊，這就說明了如今他已是鄉村俱樂部的一員。葛拉漢始終認為，買賣股票的人必須成為局外人，因為他得願意得罪公司的管理階層。但希望受人喜愛的巴菲特，一直嘗試在投資人與管理者之間搭起一座橋。早年投資時，他便成為 GEICO 主管戴維森的朋友。一篇新聞報導說：「許多華爾街投資人認為，巴菲特先生得到的優惠交易，等於是一種比較紳士的保護費。」[25]

然而到頭來，原本看似很有甜頭的交易，最後卻成了極為不利的賭注。只有吉列這家公司成為贏家，為波克夏賺進 55 億美元。表現最糟的是全美航空；這些年來巴菲特說過好幾回，投資有翅膀的玩意兒是個蠢主意。後來全美航空和「克利夫蘭最糟紡織公司」一樣，暫停發放股利，股價也跟著重挫。一位朋友發飆：「你們會做那項交易真是笨透了！你們這些傢伙究竟在搞什麼鬼？你們違反了自己的每一項原則！」[26] 後來巴菲特也贊同：「我們錢才剛付清，那家公司就出現赤字，再也沒好起來過。」他還開玩笑說：「我打過一支 0800 免付費專線向人求援：『我是華倫·巴菲特，我是個航空狂。』」[27] 但孟格卻一本正經地說：「華倫沒打過那通電話給我。」

所羅門兄弟的進展也不順利。在股市崩盤、並在九死一生中逃脫裴瑞曼的魔掌後，併購事業遲遲無法復原，有才幹的人紛紛另謀高就。於是葛佛藍德再度重整所羅門，資遣另一批員工，但常務董事卻不再怕他。一位副董事長說：「大家不斷威脅他，他也設法收買他們。」

套利金童

　　權力基礎早已分裂的所羅門，如今更演變為軍閥割據的局面，其中有公司債軍閥、公債軍閥、抵押債券軍閥，還有股票軍閥。[28]

　　所有軍閥的頭頭，就是債券套利（bond arbitrage）軍閥梅利威瑟（John Meriwether）。這位說話溫和的軍閥現年四十歲，是聰穎的數學家。梅利威瑟雖然害羞、不愛出風頭，卻以華爾街的高薪，從哈佛與麻省理工學院等學府延攬一批教授，展現出超大的野心。這些「套利金童」弓起背守護著電腦，埋頭運算模擬債券宇宙的數學模型。在滿口粗話、焦躁不安、經常穿梭於工作台間的交易員中，他們有如知識綠洲。這群套利金童宛如賽馬分析師，彙編著金融版的《賽馬日報》，在債券界發動一場革命。拜電腦情報之賜，他們享有比其他傻瓜更大的優勢，並產出所羅門絕大部分的獲利。他們緊守著交易大廳內的小隔間，並認為自身的傲慢是辛苦掙來的。雖然梅利威瑟很能寬容錯誤，但對任何他認為愚蠢的人卻毫不留情，套利金童則是他親自挑選的菁英。他與這支團隊有深厚、複雜的私人關係，所有時間幾乎全花在他們身上。他們經常一起進行他最沉迷的三項活動：工作、賭博與打高爾夫。收市後的許多晚上，套利金童都聚在一起玩說謊撲克的遊戲，以磨練他們分析勝算的技巧。[29]獲勝的通常都是擁有一張娃娃臉、面無表情的梅利威瑟。

　　儘管巴菲特這個董事做得既消極、又沒影響力，但他肯定了解套利這回事。不過，董事對所羅門業務細節的了解有限，而且巴菲特也不懂電腦。電腦在各行各業都愈來愈重要，在嶄

新的華爾街，電腦更是不可或缺。巴菲特明白，如今所羅門兄弟已是十足電腦化的公司，他也清楚，電腦會提高風險。

對巴菲特來說，**在毫無監控的環境下，將容易犯錯的人類與毫無判斷力的電腦組合在一起，代表事情可能會無止境地瘋狂失控。**但他雖然身為董事，卻缺乏改革的權限，只能設法勸說。他與孟格不斷和所羅門的管理階層爭論，卻都徒勞無功。後來孟格接管審計委員會，這個委員會先前並未有人積極監督，在孟格推動下，這個委員會對公司與會計師進行六、七小時的詳細分析調查。孟格發現，所羅門利用並不存在市場的衍生性金融商品做交易，使相關業務大幅成長。這些交易在很長的時間裡，有時甚至好幾年，都不會結算。這些衍生性金融商品轉手的資金極少，因此在所羅門的帳冊上，是以某種模式來計價。[30] 由於建立這些模式的人，紅利正好得靠這些模式來決定，所以毫不令人意外，這些模式顯示幾乎所有交易都有獲利。因為這類會計上的錯誤而浮報的獲利，多達 2,000 萬美元。[31] 然而，審計委員會所處理的交易及協議不是已經獲得核准，就是已經結案。真正的疏忽其實是發生在問題造成之前。

巴菲特與孟格比別人拿手、說話也可以最大聲的領域就是投資，但他們卻遭到所羅門忽視。他們的抗議，只會使所羅門的員工與他們更加疏遠。舉例來說，所羅門的菲布羅部門與休士頓一家成立七年的盎格魯瑞士（Anglo-Suisse）公司成立合資企業「白夜」（White Nights），在北極圈南方的西西伯利亞（West Siberia）開挖油田，可能將在俄羅斯掀起產油革命。

當這個構想提出時，孟格說：「盎格魯瑞士這家公司是個蠢點子，開公司的既沒有英國人、也沒有瑞士人。光看名字，

就知道這家公司根本不能投資。」

　　但所羅門卻認為，石油對俄羅斯的未來不可或缺，而開採原油需要西方的資金，因此還是在這間合資企業上投資了 1.16 億美元。不過就像巴菲特所說，雖然「這個國家不會消失，原油也不會消失」，但俄羅斯的政治制度卻可能消失。沒有任何安全邊際能彌補那種損失。[32]

　　果然，白夜這間合資企業才一運作，俄羅斯政府就開始玩原油出口稅的把戲，這筆稅金幾乎吃光了白夜的獲利。接著又發現，產油量少得令人失望。俄羅斯地方行政長官甚至搭機到美國，希望能有妓女侍候。俄羅斯政府既反覆無常又不合作，讓這場投資徹底失敗。或許有人能從俄羅斯的原油中賺大錢，但那不是所羅門。

盛田昭夫的壽司宴

　　然而，俄羅斯不過是當時的小配角。1989 年時，美國滿腦子想的都是太陽帝國日本興起，會讓美國從此籠罩在陰影之下。所羅門在日本有龐大的投資，分公司運作很順利，員工迅速增加到數百人，在主管莫漢（Deryck Maughan）睿智地授權當地人才下，也已出現獲利。巴菲特通常不買外國股票，日本股票對他來說尤其貴得離譜，他對任何與日本有關的事物都興趣缺缺。

　　不過，葛蘭姆卻迷上了舉世頂尖的商人盛田昭夫。盛田是新力公司董事長，新力則是全球最成功的企業之一。葛蘭姆在一次晚宴中介紹巴菲特與盛田認識，但兩人並不投機。終於在巴菲特某次造訪紐約時，盛田在第五大道俯瞰大都會博物館的

公寓裡，為葛蘭姆、巴菲特及《華盛頓郵報》主筆葛玲菲舉行了一場小型晚宴。看到葛蘭姆對這位男士產生興趣，巴菲特有點不解，他很不情願地注意到，「盛田好像把她迷住了。」不過他仍同意出席。

巴菲特從未吃過日本菜，但他知道吃這頓飯可能會有點問題。他參加過許多活動，席間除了小餐包外什麼也不吃。他可以很輕易地撐上七、八個小時，不必吃東西。不過巴菲特不喜歡冒犯主人，而且隨著個人名聲愈來愈響亮，他發現自己根本不可能用切碎食物再移來移去的方式，假裝有在吃東西而不被人察覺。

盛田的公寓有一側望出去是中央公園的遼闊景致，另一側則是開闊的壽司廚房。最吸引賓客的，就是有機會看見四名大廚在玻璃窗後，精心準備餐點。

當他們都入座享用晚宴時，巴菲特望著那些廚師，猜想那些菜吃起來會是什麼味道。他身為主客，座位就正對著廚房。桌上放著擺筷子的小巧筷架、小小的調味瓶，還有盛著醬油的迷你碗，他並不喜歡醬油。第一道菜上來後，人人都吃個精光，只有巴菲特吞吞吐吐地說些藉口，示意將整盤菜端走。接著下一道菜上來，巴菲特看不出那是什麼，只好一臉不安地望著它，並看到飲食習慣與自己相同的葛玲菲也一樣面有難色。至於坐在他身旁的盛田太太，則是一聲不吭、客氣地笑著。巴菲特又喃喃說些理由，點頭要侍者再次將盤子端走。當原封不動的盤子回到廚房時，他確信廚師們都注意到了。

接著侍者又端出一盤看起來很像橡膠、似乎未經烹煮的菜，瞧不出是什麼玩意，只見葛蘭姆與盛田開心地大口吃著。

巴菲特說出第三個藉口時，盛田太太又客套地笑了笑，令他感到侷促不安。他喜歡血淋淋的牛排，卻不吃生魚。侍者撤下餐盤後，大廚還埋頭繼續忙著，巴菲特冷汗直冒，擔心藉口都已用光。那些大廚看起來很忙，但他深信，他們一定從玻璃窗後斜眼偷窺，看他還能有什麼反應。菜一道道端出來，巴菲特的餐盤卻都原封不動地端了回去。他似乎聽到從廚房傳來微小的嘰嘰喳喳聲。究竟還有多少道菜？他之前從不知道，地球上竟有這麼多能生吃的東西。他似乎讓盛田太太有點尷尬，但她始終客套地微笑，幾乎不說話，所以他也不確定是否如此。菜一道道上，時間過得愈來愈慢。他一直暗數著，已經上過十道菜了。為了彌補自己用餐的失態，他設法以詼諧、自嘲的方式與盛田談論商場上的事，但他心裡明白，他在讓自己出醜。即使他尷尬得無地自容，還是忍不住想念著漢堡。巴菲特相信他的盤子每一次送回去，廚房內的嘰嘰喳喳聲就愈大。十五道菜全都上完了，他還是一口也沒吃。盛田夫婦真是再客氣不過了，更讓他覺得自己很丟臉，恨不得立刻逃回葛蘭姆的公寓，因為那兒有爆米花、花生和草莓冰淇淋等著他。

　　巴菲特這樣描述這頓他什麼也沒吃的晚餐：「我不是沒經歷過類似的狀況，但這是最糟的一次。我再也不吃日本菜了。」

　　所羅門的數百位員工卻巴不得爬過第五大道，蒙著眼睛跟盛田夫婦吃下這頓飯。不過他們卻只能在昂貴的日本餐廳用餐，並為高額的紅利支票爭辯不休。他們吵的不是支票金額太高，而是跟別人比起來，自己拿到的紅利不夠高。巴菲特與孟格對這些麻煩一無所知。梅利威瑟的套利金童不斷吵著要更多錢，這些被挖角過來的前大學教授們，薪水原本只有 29,000

美元，但他們認為自己正在為諸如股票投資等虧損業務填補漏洞。他們覺得，把獲利分享出去，是「社會主義」的做法，[33]他們應該拿到更多的錢，他們想從為公司所賺的數百億美元中分一杯羹。[34] 儘管梅利威瑟害羞到不喜歡與人目光接觸，如今卻成為世上最積極、也最成功的紅利皮條客（bonus pimp）。葛佛藍德後來屈服，答應讓套利金童抽成 15％，[35] 這代表他們抱走的錢會遠比交易員多。這個決策是葛佛藍德與所羅門總裁史特勞斯（Thomas Strauss）私下協議的，董事會根本不知情，所羅門其他員工也還不知道。

到了 1991 年，巴菲特與孟格在所羅門已遭受一連串失望及挫敗。他們拿到的財報未必都是最新的，員工對紅利的要求不斷增加，並反對董事會的許多決議。整整八年，所羅門的股價靜如死水，公司盈餘卻下降了 1.67 億美元，而這主要是支付員工的薪資所致。

至今都讓孟格扮黑臉的巴菲特，現在也硬了起來，不但見了執行委員會，還要他們減少紅利。沒想到最後當紅利總額通過時，竟比原本還高出 700 萬美元。在新的公式下，梅利威瑟為套利金童努力爭取，使其中一位金童西利布蘭（Larry Hilibrand）的報酬從 300 萬美元躍升為 2,300 萬美元。[36] 當西利布蘭的紅利被新聞界披露後，部分同仁嫉妒得抓狂，並覺得受到欺騙。

巴菲特對套利金童的紅利沒有意見，他說：「我相信要依照能力來付錢，而不是如查理所說，按時間收費。」紅利的結構和避險基金的收費結構類似，也和他過去合夥事業的收費方式相像，[37] 可使公司其他部門有壓力要追求更好的營運表現。

巴菲特反對的不是這些部分，而是其他人未因績效不彰而少拿錢。葛佛藍德比他手下大多數的交易員上道些，願意配合盈餘下降，自動減薪 35％。[38] 這有利於他與巴菲特的關係，因為巴菲特認為他比手下員工有品。所羅門員工的貪婪，嚴重冒犯了巴菲特的正直感，讓他一改不投反對票的習慣，反對給交易員紅利，但他的反對遭到否決。當巴菲特投反對票的消息在所羅門迅速傳開時，員工勃然大怒。愛錢的億萬富翁竟說他們貪婪！

　　巴菲特認為，所羅門是一家門外設有餐廳的賭場，[39] 為了招徠顧客，這家餐廳蝕本求售。而那些交易員，尤其是梅利威瑟手下的套利人員所經營的才是賭場，完全沒有利益衝突，徹徹底底在冒險。這正是巴菲特喜歡這事業的地方。公司新設計的薪酬制度是為了避免套利人員跳槽，[40] 但一家公司有兩種不同薪酬制度，就好像在賭場外有一家賠錢的餐廳一樣，葛佛藍德這麼做等於是在所羅門的心臟劃一刀。

　　如今梅利威瑟與西利布蘭要求葛佛藍德點頭，讓他們去找巴菲特，向他買回可轉換優先股；這些股票條件之優渥，讓所羅門付出太大的代價。既然他們已不再面臨收購威脅，何必要付巴菲特保護費？於是葛佛藍德說，他們可以和巴菲特談談，設法說服巴菲特放棄那些優先股。巴菲特說當他們找上門時，他同意了。但葛佛藍德卻臨陣退縮，大概是因為有巴菲特當投資人，還是讓他比較放心吧。[41]

　　因此，巴菲特便繼續遵守原本的協議。他已經在葛佛藍德身上投入波克夏的 7 億美元，還有自己的聲譽，到了 1991 年，想打退堂鼓為時已晚。

第 48 章

吸吮拇指

紐約市，1991 年

　　1991 年 8 月 8 日星期四下午，巴菲特正在北加州太浩湖（Lake Tahoe）與艾絲翠及布朗金家男孩歡度一年一次的週末聚會。巴菲特每年都很期待這趟旅行，此時的他心情輕鬆愉快。葛佛藍德的辦公室今早來電詢問：美東時間今晚九點，您會在何處？我們有事跟您商談。

　　巴菲特心想，這不太尋常，他告訴他們，他晚上要去看一場表演。他們請他晚上七點半打電話給代表所羅門的華利羅卡法律事務所（Wachtell, Lipton, Rosen & Katz）。巴菲特心想，嗯，他們可能打算賣掉所羅門，這對他來說是個好消息。所羅門目前股價每股 37 美元左右，只要到了 38 美元，他手上的優先股就可轉換為普通股，屆時他就能出清持股，獲利了結，揮別所羅門了。多年來葛佛藍德習慣打電話徵詢巴菲特的意見，這回他可能是想協商出售股票的條件吧！

　　他們在晚上七點半之前回到太浩湖。「回飯店後，我讓他們先去飯店的牛排館用餐，我告訴他們我得打一通電話，『這可能要花些時間。』我在牛排館外牆上找到公用電話，撥了今早他們給我的號碼。」巴菲特以為接電話的會是葛佛藍德，但他人正搭機從倫敦返美，班機延後起飛。巴菲特在電話線上等

了好一會兒，電話那頭的人正在討論，是否要等葛佛藍德抵達後再跟巴菲特聯絡，最後是史特勞斯與弗瑞斯坦（Don Feuerstein）來接聽電話，他們告訴巴菲特發生了什麼事。

所羅門怎麼了？

四十九歲的史特勞斯是護衛葛佛藍德的要員。五年前，也就是 1987 年，在所羅門展開大整頓行動期間，史特勞斯被任命為所羅門總裁，[1] 從近年的情況看來，所羅門內部相當忽略管理技巧的培育。各部門主管直接向董事長葛佛藍德報告，他們的勢力取決於所掌管的部門營收。史特勞斯在名義上是所羅門總裁，但這個位階太高了，以致他現在就像高高懸浮在交易大廳上方的熱氣球一般，部門主管有時會把他甩在一邊，擅自作主。

弗瑞斯坦是所羅門法務部門主管，曾是美國證管會的要角，也是公認一流的專業律師。[2] 他是葛佛藍德的法律顧問，綽號「黑暗王子」，因為他處理了不少檯面下的齷齪勾當。[3] 這種如軍閥割據般的公司結構，導致法務部門權大勢大，但也積弊甚深；它管理公司各分支機構的方式，就像所羅門內部的運作模式一樣：迎合派系鬥爭，遇上問題再想辦法收拾。所羅門有根深柢固的交易文化，就連弗瑞斯坦也在從事買賣，他熱心地經營幾名常務董事合作的葡萄酒買賣事業。他的傳真機常冒出葡萄酒拍賣會的通知；這個合作事業收購葡萄酒的主要目的並非自飲，而是要收藏和交易，是一項可賺錢的副業。[4]

但這一晚可沒人在舉杯慶祝什麼。弗瑞斯坦知道巴菲特與葛佛藍德是朋友，現在葛佛藍德不在場，他覺得不宜將這項敏

感訊息告訴巴菲特。在電話上,他和史特勞斯依照事先準備的一套「說帖」,告訴巴菲特出現了「一個問題」:華利羅卡法律事務所調查發現,所羅門的公債部門主管默瑟(Paul Mozer),在 1990 到 1991 年間數度違反財政部的公債競標規範,默瑟與共謀的副手現已被停職,所羅門正在向政府有關當局通報此事。

巴菲特一頭霧水:這位默瑟到底是哪號人物啊?

默瑟現年三十六歲,原本在所羅門的芝加哥分部銷售債券,後來被拔擢至紐約總部。他對工作極為專注投入,總是天還沒亮就開始工作,眼睛盯著家中臥室裡的交易螢幕,接聽來自倫敦的電話;隨後從位於砲台公園社區(Battery Park City)的小公寓出發,飛奔到相隔幾個街區的世貿中心,所羅門嶄新的巨大交易廳就位在這座粉紅花崗岩建物裡。默瑟在這裡緊盯著另一組螢幕,直到夜幕低垂,短小精幹的他還負責管理二十名交易員。默瑟聰明又有幹勁,但在別人眼裡他也是個多疑多慮的怪胎。儘管他出身在紐約長島,但站在光鮮圓滑的紐約客當中,倒像個來自中西部的鄉巴佬。默瑟原本是梅利威瑟底下的套利金童之一,後來公債部門主管辭職,默瑟奉命接掌此部門。梅利威瑟仍是他的上級長官,但他的工作內容已大不相同。在巴菲特與董事會要求改善績效的壓力下,葛佛藍德將外匯部門也交給默瑟負責。短短幾個月內,默瑟便讓外匯部門轉虧為盈,[5] 葛佛藍德自然對他相當激賞。

雖然默瑟看起來粗魯傲慢,似乎把其他人視為才幹遠不如他的蠢蛋,但與他共事的人卻很喜歡他。默瑟不像所羅門惡名昭彰的抵押貸款部門人員那樣,經常苛待實習生,對他們丟擲

食物，或是差遣他們跑腿，一次扛十二個披薩回來。他有時還會跟實習生攀談。

　　默瑟那一年的貢獻卓著，拿到 475 萬美元的獎酬，這雖是一大筆錢，但默瑟嫌不夠多，他可是一等一的高手，這種水準的酬勞讓他很不高興。尤其當他發現以前的同事西利布蘭透過私下協商，獲得 2,300 萬美元的酬勞時，他簡直氣炸了。他以前賺得比其他套利人員都還多，[6] 現在當然會「氣得抓狂」。[7]於是他擺出強硬姿態，不准稽核人員動他的部門，也不願受人監督。[8]

　　公司裡有一些人經常和美國政府部門往來，以了解政府部門的融資需求。他們幾乎天天和聯準會的人員交談。默瑟代表所羅門公司這個公債主要交易商（primary dealer，**譯注：或稱公債初級市場交易商**），向政府提供建言，同時每當政府要發行公債時，他是站在第一線的最大客戶，就像是坐在教宗右手邊的樞機主教。

使教廷蒙羞

　　只有主要交易商才能向政府直接購買公債，其他有意購買者都必須透過扮演經紀商角色的主要交易商代為投標，這使得主要交易商因為擁有管道和龐大市場占有率而有相當大的影響力。他們知道客戶和政府兩邊的需求，因此能在供需之間的落差中撈取利益。但要取得如此大的影響力，這些主要交易商也必須贏得等量的信任，政府期望他們表現得像主持彌撒儀式的樞機主教，率先喝下聖餐杯的酒，但絕對不能過量而使教廷蒙羞。

在接近公債標售日時，主要交易商會打電話給客戶，調查他們購買的意向。默瑟對於市場的研判，將左右所羅門的投標。

在這個市場上，財政部與主要交易商之間也存在緊張關係，因為雙方在公債標售價格及數量上正好對立。財政部每次只會發行一定數量的公債，並希望賣得最高價格，而主要交易商則是希望以剛好過門檻的價格標得比其他競標者還多的數量，但也不能多到超過所需數量，以免損及將來的轉售利潤。因此主要交易商的投標價格都經過精打細算，競標金額的差距小到只有千分之一美元，這聽起來似乎微不足道，但一大筆錢的千分之一就是一筆巨款了，以 1 億美元來算就是 10 萬美元，而以 10 億美元來算，就得出 100 萬美元。由於公債的利潤不比抵押貸款和公司債，因此公債必須大批交易，交易商和基金經理人才能賺到夠多的錢，他們投入的心力與時間也才划算。

主要交易商需要這種大批交易，而政府也需要和大型交易商合作，因為他們了解市場，也有能力配銷大量公債。當時所羅門是最大的交易商。1980 年代初期，美國財政部在發行公債時，規定個別的交易商每次以自己公司名義最多只能買進當期發行量的一半，身為最大交易商的所羅門通常會透過這種方式來搶標公債的拍賣，在標下大量公債後抱緊一段夠長的期間，以「軋空」（squeeze）那些賭公債價格將下跌的放空者，因為市場上供給短缺，他們無處可買券以回補空頭部位。等公債價格飆漲，空方發出哀嚎，交易廳則慶祝歡呼，所羅門幸災樂禍地看著自家的龐大獲利，猶如華爾街之王般揮著權杖。這種拍賣搶標的操作手法，可使利潤微薄的公債交易獲利增大，也讓原本死氣沉沉的公債交易部門籠罩在亢奮氣氛中。

　　為了平息市場上的埋怨，美國財政部將個別交易商買入的公債數量上限降低到 35％，使主要交易商更難運用拍賣搶標的操作手法在拍賣市場獲取暴利。雖然較小規模的軋空仍會發生，但所羅門在市場上已不再能呼風喚雨，當然不歡迎這種新規定。此外，由於競標總數大於標售數量，財政部只好按比例分配給各家交易商，這麼一來，一家公司若想要取得總標售數量的 35％，它的投標量就得超過 35％，這就得要點花招了。

　　種種壓制措施使所羅門的公債交易部門比以往更難賺錢，但它的志得意滿並未就此消除。默瑟在 1990 年兩度測試財政部的耐性，手法是投標量超過總發行量。負責公債標售事務的財政部副助理部長巴夏姆（Michael Basham）警告默瑟，不可故技重施。默瑟還被請去和財政部次長葛勞柏（Bob Glauber）共進「道歉早餐」，結果他擠出了幾句話，但並未道歉。他聲稱超額投標對政府有利，因為這可增加對公債的需求。[9] 餘怒難消的巴夏姆改變了法規：個別交易商提出的投標量甚至不得超過總標售量的 35％。在這種規定下，所羅門可能連 35％的公債都拿不到。

另一套說帖

　　弗瑞斯坦在電話上，把隔天早上將發布的新聞稿念給巴菲特聽，他們已在當天晚上向所有董事解釋過其中內容。新聞稿中說明在巴夏姆的新法規下，默瑟在 1990 年 12 月和 1991 年 2 月的公債標售中，未經公司授權，即以超出政府規定的投標量上限違規超額投標。

　　弗瑞斯坦照著稿子對巴菲特敘述事發經過，並說他已向此

刻人在明尼蘇達州度假的孟格做了詳細說明。[10] 而孟格跟他談
到「吸吮拇指」，並說：「很多人經常這麼做。」[11] 巴菲特知道
所謂「吸吮拇指」是孟格對於「猶豫延遲」的比喻，但他當下
並未特別留意。弗瑞斯坦並未提起他與孟格還討論了什麼，巴
菲特也沒細想是誰在吸吮拇指。七、八分鐘後，巴菲特掛了電
話，他只知道這不是他原先期望的好消息，卻未警覺到應該立
刻打電話給孟格，把事情問清楚。他決定週末再向孟格查證，
現在先在太浩湖好好享受，於是他悠閒地走進餐廳，和艾絲翠
與布朗金兄弟一起享用牛排大餐，接著去欣賞瑞佛絲（Joan
Rivers）與沙達卡（Neil Sedaka）的表演。

　　就在巴菲特看秀的同時，葛佛藍德終於抵達美國。那天深
夜，葛佛藍德、史特勞斯已跟證管會高級官員布利頓（Richard
Breeden）和麥路卡斯（Bill McLucas）談過，也已致電體格壯
碩、身高193公分的聯邦準備銀行紐約分行總裁柯瑞根（Gerald
Corrigan）。

　　葛佛藍德與史特勞斯用另一套「說帖」向布利頓、麥路卡
斯和柯瑞根說明，內容比所羅門董事今晚聽到的版本還要多。
默瑟不僅是違規超額投標，在1991年2月的公債標售中，為
了規避35％的投標上限，竟以某個客戶當人頭投標，再把標
得的公債歸入所羅門本身的帳戶。至於所羅門為何沒有早一點
向監管機關呈報，他們解釋是因為失察才延誤通報。但這解釋
顯然說不過去，因為證管會與財政部早已在調查默瑟，他在5
月的公債標售中故技重施，大量標進公債後再狠敲空頭一票，
有關當局已在嚴密監視他的行動，照理說，所羅門應該也要有
所察覺才對，怎麼可能因為失察而延誤通報？至此，監管機關

不禁懷疑，所羅門公司存在一些嚴重的結構性問題。

　　無論如何，所羅門供出的這些違規情事都讓財政部與聯準會極度難堪。柯瑞根非常驚訝，所羅門高層竟然還沒有開除默瑟，也未提出一套重整內控制度的方案。不過他仍然預期所羅門會在一、兩天內宣布這些處置，一旦所羅門有所行動，他就能「給他們一段觀察期，並希望事件就此落幕。」而柯瑞根也「耐心而冷靜」地告訴葛佛藍德與史特勞斯，他們有義務立即向大眾公布這項消息。柯瑞根依據他的經驗研判，這事件有可能突然擴大為「極為嚴重的問題」。[12] 不過他認為葛佛藍德與史特勞斯似乎並未徹底了解這點。的確，葛佛藍德當時居然跑去倫敦，又因為班機延誤而未能及時與巴菲特、孟格和其他董事通上電話，從這一點就可明顯看出所羅門高層的輕忽了。

　　隔天 8 月 9 日星期五，巴菲特在艾絲翠與布朗金兄弟陪伴下，悠閒地在維吉尼亞市的木板人行道上散步，欣賞這個淘金熱時期興起的古老小城。他打電話到公司，得知沒什麼要緊事，所羅門那邊也沒人打電話找他。所羅門已發布新聞稿，輕描淡寫敘述了相關事件。不過，所羅門股價下挫 5％，跌到 34.75 美元。

　　巴菲特週六打電話給孟格。孟格語氣平淡，卻道出更多驚人的內情。孟格說，弗瑞斯坦給他的說法是：「從 4 月起，有部分問題已被知悉」。儘管巴菲特與其他董事都聽到了同樣的話，但他們並未聯想到其他涵義。[13] 只有孟格立即對弗瑞斯坦的那些廢話和被動語氣感到火冒三丈，他質問：什麼叫「被知悉」？究竟是知悉什麼？是誰知悉？[14] 在孟格的追問下，弗瑞斯坦進一步說明，內容類似柯瑞根聽到的版本。[15]

弗瑞斯坦告訴孟格，默瑟在 4 月接到財政部來函通知，財政部正在調查他的一件公債投標案。[16] 默瑟知道事跡已經敗露，便在 4 月 25 日去找他的上司梅利威瑟，向他供出違法情事：2 月時他為了規避 35% 的公債投標量上限，不僅以所羅門的名義投標，還以客戶當人頭去投標。[17] 默瑟對梅利威瑟發誓，他只違規過一次，而且絕不會再犯。

梅利威瑟立刻看出，此事件將危及默瑟的職業生涯，也將事情的嚴重性告訴他，同時向弗瑞斯坦與史特勞斯呈報整個狀況。他們三人在 4 月 29 日向葛佛藍德報告默瑟的違法情事。他們日後回憶說，葛佛藍德聽到這消息時，氣得滿臉通紅。

也就是說，早在 4 月時葛佛藍德、史特勞斯、梅利威瑟，還有法務長弗瑞斯坦就全都知情了。

弗瑞斯坦當時告訴葛佛藍德，默瑟的行為顯然已經觸法。技術上來說，他相信所羅門並沒有向監管機關通報此事的責任，不過所羅門若不採取一些行動，將會得罪監管機關，因此公司必須通報聯準會。葛佛藍德說他會處理此事，但奇怪的是，他們並沒有研擬前往聯準會向柯瑞根報告此訊息的具體計畫。此外，他們斷定這樁違規投標案是「單一脫軌事件」，因此決定讓默瑟繼續負責公債部門。孟格聽了這些話，向弗瑞斯坦說：「這根本就是在吸吮拇指，很多人經常這麼做。」後來孟格解釋，「吸吮拇指」指的是：「當你應該趕緊採取行動時，卻只是坐在那兒空想沉思、到處徵詢意見。」[18]

孟格告訴巴菲特，他曾對公司發布的新聞稿有意見，他質問：難道不該透露公司高層早就知情嗎？弗瑞斯坦說應該要，但管理高層最後決定不揭露這點，因為他們認為如此將衝擊到

公司的融資。所羅門天天有高達數百億美元的短期商業本票融資，如果消息傳出去，債權人會拒絕續借。在孟格看來，「籌資困難」等於「財務恐慌」。[19] 對此他沒有足夠的影響力，也只能讓步了。不過他和巴菲特都認為，必須揭露更多內情，他們也為面對後續發展做好了心理準備。

兩天後的 8 月 12 日星期一早上，《華爾街日報》對此事件做了詳盡的報導，還配上聳動的標題：「惹了大麻煩：所羅門承認違法競標公債震驚市場——該公司在單一標售中取得比率可能高達 85％，調查行動展開，主管知情多少？」報導中還提及所羅門可能面臨「操縱市場、違反證券交易法反詐欺條款、對聯邦主管機關陳述不實」、「帳冊與紀錄不實」等民事訴訟，還有「郵電詐欺」的刑事控訴。[20]

葛佛藍德打電話給巴菲特時，聲音聽起來很平靜。巴菲特認為，他似乎相信這事件只會使「公司股價下跌幾個百分點」。葛佛藍德似乎覺得，略施計謀就可使事件平息，但根據這篇報導，巴菲特認為他這麼想是一廂情願。[21] 巴菲特要求他揭露更多內情。所羅門公債部門的商業本票融資開始出現困難，顯示債權人開始緊張了。[22]

在此同時，孟格設法聯絡華利羅卡的利普頓（Marty Lipton），他是葛佛藍德的摯友，也是所羅門的外部法律顧問。利普頓與所羅門的關係非常密切，按一下弗瑞斯坦電話機上的快速撥號鍵，就能接通他太太、蘇富比與佳士得拍賣公司，及利普頓本人。[23] 孟格知道利普頓經常在電話邊，就像巴菲特離不開《華爾街日報》一樣。不過當時行動電話還很少見，因此孟格得經由華利羅卡辦公室聯絡利普頓。孟格說：「華利

羅卡法律事務所擁有我所見過史上最精密的電話系統，不分日夜都能聯絡到利普頓……我想就算他在床上辦事，你也能透過公司的電話系統找到他。」[24]

孟格聯絡上利普頓時，要求他再發一次新聞稿，因為第一篇新聞稿內容並不妥當。利普頓同意與董事會在週三舉行電話會議，討論這個問題。

上膛的槍

不意外地，聯邦準備銀行紐約分行總裁柯瑞根的不滿自然更甚孟格。他在 8 月 12 日星期一，要求他的執行副總裁史登萊特（Peter Sternlight）寫信告訴所羅門，該公司的行動已令聯準會質疑是否該和它「繼續維持業務關係」，因為所羅門未及時揭露已經知悉的違法情事，令聯準會「深感憂慮」。信中指出，所羅門必須在十天內呈報它已發現的所有「不當行為、違法情事與管理疏失」。

從柯瑞根早先與史特勞斯及葛佛藍德的談話來看，這封信對所羅門可說是最後通牒。要是聯準會斷絕美國政府和所羅門的業務關係，所有客戶與債權人會立刻掉頭就走，後果不堪設想。

所羅門的資產規模是全美第二大，超過美林（Merrill Lynch）、美國銀行（Bank of America）和美國運通。所羅門的貸款幾乎全是短期融資，貸方可以在幾天或至多幾週內要求償還；它的資本淨值只有 40 億美元，負債卻高達 1,460 億美元。在資產負債表外，該公司待交待（已執行、但尚未交付的交易）的資金需求都高達數百億美元，有時甚至一天就需要 500

億美元。此外，所羅門還有數千億美元的衍生性金融商品契約，如利率交換、外匯交換、期貨契約等，這些契約都沒有揭示在資產負債表內。前述林林總總的契約像個錯綜複雜的雛菊花圈，交易對手遍及全球，而許多交易對象本身又有其他相關的契約，所有這些環環相扣，形成一個龐大的全球金融網絡。所羅門要是銀根被抽就必須出售資產，只是銀根可能在短短幾天就被抽掉，但出售資產變現卻得花上一段時間。當時美國政府並沒有制定對情況危急的投資銀行提供紓困貸款的政策，因為一般的觀念認為，投資銀行「規模太大，所以不會倒」。因此，所羅門可能在一夜之間就化為一灘爛泥。[25]

史登萊特的信函發出後，柯瑞根放心地坐了下來，他相信所羅門高層一接到這封信，就會了解有一把上了膛的槍正指著它的腦袋，他們一定會快速照辦。

在第一份新聞稿發布和《華爾街日報》的報導刊出後，所羅門內部謠言四起。星期一傍晚，該公司在最底層的大禮堂舉行了一場全體員工大會，會場擠滿近五百人，另有至少數百名員工在樓上和所羅門全球各地分公司一起盯緊著電視螢幕。葛佛藍德與史特勞斯穿梭於聽眾席，慢慢道出一連串事件，這些說詞有如一道「烤冰淇淋」（Baked Alaska），外層是烤得酥脆華麗的蛋白糖霜，覆蓋著裡頭令人打寒顫的冷酷事實。會後債券部門主管麥英塔（Bill McIntosh）被叫進葛佛藍德的辦公室，面對葛佛藍德、史特勞斯和利普頓「這三個非常擔心害怕的男人」。當天稍早他才嚷著要葛佛藍德下台，沒想到現在這三個人竟然問他對目前這個狀況有何看法。麥英塔要求他們先做出更多解釋。聽完他們的陳述，麥英塔覺得他們剛才在大禮堂敘

述的版本和早先公司發布的新聞稿都沒把事情講清楚。[26] 最後，他們指派他與助理法務長史諾（Zachary Snow）共同研擬另一份新聞稿。

第二天早上麥英塔與史諾開始動筆。約莫中午，麥英塔去找負責掌管投資銀行業務、剛從亞洲視察業務返國的副董事長莫漢（Deryck Maughan），向他報告事發經過。莫漢立刻聽出，這些說法只會招來一場大災難。他跑去找史諾，一把抓住他，叫他從實招來。

史諾並無意隱瞞莫漢任何事。他解釋，默瑟在 4 月首度坦承他在 2 月公債標售中的違規情事，雖然弗瑞斯坦表明默瑟的行為已觸法，但梅利威瑟仍替他求情，懇求不要開除默瑟。有人私下將這情形告訴了史諾。一個月後，默瑟依舊負責公債交易部門。弗瑞斯坦不斷催促葛佛藍德趕快通報監管機關，葛佛藍德說他會處理，但其實根本沒有人向有關當局呈報此事。公司高層只交代梅利威瑟負責監督默瑟。

不久，默瑟要求公司核撥資金，他打算在 5 月底的兩年期公債標售中以超出這次總發行量 100% 的投標量超額競標。儘管這些資金有一部分應該是代理客戶投標，但所羅門的財務主管麥克法蘭（John Macfarlane）心生警覺，認為事情沒有這麼簡單，便找史諾和梅利威瑟會商。史諾向上司弗瑞斯坦報告此事，弗瑞斯坦也認為這個要求太無理，決定不提供這筆資金。[27]

但默瑟仍在背地裡耍花招進行投標。[28] 他設法避開他的監督者，進行可能涉及不法的競標，發動大規模的拍賣搶標，最後所羅門標得這次公債總量的 87%，所羅門和一小群客戶便掌控這批兩年期公債市場。沒多久市場價格飆漲，[29] 空方因遭

軋空而蒙受高達 1 億美元的虧損，有幾家小公司因受創過深而
聲請破產。[30]

華爾街海盜

　　所羅門內部也因這次軋空事件而惶惶不安。新聞報導引述
競爭對手的話，形容所羅門是華爾街海盜。包括巴菲特在內的
董事，在某次會議中，對所羅門壟斷兩年期公債市場表示憤
怒。弗瑞斯坦在 6 月已要求史諾對這次軋空事件展開內部調
查，結果發現，默瑟在標售日前夕曾邀請兩家避險基金客戶共
進晚餐，這些客戶也在此次軋空行動中參與投標，顯示默瑟很
可能和這些客戶勾結並操縱市場。由於缺乏證據，默瑟搪塞幾
句就脫身了。[31] 葛佛藍德前去會見財政部和聯準會的監管人
員，為這次軋空事件致歉並修補關係。他 6 月中去見葛勞柏
時，坐在沙發上抽著雪茄向葛勞柏道歉，同時表示願意與財政
部合作，但他為默瑟辯護，指默瑟並未蓄意壟斷 5 月的公債標
售。但葛佛藍德並未提起他知道的其他內情，也絕口不提默瑟
在先前標售中不法投標的事。不過證管會與司法部反托拉斯署
依舊針對這次的軋空事件和先前默瑟引發的爭議，展開調查行
動，而所羅門內部沒人知道這件事。

　　和葛勞柏會面後一週左右，葛佛藍德、史特勞斯與梅利威
瑟三人會面研商是否該對財政部坦承 2 月標售的違法情事。由
於這次軋空事件引發的軒然大波尚未平息，他們認為時機不
對，決定三緘其口。幾天後，證管會來函要求所羅門提供 5 月
標售案的相關資料。這是首度有跡象顯示兩年期公債標售案的
爭議非但沒有逐漸平息，反倒可能擴大。證管會突然對公債交

易部門的營運表達關切，任誰接到這樣的調查信函，大概都會很自然地緊張起來。

兩天後，葛佛藍德前往拉斯維加斯，視察所羅門提供融資的一些地產，順道飛去奧馬哈拜訪巴菲特。史諾並不知道此事，因此在向莫漢說明內情時，並未提起。巴菲特後來補充了相關細節。

「我到機場接他，他在我辦公室大概待了一個半小時，其中一個小時忙著打電話，然後我們交談了約半小時。他一直來回踱步，結果我們並沒有談到什麼。他這麼不嫌麻煩地繞道停留奧馬哈，但卻沒說什麼。」

巴菲特不清楚葛佛藍德來訪的目的，便帶他去吃了頓簡單的午餐，接著去參觀位在內布拉斯加家具賣場附近的波霞珠寶店，巴菲特不久前才買下這家知名珠寶公司。原業主佛利曼是布太太的外甥，跟她彷彿是同一個模子印出來的，而且跟她一樣有不凡的志氣和抱負。

佛利曼帶葛佛藍德來到中央展示櫃，裡頭陳列的全是最昂貴的貨色，葛佛藍德為她太太挑了件價值 6 萬美元的珠寶。葛佛藍德後來表示，他是看在巴菲特的面子才買的。[32] 然後他瞥見刻意陳列在中央展示櫃後方的昂貴手錶，便走過去觀看。但佛利曼比較喜歡賣珠寶而不是手錶，他對葛佛藍德說：「喔，錶啊，會搞丟、會故障，何必花大錢買錶？」他看了看葛佛藍德手上戴的精緻手錶，問他花了多少錢，葛佛藍德照實回答。

「1,995 美元，」[33] 佛利曼複述了價格，「你被騙了。」

「你真該瞧瞧當時他臉上的表情，」巴菲特說。

葛佛藍德戴著那只讓他花冤枉錢的手錶，在 6 月底回到紐

約,並把那件裝在酒紅色絲緞襯裡盒中的波霞珠寶,送給他太
太蘇珊。

幾天後,也就是 7 月初,司法部反托拉斯署正式通知所羅
門,它正在調查 5 月兩年期公債標售案中發生的軋空事件,也
就是證管會先前發函要求提供資訊的案子。史諾說,葛佛藍德
這時才開始正視此事,聘請所羅門的外部法律顧問華利羅卡,
針對 5 月的軋空事件展開內部調查。[34] 所羅門內部對軋空的看
法不一,有些人認為,在公債市場的現行制度下,交易商和客
戶共謀是很自然的事,因為交易商的角色,本來就是要和客戶
合作將龐大數量的公債配售到市場上。小規模的軋空時有所
聞,這回的軋空規模是比較大,但又怎樣?財政部根本是在找
所羅門的碴,還不是因為《老千騙局》寫出所羅門長年的傲慢
大膽和權力造成腐化等情事,才使所羅門成為箭靶。[35]

但也有人對默瑟再度挑戰財政部的行為感到憤怒。大家都
知道默瑟已和主管公債標售事務的巴夏姆槓上了,而他竟然還
敢故技重施,實在令人匪夷所思。後來這些質疑聲變得更大:
為何已被告知行為可能觸法並被列入觀察期的默瑟,敢如此明
目張膽地挑釁財政部,搞得所有財經媒體都顯著報導他的突擊
行為?[36]

弊案不只一樁

華利羅卡調查了幾天之後,將 5 月軋空事件的初步報告呈
交給所羅門。但調查人員直到現在才得知,所羅門高層早在 4
月便知道默瑟在 2 月標售案中,私下冒用客戶名義投標。

事後看來,所羅門的處置方式實在太離譜了。在得知默瑟

2 月冒用人頭投標後，弗瑞斯坦已表示這是違法行為，但管理高層竟然還接受梅利威瑟的求情與擔保，並採信默瑟「僅此一次，絕不再犯」的說詞，未再進一步調查，也沒有懲戒默瑟。他們讓默瑟繼續留任原職，導致 5 月再度引爆軋空事件。此事件發生後，所羅門的麻煩就更大了，因為若讓政府當局曉得，所羅門高層早已知悉默瑟先前冒名投標的犯行，但遲至現在才通報當局，很可能使監管機關認定所羅門根本是上下沆瀣一氣。最糟的是，葛佛藍德才剛於 6 月中為了 5 月事件去會見葛勞柏，但會面時隻字未提更早的弊案。如今東窗事發，當事人都開始為當初的延遲通報找藉口，指稱那是不甚嚴重的單一事件，沒有損及任何客戶的利益，也未造成政府損失，就連牽連其中的交易商也認為沒事。[37] 葛佛藍德後來接受媒體訪問時表示，在商業競爭壓力下，他根本不認為此事有那麼嚴重。[38]

不幸的是，葛佛藍德顯然判斷錯誤。華利羅卡的調查人員發現，默瑟的違規情事並非只有 2 月份那一樁。他們查出默瑟在五次公債標售案中違規操作，[39] 其中兩次是新發現的弊案。史諾向莫漢陳述他所了解的內情，最後告訴莫漢，前一天傍晚，在向全體員工說明的會議結束後，高層召集公司所有內部及外部律師開會，史諾在會議中主張公司必須揭露管理高層早已知道違規情事，但遭到斥責。葛佛藍德告訴他：「我會因此備受抨擊，你做好分內的事就行了。」[40]

在還未聽到所有這些新資訊之前，莫漢就已經很憂心了。自公司發布第一份新聞稿至今已過了七天，這期間媒體報導密集轟炸、公司股價下跌、公司商業本票無法獲得融資、調查發現更多弊案，而葛佛藍德與史特勞斯在內部會議中繼續端出

「烤冰淇淋」以饗員工。聽完史諾敘述默瑟的種種違法作為和
管理高層的不作為後，莫漢大發雷霆，反覆逼問史諾，以確定
這就是全部真相。接著莫漢到樓下的交易廳，質問默瑟的頂頭
上司梅利威瑟：「這究竟是怎麼回事？」

　　梅利威瑟低下頭說：「太遲了。」就不願再說下去了。[41]
不管是不是太遲，史諾與麥英塔都必須在當晚寫出第二份新聞
稿，對事情做出說明。就在那天晚上，史特勞斯及葛佛藍德打
電話給柯瑞根，回應當天收到的史登萊特致所羅門信函。電話
一開始，史特勞斯與葛佛藍德就告訴他，所羅門已做了調查，
發現其他公司為了取得更多新發行的市政公債和政府機構證
券，「業界慣用的做法」就是在投標量上灌水。但柯瑞根認為，
這段開場白是在「轉移焦點，或有其他意圖」，這與 5 月軋空
案或跟更嚴重的冒名投標案無關，事實上，與公債市場也無
關。於是他那愛爾蘭人的脾氣爆發了，對著電話大吼：「這是
你們最後一次機會。你們還有什麼要告訴我的？」他們開始敘
述其他違法的事。

　　這些狗屁倒灶和強詞奪理，柯瑞根聽不下去了，他說：
「立即查出真相，向大眾公布所有資訊，我不想再聽你們說什
麼了！」[42]

更嚴重的危機

　　那天夜裡，律師們與管理高層一起檢視整篇新聞稿。葛佛
藍德與史特勞斯也到場後，麥英塔主張新聞稿上必須明確指出
責任由誰承擔，這主意立刻遭駁回，但董事賀洛維茲（Gedale
Horowitz）、所羅門華盛頓辦公室負責人貝爾（Steve Bell）以

及其他人，力求做出更充分的揭露。當時沒有人能聯絡上巴菲特，但他們打電話找到孟格。孟格說：聽著，這第二份新聞稿，你們不能不提由誰來負責。葛佛藍德的名字是一定要放上去的，而史特勞斯雖然不主管這些業務，這些決策也沒有一項是他做的，但他一直是跟他的老闆同進退，所以他的名字也應列入。至於弗瑞斯坦，他曾勸葛佛藍德向當局通報，因此孟格說，他的名字不應列入。

眾所周知，梅利威瑟是個優秀、謹慎的經理人，跟他的團隊非常親近，做事盡責，他也在獲知弊案後立即向上級呈報，[43] 但他為默瑟擔保和求情，讓默瑟繼續擔任原職。孟格挑明應該列入梅利威瑟的名字。麥英塔形容，梅利威瑟看著律師寫下自己的姓名，不禁說道：「噢，天啊，我完了！」[44]

隔天，8月14日星期三，所羅門舉行了一場電話會議，董事會聽取管理高層前一晚向柯瑞根報告的部分內情。電話線那頭有兩名董事在歐洲、一位在阿拉斯加，還有人在奧馬哈的巴菲特，以及在明尼蘇達的孟格，他們在電話上首次聽到「半套條理分明」的默瑟事件（但仍不是全部實情）。在所羅門內部，資深經理人互相議論，認為葛佛藍德和史特勞斯勢必得辭職以示負責，一場宮廷政變正在上演。[45] 套利部門希望梅利威瑟接任執行長，但他是默瑟的上司，這點難以服眾。接著這些人又想到，莫漢也許可和梅利威瑟共同擔任執行長。此時參加董事會電話會議的人都沒提到要調整高層人事，大家只是就第二份新聞稿的措詞進行討論。這份新聞稿總計有三頁的篇幅陳述細節，裡頭還提到調查人員查出的另外兩件違法犯行。

在這份新聞稿的草稿中，所羅門承認，管理高層早在4月

便得知 2 月冒名投標的事，但所羅門因為「業務壓力」，未向
主管當局通報默瑟的犯行。巴菲特認為這種說法太可笑，孟格
也忍不住發飆。最後新聞稿改寫，指出所羅門未向當局通報是
因為管理高層「未充分注意此事」。接著，他們安排在當晚發
布這篇新聞稿。

會議結束時，董事們以為他們已獲悉所有內情，但其實會
中並沒提到幾件事：其一，所羅門近日收到聯準會史登萊特的
最後通牒信函；其二，葛佛藍德在 6 月前往財政部與葛勞柏會
面時，沒有提及默瑟先前的錯誤。

當天下午，所羅門在大廳召開了另一次全體員工大會，每
天負責主持業務會議的麥英塔照常站在最前面，但這回他被派
去向全體員工念出這份新聞稿的內容，這真是不討好的工作。
麥英塔面向坐在最前排的葛佛藍德與史特勞斯，他告訴全體員
工，新聞稿所述就是事情原委。如果客戶來電詢問，就據實以
告，不必為管理高層找藉口，也別替他們辯護，他們確實就是
做錯了。

8 月 15 日星期四早上，媒體報導了新聞稿的內容。所羅
門內部謠傳高層的長刀已出，麥英塔完了。麥英塔一整天都待
在交易廳，心想葛佛藍德與史特勞斯不會因為他以下犯上，而
當著所有交易員面前開除他。與此同時，市場對所羅門的信心
瓦解，自上週四收盤價近 37 美元後，所羅門股價就持續下
滑，一週內重挫到只剩 27 美元，股價連連下跌是因為股東已
開始猜測，恐怕還有比默瑟違法更嚴重的問題要發生，那就
是：擠兌。的確，擠兌潮已然出現。

瀕臨破產

投資人十分清楚,投資銀行的資產負債表就像金字塔一樣,是靠層層的買賣交易堆疊起來的。當時的所羅門大到不可一世,甚至比最大的壽險公司還大,資產規模僅次於花旗公司(Citicorp)。這樣一家大公司,它的債券部門一向是買賣自家發行的中期債券的經紀商。在這個星期四,所羅門的債券買賣櫃台突然出現大排長龍的賣方,卻沒有買方。為了支付龐大數量的賣單,所羅門交易員只得動用自家的現金買回所羅門發行的中期債券。但只要所羅門的金庫沒錢了,這些債券將形同廢紙。為了保有現金,交易員開始出較低的價格以阻止賣方出售債券,[46] 但賣方很快就知道這是怎麼回事,於是等著賣債券的隊伍愈排愈長。

那天營業時間結束時,所羅門的交易員已經灰頭土臉地買回 7 億美元的自家債券。接著他們張貼「停止營業」的告示,就像大蕭條時期,銀行啪噠一聲將櫃台窗口關了一樣。[47] 現在也沒有其他公司會購買所羅門發行的債券了,所羅門正瀕臨破產邊緣。

8 月 16 日星期五早上,《紐約時報》頭版刊出葛佛藍德的照片,頭條標題是:「違法競標餘波衝擊,所羅門兄弟面臨嚴重威脅,高層恐將辭職,客戶可能叛逃,公司股價重挫」。[48] 報導中醒目地刊登了葛佛藍德與史特勞斯的照片。葛佛藍德、史特勞斯和利普頓打電話到柯瑞根的紐約辦公室,並經由那裡轉接至聯準會主席葛林斯潘(Alan Greenspan)位於華盛頓的辦公室。柯瑞根和葛林斯潘從清晨開始就和財政部長布雷迪

（Nick Brady）進行電話會議,「商議究竟該找誰來接手經營這家公司。」[49] 柯瑞根十分憤怒,他以為所羅門董事會知道他請史登萊特發出那封最後通牒的信,所以當他看到所羅門剛發出的新聞稿時,感到十分震驚,他認為所羅門董事會接到信後根本沒有立即採取任何行動（如開除管理高層）,等於是在公然違抗他。[50]

葛佛藍德表示他將辭職,柯瑞根問:「那史特勞斯呢?」從這裡可以看出,監管機關聯邦準備銀行紐約分行認為,辭職不是選項,而是非做不可的決定。[51]

接著葛佛藍德打電話給巴菲特,被電話聲吵醒的巴菲特仍睡眼惺忪,但當葛佛藍德（利普頓與史特勞斯也在線上）告知問題後,巴菲特立刻清醒了。「我剛剛看到了自己的訃文,」葛佛藍德是指《紐約時報》的報導;先前的種種事件無法讓他警覺,直到他的照片被刊登在報紙頭版,他才有如當頭棒喝。當巴菲特了解他們的來電目的,是希望他暫代董事長一職時,他非常猶豫地告訴他們,他會慎重考慮,但要先看看《紐約時報》的報導。巴菲特需要時間思考一下,但也相當確定自己必須去紐約一趟。巴菲特告訴他們會盡快在當天下午趕到。利普頓在電話那頭說,必須立即開除梅利威瑟,但巴菲特堅持要他們先別採取任何行動,最起碼讓他跟梅利威瑟談過後再做決定。

掛上電話後,巴菲特打電話到葛蕾蒂絲家,請她取消所有行程,並通知飛機機師待命,他可能隨時要到紐約。不到一小時後,他進入波克夏辦公室,員工都還沒上班,他看了紐約傳真過來的「訃文」,隨即打定主意。

　　此時，葛佛藍德與史特勞斯已告訴柯瑞根，巴菲特正在考慮暫代董事長。柯瑞根後來說：「在我看來，這兩個人一點也不老實，因此我希望馬上直接和華倫‧巴菲特談談。」[52] 他告訴他們，「我私下並不認識他，但我當然聽說了他的名望。」

　　在與巴菲特的談話中，柯瑞根提到如果巴菲特要接下這職務，他願意稍稍放寬「十天期限」。巴菲特雖不懂柯瑞根在講什麼（因為他根本不知道史登萊特的最後通牒信函），但他猜想，一定是聯準會在索取某些事項的資訊。巴菲特聽得出柯瑞根相當生氣，他說，就算巴菲特真的接下這職務，他也不能承諾任何事，而且他堅持巴菲特當晚親自到紐約見他，跟他討論暫代董事長要扮演的角色。

　　在所羅門，交易廳的人只知道巴菲特可能會飛來營救公司，還有自家股票並未開市交易。一般推測，巴菲特可能在考慮以梅利威瑟取代葛佛藍德。套利金童們吶喊著：「我們不能失去梅利威瑟！」梅利威瑟本人則是不見蹤影。交易廳瀰漫著焦慮騷動，但所羅門的股票不能開市交易，電視新聞大量報導所羅門的種種問題，並預測接下來的發展。

　　中午過後不久巴菲特出現，請他們發布新聞稿，說明葛佛藍德準備辭職，而巴菲特即將暫代董事長一職。接著所羅門股票開始交易。[53] 收盤時股價上漲 1 美元，回升至近 28 美元。

　　收盤後，巴菲特到樓下的會議廳和常務董事開會。葛佛藍德與史特勞斯上台，葛佛藍德說他們都準備辭職了。[54] 巴菲特注意到，葛佛藍德表情和平常一樣冷靜，史特勞斯則似乎驚惶失措。會後，管理高層回到主管樓層的大會議室，梅利威瑟團隊的重要成員洛森費（Eric Rosenfeld）和西利布蘭氣沖沖地衝

進會議室。⁵⁵ 這間會議室有一面玻璃窗可俯瞰兩層樓高、足球
場大的交易廳,一切的麻煩都是從那裡發生,現在所羅門高層
正開始商討該如何善後。

清理門戶

各方對於梅利威瑟的去留有不同看法。大家都同意,梅利
威瑟已盡責地向上級呈報默瑟的犯行;大家爭論的是,他是否
該採取更多行動。如麥英塔所言,有些人認為梅利威瑟只不過
是倒楣,太靠近火源。⁵⁶ 梅利威瑟向來是位嚴謹的經理人,猶
如某人所言:「在梅利威瑟掌管的部門,沒有任何掉落的麻雀
能逃過他的眼睛。」梅利威瑟並未參與違法的冒名投標,但要
是所羅門留下他,主管當局能原諒嗎?他們顯然認為,若留下
梅利威瑟,當局恐怕會對所羅門施以更嚴厲的處置。儘管史特
勞斯與葛佛藍德並未出席這次會議,但他們告訴巴菲特,他們
認為,梅利威瑟理應和他們一起辭職。⁵⁷

這時候梅利威瑟來到會議室,一聲不吭地倚牆旁觀,看著
大部分同僚要求除掉他。那天稍早巴菲特曾告訴利普頓,梅利
威瑟不是史特勞斯與葛佛藍德,不能強迫他辭職(自願離職就
另當別論)。巴菲特不認為梅利威瑟必須辭職,因為梅利威瑟
並沒有坐視不管,他曾向葛佛藍德與史特勞斯報告默瑟的事。
巴菲特研判,這些人未必真的認為梅利威瑟有過失,他們只是
陷入恐慌,希望梅利威瑟走了之後生活就能恢復原狀。

會後,巴菲特上了停在外頭的林肯加長型禮車,與葛佛藍
德及史特勞斯一起在尖峰時刻的車陣內穿梭,前往柯瑞根的辦
公室。

柯瑞根認為，為了保密起見，有必要維持原定的期限。他剛參加完聯準會的年度壘球對抗賽，一身牛仔褲、球鞋和T恤，襯托出他高大的體格。[58] 不過史特勞斯後來回想，當時氣氛冷到極點，「就算他穿了正式西裝，我也不會注意到，我根本沒心情。」巴菲特一開口便試圖緩和氣氛，「瞧，我個人唯一欠人家的錢只有7萬美元，押在加州第二棟房子上，因為現在利率很低。」他答應與主管機關通力合作，但柯瑞根不理會這種低姿態。他說，暫代董事長通常效能不彰，巴菲特最好別向「華盛頓朋友」討救兵。

柯瑞根要求徹底清理門戶，巴菲特也同意進行種種根本變革，整頓所羅門的制度、內控與檔案管理。「我認為他講了算數，」柯瑞根說，「而且我信任他。」

然而，當時柯瑞根未置可否，只是冷冷看著巴菲特說：「準備迎接一切後果吧！」

巴菲特回憶說：「他那種直來直往的教訓語調，誠意是夠了，卻很不入耳。我們欠的錢遠超過任何美國人，而且這筆數目是眨眼間就欠下的。我暗示了一、兩次，想表達我對籌資的憂慮，希望他起碼在表面上安慰我一下，但他只叫我準備迎接一切後果。我真不知道怎麼個迎接法，我乾脆喝農藥算了。」

接著柯瑞根請巴菲特迴避，以便與葛佛藍德及史特勞斯談談。「你們公司有員工出紕漏，那是他的問題，」他說，「員工捅漏子，你們卻沒有採取行動，那就是你們的問題。」[59] 接著他含淚表達遺憾，但還是必須請他們離職。

他們走出辦公室，史特勞斯受到震撼還沒回過神，但葛佛藍德仍顯得「相當冷靜」，[60] 似乎認為柯瑞根不該逼他辭職，

他說：「我死也不會原諒他。」[61] 他們搭車穿越鬧區返回所羅門，接著到四十九街的喬與蘿絲（Joe & Rose's）牛排館享用牛排大餐。史特勞斯與葛佛藍德還是堅持要梅利威瑟走路，[62] 他們還談起營運長的人選。接近午夜時分，巴菲特蹣跚走回葛蘭姆在聯合國廣場的公寓，勉強入睡。

接著許多人大做文章，臆測巴菲特接下這職位的種種緣故。有人說，他是為了他的 7 億美元，也有人說，這是他對其他股東的責任。巴菲特則說：「總得有人接下這差事，而我正好是合適人選。」[63] 辭職的人固然前途未卜，接任的人也有極高的風險。巴菲特不只是為了他的投資，還有他同樣看重的聲譽。當他投資所羅門並為葛佛藍德打包票時，就等於將他的名號當作護身符般釘在所羅門的大門上。

巴菲特曾告訴子女：「**建立名聲要花一輩子，但讓名譽掃地只需五分鐘。**」他行事謹慎，但他原本支持的人卻害他信譽打折。他犯的錯就在於投資華爾街卻未親身督陣，反而仰賴他人管理。巴菲特以為葛佛藍德能整頓所羅門的散漫文化，這點他誤判了。

此時巴菲特已是全美第二大富豪，[64] 而二十六年來，波克夏每股帳面價值的年成長率都超過 23％。第一批股東每人投資的 1,000 美元，到此時已變為 300 萬美元，而波克夏海瑟威每股的成交價為 8,000 美元。巴菲特的身價淨值 38 億美元，是世上最受敬重的商界人士之一。

在那漫長的可怕星期五，巴菲特驀地意識到，投資所羅門一開始就是個錯誤，因為他無法掌控這家企業本身的問題。

他不想成為所羅門的暫代董事長，那樣一來風險更大。如

果所羅門一蹶不振，這些臭名與災難會永遠跟著他。然而，若說誰能幫他與他的股東擺脫這個爛攤子，除了他也沒有別人。

為今之計，就是用他的聲譽繼續保護這家公司，這是巴菲特無可迴避的挑戰。莫漢與梅利威瑟力有未逮，巴菲特從孟托法律事務所也找不出人來幫忙，更不可能要孟格、墨菲或瑞恩出面。他這回不能丟個點子給卡蘿，讓她寫篇犀利的報導給《財星》，然後就此解決問題。太太蘇珊也幫不上忙。就這一次，他找不到代理人，唯有他自己才救得了所羅門。如果他轉頭不顧，所羅門很可能就此垮台。

誰來接班？

巴菲特在 8 月 17 日星期六早上八點，抵達華利羅卡辦公室，眼前景象相當離奇：葛佛藍德竟然不在那兒，他正冒著風雨搭機前往他在南塔克特（Nantucket）的別墅去跟他太太蘇珊會合。而那些所羅門的軍閥此時都成了執行長人選，聚集在「面談室」外躍躍欲試。其中有資格接任或真心想要這份差事的寥寥可數，但巴菲特仍得一一面談。另一方面，孟托法律事務所有兩個聰明絕頂、不屈不撓的調查律師則在巴菲特和搭機前來的孟格面前，做了番「出色的報告」。巴菲特和孟格這時才得知財政部已調查過默瑟先前的交易，讓他們火冒三丈。[65]

接下來，巴菲特面臨了他這輩子最重要的聘雇決定，也就是把所羅門交到誰手上，一旦他犯錯就毫無轉圜餘地。在為時十五分鐘的面談開始前，他先告訴這群人，「梅利威瑟不會回來了。」[66]

接著他一一進行面試，問題都一樣：「該由誰來當所羅門

的下任執行長？」

　　「我要跟這個傢伙並肩作戰，他絕對必須是正確人選。問題是，有誰具備領導這家公司的一切特質，讓我不用擔心會出什麼事讓公司蒙羞，甚至害我們關門？當我和這些人面談時，我腦海裡所想的，跟那些決定遺囑受託人，或打算嫁女兒的人沒有兩樣，而我想找的是那種能做決策，能辨別什麼事該告訴我、什麼事能自行解決，有了壞消息，也會告訴我的人；有了好消息，自然能從業務上看出來，但我希望能盡快得知所有壞消息，才能加以處理。我要的人必須有操守，就算知道我無法開除他，也不會反過來拿槍指著我腦袋。」[67]

　　巴菲特發現，這個候選人不是別人，就是負責經營所羅門亞洲業務，三週前才回來的莫漢。[68]四十三歲的莫漢如今領導投資銀行部門，他不是交易員，不是美國人，而是英國人。他絕不像默瑟，也跟所羅門那批氣味相投的交易員們截然不同。在大家心目中，他有為有守。拜《老千騙局》之賜，一般人都以為所羅門裡人人大嚼洋蔥起士漢堡當早餐，交易螢幕上到處掛著脫衣舞孃的內褲，[69]而且就像路易士所寫的，所羅門的副董事長（vice chairman）意指「邪惡的董事長」（a chairman of vice）。[70]莫漢卻是潔身自愛的英國紳士。由於他過去幾年都在東京，比較不可能被公債標售醜聞拖下水。

　　莫漢具備的一切條件中，最重要的就是他遠離這次的事件。在槍林彈雨的所羅門，每位候選人都有樹敵，莫漢卻像個未知數，猶如電影《帕特尼‧史渥普》（Putney Swope）中的黑人要角。史渥普在一家爾虞我詐的廣告公司服務，但執行長在董事會中暴斃，其他主管為了不讓別的主管成為執行長，都投

票給最不可能當選的史渥普，使他贏得過半選票而當選。[71] 莫漢受人尊敬，但大家跟他都不熟。就像某位軍閥所說的，他們之所以投票給莫漢，是因為「與其選一個你認為差勁的人，倒不如選個你不認識的人」。

在電影裡，史渥普懂得要投票給自己。當巴菲特問莫漢，所羅門應該交給誰時，莫漢回答得很妙：「我想您恐怕也知道，這人就是在下我了。」[72]

另有兩件事令巴菲特印象深刻。莫漢並未要求他提供保護，以免挨告，而且他竟沒問起執行長的薪水多少，這讓討厭付錢給人（卻不願承認）的巴菲特銘記在心。

莫漢與另外兩人奉命隔天到辦公室參加董事會議。當天下午巴菲特搭計程車返回葛蘭姆的寓所後，套利金童們跑去拜託他，講得「情理兼具」，要他留下梅利威瑟。巴菲特知道要是梅利威瑟走了，套利金童可能會隨他同進退。[73] 少了梅利威瑟，所羅門主要的獲利來源將會萎縮，他投入的資金也會跟著大幅縮水。隨後梅利威瑟驚惶失措地現身，不想辭職的他和巴菲特談了很久，巴菲特也開始動搖。他看重的是，梅利威瑟發現問題後能立即坦白向上呈報。

「聽完一切後，我的反應不是要求他辭職。就我當時所知，他一得知部屬的罪行便立刻上樓報告上司與法務長。依我看來，當時應由他的長官及法務長採取行動，而這會兒卻沒有人叫法務長辭職。」

接著葛佛藍德來電說，由於巴伯颶風來襲，飛往南塔克特的班機受阻，所以他將回到紐約。「我的前途毀了，」他心煩意亂地說。[74] 他和巴菲特約好去吃晚餐，而葛佛藍德堅持要他

們與他新聘的律師霍華德（Philip Howard）談談離職金。

於是巴菲特與孟格打電話給霍華德，發言者主要是孟格。葛佛藍德認為，所羅門欠他 3,500 萬美元。

「當他攤牌時，我像個日本人般洗耳恭聽，還說『是的，我了解了。』而不是『是的，我同意。』無論如何，我們還沒搞清楚來龍去脈，根本不打算與身陷這樣醜聞的人協商離職金。」巴菲特回憶。

接著巴菲特說，他們無法談出一個數字，因為那數字不論多大，都會成為頭條：「所羅門給葛佛藍德 XX 美元離職金」，使得整頓管理階層的立意失焦。[75] 但他們對葛佛藍德的人格仍讚譽有加，同時告訴霍華德，葛佛藍德會得到公平的待遇，他們不僅有權力兌現諾言，而且絕不會黃牛，巴菲特說：「除非查理和我都死了。」後來他解釋，這樣說才能避免衝突，也就是要「轉移霍華德先生的注意力，以免僵持不下。」要是說他們因為還不知道所有真相，而不想簽下協議，這樣會「有點魯莽」。

巴菲特與孟格接著便出門，和葛佛藍德在克萊斯特賽拉（Christ Cella）共進牛排晚餐。葛佛藍德說他未來可以留在公司擔任不支薪顧問。「我很需要來自各方的協助，」巴菲特熱切地說。他們也談起所羅門的問題，葛佛藍德表示，莫漢是掌管公司的適當人選。

然而，葛佛藍德仍知道某些巴菲特不清楚的真相，突然間，他講了幾句和這溫馨場面十分不相稱的話：「你們比我聰明，你們以後會對付我。」[76]

飯後巴菲特與孟格返回葛蘭姆的寓所，總算鬆了口氣。這

個擺滿亞洲藝術品的大房間帶給巴菲特許多愉快的回憶。葛蘭姆隨時都在廚房準備好他喜愛的食物，而他、卡蘿及吉爾斯畢經常在此打橋牌，旁邊擺著外送的熟食三明治。不過他今晚可沒那麼愜意。

他們才剛到，霍華德也來了，還帶著一大疊葛佛藍德離職金的相關文件，希望孟格能簽名。[77] 他們談了一會兒，然後巴菲特起身去打幾個電話，後來孟格不耐煩起來，他們為這事已討論了一小時。

孟格已經打定主意要拒絕這項協議，後來他回想道：「我故意不聽，表面上很客氣，但一點也不專心……我算是拒絕思考……只是保持禮貌地坐著，卻神遊物外。」

霍華德總算說完一長串要求，孟格卻拒絕簽署文件，而且強調葛佛藍德最後會得到公平對待。[78] 霍華德走出門時遲疑了一下，完全沒有書面保證讓他很苦惱，「『離婚』以後就一毛也拿不到了，」他說。孟格再次保證，還告訴他：「你得當個像我父親那樣的律師，一定要信任人家說的話。」[79]

正當霍華德與孟格交談時，梅利威瑟和他的律師李文（Ted Levine）到了，梅利威瑟此刻已改變心意，認為自己處境尷尬，非走不可。

「他起碼相當了解公司的艱苦狀況。他不斷來回踱步，菸抽完一根又一根。他說他最好辭職，」巴菲特描述當時情景。

孟格後來表示，梅利威瑟的名字上了新聞稿，讓他十分自責。他認為這是面臨壓力所做出的錯誤決定。[80] 他和巴菲特都認為梅利威瑟可以留下來並肩作戰，但還是接受了他的辭呈。

「我們談了很久，他們一直待到半夜，」巴菲特說。

最後，只剩下巴菲特與孟格。巴菲特就寢時心裡覺得，一切問題就算未完全控制，起碼已開始解決。

最長的一天

隔天 8 月 18 日星期天，但根本沒有人能休息。

一大早，巴菲特、葛佛藍德與史特勞斯等三人，便在所羅門辦公大樓第四十五層的一間會議室碰頭，隨後董事會就要通過由巴菲特暫代董事長。突然間，一名律師闖進會議室，手中揮著財政部發出的通知。幾分鐘內，財政部將宣布未來所羅門不得代表客戶或以公司名義參與公債標售。他們頓時明白，所羅門幾分鐘內就要被處決。「我們立刻看出，這麼做會把我們踢出業界，不是因為會有財務虧損，而是因為這個消息一傳出去，全世界都會在星期一看到報紙頭條寫著：『財政部告訴所羅門：去死吧！』這項命令等於是在這個新人上任、舊人下台的非常時期發出的一大譴責，讓新管理階層立刻面臨棘手狀況，」巴菲特說。

巴菲特聞訊便到另一間會議室打電話給財政部，希望爭取暫緩行刑，但電話忙線，因此他要電話公司插撥，後來他們回電說這支電話不通。經過好幾分鐘的混亂及耽擱，巴菲特總算和財政部的人通上話。對方告訴他太遲了，因為聲明已經發出，如今全世界都知道，所羅門被禁止與政府進行業務往來。

許多董事眼睜睜看著自己的資產淨值就在眼前蒸發。他們已料到除了原來的官司，還會有一連串訴訟案件送進所羅門的大門。巴菲特一派鎮靜，但似乎心意已決。他逐漸意識到葛佛藍德搞出的這場夢魘有多可怕。如今他的責任已不是挽救企

業，而是要在這樣群魔亂舞的惡夢裡驅策所羅門這具僵屍。巴菲特退縮了。

巴菲特對董事會說，他將告訴財政部長布雷迪，他不會出任代理董事長。他是來營救所羅門，而不是來看它崩解的，反正自己的名聲橫豎都要打折扣了。董事會同意他的決定。這是巴菲特對布雷迪僅剩的一張牌。同時，董事會決定另闢蹊徑，雙管齊下。巴菲特轉向利普頓問道：「你認識什麼破產律師嗎？」剎那間在座每個人都愣住了，接著弗瑞斯坦與利普頓便著手聲請破產。萬一到了最壞的狀況，所羅門也會按部就班的一塊一塊拆解，而不是轟然潰散。

所羅門預定下午兩點三十分召開記者會，宣布巴菲特將正式出任代理董事長，所以只剩下四個半小時來扭轉財政部的決定。這時距離日本股市開盤僅剩不到七小時，然後再過七小時就是倫敦開盤。只要東京一開盤，一定會兵敗如山倒，[81] 債權人會立即抽銀根，屆時要求寬限就難上加難。因此他們不僅得讓財政部改變心意，還必須說服它公開收回成命。

所羅門的財務長麥克法蘭（John Macfarlane）參加完鐵人三項比賽就一身運動服直接趕來，向董事會解釋財政部此舉對公司的衝擊。[82] 銀行已通知所羅門，要縮減它的商業本票額度。所羅門岌岌可危，似乎就要成為史上最大金融機構破產案的主角。如果所羅門失去政府背書，公司資本又持續流失，就必須以跳樓拍賣的低價清算資產。接下來會是全球市場遭到重創，因為所羅門的部分債權人與交易對象拿不到錢也會破產，一切都將完蛋。巴菲特擔心，監管機關如此強硬，將來會後悔莫及。

「我們要在曼哈頓找個法官，趁著他下午兩點看棒球賽吃爆米花時找上他，然後說，鑰匙交給你了，現在這地方歸你管。順便請教一下，你對日本法律了解多少？因為我們在日本積欠了 10 億到 12 億美元。我們在歐洲也欠了 10 億到 12 億美元。倫敦開盤是凌晨兩點，那麼現在就看你的了。」

柯瑞根很難找，巴菲特要求直接與財政部長布雷迪通話，結果也找不到人。

曾任券商狄倫李德公司（Dillon, Read & Co.）執行長的布雷迪，是馬爾康‧卻斯二世的外甥，這個家族當初將波克夏精細紡織公司賣給海瑟威製造公司，後來卻斯因為對波克夏海瑟威公司失望而出清持股。巴菲特曾在卻斯的介紹下，去狄倫李德公司拜訪布雷迪，巴菲特說他們並不熟，但「對彼此都有好感」。不過，布雷迪系出名門，又受老牌企業狄倫李德公司的推崇，不太可能欣賞葛佛藍德這種後起新貴，還有所羅門這樣傲慢的暴發戶作風。

儘管如此，布雷迪還是回了巴菲特電話，他雖表同情，但也明說公開收回成命將帶來無窮問題。

「他們會很糗，而我也覺得他們糗大了。不過等到幾天之後看到金融圈屍橫遍野，他們會更糗，」巴菲特說。[83]

布雷迪認為巴菲特反應過度，但他答應再回電話，因為他需要與證管會主席布利頓、柯瑞根，還有聯準會主席葛林斯潘商議。

巴菲特只能坐著等布雷迪來電。每到星期天，所羅門會議室的電話並不會響。為了避免錯失來電，必須有人不斷盯著電話的來電燈號看有沒有閃著小綠點。巴菲特先是自己盯著電

話,結果,「我從來沒有如此喪氣。」後來才有人叫祕書來加班負責盯電話。

此時監管機關正密切討論。柯瑞根聯絡了曾任聯準會主席、目前是一家知名投資銀行董事長的沃爾克(Paul Volcker),他跟布利頓一樣對所羅門極度不滿。他們都認為巴菲特不會一走了之,因為這樣他會輸掉面子跟裡子。他們知道財政部的聲明會衝擊所羅門,但損傷不至於太大。他們認為,就算財政部抽腿,所羅門也不會破產,因為市場對巴菲特充滿信心,只要他替所羅門撐起保護傘,這家公司就有救了,但這點他們也不能打包票;他們並不確定,金融市場能否經得起全美首屈一指的大企業垮台。美國聯準會必須準備大量資金挹注,提防銀行銀根緊縮,因為所羅門將無法償還欠款。這樣高規格的紓困行動前所未有,但很可能效果還是不如預期,全球金融市場也可能崩潰。他們認為美國聯準會應付得了嗎?柯瑞根說:「我向來是個樂觀主義者,我總是對自己說:『你只要做該做的事就行了。』」[84]

轉眼已過了好幾小時。其間葛林斯潘打了一通電話來說,無論如何,他希望巴菲特留下。「他有點像在告訴我,不管發生什麼事,你一定要站在橋上,」巴菲特說。

賭上個人名譽

交易大廳逐漸擠滿了人,好像聽到無聲的召集鈴。他們點起香菸與雪茄,四處散坐等待;套利金童聚在一塊懷念梅利威瑟。沒人知道樓上發生了什麼事。時針緩緩移向東京開市的時刻,所羅門的喪鐘即將敲響。

董事們在樓上束手無策地兜圈子，等著監管機關的裁示。布雷迪雖然定時回電，但也說不出個所以然。巴菲特以沉重的語氣對布雷迪重述自己的立場，說所羅門的律師正著手聲請破產，並力陳所羅門對市場的重要性。他告訴布雷迪，所羅門破產可能引發骨牌效應。

「我對布雷迪說，我要跟柯瑞根談談。這件事會毀了所羅門，東京快開市了，而我們不會買回債券。一切都完了。從十點開始，我每小時都不斷重複一切嚴重後果，但他似乎完全沒聽懂。」

於是布雷迪又回去與其他官員討論，其中多數人都認為，這屬於特別申訴，巴菲特為所羅門要求特別的禮遇，但是這家公司不值得受到如此待遇。[85]

而所羅門董事會無法理解，為何監管機關不接受巴菲特的論點。他們掌管金融市場，難道看不出來所羅門正在崩解？

整個下午慢慢過去，在這最關鍵的時刻，巴菲特的論點卻未能爭取到重要盟友。他只剩下一個選擇。在一切選項與可動用的資源中，巴菲特最珍視、也最不願動用的，就是他的名聲。巴菲特有少數幾件最痛恨的事，像是發脾氣、吵架、開除別人、與老友斷交、吃日本菜、捐出一大筆錢等，這些他都願意做，只要別動用他的名譽。幾十年來，他悉心呵護、培養、建立，一點一點積聚這無價的名聲，好好鎖在保險箱裡。除非他能連本帶利拿回，否則他從來不會動用一丁點寶貴的名聲，不管是為自己或為任何人都是如此。

如今所羅門的大災難讓他避無可避，他的一切都面臨危機，而唯一剩下的希望，就是以個人信譽打包票，拜託別人看

在他的面子上手下留情。

從此他將永遠欠布雷迪一個人情,不論往後事態如何演變,他都得賭上自己的名聲,這是他花了畢生建立、卻在五分鐘內就可能全毀的名聲。[86] 他得鼓起前所未有的勇氣。

巴菲特的聲音都嘶啞了。「布雷迪,」他痛苦地開口,「這是我這輩子最關鍵的一天。」

布雷迪也有自己的問題要對付,他認為巴菲特的論點站不住腳,但他聽出這話背後的心情。巴菲特的語氣像是在說,所羅門把他裝在桶子裡,扔下尼加拉瀑布。

「別擔心,華倫,」布雷迪終於說,「我們會處理的。」他掛了電話就回去開會了。

然而,指針緩緩指到下午兩點三十分,預定的記者會即將登場,但布雷迪還沒回電。

於是巴菲特決定,要打出可能對柯瑞根管用的一張牌,他拿起電話打給柯瑞根:「我還沒接下代理董事長的職務。因為財政部傳來的壞消息,我們今天早上沒開會,所以我現在還不是所羅門的董事長。我可以在三十秒內當上董事長,但我不想把後半輩子耗在這史上最大的金融災難裡。反正不管怎樣都會有一票人要告我,但我不打算把人生浪費在收拾華爾街最大的爛攤子。不過花點時間挽救這鬼地方,我倒可以接受。」

柯瑞根比其他監管機關更擔心巴菲特會撒手不管。「我會回電給你,」他說。

於是巴菲特坐著等,心裡盤算他下一步該怎辦。他想像自己走進電梯,下了六層樓,然後獨自走上記者會的講台,開口便是:「我們剛才已宣告破產。」

在 8 月的暑氣中，樓下有上百名記者與攝影記者，他們從棒球賽、游泳池和家庭聚會被臨時召來，湧進所羅門大廳的記者會。美好的星期天下午時光，他們只能看著渾身鮮血的所羅門鬥士，在競技場的沙地裡遭到五馬分屍。

時間一分一秒過去，驚惶失措的梅利威瑟蒼白著臉現身。他奉命去向證管會主席布利頓求援，但布利頓斷然拒絕他。談話中，布利頓兩度提到所羅門「壞到骨子裡」。

「壞到骨子裡，」梅利威瑟的心情難以平復，「他說，壞到骨子裡。」他們這才恍然大悟，原來財政部的行動，是與美國聯準會和證管會的共同決議。這次決議將是官員們對所羅門多年來的自負與傲慢，一次戲劇性的報復。

記者會一延再延，媒體愈來愈不耐煩。布雷迪沒有回電，電話燈號並無動靜。

最後，財政部助理部長鮑爾（Jerome Powell）來電。他說財政部無法翻轉自己做出的決議，往後在財政部的標售中，所羅門不能代表客戶投標；不過，財政部同意該公司最主要的請求：所羅門可以用公司名義投標。

鮑爾問：「這樣可以嗎？」

巴菲特說：「我想沒問題。」

接著巴菲特大步走回董事會，對所有董事公布這消息，大家隨即鬆了一口氣，重展歡顏。董事們以最快速度投票，巴菲特獲選為代理董事長，而莫漢則獲選為董事，並由他負責掌管所羅門的營運。大約兩點四十五分，巴菲特走出門外，並要人打電話到樓下的交易廳。

這時莫漢正與交易員坐在一起，緊盯著時鐘。一旁的辦公

桌上，麥克法蘭的團隊正在研擬緊急應變計畫，以便盡快打電話拋售在東京的資產。接著有人從樓上打電話來，要莫漢到電梯間找巴菲特談談。於是他走向電梯，門一開就看見巴菲特站在裡面。巴菲特一邊說：「你當選了。」一邊招手示意要他進去。不過他們並未上樓回到董事會會議室，反倒下了兩層樓，迎向張牙舞爪的媒體。[87]

10 億美元惡作劇

「這些新聞記者簡直像野獸一樣，每個問題都有陷阱。這是則大新聞，事情愈嚴重，他們愈高興，這是他們寫頭條的大好機會。電視記者尤其討厭，他們催逼我們趕上五點或六點的新聞，我才不聽他們的呢！我知道他們在等著看我身敗名裂，讓人說我是個騙子。他們談好了各種寫書的合約，只等著所羅門垮台。」

巴菲特坐在講台上，雙手抱胸，一臉倦容。莫漢的淡棕色頭髮向後梳得整整齊齊，睜大眼睛瞪著眼前那批人，像是一頭被車燈照到的鹿。他倆都穿著深藍色西裝與白襯衫，並打著黑領帶。「我毫無準備，」莫漢說，「『你當選了！』就是我所有的指示。」他對樓上發生什麼一無所知，而他們就這樣開始記者會。

到底發生什麼事？記者想知道。

巴菲特的西裝擠成一團堆到他耳下，狼狽萬分地開口，「沒有及時報告當局，就我來看是匪夷所思、不可原諒。在我個人涉入較多的其他公司也發生過類似的蠢事，但像這樣的狀況還是前所未有。」

是公司文化導致這個醜聞嗎？「只有修道院才不會發生這樣的情況吧，」巴菲特說。

有人問，他的薪水怎麼算？「我接這個職務只要 1 美元，」他回答。坐在聽眾席的董事們都愣住了，這是他們第一次聽他這麼說。

但記者可不願就此罷手。有沒有任何紀錄遭到竄改？誰改的？有沒有隱瞞？有誰共謀隱瞞？

是的，有紀錄被改過，也有隱瞞的情事。記者們聞言興奮了起來，迅速拋出更尖銳的問題，像是在追逐即將到手的獵物，準備好好凌遲一番。可惜除了那些已遭開革的人名，沒有更重要的涉案人物，所以媒體追捕的興致也慢慢冷卻。

接著有人上台告訴巴菲特，財政部來電了。於是他匆匆離開講台，留下莫漢一臉錯愕。不過，莫漢勉力回答了一些問題，聽來像是 BBC 播報員為牛羚交配紀錄片錄旁白那樣字正腔圓。

等巴菲特回來時，手裡拿著財政部發出的新聞稿，宣布所羅門已重獲部分信用。但是記者並未善罷甘休，反倒繼續追問。

一個多鐘頭後，有位董事以手肘輕推隔壁的孟格，問道：「華倫不打算結束記者會嗎？」

「也許他並不想，」孟格回答，「華倫知道自己正在做什麼。」[88]

這些違規競標害政府損失多少錢？有多少客戶拒絕再與所羅門來往？那些前主管會獲得多少離職金？為何華利羅卡沒有更嚴肅看待此事？新聞稿中將這些異常交易形容為「10 億美元惡作劇」，調查人員是否發現什麼內情？

「這並不是惡作劇。我想,如果你一定要以某種方式來描述的話⋯⋯」巴菲特還沒說完,記者就伶牙俐齒地反擊:「是你自己在新聞稿裡這麼說的。」

「那不是我說的,是新聞稿這麼寫的。新聞稿底下又沒有我的署名。你可以當它是一樁詭異事件。我對惡作劇的定義是:你聽完以後還笑得出來。而我一點都不覺得這有什麼好笑的。」

這群記者多數都看過《老千騙局》,他們知道,所羅門的文化就是愛捉弄人。交易員經常偷偷從別人手提箱裡拿出替換衣服,然後擺上溼紙巾或蕾絲邊的粉紅內褲。而所羅門最知名的惡作劇,就跟「說謊撲克」有關。據說有一次葛佛藍德面不改色地提議,要以一注100萬美元的代價,與梅利威瑟玩這個遊戲,而梅利威瑟立即還以顏色,開價1,000萬美元,使葛佛藍德知難而退。儘管有人認為,這故事的真實性大有問題,說不定也是某種惡作劇,但起碼人們心目中的所羅門惡作劇,上限不過1,000萬美元。

如果有了10億美元,你就能用玩具小雞堆滿紐約港,堆到自由女神像的大腿處。除此之外,還有什麼可能是「10億美元的惡作劇」?

「似乎是有個女人待在那個部門許多年後,即將退休,」巴菲特說,「有人假裝向她下了高達10億美元的買單,要購買新發行的三十年期公債,接下來我就不清楚了。我猜這場惡作劇是想讓她相信,那張買單不知怎麼竟沒有送出去,還要客戶配合來追問她為什麼沒送出去,打算要嚇得她魂飛魄散。」

「但其實,那張買單真的送出去了。」

一百五十名記者被巴菲特唬住了,鴉雀無聲地坐著,心想

所羅門竟然因為一場惡作劇，不小心買了價值 10 億美元的債券。不過，巴菲特說所羅門的文化一定要改變，確實不是在開玩笑。

「那句話應該要刪除的，我猜不管是誰寫的，他本來應該是打算要刪掉的。這一定是至今開過最蠢的玩笑。」

現場沒人吭聲。

於是莫漢問：「還有問題嗎？」

記者會上的緊繃氣氛終於消散，有人講了這些實話，還能再問什麼？接下來便只有一些較溫和的問題。

記者會結束了，當他們走下講台時，巴菲特看了看錶說：「我得回奧馬哈了。」

「華倫，這兒發生了什麼事？」莫漢問。他從未與憤怒的政府官員交手，也不曾出席任何一場董事會，而這條船竟然在往下沉。「你對管理階層該由誰來組織有何指示嗎？你要告訴我些什麼對策嗎？」

「如果你一定要問我那樣的問題，那我就選錯人了，」巴菲特回答，然後什麼也沒說就走了，他的 7 億美元與個人名譽，全交在一個才認識三十個小時的人手中。[89]

星期一早上，莫漢走進大廳提振員工的低落士氣。他脫掉外套、捲起袖子說，所羅門曾面臨三項考驗，第一項是品格，開除默瑟跟他的副手摩斐（Thomas Murphy），還有其他人辭職，公司通過了這項考驗。

第二項是信心，由於所羅門已重獲財政部的部分赦免，這一關也通過了。

第三項則是決心，「這家公司已經大不相同，」莫漢說，

「但我們在帶入新文化的同時,也必須保有部分舊文化。」[90]

某些交易員開始騷動,新文化,那是什麼意思?

不過,至少所羅門很幸運地能喘口氣。整晚新聞不斷出現快報說,蘇聯總理戈巴契夫在政變中遭罷黜,股市立刻下跌了107點。原來對所羅門緊追不放的商業報導,也突然轉移焦點,跟著全世界一同關注戈巴契夫的動向,而他此時正遭八名軍人與政府官員軟禁。就在大批坦克開進莫斯科的當兒,所羅門的客戶紛紛來電,那天早上債券部生意相當不錯。

「要脫離頭版新聞有許多方式,」有個業務員說,「但出動紅軍絕對是最有創意的一種。」[91]

第 49 章
憤怒之神

紐約市，1991 年～ 1994 年

　　主管機關幾乎看走了眼，誤信單憑巴菲特的聲譽，就可讓所羅門兄弟公司起死回生。即使後來財政部收回部分成命，所羅門還是岌岌可危，幾家大客戶對它非常反感，紛紛出走，首先是規模龐大且極富影響力的加州公務員退休基金，接著是世界銀行。巴菲特每晚入睡都夢到，所羅門接下來幾週即將到期的數千億債務，就像病羊一樣搖搖晃晃出現在他的夢裡。就這一次，他意識到事情已經失控。「這些事件讓我筋疲力盡，而且我無法下這列火車，也不知火車會駛向何方。

　　接下來一週，巴菲特必須回到紐約，參議員莫迺漢（Daniel Patrick）想找他談談所羅門的事，以及許多需要他參與的事情。巴菲特和孟格邀請莫迺漢到所羅門公司四十七樓的私人宴會廳，由主廚為莫迺漢準備了豪華的華爾街餐飲，包括正確的配酒。莫迺漢嫌惡地看著巴菲特和孟格點了三明治。當時巴伯颶風的餘波仍持續重創東岸，滂沱大雨突然透過窗戶縫隙潑進來，「神明對所羅門生氣了，」巴菲特說。[1]

　　這個星期稍後，他和孟格到華盛頓去見證管會的麥路卡斯（Bill McLucas）和布利頓。根據麥路卡斯的說法，他們看起來就像「常在灰狗巴士站看到的傢伙一樣」，一走進辦公室就開

始講話,並提出他們為了拯救所羅門所擬的計畫。麥路卡斯
說,他後來了解,為什麼和他交談的其中一人被視為傳奇人
物,而另一人可以接著講完這個傳奇人物要說的話。[2]

　　之後,巴菲特單獨拜會財政部長布雷迪。布雷迪表示,他
一度覺得巴菲特是在誇大問題的嚴重性。他說:「華倫,我知
道無論我們採取什麼行動,你都會把工作扛下。」[3] 但巴菲特
誠心誠意的請求感動了他,他勸巴菲特:盡快完成任務,然後
離開那裡。

　　巴菲特決定,不論外界發現所羅門犯了哪些錯,一律都要
承認,並且立即修正。他說:「改正錯誤,快速完成,避免再
犯。」他說快速,指的就是快速。他的新祕書曾為所羅門前執
行長葛佛藍德工作且與每個人都熟識,他把她找來,並建議
她:「寶拉,你何不去和董事會談談,問他們知道哪些事,以
及何時知道。」[4] 行事審慎周密的孟托法律事務所律師丹罕
(Bob Denham)從洛杉磯飛來主導調查,他風聞了這件事,趕
緊加以制止,因為調查工作要由律師來執行。

　　丹罕所做的第一件事是約談弗瑞斯坦,之後弗瑞斯坦隨即
被開除。弗瑞斯坦要求和巴菲特談談,但巴菲特只告訴他:
「你本來可以採取更多行動的。」既然巴菲特一開始就知道事
情原委,弗瑞斯坦不了解他為何突然改變主張。[5] 但其實巴菲
特是經過再三思考才慢慢明白,弗瑞斯坦對前老闆葛佛藍德忠
心耿耿,事事以他的利益而非公司的利益為優先。現在,丹罕
接下法務長一職。當巴菲特取得控制權後,他發現董事會一直
受制於他所謂的「資訊配給」(information rationing),所羅門
管理階層對這種事非常熟練。他和孟格現在才了解,當默瑟在

1991 年 4 月首次承認私下從事未經授權的交易時，公司同時也發現他曾試圖隱瞞事實，逕自以客戶名義下單標購政府債券，還讓那位客戶誤以為那是因為作業疏失。

巴菲特對自己的做法毫不猶豫。「當你聽到這種種行徑，你一定會在十秒內拿起電話說：『默瑟，你被開除了。』」[6]

用機率思考

當然，許多人不會在十秒內當機立斷，而是會思考各種事情：默瑟對公司極有價值，有沒有什麼解決辦法呢？巴菲特選擇用機率思考，立即推斷是否會出現災難性後果，然後很快算出，要將發生災難的可能性降至最低需要做什麼努力。就此例來看，開除默瑟且立即認錯，可將風險降至最低。巴菲特也認為「誠實」不能打折扣，他無法容忍撒謊欺騙，所以結論很明確，他必須這麼做。

很不幸地，現在他發現這些事件所涉及的謊言和欺騙，竟然比先前聽聞的還多。調查人員向他報告，弗瑞斯坦那時曾說默瑟的行為「在本質上已經觸法」，但高層主管後來竟然同意「不需要公開事實」。所羅門對法規的態度可說相當散漫，事發後沒有人跟公司的法規遵循部門（compliance department）說過默瑟的行為，稍後公司內部甚至為了誰該擔任法規遵循委員而爭論不休。[7] 當負責法規遵循的主管發現自己被排除在小圈子外，不只是感到不愉快，也因為這類確實存在的內部程序竟然被忽略了，而惱怒不已。

巴菲特和孟格也得知，葛佛藍德在 6 月初和財政部次長葛勞柏會晤時，曾為所羅門被指控策畫 5 月軋空事件而辯護。他

們發現，所羅門管理高層曾考慮是否要在會後隨即向葛勞柏透露 2 月的不法交易，後來認為時機不對而作罷。葛勞柏事後說，他覺得自己被當成笨蛋耍，因為葛佛藍德並未告訴他實情。這次與葛勞柏的會談，讓所羅門與政府的關係嚴重惡化，並且進一步打擊公司的信用，讓人認為它一味隱藏真相。

董事會通過的第二次新聞稿指出，延誤通報是因為「未充分注意此事」，讓董事會更像是狼狽為奸、一起掩蓋事實，因為葛佛藍德與葛勞柏會晤時原本可將事實全盤托出。但董事會本身當然不知道葛佛藍德與葛勞柏會晤一事。

巴菲特很生氣，整個週末他都在和政府協商如何處理危機，但他對這些事卻一無所悉。每一個負責保護公司特許權的人都沒能達成任務，甚至還做出危及公司特許權的事。但即使這一切讓他震怒，他還不知道最後一件事：已經寄出、卻被忽略的史登萊特最後通牒信函。

幾天後董事會開會，巴菲特根據他所了解的情況，解釋他的想法。董事會取消前任高階主管訂閱的雜誌，撤掉他們的祕書、專屬司機和豪華座車，也不得進入所羅門的辦公室，董事會還嘗試取消他們的健康保險。華利羅卡法律事務所提出要辭去外部法律顧問職務，巴菲特起初猶豫，但後來同意了。

為加強負責處理外部事務的法務團隊，巴菲特找來孟托法律事務所新近加入的合夥人奧森（**編注：該事務所隨後也更名為孟托奧法律事務所**），他曾經手《水牛城日報》的案子，現在代表波克夏海瑟威公司。[8] 巴菲特告訴奧森他想採用新策略。[9] 所羅門的聲譽無法再承受刑事告訴。[10] 巴菲特認為所羅門如果要避免刑事告訴，就應該表現最大的悔改之意，他要用

手術挖起每一個殘留的癌細胞，配合痛苦的放射治療，以便清理門戶，驅逐劣等員工，避免舊疾復發。

奧森第一天上班就被派去拜會紐約南區檢察長歐伯麥爾（Otto Obermaier）；歐伯麥爾是決定要不要對所羅門提出刑事告訴的人。

「我們告訴歐伯麥爾，我們會樹立榜樣，將會比過去任何一家公司更配合，而且他的決定將對日後被告的行為和司法體系的運作產生影響，」巴菲特說。

奧森必須做出特別的保證。他當場放棄所羅門的「律師與委託人特權」，也就是律師與委託人之間的通訊不對檢察官公開的保密特權。他說，不論孟托奧法律事務所在調查中發現什麼，他們知道的事情都會馬上向歐伯麥爾報告。[11] 講白一點，這表示代表所羅門的孟托奧法律事務所自願扮演政府內的一個部門。

奧森說，歐伯麥爾「不相信」這番話，「他認為我們是中西部某家鄉下公司，想用花言巧語騙取他的信任。」[12] 他不相信會有公司自動提出損及自己權益的建議。

起初，放棄律師與委託人特權所代表的意義並不明確，所羅門委託的法律事務所之一柯史莫法律事務所的律師巴隆（Frank Barron），負責告訴司法部，他們願意放棄律師與委託人特權，以及這項特別的承諾對司法部的意義。要協商條件很困難，因為所羅門已經先做了承諾，沒有討價還價的空間。司法部窮追不捨，要求擴大解釋這項承諾，而且大致上都要遵照它的意思。[13] 這項協議讓所羅門處於起訴自己員工這種奇怪而矛盾的狀態。孟托奧法律事務所找到的員工犯罪證據愈多，就

愈能證明所羅門確實配合調查,並且有誠意進行自清。另一方面,所羅門的員工必須合作,否則就會被開除,而他們對調查員的供述不受一般律師與委託人特權的保護。[14]

　　葛佛藍德也被要求必須協助巴菲特為即將舉行的國會聽證會做準備。他和他的律師幾天後會晤奧森,表示他志願配合調查,但當他的律師試圖為這次的談話訂下基本規則時,奧森拒絕接受。最後葛佛藍德和他的律師退席離去。[15] 奧森回來向巴菲特報告說,他的行動「受到阻礙」。[16]

　　受到新的開放文化衝擊,所羅門內部漫無章法。與歐伯麥爾會晤兩天後,奧森和巴菲特走進世貿中心的一間房間開會。有人依循以往危機處理模式,請來了一家新的公關公司,房間裡有二十幾個人圍坐在一張大型方桌,正在等待他們兩人,當中有些是所羅門的人,但大部分都是公關公司的人員和按時計費的遊說者。巴菲特在那裡坐了十五分鐘,聽他們說明要如何控管危機,然後他就站起來說,「抱歉,我得先行離席。」他附在奧森耳邊說,「告訴他們,不需要他們了。」然後就離開會議室。[17]

　　巴菲特事後說:「我們並不是被誤解,老天,我們的問題不在於公關,而在於我們所做的事。」

一個簡單的原則

　　巴菲特在 8 月 30 日生日當天前往華盛頓,和莫漢、丹罕一起為即將舉行的國會聽證會預做準備,並請所羅門駐華盛頓辦公室主管貝爾安排,召集一群人集思廣益,想想國會議員可能會問他哪些問題。巴菲特讓人印象深刻,他獨自坐在小組委

員會桌前,保證會和國會及監管人員密切配合。[18] 他說:「我想要了解過去發生了什麼事,好讓罪人承擔這個汙點,也讓無辜者脫罪。」

眾議員擺出投資人救星的姿態痛責所羅門,並要求所羅門痛改前非。不過他們顯然對巴菲特相當敬佩,當他說話時,「紅海分開,神諭出現,」莫漢說。[19] 巴菲特說,從現在起所羅門將會有不同的優先次序。

「公司賠錢,我能了解,但我不能讓公司賠上一點點聲譽,」巴菲特事後說。

後來那些話在課堂和個案研究中,被當做企業崇高情操的模範。巴菲特堅定展現的原則,正可代表他這個人。這段話融合了他的許多個人特質,包括正直、好為人師、熱愛簡單的行為規則。還有開誠布公、剛正不阿、極端誠實;所有他所堅持的事物,他希望所羅門也堅持。

頭版測驗

巴菲特回到世貿中心,對員工發表長達一頁的信函,堅決要求員工向他報告所有違法和不符道德的事。他將不重要的道德缺失排除在外,比方說稍微濫用了報銷帳戶,但他告訴他們:「當你們心中有疑問時可以來找我。」他把家裡的電話號碼列在信上。「我們『要用一流的方式,做一流的生意』,」他寫道。[20]

他想用他稱為「頭版測驗」的方式來做事。

我要員工自問,他們是否願意讓任何經過深思熟慮的

行動，在一位消息靈通且吹毛求疵的記者報導下，刊
登在隔天的報紙頭版上，讓他們的配偶、子女、朋友
觀看。[21]

當時所羅門的員工急切地想保住公司，他們打電話給客
戶，乞求客戶別背棄所羅門。麥克法蘭和負責買賣大批債券的
附買回債券部門（repo desk）一方面積極出售資產，一方面密
集地和許多債權人協商，但其中一些債權人拒絕再借錢給所
羅門。[22]

所羅門的資產負債表以每天約 10 億美元的速度急劇萎
縮，麥克法蘭和交易員與債權人多次會談，讓債權人了解所羅
門的最新發展情況。同時，他們也全力穩住公司的資產負債表
和客戶關係，逐漸提高公司的利率，剩下的就只能聽任發展
了。[23] 所羅門清償了為取得短期資金所發行的商業本票，並調
整債務結構，改用中期票券和較長期的資本。該公司的交易員
小心翼翼地運用市場來掩飾公司為了救火而大量急售資產的事
實，要是其他證券經紀商看出他們的意圖，極可能會趁危宰殺
所羅門。[24]

在可能被起訴的威脅下，所羅門是否能存活，仍在未定之
天。員工了解巴菲特信裡的涵義，在目前這種氣氛下，絕對不
能有其他差錯。巴菲特說：「我要每位員工都成為檢驗自己是
否守法的法規遵循人員。」也就是說，要拯救公司，員工就得
彼此暗中監視。當客戶逃離、交易萎縮、恐懼蔓延時，公司以
往的冒險文化逐漸消失。

巴菲特在幾天內又被叫回來，這次是在參議院作證。柯瑞

根、布利頓和聯邦檢察官對所羅門仍然深惡痛絕，當巴菲特坐
在柯瑞根後面幾排等著被召喚時，他聽到參議員達德（Chris
Dodd）質問柯瑞根，聯邦準備銀行是否失職，[25] 柯瑞根回答沒
有，並說 8 月 13 日送出的史登萊特信函，用意就是要所羅門
管理階層有所改變，但那封信被忽略了。

　　巴菲特摸不著頭緒，他知道這其中大有問題，但他不懂柯
瑞根在說什麼。[26]

　　輪到他作證時，一位參議員詢問，為什麼董事會裡沒有更
多明智警覺的董事？巴菲特沒有透露他心裡對史登萊特信函的
疑惑與怒氣。不管這封信的內容是什麼，管理高層確實隱瞞了
資訊。[27]

　　他不準備就所羅門的現狀為所羅門辯護。為《老千騙局》
書中所描述的公司辯護，不可能爭取到朋友；相反地，他應該
坦承所羅門是金融界的罪惡淵藪，必須加以調查，並且肅清其
偽造文書、牟取高額紅利的做法和散漫的紀律。

　　這種大膽醒目的立場，立即阻止了原本可能會有的批鬥行
動。乾草叉被重新放回穀倉，員工跟著從善如流。

　　巴菲特返回所羅門之後，便設法追查史登萊特信函的細
節。「他非常生氣，」董事賀洛維茲（Gedale Horowitz）說，「忽
視那麼重要的信函會使重罪再加一等。」除了與葛勞柏的會議
之外，史登萊特信函是最嚴重的「資訊配給」行為。巴菲特和
孟格對這些主管的態度轉趨強硬，現在孟格所謂「吸吮姆指」
的涵義變得非常清楚，它是指忽視顯而易見的事情，直到東窗
事發為止。至於對葛佛藍德，巴菲特說：「我們不能原諒
他。」[28]

　　隨著這些真相的揭露，巴菲特以平靜、鎮定的態度領導所羅門。儘管巴菲特的外在舉止從容圓融，但他內心卻混亂不已。他不想離開奧馬哈，葛蕾蒂絲注意到，他回奧馬哈時走路虎虎生風，離開時卻是舉步維艱。[29] 不論是現在或年輕時在葛拉漢紐曼公司工作，紐約都不適合巴菲特。他還是保持超然態度，絕不在交易大廳出現，就連在所羅門的走廊上看到他都相當罕見。不久後，他就和卡蘿、吉爾斯畢、貝爾斯登（Bear Stearns）執行長葛林柏格（Ace Greenberg）約好定期玩橋牌。橋牌幫助他放鬆，因為打橋牌時無暇他顧。

　　巴菲特不睡覺。他若待在紐約，就會在凌晨十二點半打電話回家，因為他在奧馬哈的家午夜時刻就會收到《華爾街日報》，透過電話他可得知明天的新聞。[30] 他提心吊膽地聽著，害怕報紙上會刊登關於所羅門的可怕事情。這是常有的事，但至少他要比其他員工先知道。這些員工為了不讓公司垮掉，仍每天工作十四個小時以上。所羅門的股票和債券業務員知道，他們的主要任務是說服客戶相信所羅門不會倒下。許多投資銀行業務的客戶爭先恐後取消先前向所羅門承諾的交易。所羅門的投資銀行業務人員在推銷其他業務時，真是難如登天，因為競爭對手總是以所羅門當時的困境來勸潛在客戶遠離所羅門。[31]

　　有些員工獲得大幅晉升。莫漢擢拔套利人員洛森費擔任交易部門主管，這位前大學教授、從未和超過五人的團隊一起工作的洛森費，突然發現自己底下有六百人。

　　洛森費並不想升官，他和其他套利人員一樣都希望梅利威瑟回來。梅利威瑟離開之後，他的辦公室仍保持原貌，象徵他

權力的高爾夫球桿靠在角落，清潔人員將這座神廟保持得一塵
不染。金童們聚在一起解讀神諭，祈求梅利威瑟早日回來。這
時所羅門的股票持續朝 20 多美元的低點下挫。

　　迄今為止，所羅門的調查員發現，默瑟在八次不同的政府
公債標售案中，標購比率都超過 35％的上限，他在未經客戶
授權下，逕自以客戶名義下單，或提高客戶的標購金額，並將
多餘的債券轉到自己在所羅門的帳戶。而在其中四次標售案
中，他甚至買了逾四分之三的政府公債。[32] 當抓弊整肅的氣氛
升高之後，巴菲特在接下來的董事會議主導一項討論，討論重
點是：「所羅門為什麼要付錢給葛佛藍德的律師來妨礙我
們？」[33] 董事會幾乎全體一致通過兩項令人意外的措施：他們
表示不會提供前任高階主管離職金，也不再支付他們的律師
費用。[34]

　　現在整齣戲圍繞著兩件事發展：聯準會是否考慮要讓所羅
門繼續成為主要交易商？是否會對所羅門提出刑事告訴？

　　聯邦地方檢察長認為，他們有足夠的證據可以起訴所羅
門。刑法讓公司很難藉由揭發員工的不法行為來為自己辯護，
所羅門的刑事律師納夫塔利斯（Gary Naftalis）告知所羅門，
如果遭到起訴，「所羅門很可能被判有罪」。由於理由很明顯，
公司裡每個人都希望刑事問題獲得解決。

　　經過三個月全力改革公司，丹罕帶巴菲特、奧森、納夫塔
利斯和巴隆到一個祕密地點，這是聯邦地方檢察長歐伯麥爾所
選的地點，距離檢察官在聖安德魯廣場的辦公室有 800 公尺。
這是說服歐伯麥爾及檢察官不要起訴所羅門的最後機會。[35]

　　歐伯麥爾是個舊派檢察官，熱愛法律且非常尊重聯邦地方

檢察長辦公室的歷史和傳統，他一直嘗試釐清要如何處理這個大災難。他了解此事獨特的本質，「這不是紐約地鐵的攻擊事件，」他說。事實上，他曾打電話給柯瑞根了解財政部債券市場的詳細情形。[36]

巴菲特坐在小型會議室裡面對歐伯麥爾，一再努力重申：如果所羅門被起訴，就可能無法存活。但歐伯麥爾比較了一下克萊斯勒汽車公司在被起訴後仍倖免於難的個案。[37] 銷售實體資產的公司與只買賣書面承諾的公司，兩者的差異乍看之下並不明顯，巴菲特試著要擺脫《老千騙局》所描述的在交易櫃台丟洋漢堡的形象，同時強調，如果所羅門破產，就會有許多無辜員工跟著失業。他保證不會很快賣掉所羅門的股票，他的人馬會繼續經營該公司。他指出，公司內正在進行全面性的文化改革。這些陳述讓歐伯麥爾印象深刻，但他一直板著臉，他有很多因素要考慮。[38] 所羅門團隊在回去的路上，仍然猜不透他們是否已經說服了歐伯麥爾。

到仲冬時，所羅門的主要交易商地位仍然懸而未決。在公司遭刑事起訴的威脅下，巴菲特和莫漢拚命證明所羅門值得挽救，巴菲特在《華爾街日報》刊登全頁廣告解釋公司的新標準。[39]

「我說，我們會讓員工符合我們的標準，而不是讓我們的標準去配合員工，但我發現，那並不容易做到。」

新的所羅門

在華爾街被視為理所當然的奢華生活，讓巴菲特驚訝。所羅門高階主管餐廳的廚房就跟紐約任何餐廳的廚房一樣大，由

美國烹飪學院培訓出來的主廚經營，員工可以點「任何他們想吃的東西」。[40] 巴菲特剛到紐約時，另一家銀行主管曾邀他一起共進午餐，目的是讓他們的主廚切磋廚藝。然而巴菲特的說法是：「談到食物，我有一個非常簡單的規則：三歲小孩不吃的東西，我也不吃。」[41]

對巴菲特而言，公司餐廳象徵了令他憎惡的華爾街文化。他生長在一個金錢匱乏、生活步調緩慢的時代，他對生活的安排也始終保持那種型態。但華爾街鈔票滿天飛，寬頻連線速度有多快，生活節奏就一樣快。人們每天清晨五點出門上班，晚上九點或十點才回家，老闆支付他們大把鈔票，但相對地要求他們在清醒的每一刻，都為公司效命。巴菲特小時候對於抽著手工特製雪茄的證交所員工留下深刻印象，但現在這種生活卻讓他難以理解。

「他們樓下有一間理髮店，但他們根本沒跟我提過，因為擔心我發現之後會採取什麼行動。他們還有一個擦鞋匠來幫人擦鞋，而且員工不用付錢。」

但成為新舊所羅門分水嶺的，是薪資戰爭。秋初，巴菲特告訴員工，他將削減 1.1 億美元的年終紅利。「沒有為客戶賺取高報酬的員工，要有紅利會跟著減少的心理準備，」他寫道。[42] 這個道理對他來說既簡單又明顯，莫漢同意巴菲特。[43] 但是就這一次，巴菲特錯估了人性的極限。以前一向坐擁高額紅利的員工，如今發現他們的財富即將被挖走。

巴菲特認為，員工把所有戰利品都拿回家，而股東卻什麼也分不到，這是不對的。員工的看法卻正好相反，多年來他們都將戰利品帶回家，如今紅利縮水，讓人無法忍受；他們覺得

巴菲特在紅利上面大作文章,只是要他們承擔默瑟的過失。他
們既未造成所羅門的不幸,還忠心耿耿地留下來,在事件爆發
後忍受羞辱和苦難替別人善後,本來就應該拿到報酬。績效不
佳不是他們的錯,在公司面臨被起訴的威脅下,他們又怎能順
利拓展投資銀行的業務?巴菲特不了解這點嗎?華爾街每個人
都知道,巴菲特認為投資銀行人員不過是自命不凡的沒用傢
伙,這點令他們反感。此外,儘管問題重重,所羅門這一年的
財務表現其實還不錯,一個貪婪的億萬富翁竟然批評他們貪得
無厭,也令他們深惡痛絕。

權益受損的交易員、業務員和銀行人員必須一直待到年
底,也就是傳統的辭職時間,才能拿到紅利,因為雖然縮水但
也有上億美元之譜的紅利基金,此時才會結算。

當紅利基金在耶誕假期前後提撥下來後,薪資戰爭來到最
激烈的高峰。前十三大高階主管發現自己的分紅被減半。紅利
金額一公布,所羅門的走廊和交易大廳就爆發公開抗爭,交易
員和銀行人員因為對紅利的金額極度失望而紛紛棄守,股票交
易部門(投資銀行人員的本營)有半數員工離職,其他部門則
進行短暫的罷工。

「他們拿了錢就跑,每個人都離開了。這整家公司很顯然
是為員工而營運。」[44]

他剛挽救了所羅門,也認為員工應該看重他的貢獻,但其
實不然。一位離職員工表示:「我們只感激他五分鐘。」在紅
利縮水的可怕陰影中,他們忘了,要不是巴菲特出面搭救,他
們早就失業了。「華倫並不了解如何經營人的事業,」離職員
工頻頻如此抱怨。巴菲特將新的薪資協議視為文化的試金石:

會因此離職的員工都是公司可有可無的人，而留下來的人將可組成他想要的那種公司。

華爾街是金錢至上的地方，許多頂尖員工在離職時帶著業務資訊投奔敵營，這種事一直在發生。巴菲特睡不著，「我沒辦法讓腦子靜止下來。」他畢生都在避免兩件事：一是沒有逃生出口；二是他沒有完全的掌控權。「我一直提防被捲入是非。在所羅門，我發現我在為我自己不想辯護的事情而辯護，接著我又發現我對自己的公司非常不滿。」

經過幾個月，歐伯麥爾仍在長考所羅門的行為是否惡劣到必須加以起訴。[45] 在考慮到冒名投標時，他認為默瑟最大的過失是違反財政部規定，而非圖利所羅門，這一點很重要，而且冒名投標並未使政府有重大的財務損失。[46] 他也權衡了巴菲特的承諾和所羅門的新企業文化。

他和證管會的布利頓一起，開始進行訴訟和解會談，可讓所羅門避免被起訴的命運。柯史莫法律事務所的律師巴隆前往證管會，和布利頓的副手麥路卡斯開會協商訴訟和解金的金額。麥路卡斯告訴巴隆，司法部和財政部的罰款將是 1.9 億美元，外加 1 億美元的賠償金。巴隆嚇了一跳，一個交易員未對客戶或市場造成重大傷害，只是做出違反財政部規定的事，罰金竟然如此龐大。為什麼？他問。麥路卡斯說：「你必須了解，罰金會達到 1.9 億美元，是因為布利頓說應該罰這麼多。」[47]

布利頓昔日對所羅門的評價，言猶在耳：那個週日早上，梅利威瑟蒼白而顫抖地衝進會議室，引述布利頓的話，說所羅門「壞到骨子裡了」。這項判決不會再上訴，所羅門同意支付

這筆驚人的罰款。

巴菲特試著盡快消除「壞到骨子裡」的形象。儘管會造成所羅門內部不滿，被員工稱為詹姆士·史都華（James Stewart，譯注：知名電影明星，常飾演正義英雄）的他，拒絕了一項又一項他認為一不小心就會違法的交易。但接下來爆發的另一項危機，差點搞砸了和解協議。

5月20日，歐伯麥爾辦公室電告奧森說，政府不準備起訴所羅門，並將撤銷所有指控。聯邦地方檢察長和證管會宣布，已和所羅門就詐欺和紀錄不實罪名達成和解；包括1億美元賠償金在內，罰款總額創下歷史次高紀錄。除了所羅門自行查獲的默瑟非法交易之外，這項和解並未發現其他罪行的證據，默瑟被判刑四個月並需繳交罰金110萬美元，終生不得從事這個行業。[48] 葛佛藍德、梅利威瑟和史特勞斯因為未善盡監督之責，被處以小額罰款，停職數月。[49]

大部分觀察家對於一名員工的技術性違法竟然要被罰這麼高的罰金而咋舌，有些人甚至認為，所羅門向政府如此坦率地承認罪行，等於是放棄它的協商空間。不過罰金如此龐大，是因為所羅門未盡到呈報的責任，讓監管人員在國會議員面前有怠忽職守之嫌。換言之，它錯在隱藏事實，而不是違法。

消息宣布三天之後，巴菲特的好友寇文（Dan Cowin）因癌症過世，巴菲特寫了一篇真誠的悼文，本來要親自發表，還請祕書寶拉到他下榻的飯店將悼文拿去打字，但當她來到飯店，他在房門口一臉痛苦對她說，他無法克制自己的情緒在寇文的喪禮上唸悼文，因此他會請女兒蘇西代他致意。[50] 但巴菲特後來仍然參加了寇文的喪禮，「我一直發抖坐到典禮結束，」

他說。

　　然後，他回到工作崗位。所羅門估計，默瑟因為不當交易得到 400 萬美元獲利，卻讓公司丟了生意、付出罰金、律師費和接受處罰，損失達 8 億美元。公司的主要交易商地位仍然還未確定，但現在似乎會以有利於所羅門的方式解決。[51] 員工離職率開始減緩，評等公司開始提高所羅門的債信，客戶開始回流。當所羅門股價慢慢突破 33 美元，巴菲特宣布他將卸任，由莫漢正式接手執行長職務，並任命孟托奧法律事務所律師丹罕擔任董事長。

　　在 1992 年那個淒慘的春天，當所羅門蹣跚地準備東山再起時，管理高層對於該如何處置那些讓公司差點垮台的人仍然莫衷一是。一般認為，在默瑟之後的大罪人是葛佛藍德，儘管所有的法律顧問都指出主管不需要呈報，但畢竟該負督導之責的人是他。

　　後來葛佛藍德開始討論他的報酬，他要求得到巴菲特和孟格先前向他承諾的「公平待遇」。但現在雙方對於何謂公平，看法懸殊。

　　葛佛藍德的律師認為，他在 1991 年 8 月那個決定命運的週末，和孟格達成一項協議，孟格接受了那封列出一長串離職條件的辭職信。葛佛藍德覺得他捨身救公司，並認為公司欠他 3,500 萬美元的薪資、股票和離職金。但所羅門的態度是，孟格並未同意那項協議。董事會同意嚴謹解釋葛佛藍德能拿到哪些福利和薪酬，並且收回他過去獲得的股票選擇權，即使股票選擇權並未規定可在何種情況下收回。董事會算出來的數字是 860 萬美元。

葛佛藍德覺得受辱和憤慨，拒絕了這項提議。「那是不對的，」他說，「我對抗的是原則問題。」[52] 他的律師認為這項提議沒有協商的空間，而且提出的金額低到幾近侮辱人，根本不必考慮。1993 年，葛佛藍德將他和所羅門的爭議提請仲裁。

不該發生的悲劇

仲裁是由一組中立人士聆聽兩造雙方的說詞，並達成具有約束力的決定，以解決爭端。付諸仲裁之後如果達成決定，就不再有協商的機會。

葛佛藍德已淪落到只能使用一個有三間房的小辦公室，他的兼職祕書不在時，他得自己接電話。他和被媒體稱為「瑪莉皇后」的妻子蘇珊已經被摒棄在紐約社交圈之外。媒體以他從未想過的方式大肆抨擊他，把他和波斯基、米爾肯等重大罪犯相提並論。[53] 他的多位老朋友都棄他而去，沒有所羅門的資助，他舉債在民事訴訟中為自己辯護，付出大筆律師費。

葛佛藍德想透過仲裁證明自己無罪，但大眾不斷挖掘這整起事件，卻使巴菲特跟他疏遠，而且讓巴菲特更不可能妥協。巴菲特把自身形象當作賭注押在所羅門上，葛佛藍德的表現卻讓巴菲特失望，還在受媒體矚目的仲裁過程中重述整個事件，因此巴菲特更不可能寬容地看待他的行為。既然和葛佛藍德不再是夥伴，巴菲特原本可能原諒的道德錯誤，變得更不可能饒恕。這些錯誤不勝枚舉：

- 股票選擇權在 1987 年重新訂價，讓巴菲特花了很多錢。
- 擱置來自聯準會的史登萊特信函，當巴菲特知道這封信的

存在時，為時已晚。

■ 未透露和財政部葛勞柏的會談，巴菲特和其他董事全都不知情。

　　雖然巴菲特通常會避免衝突，但如果被迫捲入戰爭，他的代理人們會像被逼至絕路的土狼一樣為他奮戰。孟格經常說些「跟葛佛藍德的行為比起來，拿破崙還算很害羞」之類的話，他是仲裁程序中被指定扮黑臉的人，[54] 他的證詞非常重要，因為他是和葛佛藍德的律師霍華德談判的人。

　　紐約證交所的年輕總裁格拉索（Dick Grasso）選了三位頭髮已漸灰白的仲裁人，在證交所一間昏暗的會議室決定葛佛藍德的命運。[55] 柯史莫法律事務所的律師團以所羅門董事、員工、離職員工、巴菲特和孟格的證詞做為後盾，歷經六十多場會議和數月的程序，在仲裁人面前徹底打敗葛佛藍德。

　　仲裁人反覆聆聽孟格和霍華德的談話內容，在那次談話中，霍華德仔細檢視葛佛藍德要求的補償金明細。所有人都同意霍華德確實未讓孟格簽署葛佛藍德的離職文件就離開，但如何詮釋當晚的其他經過，大家莫衷一是。霍華德很確定孟格確實已和他達成協議。

　　葛佛藍德的律師請孟格做證人，柯史莫法律事務所的巴隆努力要幫已經不耐煩的孟格做好準備，但最後還是讓孟格自己做準備。不過，孟格這個不喜歡付律師費的律師，在對仲裁人的即席發言中說，柯史莫法律事務所為了幫他準備作證，動用了過多昂貴的律師助理和「長期服用阿斯匹靈的藥罐子」（aspirin-carriers）。[56] 巴隆說，孟格說的所有話「都嚴重離題」，

「將孟格安排在證人席，是我當律師以來最傷腦筋和最令人恐懼的經驗。」[57]

孟格對於擔任證人相當有自信。有許多次，愈來愈惱怒的首席仲裁人告誡他：「孟格先生，請你先聽完問題再回答。」

孟格堅稱，那晚和霍華德碰面時，他「故意不聽……保持禮貌，但沒有非常注意……，我有點像把思緒關閉……我只是禮貌地坐在那裡，讓頭腦關機，不去思考。」

葛佛藍德的律師問他，是否刻意決定不說也不聽。

「不，」孟格說，「該說話的時候我就說話，有話直說是我的缺點之一。對於我個人不感興趣的事，我不會仔細聽進去。這是讓人討厭的一種談話習慣，但我一直改不了這個習慣。

「所以每當我開始對某件事不感興趣時，我就會看到一個用來反駁的論點，」他說，然後這時他會提出他的論點。霍華德曾要求提供葛佛藍德打官司的賠償金，但這種問題，孟格一定不會仔細聽進去。

「我想我曾對他說，你甚至不知道你會需要什麼。天知道會有訴訟、會有一團亂的困境，誰知道事情會怎麼解決。如果你認為這時候應該談這些問題，你恐怕就不能稱職地代表你的客戶。」

那段對話你也是聽而不聞嗎？葛佛藍德的律師問道。

「不，我自己說話時，我就會聽，」孟格發誓他說的完全屬實，「我很容易記得自己說過的話。」

那是你在類似情況下都會故意不去聽的對話嗎？

「你說什麼？」孟格說，「我剛才又讓頭腦關機，我不是故意要這樣做。」

那是你在類似情況下都會故意不去聽的對話嗎？

「不好意思，我又犯了同樣的毛病，可否請你再說一次？這次我會用力聽。」

葛佛藍德的律師將問題重複說了三次。

「你說的沒錯，」孟格說，「我是故意沒聽進去。」

仲裁人、律師和葛佛藍德聽到這些話時內心有何感想，不得而知。遺憾的是，這種誤解絕大部分出在霍華德不懂得從孟格外在的徵兆推敲他內心的想法。他沒有認清：孟格偶爾的回答，是因為某些不知打哪兒來的小東西突然點燃他的間歇性思緒。每次孟格反對，霍華德就假設這些話是在協商，而不是單純地在說教。當孟格不發一語或哼了一聲讓對話繼續下去，霍華德都推斷孟格是表示同意，或至少他並不反對剛才說過的事。沒有人告訴他，孟格的腦袋是關閉的。

葛佛藍德的律師向孟格提醒巴菲特的證詞，巴菲特承認曾對葛佛藍德說，他有權力可兌現諾言。孟格先生記得巴菲特先生說過那樣的話嗎？

「我不記得巴菲特先生的話，我記得我自己說過的話，」孟格說，「但當然，事情的重點在於，你可以相信我們是公平的。」[58]

問題在於，公平的意義是什麼。所羅門從未質疑應該要給葛佛藍德錢，只是該給多少。最根本的爭議點在於，如果董事會知道所有事實，早就將葛佛藍德解雇了，因此這個案子變成是要證明葛佛藍德應該被解雇。連弗瑞斯坦都同意，葛佛藍德隱瞞他從葛勞柏那裡知道的事情，他對政府也未據實以告。雖然他為什麼這麼做令人不解，但這些事確實發生了。

　　葛佛藍德心中了解，為何所羅門要花這麼大的工夫證明他應該被解雇，他知道誹謗他對大家都有利，但一面倒的情況惹惱了他，他認為這件事應該適可而止。

　　無論如何，包括巴菲特在內的所有人都覺得葛佛藍德有資格拿其中一部分錢。巴菲特請 GEICO 董事、同時也是葛佛藍德的朋友巴特勒打了兩次電話給葛佛藍德，說明公司願意給他1,400 萬美元，巴特勒還低聲告訴他：「我或許可以替你多弄一點錢。」巴菲特本來打算提高到 1,800 萬美元，[59] 但葛佛藍德已被羞辱，他認為孟格心胸狹窄、自以為是，因而憤憤不平地拒絕該提議，決定交由仲裁人做最後裁決。

　　作證程序歷經數月，一直持續到 1994 年春天，仲裁人對於沒完沒了、拐彎抹角且相互衝突的爭論，顯得很不耐煩。在結案陳詞中，葛佛藍德的律師帶著一份圖表出庭，要求將金額提高到 5,630 萬美元，因為裡頭新增了利息、罰金、股票漲價部分和其他項目。

　　當仲裁程序以惱人的緩慢速度進入尾聲，律師和所羅門人員一起打賭仲裁人會判給葛佛藍德多少錢。打賭的最低金額是1,200 萬美元，最高是 2,200 萬美元。[60]

　　沒有人知道仲裁人在判決過程中以什麼做為權衡標準，但結果是，他們什麼都沒有判給葛佛藍德，連一毛錢都沒有。

第 50 章

第三個兒子

走過半個地球，1991 年～1995 年

　　巴菲特以所羅門改革者和救星的身分在國會所做的證詞，讓他從富有的投資人變成英雄。所羅門的問題沒有簡單的是非黑白。巴菲特以非正統的方式成功處理醜聞，不做縮頭烏龜，而是坦然面對監管人員和執法者。誠實能獲得獎賞，而名聲掃地者可透過坦蕩光明的行徑重拾信譽，這種做法觸動了許多人心中的崇高情操。即使這次危機造成的喧騰已漸平息，巴菲特這顆明星已經升起。波克夏的股價迅速上揚，每股突破 10,000 美元，巴菲特現在擁有 44 億美元身價，光是蘇珊的股票就值 5 億美元，他的原始夥伴在 1957 年所投資的每 1,000 美元，現在已漲到 350 萬美元。

　　每當巴菲特走進一個會場，群眾的興奮之情全寫在臉上，他的出現讓群眾感受到偉大崇高。他們在他面前不是呆若木雞，就是結結巴巴不知該說些什麼。不論他說什麼，群眾都奉若聖經。

　　「我二十一歲時最有能力提供財務建議，但人們都敬謝不敏。即使我提出最卓越的看法，也不會有人太在意我。現在我就算說了世界上最蠢的話，還是有許多人會認為，我的話裡一定隱含某種重要的意義。」

他開始小有名氣,現在記者老是打電話來,作家們開始撰寫關於他的書,每天看到他的人(那些保護他的人)都對這種狂熱感到不可思議。有個女人跑到波克夏公司的辦公室,一見到巴菲特,就對他打恭作揖,讓葛蕾蒂絲很氣惱。「別對他鞠躬哈腰!」她說。

當然,所羅門許多現任員工和離職員工對巴菲特的印象,並不如外界那麼好。他控制了他們百無禁忌的文化、減少了他們的紅利;他們也知道,他瞧不起他們這個行業。許多員工有一些不愉快的事情想說。很快地,巴菲特羞澀自謙卻又冷靜理性的形象,吸引了全美媒體的注意。一個是拿著一杯檸檬汁,坐在前廊說著溫馨故事來教導他人的巴菲特,另一個是長久以來在複雜商場上,立下許多豐功偉業的巴菲特,他是如何融合這看似矛盾的兩個面向?他怎麼能一面擔任投資銀行過渡時期的董事長,一面把華爾街說成一幫騙子?

1991 年,《華爾街日報》和《新共和》(*New Republic*)[1] 週刊兩家媒體都注意到他橫跨兩個世界,也刊登了文章對比這兩個世界的差異。巴菲特仍然一面聲稱自己是在奧茲王國醒來的中西部中產階級,一面又常和他的名流朋友進行大象聚會,這種不協調只會使媒體更急於揭開真相。《華爾街日報》在正文之外刊登了一則側寫〈巴菲特的社交圈涵蓋有錢有勢者〉,列舉了像安納伯格等名人。[2] 文章中被點名的其中一位朋友和巴菲特的關係正與日俱增,儘管當時他們相識還不到五個月。

兩個男人

巴菲特和蓋茲第一次見面是在 7 月 4 日國慶假期,當時葛

蘭姆及《華盛頓郵報》社論版主筆葛玲菲把巴菲特拉到葛玲菲在雙橋島（Bainbridge Island）的家，共度這個長週末假期。葛玲菲也邀巴菲特到蓋茲為家人建造的大房子待了一天。巴菲特之所以會對小他二十五歲的蓋茲感興趣，是因為蓋茲以聰慧知名，而且兩人在《富比士》富豪排行榜上平分秋色，但巴菲特覺得電腦就像球芽甘藍，他一點都不想碰。葛玲菲向他保證，他會喜歡蓋茲的父母老比爾和瑪麗，還有更多有趣的人也會到場。巴菲特才勉強同意拜訪。

蓋茲也有同感。他想見葛蘭姆，這位以年屆七十四歲的傳奇人物。「我告訴我媽：『我搞不懂一個只會投資和選股票的人，我沒有什麼好問題可以問他，我對他沒興趣。』但她堅持要我參加。」蓋茲搭直升機前往，若是苗頭不對才能快閃。[3]

眾所周知，蓋茲對不感興趣的事情很容易不耐煩，而巴菲特雖然已經不會在無聊時離開現場跑去看書，但如果他不想和人交談，他有一套非常快速的脫身術。

巴菲特跳過閒話家常，直接問蓋茲，IBM 未來的前景是否看好、會不會成為微軟的敵手，而電腦公司似乎起起落落，為什麼會這樣？蓋茲開始解釋，並建議巴菲特買英特爾和微軟兩支股票，接著他問巴菲特報業的經營情況，巴菲特告訴他，報業每下愈況，因為其他媒體更興旺。幾分鐘內，這兩人就沉浸在交談中。

「我們談了又談，談了又談，根本沒注意其他人。我問他一大堆他公司的問題，也不期望能懂多少，他是個好老師，我們一聊就沒完沒了，」巴菲特說。

時間一分一秒過去，槌球比賽要開始了，但蓋茲和巴菲特

還在聊，即使許多西雅圖最知名的人士在他們身邊穿梭不停。蓋茲和巴菲特到鵝卵石海灘散步，他們的一舉一動引人矚目。「我們似乎忽略了所有的重要人物，最後比爾的父親終於輕聲說，他希望我們可以稍微和其他人聊聊。

「比爾開始試著說服我買一台電腦，我說，我不知道電腦可以做什麼，我也不想知道我的股票投資組合每隔五分鐘有何進展，我用自己的腦袋就能算我的所得稅。比爾說，他會派微軟公司最漂亮的女孩教我使用電腦，他會讓學電腦變得輕鬆又愉快，我告訴他：『這個提議很誘人，但我還是要拒絕。』」

機構的必然規則

太陽即將西沉，到了雞尾酒時間，巴菲特和蓋茲還在聊。等到日落之後，直升機必須離開，蓋茲並沒有跟著走。[4]

「晚餐時，老比爾提出一個問題：大家覺得自己能達到目前的成就，最重要的因素是什麼？我說『專注』，比爾的看法也一樣。」

在場有多少人能了解巴菲特對「專注」的定義，不得而知，但這種與生俱來的專注是無法模仿的，它代表為求卓越所付出的執著，代表紀律和熱情的完美主義，這種精神使愛迪生成為美國最具代表性的發明家、使華德‧迪士尼成為家庭娛樂之王、使詹姆士‧布朗（James Brown）成為靈魂樂教父；它代表深刻的承諾和心智獨立。

隔天巴菲特逃離雙橋島，回到奧馬哈。他看得出蓋茲既聰明又十分了解商業運作，但自從他婉拒投資新創公司英特爾起，他就不相信科技公司可以當作投資對象，科技公司會起起

落落,他們的產品很容易過時淘汰。不過現在他被激起興趣,買了 100 股微軟股票。對他而言,買這 100 股就像買盒早餐麥片來吃一樣,雖然有時他會只為了追蹤某家公司的動向而這麼做,但他就是沒辦法買進英特爾的股票。[5]他邀請蓋茲參加下一次的巴菲特集團會議。不久他接到弗瑞斯坦和史特勞斯的電話,接下來兩個月,他滿腦子只想著所羅門的困境。

10 月時,巴菲特從國會議員和監管人員一連幾天的威嚇脫身,前往溫哥華參加巴菲特集團會議。

蓋茲蒞臨這個大會,只因為其中某場會議吸引他。巴菲特集團準備評估 1950、1960、1970、1980 和 1990 年最有價值的十家公司,以及這份名單的變動情況。

蓋茲新的水上飛機因為濃霧而延誤,因此遲到的蓋茲和他女友梅琳達‧法蘭區(Melinda French)從會議室後面悄悄溜進來。梅琳達原本以為他們很快就會離開,但看到第四張投影片之後,她知道他們可能會待下來。[6]同為 IBM 董事的墨菲和柏克(Dan Burke)談到硬體領導者 IBM 為何未走上軟體領導者的路,巴菲特說:「我認為現場有個人可以為這項討論做些補充。」所有人都轉過頭看了蓋茲一眼,[7]會談持續進行。如果你是 1960 年的西爾斯百貨,你為何無法留住最頂尖的員工,並以最好的價格販賣商品?使你無法繼續領先市場的因素是什麼?大部分人提出的答案不外乎傲慢、自滿,以及巴菲特所謂的「機構的必然規則」(Institutional Imperative),也就是說,企業有一種只為自身利益而行動、只想抄襲同業卻不思努力超越的習性。有些公司未能延攬具有創新構想的年輕人,有時候管理高層未掌握產業的結構性轉變,這些問題並不容易解

決。過了一會兒,巴菲特請大家挑選他們最喜歡的股票。

「你覺得柯達如何?」瑞恩問道,並且回頭看看蓋茲會說什麼。

「柯達麻煩大了,」蓋茲說。[8]

巴菲特集團裡沒有其他人知道,網際網路和數位科技將使攝影器材陷入困境。在 1991 年,連柯達自己都不知道。[9]

「比爾可能認為,所有電視台都會被消滅,」旗下擁有 CBS 電視網股份的洛斯公司(Loews Corp.)老闆帝許說。

「不,沒那麼簡單,」蓋茲說,「電視台製作和呈現節目的方式與相機底片不同,這是任何事物都無法扭轉的。隨著人們的選擇更多元化,電視收視率的確會降低,但電視台擁有內容,而且能重複利用這些內容。當我們將電視節目的傳輸移到網路上,電視台將面臨一項有趣的挑戰,但它和攝影不同,當你不再需要底片,製造底片的技術就變得毫無用處。」[10]

現在每個人都想和蓋茲談話,蓋茲可以解釋數位新世界,以及這個世界對他們的意義。「等我們討論告一段落之後,才發現我們那天下午要去搭船,」蓋茲說,「凱瑟琳要確定我不是只和華倫談話。」喜歡黏著特定人的巴菲特其實很願意跟蓋茲當連體嬰。他們搭乘華特‧史考特夫婦的大船「北極熊」號,葛蘭姆把蓋茲介紹給帝許、墨菲、基奧和其他人。[11] 才半天時間,蓋茲和梅琳達就成為巴菲特集團的實質成員。

成為美國首富

部分拜挽救所羅門之賜,波克夏股價漲了近一倍,等到所羅門和葛佛藍德進入仲裁程序時,波克夏股價更突破了每股

18,000 美元。巴菲特現在的身價是 85 億美元，而蘇珊擁有的股票價值達 7 億美元，原有股東在 1957 年投資的 1,000 美元現在變成 600 萬美元，巴菲特現在是美國首富。

耶誕假期期間，他和卡蘿按慣例著手撰寫董事長致股東信，這次他們察覺到在全美、甚至全球將有更多人讀這封信。1994 年 5 月，也就是仲裁人一毛也沒判給葛佛藍德的同一個月，巴菲特舉行年度股東會；超過兩千七百人蒞臨奧芬大劇院（Orpheum Theater），巴菲特要喜事糖果、製鞋公司，以及波克夏也有持股的世界圖書百科全書在大廳擺設攤位，喜事賣了363 公斤糖果，製鞋公司賣了五百多雙鞋，[12] 世界圖書也賣得很好，不過巴菲特並不知道，世界圖書將和柯達一樣因為網路興起而很快玩完。巴菲特很高興股東們在現場採購，他先開車到波霞珠寶店露一下臉，再到家具賣場現身。「他走到我們的床墊展示區，」路易斯・布朗金說，「還幫忙賣東西。」[13] 巴菲特開始更努力思考在股東會上兜售產品的構想，他誓言要把會場移到有更多空間可擺設銷售攤位的假日飯店。隔年他決定，他也會銷售金廚刀具（Ginsu knives）。[14]

巴菲特逐漸成為家喻戶曉的人物，由於他身價超過 80 億美元，他的慈善基金會將名列全球前五大慈善基金會，他和蘇珊決定將絕大部分財產捐給他們的慈善基金會，這代表基金會將在他過世之後，成為波克夏最大股東。考慮到這一點，他最近將身為巴菲特基金會總裁、但對商業一竅不通的蘇珊，納入波克夏董事會。到 1994 年，巴菲特基金會每年的捐贈金額增加了一倍，大約 350 萬美元，但比起其他擁有相當財富的家族，這金額仍相形見絀。不過巴菲特基金會未來的財富潛力，是眾

所周知的。這個基金會和總裁蘇珊突然成為公眾矚目的焦點。

當蘇珊搬到舊金山獨自生活時，她決定繼續和巴菲特維持婚姻關係，認為這樣就能讓她兩邊的生活保持獨立、安靜和平衡。當丈夫成為商業界的代表人物，帶著她到處跑時，她嚇了一跳。她一方面想要隱私和自由，另一方面想讓巴菲特高興，她也喜歡經營基金會，喜歡參加大象聚會。但巴菲特基金會總裁和波克夏董事的身分，使她成為公眾人物。為了避開他人注意，蘇珊故意貶低自己的角色，解釋她並不重要，只是沾了巴菲特的光，這樣一來，就不會有人對她感興趣，也沒有人要報導她。為了保有隱私，她在舊金山保持低調，拒絕跟隨她丈夫日漸響亮的名氣起舞。蘇珊偶爾會對不同人流露出對巴菲特的憤慨，似乎她現在的生活如此緊湊全是他害的。

但到 1987 年，她的步調因為斷斷續續發作的子宮沾黏病痛而放緩，後來沾黏的情況加劇，她便在 1993 年動了子宮切除手術。她的助理寇爾經常苦惱地載送她這位朋友兼老闆到急診室。奇怪的是，每次寇爾打電話到內布拉斯加表示蘇珊住進醫院，她的家人似乎都出奇鎮定，泰然自如的態度就和蘇珊一模一樣。[15]「感謝上帝，我擁有健康，」她經常這麼說，完全不把自己看成是需要人照顧的病人。

現在她在公寓裡經營一個安寧療護所，第一個病患是因為愛滋病而垂死的藝術家朋友，她邀請他搬進來，在那裡度過人生中的最後幾週。曾經做過護士的寇爾幫末期病人注射靜脈點滴時，蘇珊的其他員工悠哉地進出房間，問蘇珊基金會的事，或經過十年仍在進行的拉古納海灘別墅整修事宜。[16] 後來每當蘇珊有同性戀朋友感染愛滋病而不久於人世，她都會邀請他過

來同住。她和寇爾帶著這些朋友進行夢幻之旅，一次到日本，另一次到印度北方的達蘭薩拉（Dharamsala），她安排朋友到那裡謁見達賴喇嘛。她把朋友的骨灰保存在壁爐架上，好讓人們記得他。彼得開始喜歡稱他母親為「達賴媽媽」（Dalai Mama）。

　　一向備受母親呵護的霍華在此時脫離了她的羽翼，他父親如日中天的名聲也開始對他的人生產生影響。1989 年，他成為內布拉斯加乙醇管理開發局董事長，並因此結識 ADM 穀物加工公司高階主管馬提‧安卓亞斯（Marty Andreas）。ADM 位於伊利諾州，是與乙醇息息相關的大型農業公司，馬提‧安卓亞斯是 ADM 執行長杜恩‧安卓亞斯（Dwayne Andreas）的姪子，杜恩與巴菲特當時同為所羅門董事。兩年後，三十六歲的霍華被延請加入 ADM 董事會，成為最年輕的董事。

　　杜恩在水門案期間被控提供非法的政治獻金，但後來無罪開釋；他也對兩黨政壇人士提供金額龐大卻引人爭議的捐款，使國會一再通過有利於 ADM 的乙醇稅賦補貼。巴菲特認為，富人和大集團財大氣粗，太會買通政客動用他們的影響力，而 ADM 在政界的行事作風正是如此。

　　霍華加入董事會六個月後，安卓亞斯聘請沒有公關或財務經驗的霍華擔任公共事務部門主管。霍華同意接下 ADM 的工作，搬到 ADM 總部所在的伊利諾州迪卡士鎮，ADM 讓他負責與分析師聯繫。[17] 表面上，霍華在 ADM 的角色與他的姓氏或他父親最近的響亮聲譽無關，如果他覺得有關，他就不會接受這項工作；他在乙醇上的專業程度讓這點看似合理。他父親已灌輸他鄙視特權的性格。然而，儘管霍華經常遇到人們試圖

利用他取得他父親的財富，他對大企業並不了解，他覺得大公司讓董事擔任公共事務發言人沒什麼大不了的。

巴菲特從不投資 ADM 這類公司，或是雇用像安卓亞斯這種進行政商掛勾的人，但他沒有勸阻兒子為如此仰賴政府特權的企業工作。這種不尋常的緘默充分說明，他希望兒子獲得一些商業經驗，至少在某種程度上追隨他的腳步。

根據霍華所說，安卓亞斯強硬嚴苛，指派給他像是到墨西哥購買麵粉工廠、推動北美自由貿易協定等任務。但霍華仍然保持本我，憑藉著衝動、活力行事，誠實到幾乎讓人難以忍受的地步，而且感情豐富而脆弱。他在家庭旅行和聚會上仍會穿著大猩猩服裝從衣櫥裡跳出來，讓親友們嚇一跳。[18] 然而霍華覺得，他在短短的時間內就得到多年的商業教育。

1992 年，巴菲特邀請霍華加入波克夏海瑟威董事會，他說他兒子會在他過世後成為非執行董事長。霍華的商業經驗仍然不足，他沒讀完大學，對農業的興趣大於投資，但他現在已擁有值得信賴的資歷。由於波克夏海瑟威等於家族企業，巴菲特又是最大的股東，所以巴菲特有權這麼做。他這麼做的理由是，霍華會在他過世後延續公司文化。

但巴菲特現在必須絞盡腦汁，讓他過去幾年的一些言論（聲討「啣著銀湯匙出生」的罪惡、王朝財富，以及因為門第而非能力所得的優勢等），不至於牴觸他現在的決定（讓資歷不足的兒子在他過世後擔任波克夏董事長）。至於霍華將如何與下一任波克夏執行長相互配合，則尚未確定，但那才是重點所在。現在所有跡象都指出，巴菲特會確保在自己過世後，權力不會集中在任何人手中。這樣做不管會不會阻礙波克夏的發

展，都一定能避開「機構的必然規則」，巴菲特視「機構的必然規則」為波克夏的最大危險。他希望在死後仍擁有一定的掌控權，而這是他得到這種掌控權的第一步。

第二步，他陸續將蘇西和彼得安排到巴菲特基金會董事會中，他知道蘇西會在她母親過世後掌管基金會。根據所有相關人士的推測，這要等巴菲特本人過世之後才會發生。巴菲特對基金會的觀點和他對許多事情一樣，都是「蘇珊會全權處理」。蘇西要挑起基金會的責任，應該是在多年以後。與此同時，巴菲特在其他方面開始仰賴蘇西。她正在學習如何做個慈善家，在奧馬哈她父親的社交生活中，扮演活躍的角色。隨著父親名聲日隆，而葛蘭姆又已年逾七旬，愈來愈少外出，蘇西成為巴菲特在大象聚會中最常見的女伴。艾絲翠平日在動物園當志工，只偶爾隨同巴菲特參加活動，她也沒有興趣參加委員會或擔任活動主席。她的生活不像其他人因為巴菲特暴紅而出現重大改變，只是偶爾會受到車道上好事觀望者的干擾。

彼得搬到他的唱片公司總部所在地密爾瓦基。1991 年 5 月，他和瑪莉分居，並經歷混亂的離婚過程。彼得離婚後正式領養他的雙胞胎繼女艾莉卡和妮可，蘇珊一直將她們視為親生孫女，巴菲特的態度則較為保留。巴菲特認為，彼得領養小孩是為了在離婚後和前妻維繫關係，但巴菲特並不認為他自己非得維繫這種關係不可。

即使處在個人生活的創傷期，彼得仍有所成長，事業也持續進展。他的音樂開始融入美國原住民元素，使他後來有機會為電影《與狼共舞》中一場「火舞」的場景創作配樂。他現在正在替《紅字》（*The Scarlet Letter*）和一部 CBS 迷你影集製作

配樂。

彼得受人尊敬但不出名,是音樂家但非明星。在音樂界,巴菲特這個姓氏毫無意義。巴菲特以彼得的電影配樂和其他成就為傲,彼得的藝術才能(雖然與名望或商業成功無緣)超越巴菲特,而巴菲特對投資經營的熱情超越彼得,他們的世界並未相連。但奇怪的是,巴菲特和彼得最像。兩人對從小就立志要對從事的職業熱情投入,對工作也都非常專注,所以他們都期望妻子能成為他們與外界溝通的橋梁。

實際上,巴菲特還有第三個兒子,那就是蓋茲。

蓋茲曾說他們的關係「有一點像華倫是大人,而我是小孩。」後來這種關係逐漸演變成「我們一起學習」。[19] 孟格經常把巴菲特的成功歸因於一個事實:他是一部「學習機器」。巴菲特和蓋茲一起分享智慧、興趣,他們有相似的思考方式,也都非常專注。巴菲特教蓋茲投資,並且在蓋茲面臨問題時提供意見。蓋茲很欣賞巴菲特以模型(model)來思考問題的方式,而巴菲特渴望與蓋茲分享他對偉大企業之所以偉大的看法,蓋茲也願聞其詳。

如果巴菲特能找到更多偉大企業,他就會買下它們,他從未停止尋找。但「葛拉漢與陶德鎮的超級投資人」所居住的城鎮愈來愈擁擠,整個華爾街已被占領,值得投資的機會愈來愈少。巴菲特對商業的專注從未減少,但隨著 1990 年代過去,交易變得更龐大但也更零星。與此同時,巴菲特有了新的興趣,這項興趣不會減少他對波克夏的熱忱,卻會改變他的社交優先順序、他的旅遊行程,甚至他與別人的友誼。

橋牌知已

巴菲特現在喜歡在閒暇時打橋牌。他在社交場合玩輕鬆的橋牌已將近五十年，他在紐約處理所羅門的問題時，就開始打比較嚴肅和重視勝負的牌局。1993 年某日，他在一場國際橋牌賽和吉爾斯畢搭檔，對上與卡蘿搭檔的歐斯柏格（Sharon Osberg）。

歐斯柏格從小就是牌不離身，她曾擔任電腦程式設計師，大學時代開始玩橋牌，等到她負責富國銀行的網路業務時，是兩屆世界團體錦標賽冠軍得主。年過四十的她，嬌小甜美，留著一頭棕髮。

「下一次她參加全美巡迴比賽時，」巴菲特告訴卡蘿，「請她來奧馬哈，也請她打電話給我。」

「奧馬哈在哪裡啊？」歐斯柏格問。她花了三天才有勇氣拿起電話，「嚇死人了，我從沒想過會跟一位傳奇人物講話。」[20]

住在舊金山的歐斯柏格大約在一週後前往奧馬哈。巴菲特帶歐斯柏格到他最喜歡的葛拉滋（Gorat's）牛排館吃晚餐，歐斯柏格坐在這間家庭式的餐廳裡，決定謹慎行事，她告訴巴菲特：「你吃什麼，我就吃什麼。」幾分鐘後，她盯著「一片像棒球手套一樣大的生肉」。她不想冒犯這位傳奇人物，所以把肉吃下肚。後來他們到當地的橋牌俱樂部玩牌。晚上十點，巴菲特開車載她逛奧馬哈，順便炫耀他的收藏品。坐在行進的車裡，她看到內布拉斯加家具賣場、他的房子、他生長的家、波霞珠寶店，接著送她到下榻的旅館。

　　隔天早上歐斯柏格退房時，櫃台人員告訴她：「有人留了一個包裹給你。」巴菲特在清晨四點半來到飯店，把他自己列印且裝訂成冊的波克夏年度報告留給她，[21] 顯示巴菲特已將她當作好友看待。

　　不久後，歐斯柏格出差到華盛頓，巴菲特要她去見葛蘭姆。歐斯柏格加入葛蘭姆的牌桌，和最高法院大法官奧康納（Sandra Day O'Connor）等人玩橋牌。她從客房打電話給巴菲特說：「老天！我的臥室裡有一幅畢卡索的真跡！」

　　「我從沒注意到那幅畫，我待在那裡已經三十年了，」巴菲特後來提到這幅畢卡索的素描，「我只知道她把洗髮精放在外面。」[22]

　　巴菲特開始配合歐斯柏格去紐約的時間，安排到紐約出差。不久這兩人就成為摯友，歐斯柏格認為巴菲特只有在和其他牌友相聚時才能玩牌，實在很可惜，他需要一台電腦。他們有好幾個月一再談到這點。「你知道嗎，我覺得你可能需要一台電腦。」「好，好，」他說，「你到奧馬哈來設定電腦，你可以住在我家。」

　　橋牌和歐斯柏格做到了連蓋茲都無法做到的事。巴菲特請布朗金家人派家具賣場員工幫他安裝電腦。歐斯柏格到了巴菲特家，認識了艾絲翠，然後教巴菲特如何上網和使用滑鼠。「他並不害怕用電腦，一點都不害怕，因為他想打橋牌，」歐斯柏格說。而且巴菲特使用電腦只是為了打橋牌。「只要寫下我進入橋牌遊戲時需要知道的事情就可以了，」他告訴她，「我不想知道其他事情，也別向我解釋這個東西是做什麼的。」[23] 巴菲特以 tbone 的代號，開始在網路上和歐斯柏格及

其他牌友玩橋牌,每週玩四、五次。艾絲翠會在他登入橋牌遊戲之前,提早做好晚餐給他吃。

不久後,巴菲特沉迷於網路橋牌,沒有任何事能打擾他。有一天,一隻蝙蝠飛進屋裡,在電視間飛來飛去,後來撞上牆壁,還纏在窗簾上,艾絲翠尖叫:「華倫,家裡有蝙蝠!」他穿著邊緣磨損的厚絨布浴袍坐在房裡,眼睛盯著牌、視線不離螢幕地說:「沒關係,我不會被牠打擾。」²⁴ 艾絲翠打電話給滅蟲公司,他們來抓走蝙蝠,這一切都未影響他的橋牌遊戲。

巴菲特覺得他的牌技在歐斯柏格的指導下進步神速,因此他想參加正式的比賽。「何不從最高一級的比賽開始?」她說。他們報名參加世界橋牌錦標賽的混合雙人賽,阿布奎基(Albuquerque)會議中心擠滿了數百位選手和四處遊走觀看的觀眾。當全美首富和得過兩次世界冠軍的歐斯柏格一起走進世界橋牌錦標賽場地時,整個房間充滿了人們的低語聲和注視,很多人認出巴菲特瘦長的身形和濃密的灰髮。榜上無名的業餘選手第一次比賽就參加這項錦標賽,實屬罕見,更令人震驚的是這位選手是巴菲特。

歐斯柏格以為他們馬上就會落敗,所以此行只想玩得開心、汲取一些經驗,但巴菲特一坐上牌桌就全神貫注,彷彿屋裡沒有其他人。他的牌技比不上大多數選手的水準,但他氣定神閒,就像在自家客廳打牌。「我和歐斯柏格搭檔時防守得比較好,」他說,「就好像我能感覺到她在做什麼。而且你可以相信,她所做的一切都有道理。」不知怎地,他的專注彌補了牌技的薄弱。當取得決賽資格時,歐斯柏格簡直不敢相信。「我們的實力夠強,」她說。

但達到這個階段之前已耗去一天半時間，巴菲特已筋疲力竭，他只休息一小時，出去吃了個漢堡，看起來像跑了一場馬拉松似的。在決賽前的休息時間，他告訴歐斯柏格：「我沒辦法比賽。」

「什麼？」她說。

「我沒辦法比賽。告訴他們我不想參加決賽，就說我有緊急公務要處理，」他說。於是歐斯柏格只得向世界橋藝聯盟解釋這個情況。

以前從來沒有符合決賽資格的人打退堂鼓，世界橋藝聯盟的代表對於巴菲特參賽、以其名望為錦標賽背書，並取得決賽資格，卻又想退出，感到大為光火。「你們不能這樣做！」他們說。要是歐斯柏格堅持退出，他們揚言要除去她的排名和證書。「不想繼續打的人又不是我！」她堅持，並且重申巴菲特有緊急公務要處理。最後他們態度軟化，同意不處罰歐斯柏格並容許兩人退賽。

很自然地，巴菲特鼓勵把橋牌當玩票性質的蓋茲成為更認真的橋牌玩家，他也請歐斯柏格到西雅圖替蓋茲的電腦設定橋牌軟體，並且將她介紹給蓋茲一家人。

巴菲特和蓋茲的關係愈來愈密切。1993 年復活節週末，蓋茲和梅琳達互訂終身。那一天在他們離開聖地牙哥的航程中，蓋茲要機師提供假造的西雅圖氣象報告，好讓梅琳達誤以為他們要飛回家。等飛機降落、機門打開後，梅琳達嚇了一跳，因為巴菲特和艾絲翠在樓梯底下的紅地毯上等著他們。巴菲特載他們到波霞珠寶店挑選訂婚戒指。

九個月後，巴菲特飛到夏威夷參加蓋茲和梅琳達在新年舉

行的婚禮，婚禮在拉奈島（Lanai）四季飯店曼內雷灣（Manele Bay）高球場的第十二洞發球區舉行。即使妹妹柏蒂在夏威夷擁有一間房子，但巴菲特從未到過夏威夷。他對蓋茲的婚禮感到很興奮，就好像他自己的子女要結婚一樣。蓋茲夫婦的婚禮和孟格七十大壽壽宴都在同一個週末舉行。以忠誠出名的巴菲特絕不會拋下老友，但他有時得像玩「扭扭樂」（Twister）那樣來管理他的人際關係。如果有衝突出現，他往往會先安撫他認為最可能生他氣的人，那通常代表他會怠慢最忠誠可靠的朋友，也就是比較不會批評也不會生他氣的人。被拒絕的人知道自己最得巴菲特信任與親近，於是會忍下來。多年老友孟格對巴菲特十分寬容，願意原諒他錯過他的七十大壽壽宴。

巴菲特偕同葛蘭姆參加婚禮。此時已七十六歲的葛蘭姆較少外出，但偶爾還是會現身這類場合。同時巴菲特請蘇珊到洛杉磯參加孟格的壽宴，她會在那裡獻唱。[25]

蘇珊早已習慣這類事情。她對巴菲特在生活中需要哪個女人的哪些部分自有一套定義，還依照各人的功用分類。有天晚上，她和巴菲特、艾絲翠和她剛見面的歐斯柏格到葛拉滋牛排館共進晚餐，她環視同桌女性，在丈夫的紅粉知己中，只有葛蘭姆和卡蘿沒來。她笑著搖頭說：「每個人都各司其職。」

不久後，巴菲特每天都跟歐斯柏格通好幾次電話，旅行時總是把她帶在身邊。但歐斯柏格就像艾絲翠隱身幕後，沒有擾亂巴菲特其他關係的既定順序，這是巴菲特一向區分得很清楚的。到了 1990 年代中期，他如何將時間分配給身邊的女人，和公眾所知完全不同。巴菲特努力避免傷害到任何人，並且繼續安撫可能對他發飆的人，不時為發出尖叫的輪子上一點油。

財富的福音

巴菲特集團 1995 年 9 月在都柏林基爾德爾俱樂部（Kildare
Club）舉行會議，巴菲特的另一群死黨也加入。由於蓋茲在
場，愛爾蘭政府將他們奉若君王。基爾德爾俱樂部高球場擺滿
了藝術品和古董，所有食物都是在當地種植、飼養，並由歐洲
的員工和主廚準備。

周遭環境雖然更為光鮮亮麗，但巴菲特集團的成員大多沒
有改變，儘管他們都已晉身富豪階級。巴菲特雖然大約一年才
見這些人一次，但他對他們還是十足的熱愛與忠誠。

在基爾德爾俱樂部的豪奢中，巴菲特送出好幾本由二十世
紀初工業家兼慈善家安德魯・卡內基（Andrew Carnegie）所
寫的《財富的福音》（*The Gospel of Wealth*）。當他慶祝六十五
歲生日，並審視他到目前為止的人生時，巴菲特重讀卡內基的
書。現在他帶領集團成員討論卡內基這本書的主題：「擁巨富
而死，是不名譽之事」。卡內基實踐這項哲學，將龐大家產幾
乎全用於全美各城鎮興建圖書館。[26]巴菲特過去一直打算把錢
留著，這樣在他辭世以後就有更多錢可捐出去。他要充分善用
他的天分，在死前繼續賺更多錢。但他想聽其他人的看法，而
且顯然他已思考過這個問題。

多數巴菲特集團的成員都高度參與慈善活動，多年來一直
鼓吹巴菲特調整原有的做法，他們樂見這場對話代表巴菲特正
重新思考自己的角色。輪到蓋茲發言時，他說，衡量成就的方
法，不就是看你能以同樣一筆錢拯救多少人嗎？他同意巴菲特
的看法：要先賺夠多的錢才有錢可捐，但蓋茲說，等他賺到一

定金額的錢後，就會將大部分的錢捐出去，以拯救更多生命。[27]

　　巴菲特基金會選擇的兩大慈善議題：人口過剩和核子擴散，是比登天還難的問題。能解決核子擴散問題的方案並不多，雖然巴菲特會盡可能撥款給他認為最能降低核戰可能性、看似可行的方法。一如往常，他用數字來分析這個問題。

　　「核子攻擊勢不可免，它是人類的根本問題。如果一年內發生某件事的機率是 10％，五十年內發生的機率就是 99.5％。但如果你可以將一年內發生的機率降到 3％，就能把五十年內發生的機率降到 78％，如果降至 1％，五十年內發生的機率就只有 40％。那是很值得達成的目標，可以讓這個世界截然不同。」

　　巴菲特認為另一個大問題，是太多的人口已使地球過度負荷。巴菲特基金會從 1980 年代起便把大多數經費投入在人口控制。巴菲特也是從數學觀點來看待這個問題。1950 年全球人口已有大約二十五億，到了 1990 年，全球人口突破五十億大關。相關的爭論主要圍繞在科技進展的速度能否趕過人口成長、物種滅絕和全球暖化的速度。巴菲特則從安全邊際的角度來看人口擴張和資源減少的問題。

　　「地球有一定的承載量，這個承載量遠遠大於馬爾薩斯的預測。另一方面，人們對於承載量多少的估算，往往會選擇偏低的數字。如果你有一艘飛往月球、足以容納兩百人的太空船，但你不知道這趟旅程要花多久時間，你可能只會讓一百五十人上船。在我們這艘太空船上，我們不知道要有多少糧食才足夠大家吃，但我們可以說地球人口如果有一百二十億，我們的平均幸福水準或生活境況不會比有六十億人口時更好。[28] 這裡有個限制存在，如果你不知道那個限制是多少，你最好選擇

穩當的做法，那是讓地球存活下去的安全邊際策略。」

出生在美國的機率

1970 年代以後，巴菲特將焦點放在提供婦女避孕和墮胎權（那是蘇珊關心的問題），以抑制失控的人口成長率，這也是當時人權組織的標準主張。[29]

「人口控制」運動領導人哈登（Garrett Hardin）的邏輯特別打動巴菲特，他在 1968 年發表文章〈公共財的悲劇〉（The Tragedy of the Commons），指出人們會濫用和破壞空氣、海洋等公共財。[30] 巴菲特採用哈登的許多原則，但拒絕採用他獨裁主義的思想，以及他所主張優生學的解決方法。哈登寫道，軟弱的人已充滿了整個地球。他認為這是「基因自殺」：「看看你四周，你有多少鄰居或同事可被稱為英雄？……去年的英雄在哪裡？斯巴達而今安在？」[31]

巴菲特認為，重返斯巴達的構想已經有人試過了，那個人就是希特勒。斯巴達人為了改良自己的人種，將軟弱或「不良」的嬰兒丟在山邊。現代優生學是高爾頓男爵（Sir Francis Galton）提出的社會哲學，高爾頓受到表哥達爾文的影響，建立「選擇性地培育人種，以改良人口品質」的理論。這個觀念在二十世紀初獲得極為廣泛的支持，直到被納粹德國的實驗敗壞名聲為止。[32] 哈登的理論並不安全，它們後來使人類被分化成幾個相互對抗的團體。[33] 巴菲特拒絕這種觀點，主張以尊重民權的方式來處理人口控制議題。

因此在 1994 年，巴菲特的關注重點從「人口控制」轉移到生育權。[34] 這項改變符合全球人口控制運動思潮的演進，女

性「不再被視為達成人口控制目標的方便手段」。[35] 巴菲特一向認為，人口問題不可能以強制方法解決。[36] 現在他又往前跨進一步，「即使世界人口極度過剩，我也不會以任何方式限制女性的生育權。即使地球上只剩兩個人，很需要生育下一代，我也不會禁止婦女選擇不生育的權利。我認為世界人口應該由被選擇生下來的人所組成。要生育多少人，不該由人口數決定，即使大家都有七個子女，我也不會照哈登所說，將生育權和人口數連結在一起。」因此巴菲特基金會支持生育權。

漸漸地，生育權、民權和人口控制的複雜性和細微差別，全都迷失在墮胎的爭議中。最後巴菲特發展出一個所謂中了「娘胎的樂透」的觀點，[37] 這個觀點對巴菲特而言意義重大。[38]

「你知道，我非常幸運。1930 年，我出生在美國的機率是五十分之一。我一出娘胎就中了樂透，因為我生在美國，換做是在其他國家出生，我的機會就完全不同。

「假設同一個子宮裡有兩個一模一樣的雙胞胎，兩個都很開朗和精力充沛，精靈對他們說：『你們其中一個要生在美國，一個要生在孟加拉。如果你生在孟加拉，將成為一個窮人，根本沒有機會納稅。你願意拿出多少收入，以求成為在美國出生的那個人？』這段故事說出一個事實：你的命運跟你生存的社會有關，而不只是受你的內在潛質影響。相信我，那些認為自己是自食其力、白手起家的人，會出更高的價錢選擇在美國出生。這就是中了娘胎的樂透。」

「娘胎的樂透」這個觀念影響了巴菲特對所有和政治與慈善行動相關的見解。**他的理想世界是，贏家力爭上游，但也會協助輸家拉近彼此差距。**他這一生看過極端不平等的情況，他

跟著民權年代私刑拷打的氣氛成長，並且一再聽人談到他出生以前所發生的法院暴動事件。或許巴菲特沒有意識到，他多年前就已放棄了他父親的自由主義傾向，[39] 在精神上回歸布萊恩（William Jennings Bryan）的民主理想主義，布萊恩曾在文章中寫到「其他階級所仰賴的階級」。

中國之旅

巴菲特在人生哲學和居住區域上甚少改變，但如果累積了足夠強的信念，他偶爾也會改弦易轍。他和蘇珊從愛爾蘭回來之後，就在溫哥華集合，展開十七天的中國之旅。巴菲特此次成行是受到蓋茲夫婦激勵，蓋茲和梅琳達費心安排，讓他有一趟愉快的旅行。蓋茲夫婦預先寄給他和其他賓客一份問卷，問他們在旅途中想吃什麼，巴菲特不想再重蹈在盛田昭夫家的經驗。「我不想吃任何中國食物，」他回答，「如果給我白飯，我會在盤子上將它移來移去，之後再回房間吃花生。請每天給我一份《華爾街日報》，如果沒有《華爾街日報》，我會非常非常難受。」[40]

巴菲特就這樣去了中國。

他們住進北京金魚胡同的王府飯店，到飯店的翡翠廳享用美味的川菜晚餐。蓋茲夫婦請雅趣旅遊公司（Abercrombie & Kent）先派人教導主廚為巴菲特製作漢堡和薯條。讓巴菲特高興的是，侍者端來一道接一道的薯條，連甜點也是薯條。

他們在北京晉見了中國總理。第三天，一行人爬上長城頂端，香檳已經在等著他們，當然還有巴菲特的櫻桃可樂。俯視著這座全球最大的建築物，它代表歷經十一個世紀的創新工

程、人力投入和中國歷史，所有人都等著巴菲特說些深奧的話。他當然會被眼前的景色所感動。

「哇，我真希望我的公司能拿到這東西的磚塊合約，」他嘲弄道。

隔天早上巴菲特跳過武術課，去參觀可口可樂工廠。翌日，他們一行人飛往烏魯木齊，從那裡搭乘火車橫越中國西北部。他們搭的可不是普通火車，因為蓋茲夫婦的精心安排，他們成為租下毛澤東主席專用火車的第一批西方人。火車沿著舊絲路行駛，一路停了幾次車，好讓他們在沙漠中騎駱駝、參觀古城和洞穴、看看西安的貓熊，並觀賞秦始皇陵的兵馬俑，據信這是地球上最大的陵墓。這趟旅行讓他們有時間長談，旅程中巴菲特和蓋茲繼續討論為何有些銀行比其他銀行好、為何零售業這麼難做、微軟的股票價值幾何等話題。[41]

第十天，他們參觀長江三峽大壩工程，然後搭上東方皇后號。東方皇后號是五層的巨大郵輪。郵輪駛進三峽的神農溪後，許多旅客穿上橘色救生衣，登上由縴夫拉動的長船。十人一組的縴夫以繩索逆流拉著一艘艘長船，而據說是處女的女孩們在一旁唱歌，鼓勵辛苦工作的男人們。

巴菲特說了一些關於處女的笑話，但是當晚在享用廣式晚餐時，他想到「娘胎的樂透」這件事。他說：「幫我們拉船的縴夫當中，本來可能有另一個比爾‧蓋茲。他們在這裡出生，就注定要這樣畢生拉著那些船隻。他們沒有機會，而我們能有發財的機會，完全是運氣。」

船隻從神農溪駛進瞿塘峽，經過農村，學童們都跑出來向奇怪的美國人鞠躬。接著船隻經過繅絲廠，行至薄霧繚繞的陡

峭山峰之間，沿著一個石造的傳統村落，緩慢而蜿蜒地走過長江，最後抵達桂林，他們在此進行灘江駁船之旅。灘江是世界上最優美的景點之一，這條原始的河流夾岸盡是數千個石灰岩奇峰，上頭有綠色植物覆蓋，就如唐朝大詩人韓愈所說的「江作青羅帶，山如碧玉簪」。蓋茲一行人之中，有許多人騎腳踏車沿著河岸欣賞 60 至 90 公尺高、保留了原始風貌的史前石柱。當駁船經過優美的松林景致時，巴菲特和蓋茲父子徵得他們太座的同意，在船上進行一小時的橋牌之戰。

當行程結束，終於抵達香港時，巴菲特拉著蓋茲一家在午夜直奔麥當勞買漢堡。「從香港一路飛回舊金山，然後再到奧馬哈，我只是不停地看報紙。」

遊歷中國多年以後，巴菲特的腦海仍一再回到那趟旅程的某個時刻，他想的不是他幾乎未曾留意的風景或是騎駱駝活動，也不是在其他人都盡心享用中國盛宴時不斷上桌的薯條大餐。他想到的是三峽大壩計畫和神農溪上的長船，但吸引他的不是唱歌的處女，而是終其一生不斷將長船往上游拉的縴夫的命運。這個影像揮之不去，讓他反覆思索人的宿命。

第 51 章

去他的灰熊

奧馬哈和康乃迪克州格林威治市，1994 年～ 1998 年

　　打完橋牌、高爾夫，結束愛爾蘭、中國之旅，1994 年時的巴菲特還是每天找尋波克夏海瑟威可以收購的股票。但要找到價格合理的絕佳企業愈來愈難。他繼續投資可口可樂，直到持有 1 億股，總計投入 13 億美元。他收購另一家製鞋公司戴斯特（Dexter），推斷市場對進口鞋的需求會衰退，這有點超出他的「能力範圍」。[1] 巴菲特也再度買進美國運通的股票。

　　不僅如此，他還想將 GEICO 其餘股份全部買下。

　　為了替波克夏買下 52％的 GEICO 股份，巴菲特和 GEICO 的董事會執行委員會主席巴特勒（Sam Butler）、新任執行長奈斯利（Tony Nicely）一度僵持不下。最後，因為巴菲特太想要 GEICO，只好以 23 億美元收購 52％股份，而且是用波克夏股票支付。雖然費了一番工夫，但巴菲特先前以 4,600 萬美元收購 GEICO 的 48％股份，讓他覺得很划算。

一個轉捩點

　　GEICO 的這筆交易象徵一個轉捩點。1994 年的美國股市延續前一年的多頭行情，一直居高不下，新上市的熱門股出奇火紅。[2] 巴菲特的科技知識其實很有限。儘管他察覺到網路的

重要，卻沒想到要 GEICO 利用網路來賣保險。對巴菲特而言，電腦只是供他接觸其他橋牌玩家的管道。就投資來說，巴菲特仍認為科技類股票的風險極高。

雖然巴菲特有時候會一時興起去冒個險，但他其實不需要下高風險的賭注。對他而言，許多年前所做的決定正利上滾利，繼續替他賺錢。雇用詹恩讓他在 1992 年安德魯颶風重創南佛羅里達州時，能夠開創「巨災再保」的新事業，巨災的承保業者收取高額保費，以應付可能發生的高額理賠。後來加州發生北嶺（Northridge）大地震，幾乎沒有業者有能力針對那種風險挹注數十億美元，但波克夏做到了。

查閱《穆迪手冊》尋找小公司的舊時代早已過去，巴菲特現在熱中的是買下整間公司。

有些人可能覺得，如果連戴斯特製鞋公司他都買，那麼任何東西都可以買。巴菲特開始後悔做了那項交易，戴斯特受到外國競爭對手的夾殺，而且消費者對購買進口鞋的興趣始終未減。但巴菲特的失誤很少，全壘打很多，最近大都會／ABC以 190 億美元將自己賣給迪士尼，波克夏就從中賺了 20 億美元，幾乎是它原始投資額的四倍。墨菲進入迪士尼的董事會之後，巴菲特透過墨菲和迪士尼有了連結。現在他在太陽谷聚會中，與可口可樂等企業的高階主管和眾多電影明星往來。巴菲特也重返《華盛頓郵報》董事會，回到他最愛的報社環境，該報現在由他最喜歡的唐納‧葛蘭姆經營。

1996 年初，波克夏股票突然漲到每股 34,000 美元，公司市值達 410 億美元。1957 年的原始合夥人要是投資 1,000 美元且未將股票賣出，現在就有 1,200 萬美元了，比兩年前又增加

了一倍。巴菲特本人的身價達到 160 億美元,蘇珊現在則擁有
價值 15 億美元的股票,但她承諾不會賣掉它們。[3] 他和孟格都
名列《富比士》400 大富豪。一度名不見經傳的波克夏現在是
萬眾矚目,這一年有五千名來自全美五十州的投資人,蒞臨波
克夏股東大會兼「折扣購物中心」。

發行 B 股

如今波克夏的每股股票價格太高了。有些人設立了投資信
託基金,藉著購買與波克夏海瑟威相同持股的股票,來抄襲投
資組合,讓人們用較小的單位購買,就像共同基金一樣。但波
克夏不是共同基金,而是一部吸進公司和股票,並吐出現金來
購買更多公司和股票,如此不停轉動的吸塵器。光看波克夏有
什麼股票就買什麼股票,並不能複製它的成功,尤其少了巴菲
特,更是行不通。

另外,這些「仿冒」基金以遠高於波克夏支付的價格購買
股票,並收取高額管理費用,他們是在欺騙投資人。現在巴菲
特內心的警察準備出擊。為破壞模仿者的計謀,巴菲特決定發
行新類型股票,每一股 B 股或「小額股」(Baby B)的價格是
A 股的 3.33%(或三十分之一)。

他覺得 B 股的構想很有趣,因此在新聞稿中寫道:「巴菲
特先生或孟格先生目前都不會以這種價格購買波克夏股票,也
不會建議親朋好友這麼做。」他又加了幾句:「不論公司決定
出售多少 B 股,現行股東的每股內在價值都不會因此而遭稀
釋。」[4]

出售無限量的 B 股,可讓波克夏的股價不會因為供不應

求而上揚。

出售自己不會買的股票，還清楚表明這點，這種顛倒的邏輯讓巴菲特樂在其中。此外，發行 B 股可照顧巴菲特的股東「合夥人」的利益，對他們而言，B 股將帶進源源不絕的現金，對他們大有好處。

沒有一位執行長做過這種事，不少媒體報導了巴菲特的誠實作為，但投資人仍繼續搶購 B 股。巴菲特認為他們很愚蠢，經常在私底下如此說。不過無可否認地，投資人的搶購對他是極大恭維，他們全是因為他而買進，如果發行失敗，巴菲特肯定會在背地裡感到失望。B 股對巴菲特來說是一樁沒有風險的交易，不論發行結果如何，他的股東贏了，巴菲特也贏了。

B 股發行後，巴菲特過去在波克夏營造的「俱樂部」氣氛永遠改變了。1996 年 5 月之後，有四萬名新持股者可自稱為股東。隔年，有七千五百人出席股東會，這些人在內布拉斯加家具賣場花了 500 萬美元採購，股東大會變成「資本家的搖滾音樂節」。1998 年的股東大會有一萬人參加。但隨著錢潮、人潮和名聲滾滾而來，巴菲特的世界發生了一項重大改變，對他和其他人都影響深遠。

現實世界的金融市場已不再局限於「華爾街」這個地方了，而是靠一部部閃爍的終端機在運作，而串連這些終端機的，是連上網路後便讓市場變得無遠弗屆的電腦。在 1980 年代被極度愚蠢的所羅門公司解雇的彭博（Mike Bloomberg）設計了一台特殊電腦，能掌握人們想要的任何一項財務資訊。它可以製作圖表、計算，提供新聞、報價；可以為擁有彭博終端機的幸運者做歷史性的比較，並且對不同公司、債券、貨幣、商品和

產業的表現進行比較分析。

1990 年代初期，彭博終端機變得無所不在，彭博的業務員連續三年打電話到波克夏，每次得到的回覆都是「不用了」。巴菲特認為每分每秒緊盯市場和電腦不是投資之道，但到了最後，連討厭電腦的他也看出來，必須有彭博終端機才能交易債券。不過彭博終端機離巴菲特的辦公室有一段距離，他從不看它一眼，那是債券交易員米拉德（Mark Millard）的工作。[5]

彭博終端機象徵新電腦化交易的時代開始了，對照之下，所羅門內部卻仍在為自己的定位而掙扎。所羅門的業務一直不見起色。1994 年，莫漢試圖重新調整員工給薪方式，讓員工和股東一起承擔風險，景氣好員工可拿到分紅，但景氣差時，員工也應分擔責任。公司有些人表示同意，[6]但這並非華爾街其他公司的標準做法，所以有三十五位資深員工掛冠求去，巴菲特對於員工不願分擔風險感到厭惡。

沒有梅利威瑟替他們爭取高額紅利，套利部門人員自己為捍衛權益而戰。巴菲特願意依業績付錢（所羅門大部分的獲利仍來自套利部門），但競爭日趨激烈，他們更難創造業績。

三條規則

套利者賭的是類似或相關的資產彼此間的差價最終將縮小，例如，他們會賭兩種幾近相同的債券，其價格最後將趨於一致。[7]市場競爭愈來愈激烈，輕鬆簡單的交易愈來愈少，為了賺錢，套利者的操作部位愈來愈大，風險也愈高，而且往往是舉債來投資。

賽馬的遊戲規則告訴我們不應該這麼做。這是很簡單的數

學道理：你有 1 塊錢，賠掉了 0.5 元，你必須用手上剩下 0.5 元的本錢再賺回 0.5 元，才能將賠掉的錢贏回來。這並不容易。一般人多半會去借 0.5 元，湊足 1 塊錢再下注，如此你只需獲利 50％（外加舉債的利息），就能損益平衡。獲利 50％比獲利 100％要容易多了，但舉債使你的風險加倍，萬一你又賠了 50％，你的資金就賠光了。因此巴菲特有一句名言說：**第一條規則，不要賠錢；第二條規則，別忘了第一條規則；第三條規則，不要欠債。**

但套利者總是假設他們對價值的估計是正確的，因此當市場走勢與他們的判斷相反，他們就只能等待時機將錢賺回來。以波動性所定義的「風險」，就是假定投資人願意耐心等待。但借錢投資的人一點時間也不能浪費，因為資金有機會成本，而且要對虧損的交易加碼，需要隨時有可動用的額外資本。

西利布蘭在不動產抵押債券上套取利差，損失了 4 億美元，金額相當龐大，他相信如果公司讓他把賭注加倍，就可將虧損的錢賺回來。巴菲特這次同意西利布蘭的看法，並且提供資金放手讓他去做，結果情況逆轉，轉虧為盈。

套利人員固然需要資金，但他們真正想要的，是梅利威瑟的領導。在所羅門復原期間，套利人員要求讓梅利威瑟鳳還巢，梅利威瑟一開始只是袖手旁觀，而莫漢也打馬虎眼，大家都知道他並不想讓梅利威瑟回來。巴菲特和孟格倒是表示同意他回來，但加上一些附帶條件：梅利威瑟必須受到監督，他可以恢復原職，但必須向莫漢報告，工作的自由度將被限縮。梅利威瑟不願意在這樣的束縛下工作，於是雙方終止談判，並在 1994 年 2 月成立他自己的避險基金長期資本管理（LTCM），

它的營運方式和所羅門的債券套利部門相同，但梅利威瑟和他
的事業合夥人可分享所有獲利。

　　梅利威瑟的舊部屬一個接一個從所羅門離開，加入他在康
州格林威治市濱臨港口的 LTCM 新辦公室。莫漢少了一些最
會賺錢的手下，他看到巴菲特正準備賣出手上的大批持股，於
是開始規畫巴菲特離開以後，該如何經營所羅門。[8]

不當領頭羊

　　巴菲特在 1996 年致股東信中表示，「幾乎所有股票」都被
高估了，每次股市走高，都是因為華爾街趕流行。就在這一
年，莫漢認為該是把「所羅門賭場」前面的「餐廳」賣給旅行
家保險公司執行長魏爾的時候了；旅行家保險公司是可以和美
林公司分庭抗禮的全球金融要角。魏爾可能為了十多年前他被
擠出消防員基金保險公司的交易，而波克夏卻得到划算的交
易，對巴菲特仍懷恨在心。他不信任「套利賭場」，卻看到「連
鎖餐廳」走向全球規模的機會。當魏爾為旅行家保險公司收購
所羅門時，一些觀察家覺得，既然所羅門在巴菲特底下沒有好
表現，魏爾會為了擊敗巴菲特而好好經營所羅門。對於魏爾買
下所羅門的決定，巴菲特稱讚他是為股東創造價值的天才，[9]
旅行家保險公司支付 90 億美元給所羅門，也讓巴菲特得以脫
離這個大有問題的投資。[10]

　　梅利威瑟知道巴菲特喜歡擁有賭場，他和一位夥伴前往奧
馬哈，為將在 1994 年 2 月成立的 LTCM 募集資金。他們到葛
拉滋牛排館吃招牌晚餐，梅利威瑟一邊吃牛排，一邊拿出一個
時程表，讓巴菲特看看發生各種結果的可能性，以及 LTCM

可能會賺或賠多少錢。在他規畫的策略下，LTCM 需要的資金至少是該公司資本額的 25 倍，並且是從數千筆交易中賺取微小價差。LTCM 預期的最高損失是總資產的 20％，但發生這種情況的機率低於 1％。[11] 沒有人認為會有比這更高的虧損機率。

LTCM 名字裡的 Long-Term（長期）出自「投資人會被長期套牢」的事實。梅利威瑟知道，萬一他開始賠錢，投資人就必須按兵不動，直到轉虧為盈為止。但有這麼高的財務槓桿，再加上不可能完全免除風險，讓巴菲特和孟格很不安。

「我們認為他們是非常聰明的人，」孟格說，「但我們對當中的複雜度和財務槓桿有點戒心，也很小心不讓自己被當成有意投資的人選。我們知道，如果我們參與，其他人會跟進。」孟格認為 LTCM 想把波克夏當作「領頭羊」。「領頭羊會帶領其他動物走進畜欄接受宰殺，」他說，「山羊可以活十五年，但跟牠走的動物每天會有一隻被殺，山羊其實是背叛了牠們。不是我們不欣賞 LTCM 那些人的智慧，但我們不能那麼做。」[12]

LTCM 每年向客戶收取 2％的管理費，並對賺得的獲利收取 25％的費用。客戶因為這家公司的名氣而投資，LTCM 募集到 12.5 億美元，成為有史以來最大的避險基金新創公司。前所羅門套利部門的老班底現在密切合作，不受外界干擾，也不必再和其他寄生於所羅門的部門分享獲利。事實上，該公司成立的前三年因投資資金增加了四倍而聲名大噪，到 1997 年底已累積 70 億美元的資本。之後，新的避險基金紛紛成立，競爭升高壓低了 LTCM 的獲利，梅利威瑟將 23 億美元還給投資人，留下的資本是市場所能消化的全部金額。現在 LTCM

管理的資產超過 1,290 億美元（債務也差不多是這個金額），
而它的資本只有 47 億美元，其中將近一半屬於合夥人；這些
合夥人拿籌措到的資金去賺錢，再向客戶收取費用，並將所得
再投入 LTCM 中，幾乎是在複製巴菲特累積財富的模式。[13] 儘
管五十歲的梅利威瑟個性害羞，但公司的卓越名聲，讓他和他
的公司趾高氣揚。他的合夥人充分利用公司的地位，向客戶、
五十幾家放款銀行，以及經紀商提出強硬的交易條件（有時候
這幾方會是同一家公司）。

全球金融界大多數基金經理人的目標，是打破巴菲特的紀
錄。有些人認為梅利威瑟對巴菲特有一股不自覺的怨氣，因為
巴菲特在所羅門沒能保護他，之後又沒有把他找回去。[14] 但不
為外人所知的是，LTCM 其實看空波克夏，理由是相對於它所
持有的股票價值，波克夏的股價過高。[15] 不僅如此，LTCM 還
設立一家稱為「魚鷹再保」（Osprey Re）的再保險公司，此名
稱源自該公司大樓外噴泉裡那隻將爪子插入獵物軀體中的魚鷹
銅雕。魚鷹再保提供地震、颶風和類似天災的保險，換言之，
這家公司跨進了詹恩的巨災再保領域。在保險業的高速公路旁
充滿了失事車輛的殘骸，生性謹慎的巴菲特早年也曾有一、兩
次差點無法脫身。每次有新手上路，最好先把鑰匙交給拖吊
車，以防萬一。

看到 LTCM 荷包滿滿，許多人在隨後幾年也爭相仿效。
到 1998 年初夏，債權人開始發現，不能太樂觀相信這些債務
人都會償還債務。當利率走高之後，LTCM 的競爭對手開始拋
售風險較高的部位，此舉促使價格下跌，並引發拋售潮。但
LTCM 逆向操作，出售最安全的資產、買進風險最高但相對較

便宜的資產。它的複雜模型顯示,金融市場經過一段時間會愈來愈有效率,因此高風險資產的價格會和比較安全的資產價格趨於一致。LTCM 最大的一些交易全都建立在這項推測上:市場會逐漸恢復穩定,亦即當市場反彈時,它會在較小的弧形區間擺盪,從歷史來看也是如此。但歷史也顯示,「通常」並不代表「永遠」,LTCM 知道這點,所以它把投資人的資金鎖得夠久,以確保安全。

但在 1998 年 8 月 17 日,俄羅斯突然宣布延期償還政府債務,意思是他不會還錢了。投資人紛紛拋售手邊持有的投資組合。一名基金經理人曾警告 LTCM,用大量交易套取微利的策略,就像「在推土機面前撿小錢」。[16] 如今 LTCM 突然發現推土機擁有法拉利的強力引擎,而且正以每小時 130 公里的速度衝向他們。

8 月 23 日星期日,「我正在電腦上打橋牌,電話響了,我拿起話筒,是 LTCM 的洛森費打來的。」巴菲特喜歡洛森費,他現在被梅利威瑟指派去處理公司在併購套利的部位,以削減投資組合的規模。「我很多年都沒有洛森費的消息,他語帶恐懼,開始說到要我將 LTCM 價值 60 億美元的股票套利部位,全部承接下來。他們以為股票套利只是做做數學運算。」[17] 巴菲特本能地以巴式風格回應洛森費,「我只對他說,我會承接部分,但不是全部。」

幾天後,市場的震盪讓 LTCM 喪失一半資本,合夥人花了一星期時間找遍資料庫裡的所有人脈,試圖籌募資金,以免在 8 月 31 日必須向投資人報告這個噩耗,結果卻徒勞無功。現在他們同意讓超級理性主義者西利布蘭到奧馬哈拜見巴菲

特，告訴他 LTCM 的現況。西利布蘭在華爾街的綽號仍然是
「紅利 2,300 萬的男人」。

　　隔天，道瓊工業指數在《華爾街日報》所謂「全球保證金
追繳」（global margin call）壓力之下跌掉 4％，投資人恐慌拋
售。巴菲特到機場接西利布蘭，載他回奇威廣場大樓。

　　西利布蘭為了增加他個人在 LTCM 的投資，大量舉債，
在 LTCM 本身的槓桿操作之上再加倍做槓桿操作。他向巴菲
特說明公司持有的每一個部位，並且強調他正提供巴菲特一個
天大的好機會。[18]「他要我挹注資金，他說了七、八個大型的
基本部位，我知道這些部位的關係和價格出了什麼問題。我愈
聽愈感興趣，因為這些是很棒的關係和價差，但他卻提出一個
對我來說並不合理的交易條件。他們自以為有時間把手上的牌
打完，但我對他說不，就這樣。」巴菲特告訴他，「我不投資
別人的基金。」[19] 他只想擁有別人的基金。

　　而 LTCM 不想將公司出讓，只希望有人投資，它差點要
去找其他人談，但後來又打了退堂鼓。[20] 到了 8 月底，LTCM
得向投資人報告，由於出現歷史上罕見的股災，以及債市幾近
歇斯底里的害怕風險，使該公司虧損達 19 億美元，幾乎是全
部資本的一半。[21] 因為數學模型認為 20％的虧損是百年難得一
見的事件，這次情況就像紐約突然遭受四級颶風侵襲一樣，發
生機率非常低。梅利威瑟在致投資人信中說：「一般相
信，此時這些投資所布下的機會，將為公司創造有史以來最好
的機會……我們將提供您以優惠的收費條件投資本基金的機
會。」[22] LTCM 似乎以為它能籌到資金，等待危機結束，並從
逆轉的情勢中獲利。但由於它過去一直高度使用財務槓桿操

作，它無法等到那一天。LTCM封閉的企業文化和多年來的任性作為，讓合夥人看不見一個事實：投資人一定要擁有掌控權，才肯出資挽救他們的公司。

巴菲特讀到梅利威瑟這封信的當天，寫信給一位同事，並且轉寄了梅利威瑟的懇求，上面寫著：

> 隨信附上一個特別的例子，可說明如果有下列情況，會發生什麼事。當你有：(1) 十二個平均智商 160 的員工；(2) 他們在此專業領域的工作經驗加總起來有 250 年；(3) 他們將公司淨值的極高比例用於營運上；(4) 運用大量的財務槓桿。[23]

巴菲特說，任何東西乘以零都是零。資產全損後的價值只剩「零」，不論出現全損的機率有多微小，如果你一直下注，風險就會累積和倍增。只要有可能出現「零」，而你持續下注的時間夠久，遲早會出現這種結果。[24] 但LTCM根本未曾估計資產損失超過20%的風險，更遑論資產全損的風險。

天才殞落

9月份餘震不斷，LTCM拚命尋找資金，現在它已經虧損60%的資本。其他經紀商開始放空他們所知LTCM擁有的部位，因為了解LTCM必須賣掉那些部位，此舉更促使價格走低。投資人紛紛逃離具有風險的市場、轉進安全的市場，他們甚至說，他們從不認為LTCM的數學模型可行，因為這些模型並不合理。LTCM向高盛招手，高盛以合夥人身分進駐並買

下該公司一半股權。它需要 40 億美元來度過難關，卻很難籌
到這筆錢。

　　高盛和巴菲特接觸，想了解他有沒有興趣提供援助。他沒
有興趣，但他會考慮和高盛合作買下 LTCM 所有的資產和債
務組合，只要他們合作，就有足夠的實力等待危機結束，並明
智地賣出持有的部位來賺取獲利。不過巴菲特有個條件：他不
要梅利威瑟。

　　LTCM 的債權人包括波克夏的一家子公司、波克夏的債務
人、波克夏債務人的債務人。「衍生性商品就像性愛，」巴菲
特說，「問題不在於我們和誰睡，而在於他們和誰睡。」就在
這個週五，巴菲特動身前往西雅圖和蓋茲一家人碰面，並將展
開從阿拉斯加到加州的十三天「淘金之旅」。這時候他打電話
給一個經理人，並告訴對方：「不要聽信那些沒有提出抵押品
或被追繳保證金的人所說的藉口。別聽信任何藉口。」[25] 他是
指，如果像他兒子霍華那樣的佃農晚一天付租金，就沒收他們
的農場。

　　隔天早上，巴菲特、蘇珊、蓋茲一家人和其他三對夫婦飛
到朱諾市（Juneau），接著搭乘直升機俯視冰原，他們緩慢行
駛於峽灣間，觀賞巨大的藍色冰山，以及從 915 公尺高的懸崖
墜落的瀑布。但當天傍晚，巴菲特雖然一直禮貌地坐在船上觀
看冰河的幻燈片簡介，他的心卻始終掛念著高盛是否能一起出
價收購 LTCM。掠奪性賣家拚命摜壓價格，讓 LTCM 變成雪
茄屁股，巴菲特的投資生涯裡，從未見過收購這麼大批不良資
產的機會。

　　隔天，蓋茲一行人在海水退潮時上岸觀看時常出沒於派克

河（Pack Creek）的數百隻棕灰熊。這時高盛主管寇賽（Jon Corzine）打衛星電話給巴菲特，但一直被切斷。「電話不通是因為船兩旁這些 800 公尺高的石牆擋住訊號。船長指著熊說，你看，那裡有隻灰熊。而我說，去他的灰熊，讓我們回到我可以接聽衛星電話的地方。」

兩、三個小時過去，巴菲特仍無法與外界聯絡，其他人為了觀賞座頭鯨，花了整個下午越過弗列得瑞克灣（Frederick Sound）。寇賽在紐約焦急不安，直到他與巴菲特恢復短暫的接觸。就在當天傍晚，巴菲特順從地跟著同伴們跋涉去看阿拉斯加海洋野生動物的幻燈片秀時，寇賽推測他可以出價，只要這項投資不涉及梅利威瑟，而且不是由他控管。

週一，寇賽仍聯絡不上巴菲特，他對於能不能出價愈來愈悲觀，於是和聯準會負責管理交易活動的費雪（Peter Fisher）討論，兩人一起找 LTCM 的債權人協商共同紓困。這讓人們又開始寄望聯準會降息。

與此同時，LTCM 又虧損了 5 億美元。銀行清查它的帳冊，用他們找到的問題來攻擊它。[26] 現在 LTCM 只剩不到 5 億美元資金，諷刺的是，它在一年前為了增加合夥人的持股而付給投資人 23 億美元，如果它還擁有那筆錢，或許就能夠靠自己脫困，現在反而落到每 1 美元資本就欠下 100 美元債務，這是任何神志正常的債權人都不樂見的比率。

巴菲特正在前往蒙大拿州波茲曼市（Bozeman）的途中，但寇賽那天早上聯絡上他，並徵得他的同意，要找來擁有衍生性商品事業的大型保險公司美國國際集團（AIG）加入收購行動。AIG 董事長葛林伯（Hank Greenberg）與巴菲特關係良好。

AIG 擁有可以取代梅利威瑟的經驗和團隊，而且葛林伯的強勢將抵銷巴菲特的勢力，這樣梅利威瑟可能比較願意接受巴菲特的出價。

　　隔天早上，四十五位銀行家應邀赴聯準會，討論如何對這個過去四年不斷欺凌他們的客戶，提供緊急援助。這次 LTCM 再度牽制他們，因為如果它倒地不起，其他避險基金也會跟著遭殃，而一旦形成骨牌效應，全球金融危機將不可避免，成為所羅門的翻版。這也是巴菲特和孟格從 1993 年波克夏股東會就一再提出的警告。有些銀行擔心，若不對 LTCM 伸出援手，自己也難倖免，因此他們別無選擇，只能對 LTCM 挹注更多資金，但這些資金將只用來償還該公司的債務。寇賽告訴銀行家們，巴菲特也要出價，但即使這樣做可協助債權銀行脫身，巴菲特要進場買下 LTCM 的消息影響並不大。不知怎麼的，巴菲特總是會贏，這點讓人們很厭煩。紐約聯邦準備銀行總裁麥唐諾（William McDonough）打電話給巴菲特，想了解他是不是認真的，當時巴菲特正準備搭乘前往黃石國家公園的巴士，他告訴麥唐諾說，是的，他準備出價，而且一經通知就會這麼做。他不知道為什麼當波克夏、AIG 和高盛等私人買家正準備解決整個問題，根本不需要政府協助時，聯準會卻在協調紓困。他用收訊不穩的衛星電話在紐約時間十一點左右打給 LTCM，他準備出價買下整個投資組合。

　　「我不想讓巴士等著，所以我繼續上路，真要命。」

　　一小時後，高盛傳真一頁文件給梅利威瑟，提議用 2.5 億美元收購 LTCM 的基金，交易條件之一是梅利威瑟和他的合夥人都得離開這家公司。如果梅利威瑟接受，AIG、波克夏和

高盛會對該基金另外投入 37.5 億美元，其中波克夏的資金占主要部分。為了不讓 LTCM 有提高價碼的可能，巴菲特只給他們一小時的時間做決定。

那時 LTCM 的資本只剩 5 億多美元，巴菲特的出價不到這個金額的一半。付清債務和虧損之後，梅利威瑟和他的合夥人都會被解雇，他們將近 20 億美元的資本也會消失。但這份由高盛草擬的文件有個錯誤，它提議要購買 LTCM，而不是它的資產，而梅利威瑟知道巴菲特要的是資產。梅利威瑟的律師說，他需要徵詢合夥人同意，是否要將整個資產組合而非只有將公司賣出去。[27] LTCM 要求提供臨時緊急投資擱置同意書的憑據，但他們打不通巴菲特的電話。後來巴菲特說，如果他們當時聯絡到他，他就能拿下這筆交易了。巴菲特在黃石公園不斷撥打衛星電話，試圖找到高盛的寇賽和 AIG 的葛林柏。電話打不通，他不知道紐約那邊到底發生了什麼事。

LTCM 的人不知道銀行家們商議得如何。麥唐諾在會議中左右為難，他看到波克夏、高盛、AIG 聯盟的提議，卻遲遲不見他們成交。當有一個可行的私人收購計畫攤在桌上，政府就沒有理由協調紓困計畫。最後麥唐諾告訴在場的銀行家，另一項收購計畫因為「結構性因素」而流產。巴菲特並不在場，沒辦法反駁。聯準會安排十四家銀行共同捆注 36 億美元接管 LTCM，只有貝爾斯登銀行拒絕參與，此舉引來其他家銀行的長久敵視。梅利威瑟的手下為自己的出路談定了一項協議，條件只比「簽約去當勞役」稍微好一些。[28]

巴菲特當晚在湖濱飯店（Lake Hotel）得知事情經過，他覺得梅利威瑟並不想把公司資產賣給他，如果他想賣，就會找

出方法。就像 LTCM 一位合夥人說的，也許梅利威瑟在意的是：「巴菲特只在乎他的聲譽。因為所羅門醜聞的緣故，他不能被人看到他和梅利威瑟共事。」[29] 梅利威瑟從紓困計畫中得到的條件，絕對比巴菲特提供的條件好。

隔天，巴菲特腦子裡還在想著是否有解套的方法。蓋茲暗自安排了一個餘興節目，他們下午很早便抵達蒙大拿州利文斯頓市（Livingston），在準備搭乘蓋茲租下的私人火車（由光潔木頭和發亮皮革裝潢的九節車廂）時，歐斯柏格和低調的電腦程式設計師兼橋牌玩家吉妥曼（Fred Gitelman）已經在火車上等著他們，稍早蓋茲派專機去接他們過來。當其他人都為風河峽谷的懸崖和瀑布讚嘆不已時，蓋茲等四人撤退到有著透明圓頂的上層休息室，準備進行十二小時的橋牌馬拉松。壯麗的風景一幕幕過去，巴菲特的電話偶爾會響起，他和紐約一位友人討論 LTCM 的事，試圖想出辦法來阻止銀行的紓困計畫，但最後沒有談出結果，[30] 或許橋牌讓他分了心。

隔天早上打完最後一回橋牌後，火車停下來，讓歐斯柏格和吉妥曼在丹佛下車。接下來幾天，當火車緩緩穿越大峽谷、駛向納帕谷時，巴菲特從報紙上看到援助行動的報導，逐漸接受無法參與的事實。

道德風險

當年監管機關基於種種因素考慮讓所羅門倒閉，如今不過事隔七年，聯準會卻史無前例地介入市場，準備協助一家私人投資公司脫困，以杜絕類似事件發生。後來聯準會在七週內降息三次，以免這個金融災難癱瘓了整個經濟。沒有人可以確定

這類事件不會再發生，但此後股市像狂嘯女妖般起飛。[31]
LTCM 的合夥人和大多數員工為了軋平基金的部位，以及償還
大多數緊急債權人的債款，只拿 25 萬美元的年薪，和以往動
輒數百萬美元的年薪不可同日而語。[32] 負債 2,400 萬美元的西
利布蘭淚流滿面地簽下雇用合約，[33] 他們大部分人後來都有很
好的工作。梅利威瑟捲土重來，帶著一些手下成立了一家規模
較小、使用較低槓桿操作的基金。人們批評，LTCM 的合夥人
差點讓整個金融體系大亂，但他們卻沒有受到處罰，全身而
退。而巴菲特認為，那是他生平錯過的大好機會之一。

洛森費很有眼光，或許當世界開始瘋狂時，數學模型便失
效了，這時候你需要有的是大筆資金，就像波克夏海瑟威所能
提供的。畢竟如果要以千億美元為單位來下注，或要冒更大的
險，你需要有夥伴或甚至是父母，為你挹注大量資金，讓你免
除因融資所帶來的負擔，就像是在暴風雨中為你撐起一把大保
護傘。[34] 這表示或許讓波克夏這類公司擁有 LTCM 比較好，但
那就代表 LTCM 的人得放棄所有權。魚與熊掌不可兼得，你
要波克夏冒風險和挹注資金，就要給它賺頭。

除此之外，將風險推給別人承擔，卻不想放棄報酬，這也
是不切實際的想法。但這種觀點後來逐漸普遍，並開始支配
1990 年代末期的金融市場，假以時日，將產生深遠影響。

我們對於美國央行援助私人投資公司的行動，很難有太好
的評價。不管避險基金的規模有多大，如果因為規模太大就不
能讓它倒閉，將來政府又怎麼會讓大型金融機構倒閉？政府冒
險為私人機構提供保護，[35] 但當時幾近崩潰的衍生性金融商品
市場最終未有嚴重後果，後來市場的表現也讓人覺得似乎不可

能發生嚴重的後果。這種「道德風險」（moral hazard）是監管
機關長期以來的憂慮，但世上總有很多喜歡冒險的人。巴菲特
在談交易時冷靜理性得近乎冷血，但多數人在大多數時候都是
憑衝動行事，連他的家人也不例外。

第 52 章
火腿三明治
伊利諾州迪卡土和亞特蘭大，1995 年～ 1999 年

　　霍華十天來都忙得團團轉，因為 ADM 一位神經質的經理惠艾克（Mark Whitacre）突然對他坦承，自己是 FBI 派來臥底的探員。惠艾克告訴他，FBI 準備在週二晚上六點到他家進行查訪。

　　霍華很害怕，但願意全力配合 FBI 調查。全國有三百名 FBI 探員正在查訪相關人員，調查 ADM 一種用於雞飼料的產品「離氨基酸」（lysine）涉及價格壟斷的案情。當晚，幹員出現在他家，詢問相關事宜。霍華說他不信任 ADM 的執行長杜恩・安卓亞斯。[1] 前一年秋天，霍華奉命招待一位眾議員，他認為這有道德爭議，卻反而被杜恩臭罵一頓，不過他完全不清楚價格壟斷這回事。

霍華捲入弊案

　　FBI 探員一離開，霍華就打電話給他父親，連珠砲似地問：「我該怎麼辦？我不知道真相，我怎麼知道這些指控是不是真的？我的名字印在每一篇新聞稿上，我該不該辭職？」

　　巴菲特按捺著不去點破。三個孩子裡，只有霍華進了企業的第一份工作就碰上被 FBI 調查這種事。他要霍華自行決定

是否繼續待在 ADM。巴菲特只提供一項建議：霍華必須在二十四小時內做出決定。巴菲特說，如果你二十四小時內沒脫身，就會變成和他們一夥，到時候想走也來不及了。

第二天霍華進公司遞出辭呈，並告訴法務長，如果以後他的名字又出現在新聞稿上，他將對公司提出告訴。辭去董事職務是一件大事，因為董事辭職就像在告訴大家這家公司一定有罪。ADM 的人為難霍華，希望他三思而後行，要他不能未審先判，但他堅持走人。[2]

辭職讓霍華逃過一場災難。ADM 的案子是美國史上最大的價格壟斷案，副董事長麥可·安卓亞斯等三位高層主管都因此鋃鐺入獄，[3] ADM 付出天價的罰款才得以與政府和解，公司信譽受到重創，醜聞陰影糾纏多年揮之不去。

不過這個無妄之災還是害霍華失業了，蘇珊擔心他，也不放心即將和格林柏格離婚的蘇西。她說服巴菲特創立一項慣例：每隔五年送孩子 100 萬美元做為生日禮金，從當年開始實施。巴菲特不但同意，還因為開創這項傳統而得意洋洋。他對金錢的態度大幅放寬，蘇珊的零用金額度大為提高，巴菲特還聽她的話，在拉古納那間他們稱為「宿舍」的房子隔壁又買了另一棟，讓來訪的兒孫和客人有地方可住。[4] 蘇珊在太平洋高地的公寓要爬很多樓梯，沒有電梯，但是視野絕佳，可以遠眺金門大橋和阿卡崔茲島；現在整修之後，白牆光可鑑人，還鋪上她最愛的金黃色地毯。房裡幾乎每吋空間都點綴著小藝術品，有些是她買的，或從旅途蒐集得來，也有些是朋友所饋贈，林林總總掛了一牆，還塞滿她的櫥櫃和抽屜。

這些裝飾讓訪客眼花撩亂，有人覺得色彩繽紛，正巧妙反

映了蘇珊的個性，有人則認為雜亂無章，像是蒐集狂的倉庫。蘇珊總是嚷著需要更大的空間，她說服巴菲特替她買下那棟樓的底層做為第二間公寓，另外她還在舊金山地區租倉庫，好存放她日積月累的收藏。

蘇珊對重病親友的照顧也和她的收藏品一樣有增無減。1990 年代她全心投入照料愛滋病患者的工作，她也照料癌末的多蒂。多蒂過去經歷不少折磨（酗酒、健康和婚姻問題、兒子比利之死），蘇珊一直陪在旁邊，現在她也待在奧馬哈照顧姊姊，陪她走完生命的最後幾個月。後來多蒂撒手人寰，這是自外甥死於服藥過量之後，蘇珊遭逢最重大的喪親之痛。

1996 年夏天，麗拉以九十二歲高齡過世，蘇珊協助巴菲特處理他母親的後事。即使到了晚年，麗拉對家人的苛責從未停止，照舊給多麗絲難堪，不管是打電話或登門拜訪都能劈頭罵上一個小時，多麗絲總是會落淚，最後不忘說句「很高興能和妳聊聊」。巴菲特則將大多數的照顧工作都交給女兒蘇西。他談到蘿絲‧布朗金的次數比談到他母親多。艾絲翠和歐斯柏格帶他去探望麗拉時，他會緊張得手足無措，兩個女人和他母親說話時，巴菲特總是坐立不安，沒有加入談話。麗拉晚年的記憶力減退，她的故事大多停留在那三十八年半與霍華共度的美好時光，以及另一件似乎在巴菲特嬰兒時期就縈繞她腦海的事：「小林白的死是不是很讓人遺憾？」她經常這樣說。

永恆的遺憾

麗拉過世當天正好是巴菲特六十六歲生日，後來家族齊聚參加喪禮，大家雖然悲傷，但心中百感交集。就算大家都希望

她的性格如果不是這樣就好了，但這層希望也只能隨著她一起長眠地底。

「我母親過世時，我哭得很厲害，不是因為難過與思念，而是覺得太不值得。她有很好的優點，但是另外那些不好的部分卻讓我難以跟她建立關係。我父親和我從未談到這點，但事情不該是這樣的，真的很不值，我很遺憾。」

父母俱逝後，巴菲特成為家族裡的長者，是接下來最接近生死界線的那個人。但是麗拉過世衝擊最深的是巴菲特的姊妹，她們發現自己居然從母親那裡繼承了為數可觀的波克夏股票，遠超過她們原有的持股，另外還加上巴菲特多年前為父親設立信託基金的第一次配股。

巴菲特的姊妹現在成了富婆，他自己的兩個孩子有了百萬美元生日禮金，手邊也有一些錢。巴菲特從未要求蘇珊提供帳目列舉她的大筆捐款，但他不免搔頭納悶她到底把錢用到哪兒去。贈與子女的禮金涉及稅務問題，所以蘇珊得提出贈與的明細資料給巴菲特。巴菲特一直對蘇珊的慷慨引以為傲，只不過他對那些贈與對象並非個個滿意。現在他對她送出的幾筆大錢尤其不滿，因為這些贈與顯然違反了他對他們婚姻本質的認知。他認為她已經結束另一段關係，事實確實也是如此，而且他個人生活的複雜程度和蘇珊的生活有異曲同工之妙，但無論如何，他還是很不高興。

他們後來討論了蘇珊的遺囑。夫妻倆對於她的哪些朋友應該獲贈遺產，有很大的歧見，但最後還是巴菲特說了算數。之後，他的浴缸記憶發揮作用，他們之間的任何不愉快已經消失，蘇珊回復成他理想的模樣，因為他需要她如此。

巴菲特對蘇珊贈與朋友財產的問題很堅決，但是她在贈與
子女金錢的問題上大幅緩和了他的立場，他不僅願意在他活著
時每幾年給他們 100 萬美元，而且還準備在他死後留給他們一
大筆錢。[5]

霍華仍住在迪卡土，用他的第一筆百萬生日禮金在當地購
買一座占地 364 公頃的農場，現在他有兩座農場，其中之一完
全屬於他。在 ADM 訴訟裁決之後，基奧建議霍華進入可口可
樂企業（Coca-Cola Enterprises）的董事會擔任專業董事。

可口可樂企業是大型的可樂裝瓶公司，由身為可口可樂客
戶的小型裝瓶業者共同組合而成，他們購買可口可樂製造的糖
漿濃縮液，混合氣泡水之後加以出售。他們是中間商，因此與
可口可樂的關係十分重要，彼此都需要對方才能生存。

巴菲特的好友唐納・基奧現在擔任可口可樂總裁，他的老
闆可口可樂執行長，是出身古巴貴族後代的古茲維塔（Roberto
Goizueta）。古茲維塔利用「就是可口可樂」（Coke Is It）和「我
要請全世界喝瓶可樂」（I'd like to buy the world a Coke）等口
號創造了全球最知名的品牌，在商業界備受尊崇。巴菲特認為
可口可樂已是一個獨立自主的企業，也很佩服古茲維塔能將可
口可樂推升到現在的地位。

董事會的限制

1997 年，蓋茲、巴菲特及古茲維塔一起參與太陽谷的一
場專題討論，主持人是唐納・基奧。

「我以前常和比爾說『火腿三明治也能經營可口可樂』之
類的話。比爾那時還未經商場洗禮，所以當我們在這個討論會

上，就在觀眾前面，比爾說了一些類似『經營可口可樂相當容易』的話，」巴菲特說。

「我想說的是，可口可樂是一家很棒的企業，」蓋茲說，「我還說，我準備在六十歲之前從微軟退休，因為這一行競爭激烈，需要一位年輕人來因應時勢轉變。但我突然想到，微軟對我來說是充滿刺激的公司，於是我一定說了『跟可口可樂不同……』之類的話。

「古茲維塔認為我是高傲自大的小鬼，以為自己每天都在推動著複雜的大策略，而經營可口可樂的人就中午下班去打高爾夫。」[6]

巴菲特說：「古茲維塔從那時起就討厭比爾。」

巴菲特避開科技股，有部分是因為這些企業日新月異，絕不可能交給「火腿三明治」經營。他認為一家企業由「火腿三明治」經營也沒什麼好丟臉，他希望波克夏公司也能由「火腿三明治」管理，但要等到他死了以後才行。

不過到了1997年，可口可樂開始設定目標，展現旺盛企圖心，公司需要許多金融工程來達成目標。

「古茲維塔做了很多了不起的事，我喜歡這個人，但是他承諾的數字無法兌現，因此作繭自縛。他說成長率要有18%，但大公司的長期獲利成長率不可能一直維持這麼高，短期內是可行的，但不可能永遠保持下去。

「我記得他跟我們說要如何使盈餘更為穩定，也就是加上買賣裝瓶公司的利潤，他希望財務委員會相信這是未來的經營之道。

「他們付給裝瓶公司的價格真是太誇張了，我想問財務長

這些問題。但是古茲維塔早上十點召開董事會，中午就結束，這種氣氛讓人無法提出問題，你會覺得，已經中午了，不停拋出議題或是拉長討論可能會讓會議拖到下午一點，這樣做實在很失禮。他不是那種會接受提問的人。有些人有那種風度，如果有這樣的風度，又願意廣納建言，兩者的結合就很完美。」巴菲特不只是以和為貴；在他那個年代，董事會議就像一種社交活動，一切以服從和禮貌為基礎。1998 年時，全美國的董事會文化就是如此，這種文化反映了一項現實：董事會的結構讓董事們對管理階層幾乎沒什麼影響力。

「身為董事，你不能告訴管理階層要做哪些事，你在媒體上看到關於董事會制定策略的報導都是一派胡言。董事其實什麼也做不了，如果執行長認為董事夠聰明且站在他那邊，他多少會聽進去一些，但絕大多數時候，他會照自己的意思去做。聽好，這就是我經營波克夏的方式。我認為古茲維塔喜歡我，但他並不需要我提太多意見。」

巴菲特從沒聽過可口可樂發生任何重大失誤，所以也沒想過要採取辭去董事職務的激烈動作。

到了 1990 年代中期，古茲維塔和他的財務長依維斯特（Doug Ivester）繼續讓可口可樂從裝瓶公司得到更龐大的利潤，以維持盈餘快速成長的假象。1997 年古茲維塔宣布罹患肺癌，幾個月後就驟然過世，董事會、公司和投資人都同感震驚。董事會對古茲維塔言聽計從，似乎未考慮其他人選，就直接任命古茲維塔的欽點人選接班，也就是粗魯愛拍桌子的依維斯特。[7]

巴菲特喜歡依維斯特，也希望他成功。在古茲維塔領導

下，他讓巴菲特進帳不少。他那種處於劣勢也不屈服的堅毅精神，讓巴菲特很欣賞，而且巴菲特還斷定，玩弄會計花招的事應該算到古茲維塔頭上，而不是依維斯特的責任。

從盈餘動手腳顯然有效。可口可樂股票以每股 70 美元成交，而波克夏的股價隨著股市上揚，從 1997 年 6 月的 48,000 美元，九個月後上漲到 67,000 美元。股市愈是走高，巴菲特就愈難投資，但波克夏股價也愈漲愈高。這毫無道理，唯一的理由是波克夏持有的股票隨著股市一起高漲。巴菲特在股東大會上告訴投資人：「現在就是我們所謂的艱難時期。」8

巴菲特現金太多，但欠缺好的投資標的，於是他替波克夏買下耐捷包機公司，9 這家公司出售飛行時段，旗下有各種機型和大小的噴射機，機尾以 QS（即 Quebec Sierra）開頭的數字編號。1995 年，蘇珊讓巴菲特買了耐捷某架噴射機的四分之一所有權給她，等於是一年兩百小時的飛行時數。她將此飛機命名為「受之無愧號」（The Richly Deserved），10 還打趣說 QS 代表蘇珊女王。巴菲特非常中意耐捷，甚至在買下它之前就親自在廣告中為它代言。他賣掉公司專機「站不住腳號」，成為耐捷的客戶。但表面上看來，這項交易決定得相當反常，這位決策者一年後會告訴太陽谷的大亨們，當年應該要有人「把駕駛飛機的奧維爾射下來」。

不過這項收購背後的原因似乎很合理。耐捷在市場上占有優勢，巴菲特認為這個市場跟報業一樣，只有第一，沒有第二，將是贏者通吃的局面。11 耐捷的成長速度比競爭者快，巴菲特對耐捷執行長山圖里（Richard Santulli）很好奇，山圖里是具備創業精神的數學家，以前曾待過高盛，用數學上的混沌

理論（chaos-theory）算出交易模式。現在他利用同樣的技術，按照客戶出發前六小時才發出的通知來安排航班，他的資料庫中滿是名人的資料。於是巴菲特認識了另一批名流，包括阿諾‧史瓦辛格和老虎伍茲。

投資人為巴菲特收購耐捷喝采，但對於他幾乎同時宣布將收購龐大的通用再保險公司（General Re）感到震驚，這家公司從其他保險業者那裡買了過多的風險。這項交易耗資 220 億美元，比耐捷的交易高了將近三十倍；巴菲特過去最大的一筆交易是買下 GEICO，但這次買通用再保的手筆之大，讓 GEICO 的交易相形失色。[12]

最大的手筆

巴菲特和通用再保管理團隊見面時表示：「我完全不管事，你們做你們的，我不會干涉。」然後他突然滔滔不絕講起 GEICO 的數字。「上週它的數字是……」不會吧！通用再保的首席保險師（chief underwriter）蒙卓斯（Tad Montross）心想，這叫不管事？他對 GEICO 的了解，超過我們對自己公司的了解。[13]

巴菲特不太清楚通用再保的內部運作。他決定收購，是因為他研究了該公司的業績，而且他喜歡它的信譽。可是呢……從巴菲特購買保險公司的模式來看，幾乎每一次他買下它們不久，公司就直接栽入谷底，加上這項交易的規模龐大，拖吊車的隆隆聲似乎已隱約可聞。

但引人矚目的是巴菲特付給通用再保的高價，而且是以股票而非現金支付，也就是以波克夏 20％的股票交換通用再

保，在宣布這宗收購案當天，波克夏股價創下當時的歷史新高，達到每股 80,900 美元。大家都在懷疑，股價到達前所未有的高點之後，巴菲特還願意出讓股票，是否表示他也認為波克夏被高估了。[14] 巴菲特一直都對波克夏緊抓不放，把股票轉給通用再保的股東，會稀釋他在波克夏的個人投票權，從 43％降到 38％以下。

　　波克夏股價有一部分是隨著波克夏持股的股價而波動，當時它的價格特別高，是因為它持有 2 億股可口可樂的股票，而這支股票如今已是天價。因此，如果巴菲特想透過收購通用再保來暗示波克夏被高估了，那是否表示它的主要持股如可口可樂也被高估？果真如此，可能代表整個市場都被高估了。

　　巴菲特的可口可樂持股在十年間漲了 14 倍，達 130 億美元，他甚至對股東宣稱可口可樂是「不可或缺的」，他絕不會賣掉這支股票。[15] 他推論，可口可樂的消費者逐年增加，這家公司也擁有永垂不朽的品牌。波克夏現在的可口可樂持股超過 8％，而可口可樂目前的股價相當於 2000 年預估盈餘的 40 倍，這個倍數說明投資人認為股價每年至少還會再漲 20％。但要達此目標，公司盈餘必須連著五年成長 25％，而這是完全不可能，因為它的銷售額必須增為三倍，幾乎等於 1999 年整個軟性飲料市場。[16] 巴菲特很清楚這是不可能的，不過他並未賣掉他的可口可樂持股。

　　巴菲特用波克夏股票換購通用再保時，謹慎迴避了外界對市場和可口可樂的質疑，巴菲特還說：「這個決定絕對與市場無關。」[17] 他說波克夏在併購之前「價格合理」，結合通用再保能產生「綜效」。孟格被人問到時則說，巴菲特曾與他商量

這項交易,不過那是交易進行到非常後期的階段;其實,孟格
認為自己和這項交易無關。[18] 投資人一如預期,開始對波克夏
重新評價,似乎認為波克夏和它的持股(例如可口可樂)訂價
過高,或是認為這樁交易的綜效只是泡影,[19] 或者兩者皆是。

未必不樂於

那年夏天巴菲特在太陽谷解釋說:「我們想收購通用再
保,但要買下通用再保必須投資 220 億美元。」這項投資中股
票占了一大部分,巴菲特很快就出脫了,另外增加 220 億美元
的債券。這樣做「改變了波克夏的債券對股票的比率,我未必
不樂於看到這種情況,它可以改變投資組合的配置。」

擔任可口可樂董事的巴菲特,「未必不樂於」讓波克夏的
持股(包括可口可樂)淹沒在大量的通用再保債券中。他的「未
必不樂於」也加了一句附帶條件:利率必須持續低於水平,經
濟保持極度熱絡,市場才會符合投資人的期望。在這場太陽谷
演說中,巴菲特趁機引用伊索寓言「一鳥在手 vs. 二鳥在林」
的比喻。他解釋,投資是現在付出金錢,明天得到獲利;利率
是讓二鳥在林得到的代價;有時候經過一段時期,市場毫無進
展,有時候,比方說現在,股價成長速度快過經濟成長速度。
當然,他在演說結尾將投資人比作一群探油人,只不過他們下
探的是地獄。

因此,如果巴菲特將他的投資組合重新洗牌,集中於債
券,或許表示他認為現在靠債券賺錢比靠股票賺錢來得容易,
而且會愈來愈容易。[20]

1999 年 10 月,巴菲特的行動與多數人背道而馳,按照市

場標準來看也十分保守：他買下位於愛荷華州的美中能源控股公司（MidAmerican Energy Holding Company）。這家電力事業在海外有一些營運據點，並從事替代能源開發。他投下足夠的資金，以大約 20 億美元加上 70 億美元的債務承擔（assumed debt），買下 75％股份，其餘 25％則由三人分別持有，包括他的朋友華特‧史考特、美中的執行長索科爾（David Sokol，也是史考特的門徒），以及與索科爾能力不相上下的艾伯（Greg Abel）。

投資人大惑不解，為什麼巴菲特要買一家受到管制的電力公司？不可否認的是，這家公司成長穩定、管理健全，而且擁有相當確定的隱含報酬（embeded return）。

巴菲特將美中能源視為波克夏在保險事業以外的第二座基石，他覺得這些經理人都很優秀，他們可將大筆資金投入公用和能源事業，並獲得穩定的報酬率，這將能補償因管制而受限的成長。但巴菲特拒絕購買科技股已遭眾人揶揄，如今又購買了電力公司，多蠢啊！

巴菲特卻不這麼想。巴菲特在投資時，追尋的不是交易時有如觸電般的小小興奮感，而是像被數千瓦電力擊中一樣有力的東西。

可口可樂的危機處理

收購美中和通用再保大幅稀釋了可口可樂對波克夏股東的衝擊，但波克夏仍持有 2 億股可口可樂。巴菲特始終不停思考可口可樂的問題，這家公司的情勢愈來愈複雜。1999 年底，他的可口可樂持股總值只剩 95 億美元，連帶拖累波克夏的股

價。因為可口可樂，一股波克夏已經換不到一輛最高級的豪華跑車。巴菲特一直在想6月發生的一件事；有報導傳出，可口可樂產品在比利時和法國造成一些孩童中毒。要處理這個事件並不難，要是古茲維塔還在世，他會讓「可口可樂先生」基奧出面，立即飛到當地探視孩童，大量供應免費的汽水給家長。但是，當時人在法國的依維斯特卻什麼也沒說就回到美國，把爛攤子丟給當地的裝瓶業者。

很快地，這件事演變成一場公關災難。依維斯特現身歐洲，發表一篇四平八穩的法律措辭，但沒真的說出「我們深感抱歉」這句話。頭條新聞偃旗息鼓，全歐洲的可口可樂製造機又恢復運轉，但這起事件讓公司花費超過1億美元，商譽的損害更是難以估計。巴菲特簡直坐立不安。

艾倫也一樣，因為他比較接近日常的管理事務，他懷疑可口可樂內部已脫序。儘管銷售量下滑，過去兩年亞特蘭大的可口可樂大樓至少雇用了三千五百名新員工。艾倫看到員工名單愈來愈長，覺得「公司的擴張有如癌細胞擴散那樣快速」。[21]依維斯特每一季都誓言提高成長率，但每一季都沒達到要求。有一天艾倫跑到依維斯特的辦公室問他，你打算怎麼做？依維斯特說他不知道，沒有解決方案。[22]

巴菲特從基奧那裡聽說，依維斯特對裝瓶業者新規定的條件前所未聞。[23]基奧宛如裝瓶業者的神父，有意叛變者都來向他告解。[24]他們公然反抗，依維斯特卻在此時除去基奧的官方身分，此舉相當愚蠢，因為依維斯特需要基奧的支持。就算依維斯特是亞瑟王，基奧卻是可口可樂的梅林法師，必須得到應有的尊重。

被扔掉的泰迪熊

儘管如此，巴菲特相當確定，他一眼就看出來的問題，整個董事會卻毫無知覺。他降低對依維斯特的評價，整個秋天都焦慮得不得了。到了感恩節，巴菲特決定放手一搏。[25]

也不過兩年前，《財星》雜誌還稱依維斯特是「二十一世紀執行長」，但現在刊登了一篇文章嚴辭批判，將可口可樂的問題歸咎於依維斯特。[26] 這可大大不妙，遭受《財星》強烈抨擊的執行長，幾乎都注定財星不再高照，特別是如果這位執行長上過封面，還有個人特寫大肆吹捧。被人如此公然喝倒采，表示《財星》記者聽到許多受訪者不滿的聲音，這些重量級的受訪人士即將扔掉這個他們曾經寶貝的泰迪熊。

感恩節過後，艾倫打電話告訴巴菲特：「我想，依維斯特對我們來說是個問題，我們挑錯了人。」巴菲特表示同意。[27]「現在該解決問題了，」艾倫說。他們開始研擬計畫。兩人估計，要董事會同意依維斯特必須下台，起碼需要一年時間，但這麼一來，「公司會受到重創，所以我們決定，就我們兩人出面，坦白告訴依維斯特我們的想法，」艾倫說。

艾倫打電話給依維斯特，說他和巴菲特想跟他會面。他們約在芝加哥，依維斯特和麥當勞開完會後，將在那裡停留。

1999 年 12 月 1 日，涼爽多雲的星期三，巴菲特和艾倫飛到芝加哥。依維斯特是蠻橫出了名，巴菲特開始擔心將有衝突場面，他壓制心中焦慮，像烏龜縮進殼裡一般，事後有人說巴菲特表現得很冷淡。三個人沒有客套，直接切入正題，[28] 巴菲特和艾倫公事公辦地告訴依維斯特，他們感謝他為可口可樂所

做的努力,但已對他失去信心。

　　儘管如此,依維斯特也沒有真的被解雇,因為巴菲特和艾倫無權開除他。「他有可能贏得董事會支持,他也明白這點,」巴菲特說。

　　依維斯特冷靜地聽完,然後趕回亞特蘭大,要求四天後召開董事會緊急電話會議,一頭霧水的董事們焦急等待。

　　四天後是週日,依維斯特告訴董事會,他認為自己不是領導公司的適當人選,他將即刻辭職。這正是巴菲特和艾倫所希望的,但依維斯特說不會有過渡期,他當天就走。董事們聽了都瞠目結舌,依維斯特解釋這是他自己的決定。話說得沒錯,主動辭職總比被解雇好。[29]

　　董事們開始詢問發生了什麼事。他生病了嗎?可口可樂發生了什麼嚴重的問題?他們為何事前沒有得到消息?一定要這麼突然離開嗎?依維斯特的說詞始終沒變。[30]

　　過了一會兒,董事會儘管不情願,還是要依維斯特提出接班人選,要他寫下名字、放進信封。等信封打開之後,出線人選是可口可樂的中東及遠東區主管達夫特(Doug Daft),達夫特即將退休,但包括巴菲特和艾倫在內的董事們不做他想,馬上任命他接任執行長。

　　消息傳出後市場大砍可口可樂股價,同時也出現責難的聲音。[31] 投資人發現,依維斯特其實算是被解雇的。依維斯特和一些董事私下談話時透露事情始末,董事會才知道有人越俎代庖,心裡不免憤慨。

　　在媒體批判聲中,可口可樂只好接受這個既成的事實。《財星》刊登了一篇獨家報導,揭露芝加哥的密會細節。[32] 依

維斯特談了一筆 1.15 億美元的遣散費,這誇張的數字讓他的反
對者和支持者同感憤怒;前者覺得他被收買,後者認為他受了
委屈。觀察家現在發現,可口可樂董事會受到一個小圈子把持。

　　到了年底,巴菲特的聲譽更加低落。可口可樂原是巴菲特
手中最多、最賺錢的股票,但依維斯特離職後股價重挫三分之
一。巴菲特不得不以粗暴手法介入人事,對公司和他本人的形
象都是一大衝擊。這次他的形象不再像所羅門事件中是緊急伸
出援手的救星,而是夥同艾倫倚老賣老、插手干預。

　　此時通用再保恰好也出了事,使巴菲特形象更為受損。通
用再保被波克夏收購後沒幾天,公司執行長福格森(Ron
Ferguson)來電告知,公司被捲入優尼卡佛(Unicover)的弊
案,損失 2.75 億美元。巴菲特針對通用再保提出的第一份報
告,居然是為這件事道歉,還表示信任福格森,預料此事將妥
善解決,這些話讓投資人十分驚訝。由於外界原本就懷疑,巴
菲特收購通用再保是為了稀釋他在某些股票(例如可口可樂)
的過高部位,因此投資人對巴菲特收購企業的判斷能力突然產
生動搖。

過氣人物?

　　就連巴菲特最堅定的信徒也開始質疑他的智慧,因為股市
顯然與巴菲特的太陽谷宣言唱反調,而且在 1999 年最後幾個
月裡,反彈聲浪更為響亮。那年 12 月,巴菲特不僅看錯科技
股,而且還錯得離譜,完全忽視擺在眼前的現實。那年道瓊指
數全年上漲 25%,那斯達克指數突破 4,000 點,暴漲 86%。
市場估計,波克夏雖然現金增長迅速,但現在每股只剩 56,100

美元,總市值為 850 億美元,遠遠落後小型線上媒體公司雅虎(Yahoo!),這家公司在過去一年成長四倍,市值也達到 1,150 億美元。

隨著 1999 年進入尾聲,在世紀交替之際,誰才是舉足輕重的人物已呼之欲出。巴菲特的個人排名落到年度檢討名單中。巴菲特在全球富豪排行榜也從第二名下滑到第四名。追逐科技股的人特別喜歡評論這位偉大投資家的錯誤,表示「要是巴菲特管理的是共同基金,那他早就沒頭路了。」[33] 華爾街的必讀週刊《霸榮》以巴菲特做為封面人物,標題是「華倫,你怎麼了?」另外也指出波克夏股價嚴重「下跌」。[34] 巴菲特幾乎成為眾矢之的。

巴菲特在公開場合一再重申他那套舉世知名的投資理念,而且說詞大同小異:安全邊際、能力範圍、市場先生翻臉無情。他仍堅持股票代表一門生意,不是螢幕上的一堆數字。他避免與人爭論市場的瘋狂行情,只有太陽谷演說是例外。從他字斟句酌的談話中,人們認為他超然看待這些批評。有人問他,別人說他已經過氣是否令他困擾?他說,「從來不會,這種事我從不放在心上。**你做投資如果欠缺獨立思考,絕對做不好。你的決策正確與否,跟別人是否贊同你無關。你做對,是因為你的數字和推理正確。**最後是在這一點見真章。」[35]

但這是兩碼子事。巴菲特的獨立思考能力無庸置疑,但是人家叫他過氣人物的確令他難過。那時有人問他,數十年來他的一切攤在眾人面前,這是否讓他更容易面對別人的批評?巴菲特沉吟良久。「不,絕不會變得更容易,」他認真地說,「這些批評聽起來都好像第一次聽到那樣刺耳。」但他對此也莫可

奈何。

巴菲特終其一生都在參加一場不可能獲勝的比賽。不論賺了多少錢，他遲早都會遇到歉收或成長動力趨緩，他也知道這點。他一再警告投資人，樹木不會長到天上去，但這並不影響他快速攀爬的動作。而他雖然喜歡爬樹，但令他有些意外的是，樹上並沒有戰利品等著他。

巴菲特的生活多采多姿，事業成就也是舉足輕重，他的成功祕訣值得外界探究。可以肯定的是，認識他的每個人都喜歡他，他的個性像萬花筒一樣，不斷展現出新的一面，但在心底深處，他始終信守自己的內在成績單，他最擅長的一件事一直都是忠於自我。

一如往年，巴菲特和家人在翡翠灣的度假屋共度耶誕，屋裡掛滿了蘇珊收藏的耶誕吊飾。[36] 1999 年巴菲特在工作上面臨的挑戰或許特別艱巨，但對他家人而言，這一年的耶誕節相當美好，巴菲特看到子女逐漸成熟，心中相當安慰。霍華步入中年，成為農夫和成功商人，蘇珊開啟他對攝影的興趣，現在他有一半時間都待在飛機上拍攝凶猛的野生動物。熱愛冒險的霍華曾被印度豹咬過，也被北極熊追過。

蘇西是兩個小孩的全職母親和巴菲特的免費兼職助理，她跟隨母親的腳步，成為奧馬哈慈善事業的主力。她的前夫格林柏格經營巴菲特基金會，兩人的住處只隔了幾條街，以便分擔照顧子女的責任。[37]

彼得再婚，娶了珍妮佛（Jennifer Heil），還是住在密爾瓦基從事音樂創作。1990 年代初期，他本來有機會搬到好萊塢，並進入娛樂圈子，但是「我知道要是搬到洛杉磯，我會變

成在那裡拚命爭取工作的好幾千人之一。我父親一直很迷《戰地笙歌》（*The Glenn Miller Story*）這部電影，主角葛倫・米勒一直在追尋他自己的音樂；我父親總說『去尋找你的音樂』，」彼得說。所以他繼續待在密爾瓦基，他覺得他父親能懂，這與巴菲特當時的選擇一樣：回到奧馬哈照自己的方式做事，而不是待在紐約。沒多久，彼得獲聘替公共電視台（PBS）的八段式紀錄片《500 部落》（*500 Nations*）作曲和製作原聲帶。[38]

霍華一直試圖說服母親，說他們這些子女已經長大了，「給我們一個機會，用手邊的錢來做一些事。」[39] 那年耶誕節，蘇西、霍華和彼得都喜出望外：他們收到基金會撥出的波克夏股票 500 股，每個人都可拿來自由運用。[40]

巴菲特一家人共度除夕，透過電視依序追蹤迎接千禧年的地區，從吉里巴斯共和國開始，一直到雪梨、北京、倫敦。當一連串煙火在全球燃放時，數百萬人聚集在街上和海灘歡呼慶祝。隨著時間一小時一小時過去，各地都未傳出災情，通用再保險公司和可口可樂也沒出問題。各個時區、地點和時刻的出現井然有序，這正合巴菲特的喜好。他剛度過一個緊張的秋天，千禧年的到來帶給他的不是刺激，而是放鬆，而他需要的就是這個。

第六部

繼續滾動

第 53 章

精靈的條件

奧馬哈，1998 年

　　巴菲特一直小心翼翼，以免犯下孟格所說的「鞋釦症」，也就是千萬別自以為是經營企業的能手，於是對所有主題信口開河。但到了 1990 年代中期，愈來愈多人拿人生的問題請教巴菲特和孟格，結果他們比以往更常回答這方面的問題。他曾對經常聽他談話的運動員和大學生說一個精靈的寓言。

　　「十六歲的時候，我心裡只有兩件事：女孩和車子，」巴菲特這次不談錢，而是帶著浪漫情懷，「和女生交往不是我的強項，所以我把心思放在車子上。我當然也會想女孩子的事，但我在車子方面的運氣好一些。

　　「且說我十六歲那年，一個精靈現身在我眼前，告訴我：『華倫，不管你選什麼車，我都給你。明天早上這部車會綁個大蝴蝶結送到這裡，全新的，而且是你的。』

　　「聽了精靈的話，我問道：『有什麼附帶條件嗎？』精靈回答：『只有一個條件。這是你這輩子得到的最後一輛車，你得用上一輩子。』

　　「要是發生這種事，我會選出我要的那輛車。但既然知道我必須用這部車用上一輩子，你想，我會怎麼對待它？

　　「我會研讀五遍操作手冊，絕對會把這部車停在車庫裡，

稍有一點凹痕或刮傷，一定馬上修補好，以免鏽蝕。我會細心照料它，因為它得讓我用上一輩子。

　　「你的身心和這輛車沒兩樣。你只有一顆心和一副身軀，必須用上一輩子。妥善保養就能用上許多年，如果不細心照料，四十年後你的身心將成為破銅爛鐵，就像缺乏照料的車子。

　　「**今天你所做的事情，將決定十年、二十年和三十年後你的心靈和體魄是什麼狀態。**」

第 54 章
寶刀未老
奧馬哈，2000 年 1 月～ 8 月

　　巴菲特在千禧年收到的第一封電子郵件，就是通用再保險
公司執行長福格森寄來的。

　　巴菲特早就有心理準備。到目前為止，通用再保除了壞消
息，什麼都沒給過他。波克夏買下這家公司之後不過幾個星
期，它就坦承掉進優尼卡佛設下的騙局。一年前，福格森又有
新的告白：電影製片人和他們的金主說服通用再保，同意保證
好萊塢影片的票房收入。通用再保說，如果票房收入不理想，
它願意理賠，但它根本不知道電影劇本的內容，也不知道主角
是誰。巴菲特聽說這件事時就覺得很奇怪，巴菲特的愛將、才
氣過人的詹恩，絕對不會承保這種笨得不像話的電影保險，但
他偏偏還是被扯了進來。

　　福格森後來還猛烈抨擊詹恩，挑剔他承辦網路彩券公司
Grab.com 再保險業務所用的方法。巴菲特終於知道，福格森
和他的經營哲學天差地遠。巴菲特一向喜歡這麼說：他寧可跨
過 30 公分高的橫桿，也不願找 200 公分高的橫桿來跳。Grab.
com 彩券的交易，輕輕鬆鬆就能賺得利潤，就像一腳便能跨過
的 30 公分高橫桿。[1] 福格森卻因為這件事太過簡單，說什麼都
不肯幹。他說，通用再保只做能占有承保優勢的交易。

Grab.com 的案子做成之後兩個月，千禧年到了。福格森承認通用再保因為保險訂價錯誤，又虧損 2.73 億美元。通用再保（以前是嚴守經營紀律的典範）投入波克夏陣營的頭十二個月便一跤摔進泥濘，因為承保、訂價和風險選擇的問題而損失約 15 億美元。在巴菲特曾經擁有的公司中，就算有過虧損，和通用再保相比也是小巫見大巫。

虧損消息發布後，投資人再次迅速調整想法。花 220 億美元買通用再保是個錯誤嗎？巴菲特的名聲又遭到一記重擊。

就在這時候，可口可樂雖然調整了管理高層人事，情況卻大大不妙。[2] 執行長達夫特上任後放的第一把火，是在 1 月解雇六千人，令投資人震驚。於是可口可樂的股價應聲大跌，在 1 月 1 日股價已跌到 56,100 美元的波克夏，也隨之再度重挫。

2 月 9 日清晨，巴菲特坐在寧靜的辦公室收看 CNBC 的新聞報導。辦公桌後方書櫥上的熱線電話響了。這支電話只由巴菲特本人接聽，他立刻拿起話筒，是在紐約證交所交易波克夏股票的麥奎爾（Jim Maguire）打來的。麥奎爾告訴他，波克夏的賣單蜂擁而出。原來前一晚巴菲特正在玩線上橋牌時，有位暱稱 zx1675 的人在雅虎網路布告欄上貼文說：「華倫住院一病危。」接下來幾個小時，如署名 hyperpumperfulofcrap 之流的人便一再表示，「巴菲特年老體衰，賣吧」，以及「賣、賣、賣、賣、賣」，謠言像病毒一樣傳遍華爾街，許多人信以為真，相信巴菲特人在醫院，病情嚴重。波克夏股票的交易量放大，股價重挫。[3]

巴菲特的私人電話開始響了起來。他和以往一樣親自接電話，滿面笑容地說：「哦，嗨！」讓人覺得他很高興聽到對方

的聲音。

「最近好嗎？」打電話來的人問道，語氣略顯急促。

「好啊……再好不過了！」

要是有個龍捲風就要撲向奇威廣場大樓，巴菲特這個人也會先說眼前的情況「再好不過了」，然後再提到旋風即將來襲。認識他的人都聽得懂他的語調；這一天，他的聲音是有點緊張。整個早上，打電話來的那些人都想知道，他真的好嗎？

新的現實

我很好，巴菲特解釋說，一切都好，真的。但從波克夏的交易走勢來看，投資人確實聽信了網路上不知名人士的貼文。

CNBC 除了播出巴菲特可能辭世的謠言，也報導他對外表示一切安好的談話。這下卻反而加重人們的疑心：他說自己安然無恙，事實一定不是這樣。於是第二則謠言開始流傳，說他正趁火打劫，逢低買進波克夏的股票。這踩到了巴菲特的痛處。一向以為人正直著稱的他，竟然被抹黑成貪得無厭的人。

連著兩天謠言滿天飛，波克夏股價下跌超過 5％。謠言凸顯了這個世界不能沒有巴菲特，這對他彷彿是一種恭維。不過，竟然也有人認為他裝病欺騙股東，為了買回股票犧牲他們的利益，這可令他火冒三丈。更有甚者，他痛恨一些壞蛋透過網路操縱股價，還威脅勒索他。他不能忍受被人牽著鼻子走，回應那些操作的行為，就無異於獎賞和鼓勵造謠，也會立下惡例。想到此，他的心涼了半截。

他的結論是：謠言最後將不攻自破。一個新的現實已經浮現：在網路時代，回應時間被壓縮，他愈來愈無法控制公眾對

他的觀感。他終於舉白旗投降，發了一份前所未有的新聞稿否認謠言。

　　這項聲明沒有效果。那個星期，波克夏股價重跌 11 ％，而且沒有回升。

　　3 月 9 日《新聞日報》（*Newsday*）引用《科技投資人雜誌》（*Technology Investor Magazine*）發行人紐頓（Harry Newton）的話說：「告訴你，巴菲特應該在聲明中向股東說句『對不起』，就這麼簡單。」波克夏隔天跌到每股 41,300 美元的低點，略高於它的資產帳面價值。傳說中的「巴菲特溢價」（Buffett premium）沒了，也就是只靠巴菲特的盛名，股票就能以高價交易的現象消失了。前一天，那斯達克指數衝上 5,000 點，自 1999 年 1 月以來已上漲一倍，成分股的市值增加超過 3 兆美元。

　　這樣的對比太過強烈，實在無法視而不見。一位基金經理人寫道，巴菲特之流的投資人有如「天使折翼，績效難看而大失面子……後輩在 1999 年冒出頭來，把他們狠狠拋到後頭。這些人說，老投資法則已經淘汰出局，還拿出令人大開眼界的數字，支持他們的理論。」[4]

　　風評這麼差，巴菲特當然痛心，但他不曾考慮改變投資策略。持有波克夏股票的人若把錢拿去投資市場指數成分股，這五年來的獲利顯然會更好。這段期間可說是波克夏有史以來最漫長的一段「枯水期」。巴菲特投資的可口可樂，市值曾高達 175 億美元，現在只剩區區 87.5 億美元。他堅決不放棄安全邊際，以致波克夏坐擁一堆的資金，只能投入殖利率低的債券。巴菲特很清楚電腦業的基本面，卻不打算用任何價格買進科技股。他說：「說到微軟和英特爾，我不知道那個世界十年後會

是什麼樣子,而且我不想玩其他人擁有優勢的遊戲。」[5]

2000 年 2 月,波克夏要求將一些持股列為機密的申請遭到駁回。證管會一方面需要維持市場穩定,保護投資人的各種利益,另一方面又需要維護投資人知的權利,兩者必須有所權衡。證管會最後裁定駁回,有利於知的權利。巴菲特因此不能再好整以暇地買進股票,他要比那些想拉他衣尾的投資人稍快一步。證管會要他像葛拉漢一樣,把帳簿攤開給全世界看。巴菲特被新聞媒體稱為「前世界最偉大投資人」,這又刺痛了他。[6]

《華爾街日報》拿巴菲特的績效和一位 AT&T 退休員工相比較,指出後者的投資組合上漲 35%,並表示這個人「幸好不是巴菲特」,因為他買了科技股。[7]

在巴菲特事業生涯中,他的決策與信念從不曾經歷過去三年那種試煉。市場上的所有跡象都說他錯了。他只能靠內心的信念帶領他往前走。他很在意公眾的批評,凡是會受人指責的事,都避之唯恐不及;他的生活重心就是要維護個人名聲,遇到任何可能有損名譽的事,他必然像老虎那樣起而奮戰。

不過,即使名聲遭到踐踏,巴菲特這次並沒有還擊。他沒在報紙上發表文章,說市場危機四伏,也沒在媒體上反駁,為自己辯護。他和孟格照常與波克夏的股東對話,告訴他們市場價值被高估,而且他們無法預測這種情形會持續多久。最後,巴菲特對太陽谷的菁英發表擲地有聲的演說,就這麼一次對外說明,他預測二十年內市場的表現將和投資人的期望相去甚遠。不久巴菲特把這次的演說內容改寫成文章,投到《財星》雜誌,供一般投資人閱讀。

巴菲特具備十足的勇氣,才能超越自己的恐懼,懇請財政

部長布雷迪拯救所羅門。但堅持有所不為的他，在面對多年批評和嘲笑之後又發出那樣的預測，則需要不同的勇氣，將網路泡沫當成他事業生涯中最大的挑戰之一。

3 月 11 日，波克夏海瑟威發表年報，巴菲特給自己打 D 的成績，坦承沒能好好投資波克夏的資金。但他可沒說避開科技股是個錯誤。

巴菲特另外宣布，由於現在波克夏的股票便宜，公司樂於向投資人買回自家股票。把錢退回給數十年來不曾領取股利的股東，巴菲特願意這麼做，真是前所未有。

這是繼 1970 年合夥事業大解散以來，巴菲特第二次表示：「我要買波克夏海瑟威的股票。」投資人必須再次問自己要站在哪一邊，這一次許多人聽懂裡面的訊息。結果他一張股票都還沒買，波克夏就漲了 24％。

接下來那週，有許多科技股掛牌交易的那斯達克拉起警報。[8] 到 4 月底，那斯達克指數跌掉 31％，是有史以來最大的跌幅之一。

健康亮紅燈

到了復活節，巴菲特無力關心股市的變化，因為他陷入雙重痛苦之中。他不敢相信，就在極其重要的股東大會（他每年最重要的表演場合）召開前，他的健康亮起紅燈的謠傳竟然不幸言中。蘇西清晨三點趕緊送他去醫院，接下來幾天他試著排出腎結石。恐慌之餘，他一再打電話給蘇珊。她人在科羅拉多州的巨湖（Grand Lake），沒辦法為他做什麼。[9]

巴菲特出院後整晚不睡猛灌水，這種酷刑終於發揮效果，

石頭排出體外。但在這之後，他開始煩惱以前不曾擔心過的身體問題，因為腎結石會復發。「那就跟水管堵塞一樣，討厭得很。基本上，當人變老就會出那種毛病，」他說。

他思量眼前的種種問題。公司股票價格跌得很難看，靠他準備買回股票的計畫才救了它。他花最多錢買的通用再保險公司，似乎受到詛咒。可口可樂也一直有麻煩，那塊響亮的金字招牌，怎麼會那麼快就受到如此大的傷害？會不會一切都是投資人的錯？除了這些問題，現在他又得面對健康亮起紅燈的危險。

人難免一死的事實，就埋伏在巴菲特的浴缸記憶表層底下，每過一段時間便會冒出來。[10] 他始終不能接受父親去世的事實，也一直無法確定如何紀念父親才適當。他把老霍華的大肖像移到書桌後面的牆上，也就是在他的頭上。老霍華的文件放在家裡的地下室，原封不動。巴菲特沒辦法翻閱它們，甚至只要想到那些東西，就會淚溼眼眶，顯然害怕壓抑了三十五年的情緒會爆發。

他曾經警告說，樹不會長到天上去，一切總有盡頭，但他自己卻無法接受有那麼一天，他的事業生涯必須叫停，並說：「就這樣了，我做完了該做的事。西斯廷教堂的壁畫已經完成，多畫一筆不能使它更美，反而是讓它變成普通作品。」

他已經六十九歲，卻不敢相信到了這個年紀，依然覺得自己像個年輕人。他安慰自己，說距離他母親去世的年齡還有幾十年。他有時間等通用再保整頓好，而且就他所知，火腿三明治就能將可口可樂經營得很不錯。至於腎結石……咻！浴缸記憶啟動。他把心思拉回準備出席股東大會那件事。這是他一年

當中最快樂的一個星期。

4 月底那幾天，機場比平常要忙碌。人群像一條小河，然後有如海潮般湧進奧馬哈。許多人戴著波克夏海瑟威的會議出席證漫步奧馬哈街頭，好像是某個俱樂部的會員。

至於準備舉行股東大會的奧馬哈市民大會堂，已有幾千名工作人員、供應商和義工忙個不停。寬廣的展場處處是鮮花和陳列品，也已備妥幾貨車的火雞肉三明治、熱狗和可樂；招牌、展覽品、保全、媒體、音響、影像、燈光都已準備就緒，還有專為供應商和助手舉辦的私人聚會。所有這些事情，全由馬奇摩爾（Kelly Muchemore）一個人負責設計、籌畫和督導。巴菲特稱她是波克夏海瑟威的「芙蘿・齊格飛」（Flo Ziegfeld，**譯注：美國著名音樂劇製作人，有「歌舞大王」的稱號**）。馬奇摩爾沒有祕書分勞，其實她自己就是個祕書。巴菲特驕傲地說，她一人抵得過四人。這種讚美有時難免讓人懷疑，他們是不是只領到「四分之一」的薪水。[11] 但巴菲特比較善於給人讚美，而非給人金錢。

週六上午四時，幾百個人犧牲睡眠，在市民大會堂外排隊等候開門。三個小時後，警衛站在門口檢查出席證，他們蜂擁而入。到了八點，他們才發現根本不需要摸黑來排隊，因為還有一半的座位是空的。三十分鐘後，大會堂坐進九千人。[12] 出席人數足足少掉 40％，比不上一年前的一萬五千人。

世界要的不一樣

九點三十分左右，巴菲特和孟格走上舞台，一眼可見忠實的股東人數減少了。開了五分鐘的正式會議之後，依照往例是

問答時間上場，股東在散置大會堂各處的麥克風前排隊，等著問如何估算股票的價值等問題。有人問起科技股。「我不想在高科技上做投機，」巴菲特說，「任何時候只要投機之風大盛，最後一定回檔修正。」他拿當時的市場和連鎖信、龐氏騙局（Ponzi schemes）製造的致富假象相提並論。「投資人可能覺得更有錢，其實不然。」停頓了一下，他說，「查理？」

孟格開口說話了。底下的聽眾稍微直起腰。孟格以前常說：「沒什麼好補充的。」但每當巴菲特把麥克風遞給他，大會堂總是透著一絲大事不妙的氣氛。那就好比屏住氣息，看著經驗豐富的馴獅人正在調整座墊和揮舞鞭子。

「我們用『不幸的漫無節制』（wretched excess）來形容，」孟格說，「因為它會產生不幸的後果，那是不理性的行為。把葡萄乾和糞土混在一起，它們還是糞土。」

聽眾倒抽一口氣。他是說糞土嗎？孟格剛剛在跟著父母一起來的孩子面前，以及新聞媒體面前，把網路股比喻做糞土？股東大會花了一點時間才平靜下來，重回正常的節奏。

問題接二連三提出，巴菲特和孟格邊聽邊拆帝力雪糕，發出不小的沙沙聲。股東們開始發牢騷，說不喜歡公司的股價跌到那麼低。[13] 有個人說，波克夏股票下跌害她繳不起大學學費，只好準備念函授學校。[14] 住在加州聖塔芭芭拉的韓森站到麥克風前大聲嚷嚷，說他衝著巴菲特的紀錄而來，在1998年接近高點的價位買進波克夏股票，幸好另外買了四支科技股，可以彌補投資波克夏的損失。[15] 他促請巴菲特至少在科技股上投資波克夏10％的資產，「這是唯一能玩的遊戲。或許你還有一些沒用上的腦力，可以用來挑一些科技股？」

　　這些話比羞辱還令人難堪。巴菲特放眼台下，首次發現其中一些股東認為他辜負了他們。將近五十年的努力付諸東流，他自己的股東倒戈相向。他的年齡突然之間不是代表經驗，而是落伍。新聞媒體現在稱他為老人。

　　股東會之後巴菲特邊簽名邊喝櫻桃可樂，接著和艾絲翠出席另一回合的宴會。他走到哪兒，帝力雪糕就滴到哪兒。週日晚間他在葛拉滋牛排館和家人聚餐，週一上午監督波克夏董事會議的召開。之後他、蘇珊、孩子們和他們的家人飛往紐約。他和朋友聊天、和家人用餐、看秀，還有乖乖到貝多福古曼精品百貨進行一年一度該做卻討厭做的西裝採買，此時浴缸記憶便完成了它的任務。

　　週六上午，他找來通用再保三名高階主管到他下榻的廣場飯店房間。福格森帶來一堆 PowerPoint 簡報，秀起通用再保的可怕業績。巴菲特皺著眉頭聽了幾分鐘，顯得不耐煩。他終於忍不住開口說，何不直接跳到最後。業績必須改善、權責必須強化。客戶對通用再保予取予求，堅持依照他們的條件，通用再保竟沒反駁的餘地，這種事情不得再發生。一定要有人負起責任。[16]

　　他沒提起要福格森退休，一遇到年紀較大的經理人他就心軟。巴菲特很同情福格森的遭遇。福格森在 1999 年底蛛網膜下出血，之後身體狀況看起來稍差了些，曾經口頭請辭，但巴菲特不准。他不接受人老就一定要退休的說法；一些優秀的經理人年紀都很大，包括一直工作到 103 歲、一年後去世的布太太。他懷念她那挖苦人的口氣。巴菲特經常誇讚波克夏老員工所做的貢獻，結果董事會愈來愈像老人當家的美國最高法院。

他的目標是活得比布太太久。

　　幾星期後，巴菲特在蓋茲夫婦家中用完晚餐打橋牌時，精靈找上了他。那時候他說話的口氣很不耐煩，顯然沒睡好，卻一再說自己「很好」，但並非如此。歐斯柏格懂得察言觀色，知道巴菲特人不舒服，和蓋茲夫婦商量之後，蓋茲夫婦不顧巴菲特抗議，馬上找來醫生。[17]巴菲特不曾做過大腸鏡檢查，讓醫生很驚訝。醫生開止痛藥給他，讓他回家休息，但醫生說，他真的應該來醫院做個徹底檢查，回到奧馬哈之後，記得務必去照大腸鏡。

　　這個精靈本來可以不那麼貼心的。老霍華得了大腸癌，並且死於併發症。六十九歲的巴菲特竟然不曾照過大腸鏡，他到底在想什麼？用這種方式對待自己的身體，可一點都不像對待那部唯一的車子啊。

　　一個月後，波克夏股票每股回升約 5,000 美元，來到60,000 美元。《財星》雜誌注意到，雖然 1999 年巴菲特的神乎其技失去準頭，波克夏近來從 3 月的低點回升 47%，卻使他「東山再起」。[18]不過他在其他方面也需要東山再起。

　　巴菲特終於安排好要去做那可怕的檢查，[19]距離上回排除腎結石才隔一個月。在短短的時間內那麼密集進出醫院，實在叫人吃不消。但大腸鏡檢查只是「例行性」的健康檢查。他用講電話和打橋牌的方式讓自己分心，不去想健康方面的問題。他在電腦上玩直升機遊戲。每當有人問起他即將進行的檢查，他總是說：「我一點都不擔心。」

　　但他從大腸鏡檢查程序醒過來之後，聽到一個晴天霹靂的消息。他腸子裡有一大塊良性息肉，而且它附近也有一些小息

肉，要除掉它，便得連同旁邊部分健康的腸子一起切除。這可不是鬧著玩的，巴菲特決定 7 月底結束太陽谷行程之後動手術。「哦，我一點都不擔心，」他說，照常講一些笑話，同時強調他的心臟檢查結果良好。「我不曾擔心自己的健康。除非你提起，否則我連想都不會去想。」

巴菲特現在似乎非就健康問題發布新聞稿不可。他在當中詳細描述了手術細節，並稱之為「例行性的治療」。[20]

手術進行了幾個小時，巴菲特被切除了 38 公分長的大腸，肚皮上留下 18 公分長的疤痕。他在家休養了一星期，這輩子也首次留起鬍子。不能進波克夏海瑟威，他只好不停講電話，聲音聽起來相當虛弱。

「哦，不，我一點都不累，我好得很，」他說，「我瘦了幾公斤，不過我早就該減肥。艾絲翠把我照顧得很好，醫生說我想吃什麼都可以。還有，我是不是告訴過你，我有一半的大腸被切除了？」被問到他會不會擔心復發，他回答：「哦，不，我壓根兒不擔心那種事。你知道的，我從來不擔心任何事。還有，我是不是告訴過你，那個麻醉醫師以前是我在鄉村俱樂部的桿弟？他幫我打麻醉針前，我對他說，真希望當年多給他一點小費。」

波克夏海瑟威的新聞稿只說，息肉證實是良性的，不需要進一步治療。儘管發表了這份聲明，謠言卻再度傳遍網路和華爾街。有人堅稱巴菲特一定罹患了癌症，因為切除息肉不需要動手術。但巴菲特既沒病，也不服老。他仍然覺得自己像是「火閃電」。

然而，他的健康被忽視了大半輩子，現在開始提出抗議。

歲月不饒人，總有一天，他也必須面對過去一直逃避的一些問題。在他心目中，波克夏和巴菲特是一體的，因此他打從心裡抗拒這一天。許多問題將留給蘇珊來解決，因為蘇珊一定會活得比他久。他告訴別人，她會照顧好一切。

照片裡的人是李克豪瑟。他在1976年左右提到巴菲特所創造的龐雜事業體說：「裡面一定有什麼把柄。」

穿著睡袍吹小喇叭的巴菲特。童年時在玫瑰崗小學歷經挫敗後，巴菲特自此拒吹「和聲」。

孟格和孫子們一起閱讀。

巴菲特與歐斯柏格
（右二）搭檔，參加
1994年在新墨西哥州
阿布奎基市舉辦的世
界橋牌錦標賽，這是
巴菲特生平第一次參
加橋牌巡迴賽。兩人
取得了決賽資格，卻
因為巴菲特已經筋疲
力盡、無法繼續比賽
而棄權。世界橋藝聯
盟為之震驚。

1991年7月，巴菲特和比
爾・蓋茲在蓋茲父母的
華盛頓州胡德運河別墅
第一次會面。

1993年，巴菲特第一次用
滑鼠。歐斯柏格說他「毫
無懼色」。

巴菲特和「可口可樂先生」唐納·基奧合影，四周都是巴菲特最愛的飲料（可口可樂也是波克夏持股最多的公司）。

與1982年成婚的兒子霍華和媳婦迪鳳合影。

巴菲特一輩子的老朋友瑞恩，逝於2005年。

1993年復活節，蓋茲搭著座機繞道到奧馬哈，把梅琳達騙去與巴菲特和艾絲翠會面，並在波霞珠寶店為她挑選訂婚戒指。

1996年5月，巴菲特和
艾絲翠參加兒子彼得
和珍妮佛的婚禮。

攝於太陽谷。巴菲特開
高爾夫球車，蘇珊和葛
蘭姆緊抓握桿，保護自
己的生命安全。

孟格和巴菲特在波克夏海
瑟威的股東會上回答記者
的問題。

巴菲特在太陽谷與友人
馮芙絲登柏、艾倫和迪
樂（右）合影。

巴菲特參加1997年唐納‧基奧主持的小組會談，由右至左為：可口可
樂執行長古茲維塔、蓋茲、巴菲特。蓋茲在會中引用巴菲特認為經營
可口可樂公司比經營科技公司容易的觀點，惹毛了古茲維塔。

蘇西指著父親不太有人
注意的棒球裝背號：
1/16。這個號碼的由來
是因為股票價格曾經以
1/16元計價。

巴菲特和妹妹柏蒂（左）、姊姊多麗絲合影。

1989年，巴菲特代表美國企業隊
參加橋牌賽，與美國國會隊對陣時
全神貫注的模樣。

巴菲特與葛蘭姆攝於葛蘭姆的瑪莎葡萄園宅第。

1994年，在蓋茲與梅琳達的婚宴，巴菲特臨陣上場致敬酒詞。

1998年LTCM危機期間，巴菲特與蓋茲家一起度假。巴菲特在大峽谷試圖接收衛星電話訊號。

1995年的「葛拉漢集團」聚會。左起：巴菲特、納普、孟格、托勒斯、高提斯曼、比爾‧史考特、溫伯格、許羅斯、安德森、瑞恩。

1997年，巴菲特和蘇珊在一場大都會傳播／ABC的活動裡扮演米奇和米妮。

1995年，巴菲特與蓋茲伉儷同遊中國時騎駱駝。

2004年2月20日，巴菲特和聯準會主席葛林斯潘合影於奧馬哈大都會區商業部。

「得分王」巴菲特在一場珍納特（Jean Naté）香水慈善活動裡解釋比賽規則。

巴菲特緊摟著蘇珊，攝於2004年7月。這是蘇珊在口腔癌手術休養後少數幾次公開露面。

巴菲特吐露他對GEICO的情感。攝於2005年1月，地點在GEICO位於紐約州安赫斯特市的新辦公室。

2006年12月，巴菲特與前美國總統柯林頓在奧馬哈的青少女服務組織募款活動上合影。

漫步閱讀的孟格攝於英國。

巴菲特與友人歐斯柏格合影。

1998年，巴菲特與蓋
茲父子在中國合影。

遭獵豹咬、被北極熊追……攝影師、生態保育家霍華‧巴菲
特獻身於野生動物保育工作。

2005年8月30日巴菲特生日這天，九歲的桌球小將邢延華把他打得落花流水。巴菲特甘拜下風。

2004年5月攝於紐約。波諾獻給蘇珊一幅他以U2歌詞為主題而畫的蘇珊肖像。之後，他宣稱他們兩人是「心靈伴侶」。

2006年，巴菲特的朋友許羅斯在九十歲生日宴會上通宵飆舞。

2006年8月30日，蘇珊去世兩年後，巴菲特和艾絲翠在蘇西住處舉行婚禮。艾絲翠在婚禮中熱淚盈眶。

彼得‧巴菲特的作品「性靈：第七把火」中的一幕，這是一齣有關回歸身分認同的印第安音樂劇。《費城詢問報》將它比做菲利普‧格拉斯的歌劇，「吉他演奏讓U2的The Edge相形見絀」。

2006年6月26日，蓋茲伉儷和巴菲特共度歡樂的一天。巴菲特在此宣布，將把自己大部分的財富捐給蓋茲伉儷基金會。

第 55 章
最後的宴會

奧馬哈，2000 年 9 月～ 2001 年 7 月

　　就在巴菲特切除一半大腸時，網路榮景開始破滅，每天都有達康公司倒閉。代表新經濟的公司都消失不見了。[1] 那斯達克指數跌到歷史最高水準的一半以下，舊經濟的公司股價仍欲振乏力。然而，巴菲特的名聲開始回復。

　　巴菲特以波克夏雄厚的資本大舉收購股票未上市公司、破產公司，還有無人注意的公司，包括珠寶公司班寶麗（Ben Bridge）、班傑明摩爾油漆（Benjamin Moore Paint）。即使花了這麼多錢，波克夏在 2000 年底還是坐擁數十億美元的閒置資金，旗下多部自給自足的賺錢機器使勁運轉，源源不絕製造出鈔票，堆得波克夏從地下室到屋頂，再到煙囪，滿屋子都是錢。[2]

　　巴菲特 1999 年在太陽谷發表的演說中，對市場所做的預言到目前為止，都證明是對的。巴菲特寫給股東的信已經受到全球媒體矚目；這封信透過網路發表，成千上萬人在指定發表的那個週六上午擠爆波克夏的網站，讓網站幾乎停擺。他在致股東信中說，網路的誕生讓金融家有機會利用那些容易受騙上當者的希望而順利拿到金錢，因此而出現的「財富大規模移轉」，只讓非常少數的人嘗到甜頭。

「那些人近年來從投資大眾的口袋搜刮數十億美元,放進自己的錢包(以及他們朋友和同事的荷包)……看起來最不用花力氣的投機,是最危險的。」[3] 聽眾用心聽。2001 年召開的波克夏股東大會,股東開始回籠。

巴菲特 2001 年回到太陽谷,本來有機會再度出擊,當然也順便看看老朋友。週五下午葛蘭姆打完橋牌,搭乘小高爾夫球車回房。高齡八十四的她現在日子過得相當平靜,在太陽谷都用高爾夫球車代步。她身材高挑,體態仍然苗條,臀部兩邊關節都換過。身邊的人注意到,她看起來疲累且日益衰老,但她一直說,今年過得十分美好。她和兒子唐納創設的公司(巴菲特貢獻不少意見),在報業獲利衰退得十分難看的此刻,不論財務和新聞報導都經營得很成功。艾倫的會議找來這麼多有趣的人相聚,她顯然很高興。艾倫指派一名助理隨時陪在她身邊,但好強的她覺得沒必要,所以多數時候都是唐納或擔任美國網絡(USA Networks)董事長的好朋友迪樂(Barry Diller)扶著她。不過此刻,她是獨自一人。

蘇西和母親正在車上,看到葛蘭姆後,兩人就開進葛蘭姆看不到她們的員工停車場,從遠處盯著她走上四個台階,進入她的房間。她正在服用抗凝血劑可邁丁(Coumadin),萬一跌倒,嚴重出血的可能性大為提高。她抓著欄杆,看起來搖搖欲墜,幸好沒發生什麼事,順利進入屋內。[4]

後來,在俯瞰高爾夫球場和群山的公寓露天平台上(葛蘭姆下午經常坐在這裡閱讀《華盛頓郵報》),時尚設計師馮芙絲登柏為葛蘭姆舉辦一年一度的女士雞尾酒會。這是太陽谷的傳統之一。[5]

終將結束

週六天亮後，一群人聽英特爾的領導人葛洛夫以「網路中斷了」為題發表演說，以此迎接新的一天。接著名記者黛安‧索耶主持一個討論會，探討「如何發現美國的脈搏？」巴菲特繼索耶之後再次上台。自 2000 年 3 月股市從天價急轉直下以來，超過 4 兆美元的股票市值蒸發，[6] 存活下來的網路企業正邁入青春期。有人認為，這下巴菲特對股市的看法應該不會像之前那般悲觀了吧。

偏偏巴菲特拿出一張圖，告訴他們市場的價值仍比經濟表現高出三分之一。這遠比巴菲特說他可以準備進場買股票的水準要高，也比現代史上股市曾有的水準高出許多，甚至比 1929 年時股市大泡沫的高點還高。這張圖指出，經濟必須增長約兩倍，或市值必須下跌約一半，他才會真的對市場有興趣。[7] 他告訴聽眾，儘管市場低迷了兩年之久，即使那斯達克跌掉一半以上，他還是不買。他預期股市（包含股利在內）平均年增率不會超過 7％，且時間可能長達二十年。[8] 這只比他兩年前說的數字高 1％左右。這些話真叫人洩氣。

「市場不應該這麼走的，」巴菲特說，「但市場現在就是這麼走。」

許多聽眾聽了既震驚又膽寒，但也印象深刻。大家聚在艾倫房間後面的露天平台吃午餐時，紛紛稱讚巴菲特講得好。這裡聚了大約一百人，包括葛蘭姆母子在內。巴菲特和墨西哥總統福克斯（Vicente Fox）坐在一起，並且大談經濟。[9] 之後他離席去打高爾夫。

葛蘭姆開高爾夫球車去橋牌室玩牌。過了一會兒她覺得不舒服，決定回房。她打電話告訴助理說要回去了。先前她請助理待在艾倫的套房等她，她的套房就在艾倫隔壁。打完電話，她走到外面開高爾夫球車，獨自回房。

助理每隔幾分鐘就望向窗外，看她回來了沒。她看見葛蘭姆的高爾夫球車已經開回來，車上卻不見人影。她趕緊衝出去，一眼就看到葛蘭姆躺在她房門前的台階上。助理彎下身體和葛蘭姆講話，卻沒回應。她開始尖叫，請艾倫出來。[10] 幾分鐘後醫護人員到達時，葛蘭姆的兒子唐納已經從高爾夫球場衝回來。他需要有人幫他做決定，他問巴菲特要不要隨行，但巴菲特沒辦法應付這種狀況。[11] eBay 執行長惠特曼的丈夫哈許（Griffith Harsh）是很優秀的神經外科醫生，和唐納一起到距離十分鐘車程，位於凱徹姆的聖路加（St. Luke's）醫院看電腦斷層掃瞄結果。[12]

蘇西隨後開車到醫院找唐納和艾倫，她很清楚她父親無法面對任何醫療危機。1997 年蘇珊做心導管插入術時，巴菲特搭機前往舊金山看她。當寇爾打電話說蘇珊情況良好，他便在半空中掉頭飛回奧馬哈。在那之後，蘇珊因為極其痛苦的腹腔沾黏和腸道阻塞，一再進出急診室；1999 年她摘除膽囊。這麼多年來，蘇珊的身體出了那麼多毛病，但巴菲特始終無法忍住憂傷的情緒，無法前往醫院探視妻子。[13]

哈許醫師看了電腦斷層掃瞄結果了之後，便決定用直升機把葛蘭姆送到愛達荷州波易斯市（Boise）的聖雅風地區醫學中心（St. Alphonsus Regional Medical Center）。艾倫同時安排一架私人飛機，載唐納和蘇西前往波易斯。

當這些事情發生時,巴菲特縮回自己的房間。蘇珊那天稍早前往希臘參加婚禮,根本不知道發生了什麼事。彼得和珍妮佛、霍華和迪鳳還在太陽谷,兩個兒子只能短暫停留,但在這種時刻,巴菲特實在沒辦法強顏歡笑,和兒子共享天倫。蓋茲夫婦、奧森夫婦,以及蘇西的男朋友陪他等候葛蘭姆的消息。這些人負責聊點別的事讓他分心,不去想葛蘭姆的情況。蘇西從波易斯打電話回來,說葛蘭姆即將動手術。[14]

葛蘭姆進了手術室,又被送出來。凌晨兩點左右,由於沒有進一步的消息從波易斯傳來,巴菲特決定上床休息。

大約九十分鐘過後,第二次電腦斷層掃描結果出來,醫生們將葛蘭姆送進加護病房。「我們真的不確定會發生什麼事,」他們說。蘇西打電話叫醒巴菲特,要他和家人坐上飛機。

幾個小時後,耐捷的飛機降落波易斯,巴菲特打電話給蘇西,說他覺得自己沒辦法前往醫院。蘇西叫他非來不可,唐納心煩意亂,需要有他陪著,而且就算葛蘭姆無法睜眼看他,也能感受到他來了。巴菲特心不甘、情不願,勉強同意。

當他到了醫院,女兒在樓下大廳等他。她知道他很怕,需要軟硬兼施。她堅持:「你一定要上樓,非去看她不可。」她帶他進入加護病房,哭紅了眼的唐納獨自陪著母親。葛蘭姆面無血色,意識不清,躺在病床上,身體連著閃爍微光和發出細微聲響的監控儀器,嘴上戴著氧氣罩。巴菲特和唐納緊挨在一塊兒低泣著。葛蘭姆最大的孩子,也是唯一的女兒萊莉·韋摩斯(Lally Weymouth)到了。蘇西後來帶父親下樓,反正他們待在那裡也不能做什麼。葛蘭姆其他孩子陸續來到波易斯之後,巴菲特一家人搭上飛機,傷心地回奧馬哈。[15]

兩天後電話來了，通知他葛蘭姆已溘然長逝。巴菲特已經告訴葛蘭姆的長女萊莉，他無法在葛蘭姆的告別式上演說，只能和蓋茲一樣當招待。家裡有艾絲翠照顧他，辦公室有工作消耗他的心力，不工作時則有歐斯柏格陪他打橋牌，或在電腦上玩直升機遊戲，只要能讓他轉移注意力，不去想起葛蘭姆之死的震撼和可怕就行。

無為之失

葛蘭姆去世隔天，巴菲特按照既定行程，到喬治亞大學泰瑞商學院（Terry College）對學生演說。他穿著筆挺的灰色西裝走上講台，看起來只比平常稍微遲緩一點，講話的聲音也有些沙啞。「測試，一百萬、兩百萬、三百萬，」他對著麥克風說。這些話總能引來笑聲，這次也不例外。他接著講了兩個內布拉斯加的足球笑話，卻因為結束得有點突兀，只引來稀稀落落的笑聲。

然後他似乎抓回了節奏。「有人問我應該到哪裡工作，我總是告訴他們，去為他們最欣賞的人工作，」他說。他鼓勵學生們不要浪費時間和人生。「只為了要讓履歷表看起來很不錯，就去做點過渡性質的小工作，是非常不智的，就像把性愛留到老年再享受一樣。**去做你喜愛的事，到你最欣賞的人那裡工作，這樣才算盡你所能，給自己的人生最好的機會。**」

學生問他，他犯過哪些錯。他說，第一個錯是在波克夏海瑟威花了二十年時間，試圖重振奄奄一息的紡織廠。第二個錯是全美航空，巴菲特說他應該先打航空狂專線和人談談再做決定。第三個錯是年輕時買辛克萊加油站。他估計，和那筆投資

用在別處可賺到的錢相比，這個錯誤害他損失約 60 億美元。

但他說，他的無為之失，也就是可以做卻沒做的事情，讓他損失最多。他只提到一樣：沒有購買房利美（Federal National Mortgage Association）的股票。他說，到那天為止，這個疏失讓他損失約 50 億美元。其他的無為之失還有：錯過墨菲想賣給他的電視台、沒有投資沃爾瑪（Wal-Mart）。他解釋說，由於他謹慎面對人生，所以犯的錯大多是無為之失，不是有為之過。

巴菲特曾多次談到他犯的錯誤，卻不曾提到商場以外的錯誤。他私生活中的無為之失：疏忽、冷落、錯過機會，一直都在發生，而這是拚命工作的副作用。不過這些錯誤就像影子，只有深入認識他的人才看得到，他也只在私底下談這些事。

他向學生解釋他的「二十孔卡片」（Twenty Punches）投資方法。他說：「如果你想像自己擁有一張卡片，這一輩子只能打二十個孔，每一個財務決定用掉一個孔，那麼你會變得非常富有，因為你會抗拒遊戲人生的誘惑，你會做出更多的好決策，也會做出更多的大決策。」

他也用「二十孔卡片」的方式過生活，盡可能專注。住相同的房子，和相同的妻子度過五十年；法南街上相同的艾絲翠；對房地產、藝術品、車子和其他財富象徵完全沒有購買欲望；不想從一個城市跳到另一個城市，或從一個事業跑道換到另一個事業跑道。其中有些事，對那麼肯定自我的男人來說很容易，有些是習慣的產物，有些是放手讓事情自行演變的天性，有些是縮手不動的智慧。當他把某人打進自己的卡片，他們就成了他的一部分，而那個決定是永遠的。那種恆久不變要

是出現任何裂痕,他將很難面對。

　　幾天後的早晨,一群警察很早就動員封鎖華盛頓國家大教堂(Washington National Cathedral)附近的街道,以防民眾聚集。明亮的藍天襯托出這座建築的雕刻裝飾和向上飛展的扶壁。[16] 電視台工作人員準備拍攝精心策畫、排場可比國家元首級的喪禮。接近中午時分,巴士一輛輛載來《華盛頓郵報》的員工。參議員搭乘藍白條紋的巴士抵達,其他賓客也從汽車和大型豪華轎車擁出。

　　教堂內前幾排坐了總統柯林頓夫婦、副總統錢尼夫婦等名流。會場處處是名人。[17] 數千人魚貫走進巨大的銅門,逐漸聚集成可能是大教堂有史以來最多的人群。[18]

　　告別式開始後,巴菲特和蓋茲坐到梅琳達旁邊的位置。音樂響起。歷史學家史勒辛吉(Arthur Schlesinger)、季辛吉、郵報副總裁布拉得里(Ben Bradlee)及葛蘭姆的子女陸續上台講話。快結束時,由前參議員丹佛斯(John Danforth)講道。他認為雖然葛蘭姆不多談宗教,但她的生活方式就和信徒沒兩樣。「如果有人說她是世界上最有權勢的女人,她會立刻嗤之以鼻,」他說,「尤其在華盛頓,很多人眼睛長在頭頂上,凱瑟琳卻不然……。我們不會因為自私而在人生中獲得勝利;勝利是屬於那些願意捨棄自我,獻身於更大理念的人。《聖經》上說,凡自高的必降為卑,凡自卑的必升為高,事實也的確如此。這是所有人都受用的經句,也是凱瑟琳‧葛蘭姆的寫照。」

　　蓋茲的妻子梅琳達拭著淚水,巴菲特滿臉傷悲,坐在蓋茲身邊。教堂的兩個唱詩班身穿黑色和白色長袍,唱出莫札特的歌曲。抬棺人小心翼翼將棺材扛上肩膀,沿著走道往外走。前

來弔唁的人齊唱「美哉亞美利堅」。家屬跟著走出教堂，來到
葛蘭姆家對街的橡樹丘墓園。葛蘭姆將長眠在已故的丈夫
身旁。

中午過後不久，四百多人走上葛蘭姆家的圓形車道，漫步
到後花園。葛蘭姆的兒孫在那兒和客人寒暄。棚子下的自助餐
會裡，客人享用迷你三明治、火腿薄片和里脊肉。他們繞過游
泳池進入屋裡，搜尋過去的記憶片段，緬懷往事。他們來到起
居室，雷根總統曾在那裡雙膝跪地，撿拾他灑在地上的冰塊。
他們最後一次凝視著藏書室裡的書和小擺飾，葛蘭姆曾在那裡
思索是否刊登五角大廈的文件。他們停在一間金色的房間裡，
裡面有張圓形餐桌，旁邊牆上擺著拿破崙的瓷器。從甘迺迪到
柯林頓，歷任美國總統都曾在這裡用餐過。從賈桂琳‧歐納
西斯到黛安娜王妃等名人也一定來過，只要葛蘭姆有邀請他
們。[19] 這棟房子本身就是歷史。

巴菲特最後一次走進葛蘭姆的屋子。他沒有停留太久，而
是提早離開，不再回來。[20]

時間悄悄流逝，還在屋裡的朋友和仰慕者向葛蘭姆道別。
他們沿著長長的走廊離開，經過她時常招待他們的房間，靜靜
走過外頭的花園，走上石子車道。他們依依不捨，慢慢離開葛
蘭姆的最後宴會。

第 56 章
不能為富不仁
奧馬哈，2001 年 7 月～ 2002 年 7 月

　　巴菲特獨自飛回內布拉斯加。他在清醒的每一刻，都忙著做各式各樣的事，不去想令人傷心的回憶。他閱讀送進辦公室的財務報告和報紙，他收看 CNBC，和人講電話。他在下班後的晚上玩橋牌，上網看線上新聞，偶爾在電腦上玩直升機遊戲。

　　一星期後，他在講電話時哭了起來，先是大聲啜泣、哽咽，然後是泣不成聲。一直壓抑的悲痛，終於潰堤。

　　傷痛如潮水般湧出，盡情宣洩，然後他慢慢恢復過來，終於能夠開口講話。他說，後悔沒能在葛蘭姆的喪禮上讚美她，他深感慚愧。這個曾經那麼努力練習在台上談笑自若的男人，覺得應該要為葛蘭姆這麼做。他還有更多更多的悔恨。

　　「要是我那天陪她打橋牌，也許她就不會跌倒了，」他後來傷心地說，「我會親自開高爾夫球車送她回去，也許她就不會死了。」

　　但葛蘭姆無論如何還是得自己走上台階，沒有人知道她是因跌倒而死，還是因為病發而摔倒。

　　不過，巴菲特依然為著錯失了保護她的機會而自責。他認為要是他陪在她身邊，一定可以設法保護她的安全。

　　幾個星期過去了，一有人提起葛蘭姆過世的事，他總是熱

淚盈眶，傷痛得說不下去。然後他收拾好情緒，就像馬達重新發動，改談另一個話題。

幾週後就是巴菲特的生日。他裝作不以為意，但其實很害怕這天到來。今年他七十一歲。真不敢相信歲月已經悠悠走過七十一載。當他滿四十歲、五十歲、六十歲、七十歲時，他也不敢相信。但今年他特別不希望想起生日，因為在葛蘭姆去世之後，他很不願意有什麼事提醒他時間如此飛逝。

幸好一年一度的奧馬哈經典高爾夫球錦標賽在他生日後舉行，能讓巴菲特排遣時間，轉移他的注意力。企業執行長和各界名流、親友、他認識和喜歡的人，都會前來共襄盛舉。

這天，巴菲特打開電視轉到某個新聞頻道，看見兩架飛機撞上世界貿易中心的畫面。

在奧馬哈參加高爾夫球錦標賽的人，幾乎或多或少都受到這件悲劇的影響，許多人有親友、鄰居或生意往來對象在那兩棟大樓工作。波克夏旗下各事業體的員工散布全美各地，巴菲特後來查清楚，波克夏的人員並沒有任何損傷，只有財物上的損失。

有人決定立刻離開高爾夫球錦標賽，但由於所有機場都關閉，想走沒那麼容易。有些人因為不想讓巴菲特不高興而留下來，也有許多人是因為別無選擇。[1]

沉著冷靜

這些驚天動地的大事發生時，巴菲特繼續依照原定的行程做事，即使遭遇極嚴峻的狀況，他回應壓力的方式都一樣，就是將不同事情區隔開來。他如約和家得寶（Home Depot）執

行長納德利（Bob Nardelli）會面，² 之後又現身奧馬哈鄉村俱樂部，那裡大約有一百位不知如何是好的賓客。巴菲特說，一切依照原定計畫進行，但大家想做什麼，都悉聽尊便。錦標賽在超現實的氣氛中開賽。巴菲特乘坐高爾夫球車，循既定的路線在不同的球座停下，和來賓合照。³ 球賽籠罩在一股奇異的平靜氣氛中，就像珍珠港遇襲那天舉行的名流高爾夫球錦標賽。其實不少高爾夫球手和巴菲特一樣，還記得珍珠港事件和它的後續影響。這群人並不激動，大部分都是知名企業家，習慣承受壓力和困難。他們認為面對災難時，冷靜沉著就像每天上班要穿戴西裝領帶一樣，都是必備的行頭。

巴菲特比大部分人做了更多的準備，因為他早就想到恐怖活動的風險。5 月間，他告訴通用再保和波克夏再保，減少承保恐怖攻擊風險較大的大樓和客戶。一向深謀遠慮的他那時已想到可能發生的浩劫。他甚至曾經舉世界貿易中心為例，說客戶聚集在那幾棟建築物可能會使風險提高。⁴ 雖然在 1990 年代末和千禧年之初，恐怖活動的威脅與日俱增不是祕密，但巴菲特卻早已預見風險所在，企圖設法保護波克夏不受傷害，這種做法即使在保險公司之間，也是相當少見。⁵

隔天上午和接下來幾天，機場慢慢允許數量有限的班機恢復起降。巴菲特的家人安排留下來的客人吃晚餐、打網球和高爾夫球，直到每個人都能順利離開奧馬哈。⁶ 股市停止交易之久，是大蕭條以來所僅見，不久就要恢復交易。他同意和前財政部長魯賓（Robert Rubin）、奇異公司剛退休的執行長傑克‧威爾許一起上 CBS 的電視節目《六十分鐘》。美國人認得他是數一數二的投資家和股市專家。巴菲特在那個週日晚上的節目

中說，他不會賣股票，如果價格跌得夠多，他還會買進，並說他對美國經濟克服恐怖攻擊的能力深具信心。所有關心股市的人都知道巴菲特言出必行。巴菲特曾在太陽谷表示，市場價值必須下跌一半，他才有興趣買進。因此當他說，如果價格跌得夠多他會買進，聰明人都知道他是當真的，他們也知道，「夠多」的意思是「非常多」。

隔天道瓊指數下跌 684 點，跌幅 7％，是歷年來最大的單日跌幅。聯準會開始行動，降低利率 50 個基本點（basis point，即 0.5％）。那個星期結束時，道瓊指數跌幅高於 14％，是有史以來最大的單週跌幅，但投資人財富減損的程度不及 1987 年的一半，當年市場暴跌三分之一。

幾天之內，巴菲特找波克夏旗下的保險公司相關人員來商談，試著評估波克夏受到的傷害，初步估計波克夏損失 23 億美元（後來略微上調）。[7] 這是到目前為止，任何地震、颶風、龍捲風或其他天災最大損失的好幾倍。其中通用再保就損失了 17 億美元。

巴菲特受夠了。他特別寫了一封信張貼在網站，嚴厲指責通用再保打破了「基本的承保準則」。在波克夏的歷史上，他不曾如此公開痛斥所屬公司的主管，那封信一直張貼在網站上供大家觀看，有如在通用再保身上烙下紅字。這家公司現在處境堪慮；它用那麼戲劇性的方式公開讓巴菲特難堪，很有可能成為下一個所羅門，巴菲特永遠不會再接納那家公司，而且只會成為另一個反面教材。

現金加上勇氣

　　為防恐慌發生，聯準會再度將利率降到歷史低點。聯準會的責任是維持銀行體系的流動性，但這一次聯準會壓低利率長達三年之久。[8] 恐怖攻擊發生後一個月，股市完全收復失土，市值回升 1.38 兆美元。但市場情緒依然緊張，部分原因是「911 恐怖攻擊事件」之後幾個星期，美國和英國入侵阿富汗的情勢並不明朗，接著到了 11 月，能源交易公司安隆（Enron）又給 1990 年代末已經萎縮的股市泡沫刺上一針。美國司法部介入，安隆因為爆發會計弊案，終於宣告破產。

　　接著一堆會計弊案和違反證券法的行為爆發，包括世界通訊（WorldCom）、艾德爾菲通訊（Adelphia Communications）、泰科（Tyco）、英克隆（Imclone）都是這樣的公司。2002 年初，紐約檢察總長史匹哲（Eliot Spitzer）出其不意，抨擊華爾街銀行在網路泡沫期間以偏差的股票研究報告，力捧新上市股票，導致股價虛漲。[9] 隨著投資人對企業管理階層報告的數字失去信心，股票和債券的價格開始支撐不住。

　　波克夏最好的機會總是在情勢混沌不明，別人缺乏見識、資源和堅持到底的精神來做出正確判斷的時候。「**危機發生時，現金加上勇氣是無價之寶，**」巴菲特說。現在他的機會又來了。普通人可能承受不住此時的動盪，巴菲特卻已經等了好幾年，等著機會如狂風驟雨般落在奇威廣場大樓。他全身是勁，為波克夏買進一堆雪茄屁股般的垃圾債券。他買下內衣製造商織布機之果（Fruit of the Loom），笑說「我們幫大家擦屁股。」[10] 他買下生產相框的拉森朱爾（Larson-Juhl）。波克夏的

美中能源子公司也投資了經營不善的威廉斯公司（Williams Companies），後來收購它的肯河管路公司（Kern River Pipeline）。[11] 波克夏購買童裝品牌嘉朗動物（Garanimals）的製造商嘉朗公司（Garan），也從經營陷入困境的能源公司動源（Dynegy）買下北方天然氣（Northern Natural Gas）的管路。[12] 幾天之內，美中借更多錢給威廉斯公司。[13] 它還買下體貼大廚（The Pampered Chef），這家公司透過一支七萬人的獨立「廚房顧問」，在宴會時銷售廚具。它也買下農業設備製造商 CTB 實業（CTB Industries），並和投資銀行雷曼兄弟聯手，借 13 億美元給搖搖欲墜的瑞來安能源公司（Reliant Energy）。

　　詹恩很快就經營起恐怖活動保險業務，承保航空公司、洛克斐勒中心、克萊斯勒大樓、南美一家煉油廠、北海一座鑽油平台、芝加哥的西爾斯大廈遭受攻擊的風險。波克夏也收費承擔奧運會比賽取消、或 2012 年前美國至少兩次無法派人參加奧運的風險。它也承保鹽湖城冬季奧運會及國際足球協會（FIFA）世界盃足球錦標賽遭恐怖攻擊的風險。[14]

　　波克夏的一些事業體在疲弱不振的經濟中苦戰。巴菲特總是表示，他喜歡一次獲得 15％的報酬率，勝過穩定的 10％。一些業務經營不善，他並不操心，因為大部分會隨著時間經過而自行改善。但耐捷包機公司正在掙扎求生，原因不只和經濟不振有關，也和買它的前提（獨特的特許權）不再那麼獨特有關。即使部分所有權航空事業的經濟面不再吸引人，許多人依然繼續成立公司，和耐捷包機一爭高下。巴菲特現在覺得，是睪丸素造就航空迷。「如果只有女人可以當航空公司的執行長，」他說，「我想那會好很多。這就像運動比賽的播報權。

如果只有女人能擁有運動比賽的播報權,它們的價格將是今天的十分之一。」他告訴股東,耐捷包機將恢復獲利,而且會成為市場霸主。但他沒有指出,它可能賺不到他所希望的資本報酬率,至少近期內是如此。此外,耐捷包機這家公司相當有趣。巴菲特現在懂得如何購買飛機、管理、安排航班和航線、維護、保險、安排機組人員,甚至如何培訓機師等無數細節。總之,耐捷很酷。他參加耐捷的活動,周旋於大人物之間。他永遠不會賣掉它。

戴斯特製鞋公司相當於現代版的紡織廠,問題雖然比較小,卻更為嚴重。巴菲特後來表示,這是他最糟的一件收購案,並引用巴比・貝爾(Bobby Bare)的鄉村歌曲打比方:「我絕不跟醜女上床,但醒來時身邊絕對有一些。」[15] 於是他更換該公司的管理班底。經營布朗鞋業公司有成的隆尼(Frank Rooney)和伊斯勒(Jim Issler),最後決定關閉戴斯特在美國的生產活動,遷往海外。[16] 在美國每付出 1 美元的工資,在其他地方只要付 10 美分,就能雇用到一樣的鞋工。

「我錯看了那家公司未來的經濟面。在緬因州戴斯特鎮工作的人都很棒,非常擅長做他們所做的事。但即使他們比中國人好兩倍,中國人卻只要求十分之一的工資,」巴菲特說。

支持遺產稅

雖然忙於所有這些賺錢的活動,巴菲特卻覺得「911 恐怖攻擊事件」給他的最重要機會,和商業無關。他現在既有權勢,又有責任,應該去影響別人的想法、促成一些行動。過去幾年,金融圈籠罩在狂妄自大的泡沫之中,現在美國比較清醒

冷靜，1990 年代末急功近利的盲目行為已少見。巴菲特認為
時機再恰當不過了，正好可以談談富人的貪得無厭，也能用財
政政策證明他說的沒錯。

　　布希總統的新預算中有個重要提案，尤其激起他的正義
感。原來布希政府計畫逐步取消已實施數十年的聯邦遺產稅。
這項計畫的支持者把遺產稅稱做「死亡稅」，聽起來很可怕。
他們振振有詞地說，不應該對死亡這件事課稅，而且遺產稅會
抑制創業家的企圖心。他們舉例說，某名門大戶的家長過世之
後，為了繳稅不得不出售家族農場。沒錯，是有這樣的家庭，
但巴菲特表示，少數人一時的痛苦，遠低於其他所有人受到的
影響。

　　巴菲特指出，每年約有兩百三十萬美國人死亡，其中繳納
遺產稅的人不到五萬，占 2％左右。而不到四千人（占死亡人
數的 0.2％）繳的稅，占國庫遺產稅收入的一半。[17] 這些人極
其富有。

　　但那畢竟是他們的錢，為什麼不能想怎麼做就怎麼做？他
們為什麼應該「補貼」別人？巴菲特的看法是：他們會那麼富
有，都是因為有這個社會。

　　他說，取消遺產稅，別人就必須彌補稅收不足的部分，因
為政府需要夠多的錢才能運轉。

　　供給面理論多年來主張，減稅將強迫政府縮減支出。這種
理論就直覺判斷確實合理，畢竟如果人能量入為出，為什麼政
府做不到？（但到了 2002 年，許多人忙著取得利率極低廉的住
宅貸款，根本把量入為出拋到腦後）經過二十年，供給面政策
是好或壞仍無定論。政府的稅收通常不夠因應支出，只好靠舉

債彌補差額,所以這個理論現在看起來更不可信。巴菲特認
為,在聯邦預算發生赤字的此刻,竟然擬議降低遺產稅,可說
是偽善到極點。[18]

巴菲特並沒有怪罪人為了私利而行動,甚至可憐起那些必
須永無止境募款的政客。他蔑視的是用金錢買權力的制度。

布希總統 2001 年就職後不久,巴菲特前往國會大廈的詹
森總統廳,和民主黨政策委員會的三十八位參議員談政治活動
募款。巴菲特說,競選募款制度已經敗壞,法律的走向,是讓
富人更加富有、留下更多給繼承人。巴菲特說這是「富人所
有、富人所享的政府」。

他指出,有愈來愈多搖尾討好的說客和稅務皮條客,全力
推動對富人有利的立法,卻無人為另外 98％的美國人遊說。
在缺乏遊說者的情況下,這 98％的人應該要了解正要發生的
事情,並且不再投票支持某些議員,因為他們通過法律要一般
人從口袋掏錢出來繳稅,好讓有錢人少繳稅。

保羅‧紐曼、老比爾‧蓋茲、索羅斯、洛克斐勒家族的少
數人,以及其他約兩百位有錢有勢的人同意並簽署請願書,發
表在《紐約時報》,反對布希取消遺產稅。巴菲特沒有加入請
願,因為他認為這樣還不夠。他認為,富有的人何其幸運和有
福,因此更應該樂於繳稅才對。「我不相信代代相傳那一套,」
他說。撤銷遺產稅就像找歷屆奧運金牌選手的子女組成奧運國
家代表隊一樣。

財富是一本支票簿

「我接受財富水準愈高繳愈多稅的想法,也不介意收入低

於某個金額以下的人不繳稅，而遺產超過 1.5 億美元，便繳 100％的稅。

「最重要的是問：『然後會怎麼樣？』取消約 200 億美元的遺產稅稅收，就必須設法向其他人課稅，以彌補不足的差額。看到一般美國人民賣力為坐擁龐大遺產稅的幾千人而戰，又必須為和自己一樣得掏錢納稅的其他人而戰，實在讓人吃驚。

「其實我真正不喜歡的，是會泯沒人性的任何事情。我不喜歡往那個方向發展的財稅體系，也不喜歡往那個方向發展的教育體系。我不喜歡最底層 20％的人得到愈來愈糟的待遇。」

但有關遺產稅的爭論變得尖酸刻薄。巴菲特被描繪成嘴裡含著銀湯匙的民粹主義者、一隻有錢的老鱷魚，不希望見到下一代以典型的美國創業方式，憑一己之力出人頭地。[19]

遺產稅的爭議最後也扯到巴菲特。有人說，像巴菲特那樣的富人都在逃稅，因為他們的錢是透過稅賦輕的投資累積起來的。但是說巴菲特為了逃稅而投資，就好像說嬰兒為了弄溼尿布而猛喝奶一樣。的確，巴菲特曾率先表示，投資稅賦低得不合理，而且這正是他的另一個理念。他喜歡拿自己的稅率和祕書做比較，說祕書的收入所適用的稅率比他還高，因為他的大部分所得來自投資，而這有欠公道。

巴菲特已經激怒所有的富豪和準富豪，但以他在其他領域傑出的信譽，他誓言未來幾年將繼續反對取消遺產稅。2003 年，距伊拉克戰爭開戰前幾天，他再度在民主黨政策委員會談另一件事。他說，布希總統計畫降低股利稅之舉，比較像是「為富人階級謀福利」。他在《華盛頓郵報》撰文談「股息巫毒」，再次指出他的稅率低於他的祕書。保守派對巴菲特另一

個民粹宣言的反應，來得既快又猛。「百萬富翁因為巴菲特背叛他們的階級，而群情憤慨，」有人這麼說。[20]

那當然是他個人的看法。他認為，美國這個國家不曾希望有錢人是個永存的「階級」，只會不斷為自己累積更多財富和權勢。

「911 恐怖攻擊事件」之後，股市終於回升且持續上揚，有錢人變得非常有錢。幾乎每天都有十二檔新的避險基金上市，富人盡情利用聯準會提供的低利率。億萬富翁多如垃圾桶附近的浣熊。新經濟迅速創造出來的許多財富，從投資人那裡大量移轉給中間人，整個過程未對社會產生任何回報，令巴菲特期期以為不可。一般投資人當然仍只獲得普通的報酬率，卻有那麼多費用被騙走。

巴菲特最不喜歡富人變得富有的一種方式，就是股票選擇權（用於員工認股計畫或主管薪酬時，亦稱為員工認股權）。自從他對所羅門的薪酬規定投下有名的反對票之後，其他公司的董事會都不請他擔任薪酬委員會的委員。2001 年，可口可樂給達夫特 65 萬股的認股權。達夫特要求以認股權做為薪酬，但認股權只在公司的盈餘增加 15％到 20％時才能使用。股東批准了他的要求，巴菲特卻等著看好戲；好吧，這種事情永遠不能再發生。一個月後，薪酬委員會發現那個目標不可能達成，也就是說，達夫特永遠別想領得酬勞。於是薪酬委員會改變標準，幫他把目標降到 11％至 16％，[21] 這就好像把全馬的馬拉松終點線移到 30 公里處。達夫特到目前為止的表現不怎麼樣，可口可樂的股價原地踏步。儘管反對聲浪日益升高，用於獎勵企業員工的認股權給付卻大幅增加，這讓巴菲特覺得

他必須好好把握一直在等待的機會：消除虛假不實的認股權會
計處理手法。

一頁奇怪的會計史

　　企業經理人喜歡認股權，是因為一頁奇怪的會計史說，公
司如果發給員工認股權而非現金，帳面上就不會有成本，就好
像認股權根本不存在似的。在「真實的」世界中，私有企業能
夠一眼看出這是不對的觀念。如果肉販、麵包師和蠟燭商發給
夥計相當於他們商店 20％股份的認股權，他們會深刻感受
到，一大部分的利潤就要拱手讓人。

　　但會計準則把認股權變成玩具鈔票。也因此，從 1990 年
代末就開始產生大手筆發放獎金的情形。1980 年，執行長的
平均薪酬是一般藍領勞工的 42 倍。二十年後，這項比率上升
到超過 400 倍。[22] 所得最高的執行長，薪酬上億美元。2000
年，花旗集團的魏爾領 1.51 億美元，奇異公司的威爾許領 1.25
億美元，甲骨文（Oracle）的艾利森（Larry Ellison）領 9,200
萬美元。雖然蘋果電腦的賈伯斯在 1997 到 1999 年的薪水只有
1 美元，但在 2000 年卻獲得高達 8.72 億美元的認股權，外加
一架 9,000 萬美元的灣流噴射機。[23]

　　1990 年代初期，就在會計人員設法改變遊戲規則之際，
美國企業在矽谷帶頭之下，找來說客作陪，帶著政治獻金衝進
國會大門，請求國會議員拯救他們，不要通過可怕的新會計準
則。2002 年泡沫爆破之前，他們成功地使那些準則胎死腹中。

　　巴菲特自 1993 年起，一直撰文探討員工認股權的問題，
但現在他覺得改變的時機終於成熟了。他在《華盛頓郵報》寫

了一篇擲地有聲且頗具影響力的社論，題目為〈員工認股權和常識〉。[24]

「執行長知道配發給他們的認股權價值多高，所以他們要為認股權而戰，」他寫道，並且重提他以前提出的問題。

「如果認股權不是一種薪酬，那它是什麼？」

「如果薪酬不是一種費用，那它是什麼？」

「如果計算盈餘時不扣掉這些費用，那它們應該被放到哪裡去？」

2002 年 7 月，太陽谷討論認股權的情緒激昂。巴菲特運用他的影響力，高聲表達他的看法，讓負責為認股權遊說的人烏雲罩頂。那時氣溫衝破攝氏 38 度，名流和企業主管汗流浹背地搭乘巴士去泛舟，以躲避酷熱。

巴菲特抵達之後不久，先到一個他需要別人幫忙才能面對的地方：葛蘭姆在野花公寓的房間，就在艾倫寓所的隔壁。由於大部分可口可樂的董事都來到這裡，稍後就要在艾倫的寓所召開董事會議。他們要討論認股權的問題，巴菲特不會錯過這件事。但是首先，「我和比爾、梅琳達一道走上凱瑟琳跌倒的地方。我抖個不停，好像受了風寒或生了病。你知道，他們可能覺得很尷尬，但我一點都不會，我那時根本無法自已。」

之後，巴菲特的浴缸記憶發揮了作用，言談舉止恢復冷靜沉著。可口可樂在會議上做出決定，並發布新聞稿，說它將開始把員工認股權的成本列為費用。依照當時的法令，公司可以這麼做，但並未強制規定一定得這麼做。可口可樂的宣告有如一顆集束炸彈，震撼了美國企業界。發布新政策的場合，更擴大它的力道。那裡是太陽谷，聚在這裡的新聞媒體什麼事都想

打探個一清二楚。從可口可樂所做的決定可看出巴菲特插手的
痕跡。太陽谷會議結束之後，華盛頓郵報公司仿效可口可樂，
也宣布要將員工認股權費用化。[25]

　　矽谷準備到國會再戰一場。但是其他公司接二連三跟隨可
口可樂和華盛頓郵報公司的腳步，紛紛宣布也要將員工認股權
列為費用。

　　認股權之爭持續了約兩年之久，直到財務會計準則委員會
拍板定案才終了。可口可樂的決定產生骨牌效應，引發一連串
的事件。

　　這段期間，巴菲特扮演深具影響力的政治家，動能愈來愈
強。雖然遺產稅仍然按照原定計畫準備取消，他卻找到了另一
個目標：導致會計弊案在過去幾年大為增加的會計人員。他認
為，如果審計人員不是搖著尾巴，坐在企業執行長的大腿上一
味巴結討好，管理階層一定不敢上下其手，連偷帶搶從股東口
袋拿走巨額的金錢。巴菲特出席了證管會的財務揭露與監督的
圓桌會議。他說，股東要的不是順從乖巧的狗，而是警衛犬。
列席審計委員會和監督審計人員的董事，必須是隻「杜賓犬」，
讓審計人員戰戰兢兢做好分內的工作。[26]

　　他說，他對波克夏海瑟威的審計委員會提出幾個簡短問題：

- 如果由審計人員自行編製財務報表（有別於公司管理階層編
  製的報表），會用相同的方式編製嗎？
- 如果審計人員是投資人，那麼從財務報表的呈現和說明方
  式，他能了解公司的財務績效是好或壞嗎？
- 若由審計人員來當家做主，公司會依循相同的內部審計程

序嗎？

■ 審計人員是否知道，公司在財務報告上調整營收或成本認列
時間所造成的影響？

巴菲特說：「讓審計人員為難，他們才會做好分內工作。
不讓他們為難……嗯，我們已經看到結果會是什麼樣子。」[27]

這些簡單的問題顯然是應該問的，也很清楚地界定了是非
對錯，在判別真相和防範弊案上，非常有用。至少有一、兩家
其他公司的董事很有常識，也擔心惹上官司，所以開始仿效巴
菲特問這些問題。

巴菲特以無比的準確度揮刀大砍，會計人員嚇得縮起脖
子，企業薪酬委員會邊閃邊抱怨，他為什麼不緊閉金口，非要
公開揭露他們假造高業績、為自己增加紅利的事實不可。希望
減稅的人，也在尋找比「惡毒的民粹主義者」更難聽的字眼罵
他。巴菲特卻因為發現能夠揮灑的新空間而手舞足蹈，進而在
2002 年春天超越自我，當起床墊的代言人。他靠在「波克夏
精品」（Berkshire Collection）之一的「華倫床墊」上拍照，印
成「巴菲特和他的床」海報；「波克夏精品」是奧馬哈寢具公
司（Omaha Bedding Co.）的產品。現在，當他在舉行股東大
會的週末前往內布拉斯加家具賣場時，便可以躺在自己的床
上，同時賣自己的床墊。「我終於找到此生唯一真正想做的工
作：床墊測試員！」他說。[28]

徜徉在聚光燈下

富豪政治家見了這位奧馬哈智者都咬牙切齒，希望減稅的

人揮舞拳頭，會計師在他面前顫抖不已，濫發員工認股權的人四處逃竄，想要親筆簽名的人則跟在他屁股後面，電視台的燈光打在他身上。其實，他骨子裡不過是個會因為眾人稱許而陶醉的小男孩，從許多方面來說，他對自己在萬神殿中占有什麼地位毫無頭緒。即使是名不見經傳的崇拜者寫來的信，也會令他眉開眼笑。每次有人寫信給他，說他是他們的英雄，他都好像是頭一次聽到這樣的話。A片演員卡芮拉（Asia Carrera）在她的網站上說他是她的英雄，他樂壞了。能當任何人的英雄，總是讓他心花怒放；尤其被也是高智能曼薩協會（Mensa）會員的豔星稱為英雄，更是無上的恭維。他喜歡接到大學生的來信，但即使是受刑人寫信給他，說他是他們的英雄，他也一樣很驕傲，原來，他的名聲還傳進試圖重建人生的受刑人耳裡。與其被一堆有錢的企業人士崇拜，他寧可被豔星、大學生和受刑人當作偶像。

巴菲特喜歡徜徉在聚光燈下，波莎聶克和黛寶‧雷伊就得提高警覺，守好電話和大門。曾有一位過度熱情的女士從日本搭飛機來他辦公室索取簽名，親眼見到巴菲特之後，她感動得匍匐在地膜拜他，歇斯底里發作起來。幾位祕書見狀趕緊將她推了出去。

這位女士後來寫信說，醫生已給了她鎮靜劑，希望能再次獲准見巴菲特一面。她寄來自己的照片，還寫了更多封的信。

「我喜歡被人膜拜，」巴菲特用略帶哀愁的語氣說。不過，祕書們必須做好分內的工作，因此那位女士沒有再獲邀請。[29]

第 57 章
萬物賢哲
奧馬哈，2003 年 4 月～8 月

　　巴菲特的英雄色彩增濃，整個人旺得好像喇叭花藤蔓。但是他依然十分聰明，懂得平衡各種優先要務。愈來愈多人想占用他的時間，但他認為承諾是神聖的，而且他天生懂得養精蓄銳，不致因受寵若驚而對別人的需求一概應允。他只做有意義和想做的事，絕不讓人浪費他的時間。如果行程表加進了某件事，他就會剔除另一件事。他絕不趕著做某件事，他總有時間去談生意，而且總有時間留給對他來說重要的人。他的朋友任何時候都可以打電話找他，他和人講電話熱絡卻簡短，當他準備停止談話，交談就會結束。他結交的朋友不會濫用特權。雖然他和許多人相談甚歡，卻每隔幾年才增添一些真心朋友。

　　蘇珊每隔幾天或幾星期就會增加一些新「朋友」，寇爾為她處理的送禮名單增加到千人。蘇珊說自己是飛來飛去的「老吉普賽人」。蘇珊經常出遊好幾個月，探望孫子女、照顧病人和垂死的人、為基金會出外洽公、定期探望巴菲特和家人。

　　蘇珊雖然不會說不，但要找到她卻很難。她雲遊各地，根本無法專注關心任何人。自覺可以占用她時間的人，以驚人的速度增加，現在就連親密好友也得透過寇爾才能和她聯繫。

　　愛護她的一些人開始為她擔心，卻很少有機會當面對蘇珊

表達他們的擔憂。「沒人能夠擁有三、四百個真心朋友，」有個人這麼說。她似乎跑得愈來愈快。「她一直在追逐，就像在追逐自己的尾巴，」另一個朋友說。「如果妳不在他們身邊，妳不可能有朋友。」但蘇珊說：「如果你病了，我會花很多時間照顧你。」有人認為，她喜歡照顧和取悅別人的衝動，已讓她無法筆直朝自己的目標邁進。「她不曾說出真心話，」有個人說。「她的日子過得愈來愈沉重，」有個人說，另一個人則想對她喊「停！」勸她「要為長遠打算，好好保重自己。」但「她好像無法減速，因為如果慢下腳步，就會有事發生。」

　　許多其他人卻稱她為聖徒、天使，甚至拿她和德蕾莎修女相提並論。她奉獻那麼多的自己給那麼多的人，現在卻顯得非常脆弱。但一位朋友若有所思地說，那不正是聖徒的特質，奉獻自己直到什麼都沒留下？德蕾莎修女不就是這樣？[1]

　　巴菲特渴望和蘇珊相聚，同意到非洲慶祝她的七十大壽。他們的兒子霍華提前十八個月籌備這趟預定在 2003 年春末展開的行程。「在非洲看到家父，將是世界第八大奇蹟，」他說。[2] 每年在股東大會召開之後，巴菲特家人都會前往紐約。他們準備先到紐約，再轉往非洲，在那裡住上幾星期。

山雨欲來風滿樓

　　2003 年 4 月 1 日，股東大會即將舉行前夕，波克夏宣布收購移動式房屋（mobile home）製造商克萊頓房屋（Clayton Homes）。這筆交易和波克夏當時的其他許多交易一樣，都是在安隆破產之後的低迷市況中買進的便宜資產。

　　波克夏會買克萊頓，是因為好幾年來利率持續偏低，銀行

除了在小豬撲滿裝滿便宜的資金，本身更成為貪心的小豬。[3]
銀行很快就教會消費者一件事：利率低，表示消費者現在可以
花比較少的錢，買到更多東西。擁有房屋產權的人，學會把房
屋產權當作活期存款帳戶使用。但不管是信用卡、住宅或移動
式房屋，放款機構為了追求業務成長，慢慢找上還款能力最
差，卻還是想一圓美國夢的人。[4] 就移動式房屋的例子來說，
銀行借錢給製造商，製造商再借給買家。過去這個過程一向運
作得很好，因為如果移動式房屋製造商借給買家的貸款變成呆
帳，它得自行承受錢拿不回來的損失。

　　但是後來移動式房屋製造商開始出售他們的貸款，把錢收
不回來的風險移轉給別人。錢收不回來現在成了別人的問題。
接下問題的「別人」，就是投資人。多年來經由「證券化」
（securitization）的過程，華爾街將這些貸款包裝整理後，推出
所謂的擔保債權憑證（collateralized debt obligation，簡稱
CDO），也就是有抵押品擔保的債權，然後賣給投資人。他們
把美國各地數千筆抵押貸款結合起來，切割成不同「等級」
（tranche）。投資人將依其投資等級順位獲得償還，最高等級的
債券，可以優先獲得償還；次一等級的債券則是第二順位，以
下依此類推。

　　信用評等機構給求償順位第一的債券最高的 AAA 級評
等，順位第二的債券，評等為 AA 級，依此類推。銀行把各債
信等級的 CDO 賣給投資人。

　　隨著放款標準降低，CDO 的品質每下愈況，就連 AAA 級
的 CDO 也一樣。[5]

　　然而投資 CDO 現在看起來好像沒有風險。「把錢當作是

免費的，」作家莫理斯（Charles Morris）後來寫道，「放款不
需要成本，也沒有風險，『理性』的放款機構就會一直把錢借
出去，直到沒人可借為止。」[6]

　　如果有人指出風險並沒有消失，參與這個市場的人會嘆口
氣解釋說，證券化和交換衍生性金融商品把風險「分散」到地
球很遠的角落，被許多人吸收，絕對不可能傷害任何人。

　　巴菲特在 2002 年的致股東信中，說衍生性金融商品「有
毒」，而且是「定時炸彈」。孟格在那一年的股東大會上，說明
有哪些會計誘因會誇大衍生性金融商品的獲利，同時下了這樣
的結論：「把美國的衍生性金融商品會計處理方式說成是下水
道，這是對下水道的侮辱。」巴菲特在 2003 年的致股東信中，
更將衍生性金融商品說成是「大規模毀滅性金融武器」。[7]他指
出，雖然表面上看來好像有許多人參與市場，實際上只有少數
幾家大型金融機構，運用很高的財務槓桿左右市場動向。它們
擁有的其他資產雖然似乎和這些衍生性金融商品沒有關聯，但
一遇到市場崩跌，這些資產會和衍生性金融商品同步重挫。

溫和的晨鐘

　　通用再保險公司旗下有家衍生性金融商品自營商，稱為通
用再保證券（General Re Securities）。巴菲特在 2002 年賣掉它
的部位，或任令那些部位到期失效，結束了這個事業單位。他
已經將通用再保證券變成衍生性金融商品的負面教材，不厭其
煩地寫了長篇文字，讓股東知道結束這個事業所花的成本有多
高、麻煩有多大。通用再保的承保業務到現在虧損約 80 億美
元，巴菲特已經火冒三丈，幾乎談都不想談。雖然福格森已經

退休，由布蘭登（Joe Brandon）和副手蒙卓斯（Tad Montross）
接任，但巴菲特那封譴責信還是張貼在波克夏網站上。通用再
保的競爭對手開心地告訴客戶，說巴菲特打算賣掉通用再保或
讓它結束營業。既然有所羅門的前例，這樣的預測可不是空穴
來風。

通用再保必須先獲利數十億美元，才能贏回巴菲特的歡
心。它的衍生性金融商品業務不只無法辦到，還可能為全球經
濟帶來麻煩。巴菲特說，「機率雖然低，卻不致低到微不足道
的地步，」並認為遲早（他不知道到底什麼時候）「衍生性金
融商品會帶來大問題。」孟格講話比較直接：「五到十年內如
果沒有大爆炸，我會很驚訝。」衍生性金融商品的管理很寬
鬆，揭露規定少之又少。自 1980 年代初期以來，「解除管制措
施」（deregulation）已將市場變成金融世界的橄欖球場。主張
自由化的人認為，市場中的各股力量有自我管理的作用（但當
麻煩發生時，聯準會似乎還是需要插手干預）。

巴菲特和孟格所說的「問題」及「爆炸」，是指在信用寬鬆、
管理鬆弛、銀行和其共犯短視近利等問題充斥的巫婆大鍋，正
不斷冒著泡沫。意思是，從衍生性金融商品的求償到金融機構
倒閉之間，會像交通堵塞那樣，成為解不開的結。金融機構如
果發生龐大損失，可能出現信用緊縮（credit seizure），引發全
球性的「銀行擠兌」，放款機構連合理的貸款案也不敢承做，
結果將導致資金短缺，使經濟急轉直下。在過去，信用緊縮曾
使經濟陷入蕭條。「不過那不是預測，而是警告，」巴菲特說。
他們只是敲響「溫和的晨鐘」。

很多人引用巴菲特「大規模毀滅性金融武器」的說法，卻

也常質疑他是否反應過度。[8]

　　不過早在 2002 年，移動式房屋業就開始出現大規模毀滅的情形。這一年放款機構因為呆帳而受創，造成減少融資，或將利率提高到極高的水準。

　　巴菲特開始將資金注入，先是幾筆小型的投資，接著便準備買下克萊頓房屋。[9]

　　克萊頓房屋是經營艱困的新型移動式房屋業中的佼佼者。雖然基本面健全，但如巴菲特說的，放款機構就像馬克吐溫筆下的貓，一旦坐過熱火爐，以後連冷灶也不敢坐了。巴菲特認為，克萊頓的問題主要出在資金來源枯竭。克萊頓的股價和其他同業一樣下跌，最低掉到 9 美元。就像所羅門公司在危機期間一樣，克萊頓父子找不到周轉資金，因此想把公司賣掉。巴菲特跟人在諾克斯維爾（Knoxville）的凱文‧克萊頓（Kevin Clayton）通電話。

　　凱文：「我們也許願意考慮 20 美元以上的出價。」

　　巴菲特：「唔，我們所提的數字，絕對不足以償還你和令尊創造這個美好的組織所投入的汗水、時間和精力。」

　　凱文：「我們的財務愈來愈吃緊。你願意考慮只是借錢給我們嗎？」

　　巴菲特：「這在波克夏海瑟威恐怕行不通。何不把你手邊能夠介紹貴公司情形的資料整理一下，有空時寄給我參考？」

　　這是典型的巴菲特操作手法，也就是「放線」。隔天，聯邦快遞公司就送來一件巨大的包裹。魚已經在咬餌。

　　華爾街給克萊頓估的價值，超過其他所有同業的總和，而它的名聲確實值這麼多錢，尤其大部分的新型移動式房屋業者

都虧損累累，正紛紛關閉零售店。這家公司和大多數的魅力股（cult stock）一樣，創辦人個性堅強且散發領袖氣質。愛彈吉他的董事長吉姆・克萊頓生於佃農之家，從裝修和銷售一棟移動式房屋起家。他把公司股東會當成在辦「迷你節慶活動」，曾經邊唱著「鄉村路，帶我回家」，邊從會場後方沿著走道登上舞台。他把談判的工作交給凱文，凱文當然不曾聽過巴菲特咄咄逼人的巴式談判風格。

巴菲特：「我出 12.5 美元。」

凱文：「你知道的，華倫，董事會可能願意考慮 15 美元以上的高價，像是每股 17 或 18 美元。」

巴菲特：「我出 12.5 美元。」

凱文擱下話筒，和董事會商談。雖然克萊頓的股價最近曾跌到 9 美元，但要說這家公司只價值 12.5 美元，實在很難叫人吞下這口氣。

凱文：「董事會願意考慮 15 美元。」

巴菲特：「我出 12.5 美元。」雖然沒有正式的紀錄可考，但談到這裡，他應該是使出另一套招術，也就是拿出圓鋸，鋸開克萊頓父子所站的地板。他強調（帶著同情的語氣）萬一他們的資金來源枯竭，這家公司的處境將會多麼岌岌可危。

克萊頓父子和董事會商討了一會兒。

凱文：「13.5 美元可以嗎？」

巴菲特：「我出 12.5 美元。」

更多的討論。

凱文：「好吧，我們接受 12.5 美元，條件是拿波克夏的股票來買。」

　　巴菲特:「很抱歉,那是不可能的。還有,我不要和別人
競標。如果你們想賣給我,就不能以我的出價為準,再找其他
買主要更好的價格。你們必須簽署一份合約,載明你們不再考
慮其他人的出價。」

　　克萊頓父子可能比當時大部分專家更了解整個行業的走
向,只好豎起白旗投降。[10]

　　用巴氏風格對待克萊頓父子之後,巴菲特搭機前往田納西
和他們見面、參觀工廠,並拜會諾克斯維爾當地的名流。他請
吉姆・克萊頓和他在台上自彈自唱,兩人還在電話中排練了
兩、三首歌曲。但當那一天到來,「他根本把我的吉他忘了,
那把吉他就放在他旁邊,」吉姆後來寫道,「只要把麥克風交
給我們的新朋友華倫,他就會忘了時間。」[11]吉姆不習慣在台
上被人搶走鋒頭,但足以安慰的是,他把大名鼎鼎的巴菲特請
到諾克斯維爾來。

　　雖然當地人對這宗交易案樂見其成,克萊頓的投資人卻不
然。巴菲特的光環反而對他自己不利。就算克萊頓父子不知道
有所謂的巴式風格,許多投資人卻知道,他們可不想被巴式風
格占了便宜。

　　克萊頓的投資大戶認為,巴菲特買在移動式房屋業景氣週
期的底部,恰好抓到了反彈走勢。在 1998 年的景氣高峰,新
型移動式房屋業利用積極的貸款辦法,一年出貨 37.3 萬戶房
屋。「911 恐怖攻擊事件」之後經濟不振,2001 年底的銷售量
減少到 19.3 萬戶,2003 年更預估只有區區 13 萬戶,但景氣肯
定會好轉。根據巴菲特過去精明的紀錄,他們深信他一定撿到
了最便宜的價格,要是他們現在賣出公司,一定會當冤大頭。

但巴菲特看到的不是如此。他看見移動式房屋市場貸款條件寬鬆,導致很高比率的房屋是賣給無力購屋的人,結果將自己逼到角落。所以這個行業銷售的房屋數量不會反彈回升。

而那些反對的人非常著急,互打電話表示不滿。

股東的怒火並未擾亂巴菲特平靜的心情。他一想到將來可以經營一家移動式房屋公司便大樂。從佃農之子手中買下一家公司,這樣的念頭也深深吸引他。不要忘了,他喜歡在乳品皇后公司吃帝力雪糕,仍然酷愛翻閱模型火車型錄,擁有一家監獄制服生產公司,和織布機之果的人員合照時也顯得十分快活。他內心的巴納姆(P. T. Barnum,譯注:美國娛樂界泰斗,人稱馬戲大王)已開始蠢蠢欲動。他能夠鮮活地想像那幅畫面:2004 年舉行波克夏股東大會時,把一棟巨大的移動式房屋安置在奧馬哈新落成的奎斯特會議中心(Qwest Convention Center)一樓的展覽空間,也許就放在喜事糖果的旁邊。展覽空間一年比一年大,也有更多種類的商品待售。想到一整棟房子就擺在股東大會會場,甚至鋪有草坪,股東排隊進屋參觀,驚訝得講不出話來,他心裡就笑了開來。他很好奇,不知道能在股東大會上賣出多少戶移動式房屋?那些太陽谷的人一定沒有在他們的股東大會上賣過移動式房屋。

當月月底,股東擠滿飛往奧馬哈機場的每一班飛機,市內每家飯店都客滿了,這些人準備參加 2003 年的波克夏股東大會,見見那位被雜誌稱為「東山再起的戰士」(Comeback Crusader)和「萬物賢哲」(The Oracle of Everything)的人,還有一些讓人驚訝的新聞在等著他們。香港證交所揭露波克夏已買進中國石油公司(PetroChina)的股票。這是中國的巨型

石油公司，大多數股份為國有，這也是巴菲特近年來首次投資外國公司。[12] 他對海外投資一向以極其小心謹慎著稱，自 1993 年購買健力士公司（Guinness PLC）股票以來，不曾擁有數量龐大的外國股票。[13]

一堂經濟學的課

　　巴菲特的做法和過去大相逕庭，記者急於找他解釋。巴菲特表示，他對中國所知不多，會買那家公司是看上以人民幣計價的石油前景。他看壞美元，看好石油。巴菲特在《財星》雜誌寫了一篇文章〈為什麼我看壞美元〉，[14] 說他大量投資外幣，是因為相信美元匯價將因為貿易逆差而下跌。原來，美國人向其他國家買進的東西多於賣出，而且逆差擴大的速度正在加快。不足的差額只好用借的，也就是賣財政部公債給外國人；財政部公債等於美國政府開出的借據。他說，美國的「淨值」正「以叫人膽戰心驚的速度，移轉到海外」。

　　為避免波克夏承受那種風險，巴菲特開始注意中國的股票。他發現了中國石油公司並研究它，覺得相當放心，所以買了它。雖然他只能買到 4.88 億美元，卻表示希望能買到更多。他給中國石油背書，樂壞了投資人。巴菲特竟然買進外國股票！中國石油的股價因此一飛沖天，波克夏股東大會的出席率也一樣。

　　那一年到奧馬哈參加這場資本家搖滾音樂節的人共計一萬五千人。巴菲特總值 360 億美元的財富，再次只落後蓋茲一人。他已經東山再起，差一點就傲視群倫。

　　「理想的事業是什麼樣子？」提問時間開始後，一位股東

提出這個問題。「**理想的事業能賺取非常高的資本報酬率，而且能繼續運用賺來的資本去賺那麼高的報酬率。它成了一部複利機器**，」巴菲特說，「因此，如果你能將 1 億美元投入某項事業，獲利 20％，也就是賺 2,000 萬美元，隔年將有 1.2 億美元為你賺 20％，再一年則有 1.44 億美元為你賺 20％。一段時間下來，你可以繼續部署資金，賺取相同的報酬率。但那樣的事業少之又少⋯⋯我們可以從那些事業抽出資金來運用，購買更多的事業。」[15] 他總是把企業經營和投資道理講得那麼清楚。這可以解釋為什麼波克夏會有那樣的結構，也說明了為什麼他總是不斷尋找新的企業來購買，以及他計畫對克萊頓房屋做什麼事。他準備將波克夏部分的多餘資金投入克萊頓，好讓它存活下去，搶下已破產的同業先前占有的市場，並且購買它們的貸款組合和償還貸款利息。[16]

　　週一上午在波克夏的董事會會議上，巴菲特開了一場小型的研討會，向董事解釋他今年最想教他們的事，包括美元對外國貨幣將下跌的風險，以及移動式房屋融資的相關問題。

信封裡的人選

　　墨菲和唐納・基奧剛獲投票通過，成為波克夏董事，加入孟格、奧森、華特・史考特、霍華、蘇珊和金・卻斯（Kim Chace）的陣容；金・卻斯是老海瑟威紡織家族的唯一代表。董事名單引來一些人抱怨。有些股東說董事會根本在結黨納親，缺乏平衡和多樣性。但找一群董事來監督巴菲特，這樣的想法未免荒謬，就像找芭比娃娃組成波克夏董事會一樣可笑。波克夏的董事開會時都在聽巴菲特說教，就像其他所有場合，

從午餐聚會，到和吉姆‧克萊頓合唱，巴菲特一逮到機會就會站到黑板前講課。

但股東關心波克夏公司治理問題的原因，不在監督巴菲特，而是想知道年近七十三歲的巴菲特將由誰接班。他總說：「信封裡有個名字」。但他不會屈服於壓力，透露那個人是誰，因為這會使他被人牽制，更何況情勢可能有變。一旦透露姓名，接班的過程將展開，而他當然還沒準備好。

大家都在猜那個人是誰。巴菲特收購的各家公司的經理人都不太可能是候選人。巴菲特喜歡布太太那樣的經理人，不出鋒頭，只會像螞蟻那樣辛勤工作，但這些人不會管理資本。要到哪裡找能夠經營這家公司且具資本配置能力的人？適任的人選必須願意坐在桌子後面，整天研讀財務報告，同時擅長處理人事問題，才能留住喜歡在巴菲特手下工作的一大群經理人。

「每天早上我都會做一件事，」巴菲特說，「那就是照照鏡子，決定我要做什麼。那時我感覺每個人都已表達意見。」[17]下一位執行長必須是出類拔萃的領導人，太過自我膨脹的人並不適合。

董事會議在週一結束後，巴菲特和家人展開一年一度的紐約之旅。他們每年都要和巴菲特集團的東岸成員共進晚餐，地點在高提斯曼家裡。蘇珊曾在這樣的聚會中坐在巴菲特腿上，手指撥弄他的頭髮，巴菲特則滿心歡喜地盯著妻子。但今年蘇珊明顯覺得不舒服。有天吃午飯時，她打扮得很漂亮，一襲輕鬆的羊毛裙套裝加上罩衫披肩，但她只吃了一點點雞肉、一些紅蘿蔔和一杯牛奶。她說身體無恙，但語氣卻不是那麼有說服力。

不到兩個星期,就在他們準備動身前往非洲前,蘇珊又因為腸阻塞而住院。她本來滿心期待非洲之行,但醫生發現她有貧血和食道潰瘍的毛病,非洲之遊必須延到隔年春天再說。巴菲特也很洩氣,因為他知道這次旅行對蘇珊有多重要。但問到他是否擔心,他卻說:「哦,不,如果讓蘇珊認為我在擔心她,她會很不安。她要的是由她來擔心我,而不是我擔心她。就這一點來說,她和艾絲翠很像。你知道,大致來說,我不是愛操心的人。」

雖然取消旅行令人遺憾,但那年 6 月巴菲特坐鎮辦公室,卻反而是件好事。克萊頓即將召開股東會,針對合併案舉行投票,但是不滿收購價格(或不滿公司要賣給波克夏)的股東煽風點火,導致反對聲浪高漲。開始有謠言說,另一家公司會來競價收購。[18] 有些股東相信克萊頓父子用那麼便宜的價格把公司賣給巴菲特,是為了日後保住他們的工作,圖利自己。

例如奧比斯投資管理公司(Orbis Investment Management)的葛雷(William Gray)向證管會提出訴願,也在克萊頓公司註冊所在地的德拉瓦州衡平法院遞狀控告克萊頓父子,理由是克萊頓父子涉嫌掏空公司、圖利巴菲特。[19] 一位投資人說,「不管巴菲特出價買什麼東西,依據定義,那樣東西的價值一定是被低估的。」[20]

巴菲特的名聲多年來一直是項資產,現在卻開始對他不利。他像塊磁鐵,吸引新聞媒體爭相報導,任何人如果也想上報,或想宣揚他們主張的理念,可以「綁架」巴菲特的股東會或盜用他的盛名來得償所願。這樣的事終於發生了,就在波克夏股東大會召開之前、波克夏剛宣布收購克萊頓之後,體貼大

廚公司的執行長克莉絲多福（Doris Christopher）打電話向巴菲特報告他們遇到的問題。

體貼大廚是透過獨立推銷員（大多是婦女），在家庭派對上銷售廚具。波克夏買下該公司之後，反墮胎組織的成員開始抵制這些派對。波克夏的立場是不捐款給主張墮胎合法化或生育權的團體，但可代替股東捐款。股東有權透過公司的公益慈善計畫，自行選擇要不要每股捐出 18 美元給慈善組織。捐給各類非營利團體的金額總計 1.97 億美元，最大受贈者是學校和教會（其中許多是天主教會），而且大部分的錢是用在和墮胎無關的組織。不過，也有不少錢流向主張生育權的組織。[21]後來發現，巴菲特和蘇珊個人的捐贈金額中，在 2002 年約有900 萬美元流進巴菲特基金會，這筆錢大部分用於資助主張生育權利的組織，這點讓反墮胎團體大為不滿。錢不是波克夏捐的，但反墮胎團體不接受這樣的說法。[22] 2002 年，巴菲特試著向其中一個團體解釋，告訴他們有多少錢捐給家庭計畫以外的主張。國際生命決定組織（Life Decisions International）的總裁這麼回答他：「即使只捐 1 美元給美國家庭計畫總會（Planned Parenthood），而捐 10 億美元給反墮胎組織，前者的捐贈仍會使波克夏海瑟威進入抵制名單。」[23] 如果只是捐點小錢就足以招來抵制，波克夏顯然很難有協商的空間。

克莉絲多福試著斡旋。她告訴底下的人，雖然她個人並不贊同巴菲特的做法，但對他如何捐贈金錢，「站在我的立場，我不能去質疑或評斷。」[24] 但反墮胎團體的抵制仍然影響業務，也傷害相關人員。克莉絲多福打電話告訴巴菲特，業務受到干擾的情形日趨惡化。

「她沒有要求我，但我知道她希望我取消捐贈計畫，而且我會那麼做。我想，我們是可以撐過難關，但這件事傷害太多人，而我不希望他們被傷害。它傷害到克莉絲多福，而這些是她的人。他們是無辜的，卻受到傷害，他們正在她的辦公室裡哭泣。」

6月底，巴菲特把女兒的前夫、擔任巴菲特基金會執行主任的格林柏格找來辦公室，他說他和孟格談過了，他們不會賣掉體貼大廚（這是可以做的選項之一），而是決定取消公益慈善捐款計畫。格林柏格大吃一驚。前一年，97％的股東才投票否決反墮胎股東取消該計畫的提案。格林柏格指出，捐款是個人捐的，不是公司捐的，股東還是可以自己去捐，因此取消計畫沒有意義，但巴菲特心意已定。

格林柏格回辦公室草擬新聞稿，7月4日那個週末發給在太陽谷守候的媒體。電話響了幾天，祕書們在走廊跑來跑去傳送訊息。國際生命決定組織緊接著發布新聞稿，把波克夏從抵制名單中剔除。

巴菲特的朋友不管對墮胎的看法如何，反應都十分震驚，有些人很氣憤。「他竟然在那件事上讓步，讓我很驚訝，」有個人這麼說。「那麼輕易就屈服，聽起來真不像他的為人。華倫是那麼有原則的人。這件事有那麼重要，非這麼做不可嗎？」另一個人問。[25]

雖然和他處在相同位置的人，可能會挺身對抗反墮胎人士，但巴菲特卻說，他擔心這樣做可能會置體貼大廚的諮詢師於險境。言下之意是說，不只他們的生計，就連他們的人身安全也受到威脅。巴菲特本人是很大的箭靶，堅持立場可能會使

波克夏及他本人，成為支持墮胎的象徵，而這是相當危險的。[26]
因此他選擇退縮，不願對抗。

之後，他不曾對別人的批評或反墮胎人士獲勝後得意洋洋
的嘴臉，展現任何敵意。就像墨菲說的，你永遠可以等到明天
再叫他們去死，今天絕對沒必要這麼說。這麼多年來，他遵循
這條金科玉律，給自己省下很多麻煩。體貼大廚的插曲過去
後，他就不再去想它。

但是這並沒有解決巴菲特的另一個問題。7 月 16 日，克
萊頓股東會就要對波克夏收購案投票表示同意或反對，「景氣
週期底部」的說法開始流傳開來。大約 13％的投資人都公開
表示他們要投反對票。凱文風塵僕僕跑遍全美各地，極力向投
資人推銷這個合併案。奧比斯和其他反對者也猛打電話催票和
動員新聞媒體。

在巴菲特出價之前，沒人想要克萊頓。現在，本來坐冷板
凳的壁花變得漂亮起來。股東會議召開前兩天的午夜，賽伯樂
斯資本公司（Cerberus Capital）傳真一封信到克萊頓，說它願
意出更高的價格。談到錢，巴菲特的態度是不為所動。「好，
讓給他們，」他說。沒有波克夏，他相信克萊頓每股價值不會
超過 12.5 美元。

他說得沒錯，到開會那一天，克萊頓父子是否掌握足夠票
數以通過出售案，還在未定之天。吉姆‧克萊頓被擠滿會場、
群情激昂的股東提問，砲轟了一個小時。自從這件收購案宣布
以來，新型移動式房屋股的價格扶搖直上，12.5 美元的價格相
形之下更加遜色。有些股東希望給賽伯樂斯出價的機會。

凱文離開會場，打電話給巴菲特，請他同意延後表決，好

讓賽伯樂斯有時間出價。巴菲特說好，但要因為延誤而支付波克夏 500 萬美元。克萊頓同意這個要求，宣布擇期再行表決。[27]

現在財經新聞媒體把這則新聞描寫成大衛和巨人歌利亞過招，只是大衛有一群力抗這筆交易的避險基金撐腰，他們試著擊敗貪婪的克萊頓父子和巨大的巴菲特。新聞媒體緊盯著巴菲特。如果他要買什麼東西，價格一定要很便宜才會買。

巴菲特到底能不能偷走克萊頓，要看有沒有另一家公司出價收購。一週後，賽伯樂斯資本和另外三家公司的七十位會計師、律師和財務專家蒞臨德州諾克斯維爾，故事結局就要揭曉。克萊頓安排他們住進總部附近最新奇的移動式房屋。他們參觀了克萊頓工廠，也仔細研讀了一堆文件。他們慢慢注意到抵押貸款單位龐大的胃口，以及它如何吞掉資本。[28]

賽伯樂斯的人員研究了一星期，回到紐約之後，傳真來一份「克萊頓資本重整：來源與用途」的文件，上面註明「只供討論之用」。這份文件不算出價，但提到一個價格：每股 14 美元。克萊頓父子剛開始以為賽伯樂斯的出價比巴菲特高相當多，但仔細一看，才知道根據賽伯樂斯的條件，在每股 14 美元的收購價中，外部股東只能拿到 9 美元現金，不足的部分將發給資本重整後的股票，而資本重整後的股票帳面價值為每股 5 美元。[29] 這正是典型的融資買下提案，亦即收購者將這家公司的資產出售，或是以這些資產去舉債取得資金來買這家公司。此時公司資本已經縮水，另外還背負著額外的負債。債務有如在移動式房屋製造公司血管中流動的血液；少了它，這些公司就會死亡。還有，放款機構早就不承辦這方面的貸款業務，怎麼還會借錢給償債能力剛出問題的公司？賽伯樂斯的人

馬顯然知道這一點；他們的提案是財務工程上的傑作。克萊頓父子打電話給賽伯樂斯討論這個提案，然後在不傷和氣的情形下，同意分道揚鑣。

不過，CNBC 和財經新聞媒體現在將巴菲特描繪成殘酷無情的金融家，和克萊頓父子私通，打算用便宜的價格買下公司。媒體報導克萊頓併購案的方式，以及巴菲特響亮的名聲對他造成傷害，這些現象都代表巴菲特本來明智、有如慈祥祖父般的形象已經逆轉，不再能吸引人拉他衣尾。從反對克萊頓合併案的聲浪來看，大投資人不再亦步亦趨，等著靠巴菲特的名聲來拉抬價格，而是想借用他的盛名，反對、阻攔他。

不只是找便宜貨

但巴菲特其實不善於用極低的價格，去買別人想要的東西，而是買別人不想要的。這兩件事確實常被混為一談。但自從《水牛城晚報》以來，波克夏買進的資產，愈來愈是大部分人不想擁有的。這個世界上並沒有很多公司的財力雄厚到能眼睛眨也不眨，就拿出錢來解決克萊頓的債務，或在一小時之內馬上決定購買 LTCM 那樣的公司。波克夏能做所有這些事情，而且愈做愈多。**巴菲特的厲害之處不只是善於找到便宜貨**（他當然做過很多這種事），**而是在多年的經營之後，使當初買進的合理價格顯得太便宜。**

七月底，克萊頓重新召開股東會。這段期間沒有人再出價，賽伯樂斯也拒絕收購。最後，52.3％的股東投票贊成賣給波克夏。扣除克萊頓父子的股份，其他股東反對和贊成的比例是二比一。巴菲特守著電話，直到傳來好消息。

即使如此，戰役仍未結束。合併一生效，競爭對手便向田納西上訴法院提出上訴，希望推翻判決，波克夏因此無法支付價款。上訴法院給下級法院出作業，要它在兩週內就許多議題做出裁決，律師和公司人員幾乎二十四小時忙個不停。

凱文・克萊頓夫婦的小孩剛出生，小嬰兒因為對蛋白質過敏而患有腸絞痛。「我們試過二十七種配方奶粉，最後發現有種來自倫敦的奶粉有效，」凱文說，「還有，我在那段期間因為壓力大而得了帶狀皰疹。我打電話給父親說：『爸，很辛苦哪。』他回答：『哦，我在你這種年紀時，曾經因為壓力大而左臉麻痺。』後來我又打電話給華倫，他說：『哦，凱文，我在比你年輕的時候，曾因為壓力大而掉了很多頭髮。』我根本得不到他們兩人的同情。」

8 月 18 日，下級法院下令在陪審團前判決，克萊頓立即上訴。

幾個星期前，克萊頓的股票已停止交易，波克夏卻無法支付收購的價款，因為這筆交易凍結在上訴法院。四萬名股東等著波克夏海瑟威給他們錢，但 17 億美元全躺在銀行裡，為波克夏賺利息。

巴菲特接到一對夫婦的傳真，說他們的房子就要被查封，需要克萊頓股票的錢來還貸款。他告訴那對夫婦，盡你們所能償還，並向銀行解釋目前的狀況，也許就可避免查封的命運。

僵局拖了大約兩個星期，過程有如電影《寶林歷險記》（*The Perils of Pauline*）的情節一般，在經過一連串的法律攻防後，收購克萊頓之戰就此落幕。

但不久後情況就十分清楚：新型移動式房屋的銷路不會回

升，[30] 巴菲特也沒有在即將見底反彈的谷底買到便宜貨。事實
上，新型移動式房屋下跌的走勢才剛開始而已，因此看起來那
麼便宜的買價，其實只勉強算得上合理。為了對新收購公司的
經濟面有所助益，巴菲特要凱文開始購買還本付息有困難的貸
款組合。要讓克萊頓這筆交易有賺頭，勢必得費不少工夫。

第 58 章

巴菲特的眼淚

奧馬哈，2003 年夏～秋

　　這年 9 月，巴菲特的情緒一直很興奮。《財星》雜誌推選他為商場上最有權勢的人物。他最近拍賣一只又舊又扁的皮夾子，裡面附有一張選股建議，得款 21 萬美元捐給青少女服務中心，這是女兒蘇西支持的非營利組織。接著，他在 eBay 網站上拍賣自己，也就是由八個買方和他共進午餐，得款捐給舊金山的格萊德紀念教堂（Glide Memorial Church），這是太太蘇珊大力支持的單位。[1] 在 eBay 的五十筆出價中，有八個人贏得與巴菲特在麥可餐廳（Michael's）共進兩小時午餐的機會，總標金 250,100 美元，比他皮夾裡的股票明牌價值還高。不只這樣，蘇珊和蘇西也預定 10 月初在《財星》雜誌的最具權勢婦女高峰會上，對美國最重要的女士聽眾，包括企業執行長、創業家、各個領域中的傑出婦女，以公益慈善為題發表演說。巴菲特很高興妻女有這樣的榮幸。

　　會議召開之前的那個星期五下午，蘇珊打電話給巴菲特，告訴他將晚一天到達，因為星期一她要做切片檢查。她在 6 月接受牙周病治療，這本來是 5 月就該去的，卻因為先前的腸阻塞、食道潰瘍和貧血而延期。牙周病醫師在她的口腔底部發現一些針點大小的黑塊，轉介她去看專科醫生。蘇珊試著配合專

科醫生的看診空檔，卻因為她自己的行程已排滿，兩個月過去了，一直未去就診。

看診時，醫師摸了蘇珊的脖子，發現一邊的淋巴結鼓了起來。她堅持蘇珊下週一要去找另一位專科醫生史密特（Brian Schmidt）做切片檢查。蘇珊想延後做切片，以免錯過《財星》雜誌的任何一場會議，但史密特醫師不肯延後檢查。[2]

巴菲特聽到消息後，表面上看來相當平靜，內心深處卻十分震撼。蘇珊來電之後幾個小時，他和另一個人在電話中東拉西扯聊了很久，填補下班回家後的空檔，然後橋牌賽就要開始了，他隨口用低沉、嚴肅的聲音說，喔，順便說一句，蘇珊星期一要做切片檢查。

為什麼？對方聽了大吃一驚。

大概嘴裡長了什麼東西，他說。唔，有空再聊。然後掛上電話。

一場艱難折磨

蘇珊做了切片檢查，出席《財星》雜誌的會議和發表演說，然後往東飛到迪卡土的農場探望霍華和她的孫子女，並且坐上收割機收成作物，再回到舊金山。事後看來，霍華應該想到，哎呀，她老說要在收割時節來，卻一直沒來過，為什麼這次來了呢？[3] 但是那時他沒發現蘇珊的舉止有什麼異狀。[4]

巴菲特黏在電腦螢幕前瀏覽新聞、玩橋牌或直升機遊戲。他的焦慮逐漸升高，而且反映在行為上；他一再對某件事重複提相同的問題和說法，同時否認（如果有人問）他煩惱些什麼。

週五，蘇珊和寇爾到南加大醫療中心看切片檢查結果。蘇

珊似乎不覺得情況可能十分嚴重。她們見了醫生，他告訴蘇珊，說她的口腔癌已到了第三期。這個診斷令她震驚，「就像雷電穿過她全身，」寇爾說。她顯然根本沒想過那種可能。[5]

蘇珊哭了，但等上了車便恢復老樣子，開始給每個人加油打氣。她打給巴菲特，他沒多說什麼。她打給蘇西，對她說：「打電話給妳爸，他心情一定很亂。」回到家後，她再和巴菲特通電話，也打給蘇西、霍華和彼得。[6] 蘇西已經上網研究相關的資訊，[7] 還叫她父親「別看口腔癌的網站」。

口腔癌通常不覺疼痛，但蔓延迅速，比黑色素細胞癌、腦癌、肝癌、子宮頸癌或何杰金氏症（Hodgkin's disease）更易致命。[8] 這種癌症特別危險的地方，在於它通常散播到頸部的淋巴結才被發現，而這時原發性腫瘤也許已侵入周圍組織，或擴散到其他器官，蘇珊罹患第三期口腔癌表示癌細胞已擴散到至少一個淋巴結，但也許沒有擴散到其他部位。

蘇珊回到俯瞰金門大橋的住所。這裡的每面牆都有旅行帶回來的紀念品、朋友送的禮物，或具有某種特殊意義的藝術品。這個女人從未離棄任何東西或任何人，現在卻開始告訴別人：「我有過美好的生活，孩子都長大成人，也活著看到孫子女。我愛我的生活，也做好分內的事，真的別無所求了。」

「如果我可以作主，」她告訴寇爾，「我會去義大利，找棟隱密的別墅，靜靜死去。」她害怕漫長、痛苦的病痛折磨，遠甚於死亡本身。但她要是那麼輕易就放棄，等於是拋棄那些對她重要的人。她如果要動手術，都是為了巴菲特。

不過，她告訴寇爾和朋友帕克斯，她還沒決定是否要做後續的放射治療。這是治療的標準程序，可減低機率很高的復發

風險，但或許因為她正處於震驚狀態，似乎沒有理解這件事有多重要。[9]

在此同時，驚恐的巴菲特照常過日子，就像他每逢危機時所做的那樣。他陪同心情難過的艾絲翠，到內布拉斯加大學的林肯校區看足球賽。隔天上午他飛往舊金山，並且得知蘇珊幾星期內要動大手術。她再活五年的機率是 50％，手術也可能影響她的容貌。蘇珊沒跟巴菲特多說什麼，但表示擔心嚇壞孫子們。他們決定，下週再到紐約徵詢其他醫生的意見。

幾天後，蘇珊搭機到奧馬哈並帶來好消息：找不到癌細胞擴散的跡象。但在那裡，腹腔沾黏又令她疼痛萬分。這次發病叫人不安，因為距 5 月的腸阻塞還不到五個月時間。她必須留在蘇西家中，幸好服用了高劑量的止痛藥之後不必住院，而以前相同狀況都得住院治療。

形容枯槁的巴菲特，拖著身子進辦公室，然後去亞特蘭大參加可口可樂的董事會會議。回來之後，蘇珊已逐漸好轉，前往拜訪艾絲翠。艾絲翠見到蘇珊，悲從中來，啜泣不已，蘇珊反倒要安慰她。

過了週末，蘇珊飛回舊金山，巴菲特的心情再度轉為陰暗，聲音變得低沉，顯然睡不好覺。他心裡記掛著幾天後將舉行的巴菲特集團會議。蘇珊的醫生不准她前往聖地牙哥參加這次會議，因此這是 1969 年以來，巴菲特首次形單影隻赴會。

痛哭一場

巴菲特滿腦子想的，顯然都是沒有蘇珊作陪、單獨赴會將是什麼樣子。前後五天的時間內，他必須回答關於她的問題、

接受別人的慰問，同時壓抑情緒。他必須扮演好會議主持人的角色，抓緊大家的注意力，關心當時的時事，卻又不能過度歡愉，給人錯誤的印象。巴菲特擅長將各種事情切割區隔，幾乎成了他的本能，但面對眼前的情況，那仍然是非常費力的演出。等到晚上一切活動結束回到飯店房間，他就得獨自一人在黑暗中思念和做夢。

「我做了很多夢，」他在啟程前往聖地牙哥的前一天這麼說，而且那些夢境叫人不安。「夢裡有好幾個故事情節同時交錯，那些夢境揮之不去，整天纏繞心頭。」那天晚上他點了一份總匯三明治當晚餐，和一位訪客在辦公室裡吃，邊消磨時間、邊等歐斯柏格來和他打橋牌，以分散他的注意力。他和訪客聊到深夜，起初他拉拉雜雜談論商業和政治，最後終於提起幾天來內心翻湧的那件事：巴菲特集團會議結束不久，蘇珊就要動手術。

剎那間，一抹驚恐的神情閃過他臉上，然後他的臉垮下來，埋進兩隻手掌心。他雙肩不住地抖動，激烈起伏，坐在椅子上的身軀往前滑落，就像地震中大樓傾倒。嘶啞、孤單的啜泣，就像無聲的尖叫，從他體內發出。什麼都不能安慰他。

那種撕肝裂肺的嗚咽終於哭到力竭。然後他開始談蘇珊。他時斷時續，靜靜地哭，前後大約兩個小時。他害怕她即將經歷的一切。她一向比他堅強，但他最擔心她即將面對的痛苦。他更擔心她也許已經接受死亡，把它當成一件自然的事，不像他會起而奮戰。他非常害怕失去她；他生活的部分根基，可能就此崩解。他一向以為他絕不會形單影隻，因為她會活得比他久。他認為可以依賴她的智慧和判斷，去幫他做那些非做不可

的生死決定。他以為，她會在他走後負責經營基金會。如果他
不在了，她會維持家庭內的和諧，她會讓艾絲翠得到照顧，她
會解決所有衝突，安慰傷心的人。她會料理他的後事，讓大家
以最適當的方式懷念他。最重要的是，他希望自己臨終之際，
有蘇珊坐在身邊握著他的手，鎮定他的心情，緩和他的痛苦，
就像她為其他人所做的那樣。這輩子，他第一次想到事情也許
不會照這種方式演出，但這些想法實在很難忍受，他只能在腦
海閃過這個念頭之後，趕緊將它拋開。他相信醫生會好好照顧
她，而且她會活下來。在他離開辦公室去打橋牌時，雖然心情
仍然鬱悶，但已較為平靜。

　　隔天上午他飛往聖地牙哥。在巴菲特集團的會議上，他給
人的感覺是已經認命，但不再垂頭喪氣。蘇珊動手術的前一
天，巴菲特從聖地牙哥的會議飛往舊金山。那一天他本來預定
出席耐捷包機的行銷活動，而且決定要去，但被女兒蘇西識
破，知道他想逃避，所以要他務必更改行程到舊金山。於是他
心不甘情不願地和家人一起在蘇珊的公寓共進晚餐。大家的言
談舉止都像平常那樣。蘇珊努力避免和家人提到她對隔天手術
的感覺，還忙著講電話。巴菲特則花了很多時間玩直升機遊
戲，兩眼盯著電腦。

　　隔天一大早，蘇珊把女兒拉進洗手間，關上門。她不要巴
菲特聽見她必須說的話。「聽著，」她說，「他是那種沒膽的
人。妳要記得，如果他們切開後發現有更多癌細胞，千萬別讓
他們動手術。我好怕萬一癌細胞真的擴散，他也會要他們動手
術，因為他不希望我死。」

　　上午八時，蘇珊開始動手術，家屬在外科主任休息室等候

消息。他們和其他人一樣，在親人動手術時看傑瑞‧史賓格
（Jerry Springer）的電視節目打發時間。巴菲特假裝看報。他
有時闔上報紙，將報紙靠近臉部，伸出一隻手在後面擦淚，再
打開報紙。

才過四十五分鐘，伊斯利醫師就出來了。雖然他在兩個淋
巴結發現癌細胞，但幸好沒擴散。這是好消息。手術將只切除
口腔底部、臉頰內部和舌頭的三分之一，不需要做骨頭移植。
伊斯利醫師離開後，巴菲特問：「蘇西，這就是他說一個半小
時會出來的那次嗎？還是他會再出來？你能確定嗎？他們真的
確定嗎？」每次蘇西都安慰他，說他們已經有答案。但每隔幾
分鐘他又再問：「他們怎麼那麼快就知道？」接著說：「我不認
為這是好事，他可能會再出來。」

十六個小時後，蘇珊被送到加護病房，靠氣管切開術的管
子呼吸。

隔天早晨在醫院，蘇西向父親說：「你真的需要做好心理
準備，你即將看見的景象會很嚇人。」巴菲特鼓起勇氣，走進
蘇珊的病房。他知道，不可以讓她看到他有異樣的表情，否則
她會曉得自己有多恐怖。他鼓起極大的意志，勇敢地坐在她身
邊。由於舌頭腫到嘴巴外面，必須從她鼻孔插一條餵食管通到
胃部。她一直在咳嗽，氣管切開術的管子被塞住，必須經常清
除才能呼吸。[10] 蘇西接著告訴他和弟弟們，他們可以回家了。
待在蘇珊床邊時，巴菲特將感覺塞進潘朵拉的盒子。離開之
後，他說，他「整整哭了兩天」。

愼選心中的英雄

接下來兩個週末，他都待在舊金山。在蘇珊準備出院前不久，他搭機到喬治亞州，對喬治亞理工學院學生演講。他沒談太多商業，卻提及他熟悉的許多題材。他告訴他們精靈的寓言，也談慈善事業。他說，這一生可以做的最佳投資，是投資自己。他談到他心目中的英雄葛拉漢，並且表示應該愼選英雄，因為英雄在你的人生中非常重要。他告訴他們，要在他們敬佩的人底下工作。

他們問他，他最大的成功和最大的失敗是什麼。他沒有把自己在商場上的無為之失告訴他們，而是說：

「基本上，當你們到了我這個年紀，衡量人生是否成功的真正標準，是看看你希望愛你的人中，有多少人真的愛你。

「我認識一些很有錢的人，有人為他們辦宴會，或是在醫院的大樓外牆掛上他們的姓名。但在這個世界上其實沒人愛他們。如果你的人生走到我這把年紀，卻沒人對你有好評，那麼不管你的銀行帳戶有多少錢，你這一生是毀了。

「這是你如何使用生命的最後考驗。『**愛**』這個東西，**麻煩的地方在於你用錢買不到**。你可以買到性、宴會，還有稱讚你有多棒的宣傳小冊子。但**要得到愛，唯一的方式是討人喜愛。**擁有很多錢是很惹人厭的。你總以為隨時可以開出支票，買到價值百萬美元的愛，但事情不是這樣的。你給出去的愛愈多，得到的愛愈多。」[11]

蘇珊回到俯視舊金山灣、充滿陽光的公寓後，巴菲特繼續每個週末去探望她。蛋黃色的地毯撤掉了，因為上面的灰塵可

能會阻塞氣管切開術的管子。升降椅帶她上四段樓梯。護士們操作租來的抽痰機照料她。醫生著手進行接下來為期六週的放射療程，希望殺掉殘留的癌細胞。蘇珊自始就不是很願意接受會灼燒她喉嚨的放射治療。醫生在手術前告訴她要把自己養胖一點，因為在手術和放射治療過程中，她可能少掉約 20 公斤。這可是會減去不少體重，但令她安心的是，她禁得起減掉許多體重。現在餵食管拆掉了，護士開始每天餵食蘇珊六單位的流質代餐。由於過程很痛苦，她每天得花很長的時間進食。

在壓力之下，巴菲特的體重反而增加了一點。他覺得應該減少 10 公斤，於是決定配合蘇珊吃流質代餐，也進行節食。他說：「這不是很有趣的事，所以我並不是鬧著玩的。」

巴菲特的節食方式和他其他的飲食習慣一樣，怪異而不健康。他決定依照平常的方式去做，也就是一天只攝取 1,000 大卡，但是可吃他喜歡吃的東西。這表示他可以吃 1,000 大卡的甘草糖、花生糖、漢堡或他想吃的任何食物，只要不超過他自訂的熱量上限就行。最容易做到的一步，是完全不碰櫻桃可樂，讓自己脫水。採用這種飢餓飲食法的目的，是要趕快度過節食的痛苦。他不耐煩討論這種節食法的健康價值，旁人也無法跟他爭辯。他說，以他的身高和年齡來說，估計一年可以攝取約 100 萬大卡來保持適當體重（他喜歡這個數字）。他可以按照自己想要的方式去攝取那 100 萬大卡。如果他想在 1 月份吃很多熱奶油糖漿聖代，而其餘月份得挨餓，他也會那麼做。

這些話表面上聽起來頭頭是道，實際上卻荒唐可笑。但因為他不曾嚴重超重或得重病，和他爭論也無濟於事（他每年股東會前都採用這種激烈節食法，但不太喝水可能和他先前的腎

結石無關）。總之，巴菲特就是有辦法在爭辯發生之前就先講贏對方。

巴菲特來的時候，蘇珊不見訪客，只有女兒、護士和每天照顧她的寇爾幾個人能來，其他人幾乎都被擋在門外，不只週末，平常也一樣，就連吉妮‧利普西（後來冠上夫姓羅森布倫，Rosenblum）和同住一棟大廈的巴菲特妹妹柏蒂，也被擋在門外，因為連一絲絲的關懷，對蘇珊來說都是很大的負擔。

新的情緒世界

巴菲特每週往返舊金山，也學到以前不懂的事：用藥、放射治療，以及和醫生、護士、醫療設備打交道的所有細節。他也在一個新的情緒世界中摸索，面對他自己的恐懼及蘇珊的恐懼。談到他剛踏進的這個新世界，他會注意遣詞用字，隱藏自己的感受，並且根據他和對方的熟識程度，調整分享的程度。有時候，他藉助他的「大象朋友」阿諾‧史瓦辛格來使自己忘記煩惱。加州剛罷免前州長戴魏斯（Gray Davis），即將改選州長，巴菲特支持阿諾代表共和黨參選。「內人大約六週前動了手術，每星期我會到她那裡待兩、三天。（停頓）你知道嗎，阿諾，當我們靠在一起時，有時候別人沒辦法區分出誰是誰。如果我們脫光衣服，別人更絕對分不出來。」

比較熟識的人來電時，他會努力談起以前拚命迴避的話題。

「喔，嗨，查克。對啊。唔，她各方面的表現，都比原本別人告訴我們的還要好。她的體力不好沒錯，她從來不曾這樣。但在口腔治療、吞食這些方面，一切都很不錯。大家都很好。現在不是很痛。我認為心理面居多，我的意思是，現在她

不覺得生活有任何樂趣了。

「股東大會的事情？唔，我只能這麼說，以蘇珊目前的狀況，我想只好跳過唱歌那一段。她不可能在會議上唱歌，明年再看看吧。」

他仍常常談起蘇珊可以再唱歌的事，即使那是不可能發生了。只有對非常親近的人，例如女兒，他才會偶爾透露他需要幫助。

「哈囉？嗨，我覺得不錯。我每晚睡兩個小時。噢，太棒了。為什麼你不來和我換車？是呀，順便一提，有火腿可拿。就在這裡……我們會的。也許明天或什麼時候。好吧。好嗎？好。」

一晚睡兩個小時。

「有事情掛在心上時，我會睡不著。昨晚真的只睡兩個小時，但我現在精神很好。我不睡不會死。蘇珊又在鬧脾氣，說不要做放射治療。

「一切都會好起來的。但我一離開舊金山，蘇珊就會往壞的方向去想，但情況確實比我剛到那兒的時候好。

「蘇珊動手術的唯一好處是，三十年來，這是我第一次不必去翡翠灣過耶誕節。我甚至不太確定那間房子是不是還在那裡。」

第59章
蘇珊的冬天

奧馬哈與舊金山，2003年12月～2004年1月

　　蘇珊仍然抗拒放射治療。巴菲特的看法是，這也是一種勝算分析：如果放射治療能提高勝算，為什麼不做？他告訴她，手術是最難的部分，放射治療就不會那麼難了。但腫瘤科醫師告訴蘇珊，如果有人告訴妳放射治療沒有那麼糟，不要相信他們。妳會覺得很痛苦。蘇珊已經吃了很多苦頭，她覺得自己有權拒絕更多痛苦。

　　「她看過很多人去世，也看過一些人忍受不必要的痛苦。我們都想要控制生命的結束。她不怕死亡，但她不知為何，認為做放射治療會讓她失去控制權，而且放射治療發生可怕結果的機率更高。我們來回談了很多。要怎麼做，由她決定。」巴菲特說。

　　為緩和焦慮，她每晚睡前必聽歌手波諾（Bono）的一首歌。波諾在耐捷的一次活動上認識巴菲特，之後和蘇西成了好朋友。上床睡覺時，蘇珊會播放這首收錄在U2合唱團「神采飛揚」（Rattle and Hum）專輯裡的歌「我只要你」（All I Want Is You）。

　　在耐捷包機公司的活動上，波諾告訴巴菲特，可不可以耽誤他十五分鐘時間。就這樣，他和巴菲特一家人有了來往。

「我對波諾想談的事情一無所知。他問了我幾個問題,不知什麼原因,我們一見如故。當我給他一個點子,而他很喜歡,他是這麼說的:『真是美妙的旋律!』末了他說:『真不敢相信,十五分鐘內有四首美妙的旋律。』……我愛音樂,但老實說,U2 的音樂不怎麼叫我感動。我感興趣的是波諾把 U2 的收入平均分給四個人。」

人會因為擁有龐大的財富而變得更具魅力、更有趣和更聰明,巴菲特有時可以非常理性看待這類事情。但三教九流的名人不斷徵詢他的意見,讓他驚喜連連。無論他如何力持鎮靜,像波諾那樣的名流認為他很聰明,對他是很大的恭維。當波諾的「美國心臟地帶」(Hartland of America)之旅來到奧馬哈,他和巴菲特聯絡,並透過他認識了蘇西。歌手對她感興趣,讓她受寵若驚。波諾浪漫、時髦的高貴氣質深深吸引著蘇西和她母親。U2 的音樂訴說精神上對愛與和平的渴望,蘇珊和蘇西對此正深有同感。

蘇珊還不曾見過女兒的偶像,她似乎覺得在世上的使命已經完成,「為什麼不讓我躺在床上度過餘生,」她說,「孫子們可以來看我啊。」她在開什麼玩笑?蘇西心裡嘀咕著。這種事情可不能如她所願。「妳必須起來!」她對媽媽說,「妳不能今後就躺在床上度過!妳要去做放射治療,而且妳會好起來,還可以再出去旅行。」蘇珊看來有點驚訝。「妳真的這麼想嗎?」她問。[1]

蘇珊最後被說服接受放射治療。蘇珊的一些朋友質疑,她是否再次為了讓周遭的人高興,而放棄自己的選擇,去做別人要她做的事。但她終究同意自 2003 年 12 月中旬起進行三十三

次的治療。

巴菲特飛來舊金山度耶誕節，正好碰到蘇珊接受放射治療的頭兩週。巴菲特和蘇珊再給每個孩子 600 股波克夏股票，投入他們的基金會，做為耶誕禮物，這讓大家喜出望外。[2] 他們的父母放眼未來，曉得終有一天需要將更多錢捐出去，所以決定送他們這份厚禮，訓練他們從事公益慈善活動。巴菲特或蘇珊死後兩年內，流入基金會的錢將有 300 億、400 億或 500 億美元，端視到時波克夏的股價而定，而且法律要求在那之後不久，基金會需要每年捐出 5％。但巴菲特基金會只有兩、三名員工，人手嚴重不足，很難加快速度每年捐出 1 億美元。[3] 巴菲特為這個問題想了很久，後來想到蘇珊能做的一件事，是把巴菲特基金會的一部分錢交給蓋茲伉儷基金會（Bill and Melinda Gates Foundation），這個基金會自 2000 年創立以來，已經成長為資金規模達數十億美元的公益慈善組織。蓋茲曾說，世界上有四十二億人（占大部分的人口）一天所得不到 2 美元，但他們每個人的生命價值和任何一位美國人一樣。這些人散布各處，而且不是未來才會有這些人，他們現今就存在。

「在基金會的經營上，蓋茲是最理性的人。而就所花的金錢來說，他和梅琳達也比任何人拯救了更多的生命。他們非常賣力地在做這件事。他的想法非常好，他每年都要閱讀數千頁公益慈善和醫療保健方面的文件，你找不到比這兩人更適合做這件事的人了。」

但巴菲特仍認為，最後會是由蘇珊來做這些決定。

「所有錢都是蘇珊的，她可以完全控制一切。我的遺囑是把錢留給她，她的遺囑也把錢留給我。

「頭一、兩年,孩子們如果忙著做其他事的同時能向蓋茲夫婦的作為看齊,而且一年給蓋茲 20 億美元,而不只是 10 億美元,那是絕對合宜的。不要霸著錢不放。我絕對願意讓別人來做波克夏的所有工作,但他們一定討厭在巴菲特基金會做那種事。那裡似乎缺乏想像和新意,雖然它所做的事情也很有邏輯。

「正常的人類會很排斥這樣做。但那一點都不瘋狂,那就好比把一支股票的部位提高為兩倍。

「蓋茲的人員已經就緒。如果我們給他一些錢,後面一半的錢會和前面一半一樣,被妥善而聰明地運用。最後一塊錢的效用,不會比第一塊錢少。一般基金會不喜歡把錢給其他基金會。但跟著優秀的人走不會錯。」

巴菲特基金會在努力捐出數百億美元之際,將其中一些錢捐給蓋茲基金會,完全合情合理。但不完全合理的是,巴菲特一直認為未來將由蘇珊來做這些決定,而不是他本人或他的女兒,並且他也未對其他可能的情形預做計畫。不過,現在他或許該開始構思備用計畫了。

蘇珊的身體仍然沒有復原到能見任何新訪客。自從動手術以來,她的兒子也沒能見到母親。但霍華夫婦和他們的兒子霍伊終於和巴菲特在舊金山相聚了兩、三天。要論精力,霍華仍然一個人抵得過一排火箭女郎(Rockettes);他只「匆匆一瞥」見了蘇珊一面。但家人仍然不允許其他人來訪。

蘇西向她母親身邊的所有人說,務必保持歡樂的氣氛。有些事情她母親不知道,必須繼續瞞著她,因此蘇西會監控傳真機,確保她母親不會看見那些事。蘇珊不知道瑞恩曾打電話告訴巴菲特,他得了肺癌。

　　瑞恩在史隆凱特林癌症中心做化療，也就是蘇珊徵詢其他醫生看法的醫院。每次一有人提起瑞恩，巴菲特就會紅了眼眶。這件事，加上蘇珊的病，對他實在太過沉重。不久前他放棄了一天攝食 1,000 大卡的節食法。

　　「兩個星期來，蘇珊的體重相當穩定。我們為她的體重製作圖表。我吃巧克力聖代，她也吃一點巧克力聖代。由於我吃的東西會讓人變胖，這也幫助了她。我的體重增加，但她維持穩定。她沒有厭食的危險。」

倒過來想

　　除夕那天，孟格的太太南西為孟格的八十大壽舉辦了一場盛大宴會，巴菲特前往洛杉磯去幫他慶生。他非常需要找事情來分心，但獨自赴宴顯然讓他不開心，就像他必須單獨出席巴菲特集團會議一樣。

　　他訂做了一個超大型的富蘭克林紙板立牌，挖苦孟格迷戀富蘭克林。他也秀了一手，包括唱改編自聖歌的「查理恩友」。

　　孟格以演說結束壽宴。他先給聽眾一些忠言，反覆提到他在大學畢業典禮和其他地方發表過的演說內容。孟格的親朋好友和巴菲特集團成員都有這些演說的複本，並且已經收錄在《可憐的查理年鑑》（*Poor Charlie's Almanack*）一書中。[4] 孟格喜歡雅各比（Carl Jacobi）所說的：「倒過來想，一定要倒過來想。」也就是把一種情況或一個問題倒過來看，轉換個角度來看它。對別人來說，某件事的涵義是什麼？如果我們所有計畫都出錯，會發生什麼事？我們不想得到什麼結果，有哪些情形會造成這種結果？先不要去想成功，而是改列一張如何才會失

敗的清單：怠惰、嫉妒、憎恨、自憐、以為一切理所當然，所有這些自取其敗的心理習性，都會讓人失敗。避開這些特質，你就會成功。跟我說我會死在哪裡，我就不去那個地方。

孟格稍微岔了題，讚美他太太有許多叫人驚訝的特質，然後回頭給聽眾一些建議，告訴他們如何能得到成功和幸福的人生。他似乎相信，他（和巴菲特）現在活在某個高原。他提起他和巴菲特能夠成功，原因在於他們獨立而不受人影響，但接著表示，包括他的子女在內，其他人如果想模仿他們兩個人，可能是不智之舉。

南西站在巴菲特身旁，問：「我要怎麼做才能讓他閉嘴？」

孟格開始收尾：「最後，我就像《天路歷程》（*The Pilgrim's Progress*）中年老的真相鬥士，說：『我把劍留給能佩帶的人。』」謝天謝地，巴菲特集團的一些人心裡這麼喊著。

南西終於上台，溫柔地帶走孟格。

巴菲特從孟格的宴會直接回舊金山看蘇珊。蘇珊剛做完第十二次治療。

蘇珊大多數時間都躺在床上。「她很少起來，少到叫人驚訝。她不是睡著，就是準備要睡，或是剛睡醒。我想，一天二十四小時她大概睡了十七個小時。我們說好，不管怎麼樣，我們每天都要走六個街區的路。其餘時間我幾乎都抱著她。」

這個男人以前一直都是受惠的一方，正在學習怎麼付出。現在他不是由太太照顧，而是他照顧她。巴菲特當然沒有變成另一個人。他一直秉持自己的價值觀：保持忠心，並善盡「管家」（stewardship）的責任，他似乎以自己的方式，把蘇珊人生中的若干教訓融入自己的生命。

第 60 章

九十八樓的人生

奧馬哈與德拉瓦州威明頓，2004 年春

放射治療快結束時，蘇珊的嘴巴燒傷嚴重且乾燥，有些時候不能進食。醫生插回餵食管，因為她的喉嚨被一層又厚又乾的黏液給堵住。大部分時間她都在睡覺，但女兒或寇爾每天會陪她在沙加緬度街走幾條街。春天降臨舊金山，蘇珊裹著外套、手套、圍巾和禦寒耳罩，保持溫暖。

她不喜歡獨處。「我醒的時候，妳可不可以坐在長沙發上看雜誌？」她問蘇西。然後她在一張紙上塗鴉，亂寫著WHT，是她父親的姓名縮寫，由此可看出他們家人在孤單無依時會惶恐不安的特質。

她由護士、寇爾、女兒和麥卡畢照顧。麥卡畢是她以前的網球教練，在他們一起搬到舊金山後，照顧她多年，已經很懂得如何扮演百分之百的支援角色。除了他們，其他人很可能會觸發蘇珊「付出」的衝動，而耗費她的心神。[1]巴菲特週末來訪時會和蘇珊坐在電視房裡看幾集《歡樂一家親》（Frasier），或是穿著浴衣閒晃，看看報紙。有他在身邊，蘇珊顯得很安心，他讓她有安全感。但數十年來都是由她「付出」而他「受惠」，這樣的互動習慣並不會一夕之間消失。有時蘇珊接受放射治療後十分虛弱，就連巴菲特也必須避開。但他正盡其所

能,以前所未有的方式照料家人的需求。為了讓女兒偷空暫離蘇珊的公寓,巴菲特有時會帶她到強尼火箭速食餐廳(Johnny Rockets)吃漢堡。其餘時間他則和歐斯柏格在一起。

不一樣的一年

隨著對蘇珊的康復日益樂觀,2004年商場上的事情開始消耗他的精力。除了每週固定往返舊金山,巴菲特把時間用在草擬致股東信,和卡蘿以電子郵件往返修改信件,還當起美國企業界的老師和不支薪的告解神父。他成了企業界大老。 奇異的伊梅特(Jeffrey Immelt)、 全錄的馬爾卡希(Anne Mulcahy)、摩根銀行的迪孟等執行長,都來到奧馬哈汲取他的智慧。[2] 網路搜尋引擎Google那年夏天股票公開上市,共同創辦人布林(Sergey Brin)和佩吉(Larry Page)因為欣賞巴菲特的致股東信而來見他。前一年秋天,瑪莎‧史都華被控在內線交易一案欺騙政府,她和執行長派崔克(Sharon Patrick)到奧馬哈拜訪他。巴菲特請她們兩人吃牛排晚餐,卻無力解決史都華的法律問題。

這陣子有很多白領犯罪的案子遭到起訴。紐約檢察總長史匹哲對企業界和華爾街的貪腐之風,下手毫不留情。他和證管會、司法部三管齊下,要看哪個單位辦案成效最好。其他人也拚命想和史匹哲一較高下,他們的指控最後會合成一件審判案或以和解收場。史匹哲極富創意,既擅長運用網路新電子工具(尤其是電子郵件)做為證據,又善於以愛揭瘡疤的新聞媒體為武器,也很會揮舞深奧難懂的紐約法令馬丁法案(Martin Act),使他的權力幾乎無限上綱。他憑藉個人的感覺來裁量是

否起訴某件案子，所以裁量的標準可說並不存在。

　　他已經利用這些工具，逼兩位知名的執行長辭職：巴菲特的同行葛林伯父子，這對父子原本分別擔任美國國際集團（AIG）執行長，和保險經紀商威達信（Marsh & McLennan）執行長。美國企業籠罩在一片肅殺氣氛之中。史匹哲長於操縱新聞媒體來執行判決，有個笑話說，他替政府省下了不少起訴和審判的成本。陪審團以前善待白領罪犯，現在則經常把他們和其他罪犯一起送進苦牢；根據新的判決準則，法官正對他們量以重刑。一些人獲判重刑的確罪有應得。貪婪、狂妄和執法不彰，使許多企業人士以為他們不用遵守法令。股票選擇權和網路泡沫讓企業高階主管的財富快速成長，如今反撲的力道也同樣猛烈。巴菲特和美國企業大部分人一樣，還沒有完全適應這個新環境。他對量刑與犯行之間的比例怎樣才算合理的看法，是在以前的年代形成的，是由證管會前執法長史博金和美國檢察官歐伯麥爾慎重的起訴標準所定義；所羅門的默瑟所犯的錯差一點拖垮整個金融體系，卻只被判刑四個月，這件事也定義了巴菲特對量刑輕重的看法。但諸多事件對波克夏本身造成的後果，最後也促使他修正看法。

　　巴菲特通常會親自到機場接賓客，這趟開車回辦公室的路，總讓人神經緊張（除非巴菲特的風采讓他們目眩神迷，以致他們沒注意到），他會花兩、三個小時聽他們陳述問題，然後說出自己的看法，之後請他們去葛拉滋牛排館吃丁骨牛排和薯餅。他對他們說，年報的內容要對股東坦白；應該考量股東的利益而決定支付員工多少薪酬；不要只根據華爾街分析師一時的好惡來經營企業；直截了當處理問題，不要在會計帳目上

動手腳；選用優秀的退休金計畫顧問。有時訪客會問巴菲特如
何管理自己的錢財，他會給他們一些基本觀念，但不會報明牌。

從一百樓到九十八樓

　　有些人會覺得現在執行長的生活被人以嚴格標準檢驗，和
過去已大不相同，巴菲特則用他們能懂的「第九十八樓」比喻
來解釋。位居高位的人對事情必須有正確判斷，如果他們往
下掉了一點，或失去一些錢，那又怎麼樣？他們依然擁有家
人、健康、有機會對世界做出貢獻，應該感恩惜福，而不是心
懷怨尤。

　　「從一棟建築的一樓走到第一百樓，然後下到第九十八
樓，感覺會比剛從一樓上到二樓要糟。但你必須排解這種感
覺，因為你畢竟是站在第九十八樓，」他說。

　　他自認為他大部分時間都站在第一百樓，但2004年春天
還未過完，他便已確定這一年都要待在第九十八樓。他焦急地
等候蘇珊完成放射治療，春末時，醫生要做核磁共振造影
（MRI），以確定癌細胞是否被擊退了。公司經營方面也有種種
問題需要處理。巴菲特覺得，在收購新業務和買進新股票方
面，他被「三振出局」，並未發現太多值得購買的標的，所以
打不出安打。波克夏該年坐擁約400億美元現金，這不是「令
人高興的部位」。[3]

　　尋找新投資的挑戰固然很大，但重新檢視波克夏現有的投
資表現更是當務之急。可口可樂再次令人擔心。自古茲維塔去
世以來，可口可樂的業績每下愈況。新的證據顯示可口可樂在
會計帳目上作假，令人質疑它盈餘數字的正確性，股價也從

80 多美元的高價跌破 50 美元。

　　達夫特以喜怒無常和好玩弄陰謀詭計著稱，在他任內許多資深經理人相繼求去。[4]他若有似無地調整可口可樂的四大品牌，成果乏善可陳。[5]2000 年，可口可樂未能買下桂格燕麥的開特力（Gatorade）運動飲料，後來被百事可樂買下，並大放異彩。接著有人檢舉可口可樂的碎冰可樂（Frozen Coke）行銷測試作假，好給長期客戶漢堡王留下好印象。檢舉人也指稱可口可樂作假帳，證管會、聯邦調查局和美國檢察長辦公室於是展開調查。可口可樂股價滑落到 43 美元。巴菲特受夠了這些問題底下的「盈餘管理」（managed earnings）做法。所謂盈餘管理，是指華爾街分析師先預測一家公司的盈餘會是多少，而企業經理人為了「創造數字」，就到處尋找名目來做出這個數字，以求符合或超越分析師的預估值，好讓投資人高興。

　　「我沒辦法告訴你，我有多痛恨盈餘管理。盈餘管理是從小惡開始，就像你從收銀機偷走 5 美元，心裡承諾一定歸還，卻永遠沒還。下一次你會偷 10 美元。一旦你開始做那種事，大家就會相繼效法，於是整個組織瀰漫這股歪風，人也變得更會取巧，會用愈來愈多的花招。發現這件事之後，我講話了。我告訴他們：『現在馬上甩掉那個包袱。我們不必向分析師預測任何事，每年把業績報告交出去就是了，我們賺多少，就是多少。』」[6]

　　巴菲特不想再玩那種遊戲。如果私底下問他，他最糟糕的商業錯誤是什麼，他不再提到「無為之失」，而會說：「當公司的董事」。他最厭倦的是，擔任公司董事讓他綁手綁腳。可口可樂已改變政策，不再強制董事於七十四歲退休，只規定董事

到了那個年齡必須提交辭呈，由董事會決定是否要他離職。要是能離開可口可樂的董事會，他肯定會很開心。但要這位所羅門救星離棄陷入困境的公司，等於是再對它捅上一刀。巴菲特說他想離開董事會，但前提是不能讓人覺得他把可口可樂的爛攤子丟給別人。他的制式辭呈當然會被退回。在外界看來，這種制度只是一場權力遊戲，目的是讓結黨納親的董事會維持和諧氣氛。巴菲特並不知道他將因此面對難堪的局面。

當巴菲特的名字列在委託聲明書上的董事候選名單後，機構股東服務公司（Institutional Shareholder Services，以下簡稱ISS）就告訴客戶，要對巴菲特的提名持保留態度。ISS是個強大的組織，為股東提供投票上的諮詢服務，並代理機構投資人行使投票權。ISS說，巴菲特做為審計委員會委員的獨立性，可能因波克夏旗下的乳品皇后和麥克連（McLane）等公司購買 1.02 億美元的可口可樂產品而受到影響。當時和利益衝突有關的醜聞鬧得很凶，人們對政府的信心動搖。可口可樂董事會的結黨納親也許可用其他理由來加以指責，但 ISS 在運用利益衝突原則時，卻未顧及比例原則，這是當時許多人的通病（持平而論，有些企業被人過度指責的情況非常嚴重）。波克夏旗下事業購買可口可樂產品的金額，和波克夏持有龐大的可口可樂股份相比，顯得小巫見大巫，巴菲特做為可口可樂的審計委員會委員或董事，怎麼可能會因此偏袒波克夏旗下的事業？[7]

但 ISS 的規定是根據一張缺乏常識的檢查清單而來。勢力強大的加州公務人員退休基金因此決定持保留態度，暫時不支持包括巴菲特在內的可口可樂半數董事。不支持巴菲特的理由

是，他的審計委員會准許審計人員執行非審計工作。[8] 雖然加州公務人員退休基金是以現有的原則來看待審計人員，但它這麼做卻像是拿滅火器噴熄生日蛋糕上的蠟燭。

巴菲特在公開場合半開玩笑地說，是他花錢請加州公務人員退休基金和 ISS 拉票反對他，好趁機離開可口可樂董事會。其實巴菲特很生氣，尤其是對 ISS。

「如果我是街上的酒鬼，他們說的那些金額可能很大。但我可是擁有可口可樂 8％的股份，我們投入可口可樂的錢多於別項事業。當我擁有那麼多可口可樂股票，怎麼可能偏袒乳品皇后的利益，不顧可口可樂的利益？」

艾倫寫了封感性的信投到《華爾街日報》，提到撒冷（Salem）的女巫審判，「蠢蛋指控聰明有才氣的人是下符咒的女巫，然後把女巫燒死……在 ISS 的惡魔開口說話之前，沒人認為巴菲特是女巫。」[9]

理想的董事

多家公司董事在接受調查時，一致表示，巴菲特是他們的理想董事。「我們願意去洗巴菲特的車子，只求他列席我們的董事會……這世界上沒有人不希望他當他們的董事……從加州公務人員退休基金的行動，可看出愚蠢的公司治理理念橫行到什麼地步……有如全美足球聯盟的教練看上二線大學校隊沒沒無聞的四分衛，而不選用超級盃的四分衛……。」[10]《金融時報》將 ISS 形容為「公司治理的黑武士」，還說他們「充滿教條」。[11] 加州公務人員退休基金和 ISS 彷彿被反彈回去的墨水濺得全身都是。「他們是討人厭、只顧為自己造勢的民粹主義

者，」一位已退休的執行長接受調查時這麼說，「你怎麼能說，投票反對他當董事將對股東有利？多麼荒謬的建議。」[12]

把巴菲特攆出董事會，以求改善審計委員會，就像是生病一直沒好，就拒絕再找醫生看病。可口可樂需要的是更多巴菲特。不過可口可樂也很難振振有詞地駁斥 ISS。可口可樂的股票現在成了烤肉架上的魚肉，董事會招來強大怒火。人們指責董事會結黨納親，雖不中亦不遠矣。董事會是有派系沒錯，但當權的派系卻沒把事情做好。巴菲特承認，他應該做更多事，好讓可口可樂走上正軌。其實如果讓他經營可口可樂，只要半打櫻桃可樂幫他的忙，也許就能避免目前的許多麻煩。

可口可樂不少重要的高階主管（其中有幾位屬重量級人物，而且習於當家作主）都無法閒坐一旁，任憑自己被軟弱的執行長帶著走；他們已被捲入漩渦之中。達夫特固然改善了可口可樂的獲利、營業額和現金流量，並且修補了公司和裝瓶商之間不愉快的關係，卻無法扭轉他的命運。2 月，達夫特突然向董事會請辭。

達夫特在許多方面不得人心，但他的辭職卻令人沮喪，因為新聞媒體一定會對可口可樂有更多負面報導。這回的接班人不可能單純地接下他的空位就行。一些董事則認為終於有機會找正確的人來做正確的事。但在達夫特宣布辭職的同時，高齡七十七歲的唐納・基奧加入董事會，立刻引來爭議；基奧有時被人稱做「影子」執行長。他成了尋才委員會的主席，曾和巴菲特在電話上談了好幾小時，努力為可口可樂尋覓領導人。

不過才八年時間，就要找第四位執行長，大家都在看可口可樂的好戲。董事們注意到可口可樂的總裁海爾（Steve

Heyer）。他曾被視為必然人選，但董事看法分歧，等到外部人選浮現，他勝出的機會開始消退。被列入考慮的知名執行長相繼婉拒這項工作，每次有人拒絕，新聞媒體就又不免幸災樂禍一番。

失控的股東大會

可口可樂召開股東大會前夕，巴菲特搭機飛往德拉瓦州威明頓（Wilmington）參加 4 月 20 日的董事會議。

隔天上午，巴菲特穿衣服準備前往會場時，他心裡猜想著這一天會發生什麼事。卡車司機一定已經以他們的藍色拖車占據了飯店前面的街道，學生則揮舞著標語板，上面寫著：「可口可樂摧毀了生活、生計和社區」，以及「殺手可樂、有毒可樂、種族歧視可樂」。可口可樂的股東大會在社運團體中已成為形塑品牌的儀式。

然後，他飯店房間的電話響了。他拿起話筒，萬萬沒想到是黑人牧師傑西・傑克森（Jesse Jackson）打來的。傑克森只說他想對巴菲特表達讚佩之意，他們談了一、兩分鐘無關緊要的事，便掛上電話。這件事相當奇怪，巴菲特心裡想著。事實上，這是可口可樂股東大會無法順利進行的第一個徵兆。

樓下大廳中的抗議人數多於股東。玻璃工人工會發送汽車保險桿貼紙，抗議可口可樂購買墨西哥製的瓶子。[13] 抗議人士分發傳單，指可口可樂和哥倫比亞的準軍事團體共謀，暗殺勞工領導人。大學生抗議可口可樂飲料充斥校園。巴菲特快步走過大廳進入會議室，有人認出他來，放他和其他董事進去，他坐在前排。其他的出席者拿出證件，通過警衛，隨身攜帶物品

需要接受金屬探測器掃瞄，並交出行動電話、照相機和錄音機。可口可樂在大廳一些地方放置小冊子，介紹它的社區計畫，並供應可口可樂和達沙尼（Dasani）純水供股東取用。股東進入會場後，塞進一排排硬背椅子，準備開兩個小時的會議。現代的年度股東大會，竟有如卡夫卡小說場景。

會場有兩排鋪有白布的長桌，坐著可口可樂主管。達夫特站上長桌之間的講台，簡短發表開場白之後，詢問有沒有人要討論選舉董事的議案。企業當家公司（Corporate Campaign, Inc.）的總裁羅吉斯（Ray Rogers）站起來從走道服務人員手中搶走麥克風。通常會委請這家公司代出一口惡氣的組織，主要是勞工工會。羅吉斯開始大聲嚷嚷，說他要投反對票，「直到董事會改正許多可怕的錯誤再說。」他表示，可口可樂「道德敗壞、貪腐，也做出各種嚴重危害人權的行為，包括殺人和酷刑。」達夫特是騙子，他叫道，公司的領導人「貪得無厭」，而且這家公司在美國靠「破壞許多社區」大賺其錢。達夫特試著控制會場，卻像個代課老師一樣壓不住場面。羅吉斯繼續咆哮，翻閱許多頁的文稿，達夫特對他說，時間到了，請停止發言，羅吉斯卻依然講個不停。音控人員關閉麥克風，羅吉斯的大嗓門卻仍清晰可聞。最後六名警衛把他扭倒在地並帶走，觀眾看得目瞪口呆，達夫特無助地站起來，試著恢復秩序，告訴警衛：「麻煩溫和一點」。然後他喃喃自語，有位同事聽到他說：「我們不應該那麼做的。」[14]

一番纏鬥結束之後，會議室透著緊張不安的沉寂。接著是基督聖血崇拜會（Adorers of the Blood of Christ）的修女維琪‧柏肯普（Sister Vicky Bergkemp）接過麥克風。她簡短談到愛

滋病，並請可口可樂的主管把愛滋病對可口可樂業務的影響告訴股東。由於愛滋病和可口可樂的業務無關，管理階層欣然支持這個提案。股東接著提出其他動議，說他們認為管理階層的薪酬過高。公司建議對所有這些動議投票表決。

董事選舉結果終於揭曉，這是巴菲特害怕的一刻。「每一位被提名董事都得到 96％以上的票數，」法務長說，「只有巴菲特先生例外。巴菲特先生獲得 84％的票數。」[15]

被當眾挑出來，說是可口可樂最不想要的董事，真是顏面盡失。以前不曾有一群股東拒絕他。即使在不支持他連任的 16％票數中，加州公務人員退休基金和 ISS 幾乎占了全部，而且機構投資人大多支持他，巴菲特卻沒有獲勝的感覺。巴菲特很少像此刻那麼後悔擔任董事。但他沒時間去想這件事，因為達夫特打開麥克風，讓股東發問。傑克森牧師馬上站起來，挾持了整個會議。

「達夫特先生，以及各位董事，」他以雄渾有力的語調說，「且讓我說在前頭……雖然許多人不同意第一位發言者所說的話……但用暴力架走他……有失……這家公司的……尊嚴。那是……過度反應。……那是……濫用權力……。我很想知道，」傑克森很注意遣詞用字，「執行長一職考慮的人選……是否包括有色人種。」大學生抱怨可口可樂飲料氾濫校園，並指控該公司殺害哥倫比亞的工會領袖。反對聲浪似乎雷聲大雨點小，達夫特使盡吃奶的力氣，想結束可口可樂有史以來最慘的一次股東大會，董事們則暗暗發誓：股東大會不受執行長控制的情形，絕對不能再發生。

找對接班人

一場亂局過後，找尋執行長接班人的工作，感覺格外迫切。內部候選人海爾已在上次董事會會議中確定出局，並準備前往喜達屋飯店（Starwood Hotels）另求發展。但他的資遣費高得引起爭議，令可口可樂再度尷尬萬分。董事會終於找上他們討論中的另一位候選人依斯戴爾（Neville Isdell）。依斯戴爾六十歲，多年前在問鼎可口可樂的執行長寶座時，輸給依維斯特，之後便退休。依斯戴爾是愛爾蘭人，高大且富領袖魅力，成長於南非。但此時可口可樂動輒得咎，一般對晉用依斯戴爾的評論是，「引進老人」、「他們聘用另一個達夫特」。[16] 大家認定依斯戴爾以後一定會被董事會大斧砍掉，因為董事會已被認為是行為反覆無常且惹人厭。[17]

多年來，這個董事會的行事風格一直沒變，就和古茲維塔在世時一樣，成員也大多是當時的老董事。古茲維塔死後群龍無首，董事現在分裂成兩派。在六年的政權空白期內，一小群董事逮到機會掌握實權，控制住狂奔中的馬車。在此同時，公司錯過了消費趨勢，犯下策略錯誤。為了迎頭趕上和矯正問題，可口可樂需要一位堅決強硬的執行長，能夠鎮住董事會的派系。董事會因為缺乏強勢領導人而專橫跋扈。依斯戴爾能在位多久，要看他最後能成為多強的領導人。

巴菲特發表演說，談盈餘管理問題；唐納・基奧開始協助依斯戴爾，就像他協助每一位新上任的執行長那樣。依斯戴爾接受他的協助，但後來發現，他其實不需要那麼多的協助。

第 61 章

第七把火

紐約市、太陽谷、寇迪，2004 年 3 月～7 月

　　3 月，蘇珊接受手術後的首次核磁共振造影。巴菲特知道這件事攸關重大。蘇珊已經表示，不再接受其他手術。

　　「她不會再回醫院，她不會的。我認為復原機率相當高，但是……」

　　核磁共振造影檢查結果顯示，癌細胞已清除乾淨。巴菲特樂壞了，他說，蘇珊的醫生告訴她，這表示她復發的機率和沒得過癌症時一樣低。蘇珊如此告訴巴菲特，因為她認為這是他需要相信的，但史密特醫師說的其實是，她可能這一年過得不錯，接下來就很難說了。[1]

　　就像孩童時期那樣，蘇珊再度被病魔糾纏數月之久，對她的影響可想而知。雖然身體仍很虛弱，但她渴望像從前那樣生活，經過一段時間的壓抑終於爆發。「我要去看家人，」她說，「我要去看每個人。我要做想做的每件事，直到史密特醫師告訴我不能再做為止。」[2]

　　她想做的第一件事，是到拉古納別墅，並要孫子們來探望她。為了巴菲特，她想參加波克夏的股東大會。她希望身體復原到能夠出席 7 月彼得在奧馬哈舉行的多媒體秀「性靈：第七把火」（Spirit—The Seventh Fire）的首演。她還有其他一長串

的事情想做。

　　蘇珊剪短一頭淡色的頭髮,她那洋溢年輕氣息的臉龐看起來有點纖細,講話口齒略微不清,除此之外和從前沒有兩樣,讓人很容易忘掉過去幾個月發生的事,也不會注意到她其實沒什麼精力。

　　巴菲特最關心的事,是她能不能參加 5 月的股東大會。蘇珊在場會讓他安心,她不是觀眾,而是秀場的一部分;如果她不能出席,那就好像他的舞台上少了女主角。

粉絲俱樂部

　　巴菲特夫婦把舉行股東大會的那個週末分成三段,以便讓艾絲翠只陪巴菲特參加後台的交際應酬,就像她在真實生活中扮演的角色那樣(艾絲翠也認為這整件事很無聊,能免則免)。而蘇珊則以「妻子」的身分,出席「正式」的公開社交活動。她坐在董事席,並於週日下午到波霞珠寶店,在歐爾勒的樂團伴奏下,上台獻唱。巴菲特死忠的「黛西梅」女配角陣容日益龐大,他很需要她們也跟著出場。整個週末不時會聽到一串叮噹聲,表示卡蘿來了。她戴著串有二十七枚黃金和琺瑯飾品的手鐲,抱著波克夏年度報告的傳真過來,她每年都要幫忙編輯巴菲特的談話內容。歐斯柏格在這整齣戲的角色,則是在週日下午陪股東在波霞外面的白色大帳篷裡打橋牌。

　　巴菲特還沒想好如何安排他最新的女配角史布珍。原本在《華爾街日報》擔任記者的史布珍,有陣子主跑波克夏的新聞,這年秋天開始在法學院上課。巴菲特已把史布珍視為新朋友;現在要隔好幾年他才會結交一個新朋友。巴菲特建議她趁股東

大會舉行之際結婚，他可以帶她走過長長的中央走道，並將她交給新郎。「想想妳會從波霞得到多少禮物，」巴菲特說。史布珍真的很心動，但一想到新聞媒體把她的婚禮描繪成波克夏版的韓國統一教婚禮，心就涼了半截，她和未婚夫赫利克（Kevin Helliker）最後決定前往義大利結婚。巴菲特讓她坐在經理人的保留區；[3] 歐斯柏格和盧米斯形同巴菲特家人，坐在保留給家屬和董事的席位。

其他所有人都必須想辦法搶個好位置。今年有很多人來要通行證，估計將有兩萬人到場。

eBay 出現了賣黃牛票的黑市，四張會議出席證賣 250 美元，巴菲特受寵若驚。有誰聽過股東大會賣黃牛票的？eBay 張貼的黃牛票訊息寫著：有機會和巴菲特見面，在股東大會上問他問題……競標贏家也能得到一本訪客導覽。持有這張通行證，能在內布拉斯加家具賣場和波霞珠寶店以員工價購物……烤肉大會……在波霞舉辦的雞尾酒會……在巴菲特愛去的牛排館舉行的股東聚會……參觀波克夏旗下許多公司的展示。」

巴菲特雖然樂見其成，孫子霍伊卻希望制止黃牛橫行。他不能忍受有人為了參加股東大會，被黃牛敲竹槓。在 eBay 賣黃牛票的那個人說他一、兩年前還是科技白癡，後來學會在 eBay 當賣家，兩張會議出席證以 5 美元起標。大家紛紛寫電子郵件來詢問這些證件的真偽，會不會害買家被人一眼識破不是「真」股東？這樣的問題表示，他們極不希望被貼上「非俱樂部」會員的標籤。

但這些證件不管如何取得，都是真的。波克夏這個溫暖舒適的俱樂部過去是由有錢的合夥人組成，巴菲特視他們為朋

友；突然之間成了「粉絲」俱樂部，巴菲特打開帳篷，請大家進來。

奧馬哈新落成的奎斯特會議中心，就像密西西比河岸一座巨大的銀色馬戲團帳篷。它的外表像鏡子一樣，反映出市內另一邊骯髒老舊的市民大會館，那裡是前四次股東會的場址。會場裡頭，裝卸車把一包包乾草和一箱箱花卉、燈柱、好幾噸的腐土，送來做花園造景、美化展覽廳的座位區。建築工人架設各個攤位，用來展示遮雨篷、空氣壓縮機、刀具組、百科全書、吸塵器和畫框等各種產品。

巴菲特像年輕男孩那樣在辦公室雀躍不已。一週來他的聲音愈來愈沙啞，訪客人數卻有增無減。每個人見了他都跟他說，留點聲音等開會時再說。他卻依然故我，繼續講個不停。

話匣子大開

到了週五，巴菲特的聲音就像重感冒剛復原一樣。不過他還是不肯停止講話；其實巴菲特這輩子從沒停止講話。他從小就以早熟令父母的朋友驚異不已；念高中時，便提供老師投資股票的建議；在兄弟會的聚會上，那些狐群狗黨喜歡聚在他身邊聽他侃侃而談；念哥倫比亞大學時常和葛拉漢一搭一唱；把自己當作開處方的人推銷 GEICO 股票。還有他抓起粉筆在晚上教投資課；他在奧馬哈的雞尾酒會和紐約的晚餐聚會，叫聽眾聽得如痴如醉；每一次的合夥人會議；在位於紐貝德福的老舊廠房頂樓召開最早的波克夏股東會議。只要能教某些人某些東西，巴菲特的嘴巴就停不了。

週六早上七點整門一開，人們就搶入會場，占最好的位

置。八點三十分，全場座無虛席。燈光轉暗，講話聲停了。沒人竊竊私語，沒人遲到。台下的觀眾屏氣凝神等著。

巴菲特和孟格就像一對白髮蒼蒼的脫口秀節目主持人那樣上場，並坐在桌子後面。巨型螢幕隨時捕捉他們的身影，好讓每個人都能看得清楚。巴菲特看向黑壓壓的會場，不時有閃光亮起，估量著有多少人來內布拉斯加聽這場盛會。

在股東提問之前，巴菲特以很高的效率展開議程，先處理例行的選舉董事、批准審計師之類的公務。議程開始後馬上就有一位股東站起來，對著麥克風膽怯地說，他保留自己那一票，並提出臨時動議。他請巴菲特考慮請旗下公司的一些執行長擔任董事，因為他們比蘇珊和霍華更有資格。

觀眾席可以感受到一陣騷動。這個動議雖然是用恭敬的語氣提出，卻像一顆石子丟到平靜的湖心。大部分人都感到意外。波克夏現在是美國第十四大企業，員工超過十七萬兩千人，年營收達 640 億美元，獲利 80 億美元，但骨子裡仍然是家族企業，巴菲特是最大的股東，他擁有的投票權，可以讓他隨意指派兩、三個家人擔任董事。他覺得他的家人在波克夏扮演的角色，就像沃爾瑪的沃爾頓（Walton）家族，可連結巴菲特基金會和公司。他純粹憑個人喜好選擇董事，沒有可議之處，只是有些董事正巧也是成功的企業人士。

「謝謝，」巴菲特說，「查理，你對這件事有什麼看法？」

把球丟給孟格，沒有巧妙的回答或簡潔有力的評論，表示巴菲特不知如何是好。不過孟格也因此被推上了火線，因為不管他說什麼，都意味著他對巴菲特如何選擇董事，具有某種影響力。孟格其實沒什麼影響力，所以他簡單地說：「我覺得我

們應該推進到下一項。」

另一個動議接著提出。史特洛布哈（Tom Strobhar）代表國際生命維護組織（Human Life International），曾經和其他組織共同杯葛波克夏海瑟威，成功地迫使該公司取消它的公益慈善捐贈計畫。史特洛布哈提起墮胎問題，就像他後來寫的：「表面上是一項提案，其實是要波克夏發表政治獻金名單。」4

巴菲特只答說，波克夏不曾有過政治獻金。經過投票，這個動議沒過關。

會議耗掉半小時討論公務，不像以前通常只花五分鐘，而且第一次有點像可口可樂那種叫人不愉快的股東會。股東拿著書面問題，耐著性子在編有號碼、安裝麥克風的站台前面等候。這些站台散置在會場各處。巴菲特請「第一號麥克風發言」，開始回答股東的問題。他的腦子同時也不停思考剛剛困擾他的那個問題。他利用股東所提的另一個問題，談他家人當董事的事。他說，他的妻兒擔任董事，是為了「守護文化，他們不是來圖利自己的」。

這一刻真是叫人大開眼界。他首次必須為自己經營公司的方式公開辯護。但在這之後，沒人問起和這個主題有關的任何問題。波克夏海瑟威的股東對現況相當滿意。在他們看來，只要巴菲特高興，他愛用什麼方式經營公司就用什麼方式。投資環境如何？他們問道。他說，我們的資金現在沒有充分運用，這狀況叫人痛苦，但不會比做出蠢事痛苦。

看跌美元的理由

巴菲特聽到的問題有新的、發人深省的，也有許多老調重

彈。他很懂得如何把他想談的不少事情，放進他的答覆之中。今年他利用股東大會之便，詳細說明「為什麼我看跌美元」。他說，美國就像一個入不敷出的家庭。美國人向其他國家購買數量龐大的產品，卻沒有收入可用來付帳，因為他們賣到其他國家的東西，比他們向其他國家買入的少。要彌補其間的缺口，只好去借錢。現在借錢給美國的那些人，將來也許不會願意再借。

巴菲特說，美國人現在的所得中，超過2%是用來支付國債的利息，而這表示情況很難逆轉。他認為將來外國投資人很可能會轉而喜歡美國的房地產、企業和其他「實體資產」，甚於用紙印成的債券。美國人會開始一塊塊賣掉辦公大樓和企業等資產。

「我們認為，長期而言，美元對其他一些主要貨幣的匯率可能下跌，」他說。美國經濟在過去二十年的表現相當亮麗，而且利率低、通貨膨脹率低，未來卻可能在某個時點反轉。利率可能走高，通貨膨脹率也一樣，而這將是令人不愉快的狀況。和他的每次預測一樣，他沒辦法說什麼時候會發生，但他已買進120億美元的外幣，以沖銷波克夏的美元風險。

就在巴菲特和孟格大談債務的危險之際，股東們紛紛乘電扶梯前往樓下的鞋鋪，掏出信用卡，排隊等著刷卡買鞋。托尼拉瑪（Tony Lama）和賈斯汀的服務員每分鐘賣出一雙靴子。位在市區西邊的波霞珠寶店，賣出上千只手錶和一百八十七只訂婚戒；家具賣場的營業額則創下1,700萬美元的新高。

展覽廳的南邊，就如巴菲特構想，放置著一座實體大小的克萊頓移動式房屋，外面鑲了一層米色木板，並裝上沙子色護

窗板，前廊相當大，還有真的草坪、磚材地基，並以灌木叢裝飾。正如他預見的，大家沿著繩索蜿蜒排隊參觀，好像在迪士尼等著玩太空山。[5]

漆成黑白兩色的喜事糖果店，設在展覽廳中央，享有地利之便，走道擠滿了人。許多顧客根本沒付錢，那些順手牽羊的人，摸走大量的糖果，也從鞋店帶走很多雙鞋子，而在他們頭頂上，巴菲特和孟格還在大談誠實和道德的重要。

巴菲特和孟格不知道腳底下正有人偷雞摸狗，否則可能考慮明年在書店旁設個波克鎮監獄。他們繼續回答問題，大吃甜食，不知不覺已講了整整六個小時。

一般人若是不打草稿連講六小時，一定累得筋疲力盡，但當會議結束後，巴菲特和孟格上樓到一個大房間，坐到一張桌子後面辦起簽名會，好讓國外來的股東能更接近他們。這是巴菲特最近想出的點子，孟格耐心坐在一旁，但他累了，有時會迷迷糊糊談起巴菲特創造的這場馬戲表演。他也喜歡被崇拜，但絕不會像巴菲特那樣費心布置這樣的場地，並鼓勵大家來要簽名。

會議進行兩小時後，蘇珊早已離場去躺下來休息。週一她和巴菲特飛往紐約。蘇珊待在飯店床上，直到下午一點，才混著客房服務送來的冰淇淋吃藥。蘇西盯著她，以免她過度勞累。她限制母親一天外出只做一件事，去見一個人、購物，或到飯店大廳十五分鐘。[6]

蘇珊參加了高提斯曼夫婦每年舉辦的晚宴。自 1990 年代中期以來，巴菲特集團許多成員在這個場合會見老友。這一次，蘇西告訴女主人說：「她會試著去做她不該做的事，也一

定會說她覺得身體無恙，騙過你們。」她請求幫忙保護母親。參加高提斯曼晚宴的大部分人在過去一年都沒見過蘇珊，也許在股東大會上見到，但也只是匆匆一瞥。她坐在一個房間裡，巴菲特則在另一個房間，大家紛紛來向他們致意和聊天。許多人後來說，那天晚上十分溫馨，蘇珊也說幸好去了晚宴。但是事後她累垮了。

巴菲特也要蘇珊接受公共電視台談話節目主持人羅斯的訪問。蘇珊談起丈夫，講了很多感性和感激的話，並說她給了巴菲特「無條件的愛」。她也提起搬到舊金山一事，說她告訴巴菲特，她離開是為了「想要有個地方，能有自己的房間，那會很棒。」至於艾絲翠，「她代替妳照顧妳的男人嗎？」羅斯問道。「她的確是這樣，而且她把他照顧得很好，他很感激，我也很感激……她幫了很大的忙，」蘇珊說。也許這問題經過設計，從兩人問答能清楚看出蘇珊視艾絲翠為工具，透過她去管巴菲特；這件事蘇珊可能原本並不打算那麼坦白。訪談結束之後，她告訴女兒蘇西：「我們去逛逛貝多福。」[7]到了那裡，她坐在椅子上看了一些東西，但不久就說累了，於是返回飯店。

幾天後，母親節那天，她的活力及時恢復，受邀在翠貝卡電影節（Tribeca Film Festival）與女兒的朋友波諾見面。在手術後休養期間，波諾一直傳真信件給她，由蘇西念給她聽。蘇西說，那些信件「對她有如至寶」。蘇珊每晚聽波諾的歌入睡，因此愈來愈渴望和這位有如救世主的歌手見面。兩人的會面很短暫，「我無法形容，她有多興奮，」蘇西說。

蘇珊臥床休息了兩天，然後波諾和他的隨行人員到廣場飯店和蘇珊見面，並在餐廳共進午餐。蘇珊和波諾暢談了三個小

時，然後他送她一幅畫像。這是他根據她的一張照片所畫的，上面寫著 U2 的歌曲「One」當中的詞，蘇珊非常感動。波諾邀請她和蘇西一起到法國去看他，蘇西本來就要去法國參加他的基金會董事會議。

蘇珊決定去法國。她和蘇西先在巴黎麗池住四天，從跨越六個時區的時差中調整作息，然後他們搭 TGV 子彈列車前往尼斯，造訪波諾位於艾茲海邊（Eze Bord de Mer）的橙紅色灰泥豪宅。

在這裡，蘇珊大部分時間都在睡覺，但有天下午蘇西找她上樓，從露台俯視海洋。波諾正在演奏 U2 未發表專輯「如何拆除原子彈」中的音樂。那天晚上他們邊吃晚飯，邊聊了四個小時。波諾站起來向蘇珊敬酒，說：「我遇見了心靈伴侶！」

她對這位搖滾明星的敬意，經過實際相處變得更為濃厚。隔天搭機回家途中，蘇珊一路醒著，放 iPod 裡的 U2 音樂來聽。她後來提到波諾的房子時說：「我無法形容我在那裡得到多棒的休息。」[8]

蘇珊從法國回來大約一個星期後，家人大多前往太陽谷，彼得和珍妮佛則待在奧馬哈，為「性靈：第七把火」的首演做準備。經過一年的痛苦和與世隔絕，蘇珊急著補回失去的時光，想見每個人，到每個地方。但要得到自由，必須付出代價。隔天蘇西找了一輛高爾夫球車，打算帶母親四處逛逛。當蘇西進房接她時，發現她蜷縮在長沙發椅上，哭著說：「我做不來。」[9] 雖然旅途中已有充分休息，但她僅剩的一點精力都耗盡了。

回到奧馬哈後，大家都忙著迎接彼得新作的首演。蘇珊趁

機去參觀女兒新開的店。蘇西和人合夥,在市郊購物中心開設一家金銀絲(String of Purls)編織店。巴菲特對女兒的創業精神深表讚許,他分析過這種店的遠景,認為全年毛利可能高達50萬美元。他再次和女兒以一種特殊的方式產生連結。

彼得的多媒體事業和編織店一點都不像,巴菲特比較難理解。彼得根據以前做的公共電視特輯,又花了四年的努力,改善現場演出的經驗和技巧,同時提升音樂和故事情節的品質。這些工作都沒有特定的成果,但是表演會帶給人滿足感。

追隨心中的熱情

巴菲特看過彼得以前的現場演出,知道他會在樂團配合下用鍵盤演奏,還有個形狀像一頂帳篷的特殊劇場,以及雷射、鼓、影片和美洲原住民歌手及舞者。巴菲特經常勸告學生要追隨他們心中的熱情,但他所舉的例子,例如成為全世界十五子棋冠軍,本質上都帶有競爭性質。有人竟然可以不管這個世界給什麼獎賞,只追隨內心那把熊熊的藝術之火的引領前進,這樣的人根本不在巴菲特的現實地圖上,那是蘇珊的專長。不過,巴菲特對待錢財的熱情、耐性和創意,正如彼得對待音樂一般,因此他真心希望彼得能成功,並以他所知的唯一方式來表達支持——結合藝術和商業。他最關心的是這次演出的商業成功潛力。「這些演出得到十分熱烈的回響,但我不知道市場到底有多大。就市場的深度來說,它不像百老匯的音樂,所以我們只好拭目以待。」

談到募集資金,巴菲特的盛名對彼得大為不利,因為大家都覺得他能輕易拿到許多錢,直到他真的拿房子抵押貸款,別

人才相信他沒錢可用。巴菲特依照他的一貫作風，只要彼得能募集到大部分的款項，他同意給彼得募得款項的 10%。後來彼得募集到總經費 300 萬美元中的 200 萬美元，父親果然給他先前承諾的 20 萬美元。彼得接著又募到了其餘經費。他在非常不利的情況下籌錢，同時還要試著製作節目、把表演推上舞台。就在這幾個月間，他父母取消「不捐贈」的原則，開出 1,000 萬美元的支票給墨菲的兒童救助會（Save the Children），表示對友人的支持。

巴菲特為了培養子女的獨立自主精神，雖然贊助兒子實現夢想的錢只及捐贈給朋友的 2%，聽起來令人有點心寒，但事後來看，彼得很慶幸他的演出沒有變成父親資助下的虛浮表演，落得沒人正視的下場。他覺得從父親處理這件事的方式，可看到他以極其聰明的方式解決複雜問題的一貫作風。父親給予的支持，彼得心存感激，而他父親也以他獨力募集到大部分經費為榮。

「性靈：第七把火」的主角是一位美國原住民，他述說著從現代世界回頭重拾文化傳承的故事。巴菲特不是很清楚兒子為什麼會迷上美國原住民，那齣戲意象式探討了失落的族群認同，以及人以堅強意志重拾認同的勝利感，都不是他所能理解的。巴菲特喜歡音樂，也以兒子為榮，但坐在首演會場，萬花筒般的視覺印象震懾了他，使他不知該如何下評語。他望向四周的觀眾，聽他們鼓掌和喝采，告訴他這場演出很棒。《奧馬哈世界前鋒報》說它「尖銳、哀傷、鼓舞、動人、強而有力」，讓巴菲特很高興，但他也擔心那只是鄉親的愛護捧場，所以要等著看其他地方是否也給這齣戲好評。

　　「性靈」繼續在奧馬哈演出之際，蘇珊和孫子們前往拉古納度假。他們已經習慣蘇珊的寵愛縱容，和他們一起四處遊玩。這麼完美的祖母，不曾令他們失望。她帶他們去賣場買東西，就和以前一樣。她坐在椅子上，指著店內的東西說：「來一件那個、兩件這個，那樣東西也拿兩件。」[10] 結束這趟含飴弄孫的旅程，她累壞了，卻又開始準備參加一年一度的艾倫牧場聚會。

　　太陽谷的聚會才剛結束，短期間又要到高海拔的懷俄明州寇迪，和一大群人共度另一個長週末，似乎有欠妥當。有些家人強烈反對她這趟行程，但蘇珊因為享受生活而快樂，巴菲特也希望一切恢復正常。因此，7 月的最後一個星期，巴菲特和蘇珊在艾倫的牧場共度長週末。

　　蘇珊看似精力旺盛，很高興能到那裡和大夥兒相聚。[11] 他們在大房間吃晚飯，那裡有超大的火爐除去高山空氣中的寒意，蘇珊講個不停。[12] 桌面清理乾淨、等待甜點和咖啡上桌時，她人在廚房繼續說話。[13] 突然之間，她眨了眨眼睛，說腦子裡有怪東西。[14] 就在那麼一剎那，艾倫以為她要表演奇怪的舞步，但馬上察覺她就要倒下去。她的腿剛彎曲，艾倫和芭芭拉·歐爾勒（Barbara Oehrle）立刻扶住她，沒讓她跌到地上。[15]

　　他們扶她躺到旁邊的沙發上，艾倫請來共度週末的瑜伽老師穩住她的身體，也請巴菲特回房去拿她的藥。蘇珊的健康情況時好時壞，但已經度過多次危機，大家沒想到事態嚴重，不過還是打電話叫救護車。巴菲特打電話給蘇西，她正在波士頓參加民主黨大會。巴菲特告訴蘇西，應該是頭痛之類的毛病，問她伊斯利醫師的電話號碼。蘇西給他號碼，他掛上電話。她

心裡閃過一絲懷疑，好像哪裡不對勁，後來想想，或許母親腳趾頭斷了，所以要伊斯利醫師的電話號碼。[16]

蘇珊躺在沙發上，沒辦法抬起手臂。她吐了兩、三次，說很冷、頭痛得厲害，他們用毯子包住她。她的意識開始恍惚，有時掙扎著要講話。巴菲特看著蘇珊的情況，心裡愈來愈難過，她可能中風了，其他賓客幫不上忙，只能焦急等待救護車。時間緩慢過去。過一會兒，蘇珊說覺得頭好一點了，要她移動手和腳，也開始有了反應，讓大家比較放心。然後救護人員到了，做了一些檢查。他們把她送上救護車，巴菲特坐在前座，駕駛員開了長達 55 公里蜿蜒曲折的山路，前往寇迪的西公園醫院（West Park Hospital）。[17]

一上救護車，巴菲特就打電話給蘇西。「妳得來這裡一趟，」他說，「媽媽出事了，我想她中風了。」幾分鐘後，他又打電話說：「聯絡弟弟們，要他們一起來。」

蘇西打電話到奧馬哈找彼得，但他正在飯店房間準備演出。[18]霍華剛到非洲，接到消息後，他嚇壞了，要到第二天才有回程班機。[19]

就在蘇西忙著安排探視母親的時候，艾倫和友人凱爾希（T. D. Kelsey）開著艾倫的車跟在救護車後面。救護車開得很慢，他們愈來愈不耐煩，更叫他們不放心的是，心急如焚的巴菲特必須忍受這趟漫長的路程。他們一度往前開到救護車旁邊，艾倫對著司機大吼，問到底怎麼回事，司機卻不理他。

一行人終於到達醫院，電腦斷層顯示蘇珊有大面積的腦部出血。巴菲特在急診室來回踱步，醫生終於出來告訴他，蘇珊無法活過那晚。他淚流不止，極度哀傷，到大廳告訴凱爾希和

艾倫這個消息。[20] 然後他回到樓上，坐在病房守著。房裡就他和蘇珊兩人。

清晨大約四時三十分，飛機載著蘇西和彼得抵達醫院。他們走進大廳，見到的第一個人是艾倫。蘇西的第一個念頭是：「哦，天哪，此情此景和葛蘭姆女士那次好像。」

上樓後，他們發現父親坐在母親旁邊，握著她的手。一罐櫻桃可樂放在桌上沒動。「我在這裡五個小時了，」他說。蘇珊是如此安靜，看不出她在小氧氣罩下呼吸。

巴菲特到隔壁的房間躺下，彼得躺在那間房的地板上，兩人都睡著了。蘇西坐在母親病床旁的一張椅子，撫摸著她。

過了一會兒，她察覺蘇珊沒在呼吸。她出去找護士，然後鼓起勇氣叫醒父親，告訴他噩耗。[21]

接下來幾個小時，孩子們忙著做該做的事，巴菲特老淚縱橫。中午時，全部的人坐上灣流四號飛機。這是他們所有人這輩子最悲悽的航程。

在空中飛行一段時間之後，巴菲特深吸一口氣，問其他人，「前面是不是有洗手間？」沒有。「我陪你走到後面，」蘇西對他說。他緩緩走向機艙後面，視線避開飛機上的沙發，因為那裡擺著裝有蘇珊遺體的屍袋。[22]

降落奧馬哈時，這一家人經歷另一次超現實的體驗，因為飛機沒有在跑道停下，而是直接滑進機棚，一具棺木停放在那邊，好讓他們在含悲下機時，不必忍受狗仔隊的騷擾。巴菲特直接回家，上樓進臥室，關上門，關掉電燈，蓋上棉被睡覺。

艾絲翠知道她現在該做的事，就是什麼事都不要做。她確定他吃了安眠藥之後就不去吵他。她偶爾過去看看蘇西，有時

則獨自哭泣。其餘時間,則在家裡照顧巴菲特。

隔天星期五,巴菲特還躺在床上時,奧森夫婦從洛杉磯過來。奧森有執行蘇珊遺囑的若干法律義務,也是巴菲特家人的好朋友,在巴菲特家有很大的影響力,尤其是對巴菲特的子女。巴菲特到樓下和奧森夫婦談了一會兒,不到一個小時,電話鈴聲響起,是葛蘭姆的兒子唐納打來的。「你在哪裡?」蘇西問。「奧馬哈市區的希爾頓飯店,」他說。沒人通知他噩耗,他自己來的。蘇西找來自己的一些朋友到家裡,幫巴菲特轉移注意力,也免得他孤單一人。每天晚上九時三十分他服用安眠藥,上床就寢。

一、兩天之後,巴菲特試著打電話給幾個人。電話接通時,他的喉嚨卻發不出聲音。他放棄講話,只顧啜泣,一哭好幾分鐘。眼淚潰堤般奔流之後,他哽咽,「抱歉。」然後掛斷。他們本來永遠不會知道打來的是誰,但巴菲特發出的求救卻錯不了。

蘇西已經聯絡了一些人。接下來一個星期,瑞恩和卡蘿來拜訪了幾個小時,歐斯柏格來了,蓋茲也來了。寇爾則飛來奧馬哈幫忙。霍華經過「最漫長的返鄉行」終於回到家。這趟行程,他永遠不願再想起。[23]

蓋茲和歐斯柏格依照原定計畫,在那個星期和巴菲特一起打橋牌錦標賽。有天晚上,巴菲特和他們在錦標賽舉行的飯店共進晚餐,也看他們玩牌,這有助於轉移他的注意力。還有一天晚上,蓋茲和歐斯柏格來家裡,巴菲特要他們陪他看羅斯訪問蘇珊的片子,因為艾絲翠不想看,他覺得她不看也好,卻又害怕單獨一人看。他們把光碟片放進 DVD 機,影片開始播

放。過了一會兒，巴菲特哭了起來。蓋茲離開房間，歐斯柏格則留在他身邊安慰他。[24]

有時你自己做不來

　　只要提到蘇珊的名字，巴菲特眼睛就溼了。舉行喪禮的日子一天天逼近，負責規畫的蘇西察覺有顆石頭壓在父親心上。她知道一定是那件事。「你可以不用參加喪禮，」她對他說。

　　巴菲特鬆了一口氣。「我沒辦法去，」他說。要他坐在那裡，在所有人面前，滿腦子想的都是蘇珊，真是情何以堪。「我沒辦法去。」[25]

　　其他幾百個人和巴菲特不一樣，都希望親自參加告別式，悼念蘇珊。但他們沒有舉辦告別式，只有家人、蘇珊的兩、三個好友、波諾夫婦、薛瑞佛受邀參加喪禮。蘇珊的音樂家朋友史翠克演奏吉他，格萊德紀念教堂的威廉斯牧師主持儀式。波諾唱「有時你自己做不來」，孫子們聽到都淚流不停。

　　接下來幾個星期就這麼度過了，巴菲特面對一個空虛的世界。許多人，包括蘇珊本人都問過，少了她，真不知他要怎麼活下去。他一直沒有走出父親死亡的陰影，父親留在地下室的文件，他也一直沒有整理好。就像歐斯柏格說的，他傾向以旁觀角度思考，但這次是他自己的切身之痛，他徹底感受哀傷，而且不得不活在當下，即使這個「當下」令他驚恐。

　　巴菲特連睡覺時也不能止住悲傷。夢魘糾纏著他，夜復一夜。這些事儘管在他們生離的那些年間，他都沒辦法想像，卻偏偏活生生在他眼前發生。他陷在前往寇迪的醫院那趟永無盡頭的路途中，困在救護車裡不能脫身，無力幫助她，無力止住

車輪的轉動。夜晚稀薄的空氣中，7月的星空映出無聲的山巒輪廓。駕駛員一聲不吭，在蜿蜒的山丘上趕路。路在他們眼前展開，一公里又一公里，成排的樹往後倒退，宛如朝聖者走向前面的山丘。黑暗中，蘇珊躺在病床上，蒼白而僵硬。救護車的聲音，隨著路一里里過去而遠颺。片片杜松有如山腰上朦朧的苔蘚，而前面的路，消逝在遠方。頭上廣大的夜空中，群星靜止不動。時間慢到成了永恆。

他只求她不要離開他，她也曾答應絕不離開。不管她曾經關懷和支持其他多少人，不管她的心曾把她拉向多少旅程，不管她曾奔向多少不同的方向，蘇珊總是會回到他身邊。她不曾讓他失望。

現在，一點回應都沒有。他是那麼需要她，她不可能離開他。他會緊緊抓住，不放她走；她必須和他在一起。

救護車往前爬過黑暗的山。氧氣筒發出的悶哼聲，和他的淚水交雜在一起。後面的蘇珊一片靜寂，勉強只能聽到她輕輕的呼吸聲，卻聽不出一絲痛苦。

巴菲特的胸口灼痛，他的心隨著車輪每轉一圈而爆炸一次。妳不能離開我，妳不能離開我，請不要離開我。

但蘇珊已經走到他觸碰不到的地方。有股力量把她拉離他的世界、進入下一個世界，這力量也正將他撕碎。

第 62 章

繼續滾動

奧馬哈和紐約市，2004 年～ 2008 年

蘇珊去世後的第一個餘震，發生在她的遺囑宣布時。大部分條款並不出人意外，她把價值約 30 億美元的波克夏股票，幾乎全數留給新近改名的蘇珊湯普森巴菲特基金會（Susan Thompson Buffett Foundation）。另外她也給每個孩子的基金會各 600 股波克夏股票，價值 5,000 萬美元。

她對自己關心的人相當慷慨，但受到丈夫的影響，慷慨的程度無疑有所節制。她的子女各得 1,000 萬美元，另外她列了一長串受贈名單，獲贈金額較少。她在死前一年請一位新律師為她的遺囑增加附錄。遺囑附錄中給她的網球教練麥卡畢 800 萬美元。[1]

幾乎所有人都對祕密的遺囑附錄感到驚訝。蘇珊不曾調和她世界中各個分裂的部分，最後也選擇不加解釋。留給人們的，是她為別人而活的生命，但她內心真相永遠無人知曉，讓後人自行解讀。

巴菲特長久以來深愛妻子，視她為理想的化身。她一直是「他和外界連接的橋梁」，以及緊緊維繫家人的黏著劑。[2] 蘇珊死後，每次看到她的照片，他都會淚流滿面。但他並未像蘇珊所說的，可能因此抑鬱多年，或想了結自己的生命。他只是極

度悲傷。約有兩個月的時間，他看起來十分消沉，然後就像大部分人一樣，慢慢回復生活常態。

得到蘇珊的力量

在「蘇珊會打理一切」的這個假設像肥皂泡沫般破裂之後，巴菲特開始展現新的務實態度。日子一天天過去，他開始更認命，接受結束和死亡的事實，並以新的方式對待子女。蘇珊似乎把她的一些力量留給巴菲特，還有少許流暢處理情緒的能力，以及對人的寬宏大量。巴菲特的內在好像增加了前所未有的面向。他重新負起情感領域的一些責任，在以前這些都是留給妻子去做。他更用心去理解子女的情緒、他們正在做的事，以及他們覺得重要的事。

蘇西很快就扛起母親扮演的領導角色，尤其是公益慈善活動。她開始雇人和擴大基金會的辦公室，現在有比從前更多的錢必須捐贈出去，需要好好規畫。

彼得的「性靈：第七把火」將到華盛頓的國家廣場演出。這是慶祝美國印地安人國家博物館隆重啟用的節目之一。有天他打電話跟父親說：「爸，我們正在搭帳篷！」他這才發現，以前他都是打給母親，再由她告訴父親。直接溝通的感覺真好。[3] 巴菲特找了一群朋友飛到華盛頓，參加雞尾酒會和開演之夜活動。「性靈」的演出讓巴菲特和彼得有了不同的親密關係，不只是因為彼得的成功，更因為他們努力成為對方生活的一部分。

「性靈」在費城上演時也獲得許多好評。有人把它比喻成「美國原住民版本的菲利普·格拉斯（Philip Glass）的歌劇『屋

頂上的千架飛機』」，更說「吉他演奏讓 U2 的 The Edge 相形見絀」。[4] 但「性靈」的製作成本很高，即使票價不菲，巡迴演出還是賠錢，彼得決定暫停演出，灌製新的音樂光碟「金星」（Gold Star），並首次以歌手身分演唱，也開始考慮「性靈」的長遠未來。

霍華的商業經驗日趨成熟，擔任兩家公司的董事。他對錢財的處理相當精明，除了留著可口可樂企業的股票，還投資波克夏的股票。後者的舉動遠比其他事情更能拉近他和父親的關係。巴菲特看著這個兒子十年來漸漸安定下來，變得更成熟。霍華在感情上像塊「棉花糖」，而且一直盼望和父親有溫馨的感情連繫。現在，他有機會和父親發展不同的關係。他和迪鳳在奧馬哈買了房子，方便接近父親。

蘇珊去世後發生的種種事情，深深影響著艾絲翠。她本以為失去了一個要好的朋友，後來卻發現蘇珊的生活是在幾條平行的軌道上進行，其中一條一直是她看不到的。多年來艾絲翠因為尊敬蘇珊，以及尊重她和巴菲特間儘管不合常理、卻被大家視為美滿的婚姻，因此一直待在幕後，但突然之間，她發現那是建立在虛假之上。她覺得遭到背叛和被利用。巴菲特很晚才體認到艾絲翠為了他和蘇珊付出多大的代價；這麼多年來，他們兩人都對這個事實避而不談。於是他接受艾絲翠的責難，也開始彌補以前的過失，在他度過喪妻之痛的階段後，更常帶艾絲翠出席公開場合。

12 月間，巴菲特送所有孫子們一張大支票，做為耶誕禮物。過去他一直幫他們負擔大學學費，卻不曾不附加任何條件就送他們金錢。

　　但他並沒把彼得的繼女妮可和艾莉卡算在內。蘇珊疼愛她們，在蘇珊的喪禮上，她們穿著長套裝，像一對報喪妖精那樣痛哭。蘇珊在遺囑中給每一位「摯愛的孫子女」10萬美元「做為擁抱」，妮可和艾莉卡也不例外。但在蘇珊的喪禮過後十天，巴菲特告訴彼得，「還有，順便說一下，我不認為那兩個女孩是我的孫女。我不希望她們期待能從我的遺囑得到任何東西。」彼得覺得這話莫名其妙。「你確定要這麼做嗎？」他問。巴菲特不為所動。蘇珊在遺囑中給兩個女孩錢，並提到她們和其他孫子地位相同，似乎激起巴菲特對錢財的占有感。

　　2006年妮可參與強生（Jamie Johnson）和柯重（Nick Kurzon）拍攝的紀錄片《百分之一》（*The One Percent*），談有錢人家的小孩。妮可在這部紀錄片中的做法很不聰明，將自己定位為巴菲特家樸實生活方式的代言人。紀錄片在巴菲特捐贈蓋茲基金會之前不久播出，後來又在CNN、公共電視播出，她並受邀上歐普拉的節目談美國的社會階級。巴菲特的反應相當嚴厲，他傳話給妮可，說他不認為她是他的孫女，如果被人問起，他也會這麼說。妮可告訴歐普拉：「我來自美國最富有的家族之一，這個身分讓人覺得我為另一個有錢人工作，是件很怪的事。」她說，她「坦然接受」不繼承任何財富，她顯然是指蘇珊留給孫子女的那筆小錢，但補充說：「我確實覺得，如果能用那筆錢為別人做些什麼，並親身參與其中，會是很棒的一件事。但我覺得完全被排除在外。」她接受訪問時表現出自己「可憐渺小」的一面，是她犯的第二個錯誤。

　　之後妮可寫了一封信給巴菲特，問他為什麼要否定她。[5] 2006年8月他回信祝福她，告訴她，她有充分理由自豪，並

給她一些建議。他寫道,對別人說自己是巴菲特家的成員是錯的。「如果妳這麼說,他們對妳的主要看法就會是那樣。他們會根據那個『事實』,而不是根據真正的妳或妳的成就來對待妳。」他又寫道:「不論在法律上或情感上,我都不需要接受妳做為我的孫女,我們家的其他人也不用把妳當作姪女或表姊妹。……事實很簡單,(妳母親)不是我的兒媳婦,她的子女就不是我的孫子女。」

　　儘管這封信的語氣已是極力克制,但可看出妮可已傷到巴菲特最弱的罩門:他的認同,以及家人的認同。如果不是這樣,他可能會審慎思考是否要寄出這樣的信。這封信引來嚴重的反彈。妮可這樣說可能是錯了,但她似乎很真誠。這封信不但沒有讓她收斂,反而促使她接受更多訪問,使巴菲特看起來像是狄更斯筆下的吝嗇老頭史克魯奇(Ebenezer Scrooge)。《紐約郵報》(New York Post)也刊出一篇報導,[6] 說他是因為妮可參與這部紀錄片而出手報復。即使蘇珊已經過世四年,巴菲特跟妮可的關係仍未修復,妮可又更進一步地在接受《美麗佳人》(Marie Claire)採訪時,[7] 翻出老照片及巴菲特曾署名祖父的信件,證明巴菲特確實曾將她視為自己的孫女。這對終其一生努力工作、從未主動疏離任何人的巴菲特來說,無疑是個痛苦的嘲諷。復合之路看來遙遙無期。

　　對巴菲特來說,把錢捐出去比贈與家人來得容易,而有「望遠鏡慈善家」的稱號。2004 年底,巴菲特克服了先前的保留態度,不再擔心強勢的蓋茲可能會主導波克夏的董事會,於是邀請他加入。歐斯柏格和蓋茲曾經談過巴菲特基金會面對的一些挑戰。在巴菲特身後,基金會一年要送出數十億美元,所

以非得大幅改變不可。歷史上從來沒有一個基金會曾成功進行這種轉型，因為沒有基金會嘗試過。而除了蓋茲基金會，找不到其他慈善組織處理過這麼龐大的金額。

巴菲特也一直在思考這個問題。那年秋天他和基金會的受託人對談，確定他們了解他的期望。他和安納伯格一樣，希望降低死後被出賣的可能。

2005 年初，歐斯柏格「找了個藉口」，前往奧馬哈找巴菲特商量。她說，既然他對蓋茲讚不絕口，何不在他死後，把錢留給蓋茲基金會？雖然巴菲特沒有一口答應，[8] 但其實早在蘇珊去世之前，他就一直考慮至少留一點錢給蓋茲夫婦運用。

供應明天的果醬

長期以來，巴菲特總是覺得讓錢繼續利上滾利，而不是馬上送出去，對社會最有利，因為將有更多錢可供捐贈。不過，把金錢的贈與延到他死後，那就和《愛麗絲夢遊仙境》中，白棋女王許諾的「明天的果醬」一樣，也把他和結局、損失、死亡的鬥爭延到以後再說。這些年來，他逐漸從偷姊姊自行車和要別人向他買槓鈴的男孩，以及子女每次開口要錢都說不的父親，蛻變成每隔五年在他們的生日送 100 萬美元厚禮的男人。但他對錢還是存有一些問題，不過他正在努力思考：要不要今天就給出明天的一點果醬。這是相當重大的轉變。

但這不表示他更能坦然面對時間的進逼。蘇珊死後一年，巴菲特驚訝地發現另一次生日轉眼又要到來。他真的有四分之三世紀那麼老嗎？他用不敢置信的口吻談這件事。

他的七十五歲壽宴是在歐斯柏格和她丈夫史密斯的家中舉

行,艾絲翠、蓋茲、妹妹柏蒂都在場。生日蛋糕用白巧克力做成像百元美鈔。週六上午,史密斯安排巴菲特和九歲的華裔美國乒乓球冠軍邢延華對打。在攝影機拍攝之下,那個小女孩打得他招架不住。隔天早上,在激烈的橋牌錦標賽結束之後,歐斯柏格和史密斯請一位畫家來娛樂巴菲特和蓋茲,教他們畫風景畫。巴菲特興致勃勃地在壓克力板上作畫,但是畫畫和打乒乓不一樣,缺乏節奏和規律性。他的作品很有趣,畫中的樹看起來像棕色的棒棒糖。同時,他也從前一天的乒乓球賽想出一個點子:何不把他被邢延華痛宰的影片,加進股東大會愈來愈長的電影中?

2003年之前,巴菲特一年只要接受幾次採訪,加上股東大會,就能滿足他被人注意的需求。他和媒體合作時總是先擬好策略,小心翼翼。但大約從蘇珊生病那段期間起,不知何故,他開始需要媒體關注他,幾乎像是嗑藥成癮,尤其喜歡電視台的攝影機。他能夠忍耐沒有被新聞報導的時間間隔愈來愈短。於是他合作拍攝紀錄片,和公共電視的羅斯聊上好幾小時,也成了CNBC的常客。朋友們開始不解,紛紛問他到底怎麼回事。

那麼渴望被人注意的巴菲特,和始終密切專注於波克夏海瑟威的巴菲特,形成鮮明的對比。看他在半秒之內從一種模式轉到另一種模式,會讓人看得暈頭轉向。不過他對投資的專注,則和過去沒有兩樣。

自「911恐怖攻擊事件」之後,聯準會急劇降低利率以來,市場穩定收復失土,漲回接近泡沫時期的水準。巴菲特在2004年的致股東信中寫道:「我本來希望花數十億美元收購幾

家公司，在我們已經有的盈餘之外，添增大量的新盈餘，但我沒能做到。此外，我很少發現值得購買、吸引人的證券。因此波克夏這一年結束時有 430 億美元相當於現金的資產，這不是叫人高興的部位。」

債務爆炸的危機

巴菲特也在信中重申他仍然看跌美元。從他發表第一篇文章以來，美元不跌反漲，現在他的觀點遭到財經新聞媒體大肆批評。他已減少持有外幣部位，改為購買外國股票，但他的觀點並未改變。他也再次高分貝反對高階主管擁有過高的薪酬。至於他現在每年都會談的衍生性金融商品，巴菲特寫道：

「很久以前，馬克吐溫說：『想要抓著貓尾巴帶牠回家的人，得到的教訓是用別的方式得不到的。』……每年我都會談我們的衍生性金融商品的經驗，理由有二。其一和我個人有關，而且不是愉快的經驗。」這裡，巴菲特又提及讓他付出沈重代價的通用再保。

「第二個理由是希望我們的經驗能給經理人、審計人員、主管官員一些幫助。在某種意義上，我們是這座商業煤礦場的金絲雀，應該在我們退出時發出警訊……

「將來別人的情形可能不同。如果你願意，不妨想像一家或多家公司（麻煩通常是會擴散的）擁有的部位，是我們的好幾倍，卻想在混亂的市場、極為龐大的公開壓力下試著平倉。我們應該未雨綢繆、防患於未然，應該在卡翠納颶風來襲之前，就先改善紐奧良的堤防。」⁹

但一般人仍然認為，衍生性金融商品可分散和降低風險。

在幾乎全靠廉價債務和衍生性金融商品推動的市場中，抵押貸款「證券化」為衍生性金融商品，以及低利率，共同掀起房市的熱潮，並在 2006 年盛極一時。有人估計，不到十年間全球的總財務槓桿（債務）已增為四倍。[10] 巴菲特偶爾慨嘆，也許再也看不到 1970 年代令他如魚得水的投資環境。但他不曾停止搜尋，不曾停止挖掘各種投資構想。

2004 年的一天，經紀商給他一本厚厚的書，足足有幾本電話簿堆起來那麼高，裡面是韓國股票的資訊。他一直在掃瞄全球經濟，尋找遭人忽視和價值低估的國家。他看上了韓國，夜復一夜翻閱那本巨書，研究一行行、一頁頁的數字。但是那些數字和專門用語讓他丈二金剛摸不著頭緒。他曉得自己需要學習一套全新的商業語言，才能認識不同的商業文化。所以他拿了另一本書，努力了解韓國的會計制度，以減少被數字欺騙的機率。

他一熟悉那些股票清單，便開始篩選分類，感覺有點像是回到葛拉漢紐曼公司的老日子，坐在報價機旁邊，穿著他最喜歡的灰色棉外套。盯著數百頁的數字，他知道如何挑出重要的東西，也曉得如何有條有理地替它們歸類。他很快就將有幾千支韓國股票的清單，縮減成可處理的數量，然後在隨身攜帶的黃色速記簿上做一些筆記，就像他翻閱《穆迪手冊》，在垃圾堆中尋找珍寶一樣。

精挑細選過的清單非常短，一張標準尺寸的速記紙就容納得下。他曾在接見一位訪客時拿出這張清單，上面頂多只有二十多家公司。其中一些是大型公司，稱得上是世界規模最大的公司，但大部分規模都很小。

　　「你看，」他說，「我就是這麼做的。它們是用韓元報價。如果你上網到韓國證交所查詢，股票名稱都用數字表示，不是用股票代碼，而且最後一位數大多是 0，但如果是優先股，你得輸入 5。如果它們有第二類優先股，你要輸入的是 7、不是 6。每晚你可以在某段時間上網查一些股票，了解那天買進最多的五家證券經紀公司，以及賣出最多的五家。你也必須在韓國找一家銀行設立特別帳戶。這件事做起來不容易，我邊做邊學。這對我來說，就像在找新女友一樣。

　　「這些都是好公司，而且很便宜。它們比五年前還便宜，業務卻更有價值。一半的公司名稱聽來像是色情片，它們生產一些基本產品，像鋼鐵、水泥、麵粉和電力，十年後人們還是會買這些東西。它們在韓國的市場占有率很高，而這不會改變，其中一些公司更出口商品到中國和日本。但是因為某些原因，它們沒有被人注意。你看，這家麵粉公司的現金比它的市值還高，成交價只有盈餘的三倍。我沒辦法買很多，只買了一些股份。還有，看看這家奶品公司。我可能會在個人的投資組合中買不少韓國證券。

　　「沒錯，我不是外幣專家，但現在擁有以韓元計價的這些證券卻很放心。

　　「主要的風險，以及這些股票賣得便宜的部分原因在於北韓。北韓的威脅真的很大。如果北韓入侵南韓，全世界可能亂成一團。中國、日本、亞洲所有國家都會捲進戰爭，後果難以想像。北韓快要擁有核子武器，我認為它是世界上最危險的國家之一。但我願意一賭，相信包括中國和日本在內的其他國家，不會讓情勢演變到不可收拾的地步。

「投資必須承擔若干風險，未來總是不確定。我認為這些股票幾年內將有很好的表現。其中有些可能表現不好，但整體而言，應該會有很好的表現。我可能會持有它們好幾年。」

他已經發現一種新遊戲，一個需要動腦解開的謎。他希望擁有更多這些股票，而且繼續尋找機會，展現出他研究賽馬的相同熱情。

一切都不一樣了

2005 年 12 月，在哈佛商學院的一場演說中他被問到，希望巴菲特基金會對社會產生什麼影響，因為它有一天將成為世界上資金最雄厚的慈善組織。巴菲特答說，他覺得基金會要是只顧著錢滾錢，對社會並沒有多大好處，所以這陣子他常想到是否要把錢送出去。

沒人說什麼，似乎也沒人察覺巴菲特剛剛發出一個訊號，表示他將大幅改弦易轍。

在同一場演說中，他稍後提到蓋茲基金會。他對蓋茲夫婦的讚美遠多過其他任何慈善家。他說，他們的基金會是他所見過，政策最理性，也執行得最好的一個。而且他喜歡他們為善不欲人知、不希望把自己的名字掛上任何建築物的做法。

2006 年初，巴菲特的想法開始成形。雖然三個子女的基金會所做的事情讓他高興，但蘇珊給他的安全感和安定感，卻是難以複製的。這種情感的力量，超越意識層次在運作。他決定由她管錢，從來不是根據理性的評估或審慎的計算，而是認為她夠格當慈善家。攜手走過數十年，他自然對妻子的判斷和智慧產生信任。現在她已不在人世，一切都不一樣了。巴菲特

在墨菲的女兒婚禮上，向墨菲表示自己的想法變了。他也曾對歐斯柏格說了這件事。他將提早把錢送出去，但他只有想法，沒有計畫。

孟格早就鼓勵這個想法。「如果他們最後決定把基金會交給蓋茲去管，我也不會驚訝，」蘇珊死後不久，他這麼說道，「我一點都不意外。巴菲特不喜歡傳統上好大喜功的做法。蓋茲的想法不落俗套，更何況他是五十歲，而不是七十四歲。」[11]

巴菲特花了好幾個月才擬好計畫的細節。隔年春天，他開始告訴和此事有關的人。「做好心理準備，不要聽了嚇一大跳，」他向坐在身旁的巴菲特基金會受託人之一卡蘿這麼說。「這個消息的確叫人震驚，」她寫道。[12]

宣布這項驚人的計畫後，「我被問到許多問題，有些人起初充滿不安，因為和他們的預期相去甚遠。」[13] 他的姊妹們卻不一樣，一聽就大表贊同。「這是你假裝氣喘，好從弗雷德里克斯堡被送回奧馬哈以來最棒的點子，」柏蒂後來寫道。[14] 多麗絲也認為那是高明的決定，從她的陽光女士基金會的運作，她知道就算要妥善捐出幾百萬美元的錢，都得費一番工夫。[15]

2006 年 6 月 26 日，巴菲特宣布，他將分許多年，送出85％他持有的波克夏海瑟威股票（當時的價值是 370 億美元）給一些基金會。這種捐贈規模在公益慈善史上前所未見。當中六分之五的股票將贈與蓋茲伉儷基金會，這個基金會已是世界上最大的慈善機構，現在兩名巨富更是準備聯手創造更美好的世界。[16] 他要求基金會收到錢之後就要花出去，不能一直把錢留著。為了緩和失去那些錢的衝擊（這筆錢原本可使他的家族基金會有一天成為世界最大的慈善機構），巴菲特將其餘價值

約60億美元的股票做了分配。三名子女的基金會各得價值10億美元的股票，而蘇珊湯普森巴菲特基金會也得到價值30億美元的股票。他的子女沒有一位想過他們的個人基金會能達到如此龐大的規模，尤其是巴菲特仍在人世。在贈與的當天，第一年給蓋茲基金會的股票價值15億美元，每名子女的基金會各得5,000萬美元，蘇珊湯普森巴菲特基金會得到1.5億美元。這些股票的價值取決於波克夏的股價，所以可能會變動。[17]

　　巴菲特當時是世界排名第二的富翁，卻不求留名後世，把錢捐了出去。他終生都在滾雪球，好像那是他自己的延伸，但他卻不設立華倫巴菲特基金會，沒蓋巴菲特醫院大樓，沒設大學捐贈基金，或興建掛有自己姓名的建築。他捐錢卻不留名，也不親手控制錢怎麼花用；他把錢投進兼具能力和效率的另一個基金會，而不是創造一個全新的帝國。他顛覆了施捨錢財的每一條常規，不曾有過任何大善人做過這種事。「在全球的行善領域，這是歷史性的一刻，」洛克斐勒慈善顧問機構（Rockefeller Philanthropy Advisors）的包爾（Doug Bauer）說，「這是一道標竿，也是一塊試金石。」[18]

　　巴菲特做這件事既叫人驚訝，卻又在預料之中。他的想法和解決問題的方式總是不落俗套，現在終於表態反對一般慈善捐贈的浪費和好大喜功的行為。雖然蓋茲基金會拿了他的錢，但每次領到就必須花掉，而且要趕快花掉。這種原則相當少見，高度展現他的個性，也是以身作則的一種形式，很自然地備受各方矚目。從另一層意義來說，這也正是巴菲特典型的不賠錢交易。他以幾乎把個人全部財產給了指定的捐贈對象，震撼全世界，但卻保有其中的大部分，直到他實際轉移股票為

止。不過他承諾把錢財施捨出去，並開始以每次數十億美元的速度散財，讓畢生都在積聚財富的他，立刻改頭換面。這個原本不讓家人碰他藏硬幣的衣櫥的小男孩，終於成長為肯把數百億美元交託別人運用的男人。

行善比經商難

巴菲特在宣布這項消息的演說中說：「大約五十年前，有七個人和我一起坐下來，給了我 105,000 美元，讓我透過小型的合夥事業去管理運用。那些人判斷我為他們累積財富的能力，比他們自己更強。

「五十年後的今天，我坐下來思索，讓誰來分配我的財富可以做得比我更好。這真的非常合情合理。人不常有這第二次坐下來的機會，他們總是在問：誰能幫我管理我的錢？而且他們相當願意把錢交給擁有某種專長的人。但在行善的世界中，他們似乎不常想到這個問題。他們請商場上的舊識之類的人，在他們身後替他們管理財富。但到了那個時候，他們根本無法觀察到底會發生什麼事。

「所以說我很幸運，因為行善比經商要難。你得處理的一些重要問題，是許多有智慧、有錢財的人都曾處理過，卻很難解決的。因此尋找慈善工作方面的人才，甚至應該比尋找投資方面的人才重要，因為投資工作沒有那麼難。」

巴菲特接著提到中了「娘胎的樂透」。「我非常幸運，生在1930 年的美國，出生那一天我就中了樂透。

「我始終覺得，錢財是一張張『支票』（claim check），應該還給社會。我對財富世襲不感興趣，尤其是看到六十億人的

生活遠比我們貧窮，他們有機會從這些錢受益。我的妻子也同意我的看法。

「蓋茲的頭腦出類拔萃，目標正確；他用心且熱情專注於改善全世界人類的命運，不問性別、宗教、膚色或地域。他會努力為最多的人做最多的好事，因此在決定錢應該送往哪裡時，這個決定就很簡單。」

蓋茲基金會的基本信條和巴菲特相同：「在所有生命的價值都相同的信念引導之下」，致力於在全球保健和教育等方面「降低不公平和改善世界各地人們的生活」。蓋茲夫婦把自己看成是「召集人」，招攬一流的人才當顧問，為重大的問題尋找永久的解決方案。[19]

不管巴菲特自蘇珊去世後改變和成長多少，他在某些方面還是和以前很像。負責管理巴菲特基金會的格林柏格發現，他要管理的只是 60 億美元的基金會，而不是他原來準備接下的擁有 450 億美元的基金會。巴菲特並未直接跟他說這件事，而是透過他的新主管、前妻蘇西代為轉達。巴菲特無法直接面對格林柏格並告訴他，將來基金會的所有計畫必須縮水。蘇西必須說服格林柏格，這並不是在給他的績效打分數。在他為了沒有直接從源頭聽到消息而發了頓脾氣之後，他知道他管理的基金會仍將是世界十大慈善金庫之一，才心平氣和下來。

和這件事有關的人，都有很好的理由好好表現。即使巴菲特將捐出一大筆錢，那些錢也得分好幾年撥付。他尚未提撥贈與的股票，當時的價值估計超過 60 億美元，但他還有很多錢可捐。

巴菲特所做的宣布，立即產生重大的影響。香港演員成龍

宣布，將捐出一半的財富。亞洲最富有的李嘉誠承諾，將 190
億美元的三分之一投入他自己的慈善基金會。墨西哥通訊業獨
占企業家史林姆（Carlos Slim）先是嘲諷巴菲特和蓋茲的慈善
行動，幾個月後卻有了大轉變，宣布他也要開始捐錢。蓋茲夫
婦在他們的基金會設立一個新部門，專門收受人們的捐款，例
如有個七歲小女孩把她僅有的 35 美元捐給蓋茲伉儷基金會。

　　資金變得更加雄厚的蓋茲基金會，對慈善界有了巨大的影
響。它的「全資產方法」（all-asset approach）和巴菲特集中運
用資金的概念（其實也和巴菲特的投資風格）很像：集中火力
把資源投入一張簡短、精挑細選的重大問題清單。這和其他許
多大型基金會、社區基金的做法大相逕庭，因為那些慈善基金
會的理事總是漫無目標地亂槍打鳥，到處給人一點吃不飽、餓
不死的小錢。2006 年底洛克斐勒基金會等若干組織也開始修
改本身的政策，向蓋茲的方法看齊。[20]

　　捐錢給蓋茲基金會的消息發布後，有三千封請求救助的信
湧進巴菲特的辦公室，而且後續還有更多信進來。這些人遭逢
各種生命中的巨大變動，卻沒中「娘胎樂透」。巴菲特將這些
信轉交給姊姊多麗絲。十年來，她的陽光女士基金會利用父親
霍華的信託基金收入，幫助數千個家庭暴力的受害人、極弱勢
的族群、陷入危機的家庭度過難關。他隨信附上 500 萬美元，
做為多麗絲的工作資金。[21]

　　巴菲特繼續捐贈更多的數十億美元。他每年捐贈 500 萬美
元給透納（Ted Turner）的核威脅行動組織（Nuclear Threat
Initiative，簡稱 NTI）。他認為這是專門處理全球核威脅中最重
要的美國組織，而且他願意給更多。經營 NTI 的前參議員努

恩（Sam Nunn）建議成立一個核子燃料銀行，而不是由各國自己發展核濃縮計畫，以減低核擴散的可能。巴菲特覺得這個構想很有價值，承諾如果該組織能募集到其他資金，願意對等贈與 5,000 萬美元。反核組織若能提出務實可行的方案，他還有龐大的資金可捐贈。

樹不會長到天上去

艾絲翠現在是巴菲特在奧馬哈之外各種活動的正式伴侶。她幾乎一直沒變，講話同樣率直，不矯揉造作。

蘇珊去世兩年後，巴菲特在七十六歲生日那天，在蘇西家和艾絲翠結婚。儀式並不講究，除了家人，沒請其他賓客。艾絲翠穿著一襲簡單的天藍色罩衫和白色長褲，巴菲特穿西裝。他把一大顆鑽石婚戒套上她的手指時，她淚如泉湧。之後他們前往波霞珠寶店旁邊的魚骨頭烤肉店（Bonefish Grill）吃晚飯，再飛往舊金山舉辦婚宴，在歐斯柏格和史密斯家中吃傳統的結婚蛋糕。蓋茲夫婦也來祝賀。

巴菲特這個品味簡單的不簡單男人，現在有了簡單的生活。他有一個太太，開一輛車，住在多年不曾整修的一棟房子，經營一家企業，也有愈來愈多的時間享受天倫之樂。[22]

巴菲特常說，樹不會長到天上去，但會有新的樹苗生出來。

誰將是他的接班人？這個問題長久以來困擾著他的股東。他有時打趣說，波克夏可由每週工作五小時的人，或由孟格的富蘭克林半身雕像，或由一個人形立牌來經營。他也開玩笑說，要在死後繼續控制波克夏：「我的備用計畫是，我已經想出如何透過降靈會來管理公司。」當然沒人相信他的鬼話。在

其他場合,他也這麼說:「我的心思都綁在波克夏。」在波克夏工作和投資波克夏的人,心思則都綁在巴菲特身上,他是不可取代的。巴菲特經常在電視上露面,他在一般民眾的印象中將是美國最偉大的投資人、商場上的智者。

經歷 2004 年尷尬的股東大會之後,2005 年巴菲特將股東大會中討論公務的部分移到下午最後時段。那一年和 2006年,都沒有社運人士在股東大會鬧場。

2007 年的股東大會召開前不久,奧馬哈一條主要高速公路旁樹立了一座廣告看板,上面寫著「你會以技術性考量為由,讓良心放假嗎?」這句問話目的在呼籲股東提出決議案,迫使波克夏賣掉它持有的中國石油股票,因為中國石油的母公司中國石油天然氣集團(CNPC)捲入資助達佛(Darfur)種族滅絕的暴行。雖然巴菲特大可不必將決議案付諸表決,但他還是這麼做了。波克夏 A 股享有超級投票權,所以決議案絕對無法過關。

在股東大會的會議中,巴菲特說明他對此事的立場:中國石油是國有企業,不必對外交代它的獲利去向。這樣的說法參雜了不同的考量,但主要還是技術面的因素。每當巴菲特被人誇讚透明開放時,往往最後演變成負面宣傳。「巴菲特資助種族滅絕」的說法在媒體與股東大會引發論戰,儘管巴菲特努力淡化相關爭議,但這不該是他在股東會上引人注目的焦點。巴菲特十分在意股東對他和公司的看法。2008 年股東會召開前夕,巴菲特出清中國石油的持股,但表示賣出原因和達佛問題無關。波克夏投資中國石油的成本不到 5 億美元,卻淨賺了35 億美元。

2008、2009 年的股東大會，有環保人士和印地安人前來抗議，指稱美中能源控股公司旗下的太平洋電力公司（PacifiCorp）位於克拉馬斯河（Klamath River）上的水壩導致鮭魚死亡、危害居民健康。巴菲特學到教訓，他知道還是不要太在意這類抗議人士比較好，基於各種務實的理由，他刻意忽視克拉瑪斯水壩的爭議，使得此案極少受到波克夏股東及媒體關注。

面對非議，巴菲特的慣用方式是預先將他人注意力移轉到其他目標。他可以將媒體的關注導引至他希望他們關切的人或事上，當他想要轉移媒體焦點時，多數時候也能成功。

巴菲特最想要的是，他的投資人、股東、媒體，乃至商業領域的學生，都能把關注焦點放在他及波克夏海瑟威，這是他的西斯廷教堂、他的課堂。巴菲特願意窮盡一生傳授商業的經營法則。

但波克夏累積的資本未來會如何？所有關於股利分配或龐大的股份回購問題，都會在巴菲特身後立即浮現。繼任巴菲特的執行長，必須改變一些事，波克夏的模式有些應該保留，有些則否。

巴菲特曾說，在他死後三十年，如果波克夏仍能為股東效力，他會很高興。他的計畫本來就是如此。他希望讓這部優雅的機器，在他過世之後繼續運轉一個世代以上，如果真能繼續維持，會是十分了不起的成就。他是那部機器的靈魂，少了他，不管外表如何，中心都是一片真空。因為巴菲特是波克夏的精髓所在，只有他能讓它運作得盡善盡美。

有朝一日，當巴菲特終於辭別人世，波克夏股東對他的懷

念將超越歷來任何企業執行長所得到的追思。沒有人會像巴菲特的股東那樣,把他們的執行長看成亦師亦友的角色。賺進億萬財富的這個人,接觸過成千上萬人,也讓他不曾見過的其他無數人感覺和他十分親近。但奇怪的是,不管巴菲特收到多少仰慕者的信,或簽過多少名,他都不曾充分理解自己多受人喜愛和讚賞。每當他收到信或簽名請求,他都表現得像是生平頭一遭那樣雀躍萬分。

危機

奧瑪哈、紐約市、康乃狄克州哈福特市，2008 年 1 月～ 2009 年 5 月

　　2006 年 10 月 23 日，波克夏海瑟威成為第一檔股價超過每股 10 萬美元的美國上市公司。2007 年年底，每股超過 14 萬美元，使該公司市值超過 2000 億美元。在《霸榮》的一項調查中，波克夏被評選為舉世最受推崇的公司。[1] 巴菲特個人財富超過 600 億美元，僅僅幾個月前，道瓊工業指數創下歷史新高的 14,000 點。[2] 企業獲利創新高，股市是台折現機器，股價反應投資人對企業未來營運績效的預期，現在，他們預期企業將持續從消費者的荷包掏出更多錢。

　　巴菲特雖壓抑股東們對波克夏的期望，但沒有跡象顯示放棄控制，或是比以往較不積極進取於競爭。儘管如此，一些波克夏的長期股東開始出售持股，一些股東在近期股價猛漲時，把增值的股票捐給慈善機構，其他股東則是考量巴菲特已年近七十八歲。在每股逾 14 萬美元之下，無可避免地吸引那些總是買在高點的新投資人。

　　如同波克夏股價所反映的，自網路泡沫化結束以來，巴菲特的成功幾乎不曾中斷過，只有一件事對這六年間的紀錄造成一個稱得上明顯的汙點。這事件對巴菲特和波克夏構成法律上的威脅（至少起初是如此），嚴重程度不亞於當年的藍籌公司

及所羅門兄弟公司事件。這件事和通用再保有關。這家曾經是巴非特投資資產組合中的「問題小孩」，已經開始明顯有起色，至少在財務績效方面是如此。

2007 年，通用再保變成波克夏投資組合中最成功的逆轉勝故事。多年來，通用再保的保險與再保業務累積了 23 億美元的虧損，還有對旗下從事衍生性金融商品業務的通用證券的保險殘留責任 4.12 億美元，但現在，該公司繳出有史以來最賺錢的財務績效，稅前營業利潤達 22 億美元[3]，不僅把虧損彌補回來，資產負債結構更優於巴菲特買下該公司時的狀況，而且員工還減少三分之一。這家公司已經大大被改造了。[4]

通用再保逃過所羅門的命運，也洗刷了紅字恥辱，巴菲特終於能夠在 2007 年寫給股東的信函中讚美這家公司及其高階主管布蘭登（Joseph Brandon）和蒙特羅斯（Tad Montross），他寫道：「這家公司以一流模式做一流經營，重振光輝。」[5]

但是，2008 年初，通用再保的四名員工和 AIG 的一名員工在康乃狄克州哈福特市聯邦法庭被起訴，罪名是共謀詐欺。這樁白領階級犯罪調查最終使這些遭起訴者鋃鐺入獄多年，但對巴菲特而言，這件官司意味了他生命中特別輝煌的一章即將告終。

這是通用再保在 2001 年更換經營管理階層前的最後醜行所導致的，該公司惹出類似所羅門的醜聞，違背了巴菲特「不得損害公司聲譽」的規範。這事件改變了巴菲特對於新司法環境的認知，他體認到，在新司法環境下，就算公司高度懺悔與配合調查，也完全無助於緩和檢察官對涉事公司的嚴厲對待。如今，高度懺悔與配合調查被視為最起碼標準，部分得歸因於

所羅門事件,凡是低於此最起碼標準的行為,例如公司為自己
或其員工辯護,都可能被納入起訴考量。現在,當州與聯邦犯
罪調查的一些程序公平性遭到質疑之際[6],巴菲特試圖超過這
高度懺悔與配合調查的最低門檻的行為(每當承認任何錯誤或
瑕疵時,他總是傾向這麼做),反而成了一種不利之舉,吸引
外界對這家公司的更多關注。

通用再保最早陷入這件法規問題是在 2004 年,紐約檢察
總長史匹哲開始調查保險業的有限再保險(finite reinsurance)
業務。有限再保險的定義很多,簡單說,就是客戶主要基於財
務或會計理由而使用的一種保險,可能是為了膨脹資本,或是
為了改善公司盈餘金額或盈餘作帳時間。雖然,使用有限再保
險通常是合法、正當的做法,但因為被廣為濫用,致使會計規
則制定者數十年來一直嘗試約束它。[*]

2003 年時,通用再保和詹恩掌管的波克夏再保在一樁特
別調查案中遭指控,其銷售的有限再保險保單導致澳洲 HIH
保險在 2001 年破產。[7] 兩年之後,通用再保被保險業監管當局
和投保人指控,在 1990 年代銷售涉及欺詐手法的再保保單,
涉嫌協助維吉尼亞州醫療保險業者美國互惠保險公司
(Reciprocal of America)隱瞞其財務惡化情況。司法部雖大舉
調查,但最終未起訴通用再保或其任何員工。[8] 同年,史匹哲
對保險業的調查引發再啟調查,結論是通用再保的六名員工和
AIG 的一名員工共謀協助 AIG 會計作帳舞弊。不久,美國證

---

[*] 在進入華爾街工作之前,我在美國財務會計準則委員會(Financial Accounting
Standards Board,制定會計規則的首要機關)擔任專案經理,是嘗試約束此方
法的一員,我協助研擬如何把有限再保險列入計算的會計規則。

管會及司法部加入紐約州的調查行列。

2005 年 6 月，兩名涉嫌共謀者納皮爾（Richard Napier）及赫茲伍斯（John Houldsworth）與調查當局進入認罪協商，同意為檢方作證指控通用再保前執行長福格森、前財務長蒙拉德（Elizabeth Monrad）、有限再保險業務主管葛蘭德（Christopher Garand）、法律總顧問葛拉罕（Robert Graham），以及 AIG 的再保業務主管米爾頓（Christian Milton），這些人全被聯邦法庭以共謀及詐欺罪起訴。同時，證管會和司法部著手與波克夏達成某種庭外和解。

2008 年 1 月，聯邦法庭在哈福特市開審，持續數週，所有被告被當成共謀者，一起受審。檢方援用了許多電子郵件及電話交談錄音，內容顯示，幾名被告在這些通信與交談中一再使用生動的語詞，詐欺手法是透過一筆 5 億美元再保交易合約，由通用再保承保有限責任理賠，AIG 把這 5 億美元列為保險理賠準備金，藉以美化該集團的資產負債表，欺騙投資人及華爾街分析師。這筆交易使 AIG 的保險理賠準備金高於實際金額，降低分析師的擔心：AIG 沒有計入足夠的理賠費用，使其獲利被高估。這筆再保交易合約膨脹了該集團的理賠準備金，減輕分析師們原先的憂慮。

史匹哲、證管會，以及司法部懷疑這是一筆虛假交易，展開調查，另一方面，孟托奧法律事務所由合夥人暨波克夏公司董事會成員奧森領軍，也在波克夏內部展開大舉調查，這項調查工作後來擴展到包含 AIG 的這筆交易，主要聚焦於通用再保及其員工。孟托奧法律事務所實際上被要求扮演協助檢方的角色，因此不利於代表波克夏、通用再保及巴菲特個人，這種

關係構成的利益衝突並不尋常，但在法界並非聞所未聞。換作平時，巴菲特不會容忍、更遑論創造這種充滿利益衝突的情形，但這項調查令他嚇壞了，也威脅到他在保護隱私方面向來深植的渴望。

巴菲特認為自己等同於波克夏。在職涯早年，他像洛威拿犬般地奮鬥，避免自己的姓名在藍籌印花弊案的協議裁決中被提及。現在，不論從心理面還是商業面來看，他牽涉其中的利害程度遠遠更大。在調查工作如火如荼的 2005 年及 2006 年，此案對其聲譽構成的威脅令巴菲特深受苦惱。

巴菲特歷經難堪的孟托奧法律事務所調查流程，以及政府當局的約談，但史匹哲的釐清很快就還他清白。2005 年 4 月，史匹哲參選紐約州州長的五個月後，他在美國廣播公司（ABC）的《本週》（This Week）政論節目中告訴主持人史蒂芬諾波洛斯（George Stephanopolous）：「巴菲特只是一名證人」，他稱巴菲特為：「以正確之道成功的典型人物」、「代表透明化與當責」。儘管如此，還是有人不禁懷疑，史匹哲的這番話可能是為了爭取波克夏旗下的《水牛城新聞報》在州長競選中支持他。[9]

紐約州把刑事檢控呈交給司法部起訴後，巴菲特的處境仍有某種程度的危險，若檢察官能找到足夠證據起訴他，他們一定會這麼做。問題是，這「足夠」是什麼？

現代的檢察官可不像電視劇裡頭演的那樣，純粹追求正義，想把不法之徒繩之以法；他們是做出戰略與戰術決策的務實主義者。面對巴菲特這位美國企業菁英象徵性人物，檢察官們打的可是一把獨特的算盤：對一名檢察官來說，把巴菲特定

了罪，再也沒有比這更有價值的獎了；把巴菲特關進牢裡，可以把歷練期滿的檢察官送上邁向最高法院之路。

另一方面，誰願意冒險起訴巴菲特，最終未能定他的罪呢？若一支錄影帶拍攝到巴菲特搶劫九十歲老太太的皮包，陪審團很有可能研判這是支被竄改的錄影帶，老太太才是強盜，巴菲特應該被頒發獎章、無罪開釋。不僅如此，檢察官想要巴菲特當證人，他若能為他們作證，鐵定能夠帶來極大影響力及可信度。

最終，巴菲特未被列入「未起訴的合夥同謀者」名單。有些人認為，因為他在商界幾乎是個神聖而不可侵犯的人物，享有特別待遇，許多保險業人士感到憤憤不平，認為相較之下，福格森及其他被告獲得的對待非常不公。巴菲特飽受這種觀點的攻擊，部分是因為波克夏沒有僱用外面的法律事務所來進行內部調查，因此，不論孟托奧法律事務所多麼盡責調查，都不可能平息外界認為這其實不是獨立調查的看法。

法庭上，被告發起拿巴菲特當擋箭牌的辯護。他們說，這樁結構性交易的草案獲得巴菲特核准，巴菲特還參與費用的訂定。但是，問題不在於巴菲特對此交易是否知情（他確實知情），問題在於他是否知道這是一樁涉及詐欺的虛假交易。

通用再保執行長布蘭登被列入各項「未起訴的合夥同謀者」名單中，收到證管會的「威爾斯通知」（Wells Notice，告知證管會可能對他提起民事控告），不過，證管會最終並未提出。布蘭登配合聯邦檢察官的調查，也未向檢方要求以此換取任何豁免。在法庭上，那些被告的律師說布蘭登對這樁交易知情，他們說，通用再保的營運長蒙特羅斯也知情。最終，巴菲

特、布蘭登及蒙特羅斯三人都沒有出庭作證。*經過三週的法庭審理和簡短的陪審團商議，2008 年 2 月，所有五名被告的被起訴罪名都被定罪，分別被判刑，葛拉罕被判一年又一天，AIG 的米爾頓被判刑四年，被告均表示他們會再上訴。

審判結束後不久的 2008 年 4 月，布蘭登辭去通用再保執行長一職，投入於推動公司和政府當局的庭外和解。和解內容恐怕會包括罰鍰、其他處罰，以及負面宣傳。**

在前述判刑結束僅僅一個月後的 2008 年 3 月，新任紐約州州長史匹哲被爆向一個名為皇帝俱樂部（Emperor's Club）的伴遊公司招妓，而辭去州長職務。

史匹哲在紐約州檢察長任內發起調查的通用再保與 AIG 一案，有幾個值得一提的層面。它是截至目前為止，美國唯一導致刑事指控及入獄判刑、而非民事和解的財務再保案件。

通用再保案也是最後幾件在強制放棄「當事人特權」（attorney-client privilege）及「工作成果豁免權」（work product doctrine）的政府政策之下遭到起訴的企業詐欺案之一，這些政策後來已被紐約南區美國聯邦地區法院宣告違憲而修改。換言之，此案的五名被告遭定罪時使用的那些證據，換作是今

---

* 檢察官傳喚身為事實目擊者及專家的我以分析師身分出庭作證。我作證時說，若我知道 AIG 的真實財務狀況，我幾乎可以確定我不會在 2000 年把該集團升級為「強烈建議買進」股。在被告律師的反詰問中，我承認我認識所有被告，我對其中某些人的了解多於其他人，但我向來非常尊敬他們所有人。我也承認我和巴菲特的關係——我正在撰寫這本書，並承認我從 1992 年起就是布蘭登的親近友人；他們沒有詢問我有關於蒙特羅斯，但我也認識他。

**我目前仍然遭到另一相關案件的傳喚作證，該案是紐約州檢察總長辦公室對前 AIG 執行長葛林伯的起訴案。截至本文撰寫之際，波克夏還未與證管會或司法部達成和解。

天，檢察官將無法取得那些證據，或者，若那些檢察官試圖在今天的法庭上使用這些證據，將會遭到承審法官丟棄。

這段期間，巴菲特雖擔心調查可能傷害他的聲譽，卻仍一如往常地鎮定，把事務區分開來處理。每當有商機出現時，他總是能夠極快速地從憂慮不安的反芻動物轉變成飢餓的大白鯊，只要有機會以他選擇的價格去投資某個標的，巴菲特馬上就變成百分之百的巴菲特。

波克夏收購了其他許多企業。最引人注目的一家，是2006年買下高度自動化的以色列金屬切割工具製造商伊斯卡（Iscar）。這是波克夏首次收購美國以外的公司。他也為織布機之果收購羅素運動用品（Russell Athletics）。他控制了衡平公司（Equitas），承接倫敦洛依德（Lloyd）保險公司的理賠義務，以交換價值70億美元的保險浮存金。波克夏也買下電子配銷公司TTI。2007年，巴菲特投資伯靈頓北聖塔非（Burlington Northern Santa Fe）鐵路的股票，引發一陣投資人搶購鐵路股的小熱潮。他之所以對鐵路公司產生興趣，係基於一個理論：美國從亞洲（尤其是中國）的進口將持續高穩，進口貨品必須運送至全美各地市場，相對於卡車，火車具地省油優勢。他開始購買這檔股票時，進口反映了減弱的美元（相對於後來的走勢）及好景氣，當這些情勢反轉時，他仍然維持他的長期策略，最終，他把波克夏在該公司的持股增加到總股份的20%以上。

巴菲特後來沒有投資《華爾街日報》；2007年媒體大亨梅鐸向他兜售《華爾街日報》時，他並未出手。《華爾街日報》的一些編輯和員工本來期待巴菲特拯救他們，以維持這份報紙

的優良品質，但他不肯為了錦上添花，去購買這個昂貴的紀念品。早在《華盛頓月刊》的時代，巴菲特已將他對新聞編輯的愛好和他的荷包切割開來，沒有什麼事能改變這一點。

此時，全媒體業包括音樂、電影、報紙、電台、電視及雜誌在不同速度之下被網際網路和各種硬體（例如個人電腦、iPod）組成的單一媒體取代的現象，是巴菲特此生在商場上見過的最大改變。就連他喜愛的、已故出版聞人安納伯格擁有且視為「必需品」的《賽馬日報》，也因為種種現實而有大變革。

巴菲特向來喜愛閱讀報紙，但他的投資高度聚焦於近乎永存不朽的簡單企業，報業已經不再符合這標準，事實上，任何種類的媒體都是。反觀糖果業就是一個不朽事業，而且糖果業的經濟狀況依然是可預測的。

2008 年，糖果製造商瑪氏（Mars）宣布要以 230 億美元購買箭牌公司（Wm. Wrigley Jr. Company）。巴菲特透過波克夏借出 65 億美元，做為這筆交易的部分價款。貸款事宜是他在高盛的投資銀行家友人卓特（Byron Trott）協助安排的；卓特曾負責波克夏的幾件收購案，他懂巴菲特在想什麼。巴菲特說他把波克夏的利益放在心上。「我已經『試吃』了七十年了，」巴菲特談到箭牌時這麼說。箭牌的交易讓他想起小時候拒絕賣單片口香糖給麥考布里太太的往事。

同意貸款後，巴菲特想到的第一件事，當然是打電話給負責籌備股東大會的馬奇摩爾，要她在股東大會預留一點空間，好讓瑪氏和箭牌賣產品給出席的股東。股東大會已變成有糖果吃、有口香糖嚼的迷你節慶活動，出席人數刷新紀錄，這年來了三萬一千人。

　　同年，波克夏海瑟威收購了小型工業集團馬蒙（Marmon），這家公司生產電機組件、鐵路油槽車和貨櫃、貨車平台、工業設備及物料等，營業額達 70 億美元。賣家是普利茲克家族（Pritzker）。巴菲特崇拜的老英雄普利茲克已於 1999 年過世，遺族為了擺平爭產所引發的風波，決定將集團分家。

　　此時，巴菲特也對能源產業更改興趣，儘管他已賣掉中國石油的持股，招來不少外界非議，因為在他賣掉持股六個月後的 2008 年 7 月，原油價格漲到每桶 147 美元，中國石油的股價不斷攀升，評論者忙不迭地批評巴菲特過早賣掉手中持股。巴菲特的回應是，他覺得波克夏的這檔持股已有足夠獲利。在當時，不為人知的是，巴菲特正在買進 6640 萬股的康菲能源（ConocoPhillips）股票，也增加波克夏手中的 NRG 能源持股。

　　康菲能源是能源主力股中股價最便宜的一檔，巴菲特擔心通貨膨脹，不過當時很多人抱怨投機者在操縱能源市場，他在這種氛圍下買進這檔股票，令人意外。

　　他的下一步同樣是反直覺之舉。他為波克夏簽了種種衍生性金融商品合約，顯然是樂觀展望那些國家的股市前景，其中有些是對市場直接下賭，其他則是間接下賭和波克夏有關的資本，以防股市崩盤時的資本不足。

　　他的直接下賭是銷售歐元區、美國、英國及日本這四大股市的股票指數賣權（put option）合約，到期日介於 2019 年和 2028 年。倘若到期日的股票指數低於買方購買賣權合約時的股票指數，波克夏將理賠給買方。這些賣權合約的最大總曝險為 371 億美元（稅前及尚未扣除 49 億美元的權利金與投資所得之前），但波克夏很可能不會有任何虧損，或者虧損將小於

此金額，因為若要達到 371 億美元的虧損，這四大股市的股票指數都必須跌到零。若真如此，全球及波克夏的經營者將有更大的問題要傷腦筋。

這是針對全球（中國除外）最大股市變成破產的情境，出售保險給投資人，巴菲特此舉就如同在評估機率下銷售巨災再保保險單。他的評估結論是，相較於波克夏所冒的潛在風險，他更喜歡先落袋的這些保險費。這數百億美元的賣權合約將佔波克夏資產的一大比重，在巴菲特八十九歲到九十八歲之前，它們的價值將是未知數，猶如劃出波克夏的一部分資本出租。巴菲特此舉似乎是下定決心要和布太太的壽命一較高下。

受限於封閉視野及缺乏後見之明，對巴菲特近年行動的這些陳述內容比較像是一份報告，也應該被視為一份報告，而不是分析；換言之，相較於本書的其他部分，這些內容有待日後修改。不過，巴菲特這位終極資本分配者顯然沒有充分了解自己把多少資本投入在這些交易上，他的分析沒考量到另一個變數：那些購買波克夏股票指數賣權的投資人需要對波克夏的信用風險做出避險。在 2009 年的股東會上，巴菲特承認，他沒有認知到這點。他認為，以波克夏固若金湯的資產負債表和 3A 級信用評等來說，基本上是沒有信用風險的，儘管投資人從量的角度來看，會有不同的認知。萬一波克夏屆時因為什麼原因而付不出理賠，他們將會虧損，因此投資人購買信用違約交換（credit default swap，CDS），這是一種對信用風險提供保險的衍生性金融商品，萬一波克夏的股價下跌而導致該公司付不出錢時，這些 CDS 可以為他們提供保障。

CDS 價格（或稱 CDS 價差，CDS spread）代表公司的破

產風險指標，股價走向通常和它們的 CDS 價差走向相反。
CDS 市場有一些瑕疵，其中之一便是：公司的破產風險將隨
其股價下跌而提高。另一方面，若外界認為該公司的破產風險
提高，其股價將下跌。這種自我強化迴路意味的是，縱使是財
務健全的公司，當它們的 CDS 價差上升、股價下滑時，資產
負債表有可能被外界認知的信用風險拖累。

起初，這種反饋迴路似乎對波克夏不重要，該公司的股價
正逼近歷史新高，很少人去注意它的那些賣權合約交易，波克
夏的資產負債結構似乎堅不可摧。

從買進康菲能源公司股票、衍生性金融商品交易、投資於
兩家因愛爾蘭經濟榮景而賺錢的愛爾蘭銀行（有人說這些投資
是投機）等交易來看，巴菲特對市場抱持樂觀態度。他的另一
個決定也顯示這種樂觀：對特定股票維持大部位，尤其是金融
股，但也包括信用評等機構穆迪及可口可樂。儘管，股價和房
地產泡沫破滅跡象都顯示不樂觀。巴菲特可以明顯預見潛在金
融崩潰的輪廓，他解釋，萬一發生了，他希望波克夏採取的態
度：「我們想當個出借資金的最後放款人。」誠如巴菲特常說
的，波克夏的資產負債結構使它成為「資本的堡壘」。

但是，他彷彿從未靜下來自問：若全球股市跌掉 50％，
波克夏的資產負債表會變成什麼樣子？日後發生的事，證明了
這是一個關鍵的疏失。

巴菲特向來偏好找一家優異公司做為投資對象，然後盡可
能長期持股。多年來觀察他的投資人非常習慣巴菲特作風：長
期持股、別賣掉波克夏收購的公司股票；使用「二十孔卡片」
投資法。他們相信，巴菲特的投資風格就是買進後永久持股。

　　巴菲特的確從經驗中學到：「懷疑時，繼續持股；我大部分的錢都是坐著不動賺來的。」他從不賣掉陷入困頓的企業，除非它們的經濟狀況已經從糟糕變成了寄生蟲。這有其個人理由：他喜歡人、經理人、企業、更少決策的單純性，以及忠誠聲譽。

　　然而，巴菲特在早期，每當出現更好的機會時，他會毫不猶豫地賣掉一檔股票，改投資於這檔股票。在1960年代的泡沫期，他把錢投資於穩定的AT&T，完全關閉投資合夥事業，以保護合夥人和自己免於遭受財務損失。在1987年的泡沫期，沒有合夥事業需要清償、手上資本又多到難以管理的情況下，他出脫許多股票，改買債券，減輕投資組合籃，但仍然留著他所謂的「不可或缺股」，包括GEICO、大都會傳播及《華盛頓郵報》。但在這場他此生歷經過第二大的股市崩盤中，出脫持股讓他對股東做出了部分保護。[10]

　　1990年代，巴菲特的投資風格變得消極。此時，波克夏手上現金太多。在網路泡沫期間，巴菲特不僅沒有賣掉市價已經漲到高估的手上持股，例如可口可樂，為了稀釋這些股票在波克夏資產負債表上的風險，他收購了通用再保。

　　日後巴菲特說，他當時沒有賣掉這些股票的部分持股是一個錯誤。他解釋，身為可口可樂公司董事會成員的這個角色妨礙他出售可口可樂持股。最終，他在2006年2月辭去可口可樂董事，避免再一次妨礙他在做出投資決策時的獨立性。孟格私下抱怨，巴菲特應該更早辭去可口可樂公司董事，那樣他們就能更早出售持股了。出售波克夏手中的可口可樂股票，固然會導致其股價下跌，但跌幅不致像後來那麼深。

「我總是告訴蓋茲,火腿三明治也能領導經營可口可樂,
它也的確是一家棒透了的公司,因為幾年前我們有過那麼一段
時期,若非它是那麼棒的公司,當時可能就無法生存下去
了,」巴菲特說。

可口可樂及其股價的確重振過。2008 年,該公司的多數
事業問題已經解決,2007 年時宣佈即將退休的執行長依斯戴
爾已經和司法部針對一樁 2 億美元的種族歧視官司達成庭外和
解。新任執行長康特成功領導該公司進軍非可樂飲料領域,過
去可口可樂在這塊領域因策略錯誤,明顯落後。

2008 年初,可口可樂股價來到 58 美元,比最低時高了
56%,但仍遠遠落後泡沫前超過 87 美元的價格。這對持股 10
年的波克夏來說,投資報酬率不合理。但不久,事實就會證明
可口可樂的股價其實是跟著大盤推升的,是投機泡沫的一部
分。這個投機泡沫是由興旺的「消費經濟」及低利率貸款驅動
起來的。1998 年以來,美國的平均薪資年成長率只有 0.6%,
消費信心持續下降,但國內生產毛額平均年成長率卻有
2.6%。這是一種人為成長,背後推升力是個人負債增加 8.6 兆
美元,以及房地產價值和股市上漲促成的家計單位淨資產值增
加近 20 兆美元。基本上,就是消費者舉債把經濟膨脹到超過
實質規模,這種經濟「成長」根本就是向未來借來的,是必須
加計利息償還的。

靠舉債膨脹的經濟,其跡象已經出現在二十一世紀初的次
貸及房地產市場上。由孟格領導、巴菲特全心全意支持的魏斯
可金融公司早在 1984 年就考慮過浮動利率房貸。該公司辨識
到非典型契約造成的風險已悄悄地在房貸市場漸升,遂維持嚴

格放款標準。因此，魏斯可金融並未遭遇其他房貸融資公司在 2007 年至 2009 年間的那種虧損。

2004 年，政府撐腰的巨型房貸機構聯邦貸款公司「房地美」（Federal Home Loan Mortgage，簡稱 Freddie Mac），以及聯邦國民房貸協會「房利美」（Federal National Mortgage Association，簡稱 Fannie Mae）承作並擔保了上千億美元的這類次級房貸。美國住房與城市發展部（Department of Housing and Urban Development）規定，房利美的業務至少有半數是中低收入家庭房貸，這些家庭多數申辦的是那些助燃次貸市場的積極性房貸。為使這類房貸易於取得，聯準會多年來降息十多次，把利率維持於歷史新低水準，美國的擁房率達到有史以來最高的 69.2％，房價以兩位數成長率飆漲。同時，南佛羅里達州及拉斯維加斯等過熱市場的空屋率也開始增加。

波克夏旗下的全美第二大房地產仲介商美國住家服務公司，收集了這些統計資料，巴菲特憂心忡忡地監視著這些數據。2005 年末及 2006 年初，伴隨空屋數量增加，以及它們在市場上的待售時間拉長，有些地區的房價中位數開始下跌。2006 年 8 月中，美國房屋建築指數已經下滑了 40％；隨著房貸繳款拖欠率攀升，房貸業者從 2007 年初開始提存更多損失準備金。

房地產泡沫的第一個嚴重餘波出現於 2007 年 4 月，全美最大的次貸業者新世紀金融公司（New Century Financial Corporation）申請破產，標準普爾及穆迪把上百檔以二胎次貸為本的債券信用評等降級。

一如以往泡沫的常見情形，儘管有這些凶兆，道瓊工業指

數仍然在 2007 年 7 月攀升至新高的 14,000 點。

8 月起，全球各地的保證金追繳接踵而至，像催命符似的。前後八個月的時間，金融世界內爆，演變成前所未見的大規模信用危機，是美國經濟大蕭條以來所僅見。1907 年老摩根（J. P. Morgan）親上火線，以個人力量介入，才協調出一套解決方案，平息當時的金融恐慌。但在今天，金融市場不曾見過這種特別的非正式干預行動。

危機的演變時快時慢，經過幾星期或幾個月的風平浪靜之後，便是一陣狂浪翻湧，受害人屍橫遍野，就像海灘上破碎的貝殼。

「他們說，所有衍生性金融商品使世界更加安全，可把風險分散出去。但從人們對刺激的反應方式來看，它並沒有分散風險。現在你可以說，如果只有五家銀行承擔這種信用，而且全都能運轉得很好，會遠比全球有多達數千家銀行，出事時同時奪門而逃要好，」巴菲特說。

聯準會再次出手調降利率，並和其他國家的中央銀行合作，啟動其他的緊急資金來源。[11] 但是危機繼續蔓延，愈來愈多銀行不願放款。道瓊指數從 10 月的高點 14,165 點一路下滑。每有一家公司宣布賤售、破產或崩垮，隆隆作響的恐慌之聲便更加響亮。更多人試著在檯面下拋售資產，卻沒人接手；更多放款機構開始收回貸款。美林證券集團執行長、花旗集團執行長及摩根史坦利總裁因為次貸相關損失而下台。各國央行開始協調行動，向大銀行提供借貸便利（lending facilities），以暫時紓緩各大銀行的財務壓力。

因為資本嚴重不足承受損失規模，房貸債券保險公司

MBIA 及 Ambac 金融集團被信用評等機構降級。波克夏旗下的
波克夏海瑟威保險公司，為需要保險的健全地方債券提供 3A
級保護，巴菲特提議為 MBIA 及 Ambac 手中 8,000 億美元的地
方債券保險提供再保，巴菲特認為他提出的價格非常優惠，分
別是 45 億美元。但這兩家公司沒有接受，不久地方債券開始
累積可觀損失，巴菲特後來說，他很慶幸當時沒有成交。

　　2008 年 3 月 13 日，由於金主拒絕展延貸款，體質最弱的
投資銀行貝爾斯登爆發擠兌。隔天週五，貝爾斯登因為缺乏資
金而幾乎崩垮，過程和十七年前的所羅門危機如出一轍。但這
一次聯準會同意為貝爾斯登的債務提供 300 億美元的融資，是
聯準會首次出手拯救投資銀行。週五下午，貝爾斯登以每股
30 美元收盤。當天晚上，巴菲特思前想後，仔細估量眼前的
情勢。LTCM 的紓困案可說是為了此刻而進行的彩排，只是規
模要小得多。

　　「恐懼擴散的速度驚人，就連沒在貝爾斯登開戶、沒有放
款給他們的人，都有草木皆兵的感覺。這是所羅門經驗的翻
版，只不過這次是電子擠兌。銀行承受不了擠兌。聯準會以前
不曾拯救過投資銀行，而我早在 1991 年就呼籲為所羅門做這
件事。如果所羅門垮了，誰知道會引爆什麼骨牌效應。至於聯
準會應該怎麼做，我口袋裡沒有正確答案。市場某部分非常接
近癱瘓，聯準會不希望傳染給他們認為健全的機構。災難會散
布開來，如果貝爾斯登倒了，兩分鐘後人們會擔心雷曼兄弟倒
閉，再兩分鐘，又擔心美林會倒閉。」

　　理性的巴菲特試著分析聯準會面對的各項選擇。聯準會真
的別無選擇，不是放任金融體系瓦解，就是採取行動，導致通

貨膨脹，進而給美元帶來下跌壓力。

「如果他們讓整個體系有足夠的流動性，問題可能就此解決，但這麼做也有副作用。如果情況嚴重，高通膨的預期心理會立即出現，還有許多令人討厭的事都會發生，經濟肯定重挫。這不是我會玩的遊戲，但如果要我下賭注，別人都說經濟衰退會短而淺，我卻認為是長而深。

「置身於金融世界，你絕對不希望明天早上必須依賴陌生人的善心過活。我常常想到那種事。我不希望我明天早上就得搬出 10 億美元；我確實有 10 億美元，但我是指很龐大的金額。你無法確定會發生什麼事，你必須思考以前不曾發生的事，你一定希望手邊有很多錢可用。」

整個週末，主管官員和銀行家忙得不可開交，和多年前收拾所羅門的爛攤子很像。但這一次，大家幾乎百分之百肯定，這家銀行如果倒閉，將對全球金融體系帶來災難性後果。貝爾斯登是否活該已不重要。就在東京市場開盤前的週日，聯準會宣布已經協調好將貝爾斯登以低價賣給投資銀行摩根大通。

「那是很怪異的時刻，我們走入了一個不同的世界，沒人知道這世界會發生什麼，但是，孟格和我看到了負面情況，其他人沒怎麼看到這些。」

害怕與貪婪

去槓桿化（deleveraging，透過拋售資產等方法，清償原先槓桿操作時借來的錢，以降低負債）是個痛苦過程，銀行、避險基金、金融服務公司、地方政府、建築及旅遊業、消費者，實際上就是整個經濟體系，快速而痛苦或緩慢而痛苦地退

出低利率貸款的陶醉。資產報酬率可能有一段很長時間將維持在一般水準之下，孟格稱之為「4％報酬率的世界」。

在2008年春的這一切混亂之中，巴菲特端坐著，在近六十年的職涯中，他對價值與風險的思維一直沒變過。總是有人說，遊戲規則變了，但他說，唯有當時間軸太短時才會如此。

這就是巴菲特，正彎身撿拾雪茄屁股，像是回到童年時期。他並不是從別人的痛苦得到快樂，但人生就是如此，每個人都得選邊玩。這樣的時刻可引出他最精湛的技巧、做最愛做的事情的樂趣，以及他真正的自我。「我坐著看我最新的一份《債券買家》(Bond Buyer)。誰說我每天看《債券買家》？訂閱一年《債券買家》要2,400美元，我只有想看的時候才買。我們拿到流標的免稅貨幣市場基金和其他標售利率債券的出價清單，而且只看這部分。相同的基金在一天內同一時間，同一家自營商的交易利率是5.4％和8.2％。這實在很荒謬，它們是完全相同的東西，而且標的貸款好得不得了。它沒理由以820交易，但我們就是出820，而且可能可以買到。同時有另一個人以540買進完全相同的基金。如果你十個星期之前告訴我這件事，我會說我做這件事的機率和我去跳脫衣舞的可能性差不多。我們投入40億美元在這個東西上。這是我這輩子見過最戲劇化的東西。要說這是效率市場，那麼字典必須重新定義『效率』的意義。」

為賺取34億美元的保險費，巴菲特同意波克夏為特定公司的信用違約損失提供保險，萬一這些公司真發生信用違約，波克夏的保險理賠將達79億美元。巴菲特也使用衍生性金融商品合約，以看起來不錯的價格為地方政府債券提供保險。跟

CDS 一樣，在樂觀的經濟情境下，這兩種賭注將為波克夏帶來最佳報酬。

贏或輸，這些不是一般人該做的事。

「股票是長期持有的東西，股價會隨著生產力的提高而上漲，你不容易犯錯。買錯時間或賣錯時間，是可能犯下的錯誤之一，支付高費用是害死自己的另一種方式。要避免犯下這兩種錯誤，最好的方法是買便宜的指數型基金，然後長期持有。當別人懼怕時要貪婪，別人貪婪時要懼怕，但別以為你的聰明才智會勝過市場。

「如果美國所有產業將有不錯的長期表現，何必試著去追那些熱門股，並認為你會有更好的表現？極少人適合當積極型的投資人。」

如果巴菲特的一生有什麼可供人學習的，那就是這句話背後的真理。

預料之外的海嘯

2008 年 7 月，監管當局被迫採取其他行動，試圖拯救房利美、房地美免於被政府堅持要求它們承接的巨額不良貸款拖垮。當局開口請巴菲特在私下出手紓困房貸巨人，但巴菲特懷疑這只是把錢丟進老鼠洞（他老爸大概會這麼說）而拒絕了。

同月，巴菲特再次以行動證明，儘管他能清晰地想像一場金融海嘯，也沒能預見真有一場巨大的金融海嘯即將席捲全球。他同意讓波克夏投資 30 億美元於陶氏化學公司（Dow Chemical）的可轉換優先股，以融資該公司收購羅斯化工（Rohm and Haas）。巴菲特對陶氏化學要求的股息率是 8.5%，

相較於他通常對這類交易索取的股利，8.5％算是適度，但事後來看，顯然是低到可憐。

到了9月，房利美和房地美撐不下去，瀕臨破產，政府宣布接管。幾家投資於次貸的基金公司也瀕臨破產，雷曼兄弟向外找買主，投資人開始拋售股票，猜測該公司可能虧損過巨或難以估計，以致找不到人接手。

9月13日及14日這個週末，一如巴菲特之前猜測可能發生的骨牌效應，雷曼兄弟繼續瘋狂尋找買主，美林證券在股價持續崩滑之下，把自己賣給美國銀行（Bank of America），倖免於變成下一個貝爾斯登。巴菲特在這個週末接到許多求救電話，央求他投資於多樁交易，其中包括請求聯手紓困或買下AIG部分資產，這個保險業巨擘旗下的金融產品事業部門操作衍生性金融商品交易，導致巨額虧損。向來擅於說不的巴菲特毫不猶豫地拒絕了，他說，他雖無法估計AIG需要多少錢，但他知道，一定遠高於波克夏所能供給。

掛在這些瀕危公司身上的一個疑問是：誰大到不能倒？9月15日，星期一早上，美國政府給出了答案。由於聯準會遲遲未能安排好拯救方案，雷曼兄弟申請破產，負債6,390億美元，成為美國史上金額最大的破產案。翌日，聯準會提供850億美元的緊急貸款給AIG（後來增加到1,860億美元），其交換條件形同政府接管舉世最大的保險公司之一，基本上就是踢掉了該公司的股東。

因此，雷曼兄弟不是大到不能倒，AIG則是大到不能倒。但是，雷曼兄弟的財務牽連太廣大，幾乎把整個全球金融體系都拖下水了。不出幾日，美國歷史最悠久的「首選準備基金」

（Reserve Primary Fund）因為持有雷曼兄弟高額債券，也連帶倒閉。對投資人手上的每一美元，首選準備基金只能償還 97 美分，在授信市場及零售投資人間引起恐慌，推翻了長久以來的假定：投資於安全的貨幣市場基金的每一塊錢都是神聖的，永遠值一塊錢。各地放款人開始拒絕提供貸款給彼此。

　　這是巴菲特當年所羅門危機時想像的夢魘，但現在的這個遠遠更大，因為多年來，全球衍生性金融商品市場的龐大成長大大推升了系統性風險。9 月 18 日，星期四，大家推測的下一個受害者摩根士丹利的盤中價格跌到每股 12 美元以下，比起前一天的收盤價 21.75 美元，已近乎腰斬；在後續潛在衝擊的預期下，高盛集團的股價也下挫。銀行業者責罵賣空者，政府在此時終於做出止血：為投資銀行設立緊急流動性融資額度，讓它們轉變成銀行控股公司，以便能夠使用政府的貼現窗口；美國證管會空前地下令暫時禁止賣空數百家金融及其他類股的交易。＊這賣空禁令遭到避險基金大力抨擊，證管會也立刻被批評此舉將降低流動性，迫使投資人賣掉更多股票，因為無法避險自己的部位。

　　一些投資銀行曾向巴菲特求援，但遭拒，巴菲特說，他們開出的條件不夠好。9 月 23 日，波克夏投資高盛集團優先股 50 億美元，名目股息率 10％，並包括高盛集團保證以每股 115 美元價格向波克夏買回 50 億美元股票，在此保證買回價格下，這些優先股的實質股息率超過 15％。至少要有這樣的高利貸利率水準，才能使巴菲特打開他的荷包，讓高盛集團取

＊ 本文撰寫之際，我是摩根士丹利的高級顧問，也持有摩根士丹利的股票。

得金援的同時，也形同獲得巴菲特的認可，使該公司得以另從別處取得 25 億美元的權益資本。巴菲特日後說，這筆交易太肥，早一個星期或晚一個星期，他都不可能獲得。

巴菲特對高盛有著長期的、懷舊的情感，可以遠溯至他十歲時跟父親去拜訪當時的高盛領導人韋伯格；他愛這家公司的經營管理；當然，還有高盛的銀行家卓特幫波克夏賺了很多錢，深受巴菲特喜愛。話雖如此，在有過所羅門危機的那次經驗後，一向愛批評華爾街的巴菲特再次投資於一家充滿爭議的投資銀行，仍然令人訝異。這兩者的唯一差別是，他不需要進入董事會（他再也不要承擔那種責任了），而且獲得更好的交易條件。事實上，甚至比政府紓困方案獲得的條件更好。

波克夏投資高盛集團的幾天後，眾議院投票表決未通過布希政府的 7,000 億美元銀行紓困方案，再加上儲貸機構華盛頓互惠銀行（Washington Mutual）倒閉，這樁美國史上最大宗銀行倒閉事件，使道瓊工業指數在 9 月 29 日重挫 777.68 點，收盤 10,365 點，創下史上單日最大跌幅。高盛股價隨之倒地，部落格圈幾乎立即把巴菲特投資高盛之舉稱為失敗。

幾天後，巴菲特和奇異集團達成相似交易，條件包括奇異集團保證買回 30 億美元普通股及 30 億美元永久性優先股，奇異集團可在三年內贖回，股息率 10％，每股 22.25 美元。相同於高盛，巴菲特的投資使奇異集團得以更順利地向其他投資人募集資金，而巴菲特能夠取得如此優惠交易條件，憑藉的是他的聲譽。

做此交易之際的 10 月 1 日，巴菲特現身脫口秀節目《查理羅斯》（*Charlie Rose*），強調對經濟有信心的必要性，並敦促

國會通過財政部提出的紓困方案，他在訪談把這場金融危機形容為「經濟面的珍珠港」。翌日，國會通過修改後的《2008年緊急經濟穩定法案》（*Emergency Economic Stabilization Act of 2008*），讓財政部取得7,000億美元的緊急資金動用權。當然，一些國會議員聽到了巴菲特的話，就算不是受到巴菲特的影響，他的鎮定言論很快被世界各地引用。在這場危機中，許多政治人物、評論家及經濟學家現身各種媒體表達意見，巴菲特的評論大概是最具影響的。

在金融危機的這個階段，受創者並非只有金融機構。聯合能源公司（Constellation Energy）受雷曼兄弟破產波及，股價在三天內重挫58%，該公司四處求援，波克夏旗下的美中能源控股公司提議以47億美元收購整個聯合能源公司，聯合能源同意。這是典型的巴菲特不賠錢交易：收購價是聯合能源上週市值的一半不到；美中能源也將以14%的利率挹注10億美元現金給聯合能源，以提供立即流動性。巴菲特還用一筆解約金鎖住這筆交易，不論最終是否成功收購，波克夏都能大賺一筆。

12月時，法國電力公司提出更好的交易條件，45億美元買下聯合能源旗下核能事業的49%股權，聯合能源經營團隊努力想留住與波克夏的交易，但最終被迫接受法國電力公司的交易。交易解約，美中能源的10億美元現金投資賺得9.17億美元，外加1.75億美元的解約賠償金。

不過，如此大筆的獲利仍然沒法和巴菲特在2008年秋冬兩季做出的一連串公司債交易、為波克夏賺得約20億美元獲利相比。這種投資對他而言是輕鬆自然：他掃描債券目錄表，以他人在填數獨時可能使用的心算來做出選擇。

　　挑選債券的同時，巴菲特在《紐約時報》發表一篇評論〈我正在錢進美股〉（Buy American: I Am），文中大意是：美股現在已經夠便宜，雖然可能再更便宜，但尋底是愚蠢的行為；股票是抗通膨的最佳寶物；接下來一年內，他的全部個人投資可能全投入股市。當時，道瓊工業指數約接近 8,900 點*，一些投資人馬上遵循巴菲特的建議，當道瓊工業指數跌到低於 7,000 點時，這些人懊悔聽信巴神的建議。因為提防人們跟進他而鮮少寫評論的巴菲特責怪那標題，他說：「那標題不是我下的。」

　　投資人議論巴菲特的真心，懷疑他究竟是在作秀，還是說真話，是想對全國提出他的最佳意見，抑或只是在展現愛國心。身為金融股的大持股人，有人指責他鼓吹現在是買進時機，其實是意圖推漲自己手中的持股。固然，股價上漲，波克夏和巴菲特將蒙益，但巴菲特從來就不會只為了錢而拿自己的名譽冒險。只有當他的預測有極高成真可能性時，他才會公開作出預測（任何種類的預測）。

　　在這篇評論中，巴菲特拿通膨做為他建議購買股票的理由，建議別在政府紓困行動可能引發通膨的情況下繼續冒險持有現金。通膨是他的祕藏王牌，假以時日，就算總體經濟表現不佳，若通膨重返，公司的名目獲利也會增加，帶動公司股價上漲。他在文中談到通膨，也某種程度地預示股票指數賣權的前景。就算只是適度的通膨，也將有利於波克夏，因為這麼一來，股票指數在賣權到期日時更可能高於波克夏在賣出賣權合約時的

---

* 指數很快就下滑到低於這水準，並且停留於較低水準達數月，甚至在 2009 年 3 月 9 日下滑到了 6,547 點。

股票指數，屆時，波克夏就不必對賣出的那些賣權理賠了。

這些是長期考量，現下來說，向來握有太多錢而為投資傷腦筋的巴菲特竟然缺錢了，他很不情願地必須賣掉手中部分的嬌生和寶齡持股，以融資和奇異集團及高盛集團的交易。他也必須以虧損價格賣掉部分的康菲能源公司股票，此外可口可樂的股價再度下滑至每股 42 美元的舊區段。

股市重挫，可口可樂、富國銀行、美國合眾銀行（U.S. Bancorp）、美國運通、穆迪等公司的股價蝕掉了波克夏的部分面值，股票指數賣權持有人賣空波克夏的 CDS，波克夏的 CDS 價差升高到超過 475 個基點（4.75％），比旅行家集團（Travelers Group）、摩根大通等公司高出幾倍。

在 2007 年年底達到每股 149,200 美元的大約一年後，波克夏股價下滑至每股 90,000 美元和每股 78,000 美元區間內波動，有時甚至跌到更低，已經約當其面值了。* 但是不同於 2000 年時，巴菲特在此時並未回購，或許是因為波克夏此時手中已不再現金滿手。受未實現股票投資虧損拖累，在認列保險事業巨額虧損和衍生性金融商品資產重估減值後，波克夏的第三季獲利慘澹。

巴菲特在貝爾斯登垮台之時銷售的雪茄屁股 CDS，根本不是雪茄屁股，他的技巧顯然還不夠老練，未能把這些衍生性金融商品訂價到有足夠的安全利潤。

---

* 撰寫《雪球》期間，我從未持有波克夏公司股票，但本書出版及股市崩盤後，我買了一些。

問題出在缺乏監管

當波克夏揭露巴菲特操作這些以企業及地方政府為標的的信用性質衍生性金融商品時,他的大舉進軍這個市場引起一些觀察家批評他昨是今非,他們向來認為巴菲特是反衍生性金融商品的批評者,因為他曾在 2002 年稱這些商品為「定時炸彈」,又在 2003 年說它們是「大規模毀滅性金融武器」。

其實,巴菲特從未反對使用衍生性金融商品,他反對的是幾乎不存在對這些商品的監管,缺乏相關資訊揭露,還有「你欠我錢、我欠你錢」的全球交易對手構成的糾纏網絡。由於估價晦澀難解,索權到期時,可能無力支付。缺乏資訊揭露或監管,這個體系充滿高估衍生性商品價值的誘因。

巴菲特認為,他在這類商品的操作保護波克夏免於這些潛在問題,因為大體來說,波克夏是收費提供擔保的一方。換言之,當發生損失時,波克夏是理賠方。這意味著,出售衍生性金融商品的波克夏是持錢的一方,沒有對方可能付不出錢的風險。再者,巴菲特拒絕承作那些未來發生損失可能性高、遂要求波克夏對其金融衍生性商品提供高額擔保品的交易。[12]

但是,觀察家沒有看出這種區別,他們看到巴菲特也在利用自己曾經批評的衍生性金融商品,而指控他虛偽:這位賢明領袖曾經使用簡單警言抨擊這些複雜的金融工具,現在又試圖以細膩手法利用這些工具來為波克夏賺錢。就連巴菲特的一些最忠誠支持者也認為,他不應該碰觸衍生性金融商品。玩這些東西,從好處想,顯示他是個不在意人們怎麼看的機會主義者;從壞處想,就是天真,但仍然有某種程度的口是心非。

　　最重要的是，當巴菲特需要資金時，這些衍生性商品緊縮了波克夏的資本。

　　換作是以往，投資人不會在意這個，認為巴菲特大體上不會犯錯，長期而言，波克夏仍然會賺錢。但這一次，巴菲特犯的錯誤似乎難以理解，或者，至少他並沒有對股東做出解釋。那兩家愛爾蘭銀行已經爆了；從財務損失來看，康菲能源可能是巴菲特這輩子最糟的一筆股票投資。另一方面，信用評等機構和審慎原則現在需要波克夏維持大約 250 億美元的現金預備，以支撐其保險和其他風險，波克夏此時資本緊縮，在證管會施壓下，巴菲特同意揭露更多關於波克夏的衍生性金融商品合約的資訊。

　　但從更廣的角度來看，相較於多數的金融服務公司，波克夏的這些麻煩算是微不足道的。巴菲特更重要的角色（他向來在這角色上做得很出色）是保護他的股東免於失控的高槓桿風險。截至目前為止，這種風險已經導致貝爾斯登、雷曼兄弟、AIG、房利美及房地美垮台；幾乎摧毀美林證券；重創瑞士的銀行；幾乎使摩根士丹利、高盛集團、奇異資本及通用汽車金融服務公司（General Motors Acceptance Corporation）倒地不起；癱瘓了債券保險業者、人壽保險業者，甚至汽車製造公司；摧毀整個事業模式；把金融服務業改頭換面到可能歷經多年都還令人無法了解的地步。

　　波克夏仍然財務健全，仍然是資本的堅固堡壘，在其他公司迫切尋求資金時，它仍然能夠以敲竹槓的條件做出投資，仍然能做出像聯合能源公司那樣的交易，能夠以便宜價格購買賤賣的債券。在巴菲特的漫長職涯史中，能夠深謀遠慮地避開

那些導致許多公司重跌的高風險性金融工具，是他最大的成就之一。

左右爲難的時刻

諷刺的是，巴菲特預測衍生性金融商品將變成「大規模毀滅性金融武器」，並且非常小心地保護波克夏避開它們，但就連他也意料不到這個預測有多麼正確。

金融危機從 2008 年末延伸至 2009 年，美國政府對受到牽連拖累的汽車製造公司紓困，各國央行一再做出大舉干預。巴菲特仍然沒興趣參與，只輕描淡寫地說：「它們是否具有堅實的事業模式，可受議論。」信用緊縮的消費者只能停止花錢，巴菲特形容這：「就像警鈴大作。」使美國和全球經濟再次痙攣，波克夏旗下的高檔零售事業如波霞珠寶店和耐捷航空受到的影響最大。那年底收盤時，標準普爾 500 指數下挫了 38％，波克夏股價下滑了 32％。

「警鈴大作」這個比喻也適用於美國政治。2008 年 11 月，美國選民對於伊拉克戰爭和經濟熄火感到憤怒，把失去政權八年的民主黨送進白宮。民主黨不僅在眾議院獲得多數席次，在參議院的席次也接近與共和黨勢均力敵。

在這場歷史性選舉中，巴菲特的政壇角色使他陷入左右為難。這是他首次面臨兩位參選人都符合他心目中的最佳人選條件：同樣都是政壇新面孔、標榜推翻既有秩序、富有魅力。他從未遭遇過這種情況。

巴菲特打從 1970 年代開始就傾向支持魅力型候選人，最強烈的一次應該是 2004 年加州州長補選以取代被罷免的原州

長那次，巴菲特成為第一位站出來為參選者演員阿諾史瓦辛格背書的顯要人物。身為阿諾史瓦辛格的經濟顧問，巴菲特和阿諾的關係連帶推升他與好萊塢要角的關係，在至少兩年期間，滋養他性格中的明星魅力丰采。

約莫此時，參議員歐巴馬在其著作中盛讚巴菲特的影響力，在 2008 年民主黨初選的試水溫早期階段，巴菲特挺他。歐巴馬聰明、有商業頭腦，與巴菲特的政治理念契合，巴菲特覺得他頭腦冷靜、為人真誠、富有魅力，還是黑人，在巴菲特看來，他是個完美的人選。少有比選出第一位黑人美國總統更令巴菲特開心的事了，他已心有篤定，沒料到希拉蕊‧柯林頓也跳出來參加民主黨初選。

希拉蕊的參選為巴菲特帶來困擾。巴菲特喜歡和柯林頓家族的政治明星力量沾邊，在共和黨執政的八年間，柯林頓家族的政治勢力保持不墜。巴菲特個人很喜歡、甚至有些著迷於含蓄的希拉蕊，他向來喜歡堅強、有智慧、那種會在他失去分寸時拿尺責罰他的女性，他的母親就是這種風格。他用「古板嚴厲」來形容他喜歡的一些女性，例如他的友人卡蘿。但不同於多數這樣的女性，希拉蕊總是巧妙地迴避巴菲特對她施展的魅惑，使得巴菲特愈發著迷於她。

巴菲特和比爾‧柯林頓也非常友好。為柯林頓基金會尋求贊助者時，比爾‧柯林頓大力栽培初投入慈善事業領域的蘇西，幫助她進入高層政治圈。

歐巴馬與希拉蕊這兩個極受歡迎的候選人都討巴菲特喜歡，兩人都代表弱勢族群，該對哪一個說不，巴菲特陷入兩難掙扎。最終，他婉拒為他們站台，他說，這兩人不論誰勝出，

他都開心。他為兩人募款，初選早期，希拉蕊領先時，他優先為她募款，當歐巴馬後來居上時，他公平地轉而把他擺在優先。

巴菲特保持邊線旁觀者之姿，維持和兩人的關係，避免發生不愉快的對立，保留餘地，支持最終勝出者。這使得巴菲特的一些朋友有所抱怨，他們認為巴菲特這種態度是自私算計或道義到怯懦，儘管他們知道，巴菲特無法讓自己陷入直接對立的局面裡。

由於民主黨內初選競爭實際上比大選更為激烈（歐巴馬在大選中贏得壓倒性勝利），巴菲特後來的背書支持已無足輕重。誠如一位觀察家所言：「華倫向來只支持勝利者，真正的朋友是縱使要他們付出一些代價，他們仍然會為你挺身而出的人。」

大選期間，共和黨候選人馬侃（John McCain，在某些議題上是巴菲特的長期政治盟友）及歐巴馬都在辯論中提到，他們想邀請巴菲特擔任財政部長。現在的巴菲特被大眾視為對經濟具有穩定影響力，兩位候選人都想拿他當財政旗幟，實際上要巴菲特接受一個需要他經常出席會議的職務，放棄經營波克夏，可能性微乎其微。歐巴馬或許曾經想要巴菲特當他的財政部長，但巴菲特到後來才公開支持他，導致巴菲特無法對白宮施展影響力。選前，歐巴馬向巴菲特釋出善意，稱許巴菲特猶如他的導師，巴菲特未能做出回報。

面對巴菲特的有所保留態度，較神經質的人會更加努力地（但往往徒勞無功），爭取巴菲特的認同、支持，以及他未來可能懸掛出來、但未必真的給予的大施惠[13]。有些人則是一朝被他灼傷，就力求絕對不再欠他，不再對他有所仰賴，使巴菲特沒啥可再拿翹；可能的話，他們會安排成讓巴菲特反過來有求

於他們。

最終，歐巴馬總統提名巴菲特當經濟顧問，巴菲特出席一場就任儀式，使白宮表面上顯得精明。但從所有外顯跡象看來，巴菲特在歐巴馬政府中並無特別影響力或立足之地。

大泡沫的背後

在金融危機的演進中，跛腳的布希政府和新上任的歐巴馬政府遵循聯準會主席柏南克（Benjamin Bernanke）、財政部長蓋特納（Timothy Geithner）謀劃的一貫路徑，聯準會對美國銀行體系挹注數兆美元，試圖搶先阻止通貨緊縮。這場危機，顯示了其導因的複雜度，包括人為的低利率；企業及個人的不明智借貸；銀行及投資人的不明智放款；機構過度倚賴複雜的金融工具；衍生性金融商品交易人的進取行為；銀行角色的利益衝突（一方面，它們收費擔任全包式貸款經紀商，另一方面，它們又把這些貸款債權包裝成衍生性商品賣給投資人）；反管制風氣；當局的監管與執法寬鬆；信用評等結構怠忽責任；債券保險業者的資本適足度低；投資人對監管與風險的漠不關心。換言之，所有尋常的機能不良結合起來，形成了一個大泡沫。

在當責單位中，大眾最憤怒的對象是銀行及 AIG，而巴菲特成為大眾心目中最佳的財務可信賴象徵。

國家債券殖利率很快降至零，但泛濫資金未能開啟企業融資管道，授信幾乎不存在。當時，扮演經濟中啦啦隊長角色的巴菲特，以高利率出借資金，有些交易甚至到了高利貸的利率水準：以 12％的票券融資利率借給希悅爾（Sealed Air）1.5 億

美元；以 15％利率購買 3 億美元的哈雷機車（Harley-Davidson）
公司債；以 10％利率的應急可轉換高級中期債券融資 3 億美
元給美國石膏公司（USG）；以 10％利率購買 2.5 億美元的蒂
芙尼（Tiffany&Co.）公司債；以利率 12％投資 27 億美元於瑞
士再保（Swiss Reinsurance）的永久性可轉股公司債。若這些
債券全部轉換為股份，那麼波克夏持有的瑞士再保股權將達到
20％。

　　最後這項投資令包括瑞士再保員工在內保險業界人士大惑
不解。瑞士再保是通用再保的最大競爭對手，觀察家認為，不
論如何，波克夏投資於支撐瑞士再保都是沒道理的事，因為這
對波克夏有長期的策略性不利後果，除非巴菲特最終是想拿下
瑞士再保，讓它和通用再保合併。不過，巴菲特以往也曾做過
對波克夏長期不利的投機性保險業投資，被質疑時，他會這麼
回應：「我們不投資，別人也會投資。」因此，這次很可能也
一樣，交易背後沒涉及什麼策略考量，純粹只是想從瑞士再保
口袋賺點快錢。

　　其間，巴菲特更常現身 CNBC 及其他電視台。金融危機
期間，他扮演美國賢明領袖與父親般人物角色，但也落入爭取
人們注意的陷阱，而不是相信自己的耀眼紀錄會自然地吸引人
們注意。他的一位友人忠告他：「高貴，保持高貴啊，華倫！」
但巴菲特從來就不想顯得高貴，他從不介意顯得傻氣，只要能
吸引人們注意就行了。他是個表演者，他是秀場演出者，現在
他害怕這場秀可能結束，只要還有時間，他願意繼續盡可能多
表演。的確，他的名氣隨著他上電視次數的增加而上漲。

　　這不僅有個人效果，以他這個年紀的人來說也是可以理解

的，直到他在 CNBC 上的馬拉松演出導致一些嚴重失態，包括批評新任總統歐巴馬的表現；向白宮提出種種建言（這是巴菲特一輩子向來避免的「鞋釦症」）；聲稱他跟所有人一樣，以為房價只會再上漲，令人覺得荒謬。

2008 年波克夏的獲利報告出爐後，巴菲特早前一些決策的後果更加顯現。那年異常活躍的颶風季使保險事業蒙受龐大損失，「過去一年對浮存金事業而言是壞年冬」，孟格後來在股東會上這麼說，並指出蓋可保險及能源與電力瓦斯等事業受到的衝擊最大。雖然，巴菲特說波克夏的資產負債結構「如同磐石般堅固」，但該公司的財務堅強度遭侵蝕是不爭的事實。由於波克夏的重度保險曝險，持股股東集中於金融類股，例如美國運通、富國銀行、美國合眾銀行，帳面價值降低了 9.6%，是該公司史上第二次帳面價值下滑，也是下滑幅度最大的一次。波克夏在會計帳上列了 146 億美元的衍生性金融商品合約帳面損失，雖然這些損失當中有許多可能在長期反轉，但它們仍然對資產負債結構造成明顯衝擊。近乎所有的下滑都是由於下注在隨市場起伏的金融資產上。

在風暴中屹立不搖

儘管如此，相較於大型銀行及非銀行融資機構，波克夏帳面價值的下滑仍算是輕微。嚴格來說，那些銀行及融資機構其實已經破產或接近破產，獲得來自政府的數千億美元紓困。從各方面來看，巴菲特已經把波克夏經營得很出色了。多年的努力，在這一刻達到高峰：波克夏屹立不搖，其他企業不支倒地。

單是閱讀一些對巴菲特的評論，一般人無法了解到這點。

在其職涯的這個後面階段，巴菲特面臨的挑戰之一是，觀察家和記者往往拿完美標準來評量他，彷彿他必須絕無過失，永遠做對，才稱得上好。[14] 部落格和財金作家瘋狂報導巴菲特的衍生性金融商品曝險，巴菲特做出反擊，那年寫給股東的信中用了很長篇幅解釋他銷售股票指數賣權的理由。但是，根據一些人的估算，在各種情境下，在這些合約到期日時，波克夏有可能損失數十億美元，因為現在來看，巴菲特進入這些合約之時的訂價並不像他設想的那麼好。由於波克夏高度集中於金融性質資產，再加上它們對波克夏的價值造成夠顯著的衝擊，信用評等機構終於動手。先是惠譽信評（Fitch Ratings）、接著是穆迪信評，把波克夏及其旗下事業如全國產物保險、中美能源從 AAA 或相同等級往下調降一級。

最高信用評等讓波克夏能夠取得較低成本的融資，也使它在保險事業領域享有明顯優勢，對企業賣方更具吸引力。當波克夏的兩個最大保險業競爭對手失去 3A 評等時，巴菲特表現得相當稱心，私下有時還說，他絕對不會做的事情之一是危及波克夏的 3A 評等，他認為那是最寶貴的資產之一。在寫給股東的信中，他常愛提及波克夏是七家維持 3A 評等的公司當中的一家。他認為，這個等級一旦失去，不太可能恢復。現在，波克夏被降評了，若波克夏早前願意募集較昂貴的權益資本的話，或許可以避免被降評，但巴菲特選擇不這麼做。在 2009 年股東會上，他對這些結果輕描淡寫，說衍生性金融商品並沒有衝擊波克夏的資本，3A 評等只不過帶給你「自誇權」，他說：「在我心中，我們仍然是 3A 水準。」以波克夏的獨特性來看，該公司其實是有可能恢復 3A 評等，但恢復這評等的代

價將會相當昂貴，就算波克夏無需募集資本，仍得付出高代價：它將必須降低保險曝險和股權市場風險佔其帳面價值的百分比。巴菲特大概會選擇不付出此代價，因為換得的好處有限：已經沒有其他金融機構留在 3A 評等。

因此，從更大的環境背景來看，信評降級的真正含義是，這場金融危機揭開了全球金融體系內在的真實風險，信用評等機構對此做出反應，把 3A 評等的資本門檻提高到，就連最健全的機構也覺得贏得此評等的財務益處不夠大，而沒興趣去爭取的水準。

巴菲特也在 2009 年股東會上透露，為了降低波克夏的衍生性金融商品風險，他已經和兩份股票指數賣權合約重議條款，把當期日縮短八年，以降低波克夏可能必須理賠的價格。到了此時，富國銀行、美國合眾銀行及美國運通的價值開始回升，但富國銀行和美國合眾銀行降低配發的股息，這也會影響到波克夏的未來獲利。巴菲特預測，富國銀行無需發行股票募資，但這個預測幾乎馬上被打臉，富國銀行發行新股了。幾星期後，他獲得了較好的得分，波克夏向證管會的申報書顯示，在美國運通股價回升之際，他一直在買進。

總結來說，在金融危機期間，巴菲特做了一系列他典型的高明行動，但其間點綴了些許令人意外的錯誤。最重要的是，他對既有投資堅定不移，同時增加了聰明架構的新交易，這些絕大多數是一般投資人無法取得的。這些交易機會之所以找上波克夏，是因為它的充足銀彈和財力厚實，也因為巴菲特願意出租他的好名聲，提供快速可靠的你情我願交易。

他在 2008 年及 2009 年所做的交易，相符於他的格言：「在

危機中，現金與勇氣的結合是無價之寶。」將在未來多年為波克夏的股東們造富。同時，這場有著太多驚心動魄瓦解情節、幾乎致令經濟崩潰、餘波導致大衰退的金融危機，弱化了波克夏的財務，破壞了巴菲特是個近乎從不犯錯的經理人聲名，讓波克夏失去最高級的信用評等。

風雨過後

2009 年股東會既是慶祝波克夏的成功，也為巴菲特提供一個自我辯護的機會。他改變會議形式，讓半數發問問題是有關於對波克夏的疑慮，並且透過一個由卡蘿、CNBC 的奎克（Becky Quick）、《紐約時報》的索爾金（Andrew Ross Sorkin）組成的記者小組提出。結果，有五千多個疑問湧入，其中許多是現實疑問，來自那些想要答案、但在以往股東會上不願等候其他人問完巴菲特無關緊要問題後取得麥克風的人。

儘管波克夏的股價當時徘徊於每股 90,000 美元，新的股東會形式和不穩定的經濟局勢吸引了據說創紀錄的三萬五千人出席。從不隨意答話的巴菲特似乎總是對每一個可以預期到的疑問備妥答覆。2009 年股東會的主要差別是，股東們提出的是富有挑戰性的質疑，不再是阿諛逢迎，感謝能夠跟他共聚一堂，汲取他的智慧。最令人印象深刻的是，巴菲特陳述統計數字，解釋經濟狀況，做出人們在別處聽不到的釐清。但是，他對於其他問題的回答就比較笨拙，喜歡以間接方式處理質疑。在現場，他的表現就跟他私下一樣，避免直接回應疑問，他會透過暗示、有時是直接忽視，給出不愉快的資訊。

有人質疑他在 2008 年春不出售金融類持股的決策。巴菲

特說，只有在一家公司的競爭優勢消失時、他對這公司的經營
管理團隊失去信心時，或是他需要現金時，才會賣掉這家公司
的股票。他做出一個精細區分：公司經營環境經常顯著變化，
因此賣手中股票的標準不同於出售整個事業的標準。只有當這
個事業已經生存不下去，或是持續存在勞工問題時，他才會賣
掉整個事業。當全美各城市的報紙陸續歇業時，他也考慮過關
掉《水牛城新聞報》的可能性，但他說，只要該報能賺點錢，
沒有勞工問題，他和孟格就會讓它營運下去。

有人尖銳質疑巴菲特為何不賣掉穆迪，因為信用評等機構
是導致這場金融危機的罪魁禍首之一，穆迪的事業模式基本上
已經損壞。巴菲特說，他考慮到穆迪仍是個好事業的可能性，
也不認為利益衝突是問題的主因。然而另一個未被提及的利益
衝突是，當穆迪評等波克夏時，波克夏持有 20% 的穆迪股份。

聽眾席上很多人多年來常聽孟格說：「吃人嘴軟，拿人手
短。」他們了解巴菲特是在找合理化藉口。每當為了賺錢，或
是他覺得被逼到牆角，或兩者同時發生時，他總是這麼做。

有人問巴菲特，他挑選做為可能接班人的四位投資經理人
在 2008 年的市場崩盤中表現如何，以及他們是否仍在候選人
名單中。他回答：「他們表現得並不出色。」但他說，這段期
間絕大多數投資經理人都表現不佳。他沒有回答這些經理人相
對市場或其他標竿的表現如何，留給大家一個含糊印象，感覺
這份候選人名單可能會隨時變動。

不論挑選哪些候選人，可以確定的是，股市終將復甦，更
重要的是波克夏旗下的事業多是所屬產業中的佼佼者。巴菲特
建立了一個由穩固事業組成的集團，長期而言這些事業可能都

會賺錢。話雖如此，2008 年的事件必然使許多股東堅信，巴菲特離開後，波克夏可不能交給一個火腿三明治來經營管理。

　　股東會上，他們以新一波的強度烤問巴菲特有關於接班人的問題。下任執行長面臨的挑戰包括繼續使波克夏的經理人滿意；管理波克夏旗下事業及風險；把事業賺得的現金流量拿來投資。巴菲特堅持所有候選人來自內部，他說具有營運事業經營管理經驗是執行長職務的最佳資格條件。接著，他談到身為執行長實際做的事情，當中沒有一項相似於營運事業的經營管理事務。[15] 他說，營運事業的經理人有分配資本的經驗，這或許是一個必要的合理化理由，儘管實際上在波克夏公司，除了巴菲特，沒有人做分配資本的事，尤其是在該公司核心、近年為該公司帶來災難的金融服務事業。

　　巴菲特的這些回答顯然是在公開提出一個理由，為索科爾之類的接班候選人鋪路。索科爾是美中能源公司領導人，被視為巴菲特的熱門接班人選。巴菲特使用的遴選流程，在某種程度上也反映他在可口可樂公司的兩個慘痛經驗，有朝一日，這可能使董事會陷入難堪之境。

　　當然，巴菲特已經把行政權區分開來，其區分方式可能令許多來自外面的候選人感到不安適：霍華將繼承他的董事會主席職位，代表波克夏未來最大股東的蓋茲夫婦基金會的比爾蓋茲將是實質上的首席董事會成員。這意味的是，不論更好或更差，波克夏可能一直都會由不凡的人以不凡的方式經營領導。

　　巴菲特或索科爾，或甚至可能是一個委員會經營的這家不凡公司是穩定而成功的，而且因為金融危機，該公司在許多所屬事業領域取得相對於競爭者的優勢。儘管截至 2009 年春，

它的事業績效和財務狀況也反映了衰弱的經濟。

至於未來，巴菲特說，零售業可能要幾年後才見復甦，尤其是奢侈品零售業。波霞珠寶店和耐捷航空之類的公司將陷入困頓掙扎。他對耐捷航空談的稍多一點，至於波霞珠寶店，股東會後的那個星期天，店裡客人稀疏，不言自明了。巴菲特也提到比較光明的一面，他說，美國每年有 130 個新形成的家計單位，這些新形成的家計單位將是家庭相關產品與服務銷售業績復甦的關鍵。

巴菲特樂觀看待美國經濟的長期前景，美國經濟熬過兩次世界大戰、許多恐慌與衰退、一位總統在不名譽事件中辭職下台，以及社會動盪，他曾經在各種時期預期將無可避免地出現通貨膨脹及美元貶值，但是他說，人類「尚未釋放的潛能」促成經濟歷時復甦成長。換言之，就是生產力。這世界提升生產力的系統自然地運作，而且運作了很長時間。孟格熱烈談論波克夏投資的中國電動車製造商比亞迪汽車公司（BYD），他說，我們即將利用太陽能，並使用更多電能，把碳氫化合物能源保留給更重要的化學物品生產之用。他認為，人類的主要技術問題將可獲得解決。

然後，巴菲特和孟格動身前去會見國際股東，巴菲特及艾絲翠在週六晚上參加另一回合的派對。

幾天後，巴菲特開始規劃 2010 年股東會，屆時，他將接近八十歲了。他無法相信自己快八十歲了，每一年，他把股東會規劃當成是他最後一年的股東報告來做，是他在地球上最棒的一場秀。2009 年的股東會上，他展示一輛電動車，2010 年的股東會上，他得找樣帥過這電動車的東西來秀。

　　另一方面，巴菲有點懊惱波霞珠寶店在 2009 年錯過一筆銷售機會。2009 年股東會進行中的下午三點，一位「來自波士頓的艾力克斯」問巴菲特，個人可以如何幫助經濟，巴菲特回答，首先是掏腰包消費，接著再次強調，新形成的家計單位將對經濟復甦有所幫助。那位「來自波士頓的艾力克斯」是巴菲特姊姊多麗絲的孫子艾力克斯，巴菲特說完這番話，艾力克斯馬上當著數萬人的面，開口向女友克魯格（Mimi Krueger）求婚，吃驚之餘，克魯格點頭答應，艾力克斯便把祖母多麗絲的藍寶石鑲鑽戒指套上女友的手指，那是巴菲特送給多麗絲的七十五歲生日禮物。

　　表演家巴菲特一直想在波克夏股東會上辦場婚禮，始終未能如願。不過，取而代之地來了這場訂婚，他也可以接受。

第 64 章
雪球
奧馬哈，2002 年～2009 年 6 月

　　在股市、經濟及其聲譽起伏的整個過程中，巴菲特從未慌亂而失焦於他的事業，但每當思考度過餘生的理想方式時，他總是興起去演講傳道的強烈念頭。他曾經對全美各地的大學生演講，去他們的學校，歡迎他們前來奧馬哈，他喜歡對學生談話，因為他們沒有根深柢固的習慣，仍然夠年輕，能夠充分運用他說的話。

　　「我很早就開始捏自己的小雪球，如果晚個十年，它在山坡上的位置會和現在很不一樣。所以我建議學生，起步應該比別人早，不必早太多，但比晚起步要好很多。而信用卡會害你落後許多。」

　　早在 2002 年，他就覺得時間緊迫，於是加快和學生的對談。學生們來自麻省理工學院、西北大學、愛荷華大學、內布拉斯加大學、衛斯廉大學（Wesleyan）、芝加哥大學、偉恩州立大學、達特茅斯大學、印第安納大學、密西根大學、聖母大學、哥倫比亞大學、耶魯大學、休士頓大學、哈佛瑞克里夫學院（Harvard/Radcliffe）、密蘇里大學、田納西大學、加州大學柏克萊分校、萊斯大學、史丹福大學、愛德華州立大學、猶他大學、德州農工大學。他宣揚的重要理念是：迅速致富不是人

生最有價值的目標。說來諷刺，他自己爭強好勝，加上人們崇拜名利，才吸引聽眾前來求教。和他這一生中其他所有事情一樣，學生的到訪也開始像雪球一樣滾動起來。

2008 年，他首次成為世界首富。這時候來訪問他的學生已經有遠自亞洲、拉丁美洲來的，每次都有兩、三所學校的學生團體一起抵達奧馬哈，有時人數多達兩百人以上，有時每個月都有學生來。

此時，年紀對巴菲特的身體影響增多了。由於他的一隻眼睛視力減弱，另一眼有白內障，他不願意摘除，因此他愈來愈難像以往那樣整天閱讀。他終於屈服，同意戴上助聽器；他的聲音變沙啞的程度快於以往；他比以往更容易感到疲累。雖然，他仍有傳道的欲望，但到了七十九歲時，他把接待學生來訪的次數減少到一年六次。不過，只要體力允許，他仍然會繼續傳道。

前來拜見奧馬哈智者的學生，得到完整的接待；巴菲特只差沒有親自前往飯店拜訪，並於清晨在櫃台留下好幾冊年報給他們參考，現在這件事由網路代勞。學生們會參觀布太太的內布拉斯加家具賣場，在波霞珠寶店的走道上閒逛。巴菲特在辦公室接見他們。前一陣子，他脫下灰色西裝，穿起便服，看起來輕鬆許多。學生的問題往往與商業無關。有些人想知道，人生的目的是什麼？他回答這個問題的方式，和回答商業問題一樣，是用數學的語彙。

蘇珊手術後住院的那段期間，他對喬治亞理工學院的學生說：「人生的目的，是你希望愛你的人當中，有盡可能多的人愛你。」

　　社會應該有什麼樣的秩序？他和他們談起中了「娘胎的樂透」。我要如何找到合適的另一半？他說，「攀龍附鳳」（不是指嫁入豪門或娶富家女）。我如何知道什麼事情是對的？跟著你內心的成績單走。我應該如何選擇事業生涯？找你愛做的事。我只和自己喜歡的人共事。要是你每天早上上班時胃都在翻攪，那就表示你選錯行了。

　　他和他們談精靈的故事。把你的身體看成這輩子唯一擁有的車子，寶貝那部車子，每晚把它停在車庫裡，每道凹痕都要修補，每星期換機油。然後他帶他們到葛拉滋牛排館吃飯，每個人都忙著在斑駁的餐桌上切丁骨牛排，吃雙份薯餅，好像精靈暫時放他們自由似的。他們邊吃邊一個接一個跑去和巴菲特合影留念。也許四十年後的某一天，他們的孫子們會相信他們所說，曾和奧馬哈賢哲講過話，坐下來一起吃飯。

　　他所教的東西，是他走過此生得到的經驗。

　　回顧來時路，他承認他有野心，卻否認他有計畫。他發現，那幅傑作很難說是靠他那雙強有力的手畫出來的。據他所說，是由於一連串幸運的意外，才建立起波克夏海瑟威；這部賺錢機器未經事先設計就自己蹦出來。由志趣相投的股東組成真正合夥的優雅結構，是建立在孟格所說的「緊密而理所當然的互信」上，投資組合則包含彼此連結的一組事業體，它們的資金可任意移動，所有事業也因為「浮存金」（float）而使力量增強。他宣稱，所有這一切純粹反映了他的個性。他最後的產品是一個可以分析和理解的模式，卻極少人這麼做，也幾乎無人起而效法。人們注意的只是他多麼富有。其實，巴菲特雖然很希望別人能夠研究他的模式，有時卻在無意間阻止那種行

為；他也希望人們相信他每天跳著踢踏舞去上班，樂趣無窮。

但那是比較不討好的版本，事實應該是這樣的。

專注與誠實

那種熱情引領他去研究數千檔股票，讓他躲在圖書館和地下室，鑽研別人不屑一顧的各種紀錄。他晚上熬夜閱讀數十萬筆叫人眼花撩亂的數字。他每天早上看好幾份報紙，讀進報上的每一個字。他臨時起意跑去拜訪公司，和葛瑞夫兄弟製桶公司銷售據點的女士大談鐵桶經，或和 GEICO 的戴維森談汽車保險。他翻閱《先進食品雜貨商》等雜誌，以了解肉品部門如何進貨。他把《穆迪手冊》和帳本塞進度蜜月的車子後座。

他花了數月時間，回頭閱讀到一個世紀前的報紙，以了解景氣循環、華爾街的歷史、資本主義的歷史、現代企業的歷史。他用心留意政治世界的變動，摸清它如何影響企業。他分析經濟統計數字，直到深入了解它們發出什麼訊號。自兒時以來，他對自己欣賞的人物，會去找出他們的每一本傳記一一讀過，從他們的生平尋找種種教訓。他和能幫助他的每一個人搭上關係，去拉他們的衣尾。

除了商業，他幾乎不關心其他東西，像是藝術、文學、科學、旅遊、建築等等，以便把精力傾注在他熱愛的事上。他定義出自己的能力範圍，避免犯下錯誤。為了降低風險，他從不大量舉債。他不曾停止思考商場上的種種現象：是什麼因素造就一家好企業、是什麼因素形成一家壞企業、它們如何競爭，以及是什麼因素讓顧客愛用某家公司的產品，而不是別家。他用一種異常的方式在腦海裡思索問題，能見人所未見。因為他

樂於與人為友,也因為他聰明,他發展出一張人際網,不只能幫助他,也在緊要關頭不會有人擋住去路。不管日子艱困或容易,他不曾停止思考賺錢的方式。所有這些精力和心思,成為驅動他的智慧、性情和技能的發動機。

巴菲特是愛錢的人,積聚錢財的本能像血液那樣在他的血管中奔流。那種愛使他動個不停:購買美國全國火險公司等小型公司的股票;賣出 GEICO 的股票,以換取現金來購買更便宜的資產;在聖邦地圖之類的公司董事會上,敦促為股東做正確的事。那種愛讓他展現特立獨行和爭強好勝的一面,進而希望自立門戶,創立合夥事業,並放棄在葛拉漢的老公司擔任合夥人的機會。他也因此顯得韌性十足,堅決關閉登普斯特的配銷中心和開革迪蒙;也給了他決心與希伯里・史坦頓對立。那種愛緩和了他的不耐煩,願意聽取孟格堅持購買偉大企業的建議,即使聽信別人的話有違他的本性;那種愛也強化了他的意志,才能度過證管會對藍籌公司的調查,化解《水牛城日報》的罷工。他也因此成了永不滿足的收購者,並使他在缺乏投資機會時偶爾降低標準,但從未放棄安全邊際,因此能避開嚴重的虧損。

巴菲特是個膽小的人,他不喜歡衝突,常需要有人居中做為緩衝,以免直接面對生活中較棘手的紛爭與衝撞。他的害怕是在個人的層面,和財務無關;談到金錢,他絕不膽小。他熱切渴望有錢,這種渴望給了他勇氣,敢騎腳踏車經過內有惡犬的住家,在泉谷送完最後幾份報紙,並使他在被哈佛大學拒絕之後,前往哥倫比亞大學找葛拉漢指導。這種渴望也使得他走在別人前面,像開處方的人那樣向人推銷股票,儘管一再遭人

拒絕；這種渴望也給了他力量，在失去勇氣時去接受卡內基的訓練。這種渴望強迫他在所羅門的危機中做出必要決策，重拾信譽，給他尊嚴；也讓他在網路泡沫膨脹的多年期間，面對難以忍受的批評卻不還擊。他這一生都在思考、限制和避開風險，但是到頭來，他比他所了解的自己還要勇敢。

巴菲特絕對不會說自己勇敢；他只會提到自己的精力、專注和理性。最重要的是，他會說自己是老師。他長大成人後，一直設法實踐父親灌輸他的價值觀；他說，老霍華教他了解「如何」比「多少」重要。要克制自己的殘酷無情，對他來說不是簡單的事，但幸好他天性上是個誠實的人，而且他好為人師。「他刻意節制自己的財富，」孟格說，「華倫如果不帶著那些股東、維持合夥事業那麼長的時間，而是放手往前衝刺，將多賺很多錢。」三十三年利上滾利下來，他多賺的錢將多達數百億美元。[1] 他可以冷酷無情地計算財務報酬，放手買賣波克夏海瑟威旗下的各種事業，不必考慮世事人情。他可以成為併購大王，可以把他的名字掛在各式各樣的企業上，使他的名聲更加響亮。孟格說：「他完全不想這麼做。他個性爭強好勝，卻不是只顧競爭、不顧倫理道德的人。他希望用某種方式過生活，而這給了他一個公眾皆知的紀錄和一座公共平台。我敢說，華倫因為這種生活方式而過得更精采。」[2]

成為那團溼雪

他樂於分享個人所知，所以願意每年花幾個月時間寫致股東信；他愛表現，所以想在股東大會放置移動式房屋；他頑皮淘氣，喜歡玩樂，所以願意為床墊代言。他內心的成績單促使

他堅守安全邊際。他之所以成為孟格所說的「學習機器」，純粹是因為熱愛學習。他利用分析勝算的技巧，思索未來可能的結果。他喜歡說教，所以想要警告世界留意將來的危險。

他希望現在就把將來十年份的報紙送到他家門口。未來的年歲並不是沒有止境，但運氣好的話，他可以活得相當久。樹是不會長到天上，但他還要繼續伸長枝幹。還有更多新的人、新的投資、新的點子，還在等著他。等著他去學習的事，遠多於他已經知道的。

「如果你裹在正確的雪球裡面，它一定會滾下去。我就是這樣。我的意思不只是指錢滾錢，也是指你對這個世界的了解和你所結交的朋友。隨著時間的流逝，你必須做選擇，而且你必須讓雪花願意黏在你身上。其實，你自己必須是那團溼雪。你最好邊走邊加上更多的雪，因為你不會再回到山頂，生命就是這樣運作。」

他那麼小心謹慎創造的雪球，現在已經十分巨大。但他對待它的態度還是沒變。不管將來有多少個生日，每次翻過日曆都會感到驚訝，而且只要他活著，就會一直認為自己像一枝幼芽。他不會回望山巔，前頭是個大世界，他才剛起步而已。

作者誌

　　為了寫作本書，我花了五年多時間與巴菲特面對面或透過電話進行訪談。在最後幾週，我甚至坐進他的辦公室、和他一起出差，貼身觀察他工作時的樣子。有些最珍貴的見解，就是來自近距離相處的體驗。我也訪問了他的家人、朋友、老同學、事業夥伴等，訪問人數共達二百五十人。其中有些訪談為期數天，許多人受訪了好幾次。

　　巴菲特幾乎毫無設限地讓我占用他的時間，更令我意外的是，他給我充分自由，讓我盡情翻閱他蒐集的完整檔案和信件，尤其幸運的是，他和他的許多朋友和家人都是習慣寫信的人。波克夏海瑟威檔案裡的資料大大幫助我建立時間順序、補綴細節。此外，我個人對巴菲特的了解也與日俱增，加上我對事件所掌握的第一手訊息，都是我寫作本書的憑藉。不同訊息來源間的差異，都在注釋裡說明了。

　　全書所用的引述是為了讓敘事更明白。大部分引述都摘自有錄音的訪談，訪談內容的編修是為了讓語意清楚、文字簡練。除非受訪者要求匿名，否則引述都會指明來源。

　　許多受訪者在訪談裡追憶過去對話的內容，有時候他們描述的是數十年前發生的事。我不至於單純到認為這些敘述與事

件發生當時的對話一字不差，但我認為它們極有助於傳達事件或對話的精神。這些引述的來源都記載於注釋中。

最後，我與巴菲特廣泛互動的親身體驗，以及我從這麼多訊息來源所得到的數千片拼圖，終於讓一個精采而深奧的人物如實地呈現在讀者眼前。

謝辭

　　沒有那麼多人幫忙，這本書不會順利問世。本書如能成功，主要得感謝許多人的慷慨大度，其中當然最要感謝華倫·巴菲特。他寬宏大量，允許我占用他那麼多時間、接觸他的家人、朋友和他的檔案，他也表現出令人讚賞的勇氣，在本書付梓之前五年多的寫作時間內，從未插手干涉。他相信聰明人可以做任何事情，而他那溫和卻堅持到底的卡內基式鼓勵，更提升我對身為作家和生而為人的理想和期望，並改變了我的人生。他對我的影響，無法用三言兩語或幾頁篇幅來描述。但是華倫，我要感謝你所做的一切。

　　我的著作代理人布雷克（David Black）給了我無可挑剔的指導，我非常信賴他。最重要的是，他告訴我許多我不想聽的重要事情，這是一個朋友最為可貴的特質。他也曾經以他的談判技巧，讓華倫無言以對，這可是不小的成就。

　　能把書賣給見識不俗的班騰戴爾公司（Bantam Dell）總裁兼發行人艾普波姆（Irwyn Applebaum）是我的榮幸。他的支持和智慧一路鼓舞我。編輯哈麗絲（Ann Harris）提供我諸多協助，因為她的鼓勵，《雪球》一書從更全面的觀點寫一個男人的一生。她那明察秋毫的編輯眼光，絕不放過任何不妥當的

語氣、脈絡和細節。在她之後，拉希寶（Beth Rashbaum）拿起紅筆，毫不留情地修改我這個第一次寫書的作者的文句，整本書因此大為改善。我很高興能和兩位才氣過人的編輯合作，當然，書中任何謬誤都該由我負責。

我也要謝謝班騰戴爾公司的諾維可（Loren Noveck），她負責這本書的行政事宜，督導出版一本複雜的書所牽涉到的種種作業流程；還有設計人員諾蕊（Virginia Norey）、哈麗絲的助理波麗多洛（Angela Polidoro）。我也要感謝該公司幾位人士，由於他們群策群力，本書才能出版：副發行人陶麗伯（Nita Taublib）；發行總監華希特（Gina Wachtel）；律師馬丁（Matthew Martin）；影音製作專家雷迪（Tom Leddy）、哈特（Maggie Hart）和班頓（Margaret Benton）；創意行銷總監哈瑟波希（Betsy Hulsebosch）和她的團隊；業務行銷總監拉絲基（Cynthia Lasky）；公共宣傳總監伯格（Barb Burg）。

寫這本書的時候，我在摩根士丹利擔任董事，因此要感謝朋友、同事及公司的支持。我的朋友和助理愛德華絲（Lisa Edwards）協助我整理資料、安排訪問、規畫一年一度的波克夏海瑟威公司晚宴、處理其他無數的事務，而且讓我的生活作息得以維持正常。我的研究員艾絲波希托（Lauren Esposito）也曾在摩根士丹利任職，財務專長出眾，讓本書生色不少。她也擅長於尋找批判性的研究資料。寫作快結束時，攝影家艾特林格（Marion Ettlinger）的努力，給我很大的鼓舞，我要感謝她的工作成果。

巴菲特的姊妹多麗絲、柏蒂，以及子女蘇西、霍華、彼得，還有孟格、蓋茲、唐納·葛蘭姆樂於把時間騰出來給我，

分享他們的卓見,在此非常感謝他們的重要貢獻。

歐斯柏格、薩吉(Vinay Saqi)以及史布珍,一路提供我各式各樣的協助,從財務金融專業評論到幫助我緩和緊張的情緒。我的姊妹伊莉莎白‧戴維(Elizabeth Davey)及父親肯‧戴維(Ken Davey)的愛和支持,讓我能把這本書完成。大衛‧莫爾(David Moyer)闖進我生命的那一刻,便嘗到和趕著在截稿時間前把書完成的作家相處是什麼滋味,並打趣說他是「被放逐的未婚夫」,同時還提供肩膀給我依靠,也給我許多寶貴的建議、歡笑和愛。他和歐斯柏格、班尼特(Justin Bennett)是本書最早的讀者,少了他們的評論和建議,本書的品質將降低許多。

感謝其他許多人和組織,他們允許我使用照片及有版權的資料,或是以各種方式提供特別協助。謝謝以下這些人 Carol Allen、Herbert Allen、Ed Anderson、Joan Parsons、Jan and Brian Babiak、the Blumkins、Hal Borthwick、Debbie Bosanek、Betsy Bowen、Joe Brandon、Phil Brooks、Kelly Broz、Jan and John Cleary, Carlon Colker、Robert Conte、Gerald Corrigan、Michael Daly、Leigh Ann Elisio、Stuart Erickson、Paul Fishman、Cynthia George、George Gillespie、Rick Guerin、Marc Hamburg、Carol Hayes、Liz Hylton、Mark Jankowski、Mr. and Mrs. Howard Jessen、Gladys Kaiser、Don Keough、Tom and Virginia Knapp、Margaret Landon、Arthur K. Langlie、David Larabell、Stanford Lipsey、Jack Mayfield、John Macfarlane、Michael McGivney、Verne McKenzie、Charles T. Munger Jr.、Molly Munger、Wendy Munger、Tony Nicely、

Dorothe Obert、Ron Olson、Chuck Peterson、Susan Raihofer、Rod Rathbun、Deb Ray、Eric Rosenfeld、Neil Rosini、Fred Reinhardt、Mick Rood、Gary Rosenberg、Edith Rubinstein、Michael Ruddell、Richard Santulli、Walter Schloss、Lou Simpson、Carol Sklenicka、Judge Stanley Sporkin、Mary Stanton PlowdenWardlaw、Chris Stavrou、Bob Sullivan、Jeffrey Vitale、Marshall Weinberg、Sheila Weitzel、Bruce Whitman、Jackie Wilson、Al Zanner，以及其他要求匿名的人。

也要對下列組織致以謝意：the Douglas County Historical Society、GEICO、General Re、Greenwich Emergency Medical Service、Greif Inc.、Harvard Business School、Harvard Law School、Merrick Library、Martin Luther King Jr. Public Library Washingtoniana Collection、Morgan Stanley、National Archives、National Indemnity Corporation、Nebraska Furniture Mart、New Bedford Free Public Library、New Bedford Whaling Museum、New York Public Library、NetJets Inc.、Omaha Press Club、Omaha World-Herald、Outstanding Investor Digest、Rolls-Royce Foundation、Rosehill School、Ruane Cunniff & Goldfarb Co.、The Securities and Exchange Commissionl、The Westchester apartments。

注釋

|第1章|

1. 這句話或類似版本「每筆巨大的財富背後都有重大罪行」經常被人引用，例如在普佐（Mario Puzo）的《教父》（*The Godfather*），以及《黑道家族》（*The Sopranos*）和網路泡沫的評論中，但皆未指明出處。本處是較精簡的說法，出現在巴爾扎克的《高老頭》（*Father Goriot*）中：「讓你想不透的大成功其實是手法高明、未被揭露的罪行。」

|第2章|

1. 奧里塔（Ken Auletta）是唯一獲得艾倫允許出席並報導太陽谷活動的作家。1999年7月26日，他在《紐約客》發表〈我在夏令營〉（What I Did at Summer Camp）。
2. 訪問唐納・基奧。其他賓客也談到巴菲特在太陽谷的角色。
3. 當然，還比不上唐納・川普。
4. Dyan Machan, "Herbert Allen and His Merry Dealsters." *Forbes*, July 1, 1996.
5. 象群由母象統治，公象長大出現攻擊性時，就會被逐出象群。落單的公象在尋求交配機會時才會再接近象群。顯然地，人類的「大象聚會」並非如此運作。
6. 艾倫投資銀行並未公布數字，但據說會議開銷大約1,000萬美元，相當於每個受邀家庭花費3.6萬美元。不論是500萬或1,500萬美元，均足以支付整個週末裡進行的許多甩竿釣和高爾夫活動，經費多半是用於嚴密的保安和交通。
7. 巴菲特喜愛打趣地說自己的工作成就：起頭是拖車屋，然後是小木屋，再變成公寓，如此漸進。
8. 艾倫的兒子小賀伯（Herbert Jr.）經常被稱為「Herb」，但是巴菲特和某些人也稱艾倫為「Herb」以示親密。
9. 對太陽谷這些場景的描述和科技富豪造成的影響來自於許多人的訪談，包括幾位投資經理在內，但他們多數不願具名。

10. 艾倫投資銀行和作者的估計,包括與會基金經理人所管理的資產總額加上賓客的私人財產,代表的是他們的經濟實力,而非他們擁有的財富。當時美國股市總市值大約10兆美元。

11. 每輛車34萬美元,九個州是阿拉斯加州、德拉瓦州、夏威夷州、蒙大拿州、新罕布夏州、南、北達科達州、佛蒙特州和懷俄明州,還可以加上華盛頓特區充數(雖然不算是個「州」)。

12. 訪問艾倫。

13. 巴菲特曾分別於1992和1995年兩度在艾倫的聚會中演說。

14. 巴菲特和孟格經常在波克夏年度股東大會上講話,但可不包括對著唱詩班講道。

15. Al Pagel, "Coca-Cola Turns to the Midlands for Leadership." *Omaha World-Herald*, March 14, 1982.

16. 為了便於閱讀及篇幅考量,已將巴菲特的評論加以簡化。

17. PowerPoint是微軟的應用程式,美國企業界普遍用於製作簡報用的投影片。

18. 訪問比爾·蓋茲。

19. 當時企業利潤占美國GDP超過6%,長期平均值是4.88%,後來上升為9%,遠高於歷史水準。

20. 美國經濟長期實質成長率為3%,名目成長率為5%,除了戰後和大蕭條的復甦期外,極少超越這個水準。

21. 美國四大汽車廠中最小的美國汽車(American Motors)在1987年出售給克萊斯勒。

22. 巴菲特用的是一種象徵的說法,他承認曾有一、兩次投資有翅膀的東西,但下場都不好。

23. 在1985年的董事長信中,巴菲特第一次引述這一則葛拉漢說的故事。1946年9月到1947年2月之間,葛拉漢在紐約金融學院(New York Institute of Finance)講授「證券分析的問題」時,曾在第十堂課說到這個故事。這些課程的講稿參見網站http://www.wiley.com/llegacy/products/subject/finance/bgraham/,或是參見葛拉漢和羅依(Janet Lowe)的著作《價值投資之父:葛拉漢論投資》(*The Rediscovered Benjamin Graham: Selected Writings of the Wall Street Legend*. New York: Wiley, 1999)。

24. 這次演說的濃縮版刊登在1999年11月22日的《財星》,標題為〈巴菲特談股市〉(Mr. Buffett on the Stock Market)。

25. 1999年7月潘韋柏公司和蓋洛普的民意調查。

26. Fred Schwed Jr., *Where Are the Customers' Yachts? Or A Good Hard Look at Wall Street*. New York, Simon & Schuster, 1940.

27. 訪問比爾·蓋茲。

28. 1925年在評論史密斯的《普通股的長期投資》(Edgar Lawrewe Smith, *Common*

Stock as Long-Term Investments. New York: The MacMillan Company, 1925），凱因斯寫到：「以過去的經驗來推演未來……是危險的，除非人們了解過去事件的成因。」後來這成為*The Collected Writings of John Maynard Keynes.Vol. 12, Economic Articles and Correspondence; Investment and Editorial.*的前言，1983年由劍橋大學出版社出版。

29. 喜劇演員莫特・薩爾（Mort Sahl）習慣在節目結束時問：「還有任何我沒得罪到的人嗎？」

30. 根據聽到他們對話的不願透露姓名人士。

31. 訪問唐納・基奧。

| 第3章 |

1. 訪問孟格。

2. 孟格的解釋來自關於人類判斷錯誤的三堂心理學課程，以及1986年6月13日在哈佛學院的演講（出處見於Peter D. Kaufman, *Poor Charlie's Almanac, The Wit and Wisdom of Charles T. Munger.*, Virginia Beach, Va.: Donning Company Publishers, 2005）。其餘來自與作者的訪問，談話經過整理以更簡潔明白。

3. 訪問孟格。

4. 孟格的駕駛習慣記錄在羅依的著作（Janet Lowe, *Damn Right! Behind the Scenes with Berkshire Hathaway Billionaire Charlie Munger.* New York: John Wiley & Sons, 2000）。

5. 為取得加州交通部的特別駕照，孟格必須出示醫師證明，以證明他一隻眼睛瞎了，他拒絕這樣做，寧願取下玻璃眼球。

6. 孟格的醫師採用併發症較高的老式手術。孟格不責怪醫師，稱自己應該多蒐集關於醫師及手術的資料。

7. 巴菲特對於豬欄和數蛋器等興趣有限；某些資料他只看彙總的數字。

8. 就作者所知，儘管乘客抱怨，但巴菲特從未發生交通事故，只是乘客幾乎心臟病發。

9. Beth Botts, Elizabeth Edwardsen, Bob Jensen, Stephen Kofe, Richard T. Stout, "The Corn-fed Capitalist," *Regardie's*, February 1986.

| 第4章 |

1. 巴菲特估計市場每年成長6％，但同時也給了歷史上曾出現過的零成長區間，這暗示數字可能更高，6％是安全的賭注。

2. S&P代表標準普爾工業指數，被廣泛用於衡量股市表現。S&P的數字包含再投資股息。波克夏並不發放股利。所有數字皆取整數。

3. "Toys 'R' Us vs. eToys, Value vs. Euphoria," Century Management, http://www.centman.com/Library/Articles/Aug99/ToysRUsvsEtoys.html。2005年3月，玩具反

斗城同意以66億美元賣給KKR（Kohlberg Kravis Robert & Co.）、貝恩資本（Bain Capital）及佛納多房地產信託（Vornado Realty Trust）。

4. 訪問歐斯柏格。

5. 2003年10月，巴菲特在奧克爾俱樂部（Oquirrh Club）的演說「與巴菲特共度一晚」。

|第5章|

1. 巴菲特的姊姊多麗絲是家族中負責整理家族系譜的人，她曾對巴菲特家族進行過密集的研究。本段對早期祖先的簡單說明便來自於她的研究。

2. 不是納森尼爾（Nathaniel）就是約瑟夫（Joseph）。

3. 這是鎮上最大、最好的馬車出租行，全盛時期有70匹馬，擁有多輛雪橇、輕便馬車，甚至還有一輛靈車。這個馬車出租行的生意興旺了許多年，但是在汽車問市後幾年消失（"Six Generations Prove That Buffett Family Is Really Here to Remain," *Omaha World-Herald*, June 16, 1950）。

4. "Omaha's Most Historic Grocery Store Still at 50th and Underwood," *Dundee and West Omaha Sun,* April 25, 1963.

5. 1869年12月21日，西布倫‧巴菲特給希尼‧巴菲特的信。

6. 希尼‧巴菲特的店原名為希尼巴菲特父子商店，由恩尼斯與法蘭克兩兄弟共同經營。此店位於奧馬哈市中心南14街315號，直到它在1935年歇業為止。1927年希尼死後，法蘭克成為獨資業主。1915年，恩尼斯開了一家分店，並在1918年往西搬遷到丹地的安德伍德大道5015號。（丹地當時為一獨立城鎮，後來被併入奧馬哈市）

7. 第三個孩子名叫葛瑞絲（Grace），死於1926年。另外三個孩子喬治（George）、妮莉（Nellie）與妮蒂（Nettie）在十九世紀末先後夭折。

8. 巴菲特引用孟格的話。

9. 根據多麗絲的說法，韓莉葉塔出生時名為黛西‧韓莉葉塔‧杜瓦（Daisy Henrietta Duvall），但當她到奧馬哈之後就自稱韓莉葉塔（她母親的名字）而非黛西。

10. 1974年11月13日孟格給葛蘭姆的信。

11. 1924年2月12日恩尼斯給班哈父子公司（Barnhart & Son）的信。

12. 訪問孟格。他的母親告訴他這則軼事，不過他說：「我母親可能有加油添醋。」但其他人都記得有這個筆記本。

13. 恩尼斯在1931年1月給兒子克萊倫斯的信中，分析了鐵路自動化對失業的影響，並認為解決經濟大蕭條的最好方法就是推動大型公共建設。諷刺的是，當羅斯福在第二次當選後成立「工程進度管理署」（Works Progress Administration）時，他與他的兒子霍華卻極力反對。

14. 恩尼斯大約在1939年6月時寫給兒子弗列德與凱蒂夫婦的信中提到。

15. 克萊倫斯英年早逝，1937年在德州死於車禍。
16. 霍華、麗拉、多麗絲與柏蒂的電台訪問，這段敘述取自「與眾議員共度咖啡時光」的廣播錄音帶（Coffee with Congress, WRC Radio. October 18, 1947, Bill Herson, moderator）。
17. 訪問多麗絲。
18. 主要根據家族檔案資料。
19. 布萊恩在1896年7月9日發表的「黃金十字架」（Cross of Gold）演講，被稱為美國歷史上最著名的政治演講。布萊恩最為人所知的就是反對金本位制，以及涉入史科普斯（Scopes）案。在史科普斯案中，知名律師丹洛（Clarence Darrow）請他作證反對在學校教授演化論，使他成為眾人的笑柄。事實上，布萊恩的興趣非常廣泛，而且並不極端，他在當時的影響力超過世人今日普遍對他的看法。
20. 根據家族檔案，柏妮絲責怪她父親與有精神遺傳疾病的家庭聯姻，讓生下的孩子受苦。
21. 根據年鑑，麗拉於1923到1924學年度在內布拉斯加大學念大一，而霍華念大三。在「與眾議員共度咖啡時光」廣播節目中，霍華提到他們是在1923年的秋天認識的，當時麗拉十九歲。由於大學生的入學年齡通常是十七歲，這表示她在念大學前工作了兩年。她在1923到1924學年度以新鮮人的身分宣誓成為姊妹會一員，但在1925年時仍被列為新鮮人，說明了她曾回家幫忙報社的工作並於1925年春天重返學校。
22. 可能是在1923年的秋季。
23. 霍華·巴菲特是諾森會的祕書（Daily Nebraskan, September 27, 1923）。根據巴菲特的說法，這個組織持續存在多年，直到「他們找不到十三個純真的人」為止。
24. 他在哈理科保險公司（Harry A. Koch Co.）上班，公司的銘言是「理賠優先」。他當時的月薪是125美元。
25. 1926年12月21日「比藍恩」（Beebe & Runyan）家具店的收據，麗拉做了註記。
26. 他們在1925年12月26日結婚。
27. 1928年2月12日。
28. 霍華在1928年成為教會的執事，時值二十五歲。
29. 於1925年1月25日向華盛頓特區的美國報業編輯協會（American Society of Newspaper Editors）所發表的演說內容。

| 第6章 |

1. 即使如此，仍只有3%的美國人擁有股票。由於瑞斯科（John J. Raskob）於1929年8月刊登在《淑女家庭月刊》（Ladies' Home Journal）的文章〈每個人都該有錢〉（Everybody Ought to Be Rich），以及史密斯的《普通股的長期投資》

一書證明了股票優於債券，許多人借了錢玩股票。

2. "Stock Prices Slump $14,000,000,000 in Nation-Wide Stampede to Unload; Bankers to Support Market Today", *New York Times*, October 29, 1929; David M. Kennedy, *Freedom from Fear, The American People in Depression and War, 1929-1945*. New York: Oxford University Press, 1999; John Brooks, *Once in Golconda, A true Drama of Wall Street: 1920-1938*. New York: Harper & Row, 1969。巴布森（Roger Babson）著名的警告：「我重述去年和前年此時我曾說過的話：崩盤遲早會來臨」並沒有發揮作用。

3. 大衛・甘迺迪指出，因為第一次世界大戰，國家赤字的年息從1914年的2,500萬美元上升到1920年代的10億美元，相當於聯邦政府預算的三分之一（Kennedy, Freedom from Fear）。1929年的實際預算為30.127億萬美元。

4. 到11月13日跌至最低點時，股市的損失約為260億至300億美元，而股災發生前，股市的價值約為800億美元（Kennedy, op. cit., Brooks, op. cit.）。第一次世界大戰的花費約為320億美元（Robert McElvaine, *The Great Depression: America, 1929-1941*. New York: Three Rivers Press, 1993; also Hugh Rockoff, *It's Over, Over Three: The U.S. Economy in World War I*, National Bureau of Economic Research Working Paper No. 10580.）。

5. 孟格於1974年11月13日寫給凱瑟琳・葛蘭姆的信中提到，巴菲特家族的所有成員都在店裡幫忙。

6. 「與眾議員共度咖啡時光」廣播節目。

7. Roger Lowenstein, *Buffett: The Making of an American Capitalist*. New York: Doubleday, 1996.

8. 同上注，書中引述麗拉的回憶錄。

9. 1931年8月17日恩尼斯給克萊倫斯夫婦和瑪琪莉・貝利（Marjorie Bailey）的信。

10. "Union State Bank Closes Doors Today: Reports Assets in Good Condition; Reopening Planned," *Omaha World-Herald*, August 15, 1931。如同其他報導，這則新聞並未充分報導這家銀行的艱困情況，它後來在主管機關的監督下進行重整，並聲請破產。

11. 霍華借來9,000美元買了1萬美元的銀行股票，這些股票此時已一文不值。房屋和貸款都在麗拉的名下。資料來自霍華的標準意外保險公司（Standard Accident Insurance Company）保險申請單。

12. "Buffett, Sklenicka and Falk New Firm," *Omaha Bee News*, September 8, 1931。巴菲特斯克萊尼卡公司9月30日聲明。

13. 擠兌潮於1931年12月達到高峰，因為美國銀行此時倒閉，這家名稱看似具有官方色彩的銀行其實與美國政府沒有任何關係。這家價值2.86億美元的銀行倒閉創下了紀錄，波及40萬名存戶，全國人民（多多少少）都將此視為大眾信

心（public trust）的挫敗（Kennedy, *Freedom from Fear*）。這個事件讓奄奄一息的銀行體系再度受到重創，並導致美國經濟崩潰瓦解。

14. 雖然收入不多，但這家公司一直保持獲利，只有少數幾個月例外。

15. 根據巴菲特斯克萊尼卡公司的財務報表，到1932年底時，霍華獲得的佣金比1931年平均多了40%-50%。

16.「小鷹」查爾斯・林白二世於1932年3月1日被綁架，他的屍體於1932年5月12日被發現。1920、1930年代的許多家長對孩童綁架的問題深感憂心，其實自1924年的李奧波德與勒伯案（Leopold and Loeb case）開始，孩童綁架的問題已經浮現，但查爾斯・林白二世的綁架案讓這個問題成為舉國注目的焦點。奧馬哈某位鄉村俱樂部的管理員聲稱他被綁架並被搶走7美元。在達拉斯，一位牧師把自己綁在教堂的電扇上，假裝被綁架。（*Omaha World-Herald,* August 4, 1931, and June 20, 1931）。

17. 根據柏蒂的說法，霍華曾得過風溼熱，並因此導致心臟功能衰弱。

18. 訪問多麗絲。

19. 訪問多麗絲，巴菲特也記得此事。

20. 訪問柏蒂。

21. 訪問弗洛斯特、瑟斯頓、艾力克森和巴提史東。

22. 麗拉的症狀的正確醫學診斷名稱不詳，可能來自一種叫「後枕神經痛」的頸部疼痛，這是一種後腦杓枕神經受傷所引發的長期性疼痛。症狀包括心悸和類似偏頭痛的疼痛，疼痛源自頸背，並擴及額頭和頭皮。後枕神經痛可能是由於生理壓力、創傷或是頸部肌肉的重複收縮所造成。

23. 訪問凱蒂・巴菲特。可能是麗拉懷巴菲特或柏蒂時的情形。

24. 訪問凱蒂・巴菲特。

25. "Beer Is Back! Omaha to Have Belated Party," *Omaha World-Herald*, August 9, 1933; "Nebraska Would Have Voted Down Ten Commandments, Dry Head Says," *Omaha World-Herald*, November 15, 1944; "Roosevelt Issues Plea for Repeal of Prohibition," Associated Press, July 8, 1933, as printed in *Omaha World-Herald*.

26. U.S. and Nebraska Division of Agricultural Statistics, *Nebraska Agricultural Statistics, Historical Record 1866-1954*. Lincoln: Government Printing Office, 1957; *Almanac for Nebraskans 1939*, The Federal Writers' Project Works Progress Administration, State of Nebraska; Clinton Warne, "Some Effects of the Introduction of the Automobile on Highways and Land Values in Nebraska," *Nebraska History Quarterly,* The Nebraska State Historical Society, Vol. 38, Number 1, March 1957, page 4.

27. 在堪薩斯州，一位銀行人員被派去查封某塊農地，結果遭射殺身亡，全身滿是點二二與點三八的子彈，掛在自己的座車後頭。"Forecloser on Farm Found Fatally Shot," *Omaha World-Herald*, January 31, 1933. See also "Nickel Bidders' Halted by Use of Injunctions," *Omaha World-Herald*, January 27, 1933; "Tax Sales

Blocked by 300 Farmers in Council Bluffs," *Omaha World-Herald*, February 27, 1933; "Penny Sale Turned into Real Auction," *Omaha World-Herald*, March 12, 1933; "Neighbors Bid $8.05 at Sale When Man with Son, Ill, Asks Note Money," *Omaha World-Herald*, January 28, 1933, for examples of the mortgage crisis.

28. "The Dust Storm of November 12 and 13, 1933," *Bulletin of the American Meteorological Society*, February 1934; "60 Miles an Hour in Iowa," special to the *New York Times*, November 13, 1933; Waudemar Kaempffert, "The Week in Science: Storms of Dust," New York Times, November 19, 1933.

29. 同注8。

30. 資料取自 *Almanac for Nebraskans 1939*，內布拉斯加州立歷史學會贊助印行；其中也提到幾個荒誕不經的故事，例如人們將鍋子放在鑰匙孔前，就可以靠風沙把鍋子刮乾淨。

31. "Hot Weather and the Drought of 1934," *Bulletin of the American Meteorological Society*, June-July 1934.

32. 蚱蜢是自稱「吃蟲州」的內布拉斯加州非官方的吉祥物。早在出現「剝玉米人」（Cornhuskers）這個封號以前，內布拉斯加大學的足球隊在1892年即自稱為「吃蟲者」（Bugeaters），此名稱即來自這些飛來的訪客。內布拉斯加大學足球隊的球迷私底下仍自稱為「吃蟲者」。蚱蜢喜愛乾旱，牠們會吃光地面所有植物，造成土壤的侵蝕。在1934至1938年間，蚱蜢在全美國造成的損失估計有3.158億美元（在2007年相當於47億美元），災區主要是內布拉斯加州、南北達科塔州、堪薩斯州和愛荷華州（*Almanac for Nebraskans 1939*, also Ivan Ray Tannehill, *Drought: Its Causes and Effects*. Princeton: University Press, 1947）。

33. "Farmers Harvest Hoppers for Fish Bait," *Omaha World-Herald*, August 1, 1931.

34. 羅斯福的就職演說（1933年3月4日）也曾提及，但他指的是經濟癱瘓。

35. 由於缺乏電子保全系統與縝密的現金管制，銀行在當時無力抵擋搶匪，1930年代銀行搶劫猖獗。

36. 幾位巴菲特家族成員（包括霍華和柏蒂）都得過小兒麻痺症，此傳染病在1940年代中期曾再度流行。小兒麻痺症的疫苗在1950、60年代問世，在這個年代以後出生的人可能無法理解此病在當時引發的恐慌，但在疫苗問世之前，小兒麻痺症確實引發了大眾的恐慌。

37. 奇區（Ted Keitch）給巴菲特的信，2003年5月29日。奇區的父親曾在巴菲特公司工作。

38. 訪問多麗絲。

39. 霍華希望他的孩子去上丹地的班森高中而不是中央中學，因為他曾在中央中學遭人歧視。

40. 馬里恩與人合夥開了「史塔厄普戴克公司」（Stahl and Updike），並成為《紐約日報》（*New York Daily News*）的顧問律師。他和妻子桃樂絲住在公園大道，膝

下無子。馬里恩的訃文見於1936年11月11日《紐約時報》。

41. 訪問柏蒂。

42. 訪問柏蒂、巴菲特和多麗絲。

43. 訪問多麗絲。

44. 於1935年9月9日進入哥倫比亞幼稚園（Columbian School）。

45. 訪問柏蒂和巴菲特。

|第7章|

1. 作者訪問小時候曾上過玫瑰崗小學的人，他們回憶這所學校時，都說它是個綠意盎然的地方。但在巴菲特入學的前一年，許多家長請求校方改善過度擁擠的教室和「坑坑洞洞」的遊戲場。但校方告訴他們「要到郡長收到稅收之後」，情況才有可能獲得改善（"School Plea Proves Vain," *Omaha World-Herald*, January 22, 1935）。

2. 訪問柏蒂。

3. 華特・盧米斯（Walt Loomis）是拳擊課的教練，他的體格壯碩，年紀和多麗絲差不多。

4. 訪問柏蒂。

5. 史黛拉的醫生注意到她每年在固定期間會變得激動不安，因此認為她有精神分裂症，但她的個性卻沒有像其他精神分裂患者般惡化。根據家族史和柏妮絲的說法，除了史黛拉的母親之外，還有其他家族長輩也有瘋狂的傾向和精神狀態不穩定的情況，他們的症狀可能是躁鬱症。在1930、40年代，人們並不太了解這種疾病。

6. 來自麗拉的「日誌」。

7. 在一次訪問中，巴菲特的同學瓊安（Joan Fugate Martin）還記得巴菲特每隔一段時間就會到她家，在車道上和她的家人「閒話家常」。

8. 訪問柏蒂。

9. 訪問艾力克森和巴菲特。

10. 根據玫瑰崗小學的紀錄，巴菲特在1939年被升到4B班。

11. 訪問艾力克森。

12. 「盲腸手術是我的社交生活的高峰，」巴菲特說。

13. 「我真希望那些修女當中有人真的做了壞事，」今日的巴菲特如此說。

14. Rosco McGowenm "Dodgers Battle Cubs to 19-Inning Tie," *New York Times*, May 18, 1939（巴菲特和恩尼斯並沒有把整場比賽看完）。

15. Ely Culbertson, *Contract Bridge Complete: The New Gold Book of Bidding and Play*. Philadelphia: The John C. Winston Co., 1936.

16. 這段關於橋牌的說明由漢門（Bob Hamman）提供，他曾贏得十一次世界冠軍，並在1985年至2004年間名列世界第一橋牌高手。漢門曾出席波克夏公司

的股東大會。

|第8章|

1. 巴菲特以一包三分錢的價格向祖父買口香糖。

2. 訪問多麗絲和柏蒂。

3. 格蘭特（Ulysses S. Grant）與老羅斯福（Theodore Roosevelt）曾試圖競選連二任，但都失敗了。

4. Trans-Lux公司於1923年首次將股價電子顯示器設置在紐約證券交易所。這套系統的運作方式像傳真機一樣。Trans-Lux的股票於1925年在美國證券交易所上市直到今日，是美國證券交易所上市最久的公司。

5. 法蘭克與恩尼斯在韓莉葉塔於1921年過世後和好，法蘭克後來也經營一家巴菲特雜貨店。約翰·巴柏是不動產經紀人。

6. 多層次傳銷的詐騙手法欺騙投資者可得到高額回收，它將後來加入者所投資的錢交給較早加入的人，讓他們有賺錢的假象。這些組織以金字塔的結構成長，但其組織結構最終必定會失敗。

7. Alden Whitman, "Sidney J. Weinberg Dies at 77; 'Mr. Wall Street' of Finance," *New York Times,* July 24, 1969; Lisa Endlich, *Goldman Sachs: The Culture of Success.* New York: Knopf, 1999.

8. 對巴菲特來說，韋伯格對他的意見有興趣比他當時提出的意見更有意義；巴菲特已不記得他告訴韋伯格他喜歡哪支股票。

9. 巴菲特後來在一次訪問中提到，當時他腦中浮現的就是這幾個字：「這就是最好的賺錢方式」（that's where the money is），雖然他在當時並不知道銀行搶匪蘇頓（Willie Sutton）曾說過這句名言。

10. 訪問柏蒂。巴菲特在十年後（也就是她十四或十五歲時）曾告訴她，他要在三十歲時成為百萬富翁。

11. 巴菲特曾耳聞父親談到這支股票，當時股票在「邊石交易所」（Curb Exchange）交易，在那裡股票經紀人聚集在街上進行交易（後來演變為美國證券交易所）。

12. 巴菲特斯克萊尼卡公司的檔案資料。

|第9章|

1. 麗拉給克萊德和艾德娜·巴菲特夫婦（Clyde and Edna Buffett）的信，日期不詳，大約在1964年。

2. United States Department of Agriculture and Nebraska Department of Agriculture, *Nebraska Agricultural Statistics* (preliminary report) 1930. Lincoln, Government Printing Office, 1930, p. 3.

3. 巴菲特對1940年代的南奧馬哈仍記憶猶新：「假如你在那個時代走在那裡，相

信我，你一定不想吃熱狗。」

4. 戰時華盛頓的景象大多取材自《華盛頓上戰場》（*David Brinkley's Washington Goes to War.* New York: Alfred A. Knopf, 1988）。

5. 瑞奇爾博士（Dr. Frank Reichel）是美國人造絲公司（American Viscose）的高階主管。

6. 訪問多麗絲、柏蒂和巴菲特。

7. 巴菲特可能在後來美化了這個部分。

8. 訪問柏蒂。

9. 葛萊迪絲在這個時期改名為瑪麗。巴菲特曾追求過她的女兒凱洛琳（Carolyn），凱洛琳後來與巴菲特的朋友華特・史考特（Walter Scott）結婚。

10. 巴菲特說這是史璜森的主意，而史璜森說這是巴菲特的主意。艾力克森則說他不記得了。

11. 瓊安還記得這個約會，她說這些男生很有紳士風度，但未提到他們的愚蠢行為。

12. 訪問艾力克森和史璜森，史璜森說明了詳細的情形。

13. 由安娜・朱諾（Mrs. Anna Mae Junno）太太提供的資料，朱諾太太的祖父曾在店裡做切肉的工作。

14. 這個卑微的搬貨小童就是孟格。

15. 訪問凱蒂・巴菲特。

16. 資料來源同上。麗拉極渴望在社會階級中向上攀升。

17.「你可以說，在祖父的雜貨店工作的經驗引發了我內心對獨立的渴望，」巴菲特說。

18. 這封信寫在一張黃色信紙上，曾經是巴菲特珍藏的寶貝，放在巴菲特的抽屜許多年。但他現在已不知道這封信的下落。恩尼斯曾遊說貿易公會禁止連鎖商店的成立，同時督促政府立法向連鎖商店徵稅，但徒勞無功。

19. 訪問多麗絲。

20. 1984 年 6 月 19 日巴菲特給葛玲菲（Meg Greenfield）的信。

21. 很遺憾地，巴菲特家族中沒有人知道這份手稿今日在何處。

22. 泉谷的廣告簡介。這個地方還製作了自己的紋章。

23. 迪爾初級中學以華盛頓特區的第一位初中校長的姓名來命名。

24. 巴菲特相當確定他當時的英文老師是歐溫小姐，而她「有正當理由」對他印象不佳，他說：「這是我自己造成的。」

25. 訪問漢德爾（Casper Heindel）。

26. 巴菲特補充說：「我不確定這個部分我是否有繳稅。」

27. 麗拉在回憶錄中提到巴菲特不讓她碰這些錢。

28. 貝爾在訪問中確認了這件事。他一直在存戰時公債的印花稅郵票，直到存夠郵票來買真正的公債，他把債券賣掉，取得現金，做為此行的旅費。「我告訴我

媽我們要去,但她不相信。」他說。

29. 訪問貝爾。

30. 來自巴菲特 1944 年的成績單。

31. 巴菲特成績單上的老師評語。

32. 訪問瑟斯頓。

33. 薇勒米娜女王持有荷蘭控股公司的股票,而這家公司買下了威徹斯特這個區域。

34. 他蒐集各個公車路線的通行卡。「這些通行卡有各種顏色,我什麼東西都蒐集。」

35. 訂戶也會把舊雜誌丟在樓梯口,巴菲特會去撿這些舊雜誌。

36. 巴菲特記得這件事,但細節是由巴提史東提供。

37. 訪問巴提史東。

| 第10章 |

1. 這種惡作劇郵件在二十世紀中期非常流行。巴菲特從何處得到這個點子與從何人之處拿到這種信的樣本,不得而知。

2. 西爾斯百貨是登利城的第一家百貨公司,漢姆(Judith Beck Helm)曾在書中描述它那獨特的屋頂停車場。(*Tenleytown, D.C.: Country Village into City Neighborhood.* Washington, D.C.: Tennally Press, 1981.)

3. 瑟斯頓在一次訪問中證實了這個故事的主要部分,她記得男友丹利曾和巴菲特在西爾斯百貨「釣魚」,而且這個習慣似乎延續到高中。丹利曾送她金銀花香水和入浴粉禮盒做為生日禮物,令她開心不已,但後來她發現這個禮物竟然是從西爾斯偷來的,感到非常生氣。

4. 2007 年 12 月 20 日阿姆斯壯(Suzanne M. Armstrong)給巴菲特的信。信中提到她父親表哥的一個朋友帕森斯(Jimmy Parsons)在威爾遜中學時,曾和巴菲特一起去偷高爾夫球。

5. 即小說與電影《沉默的羔羊》中的大壞蛋。

| 第11章 |

1. 美國於 1933 年停止金本位的措施,到 1947 年時,消費者物價指數大幅振盪,高達 18%。聯準會處理通貨膨脹的時間並不長,無法提供詳細的資料印證雙方的觀點。

2. 訪問柏蒂,其他人也記得這件事。

3. 「與眾議員共度咖啡時光」廣播節目。

4. 訪問凱蒂‧巴菲特。

5. 威爾遜高中的學期是從二月到六月。由於巴菲特跳了半年級,所以他在二月開始念高二。

6. 漫畫家卡普（Al Capp）創造了小艾伯納這個漫畫人物。小艾伯納的強悍承襲自母親的強勢性格，他的母親慣用「愛琳，晚安」（Good Night Irene）式的揮拳來維持家族的紀律。

7. 大部分資料出自《體力與健康》。麥克萊根（Elizabeth McCracken）在2006年12月31日出刊的《紐約時報》雜誌寫了一篇向「小胖」絲妲克頓致敬的文章。

8.「小胖」嫁給了健美先生，他引領「小胖」進入舉重圈。

| 第12章 |

1. 巴菲特說：「這家公司並不是非常成功……它的生意不是太好，但也不是太差，而且也沒有維持太久。」

2. 在訪問中，貝爾、漢德爾與巴菲特三人一同拼湊出關於這個農場的記憶。巴菲特記得他是透過舅公約翰・巴柏買下這塊農地，巴柏是個不動產經紀人。

3. 訪問漢德爾。內布拉斯加有半數以上的農地由佃農耕種。貸款購買土地的做法在當時並不普遍，因為農作物的價格不穩定，農人必須冒抵押品被查封的風險。

4. 訪問瑟斯頓。

5. 巴提史東在一次訪問中提到，他發現高中時期的巴菲特在戲院時大腦分成「兩部分」，冷靜的生意人和觀看笑劇的觀眾。

6. 訪問巴提史東。

7. 巴菲特2005年在哈佛商學院的演講中曾提到這段往事。

8. 卡內基是亞默公司（Armour & Co.）的業務員，他負責跑奧馬哈地區的業務；他的觀點符合巴菲特的個性，大概是因為他們都來自中西部。

9. 出自戴爾・卡內基的《卡內基溝通與人際關係》。

10. 戴爾・卡內基引述杜威（John Dewey）的話。

11. 1946年，一般人的平均年收入為2,473美元。U.S. Department of Commerce, Bureau of the Census, *Historical Statistics of the United States: Colonial Times to 1970, Bicentennial Edition.*Washington, D.C.: Government Printing Office, 1975, Series D-722-727, p. 164.

12. 訪問巴提史東。

13. 根據1931年7月24日刊登的報紙廣告，在大蕭條的初期（也就是十多年前），回收高爾夫球的價格為三顆球1.05美元。

14. 訪問德瑞克（Don Dedrick），他是巴菲特高中時的高爾夫球隊友。

15. 訪問巴提史東。

16.「我們是唯一為彈珠台付50美元印花稅的人，」巴菲特說：「假如不是因為我爸堅持，我不確定我們是否會繳這筆稅金。」

17. 訪問巴提史東。「威爾遜」這個名字來自威爾遜高中。

18. 他們曾嘗試在理髮店裡賣食物，但很快就結束了，因為那台裝了五磅西班牙花

生的自動販賣機故障，讓客人拿到混合了碎玻璃的花生。

19. 巴菲特的對話與措詞是由巴提史東提供，同時與巴菲特的記憶相吻合。

20. 訪問德瑞克。

21. 根據巴菲特高中朋友的另一種說法（這位朋友並不在場），可林沒有那麼笨，他根本沒有到高爾夫球場去。不論真相到底為何，巴菲特的版本確實比較有趣。

| 第13章 |

1. 訪問凱蒂‧巴菲特。

2. 這段往事在多年後似乎變得更戲劇化，但與事實相去不遠。多年後，巴菲特在大學時期寫給父親的信也充滿了這種趣味。

3. 訪問艾力克森。

4. 訪問德瑞克。

5. 訪問杜威爾。

6. 根據葛雷的說法，在前往賽馬場的火車上，巴菲特曾開玩笑想出版一本《性犯罪紀實》（*Sex Crimes Illustrated*）雜誌。

7. 訪問葛雷。他是科羅拉多州立大學大氣科學系的榮譽教授，並主持熱帶氣象計畫。他已在2016年過世。

| 第14章 |

1. 畢業班人數只是大約的數字，因為威爾遜高中有兩個畢業班（二月和六月）；像巴菲特這樣的學生只要多修幾個學分，就可以從二月提前到前一年的六月畢業。學校稱前五十名的學生為班上的前「七分之一」。

2. 韋甘（Barbara Weigand）只記得靈車的部分。多麗絲則記得家人曾為這輛靈車爭論不休。

3. 訪問費德勒（Bob Feitler）、安‧貝可‧麥克法蘭（Ann Beck MacFarlane）和她哥哥華多（Waldo Beck）。

4. 訪問費德勒和巴菲特。由於這輛車是做商業用途，巴菲特可能因此在那個汽油嚴格管制的年代能夠取得較多的加油券。

5. 「保單」（policy）這個詞可能來自蓋爾特語「pá lae sámh」，有「輕鬆領錢」的意思，這是十九世紀時愛爾蘭裔美國人用的賭博詞彙。

6. 這項法案在中西部引發了勞工強烈的反彈。

7. 訪問多麗絲。

8. 估計數據來自米勒（Nancy R. Miller），Public Services Archivist, The University Archives and Record Center, University of Pennsylvania。

9. 喬森是個歌舞雜要表演歌手，他是二十世紀初期最受歡迎的舞台表演藝人，唱紅多首歌曲。他在1927年的電影《爵士歌手》（*The Jazz Singer*）中扮演黑人歌

手,演唱「我的媽咪」這首歌,這是他第一部在商業上獲得成功的劇情片。喬森在1948年被票選為「最受歡迎男歌手」。他的自傳電影《喬森的故事》(*The Al Jolson Story*)讓他再度受到年輕一代的喜愛。以黑人的扮相進行表演在今日會被視為有種族歧視的意味,但在當時卻很普遍。

10. "My Mammy," words by Sam Lewis and Joe Young; music by Walter Donaldson, copyright 1920.
11. 「與眾議員共度咖啡時光」廣播節目。
12. 訪問彼得森。
13. 訪問賴格哈德。
14. 訪問彼得森、雪倫(Sharon)和歌楚・馬丁(Gertrude Martin)。
15. 費契安(Anthony Vecchione)的話,引述自洛溫斯坦《巴菲特:一位美國資本家的誕生》。
16. 彼得森記得他忍耐了一年的時間(幾乎一年)。
17. 丹利現已過世,他的話引述自洛溫斯坦的《巴菲特:一位美國資本家的誕生》。
18. 訪問沃莉。
19. 訪問賴格哈德。
20. 貝亞現已過世,貝亞的話引述自洛溫斯坦的《巴菲特:一位美國資本家的誕生》。
21. 訪問史巴克(Don Sparks)。
22. 擦鞋在賓州大學是一件很重要的事;典型的入會惡作劇就是幫兄弟會的活躍分子擦鞋。
23. 賴格哈德還記得這段往事的大概情節,巴菲特後來成為受害者貝亞的室友歐蘭斯(Jerry Oransky)的好友,歐蘭斯現已過世。
24. 訪問沃莉。
25. 訪問貝可。她認為這個約會是她的父母和麗拉安排的。
26. 蘇珊如此描述巴菲特,時間大約是1950年。
27. 訪問賴格哈德。
28. 訪問費德勒。
29. 訪問賴格哈德。
30. 費契安的話,引述自洛溫斯坦的《巴菲特:一位美國資本家的誕生》。
31. 訪問懷甘(Martin Wiegand)。
32. "Buffett Lashes Marshall Plan," *Omaha World-Herald*, January 28, 1948。霍華的競選文宣也將美國的對外金援稱之為「送錢到鼠窩」。
33. 1948年6月5日,紀念公園(Memorial Park)的落成典禮。
34. 法蘭克・巴菲特的遺囑,於1949年2月19日生效。
35. 道格拉斯郡法院於1958年4月14日核准的請求,由於遺囑提到任何「出售」的

資產只能用於投資政府公債，因此法院允許讓債券到期自動兌現。就機會成本和利率來考量，霍華的決定是正確的。

36. Leila Buffett's day books. "It's Cold-But Remember that Bitter Winter of '48-'49?" *Omaha World-Herald*, January 6, 1959.

37. *Commercial & Financial Chronicle*, May 6, 1948.

38. 訪問多麗絲。

39. 訪問巴提史東。

40. 訪問雪倫・馬丁。

| 第15章 |

1. 他們的高爾夫球售價為220打高爾夫球賣1,200美元。

2. 巴菲特於1950年2月16日寫給霍華的信。

3. 他請霍華代墊股票經紀人要求的存款1,426美元。巴菲特於1950年2月16日寫給霍華的信。

4. 巴菲特於1950年5月1日寫給歐蘭斯的信，詳見洛溫斯坦的《巴菲特：一位美國資本家的誕生》。

5. "Bizad Students Win Scholarships," *Daily Nebraskan*, May 19, 1950.

6. Benjamin Graham, *The Intelligent Investor: A Book of Practical Counsel*. New York: Harper & Brothers, 1949.

7. Garfield A. Drew, *New Methods for Profit in the Stock Market*. Boston: The Metcalf Press, 1941.

8. Robert D. Edwards and John McGee, *Technical Analysis of Stock Market Trends*. Springfield, Mass.: Stock Trend Service, 1948.

9. 伍德告訴洛溫斯坦，他不確定這個對話發生的時間，在巴菲特被哈佛拒絕之前、或當他開始念哥倫比亞時，但顯然是在他認識葛拉漢之後（洛溫斯坦的《巴菲特：一位美國資本家的誕生》）。

10. 根據巴菲特的說法，霍華認識某個董事。

11. Columbia University in the City of New York, announcement of the Graduate School of Business for the winter and spring sessions 1950-1951, Columbia University Press.

| 第16章 |

1. 已故國會議員歐尼爾（Tip O'Neill）在回憶錄（*Man of the House*, New York: Random House, 1987）中提到，他的牧師布朗特（Monsignor Blunt）說天主教徒去住新教徒經營的YMCA是有罪的。但歐尼爾和他的一位猶太朋友仍在史隆宿舍住宿。在1930年代，一般的住宿價格為每晚65分錢，但歐尼爾說：「假如你報名參加聖公會的禮拜，就只需付35分錢，而且還附早餐。我們不是笨蛋，所以加入了35分錢的方案，並想在吃完早餐後偷溜出去，在禮拜開始前

回來。但我們顯然不是第一個想出這個聰明計畫的人，因為他們會在早餐時間把門鎖上，於是我們就被困住了。」到1950年代時，史隆宿舍已不提供「不做禮拜就付錢」的方案。巴菲特說：「我願意加入任何一個提供最優惠住宿方案的教派，並接受天啟。」

2. 巴菲特不確定不吸菸的條件適用於家裡的三個小孩或只適用於他的姊妹，但他們三人都在畢業時得到2,000美元，附帶條件也都差不多。

3. 大多數的錢都投資於美國國際證券公司（United States & International Securities）和帕克斯堡紡織機具公司，並於1951年1月1日改投資三州公司（Tri-Continental Corporation）。與父親的非正式合夥關係由霍華提供大部分的資金，巴菲特提供點子並執行，也就是「插乾股」（sweat equity）。

4. Benjamin Graham and David L. Dodd, *Security Analysis, Principles and Technique.* New York: McGraw-Hill, 1934.

5. 芭芭拉・安德森（Barbara Dodd Anderson）於1989年4月19日寫給巴菲特的信。

6. 聯合太平洋鐵路公司在十九世紀是美國有最多醜聞和破產傳聞的公司。

7. William W. Townsend, *Bond Salesmanship.* New York: Henry Holt, 1924，這本書巴菲特看過三至四次。

8. 訪問亞歷山大。

9. 根據巴菲特的說法，班上還只有一位女同學，瑪姬・軒克斯（Maggie Shanks）。

10. 訪問史丹貝克。

11. 許羅斯年薪為2,600美元，賺的錢比1951年的一般祕書還少。根據全美祕書協會的調查，一般祕書的平均年薪為3,060美元。

12. 訪問史丹貝克。

13. 訪問許羅斯。一部分資料來自 *The Memoirs of Walter J. Schloss.* New York: September Press, 2003。

14. 史翠克布朗證券公司是家「造市商」（market maker）公司，專門交易馬歇魏爾斯公司的股票。

15. 繼帕克斯堡紡織機具公司之後，馬歇魏爾斯的股票是巴菲特第二次根據葛拉漢和陶德的書所購買的股票。史丹貝克記得與格林共進午餐，但不記得日期。

16. 這項資訊並非來自《美國名人錄》（*Who's Who in America*），巴菲特可能是看《穆迪手冊》、曾聽陶德或許羅斯講過，或看報紙或雜誌得知的。

17. 基於法律，葛拉漢紐曼公司由於證管會的命令於1948年被迫釋出GEICO股票。葛拉漢紐曼公司違反了1940年的「投資公司法」第十二款第四項第二小節的條文，實際上，雖然有誤，股權的取得可能合法。以保險公司來說，註冊的投資公司（葛拉漢紐曼公司是「開放型綜合管理投資公司」）假如持股不超過25％，就不能持有超過10％的流通股票。

18. 事件濃縮版可見於 William K. Klingaman, *GEICO, The First Forty Years.* Washington,

D.C.: GEICO Corporation, 1994。

19. 1929年的10萬美元相當於2007年的121萬2,530美元。

20. 到1951年時，GEICO不再使用郵寄保單的方式，而是在各地的辦公室設置電話客服人員，這些受過訓練的客服人員不僅態度親切，並且能夠快速過濾高風險的客戶。

21. 「聯合養老保險」的主要問題在於，人們利用這種壽險保單來進行賭博、而非為了自保。無法付保費的人就會被除名。「這是一個很誘人的賭局，但實在太殘酷了！」*Papers Relating to Tontine Insurance*, The Connecticut Mutual Life Insurance Company, Hartford, Conn.: 1887.

22. Office Memorandum, Government Employees Insurance Corporation, Buffett-Falk & Co., October 9, 1951.

| 第17章 |

1. Benjamin Graham, *The Memoirs of the Dean of Wall Street*. New York: McGraw-Hill, 1996；這個部分得到巴菲特的證實。

2. 在第一次世界大戰期間和大戰結束後，美國吹起反猶太的風潮。於是，和許多美國籍猶太人一樣，葛拉斯本家族成員在1915年也開始將姓氏改為比較英語化的「葛拉漢」。葛拉漢的家人在1917年4月更改姓氏。Source: November 15, 2007, speech by Jim Grant to the Center for Jewish History on "My Hero, Benjamin Grossbaum."

3. 葛拉漢出生於1894年，恰好是美國史上最大的經濟恐慌發生的年代。後來又發生了1896年至1897年的大蕭條、1901年的恐慌、1903年至1904年的恐慌（Rich Man's Panic）、1907年的恐慌、1913年至1914年的戰時大蕭條和1920年至1922年的戰後大蕭條。

4. Benjamin Graham, *Memoirs*.

5. 同上。

6. 同上。

7. 傳統上，在華爾街工作的人分為兩種。第一種人在家人的帶領下進入這個行業，第二種人沒有人事背景，他們從跑腿小弟或擦黑板做起，韋伯格、葛拉漢及許羅斯都是如此。在1950年代以前，很少有人為了到華爾街工作而進入商學院念書，因為財務方面的知識，特別是證券分析的技巧，還沒有發展成專門的學術領域。

8. 葛拉漢的早年事業可見於Janet Lowe, *Benjamin Graham on Value Investing: Lessons from the Dean of Wall Street*. Chicago: Dearborn Financial Publishing, 1994。

9. 葛拉漢認為，參加股東大會可能會讓投資人受到公司管理階層的人格特質和能言善道的影響，所以這是一種保持客觀的方法。此外，葛拉漢本來就對人際互動不感興趣。

10. 訪問沙納特夫婦。

11. Benjamin Graham, *Memoirs*.

12. 同上。

13. 訪問亞歷山大。

14. 在《證券分析》中，葛拉漢和陶德強調股票的「內在價值」其定義不只一個，獲利、股息、資產、資本結構、證券的類型和「其他」因素都可能影響股票的價值。由於估計值很主觀，因此，主要的考量一定在於安全邊際。

15. 這個以柏拉圖的洞穴為比喻的做法源自柏恩（Patrick Byrne）。

16. 這往往是因為葛拉漢看上的被低估股票都不易變現或是不能大量購買。但巴菲特覺得葛拉漢的策略可以再大膽一點。

17. 訪問亞歷山大。

18. 訪問瑞恩。

19. 訪問亞歷山大和瑞恩。

20. 許羅斯在回憶錄中充滿感情地提到妻子露薏絲「一輩子和憂鬱症奮戰」。他們的婚姻維持了五十三年，直到露薏絲於2000年過世。

21. 訪問許羅斯。

| 第18章 |

1. 蘇珊的父母和霍華與麗拉是朋友，但他們的小孩上不同的學校，所以他們不常往來。

2. 訪問柏蒂。蘇珊出生於1932年6月15日。柏蒂出生於1933年11月15日。

3. 由《紐約郵報》的沙龍作家厄爾·威爾森所寫。《媒體人生雜誌》（*Media Life Magazine*）在描述《新聞日報》（*Newsday*）的記者布萊斯林（Jimmy Breslin）時，定義沙龍作家的作品為「對紐約來說很奇特的新聞寫作，它本身也很奇特，作家走訪一般人出入的場所，並寫出他們對自己處境的看法。」

4. 直到今日仍在營運的知名女子專屬寓所（在紐約市西34街419號）。

5. 維妮塔在1991年2月寫給巴菲特的情書中提到，她「從來不喜歡起士三明治，我吃起士三明治只是為了取悅你。」

6. 此種描述取材自維妮塔多封追憶她與巴菲特約會的書信：1991年1月1日、1991年2月19日、1994年1月1日，還有許多封信沒有日期；巴菲特也同意這種描述。

7. 蘇珊在2004年如此告訴巴菲特。巴菲特不記得此事，但說，他當然不會記得這種事。

8. 巴菲特說，維妮塔雖然會當眾吵鬧，但他一點也不怕她。「我絕對沒有膽子把『小胖』塞進垃圾桶，」他說，「因為她會把我痛扁一頓。」至於維妮塔，她後來告訴史丹貝克說從來沒有這回事，雖然她有理由不對史丹貝克承認自己愛胡鬧的個性。

9. 根據孟格的說法，當巴菲特「逃出維妮塔的魔爪」時，他也驚險地躲過一場災難性的婚姻。

10. "A Star Is Born?" Associated Press, *Town & Country* magazine, September 24, 1977.

11. 關於威廉・湯普森的描述取材自多項資料，包括訪問巴菲特、柏蒂、多麗絲和其他家族成員，以及刊登在《奧馬哈世界前鋒報》的多篇文章（"Presbyterian Minister Reviews Thompson Book." January 5, 1967; "Old Prof' Still Feels Optimistic About Younger Generation." March 28, 1970; "W.H. Thompson, Educator, Is Dead." April 7, 1981; "O.U. Alumni Honor Dean." May 15, 1960）。

12. 根據巴菲特的說法，湯普森博士身為各級學校智力測驗的監督者，他知道巴菲特的智商。巴菲特家三個小孩的智商的確引起他的注意，因為他們的分數不只出奇地高，而且出奇地接近。

13. 一位參加過禮拜的特斯卻（Marge Backhus Turtscher）在一次訪問中說，她不知道湯普森博士每個星期天長途跋涉到這個小教堂傳道的動機到底是什麼。湯普森也曾出版過一本書《愚人說上帝已死》（*The Fool Has Said God Is Dead*, Boston: Christopher Publishing House, 1966）。

14. 蘇珊曾向多位家族成員提過此事。

15. 在許多病例中，風濕熱會導致中度至嚴重的心臟併發症（霍華・巴菲特經歷的是中度以上的心臟併發症），但根據蘇珊的狀況看來，她似乎是20％–60％逃過嚴重的心臟併發症或長期心臟受損的幸運兒之一。

16. 巴菲特、多麗絲、柏蒂、蘇西和其他巴菲特家族的成員都提過這段令人意外的影片。

17. 訪問瑞姬・紐曼。

18. 訪問莎莉・馬斯奎（Charlene Moscrey）、蘇・史都華（Sue James Stewart）和瑪麗蓮・韋斯伯格（Marilyn Kaplan Weisberg）。

19. 根據某些不願具名的高中同學的說法。

20. 訪問唐娜・米勒（Donna Miller）和英嘉・史文森（Inga Swenson）。史文森後來成為職業演員，她扮演主角Cornelia Otis Skinner，而另一位主角Emily Kimbrough則由蘇珊扮演。

21. 綜合了訪問英嘉・史文森、唐娜・米勒、柏蒂和約翰・史密斯（John Smith）。約翰・史密斯的兄弟迪克・史密斯（Dick Smith）曾與蘇珊共舞。

22. 訪問蘇・史都華和瑪麗蓮・韋斯伯格。史都華在高中時期曾開車送好友蘇珊到康瑟爾布拉夫斯去和布朗約會。

23. 訪問柏蒂、巴菲特、多麗絲和瑪麗蓮・韋斯伯格。

24.「野貓議會」的成員負責擔任來校訪客的導覽員，並在迎新週帶領新生。學生必須向學生會提出申請才得以成為會員（1950年至1951年的西北大學學生手冊）。

25. 訪問布朗，他說假如角色對調，他會退出兄弟會。

26. 訪問蘇‧史都華。蘇珊自稱是無神論者，她對無神論的佛教只是蜻蜓點水式地了解。終其一生，她時常提到禪學、並自稱為「學禪者」。她對「禪」和「有神論」等詞彙採取廣義的解釋。

27. 訪問柏蒂。

28. 訪問彼得森和多麗絲。

29. 訪問孟格。

30. 訪問蘇‧史都華。

31. 「我現在仍然可以在腦海中看見她穿著那些洋裝的模樣，」巴菲特說。對一個連自己房間壁紙顏色都不知道的男人來說，這是一件極為罕見的事。

32. 巴菲特於1951年10月6日寫給桃樂西‧史塔的信。

33. 蘇珊如此告訴巴菲特。

34. 訪問布朗。

35. 巴菲特還記得湯普森博士一講就是三小時。如此滔滔不絕發言，必定是由於巴菲特鼓起勇氣向他提出了那個重要的問題。

| 第19章 |

1. 投資淨利為7,434美元，他又加上在巴菲特福克公司工作存下的2,500美元。

2. 進一步探討巴菲特評估保險公司價值的思考邏輯：「股票交易價約為40美元，因此，整個公司的股票價值約為700萬。我想這家公司的價值大約和保費總額相當，因為他們可以獲得『浮存金』投資收入，也許再加上保費收入，相當接近1:1。此外，他們還有帳面價值。所以我認為公司的價值至少和保費相當。現在，我只要取得10億美元的保費收入，那麼我就會成為一個百萬富翁了。」

3. 訪問巴菲特福克公司的祕書藍登（Margaret Landon）。

4. 根據許羅斯在訪問中的說法，諾曼家族（Norman family）是西爾斯百貨公司的朱利斯‧羅森伍德的繼承人，他們「由於是葛拉漢紐曼公司的大股東，所以擁有GEICO的股票。當諾曼家的人想投資更多錢到葛拉漢紐曼公司時，他們以葛拉漢分配給他們的GEICO股票當做資本再度投入葛拉漢紐曼公司。巴菲特在遙遠的奧馬哈買GEICO的股票，葛拉漢並不知道他賣了GEICO的股票給巴菲特，而巴菲特也不知道葛拉漢紐曼為何要賣GEICO的股票。」葛拉漢紐曼公司分配GEICO股票給股東的事在另一本書中也有描述（Janet Lowe, *Benjamin Graham on Value Investing: Lessons from the dean of Wall Street*. Chicago: Dearborn Financial Publishing, 1994）。

5. 訪問索納。

6. 從一張在教室裡拍的照片看出。

7. 訪問西曼。

8. 訪問藍登。她對巴菲特印象最深的部分就是他閱讀的姿勢。

9. 巴菲特親自交易過兩家公司的股票：卡本特紙業公司（Carpenter Paper）與費

蒙特食品公司（Fairmont Foods）。雖然他的聰明與能力足以讓公司轉型為造市商，並進行股票交易，他仍然相當不成熟地戲稱費蒙特食品公司的郝執行長（D.K. Howe）為「不知如何是好」（Don't Know Howe），雖然這個綽號充滿機智與風趣。

10. 羅森伍德後來成立了猶太聯合勸募協會（United Jewish Appeal of New York）。

11. 訪問多麗絲和柏蒂。

12. 國民防衛隊第34師的華倫・伍德准將。

13. 訪問史璜森（Byron Swanson）。

14. 訪問史丹貝克。

15. 蘇珊度完蜜月回家後告訴蘇・史都華這件事。

16. 瓦呼（Wahoo）是電影巨頭戴瑞・柴納克（Daryl F. Zanuck）的出生地，並因此聞名。

17. "Love Only Thing That Stops Guard," *Omaha World-Herald*, April 20, 1952.

| 第20章 |

1. 麥克阿瑟將軍並未認真爭取提名，輸給了塔虎脫。他和昔日助手艾森豪是死對頭。

2. 就是塔虎脫哈特萊法案的贊助人，該法案受商業界歡迎，但為廣大美國人所厭惡。簡言之，他代表黨內極端人士，不太可能獲得溫和派選票。

3. 其中許多人主張關稅、政府資助農業和實施強硬的勞工法，這些是他們之中的小商人和農場主要求的，也許和他們對政府的其他理念不一致。這個團體的另一個名人是內布拉斯加州參議員惠利（Ken Wherry），「快樂的殯儀業者」，以滑稽的錯誤用語聞名，例如，叫中南半島（Indochina）為靛藍中國（Indigo China），提供他個人的「全體一致的意見」（*Times*, June 25, 1951）。惠利在選舉前不久過世。

4. "Top GOP Rift Closed But Not the Democrats'," *New York Times*, September 14, 1952; Elie Abel, "Taft Rallies Aid for GOP Ticket," *New York Times*, October 5, 1952.

5. 1952年10月23日，霍華寫信給前總統胡佛：「我對艾森豪沒有熱忱，但既然你決定支持他，我也可以接受。」寫這封信後，他顯然改變了心意。

6. 訪問柏蒂。

7. 訪問凱蒂・巴菲特，她記起這一段對話，覺得很有趣，「華倫大概忘記他告訴我這件事，」她說。

8. 感謝史蒂蔓（Susan Goodwill Stedman）和威勒（Elizabeth Wheeler）提供，史蒂蔓2001年11月對蘇珊的訪問。

9. 訪問蘇珊。

10. 訪問賀蘭夫婦及巴菲特。

11. 訪問瑞姬・紐曼、艾絲翠。

12. 這是家族說法，但是既然湯普森博士負責所有學校的智力測驗，這個說法相當可信。湯普森博士製作新的心理和智力測驗時，經常以子女和孫兒做試驗。不論智商如何，多蒂被視為聰明人。

13. 這故事來自麗拉的日記。還有 Gabe Parks, "Court Has Nomination Vote Vacancy," *Omaha World-Herald*, July 4, 1954.

14. 巴菲特給霍華的信，日期是「星期三」，推測是1954年8月4日。「斯卡斯代爾自殺事件，軍方報導紐頓‧葛拉漢在法國身亡」，《紐約時報》，1954年8月3日。整段文字是：「德國法蘭克福，8月2日，路透社。美國軍方今日宣布，紐約市斯卡斯代爾的紐頓‧葛拉漢在法國拉羅謝爾自殺身亡。」紐頓這個名字是以科學家牛頓命名，這是葛拉漢第二個以他命名的小孩，第一個九歲時死於腦膜炎。葛拉漢注意到他兒子心理狀況愈來愈不穩定，他稱為「極端神經質，甚至是精神分裂症」，葛拉漢曾寫信試圖讓兒子離開軍隊，但未成功。（Benjamin Graham, *The Memoirs of the Dean of Wall Street*, New York: McGraw-Hill, 1996.）

15. 蘇西說她有嬰兒床。

16. 這裡說的「付」是不嚴謹的用詞，因為盈餘並未以股利方式實際支付給投資人。學術界曾激烈爭辯過，對於不分配盈餘給股東的股票，價值應給予多少折扣。付股利的股票價格較高，但是基於某些原因，價差已減少。可參考本書46章。

17. 訪問史丹貝克。

18. 那年他個人的投資報酬率是144.8%，對比道瓊工業平均指數的50.1%。

19. 聯合內衣公司是成衣廠織布機之果公司的前身。

20. 巴菲特在一次訪問中回憶了這則經典故事。

21. 訪問蘇‧史都華。

22. 訪問伊莉莎白‧川柏（Elizabeth Trumble）。

23. 訪問羅珊。

24. 引用巴菲特的話：「當她說：『多告訴我一些……』時，我看見她扭動和呻吟。」

| 第21章 |

1. 1988年波克夏海瑟威董事長的信。

2. 減稅規定適用於後進先出的存貨計算方式。為了節稅，羅克伍德採用後進先出法，用最新的可可豆價格計算售價。相對的，存貨都是舊價格，如果賣出這些存貨，會產生極大可課稅的利潤。

3. 普利茲克的投資創造了一個集團企業，但他最為人所知的是創辦了凱悅飯店。

4. 在交換開始時，占羅克伍德590萬公斤中半數的Accra可可豆每454公克為0.52美元，交換結束時下降到0.44美元，1954年8月曾高達每454公克0.73美元，

導致糖果公司縮小了五分錢的糖果棒（George Auerbach, "Nickel Candy Bar Wins a Reprieve," *New York Times*, March 26, 1955; "Commodity Cash Prices," *New York Times*, October. 4 &20, 1954）。

5. 1954年9月28日致羅克伍德公司股東的信。

6. 資料來自1988年波克夏年報中董事長的信，信中並簡短敘述了羅克伍德交易的過程。

7. 投機者的報酬還要反映資金成本。例如，如果為期三個月的合約扣除費用後不賺不賠，這項交易的結果還是算損失，因為還要考慮到投機者的資金成本。

8. 在期貨市場上，投機者和避險者的區別在於是否存在需要避險的標的商品。

9. 訪問納普、許羅斯和巴菲特。

10. 1955年2月5日，巴菲特致艾略特（David Elliott）的信。

11. 依據《穆迪手冊》的紀錄，羅克伍德1954年股價在14.75美元和85美元之間，1955年在76美元和105美元之間，巴菲特持有它的股票到1956年。這一筆交易的利潤是估計的。依據葛拉漢紐曼的年報，羅克伍德1956年初的股價是80美元。

12. 在1955年2月5日給艾略特的一封信中，巴菲特說羅克伍德是他第二大的投資（次於費城里丁，但他未提及），並說普利茲克：「過去動作很快，幾年前買了柯爾森公司（Colson Corp.），把腳踏車部門賣給伊文斯產品（Evans Products），其餘賣給菲爾雅各（F. L. Jacobs）。一年前，他買了希樂哈特（Hiller & Hart），立刻停下屠宰豬的事業，把它變成房地產公司。」他還說普利茲克：「擁有羅克伍德約半數股票，代表價值300萬美元的可可豆。我確信他不樂意讓這樣一筆錢呆在這種存貨上，一定很快會尋找合併之類的機會。」他不僅研究數字，也研究普利茲克這個人。

13. 起初他是從葛拉漢紐曼公司購買這支股票，那時他是股票經紀人，因為他們的小錯誤而造成一張買單被拒絕，巴菲特因而留下了這些股票。

14. 在2000年以前，投資人和分析師經常挖掘和獲得不公開的消息，使他們在股票交易中占有優勢。由於資訊的流動緩慢，犧牲其他投資人的利益而使得某些投資人得以獲利，在過去被視為效率市場的運作，也是對勤奮研究的獎勵。巴菲特和他的投資網絡從這種情況中獲得巨額利益。1955年，葛拉漢因而在國會受到質疑。他則聲明：「許多資訊日復一日、月復一月都自然會引起主管和董事的注意。但是每天出版公司進展的報告是不可行的……另一方面，實務上來說，主管和董事並未發誓對所有他們注意到的營業資訊封口。這裡的重點是，重大消息需要盡速告知所有股東，不讓任何人因為得知消息而獲利。但是因為重要性不同，很難決定什麼消息該公開宣布，什麼消息則仍舊走耳語的老路。他又說，不是所有投資人都會知道耳語，但是「一般有經驗的投資人會推測有人對（他買賣股票的）公司了解比他多，而且他們買賣時會將這些額外的了解列入考量。」直到2000年，法律的實際情況確實如此。

完整討論內線交易超出本書範圍。內線交易理論公布於1942年證管會規定10B-5，但如同布魯克斯（John Brooks）在《沸騰的年代》（*The Go-Go Years*）中說的：「華爾街占投資大眾便宜的傳統是如此根深柢固。」這規定直到1959年才執行，直到1980年代才有人認真質疑外部人士在內線交易規定中的責任。甚至那時候，最高法院〔Dirks v. SEC, 463 U.S. 646（1983）〕還確認分析師向客戶透露這類消息是合法的，最高法院在Chiarella v. United States, 445 U.S. 222（1980）一案中則說：「證券市場的資訊不對等是難以避免的。」當時的了解是，內部消息緩慢流出有一些好處，否則消息要如何流出？那時企業還沒有對外公關和記者會。

然而在1980年代案例中，最高法院重新定義了內線交易的「誤用」（misappropriation）理論，內線消息遭受託人誤用而使該消息被用以交易，可能要負責。由於泡沫時期大量「符合並超過預期的」盈餘，以及公司透露給交情良好的分析師的「耳語盈餘數字」（whisper numbers），在2000年，透過公平揭露規定，證管會擴大了誤用理論的範圍，包括分析師從公司管理階層選擇性的獲得和傳播不公開的資訊。從此，「耳語葡萄藤」大致消失，開始了謹慎揭露的時代。

15. 他把股票登記在自己名下，而非股票經紀人名下，所以支票直接寄到家裡。

16. 訪問吉爾斯畢、川柏，他們從瑪德蘭那裡聽到這個故事。巴菲特則是在50歲生日宴會上從吉爾斯畢那裡第一次聽到，顯然蘇珊一直沒有告訴他。

17. 五十多年之後，霍華說這是他最早的記憶。雖然這似乎不可能，但是哈利（Harley）和瑞斯（Reese）在「自傳記憶的來源」（University of Chicago, *Developmental Psychology*, Vol. 35, No. 5, 1999）中研究如何喚起嬰兒時期記憶，結論是可能的。一個解釋是父母對小孩重複述說小孩的某些事。葛拉漢的禮物對巴菲特而言或許意義重大，也許因為他常常提起，使這件事烙印在霍華記憶中。

18. 訪問沙納特夫婦。

19. Janet Lowe, *Benjamin Graham on Value Investing: Lessons from the Dean of Wall Street*. Chicago, Dearborn Financial Publishing, 1994.

20. 訪問許羅斯。

21. 1976年2月3日，巴菲特給希爾頓島集團（Hilton Head Group）的信。

22. 許羅斯自己投入5,000美元，這個危險的做法使他連生活費都沒有。巴菲特幫他從寇文那裡弄到住宿，葛拉漢投資1萬美元，並且邀一些朋友也投資。許羅斯則有八個朋友各投入5,000美元。許羅斯抽利潤的25％：「但就這樣。如果股市下跌，我們要彌補合夥人的損失。」

23. 納普是溫喬伍（Van Cleef, Jordan & Wood）投資顧問公司的證券分析師。

24. 訪問納普。

25. 訪問安德森。

26. 同上。

27. 葛拉漢生於1894年5月9日。他在六十一歲時決定關閉葛拉漢紐曼公司,但最後一次股東會在1956年8月20日召開。

28. 齊威格(Jason Zweig)在2003年7月《錢》雜誌的文章「史上最偉大投資者心得」中說:「從1936年到1956年,葛拉漢紐曼共同基金每年收益超過14.7%,股市整體為12.2%,這是華爾街歷史上持續時間最長、差距最大的優異績效之一。」這紀錄未包括GEICO的優異成績,該股於1948年分發給股東。

| 第22章 |

1. 他有時說要在三十歲前成為百萬富翁。

2. 訪問安德森。

3. 「每個人都認為瓊斯(A. W. Jones)是第一個避險基金,但紐曼葛拉漢基金更早,」巴菲特說。瓊斯率先提倡以空頭部位在股市避險。然而,它的收費結構、合夥安排和彈性的投資方法,也就是典型避險基金在技術上的定義,早有葛拉漢開了先例,或許還有其他人。

4. 第一個合夥協定:「每一位有限合夥人每年獲得資本餘額4%的利息,資本餘額指的是前一年度12月31日的餘額,以合夥事業聯邦所得稅申報書上的數字為準,該利息屬合夥事業的費用。截至1956年12月31日期間的利息則單獨計算,每一位有限合夥人得到原始出資的2%,此為該期間合夥事業的費用。此外,每一位有限合夥人應按照個人名下的比例分享合夥事業淨利,也就是合夥事業自成立任一時間點的淨利。」合夥人利息加總為營利的21/42或50%。(巴菲特聯合有限公司,有限合夥證書,1956年5月1日)分擔損失是在1958年4月1日對原合夥協議的修正。

5. 據喬依絲·寇文的說法,巴菲特和她先生寇文(庫肯介紹給巴菲特認識)都分別為高雪德和艾柏菲德管錢。

6. 訪問彼得森。

7. 某些話是2003年對喬治亞理工學院的學生說的,其餘得自與作者的訪問。

8. 巴特勒(Hartman L. Butler Jr.)〈與葛拉漢的一小時〉,1976年3月6日,該訪問收錄於《葛拉漢:財務分析之父》(*Benjamin Graham: The Father of Financial Analysis*, Occasional Paper No.5, The Financial Analysts Research Foundation, 1977)。

9. 訪問納普。

10. "Tourist Killed Abroad, Portugal-Spain Hightway Crash Fatal to Long Island Man," *New York Times*, June 23, 1956。庫肯正從事為期一年的旅行,另一名乘客凱爾廷(Paul Kelting)身受重傷。

11. Sloan Wilson, *The Man in the Gray Flannel Suit*. New York, Simon & Schuster, 1955.

12. 訪問蘇西。

13. 訪問孟格。

14. 差不多這樣的高度。

15. 訪問安德森。

16. 據納普說法,道奇和巴菲特的共通點是吝嗇。甚至當道奇成為巴菲特最富有的合夥人之一時,道奇還設法從獨木舟製作者那裡弄來免費的獨木舟。他知道從拉瓜迪亞和甘迺迪機場進紐約市的每一條路,寧可坐公車、搭地鐵或走路,也不叫計程車。

17. 道奇的條件不一樣,巴菲特只抽利潤的25%,但巴菲特的損失不能高於他的本金,而且剛開始只有100美元。1956年9月1日,巴菲特基金有限公司有限合夥證書。

18. 利潤超過4%以上部分,克利瑞與巴菲特對分,巴菲特分擔所有債務。1956年10月1日,碧西有限公司有限合夥證書。1961年,碧西有限公司併入安德伍德合夥有限公司。

19. 1956年及1957年巴菲特合夥檔案的「雜項費用」和「郵費及保險費」。

20. 1956年12月27日巴菲特致合夥人的第一封信。

21. 自由債券利率很低,人們在戰爭時出於愛國心而購買。後來當利率上升時,自由債券價格落到面額下。推銷股票的人讓人們以債券面額交換股票,債券所有人以為他們以市價85美元的債券換得價值100美元的股票,其實該股票幾乎一文不值。推銷員還答應某些購買人可獲得董事席位,此事由海坦·阿曼森告訴巴菲特。

22. 自1928年到1954年,《穆迪手冊》每年出五本,分別為政府證券;銀行、保險公司、投資信託、房地產、金融和信用公司;產業證券;鐵路證券;公用事業證券。1955年,穆迪開始單獨發行《穆迪銀行和金融手冊》。

23. 巴菲特說這是海坦·阿曼森提供的版本。

24. 巴菲特說:「他是我在美國全國火險的合夥人,莫能沒有多少錢,所以他動用原先要投進合夥的資金,又借了一些錢。」

25. 按照1968年通過的威廉斯法案(Williams Act),現在你不能這樣做。霍華·阿曼森也不能零零星星回購股票。該法案要求購買者要向全體股東提出「公開收購股權」,讓所有出售者處於平等地位,面對相同條件和價格。

26. 據史丹貝克的說法,當巴菲特「已經買下所有他能買的(股票)」,他也讓史丹貝克開始買。

27. 一年後,巴菲特以約125美元將美國全國火險賣給(就他記憶所及)凱普蘭(J.M. Kaplan)。凱普蘭是1940和50年代重組並領導威爾許葡萄汁(Welch's Grape Juice)的紐約商人,後來以慈善行為著名。凱普蘭最終將股票賣給阿曼森。

28. Bill Brown, "The Collecting Mania," *University of Chicago Magazine*, Vol. 94,No. 1, October 2001.

29. 《投資公司》年刊(Arthur Weisenberger, *Investment Companies*. New York: Arthur W.Weisenberger & Co.)自1941年開始每年出版。

30. 引言來自西曼（Lee Seeman），巴菲特證實敘述內容。有趣的是，威森伯格介紹戴維斯給巴菲特的動機不明。

31. 西曼在一次訪問中回憶說，把兩者相比的是桃樂西‧戴維斯。

32. 巴菲特回憶和戴維斯醫師的一次談話。

33. 戴氏類似巴菲特基金有限公司，巴菲特獲得利潤超過4％以上部分的25％。1957年8月9日，戴氏有限公司有限合夥證書。

34. 國會紀錄顯示，華盛頓特區一家家具店在華盛頓生日拍賣時，凡是購物就贈送鈾礦公司股票。（股市研究，美國參議院銀行及貨幣委員會聽證會，1955年3月）

35. 莫能和巴菲特及彼得森投資一個小型房地產合夥事業，這一個合夥事業賺的錢，加上美國全國火險的利潤，也許還有個人儲蓄，使莫能在短時間內成為巴菲特最大的合夥人之一。

36. 巴菲特抽取合夥事業增值超過6％部分的25％。

37. 梅格‧穆勒（Meg Mueller）在一次訪問中回憶巴菲特住宅和當時同街房屋大小的比較。

38. 雷諾是市議員（"Sam Reynolds Home Sold to Warren Buffett," *Omaha World-Herald*, February 9, 1958）。「巴菲特的愚行」在1958年3月12日給歐蘭斯的信中提及（洛溫斯坦的《巴菲特：一位美國資本家的誕生》）。

39. 訪問蘇西。

40. 訪問霍華。

41. 腎炎，有時和懷孕有關。

42. 引述自洛溫斯坦的《巴菲特：一位美國資本家的誕生》。

43. 訪問孟格。

44. 訪問霍華。

45. 1951年，巴菲特自哥倫比亞畢業後又回到紐約時，庫肯介紹寇文給巴菲特。

46. 來自喬依絲‧寇文對寇文的讚頌。

47. 溫伯格、納普、安德森、珊蒂‧高提斯曼（Sandy Gottesman）、巴菲特和其他人對寇文的描述。

48. 「他借我錢，沒有抵押。報稅時1元的短期損失可以抵去2元的長期利得，你可以買入將發放長期資本利得股息的共同基金，發放後立刻贖回以在年終時沖抵長期利得。我買進長期利得和短期損失的組合，雖然金額相等，但報稅時作用不同。那時這樣做是合法的，現在不能做了。我因此省下大約1,000美元，很大一筆錢，」巴菲特說。

49. 訪問喬依絲‧寇文。

50. 那是一個實驗性造鎮，以低成本住宅安置1,800個家庭。二次戰後許多政府房產上市拍賣。"House Passes Bill to Speed Greenbelt Sale," *Washington Post*, April 14, 1949; "U.S. Sells Ohio Town It Built in Depression," *New York Times*, December 7,

1949; "Greenbelt, Md., Sale Extended for 30 Days," *Washington Post*, May 31, 1952.

| 第23章 |

1. "A. C. Munger, Lawyer, Dies," *Omaha World-Herald*, July 1, 1959.

2. 在1907年3月22日的《奧馬哈世界前鋒報》上，何曼（George W. Homan）之子亨利（Henry A. Homan）的訃文說，年長孟格法官十二歲的何曼是他的好友。但何曼和巴菲特家族並不熟。

3. "33 Years a Federal Judge," *Omaha World-Herald*, March 12, 1939.

4. Lowe, *Damn Right! Behind the Scenes with Berkshire Hathaway Billionaire Charlie Munger.* New York: John Wiley & Sons, 2000。羅依的傳記資料來自大量與家庭成員的訪問，該書是作者寫孟格家族歷史的主要資料來源。

5. 羅依也相當贊同（Lowe, *Damn Right! Behind the Scenes with Berkshire Hathaway Billionaire Charlie Munger*）。

6. 訪問西曼。

7. 訪問巴菲特的朋友霍華·傑森（Howard Jessen）。

8. 他的祖父是奧馬哈的名律師，是哈佛法學院院長羅斯可·龐德（Roscoe Pound）的朋友。

9. 孟格不做美化履歷的事，例如加入《法律評論》（*Law Review*）。在一次訪談中，他形容自己相對超然。

10. Lowe, *Damn Right! Behind the Scenes with Berkshire Hathaway Billionaire Charlie Munger.*

11. 同上。

12. 同上。

13. 出處同注10。孟格將婚姻比做投資。南西說他在顯露感情上顯得「焦慮不安」。他的兒子小查理說：「如果我爸爸多面對，某些事會處裡得較好，」但是「他不願面對。」

14. 同注10。

15. 同注10。

16. 南西說孟格「在家中不會幫忙」。巴菲特則說，南西七十歲生日時，孟格到當鋪買了一個紫心勳章（Purple Heart）給她，出處同注10。

17. 引述自洛溫斯坦的《巴菲特：一位美國資本家的誕生》。

18. 同注10。

19. 訪問孟格。

20. 訪問西曼。

21. 當年度道瓊上漲38.5％，巴菲特還是勝過道瓊，而且承擔的風險極小。

22. 巴菲特除了投入100美元在巴菲特聯合有限公司，後來每個合夥也都各投100美元：巴菲特基金、碧西、安德伍德、戴氏、莫巴菲及葛蘭歐費。

23. 訪問西曼。

24. 這個版本和某些已出版的不一樣。例如，蘇珊說她在場。有些作者把場景放在強尼咖啡館的晚餐，但是洛溫斯坦也把場景放在奧馬哈俱樂部。很可能其他版本是與之後發生的事件合併了。作者認為西曼的版本最詳盡，最少加油添醋。

25. 訪問孟格。晚餐的情形來自巴菲特和孟格的訪問，兩人記憶模糊，南西不記得此事。他們第一次見面後不久，兩位太太經介紹相識，最有可能在強尼咖啡館。巴菲特清楚記得孟格的自我陶醉。

| 第24章 |

1. 估計值。1958年底，巴菲特管理六個合夥事業87萬8,211美元的資金，5萬美元的葛蘭歐費合夥在1959年2月成立，1959年底合夥事業市值為131萬1,884美元。還要再加上他個人和巴菲特父子合夥的資金。

2. 聖邦每年送給客戶可以貼上去的修改版，顯示新增和修改的建築、新防火設施，以及結構材料的改變。每隔幾十年重印一次新地圖。就巴菲特記憶所及，他注意到這一家公司是因為它有一大批股票要出售。據說已故總裁遺孀要出售15,000股，因為她兒子將離開公司。卡列特（Phil Carret）擁有12,000股。

3. 每人5或10股，總共46股。

4. 巴菲特和聖邦公司執行長賀貝爾（Parker Herbell）發展出友好關係，他說其他董事待賀貝爾如同「跑腿小弟」。賀貝爾贊成將投資資產與地圖業務分開並提供援助，包括這項計畫。

5. 1959年9月25日巴菲特致賀貝爾的信中說：「管理階層、顧問和主要股東一致同意的行動方案，卻因為持有極少量股票的董事而無法實施，真是毫無道理。」

6. 巴菲特合夥事業也同意提供他們的股票。

7. 訪問多麗絲。

8. 訪問蘇西兒時朋友凱爾西・弗勞爾（Kelsey Flower）。

9. 訪問賀蘭夫婦。

10. 訪問彼得。

11. 訪問霍華。

12. *Gateway*, May 26, 1961.

13.「保羅・李維爾騎馬來」出自（美國詩人）郎費羅（Henry Wadsworth Longfellow）。聽，孩子們，你們會聽到蘇珊・巴菲特拯救廣大群眾。

14. 依據他的自傳《局外人》〔*Stranger to the Game.* New York: Penguin, 1994，共同作者惠勒（Lonnie Wheeler）〕，吉普森停賽季住在奧馬哈。他提到1964年在奧馬哈和白人球隊打籃球，為比賽去愛荷華州，在北三十街的酒吧裡，酒保不理會他。

15. 老霍華・巴菲特的話，引述自 Paul Williams, "Buffett Tells Why He Joined Birch Society," *Benson Sun,* April 6, 1961.

16. 1958年12月10日，麗拉給希爾斯醫師（Dr. Hills）的信。

17. 1960年5月23日，麗拉給凱瑞太太（Mrs. Kray）的信。

18. 訪問蘇西和霍華。他們回憶父親在這段期間的作息如常，回想起來，那是逃避現實的行為。

19. 訪問霍華。

20. 訪問彼得森。

21. 訪問西曼。

22. 訪問賀蘭。

23. 這是目前避險基金為符合法定投資人數限制所採用的做法。

24. 喬治‧潘尼（George Payne）也是這個合夥事業的創始成員。此時碧西已併入安德伍德。除了十個合夥事業外，巴菲特和父親依然經營巴菲特父子合夥事業。

25. 道瓊的報酬包括股利，合夥事業的報酬是尚未扣除巴菲特收費的數字。

26. 訪問彼得森。

27. 訪問利普西。

28. 1962年1月1日巴菲特三十一歲，但是他的個人投資加上合夥中的收益在數月前就已邁過百萬大關，那時他只有三十歲。

29. 訪問比爾‧史考特。

30. 巴菲特免了對史考特的收費，這是他給員工最優惠待遇的兩個案例之一。（參見第26章中的亨利‧布蘭特和第27章中的其他人）

31. 他放進所有資產，只除了他個人在未上市公司「資料文件」（Data Documents）的投資。

32. 1962年7月6日致合夥人的信。1962年第二季道瓊由723.5點跌到561.3點，跌幅23%。該年度前半年合夥事業支付合夥人之前虧損7.5%，比起道瓊含股利在內虧損21.7%，仍是勝了14.2%。

33. 巴菲特巧妙地改變了葛拉漢的原句。在《智慧型投資人》中：「所有這些方案的優點在於它使投資人在群眾購買賣出，當群眾缺乏信心時買入。」（*Intelligent Investor,* Part I: General Approaches to Investment VI: Portfolio Policy for the Enterprising Investor: The Positive Side, 1949 edition）。另外在《證券分析》中：「需要債券投資人在繁榮時特別小心，在艱困時更有信心。」（*Security Analysis*, Part II: Fixed-Value Investments, XI: Specific Standards for Bond Investment, 1940 edition）。

| 第25章 |

1. 訪問麥肯齊，他說這是巴菲特雇用他時告訴他的。缺乏公開上市的退出策略，這是可以兌現資產價值的兩個方式之一。巴菲特此時還未想到另一個方法，後面將會說到。

2. 1960年4月11日，巴菲特給克萊第‧登普斯特的信。

3. 1958年6月27日，巴菲特給丹恩的信：「……對業務愈來愈不積極，公司也隨之下沉，其他人卻沒權力做任何事……我們讓克萊第留任總裁，終於完成了這工作。」他給執行副總裁湯森暫時的營運授權。

4. 訪問許羅斯。

5. 每股30.25美元，1961年9月7日，巴菲特給登普斯特股東的信。

6. 1961年7月22日，巴菲特給合夥人的信。

7. 「登普斯特過去很賺錢，現在只是損益兩平。」1962年1月24日給合夥人的信：「五年來我們持續小量買入該公司股票，大部分時間我身為董事，對目前管理之下的營運前景愈來愈不看好。然而我也更熟悉資產和營運，我在數字上的評估依然有利。」這使他繼續買進。

8. 還有灌溉系統零件，因為風車需求衰退。

9. 「我們在部分風車零件和農業設備上掌控市場，」史考特說，「重新訂價可以避免虧損，而我們取得某種程度的成功。」

10. 1963年1月18日發表的致股東信。

11. "Still a Chance City Can Keep Dempster," *Beatrice Daily Sun*, 1963. September 1, 1963; "Drive to Keep Dempster Rolls," *Omaha World-Herald*, September 30, 1963.

12. 接替巴菲特的登普斯特董事長麥卡錫（W. B. McCarthy）說：「我們了解有些貝亞翠斯市民不知道你和拔特在登普斯特所做的必要工作。」1963年11月19日，麥卡錫給巴菲特的信。

13. 總資金280萬美元中，175萬美元付給出售者，餘款則擴充營運。"Launch 11th Hour Effort to Keep Dempster Plant Here," *Beatrice Daily Sun*, August 29, 1963.

14. "Beatrice Raises $500,000," *Lincoln Evening Journal*, September 3, 1963; "FireSirens Hail Victory, Beatrice Gets Funds to Keep Dempster," *Omaha World-Herald*, September 4, 1963; "Contracts for Dempster Sale Get Signatures," *Beatrice Daily Sun*, September 12, 1963.

15. 合夥事業賺了230萬美元，幾乎是投資的三倍。巴菲特把控股公司改名為第一貝亞翠斯公司（First Beatrice Corp.），把總部搬到奇威廣場大樓。

| 第26章 |

1. 演講人似乎是正巧來自不同團體的個人，而非「代表」他們的種族和信仰。多麗絲說，一切順利，只除了清教徒說天主教徒和猶太人將下地獄。

2. 由於奧馬哈肉類食品包裝工業規模縮小，黑人勞工被擠出就業市場，住在市中心北方，稱為近北區的貧民區，住宅老舊破爛，房東還收高額房租。1957年，名為「奧馬哈計畫」的社區研究計畫提議重建近北區，但是債券問題沒解決。自1959年開始，克雷頓大學（Creighton University）學生、城市聯盟（Urban League）和其他民權團體致力於改善黑人就業，並終止公立學校的教師區隔。

3. 訪問蘇西。她懷疑哨子有何用處。

4. 訪問彼得。

5. 訪問多麗絲（Viktor E. Frankl, *Man's Searching for Meaning*. Boston: Beacon Press, 1962）。

6. 訪問霍華。

7. 霍華和蘇西在訪問中如此形容自己和姊弟間的關係。

8. 對巴菲特家庭的綜合描述來自蘇西、霍華和彼得的訪問。

9. 訪問梅格・穆勒。她說：「這些年來我媽提過好幾次。」

10. 訪問瑞恩。

11. 訪問迪克・艾斯潘雪德（Dick Espenshade）。創設律師之一的吉米・伍德（Jamie Wood）來自其他公司。

12. 訪問安德森。

13. 這是簡化的例子，讓槓桿的觀念容易了解。資本確切的回報還須視賺取報酬所花的時間和借款利率。

14. 訪問古林（Lowe, *Damn Right!*）。

15. 描述來自安德森。

16. 訪問安德森。

17. 訪問古林、安德森。

18. 安德森怪自己太愚鈍不了解孟格心思，不怪孟格沒有解釋清楚。

19. 訪問安德森。

20. 安德森和孟格一起回憶這次不尋常的交易。孟格說故事大致真實。巴菲特記得它的原因。

21. 訪問安德森。「覬覦者」是安德森的說法，他說，因為「孟格從不覺得自己是『學徒』」。

22. 馬歇爾（Ira Marshall）提到孟格常把人的名字搞錯（Lowe, *Damn Right!*）。

23. 訪問安德森。巴菲特的朋友們經常用這個詞，他在1963年1月18日給合夥人信中也提到「拉衣尾」。

24. 1974年12月9日，孟格給葛蘭姆的信。

25. 同上。

26. 1953年，巴菲特以每份五美元出售該報告。

27. 巴菲特讓布蘭特參與一項利潤豐厚的私人投資：中陸卡片公司（Mid-Continental Tab Card Company），布蘭特的投資巴菲特沒抽成，這是雙贏交易。

28. 瑞恩在訪問中說：「應該會有滿倉庫這樣的東西。」但是作者從未見到。

29. 瑞恩把菲爾・費雪的觀念介紹給巴菲特（Philip A. Fisher, *Common Stocks and Uncommon Profits*. New York, Evanston, and London: Harper & Row, 1958）。

30. 這計畫的重點是黃豆油的市場不大。像石油或國庫券這樣龐大的市場，個人絕對沒有足夠的財力來壟斷。

31. 有關此案的報導多數不正確，均稱儲油槽中的油浮在海面上。

32. 美國運通發出的倉儲憑證數量高於美國農業部宣布的沙拉油總量（參見Mark I. Weinstein, "Don't Leave Home Without It: Limited Liability and American Express," Working paper, American Law & Economics Association Annual Meetings, Paper 17, *Berkeley Electronic Press*, 2005, p.14-p.15。）

33. 1933年8月4日，證交所因為催淚瓦斯惡作劇在交易中關閉。有人認為甘迺迪遇刺的關閉是第一次市場「真正的」關閉。

34. 美登伯格，「紐約證券交易所取消對威里斯敦的禁令，華森和美林協助促成此事，豪普特被關閉，甘迺迪總統遇刺消除了這些行動的效果」，1963年11月24日。黃豆油鬧劇，包括美國運通在其中扮演之角色，在刺殺事件後一週達到頂點。

35. 當時美國運通是大型上市公司中唯一的股份公司，而非有限公司。這代表股東的財產可能用以補充公司資本。巴菲特回憶說：「所以美國每個信託部門都緊張了，我記得大陸銀行擁有該公司5%股份，其信託部門不僅可能看見股票價值變為零，其資產還可能用來抵債，股票自然傾巢而出，有一段短期間，市場不太有效率。」

36. 旅行支票是美國運通的主要產品。其他銀行推出信用卡與旅行支票競爭，美國運通才防衛性地推出信用卡。

37. 1964年6月16日，巴菲特給美國運通霍華·克拉克（Howard L. Clark）的信。美國運通前執行長吉姆·羅賓森親眼看到布蘭特給巴菲特30公分高的資料。「我記得見過布蘭特的美國運通資料，非常多，」瑞恩在訪問中說。

38. 聯邦法庭指控迪安傑利斯犯下四項陰謀詐欺，他最後認罪，被判刑10年（"The Man Who Fooled Everybody," *Time*, June 4, 1965）。

39. 1953年8月6日，老霍華·巴菲特的最後遺囑。

40. 訪問派翠西亞·丹恩（Patricia Dunn）、蘇西及巴菲特。

41. 在民權時代，許多人換黨是因為在他們心中，共和黨等於種族主義（參見Lewis L. Gould, *Grand Old Party*. New York: Random House, 2003）。

42. 巴菲特不記得他起先登記為獨立人士還是民主黨。他偏好獨立人士，但是這樣他就不能在初選中投票。不是一開始就是幾年後，他登記為民主黨。

43. 訪問蘇西。

44. 史蒂蔓回憶2001年11月與蘇珊的訪問，感謝史蒂蔓和威勒提供資料。

45. 莫能已過世。莫能的話引述自洛溫斯坦的《巴菲特：一位美國資本家的誕生》。

46. 巴菲特無法面對父親死亡之事，最常被家族成員引用為他當時內在心理的狀況。

│第27章│

1. 巴菲特於1964年6月16日寫給美國運通公司克拉克的信。

2. L. J. Davis, "Buffett Takes Stock," *New York Times*, April 1, 1990.

3. 1964年7月，巴菲特寫信給合夥人說：「……我們的總類（General category）

目前包括三家公司，巴菲特合夥事業公司是最大單一股東。」讀者由此可想而知，這是相當集中式的投資組合。

4. 巴菲特給股東的信，1965年11月1日。

5. 巴菲特給股東的信，1967年10月9日。

6. 巴菲特給股東的信，1966年1月20日。

7. 訪問哈定。

8. 在1962年，依據喬依絲的訪問所述。

9. 每人平均。到1954年為止，從捕鯨得到的年收入多達1,200萬美元，因此在美國內戰以前，以每人平均來算，紐貝德福很可能是全世界最富裕的城市（根據 Everett Allen, *Children of the Light: The Rise and Fall of New Bedford Whaling and the Death of the Arctic Fleet*. Boston: Little, Brown, 1983）。

10. Horatio Hathaway, *A New Bedford Merchant*. Boston: D. B. Updike, the Merrymount Press, 1930.

11. 1888年海瑟威製造公司合夥事業協議。其他的合夥人是卡瑞波（William W. Crapo），是葛林在紐貝德福的長期合夥人，也投資了2萬5,000美元。初期的總資本是40萬美元。

12. 她的財產估計有1億美元。

13. Eric Rauchway, *Murdering McKinley: The Making of Theodore Roosevelt's America*. New York: Hill and Wang, 2003.

14. 美國北方不是工人的天堂，但在南方幾乎沒有法律禁止利用童工、工時太長或不安全的工作環境。工廠擁有工人的住屋、購物的商店，並控制他們的供水，擁有他們的教堂，而且實質上控制了州政府和法院。身懷機關槍的國民防衛隊防止工人罷工，工人比較像是佃農。第二次世界大戰後，工廠有了空調設備，北方紡織業前往南方，到南、北卡羅萊納州尋找廉價勞工，有近萬名北方工人因而失業。

15. Seabury Stanton, *Berkshire Hathaway Inc., A Saga of Courage*. New York, Newcomen Society of North America, 1962。希伯里於1961年11月29日到波士頓做了這場演講。

16. 同上。

17. 在《英勇的事蹟》一書中，希伯里說他認為史坦頓家族自奧利佛‧卻斯（Oliver Chace）建立新英格蘭紡織業開始，即代代投入紡織業，他在1806年創立了波克夏精細紡織協會最古老的公司。卻斯原本是沙繆爾‧史萊特（Samuel Slater）的學徒，在十八世紀末最先把理查‧艾克萊特爵士（Sir Richard Arkwright）的創新發明細紗機技術帶到美國。

18. 海瑟威製造公司開放參觀日導覽手冊，1953年9月。

19. 如果目標訂為保住工作，就不必花錢進行現代化。肯恩‧卻斯（現已歿）說，希伯里對於投資報酬完全沒有概念（引述自洛溫斯坦的《巴菲特：一位美國資

本家的誕生》)。

20. 據1957年12月號《現代紡織》中，傑若・康培爾（Jerome Campbell）的「波克夏海瑟威的美麗新世界」一文所述，史坦頓（現已歿）有這些看法。

21. 1994年波克夏海瑟威公司董事長的信。

22. 訪問高提斯曼、溫伯格。

23. 崔布納公司的小詹姆士・克拉克（James M. Clark Jr.）在1990年5月4日寫給巴菲特的信，指出「霍華・布朗恩給各種客戶的縮寫代號」。

24. 訪問安德森。

25. 訪問克利斯・布朗恩和安德森。

26. 據安德森說，這是巴菲特交易的方式。作者在本書其他地方也對巴氏作風很熟悉。

27. 佣金聽起來很少，但巴菲特後來說，以一股10美分來看，這是他付給一檔股票的最高佣金。

28. 訪問瑪麗・史坦頓・普洛登華德洛（Mary Stanton Plowden-Wardlaw）及麥肯齊。

29. 歐提斯也覺得希伯里試圖繞過紐約「轉化者」（converters）的策略是個嚴重的誤判；轉化者會把希伯里公司的「灰色貨物」染色完工並賣給顧客。

30. 「如果你這一行不能接受長期罷工，基本上你是在和你的工會玩鬥狠遊戲，因為如果你關廠的話，他們也會失業……這涉及賽局理論。在某種程度上，你的企業愈疲弱，你的談判立場就愈佳，因為如果你極端疲弱，即使是很短的罷工也會讓你的企業倒閉；而談判桌另一方的人了解這一點。另一方面，如果你的實力不弱，他們就會給你更大壓力。不過從事不能罷工的行業並不是好玩的事。」波克夏海瑟威的巴菲特和孟格，「避險基金的誘因很驚人，但是不要期望很快有回收」（*Outstanding Investor Digest,* Vol. XVI, No. 4 & 5, Year End 2001 Edition）。

31. 有幾個葛拉漢門人發誓說，他們看過那個房間。但巴菲特發誓說，這個故事不是真的。一位廣場飯店以前的員工則證實十七樓確實有一些特別的小房間，視野不佳，房價可能會降低，尤其是較晚入住的話。

32. 訪問小肯恩・卻斯。

33. 這是據洛溫斯坦的《巴菲特：一位美國資本家的誕生》一書所述，而肯恩・卻斯是消息來源。華倫記不得任何細節，包括和史坦頓的談話，但是他說肯恩・卻斯說的極可能正確。

34. 1991年6月3日瑪麗・史坦頓・普洛登華德洛寫給巴菲特的信。這次會議是史丹利・魯賓安排的。

35. 訪問瑪麗・史坦頓・普洛登華德洛。

36. 這個故事的詳細版本來源是肯恩・卻斯。巴菲特記得他和肯恩坐在廣場飯店附近的長椅上，吃著冰淇淋（洛溫斯坦的《巴菲特：一位美國資本家的誕生》）。

37. 據「小聯盟」的使命宣言所述：「小聯盟是一個女性組織，致力於促進志願服務、開發女性潛能，以及透過志願者的有效行動與領導來改善社區，目的是教育和行善。」（本書作者是會員）

38. 他取代高齡的亞伯拉罕‧柏柯維茲（Abram Berkowitz），此人為這家公司的法律事務所 Ropes & Gray 工作，無異議決定下台。

39. 希伯里‧史坦頓說他：「加速退休，因為不贊同公司對外部利益人士的政策，這些人士收購了足以控制公司的股票。」

40. 1965年5月10日波克夏海瑟威公司董事會的會議紀錄。

41. "Buffett Means Business," *Daily News Record*, May 20, 1965.

42. 部分改寫自2004年6月的紀錄片「華倫‧巴菲特與人分享他的財富」（*Vintage Buffett: Warren Buffett Shares His Wealth*）；部分來自訪問。

| 第28章 |

1. 訪問多麗絲。

2. 同上。

3. 1965年11月10日。

4. "Riot Duty Troops Gather in Omaha," *New York Times*, July 5, 1966；州長說，問題在於失業，黑人失業率是白人的3倍；在奧馬哈有30%的黑人失業。

5. Bertrand Russell, *Has Man a Future?* New York: Simon & Schuster, 1962；這本強有力的絕對論著作（absolutist book）主張，除非發生某個「激進」事件，否則人類最終會被大規模毀滅性武器所滅亡，並預言在不久的將來會發展出大量生化武器。

6. 1955年羅素與愛因斯坦共同發表的「宣言」。羅素是1958年核武裁軍運動的主席，和愛因斯坦共同創立帕格瓦許會議（Pugwash Conference），這是關切核武擴散問題的科學家團體。

7. 訪問賀蘭。

8. 巴菲特和他的行政長哈定挑選了一套具有代表性的大型股，建立了一套市場指數。巴菲特並不想透過經紀商進行交易，因為經紀商會留住出售股票的款項，而且不付利息給他。哈定聯絡大學捐贈基金，巴菲特親自前往芝加哥拿股票。直接把股票借給放空投資人的概念當時非常新穎，大多數大學都通過了。不過，哈定借到了大約460萬美元。

9. 1966年第一季，巴菲特投下50萬美元買公債。

10. 訪問蘇西、梅格‧穆勒、梅瑞安‧麥多諾（Mayrean McDonough）。

11. 訪問凱爾西‧弗勞爾。

12. 訪問蘇西。

13. 訪問溫伯格。

| 第29章 |

1. 「落魄的人」是詹姆士・芮禮（James Whitcomb Riley）所撰的童謠，講一個做雜事的人。
2. 訪問彼得森。
3. 巴菲特說了這個故事，海德也印象深刻。巴索則不記得這個故事。
4. 拜爾羅尼克製帽公司和歐克斯福服裝公司雙雙在1967年被科瑞特公司收購。
5. 訪問巴索。
6. 高提斯曼原本為柯文公司（Corvine and Company）工作，他說這家公司當時快要倒閉了。他在1964年創立了自己的公司，第一曼哈頓公司。
7. 1967年12月18日依據多元零售公司股票發行文件，債券支付8%利息。
8. 無論如何，他還是給他們錢，和「國家城市」（National City）合夥，為這項交易提供900萬美元的短期融資。1967年12月18日多元零售公司創辦計畫書。據高提斯曼和《穆迪銀行與金融手冊》的說法，馬丁・孔恩是馬里蘭國家銀行的董事。
9. 孟格證詞（*In the Matter of Blue Chip Stamps, Berkshire Hathaway Incorporated*, HQ-784. Thursday, March 20 1975, page 187）。
10. 訪問孟格。
11. 1967年12月18日多元零售公司創辦計畫書。
12. 巴菲特說，羅斯納說他向葉伊說了這樣的話：「見妳的鬼，如果妳質疑這件事，就自己經營這家店。」葉伊同意出售，但他們的關係就此無可挽回。

| 第30章 |

1. 加上巴菲特的另一筆「投資資料文件」公司的股票，他的淨值大約在950萬美元和1,000萬美元之間。
2. 據派翠西亞・鮑爾（Patricia E. Bauer）的〈長距離投資人的信念〉一文的記載，巴菲特的敘述是：「有一次我們有隻狗跑到屋頂上，我兒子叫牠，牠跳下來了，真可怕，那狗那麼愛你，愛到願意跳下屋頂……」讀者奇怪的是，那隻狗如何跑上屋頂的。此文登在1986年11月的《通路》（*Channels*）期刊。
3. 訪問史密斯。
4. "Haight-Ashbury: The Birth of Hip," CBC Television, March 24, 1968.
5. 1967年的交易量超過25億股，比1966年的紀錄多了三分之一（Thomas Mullaney, "Week in Finance: Washington Bullish," *New York Times*, December 31, 1967）。
6. 但是看來保險業的價值被低估，他認為他們會被人買走。他買了住家保險公司（Home Insurance）和雇主團體協會（Employers Group Associates）。
7. 高報酬率，而且不必繳稅。如果某股東是以一股0.06美元買的（在為0.1美元股利繳了稅後），放在平均賺5%的市場，他將會有大約0.42美元。如果讓巴

菲特保有那0.1美元，以他過去40年來21％的複利計算，一個股東（多年後股本會稍微稀釋）將會多賺135美元。擴大規模來看，發放小小的股利讓波克夏海瑟威的股東到2007年時「損失」超過兩億美元。

8. 訪問麥肯齊。
9. "Requiem for an Industry: Industry Comes Full Circle," *Providence Sunday Journal*, March 3, 1968.
10. 1967年1月25日給合夥人的信。
11. 到1967年9月30日時，合夥事業的庫房和短期債務中擁有1,420萬美元，總投資為8,370萬美元。
12. 訪問比爾‧史考特。
13. 訪問海德。
14. Robert Dorr, "'Unusual Risk' Ringwalt Specialty," *Omaha World-Herald*, March 12, 1967; *Ringwalt's Tales of National Indemnity and Its Founder*. Omaha: National Indemnity Co., 1990（兩處都細數馴獸師、馬戲團表演者及「一桿進洞」競賽的故事。巴菲特從林華特那裡聽到這些滑稽的故事）。
15. 波克夏為了那項交易付給海德14萬美元。
16. 訪問比爾‧史考特。
17. 由於這家公司股權集中，只花了一星期就獲得必要的80％股東的批准。
18. 林華特在書中說，當時他只是開車尋找街邊停車表還有剩餘時數的車位，他拒絕停在付費停車場。
19. 這是全國產物保險公司不需要再保或其他同業保護的原因，那樣做既昂貴又會讓它變得有依賴性。
20. 多元零售公司1976年的股東名冊中也包括林華特（事實上他在它公開收購股權時，把3,032股賣回給公司）。

| 第31章 |

1. 魏德拒絕接受訪問，他在衛理公會的社區改善組織「衛斯理住屋」（Wesley House）擔任理事長。
2. 訪問瑞姬‧紐曼和她兒子湯姆‧紐曼。其他還有一些人記得蘇珊和瑞姬的活動。
3. 訪問彼得森。
4. 巴菲特先前由於霍柴孔恩公司的關係，曾經見過羅森斐。
5. 格林內學院創辦人，即公理教會牧師暨華盛頓特區第一公理教會駐堂牧師，約書亞‧格林內（Josiah Grinnell）於1852年南方公理教會反對他的廢奴主張時，脫離公理教會。格林內曾求助於著名的《紐約前鋒報》（*New York Herald*）編輯葛瑞利（Horace Greeley），他告訴格林內，美國的每個學童後來都會學到這句話：到西部去，年輕人，到西部去！這句話最早出現在1851年的《特雷霍特市快報》（*Terre Haute Express*），是約翰‧索爾（John Soule）寫的。

6. 訪問當時的總務長華克（Waldo Walker）。

7. 運氣不佳的美國大通銀行（Chase Manhattan Bank）董事長錢比恩（George Champion），追隨金恩的這項計畫，就「我們已過時的福利國家」發表演說。

8. 羅威爾這首詩的常見說法比他原本的措詞來得有力，原文為：「雖然她的命運是在斷頭台上，而在王位上是錯誤的」（James Russell Lowell, "The Present Crisis," 1844）。

9. 訪問史密絲。

10. 取自金恩1963年在西密西根大學的演說。金恩可能於1967年10月在格林內學院會議上就說過類似的話，但是沒有留存文字紀錄。

11. 金恩1963年在克利夫蘭首度談到這點，此後並在許多重大演說中提到，但措詞略有變化。他說，這個概念是你不能立法規定道德是「半真半假的陳述」。「法律可能不能讓一個人愛我，」他說，「但是法律可以讓他不得對我動私刑，我認為這一點很重要。」

12. 雖然曾經短暫衝過1,000點大關，後來下挫超過15％。

13. 1967年1月25日寫給合夥人的信。

14. 1968年1月24日寫給合夥人的信。

15. 高伯瑞接受旋克（Israel Shenker）的訪問（"Galbraith: '29 Repeats Itself Today," *New York Times*, May 3, 1970）表示：「共同基金的激增就像舊式的投資信託。民眾顯然深信有數以百計的金融天才。上升的股市就是金融天才，下跌的股市是金融詭計。」另外，高伯瑞於《挑戰》（*Challenge*, Sept-October, 1999）發表〈貌似無辜的騙局〉，重申「在金融世界，天才就是上升的市場」。

16. "Race Violence Flares in Omaha After Negro Teen-Ager Is Slain," *New York Times*, March 6, 1968; Bigart, "Omaha Negro Leader Asks U.S. Inquiry."

17. 他住院了好一段時間才復原。這項記載部分來自《門戶城市：奧馬哈的歷史》（*The Gate City: A History of Omaha*. Lincoln: The University of Nebraska Press, 1997）。

18. 在1981年12月號《花花公子》的訪問中，在奧馬哈成長的影星亨利‧方達敘述他看到同一件事：「那是我永遠難忘的經驗……我父親的辦公室俯視著法院的廣場，我們上樓從窗口觀看……真是太可怕了。一切結束時，我們回家。我父親從來不談論這件事，從來不說。他知道這事會給我什麼印象。」

19. 訪問瑞姬‧紐曼。

20. 那個俱樂部在1999年改名為Ironwood。

21. 當時純屬巧合。彼得森也被提名加入高地鄉村俱樂部。彼得森常常和熱愛飛行的友人雷文（Bob Levine）在那裡用餐，因而覺得他應該入會，免得常常白吃白喝。

22. 巴菲特的另一個友人史丹‧利普西，代表彼得森入會。「因為這樣我聲名大噪，」利普西說，「第二年他們讓我參加董事會。一個叫做傅立曼（Buck

Friedman）的高爾夫球友是主席，他很嚴肅，我試著吹捧他們。他不喜歡我給他的綽號。」

| 第32章 |

1. 1968年1月16日巴菲特寫給葛拉漢的信。

2. Armon Flenn, "Run for Your Money." *New York Times*, June 3, 1968; "Mutual Interest," *Time*, January 19, 1968; Robert D. Hershey Jr., "Mutual Funds Reaching Future for Investment," *New York Times*, September 29, 1968.

3. 在1929年，只有約3%的人口持有股票，到了1968年，約有12.5%的人口持有股票或股票型共同基金。

4. 1968年7月11日寫給合夥人的信。

5. 美國證券交易委員會在1963年做了一項研究說新制度那斯達克即將上路。那斯達克在1971年2月8日開始運作，第一年的交易量就和美國證券交易所一樣大（Eric J. Weiner, *What Goes Up: The Uncensored History of Modern Wall Street,* New York: Little, Brown, 2005）。

6. 1968年1月16日巴菲特寫給葛拉漢集團的信。

7. 1971年9月21日巴菲特寫給葛拉漢的信。

8. 多元零售公司的整體盈餘在1968年減少了40萬美元，即17%。聯合棉花商店則賺了大約20%，尤其在1968年這艱辛的一年，這是非常傑出的績效。

9. 1968年1月24日寫給合夥人的信。

10. 巴菲特在股票投資時有虧損，但他會很快減少損失。安全邊際不能防止虧損，但可避免大賠。

11. 「青年國際黨」（Yippees）是一個無政府主義者搞笑團體，提名一隻叫做「天豚」的豬為該黨的候選人。1968年10月24日，領導人魯賓（Jerry Rubin）在英屬哥倫比亞大學教職員聯誼會上說；「如果你能投票給一隻真正的豬，為什麼要投給尼克森、華勒斯、韓福瑞這些半豬半人的傢伙？」

12. 訪問麥肯齊，他說卻斯很不高興，但沒有表現出來。他做了他應該做的事。

13. 信用卡的衝擊和消費者想法的大幅改變，很難充分描述。從前常見的購物方式，先存錢再購物，已被舉債購物取代了，結果社會上已充斥著須繳錢還給金融機構的人。「地震的風險」（earthquake risk）是慘痛地去槓桿化。（見2008年信用風險）

14. 零售商通常為每1美元的銷售金額付出2美分的點券，並把這個費用轉嫁到貨物價格上。

15. 他們把藍籌點券的價格訂得較低，為1.5美分。

16. 當時藍籌公司有71%的點券業務是在加州（"Safe on Its Own Turf," *Forbes*, July 15, 1968）。

17. 阿爾發貝塔和阿登—美菲食品連鎖店（Arden-Mayfair）捨棄史派瑞哈金森公司

的點券，改用藍籌公司點券時，史哈公司控告藍籌公司。藍籌公司最後付出600萬美元才讓事件落幕。

18. 每「套」訂價101美元，包含6.5％十年期公司債的100美元面額，加上3股票面價值0.333美元的普通股。總數有621,600的藍籌股公開出售。曾是藍籌公司大客戶的九家零售商分購了另外45％，交付信託10年。其餘10％由公司高階主管持有（*Wall Street Journal*, September 23, 1968）。

19. 兩、三家連鎖加油站和北加州一群小型的購物點券公司都提出了告訴。藍籌點券公司給股東年度報告書，1969年。

20. 葛拉漢集團成員記得這事。

21. 1968年1月24日給股東的信。

22. Leslie Berlin, *The Man Behind the Microchip*. New York: Oxford University Press, 2005.

23. 巴菲特在1965年第三季以每股30餘美元的低價，放空資料控制公司1萬股；當時他放空的投資組合超過700萬美元。最後他在1968年為合夥事業買下一些資料控制公司的股票，做為套利。

24. 訪問凱蒂・巴菲特，她說弗列德想要投入300美元，而她「偷了點錢」加了100美元。她認為如果當初在巴菲特的合夥事業投入較多錢，會賺得比較好。

25. 以可轉換公司債的形式。

26. 巴菲特告訴合夥人，聯合棉花商店和全國產物保險公司「績效特別傑出」。但公司整體來說只有「像樣的」（decent）表現，波克夏和霍柴孔恩拖累了整體成果。

|第33章|

1. 葛蕾蒂絲先前是凱莉女孩臨時辦公室員工，1967年1月開始在此工作，直到1993年退休。

2. 訪問華特絲。巴菲特和那棟大廈一樓男士服裝店的巴索共同雇用華特絲。

3. 藍籌點券公司是最接近有這類特權的公司。

4. 始於一篇文章 "Love Only Thing That Stops Guard," *Omaha World-Herald*, April 20, 1952；繼而有一張蘇珊與孩子們打包野餐用熱水瓶的溫馨照片，以及一篇巴菲特購買山姆・雷諾斯房子的報導。

5. 卡蘿的回憶是取自她刊載在《財星》上的回憶錄（"My 51 Years (and Counting) at *Fortune*," *Fortune*, September 19, 2005）。

6. 卡蘿做了一篇人物報導，推崇避險基金經理人瓊斯（A.W. Jones，出處見於 "The Jones Nobody Keeps Up With," *Fortune*, April 1966）。這時大約是她剛認識巴菲特或認識之前，她在文中隨筆提到巴菲特。但她一直沒有報導他這號人物，直到她寫〈Hard Times Comes To the Hedge Funds〉才寫到他（1970年1月，《財星》）。

7. 巴菲特說他其實從來沒有睡過頭而錯過送報。這似乎是他對常見的「考試焦慮夢」(test-anxiety dream)的說法。

8. 訪問柯萬(Geoffrey Cowan)。

9. 巴菲特一開始時投入 32,000 美元。

10. 訪問彼得斯,以及摘錄自彼得斯回憶錄的評語(*Tilting at Windmills*. New York: Addison-Wesley, 1988)。

11. 巴菲特投入 5 萬美元。

12. 史丹貝克獲知無法將他的投資份額捐給《華盛頓月刊》做為慈善用途後,他說:「最後我讓他們把股票給了在那裡工作的一個人,反正我就是要把它送出去。它沒有價值。」

13. 1969 年 5 月 29 日給合夥人的信。

14. 同上。

15. 同上。

16. 巴菲特雇用一位女老師當保母,但是霍華把那老師的丈夫變成他的盟友,家中更加沒有紀律可言。

17. Al Pagel, "Susie Sings for More Than Her Supper," *Omaha World-Herald*, April 17, 1977.

18. 訪問布朗。

19. 2004 年波克夏海瑟威公司股東會。

20. 1969 年 10 月 9 日給合夥人的信。

21. John Brooks, *The Go-Go Years*. New York: Ballantine Books, 1973.

22. 這股票已經「分割」(split),所以一股變五股,當時每股遽漲至 25 美元。

23. 藍籌公司召開了一次股東會議,就第二次公開發行進行表決,二次發行時股東可以公開發售現有的大宗股票。

24. 訪問溫德翰・羅伯森(Wyndham Robertson),她說她到卡梅爾市(Carmel)兩年後第一次加入葛拉漢集團時,幾乎聽不懂這套祕語。

25. 訪問溫伯格、納普、史丹貝克、露絲・史考特。

26. 1971 年 9 月 21 日給葛拉漢集團的信。

27. 訪問史丹貝克。

28. 訪問高提斯曼,他說基本上他們在那項交易上損益兩平,還說有關霍柴孔恩的交易出現了一些傳言。「流傳的說法指稱那是一大錯誤,」他說,「但我不認為那是像表面看來那麼嚴重的錯誤……傳言後來變得很離譜。」

29. 萬有超市在 1969 年以 505 萬美元現金外加 654 萬美元的不附息票據(現值約 600 萬美元),買下霍柴孔恩公司。實際上多元零售公司收到約 1,100 萬美元。

30. 來自多元零售公司 1969 年年報。但如果巴菲特有什麼意外,根據債券的條款,強制贖回的義務將會中止。所以他把隨機發生的因素從條款中排除。

31. 懷爾德不是唯一懷疑的人。巴菲特說:「寇文認為我瘋了才會那樣做。」

32. 1989年給股東的信。

33. "How Omaha Beats Wall Street," *Forbes*, November 1, 1969.

34. 這篇文章說，巴菲特自從1952年結婚後一直住在這棟房子，其他作者後來也以訛傳訛。這棟房子絕不像年輕夫妻會買的第一棟房子。許多文章用「樸素」之類字眼形容它，卻很少提到它是花了大筆錢重新裝修過的。巴菲特在1958年買了這棟房子。

35. Evelyn Simpson, "Looking Back: Swivel Neck Needed for Focus Change Today." *Omaha World-Herald*, October 5, 1969.

|第34章|

1. Carol Loomis, "Hard Times Come to the Hedge Funds," *Fortune*, January 1970；此為盧米斯呈現巴菲特看法的系列文章的第一篇。

2. 此為帳面價值。有形帳面價值為43美元。摘自巴菲特1969年10月9日的致合夥人書信。

3. 同上。

4. 比較用功的合夥人在讀1968年年報時可能就已經發現，波克夏海瑟威公司是《太陽報》的股東。

5. 摘自1969年10月9日的致合夥人書信。巴菲特解釋說，他預期股票在未來十年的稅後投資報酬率為6.5%，約等同於「免稅債券的純消極型投資」。他說，即使是最頂尖的基金經理人，稅後績效也不太可能優於9.5%。相較之下，他在合夥事業營運初期向合夥人預測的報酬率是17%，而他實際達成的績效是30%。

6. 1969年12月5日，致合夥人書信。

7. 據巴菲特說，當中有兩個從未找到值得信任的人來幫她們管錢，而有一個最後淪落到在聖地牙哥以算命維生。

8. 1969年12月26日，致合夥人書信。

9. 這句話耐人尋味，因為巴菲特才點名道瓊股票是他即使在荒島上也要持有的股票。然而，《太陽報》不是理想的投資標的。

10. 那時，有一小群巴菲特的跟屁蟲追蹤他的持股，而巴菲特的意向也引發許多合夥人濃厚的好奇心。經過十多年的保持神祕，他清楚陳述意向的行為有其重要性。

11. 在1969年12月26日的致合夥人書信裡，巴菲特多談了一些與承銷商交涉時的恩怨。他說這項交易的定價方式有「很高的比重」是以藍籌點券最接近的對手史哈公司為對照基準，但是在「股票交易前」不久，「雖然道瓊指數大幅滑落，S&H的價格並沒有變動，但他們卻提出一個遠低於先前訂定範圍的價格。」（藍籌點券公司當時大幅衰退）「我們心不甘情不願地同意了，也認為雙方已經達成協議，可是到了第二個上班日，他們卻說無法接受我們之前說好的

價格。」

12. 實在看不太出來加油站提告的誘因何在。它們也因著發藍籌點券而獲利。要是加州有五家點券公司，它們發點券的成本可能更高，而能否因此賺更多錢卻是未知數（可能反而賺得更少）。

13. 多元零售公司1971年年報揭露的本票發行總金額為84萬1,042美元，「用以交換關係企業的普通股」，本票的到期日不一，有的到期日定為巴菲特死後十二個月內。一直到1978年，多元零售公司才停止發行這些本票，總發行金額至此為152萬7,000美元。這些本票在頭一年可以依受款人指示付款。1972年時，這些本票顯然刪去這個條件之後重新發行（根據多元零售公司1972年的財報）。

14. 波克夏海瑟威再保險公司、多元零售公司和藍籌公司1970年年報，10-K報表和致股東年度報告書。

15. 訪問麥肯齊。

16. 訪問沙納特夫婦。

17. 訪問孟格。

18. 持股比重高到足以防止惡意收購。

19. 藍籌點券公司的營業額在1970年衝上1.32億美元的高峰。

20. A&P超市1972年的「經濟源頭」（Where Economy Originates）折扣活動促使其他超市連鎖商採用折扣。參見："The Green Stamp Sings the Blues," *Forbes*, September 1, 1973.

21. 波克夏海瑟威公司的檔案。

22. 訪問藍西。這樁出售案之所以會出現是因為喜事糖果的創辦人之一、瑪麗·西伊（Mary See）的兒子勞倫斯（Laurence A. See）過世了，他的弟弟兼遺產處理人查爾斯（Charles See）在夏威夷度假時，向一名熟識的律師透露，他想要賣掉喜事糖果。這名律師把這個消息告知在SSC投資公司（Scudder, Stevens & Clark）工作的弗拉賀提（Bob Flaherty），而弗拉賀提對也是SSC客戶的藍西提及此事。

23. 訪問安德森。

24. 巴菲特和孟格的收購價格是TTM本益比11.4〔也就是以喜事糖果過去十二個月（trailing twelve months）的盈餘數字為基礎，支付相當於喜事十一年多獲利的金額〕。巴菲特鮮少接受本益比超過十的投資標的，這算是相當貴的價格。支付價格超過帳面價值在此也是首開先例。蘇珊曾對朋友提到，巴菲特「為她買下喜事」，滿足她的巧克力癮，聽來像是巴菲特的甜言蜜語。

25. 自1960年起。

26. 這段描述綜合了訪問孟格，以及波克夏海瑟威2003年年會上的評論。參見Warren Buffett and Charlie Munger "What Makes the Investment Game Great Is You Don't Have to Be Right on Everything," *Outstanding Investor Digest*, Vol. XVIII, Nos. 3 and 4, Year End 2003 Edition.

27. 訪問安德森和克里斯·布朗（Chris Browne）。巴菲特面對波克夏和這類狀況所持的理由是他需要股票取得控制權。然而，他的盟友可以保留股票並跟著他投票。在他資金較少的早年，巴菲特的確安排過這種投票障礙。

28. 1971年12月28日，巴菲特給哈金斯的信。

29. 1970年代初期，糖價增加了六倍。儘管肉價是大部分新聞報導的焦點，糖和可可才是價格暴增幅度最劇的大宗商品。

30. 本段敘述源自巴菲特、史丹利·庫倫（Stanley Krum）和哈金斯的通信內容。在一封1972年後期的信裡，滴酒不沾的巴菲特說：「或許來自法國某個32公頃小葡萄園的葡萄真的是世界極品，但我總是懷疑，這份美譽大約有99%的成分來自言語，1%才是酒本身。」

31. 許多經理人都有此慨嘆。

32. 1972年9月25日，巴菲特給哈金斯的信。

33. 訪問瑞姬·紐曼母子。

34. 要不是證管因為波克夏海瑟威擁有全國產物保險公司而認為有利益衝突之嫌，巴菲特大概會出任他最愛的GEICO的董事。

35. 訪問彼得。

36. 每一名諮詢委員大約出資7,000美元。非裔美國人社區保有銀行的控制權。有些黑人不希望有白人投資者。「我猜，他們就是認為我們在想辦法左右他們，」巴菲特說。

37. 訪問哈定。

38. 訪問賴利·麥爾斯（Larry Myers）。根據麥爾斯的說法，巴菲特維持這種參與程度長達十七年。諮詢委員會不同於一般董事會職務，通常不需要投入那麼多的時間。

39. 洛溫斯坦《巴菲特：一位美國資本家的誕生》。

40. 訪問史密絲。

41. 訪問沙納特夫婦。巴菲特也曾憶及此事。

42. 幾週前，在湯普森夫婦結婚週年宴會上，巴菲特的廚子上了一道後來聞名全奧馬哈的「毒雞」。除了一對吃鮪魚的猶太教士夫婦，其他出席者都感染了沙門氏菌。那時的巴菲特已經是名人，因此這事還上了《奧馬哈世界前鋒報》。與梅耶·科里普克（Meyer Kripke）牧師的訪談。

43. 巴菲特談到這段往事時說他輸了那盤棋，可是根據羅珊·布蘭特和強納森·布蘭特的說法，巴菲特下定決心不要輸給一個六歲小孩，最後也贏了棋。

44. 根據一名友人的說法，蘇西在1960年代晚期開始在言語中表達這種態度。後來她在一場訪談裡對羅斯說了文中引用的這句話。

45. 訪問布朗。幾名消息人士也確認，蘇珊在這段期間與布朗聯絡頻繁。

46. 訪問瑞姬·紐曼母子。

47. 他在1973年的房貸是109,000美元。

｜第35章｜

1. "Warming Up for the Big Time: Can John Tunney Make It as a Heavyweight?" Charles T. Powers, *West magazine* (*Los Angeles Times*), December 12, 1971.

2. 訪問墨菲。

3. 這段故事綜合墨菲和巴菲特的說法。兩人說法一致，但對話內容有些微差異。

4. 《沃茲堡星辰郵報》（*Fort Worth Star-Telegram*）和該區調頻調幅廣播電台以8,000萬美元賣給資本城市的消息是在1973年1月6日發布的。

5. 「我應該出手的，」巴菲特說，「我真是蠢。我們可以藉這個機會大賺一筆的。」

6. 根據男孩鎮〔現在改名為「男孩女孩鎮」（Girls and Boys Town）〕的說法，收容所開辦於1917年12月12日，收留的男童數在三個星期內從六人增加到二十五人。1928年12月的《奧馬哈刊物及產業評論》（*Omaha's Own Magazine and Trade Review*）所記載的日期和人數也與此相近（二十至三十人）。

7. 老霍華·巴菲特「在扶持我們的自營郵局方面對我們貢獻良多，我們對此深表感謝，因為他在我們極需朋友的時候，對我們伸出援手。」（1972年4月24日，派崔克·諾頓（Patrick J. Norton）寫給巴菲特的信）。根據1971年8月25日《愛爾蘭獨立報》（*Irish Independent*）的記載，男孩鎮郵局成立於1934年，男孩鎮社區於1936年法人化。郵局是男孩鎮募款活動的成功關鍵。

8. 《太陽報》做這篇報導的時候，平均每筆捐款金額是1.62美元。源自路德與維格納神父的訪談稿。

9. 同上。Robert Dorr, "Hard-Core Delinquent Rarity at Boys Town," *Omaha World-Herald*, April 16, 1972。

10. Paul Williams, *Investigative Reporting and Editing*, Englewood Cliffs, N.J: Prentice-Hall, 1978。作者在男孩鎮調查報導專案期間擔任編輯。

11. 《太陽報》批露男孩鎮報導後，新聘專案主任麥可·凱西（Michael Casey）根據他過去在監獄和精神病院的工作經驗，在1974年3月10日《奧馬哈世界前鋒報》的「中部新聞」單元裡，把男孩鎮的氛圍描述為「低度警戒監獄」。根據凱西的記述，六個月後他被迫辭職離開男孩鎮，他指稱男孩鎮的改革只是粉飾視聽。哈普（Hupp）神父表示，凱西離職是因為他的任務已經完成，可是凱西是個直言敢言的前科犯，這或許讓他變得「過於棘手」。

12. Paul N. Williams, "Boys Town, An Exposé Without Bad Guys," *Colombia Journalism Review*, January/February 1975.

13. 《太陽報》有個「四用」組負責報導報紙第七版的新聞。他們也是負責男孩鎮報導的記者。

14. 威廉斯在《調查報導與編輯》（*Investigative Reporting and Editing*）一書裡表示，男孩鎮得到助學金、州福利金和汽油稅金。不過以男孩鎮的整體預算來看，這些只是「零頭」，一年大約是20萬美元，其間差距相當可觀，也指出其他可能的問題。

15. 路德與維格納神父的訪談稿。

16. Paul Williams, *Investigative Reporting and Editing*.

17. 訪問路德。根據幾項消息來源，男孩鎮一案的「深喉嚨」，這個在封閉的奧馬哈尤其需要勇氣的角色，就是歐根博士。

18. 吉妮‧利普西‧羅森布魯姆（Jeannie Lipsey Rosenblum）在一場訪談裡描述他那時的外觀打扮。

19. 身為宗教組織，男孩鎮在頭兩年可以享有稅賦減免，而且可以和奧馬哈大主教轄區合併申報。但反正男孩鎮選擇獨立申報。

20. 威廉斯表示，在費城跑腿的是他之前想要錄用的華盛頓記者梅琳妲‧厄普（Melinda Upp）。最後，電話終於響了：你真的想要這些資料？她問道。國稅局的收費是一頁1美元，而這份資料多達九十四頁。她得到的回答是：天殺的，當然要。

21. 訪問布朗。

22. 他在《太陽報》發表的後續專欄文章。

23. 2,500萬美元是各項募款和投資收入。

24. 《太陽報》每星期四出刊。它一方面依循原來的工作進度，一方面想辦法防止男孩鎮有透過《奧馬哈世界前鋒報》先發制人的機會。

25. Paul Williams, *Investigative Reporting and Editing*, and Craig Tomkinson, "The Weekly Editor: Boys Town Finances Revealed," *Editor & Publisher*, April 15, 1972.

26. 路德與維格納神父的訪談稿。

27. 記者訪問了十七名董事會成員中的十三名。有兩名因為年事已高或生病而不克接受訪問。

28. 史密特神父在1972年5月22日的記者會中的發言。記者會紀錄文稿。

29. 訪問布朗。

30. Paul N. Williams, "Boys Town, An Exposé Without Bad Guys."

31. 監督男孩鎮的州公共機構部門主任麥可‧拉莫尼塔（Michael D. LaMonita）在一封1972年5月25日給維格納的信裡，稱《太陽報》的批評來自「少數人」，可以置之不理。他說，《太陽報》的聲音「來自非常低的階層，實在沒有許多聽眾。被它攻擊的人可以等著讓這些批判自然平息……」。他指稱記者是「腐食動物」和「專業輸家」。拉莫尼塔先生可能只是表示對男孩鎮的同情，但他的語調聽來有點過火。

32. Paul N. Williams, "Boys Town, An Exposé Without Bad Guys."

33. "Boys Town Bonanza," *Time*, April 10, 1972; "Boys Town's Worth Put at $209 Million," *Los Angeles Times*, March 31, 1972; "Money Machine," *Newsweek*, April 10, 1972; Tomkinson, "The Weekly Editor."

34. "Other Boys Homes Affected by Boys Town Story," *Omaha Sun*, December 14, 1972.

35. 史密特神父寫給男孩鎮支持者的兩頁信函，以男孩鎮專屬信箋打印，沒有日

期；"Boys Town May Take Legal Steps to Initiate New Programs, Policies," *Omaha Sun*, December 14, 1972; 威廉斯和美國國家報紙聯盟（National Newspaper Syndicate Inc. of America）人稱「瀆神牧師」的禮斯特・金索芬（Lester Kinsolving）的通信內容。金索芬是宗教爆料專欄作家，文章常見刊於《舊金山紀事報》（*San Francisco Chronicle*）。有件讓史密特生氣的事是男孩鎮自家的行銷部門扯後腿：金索芬寫了一篇後續報導（"Boys Town Money Machine"）刊在1972年11月4日的《華盛頓晚星報》（*Washington Evening Star*），注明報導訪問地點為「內布拉斯加州，男孩鎮」。史密特認為他無權這麼做（史密特錯了）。

36. Paul Critchlow, "Boys Town Money Isn't Buying Happiness," *Philadelphia Inquirer*, July 20, 1973.

37. 維格納神父於1973年6月1日寫給自稱是《舊金山觀察報》（*San Francisco Examiner*）排版室員工的人的信。這個人寫信給《舊金山紀事報》的金索芬，要求在報導中匿名，或許是因為他此舉是提供同業競爭者資訊。金索芬顯然把這份資料傳給了巴菲特。

38. 巴菲特於1972年4月21日寫給艾德華・馬洛（Edward Morrow）的信。

39. 威廉斯於1972年10月13日給巴菲特的便條，附有巴菲特的回應。

40. 1973年1月19日路德在個人檔案裡的紙條。路德與維格納的訪談稿。

41. 這個獎是頒給「奧馬哈太陽報社的《太陽報》，為其揭露內布拉斯加男孩鎮的豐厚財源，推動該慈善事業募款工作及運用大眾捐款的改革」。這是普利茲獎第一次頒發地方調查專題報導獎給週刊（不過，據普利茲中心的工作人員表示，過去曾有週刊贏得其他獎項）。

42. 然而，據描述，維格納閣下「身體虛弱」，最近動了好幾次手術。參見：Paul Critchlow, "Boys Town Money Isn't Buying Happiness."

43. 顧問發現，男孩鎮工作人員的士氣低落，因為有許多資深員工工作多年而薪資微薄，仍以為男孩鎮經濟拮据，難以為繼。根據《奧馬哈世界前鋒報》報導，男孩鎮在1973年的募款所得其實高於1972年（六百多萬美元）。報導和改革的重大成果是透明度提高，以及建立開銷的責任制。

44. George Jerome Goodman (writing as "Adam Smith"), *Supermoney*. New York: Random House, 1972. 古德曼選擇用市場經濟學之父亞當斯密的名字做為筆名。

45. John Brooks, "A Wealth of Notions," *Washington Post,* October 22, 1972.

| 第36章 |

1. 訪問利普西。史克里普斯・霍華德握有《辛辛那提詢問報》60％的股權，但是由於他同時擁有對手《辛辛納提時代星辰郵報》（*Cincinnat Post & Times-Star*），基於反托拉斯的精神，司法部曾於1968年下令要求他撤資。1971年2月，藍籌點券公司買下《辛辛那提詢問報》10％的股權，而且想要以2,920萬

美元收購剩下的股權。

2. 霍華德應該有興趣脫手，因為新墨西哥州論壇公司正在考慮收日報出版社（Journal Publishing）和阿布奎克出版社（Albuquerque Publishing），而它不能三者兼得。

3. 他們和《紐約客》董事長兼大股東佛萊施曼（Peter Fleischmann）談過，佛萊施曼願意賣。

4. 葛蘭姆認為除了公開上市之外，出售公司旗下的一家電視台是唯一的做法，但是她不想這麼做。為了防止公司落入惡意收購者之手，報社董事長貝比和家族律師吉爾斯畢設計了兩階層的股權出售結構，家族持有A類股，出售給大眾的是投票權稀釋的B類股。參見Katharine Graham, *Personal History*. New York: Alfred A. Knopf, 1997（中譯本《個人歷史》，天下文化出版）。

5. 葛蘭姆告訴巴菲特這段往事。

6. 引述自葛蘭姆自傳《個人歷史》。

7. 葛蘭姆於1974年12月23日給孟格的信。

8. 引述自葛蘭姆自傳《個人歷史》。

9. 1997年2月5日，羅斯與葛蘭姆的訪談。

10. 葛蘭姆的兄弟比爾以投資報社交換一些無投票權的B類股。凱瑟琳的姊妹不是郵報的投資人。當時，不賺錢的報紙稱不上財務資產，只能算是公共責任及榮譽。

11. 巴菲特以前的高爾夫球教練包伯‧垂爾（Bob Dwyer）是做這件事的辦公室小弟，途中兼為郵報的編輯部送稿。

12. 引述自葛蘭姆自傳《個人歷史》。

13. 這些軼聞來自葛蘭姆自傳《個人歷史》。

14. C. David Heymann, *The Georgetown Ladies' Social Club*（New York: Atria Books, 2003）。本書詳盡描述最具影響力的華府貴婦及她們所把持的私人權勢。本書提到如黑眼圈等例子，顯示菲力普至少有幾次對她施暴。

15. C. David Heymann, *The Georgetown Ladies' Social Club* (New York: Atria Books, 2003)，書中記載菲力普的風流韻事，以及他和甘迺迪交換情婦（包括女星模特兒Noel-Noel）的傳聞。

16. 葛蘭姆在她的回憶錄裡，把這歸因她那個時代的女人的順服，部分歸因於她成長過程中的精神受虐。她似乎至少有所察覺，菲力普的這些行為，她自己其實扮演了推手。

17. 1997年2月5日，羅斯與葛蘭姆的訪談。

18. 同上。

19. 訪問唐納‧葛蘭姆。

20. 貝比是紐約凱史莫法律事務所的合夥人。1948年，經史瓦藍（Don Swatland）指點，他設計股權出售結構，防止郵報流入葛蘭姆家族以外的人手中。

21. 麥克納馬拉後來表示，他下令編纂「美國政府的越南政策決策過程」，是為了「為學者留下可以回顧當時事件的原始資料」。Sanford J. Ungar, *The Papers and the Papers: An Account of the Legal and Political Battle over the Pentagon* papers 23-27. New York: E. P. Dutton, 1972.

22. 在《個人歷史》及羅斯的訪談裡，為了表達清晰，葛蘭姆與布拉得里的對話經過縮寫和編輯。這個場景的描述來自《個人歷史》。

23. Bob Woodward, "Hands Off, Mind On," *Washington Post*, July 23, 2001.

| 第37章 |

1. 尼克森曾明白地以執照的事做威脅，但是到1974年5月才出現書面證據（參見葛蘭姆的《個人歷史》一書）。葛蘭姆在1974年6月21日向聯邦通訊委員會提出書面證詞，指稱這項反對「係白宮指使的破壞活動之一，意在傷害……郵報公司，以報復水門案的報導。」Morton Mintz, "Mrs. Graham Links White House, TV Fights," *Washington Post*, June 27, 1974；David E. Rosenbaum, "Threats by Nixon Reported on Tape Heard by Inquiry," *New York Times*, May 16, 1974.

2. 參見葛蘭姆的《個人歷史》。

3. 同上。

4. 所有對邁爾的描述引用自：Cary Reich, *Financier: The Biography of André Meyer: A Story of Money, Power, and the Reshaping of American Business*. New York: William Morrow, 1983.

5. 「公司的整體價格在某個時點跌到8,000萬美元，」巴菲特說，「在考量所有層面之後，我們以公司平均價值為1億美元來計算價格，最後花了近1,000萬美元。」

6. 葛蘭姆的回憶錄刻意淡化她和邁爾的關係，書中把兩類股的構想歸功於吉爾斯畢和貝比。梅爾的傳記作家卡瑞·萊奇（Cary Reich）則把這個構想歸功於邁爾。以邁爾做銀行家的能力，要說他毫無參與，似乎不太說得過去。

7. 萊奇在《金融家》（*Financier*）裡用的是「火冒三丈」（irate）這個詞。

8. 訪問米勒。

9. 參見葛蘭姆的《個人歷史》。

10. 水廠在1971年透露，市政府有興趣收購它。

11. 訪問瑞恩。

12. 巴菲特1973年8月31日給富比士的信。

13. 訪問瑞恩。

14. 參見葛蘭姆的《個人歷史》。

15. Patrick Brogan, *The Short Life and Death of the National News Council: A Twentieth Century Fund Paper*. New York: Priority Publications, 1985。國家新聞委員會在撐了十一個年頭後，因為缺乏把發現成果公諸於世的發聲管道，終於宣告放棄（這是在網際網路出現的十年前）。

16. 訪問吉爾斯畢。

17. 訪問唐納‧葛蘭姆。

18. 參見葛蘭姆的《個人歷史》。

19. 1973年10月20日。

20. 葛蘭姆在《個人歷史》裡圓融地稱他為「討喜而頑皮的趕牛棒」。

21. 葛蘭姆在她的書裡憶及,「有人」提到無形資產的攤銷,而賽蒙斯冷不防地要求她解釋定義。或許葛蘭姆在寫作時不認為自己當時有「賣弄」之意。當然,她寫的是她自己的回憶錄。

22. 訪問唐納‧葛蘭姆。

23. 訪問喜爾登。

24. The Dumbarton Oaks Conference; the Dumbarton Oaks Research Library and Collection.

| 第38章 |

1. 令人混淆的是,華特斯剛好和奧馬哈的「街車之王」華特斯(Gurdon W. Wattles)同名同姓。兩人並無任何關係。

2. 訪問安德森、溫伯格。

3. 巴菲特以他所評估價格的六折買進美國製造公司的股票。參見:"How Omaha Beats Wall Street," *Forbes*, November 1, 1969。

4. 除非像某些人一樣,偷偷地從股東口袋裡撈錢,否則你無法賺大錢。不擇手段的經營者可以在讓母公司股東承受不堪負荷的債務的同時,還能從子公司榨出錢來。John S. Tompkins, "Pyramid Devices of 20's Revived," *New York Times,* November 16, 1958。

5. "Fighting the Tape," *Forbes*, April 1, 1973。「我深信這人(華特斯)做的是聰明事,」瑞恩說。然而,股東為了購併的價值而興訟,說明了華特斯模式所引發的衝突。

6. 訪問孟格。

7. 藍籌點券公司分兩筆總共買進137,700股,相當魏斯可於1972年7月11日和7月14日時股權的6%。在1972年7月至1973年1月間,藍籌在20個交易日又經公開市場買進51,300股,相當於2%的股權。

8. "Not Disappointed, Says Analyst As Wesco, FSB Call Off Merger," *California Business*, March 15, 1973.

9. 換股比例提出時,魏斯可每股約當面值是23美元,相較之下,聖塔芭芭拉是8美元。聖塔芭芭拉的不受限資本為零,然而魏斯可約當每股的自由淨值有7美元。聖塔芭芭拉呆帳備抵提列和延遲稅賦後的約當每股盈餘比魏斯可低了28.7%。

10. 1973年2月8日,孟格寫給文森提的信,闡述加州銀行業巨人家庭儲蓄公司

（Home Savings）的成本結構會這麼低是「因為它仿效魏斯可的營運方式」。

11. 訪問畢德絲。

12. Charles T. Munger testimony, *In the Matter of Blue Chip Stamps, Berkshire Hathaway Incorporated,* HO-784, Wednesday, March 19, 1975, p. 53. Warren E. Buffett testimony, March 21, 1975, p. 61-63.

13. 訪問孟格。

14. 「這實在令人難堪，」他寫道，「就在我們想要和你談談我們能提供給魏斯可股東的其他方案時，你卻無法在我方行動之前或就聖塔芭芭拉之外的提議做考慮……我猜我們唯一能做的就是，在事情發展還沒有明朗化之前，讓每個人做對自己最好的打算。」孟格寫給文森提的信，1973年2月8日。

15. Charles T. Munger testimony, *In the Matter of Blue Chip Stamps, Berkshire Hathaway Incorporated*, HO-784, Wednesday, March 19, 1975, p. 48.

16. 訪問畢德絲。

17. 1973年2月13日，魏斯可特別董事會會議紀錄。

18. 訪問畢德絲。

19. 所有的分析師評論摘自："Not Disappointed, Says Analyst As Wesco, FSB Call Off Merger," *California Business*.

20. 畢德絲兩個月後寫信給庫佩爾表達對他們的謝意，說取消購併看來很有「英雄氣魄」，因為聖塔芭芭拉的股價從33美元出頭掉到15.5美元。

21. 訪問孟格。

22. 藍籌點券公司向聯邦儲貸保險公司申報購買魏斯可50％的股份，藍籌點券公司及波克夏、多元零售等潛在關係企業因此成為儲貸控股公司。在申請案裡，這一干公司主張多元零售從來沒有把藍籌點券當成子公司，但是有鑑於巴菲特持有這兩家公司及波克夏（當時持有藍籌點券17.1％的股權）的股票，多元零售和其關係企業可能會被認為控制了藍籌點券。

23. 孟格開始尋找其他加州銀行股票，並建議魏斯可或許可以買進一大批克洛克國家銀行（Crocker National Bank）的股票。

24. 「我個人明顯偏好以帳面價值的高折扣價格，買進極為扎實的機構的股票：它們十年來的帳面價值獲利率介於11％和13％之間，或是多年發放豐厚股利且股利呈上升趨勢。此外，我認同在像是成本零增長等條件下，讓魏斯可的經濟基礎朝向多樣化經營。我也喜歡成為重要企業的最大股東 —— 根據理論，這是投資績效的潛在有利因子。」1973年4月3日，孟格給文森提的信。

25. 巴菲特那年的交易風格顯示，他可能對經濟感到悲觀而正在為衰退做準備。他對肯尼寇銅礦（Kennecott Copper）進行普通掩護性買權操作，另外對包括福特汽車、通用汽車（General Motors）和百工五金（Black & Decker）等在內的數支股票操作下出局選擇權（一種更繁複的掩護性買權，能把損益限制在特定範圍內）。賣出最後這三支對經濟變動敏感的股票的買權並不是市場預測，但卻

暗示他對經濟的看法悲觀多於樂觀。1972年3月9日，巴菲特寫給傑克‧林華特（Jack Ringwalt）的信。

26. 1973年12月31日，他的郵報股票市值為790萬美元。

27. 1974年5月，艾柏菲德給巴菲特的信。

28. 葛拉漢曾在《智慧型投資人》寫過這家威斯康辛州歐克萊爾市（Eau Claire）的公司。

29.「要是我沒有賣掉這支股票，我就發了。我可以從這裡賺一筆，」巴菲特說。他說當他知道執行長和每名董事分別談定薪酬時，他很快就賣股下車。佛納多當時的管理者不同於今日，旗下有折扣商店。今日，佛納多是不動產投資信託公司，管理者是史提芬‧羅斯（Steven Roth）。

30. 訪問馬洛特。

31. 巴菲特說他馬上就告訴馬洛特，FMC應該趁低價買回自己的股票。雖然FMC考慮了這個構想，卻沒有付諸實行。

32. 漢彌頓是巴菲特家的鄰居馬克‧楚斯汀（Mark Trustin）送的。

33. 訪問蘇西，她說她不打算當警察。

34. 訪問彼得。

35. 訪問史翠克。

36. 在誘惑合唱團的世界裡，男人成了黛西梅：「Since I Lost My Baby」（自從我失去了心愛寶貝）、「The Way You Do the Things Your Do」（你的一舉一動）、「(I know) I'm Losing You」〔（我知道）我會失去你〕、「I Can't Get Next to You」（無法接近你）、「Just My Imagination」（只是我的想像）、「Treat Her like a Lady」（把她當窈窕淑女），當然也少不了「Ain't Too Proud to Beg」（低聲哀求）。

37. 從幾個訪談者（當時與她走得近的和後來認識她的都有）得知。

38. 訪問彼得。

39. 他每年從藍籌點券得到的股利，稅前金額大約是16萬美元。

40. 多元零售透過新設的子公司買下全國產物保險公司的保險業務（即「再保險」），現金便因支付保費而移轉給多元零售。Charles T. Munger testimony, *In the Matter of Blue Chip Stamps, Berkshire Hathaway Incorporated*, HO-784, Thursday, March 20, 1975, pp. 188-194.

41. 至1973年底，內布拉斯加再保險公司〔改名為哥倫比亞保險公司（Columbia Insurance）〕積累了百萬美元的投資，由此可見它的現金流量。

42. Charles T. Munger testimony, *In the Matter of Blue Chip Stamps, Berkshire Hathaway Incorporated*, HO-784, Wednesday, March 19, 1975。兩人之前都持有一些股權。孟格買了一批股票，而高提斯曼買下合夥人賣出的股份。

43. Charles T. Munger testimony, *In the Matter of Blue Chip Stamps, Berkshire Hathaway Incorporated,* HO-784, Thursday, March 20, 1975, pp. 193.

44. Charles T. Munger testimony, *In the Matter of Blue Chip Stamps, Berkshire Hathaway*

Incorporated, HO-784, Thursday, March 20, 1975, pp. 190.

45. 這些資訊都在年終時揭露於多元零售年報裡，但很少人讀它。只要主動一點、多走點路去調閱證管會的3號表和4號表就能取得即時資訊。波克夏1973年年報揭露了11.2%的多元零售股權，也提及巴菲特夫婦當時持有多元零售43%的股權。

46. 花了190萬美元。

| 第39章 |

1. 在經濟大蕭條時期（1929年9月3日到1932年7月8日），道瓊指數從高峰到低谷的跌幅是89%。在1970年代初期（1974年1月11日到1974年12月6日），道瓊指數跌掉45%。這是二十世紀最低迷的兩個熊市。
2. 訪問勞勃‧瑞福，引用自葛蘭姆的回憶錄《個人歷史》。
3. 出處同注2。
4. 雙方旗下的電視台是利益衝突所在。
5. 出處同注2。
6. 訪問葛蕾蒂絲。
7. 葛蘭姆寫給巴菲特的書信，引自《個人歷史》。唐納‧葛蘭姆憶及他母親曾告訴他，那時蘇珊煮蛋給她吃，但蘇珊和巴菲特看著她吃，自己什麼都沒吃。
8. 以高點為基準。
9. 訪問孟格。
10. 績效紀錄如下：1970年，紅杉為12.11%，S&P為20.6%；1971年，紅杉為13.64%，S&P為14.29%；1972年，紅杉為3.61%，S&P為18.98%；1973年，紅杉為-24.8%，S&P為-14.72%。
11. 溫伯格和巴菲特都在訪談裡證實這點。馬洛特則說他不記得這件事了。
12. 盧米斯加入第一曼哈頓，布蘭特跳槽到亞伯拉罕公司（Abraham & Co.）。
13. "Look at All Those Beautiful, Scantily Clad Girls Out There!" *Forbes*, November 1, 1974.
14. 巴菲特1974年10月24日給艾爾布拉希特（Pat Ellebracht）的信裡提到：「《富比士》沒有採用我認為最重要的話。」
15. 訪問拉斯本（Rod Rathbun）；全國產物保險公司的萬宇公司（Omni）仲裁檔案。
16. 以30年期間、年複利率20%計算，這可能表示放棄24億美元的投資報酬。巴菲特和孟格稱這次事件為波克夏史上所損失的最重大的投資機會。事件細節隱晦難懂，但是此處已勾勒出重點。
17. "Why the SEC's Enforcer Is in Over His Head," *BusinessWeek*, October 11, 1976.
18. 訪問麥肯齊。
19. 訪問畢德絲。

20. 訪問麥肯齊。

21. 蘿蘋・李克豪瑟經常從她丈夫口中聽到這個妙喻,但是一直到作者聯絡她時,她才知道這是她丈夫的原作。

22. 如果是這樣,投資人會在不知道關於買方和收購原因的必要資訊下賣出股票。

23. Charles T. Munger testimony, *In the Matter of Blue Chip Stamps, Berkshire Hathaway Incorporated*, HO-784, Thursday, March 20, 1975, p. 112.

24. 如果購併案破局,聖塔芭芭拉的股價上漲只能涵蓋部分風險。

25. Charles T. Munger testimony, *In the Matter of Blue Chip Stamps, Berkshire Hathaway Incorporated*, HO-784, Thursday, March 20, 1975, p. 112-113.

26. 訪問史博金法官。

27. 同上。這名律師由於態度特別嚴厲,作者被要求不得提到他的名字。

28. 為了回應證管會1975年2月所發傳票而產生的厚厚一疊檔案說明了下列幾點:(1)沒有證據顯示巴菲特有內線交易,或預期政府接管;(2)巴菲特已經成為水廠規範和評等專家,而他對這個狹窄領域的專業和興趣令人印象深刻;(3)聖荷西水廠交易的調查是種侵擾,也是令人難堪的往事重提,因為它包含了他為了洗刷名譽而寫給《富比士》的信件。

29. 部分是因為州法令對單一保險公司持股的限制,否則這張圖表不會如此複雜。第462至463頁的圖表是麥肯齊所製作的版本,更新至1977年(也就是說,包含《水牛城日報》)。截至1978年,巴菲特與證管會的協商仍在進行。

30. 巴菲特在證詞裡承認(*In the Matter of Blue Chip Stamps, Berkshire Hathaway Incorporated*, HO-784, Friday, March 21, 1975, p. 125),他和孟格曾在公開收購期間在公開市場買進魏斯可的股票,而李克豪瑟建議他不要這麼做,說他們應該只透過公開收購累積股權(他們也照辦了)。李克豪瑟插話說:「我希望紀錄清楚顯示我沒有告訴他們,他們所做的是違法的。我告訴他們,從事後看來,他們很難說服別人相信他們不是刻意去做那些事。你儘管為這件事罵我。我不想站在對的那邊。」

31. 對一名同事所言。

32. 證管會顯然認為巴菲特、孟格和古林的事業及那些公司是以公開收購股票為目的的人為操作集團。巴菲特(11%)、蘇珊(2%)、孟格及其合夥人(10%)、波克夏海瑟威(26%)和多元零售(16%)共控制了藍籌65%的股權。巴菲特夫婦持有波克夏36%的股權及多元零售44%的股權。孟格持有多元零售10%的股權。多元零售又持有波克夏15%和藍籌16%的股權。而藍籌持有魏斯可64%的股權。

33.「傷害原則」(harm principle)是由洛克(John Locke)、洪堡德(Wilhelm von Humboldt)和彌爾(John Stuart Mill)等學者所提出來的。他們主張,法律唯一的目的是防止損害,個人自由不應受到影響。傷害原則是美國憲法部分條文的基礎。

34. 1975年11月19日，李克豪瑟給史博金的信。

35. 1975年12月1日，李克豪瑟給史博金的信。

36. Warren E. Buffett testimony, *In the Matter of Blue Chip Stamps, Berkshire Hathaway Incorporated*, HO-784, Friday, March 21, 1975, p. 157.

37. Charles T. Munger testimony, *In the Matter of Blue Chip Stamps, Berkshire Hathaway Incorporated,* HO-784, Thursday, March 20, 1975, p. 197.

38. 訪問史博金法官。史博金在1981年離開證管會後，至中情局任法律總顧問。他在1985年成為美國華盛頓特區地方法院的法官，服務至2000年退休。

39. 同上。更多關於史博金的事蹟，請參閱：Jack Willoughby, "Strictly Accountable," *Barron's*, April 7, 2003；Peter Brimelow, "Judge Stanley Sporkin? The Former SEC Activist Is Unfit for the Federal Branch," *Barron's,* November 4, 1985；Robert M. Bleiberg, "Sporkin's Swan Song?"*Barron's*, February 2, 1981；"Why the SEC Enforcer Is in Over His Head," *BusinessWeek*, October 11, 1976.

40. 「我在一匹好馬身上下注，」史博金說，「而那匹馬跑贏了。」

41. 藍籌付了11.5萬美元的罰款。"Consent to Judgment for Permanent Injunction and Other Relief,""Final Judgment for Permanent Injunction and Other Relief and Mandatory Order and Consent with Respect Thereto," and "Compliaint for a Permanent Injunction and Other Relief," *In the Matter of Securities and Exchange Commission vs. Blue Chip Stamps*, June 9, 1976.

42. 1976年7月30日，證管會公司揭露規範諮詢委員會。

| 第40章 |

1. Doug Smith, "Solid Buffett Voice Melts Debut Jitters," *Omaha World-Herald*, May 9, 1975.

2. 訪問孟格。

3. 訪問羅珊・布蘭特和許羅斯。布蘭特後來開玩笑地表示，這是離婚的原因。

4. *New York Daily News*, October 30, 1975。

5. 到了2007年12月，這些股份價值7.47億美元。

6. 自己一生從不向人借什麼大錢的巴菲特，認為他姐妹應該以5％的自有資金、其餘以融資買進波克夏股票，這件事清楚透露出他認為波克夏股票的便宜程度，還有當時他對前景有多看好。

7. 以波克夏對《華盛頓郵報》的高持股比，加上巴菲特擔任郵報董事，如果它買下電視台，這項所有權必須算在《華盛頓郵報》頭上，這樣郵報擁有的電視台會超過五家上限。

8. 1978年12月18日，霍華・史塔克（Howard E. Stark）寫給巴菲特的信。另參閱：Lee Smith, "A Small College Scores Big in the Investment Game," *Fortune*, December 18, 1978.

9. 訪問吉爾斯畢。

10. 根據《個人歷史》所述，這份合約開出的印刷工人工資是全國最高的，合約還提供免於裁員的保障。協商破裂的部分原因是郵報拒絕續聘毀壞印刷機的工人。

11. 根據《個人歷史》所述，15名前郵報印刷工人承認犯下數起輕微罪行。6名損毀印刷機、犯下較嚴重罪行的工人被判入獄。

12. 他們把索思融資的股權賣給它的管理者。

13. 1970年代中期，經過印刷工人罷工和水門案事件後，葛蘭姆開始專注於郵報的成長。到那時為止，郵報公司沒有足夠的利潤，至於成長，「根本只有鬆散的策略」(《個人歷史》)。1976年，郵報的收入和盈餘開始起飛，大約同時，郵報開始買回公司股票。1976年的每股盈餘是1.36美元，相較之下，1970年是0.36美元。股東權益報酬率是20％比13％。毛利率從3.2％成長至6.5％。自此之後，郵報的經營績效仍不斷成長 (Value Line report, March 23, 1979)。

14. 1974年11月13日，孟格給葛蘭姆的信。

15. 訪問唐納‧葛蘭姆。

16. C. David Heymann, *The Georgetown Ladies' Social Club*. New York: Atria Books, 2003.

17. 訪問唐納‧葛蘭姆。

18. 訪問蘇西，她對父母沒有干涉給予肯定。

19. 訪問蘇西。

20. 訪問賀蘭夫婦。

21. 訪問蘇西。

22. 訪問霍華。

23. 彼得在一場訪談裡描述他此時的例行作息。

24. 根據蘇珊一名友人的說法，她把這段關係歸咎於葛蘭姆。

25. Al Pagel, "What Makes Susie Sing?" *Omaha World-Herald*, April 17, 1977.

26. 同前注。

27. 這是柏恩在一場訪談裡回憶戴維森的指責。柏恩是個粗魯的人，因此他憑記憶轉述的話可能比戴維森實際說的還粗魯。

28. 訪問奈斯利 (Tony Nicely)。

29. 1988年7月6日，巴菲特給盧米斯的備忘箋。

30. 1974年時，由於惡性價格戰和從汽車維修到法律訴訟等全面的通貨膨脹，保險業整體已經出現貝氏評等機構 (A. M. Best) 所稱的「無法承受的」25億美元虧損 (*A. M. Best Company Comment on the State of and Prospects for the Property/ Liability Insurance Industry*, June 1975)。各州也在通過「無過失」保險法規，也就是說不管意外的責任歸於哪一方，保險業者都必須理賠。中西部保險業者展開價格戰時，聯邦政府強制實施價格控管。然而，GEICO的股票組合因為股市

於1973至1974年期間重挫而大幅減損，導致每股投資價值從原本3.9美元跌到
只剩0.1美元（Leonard Curry, "Policy Renewed: How GEICO Came Back from the
Dead," *Regardie's*, Octorber/November 1982）。

31. GEICO有5億美元保費，必須有1.25億美元才能達到法規和評等機構的槓桿標
準。

32. 訪問巴特勒。

33. 訪問柏恩。「旅行家的那幫渾蛋竟然把總裁的位置給了艾德‧巴特（Ed
Budd），而沒有把我列入考慮，」柏恩憶及（他很喜歡講這段往事，而且常
提）。「我做的100萬元投資現在值10億，巴特的100萬元投資現在值75萬。
以前我對此一直很不爽，現在我對這件事的態度顯然成熟多了。嗯，我還是很
不爽。」這段故事也記述於：William K. Klingaman, *GEICO, The First Forty
Years*. Washington, D.C.: GEICO Corporation, 1994.

34. 訪問柏恩。

35. "GEICO's Plans to Stay in the Black," *BusinessWeek*, June 20, 1977。柏恩的印象是
瓦拉契不喜歡他。

36. GEICO用於確保支付所有保單理賠的資金，遠低於法律規定的標準。GEICO
能藉由把業務轉給競爭者，而紓緩資金的緊繃。

37. 訪問沙納特夫婦。

38. 訪問辛普森（Lou Simpson）。

39. "Leo Goodwin Jr. Is Dead at 63; Headed GEICO Insurance Concern," *New York Times*,
January 18, 1978; "Leo Goodwin, Financier, Son of Founder of GEICO," *Washington
Post*, January 18, 1978.

40. 訪問唐納‧葛蘭姆。

41. 1988年7月6日，巴菲特給盧米斯的備忘箋。

42. 1976年3月，藍籌買下平克頓14％的股權，巴菲特進入平克頓董事會，昔日踢
爆男孩鎮祕密專款的年輕偵探為此高興得不得了。

43. 訪問史考特。

44. 瓦拉契邀請大型保險業者買下GEICO四成的再保險合約，要求他們6月22日
之前決定是否參與。決定參加的保險公司數目不足。瓦拉契原本最晚應該要在
6月25日決定是否要關掉GEICO。他把期限延後，而且在七月中時修改他的救
援計畫，把保險集團承接GEICO保費的比例降到只有25％，還把年底前需要
籌募的資金金額降到5,000萬美元。Reginald Stuart, "Bankruptcy Threat Fails to
Change Status of GEICO," *New York Times*, June 26, 1976；Reginald Stuart, "The
GEICO Case Has Landed in His Lap," *New York Times*, July 4, 1976；Matthew L.
Wald, "GEICO Plan Is Revised by Wallach," *New York Times*, July 16, 1976.

45. 全國產物保險公司是一家特色公司，規模和名氣都不大，因此幫助同業沒有遭
遇太多阻礙。之後會看到，巴菲特的其他保險公司就顯得猶豫不決。

46. 沒有人知道麥克德莫特將軍究竟寫了什麼，可是他所做的任何背書，在保險業界都很有影響力。

47. 根據柏恩的說法，促成此事的關鍵人物有些是前GEICO員工。

48. 訪問柏恩。

49. 葛佛藍德在某次訪談引用弗林奎里的話。弗林奎里沒有回應本書約訪電話。

50. 訪問巴特勒。

51. Leonard Curry, "Policy Renewed"。根據一些消息來源，巴特勒在說服葛佛藍德承銷這件案子上也扮演重要角色。

52. 無疑地，它沒有這麼做，GEICO也沒有揭露賠款準備金計算方式的變動，這項變動讓GEICO在1975年第二、三季的利潤增加2,500萬美元。"In the Matter of GEICO et. al.,"October 27, 1976.

53. Leonard Curry, "Policy Renewed."

54. 訪問葛佛藍德。

55. 「後續市場支持」（aftermarket support）是承銷商對股票上市後的交易狀況的主要評估因素。後續市場支持能防止「破產發行」（busted deal），也就是承銷商必須動用自有資金買回發行的證券。

56. 據柏恩回憶，號召業界支持再保險案的是紐約機關主管湯姆·哈奈特（Tom Harnett）。他相信，哈奈特有誘因這麼做。因為紐約的保證基金是預籌基金，且已經投資於大幅低於面值出售的大麥克紐約市債券（Big Mac New York City bond）。破產保障基金其實已經隨著紐約市財務危機蒸發了。

57. 柏恩過去講述這段故事時更加生動（引述自洛溫斯坦《巴菲特：一位美國資本家的誕生》），他對施朗應該是這麼說的：「這是你他媽的執照。我們不再是紐澤西州的公民了。」他稱施朗為「有史以來最差的保險監理主管」。

58. 聽到被裁員的消息後，滿腹怨懟的員工開始把保單丟出頂樓窗外。「檔案在北澤西州空中到處飛揚，」柏恩說。一直到GEICO把理賠部門搬到費城時，「我們去搬資料，檔案卻不見蹤影」，他們這才發現這件事。柏恩估計，遺失的資料可能會讓公司的超額理賠損失高達3,000萬到4,000萬美元。GEICO也放棄它在麻州的執照。它在許多州都停止營業，也不願允結未來不會繼續收掉營業據點。在220萬名保戶裡，GEICO總共對40萬戶停止續約。

59. 訪問柏恩。作者是從一名之前為柏恩工作的祕書得知這個故事的。

60. 訪問柏恩。

61. 訪問奈斯利。

62. James L. Rowe Jr., "Fireman's Fund Picks Byrne," *Washington Post*, July 24, 1985；Sarah Oates, "Byrne Pulled GEICO Back from Edge of Bankruptcy," *Washington Post*, July 24, 1985.

63. 葛拉漢團體成員、巴菲特的朋友和波克夏的員工如溫伯格、羅伯森（Wyndham Robertson）、麥肯齊、葛蕾蒂絲、鮑伯·高德法（Bob Goldfarb）、湯姆·伯特

（Tom Bolt）、史密絲、巴菲特的兩個兒子霍華和彼得提到葛羅斯曼時都很愉快。

| 第41章 |

1. Christopher Ogden, *Legacy, A Biography of Moses and Walter Annenberg*. Boston: Little, Brown, 1999; John Cooney, *The Annenbergs: The Salvaging of Tainted Dynasty*. New York: Simon & Schuster, 1982.

2. Christopher Ogden, Legacy；該書引用安納伯格的話說，他婉拒向柯隆內・麥克寇米克（Colonel McCormick）收購《華盛頓時代先鋒報》（*Washington Times-Herald*），但說服他賣給葛蘭姆家族，雖然他們對菲力普的酗酒問題及精神狀態不穩定有所疑慮。因此，他覺得自己是這樁促成了後來的《華盛頓郵報》的報紙聯姻的媒人。他覺得受到怠慢，因為葛蘭姆從來沒有歸功於他。巴菲特說，安納伯格誇大了自己的角色，而葛蘭姆把安納伯格的說法斥為荒謬。

3. Drew Pearson, "Washington Merry-Go-Round: Annenberg Lifts Some British Brows," *Washington Post*, February 24, 1969.

4. 最後，他把大部分的錢捐給安納伯格基金會，藝術品捐給大都會藝術博物館。

5. Lally Weymouth, "Foundations Woes: The Saga of Henry Ford II, Part II," *New York Times*, March 12, 1978.

6. 1992年10月1日，安納伯格給巴菲特的信。

7. 威廉・道納並沒有完全被忘卻。1960年，在他以89歲高齡去逝世後七年，道納基金會的4,400萬美元資產一分為二，一半用於成立另一個新的道納基金會，另一半則留在原來的基金會（後來改名為獨立基金會）。

8. 1992年10月1日，安納伯格給巴菲特的信。

9. 巴菲特在2003年的一次訪談裡對作者所言，顯示他當時的想法。

10. 葛蘭姆的用語，取自她的自傳。麗茲・史密斯（Liz Smith）稱葛蘭姆為巴菲特的「經常接待他的女主人」，黛安娜・麥克理蘭（Diana McLellan）說：「紐約到處都在談論凱瑟琳・葛蘭姆和華倫・巴菲特……不過，哦，卻是那麼不露痕跡。」（Diana, McLellan, "The Ear," *Washington Star*, March 12, 1977；Liz Smith, "Mystery Entwined in Cassidy Tragedy," *Chicago Tribune*, March 6, 1977）。

11. Heymann, *The George Town Ladies' Social Club*.

12. 例如，她和尚・莫內（Jean Monnet）、艾德萊・史提文生（Adlai Stevenson）的關係。

13. 引述自洛溫斯坦的《巴菲特：一位美國資本家的誕生》；該書中如此描述這封信。

14. 葛蘭姆把這封信給葛羅斯曼看。蘇珊也把這封信給多麗絲看。葛蘭姆的文件現在處於封存狀態。

15. "Interview with Susan Buffett," *Gateway*, March 15, 1976.

16. Peter Citron, "Seasoning Susie," *Omaha World-Herald*, April 7, 1976.

17. "Buffett Serious," *Omaha World-Herald*, September 14, 1976.

18. 巴菲特考慮買下阿爾菲德・諾普夫（Alfred Knopf）在西55街24號的公寓，後來成了洛克斐勒的兩間地標公寓之一。

19. 訪問蘇西。

20. 訪問佩吉爾。

21. 黛能柏拒絕受訪。

22. Al Pagel, "What Makes Susie Sing?" *Omaha World-Herald*, April 17, 1977.

23. 同上。

24. 訪問佩吉爾。

25. 同上。

26. Peter Citron, "Seasoning Susie."

27. 訪問利普西。另請參見：Leo Litwak, "Joy Is the Prize: A Trip to Esalen Institue," *New York Times*, December 31, 1967.

28. Steve Millburg, "Williams' Songs Outshine Voice," *Omaha World-Herald*, September 5, 1977.

29. 訪問艾絲翠。大家都知道，沉睡的巴菲特根本沒注意蘇珊是否在家。瑞姬・紐曼曾提及一則故事：蘇珊有天晚上決定大約10或11點開車去多蒂家演奏，半夜回家的路上，車子沒油了。她沒有打電話吵醒巴菲特，而是打電話給一位朋友，然後展開一整夜障礙重重的長征，直達州際公路的加油站，在高速公路上還被一起事故耽誤。她在黎明破曉前終於返抵家門。巴菲特從不知道她出門過。

30. 對一位朋友說的話，這位朋友相信這是蘇珊的真心話，一方面她相信巴菲特真的依賴她，另一方面是因為史塔家族和巴菲特的朋友有許多人自殺，所以自殺的陰影一直盤踞著他。

31. Warren Buffett, "How Inflation Swindles the Equity Investor," *Fortune*, May 1977。1977年9月27日，瑞恩在一封給葛拉漢集團的信裡描述道：「在討論攸關今日經濟議題的許多事物時，這篇文章可以做為根據。它不單探討了通貨膨脹的核心，也談到稅賦效應、報酬率、配息能力和評估經濟體系總合價值的其他關鍵要素。」

32. 巴菲特集團會一再討論這個問題。它的成員對問題是否能解決抱持悲觀態度，因為他們懷疑（有很好的理由），長期而言，國會是否有決心控制聯邦預算。

33. 訪問溫伯格。

34. 這個7,200萬美元包括他在1977年底時對波克夏海瑟威、多元零售、藍籌點券的持股。如果把蘇珊的財產也考慮進去，這個數字還要再加6,500萬美元。這個數字不包括他透過這三家公司的交叉持股而來的間接持股。

35. 訪問彼得。

36. 兩名消息人士證實這件事。

37. 訪問艾絲翠。
38. 同上。
39. 訪問麥可‧亞當斯（Michael Adams）。
40. 訪問艾絲翠。
41. 1977年書信的「教學」成分明顯多於往年。雖然巴菲特在這之前已經掌管波克夏12個年頭，1977年的書信是巴菲特經常提供給朋友的書信集裡的第一封，也是波克夏網站上所收錄的第一封。

| 第42章 |

1. 訪問艾絲翠。
2. 一個和巴菲特家很熟的朋友所言。
3. 巴菲特在一次對話與一封給作者的信裡說明他的感受，以四十七歲做為他生命的分水嶺。
4. 伊絲黛終其一生都用有「班哲明‧葛拉漢夫人」凸印字樣的信紙寫信。
5. 2003年訪問作者。
6. 訪問利普西。
7. 訪問歐斯柏格（Sharon Osberg）。
8. 訪問彼得。
9. 這個價格包含1,500萬美元的退休金負債。取自藍籌點券公司1977年的年報。1977年4月，藍籌向一家銀行借了3,000萬美元融通這項收購案。
10. 1997年度，波克夏的資產是3.79億美元，藍籌是2億美元，多元零售則是6,750萬美元。
11. 巴菲特和蘇珊個人持有波克夏46％的股權（直接和透過持有波克夏股權的藍籌及多元零售間接持有），以及藍籌35％的股權（直接和間接持有）。
12. Murray Light, *From Butler to Buffett: The Story Behind the Buffalo News* (Amherst, NY: Prometheus Books 2004). 書中記述，巴蒂樂一直到收到人權委員會的詢問函後才開始刊登非裔美國人的結婚照。
13. 《水牛城晚報》推出了週六報，但是它薄弱的分類廣告正好襯托出《信使快報》週日報的優勢。
14. 如果《水牛城晚報》不發行週日報，而情勢照這麼發展下去，一個合理的結果應該是兩家報社簽訂聯合營運協議，或是直接合併。兩者都成本高昂。
15. *Buffalo Courier-Express, Inc., v. Buffalo Evening News, Inc.*Complaint for Damages and Injunctive Relief for Violation of the Federal Antitrust Laws (October 28, 1977).
16. 李克豪瑟已離開孟格，托利斯成為太平洋岸證券交易所的主管，接替他的奧森過去就是孟格在洛杉磯的老班底。
17. 訪問奧森。
18. Jonathan R. Laing, "The Collector: Investor Who Piled Up $100 Million in the '60s

Piles Up Firms Today," *Wall Street Journal*, March 31, 1977.

19. Testimony of Buffett, *Buffalo Courier-Express, Inc., v. Buffalo Evening News, Inc,* November 4, 1977。

20. 在洛溫斯坦的《巴菲特：一位美國資本家的誕生》的書裡，鮑伯‧羅素（Bob Russell）提到巴菲特還是個小男孩時，曾想要對經過羅素家門前的車子收費。巴菲特不記得這件事，但如果真有其事，他應該是受到奧馬哈當時致力於取消道格拉斯街橋的過路費的影響，這座橋是越過密蘇里河的唯一通道。在巴菲特的年少時代，這起事件是地方的大新聞之一。

21. 這座橋在1979年以3,000萬美元賣給馬提‧馬龍（Marty Maroun），相當於將三十年前的造價以通貨膨脹率調整過的成本的七折。馬龍以小搏大，這座橋為他帶來鉅額財富。

22. Findings and Conclusions, Motion for Preliminary Injunction, *Buffalo Courier-Express, Inc., v. Buffalo Evening News, Inc*, November 9, 1977.

23. Dick Hirsch, "Read All About It," "Bflo Tales" in *Business First*, Winter 1978.

24. 在巴菲特手中的頭一年。Murray Light, *From Butler to Buffett*.

25. 訪問利普西。

26. 同上。

27. *Buffalo Courier-Express, Inc., v. Buffalo Evening News, Inc.*, United States Court of Appeals, Second Circuit, 601 F.2d 48, April 16, 1979.

28. Warren Buffett, "You Pay a Very High Price in the Stock Market for a Cheery Consensus," *Forbes*, August 6, 1979.

29. 同上。

30. 藍籌點券公司提交給股東的1980年年報。

31. Janet Lowe, *Damn Right! Behind the Scenes with Berkshire Hathaway's Charlie Munger*.

32. 同上。

33. 1980年12月2日，巴菲特給員工的備忘箋。

34. 起初，管理階層和工會想在沒有司機的情況下出刊（*Buffalo Evening News,* December 2, 1980）。罷工的工會為了週薪41美元的差距而決定罷工。

35. 週日報的發行量是十九萬五千份，大約是對手的三分之二（引述自洛溫斯坦《巴菲特：一位美國資本家的誕生》），資料是發行量審核統計室（Audit Bureau of Circulations）1982年3月的數據。

36. 藍籌點券公司1980年年報裡提到，這宗訴訟在那年「情勢趨緩，成本降低」。

37. 訪問奧森。

│第43章│

1. 從1978年底的8,900萬美元，到1980年8月增加為1.97億美元。

2. 訪問夏樂蒂・傑克森（Charlotte Danly Jackson）。

3. 訪問麥肯齊。

4. 聯合出版社（Affiliated Publications）以350萬美元收購，九年後市價飆至1,700萬美元。《華盛頓郵報》以1,060萬美元收購，如今價值1.03億美元。GEICO以4,710萬美元收購，如今市價增加了近六倍，達3.1億美元。波克夏普通股投資組合的價值總計為收購成本的兩倍。

5. 根據孟格為藍籌案的證詞，為了避免贖回潮，巴菲特與孟格向美國商業銀行貸款4,000萬美元。

6. 1976年時，洛杉磯美國地方法院已表示，藍籌不必再處分三分之一的事業，同時也承認，在管理階層接觸逾八十個可能的買主，但都沒人認真出價後，這麼做是不切實際的。它的營業額從1.24億美元縮減為920萬美元。由於巴菲特與主要以孟格為首的其他股東不同，他對各式企業都同樣感興趣，而藍籌旗下的《水牛城日報》因陷入困境，致使估價藍籌出現問題，直到1983年才轉危為安。

7. 波克夏海瑟威1983年的年報。

8. 1984年因正值高通膨時期，工會同意凍結薪資。

9. 1956年通過的「銀行控股公司法」對銀行控股公司（在至少兩家銀行持股逾25％的公司，如J. P. 摩根設限），對它們在持有非銀行股份上加以限制，以避免在銀行業形成壟斷。後來這項法令先後於1966與1970年修改，以進一步限制諸如波克夏等單一銀行控股公司，從事非銀行業活動。1982年時，當局再度修法，以進一步禁止銀行從事保險承銷，或是經紀活動。1999年時，美國金融服務現代法（Gramm-Leach-Bliley Act）撤銷了其中部分法案。

10. 訪問麥肯齊。據他和巴菲特的說法，聯合零售商店始終無法從1960年代後期市中心的瓦解中復元，也難以適應購物中心以折扣價出售服裝的新文化。

11. 訪問孟格。

12. 訪問葛羅斯曼與彼得。

13. 訪問彼得。

14. 訪問雷爾德與巴雷。

15. 訪問霍華。

16. 同前。如蘇西所說：「要是霍華死了，那也不會是普通的死法。可能是掉出直升機外，落入北極熊的血盆大口。」

17. 他買了座162公頃的農場。

18. 訪問霍華與彼得。

19. 彼得奇威父子公司於1884年由荷蘭後裔的泥水匠老彼得・奇威創立（Dave Mack, "Colossus of Roads," *Omaha* magazine, July 1977; Harold B. Meyers, "The Biggest Invisible Builder in the World," *Fortune*, April 1966）。

20. 奇威過世後，巴菲特原本有機會買下奇威廣場大樓的一戶公寓，而他也很想這麼做，但艾絲翠不想丟下她的庭院，因此他們還是留在法南街。

21. "Peter Kiewit: 'Time Is Common Denominator,'" *Omaha World-Herald*, approximately November 2, 1979; Robert Dorr, "Kiewit Legacy Remains Significant," *Omaha World-Herald*, November 1, 1999; "The Biggest Invisible Builder in the World"；訪問奇威接班人華特・史考特二世，他在奇威廣場大樓有一戶公寓。

22. 奇威於1979年11月3日去世。巴菲特曾於1980年1月20日在《奧馬哈世界前鋒報》上發表 "Kiewit Legacy as Unusual as His Life."

23. 巴菲特不僅看了三、四遍弗萊克斯納的自傳，還四處送書給朋友。

24. 到1980年6月的結算日，那年為38,453美元，其中33,000美元捐給大學，其餘捐給當地機構。而五年前，也就是1975年6月時，基金會擁有40萬美元的資產，捐給同樣的機構28,498美元。

25. 古林於1985年10月1日寄給羅森斐的信。

26. 巴菲特1969年5月14日致巴菲特基金會受託人雪莉・安德森（Shirley Anderson）、威廉・瑞恩與凱蒂・巴菲特的信。

27. Richard I. Kirkland Jr., "Should You Leave It All to the Children?" *Fortune*, September, 29, 1986.

28. 帝許的話（Lowe, Buffett）。帝許已去世。

29. Kirkland, "Should You Leave It All to the Children?"

| 第44章 |

1. KETV第七頻道1980年5月21日播出的《布太太築夢》(*The Dream that Mrs. B. Built*)，布太太的引述經過重新編排，並已略加編輯。

2. 同上。

3. "The Life and Times of Rose Blumkin, an American Original," *Omaha World-Herald,* December 12, 1993.

4. 同上。

5. 明斯克位於莫斯科附近，相當接近俄羅斯的東歐邊界，戰時很難通行。她的路線比坐火車在舊金山與紐約間跑三趟，接著繞回奧馬哈還長。

6. 有關布太太旅程的多數細節，都取材自布朗金家族史。

7. 沙皇亞歷山大二世遇刺後，帝俄對猶太人展開大屠殺，1880年代，猶太人大規模移民，其中遷移至奧馬哈與南奧馬哈，大概1915年時，兩地約住有六千名俄裔猶太人。多數人剛開始是當小販或開小店，服務因鐵路與牲畜飼養場而來的廣大移民勞工階層。1930年前，奧馬哈的外國出生居民比率，在美國各城市中始終名列第一（Lawrence H. Larsen and Barbara J. Cottrell, *The Gate City.* Lincoln: University of Nebraska Press, 1997）。

8. 訪問路易斯・布朗金。當時有許多銀行破產，他父親便拿當鋪跟銀行做比較。

9. 取材自《布太太築夢》。

10. 同上。

11. 路易斯・布朗金說，她以120美元的價格賣成本100美元的外套，其他地方的零售價為200美元。

12. 取材自《布太太築夢》。

13. "The Life and Times of Rose Blumkin, an American Original."

14. 訪問路易斯・布朗金。

15. 同上。他們為她貢獻出部分薪餉。

16. "The Life and Times of Rose Blumkin, an American Original."

17. James A. Fussell, "Nebraska Furniture Legend," *Omaha World-Herald*, August 11, 1988.

18. "The Life and Times of Rose Blumkin, an American Original."

19. Joyce Wadler, "Furnishing a Life," *Washington Post,* May 24, 1984.

20. 取材自《布太太築夢》。

21. "The Life and Times of Rose Blumkin, an American Original."

22. Joyce Wadler, "Blumkin: Sofa, So Good: The First Lady of Furniture, Flourishing at 90," *Washington Post*, May 24, 1984.

23. 1983年巴菲特在致柏恩的信中提及，李維茲（Levitz）賣場平均規模約為內布拉斯加家具賣場的75%，而營業額只有該賣場的10%。

24. Frank E. James, "Furniture Czarina," *Washington Post*, May 23, 1984.

25. 1990年3月23日在史丹福大學法學院發表的演說 "Berkshire Hathaway's Warren E. Buffett, Lessons From the Master", *Outstanding Investor Digest*, Vol. V, No.3., April 18, 1990。

26. Chris Olson, "Mrs. B Uses Home to Eat and Sleep; 'That's About It,'" *Omaha World-Herald*, October 28, 1984.

27. 取材自 "Furnishing a Life"。

28. 艾思柏1984年6月8日致巴菲特函。

29. 路易斯・布朗金在一次訪問中說：「我現在就可以聽見我媽（這麼說）」。

30. 蘿絲在《布太太築夢》曾提起這件事，說巴菲特不想照她的開價，而她告訴他，他太小氣了。

31. 那與她早年以木頭地板上的稻草為床或許有點關係。

32. James A. Fussell, "Nebraska Furniture Legend."

33. 波克夏海瑟威1983年董事長致股東信。最初波克夏買了家具賣場90%股份，留下10%給布朗金家人，並選擇撥出其中10%，以回饋給某些重要的年輕家族經理人。

34. Robert Dorr, "Furniture Mart Handshake Deal," *Omaha World-Herald*, September 15, 1983.

35. 巴菲特對布太太的衷心喜愛，顯然是由於她痛罵家人與員工時，就像自己的母親一樣。而他鮮少冒險與任何可能向他發脾氣的人來往。

36. 巴菲特 1983 年 9 月 30 日致蘿絲‧布朗金函。

37. 是一位退休波克夏員工說的，但不是身為這樁事要角的麥肯齊。

38. 訪問麥肯齊。

39. 訪問利普西。

40. "A Tribute to Mrs. B," *Omaha World-Herald*, May 20, 1984；紐約大學校長約翰‧布拉德馬斯（John Brademas）1984 年 4 月 12 日致蘿絲‧布朗金函。

41. 訪問路易斯‧布朗金。

42. Joyce Walder, "Blumkin: Sofa, So Good: The First Lady of Furniture, Flourishing at 90."

43. 訪問路易斯‧布朗金。

44. 巴菲特 1984 年 5 月 29 日致帝許信函。

45. Beth Botts, Elizabeth Edwardsen, Bob Jensen, Stephen Kofe, and Richard T. Stout, "The Corn-Fed Capitalist," *Regardie's*, February 1986.

46. Robert Dorr, "Son Says No One Wanted Mrs. B to Leave," *Omaha World-Herald,* May 13, 1989.

47. Andrew Kilpatrick, *Of Permanent Value: The Story of Warren Buffett/More in '04* (California Edition). Alabamn: AKPE, 2004.

48. Rober Dorr, "Son Says No One Wanted Mrs. B to Leave."

49. Sonja Schwarer, "From Wheelchair, Mrs. B Plans Leasing Expansion," *Omaha Metro Update*, February 11, 1990; James Cox, "Furniture Queen Battles Grandsons for Throne," *USA Today*, November 27, 1989.

50. Robert Dorr, "Garage Sale Is Big Success for Mrs. B," *Omaha World-Herald*, July 17, 1989.

51. 同注 47。

52. Bob Brown, Joe Pfifferling, "Mrs. B Rides Again: An ABC 20/20 Television New Story," 1990.

53. "A Businessman Speaks His Piece on Mrs. Blumkin," *Furniture Today*, June 4, 1984，取自波克夏海瑟威 1984 年年報。巴菲特常用這種說法，為某人或狀況貼標籤，其他部分便排出浴缸。

54. Linda Grant, "The $4-Billion Regular Guy: Junk Bonds, No. Greenmail, Never. Warren Buffett Invests Money the Old-Fashioned Way," *Los Angeles Times*, April 7, 1991.

55. 訪問路易斯‧布朗金。

56. Harold W. Andersen, "Mrs. B Deserves Our Admiration," *Omaha World-Herald*, September 20, 1987; Robert Dorr, "This Time, Mrs. B Gets Sweet Deal," *Omaha World-Herald*, September 18, 1987.

| 第 45 章 |

1. 訪問多麗絲。
2. 一名巴菲特家族的親近友人親眼目睹，並在一次訪問中提及此事。
3. 愛滋病是在1981年夏天時，首度在男同志身上發現，但當時被通報為肺炎及一種罕見的致命癌症。美國總統雷根在男星友人洛赫遜（Rock Hudson）宣布，他經診斷罹患愛滋病後，於1985年9月首次提及這種病症。
4. 訪問雷爾德和巴雷。
5. 這故事是依據與一些消息來源的對話所拼湊出來的。
6. Alan Levin, "Berkshire Hathaway to Close," *New Bedford Standard-Times*, August 12, 1985.
7. 原本一台價值5,000美元，機齡四年的織布機，後來如破銅爛鐵般，一台只賣26美元，還有部分設備則進了紡織博物館。
8. 巴菲特在1978年的董事長致股東信中，論及全國產物保險公司員工整體業務績效低落時，用了「大災難」這個字眼，而他主要將這歸咎於產業問題。
9. 訪問麥肯齊與葛羅斯曼，據說這名保險經紀人曾從波克夏盜用公款。
10. 訪問墨菲。
11. 訪問麥肯齊。
12. 訪問葛羅斯曼。
13. 在短暫的過渡期，曾有布隆希爾達‧赫夫納格（Brunhilda Hufnagle）、史蒂芬‧葛樂克斯登（Steven Gluckstern），以及麥可‧帕姆（Michael Palm）等再保險經理人當家作主。由於種種原因，他們都待不久。
14. Bob Urban, "Jain, Buffett Pupil, Boosts Berkshire Cash as Succession Looms," *Bloomberg News*, July 11, 2006；儘管作者與詹恩認識多年，但他一再拒絕受訪。

| 第46章 |

1. 1982年開市的第一天，道瓊指數落在875點，這是1964年9月以來首度回探到那個水準。
2. 根據CRERAP機構（Corporate Reports, Empirical Research Analysis Partners），從1952到2007年的這五十五年期間，企業獲利創下最低點是在1992年，而1983年則是次低點。
3. 隨著資產泡沫成形、純粹的貪婪、銀行業務證券化，還有尋求以高倍數槓桿操作取得資金收購股權的渴望，金融業者失去對信用不良的恐懼，而這跡象也顯示，在經濟大蕭條時期所通過的葛賽法案（Glass-Steagall Act）對商業銀行與投資銀行間豎立的圍牆，正開始瓦解。
4. 最初它們是投資級債券，但隨著這些企業的財務岌岌可危，它們所發行的債券也變得十分低廉，收益率也變得較高。例如，當某種債券的票面價跌至僅剩七成時，那原本7%的收益率就增加至10%。
5. Connie Bruck, *The Predators' Ball: The Inside Story of Drexel Burnham and the Rise of*

the Junk Bond Raiders. New York: The American Lawyer: Simon & Schuster, 1988.

6. 一般來說，這些交易運作的方式包括給那些出售持股的股東較高的價格，但留給那些未出售持股的股東遠比以往更虛弱的公司，或是提供溢價，但這價格只有買方靠採取原管理階層早該採取的行動所創造價值的一小部分。再不然就是雙管齊下。

7. 從索爾·斯坦伯格（Saul Steinberg）到帝許，人人都與這公司休戚相關。另一方面，管理階層的首選買主是IBM。最後事實證明，由於大都會電視網有互補的電視執照，需要出脫的財產最少，因此十分適合。

8. 訪問墨菲。

9. 同上；*Beating the Odds.*。

10. 巴菲特以大都會傳播公司最近的股價溢價60％的價格收購，支付金額是大都會傳播盈餘的十六倍，此外在銀行家瓦瑟斯坦（Bruce Wasserstein）的堅持下，附帶保證將繼續給賣方ABC電視網股權。而在巴菲特所敲定的條件中，這些大概是歷來最優厚的，同時也顯示出，他與墨菲有多想買ABC。孟格1983年1月11日在致巴菲特集團信中說，大都會傳播的墨菲「二十五年來，每年都以23％的成長率，讓他在1958年的原始投資上以利加利」。而帝傑（Donaldson, Lufkin & Jenrette）投資銀行1980年2月26日的報告則寫道：「過去十年來，每股盈餘年複合成長率都達20％以上，在過去五年，更高達27％。」

11. Geraldine Fabrikant, "Not Ready for Prime Time?" *New York Times*, April 12, 1987.

12. ABC電視網1984年的營業額為37億美元，其中獲利為1.95億美元，而大都會傳播的規模只有它的三分之一，營業額9.4億美元，但獲利卻為1.35億美元。兩者獲利懸殊的主因在於，電視網旗下電視台與電視網本身不同的經濟狀況，再加上墨菲及柏克的管理手腕所致。

13. 根據《奧馬哈世界前鋒報》1987年3月19日報導，在本案交付道格拉斯郡心理衛生委員會，並將羅伯特·柯恩（Robert J. Cohen）從懲治中心移送醫院後，對柯恩的控訴也跟著駁回；Terry Hyland, "Bail Set at $25,000 for Man in Omaha Extortion Case," *Omaha World-Herald*, February 5, 1987.

14. 訪問葛蕾蒂絲。

15. 同上。

16. 同上。

17. 訪問霍華、彼得與蘇西。

18. Alan Farnham, "The Children of the Rich and Famous," *Fortune*, September 10, 1990.

19. 訪問霍華。

20. 訪問彼得。

21. 訪問湯姆·紐曼與寇爾。

22. 取材自 "Should You Leave It All to the Children?"

23. 訪問寇爾。

24. 訪問帕克斯。

25. 訪問麥肯齊、馬爾康·卻斯三世（Malcolm "Kim" Chace III）、唐·沃斯特（Don Wurster），以及賀蘭夫婦。

26. 訪問喬治·布隆姆利（George Brumley）。

27. Charles Ellis, *Investment Policy: How to Win the Loser's Game.* Illinois: Dow-Jones-Irwin, 1985.

28. 出自墨基爾的《漫步華爾街》（中譯本為天下文化出版）。

29. 除了這篇關於「超級投資人」的文章外，巴菲特直到1987年波克夏的致股東信中，才又直接論及效率市場假說。不過自從1979年起，他便藉由討論諸如成交量過大等相關主題，而逐漸將話題轉向效率市場假說。

30. 葛拉漢與陶德五十週年研討會紀錄。當時詹生是羅徹斯特大學管理研究所教授與管理經濟學研究中心主任。研討會後不到一年，詹生便轉任哈佛，至今仍是哈佛企管名譽退休教授。

31. 另外兩個為史坦·裴米特（Stanley Perlmeter）與《華盛頓郵報》退休基金。儘管巴菲特在早年缺乏資金時，曾與部分投資人分享彼此的看法，運用了類似準則，但大多數時候是靠他們自己去投資。

32. 效率市場假說其中一個較微妙的基礎，就是與解除管制及雷根經濟學精神一致的自由市場，以及類自由派哲學。而在這精神下，投資人置身不受管制的自動調節市場，可以靠自己而不需要專家替他們投資。因此，效率市場假說的副作用之一，就是在不知不覺中，支持其他類型的市場自由化，還有政府與聯準會對日後產生的資產泡沫所採取的合理化行動。

33. 碰到最壞的狀況，套利都會出差錯，空部位的資產價格上漲，但多部位資產的價格卻下跌。這就是套利者的「地震風險」。

34. 取材自巴菲特在波克夏1994年股東會的演說。

35. 垃圾債券模式是以過去的信用紀錄而非股市或債市的表現為依據。這兩種模式不僅息息相關，還有相同的基本瑕疵，那就是「地震事件」從未正確地列為要素，若將它們列入，這模式將會顯示，其中資金成本簡直高得嚇人。

36. 隨著1982年股價指數期貨推出，巴菲特也為了避險而開始交易這些工具。然而，他曾致函眾議院能源與商務委員會主席約翰·丁格爾（John Dingell），警告相關風險；同樣地，他也致函唐·葛拉漢道：「有太多人都宣稱，這是為了避險，以及進行投資型運用，但在實際操作上，幾乎一切契約都與短期高槓桿賭博有關，而大眾每投入1美元，經紀人都要從中分一杯羹。」巴菲特1983年1月18日致唐·葛拉漢夫婦函。

37. 波克夏海瑟威1985年致股東函。這項交易涉及3.2億美元現金，其餘則是概括承受的債務與其他費用（"Scott Fetzer Holders Clear Sale of Company," *Wall Street Journal*, December 30, 1985）。巴菲特在波克夏2000年的年報中指出，公司從這筆交易淨賺了10.3億美元。

38. 訪問迪孟。

39. 1986年底時，波克夏的帳面資產為44.4億美元，其中包括12億美元的未實現股票獲利。波克夏若趁改制前將資產變現，本身將可以避免繳納任何稅金，而股東則必須為獲利繳納20%的稅金，也就是2.44億美元。倘若波克夏在稅務改革法生效後將資產變現，本身就必須繳納4.14億美元公司稅，而其中逾1.85億美元要由巴菲特來承擔；此外，在將淨收入交給投資人前，還要雙重課稅，使12億美元未實現增值的稅率最高達52.5%，也就是6.4億美元。因此，總效應達4億美元（James D. Gwartney and Randall G. Holcombe, "Optimal Capital Gains Tax Policy," A Joint Economic Committee Study, United States Congress, June 1997.）。

40. 波克夏海瑟威1986年的年報。巴菲特曾特別提及，若波克夏在稅務改革法生效後，才將資產變現，將面臨代價高昂的後果，而並未提到，假使趁改革法上路前將資產變現，所能得到的龐大獲利。

41. 葛拉漢的概念。

42. 這衡量標準有利有弊，投資理財書中都有討論。盈虧結算是種合理、保守的衡量法，但可能因收購而扭曲。巴菲特曾討論過這點，請參見通用再保險公司年報。

43. 訪問華特‧史考特與蘇珊‧史考特（Jonathan R. Laing, "The Other Man From Omaha," *Barron's*, June 17, 1995）。

44. 訪問華特‧史考特。

45. 鮑伊（Jerry Bowyer）曾2006年8月11日出刊的《國家評論》（*National Review*）寫道，雷根的「供給面政策助使巴菲特積累了全球第二大的財富。而他卻經常以這財富為舞台，站在上頭譴責正助使他享有驚人成功的供給面措施。」確實，巴菲特猶如任何投資人一樣，從減少個人投資所得與資本收益稅收的供給面政策中獲利，但顯然其中多數獲利都被波克夏的稅賦所抵銷。從雷根時代起，講求賦稅公平的公民，還有稅賦與經濟政策機構，便不斷研究美國250大企業的年報，並歸納道，它們的賦稅嚴重偏低（請參見Robert S. McIntyreand T. D. Coo Nguyen, *Corporate Taxes & Corporate Freeloaders*, August, 1985; *Corporate Income Taxes in the 1990s*, October, 2000; *Corporate Income Taxes in the Bush Years*, September, 2004）；儘管美國250大企業的獲利大幅成長，但卻不斷顯示，由於折舊、股票選擇權、研究等所得稅寬減額，而在整個1980、90年代，甚至現在，其實都只付了部分的公司稅率。然而，自從1986年起，波克夏卻有平均達30%的實際所得稅率，也就是稅前淨收益除以現有賦稅，以致抵銷了巴菲特個人的稅務優惠。不管怎樣，巴菲特的稅賦與他是否有權批評供給面政策無關。

46. Robert Sobel, *Salomon Brothers 1910-1985, Advancing to Leadership*, Salomon Brothers, Inc., 1986.

47. 菲布羅支付現有股東超過他們投入資本的溢價，而已撤出資本的股東則無法享有同等待遇。

48. Anthony Bianco, "King of Wall Street—How Salomon Brothers Rose to the Top—And How It Wields Its Power," *BusinessWeek,* December 5, 1985.

49. 希特勒在1934年6月30日至7月2日的「長刀之夜」（Night of the Long Knives），至少處決了八十五名他認為政權內存在的敵人，還逮捕了上千人。

50. James Sterngold, "Too Far, Too Fast: Salomon Brothers' John Gutfreund," *New York Times*, January 10, 1988.

51. Paul Keers, "The Last Waltz," *Toronto Star*, September 1, 1991.

52. 引述自洛溫斯坦的《巴菲特：一位美國資本家的誕生》

53. Paul Keers, "The Last Waltz"; Carol Vogel, "Susan Gutfreund: High Finances, High Living," *New York Times* January 10, 1988; David Michaels, "The Nutcracker Suit," *Manhattan, Inc.*, December, 1984; John Taylor, "Hard to Be Rich," *New York*, January 11, 1988.

54. Robert Sobel, *Salomon Brothers 1910-1985, Advancing to Leadership* Salomon Brothers, Inc., 1986.

55. 據推測是要由瓦瑟斯坦這樣驍勇善戰、勢力龐大的銀行家兼併購專家來經營公司。葛佛藍德與重要部屬明白，瓦瑟斯坦將立即取代他們，他們心裡也很清楚，一旦裴瑞曼成為最大的股東，可能會嚇跑客戶。

56. 當時每股市價32美元，而所羅門以19%的溢價，也就是38美元買入大批米諾科公司的股票。接著以相同的價格，向巴菲特兜售。當時在類似的交易中，溢價是很典型的做法，也因此受到批評。這批股票意味在公司有12%的表決權，而裴瑞曼出價42美元，並說可能會提高持股至25%。

57. 巴菲特認為，他在所羅門的投資就像投資債券。倘若他有諸如GEICO或是美國運通之類的絕佳股票投資機會，就不會考慮等同債券的這筆交易了。

58. 訪問葛佛藍德。

59. 訪問葛佛藍德與弗瑞斯坦（Donald Feuerstein）。弗瑞斯坦的兒子和裴瑞曼的孩子上同一所學校，他知道裴瑞曼虎視眈眈，在關鍵的猶太新年過後，還想加碼交涉。

60. 據葛拉漢與陶德說，優先股結合了股票與債券最不吸引人的特點。他們寫道：「整體來說，當面臨不利的發展時，優先股無疑遠比債券脆弱。參見兩人的著作《證券分析》。經常有人形容優先股是「有甜頭的債券」（bonds with a kicker），結合了債券的安全，還有股票的好處。然而，猶如葛拉漢與陶德指出的，這未必正確。假使一家企業陷入困境，優先股便無法強制索回利息與本金。而當事事順利時，優先股與普通股不同的是：投資人無權分享企業的利潤。巴菲特1998年在佛羅里達大學演說時曾指出：「優先股的考驗在於，你是否能獲得高於平均的稅後收益，並確信能拿回你的本金。」而在這兒，比較優

先股與普通股是沒有意義的。

61. 按照協議，從 1995 年 10 月 31 日起，巴菲特必須在四年內分五次，將這些優先股轉換為所羅門股票，或是「賣回」給公司以換取現金。而裴瑞曼則開出更好的條件，以從巴菲特手中搶得交易。由所羅門的觀點來看，裴瑞曼開出 42 美元的轉換價格，遠比巴菲特的吸引人。此外，裴瑞曼只會持有所羅門 10.9% 的股份，而巴菲特則將持有 12%。不過，葛佛藍德與其他幾位經理人卻告訴董事會，要是接受裴瑞曼的提議，他們將辭職不幹。

62. 倘若出現想他大批可轉換優先股的潛在買家，巴菲特必須提供所羅門優先承購權。縱使它不買回股票，巴菲特也不能將這大批股票全賣給同一位買主。此外，波克夏也同意，未來七年對所羅門的投資都不會超過 20%。

63. Michael Lewis, *Liar's Poker: Rising Through the Wrackage on Wall Street*. New York: W. W. Norton, 1989.（中譯本為《老千騙局：華爾街超級營業員的故事》，先覺出版）。

64. 訪問寶拉‧布萊爾（Paula Orlowski Blair）。

| 第 47 章 |

1. 波克夏海瑟威 1990 年致股東信；Michael Lewis, "The Temptation of St. Warren," *New Republic,* February 17, 1992.

2. 1991 年春在聖母大學（University of Notre Dame）的演說（引述自 Linda Grant, "The $4-Billion Regualr Guy: Junk Bonk, No Greenmail, Never. Warren Buffett Invsts Money the Old-Fashioned Way," *Los Angeles Times*, April 7, 1991）。

3. 巴菲特 1986 年 12 月 7 日在《華盛頓郵報》〈如何抑制賭場經濟〉（How to Tame the Casino Economy）一文中，曾倡議對那些持有股票或金融衍生工具不到一年便出售的人，就相關獲利課以 100% 的充公稅。

4. Linda Grant, "The $4-Billion Regualr Guy"。巴菲特在致股東信中，也曾盛讚葛佛藍德。

5. 所羅門業務的主要衝突，就是巴菲特服務於父親在奧馬哈的公司時，便已反對的未公開買賣差價。而這衝突存在於企業帳戶與顧客交易的專有交易、由證券研究股票評等而來的投資銀行業務，以及能夠在公司購併協議上交易的套利部門之間。身為波克夏董事會成員，負責做投資決策的巴菲特說，他會迴避涉及交易的討論，同時他也不從事內線交易；然而，他的董事身分還是造成利益衝突的表象。

6. 標準普爾 500 指數（Standard & Poor's 500 Index）被用來當作市場的代表。

7. 為求簡要起見，以下簡短敘述投資組合保險史。這場大崩盤要從 1987 年勞工節週末時，美國聯準會提高貼現率說起。接下來一個月，市場產生震盪，顯現出投資人焦慮不安的跡象。到了 10 月 6 日，道瓊指數跌了 91.55 點，打破單日跌點紀錄。而利率持續上揚，10 月 16 日星期五那天，道瓊指數又跌了 108 點，

令專業的基金經理人週末陷入沈思。10月19日黑色星期一，開盤後的前幾個小時，許多股票根本無法開始交易，道瓊指數則跌了創紀錄的508點。直到今天，崩盤的確切原因仍眾說紛紜。程式交易與股價指數期貨加速了下跌，但也有人歸咎於經濟因素、軍事緊張、聯準會主席葛林斯潘對美元的評論、經濟趨緩與其他因素。

8. 訪問華特·史考特二世。

9. 在這個例子中，要避險的方式，就是放空一籃子的股票或是股價指數。

10. 這段敘述是根據多麗絲與巴菲特兩人的說法。

11. James Sterngold, "Too Far, Too Fast: Salomon Brothers' John Gutfreund," *New York Times*, January 10, 1988.

12. 所羅門針對客戶的需求，提供各種到期日的債券。對一家債券公司來說，裁撤商業本票部門，是項令人費解的決策。

13. 訪問澤勒。澤勒說巴菲特秉持著正直的精神，在薪酬委員會上代表股東利益，並設法斷定哪些員工真正值得獎勵。

14. John Taylor, "Hard to Be Rich: The Rise and Wobble of the Gutfreunds," *New York*, January 11, 1988.

15. 訪問葛佛藍德與賀洛維茲。

16. 訪問史特勞斯。

17. 儘管嚴格來說，這些優先股的條件並不是那樣運作，但巴菲特如果真的想，還是能找到辦法脫身。

18. Carol Loomis, "The Inside Story of Warren Buffett," *Fortune*, April 11, 1988。巴菲特在文章中說，這些謠言毫無根據。

19. Robert L Rose, "We Should All Have an Audience This Receptive Once in Our Lives," *Wall Street Journal*, May 25, 1988.

20. 或是均價41.81美元，耗資5.93億美元的14,172,500股可口可樂股票（或是在1988與2007年間，三度進行一分二股票分割後，5.23美元的調整價格）。而後續進行股票分割，所有的股份與價格都會調整。

21. 當時在波克夏海瑟威的資本總額中，可口可樂股票的市值便占了21％。以美元計算，這顯然是巴菲特在單一股票上所下的最大賭注。然而以賺頭來說，這倒是符合他的老模式。

22. 訪問霍華。

23. Michael Lewis, *Liar's Poker: Rising Through the Wreckage on Wall Street*. New York: W. W. Norton, 1989.

24. 波克夏從冠軍優先股中，取得高於7％現行利率的9.25％息票利率，並為了替這次收購籌資3億美元，將貸款提高至5.5％。冠軍國際紙業雖提前收回優先股，但波克夏仍能在收回之前轉換持股，並以微小的折扣賣回給公司。而波克夏在持有冠軍優先股的六年期間，帳面上出現了19％的稅後資本利得。

25. Linda Sandler, "Heard on the Street: Buffett's Special Role Lands Him Deals Other Holders Can't Get," *Wall Street Journal*, August 14, 1989.

26. 訪問向孟格說這句話的朋友。

27. 2001年7月在喬治亞大學（University of Georgia）泰瑞商學院（Terry College of Business）的演說。

28. 訪問麥克法蘭。

29. 訪問布萊兒。

30. 許多契約需要列入抵押品或保證金，但仍無法彌補這個模式中標示錯誤的危險。

31. 巴菲特與孟格在波克夏海瑟威1999年的股東會中指出。

32. 所羅門撐了八年，1998年時，菲布羅賣了在這合資企業中的持股（Alan A. Block, "Reflections on resource expropriation and capital flight in the Confederation," *Crime, Law and Social Change*, October 2003）。

33. 洛溫斯坦撰，《天才殞落：華爾街最扣人心弦的風險賭局》（Roger Lowenstein, *When Genius Failed: The Rise and Fall of Long-Term Capital Management.* New York: Randon House, 2000）。

34. 訪問洛森費。

35. 按照梅利威瑟的個性，他本人會避免這類有利的協議。

36. 對所羅門「薪酬與員工福利委員會」（Compensation & Employee Benefits Committee）的報告——〈證券部門1990年提案，現任常務董事的薪資〉（Securities Segment Proposed 1990, Compensation for Current Managing Directors）。

37. 這項薪資協議仍是一面倒，套利金童不是不賺不賠，就是穩賺。而巴菲特若是績效不彰，這合夥關係將使他在分擔虧損上承受無限責任；換句話說，他的報酬確實與股東一致。

38. Michael Siconolfi, "These Days, Biggest Paychecks on Wall Street Don't Go to Chiefs," *Wall Street Journal*, March 26, 1991.

39. 訪問莫漢。

40. 運用不同的措詞，巴菲特用的比喻是賭場／餐廳。縱使客戶業務變得有利可圖，規模變得更大、市占率提高，往後也需要更龐大的資金，而問題在於，這部分的收益究竟能不能滿足巴菲特。

41. 訪問洛森費。

| 第48章 |

1. 出自《老千騙局：華爾街超級營業員的故事》。

2. 弗瑞斯坦曾在美國證管會扮演過幾個重要角色，其中包括在德州海灣硫磺公司（Texas Gulf Sulfur）的重大內線交易案中擔任法律顧問。

3. 從訪談弗瑞斯坦和其他許多人中，證實他扮演的角色和此綽號。

4. 訪問弗瑞斯坦、史特勞斯、莫漢、麥英塔、麥克法蘭、史諾與羅森斐等人。

5. 訪問麥英塔。

6. 訪問麥克法蘭。

7. 洛森費的話（Lowenstein, Buffett）。

8. 麥唐諾（John McDonough）的話（Lowenstein, Buffett）。

9. 訪問洛森費。

10. 訪問弗瑞斯坦。

11. 在跟孟格談完後，弗瑞斯坦回到會議室，向當時跟他會面的律師史諾複述孟格的那番「吸吮拇指」見解，弗瑞斯坦說，孟格告訴他：「華倫和我也經常這麼做」。不論孟格的確實說詞如何，弗瑞斯坦和巴菲特當時都沒對孟格的這番話產生警覺。

12. 訪問柯瑞根。

13. 弗瑞斯坦曾在 8 月 8 日早上和另一位董事賀洛維茲共進早餐，並告訴他大致相同、但稍加清晰的內容。不過，賀洛維茲說，他仍然覺得一頭霧水。

14. Carol Loomis, "Warren Buffett's Wild Ride at Salomon," *Fortune*, October 27, 1997.

15. 孟格後來陳述他當時追問弗瑞斯坦的過程，跟弗瑞斯坦的記憶有所出入，不過，兩人都同意，弗瑞斯坦當時對孟格做出更清楚的說明。無疑地，隨著更多資訊被揭露後，巴菲特和孟格對於弗瑞斯坦及葛佛藍德在事發後採取的行動也有了更嚴厲的全面解讀。

16. 1991 年 9 月 10 日所羅門提出的聲明，以及所羅門董事長兼執行長巴菲特在美國參院「銀行、住宅暨都市事務委員會」下「證券小組委員會」前提供的證詞。

17. 在不知情下被默瑟拿來當投標人頭的客戶包括華寶銀行（S. G. Warburg）旗下的水星資產管理公司（Mercury Asset Management），和量子基金（Quantum Fund）。聯準會之所以發現事有蹊蹺，是因為華寶銀行本身以公債主要交易商身分自行投標，怎麼可能又找所羅門代為投標。

18. 引述自孟格 1992 年 2 月 6 日對美國證管會提供的證詞。

19. 同上。

20. Michael Siconolfi, Constance Mitchell, Tom Herman, Michael R. Sesit, David Wessel, "The Big Squeeze: Salomon's Admission of T-Note Infractions Gives Market a Jolt – Firm's Share of One Auction May Have Reached 85 % ; Investigations Under Way – How Much Did Bosses Know?" *Wall Street Journal*, August 12, 1991.

21. 巴菲特後來表示，華利羅卡法律事務所也要承擔部分責任。他指出，華利羅卡在宣布所羅門持有的 50 億美元中期債券的「存架登記」（shelf registration）自 8 月 8 日起生效時，所使用的公開說明書旨在陳述所羅門在 8 月 8 日之前的所有重要事實，但這份公開說明書中並未提及默瑟的違法行為或所羅門管理階層的不作為。而巴菲特說：「如果華利羅卡在透過正式文件向政府及大眾傳達訊息時，抱持的是這種鬆懈態度，那麼，它在向葛佛藍德傳達訊息時，態度很可能

也是如此，儘管我並不知道它到底對葛佛藍德提供了什麼建議。」

22. 訪問麥克法蘭。

23. 訪問丹罕（Bob Denham），他在搬進弗瑞斯坦的舊辦公室時發現這點。

24. 引述自孟格1992年2月6日對美國證管會提供的證詞。

25. 若債權人不願意續展融資，所羅門將被迫必須在幾乎一夜之間就出售資產變現。在這種救火急售下，資產只能賣得帳面價值某一比例的價格。所羅門那看似強壯的資產負債表將立即消失於破產的黑洞裡。

26. 訪問麥英塔。

27. 訪問弗瑞斯坦與麥克法蘭。

28. 默瑟並未呈報他現有的公債淨「多頭」和「待發行」部位，此外，他這一回又私下以老虎基金公司（Tiger Management Company）當人頭進行投標。

29. 默瑟否認他蓄意操縱市場。他涉嫌使用附買回交易，用這些公債做為抵押品，向客戶借入現金，並和這些客戶口頭約定，他們不得把這些公債再轉借給他方。這麼一來，便凍結了這批公債的市場供給，使他得以軋空融券放空者。日後很長一段期間，所羅門一直未能擺脫操縱市場價格的嫌疑，外界幾乎毫不懷疑地認定，默瑟和他的客戶囤積公債，製造軋空行情。據洛森費說，所羅門自家的套利部門也放空公債而身受其害。

30. Constance Mitchell, "Market Mayhem: Salomon's 'Squeeze' in May Auction Left Many Players Reeling — In St. Louis, One Bond Arb Saw $400,000 Vanish and His Job Go with It — From Confidence to Panic." *Wall Street Journal*, October 31, 1991.

31. 儘管所羅門內部知道此事，但弗瑞斯坦並未立即發現，他把這遺漏歸咎於自己當時未能要求對這次的軋空情事進行更徹底的調查。包括梅利威瑟在內的幾個人顯然知道這場「老虎宴」（Tiger dinner，以其中一家避險基金客戶命名），但無法證明這場「老虎宴」跟勾結有關。

32. 訪問葛佛藍德。

33. 或是其他任何價格，這是巴菲特大致的記憶。

34. 在此同時，所羅門為發行50億美元優先順位債而提出「存架登記」聲明的申請，並獲核准。但在這些情況下，申請核准「存架登記」聲明，基本上是違反美國證券法。

35. 據洛森費說，有些人認為，這次軋空是要賭聯準會即將放寬利率，可能純粹是時機問題，而不是要公然挑戰財政部。

36. 這些所羅門內部的不同觀點，係訪談該公司內部多位人士所獲得的綜合意見。

37. 葛佛藍德的律師霍華德所說，1995年4月20日在CNBC的「內幕觀點」節目。

38. 葛佛藍德所說，出處同前注。

39. 默瑟在1990年12月27日的四年期公債、1991年2月7日（所謂「10億美元惡作劇」），以及1991年2月21日的五年期公債標售案中都冒用人頭投標。在1991年4月25日的公債標售中，他的其中一筆標單數量超出一客戶授權代為投

標的數量。在1991年5月22日的兩年期公債標售中，默瑟則依規定向政府呈報淨「多頭」部位，使主管機關懷疑這是為了掩飾操縱市場的一種手段，唯當局一直未能查到操縱市場的具體證據。

40. 訪問史諾，他1994年也曾為這宣示作證。
41. 訪問莫漢。
42. 訪問柯瑞根。
43. 儘管梅利威瑟是默瑟的頂頭上司，但無權開除他；常務董事不能開革另一名常務董事，唯有葛佛藍德才能這麼做。
44. 訪問麥英塔。
45. 訪問麥克法蘭與莫漢。
46. 價差擴大10至20個基點，反而導致更多賣方湧現。中午過後，交易員不斷擴大價差，到了最後，每1美元公債的出價只剩90美分，這樣的價格意味著這些債券的違約風險相當高。
47. 所羅門仍會以「代理商」的身分來從事交易，而這意味著，只有在手邊有另一個買家時，它才會向賣家買回債券，再轉賣給那另一個買家。
48. Kurt Eichenwald, "Wall Street Sees a Serious Threat to Salomon Bros.—ILLEGAL BIDDING FALLOUT—High-Level Resignations and Client Defections Feared—Firm's Stock Drops." *New York Times*, August 16, 1991.
49. 訪問柯瑞根。
50. 訪問柯瑞根。
51. 訪問柯瑞根。
52. 柯瑞根表示，從4月到6月這段期間，史特勞斯和葛佛藍德跟他進行過不只一次的例行會談，但卻完全沒有提及任何違規相關情事，因此，他已不再信任他們。
53. 巴菲特在下午兩點半與三點之間抵達紐約，這時新聞稿已擬好，隨時等候發布。
54. 引述所羅門於1991年8月16日發布的新聞稿：「為了賦予所羅門公司董事會最大的彈性，他們準備在董事會特別召開的一場會議上遞出辭呈。」
55. 訪問洛森費。
56. 訪問麥英塔、史特勞斯與莫漢。
57. 訪問史特勞斯。
58. 訪問柯瑞根。
59. 訪問奧森。
60. 巴菲特證詞（In the Matter of Arbitration Between John H. Gutfreund against Salomon Inc., and Salomon Brothers Inc., Sessions 13 & 14, November 29,1993）。
61. 巴菲特記憶中葛佛藍德所說的話，資料來源同上。
62. 訪問史特勞斯。

63. Carol Loomis, "Warren Buffett's Wild Ride at Salomon."

64. 1991年10月8日，沃爾瑪股票持有人中，沃爾頓（Walton）家族名列第三到第七，將巴菲特擠到第八名。而當時位居前兩名的，分別是娛樂業大亨約翰‧克魯格（John Kluge）與比爾‧蓋茲。

65. 財政部經由寫給水星資產管理公司的例行信，發現水星，還有它的關係企業華寶銀行，都在那次標售中，投標量超過35％的上限。而默瑟沒有水星授權，卻逕自代客投標。默瑟得知這封信的事後，便藉由告訴水星，所羅門誤用了它的名義下標，並將予以更正，因此不必麻煩回覆財政部，意圖掩飾。引述自1991年9月10日所羅門提出的聲明，以及所羅門董事長兼執行長巴菲特在美國參院「銀行、住宅暨都市事務委員會」下「證券小組委員會」前提供的證詞。

66. 訪問莫漢。

67. 1994年向北卡羅萊納大學肯南－富來格勒商學院（Kenan-Flagler Business School）學生發表的演說。

68. 唯一例外的是負責股票部門的夏普考恩（Stanley Shopkorn），在別人的記憶中，他自認為應該得到這職位。

69. 出處同注1。

70. 出處同注1。

71. 史渥普把他們全部開除，並推動公司轉型。

72. 訪問莫漢。

73. 訪問洛森費，他說並未加以威脅。可是由於梅利威瑟不受競業禁止協議約束，套利金童出走是遲早的事。

74. 葛佛藍德告訴巴菲特，他老婆對他說，再也沒人會用他了。

75. 訪問霍華德。

76. 訪問巴菲特。引述這句話，是要證明葛佛藍德心裡明白，他沒搞頭了。而孟格對這句引述的說法是：「我不會讓你們毀了我。」

77. 訪問霍華德。

78. 巴菲特證詞（In the Matter of Arbitration Between John H. Gutfreund against Salomon Inc., and Salomon Brothers Inc., Sessions 13 & 14.）

79. 巴菲特與孟格證詞（In the Matter of Arbitration Between John H. Gutfreund against Salomon Inc., and Salomon Brothers Inc., Sessions 13 & 14, 33 & 34.）

80. 孟格證詞（In the Matter of Arbitration Between John H. Gutfreund against Salomon Inc., and Salomon Brothers Inc., Sessions 33 & 34, December 22, 1993）

81. 日本債市直到東部標準時間晚上七點三十分才會開市，可是早在下午五點時，日本的場外交易就開始了。屆時債權人會動手賣出所羅門的票據，其實也就是發出償債通知。

82. 訪問麥克法蘭。

83. 引述自巴菲特證詞。

84. 訪問柯瑞根。
85. 柯瑞根與沃爾克為這話題提供了洞見。
86. 儘管大家並不清楚，那對巴菲特有什麼意義，但當時眾所周知，他「成功地利用自身卓著信譽，使當局收回部分成命」。Saul Hansell, Beth Selby, Henny Sender, "Who Should Run Salomon Brothers?" *Institutional Investor*, Vol. 25, No. 10 September 1, 1991.
87. 訪問莫漢。
88. 訪問孟格。
89. 訪問莫漢。
90. Saul Hansell, Beth Selby, Henny Sender, "Who Should Run Salomon Brothers?"
91. 同上。

| 第49章 |

1. 訪問寶拉·布萊爾。
2. 訪問麥路卡斯。
3. 這段引述是根據巴菲特的記憶，但財政部長布雷迪的看法是巴菲特不願離開，其他監管人員也這麼認為。
4. 訪問寶拉·布萊爾，她對於新老闆想把她變成偵探感到很有趣。
5. 訪問弗瑞斯坦、丹罕。丹罕說他們認為只有那一點需要改變。
6. 巴菲特證詞（In the Matter of Arbitration Between John H. Gutfreund against Salomon Inc., and Salomon Brothers Inc., Sessions 13 & 14, November 29,1993）。
7. 在葛佛藍德的仲裁公聽會。
8. 該公司在1986年成為孟托奧法律事務所。
9. 法律事務所人員和離職員工都將這個點子歸功於巴菲特，但他們在其中也扮演重要角色。
10. 德崇證券被起訴之後關門，吉德皮巴第被賣給潘韋伯公司，所羅門的資產負債表槓桿過高，公司面臨更大風險。
11. 訪問奧森。
12. 同上。
13. 訪問巴隆。紐約南區檢察長朱利安尼曾施壓要求德崇證券放棄特權，但德崇證券並未同意。
14. 孟格後來認為這種情況充滿道德問題（起碼是規定不夠明確），也表示他和巴菲特別無選擇，只能協助刑事調查和起訴可能無辜的員工。「等事情終結，所羅門個案的做法會套用到其他類似的個案，」他說，「人們夠聰明，會知道這是我們想要的回應（而且超快速），即使那表示要捨棄某些可能不該得到這種待遇的人。」出處可見 Lawrie P. Cohen, "Buffett Shows Tough Side to Salomon and Gutfreund," *Wall Street Journal*, November 18, 1991.

15. 1991年11月18日巴菲特致皮爾斯坦（Norman Pearlstin）信函。

16. 巴菲特證詞（In the Matter of Arbitration Between John H. Gutfreund against Salomon Inc., and Salomon Brothers Inc., Sessions 13 & 14, November 29,1993）。

17. 「我沒有立刻將他們解雇，」奧森在一次訪問中說，「我的想法比那細微一些。」

18. 眾議院能源暨商業委員會下的電信暨財務小組委員會，1991年9月4日討論關於所羅門的證券交易違法行為，以及與政府證券市場改革法規的牽連。

19. 莫漢幾週後必須回到華盛頓單獨作證。「紅海沒有分開，」他說，「我全身都溼了。」

20. 「我們的目標將是數十年前摩根（J. P. Morgan）所說的目標，摩根想要看到他的銀行「用一流的方式做一流的生意。」巴菲特在所羅門公司「董事長對公司地位和前景看法」的報告。（這段敘述也出現在1991年11月1日《華爾街日報》轉載的致所羅門公司股東信）

21. 參議院銀行、住宅暨都市事務委員會對所羅門兄弟公司在政府債券活動中的交易活動聽證會，1991年9月11日。

22. 當時有六十五位債權人停止和所羅門簽訂再買回協議，該公司的商業票據餘額幾乎降至零。主要交易對手太平洋安全銀行（Security Pacific）拒絕在沒有提供擔保品的情況下進行日間外匯交易，巴菲特表示這是他的絕對低點，新聞媒體從未披露這項消息，如果予以報導，可能會引發恐慌。

23. 訪問麥克法蘭，由於資金成本的上升促使交易員避開虧損的交易。最後利率上升到超過聯邦資金利率400個基點變得像「利差交易」。

24. 訪問麥克法蘭。

25. 1991年9月11日參議院銀行、住宅暨都市事務委員會對所羅門兄弟公司在政府債券活動中的交易活動聽證會。

26. 那時，包括丹罕和孟格在內的眾多其他人發現關於史登萊特信函的事情，但他們說，每個人都以為已經有人跟巴菲特說了，或者他透過某種方式已經知道。巴菲特和孟格也生氣地得知，在6月的審查委員會中，安德森（Arthur Andersen）陳述說，沒有發生需要向證管會或紐約證交所報告的事件發生，當時弗瑞斯坦也在場。

27. 巴菲特和孟格被問到對所羅門在1991年8月以前的運作了解多少，他們一致回答「不多」，所羅門有技巧地分配資訊給董事會成員，因此公司大部分的亂象從未浮出檯面。

28. Lawrie P. Cohen, "Buffett Shows Tough Side to Salomon."

29. 訪問葛蕾蒂絲。

30. 巴菲特記不得是誰做的，既非早早就寢的艾絲翠，也非辦公室裡的某個人。他認為一定是本地某個其他朋友或鄰居做的。

31. 雖然證券承銷業者販售的是服務、價格和專長，但它們最終也是融資擔保者，

所羅門的財務能力評等已經被降級，所羅門面臨刑事起訴和其首要的交易經紀業務岌岌可危的境況，還能勉力保住一些投資銀行業務的客戶，迄今仍是華爾街史上知名的生存事蹟。所羅門當時的做法是放棄當主承銷商，改當支援性質的協辦承銷商，唯儘管如此，所羅門的承銷業務市場占有率仍從8%銳減為2%。

32. 財政部／聯準會的調查也顯示，自1986年初起的230個公債標售中，其中有30個競拍遭所羅門購得當期所發行的逾半數債券（Louis Uchitelle, Stephen Labaton, "When the Regulators Stood Still," *New York Times*, September 22, 1991）。

33. 巴菲特證詞。

34. 合約視員工、公司和州別而有不同，賠償條款運用了需經詮釋的廣泛措辭，但一般而言，企業主管因業務而承擔了法律風險，雇主會支付其訴訟費用，但被判詐欺罪、其他刑事罪，或是涉及蓄意的不法行為時則不在此列。所羅門的動作在此時極不尋常，而且之後一直都很不尋常。2005年，KPMG拒絕支付合夥人的律師費，而被告上法院。2007年7月，一位美國聯邦法官駁回對推銷積極型避稅商品的十三名KPMG員工的訴訟案，因為他裁定是政府迫使KPMG拒絕為他們支付律師費。

35. 訪問歐伯麥爾。

36. 同上。

37. 訪問納夫塔利斯。

38. 訪問歐伯麥爾。

39. 1991年11月1日《華爾街日報》轉載的致所羅門股東信。

40. 訪問寶拉·布萊爾。

41. 訪問葛蕾蒂絲、丹罕。

42. 1991年11月1日在《華爾街日報》刊登的所羅門廣告。所羅門數年來的獲利成長一直都是全部回饋給員工，所羅門股票在其市值等級中排名倒數第三，如果不靠減少獎金總額來扭轉，第三季損益表就會充斥赤字。先前的「分享財富」方法補貼了虧損部門，所以每個人都得到豐厚酬勞。巴菲特最大的改變是根據個人和部門績效給付獎金，至1991年12月31日為止的五年，所羅門股票在標準普爾500大股票績效排名第437名。（1991 Salomon Inc., 10K）

43. 訪問莫漢。

44. 所羅門在上市前是一家合夥事業，實際上是為員工而經營。它所面臨的問題就在於，公開上市投資銀行的資本與勞工權益之間出現內在對立。

45. Otto Obermaier, "Do the Right Thing: But if a Company Doesn't It Can Limit the Damage," *Barron's*, December 14, 1992.

46. 同理並不適用於5月兩年期債券的銀根緊縮，在這一波困境中，有多家小公司破產。如果有事實證明默瑟與避險基金串通以壟斷市場，或是在該拍賣會上從事不實交易，所羅門和涉案人所受到的懲罰無疑會更加嚴苛；整個情節可能會

有不同的結果。

47. 訪問巴隆和麥路卡斯。麥路卡斯證實其中的要點，但不記得確實的說法。

48. 默瑟承認欺騙紐約聯邦準備銀行之後，發監服刑四個月，證管會和檢察官沒有處分弗瑞斯坦。

49. 非經證管會同意，葛佛藍德不得擔任公司主管。

50. 訪問寶拉・布萊爾。

51. 事實上，柯瑞根一直到1992年8月才對所羅門完全解禁。

52. CNBC節目「專家說法」（Inside Opinion），殷瑟納（Ron Insana）訪問葛佛藍德，1995年4月20日。

53. 訪問葛佛藍德。

54. 訪問孟格。

55. 仲裁人是克蘭（John J. Curran）、阿倫森（Harry Aronsohn）和托蘭（Matthew J. Tolan）。

56. 訪問巴隆。

57. 孟格經常讓頭腦關機，尤其是對他不感興趣的事物，只要是與孟格相處過一陣子的人，和他說話時都會馬上感受到。「要查理一直對你講的話一直保持高度興趣很難，」巴菲特說。

58. 孟格證詞（In the Matter of Arbitration Between John H. Gutfreund against Salomon Inc., and Salomon Brothers Inc., Sessions 33 & 34, December 22, 1993）。

59. 訪問巴特勒和巴隆。

60. 訪問巴隆。

| 第50章 |

1. Michael Lewis, "The Temptation of St. Warren," *New Republic*, February 17, 1992.

2. Ron Suskind, "Legend Revisited: Warren Buffett's Aura as Folksy Sage Masks Tough, Polished Man," *Wall Street Journal*, November 8, 1991.

3. 訪問蓋茲。

4. 同上。

5. 格林內學院因為賣掉英特爾股票而獲得一大筆錢。諾伊（Noyce）於1990年6月3日過世。

6. 訪問蓋茲。

7. 訪問瑞恩。

8. 訪問唐納・葛蘭姆。

9. 蓋茲是對的；柯達已經沒有希望，從1990年1月到2007年12月，柯達股票只小漲20％，一年漲幅幾乎只比1％多一點。在同一時期，標準普爾指數上揚315％，波克夏海瑟威上揚1,627％，微軟上揚6,853％。

10. 訪問蓋茲。

11. 同上。
12. 統計資料由波克夏海瑟威提供。
13. 訪問路易斯‧布朗金。
14. 史考特費澤的產品。
15. 訪問寇爾、蘇西。
16. 訪問寇爾。
17. 訪問霍華。
18. 訪問蘇西。
19. 訪問蓋茲。
20. 訪問歐斯柏格。
21. 作者開始寫這本書的第一週,走下樓到飯店大廳也有相同的發現。
22. 訪問歐斯柏格和艾絲翠,艾絲翠回憶「歐斯柏格極度興奮」。
23. 訪問歐斯柏格。
24. 訪問艾絲翠與賀蘭夫婦。
25. 訪問渥夫—布瑟(Dody Waugh-Booth)。
26. 卡內基興建2,509間圖書館(耗資5,600萬美元),並且運用他鋼鐵事業創造的4.8億美元中的九成進行其他公共工程。
27. 瑞恩對別人回憶這場演說。
28. 巴菲特特別使用比目前人口數目高的高低數目(安全邊際vs.看起來像危言聳聽者),雖然有些專家指出,「承載量」已經超出界限。
29. 國際人權組織、道德聯盟(Ethical Union)和計畫生育等組織在1974年之前慣常採取這種立場;請參閱Paige Whaley Eager, *Global Population Policy: From Population Control to Reproductive Rights*, Burlington, Vt.: Ashgate Publishing Ltd., 2004.
30. Garrett Hardin, "The Tragedy or the Commons," *Science*, Vol. 162, No. 3859, December 13, 1968。哈登的理論主要重述「囚犯的困境」(Prisoner's dilemma),它也說明了該主題的參考資料所涵蓋的合作和「欺騙」。在1970年代,一般認為,經濟發展會加速人口成長,而人口成長會抑制經濟成長;地球的「承載量」基本上是固定的,不能夠藉由科技和市場的力量取得至少某種程度的彈性。諸如此類的錯誤假設造成不正確的預測,太早推定關鍵人口水準達成的日期。
31. Garrett Hardin, "A Second Sermon on the Mount," *Perspectives in Biology and Medicine*, 1963.
32. 然而優生學運動的一些觀念仍然存在,到千禧年時,基因、基因組和繁殖學的發展引發了關於這些觀念的複雜問題。
33. Allan Chase, *The Legacy of Malthus: The Social Costs of the New Scientific Racism*, New York: Alfred A. Knopf, 1977;本書詳述優生學運動中「人口控制」和種族

主義之間的歷史連結。完整探討這些議題並不在本書的範圍內,但顯而易見的是,從巴菲特措辭的改變,並且帶領巴菲特基金會逐漸疏遠哈登陣營,可以得知由於哈登的馬爾薩斯觀點涉及優生學,巴菲特對它已不抱幻想。(哈登的個人信箋印了一面小型美國地圖,地圖四周有「人口品質」的字樣)

34. 在一項高度爭議的行動中,巴菲特基金會支付第一年費用的一半,將RU-486墮胎藥引進美國。

35. Paige Whaley Eager, *Global Population Policy: From Population Control to Reproductive Rights*,該書記錄了逐漸揚棄新馬爾薩斯主義和強制人口控制方法,轉而支持透過經濟發展、生育權和強調女性健康,使生育率出現自主、漸進的改變。

36. 杜爾(Bob Dorr)在 "Foundation Grows: Buffetts Fund Efforts for Population Control", *Omaha World-Herald*,1988年1月10日中引述蘇珊的話說:「華倫喜歡數字……他喜歡看到具體的結果,你可以看到它們數字的變動」,以解釋她丈夫對「計畫生育」和「人口研究所」(Population Institute)等團體的興趣。

37. 類似詞彙「娘胎的輪盤」(Ovarian Roulette)顯然是由華盛頓特區兒童醫院的勞瑞博士(Dr. Reginald Lourie)首次提出,1969年9月15日至16日,他在美國「政府營運委員會」(Committee on Government Operations)的一項聽證會「人口成長對自然資源和環境的影響」和哈登進行討論時,以「娘胎的輪盤」這個詞彙描述不使用生育控制而冒著非自願懷孕風險的婦女(這個詞彙此後就由「為富而仁」組織所使用)。然而,將壞選擇變成噩運的是第二個語詞「樂透」與「輪盤」:從仰賴隨機的婦女非自願生下的孩子,變成因為隨機而降生在殘酷環境中的孩子。

38. "I Didn't Do It Alone",柯林斯(Chuck Collins)的組織「為富而仁」提出的報告。

39. 請參閱勞爾斯(John Rawls, *A Theory of Justice*, Cambridge: The Belknap Press of Harvard University Press, 1971)。這類似勞爾斯的觀點,是某種形式的決定論,並且假設人們的遭遇若非全部、也是大半都由現在和過去所決定,例如透過他們的基因,或是憑他們出生地和時間上的運氣。與決定論相反的是自由意志,從最早的哲學家時代,人類就一直在爭論是否有自由意志存在。哲學家也對自由意志是有規模的存在或是與決定論互相對立莫衷一是。評論家諾齊克(Robert Nozick)在《無政府、國家與烏托邦》(*Anarchy, State, and Utopia*)中評論勞爾斯時,力陳兩者的相互對立性,其中或多或少指出,經濟學家亞當‧斯密所說的「看不見的手」讓人們得到他們所掙得和應得的東西(*Anarchy, State and Utopia*, New York: Basic Books, 1974)。所有真正的自由意志主義者相信自由意志,並且完全否認有決定論存在。由於經濟政策深受這些思想所影響,這個主題值得大家了解;例如,它闡明了一項爭論:葛林斯潘的自由主義傾向如何影響聯準會政策,進而導致最近受債務刺激的資產泡沫化。同樣地,關於基

因學和生殖遺傳學方面的優生學論辯,和決定論和自由意志的議題相互激盪。

40. 訪問蓋茲。

41. 訪問蓋茲。

| 第51章 |

1. Anthony Bianco, "The Warren Buffett You Don't Know," *BusinessWeek*, July 5, 1999.

2. 1993年,707支新發行股票籌募到414億美元,1994年,608支首次公開發行(IPO)的股票籌募到285億美元,是過去二十五年來的次高紀錄。IPO的第三高年度紀錄是1992年,當時517支發行股票籌募到241億美元。資料來源:紐澤西州紐渥克的證券資料公司(Securities Data)。

3. 巴菲特家族用蘇珊的股票做為其他慈善捐款,以及提供巴菲特基金會經費。

4. 1996年2月13日波克夏海瑟威公司新聞稿。

5. 訪問紐曼(Dana Neuman)、米拉德。

6. 員工薪資無法真正和股東權益完全一致,投資銀行不像《水牛城日報》,銀行員工底薪太低,不足以彌補股東積欠他們的工時的勞動價值。事實上,大部分的紅利其實是薪水,要求員工在不景氣時共體時艱幾近免費工作,以彌補景氣好時拿到「過多」的紅利,這種計畫無法成功,理由在於它將資本家所承擔的一部分風險轉嫁到勞工身上。沒有夥伴關係的凝聚,華爾街的紅利結構本身會有問題。

7. 要被視為套利,兩筆交易必須同時發生以排除市場風險。購買某支股票,然後加以出售並不是套利,例如購買厄瓜多爾的可可豆,再賣到聖地牙哥,這不是套利。

8. 訪問莫漢。

9. 洛溫斯坦,《天才殞落》(*When Genius Failed*),2000年。

10. 1998年7月,魏爾關閉所羅門的債券套利部門。有人可能認為,旅行家保險公司隨後與花旗集團(Citicorp)合併(提供了廉價資本),使得該公司成為那些業務的重要競爭者。從另一方面來看,旅行家保險公司付出極高的代價進入高門檻的業務,並在日後善用它的資本和規模優勢。花旗集團在2001年除去所羅門的名稱。

11. Carol Loomis, "A House Built on Sand," *Fortune*, October 26, 1998.

12. 訪問孟格。

13. 在《天才殞落》一書中,估計這些報酬是透過槓桿獲得的;LTCM的現金報酬率只有大約1%。透過借貸乘以五十到一百倍,這種低報酬就會顯得特別有利可圖。

14. 《天才殞落》一書作者訪問多位梅利威瑟舊團隊,才做出這個結論。

15. 《天才殞落》一書中提到,LTCM將它看空為一批股票不會發揮效用,因為波克夏和沖銷的可避險部位之間出現基準不協調(basis mismatch,兩種標的基礎

不一致，風險無法抵銷）的情況。波克夏是一家集團控股公司，旗下擁有許多全資子公司獨資企業，而併購這些企業的資金來源主要係仰賴旗下的保險公司，該保險公司也擁有一些股票而非準共同基金。

16. 同注9。

17. 股票或併購套利是針對併購是否會完成所下的賭注，併購套利專家會找律師、投資銀行家談論，並且專精於操弄謠傳。他們的推測有一部分是根據對交易的了解，而不只是根據有關一般交易如何完成的統計資料。

18. 訪問洛森費；出處同注9。

19. Michael Siconolfi, Anita Raghavan, and Mitchell Pacelle, "All Bets Are Off: How Salesmanship and Brainpower Failed at Long- Term Capital," *Wall Street Journal*, November 16, 1998.

20. 訪問洛森費。

21. 標準普爾指數從7月以來下跌19％，那斯達克指數下跌逾25％。

22. 1998年9月2日梅利威瑟致投資人信函。

23. 1998年9月2日巴菲特致佛古森信函。

24. 因此，不要嘗試用你損失它的方式把它賺回來。

25. 訪問布蘭登（Joe Brandon）。

26. 一如其他報導，《天才殞落》書中有個關於高盛的有趣花邊：高盛一面替LTCM籌資，一面派了一位神祕的「交易員」進駐LTCM，此人花費數天把LTCM的部位下載到筆記型電腦，並且撥打神祕的行動電話。後來LTCM的合夥人沉痛地將公司滅亡歸咎於競爭同業的掠奪行為。

27. 根據一位合夥人指出，律師對於匆促的程序感到疑心，表示其中可能涉及一些詐欺，並且想要放慢步調，多花些時間仔細檢查細節。

28. 同注9。

29. Michael Lewis, "How the Eggheads Cracked," *New York Times*, January 24, 1999.

30. 訪問吉妥曼、歐斯柏格。

31. 經過三次（9月29日、10月15日和10月17日）調降利率0.25％後，股市從8月31日的低點7,539點跳升24％，在10月23日達到歷史新高9,374點。

32. Michael Lewis, "How the Eggheads Cracked."

33. 同注9。

34. 訪問洛森費。

35. 聯準會立即大幅降息造成一個稱為「葛林斯潘賣權」（Greenspan Put）的概念，意指聯準會為市場提供足夠的流動性以協助投資人脫離危機。「葛林斯潘賣權」理論上會鼓勵人們不必太過擔憂風險。葛林斯潘否認有所謂的「葛林斯潘賣權」存在，「好的交易要花更長時間讓週期擴展而非收縮，」他說，「因此我們是無辜的。」（2007年10月1日葛林斯潘在倫敦的談話，路透社引述他的話）

| 第52章 |

1. Kurt Eichenwald, *The Informant*. New York: Broadway, 2000。據傳，霍華接到政界至少一項獻金要求，並將資訊提供給安卓亞斯，在霍華不知情的情況下，安卓亞斯進行非法獻金，並且不以為意地將罰金視為做生意的成本。

2. 訪問霍華。

3. 同上。Scott Kilman, Thomas M. Burton, and Richard Gibson, "Seeds of Doubt: An Executive Becomes Informant for the FBI, Stunning Giant ADM—Price Fixing in Agribusiness Is Focus of Major Probe; Other Firms Subpoenaed—A Microphone in the Briefcase," *Wall Street Journal*, July 1, 1995; Sharon Walsh, "Tapes Aid U.S. in Archer Daniels Midland Probe; Recordings Made by Executive Acting as FBI Informant Lead to Seizure of Company Files," *Washington Post*, July 1, 1995; Ronald Henkoffand Richard Behar, "Andreas's Mole Problem Is Becoming a Mountain," *Fortune*, August 21, 1995; Mark Whitacre, "My Life as a Corporate Mole for the FBI," *Fortune*, September 4, 1995.

4. 訪問寇爾。

5. 不過艾絲翠也會受到巴菲特的妥善照顧，他談到他的迷哥迷姐顯然願意買下屬於他的任何東西，包括他的皮包、他的車；「她有我的智齒，從沒有見過那麼醜陋的東西，那是她祕藏的法寶。」

6. 訪問蓋茲。

7. 每一位受訪的董事都做出這項結論，不論他們在後來事件上的立場如何。

8. 1998年波克夏海瑟威股東大會的致辭。

9. 那時，耐捷公司以耐捷和它的法定名稱行政專機公司（Executive Jet, Inc.）自我行銷，後來才在2002年更名為耐捷。

10. Anthoay Bianco, "The Warren Buffett You Don't Know," *Business Week*, July 5, 1999。

11. 企業需要備援飛機的「核心機群」（core fleet），由於費用昂貴，除非以大規模的方式進行（或者做為飛機製造商或其他擁有搭賣產品的公司推出的虧本出售商品），否則經營一家「部分所有權」噴射機公司絕對無利可圖。

12. 波克夏花費的錢，是近三年前購買GEICO剩餘半數股份所付款項的九倍以上，買下GEICO使波克夏現有的浮存金增加一倍（達到72億美元），通用再保險公司的浮存金增為三倍（達到227億美元）。

13. 訪問蒙卓斯。

14. 波克夏當時支付的金額高於現值（溢價），大約是面值的三倍。再保險業務在這項收購之後變得更具競爭力，而多險種業務（multiples）此後下滑。

15. 1997年5月5日波克夏海瑟威股東大會。

16. Shawn Tully, "Stock May Be Surging Toward an Earnings Chasm," *Fortune*, February 1, 1999.

17. 該公司1998年6月19日的記者會；引述自 "Is There a Bear on Mr. Buffett's Farm?"

New York Times, August 9, 1998.

18. 巴菲特在畢昂哥1999年7月5日《商業週刊》封面故事〈你所不知道的巴菲特〉（The Warren Buffett You Don't Know）中的評論；巴菲特承認，「『查理和我再也沒有多談』，他表示，在他進行劃時代的通用再保險公司收購案之前，他甚至根本沒去諮詢他的副董事長。」

19. 波克夏股價在交易消息公布後下跌4.2%，一個月後，它在遲滯的市場中下跌15%，設定換股比率絕對需要對證券、利率和根本的景氣前景有一些見解，投資人無法知道的是這些因素的相對重要性。

20. 1997年8月22日，波克夏海瑟威將富國銀行從公開申報表（publicly filed form）13-F重新分類為對SEC的保密協議，富國銀行的股價就開始狂跌，創造出巴菲特已經賣掉他在富國銀行的持股部位的景象。SEC宣布，它會考慮限縮保密規定。1998年6月，SEC宣布它要限縮原本可以讓巴菲特在建立大量股票部位時申報保密長達一年的「13F」規定。雖然SEC沒有完全排除保密申報，巴菲特已經聽到風聲。波克夏海瑟威向SEC申報保密遭到拒絕，並且就此事與SEC積極抗爭，結果落敗。1999年，除了包含非機密性部位的定期13F表格之外，波克夏每一季都申報保密要求，SEC針對這三項申報做出宣布：它們所包含的特定部位必須公開。巴菲特獲利的權利不應該在SEC的考慮範圍內，SEC關注的是保護投資人，SEC始終認為，應該防止與基本因素無關的股價異常波動，投資人才不會因此無法賺錢或是受害，投資人知道公司最大股東身分的權利，比巴菲特的權利更重要。

21. 訪問艾倫。

22. 同上。

23. 依維斯特對於一再的訪問要求未予回應。

24. Betsy Morris and Patricia Sellers, "What Really Happened at Coke," *Fortune*, January 10, 2000.

25. 訪問歐斯柏格。

26. Betsy Morris, "Doug Is It," *Fortune*, May 25, 1998, and Patricia Sellers, "Crunch Time for Coke," *Fortune*, July 19, 1999.

27. 這是艾倫的對談版本，巴菲特記不得確切的細節。

28. 「他們根本沒有坐下，甚至沒有脫下外套，他們用比外面的冷風還要冰冷的口吻告訴他，他們已經對他失去信心。」（Constance L. Hays, *The Real Thing: Truth and Power at the Coca-Cola Company*. New York: Random House, 2004）。巴菲特和艾倫不同意這個版本，他們認為自己有坐下來，並且脫掉外套，但是又說這確實是時間極短的聚會，大家並沒有閒聊。

29. 如果董事會力挺，依維斯特會變成勢力被削弱的執行長，他也曾賭艾倫和巴菲特不會辭去董事會職務，這立即形成致命的一擊。艾倫和巴菲特也打賭，如果依維斯特靠著董事會網開一面留下來，時間也不會維持太久。

30.訪問美國運通前執行長及可口可樂董事羅賓森（James Robinson）。

31.可口可樂股票在兩天內重挫14％。

32.Betsy Morris and Patricia Sellers, "What Really Happened at Coke."

33.Martin Sosnoff, "Buffett: What Went Wrong?" *Forbes*, December 31, 1999.

34.Andrew Barry, "What's Wrong, Warren?" *Barron's*, December 27, 1999.

35.Andy Serwer, "The Oracle of Everything," *Fortune*, November 11, 2002.

36.訪問寇爾。

37.訪問蘇西。

38.訪問彼得。

39.訪問霍華。

40.訪問霍華、彼得和蘇西。

| 第54章 |

1. 這筆交易的預期獲利是90％；也就是說，保費保障的賠率是十分之一，可是預期賠率低於1％。

2. 可口可樂的股價每漲跌10％，相當於波克夏股價漲跌2.5％（這是相當長的一段時間內，具有代表性的百分率），但兩支股票的交易價格經常幾乎亦步亦趨，尤其是當可口可樂傳出壞消息時，好像波克夏和可口可樂是同一家公司似的。

3. Beth Kwon, "Buffett Health Scrape Illustrates Power—or Myth—of Message Boards," TheStreet.com, February 11, 2000。《金融時報》（*Financial Times*）在2000年2月12日的專欄說：「巴菲特可能沒病，但他公司的股價生了病。」《金融時報》說，指責巴菲特沒買科技股是「嚴重罪過」。

4. Ed Anderson. 'Thesis vs. Antithesis Hegel, Bagels, and Market Theories," *Computer Reseller News*, March 13, 2000.

5. Warren Buffett and Charlie Munger, "We Don't Get Paid for Activities, Just for Being Right. As to How Long We'll Wait, We'll Wait Indefinitely," *Outstanding Investor Digest*, Vol. XIII, Nos. 3 & 4, September 24, 1998, and "We Should All Have Lower Expectations—In Fact, Make That Dramatically Lower...," *Outstanding Investor Digest,* Vol. XIV. Nos. 2 & 3, December 10, 1999.

6. "Focus Warren Buffett," *Guardian*, March 15, 2000.

7. E. S. Browning and Aaron Lucchetti, "The New Chips: Conservative Investors Finally Are Saying: Maybe Tech Isn't a Fad," *Wall Street Journal*, March 10, 2000.《華爾街日報》引用另一位投資人的話說：「這就像鐵路開始鋪設後，改變整個國家的面貌。」是的，情況是很像。人們投機買賣鐵路股，直接導出1869、1873和1901年的金融恐慌。鐵路股的金融詐騙歷史悠久且精采，伊利（Erie）和北太平洋（Northern Pacific）股票籌碼被鎖死只是其中兩例。

8. Gretchen Morgenson, "If You Think Last Week Was Wild," *New York Times*, March 19, 2000. 盛宴結束的另一個跡象：3月20日《財星》登出 Jeremy Garcia 和 Feliciano Kahn 寫的封面故事 "Presto Chango: Sales Are HUGE!"，指許多達康公司玩弄會計花招，虛增營業額，把行銷費用算成營業額、把易貨交易視為銷售、合約還沒簽署就將營收入帳。

9. 訪問蘇‧史都華。

10. 巴菲特碰上尷尬狀況，通常以說笑的方式去應對。波克夏 1999 年的年報（寫於2000年冬）最後說道，他喜歡經營波克夏，「如果樂在生活之中有益長壽，那麼麥修徹拉（Methuselah；譯注：聖經中的長壽者）的紀錄可能不保。」

11. 這是波克夏海瑟威公司內部流傳的笑話。

12. David Henry, "Buffett Still Wary of Tech Stocks—Berkshire Hathaway Chief Happy to Skip 'Manias,'" *USA Today*, May 1, 2000.

13. 巴菲特並不是用他沒辦法控制的公司股票價格來衡量本身績效，而是看他能夠控制的每股淨值有沒有增加。長期而言，這兩個計量變數之間有相關性存在。1999年，每股帳面價值只增加0.5％。但因為收購通用再保，每股帳面價值應該已經縮水。同年股市上漲21％。巴菲特說，帳面價值增加只是個意外，有些年頭它難免下降。可是在巴菲特掌舵的三十五年內，波克夏的這個計量變數，只有四年的表現比市場差，而且自1980年以來，不曾有一年的表現低於市場。

14. James P. Miller, "Buffett Scoffs at Tech Sector's High Valuation," *Wall Street Journal*, May 1, 2000.

15. David Henry, "Buffett Still Wary of Tech Stocks."

16. 訪問布蘭登和蒙卓斯。

17. 訪問比爾‧蓋茲和歐斯柏格。

18. Amy Kover, "Warren Buffett: Revivalists," *Fortune*, May 29, 2000.

19. 訪問比爾‧蓋茲。

20. 2000年6月21日波克夏海瑟威的新聞稿。

|第55章|

1. Philip J. Kaplan, *F'd Companies: Spectacular Dot-com Flameouts*. New York: Simon & Schuster 2002.

2. 2000年底，波克夏斥資超過80億美元收購公司，仍然擁有52億美元的現金和相當於現金的資產，以及330億美元的定期證券和380億美元的股票。

3. 2000年波克夏海瑟威致股東信。

4. 訪問蘇西。

5. 訪問迪樂、唐納‧葛蘭姆、蘇西。

6. Marcia Vickers, Geoffrey Smith, Peter Coy, Mara Der Hovanseian, "When Wealth Is Blown Away," *BusinessWeek*, March 26, 2001; Allan Sloan, "The Downside of

Momentum," *Newsweek*, March 19, 2001.

7. 不是只有巴菲特關心這些關係的含意,已經退休的先鋒基金(Vanguard)董事長波格爾(John Bogle)2001年4月也寫到這件事,但他的結論是股市已經回到「合乎某種現實」。巴菲特的演說之所以引人注目,不在他使用這個特別的計量變數,而是對它的意義做出悲觀的預測。

8. 巴菲特所說的要點之一是,有些企業(其中有許多從退休金計畫的剩餘中提出獲利)不負責任地使用不切實際的報酬率假設,它們將面臨退休金計畫的資金沒有那麼充分,甚至不足的現象,它們非得調整做法不可。

9. 福克斯在可口可樂工作了十五年,先是在1964年當路線監督,十年後升為墨西哥業務總裁,最後晉升為拉丁美洲業務的總裁。

10. 訪問米吉‧裴哲(Midge Patzer)。

11. 訪問唐納‧葛蘭姆。

12. 哈許是史丹福大學醫學院外科神經腫瘤課程主任。

13. 訪問寇爾。

14. 訪問比爾‧蓋茲、彼得和霍華。

15. 訪問蘇西、唐納‧葛蘭姆。

16. Karlyn Barker, "Capacity Crowd Expected at Funeral; Schlesinger, Bradlee, Kissinger, Relatives Among Eulogists," *Washington Post*, July 22, 2001.

17. Paul Farhi, "Close Enough to See: TV Coverage Captures Small, Telling Moments," *Washington Post,* July 24, 2001; Steve Twomey, "A Celebrated Life: Thousands Honor Katharine Graham at the Cathedral," *Washington Post,* July 24, 2001; Mary Leonard, "Thousands Pay Tribute to Washington Post's Katharine Graham," *Boston Globe*, July 24, 2001.

18. Karlyn Barker, "Capacity Crowd Expected at Funeral; Schlesinger, Bradlee, Kissinger, Relatives Among Eulogists."

19. Libby Copeland, "Kay Graham's Last Party: At Her Georgetown Home, A Diverse Group Gathers." *Washington Post*, July 24, 2001.

20. 葛蘭姆死後不久,遺屬賣掉房子。

| 第56章 |

1. 巴菲特回憶:「我想,有些人甚至花錢買車,因為車子都被租光了。」

2. 訪問納德利。

3. 訪問裴沙溫托。

4. 巴菲特在2001年恐怖攻擊事件發生之後不久,告訴作者這件事。

5. 911之後,保險業幾乎有志一同,使用「不可預見」(unforeseeable)來解釋大規模的損失。

6. 訪問蘇西。

7. 12月31日的年報把這個初步估計值修正為24億美元。

8. Charles R. Morris, *The Trillion Dollar Meltdown*. New York: Public Affairs, 2008.

9. 許多革新措施因此出籠，例如不准分析師按照他執行投資銀行業務的工作來給付薪酬，並在分析師和投資銀行人員之間設立「防火牆」。

10. 代價是8.35億美元。

11. 收購價格不到10億美元。肯河每天從落磯山脈輸送8.5億立方呎的天然氣到拉斯維加斯和加州。

12. 這條管路每天輸送1.2億立方公尺的天然氣。安隆破產，北方天然氣被做為抵押品，動源以15億美元取得之後，波克夏再以9.28億美元購得（兩家公司都承受北方天然氣9.5億美元的債務）。美中2002年買到兩條管路之後，美國的天然氣有8%由它輸送。

13. 波克夏和雷曼、花旗集團聯手，借20億美元給威廉斯，利率為20%。

14. 911之前，慕尼黑再保險（Munich Re）、AXA和波克夏海瑟威集團達成價值5,000萬美元的衍生性金融商品交易，提供再保險給因為地震而致2002年在南韓和日本舉行的FIFA世界盃足球賽取消的風險。如果因為某種規模的地震，而致錦標賽延後或取消，不管實際的損失成本多高，波克夏都將理賠。911之後，AXA退出錦標賽的保險業務，10月30日，全國產物保險踏進這項保險業務，好讓世界盃比賽繼續進行。

15. 2007年波克夏海瑟威致股東信。

16. 訪問隆尼。

17. 資料來源：IRS, Statistics of Income Division, March 2007; Joint Committee on Taxation, *Description and Analysis of Present Law and Proposals Relating to Federal Estate and Gift Taxation*, Public Hearing Before the Subcommittee on Taxation and IRS Oversight of the Senate Committee on Finance, March 15, 2001.

18. 2007年，聯邦預算有8%以上（約2,440億美元）用於支付聯邦債務的利息。這大約等於遺產稅收入的十倍。

19. 舉例來說，請參考：Melik Kaylan, "In Warren Buffett's America..." *Wall Street Journal*, March 6, 2001; John Conlin, "Only Individual Freedom Can Transform the World," *Wall Street Journal*, July 26, 2001; Steve Hornig, "The Super-Wealthy Typically Do Not Pay Estate Taxes," *Financial Times*, June 15, 2006; Holman W. Jenkins Jr., "Let's Have More Heirs and Heiresses," *Wall Street Journal*, February 21, 2001.

20. William S. Broeksmit, "Begging to Differ with the Billionaire," *Washington Post*, May 24, 2003.

21. 達夫特的認股權可買65萬股，起初估計到2015年價值為3,810萬美元至1億1,230萬美元，視股價上漲多少而定。他也得到8,730萬美元的設限股票認股權，總計150萬股。Henry Unger, "If Coca-Cola Chief Daft Fizzles, He'll Lose

Millions," *Atlanta Journal-Constitution*, March 3, 2001.

22. 2001年，執行長的薪酬相當於一般藍領勞工的411倍，約為1982年42倍的十倍。「如果自1990年以來，生產工人的平均每年薪資成長率和執行長相同，2001年的平均每年收入將是101,156美元，而不是25,467美元。如果1990年每小時3.8美元的最低工資，成長率和執行長的薪酬相同，到2001年應該是21.41美元，而不是5.15美元。」（Scott Klinger, Chris Hartman, Sarah Anderson, and John Cavanagh, "Executive Excess 2002, CEOs Cook the Books, Skewer the Rest of Us, Ninth Annual CEO Compensation Survey." Institute for Policy Studies, United for a Fair Economy, August 26, 2002）。

23. Geoffrey Colvin, "The Great CEO Pay Heist," *Fortune*, June 25, 2001。2001年授與的認股權後來成為2007年認股權回溯認列醜聞的爭議話題。

24. Warren Buffett, "Stock Options and Common Sense," *Washington Post*, April 9, 2002.

25. 另有兩家公司，溫迪克斯（Winn-Dixie）和波音更早開始把認股權視為費用，但它們的影響力不像可口可樂那麼大。

26. Warren Buffett, "Who Really Cooks the Books?" *New York Times*, July 24, 2002.

27. 2002年波克夏海瑟威致股東信。

28. David Perry, "Buffett Rests Easy With Latest Investment," *Furniture Today*, May 6, 2002.

29. 他也不希望她再來，可是有幾次他看起來忍不住想邀請她。

| 第57章 |

1. 1990年代末和新千禧年之初，這段描繪是根據和蘇珊熟識但不願透露姓名的二十幾個人。

2. 訪問霍華。

3. 911之後利率一路滑落，2003年6月降到1%的低點，並且維持到2004年6月。

4. 這段期間，投資人不再那麼厭惡風險。這句話其實簡短描述了投資人的心態。

5. Alistair Barr, "Mortgage Market Needs $1 Trillion," *MarketWatch*, March 7, 2008. 文中引用FBR（Friedman, Billings, Ramsey）的研究報告說，總值約11兆美元的美國抵押貸款市場，只有5,870億美元有房屋淨值擔保。所以，美國的住宅平均只有比5%多一點的淨值。很快的，將會有一半的CDO是用次級抵押貸款擔保（David Evans, "Subprime Infects $300 Billion of Money Market Funds," *Bloomberg*, August 20, 2007）。

6. 莫理斯在新書《一兆美元的瓦解》（*The Trillion Dollar Meltdown*, New York: Public Affairs, 2008）解釋說，由於典型的信用對沖基金使用的槓桿比率是5:1，所以5%的淨值減為1%。槓桿比率100:1，表示用1美元的資金去借100美元的債務。

7. 他自己也利用衍生性金融商品，但他是貸款人，不是出借人。因此，事情一出差錯，他不必向任何人催收款項。

8. 例如，Rana Foroohar 在 2003 年 5 月 12 日的《新聞週刊》上，稱他為「奧馬哈的危言聳聽者」。

9. 吉姆・克萊頓說，旁人都很難相信他沒有親自回巴菲特的電話。他說，他從沒想到要這麼做，他和巴菲特也不曾打電話給對方談公事。這件交易案進入磋商和訴訟程序的那幾個月，本書作者注意到巴菲特只找凱文・克萊頓。

10. 訪問凱文・克萊頓。

11. 《先有夢想》2004 年的修訂版談到波克夏海瑟威如何出價收購克萊頓房屋。

12. 巴菲特在 4 月只花 5,000 萬美元買下中國石油的股票，但後來波克夏持有的股票增加到 4.88 億美元，超過香港證交所規定的揭露水準。

13. 巴菲特曾說，他會在合適的情況下購買外國公司的股票，例如英國的公司或者香港的報紙。但他不曾認真花時間去研究外國股票，直到美國的機會減少才採取行動。

14. Warren Buffett, "Why I'm Down on the Dollar," *Fortune*, November 10, 2003.

15. 承蒙《傑出投資人文摘》（*Outstanding Investor Digest*）提供 2003 年波克夏海瑟威年會未發表的報導內容。

16. 達成這件交易的一大好處是，波克夏能夠取得資金，而且是低成本的資金。由於信用評等是 AAA 級，克萊頓的借款利率將遠低於其他任何新型移動式房屋製造商，因此不只能度過資金荒，也能在競爭對手無法存活的情況下賺錢。

17. 2006 年 6 月 25 日在紐約公共圖書館發表演說。

18. Andrew Ross Sorkin, "Buffett May Face a Competing Bid for Clayton Homes," *New York Times*, July 11, 2003.

19. "Suit Over Sale of Clayton Homes to Buffett." *New York Times*, June 10, 2003。葛雷指控，前幾次舉行的股東會議，是在沒有適當通知的情形下選出董事。6 月，德拉瓦州衡平法院裁決，克萊頓技術上不符合通知規定，但因股東出席踴躍，這項錯誤只屬技術性，會議的結果不應推翻。

20. Jennifer Reingold, "The Ballad of Clayton Homes."

21. 蘇珊去世前，基金會最興盛時曾經每年支出達 1,500 萬到 3,000 萬美元，大多用於生育權。

22. 要是巴菲特支付股利，並把股利捐出去，整件事就有商榷的餘地。

23. 2002 年 9 月 26 日國際生命決定組織的總裁致巴菲特信。

24. 這個數字是動員杯葛的體貼大廚顧問 Cindy Coughlon 提供的。Nicholas Varchaver, "Berkshire Gives Up On Giving: How a Pro-Life Housewife Took On Warren Buffett," *Fortune*, August 11, 2003。

25. 綜合訪問多位友人的結果。

26. 根據美國墮胎聯盟（National Abortion Federation）的資料，反墮胎行動人士已經犯下 7 件殺人案、17 件殺人未遂、388 件威脅殺人、綁架 4 人、涉及 41 起爆炸案、174 件縱火案、128 件竊盜案、放置炸彈或縱火未遂 94 件、威脅放置炸

彈623件、1,306件惡意破壞、656件生化恐怖攻擊威脅、162件攻擊和毆打。這些數字不包括跟蹤、放置或寄送炸彈和可疑的包裹、發出仇恨信、電話騷擾、非法入侵、侵犯、網路騷擾和其他比較不嚴重的犯行。反墮胎運動的活動，2007年造成37,715人被捕。大部分主要的反墮胎組織拒絕與恐怖分子掛鉤，有些更明確表態。

27. 根據德拉瓦的法律，只有出席的股東才有資格表決是否休會。

28. 出自《先有夢想》。

29. Cerberus memorandum, "For Discussion Purposes," reprinted in Jim Clayton, *First a Dream*

30. 2005年受卡翠納颶風的影響，新型移動式房屋的交貨量短暫銳增，2006年更減為117,510棟，2007年繼續以平均32％的速率下滑（資料來源：Manufactured Housing Institute）。

| 第58章 |

1. 訪問威廉斯牧師。第一次上eBay拍賣之前，巴菲特曾經參與格萊德教堂的兩次現場拍賣。

2. 訪問寇爾、蘇西。

3. 訪問霍華。

4. 訪問霍華、蘇西。

5. 訪問寇爾。

6. 同上。

7. www.oralcancerfoundation.org.

8. 資料來源：口腔癌基金會（Oral Cancer Foundation）。

9. 訪問寇爾、帕克斯。

10. 訪問溫柏格（Marshall Weinberg）、華特和露絲・史考特、辛普森、吉爾斯畢。

11. 訪問蘇西。

12. 改寫自John Dunn, "Georgia Tech Students Quiz Warren Buffett," *Georgia Tech,* Winter 2003.

| 第59章 |

1. 訪問蘇西。

2. 訪問彼得、霍華、蘇西。

3. 大致來說，管理基金會的聯邦法律要求各基金會經常分配或利用最低數量的資產於公益慈善目的（約為私人基金會投資資產公平市值的5％）。

4. Charles T. Munger, edited by Peter Kaufmann, *Poor Charlie's Almanack: The Wit and Wisdom of Charles T. Munger.* New York: Donning Company Publishers, 2005.

| 第60章 |

1. 訪問寇爾。

2. 訪問迪孟、伊梅特。

3. 2004年波克夏海瑟威董事長的信。

4. Betty Morris, "The Real Story," *Fortune*, May 31, 2004.

5. 投資人覺得可口可樂應該積極進軍非碳酸飲料市場，但該公司堅持在國際市場追求碳酸飲料（獲利率最高的產品）的成長，是唯一該走的路。從24倍的本益比和8.6倍的股價對帳面價值比來看，50美元的股價還是太貴。

6. 可口可樂在依維斯特掌舵時，提列1.03億美元的歐洲產品回收費用。1999年，達夫特必須報告十年來第一次虧損，總計提列16億美元的費用。接著，2000年第一季，達夫特報告可口可樂連續第二季發生虧損，並提列大規模組織結構調整／裁員，以及沖銷印度裝瓶產能過剩的費用。2000年，可口可樂提列更多費用，並將全球銷售箱數的年成長率估計值，從7%-8%降為5%-6%。911之後，可口可樂再次修正目標。

7. 假使波克夏要求產品賣它便宜一點。用寬鬆的方式來估算，如果購買金額是1.2億美元，優惠價格的價值可能合每股1角。2003年，波克夏每一股A股獲利5,309美元（這家公司的財務報表不列出每股美分數字）。B股股東的獲利則是每股A股的3%。相較之下，波克夏所要求之優惠金額這麼小，很難想像巴菲特會有誘因，做出違背可口可樂利益的事，強要它拒絕漢堡王的大合約，好在乳品皇后賣可口可樂。即使波克夏連一股可口可樂的股票都沒有也是如此。ISS所用的方法有它的問題，因為它純粹只看檢核單（checklist），不問理由和比例大小。

8. 加州公務人員退休基金也反對選艾倫、前美國參議員山姆‧努恩（Sam Nunn）、唐納‧基奧，因為他們和這家公司有業務上的關係。

9. Herbert Allen, "Conflict-Cola," *Wall Street Journal*, April 15, 2004.

10. 摘自PricewaterhouseCoopers執行的企業董事會成員調查報告，*Corporate Board Member*，November/December 2004。在這項調查中，找不到反對巴菲特的說法或情緒。

11. Deborah Brewster, Simon London, "CalPERS Chief Relaxes in the Eye of the Storm," *Financial Times*, June 2, 2004.

12. 訪問唐納‧葛蘭姆。

13. GMP國際工會（GMP International Union）也在會議上講話。

14. 可口可樂公司提供的2004年股東大會會議紀錄；Adam Levy and Steve Matthews, "Coke's World of Woes," *Bloomberg Markets*, July 2004；訪問幾位董事和公司員工。

15. 可口可樂公司提供的2004年股東大會會議紀錄。

16. Adam Levy and Steve Matthews, "Coke's World of Woes."；《紐約時報》於〈可口可樂的另一個經典招數〉（"Another Coke Classic," June 16, 2004）抨擊可口可樂

給海爾和其他高階主管的資遣費過高。但新聞媒體並沒有齊聲批評可口可樂；《經濟學人》說，依斯戴爾「被投資人和分析師視為足堪大任而歡迎他」（"From Old Bottles," May 8, 2004）。

17. Constance L. Hays, *The Real Thing: Truth and Power at the Coca-Cola Company*, New York: Random House. 2004.

| 第61章 |

1. 訪問寇爾。
2. 同上。
3. 作者雖然不是股東，也在經理人區坐了幾年。
4. Tom Strobhar, "Report on B-H Shareholder Meeting," *Human Life International*, May 2004; "Special Report, HLI Embarrasses Warren Buffett in Front of 14,000 Stockholders," July 2004。史特洛布哈的資歷很怪，他帶頭杯葛波克夏，迫使波克夏取消股東捐贈計畫之後，在《華爾街日報》寫了一篇評論："Giving Until It Hurts"（August 1, 2003），批評波克夏的股東捐贈計畫是暗中「支付」巴菲特的一種方式（雖然波克夏沒有以公司名義做公益慈善捐贈，也不配發股利）。史特洛布哈只說自己是俄亥俄州達頓（Dayton）一家投資公司的總裁，不提他在杯葛行動中扮演的角色，以及他是國際生命決定董事長的事實。史特洛布哈 2005 年創設公民即刻行動組織（Citizen Action Now），旨在力抗「同性戀主張」和支持「美國免於同性戀團體的操控」。他在自己的投資公司網站上，借用巴菲特的名聲，宣稱自己（2007 年 11 月的資料）「受過『證券分析之父』葛拉漢的傳統訓練。葛拉漢的學生包括『世界上最偉大的投資人』華倫‧巴菲特。……史特洛布哈和葛拉漢、巴菲特一樣，只用『價值型投資法』。」
5. 奧馬哈住宅局（Omaha Housing Authority）以 89,900 美元買下這棟移動式房屋。
6. 訪問蘇西。
7. 同上。
8. 同上。
9. 同上。
10. 孫子霍伊在蘇珊的喪禮上說的。
11. 訪問凱爾希（T. D. Kelsey）。
12. 同上。
13. 訪問艾爾‧歐爾勒、芭芭拉‧歐爾勒。
14. 訪問凱爾希。
15. 訪問艾倫、芭芭拉‧歐爾勒、凱爾希。
16. 訪問蘇西。
17. 訪問艾倫、凱爾希。歐爾勒夫婦、艾倫、巴瑞‧迪樂表示，其餘的來賓那個週末就待在寇迪，盡他們所能，祝福蘇珊。

18. 訪問蘇西。

19. 訪問霍華。

20. 訪問凱爾希、艾倫。

21. 訪問蘇西、彼得。

22. 訪問蘇西和彼得。兩人都說,媽媽和他們同坐飛機,他們覺得很安慰。

23. 訪問霍華。

24. 訪問歐斯柏格。

25. 訪問蘇西。

| 第62章 |

1. 她留給長期照顧她、值得信賴的朋友寇爾和帕克斯很多錢。留給孫子女和其他人的錢則沒那麼多,從1萬到10萬美元不等。

2. 訪問湯姆‧紐曼。

3. 訪問彼得。

4. A. D. Amorosi, "In 'Spirit,' Tradition Is Besieged by Modern Life," *Philadelphia Inquirer*, May 23, 2005.

5. 2006年8月10日巴菲特寫給妮可的信。

6. Richard Johnson with Paula Froelich , Chris Wilson, and Bill Hoffmann, "Buffett to Kin: You're Fired!", *New York Post,* September 7, 2006.

7. Leah McGrath Goodman, "The Billionaire's Black Sheep," *Marie Claire*, December 2008.

8. 訪問歐斯柏格。

9. 2005年波克夏海瑟威致股東信。

10. Charles R. Morris, *The Trillion Dollar Meltdown*. New York: Public Affairs, 2008.

11. 訪問孟格。

12. Carol Loomis, "Warren Buffett Gives It Away," *Fortune*, July 10, 2006.

13. 同上。

14. 巴菲特忍不住在柏蒂的信後面加了註記,當中有這麼一句話:「她仍然是有點聰明腦筋的。」

15. 訪問多麗絲。

16. 自2006年起分期捐贈,條件是蓋茲夫婦要積極經營他們的基金會。

17. 第一筆捐贈是602,500股,此後每年捐贈股數減少5％。巴菲特合理預期波克夏的股票每年至少上漲5％(因為股價溫和的成長,加上通貨膨脹因素)。因此,每年的捐贈金額可能維持相同,或甚至比前一年增加。從第一筆捐贈到第二筆捐贈那一年間,波克夏的股價上漲17％。第一筆捐贈的602,500股B股價值是18億美元,第二筆捐贈的572,375股B股價值是20億美元。2006年6月,波克夏股票的交易價格是91,500美元,B股是3,043美元。

18. "The Life Well Spent: An Evening with Warren Buffett,"（November 2007）引用。

19. 比爾・蓋茲用到「召集人」一詞。舉例來說，他所用的方法不同於每年撥錢給某個疫苗計畫，因為這需要持續不斷投資，沒辦法一勞永逸。

20. "The New Powers of Giving," *Economist*, July 6, 2006; Karen DeYoung, "Gates, Rockefeller Charities Join to Fight African Hunger," *Washington Post*, September 13, 2006; Han Wilhelm, "Big Changes at the Rockefeller Foundation," *Chronicle of Philanthropy*, September 8, 2006; Andrew Jack, "Manna from Omaha: A Year of 'Giving While Living' Transforms Philanthropy," *Financial Times*, December 27, 2006.

21. 訪問多麗絲。參考 Sally Beaty, "The Wealth Report: The Other Buffett," *Wall Street Journal*, August 3, 2007.

22. 蘇珊死後，在舊金山太平洋高地的兩棟公寓都賣掉了，在翡翠灣的第二棟房子「宿舍」也賣掉。巴菲特留下翡翠灣的原始房子，繼續由他的子女和孫子女使用。但他不再去那裡。

| 第63章 |

1. Michael Santoli, "They've Got Class," *Barron's,* September 10, 2007.

2. 2007年10月9日。

3. 這不包括認列巴菲特透過同業再保協議轉移給全國產物保險公司和哥倫比亞保險公司（Columbia Insurance）的55億美元所獲得的1.8億萬美元應計投資收益。通用再保估計，這項投資對其2005年、2006年及2007年的股東權益報酬率的影響分別為150基點（1.5%）。

4. 承保利潤加上較高的浮存金，在2006年產生平均股東權益報酬率20%，大大不同於往年的負股東權益報酬率。通用再保的帳面價值自2001年起平均年成長率12.8%，使其資本增加至超過110億美元，高於被波克夏海瑟威公司收購時的86億美元。該公司從大約60億美元承保業務中獲利5.26億美元，明顯優於往年近90億美元承保業務之下介於10億至30億美元之間（視年份而定）的虧損。在承保保單總金額減少32%之下，浮存金從大約150億美元增加到230億美元。

5. 波克夏海瑟威公司2007年致股東信函。

6. 美國司法部在審理此官司時，使用了〈湯普森備忘錄〉（Thompson Memorandum）賦予的高度權力，〈湯普森備忘錄〉對受調查公司的「配合調查」態度作出定義，其中包括公司必須要求其員工放棄行使他們的美國憲法第五項修正案權利（拒絕答辯的權利），公司必須拒絕為員工提供訴訟費補助，否則，公司可能遭到刑事起訴。〈湯普森備忘錄〉出爐後，其中最重要的條文遭到非議，被認為違憲。

7. HIH Royal Commission, *The Failure of HIH Insurance.* Australia: National Capital Printing, Canberra Publishing and Printing, 2003.

8. Doug Simpson, "Search for Deep Pockets Widens in Reciprocal of America Case," Unintended Consequences blog (dougsimpson.com/blog), March 3, 2005; Timothy L. O'Brien, "Investigation of Insurance Puts Buffett in Spotlight," *New York Times,* March 28, 2005; Timothy L. O'Brien and Joseph B. Treaster, "The Insurance Scandal Shakes Main Street," *New York Times,* April 17, 2005; Marisa Taylor, "U.S. Dropped Enron-Like Fraud Probe," *McClatchy Newspapers*, July 23, 2007; Scott Horton, "Corporate Corruption and the Bush Justice Department," *Harper's Magazine,* July 24, 2007.

9. 其實,這根本沒有必要,因為不論如何《水牛城新聞報》都會支持史匹哲。

10. 泡沫持續發展中的1986年,巴菲特買進債券,他在1986年致股東信函中說,債券是:「最不會引起反對的選擇」。他留下《華盛頓郵報》、GEICO、大都會傳播,這些是他說將永久性投資的公司。因此,到了1987年,他改變為消極性地投資於一些上市公司。

11. 2007年12月12日,全球主要的中央銀行開始提供比隔夜更長期間的緊急融資,也開始對更廣泛的擔保品及更廣泛的對象提供競標融資。聯準會啟動換匯額度,以幫助其他國家中央銀行在它們的市場上提供美元流動性。

12. 2009年3月31日時,波克夏對其銷售的衍生性金融商品提供的擔保品總值約10億美元。

13. 在這方面,巴菲特尤其喜愛隨自己的意思擺動,含糊其詞,不做出承諾,經常改變。

14. 從一本書的書名就可以看出外界拿什麼標準來評量巴菲特,這本書是:Vahan Jinkiqian, *Even Buffett Isn't Perfect: What You Can and Can't Learn from the World's Greatest Investor*, New York: Portfolio Hardcover, 2008;繁體中譯版《巴菲特也會犯的錯》。

15. 如同波克夏在2009年第一季向美國證管會申報的10-Q中所述:「波克夏公司總部極少涉及營運事業的日常活動。」

|第64章|

1. 本書作者使用巴菲特在2007年為股東創造的資本報酬來估計,若他繼續向其「合夥人」收費的話,到了2007年底時,他的財富(不包含蘇珊的股份價值)應該已經累積到了介於710億美元至1,110億美元,蘇珊的股份價值約37億美元至50億美元。這高低範圍之間的差距主要是因為費率結構(較高的數字的計算方式是巴菲特對所有合夥人獲得的資本報酬索取25%佣金加上6%利息,較低的數字的計算方式是現今多數避險基金的費率結構2%╱20%)這些財富計算假設巴菲特領取每年6%的生活費,這是他在經營合夥事業期間領取的生活費水準,在2007年之前,大約是一年100萬美元。他和蘇珊的實際生活費(主要是蘇珊的開銷)遠超過這數字,但巴菲特的個人投資(不屬於波克夏)也有驚人的複利報酬率,足以支應蘇珊的開銷,不必從波克夏提領。

2. 訪問孟格。

圖片出處

Alpha Sigma Phi Fraternity National Archives（插頁第8頁中圖）

Bryson Photo（插頁第22頁左下）©2007, Bryson Photo

Buffalo News（第三部和第四部部名頁；插頁第12頁下圖、第26頁上圖）

Doris Buffett（插頁第3頁左上和右上；第28頁右下）

Howard Buffett（插頁第27頁下圖）

Susie Buffett Jr.（插頁第1頁；第2頁右上；第3頁左下；第4頁左上；第5頁左下；第6頁左上和下圖；第8頁下圖；第10頁上圖和左上；第11頁下圖；第12頁左上；第13頁下圖；第14頁左上和左下；第22頁上圖；第30頁中圖）

Warren Buffett（插頁第3頁右下；第2頁左上和下圖；第4頁右上和下圖；第5頁右下；第6頁右上；第7頁中圖；第9頁右上和左下；第10頁右下；第14頁右上；第15頁左上、中圖和下圖；第17頁右上；第19頁中左；第20頁上圖；第21頁下圖；第31頁上圖）

Capp Enterprise, Inc.（插頁第7頁上方）© Capp Enterprise, Inc.授權使用

C. Taylor Crothers（插頁第31頁下圖）

Lauren Esposito（插頁第32頁）

Katharine Graham Collection（插頁第14頁右下）

Greater Omaha Chamber of Commerce（插頁第25頁上圖）：Greater Omaha Chamber of Commerce and A Better Exposure; the Chamber Annual Meeting on Feb. 20, 2004.

Lynette Huffman Johnson（插頁第23頁上圖）

Arthur K. Langlie（插頁第18中圖）

Magic Photography, Sun Valley（第五部部名頁；插頁第20頁中圖；第21頁中圖）

Jack L. Mayfield（插頁第26頁右下）：Photo by Jack L. Mayfield

Munger family（插頁第12頁左上；第26頁左下）：courtesy of the Munger family

Charles Munger Jr.（插頁第17頁下圖）

Museum of American Finance/Graham-Newman Collection（插頁第11頁上圖）

The Nebraska Society of Washington, D.C.（插頁第9頁右下）

Omaha World-Herald（第一部部名頁；插頁第15頁右上；第16頁；第20頁下圖）：Reprinted with permission from The Omaha World-Herald

Sharon Osberg（第六部部名頁；插頁第18頁上圖和右下；第28頁右上、左上和左下；第30頁上圖）

REUTERS/Peter MacDiarmid（插頁第29頁上圖）

Ruane, Lili（插頁第19頁中右）

Stark Center for Physical Culture and Sports（插頁第9頁左上）：The image of Pudgy Stockton on the cover of Strength and Health magazine was provided by the Stark Center for Physical Culture and Sports at the University of Texas in Austin—where the Pudgy and Les Stockton collection is housed.

M. Christine Torrington（插頁第27頁上圖）

www.asamathat.com（插頁第29頁下方）

作者簡介

艾莉絲·施洛德 Alice Schroeder

曾任摩根士丹利投資銀行常務董事，因為寫波克夏海瑟威公司的研究報告，而與巴菲特結識。巴菲特也因為賞識她的洞察力和掌握主題的能力，願意讓施洛德書寫他的人生故事。施洛德生於德州，在德州大學奧斯汀分校獲得學士及 MBA 學位。她曾是會計師（CPA），目前與丈夫居住在美國康乃迪克州。

譯者簡介

楊美齡

台灣大學商學系畢業、紐西蘭奧克蘭大學電腦系畢業。譯有《漫步華爾街》、《穩健理財十守則》、《策略遊戲》、《組織遊戲》、《電子精英》、《富比士二百年英雄榜人物》、《可樂教父》（以上皆由天下文化出版）等。

廖建容

中山大學外研所畢業，譯有《天使歸鄉》、《學校沒教的十件事》，合譯有《律師本色》、《重新想像！》、《管理大未來》等書。

侯秀琴

淡江大學美國研究所畢業，曾任時報文化出版公司主編、中時晚報國際新聞中心主任、《哈佛商業評論》資深編輯，現為自由工作者。

周宜芳

台灣大學國際企業系畢業，英國劍橋大學經濟學研究所研究。現為自由譯者。譯了《雪球》之後，中樂透最想做的事從旅行、買房變成買「雪茄屁股」。

天下文化

BELIEVE IN READING

楊幼蘭

美國密蘇里大學新聞碩士，譯作曾獲經濟部中小企業處 89 年與 92
年度金書獎。翻譯作品包括《漫步中國股市》、《沒有對手的競爭》、
《改造企業》、《跨組織再造》、《創新管理》、《即興創意》、《日不落行
銷》、《病菌與人類的戰爭》、《玻璃、紙、咖啡豆》等數十本書。

林麗冠

台灣大學中文系學士，美國密蘇里大學新聞碩士，譯有《誰說人是
理性的》、《漫步華爾街》（合譯）、《稱職主管 16 堂課》、《專案，就是
要這樣管理》、《決策制定》、《廢墟中站起的巨人》、《我的祕密河
流》、《在地的幸福經濟》、《兩性大和解》、《Top Sales 報告》和《星
際遊俠》等書。

羅耀宗

台灣清華大學工業工程系、政治大學企業管理研究所畢業。曾任經
濟日報國外新聞組主任、寰宇出版公司總編輯，獲時報出版公司
2002 年「白金翻譯家」獎，譯有《選擇的自由》、《做對決斷！》等，
著有《Google：Google 成功的七堂課》等，現為自由文字工作者，
設有個人部落格「一句千鈞」（http://allinonesentence.blogspot.com/）。

李芳齡

譯作超過百本，包括近期出版的《金錢心理學》、《機器，平台，群
眾》、《創意天才的蝴蝶思考術》、《中國模式》、《Uber 與 Airbnb 憑什
麼翻轉世界》、《心態致勝》、《區塊鏈革命》（合譯）、《謝謝你遲到了》
（合譯）。

財經企管 BCB652A

雪球：巴菲特傳（最新增訂版）

The Snowball: Warren Buffett and the Business of Life

作者 —— 艾莉絲・施洛德 Alice Schroeder
譯者 —— 楊美齡、廖建容、侯秀琴、周宜芳、
　　　　楊幼蘭、林麗冠、羅耀宗、李芳齡

總編輯 —— 吳佩穎
第一、二版責任編輯 —— 蔡慧菁、張弈芬、張怡沁、
　　　　　　　　　　　張毓如、郭貞伶、林宜諄、劉翠蓉
第三版責任編輯 —— 邱慧菁、王慧雲（特約）、
　　　　　　　　　林淑鈴（特約）
第一、二版封面設計 —— 張議文
第三版封面完稿 —— 萬勝安
版型設計 —— FE 設計　葉馥儀

出版者 —— 遠見天下文化出版股份有限公司
創辦人 —— 高希均、王力行
遠見・天下文化 事業群榮譽董事長 —— 高希均
遠見・天下文化 事業群董事長 —— 王力行
天下文化社長 —— 王力行
天下文化總經理 —— 鄧瑋羚
國際事務開發部兼版權中心總監 —— 潘欣
法律顧問 —— 理律法律事務所陳長文律師
著作權顧問 —— 魏啟翔律師
社址 —— 臺北市 104 松江路 93 巷 1 號
讀者服務專線 —— 02-2662-0012 ｜傳真 —— 02-2662-0007；02-2662-0009
電子郵件信箱 —— cwpc@cwgv.com.tw
直接郵撥帳號 —— 1326703-6 號　遠見天下文化出版股份有限公司

電腦排版 —— bear 工作室
製版廠 —— 東豪印刷事業有限公司
印刷廠 —— 柏晧彩色印刷有限公司
裝訂廠 —— 精益裝訂股份有限公司
登記證 —— 局版台業字第 2517 號
總經銷 —— 大和書報圖書股份有限公司｜電話 —— 02-8990-2588
出版日期 —— 2008 年 12 月 25 日第一版第 1 次印行
　　　　　　2024 年 2 月 19 日第四版第 4 次印行

國家圖書館出版品預行編目（CIP）資料

雪球 : 巴菲特傳（最新增訂版）/ 艾莉絲・施洛德
(Alice Schroeder) 著 ; 楊美齡等譯 . -- 第三版 . -- 臺
北市 : 遠見天下文化 , 2018.09
1,040 面 ; 14.8x21 公分 . -- (財經企管；BCB652)
譯自 : The snowball : Warren Buffett and the
business of life

ISBN 978-986-479-551-2(精裝)

1. 巴菲特 (Buffett, Warren) 2. 傳記 3. 投資

785.28　　　　　　　　　　107016130

定價 —— 1000 元
條碼 —— 4713510943182
書號 —— BCB652A
天下文化官網 —— bookzone.cwgv.com.tw
本書如有缺頁、破損、裝訂錯誤，請寄回本公司調換。
本書僅代表作者言論，不代表本社立場。

楊幼蘭

美國密蘇里大學新聞碩士，譯作曾獲經濟部中小企業處 89 年與 92 年度金書獎。翻譯作品包括《漫步中國股市》、《沒有對手的競爭》、《改造企業》、《跨組織再造》、《創新管理》、《即興創意》、《日不落行銷》、《病菌與人類的戰爭》、《玻璃、紙、咖啡豆》等數十本書。

林麗冠

台灣大學中文系學士，美國密蘇里大學新聞碩士，譯有《誰說人是理性的》、《漫步華爾街》(合譯)、《稱職主管 16 堂課》、《專案，就是要這樣管理》、《決策制定》、《廢墟中站起的巨人》、《我的祕密河流》、《在地的幸福經濟》、《兩性大和解》、《Top Sales 報告》和《星際遊俠》等書。

羅耀宗

台灣清華大學工業工程系、政治大學企業管理研究所畢業。曾任經濟日報國外新聞組主任、寰宇出版公司總編輯，獲時報出版公司 2002 年「白金翻譯家」獎，譯有《選擇的自由》、《做對決斷！》等，著有《Google：Google 成功的七堂課》等，現為自由文字工作者，設有個人部落格「一句千鈞」(http://allinonesentence.blogspot.com/)。

李芳齡

譯作超過百本，包括近期出版的《金錢心理學》、《機器，平台，群眾》、《創意天才的蝴蝶思考術》、《中國模式》、《Uber 與 Airbnb 憑什麼翻轉世界》、《心態致勝》、《區塊鏈革命》(合譯)、《謝謝你遲到了》(合譯)。

財經企管 BCB652A

雪球：巴菲特傳（最新增訂版）
The Snowball: Warren Buffett and the Business of Life

作者 —— 艾莉絲・施洛德 Alice Schroeder
譯者 —— 楊美齡、廖建容、侯秀琴、周宜芳、
　　　　楊幼蘭、林麗冠、羅耀宗、李芳齡

總編輯 —— 吳佩穎
第一、二版責任編輯 —— 蔡慧菁、張弈芬、張怡沁、
　　　　　　　　　　　張毓如、郭貞伶、林宜諄、劉翠蓉
第三版責任編輯 —— 邱慧菁、王慧雲（特約）、
　　　　　　　　　林淑鈴（特約）
第一、二版封面設計 —— 張議文
第三版封面完稿 —— 萬勝安
版型設計 —— FE 設計　葉馥儀

出版者 —— 遠見天下文化出版股份有限公司
創辦人 —— 高希均、王力行
遠見・天下文化 事業群榮譽董事長 —— 高希均
遠見・天下文化 事業群董事長 —— 王力行
天下文化社長 —— 王力行
天下文化總經理 —— 鄧瑋羚
國際事務開發部兼版權中心總監 —— 潘欣
法律顧問 —— 理律法律事務所陳長文律師
著作權顧問 —— 魏啟翔律師
社址 —— 臺北市 104 松江路 93 巷 1 號
讀者服務專線 —— 02-2662-0012｜傳真 —— 02-2662-0007；02-2662-0009
電子郵件信箱 —— cwpc@cwgv.com.tw
直接郵撥帳號 —— 1326703-6 號　遠見天下文化出版股份有限公司

電腦排版 —— bear 工作室
製版廠 —— 東豪印刷事業有限公司
印刷廠 —— 柏晧彩色印刷有限公司
裝訂廠 —— 精益裝訂股份有限公司
登記證 —— 局版台業字第 2517 號
總經銷 —— 大和書報圖書股份有限公司｜電話 —— 02-8990-2588
出版日期 —— 2008 年 12 月 25 日第一版第 1 次印行
　　　　　　2024 年 2 月 19 日第四版第 4 次印行

國家圖書館出版品預行編目（CIP）資料

雪球：巴菲特傳（最新增訂版）/ 艾莉絲・施洛德
(Alice Schroeder) 著；楊美齡等譯 . -- 第三版 . -- 臺
北市：遠見天下文化, 2018.09
1,040 面；14.8x21 公分 . --（財經企管；BCB652）
譯自：The snowball : Warren Buffett and the
business of life

ISBN 978-986-479-551-2(精裝)

1. 巴菲特 (Buffett, Warren) 2. 傳記 3. 投資

785.28　　　　　　　　　　　　107016130

定價 —— 1000 元
條碼 —— 4713510943182
書號 —— BCB652A
天下文化官網 —— bookzone.cwgv.com.tw
本書如有缺頁、破損、裝訂錯誤，請寄回本公司調換。
本書僅代表作者言論，不代表本社立場。